Suppan • Blasmusik in der Steiermark

Blasmusik in der Steiermark

Ein Beitrag zur landeskundlichen Musikforschung

Von
Wolfgang Suppan

In Zusammenarbeit mit
Herbert Polzhofer (für die Jahre 1981 bis 2010) und
Erhard Mariacher (Bildredaktion)

Mit Beiträgen von Gottfried Allmer, Josef Pöschl und Armin Suppan

Herausgegeben vom Steirischen Blasmusikverband
anlässlich seines sechzigjährigen Bestehens,
Landesobmann Horst Wiedenhofer

Weishaupt Verlag
Gnas, Steiermark 2010

Die Drucklegung dieses Buches wurde gefördert
aus Mitteln des Volkskulturressorts der Steiermärkischen Landesregierung,
Erster Landeshauptmann-Stellvertreter Hermann Schützenhöfer.

ISBN 978-3-7059-0312-8
1. Auflage 2010
© Steirischer Blasmusikverband, Entenplatz 1 b, A-8020 Graz
Tel.: 0316/383117, Fax: 0316/383117-7
Internet: www.blasmusik-verband.at
e-mail: office@blasmusik-verband.at
Herstellung / Verlag: Weishaupt Verlag, A-8342 Gnas
Tel.: 03151-8487, Fax: 03151-84874
e-bookshop: www.weishaupt.at
e-mail: verlag@weishaupt.at
Sämtliche Rechte der Verbreitung – in jeglicher Form und Technik – sind vorbehalten.
Druck und Bindung: Druckerei Theiss GmbH, A-9431 St. Stefan.
Printed in Austria.

Inhaltsverzeichnis

Geleitworte
    Landeshauptmann Mag. Franz Voves: Mit Musik die Herzen gewinnen 9
    Landeshauptmann-Stellvertreter und Blasmusikreferent Hermann Schützenhöfer 11
    Landesobmann Horst Wiedenhofer: Zum Geleit! 13

Vorwort 15

Kapitel I: Frühgeschichte – Römerzeit – Mittelalter 19
    Kelten und Römer 20
    „Das Werden der Steiermark" – Musik im Rahmen geistlichen und weltlichen Zeremoniells 24
    Von Wandermusikanten und Spielgrafen 32

Kapitel II: Die Neuzeit: Renaissance und Barock 37
    „Dero fürstliche Hofmusici" 37
    Die Landschaftlichen Trompeter und Heerpauker 45
    Von städtischen „Musicanten Compagnien" 47
    Reformation und Gegenreformation, Barock und Volksbarock 53

Kapitel III: Frühklassik und Wiener Klassik 61
    Musikimposto – Eine kaiserliche Steuer auf Musikaufführungen 61
    Feldmusik 62
    Harmoniemusik 65
    „Der Türcken dölpische Music" (Salomon Schweigger) 68

Kapitel IV: Aufkommen und Verbreitung des zivilen Blasmusikwesens 73
    1. Teil (bis 1980) 73
        Bläsergruppen, Bürgergarden und Bergmannskapellen vor 1866 75
        1866–1918: Die traditionsprägende Kraft altösterreichischer Militärmusik 80
        1918–1945: Die Suche nach neuen Formen 86
        Seit 1945: Stolze Leistungen nach schwierigem Neuaufbau 94
        1955: „Österreich ist frei!" (Leopold Figl) 102
        1959 – Erzherzog-Johann-Jahr in der Steiermark 103
        1966–1981: Die Ära Willi Konrad 106
    2. Teil (seit 1981) 110
        1981 bis 1996: Manfred Meier führt als Landesobmann den Steirischen Blasmusikverband 110
        1996 bis 2006: Wolfgang Suppan leitet die musikalische und gesellschaftspolitische
        Neupositionierung ein 120

Seit 2006: Horst Wiedenhofer. Ein neuer Landesobmann steht an der Spitze des
Steirischen Blasmusikverbandes.. 146
Bruck an der Mur: Die Stadt des 7. Landesmusikfestes vom 2. bis 4. Juli 2010 177
Ehrentafel 188
Die Mitglieder des Landesvorstandes des Steirischen Blasmusikverbandes 1950 bis 2010 189

Kapitel V: Die Musik militärischer und paramilitärischer Einheiten 193
Militärmusik: Grundlagen und ihre Entfaltung in Österreich bis zum Ende des Ersten Weltkrieges
(von Armin Suppan) 193
Österreichs Militärmusik seit 1918 205
„Das k. k. priv. bewaffnete Bürger-Corps in Graz" 210

Kapitel VI: Repertoire – Komponisten 213
Allgemeine Bemerkungen zur Entstehung des Blasorchester-Repertoires 213
Neue Blasorchesterklänge 216
Zur Situation in der Steiermark 217
Vom Nachleben konventioneller Blasmusikformen 222
Wie sieht es in den unmittelbaren Nachbarländern Österreichs aus? 223
Fassen wir zusammen 223
Unsere Blasmusik-Edition im HeBu-Musikverlag, Kraichtal 227

Kapitel VII: Pädagogische Maßnahmen 231
Bläserausbildung und Bläserschulen in der Steiermark 231
Die Blasorchesterleiter-Ausbildung 237
Von der Hausmusik zum „Spiel in kleinen Gruppen" 240

**Kapitel VIII: Der wirtschaftliche Aspekt: Musikinstrumentenbauer und Musikverleger in der Steiermark –
Musikheimbauten** 245
Der Musikinstrumentenbau – Holz- und Blechblasinstrumente 245
Musikinstrumente in steirischen Kirchen und ihre Verwendung in profanen Musikkapellen im 19. und
frühen 20. Jahrhundert (von Gottfried Allmer) 254

Kapitel IX: Blasmusik und Brauchtum 275
Musik und Brauchtum im Jahreslauf 278
„Steirische Musik" 287
Vom Steireranzug zur Trachtenuniform 290
Weisenblasen 292
Jagdmusik (von Josef Pöschl) 298

Kapitel X: Literatur und Abkürzungen 305
Bildnachweis 308

Inhaltsverzeichnis

Dokumentation 311
    Der Landesvorstand 2010 311
    Musikbezirk Bad Aussee 313
    Musikbezirk Birkfeld 319
    Musikbezirk Bruck a. d. Mur 326
    Musikbezirk Deutschlandsberg 340
    Musikbezirk Feldbach 353
    Musikbezirk Fürstenfeld 365
    Musikbezirk Graz-Stadt 371
    Musikbezirk Graz-Nord 381
    Musikbezirk Graz-Süd 390
    Musikbezirk Gröbming 400
    Musikbezirk Hartberg 409
    Musikbezirk Judenburg 426
    Musikbezirk Knittelfeld 435
    Musikbezirk Leibnitz 441
    Musikbezirk Leoben 460
    Musikbezirk Liezen 472
    Musikbezirk Murau 485
    Musikbezirk Mürzzuschlag 499
    Musikbezirk Radkersburg 507
    Musikbezirk Voitsberg 514
    Musikbezirk Weiz 526

Namens- und Ortsregister 537

Mit Musik die Herzen gewinnen

Zu steirischer Art und zu steirischem Brauch, zu Veranstaltungen offizieller und gesellschaftlicher Prägung, zum gemütlichen Beisammensein und zu hohen Fest- und Feiertagen – immer gehört die Musik dazu, sie entführt die Menschen aus der Alltags- in eine andere Gefühlswelt: kurz gesagt, sie erhebt Herz und Sinn.

Unsere Steiermark ist wahrlich reich an musikalischen Begabungen und die rund 400 Kapellen und Vereine in den 21 Blasmusikbezirken beweisen das; vor allem aber die Tausenden Musikerinnen und Musiker, die aus den verschiedensten Berufen kommen. Eine große Zahl unter ihnen ist unter 30 Jahre alt – also ist es auch um den Nachwuchs gut bestellt. Das ist ein sehr wichtiges Zeichen dafür, dass die Jugend sehr wohl mehr kennt und mehr kann, als nur zu „konsumieren". Die stattliche Reihe an Auszeichnungen, allein aus den letzten Jahren, zeugt dazu von der hohen Qualität, um die sich auch die Musikschulen des Landes sehr verdient machen. Kurzum: Die steirischen Blasmusikkapellen sind ein unverzichtbarer Bestandteil der Kultur in den Gemeinwesen in diesem Lande.

Dem Steirischen Blasmusikverband unter seinem Ehrenpräsidenten em. o. Univ.-Prof. Dr. Wolfgang Suppan, Landesobmann Ing. Horst Wiedenhofer und seinem Landeskapellmeister Philipp Fruhmann, der Landesleitung sowie allen aktiven Musikerinnen und Musikern gratuliere ich sehr herzlich zum 60-Jahr-Jubiläum und wünsche ihnen eine erfolgreiche musikalische Zukunft mit einem kräftigen steirischen „Glück auf!"

Mag. Franz Voves
Landeshauptmann der Steiermark

Werte Leserinnen und Leser!

„Musik allein ist die Weltsprache und braucht nicht übersetzt zu werden", besagt schon ein altes Sprichwort. Musik verbindet Völker und öffnet Grenzen. Sie ist die eigentliche Muttersprache der Menschen. Und doch hat jede Region – geprägt durch Landschaft, Kultur und Geschichte – Besonderheiten in ihren musikalischen Ausdrucksformen. Erst dadurch entsteht letztlich die Vielfalt, die wir heute weltweit in der Musik erleben dürfen.

Gerade in der Blasmusik ist diese Vielschichtigkeit von Musik – sowohl als Universalsprache als auch als Träger kultureller Identität – besonders spürbar. Als unverzichtbare Einrichtung in unseren Gemeinden leisten die steirischen Blasmusikkapellen einen wesentlichen Beitrag zum Kulturleben unseres Landes. Die hohe Mitgliederzahl und der große Jugendanteil in den einzelnen Kapellen verdeutlichen die Beliebtheit der Musikvereine, die Kreativität, Kunstsinn und Gemeinschaft in ihren Tätigkeiten vereinen. Musik birgt viele Möglichkeiten zur Entfaltung in sich und fördert das Miteinander, das die unverzichtbare Basis für das Zusammenleben in unserem Land bildet.

Der Steirische Blasmusikverband, dem ich im heurigen Jahr in tiefer Anerkennung zum „Sechzig-Jahr-Jubiläum" gratuliere, ist seit seinem Bestehen im unermüdlichen Einsatz für das Blasmusikwesen in der Steiermark. Sei es in der Förderung der Jugend, der Ausbildungsarbeit, in der Organisation von Veranstaltungen oder aber auch in der Aufarbeitung der Geschichte der steirischen Blasmusik, die uns in diesem vorliegenden Buch zugänglich gemacht wird. Mein herzlicher Dank gilt allen Mitarbeiterinnen und Mitarbeitern, die in mühevoller Kleinarbeit die Herausgabe dieses einmaligen Nachschlagewerkes ermöglicht haben sowie allen Verantwortlichen in den steirischen Blasmusikbezirken, die die Begeisterung für Musik in einzigartiger Weise vermitteln und weitergeben.

Viel Freude mit dieser wertvollen Lektüre zur Geschichte der Blasmusik im Grünen Herzen Österreichs!

Hermann Schützenhöfer
Erster Landeshauptmann-Stellvertreter

Zum Geleit!

Als im Jahr 2008 die Idee entstand, zum Jubiläumsjahr 2010 ein neues „Blasmusik-Buch" über die steirische Blasmusik herauszugeben, war ich froh, dass sich unser Ehrenpräsident Wolfgang Suppan bereit erklärte, die Federführung zu übernehmen.

Gerade er ist seit Kindheitstagen an mit der Blasmusik zutiefst verbunden: Als Musiker in der Jugendkapelle Leibnitz, als Ordinarius an der Kunstuniversität Graz, als Kapellmeister der Musikkapelle Pürgg und natürlich als Landesobmann unseres Verbandes. Zwischenzeitlich führte ihn beruflich der Weg an die Universität Freiburg, wo er auch als Kapellmeister in Niederrimsingen tätig war. Er stellte sein Wissen und seine Erfahrung bei seinen Funktionärstätigkeiten im Bund Deutscher Blasmusikverbände sowie im Österreichischen Blasmusikverband zur Verfügung.

Der Steirische Blasmusikverband kann stolz sein, das Werk „Blasmusik in der Steiermark" in einer wissenschaftlich aufbereitenden Fassung mit großem Praxisbezug zur „Sechzig-Jahr-Feier" herauszugeben.

Viele in unserer Gesellschaft wissen nicht, wo der Weg der Zukunft hinführt. Man muss auch die Vergangenheit beleuchten, um zu wissen, welche Richtung man einzuschlagen hat. Die Blasmusik hat eine große Tradition zu bewahren, ohne die Entwicklungen der Gegenwart und Zukunft zu behindern. Wir haben das in den letzten sechzig Jahren erfolgreich praktiziert. Dieses Buch möge dazu beitragen, diesen Weg weiterzugehen.

Mein Dank gilt natürlich Wolfgang Suppan sowie Herbert Polzhofer und Erhard Mariacher, ebenso Gottfried Allmer, Josef Pöschl und Armin Suppan, die Beiträge zur Verfügung gestellt haben. Der Steiermärkischen Landesregierung gebührt ebenfalls Dank für die finanzielle Unterstützung, insbesonders dem Ersten Landeshauptmann-Stellvertreter Hermann Schützenhöfer als zuständigen Referenten für die steirische Blasmusik.

Allen Blasmusikerinnen und Blasmusikern sowie allen Blasmusikinteressierten wünsche ich, dass sie an diesem für die steirische Blasmusik so wichtigen Werk Gefallen finden.

Horst Wiedenhofer

Landesobmann des Steirischen Blasmusikverbandes

Vorwort

In meiner Lebenserfahrung sind gut sechzig Jahre mitteleuropäischer Blasmusikgeschichte enthalten. Zunächst als praktischer Musiker, dann als Dirigent und Musikwissenschaftler habe ich diese Entwicklung mitverfolgt und mitgetragen. 1933 geboren, bekam ich von meinem Vater im Jahr 1942 eine Es-Klarinette. Da ich zuvor schon Blockflöten- und Geigenunterricht erhalten hatte, spielte ich mit dieser Es-Klarinette bald in der damals in Leibnitz bestehenden Jugendkapelle mit. Der Großteil der ehemaligen Musiker der Leibnitzer Stadtkapelle hat den Zweiten Weltkrieg nicht überlebt – oder befand sich noch in Kriegsgefangenschaft. Ich war dabei, als im September 1945 einige ganz Alte (über sechzig) und wir ganz Junge (unter 16) versuchten, die Stadtkapelle neu zu beleben. Viel Mut war nicht vorhanden, und manche Bürger der Stadt sagten uns damals: *„Lasst das bleiben, die Blasmusik gehört ebenso wie das Männergesangswesen der Vergangenheit an, niemand will künftig mehr eure militaristische und zudem musikalisch auf niederstem Niveau stehende Musik hören"*.

Aber es kam anders.

Plötzlich drängten junge Leute zu den Blasinstrumenten, zunächst Burschen, bald aber auch Mädchen[1]. Schließlich waren die großen Stars der jazzverwandten Unterhaltungsmusik, die wir in den Jahren nach dem Ende des Zweiten Weltkrieges aus den Sendern der westlichen Besatzungsmächte hören konnten, Trompeter (Louis Armstrong, Harry James, Dizzi Gillespie, Miles Davis), Klarinettisten (Woody Herman, Benny Goodman, Artie Shaw), Saxophonisten (Sidney Bechet, Charly Parker, Stan Getz), Posaunisten (Timmy Dorsey, Glen Miller, Jay Jay Johnson) oder Schlagzeuger/Vibraphonisten (Gene Krupa, Lionel Hampton). Die Blasmusik bot die Chance, solche Instrumente zu bekommen und zu lernen[2]. Zweitens veränderte sich die Literatur. An die Stelle sogenannter Bearbeitungen/Transkriptionen von Meisterwerken der großen Komponisten der Wiener Klassik und der Romantik traten seit dem Beginn der fünfziger Jahre des 20. Jahrhunderts Originalwerke der Österreicher Sepp Tanzer, Herbert König, Franz Kinzl, des Südtirolers Sepp Thaler. Aus Deutschland kamen die Werke von Willy Schneider, Hermann Regner, Gustav Lotterer, Ernest Majo, Edmund Löffler, Hans Hartwig, Helmut Haase-Altendorf, – aus der Schweiz die von Stephan Jaeggi, Paul Huber, Franz Königshofer (ehem. österreichischer Militärkapellmeister), Albert Häberling. Das war originale Blasmusik, die uns faszinierte, die wir gerne spielten, mit der wir die Aufmerksamkeit auch gebildeter Menschen erregten – und die uns selbst als professionelle Studierende der Musik und der Musikwissenschaft bei der Blasmusik hielt. Dazu kam drittens die Einkleidung in Tracht und damit das Bekenntnis zur Heimat, deren Werte nach dem verlorenen Krieg ohnehin arg gelitten hatten. Viertens gab es eine immer bessere Ausbildung der Jugend, vor allem in den Musikschulen, die nun von den Landesmusikdirektoren Otto Siegl, Erich Marckhl und Friedrich Körner nach dem Vorbild des in den dreißiger Jahren von Persönlichkeiten wie Hermann von Schmeidel, Ludwig Kelbetz, Walter Kolneder, Joseph Papesch, Felix Oberborbeck konzipierten Steirischen Musikschulwerkes realisiert wurden.

Diesen vier genannten Punkten verdankt die Blasmusik ihren Wiederaufstieg seit den fünfziger Jahren des 20. Jahrhunderts. Ein Aufstieg, der musikalisch und gesellschaftspolitisch uns stärker im Bewusstsein der Öffentlichkeit verankert hat, als dies je zuvor zu beobachten war.

Heute, sechzig Jahre später, habe ich oft das Gefühl, dass man im derzeitigen Wohlstandsdenken sich an diese Gründerzeit, an die Pioniere des Wiederaufbaues kaum erinnert. Dass man vor allem nicht mehr weiß, wo unse-

---

1   Die männlichen Formen bezeichnen im Text dieses Buches stets Personen beiderlei Geschlechts.
2   Die steirische Situation hat umfassend dargestellt: Elisabeth Kolleritsch, Jazz in Graz. Von den Anfängen bis zu seiner akademischen Etablierung. Ein zeitgeschichtlicher Beitrag zur Entwicklung des Jazz in Europa, Graz 1995. Dazu Wolfgang Suppan, Begin the Beguine – Mit Artie Shaw begann es, in: Friedrich Körner. Festschrift zum 65. Geburtstag = Jazzforschung 28, 1996, S. 52–62; desgl. in ders., Werk und Wirkung. Musikwissenschaft als Menschen- und Kulturgüterforschung, 3 Bände, hg. von Zoltán Falvy, Tutzing 2000, S. 717–731.

re Stärken liegen, welche Aufgaben wir musikalisch und gesellschaftlich haben, – das betrifft in erster Linie die für uns komponierten originalen Blasmusikwerke, die Blasmusik als eigene Gattung definieren, sowie die Aufnahme solcher Werke in die Konzertprogramme.

Als Emeritus des Instituts für Musikethnologie der Kunst-Universität Graz betreue ich noch einige Doktoranden und Magister-Kandidaten. Bevorzugt wurden und werden bei mir Arbeiten über die landeskundliche Blasmusikforschung geschrieben. Bei den Prüfungen stelle ich seit etwa zehn Jahren verstärkt fest, dass selbst Dirigenten von Blaskapellen keine Ahnung mehr haben, was die o. g. Komponisten (ausgenommen Tanzer mit „Tirol 1809") hinterlassen, – nämlich *als Auftrag an uns* hinterlassen haben! Wer aber die Geschichte nicht kennt, die das aus uns gemacht hat, was wir sind, der lebt ohne Verstand in die Zukunft hinein. Dass wir den historischen Marsch aus den Zeiten der Donaumonarchie pflegen, ist selbstverständlich. Aber an der Wiege des Blasorchesters stand originale konzertante Blasmusik, komponiert von den führenden Komponisten der Französischen Revolution[3]. Die Verbindung beider Bereiche ist unsere Stärke. Die jeweiligen traditionellen und neueren Unterhaltungsmusikmoden, ob Mazurka oder Musical, sind auswechselbare Randerscheinungen.

In der Internet-Gesellschaft ist das Denken kurzfristiger geworden, und zwar sowohl was die historische Tiefe als auch was die gesellschaftliche Breite betrifft. Die sogenannte Globalisierung ebnet regionale Traditionen und Werte mehr und mehr ein. Unter denjenigen, die solchen Tendenzen entgegenwirken können, steht unser Blasmusikwesen an gewichtiger Stelle. Wie schon so oft, kann ich in diesem Zusammenhang nur auf einen meiner verehrten Lehrer aus den fünfziger Jahren des 20. Jahrhunderts hinweisen, nämlich auf den Grazer Volkskunde-Ordinarius Viktor von Geramb, ein aufrechter Befürworter des Paneuropa-Gedankens. Er sagte uns in den Vorlesungen und Seminaren immer wieder, dass in dem notwendigen politischen und wirtschaftlichen Zusammenwachsen der europäischen Staaten nicht die Werte der regionalen Kulturen verwischt werden dürften. Andersherum gesagt: Je größer die politischen Einheiten werden, – bis hin zu einem „Vereinten Europa", umso stärker ist das Heimatbewusstsein der überschaubaren ethnischen Gruppen zu stärken. Würde man dieser Tatsache nicht gerecht werden, entstünde ein lebensferner Völkerbrei[4]. Entscheidend für die Hinwendung zur landeskundlichen Musikforschung, die Ausgangspunkt aller großen Musikgeschichtsschreibung ist, erschienen für mich aber die Lehrveranstaltungen Hellmut Federhofers, während meiner Studienzeit in Graz zusammen mit Joseph Marx Vertreter des Faches Musikwissenschaft an der Karl-Franzens-Universität in Graz. Bei ihm durfte ich im Jahr 1959 in Graz promovieren und mich im Jahr 1971 an der Johannes Gutenberg-Universität in Mainz habilitieren[5].

Noch ein Wort zum Bild auf dem Schutzumschlag, das sich in der Stiftsbibliothek Vorau findet. Unter dem im Jahr 1731 gemalten „Posaunenengel" ist der lateinische Spruch „Clangit, et tangit" zu lesen, zu deutsch: „Es klingt – und berührt unser Herz", oder anders übersetzt: „Mit ihrem Ton rührt sie [die Musik] an unser Herz". Genau diese Frage hat mich lebenslang in allen meinen wissenschaftlichen Arbeiten beschäftigt, – sowohl über

---

3 David Whitwell, The Principal Band Appearences in the French Revolution, in: Alta Musica 4, 1979, S. 221–242; ders., Band Music of the French Revolution, Tutzing 1979 (Alta Musica 5); Wolfgang Suppan, Die Geburt des modernen Blasorchesters aus dem Geist der Französischen Revolution, in: ders., Komponieren für Amateure. Ernest Majo und die Entwicklung der Blasorchesterkomposition, Tutzing 1987 (Alta Musica 10), S. 12f.
4 Viktor von Geramb, in: Die Steiermark. Land – Leute – Leistung, hg. von Berthold Sutter, 1. Aufl., Graz 1956; 2. Aufl., ebda. 1971.
5 Über Federhofer vgl. Wolfgang Suppan, Musikwissenschaft, die sich dem Spannungsverhältnis zwischen *Scientia et ars* stellt – oder „Verstehen wurzelt in der Lebenspraxis", in: Studia Musicologica Academiae Scientiae Hungaricae 43, Budapest 2002, S. 135–150.

Vorwort

die Geschichte unserer europäisch-abendländischen Kultur als auch bei meinen Forschungen in Naturvolkkulturen und in den alten Hochkulturen Außereuropas: Wie Musik – das „gefährlichste Instrument einer Kultur" – die Psyche jedes einzelnen Menschen und die Dynamik gesellschaftlichen Zusammenlebens lenken würde. Wobei die „Musik des Himmels" unser Verhalten positiv, die „Musik der Hölle" aber unser Verhalten negativ zu bestimmen vermag.

Mein Dank gilt den vielen Blasmusik-Freunden und Kollegen, die mich seit den Tagen in der Jugendkapelle in Leibnitz gefördert und begleitet, bestärkt und unterstützt haben. Im vorliegenden Fall sind dies besonders die Mitarbeiter und Freunde im Präsidium des Steirischen Blasmusikverbandes, für die ich stellvertretend meinen Nachfolger als Landesobmann, Herrn Horst Wiedenhofer, sowie den Landeskapellmeister, Herrn Philipp Fruhmann, nenne. Leider ist einer meiner engsten Mitstreiter, Eugen Brixel, allzu früh – erst einundsechzig Jahre alt, am 16. Oktober 2000 – verstorben. Und während dieses Buch zum Druck geht, am 23. Februar 2010, hat Rudolf Zangl, einer der konsequentesten österreichischen Vertreter einer in die Zukunft weisenden zeitgenössischen konzertanten Blasmusik, wenige Monate vor seinem sechzigsten Geburtstag, den Kampf gegen eine schreckliche Krankheit verloren.

An dem vorliegenden „neuen" steirischen Blasmusikbuch haben mit großem Engagement mitgearbeitet: Mein langjähriger Landesobmann-Stellvertreter Herbert Polzhofer und unser Medienreferent Erhard Mariacher. Vorzügliche Spezialbeiträge haben Gottfried Allmer, Josef Pöschl und Armin Suppan geliefert. Im Sekretariat fiel wesentliche zusätzliche Arbeit an, die von den Damen Edith Allmer, Andrea Troyer und Sabine Yildiz überaus gewissenhaft erledigt wurde. Der Weishaupt Verlag in Gnas, der schon im Jahr 2003 unser Jubiläumsbuch „Blasmusikland Steiermark" professionell betreut hat, wurde vom Landesvorstand des Steirischen Blasmusikverbandes mit der Gestaltung und verlegerischen Betreuung des vorliegenden Bandes betraut: Auch Herrn Herbert Weishaupt gilt mein persönlicher Dank.

Die jeweiligen Blasmusik-Referenten in der Steiermärkischen Landesregierung: die Landesräte Michael Schmid, Magda Bleckmann, Landeshauptmann-Stellvertreter Leopold Schöggl und nun (2010) Landeshauptmann-Stellvertreter Hermann Schützenhöfer, haben unsere sozial-, wirtschafts- und kulturpolitischen Argumente übernommen, die eine gerechte Förderung der zahlenmäßig größten kulturellen Vereinigung des Landes demokratiepolitisch notwendig erscheinen lassen. In den Musikvereinen des Steirischen Blasmusikverbandes begegnen sich Menschen aller Gesellschafts- und Altersschichten, Anhänger aller politischen Lager in Respekt und Freundschaft.

Sollte ein alter Mann, der in führende Positionen des deutschen und österreichischen Blasmusikwesens gewählt wurde, – der 1974 bis 2000 als Gründungspräsident der Internationalen Gesellschaft zur Erforschung und Förderung der Blasmusik (IGEB), 1995 bis 1997 als Weltpräsident der UNESCO-World Association für Symphonic Bands and Ensembles (WASBE) sowie als Vertreter Westeuropas in der Forschungskommission der International Society for Music Education (ISME) der UNESCO in Paris entscheidende Beschlüsse und deren Ausführung mitgetragen hat, sich etwas wünschen dürfen: Dann dies, dass die nunmehr zweihundertjährige Geschichte des Blasorchesters stark genug sein möge, um eine kontinuierliche Weiterentwicklung im Verlauf des 21. Jahrhunderts zu ermöglichen. Nur: Man muss diese Geschichte kennen (wollen). Dazu sollte der historische Teil dieses Buch beitragen.

Wolfgang Suppan

Pürgg – Graz, im Juli 2010

I. Frühgeschichte – Römerzeit – Mittelalter

Ob in Naturvolkkulturen, in den Alten Hochkulturen oder in unserer europäisch-abendländischen, der heute so genannten „westlichen" Hochkultur: Stets haben Menschen das melodische Auf und Ab, die rhythmische Strukturierung des Sprechens dazu genutzt, um ihren Mitmenschen sich und etwas mitzuteilen. Singen und die Entwicklung von Instrumenten, die die Möglichkeiten des Gesanges erweitern, verstärken und verfremden sollten, sind integrierender Bestandteil der biologischen ebenso wie der kulturellen Evolution[6]. Was zunächst als Gebrauchsgegenstand im Zusammenhang mit Kult und Arbeit, Jagd und Krieg, Medizin und Politik funktionierte, entfaltete sich später als Ausdruck künstlerisch-kreativen Fühlens und Denkens[7]. Musik, als ein akustisches Phänomen, wurde bei den Naturvölkern und in den Alten Hochkulturen nur mündlich weitergegeben. Erst verhältnismäßig spät in der Geschichte der Menschheit begann im Abendland die schriftliche Fixierung von Melodien und Rhythmen. Diese „Erfindung der Musiknotenschrift" hatte und hat allerdings den Nachteil, dass nur Teilbereiche des Erklingenden vermittelt werden können[8]. Erst seit der Wende vom 19. zum 20. Jahrhundert ist es technisch möglich geworden, Musik auf Wachswalzen, Tondrähten, Schallplatten, Tonbändern, CD's zu konservieren – und damit konkrete Anhaltspunkte für die Aufführungspraxis zu bewahren.

Das bedeutet für den Historiker, der eine Geschichte der mit Blasinstrumenten, Bläser-Ensembles und Blasorchestern verbundenen Musik eines Landes schreiben soll, dass er nur aufgrund von Instrumentenfunden, Bilddarstellungen, indirekten literarischen Zeugnissen und rezenten Traditionen ein schemenhaftes Bild vergangener Jahrtausende skizzieren kann[9]. Wie einst Kelten, Römer, mittelalterliche Spielleute und Epensänger, Priester, Bauern, Bergleute und Soldaten bis zum Beginn der Neuzeit in der Steiermark gesungen und musiziert haben, das lässt sich nur in Umrissen darstellen. Die frühesten Niederschriften von Musiknoten reichen in der Steiermark nicht vor das 12. Jahrhundert zurück, als erstmals Mönche in den Klöstern Seitz, Seckau, Admont, Rein, Vorau, St. Lambrecht gesungene liturgische Musik dem Papier anvertraut haben, – allerdings in einer Form, die nach heutigem Musikverständnis höchst unvollkommen erscheint. Und noch an der Wende vom 16. zum 17. Jahrhundert wurde in den fürstlichen Hofkapellen die weltliche Instrumentalmusik vielfach improvisiert und auswendig dargeboten. Dies geht aus einem Brief Herzog Wilhelms V. von Bayern an seine Schwester Erzherzogin Maria in Graz vom 25. August 1584 hervor, in dem es u. a. heißt: *„die Music wie es meine Trumetter brauchen, Im fall du das mainst, dann Sy sonst nichts blasen, alls wie man zu tisch Plast, dasselbig ist nit geschriben, vnd machens nur aus dem Sinn"*[10]. Selbst professionelle Hofmusiker benutzten demnach zur Zeit der Renaissance bei dem damals üblichen und sehr beliebten appetit- und verdauungsfördernden Musizieren während des Essens keine Noten.

---

6   Diese Erkenntnis verdanken wir vor allem der Verhaltensforschung, vgl. dazu zusammenfassend Irenäus Eibl-Eibesfeldt, Die Biologie des menschlichen Verhaltens. Grundriß der Humanethologie, München – Zürich 1984. Auf die Musik angewandt von Wolfgang Suppan, Menschen- und/oder Kulturgüterforschung (?). Über den Beitrag der Musikwissenschaft zur Erforschung menschlicher Verhaltensformen, in: Studien zur Systematischen Musikwissenschaft = Festschrift für Vladimir Karbusicky. Hamburger Jahrbuch für Musikwissenschaft 9, hg. von Constantin Floros u. a., Laaber 1986, S. 37–66; nochmals abgedr. in ders., Werk und Wirkung, S. 52–88.

7   Wolfgang Suppan, Der musizierende Mensch. Eine Anthropologie der Musik, Mainz u. a. 1984; ders., Musica humana. Die anthropologische und kulturethologische Dimension der Musikwissenschaft, Wien u. a. 1986.

8   Wolfgang Suppan, Musiknoten als Vorschrift und als Nachschrift, in: Symbolae Historiae Musicae. Hellmut Federhofer zum 60. Geburtstag, Mainz 1971, S. 39–46; ders., Musik und Schrift. Was kann und soll Musiknotenschrift (in der Pädagogik) leisten?, in: Erziehungs- und Unterrichtsmethoden im historischen Wandel, hg. von L. Kriss-Rettenbeck u. a., Bad Heilbrunn/Obb. 1986, S. 152–163; ders., Funktion und Gestalt in nonliteraren Kulturen, in: Musik und Musikunterricht. Geschichte – Gegenwart – Zukunft, hg. von Max Liedtke, Bad Heilbrunn/Obb. 2000, S. 63–73; Reinhold Hammerstein, Musik als Komposition und Interpretation, in: ders., Schriften, hg. von Gunther Morche und Thomas Schipperges, Band 1, Tutzing 2000, S. 29–52.

9   Den bislang besten Überblick über die Musikgeschichte der Steiermark bietet Hellmut Federhofer, Musikleben in der Steiermark, in: Die Steiermark. Land – Leute – Leistung, hg. von Berthold Sutter, Graz 1956, S. 223–250; 2. Aufl., 1971, S. 614–660; mit Ergänzungen von Rudolf Flotzinger nochmals abgedr. in: Musik in der Steiermark. Katalog der Landesausstellung [Admont] 1980, hg. von R. Flotzinger, S. 15–83.

10 Berta A. Wallner, Musikalische Denkmäler der Steinätzkunst des 16. und 17. Jahrhunderts nebst Beiträgen zur Musikpflege dieser Zeit, München 1912, S. 100; Hellmut Federhofer, Blasinstrumente und Bläsermusik in der Steiermark bis zum Ende des 18. Jahrhunderts, in: Alta Musica 1, 1976, S. 79. – Allgemein zu diesem Thema: Sabine Žak, Musik als „Ehr und Zier" im mittelalterlichen Reich. Studien zur Musik im höfischen Leben, Recht und Zeremoniell, Neuss 1979.

Steirische Musikgeschichtsforschung und Archäologie haben in den vergangenen Jahrzehnten auf Knochenfragmente aus der Vor- und Frühgeschichte hingewiesen, in denen offensichtlich Anblase-Öffnungen und Grifflöcher ausgeschabt worden waren und die als Pfeifen für Signal- oder Jagdzwecke gedient haben mochten. In der Steinbockhöhle bei Peggau, im Lieglloch und in der Salzofenhöhle des Toten Gebirges stießen Sammler auf solche Relikte, die als Vorläufer heutiger Musikinstrumente gelten könnten[11]. Doch die moderne Musikarchäologie ist eher skeptisch; vielfach wurden Knochen deshalb angebohrt, um das Mark herauszuholen[12].

Kelten und Römer

Konkretere Aussagen erlauben hallstattzeitliche Grabfunde aus dem 5. Jahrhundert v. Chr. in Kleinklein im südsteirischen Sulmtal. Auf einer Bronzeziste sind deutlich Lyraspieler mit ihren Instrumenten zu erkennen[13]. Parallele Funde in Mitteleuropa bezeugen für jene Zeit zudem Blasinstrumente. Unsere erste Abbildung zeigt einen Panflötenspieler aus Vače in Slowenien, wie er auf einer Situla aus Bronzeblech um 500 v. Chr. dargestellt wurde[14].

Unter den Beigaben der Brandgräber Nr. 465 und 469 in Hallstatt im Salzkammergut befand sich neben Waffen und Werkzeugen, die offensichtlich zu einem Krieger gehörten, ein „trompetenförmiger Tutulus" aus Bronze, wohl ein Schall- und Signalinstrument. Im Bereich der westlichen Hallstattkultur tritt während des sechsten vorchristlichen Jahrhunderts die neue keltische Religion mit der ihr eigenen politischen und sozialen Struktur in das Blickfeld der Geschichte. Hier formierten sich die Wanderzüge der Kelten nach Süden und Osten. Manche Forscher schreiben daher der westlichen Hallstattkultur bereits „keltische" Eigenarten zu. Die Kelten selbst haben keine Schriftquellen hinterlassen, ihre Barden tradierten die Geschichte des Volkes mündlich, in Epen. Archäologische Bodenfunde und die Chroniken griechischer und römischer Autoren berichten jedoch von den Wanderungen und von den Eroberungszügen der Kelten bis vor Rom und vor Delphi. Das wichtigste Zeugnis keltischer Religion ist der sogenannte Silberkessel von Gundestrup in Dänemark. Es ist für den Musikforscher bedeutsam, dass ein Musikinstrument – nämlich die hochaufragende, mit einem Tierkopf als Schallbecher versehene „Carnyx" – im Zentrum der Darstellung steht (Abb. 2). Gezeigt wird das jährlich von den Kelten zu Ehren der Muttergöttin und des Esus veranstaltete Fest, das an den Aufbruch des von Teutates aufgestellten Heeres erinnern sollte. Bei diesem Jahresfest veranstalteten Krieger Aufmärsche, es fanden Menschenopfer statt, ein noch mit Wurzeln und Blättern versehener Baum wurde umhergetragen und in einen Schacht geworfen. Dieser Ritus beschwor die Verbindung zwischen der Welt der Lebenden und der Welt der Toten, eine Verbindung, die vor allem der Klang der drei den Zug beschließenden Carnyx-Bläser symbolisieren und bewirken konnte[15].

Als die Römer in die Steiermark einbrachen, da überschichteten sie politisch und kulturell die keltische Bevölkerung. An Grabdenkmälern in Flavia Solva, nahe dem heutigen Leibnitz, sind manche keltische Namen zu finden[16]. Flavia Solva, unter Kaiser Vespasian zwischen 69 und 79 n. Chr. gegründet und in den Stürmen der Völkerwanderung zu Ende des 4. Jahrhunderts untergegangen, bildete den kulturellen Mittelpunkt des Landes. Hier konnte bei Grabungen im Jahre 1979 durch den Leiter der Abteilung für Vor- und Frühgeschichte am Landesmuseum Joanneum in Graz, Erich Hudeczek, eine römische Knochenflöte mit drei Griff-

---

11 Stradner 1986, S. 125f., weist auf solche Funde aus Pettau, Flavia Solva und Kleinklein/Sulmtal in der Abteilung für Vor- und Frühgeschichte des Joanneums in Graz hin.
12 Cajsa Lund, Methoden und Probleme der nordischen Musikarchäologie, in: Acta musicologica 52, 1980, S. 1–13.
13 Otto Seewald, Die Lyrendarstellungen der ostalpinen Hallstattkultur, in: Orel-Festschrift, Wien – Wiesbaden 1960, S. 159ff. – Über die Situation in dieser Zeit grundsätzlich: Diether Kramer, Zur Urgeschichte der Steiermark und ihrer Funde von europäischer Bedeutung, in: 800 Jahre Steiermark und Österreich 1192–1992. Der Beitrag der Steiermark zu Österreichs Größe, hg. von Othmar Pickl, Graz 1992 (Forschungen zur geschichtlichen Landeskunde der Steiermark 35), S. 11–28.
14 Zur keltischen Musik vgl. Wolfgang Suppan, Keltische Musik – Was blieb davon?, in: Szene Magazin. Beilage zu den Salzburger Nachrichten anlässlich der Kelten-Ausstellung in Hallein, 1980; Die Kelten in Mitteleuropa, Ausstellungskatalog (Hallein), Salzburg 1980.
15 Wolfgang Suppan, Kelten – Römer – Alemannen, in: ders., Baden 1983, S. 14–19.
16 Erna Diez, Flavia Solva. Die römischen Steindenkmäler auf Schloß Seggau bei Leibnitz, 2. Aufl., (Wien) 1959; Die Römer in der Steiermark. Steirische Landesausstellung 2004, Wagna bei Leibnitz 2004. – Zur Musik der Römer vgl. Günter Wille, Musica romana. Die Bedeutung der Musik im Leben der Römer, Amsterdam 1967.

Abb. 1: Hallstattzeitlicher Panflöten-Spieler auf einer Situla aus Bronzeblech aus Vače in Slowenien, um 500 v. Chr.

löchern freigelegt, sachgerecht konserviert und damit spielbar gemacht werden[17]. Wie auf vergleichbaren Hirtenflöten in Reliktgebieten Europas und Außereuropas kann darauf eine tetrachordische[18] Tonreihe sauber angeblasen werden. Welche Töne und Melodien jedoch einst tatsächlich auf einer solchen Flöte erklangen, darüber gibt es keine Anhaltspunkte, – zumal gerade solche Flöteninstrumente durch Manipulationen am Rohr und an den Grifflöchern, durch differenzierte Anblastechniken eine Vielfalt von zusätzlichen Klangeffekten ermöglichten. Zu den interessantesten Musikdarstellungen aus Flavia Solva zählt ein aulosblasender Satyr und

Abb. 2: Keltische „Carnyx"-Bläser, Ausschnitt aus einer Darstellung auf dem Silberkessel von Gundestrup in Dänemark.

---

17 Erich Hudeczek, Eine römische Knochenflöte aus Flavia Solva?, in: Schild von Steier 17/18, 1980/81.
18 Tetrachordisch meint, dass es sich um vier nebeneinander liegende Töne handelt, die allerdings nicht als Ausschnitt aus einer unserer Dur-Moll-Tonreihen zu verstehen sind. Grundsätzlich versteht die Musikwissenschaft unter den „chordischen" Tonreihen solche, deren Töne nebeneinander liegen, unter den „tonischen" Reihen solche, die sich im Umfang einer Oktave beliebig verteilen können.

Abb. 3: Auch in der römischen Garnison in Flavia Solva repräsentierten die Feldzeichen und Musikinstrumente das tägliche Leben. Wilhelm Dillich hat in seiner 1589 erschienenen „Kriegs-Schule" diese dargestellt. „Litui" und „Buccina" wurden bei den Fußtruppen (oben) verwendet, „Tubae" und „Cornua" bei den berittenen Truppen.

I. Frühgeschichte – Römerzeit – Mittelalter

Abb. 4: In den Villen der vornehmen Römer schmückten Mosaiken Räume und vor allem Bäder. Unsere Abbildung zeigt eine römische Satyr-Familie, die Mänade (im Bild links) mit einem Doppelaulos.

eine tanzende Mänade, die in ihrer linken Hand einen rundlichen Gegenstand, möglicherweise eine Rahmentrommel, hält, auf die sie mit den Fingern der rechten Hand schlägt. Ähnliche Abbildungen auf Steindenkmälern aus der Römerzeit sind uns auf steirischem Boden aus Stallhofen, aus St. Johann bei Herberstein, aus Waltendorf, vor allem aber aus dem untersteirischen Pettau und Cilli bekannt geworden[19].

---

19   Federhofer 1956, S. 614ff., sowie Kat. Admont 1980, S. 15f.

„Das Werden der Steiermark"[20] – Musik im Rahmen geistlichen und weltlichen Zeremoniells

Mit dem Untergang des Römerreiches tritt unser Land für mehrere Jahrhunderte in das Dunkel der Geschichtslosigkeit zurück. Zwar weisen literarische Belege im Zusammenhang mit dem Eindringen des Christentums in das Ostalpengebiet auf heidnische Praktiken des Musizierens und Tanzens hin. Märtyrerberichte, wie der von Nonsberg in Südtirol, sind für den gesamtalpinen Raum bezeichnend: Dort wurden christliche Missionare unter dem „rituell-zauberischen" Klang von Rindentrompeten und Glöckchen hingemordet[21].

Es ist nicht allzuviel, was an Zeugnissen über das mittelalterliche Musikleben im Land Steiermark auf uns gekommen ist, – und nur ein kleiner Teil davon bezieht sich auf Blasinstrumente. Die wenigen „Findlinge" erlauben dennoch die Feststellung, dass der Osten der heutigen Republik Österreich – wenn auch dem damaligen West-Ost-Kulturgefälle entsprechend mit zeitlicher Verspätung – in die abendländische Geisteswelt integriert war. In jenen Jahrhunderten entstand das Land, das wir heute die Steiermark nennen: Im Jahre 955, nach der erfolgreichen Schlacht auf dem Lechfeld, wurde zum Schutz des Reiches im Osten und Südosten ein Markengürtel angelegt, darunter die Mark an der Mur. Nach den Eppensteinern und Wels-Lambachern kam die Mark zwischen 1050 und 1060 an Otakar aus dem bayrischen Geschlecht der Traungauer.

Zentrum der Macht der Traungauer war zunächst die Burg Steyr, die Styraburg, die der Steiermark ihren Namen geben sollte. *„Der Machtbereich der Traungauer reichte [...] bis an die Donau nach Norden, wo sie den Markt Enns besaßen, bis zum Hausruck im Westen und bis zum Dachstein im Süden. Im Ennstal war die Burg Grauscharn (heute Pürgg) das Zentrum ihrer Herrschaft"* (Fritz Posch[22]). *„Die Urkunden ab 1160 lassen jedenfalls* [in Pürgg-Grauscharn] *eine markgräfliche, dann herzogliche Pfalz mit organisierter Hofhaltung erkennen"* (Spreitzhofer[23]), – und dazu gehörten sowohl ein ausgeprägtes geistliches Zeremoniell (mit der dem Heiligen Georg, dem Adel, zugeordneten heutigen Pfarrkirche) als auch glänzende weltliche Feste mit Minnesängern und Turnieren. Markgraf Otakar II. (1082 bis 1122) hat, vertrauen wir dem steirischen Reimchronisten Ottokar von Steiermark (aus der Gaal), seinen Lebensabend auf der Pürgg verbracht.

Als eigentlicher Schöpfer der Steiermark gilt Markgraf Otakar III., der von 1139/40 bis zu seinem 1164 erfolgten Tod die Landesherrschaft durchzusetzen und im Süden über Radkersburg und Marburg bis Seitz und bis zur Save, im Osten und Nordosten über Mürzzuschlag und Hartberg, den Semmering und Wechsel bis zur Piesting und an die ungarische Grenze auszuweiten vermochte. Sein Sohn, Otakar IV. (1163–1192), ein Neffe Kaiser Friedrich Barbarossas, wurde 1180 zum Herzog (als solcher Otakar I.) erhoben, starb jedoch bereits 1192. Das Herzogtum Steiermark wurde im letztgenannten Jahr aufgrund der Georgenberger Handfeste mit dem von den Babenbergern regierten Herzogtum Österreich vereint und 1282 habsburgisch.

Es gibt keine sicheren Hinweise dafür, welche Sänger damals auf Grauscharn ihre Epen und Minnelieder dargeboten haben. Zeitlich und räumlich könnte dies aber für Dietmar von Aist zutreffen. Er entspross einem freiherrlichen Geschlecht, das in der Nähe der Mündung der Enns in die Donau ansässig war. Wir begegnen ihm zwischen 1139 und 1171 (in diesem Jahr oder kurz zuvor ist er gestorben) im bayerisch-österreichischen Donauraum. Unter den großen Epen fällt vor allem der Steiermark-Bezug des Biterolf und Dietleib: Der junge Held Dietleib begibt sich auf die Suche nach seinem Vater Biterolf und besteht dabei manches Abenteuer. Bei sei-

---

20 Gerhard Pferschy (Hg.), Das Werden der Steiermark. Die Zeit der Traungauer. Festschrift zur 800. Wiederkehr der Erhebung zum Herzogtum, Graz u. a. 1980 (Veröffentlichungen des Steiermärkischen Landesarchives 10). Dazu weitere Literatur: Othmar Pickl (Hg.), 800 Jahre Steiermark und Österreich 1192-1992. Der Beitrag der Steiermark zu Österreichs Größe, Graz 1992 (Forschungen zur geschichtlichen Landeskunde der Steiermark 35); W. Suppan, Artikel „Steiermark", in: Suppan, Stmk./2, 2009.
21 W. Suppan, Bürgerliches und bäuerliches Musizieren in Mittelalter und früher Neuzeit, in: Musikgeschichte Österreichs I, Graz u. a. 1977, S. 143ff.; ders., Die Funktion der Musik im Leben der Bürger und Bauern Tirols im Mittelalter und in der beginnenden Neuzeit, in: Musikgeschichte Tirols 1: Von den Anfängen bis zur Frühen Neuzeit, hg. von Kurt Drexel und Monika Fink, Innsbruck 2001 (Schlern-Schriften 315), S. 669–696.
22 Fritz Posch, Die Besiedlung und Entstehung des Landes Steiermark, in: Gerhard Pferschy (Hg.), Das Werden der Steiermark. Die Zeit der Traungauer. Festschrift zur 800. Wiederkehr der Erhebung zum Herzogtum, Graz u. a. 1980 (Veröffentlichungen des Steiermärkischen Landesarchives), S. 35.
23 Karl Spreitzhofer, Von Grauscharn nach Graz: Wege zur steirischen Landeshauptstadt, in: Festschrift Gerhard Pferschy zum 70. Geburtstag, Graz 2000 (u.a. Veröffentlichungen des Steiermärkischen Landesarchives 26), S. 627–639.

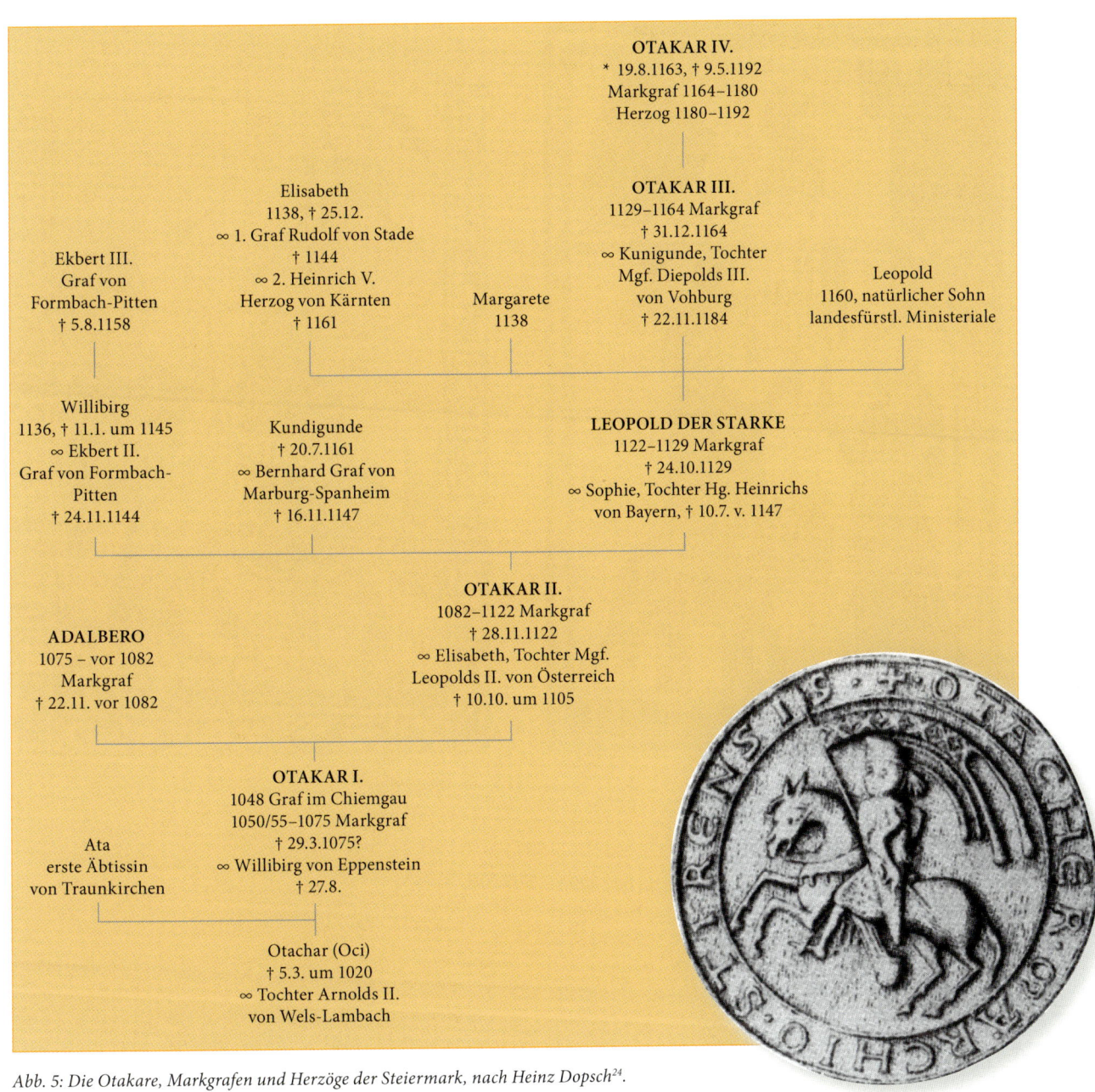

Abb. 5: Die Otakare, Markgrafen und Herzöge der Steiermark, nach Heinz Dopsch[24].

Abb. 6: Siegeltyp Markgraf Otakars III. auf einer Pergament-Urkunde aus dem Jahr 1179: Markgraf Otakar IV. übergibt im Auftrag der Grafen Heinrich und Sieghart von Schala dem Zisterzienserkloster Rein das Dorf Kalsdorf, südlich von Graz. Es ist dies die letzte Urkunde Otakars IV. als Markgraf von Steier, versehen mit dem letzten Markgrafensiegel. Dieses Siegel Otakar IV. wurde schon von seinem Vater seit etwa 1160 verwendet. Es zeigt auf dem Schild des Reiters zum ersten Male den Panther [...] Nach der Herzogserhebung 1180 wurde nur die Legende dieses Siegels abgeändert"[25].

---

24 Heinz Dopsch, Die steirischen Otakare. Zu ihrer Herkunft und ihren dynastischen Verbindungen, in: Gerhard Pferschy (Hg.), Das Werden der Steiermark, s. oben, Anm. 14, S. 75–139, Tafel S. 111.

25 N. M., in: Katalog der Landesausstellung 1000 Jahre Oberösterreich. Das Werden des Landes, Linz 1963, S. 22.

Abb. 7, 8: Der Minnesänger Dietmar von Aist nach Abbildungen in der Großen Heidelberger Liederhandschrift, die im 1. Drittel des 14. Jahrhunderts entstanden ist (links), und in der Konstanz-Weingartner Liederhandschrift (rechts).

nem Scheiden vom Hunnenhof wird ihm als besondere Anerkennung die Belehnung mit „Stire" zuteil. *„Haben wir darunter auch nicht die Steiermark in unserem heutigen Sinn zu verstehen, sondern mehr den Traungau und das anschließende obere Ennstal, so darf das Lob, das der Dichter anlässlich dieser Belehnung dem Land spendet, doch auch auf das übrige Gebiet übertragen werden"* (Alfred Kracher). Hier, in der Steiermark, sei alles besser als anderswo: Weide, Wald, Fischwässer, Korn, Wein, Gold- und Silberbergwerke usw., ja, zwischen der Elbe und dem Meer, gemeint ist wohl die Adria, gäbe es keine besseren Plätze für Burgen[26]. Auch das Nibelungenlied erschien damals noch aktuell; erst mit der Niederschrift um 1200 verschwanden die gesungenen Geschichten um Siegfried, Brünnhilde, Hagen, Krimhild usf. aus dem Gedächtnis der Menschen.

In dieselbe Zeit, um 1160 bis 1165, datieren Kunsthistoriker die Entstehung der Fresken in der Johanneskapelle auf der Pürgg, die zu den bedeutendsten romanischen Kunstwerken Mitteleuropas zählen. Ein musikwissenschaftlicher Kollege, spezialisiert auf Musikikonographie, hat die Tierhörner in den Händen der klugen und törichten Jungfrauen auf der Süd- und Nordwand dieser Johanneskapelle als Schofare identifiziert. Da der aus den Instrumenten der klugen Jungfrauen heraustönende Klang in der mittelalterlichen Malerei vielfach als eine Art Rauch bildlich dargestellt wird, sollte dies

---

26 Alfred Kracher, Mittelalterliche Literatur und Dichtung in der Steiermark, in: Literatur in der Steiermark. [Katalog] Landesausstellung 1976, Graz 1976 (Arbeiten aus der Steiermärkischen Landesbibliothek, Band 15), S. 19f. und 38.

Abb. 9, 10: Die klugen und die törichten Jungfrauen in der Johanneskapelle auf der Pürgg, Fresken aus den Jahren 1160 bis 1165. In den Händen halten sie Tierhörner. Auch im Reiner Musterbuch, Codex Vindobonensis 507, fol. 2r, ist der Ton, der aus dem Jagdhorn „herausklingt", durch gewellte Striche, wie bei den Pürgger „klugen Jungfrauen", angezeigt (Abb. s. Kapitel IX: Blasmusik und Brauchtum, Abb. 223, S. 298).

zutreffen[27]. Doch bleibt eine solche Zuordnung unsicher, zumal in einem anderen steirischen Gotteshaus, in der Filialkirche St. Cäcilia ob Murau, die klugen und törichten Jungfrauen einerseits nach oben offene und brennende (die Klugen), andererseits nach unten gekippte Öllampen, die nicht brennen, halten (die Törichten). Allerdings liegen zwischen den Pürgger Fresken und denen in St. Cäcilia ob Murau genau dreihundert Jahre[28].

Spätere Abbildungen aus steirischen Kirchen zeigen deutlich, dass die Engel dort die „Tuba salutaris", die Tuba des Heiles, blasen.

Die Ausbreitung des Christentums, die Wege der Minne- und Meistersänger, hoher und niederer Spielleute, eines Walther von der Vogelweide, eines Neidhart von Reuental (beide sind auf ihren Wanderungen nachweislich auch in die Steiermark gekommen), eines Ulrich von Lichtenstein, eines Herrand von Wildon, eines Hugo von Montfort (einer der letzten Minnesänger, der 1415 Landeshauptmann in der Steiermark wurde), schufen damals die kulturelle Basis für die Gewinnung eines politischen Landesbewusstseins, das bis in die Gegenwart herein wirkt[29].

Konkret ist von Musikinstrumenten erst die Rede, als der steirische Ministeriale und Minnesänger Ulrich von Lichtenstein um die Mitte des 13. Jahrhunderts, von einer Schar Spielleute umgeben, die Lande durchstreifte. In Ulrichs Liedern finden sich neben den Saiteninstrumenten auch Flöten und Schalmeien, Posaunen und

---

27 Auch der Klang des Tierhornes in der Jagdszene des Reiner Musterbuches macht den Klang auf diese Art sichtbar (s. Kapitel Brauchtum in diesem Buch). – Vgl. zudem die beiden Abbildungen Nr. 100 aus dem Jahr 1340, in: Alexander Buchner, Hudební nástroje od Pravěku k Dnešku, Prag 1956.
28 Elga Lanc, Die mittelalterlichen Wandmalereien in der Steiermark, Wien 2002 (Corpus der mittelalterlichen Wandmalereien Österreichs, Band 2, Steiermark), Textband, Pürgg, S. 357–376, St. Cäcilia ob Murau, S. 436–447; Bildband, Pürgg, Abb. 451–495, St. Cäcilia ob Murau, Abb. 584–609. – Auch die Abb. 9 und 10 sind diesem Band entnommen: Textband, Nr. 32, S. 373, Tafelband, Nr. 378 und 480. – Allgemein zur „Tuba des Heiles": Reinhold Hammerstein, Tuba intonet salutaris. Die Musik auf den süditalienischen Exultet-Rollen, in: ders., Schriften, hg. von Gunther Morche und Thomas Schipperges, Band 2, Tutzing 2000, S. 93–133.
29 Alfred Kracher, Der steirische Minnesang, in: Zs. hist. Ver. 47, 1956, S. 123–136; die einzelnen Namen sind bei Suppan, Stmk./2, 2009 nachzuschlagen.

Abb. 11: Wald am Schoberpass, Pfarrkirche, um 1420/30, die Darstellung des Jüngsten Gerichtes an der Südwand zeigt deutlich zwei Tuba-Engel.

Abb. 12, 13: St. Peter am Kammersberg, Karner, um 1500, je einen Tuba-Engel sehen wir im Zusammenhang mit der Darstellung des Jüngsten Gerichtes sowie über der Gruppe der Apostel.

Hörner, er trägt singend jene Neuigkeiten von Burg zu Burg, die heute durch das Fernsehen und durch die Tageszeitungen allgemein bekannt gemacht werden. So heißt es u. a.:

> „Daz spere krachen was da groz,
> holerfloiten, sumber doz,
> puzunen und schalmyen schal
> moht niemen da gehoeren wal",

und an anderer Stelle:

> „... von pusunen wart michol schal
> holer floiten, hornesdoz,
> sumberslahon was da groz".

Als Ulrich auf seiner Fahrt als Frau Venus verkleidet im Jahre 1227 in Leoben eintrifft, lässt er niederschreiben (er selbst konnte weder lesen noch schreiben, das war damals Sache von Untertanen):

> „ze Leuben reit ich alzehant, da ich wol
> zweinzic ritter vant [...]
> in den gazzen dort und hie, hort ich
> holerfloyten don".

Das mittelhochdeutsche „holre, holer, holler" bezeichnet die Einhandflöte, vom Spieler mit der linken Hand gehalten und angeblasen, während er mit seiner rechten Hand auf die am linken Oberarm befestigte Trommel (sumber) schlägt. Ulrich von Lichtenstein schreibt darüber: *„ein holrbläser sluoc einen sumber meisterlich genuoc"*[30]. Und auch seine Posaunisten lobt Ulrich, die nicht nur süße Weisen, sondern auch „hoch" zu blasen

---

30 Ferdinand Bischoff, Beiträge zur Geschichte der Musikpflege in Steiermark, in: Zs. hist. Ver. 37, 1889, S. 177f.; Ulrich von Lichtenstein, Frauendienst, hg. von R. Bechstein, Leipzig 1988, 1560, 2; 255, 7; 644, 5 (Letzteres Leoben betreffend), sowie 485, 1.

verstünden: „*min busunaer die bliesen do ein sueze wise mit schalle ho*" (580, 1), oder: „*min busunaer die bliesen do mit kunst ein reisenot vil ho*" (996, 7).

Die von Ulrich von Lichtenstein genannten Musikinstrumente, die die weltliche Liedkunst des Mittelalters begleiten, werden in der Großen Heidelberger Liederhandschrift des 14. Jahrhunderts bildlich auch einem anderen Minnesänger zugeordnet, nämlich Heinrich Frauenlob: Da erkennen wir Trommel, Flöte, Schalmei, Fiedeln, Psalterium und Sackpfeife.

Man sollte demnach die Kunst mittelalterlicher Spielleute, zumal aus dem Umkreis adeliger Herren, nicht gering schätzen. Museumsstücke – und dies gilt auch für die oben erwähnte römische Knochenflöte aus Flavia Solva – „*geben häufig nur einen schwachen Begriff von den musikalischen Möglichkeiten eines jeden Instruments; wenn es von einem fachmännisch geschulten Bläser gespielt wird, der Zeit seines Lebens nichts anderes getan hat, als das Instrument zu studieren, ergibt sich häufig ein erstaunliches Tonmaterial, was Klang, Umfang und Ausdruck anbelangt*"[31]. Zu beachten ist zudem, dass die Namen der mittelalterlichen Musikinstrumente in den verschiedenen Quellen keinesfalls einheitlich gebraucht werden. „*trumbe*" ist entweder Trommel oder Trompete, „*zimbel*" kann sowohl Becken als auch Glocke meinen, „*swegel, Pfife, Floite*" sind irgendwelche Pfeifeninstrumente. Sowohl zylindrisch verlaufende und langgestreckte Trompeten aus Blech als auch konische und gebogene Tierhörner werden als Businen (altfranzösisch *buisine*, im Deutschen *busine, busune*) ausgegeben[32]. Auf solchen Instrumenten, in deren Rohr zusätzlich Grifflöcher gebohrt sein konnten, war es einem einfallsreichen Bläser durchaus möglich, kunstvolle Melodien darzustellen und darin mit den Geigern zu wetteifern. Ulrich von Lichtensteins Aussagen sind jedenfalls wichtige Zeugnisse für die Spielpraxis und für das Können mittelalterlicher Bläser. Auch bei Turnieren und adeligen Hochzeiten fehlte im Mittelalter die auf Blas-, Schlag- und Saiteninstrumenten dargebotene Musik nicht. Der steirische Reimchronist Ottokar von Steiermark (auch als Ottokar aus der Gaal benannt) berichtet über die im Herbst des Jahres 1295 in Graz gefeierte Vermählung des Markgrafen Hermann von Brandenburg mit Anna, der Tochter des Herzogs Albrecht, nach der kirchlichen Feier habe sich Folgendes zugetragen:

„*herphen, rotten videln,
des was der boumgart voller;
pusun, phifen, holler,
des wart so vil da gehort,
ein krankez houbet waer betort,
waer ez gewesen da na!*"[33].

Seltsam zwiespältig ist das Ansehen, das jene mittelalterlichen Spielleute bei der Allgemeinheit genossen. Unter den fahrenden Musikern, Tänzern, Gauklern und Possenreißern finden sich Personen niederer und höherer Abstammung, solche von lauterer und solche von schändlicher Gesinnung, mit einem Wirkungsbereich, der sich auf sämtliche Lebensräume und Situationen ihrer Zeit erstreckt. Könige und Bischöfe, Bürger und Mönche, Bauern und Wegelagerer zählten zu ihrem Publikum. Im Sachsenspiegel (um 1220–1235) werden Spielleute zu den Recht- und Ehrlosen gezählt und willkürlicher Verfolgung preisgegeben.

Anderseits gehörten sie zu den wichtigen Trägern der mittelalterlichen Musikkultur. Wenn vor dem Zeitalter des Buchdrucks die europäische Kultur zu einer Einheit zusammenschmelzen konnte, dann darf auf den erheblichen Beitrag nicht vergessen werden, den die fahrenden Musiker als Übermittler von Nachrichten und damit der eben erwachenden „abendländischen" Gesinnung dafür geleistet haben. Der Verfolgung konnten sie sich nur dadurch entziehen, dass sie sich streng an das kirchlich Erlaubte hielten – oder dadurch, dass sie sesshaft wurden[34].

---

[31] Hans Hickmann, Artikel „Horninstrumente", in MGG/1, Band 6, 1957, S. 743; Christian Ahrens und Gregor Widholm, Artikel „Hörner", in: MGG/2, Sachteil, Band 4, 1996, Sp. 361–416.

[32] Darüber mehr bei D. Treder, Die Musikinstrumente in den höfischen Epen der Blütezeit, Hamburg 1933; Herbert Heyde, Trompete und Trompetenblasen im europäischen Mittelalter, mschr. phil. Diss. Leipzig 1965.

[33] Ottokars Österreichische Reimchronik, nach den Abschriften Franz Lichtensteins hg. von Josef Seemüller, Hannover 1890/93, V, 68064ff. (Monumenta Germaniae Historica, Scriptores qui vernacula lingua usi sunt, Deutsche Chroniken 5, 1–2); dazu Ursula Liebertz-Grün, Das andere Mittelalter. Erzählte Geschichte und Geschichtskenntnis um 1300. Studien zu Ottokar von Steiermark, Jans Enikel, Seifried Helbling, München 1984 (Forschungen zur Geschichte der älteren Literatur, Band 5). – Vgl. auch Grete Gatterer, Die Verwendung der Querflöte in der Steiermark, mschr. phil. Diss. Graz 1952, S. 18.

[34] Hellmut Federhofer, Der Musikerstand in Österreich von ca. 1200 bis 1520, in: Deutsches Jahrbuch der Musikwissenschaft für 1958, 3. Jg., 1959, S. 92–97; Walter Salmen, Der fahrende Musiker im europäischen Mittelalter, Kassel u. a. 1960; ders., Der Spielmann im Mittelalter, Innsbruck 1983 (Innsbrucker Beiträge zur Musikwissenschaft 8).

I. Frühgeschichte – Römerzeit – Mittelalter

Abb. 14: Der Minnesänger Heinrich Frauenlob mit seinen Spielleuten, wie er in der Großen Heidelberger Liederhandschrift dargestellt wird.

Von Wandermusikanten und Spielgrafen

In der Steiermark sind solche sesshaft gewordene Spielleute bereits am Ende des 13. Jahrhunderts nachweisbar: ein *„rudel dorfmaister et fistulator"*, also eine Art Bürgermeister und „Bläser", in der Gegend des heutigen Bad Aussee, eine *„fistulatrix"* als Zinspflichtige des Klosters Admont[35]. Im Jahr 1345 ist ein Trompeter Georg Par in Graz beurkundet.

Berufsständische Zusammenschlüsse sicherten den Musikern seit dem Ende des 13. Jahrhunderts gewisse Rechte. Schon vor 1288 bestand in Wien eine Musikerbruderschaft, die der Landesherr bestätigte. Aus dieser Vereinigung, die alle in Wien lebenden Musiker zusammenfassen sollte, entwickelte sich im Verlauf des 14. Jahrhunderts eine Ziviloberbehörde, das oberste Spielgrafenamt. Unter einem Grafen verstand man in fränkischer Zeit nicht den Angehörigen eines hochadeligen Geschlechts, sondern einen Gaubeamten, später einen höheren Beamten des deutschen Reiches. Erst in einer

Abb. 15 und 16: Im steirischen Zisterzienser-Stift Rein bei Graz und im Grazer Dom treffen wir auf mittelalterliche Spielleute. Den einen, in eine verzierte Initiale eingepasst, finden wir in dem kostbaren Codex Runensis 89, fol. 121 v., des 13. Jahrhunderts, der im Stiftsarchiv in Rein verwahrt wird (links). Im Dom zu Graz schaut ein auf einem Pferd sitzender – also durchaus einer höheren Gesellschaftsschicht angehörender – Spielmann mit Einhandflöte und Trommel aus einem Bild heraus (rechts)[36].

---

35 W. Suppan, Das musikalische Leben in Aussee ..., in: Bl. f. Hk. 35, 1961, S. 86; Ferdinand Bischoff, Beiträge zur Geschichte der Musikpflege in Steiermark, in: Zs. hist. Ver. 37, 1889, S. 120.
36 Walter Salmen, Zur Verbreitung von Einhandflöte und Trommel im europäischen Mittelalter, in: Jahrbuch des Österreichischen Volksliedwerkes 6, 1957, S. 154–161.

I. Frühgeschichte – Römerzeit – Mittelalter

weiteren Entwicklungsphase wurde der Grafentitel erblich, doch erlosch die frühere Verwendung keinesfalls. Im späten Mittelalter finden wir in unseren Gegenden Handelsgrafen, die das Handelswesen zu überwachen hatten. In Graz gab es die Einrichtung des Bettelgrafen, auch Sterzermeister oder Bettelvogt genannt: er hatte das unruhige Volk der Bettler im Zaum zu halten und vor der innerösterreichischen Regierung die Verantwortung für die Schlichtung aller Streitigkeiten unter dem Bettlervolk zu tragen. In diesem Sinne funktionierten auch die Spielgrafenämter in Wien (seit 1354 „Spielgrafenbruderschaft") und im Lande unter und ob der Enns: als eine Gerichtsinstanz für alle fahrenden Leute, und nur was *„an den frid oder an das leben"* ging, musste an den Stadtrichter zu Wien weitergeleitet werden.

Die Zusammenfassung und Unterordnung der Spielleute in den innerösterreichischen Ländern Steiermark, Kärnten und Krain unter eine landesfürstliche Behörde erfolgte nach Wiener Vorbild in der ersten Hälfte des 15. Jahrhunderts. Einer Zuschrift Kaiser Friedrichs III. an den Rat und Richter in Laibach ist zu entnehmen, dass der kaiserliche Trompeter Wolfgang Wetter spätestens seit dem Jahre 1464 das Spielgrafenamt *„in unsern landen Steir, Kernten und Krain"* innehatte. Im genannten Jahr „verpachtete" Wetter das Amt dem Makho Brabetz um einen Betrag von jährlich drei Gulden, ohne in den kommenden 14 Jahren auch nur einen Gulden von diesem zu erhalten. Inzwischen verstarb Brabetz, und so beauftragte Kaiser Friedrich III. im Mai 1478 die Stadt Laibach, den Trompeter für den unbezahlten Pachtzins aus dem Nachlass des Verstorbenen schadlos zu halten. Dass die Erträgnisse des Spielgrafen kaum ergiebig sein konnten, ersieht man aus der geringen Jahrespacht von drei Gulden; ein Betrag, der auch bei Berücksichtigung der Wertverhältnisse der zweiten Hälfte des 15. Jahrhunderts kaum ins Gewicht fiel.

Im Gegensatz zu Niederösterreich, wo die Familie Ebersdorfer zwischen 1354 und 1557, die Freiherren von Eytzing zwischen 1561 und 1619 sowie die Freiherren von Breuner bis 1782 die Spielgrafenwürde über viele Generationen hinweg erblich weiterreichten, entwickelte sich das Spielgrafenamt in den innerösterreichischen Ländern nicht zu einem Erbamt mit einem adeligen Würdenträger an der Spitze. Diese Situation veränderte sich erst, als 1564 die Stadt Graz zur innerösterreichischen Residenz einer Nebenlinie der Habsburger wurde. Seit diesem Zeitpunkt wählte man Adelige als Inhaber des *„Spilgraffenambts in denen gesambten i. ö. erblanden"*. Doch ist von einer Erblichkeit des Amtes weiter nicht die Rede. Vergeblich bewarben sich der Regierungsingroßist Hans Sigmund Crapner (1620), der Hofinstrumentist und Trompeter Ferdinands II., Ruprecht Pokhstaller (1621), und der Oberstsilberkämmerer Peter Ernst Graf von Mollart (1678 und nochmals am 12. Februar 1680) um die Verleihung eines Spielgrafenamtes im Bereich Innerösterreichs.

Unter dem obersten Spielgrafenamt von Innerösterreich bestanden offensichtlich mehrere untergeordnete Spielgrafenämter. In Graz selbst wird allerdings in Musikantenordnungen von 1650, 1660 und 1698 darauf nicht Bezug genommen. Doch sind uns Urkunden über das Bestehen des Spielgrafenamtes in der Herrschaft Wolkenstein im Ennstal überliefert. Hans Moser, Bürger von Schladming, bat zu Ende des Jahres 1606 die innerösterreichische Regierung um ein Patent, im Landgericht Wolkenstein das Saitenspiel, Geigen und Pfeifen betreiben zu dürfen. Außerdem ersuchte er um die Ernennung zum Spielgrafen, *„wie es an ethlichen Orthen gebreuchlich ist"*. Moser wolle der Regierung dafür die jährlich gebührende Summe entrichten. Julius Freiherr von Paar als Inhaber der Herrschaft Wolkenstein befürwortete das Gesuch; denn Moser sei ein armer Bürger, habe sechs kleine, unversorgte Kinder und ernähre sich und die Seinen nur kümmerlich vom Saitenspiel und von ein wenig Fischerei. Im Landgericht würden zu festlichen Anlässen, besonders im Herbst und im Fasching, zahlreiche fremde Spielleute eindringen und die Verdienste der einheimischen Musiker schmälern. Daher sei die Ernennung eines Spielgrafen und die damit verbundene Gewährung bestimmter Privilegien für die einheimischen Musiker zu wünschen. Moser erhielt das erbetene Patent am 6. August 1607.

Erst im Zeitalter der Aufklärung fiel das Spielgrafenamt in den österreichischen Ländern den Reformen Kaiser Josefs II. zum Opfer[37]. Im Anhang zur Wiener Zeitung Nr. 90 (Sonnabend, 9. November 1782) steht darüber zu lesen: *„Von der K. K. ni. öst. Landesregierung wird hiermit jedermann zu wissen gemacht, dass zufolge höchs-*

---

37 Fritz Popelka, Das Spielgrafenamt in Innerösterreich, in: Bl. f. Hk. 1, 1923, S. 2–4; W. Suppan, Bürgerliches und bäuerliches Musizieren in Mittelalter und früher Neuzeit, in: Musikgeschichte Österreichs 1, Graz u. a. 1977, S. 147–151.

ter Entschließung vom 19. Oktober d. J. das Privilegium des K. K. obersten Spielgrafenamt in Oesterreich ob und unter der Enns als eine gar nicht mehr anpassende und wider die natürliche Freyheit, durch Kunst sein Brod zu verdienen streitende Beschränkung aufgehoben worden sey, solches folglich von nun an ganz aufzuhören habe. Wien den 30sten Oktober 1782". Und eine solche kaiserliche Verordnung galt auch für die Steiermark.

An der Kirchenmusik hatten sich Spielleute mit ihren Instrumenten wohl beteiligt – mehr als dem Klerus lieb sein mochte. Dies geht nicht aus Geboten, sondern aus Verboten – etwa Abt Engelberts von Admont (* um 1250, † 1331) – hervor, denen zufolge im Kirchenraum und während des Gottesdienstes allein die Orgel als Begleitinstrument zum Gesang zugelassen sei, während alle übrigen Instrumente „*propter abusum histrionum*" auszuschließen seien[38].

Dafür konnten sich Spielleute im paraliturgischen Brauchtum außerhalb der Kirchen- und Klostermauern reichlich entfalten: bei Prozessionen und Wallfahrten, bei Beerdigungen und geistlichen Spielen[39], aber auch bei Gastmählern der Geistlichkeit (worauf 1487 ein Bericht aus dem untersteirischen Pfarrhaus zu Gonobitz hinweist: dort warteten während des Mahles zwei „*tibicines*" mit verschiedenen Blasinstrumenten den Gästen auf). Kurz danach finden sich zum Tanz aufspielende „*tibicines und fistulatores*" auf Schloss Pettau[40]. Die Seckauer Statuten des Jahres 1418 erlauben innerhalb der Klostermauern nur Musik auf Clavicord und Orgel, wünschen dagegen Hörner-, Flöten- und anderen Instrumentenklang außerhalb zu hören. Hellmut Federhofer weist darauf hin, dass diese Praxis auch aus steirischen Bildzeugnissen deutlich wird: die musizierenden Engel der berühmten St. Lambrechter Strahlenkranzmadonna (ca. 1420–1430) bearbeiten Portativ, Psalterium, Laute, Fidel, Harfe und ein cisterähnliches Saiteninstrument, aber keine Blasinstrumente; ein Glasfenster von Maria Straßengel aus der Zeit um 1360 stellt musizierende Engel mit viersaitiger Mandora und Fidel dar; auf einem Fresko von 1501 in der St.-Luzia-Kapelle des Stiftes Seckau spielen zwei musizierende Engel Harfe und Laute. Als Ausnahme mögen die vier musizierenden Engel auf den Fresken der Dekanatspfarrkirche St. Rupert in Trofaiach (1470–1480) gelten, die neben Knickhalslaute und Portativ auf zwei langgestreckten einwindigen Trompeten spielen, wobei diese Instrumentenkombination darauf schließen lässt, „*dass nicht ,Tubaengel' als Ausdruck mittelalterlicher Musikanschauung, sondern Trompeten des spätmittelalterlichen Instrumentariums in den Händen der Engel dargestellt sind*" (Hellmut Federhofer[41]). Dass man im Mittelalter Tuben und Hörner wohl auseinander zu halten pflegte, lässt sich aus einem Zitat aus Engelbert von Admonts berühmtem Musiktraktat belegen: „*Est vox tremula: sicut est sonus flatus vel cornu, et designatur per neumam, qui vocatur quilisma*", d. h. bei der Erklärung der *vox tremula*, dem Quilisma, stellt Engelbert den Vergleich zwischen dem *sonus flatus* der Tuben und Hörner an, wobei er feststellt, dass der Klang der Tuben und Hörner tremolierend und quilismaartig sei[42].

Wurde der Kirchenraum als Abbild des himmlischen Saales gedacht und ausgestattet, erfüllt mit eben jenem Lobgesang der Engel, der aus den Büchern des Alten und Neuen Testaments herauszulesen ist, so galt die Hölle als Hort des Bösen. Dort sollten sich alle Musikanten wiederfinden, die weltliche Buhllieder verbreiteten und zum Tanz aufspielten. Auf Höllen- und Teufelsdarstellungen begegnen wir denn auch vorzüglich Blas- und Schlaginstrumenten, nicht selten von tierköpfigen oder tiergestaltigen Musikanten bedient. Riesige Trompeten treten als Marterinstrumente in Erscheinung, die den gequälten Höllenbewohnern „die Ohren voll blasen". In Beinhäusern wurden die Totenköpfe aufgeschlichtet. Solche Karner haben sich im oberösterreichischen und steirischen Salzkammergut sowohl in Hallstatt als auch auf der Pürgg erhalten. Musiker (Totengerippe) trompeteten und trommelten davor, um – wie in den mittelalterlichen Totentanzdarstellungen oder in den „Jedermann"-Spielen – den Leuten klar zu machen, dass vor Gott alle Menschen gleich seien.

Abschrecken sollten solche Darstellungen nicht allein Laien, sondern auch Priester, die im Mittelalter oft den

---

38 Ferdinand Bischoff, Beiträge zur Geschichte der Musikpflege in Steiermark, in: Zs. hist. Ver. 37, 1889, S. 20.
39 W. Suppan, Zur Musik der „Erlauer Spiele", in: Studia musicologica 9 = Szabolcsi-Festschrift, 1969, S. 409–421.
40 Hellmut Federhofer, Beiträge zur älteren Musikgeschichte Kärntens, in: Carinthia I, 145, 1955, S. 373ff.
41 Federhofer, 1976, S. 65.
42 Zu Engelbert von Admont vgl. den entsprechenden Artikel in: Suppan, Stmk./2, S. 1220f.; Herbert Heyde, Trompete und Trompetenblasen im europäischen Mittelalter, phil. Diss. Leipzig 1965, S. 103; vgl. dazu auch E. Buhle, Die musikalischen Instrumente in den Miniaturen des frühen Mittelalters I. Die Blasinstrumente, Leipzig 1903, Neudruck Walluf bei Wiesbaden 1972.

I. Frühgeschichte – Römerzeit – Mittelalter

Abb. 17: Der Klang der Trompete und der Trommel verkündet es vor dem Karner, dass hier Gott nach dem Rechten sehen würde, dass da die Totenköpfe der Herren neben denen der Knechte liegen würden, – oder sollte da wirklich jemand merken, wer der Herr und wer der Knecht sei? – Abbildung aus dem Dominikanerinnenkloster Klingental, um die Mitte des 15. Jahrhunderts[43].

Spielleuten die Kirchentore öffneten oder gar ihren Beruf aufgaben und sich dem fahrenden Volk anschlossen. Konzils- und Kapitularienprotokolle hatten sich vielmals damit zu beschäftigen: ein Zeichen dafür, dass das Problem nicht auf die leichte Schulter genommen werden konnte. Im Protokoll des Konzils von Tours, 813, heißt es etwa: *„Alles, was mit Lockungen der Ohren und Augen im Zusammenhang steht, wodurch die Geisteskraft erschlaffen kann – wie bestimmte Arten von Musik, all dessen sollen sich Gottesdiener enthalten, weil durch die Verlockung der Ohren und Augen eine Menge Laster im Herzen Eingang zu finden pflegt"*. Dezidiert äußert sich das Salzburger Konzil von 1310, bei dem u. a. die Diözesen Seckau und Gurk vertreten waren: *„Kleriker, die den geistlichen Stand über das Maß schädigend, sich als Spielleute, Schlemmer oder Possenreißer aufführen, sollen, wenn sie ein Jahr lang jene ehrlose Kunst ausgeübt haben, jedes Vorrechtes des geistlichen Standes verlustig gehen"*[44].

Ehe sich das Mittelalter dem Ende zuneigte, traf sich „die Welt" in den Jahren 1414 bis 1418 zu einem Konzil in der Stadt Konstanz am Bodensee. Es sollte das zweite der großen Reformkonzile werden, ehe die Reformation ausbrach. Erstens ging es um die Wiederherstellung der kirchlichen Einheit, zweitens um deren innere Reform, drittens um die Beseitigung von Irrlehren. Am Ende stand die Absetzung der drei gleichzeitig regierenden Päpste, die Wahl Martins V., die Verurteilung und Verbrennung des tschechischen Reformators Jan Hus und die Proklamierung der Oberhoheit des Konzils über den Papst. Aber es wurde auch gefestet und gefeiert, die päpstliche Kapelle, die Hofkapellen der geistlichen und weltlichen Herrscher waren anwesend, und vier- bis fünfhundert Instrumentalisten und Spielleute waren aus diesem Anlass in die Stadt gekommen, um gutes Geld zu verdienen[45]. Der Konstanzer Ulrich von Richental zeichnete den Einzug der Delegationen, deren Machtfülle jeweils die Anzahl und die Qualität der Musiker zum Ausdruck brachte.

Das Ende des Mittelalters war trotzdem nicht mehr aufzuhalten. Martin Luthers Reformation fand mit Hilfe des Buchdruckes, den Johannes Gutenberg in Mainz erfunden hatte, rasch Verbreitung, Columbus entdeckte Amerika (oder umgekehrt: der Indianer, der den Columbus als erster entdeckt hatte, tat eine böse Entdeckung): Das waren die Zeichen des Beginnes einer neuen Zeit, die um die Wende vom 15. zum 16. Jahrhundert einen weiteren Abschnitt in der europäisch-abendländischen Kultur einleiten sollte, die Neuzeit.

---

43 Reinhold Hammerstein, Die Musik im mittelalterlichen Totentanz, in: ders., Schriften, Band 2. Musik und Bild, hg. von Gunther Morche und Thomas Schipperges, Tutzing 2000, S. 232. Weiteres hochinteressantes Material zu dieser Thematik liefern die Bücher dess. Autors: Die Musik der Engel. Untersuchungen zur Musikanschauung des Mittelalters, Bern – München 1962; Diabolus in musica. Studien zur Ikonographie der Musik des Mittelalters, ebda. 1974.
44 Diese und weitere einschlägige Zitate bei W. Suppan, Volksmusik in den Protokollen deutscher Synoden und Kapitularien des Mittelalters, in: Historische Volksmusikforschung, hg. von Ludwig Bielawski u. a., Krakau 1979, S. 201–219; desgl. in ders., Werk und Wirkung, S. 129–156.
45 Manfred Schuler, Die Musik in Konstanz während des Konzils 1414–1418, in: Acta musicologica 38, 1966, S. 150–168; ders., Artikel „Konstanz", in: MGG/2, Sachteil, Band 5, 1996, Sp. 578–581.

Abb. 18: An den rot-weiß-roten Wappen war es zu erkennen: die österreichische Delegation ritt unter dem Klang der Hofmusiker im Jahr 1414 zum Konzil in Konstanz ein.

II. Die Neuzeit: Renaissance und Barock

Die Quellenlage zum Ausgang des Mittelalters und zu Beginn der Neuzeit verzerrt die Realität. Zwar wurden damals durch die Erfindung des Buchdrucks immer mehr Menschen mit dem Schreiben und Lesen vertraut, doch gehörte das, was niedergeschrieben und bewahrt wurde, doch eher der höheren Kultur an. Nur wenig erfahren wir – aus Verboten und Gerichtsakten – über den Musikgebrauch in den niederen Schichten der Bevölkerung. Renaissance und Barock: das sind Bezeichnungen für hochkulturell geprägte Erscheinungen, für die Gipfel und Gebirgszüge der abendländischen Kultur. Aber was passierte in den Tälern? Zu welcher Musik tanzte die bäuerliche Bevölkerung, wie vergnügten sich die Berg- und Hüttenleute um den Erzberg und im Ausseerland, von welcher Musik befeuert zogen Krieger in den Kampf gegen Ungarn, Kuruzzen und Türken, wovon berichteten Epen- und Zeitungssänger landauf, landab[46]? Das eine oder andere Bildzeugnis vermittelt einen schwachen Abglanz blutvoll-lebendigen Musik- und Tanzbrauchtums in den Ostalpenländern. Die Kultur des Adels und des gehobenen Bürgertums aber, die blieb auf schmale Bildungsschichten beschränkt.

„Dero fürstliche Hofmusici"

Graz wurde im 15. Jahrhundert deutsche Kaiserstadt. Friedrich III., 1440 zum deutschen König gewählt und 1452 zum Kaiser gekrönt, wählte aufgrund wirtschaftlicher oder militärisch-strategischer, kultureller oder klimatischer Überlegungen die Stadt an der Mur zu einer seiner Residenzen. Er hielt sich oft mehrere Jahre hindurch in der Grazer Burg auf, die noch heute an manchen Stellen sein A E I O U zeigt (*„Alles Erdreich ist Österreich untertan"*, oder: *„Austria erit in orbe ultima"*). Wissenschaften und Künste zählten damals zu den wesentlichen Bestandteilen einer kaiserlichen Hofhaltung, beide bestätigten dem Fürsten seine Besonderheit[47]. Die aus Niederländern, Engländern und Deutschen zusammengesetzte Hofkapelle leitete kein Geringerer als Johannes Brassart, einer der führenden Komponisten der sogenannten ersten Niederländischen Schule, Zeitgenosse von Guillaume Dufay, Gilles Binchois und John Dunstable. Mit Brassart fand die niederländische Polyphonie Eingang in die Steiermark. Diese kunstvolle Vokalpolyphonie der Renaissance erklang bald nicht allein im engeren Umkreis des Kaisers, sondern auch auf den Schlössern der die kaiserliche Hofhaltung kopierenden Adeligen des Landes. Eine Entwicklung, die sowohl das Fragment einer zeitgenössischen Abschrift der Missa Gratieuse von Johannes Ghiselin-Verbonnet (nach dem gleichnamigen Chanson von Antoine Busnois) aus dem 1463 von Friedrich III. aufgehobenen Benediktinerstift Obernburg bei Cilli als auch der Reisebericht des Paolo Santonino aus Udine aus dem Jahre 1485 bezeugen.

Trompeter und Pauker werden in den Gesandtschaftsberichten mehrmals erwähnt: Sie hatten die Aufgabe, bei Heeresfahrten, Aufzügen, Jagden und ähnlichen Gelegenheiten das Ansehen und den Herrschaftsanspruch ihres Fürsten möglichst wirkungsvoll darzustellen, sie entboten Gästen den Willkommens- und Abschiedsgruß, leiteten Turniere, Gastmähler und Hochzeiten ein, begleiteten Trauerkondukte, spielten zum Tanz auf, kündeten in Kriegszeiten den Ernst des Kampfes, wurden als Kundschafter und Gesandte ausgeschickt. Seit den Kreuzzügen spiegeln sich in den verschiedenen Blas- und Schlaginstrumenten und ihrer Verwendung an europäischen Höfen verstärkt vorderorientalische Praktiken des „Schlachtengetöns"[48].

Das von den Wirren der Reformation und Gegenreformation politisch geprägte 16. Jahrhundert brachte im Bereich der Musik die Abkehr vom mittelalterlichen „Spaltklang" mit seiner bunten Vielfalt unterschiedlicher Musikinstrumente. Ein homogener Instrumentalklang wurde nun Mode, dem die Instrumentenbauer insofern Rechnung trugen, als sie sowohl im Bereich der Streich- als auch der Blasinstrumente Instrumenten-

---

46 Wolfgang Suppan, Gereimte Liedpublizistik, in: Die Steiermark im 16. Jahrhundert, hg. von Berthold Sutter, Graz 1979, S. 95–135.
47 Berthold Sutter, Die Residenzen Friedrichs III. in Österreich, in: Ausstellung Friedrich III., Kaiserresidenz Wiener Neustadt, Kataloge des niederösterreichischen Landesmuseums, NF 29, Wien 1966, S. 132–143.
48 E. A. Bowles, Eastern Influences on the Use of Trumpets and Drums During the Middle Ages, in: Anuario Musical 26, 1971, S. 3ff.

familien entwickelten, mit denen von der Diskant- bis zur Basslage ein breites Klangspektrum untereinander verwandter Stimmen dargeboten werden konnte. Zinken und Posaunen traten im Bereich der kunstvollen Hof- und Kirchenmusik besonders in Erscheinung. Beide Instrumentenfamilien wurden als Ergänzung und Verstärkung des Vokalklanges in der geistlichen Musik geradezu unentbehrlich.

Zu einem Zentrum musikalisch-kultureller Prachtentfaltung entwickelte sich Graz in der zweiten Hälfte des 16. Jahrhunderts, als nach dem letzten Willen Kaiser Ferdinands I. dessen Sohn Karl im Jahre 1564 die Herrschaft über die innerösterreichischen Erblande antrat. Der venezianische Gesandte Girolamo Lippomano schildert ihn treffend: *„Der Fürst hatte Vorliebe für Musik, aber sein Hauptvergnügen bildete die Jagd, auf welche er ungewöhnlich viel Geld und Zeit verwendete"*[49]. Seine Gemahlin Maria, Tochter des Bayern-Herzogs Albrecht, stand von München her im vertrauten Umgang mit Orlando di Lasso und wurde in Graz Schülerin des bedeutenden venezianischen Meisters und Grazer Hofkapellmeisters Annibale Padovano.

Erzherzogin Maria fühlte sich in Graz gar nicht wohl. Sie rügte hier Unmäßigkeit in Essen und Trinken, Roheit und Unsittlichkeit unter den Bewohnern, „ungeschickt" gebaute und schlecht erhaltene Häuser, Unsicherheit in Verkehr und Rechtsleben, unaufhörliche Seuchen, vor denen sie sogar in den Tagen ihrer ersten Niederkunft flüchten musste, – aber auch die Undurchführbarkeit vieler Intentionen, die wegen angeblichen Mangels an gediegenen und geschulten Arbeitern scheitern mussten; „*mich gedunkt ich sei ninderst dahaimbet alls zu Minchen*", klagt sie am 5. Mai 1577 ihrem Bruder Wilhelm in einem Brief nach München. Der musikalisch-künstlerische Umgang mit Annibale Padovano mag für die feinfühlige Dame daher besonders wichtig geworden sein. Daraus ergaben sich günstige Voraussetzungen für die Erneuerung der zunächst von Niederländern dominierten erzherzoglichen Grazer Hofkapelle. Graz gelang früher als anderen deutschen Hofkapellen die Anpassung an die von Italien herkommende Moderne, an den *stile nuovo*. In dem *„Netz vielfältiger künstlerischer Beziehungen [...], die zwischen Wien, Innsbruck, München, Antwerpen, Venedig, Padua, Bologna und anderen Kulturzentren der Renaissance"* bestanden, kam Graz der bedeutende Rang einer Drehscheibe musikalisch künstlerischer Ideen zu[50].

Einer Hofkapelle fiel die Aufgabe zu, die Gottesdienste am Hof musikalisch auszugestalten. Es handelte sich daher primär um eine religiöse Einrichtung, die nicht einem Orchester unserer Tage vergleichbar war. An der Spitze der Hofkapelle stand eine geistliche Person, der oberste Hofkaplan und Elemosinarius. Zu den Mitgliedern zählten Sänger und Hoforganisten, während Hoftrompeter und andere Instrumentalisten dem Marstall zugerechnet wurden. Diese Trennung macht deutlich, dass den Blasinstrumenten im Verlauf des 16. Jahrhunderts keine wesentliche musikalische Aufgabe im Bereich der gottesdienstlichen Musik zugestanden wurde. Erst der venezianische Einfluss, der sich durch Annibale Padovano in Graz seit 1565 ankündigte, veränderte diese Situation. Fortan wurde der Kapellmeister zum Arrangeur und Klangregisseur, der aufgrund der vorhandenen Gegebenheiten Vokal- und Instrumentalklang nach eigenem Gutdünken verschmelzen konnte. Musik bleibt nicht länger – wie im Mittelalter – spekulative Wissenschaft, sondern wird hörbares Medium, klingende Kunst[51].

Zwei noch erhaltene Grazer Kapellverzeichnisse deuten den Wandel an: Finden sich im früheren Verzeichnis von 1567 zehn Sängerknaben und 15 Kapellsänger (ohne Angabe von Stimmgattungen), so erhöht sich die Zahl 1572 bereits auf elf Sängerknaben und 22 Kapellsänger (sieben Altisten, zehn Tenoristen, fünf Bassisten). Dem Wirken Annibale Padovanos ist es zuzuschreiben, wenn sich zwischen 1567 und 1590 die Zahl der Instrumentalisten von 11 auf 17 erhöht. 1596 werden nicht weniger als 23 Instrumentalisten genannt. Die Neuerungen innerhalb der Grazer Hofkapelle beziehen sich daher

---

49   Zitiert nach Othmar Pickl, Die Ausgaben des Oberst-Jägermeisteramtes in der Regierungszeit Erzherzog Karls II. von Innerösterreich (1564–1590), in: Die Steiermark im 16. Jahrhundert, hg. von Berthold Sutter, Graz 1979, S. 243.
50   Hellmut Federhofer, Die Grazer Hofmusikkapelle, in: Neue Chronik zur Geschichte und Volkskunde der innerösterreichischen Alpenländer, Nr. 15, 29. Mai 1953; ders., Niederländische und italienische Musiker der Grazer Hofkapelle Karls II., Denkmäler der Tonkunst in Österreich 90, Wien 1954; ders., Musikpflege und Musiker am Grazer Habsburgerhof der Erzherzöge Karl und Ferdinand von Innerösterreich (1564–1619), Mainz 1967.
51   Wendelin Müller-Blattau, Venezianische Bläsermusik. Kompositionsstil und Aufführungspraxis, in: Alta Musica 1, 1976, S. 23–29.

II. Die Neuzeit: Renaissance und Barock

weniger auf die Sänger, sondern vor allem auf die Instrumentalisten.

Eine weitere interessante Quelle für die Ausbreitung der Blasinstrumente sind die 1577 und 1590 angelegten Inventare. Unter rund 170 Instrumenten führt das 1577er-Verzeichnis nur 18 Saiteninstrumente an, der Rest verteilt sich auf Blasinstrumente und auf einige Schlaginstrumente. Mehr als dreißig Blockflöten, vom Diskant bis zum Bass, bilden den Hauptbestand. Dazu *„Ain groß futteral mit flötten, darinen zween Bass, vier Tenor, vier Discant, mer vier khlainere discantl vnd noch gahr zwar khlaine flöttlein", „Tamerin Pfeiffen, drey Tenor vnd ain Tiscant"*. Im Inventar von 1590 fehlen die Diskantpfeifen bereits, statt der *„Tamerin"* heißt es nun *„Tamburin"*-Flöten, worunter die Einhandflöte gemeint sein mag, die – in Fortführung mittelalterlicher Praktiken – von einem Mann zusammen mit der Trommel gespielt wurde. „Zwerchpfeiffen", nämlich Querflöten, sind in Tenor- und Basslage an die 20 Stück genannt. Einige davon wurden u. a. *„zu den Concerten gebraucht"*, d. h. in der Kirche verwendet. Der Konzertbegriff erstreckte sich auch auf die Kirchenmusik, worauf Druckwerke von Gabrieli und Ludovico Viadana hinweisen. Selbst in Urkunden des Grazer Hofes wird darauf Bezug genommen: wenn die landschaftlichen Verordneten im Jahr 1598 bestimmen, dass *„die ganze Gesellschaft der Musicorum und einer E. L. Trometer [...] mit dem organisten zu notwendigen und unverdrossen exercieren und probieren der Stukh Concert und Muteten gesambter zu Hauff kommen und sich vergleichen [...] was auf einen und den anderen Feiertag in der Kirchen zu Ehren und mehrerer christlich Zierung des Gottesdienst zu musizieren"*[52].

An Zinken oder Cornetten waren damals in Graz 26 Stück vorhanden, an Posaunen 18 Stück. Wobei spezifische Bezeichnungen in den Inventaren für die allgemeine Instrumentenkunde durchaus von Bedeutung sind. So werden die Zinken in gerade oder stille (*„Zinggen mutti"*) und krumme oder schwarze unterteilt. Während jedoch die Instrumente aus den Grazer Hofinventaren heute verschollen sind, verwahrt das Landesmuseum in Graz zwei Zinken aus dem Stift St. Lambrecht in der Obersteiermark, einer davon aus Elfenbein. Unter den Posaunen wird *„ain topelte Pusaun"* (1577) und eine *„toppelte groß Posaun in seiner behausung"* (1590) erwähnt. Hellmut Federhofer verweist in diesem Zusammenhang auf Curt Sachs, der den frühesten Beleg einer solchen Kontrabassposaune erst aus dem Jahr 1581 kennt. Die acht im Inventar genannten Fagotte teilen sich in *„zween Bass, drey Tenor vnd zween discant"* sowie *„ain guetter fagato, welcher täglichen gebraucht wirdt"*. An weiteren Instrumenten sind erwähnt: neun große und kleine Schalmeien, elf große und kleine Krummhörner; elf große und kleine Schreipfeifen (oboenartige Instrumente mit Windkapsel, aber von stärkerem Ton als die Krummhörner); vier Dulziane (ein Bass, zwei Tenöre, ein Diskant), die offensichtlich nicht mit den Fagotten übereinstimmen, sondern eine eigene Familie der Doppelrohrblattinstrumente ausmachen; vier *„Ragetti oder Tartali"*, die im Inventar von 1590 als *„Rogetten oder Cortalli"* neuerlich aufscheinen. Es handelt sich um Rackets, *„ebenfalls oboenartige Instrumente, deren Holz- oder Elfenbeinbüchse jedoch die Form eines Drachen mit Maul als Schallstück und mit dem verwickelten dünnen Schwanz als Stiefel des Anblasrohrs zeigt"*[53]. Jagdhörner fehlen nicht – der eingangs erwähnten besonderen Neigung Karls II. für die Jagd entsprechend. An letzter Stelle des Inventars von 1577 stehen drei neue Trompeten; damit bestätigt sich, dass die Hoftrompeter mit eigenen Trompeten versehen waren, die sie stets benötigten und daher bei sich haben mussten, und der Bereich ihres Wirkens zunächst noch außerhalb der Kirche lag.

Zwischen 1577 und 1590 lassen sich weitere entscheidende Veränderungen nachweisen, die Einsicht in eine Zeit vermitteln, in der die Neuerungen in der musikalischen Komposition auch die Instrumentenbauer zu Hochleistungen anspornten. Hellmut Federhofer hat bereits auf jene sechs „Bassanelli" aufmerksam gemacht, nämlich ein Bass, drei Tenor, ein Kontraalt und ein Diskant: in der Literatur äußerst selten genannte Doppelrohr-Holzblasinstrumente. Michael Praetorius schreibt, dass sie ihren Namen *„von ihrem Meister, der sie erfun-*

---

52 Hellmut Federhofer, Die Musikpflege an der evangelischen Stiftskirche in Graz (1570–1599), in: Jahrbuch der Gesellschaft für die Geschichte des Protestantismus in Österreich 68/69, 1953, S. 85f. – Dieser Aufsatz sowie die weiteren Aufsätze von Hellmut Federhofer zur steirisch-landeskundlichen Musikforschung wurden nochmals abgedr. in: Musik und Geschichte, 1996.
53 Zitate nach Hellmut Federhofer, Musikpflege und Musiker, a. a. O., 1967, S. 75ff.

Abb. 19, 20: Annibale Padovano (1527–1575), Aria della Battaglia – Schlachtmusik. Das Werk wurde zusammen mit einer Battaglia von Andrea Gabrieli in den „Canto Dialoghi Musicali de Diversi Eccelentissimi Autori", Venedig 1590, gedruckt, – es gilt als eines der „glanzvollsten Instrumentalwerke des 16. Jahrhunderts" (Helmut Schmitt) und wohl das erste auf steirischem Boden entstandene und in Musiknoten uns überlieferte Bläserwerk. Bei Aufführungen von Annibale Padovanos „Schlachtmusik" wirkten zur Zeit der Renaissance bis zu vierzig Musiker mit. Helmut Schmitt hat die Komposition in einer zeitgemäßen, d. h. mit den modernen Instrumenten spielbaren Bearbeitung im Musikverlag Schott in Mainz, 1967, veröffentlicht.[54]

---

54   Wolfgang Suppan, Artikel „Annibale Padovano", in: ders., Stmk./2, S. 13f.

II. Die Neuzeit: Renaissance und Barock

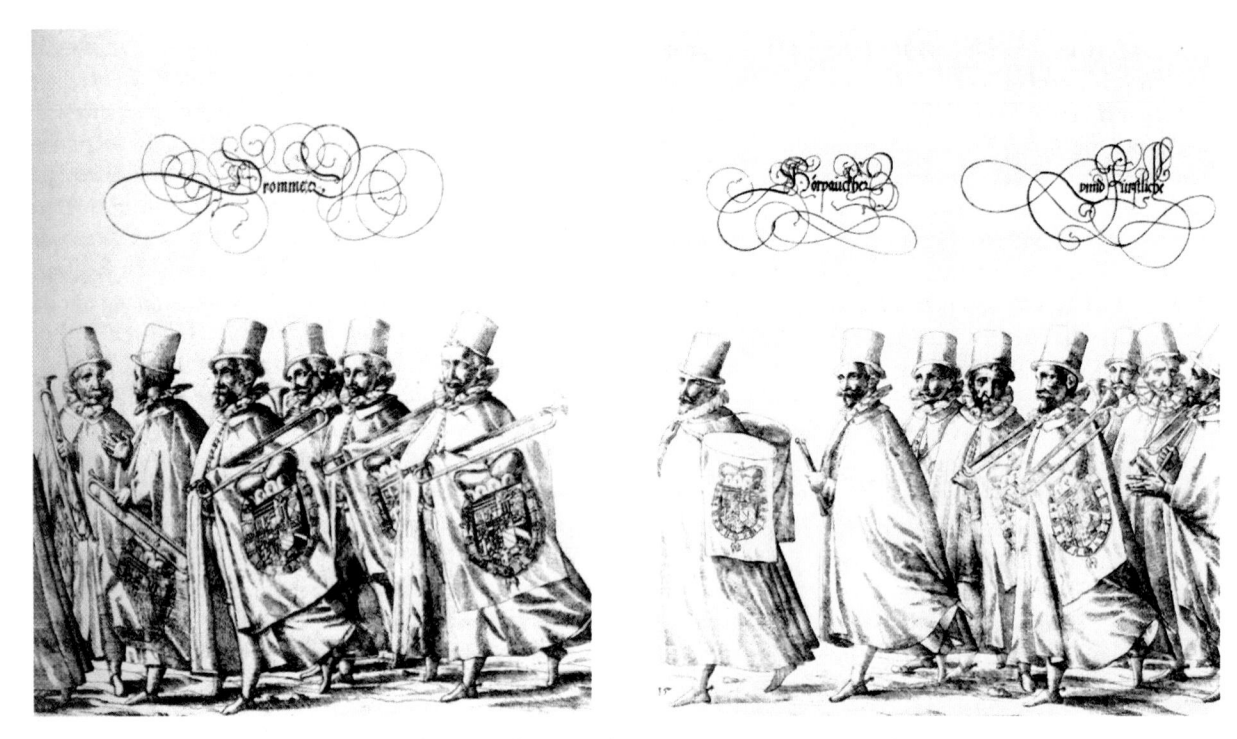

Abb. 21, 22: Die Grazer Hoftrompeter im Leichenzug Erzherzog Karls, 1590. Nach einem Stich von Peham.

den (Iohann Bassano, eim vornehmen Instrumentisten vnd Componisten zu Venedig)" erhalten hätten, was Curt Sachs eben unter Hinweis auf die Grazer Inventare bezweifelt. Aber Sachs kannte nur das zweite Grazer Inventar und schloss daraus fälschlich, dass die „Bassanelli" auch im ersten Inventar genannt worden seien, zudem konnte Sachs die Lebensdaten Bassanos noch nicht wissen. Bassano wurde in der zweiten Hälfte des 16. Jahrhunderts geboren und verstarb vermutlich im August oder im September des Jahres 1617. Die Mitteilung von Praetorius mag demnach durchaus zutreffen, und nicht die Saxophone (wie Sachs meinte), sondern die Bassanelli wären demnach die ältesten nach ihrem Erfinder benannten Musikinstrumente.

Der durch Annibale Padovano eröffnete Kontakt zu Venedig, vor allem zu den beiden Viadanas, führte zur Verpflichtung weiterer italienischer Musiker, zum Einkauf der neuesten Noten und Musikinstrumente in Venedig, zur Übernahme des venezianischen Repertoires und der venezianischen Spielpraxis in Graz und damit auch zur Neuschöpfung zahlreicher Werke im *stile nuovo* durch Grazer Hofmusiker, von denen einige überlokal hohes Ansehen genossen.

Unter Erzherzog Ferdinand, dem späteren Kaiser Ferdinand II., der 1590 die Regierung in den innerösterreichischen Landen antrat, lassen sich erstmals Werke nachweisen, in denen Blasinstrumente ausdrücklich vorgeschrieben werden: eine 16-stimmige *„Missa con le tronbe"* und ein 20-stimmiges *„Magnificat con le tronbe"* des von 1602 bis 1616 als Grazer Instrumentalist und danach als Hofkapellmeister in Zabern im Elsaß tätigen Raimundo Ballestra. Vinzenz Jelich (geb. Fiume 1596, gest. Zabern, 1636?) hinterließ vier Ricercare für Zinken und Posaune. Giovanni Priuli (geb. Venedig, um 1575/80, gest. vermutlich in Wien, 1629), seit 1614/15 Hofkapellmeister in Graz, 1620 mit der Hofkapelle nach Wien übersiedelt, setzte das „Cornetto" in seinen „Delicie musicali" von 1625 geradezu solistisch ein.

Ebenfalls der „Grazer Renaissance-Schule" entsprang der spätere Wiener Hoforganist Giovanni Valentini (geb. in Venedig, um 1583, gest. vermutlich in Wien, 1649), seit 1614 als höchstbesoldeter Hoforganist in Graz, der sein umfangreiches und aufwendiges Werk *„Messa, Magnificat et Jubilate Deo a 7 chori concertati con le trombe"* wohl für die Kaiserkrönung Ferdinands II. bestimmt hatte; es wurde 1621 in Wien gedruckt,

II. Die Neuzeit: Renaissance und Barock

Abb. 23: Noch zu Lebzeiten hatte Erzherzog Karl bestimmt, dass sein Leichnam in der Stiftskirche zu Seckau zur letzten Ruhe gebettet werden sollte. 1589 kam der Bildhauer Sebastian Carlone im Auftrag des Erzherzogs nach Sekau, um mit den Arbeiten im Mausoleum zu beginnen, die 1610 vollendet wurden. Im Dekorationsteil über dem Altar musizieren zwei Engelsfiguren, der obere Engel mit der Posaune, der untere Engel mit der Laute[55].

doch finden sich leider nur noch zwei Stimmhefte davon in der Königlichen Bibliothek in Stockholm.

Wie die Zeitgenossen solche Versuche sahen, die Trompete dem kirchlichen Instrumentalensemble einzufügen, lässt sich aus Akten des Münchener Hofes deutlich ablesen. Phileno Agostino Cornazzani, Sohn des Grazer Hoftrompeters Baldassare Cornazzani, oberster Instrumentalist in München, hatte zur Einweihung der dortigen St.-Michaels-Kirche im Jahr 1597 „*ein stuckh mit 4 Chörn gemacht, die Trommetens, so Zuuor unerhört, eleganto harmonia darrin geführt worden*"[56]. In zuvor nie gehörter und harmonisch elegant gesetzter Art hätten demnach die Trompeten 1597 in München Aufsehen erregt! Allerdings warnt Michael Praetorius vor allzu kräftigen Trompetenchören, damit „*der starke Schall und Hall der Trommeten die ganze Music nicht überschreye und übertäube*"[57]. Konkrete Nachrichten über die Verwendung der Trompete im Orchester fehlen zwar für Graz, doch hat Hellmut Federhofer auf das Münchner Beispiel hingewiesen, das wegen der nahen Beziehung zwischen den beiden Höfen durchaus für die Steiermark in Anspruch genommen werden darf: „*Als Erzherzog Karl II. 1568 zur Hochzeitsfeier Herzog Wilhelms V. nach München reiste, begleitete ihn die Grazer Hofkapelle mit Annibale Padovano als obersten Instrumentalmusikus und elf Trompetern, einem Heerpauker und zwei Zinkenisten, die gewiß auch an den von Massimo Trojano eingehend geschilderten musikalischen Darbietungen anläßlich der zu Ehren des Hochzeitspaares veranstalteten Feierlichkeiten mitwirkten. So erklangen bei einem von Trojano erwähnten Festmahl nur beim Auftragen der Vorspeisen Trompeten und Pauken – es handelte sich um das vorhin erwähnte Tischblasen, während sie später, wenn überhaupt, so nur mehr am Schlusse mitwirkten.*

Während der Mahlzeiten aber spielten neben zahlreichen Saiteninstrumenten und einem Regal teils mit diesen, teils allein Zinken, Posaunen, Flöten, eine Cornamusa, die nach Michael Praetorius noch lieblicher und sanfter als das Krummhorn klang, ein Piffaro – gemeint ist wohl eine hohe Schalmei – und eine Dolcaina, vermutlich ein Krummhorn oder ein Sordun, nämlich ein oboenartiges Instrument, für welches nach Curt Sachs Praetorius den letzten Beleg bietet"[58].

Keinesfalls ungewöhnlich und in mehreren steirischen Quellen bezeugt ist der Einsatz der Trompeten im Te Deum – jedoch nicht als „Orchester-Instrument", sondern als krönende Schlussfanfare. Anlässlich der Erb-

---

55 Georg Kodolitsch, Drei steirische Mausoleen – Seckau, Graz und Ehrenhausen, in: Innerösterreich 1564–1619, hg. von Berthold Sutter, Graz 1964 (Joannea 3), S. 325–370, Abb. 6.
56 F. Liessem, Ph. A. Cornazzani, oberster Instrumentalist der herzoglichen Hofkapelle zu München unter Orlando di Lasso, in: Die Musikforschung 24, 1971, S. 378.
57 Michael Prätorius, Syntagma musicum, Band 3, Wolfenbüttel 1619; Faks.-Nachdruck, hg. von Willibald Gurlitt, Kassel u. a. 1958, S. 170.
58 Hellmut Federhofer 1976, S. 80f.

Abb. 24: Giovanni Priuli, Delicie musicali, 1625, Beginn des Madrigals „A duro stral" in der Neuausgabe von Albert Biales in Hellmut Federhofers Reihe „Musik Alter Meister" in der Akademischen Druck- und Verlagsanstalt in Graz. Hier könnten auch die Violin- bzw. die Vokalstimmen mit Bläsern besetzt werden[59].

---

59 G. Priuli, Delicie musicali, Part 1, hg. von Albert Biales, Graz 1977 (Musik Alter Meister 45). – In den Kanzonen Priulis fehlen Instrumentenhinweise, doch gibt die enge stilistische Verwandtschaft zu Gabrieli Anhaltspunkte: Zinken und Violinen erfüllten die Oberstimmen, während Posaunen die Mittel- und Bassstimmen übernehmen konnten; vgl. auch G. Priuli, Instrumentalkanzonen, hg. von Ernst Hilmar, Graz 1970 (Musik Alter Meister 19/20).

huldigung für Erzherzog Karl II. in Graz im Jahre 1564 heißt es, dass nach dem Handkuss „*die Herrn vnd Landleuth Ir Dchl. in die Chirchen beglaitten zu dem Te Deum laudamus, darauf werden die Trumetter aufplasen*". Desgleichen bei Erzherzog Ferdinand 1596: „*Te Deum laudamus singen, musiciren, trommeten und Hörpauggen darzue geen [...] benebens auch mit allen Gloggen ist leutet und das Geschücz gar stattlich öffter abgeschossen worden*". In der Beschreibung des feierlichen Empfanges Karls II. und seiner Gemahlin Maria im Jahre 1571 durch Wenzel Sponrib heißt es, dass „*etliche darzu bestellte Personen auff Deutschen Trompetten, Hörpaucken, Drumein, Turckischen Trometen und Schalmeien on underlaß lerm geblasen*" hätten, wogegen von „*Lautten, Zittern [= Cistern], Zwerchpfeiffen, Geigen, Posaunen, stillen Zinken und lebendigen Stimmen ain herrlich Musicen*" in einem kunstvoll gebauten Schiff gemacht worden sei[60].

In der Steiermark selbst lassen sich Instrumentenbauer in jener Zeit nicht nachweisen. Daher mussten alle Musikinstrumente zunächst aus Nürnberg, wo der Grazer Vizehofkapellmeister Matthia Ferrabosco 1607 zwei größere und acht kleine Posaunen sowie zwölf Trompeten bestellte, vor allem aber aus Italien eingeführt werden. Annibale Padovano, Simon Gatto, Matthia Ferrabosco, Pietro Antonio Bianco u. a. Grazer Hofmusiker fuhren mehrmals nach Venedig, um dort die den neuen Klangvorstellungen entsprechenden Musikinstrumente einzukaufen.

Nicht nur Organisten, Sänger und Komponisten von überlokalem Ruf dienten in den Grazer Hofkapellen der innerösterreichischen Erzherzöge Karl II. und Ferdinand. Mit Georg Poss und Giovanni Sansoni gehörten zwei bedeutende Zinkenisten des ausgehenden 16. und beginnenden 17. Jahrhunderts dem Grazer Renaissance-Kreis an. Heinrich Schütz kannte und schätzte Sansoni, und der sächsische Kurfürst Johann Georg I. dankte in einem Handschreiben vom 29. März 1648 „*Unserm sehr lieben Virtuosen Sansoni*" für die Zusendung einiger Kompositionen. Der Fagottist Giovanni Antonio Bertoli rühmt 1645 „*l'auttorita del Sig. Giovanni Sansoni, nel Fagotto & nel Cornetto*". Sansoni hat offensichtlich auf beiden Instrumenten Hervorragendes geleistet.

1619 ging die fast sechzig Jahre andauernde Blüte des Musiklebens in Graz zu Ende. Erzherzog Ferdinand wurde zum deutschen Kaiser gewählt und übersiedelte samt seinem Hofstaat nach Wien, die Grazer Hofkapelle wurde kaiserliche Hofkapelle. „*Es ist nicht abzusehen, welche Entwicklung Graz als Musikzentrum genommen hätte, wäre nicht nach der Kaiserwahl Ferdinands im Jahre 1619 die Hofkapelle nach Wien übersiedelt*" (Hellmut Federhofer[61]). Graz war damit aus dem Kreis der Renaissance-Kulturzentren ausgeschieden und in die Enge provinzieller Musikkultur zurückgefallen; denn der einheimische Adel und die Geistlichkeit konnten nur in beschränktem Maß eigene Musikkapellen erhalten.

Aus jenen Jahren stammen auch die frühen Bestände des Grazer Zeughauses, das „*unter den wenigen erhaltenen Zeughäusern Europas [...] eine Sonderstellung ein(nimmt), weil sich ein beträchtlicher Teil des in über dreihundert Jahren angewachsenen Waffeninhalts noch in zeughausgemäßer Verwahrung befindet. Hier wurden auch die für die Militärmusik erforderlichen Instrumente aufbewahrt: Geräte, für die der Soldat nicht selbst aufkommen musste [...] Auch Trommeln und Trommelschlägel, also alle Instrumente des Fußvolks, sind erhalten*"[62].

Die Landschaftlichen Trompeter und Heerpauker

Landschaftliche Trompeter und Heerpauker sind in der Steiermark über dreihundert Jahre, von 1527 bis 1861, nachweisbar. Trompeter und Heerpauker fanden in Kriegszeiten im Feld und in Friedenszeiten in der Heimat vielfältige Verwendung. Als Musiker, Kuriere, Herolde und landschaftliche Beamte mussten sie durch ihr Auftreten zugleich von Macht und Ansehen der Land-

---

60   Hellmut Federhofer, Die landschaftlichen Trompeter und Heerpauker in Steiermark, in: Zs. hist. Ver. 40, 1949, S. 75.
61   Hellmut Federhofer, Die Grazer Hofmusikkapelle, in: ders., Musik und Geschichte, 1996, S. 215–222.
62   Gerhard Stradner, Musikinstrumente, in: Trommeln und Pfeifen – Militärzelte – Anderthalbhänder – Nürnberger Waffen – Waffenhandel und Gewehrerzeugung in der Steiermark, Graz 1976 (Veröffentlichungen des Landeszeughauses Graz 6); Stradner 1986. Über die sog. „Grazer Köcher" im Landeszeughaus vgl. Frank B. Bär, Holzblasinstrumente im 16. und frühen 17. Jahrhundert. Familienbildung und Musiktheorie, Tutzing 2002, S. 325–328.
63   Hellmut Federhofer, Die landschaftlichen Trompeter und Heerpauker in Steiermark, in: Zs. hist. Ver. 40, 1949, S. 63–102; ders., Namensverzeichnis hiezu, in: Adler 2 (XVI), Wien 1950, S. 33–40 und 52–54; nochmals abgedruckt in: ders., Musik und Geschichte, S. 19–81.

Abb. 25: Noch ganz dem Hofzeremoniell Kaiser Karls VI. verbunden, veranstalteten die Schärffenberger im Jahr 1738 in Langenwang im steirischen Mürztal ein Turnier mit Ringelstechen und Schießen, wobei die Trompeter und Pauker „nach alter Art" für das festliche Ambiente sorgten[64].

schaft Zeugnis ablegen[63]. Als erster landschaftlicher Trompeter wurde 1527 Christoff Dietrich, „*Stat Thurner zu Gracz von ainer Landschaft zu ainem Velld Trometter angenommen*". Als Lohn wurden „*ein Roß 6 Phund 60 Phennig und auf Zerung 2 Phund*" vereinbart[65]. Der erste landschaftliche Heerpauker hieß Christoph Wurm, sein Name begegnet erstmals im Jahre 1550. Die Dienstpflichten der Landschaftstrompeter wurden in den sogenannten Bestallungsdekreten schriftlich festgehalten. In dem des Trompeters Hans Pollagkh heißt es:

Wir N. ainer Ersamen Landschafft des löbl. Fürstentumbs Steir Verordnete bekhennen von ernennter Landschaft wegen, das wir Hannsen Pollagken zu ainem Trumetter von dato auf ain ganz Jar angenomen, alß dass er sich mit ainem Roß und Harnisch, wie ins veld gehört, berait mache, man brauch in welche Stund man well, so soll er darzue gefasst sein. Er soll sich auch jederzeit, wohin man ihn über veld in ainer Landschafft dienst auf sein selbst costen zum schikhen notdurfftiglich gebrauchen lassen, dasselb so ime bevolhen wirdet mit allem vlaiß ausrichten und handln, wie sich dann zimbt und gebürt. Dagegen sol ime monatlich zu wartgelt 10 Pfund Pfennig von ainer Landschaft Einnemer geraicht werden und so er zu veld züg, sol er wie der anndere Trumetter Polo ni Mundi la Pressa mit der Besoldung gehalten werden. Das hat er Hans Pollakh unns also mit handgelobten treuen zuegesagt und sich dermaßen verbunden einer Landschaft zue dienen. Des zu Urkhund geben wir Ime dise bestellung under unsern fuegedrukhten Petschafften verfertigt. Geben zu Gracz am Phinztag nach Sanct Georgentag[66] *(25. April 1538).*

---

64 Othmar Pickl, Geschichte der Marktgemeinde Langenwang, Judenburg 1972, 2. Aufl., 1997; Andreas Schmoll und Manfred Polansky, Langenwang. Spaziergänge durch die Zeit, Langenwang 2009, S. 13.
65 Steierm. Landesarchiv, Stände-Archiv, Schuber 135.
66 Zitiert nach Hellmut Federhofer, Die landschaftlichen Trompeter, a. a. O., S. 65; desgl. in ders., Musik und Geschichte 1996, S. 23f.

II. Die Neuzeit: Renaissance und Barock

Abb. 26: Stadttürmer auf Flugschriften des 16. und 17. Jahrhunderts (ohne Orts-, Jahres- und Druckerangaben).

Eine wichtige Aufgabe der Landschaftstrompeter bestand darin, bei den Musterungen der sogenannten Gültpferde – das waren die von jedem Grundherrn für das Landesaufgebot bereitzustellenden Pferde samt Reiter und Ausrüstung – mitzuwirken. Solche Musterungen fanden jährlich einmal im Ennstal, in Judenburg, in Vorau, in Cilli und im Gebiet zwischen Mur und Drau statt. Dabei erklangen auch Signale und Feldstücke, die mündlich von den Meistern an die Lehrlinge weitergegeben wurden:

1. der hohe Ruf (Eingang)
2. Potasell (Pottesella, Satteln)
3. alla standarda (zur Fahne)
4. zu Pferd (Montacawalla)
5. der Marsch (Abmarsch)
6. die Wache (Auget-Guet)
7. die Tugeth (Touquet oder Toccato).

Die Reformen Maria Theresias sowie Josephs II. schränkten die Auftrittsmöglichkeiten der Landschaftlichen Trompeter und Pauker mehr und mehr ein. Die Städtischen Schützenkompanien bedienten sich der sogenannten Türkischen Musikkapellen. Die Neugestaltung des gesellschaftlichen Lebens nach dem Revolutionsjahr 1848 machte die Landschaftlichen Trompeter und Pauker schließlich überflüssig. Die letzten ständischen Trompeter, Ferdinand Scholz, Johann Watzek, Ferdinand Franz Xaver Schantl und Josef Thurner, richteten im März 1864 ein Bittgesuch an den Steiermärkischen Landtag, „mit einer angemessenen Abfertigungssumme" in Pension geschickt zu werden. Daraufhin wurde jeder der vier Musiker mit einem Betrag von 50 Gulden abgefertigt[67].

Von städtischen „Musicanten Compagnien"

Dem Musizieren kam nicht allein im Ritual einer fürstlichen Hofhaltung und beim landständischen Adel ein festumrissener Platz zu, auch die Städte bedurften der Musiker in vielfältiger Hinsicht. Hatten die vom Magistrat besoldeten Instrumentalisten zunächst die Aufgabe, den Wachdienst auf den Türmen zu versehen, hochgestellte Persönlichkeiten vor den Stadttoren mit deren spezifischen „Kennmelodien" anzukündigen und zu begrüßen, die Stunden anzublasen, so kamen später Kirchendienst und das Aufspielen bei offiziellen

---

67 Ebda., S. 95 bzw. S. 60.

und privaten Festlichkeiten hinzu. In Graz sind solche Stadttürmer („Thurnermeister") seit dem 15. Jahrhundert beurkundet. Die musikalische Heraldik nahm im Verlauf des 16. Jahrhunderts mit dem Aufschwung der venezianischen Bläsermusik kunstvolle Formen an. Aus Klagenfurt wird berichtet, dass das Stundenblasen vom Turm herab manchmal sogar sechsstimmig erfolgte, – und Graz hat da sicherlich nicht nachgestanden.

Die ungünstige Quellenlage in Bezug auf die Stadt Graz (das Grazer Stadtarchiv wurde im 19. Jahrhundert in den Fluten der Mur versenkt) ermöglicht es nur in Einzelfällen, vor dem 16. Jahrhundert Aktivitäten und Namen der Grazer Stadtthurner zu erfassen. Im Jahre 1478 geriet der Schlosstürmer Peter Pomer mit einem Grazer Bürger in Streit. Diesem Umstand verdanken wir seinen Namen. Im Jahre 1527 wechselte der Grazer Stadttürmer Christoff Dietrich zu den Landschaftstrompetern über, 1528 folgte ihm der *„Thurner auf dem mittern Thurn"*, Jobst Rueffer. Zwei ungenannte Türmer standen 1538 im Dienst der Stadt Graz; sie hatten nach Popelkas Vermutung ihren Sitz oberhalb des Paulus- und des Murtores. Dazu kam seit etwa 1560 der Schlosstürmer am Uhrturm, der ebenfalls dem Magistrat unterstellt war. Wenn die landschaftlichen Trompeter anderweitige Verpflichtungen erfüllten, so wurden ihre städtischen Kollegen vielfach zur Aushilfe oder Bereicherung des Ensembles herangezogen.

Vor allem im Zusammenhang mit der Musikpflege an der evangelischen Stiftskirche in Graz ist davon die Rede. Veit Maus (1573–1574), Paul Schickhl (1575–1580), Georg Samersperger (um 1582–1584), später Hoftrompeter Erzherzog Karls II., Sigmund Khemeter (1581 bis nach 1596), Gregor Wilfinger (1589) und Abraham Lechner (um 1589–1597) sind in diesem Zusammenhang genannt. Bis zu sechs und acht zusätzliche Musiker erforderte die reiche Ausgestaltung der Gottesdienste in der evangelischen Stiftskirche, und die Landschaft gewährte dafür den Grazer Stadttürmern jährlich 32 Gulden. Als die Landschaft 1591 diese Unterstützung einstellen wollte, wies der damalige Stiftsorganist Annibale Perini in einer Eingabe an die Verordneten darauf hin, dass wegen der häufigen Abwesenheit der Landschaftstrompeter, aber auch deshalb, *„wan etwan was von zwayen Chorn und fornemen gueten Muteten musiciert wirdet"*, unbedingt die Grazer Stadtmusikanten nötig seien. Perinis Bittschrift bezeugt einmal die hochstehende Musikpflege an der evangelischen Stiftskirche, zum andern die hohe Kunst der Stadtthurner, die sich keinesfalls auf heraldische Fanfarenmelodik beschränkten, sondern die Trompete kunstvoll zu blasen verstanden. Deshalb wurden sie auch häufig bei Banketten und Festlichkeiten der Landschaft und des Hofes herangezogen. 1564 wirkte Abel Koller bei der Musik im Rahmen der Erbhuldigung für Erzherzog Karl II. mit, 1602 erhielt Hans Hemthaler auf Vorschlag des Hofkapellmeisters Pietro Antonio Bianco 40 Gulden für *„seiner und der seinigen bis dato erzeigten, gehorsamsten Dienste und treuen Fleiß"*. Soziale Gegensätze zwischen Landschafts- und städtischen Musikern bestanden offensichtlich nicht, und auch im musikalischen Können hielten sie sich die Waage. Erst die 1623 von Kaiser Ferdinand II. ausgestellten Privilegien untersagten es den Trompetern und Heerpaukern, gemeinsam mit *„Gauglern, Haustauben vnd Thurnern"* aufzutreten, wobei ausdrücklich betont wird, dass den Türmern der Gebrauch der Trompete nur in Ausübung ihres Dienstes am Turme gestattet sei[68].

Ist die allgemeine Quellenlage in Bezug auf die Geschichte der Stadt Graz auch dürftig, so liegt anderseits in dem Schützenbuch des Leonhard Flexl aus dem Jahre 1568 ein Dokument vor, das weithin Interesse beanspruchen kann und dessen Musikdarstellungen oftmals faksimiliert wurden. Auf dem Aquarell mit den vier „Stadtpfeiffern" ist die aus der dreistimmigen Bläserbesetzung des 15. Jahrhunderts (Schalmei, Bomhart, Zugtrompete/Posaune) hervorgegangene Bläser-Alta zu sehen[69]. Die ebenfalls von Flexl abgebildeten „Spielleuth", ein Querpfeifer mit einem Etui für vier Pfeifen auf dem Rücken und ein Trommler, gehören dagegen zur Grazer Stadtwache. Hellmut Federhofer weist darauf hin, dass von den vier bei Flexl abgebildeten Musikern vor allem der Trompeter Aufmerksamkeit verdient: *„Er hält das Instrument im Gegensatz zur Feldtrompete mit beiden Händen. Die linke Hand preßt das Mundstück an die Lippen. Man muss sich am Mundstück einen verlängerten Schaft denken, der innerhalb der Röhre auf und ab bewegt werden kann. Dies besorgt die rechte Hand.*

---

68 Fritz Popelka, Geschichte der Stadt Graz, 2 Bände, Graz 1928; Neudruck Graz 1959/60.
69 Heinrich Besseler, Artikel „Alta", in: MGG/1, Band 1, 1949, Sp. 1949-1951; Lorenz Welker, Artikel „Alta", in: MGG/2, Sachteil, Band 1, Sp. 479-483; Vorwort zu Alta Musica 1, 1976, S. 7 f.

Ein Steg im unteren Teil des Instruments, den die rechte Hand umfasst, erleichtert das Aus- und Einziehen der Röhre. Dadurch war die Trompete von der Beschränkung auf die Naturtöne befreit und ebenso wie die Posaune zur Ausführung von Figuralmusik geeignet"[70].

Detlev Altenburg hat dazu eine Reihe von Parallelen angeführt: etwa einen Holzschnitt von 1568 aus dem Ständebuch des Jost Amman, 1539–1591 (Altenburg, Abb. 12), doch sind dort die Aufgaben der beiden Hände vertauscht, so dass der Spieler mit der rechten Hand das Mundstück und mit der linken Hand den Steg hält[71]. Im gereimten Begleittext zu den Aquarellen in Flexls Schützenbuch heißt es u. a.: *"Stattpfeiffer die hannd angefanngen, Mit Zingkhen busainen vnd Schallmeyen"*, doch braucht dieser Text nicht mehr mit der abgebildeten Gruppe übereinzustimmen; zudem wurden in jener Zeit die Instrumentennamen keinesfalls eindeutig fixiert. Vielfach wurde vor der Erfindung des Doppelzuges die Zugtrompete auch als Posaune bezeichnet[72].

Aus den Rivalitäten zwischen katholischer Stadtpfarre und evangelischer Stiftskirche lassen sich ebenfalls die Namen einiger Stadtmusikanten eruieren. Als 1587 Sigmund Khemeter erneut um Aufnahme als Landschaftstrompeter ersucht, weist er darauf hin, dass er als Stadtthurner in der Stadtpfarrkirche dienen müsse – und dort ein schlechteres Einkommen habe. Abraham Lechner bittet 1596 um die übliche Jahresgratifikation für die fleißigen Dienste in der evangelischen Stiftskirche. Im Zuge der Gegenreformation wurde die evangelische Stiftskirche ohnehin bald geschlossen, so erübrigten sich weitere ähnliche Beschwerden. Die gegenreformatorischen Kommissäre formulierten in ihren Instruktionen für alle Magistrate des Landes den strengen Hinweis darauf, dass Stadttürmer künftig mit ihren Instrumenten allein in den katholischen Kirchen zur Ehre Gottes aufspielen sollten.

Nur dem Namen nach sind uns weitere Stadttürmer bekannt: Georg Weber, dem die Landschaft 1612 für das Neujahrsblasen zehn Gulden verehrte; Paul Dürr (gest. 1633), Matthias Paullin (1647 und 1649), Christoph Khonsz und Caspar Renff (1619), Hans Räher (1633). Letzterer hebt ausdrücklich hervor, dass er mit seinen

Abb. 27: Die Grazer Stadtpfeifer beim Schützenfest von 1568. Aquarell im Grazer Schützenbuch des Leonhard Flexl.

vor drei Jahren aus dem Reich eingestellten Gesellen neben dem Dienst am Turm zur vollsten Zufriedenheit den stadtpfarrlichen Gottesdienst mit Musik bestreite. Dafür erwarte er aber, wie dies in anderen Städten und Märkten üblich sei, bei Hochzeiten bevorzugt zu werden. Daraus wird deutlich, dass sich in diesen Jahrzehnten die Konkurrenz verschärfte, dass demnach eine offizielle Regelung nötig geworden war. Der Magistrat brachte eine Einigung zunächst nicht zustande, und so schlugen die Räte der Regierung vor, dass die Stadtmusikanten die höheren Stände mit jedweder Art von Gebrauchsmusik versorgen sollten. Ein Zusammenschluss der rivalisierenden Gruppen gelang nicht, obgleich dadurch, wie die Räte meinten, *"die Musica gesterkht vnd die hailligen Gottesdienst geziert"* würden. Da griff der Kaiser selbst ein, um eine generelle Regelung durchzusetzen. Ferdinand III. gewährte im Jahre 1650 den Grazer Stadtmusikanten jenes Privileg, das sowohl Leopold I. (1660) wie Karl VI. (1713) bestätigten und das ob seiner Bedeutung und seines aktuellen Interesses im vollen Wortlaut hier abgedruckt sei:

---

70 Federhofer 1976, S. 67.
71 Detlev Altenburg, Untersuchungen zur Geschichte der Trompete im Zeitalter der Clarinblaskunst (1500–1800), Regensburg 1973, Band 1, S. 253 f.
72 Helmut Heyde, Trompete und Trompetenblasen im europäischen Mittelalter, mschr. phil. Diss. Leipzig 1965, S. 35.

Wir Ferdinand der Dritte. ... bekhenen mit disem brieff [...] demnach die in vnserer Statt Gräz einverleibte Musicanten Compagnia gehorsambst angebracht, wie dass bey Ihnen zu Gräz vnd denen Umbligenden Stätt, Märckhten vnd Fleckhen sich allerley Einschleich: vnd Vnordnungen eraigneten vnd zuetrugen, in deme Sie als Statt Musici allerhandt onera vndt beschwerdten sowoll in Fest vnd Sontägen, als auch in Processionibus vnd Peregrinationibus mit Ihrer Musica allein ohne ainige Besoldung, remuneration und Ergözlichkeit ausstehen mussten, herentgegen aber annđere so vmbhero wohnhaft vnd von dergleichen Exempt Ihre Vortl suecheten, vnd auf denen Hoch- vnd Mahlzeiten auch anderer Fröhligkheiten Ihnen vorkhömben vnd Ihre Nahrung dardurch sehr schmelerten, dahero vnterthenigist gebetten, wür geruecheten Ihnen vnser Khaiser- vnd Landtfürstliches Privilegium allergnädigst zuerthaillen, damit sie in guter Ordnung vnd Manszucht leben, auch in erbarem Wandel continuiren mögen, vnd bey dißem Privilegio geschuzt würden. Wan wir dan gnädiglich angesechen [...] solch Ihr gehorsambste Bitt, alß haben wür darumben [...] allergnedigst darein gewilliget [...] vnnd mainen, sezen, geben Ihr der gesambten Compagnia der Musicanten dise besondere Gnadt vnd Freyheit, vnd wollen, das sie vor allen anderen Instrumental Musicis oder Geigern, welche sowohl derzeit in vnnserer Statt Gräz sein, als dahin khomben möchten, vnd ein Eintrag verursacheten, bey allen, sonderlich aber den vornemben Hochzeithen vnd Festivis, in allweg den Vorzug haben, vnd vor den andern gebraucht werden sollen. Item solle sie Macht haben, den oder dieselben so der Musica erfahren vnd für tauglich erkhenndt wierdt, auch eines erbaren Wandels ist, nach Ihrem belieben ohne einschaffen, in die Compagnia anzunemben vnd sie wider ihren Willen darzue nit gedrungen werden khönnen. Es solle auch zu Befürderung der Ehr Gottes vnd embsiger verrichtung des Gottesdiensts beobachtet werden, das weillen die Compagnia sich in Processionibus Quatemberlichen- vnd andern Ämbtern vnd Khürchendiennsten gebrauchen lässt, sich kheiner, so außer Compagnia wäre, vnterstehe, ohnne Erlaubnus, Hochzeiten oder andere Ehrenfest anzunemben, sondern sich iederzeit alda anzumelden vnd Erlaubnus zusuechen, ihre Namen darzugeben vnd dan der gebüer nach, was billich erkhent wierdt, in die Cassa zu contribuiren schuldig sein solle. Item auch zu Jahrmarckhtszeiten, da sich Comodianten, Gauckhler oder Sailtanzer in vnnserer Statt Gräz befindeten, sollen dieselben ohne der Compagnia Erlaubnus Musicanten aufzunehmen, auch khein Musicus sich einzutringen befugt sein. Dagegen solle die Compagnia auch auf erforderen des Magistrats bey dem heiligen Gottesdienst, sonderlich allda in der Pfarr, oder wohin man Ihrer bedarff, sich vnweigerlich gebrauchenn lassen, vnnd sich gutten, erbaren Wandels befleisen, ihre diennst nicht zu hoch schätzen vnd sich also verhalten, damit kheine beschwärdt fürkhombe vnnd wür nach beschaffenheit der sachen nit verursacht werden dis Privilegium wider aufzuheben. ... Wienn, den zwainzigsten Monathstag Februarij 1650. Ferdinandt[73].

Offensichtlich hatten die Stadtmusikanten, in die die Stadttürmer nun voll integriert waren, angesichts der großen Anzahl einschwärmender fremder Spielleute aber weiter Schwierigkeiten, ihre Privilegien durchzusetzen, so dass auch der steirische Landeshauptmann am 12. November 1650 bestätigte, dass diese „*bey dem Inhalt und Begriff dises Ihres privilegii in allen puncten*" zu schützen seien. In den Jahren 1699 bis 1710 zählte die Kompanie zehn Mitglieder, darunter vier Türmer: Wolfgang Friedrich Mayr, Johann Rosenberger, Jacob Hönigsperger und Christoph Schenauer.

Doch nicht allein gegen fremde Spielleute hatten sich die Stadtmusikanten durchzusetzen, es gab auch innerhalb der einzelnen Gruppen sowie bei Kirchendiensten zwischen Organisten, Chorleitern, Streichern und Bläsern Kompetenzschwierigkeiten. Der Stadtpfarrer hatte 1699 seinen Kantor Matthias Khern vor den Stadtmusikanten in Schutz zu nehmen, wobei nebenbei erwähnt wird, dass jene untereinander in Streit lebten, weil „*khainer dem andern Subiect leben noch parieren, sondern jeder vor sich selbst absolut stehen will*". Die Stadtmusikanten wollten Khern zwar als Leiter des Kirchenchores hinnehmen, dort könne er „*die partes vergeben*", in der Kompagnie selbst aber sei jeweils der Älteste von ihnen der Erste. So sei dies auch in Wien üblich. Khern würde außerdem – in Widerspruch zu den ihnen gewährten Privilegien – fremde Musiker zu Diensten beim Adel mitnehmen und „*ohne ainigen tragenten scheuch vnterschidliche Musicalische Dienst, als Hochzeithen, Mallzeithen, Serenaden mit extraneis*" übernehmen. Am 28. Januar 1702 beendete die Hofkammer den Streit mit folgender Verordnung:

---

73 Zitiert nach Hellmut Federhofer, Die Grazer Stadtmusikanten und die privilegierte Stadtmusikantenkompagnie, in: Zs. hist. Ver. 42, 1951, S. 91 f.; ders., Ein nicht erfüllter Rechtsanspruch von sechs Grazer Stadtmusikanten, in: Siedlung, Macht und Wirtschaft = Festschrift für Fritz Posch, Graz 1981.

II. Die Neuzeit: Renaissance und Barock

1. Sänger und Instrumentalisten haben den Kantor als Chorregenten zu respektieren, wofür dieser die Musici in Ehren und in aller Bescheidenheit halten sollte.
2. Dies gilt nicht allein am Chor, sondern auch bei Litaneien und Andachten.
3. Ohne Erlaubnis darf kein Musiker vom Chor fernbleiben. Ist er begründet abwesend, so hat er Ersatz zu stellen.
4. Es bedarf der Zustimmung des Chorregenten, wenn der Stadtmusikus einen seiner Schüler oder anderweitigen Ersatz stellt, doch sollte dieser nicht ohne Ursache solchen Ersatz verweigern dürfen.
5. Den Privilegien entsprechend, sind Stadtmusiker bei „Hochzeiten, festinen, Balleten und Serenaden" bevorzugt einzusetzen.
6. Es sind drei „Principales" einzusetzen, von denen „der Canter (wann er zugleich ein instrumental Musicus ist) allzeiten Primarius sein" sollte, die beiden anderen aber von der Kompanie jährlich gewählt werden. Der Primarius habe die Musik bei den Hochzeiten, „Festinen", Ehrenfesten und Serenaden zu leiten, alle drei gemeinsam sind für die Übernahme von Verpflichtungen zuständig.
7. Dem Chorregenten steht es frei, bei Hochzeiten u. a. gesonderten Verpflichtungen mitzuwirken. Trotzdem habe er vom Verdienst seinen Teil zu erhalten.
8. Bei 10 Taler Strafe ist es verboten, einen „frembden uneinverleibten Musicanten nach eignem gefallen darzue zu nemben, außer wo man mehr Musicos als in der Compagnia vorhanden, zu haben verlanget, undt da jemand hauboisten, flautisten, härpfenisten, Lautenisten oder einen virtuosen Violinisten, die Sye in der Compagnia nicht heten, haben wolte, solches soll der gesambten Compagnia angedeitet werden, welche aber dawider khein bedenkhen haben, noch abschlagen sollen".
9. Werden nur drei Stadtmusikanten angefordert, um jemandem aufzuspielen, so brauchen diese von ihrem Verdienst der Kompanie nichts abzuführen.

Doch blieb es trotz solcher klarer Verordnungen ein ständiges Streitobjekt, wer was wann wo und zu welchem Preis spielen sollte und durfte. Vor allem im Verlauf des 18. Jahrhunderts lockerten sich die Bestimmungen erneut. Die Einführung einer Musiksteuer (Musikimposto), den heutigen AKM-Gebühren vergleichbar, aber nicht den Komponisten und Verlegern, sondern allein dem Kaiser zugedacht, erschwerte zudem das öffentliche Musizieren[74]. Maria Theresia beabsichtigte 1765 die Auflösung aller Musik-Bruderschaften, worauf das Gubernium aus Graz antwortete, dass „hierlands nirgendswo einige Musicanten Bruderschaften" anzutreffen seien. In Graz aber bestünden zwei Gattungen von Musikanten, 1. solche, „die eine musicalisch und mit der Instruction in der Music, auch Rechen und Schreibkunst, dan Versehung deren Kirchen sich nähren und ihre Nahrung durch Bedienung der Schaubühnen, Bällen, Hochzeiten und anderen Tänzen verbessern", 2. „Professionisten [...] so in denen Wirths- und Tanzhäusern zu musicieren pflegten, welche, da sie ohnedeme zweyerley Nahrungsart hätten, und theils schon sehr alt und sonst ohne Profession wären, zu keinem anderen Verdienst mehr eingeleitet werden könten und gleiche bewantnis habe es in denen übrigen Städten und auf dem Land".

Wann die Grazer Stadtmusikanten-Kompanie endgültig aufgelöst wurde, lässt sich aus den Quellen nicht festmachen. In einem Bericht aus dem Jahre 1827 wird sie bereits als eine der Vergangenheit angehörende Institution erwähnt. Die Reformen Josefs II. haben ihr wohl den entscheidenden Dolchstoß versetzt[75].

Nicht allein die Landeshauptstadt Graz, auch die übrigen steirischen Städte und Märkte hatten einst ihre klingende Heraldik: Stadttürmer, die den Wach- und Signaldienst zu leisten hatten und darüber hinaus das musikalisch-kulturelle Leben mitgestalteten. Von Cilli, Pettau, Marburg, Radkersburg, Leibnitz, Wildon und Leoben wissen wir darüber nähere Einzelheiten. Aus den genannten Orten wurden 1619, als der steirische Erzherzog Ferdinand zum Römischen Kaiser gewählt und gekrönt wurde, Musiker nach Graz berufen, um am 16. Oktober jenes Jahres den feierlichen Einzug des neuen Kaisers gebührend mit Musik zu umrahmen.

„Graz sonnte sich an dem Glanz einer Hauptstadt des Deutschen Reiches, welche Würde es schon einmal innegehabt hatte, als der steirische Habsburger Friedrich V., der nachmalige III. Kaiser dieses Namens, 1440 die deutsche Königskrone erhalten hatte. Die groß angelegten Festlichkeiten des Jahres 1619 waren aber zugleich der

---

74 Herbert Kriegl, 2003.
75 Hellmut Federhofer, Die Grazer Stadtmusikanten, a. a. O., S. 97–113.

Abschied von der Grazer Glanzzeit; denn kurze Zeit später verlegte Ferdinand II. seine Residenz für immer von Graz fort nach Wien [...]

Der Kaiser war mit seinem Gefolge zu Schiff, wie es damals üblich war, von Bruck nach Graz gekommen. Ein großartiger Zug des steirischen Adels war dem Kaiser bis zum Murufer entgegengeritten. Der feierliche Eintritt des Kaisers begann um vier Uhr nachmittags unter den Salutschüssen der Kanonen der Stadtmauern und des Schlossberges und unter Trompetengeschmetter beim Eisernen Tor im Süden der Stadt. Im Stadtgraben standen verteilt 900 Stadtknechte in drei Fähnlein, deren jedes anders gekleidet war: das erste in den Farben des Deutschen Reichs schwarzgelb, das zweite in den österreichischen Farben weiß-rot, das dritte steirisch weiß-grün. Im Stadtgraben stand eine von Peter de Pomis [...] geschaffene Siegessäule und unmittelbar beim Eisernen Tor nochmals zwei Säulen, die die Stadt hatte aufrichten lassen. Eine Abordnung der vornehmsten Bürger empfing dort den Kaiser und geleitete ihn, der zu Roß einzog, unter einem stattlichen Himmel in die Stadt. Vor dem Landhaus stand der erste Triumphbogen, den die Landschaft errichtet hatte; er war reich geziert mit Ornamenten, Figuren, Säulen, Inschriften, Wappen und Gesimsen. Zwischen den Säulen dieses Ehrentores wurde der Kaiser ‚am durchreithen auch mit lieblicher Musica, frölichen Saitenspiel und schönen Harmonien' empfangen. Auf dem Hauptplatz erhob sich der zweite Triumphbogen, den die Stadt errichtet hatte; er war ebenfalls prächtig geschmückt, auch hier scholl dem Kaiser Musik entgegen. Bezeichnend für den derb-drastischen Humor dieser Zeit ist die Unterhaltung, die man dem Kaiser an der Ecke Hauptplatz – Sporgasse bot: aus einem Brunnen floß vom Beginn des Eintrittes an bis spät in die Nacht roter und weißer Wein, welchem ‚der gemaine Pöbel dermassen zugeloffen [...] sich ungeachtet viler eingenummenen schleg, erlitten hin und herstössens also gerissen', dass man kaum vorbeikommen konnte. Der Grazer Hofkammerrat Friedrich David Schaller berichtet in seiner Eigenschaft als Fugger-Korrespondent darüber, dass das ‚gerauff under dem Volkh [...] ain großer Spaß zue sehen gewest'. Das dritte und vierte Triumphtor war von den Jesuiten etwa in der Gegend des westlichen und östlichen Endes des heutigen Freiheitsplatzes in der Hofgasse errichtet [...] Der ganze Festzug hatte auf der kurzen Strecke [...] von vier Uhr nachmittags bis halb sieben Uhr, also zweieinhalb Stunden in Anspruch genommen"[76].

Die Stadt Graz selbst hatte nicht genügend Musiker zur Verfügung, um solche Feierlichkeiten gebührend auszugestalten, weshalb man an die Magistrate der steirischen Städte und Märkte mit der Bitte herantrat, Musiker abzustellen. Diesem Umstand verdanken wir die Namen zahlreicher steirischer Musiker des beginnenden 17. Jahrhunderts. Die Zahl muss beträchtlich gewesen sein. Allein beim landschaftlichen Triumphtor waren am 16. Oktober 1619 45 Musiker versammelt: Stadttürmer aus Pettau (zwei), Radkersburg (vier), Marburg (vier), der Kornettist Prandtstetter aus Leibnitz mit seinen Diskantisten sowie Sänger und Instrumentalisten aus Cilli (vier), Leibnitz (acht bis neun), Wildon und Graz (insgesamt vier), aus Marburg, Pettau und Radkersburg (je fünf). Schließlich zwei kleine Orgeln, geschlagen vom Organisten und Schulmeister aus Leoben und vom Chorregenten Christian Hartmann aus Cilli, der auch als Komponist bezeichnet wird und möglicherweise jene Motette geschaffen hat, die beim Einzug Ferdinands II. aufgeführt wurde. Allerdings sei – so wird gesondert betont – bei den Proben dafür reichlich Wein geflossen!

Probleme, wie wir sie oben in Graz erwähnten, gab es auch in anderen steirischen Orten. Ein Ratsprotokoll des Jahres 1694 aus Aussee unterscheidet zwischen bürgerlichen und bäuerlichen Spielleuten. Richter und Rat beschlossen, es solle auf Bauernhochzeiten kein bürgerlicher Spielmann zugelassen werden. Doch schon sechs Jahre später, 1700, baten die bürgerlichen Spielleute, ihnen doch auch das Vorrecht auf bäuerlichen Hochzeiten einzuräumen, zumal sie ja auch die Kirchenmusik in vollem Umfang besorgten[77].

Was in den einzelnen Städten und Märkten von den Türmern erwartet wurde, geht aus einer „*Thurnermeister Stüftung*" hervor, die sich in Leoben erhalten hat. Darin heißt es u. a., dass „*ein Thurnermaister im Erzherzogthumb Oesterreich und anderen königlichen Erblanden*" an den Sonn- und Feiertagen in der Stadtpfarrkirche den Gottesdienst „instrumentalisch" der Bedeutung des Festes gemäß mit Trompeten und Pauken, Zinken und „Trompon" (Posaunen), Horn und Klarinetten, „Hubo"

---

76 Rainer Puschnig, Frühbarocke Festmusiken in Graz. Die musikalischen Darbietungen der steirischen Stände für Ferdinand II. 1607, 1617 und 1619, in: Das Joanneum 3, Graz 1940, S. 48.
77 W. Suppan, Das musikalische Leben in Aussee ..., in: Bl. f. Hk. 35, 1961, S. 86–92; ders., Stmk./2, Artikel „Bad Aussee".

(Oboe) und Fagott, Violine, Bass, „Pasetl" (kleines Violoncello), Violen und „mehr anderen Instrumenten" zu verrichten habe. Das entspricht etwa einer Stadtmusikdirektor-Funktion unserer Tage. Für Leoben liegen deshalb reiche Quellen darüber vor, weil der angesehene Bürger dieser Stadt, Paul Egger, im Jahre 1728 testamentarisch bestimmte, dass nach dem Ableben seiner Frau der Ertrag von jährlich 650 Gulden aus der ihm gebührenden „Rottenmanner Weintaz" zur Pflege der Musik in der Stadtpfarrkirche zu Leoben aufgewendet werden sollte. Im Jahre 1777 wurde dem Leobener Türmermeister Jakob Seybald auf sein Ansuchen die Gesamtleitung der Stadt- und Kirchenmusik anvertraut und ihm zugleich die „Rottenmanner Weintaz" zugebilligt, wofür er jederzeit eine wohlbesetzte Kirchenmusik im Sinne der Stiftung unterhalten müsste.

Zwar gab es in der Folgezeit oft Klagen und Beschwerden aller Beteiligten: Pfarrer und Pfarrgemeinde meinten, dass Seybald und seine Nachfolger für das ihm zugestandene Einkommen die Musik vernachlässigten, die Türmermeister wieder wiesen auf Teuerung und andere Beschwernisse hin. Jedenfalls überlebten die Leobener Stadttürmermeister alle Reformen Josefs II. und damit ihre Kollegen in Graz und anderen steirischen Städten. Auf Seybald folgte 1779 dessen Sohn Anton Seybald, der bereits 1777 als Türmermeistersubstitut aufgenommen worden war. Doch 1819 entschloss sich Seybald, die Türmermeisterstelle gegen jährlich 500 Gulden mit Zustimmung des Magistrates an Franz Posch zu verpachten. An Musikinstrumenten übernahm Posch damals: zwei B-Klarinetten, zwei C-Klarinetten, drei Konvertions-Trompeten mit „Satzln" (zur Veränderung der Stimmung) und Mundstücke, eine Klappentrompete, eine Bassposaune sowie mehrere alte und schadhafte Instrumente, darunter zwei Paar Hörner, sechs Trompeten „alter Art groß" mit zehn Bögen und vier „Satzln", drei Posaunen, zwei Paar Pauken. Allein diese Anzahl von Musikinstrumenten bezeugt eine blühende Musikpflege. 1825 kündigte Posch den Pachtvertrag wegen zu geringer Einkünfte, und so musste Anton Seybald erneut das Türmeramt übernehmen. Da der Staat die Rottenmanner Stiftung im Jahr 1829 einzog, kam Seybald in arge finanzielle Bedrängnis, ehe er 1834 verstarb.

Im Jahre 1834 erhielt Franz Kronberger die Leobener Stadttürmerstelle, ihm folgten 1846 Johann Zoder und 1852 Anton Absenger, der als letzter den Titel „Türmermeister" führte. Doch damit sind wir zeitlich bereits in das 19. Jahrhundert vorgerückt, in die Zeit der aufblühenden Blas- und Harmoniekapellen, über die in den folgenden Abschnitten dieses Buches ausführlicher berichtet werden wird. Immerhin gehörte Kronberger zu jenen Pionieren steirischer Blasmusik, die sich um die Aufstellung von Harmoniekapellen bemühten: Am 6. März 1839 ersuchte er den Magistrat der Stadt Leoben, ihm für seine aus drei Klarinetten, einer Flöte, vier Trompeten, zwei Fagotten, einer Pauke und einer Posaune bestehende Kapelle Uniformen zu bewilligen. Die genannte zwölfstimmige Besetzung wird dabei als die übliche bezeichnet. Auch Zoder und vor allem Absenger führten Kronbergers Tradition in Bezug auf die Blasmusik fort. Absenger trat mit einer 36-köpfigen Knabenkapelle auf, als Kaiser Franz Joseph im September 1856 Leoben einen Besuch abstattete. 1883 löste der Magistrat den Vertrag mit Absenger, womit der letzte steirische städtische Türmermeister von der Bildfläche verschwand[78]. Eine jahrhundertelange Tradition war damit abgebrochen, die seit dem hohen Mittelalter das Musikleben unseres Landes entscheidend mitbestimmt hatte.

Reformation und Gegenreformation, Barock und Volksbarock

Im Verlauf des 16. Jahrhunderts wandte sich ein großer Teil der steirischen Bevölkerung, voran der Adel, der lutherischen Lehre zu. Etwa seit 1540 hatte Jakob von Eggenberg in seiner *„Egkennperger Stifft"* in Graz die Kapelle für die Gottesdienste seiner Glaubensgenossen zur Verfügung gestellt. Später kaufte die Landschaft das Objekt, vergrößerte die Kirche, die als evangelische Stiftskirche im Jahr 1570 eröffnet wurde, und knüpfte daran die Einrichtung einer höheren Schule. Damit waren alle Voraussetzungen für eine gottesdienstliche Musikpflege geschaffen, wie sie Martin Luther in seiner *„Formula Missae"* von 1523 für Stifte und Dome vorgesehen hatte. Zunächst gab es im Bereich kirchlicher

---

78 Hellmut Federhofer, Die Stadttürmermeister von Leoben, in: Bl. f. Hk. 34, 1949, S. 109–116; ders., Die Musikpflege an der St.-Jakobs-Kirche in Leoben, in: Die Musikforschung 4, 1951, S. 333–341; Günther Jontes, Anton Absenger (1820–1899). Leobens letzter Stadttürmermeister. Zur Selbstbiographie des steirischen Musikers und Komponisten, in: Der Leobener Strauß 5, 1977, S. 67–99; Suppan, Stmk./2, 2009, S. 1f.

Abb. 28: Den großen Bücherverbrennungen fiel wohl auch ein Exemplar jener Luther-Bibel zum Opfer, die nach seinem Tod, im Jahre 1550, gedruckt wurde. Auf unserem Bild geht es um den Befehl des Herrn an Moses, zwei Trompeten aus Silber anfertigen zu lassen. Die Trompete erfüllt hier Signalfunktion, ihr Ton sollte zum Abzug aus dem Lager und zum Kampf gegen den Feind aufrufen. Im Vordergrund des Bildes sehen wir Moses mit einer Trompete in der Hand, neben ihm ein Priester, der die Trompete bläst. Im Hintergrund sieht man ein Zeltlager sowie eine Gruppe Menschen[79].

Musik keine Glaubensspaltung: Die landschaftlichen und städtischen Musiker wirkten da und dort mit, das Repertoire unterschied sich kaum. So konnte der Grazer Hofkapellmeister Johannes de Cleve protestantische Choräle für jene „*Gesang Postill*" des zwar katholischen, aber mit den Lutherischen sympathisierenden Grazer Pfarrherrn Andreas Gigler bearbeiten, die als erster steirischer Notendruck im Jahre 1578 bei Andreas Frank

---

[79] Marianna Bárdiová, Musikikonographie in der Lutherbibel, in: Slowenische Musiktage (Konzerte, Symposien) 23.–26. April 1996. Symposion: Musik und Bildende Kunst, hg. von Primož Kuret, Ljubljana 1997, S. 153–162; slowakische Fassung dess. Aufsatzes (mit der vorliegenden Abbildung sowie mit weiteren interessanten Darstellungen von biblischen Musik-Szenen), in: Pamiatky Múzeá. Revue pre Kultúrne Dedičstvo, 4/1999, S. 40–44. – Zusammenfassend dazu Günter Cerwinka, Evangelische Steiermark. Ein Abriß ihrer Geschichte um Höhepunkt und Wende in den Jahren 1578/79, in: Burg Strechau. Glaube und Macht. Ausstellung vom 12. Mai bis 1. November 1992. Katalog und Beiträge, Lassing 1992, S. 55–78. Ebda., S. 21 ein Hinweis auf die Lutherbibel: Die Propheten alle Deutsch, Frankfurt am Main 1569.

II. Die Neuzeit: Renaissance und Barock

in Graz gedruckt wurde. Diese Gesangspostille ist ein Zeugnis für den katholischen wie für den evangelischen Kirchengesang[80].

Mehr als im katholischen Bereich kam jedoch bei den Evangelischen der Bläsermusik als Begleit- und Figuralmusik im Gottesdienst Bedeutung zu. Eine Erscheinung, die sich bis zu den Posaunenchören der Gegenwart verfolgen lässt. In den letzten Jahrzehnten des 16. Jahrhunderts fanden Landschaftsmusiker in Graz in ihren Anstellungsverträgen die zusätzliche Klausel vor, *„zu heilligen hohen Festen und andern Feyrtagen nach gelegenheit der Zeit und zu heilligen Stunden den Gottesdienst in E.E.La[ndschaft] Kirchen mit der Musikhen vleißig und unseimblich"* beizuwohnen. Dass die Anzahl der Landschaftstrompeter zwischen 1570 und 1600 zahlenmäßig beträchtlich erhöht wurde, hängt mit der Aufgabe zusammen, in der evangelischen Stiftskirche tätig zu sein. Da die gesamte Bibliothek der Stiftskirche einschließlich der Musikalien (etwa 10.000 Bände) im Zuge der Gegenreformation am 8. August 1600 verbrannt wurde, geben nur indirekte Quellen über die Blütezeit evangelischer Kirchenmusik in der Steiermark Auskunft.

Unter den o. g. Inventaren ist eines besonders aufschlussreich, das anlässlich des Abganges von Annibale Perini, dem Stiftsorganisten und Komponisten der venezianischen Schule, am 8. Oktober 1594 angelegt wurde. Neben der Orgel und einem Regal werden folgende Blasinstrumente benannt: ein großer und zwei kleine Priegel (d. h. ein Bomhart und zwei Schalmeien), ein Fagotin (ein Fagottino, d. h. ein Doppelfagott in der Unterquint des Choristenfagotts), zwei große Quartposaunen, sechs kleine Posaunen, ein Dulceina (Krummhorn oder Sordun), fünf gelbe und stille Zinken und vier laute oder schwarze krumme Zinken. Auch Rechnungen über Instrumentenankäufe betreffen nur Blasinstrumente[81]. Mit Sicherheit ist auch die Jugend am Stiftsgymnasium in der Instrumentalmusik unterwiesen worden. Eine Kärntner Quelle, der Dichter und Lehrer an der Klagenfurter evangelischen Stiftsschule Urban Baumgartner, 1588 bis 1601 in Klagenfurt, danach in Lauingen und Ardacker ob der Enns, berichtet in Versen von einem Wettspiel der Schüler:

Auch Hornbläser ließen sich unter den zitternden Schatten mit Tanzweisen vernehmen, vom schmetternden Klang der Trompeten widerhallte geschwätzig die Luft aus grünenden Tälern, und dem fröhlichen Schall antworteten jubelnde Hörner[82].

Ähnliches mag sich auch in Graz zugetragen haben; denn der 1599 mit der Leitung der Musica figuralis auf dem Orgelchor beauftragte Landschaftsmusicus und Trompeter Mathes Graß hatte täglich von 12 bis 13 Uhr mit dem Chor zu üben.

Mit dem Einzug des katholisch-habsburgischen Hofes Erzherzog Karls 1564 in Graz begannen religiöse Kontroversen mehr und mehr die Musikpflege und vor allem die einzelnen landschaftlichen und städtischen Musikanten zu belasten. Annibale Perini wurde wegen seiner allzu reichen, eben venezianischen Struktur der Musik gerügt, der katholische Stadtpfarrer wollte den Stadtmusikern den Dienst in der evangelischen Stiftskirche verbieten. Als gar, als Vorboten der militanten Gegenreformation, die Jesuiten nach Graz kamen, 1574 in den Räumen der alten Grazer Pfarrschule in der Färbergasse ein Jesuiten-Seminar oder Alumnat einrichteten und 1586 die Universität gründeten, verhärteten sich die Fronten zunehmend. Die landschaftlichen und städtischen Trompeter standen vor der Entscheidung, entweder ihre Stellung zu verlieren – oder zum katholischen Glauben zurückzukehren. Ein Großteil des Adels und der Intelligenz verließ damals die Steiermark, wodurch *„das Land unersetzliche Einbußen erlitten hat. Unter ihnen waren Namen wie Zinzendorf, Gneisenau, Kerner, Hauff, Hegel – der Erzherzog aber wollte lieber über eine katholische Wüste als über einen lutherischen Blütengarten herrschen"*[83].

---

80 Allgemein dazu: W. Suppan, Deutsches Liedleben zwischen Renaissance und Barock, Tutzing 1973, S. 43–53; ders., Das geistliche Lied in der Landessprache, in: Geschichte der katholischen Kirchenmusik 1, hg. von Karl Gustav Fellerer, Kassel u. a. 1972, S. 353–359; ders., Das geistliche Volkslied, ebda. 11, 1976, S. 202–207. – Zur steirischen Situation: ders., Vom geistlichen Lied in der Steiermark, in: Singende Kirche 11, Wien 1964, S. 117–122; ders., Drei katechetische Schriften des 18. Jahrhunderts, darunter ein bisher unbekannter Widmanstetter-Druck sowie ein Text wider den höllischen Reien, in: Musicologica Austriaca 18 = Miscellanea Musicae. Rudolf Flotzinger zum 60. Geburtstag, Wien 1999, S. 339–351; ders., Über Singen, Musizieren und Tanzen in den Visitations- und Inquisitionsprotokollen des Jahres 1528 in der Steiermark, in: Leitmotive. Dietz-Rüdiger Moser zum 60. Geburtstag, hg. von Marianne Sammer, Kallmünz 1999, S. 447–455.
81 Hellmut Federhofer, Die Musikpflege an der evangelischen Stiftskirche in Graz (1570–1599), in: Jahrbuch der Gesellschaft für die Geschichte des Protestantismus in Österreich 68/69, Wien 1953, S. 69–97; desgl. in ders., Musik und Geschichte, 1996.
82 Zitiert nach Hans Joachim Moser, Die Musik im frühevangelischen Österreich, Kassel 1954, S. 66.
83 Ebda., S. 65.

Luthers Lieder – in der Landessprache zu singen – hatten dem Katholizismus mehr Seelen geraubt als seine Theologie: so klagte einst der Jesuit Adam Conzenius. Und in der Tat: Lied und Musik konnten auch eine wesentliche Hilfe bei der Rückgewinnung der evangelischen Bürger zum katholischen Glauben sein. Die gegenreformatorischen Kommissionen, die von Ort zu Ort zogen, hatten deshalb stets Kantoren und Instrumentalisten in ihren Reihen. Mit der Stiftung des Grazer Ferdinandeums, einer Heimstätte für die studierende Jugend, war der Auftrag verbunden, die Alumnen an allen Sonn- und Feiertagen in der Hof- und Jesuitenkirche, bei Prozessionen, Andachten und Universitätsfeiern als Sänger und Instrumentalisten einzusetzen. Solange Graz Residenz der innerösterreichischen Erzherzöge blieb (bis 1619), kam diese Verpflichtung nur teilweise zum Tragen, danach aber lag die Musikpflege an der Jesuiten-, der heutigen Domkirche vorzüglich in der Hand der Ferdinandisten.

Das in der Universitätsbibliothek zu Graz verwahrte Matrikelbuch des Ferdinandeums weist zwischen 1588 und 1684 rund 2400 Namen von Knaben und Jünglingen im Alter von zehn bis 28 Jahren aus, nicht allein Innerösterreicher, sondern auch Studenten aus vielen deutschen und außerdeutschen Ländern. Für die Musikgeschichte aber ist dieses Buch deshalb so bedeutsam, weil es zumeist auch die musikalischen Kenntnisse des Aufgenommenen verzeichnet[84]. Die Bezeichnungen „tubicen" (Trompeter), „tubista" (Posaunist), „cornetista" (Zinkenist) und „fagotista" (Fagottist) kommen mehrfach vor. Sogar die Stimmlage der Posaune wird angegeben: „altista in tuba ductili" (Altposaunist) oder „bassista in ductili tuba" (Bassposaunist). Einige konkrete Beispiele:

Michael Divinar, aus Stein in Krain, 19 Jahre, 7. November 1632, „tubicen".
Sebastianus Lebitsch, ebenfalls aus Krain, 19 Jahre, 7. November 1634, „tubista".
Julius Sacillus aus Tarvis, 24 Jahre, 16. November 1637, Physicus, „titulo musici, cum inflet ductilem tubarn" (da er die Zugposaune bläst).
Mauritius Bernardus Hauer, ein Schwabe, 3. November 1666, Logicus „in musicum cornetistam", gestorben im Ferdinandeum am 30. August 1667.
Joannes Michael Ingerl aus Tirol, 3. November 1671, „susceptus in musicum tubistam et violinistam".
Andreas Gladnik aus Bischoflack (Krain), 30. November 1671, futurus logicus „susceptus in musicum tubicinem et tubistam".

Bedeutende Komponisten des Barock studierten kürzere oder längere Zeit in Graz und fanden Unterkunft im Ferdinandeum. Genannt seien (1) Johann Joseph Fux, der 1680 in die Grammatikklasse der Grazer Universität aufgenommen und am 22. Februar 1681 Zögling des Ferdinandeums wurde, aus dem er jedoch bald heimlich entfloh. Österreichs überragender Barockkomponist hat zwar nicht – wie etwa Händel – für das Bläserensemble besondere Vorliebe gezeigt, aber doch in seinen Werken Bläser solistisch und als Tuttiverstärkung vielfach eingesetzt[85]. (2) Mathias Sigmund Biechteler (von Greiffenthal), um 1668 in Leibnitz zur Welt gekommen, seit ca. 1684 Gesanglehrer der Domsängerknaben in Salzburg, wo er 1690 zum Hofkapellmeister ernannt und 1723/24 geadelt wurde[86].

Auch an den Zwistigkeiten zwischen verschiedenen Musikergruppen in Graz blieben Studenten des Ferdinandeums nicht unbeteiligt. Die privilegierten Landschaftstrompeter beklagten sich 1708 in einer Beschwerde an die Verordneten, *„dass zuwider denen Privilegien die Ferdinandisten gar auf öffentlichen Gassen zu blasen sich unterstanden, was die, so nit ordentlich gelehrnet, nit thun derffen"*; zumal *„ihnen Ferdinandisten allein in der Jesuitenkirche und sonst nirgends zu blasen"* erlaubt sei. Doch konnte gegen den Übermut der Studenten wohl schon damals wenig getan werden. Bereits 1711 trifft die nächste Klage ein, *„dass die Studenten öffentlich mit den Trompeten herumbfahren, auch die Paugen in die Wirtshäuser brauchen, so niemals zulässig gewesen"*.

---

84 Eugen Brixel, Die Bläsertradition des Grazer „Ferdinandeums" vor und um 1700, in: Alta Musica 9, 1987, S. 25–38.
85 W. Suppan, Johann Sebastian Bach und Johann Joseph Fux. Zur Funktion und Semantik barocker Musik, in: Kongreß-Bericht Bach-Fest Graz 1983, hg. von Johann Trummer und Rudolf Flotzinger, Kassel u. a. 1985, S. 61–74; desgl. in: ders., Werk und Wirkung, S. 557–572; Johann Joseph Fux und die barocke Bläsertradition. Kongreß-Bericht Graz 1985, hg. von Bernhard Habla, Tutzing 1987 (Alta Musica 9); W. Suppan, Blasinstrumente (ohne Chalumeau) im musikalischen Schaffen von Johann Joseph Fux, in: Das Musikinstrument 39, Heft 11, 1990, S. 68–74; engl. Fassung dess. Aufsatzes unter dem Titel: The Use of Wind Instruments (excluding Chalumeau) in Fux's Music, in: J. J. Fux and the Music of the Austro-Italian Baroque, hg. von Harry White, Cambridge/England 1992, S. 95–108; desgl. in: ders., Werk und Wirkung, S. 573–587.
86 Thomas Hochradner, Mathias Sigmund Biechteler (1668–1743). Leben und Werk eines Salzburger Hofkapellmeisters, phil. Diss. Salzburg 1991; Suppan, Stmk./2, 2009, S. 45f.

II. Die Neuzeit: Renaissance und Barock

Abb. 30: Für besondere Leistungen um die Erforschung der österreichischen Musik hat die Johann Joseph Fux-Gesellschaft die Medaille „Pro Musica Austriaca" geschaffen, die seit 1960 erst an acht Wissenschaftler verliehen wurde (in der Reihenfolge der Verleihung): Robert Haas, Andreas Liess, Bernhard Paumgartner, Egon Wellesz, Hellmut Federhofer, Friedrich Wilhelm Riedel, Erika Kanduth, Wolfgang Suppan[88].

Abb. 29: Johann Joseph Fux (1660–1741), in Hirtenfeld, Gemeinde Langegg, Pfarre St. Marein am Pickelbach (heute: bei Graz) geboren, gelangte im Verlauf einer beispiellosen Karriere als erster deutscher Meister an die Spitze der Wiener kaiserlichen Hofkapelle – und das bedeutete, in das höchste musikalische Amt, das die Christenheit damals zu vergeben hatte. Er diente drei Kaisern und schuf nicht nur das wichtigste musiktheoretische Lehrbuch, die „Gradus ad Parnassum" (Stufen zum Erfolg), aus dem alle bedeutenden Komponisten bis in das 20. Jahrhundert herein lernten, sondern bereitete in seinen in die Zukunft weisenden Kompositionen der Wiener Klassik den Weg[87].

---

87   Wolfgang Suppan, Johann Joseph Fux. (A) Ein Essay: Zur Bedeutung von J. J. Fux – zu seiner Zeit und in unserer Zeit, (B) J. J. Fux in Ungarn, in: Studia musicologica Academiae Scientiarum Hungaricae 32, Budapest 1990, S. 299–339; ders., Von Johann Joseph Fux zu Wolfgang Amadeus Mozart, Graz 1994 (Jahresgabe der Johann-Joseph-Fux-Gesellschaft 17); desgl. in: ders., Werk und Wirkung, S. 588–608.

88   Hinweise auf Bearbeitungen Fux'scher Werke für Blasorchester oder Bläser-Ensembles finden sich in: Suppan, Blasmusik/5, 2009, S. 273f.

Abb: 31: Der 1. Satz der Johann Joseph Fux-Suite für Blasorchester, orchestriert von Armin Suppan, 1987 im Verlag Schulz in Freiburg im Breisgau erschienen. Die Themen der fünf Sätze sind Fuxens berühmtestem Instrumentalwerk, dem „Concentus musico-instrumentalis" entnommen. Das umfangreiche Werk ist dem römischen König Josef, dem späteren Kaiser Josef I., gewidmet und auf dessen Kosten 1701 in Nürnberg gedruckt worden.

Wie dem auch sei: nach dem Abzug der Grazer Hofkapelle nach Wien lag die Hauptlast der Kirchenmusik auf den Ferdinandisten, die zwar keinen vollwertigen Ersatz für eine erzherzogliche und kaiserliche Hofkapelle bieten konnten, aber doch mit Anstand die Musik in den Dienst der Gottesverehrung zu stellen vermochten[89].

Nachdem die Jesuiten die Rekatholisierung des Adels und des Bürgertums durchgesetzt hatten, tritt in der zweiten Welle der Gegenreformation, als die niederen Orden sich der ländlichen Bevölkerung annahmen, die Bläsermusik zurück. In den Deutschen Messen eines Michael Haydn oder Franz Schubert dominiert – falls Instrumente überhaupt zur Verfügung stehen – vollends der Streicherklang. Hatte doch bereits Maria Theresia die Einschränkung der Kirchenmusik, vor allem das Verbot von Blas- und Schlaginstrumenten beim Gottesdienst durchgesetzt. Eine Entwicklung, die durch Joseph II. endgültig zum Durchbruch kommen sollte. Das „Volksbarock", jene späte, auf die Grundschichten der Bevölkerung zugeschnittene „Aufklärung", legte dafür seinen Schwerpunkt auf die Ausgestaltung und Neubelebung paraliturgischen Brauchtums, der Prozessionen, der Wallfahrten, der geistlichen Spiele, der Andachten im Freien: und da sollten auch die Blasinstrumente und die im 19. Jahrhundert entstehenden Blaskapellen ein reiches Betätigungsfeld vorfinden. Da liegt eine wichtige Wurzel der Verbindung von Blasmusik und Brauchtum, worüber in diesem Buch noch ausführlich zu sprechen sein wird (s. Kapitel IX, S. 275 ff).

Abb. 32: Kaiserlicher Pauker. Kupferstich von Caspar Luyken, Nürnberg 1703.

---

89 Die Absätze über die Jesuiten stützen sich auf Hellmut Federhofer, Zur Musikpflege der Jesuiten in Graz im 17. Jahrhundert, in: Aus Archiv und Chronik 2, 1949, S. 126–136; desgl. in: ders., Musik und Geschichte, 1996. – Maria Mairold, Sänger und Kirchenmusiker aus dem Ferdinandeum in Graz, in: Zs. hist. Ver. 83, 1992, S. 273–335.

Abb. 33: In der Sakristei der Stiftskirche in Vorau schuf der bekannte Barockmaler Johann Cyriak Hackhofer jenes Gemälde, auf dem Engel mit der Tuba salutaris, der „Tuba des Heiles", sehr naturgetreu herumschwirren.

III. Frühklassik und Wiener Klassik

Musikimposto – Eine kaiserliche Steuer auf Musikaufführungen

In mehrjähriger mühsamer Arbeit hat der Deutschlandsberger Musikpädagoge Herbert Kriegl die umfangreichen Musikimposto-Akten des Steiermärkischen Landesarchivs in Graz erstmals durchgesehen und deren Inhalt damit der Forschung zugänglich gemacht[90]. Am 28. Dezember 1707 unterzeichnete Kaiser Joseph I. jenes Patent, das für mehr als einhundert Jahre die Abgaben für jede Art von „mit Musik verbundener Unterhaltung" in den habsburgischen Stammlanden geregelt hat. Die Einnahmen aus dem Musikimposto fielen allerdings nicht – wie in unseren Tagen bei der AKM – den Komponisten und Verlegern zu, sondern der kaiserlichen Kasse. Vorausberechnungen ergaben jährliche Einnahmen in der Höhe von 210.000 Gulden, der Anteil der innerösterreichischen Länder, also Steiermark, Kärnten und Krain, wurde mit 30.000 Gulden pro Jahr errechnet.

Musikimposto hatten im 18. Jahrhundert alle zu bezahlen, ob es sich um Musikproduktionen im adeligen, kirchlichen/klösterlichen, bürgerlichen oder bäuerlichen Umfeld handelte. Daher erscheinen in den Musikimposto-Akten auch alle von Hellmut Federhofer bereits genannten und mit besonderen Privilegien ausgestatteten Hof-, Stadt- und Kirchenmusiker sowie die Musiker des Ferdinandeums in Graz[91], – darüber hinaus aber zudem bisher unbekannte „Musik-Kompagnien" aus den steirischen Städten und Pfarren und Tausende

Abb. 34: Im Steiermärkischen Landesarchiv, Archiv Göß, Karton 394, Heft 662, haben sich Tanz- und Musikimposto-Zettel aus dem Jahr 1710 erhalten, auf denen der steirische Panther, allerdings nach rechts gewandt, gezeichnet wurde[92].

---

90 Kriegl, in diesem Kapitel auch im Text als „Kriegl" mit Angabe der Seitenzahl zitiert.
91 W. Suppan, Artikel „Federhofer", in: ders., Stmk./2, S. 132–140, mit dem vollständigen Schriftenverzeichnis. Die einschlägigen Aufsätze sind (nochmals) abgedruckt in: Hellmut Federhofer, Musik und Geschichte, Hildesheim 1996 (Musikwissenschaftliche Publikationen der Hochschule für Musik und darstellende Kunst Frankfurt/Main 5).
92 Zum Steirischen Panther vgl. Berthold Sutter, Landeswappen und Landesbewusstsein. Die Landeswappen als Symbol territorialer Selbständigkeit, in: Zs. hist. Ver. 93, 2002, S. 57–146.

von ungenannten professionellen und nebenberuflichen Spielleuten, solche mit festem Wohnsitz und vazierende. Zwar werden die Spielorte und Anlässe genannt, um welche Musikinstrumente und um welche Besetzungen es sich handelte, das interessierte die Musikimposto-Einnehmer jedoch nicht.

Obgleich es an den Veranstaltern lag, die neue Steuer zu begleichen, ließen sich bereits 1709, also im Jahr der Einführung des Musikimpostos, einzelne Gruppen eine Art Gebietsschutz bestätigen: Die „Rosswalder Musikanten-Compagnie", die „Gayserliche Spielleute-Compagnie", beide in Graz und Umgebung aktiv, die „Rhenerischen Spielleut" für die Pfarren Gratwein, St. Pongratzen und Geistthal (Kriegl, S. 44f.). Offensichtlich fürchteten sie, von Wirten oder Hochzeitern nicht mehr engagiert zu werden, wenn diese die neue Steuer zu erlegen hatten.

Wie viel an „lebendiger" Musik damals gebraucht wurde, lässt sich am Beispiel der Stadt Oberwölz zeigen, wo zwischen 1721 und 1725 vierzehn Wirte regelmäßig zum Tanz aufspielen ließen (Kriegl, S. 60 u. ö.). Ganz allgemein ist da von Spielleuten oder Musikanten die Rede, zeitweise werden „Geiger", „Fiedler", „Pfeifer", Hackbrettspieler, Schwegler, Härpfer (Harfenspieler) benannt. Bei Hochzeiten wurden in der Regel zwei bis fünf Spielleute gebraucht, aber auch ein Dudelsackspieler oder ein Pfeifer allein vermochten die Menschen zum Tanzen zu bringen. Gefeiert wurde an offiziellen kirchlichen (Fronleichnam, Kirchweih) und weltlichen (Fasching) Festtagen, die Handwerker-Zünfte hielten an den Jahrtagen der Müller, Fleischhacker, Kürschner, Schuster, Weber, Bäcker, Schmiede, Wagner, Maurer, Lebzelter, Büchsenmacher, Sensenschmiede Feste mit Musik und Tanz ab, die Schützen und vor allem die Knappen in den Bergbauorten pflegten ihr überliefertes Brauchtum, in dem Musik und Tanz (Schwerttanz) eine besondere Funktion zukam (Kriegl, S. 135ff.). Die Städte hielten sich in der Regel eigene Stadtmusikanten und Stadtturner (Türmer), manchmal reichte aber auch ein „Stadt-Spielmann", wie 1727 in Windisch-Feistritz, da offensichtlich das Geld für eine größere Gruppe von Musikern nicht reichte (Kriegl, S. 151). 1726 ist in Voitsberg von *„denen Trompeten, so bei den Mahlzeiten ohne Tanz gebraucht werden"*, die Rede (Kriegl, S. 146); das sogenannte „Tisch-Blasen" ist demnach über den adeligen Bereich hinaus auch im Bürgertum praktiziert worden. 1728 wird in Leoben erstmals die „Bergmusik" genannt (Kriegl, S. 164). Stadtrichter konnten aber auch rigoros vorgehen, wenn die falschen Musikanten sich bei Hochzeiten oder anderen Festlichkeiten in einer Stadt verdingten oder sich weigerten, die Musikimposto-Gebühr zu bezahlen: in Leoben etwa ließ der Stadtrichter im Jahre 1729 die Instrumente der Musiker zerschlagen (Kriegl, S. 156). Adelige, bürgerliche, universitäre Feiern wurden durch die Musik von „4 Trompeten und Pauken" umrahmt, besonders feierliche militärische oder akademische Feiern benötigten den sogenannten „doppelten Trompeten- und Paukenschall" (Kriegl, S. 156 u. ö.). Im militärischen und paramilitärischen Bereich der Bürgermilizen ist von „klingendem Spiel und Music" die Rede (Kriegl, S. 163). Bei einer Gamsjagd im Jahr 1728 erscheint zudem das folklorisierende Element bereits spürbar, denn die Musiker traten in roten Röcken mit „Albeninstrumenten" auf, *„als [das] Albenhorn, [der] Dudelsack und [mit] sonst gewöhnlichen bauren Music"* (Kriegl, S. 164).

Feldmusik

Im Zuge kriegstechnischer Reformen zur Zeit Kaiser Maximilians I. erfolgte die Heeresgliederung nach Regimentern, wobei Trompeter und Heerpauker den Reitern und die aus Pfeifern und Trommlern bestehenden „Feldspiele" den Fußtruppen zugeordnet wurden. In den folgenden Jahrhunderten entwickelte sich daraus die „Feldmusik", die bis an die Wende vom 18. zum 19. Jahrhundert in unterschiedlichen dienstlichen und unterhaltsamen Verwendungen innerhalb militärischer Formationen in Erscheinung treten konnte. Das bedeutete: Neben den Signalen, die den Tagesablauf am Kasernenhof regelten und die die Kommunikation zwischen Befehlshabern und einzelnen Truppenteilen sowie den Gleichschritt marschierender Fußtruppen ermöglichten, erschien im Repertoire der „Feldmusiken" bis zum ausgehenden 18. Jahrhundert hin in steigendem Maß Zeremonial- ebenso wie Unterhaltungs- und Tanzmusik. In Friedenszeiten wurde die Feldmusik in die adelige Hofhaltung und in das Leben in den Garnisonen integriert, wobei das musikalische Repertoire die in den jeweiligen Gesellschaftsschichten jeweils herrschenden Moden widerspiegelte. Solche Bläser-Ensembles bestanden in der beginnenden Barockzeit aus Schalmeien, Bomharden und Posaunen. Instrumente, die zur Zeit des Hochbarock durch Oboen, Fagotte und Hörner ersetzt wurden. Die Dominanz des Oboenklanges führte

III. Frühklassik und Wiener Klassik

Abb. 35: Eines jener militärischen Ensembles, die im Überlappungszeitraum zwischen 1770 und 1810 von Regimentsinhabern sowohl für militärisch-repräsentative wie für unterhaltsame Gelegenheiten persönlich zusammengestellt und unterhalten wurden. Zum Bläsersextett mit je zwei Oboen/Klarinetten, Trompeten und Hörnern wurden Große Trommel und Becken (Tschinellen) gefügt, so dass man die Wahl hat, es als Feldmusik, Harmoniemusik oder Türkische Musik zu benennen. Es gibt aber auch schon einen „Dirigenten".

dazu, dass nach dem Vorbild der privaten Zwölf-Mann-Kapelle Ludwigs XIV., „Les Grands Hautbois", die Bezeichnung „Hautboisten" für alle Militärmusiker, aber auch für die adeligen Hof-Bläserensembles üblich wurde. Charakteristisch dafür sind Johann Philipp Kriegers „Lustige Feld-Music. Auf vier blasende oder andere Instrumenta gerichtet", Nürnberg 1704, die im Umkreis der einschlägigen Kompositionen Kussers (1682), Muffats (1695 und 1698) und Aufschnaiters (1695) und damit in der Tradition der französischen Ouvertüren-Suiten Jean Baptiste Lullys stehen. Aber auch der Einfluss der nördlich der Alpen verweltlichten italienischen Kirchenmusikformen, der Intrade, der Aria, der Canzone, der Sinfonia, der Sonate und des Konzerts, ist erkennbar. Georg Muffat führt in den „Exquisitioris harmoniae instrumentalis", Passau 1701, ausdrücklich an, dass die Konzerte weder für die Kirche noch zum Tanz sich eignen würden, sondern ausschließlich zur „Ohren-Ergötzlichkeit" komponiert worden seien. In Österreich endet diese Entwicklung bei den Divertimenti des Fux-Schülers Georg Christoph Wagenseil und bei Joseph Haydns 1759 bis 1761 entstandenen Divertimenti für je zwei Oboen, Hörner und Fagotte[93].

Damit ist zugleich der Zeitpunkt erreicht, in dem die Bezeichnung „Feldmusik" ihren Sinn verloren hat und aufgegeben wird, weil sie sich im Verlauf der zweiten Hälfte des 18. Jahrhunderts mit neueren Bezeichnungen, wie „Harmoniemusik", „Hautboisten" oder „Türkische Musik/Türkische Banda/Janitscharenmusik" zu vermischen beginnt, die ihrerseits die Grundlage des neu entstehenden Blasorchesters bilden sollten. Der Unterschied zwischen den genannten Gruppierungen bezog sich vor allem auf die gespielte Literatur, nicht auf die Art der Ausführung dieser Literatur[94]. Diese Situation der „unscharfen" Ensemble-Benennungen wird aus einem 1796 erschienen Bericht im „Jahrbuch der Tonkunst für Wien und Prag" deutlich: *„Die Militärmusik ist entweder die gewöhnliche Feldmusik, oder die türkische Musik. Die Feldmusik, oder sogenannte Harmonie, welche man auch Bande nennt, besteht aus zwei Waldhörnern, zwei Fagotten und zwei Oboen; diese Instrumente kommen auch bei der türkischen Musik vor, wozu aber noch zwei Klarinetten, eine Trompete, ein Triangel, eine Oktavflöte und eine sehr große Trommel und ein Paar Cinellen gehören. Beim Aufziehen der Burgwache und der Hauptwache hört man die Feldmusik. Die türkische Musik wird in den Sommermonaten Abends bei schönem Wetter vor den Kasernen, bisweilen auch vor der Hauptwache gegeben"*. In künstlerisch stilisierter Form lebt die „Feldmusik" nach dem Vorbild der kaiserlichen Kammerharmonie Josephs II. als aristokratische „Harmoniemusik", aber auch als „türkische Banda" weiter, deren Musiker in Friedenszeiten je nach Größe der Hofhaltung auch Signal- und Jagdmusik erledigen konnten (bezeichnend dafür die Situation bei den Fürsten Liechtenstein[95]). Für die neue Militärmusik aber wird in Österreich bereits 1806 die Stärke der Regimentsmusik der Infanterie mit 48 Musikern angegeben.

Der Begriff „Feldmusik" taucht in dem Musikimposto-Akten des Steiermärkischen Landesarchivs erstmals 1737 auf, als in Graz eine „Feldmusique von Hautbois, Fagott und Waldhörnern" bezeugt wird. Es handelt sich dabei um eine in Graz auch schon 1734 erwähnte Besetzung (s. unten, im folgenden Abschnitt „Harmoniemusik"). Die Begriffe Harmoniemusik und Feldmusik wurden offensichtlich damals noch synonym gebraucht, zumindest noch nicht konkret mit einer festen Besetzung verbunden. In diesem Sinn mag auch die 1735 in Aussee angeführte dreizehnköpfige Schützenmusik mit Pfeifern, Oboisten, Fagottisten, Waldhornisten und Tambour als leicht erweiterte, aber nicht dezitiert als Harmoniemusik benannte Gruppe verstanden werden (Kriegl, S. 169)[96]. Zum Thema „Harmoniemusik" schweigen in den darauf folgenden Jahrzehnten die Quellen, zumal es sich dabei eher um eine Ensemble handelte, das im adeligen Rahmen verankert war. Erst im Mai 1801 und nochmals 1810 werden im Lustgarten in Eggenberg „sonntagvormittägige Unterhaltungen"

---

[93] Detlev Altenburg, Zum Repertoire der Hoftrompeter im 17. und 18. Jahrhundert, in: Alta Musica 1, 1976, S. 47–60; Zoltán Barcy und Pál Karch, Hangászok – Hangszerek – Hangjegyek [Trompetensignale und Trommelstreiche in der österreichisch-ungarischen Armee und Kriegsmarine (1629–1918)], Budapest 1985 (in ungarischer Sprache mit ausführlicher deutscher Zusammenfassung); Günter Mössmer, Funktion und Bedeutung des Feldspiels der Landsknechte zur Zeit Maximilian I., in: Walter Salmen (Hg.), Musik und Tanz zur Zeit Kaiser Maximilian I. Bericht über die am 21. und 22. Oktober 1989 in Innsbruck abgehaltene Fachtagung, Innsbruck 1992, S. 47–58; Wolfgang Suppan, Artikel „Feldmusik", in: ÖML 1, 2002, S. 430f.
[94] David Whitwell, Wind Ensembles During the Baroque Period, in: Mitteilungsblatt der Internationalen Gesellschaft zur Erforschung und Förderung der Blasmusik, Nr. 19, Juli 1986, S. 283 und 288. – Vgl. zudem derz., The History and Literature of the Wind Band and Wind Ensemble, 12 Bände, Northridge/California 1982–1991.
[95] Hannes Stekl, Harmoniemusik und „türkische Banda" des Fürstenhauses Liechtenstein, in: The Haydn Yearbook. Das Haydn Jahrbuch X, Wien 1978, S. 164–175.
[96] W. Suppan, Das musikalische Leben in Aussee..., in: Blätter für Heimatkunde 35, Graz 1961, S. 89f.

mit einer „bürgerlichen" Harmoniemusik erwähnt, womit allerdings gegen das Verbot von Musik während der Gottesdienste verstoßen wurde (Kriegl, S. 348, 396)[97]. Im Jahr 1803 werden in Grazer Musikalienhandlungen Musiknoten für sechsstimmige Harmoniebesetzung zum Kauf angeboten (Kriegl, S. 399, 400, 402).

Im militärischen Bereich sind mit der marschierenden Truppe jeweils Spielleute und Tamboure verbunden: 1740 wurden einer Stabskompanie mit 249 Mann auf dem Marsch von Varazdin nach Vorderösterreich neun Spielleute beigegeben. Ein Infanterie-Regiment mit 2000 Mann sollten 49 Spielleute begleiten. Die 704 Köpfe zählende Banduren-Kolonne vom Eisenburger Komitat auf dem Weg durch die Steiermark nach Italien begleiteten 20 Spielleute (Kriegl, S. 173f.). Von Feldmusik ist hier nicht die Rede, sondern es bleibt bei den stehenden Wendungen, nämlich einerseits „bei Trompeten und Paukenschall" für die berittenen Truppen und „Pfeifer und Trommler" für die marschierende Truppe.

Auch hier klafft eine Lücke; denn erst 1765 ist wieder von „Feldmusik" die Rede, als anlässlich der Kaiserjagd in der Gegend von Leoben nicht allein die dortige Stadtmusik, die „bürgerliche Bande" und die Musik des Bergcorps genannt wird, sondern auch die „eigenen" Musikkapellen der Innerberger und der Vordernberger mit jeweils eigenen Musikern (Fagotten, Oboen, Clarinen, Waldhorn und Triangel, d. h. hier taucht erstmals die in der „Türkischen Musik" übliche Triangel auf), sowie die „14 Feldmusikanten aus Linz und Steyer" (Kriegl, S. 280).

Seit 1770 verdichten sich dann die Zeugnisse über Auftritte von Feldmusiken: 1770 – anlässlich des Besuches des späteren Kaisers Joseph II. – paradierte das 135 Mann starke bürgerliche Jägerkorps unter den Klängen der Feldmusik abwechselnd mit einer anderen Formation, die mit Trommeln und Pfeifen spielte. Auch das 450 Mann zählende Studentenkorps trat mit seiner Feldmusik von Trommeln und Pfeifen (!) auf (Kriegl 282). Als im selben Jahr Kaiserin Maria Theresia in Graz weilte, gab es „Feldmusik" beim Frei-Schießen, nämlich die *„aus zehn Köpfen bestehende und mit Trommeln und Pfeifen ausgestattete Feldmusik"*, zudem unter der Leitung von Herrn Seebacher die *„ordinäre Soldatenmusik, die in Trommeln und Pfeifen bestand"*, wogegen das Jägerkorps *„mit Trompeten- und Paukenschall"* anrückte (Kriegl, S. 283). In A. J. Cäsars „Beschreibung der k. k. Hauptstadt Gräz" (3. Teil), 1781, wird den Besuchern der Stadt empfohlen, am Abend der *„gemeiniglich lieblich tönenden Musik, nach Diskretion der Herren Offiziere zuzuhören"* (Kriegl, S. 350). Über die Musik öffnet sich so das Militär den Bürgern einer Stadt gegenüber.

Weitere Hinweise auf das Spiel von Feldmusiken finden sich beim Fronleichnamsfest sowie im September 1790 im untersteirischen Cilli (Kriegl, S. 363); 1792 in Graz anlässlich der Beerdigung von Kapellmeister Winter (eine Feldmusik mit „zur Trauer gestimmten" Trommeln und Pfeifen) (ebda.); 1793 in Pettau, wo der Postmeister am morgen mit sechs blasenden Postillions in die Stadt einritt, dann zog das bürgerliche Jägerkorps mit Feldmusik auf, es gab ein Hochamt mit gut besetzter Musik, schließlich war bis um Mitternacht Trompeten- und Paukenschall zu hören (Kriegl, S. 375); 1800 in Graz (Kriegl, S. 392); 1809 nochmals in Pettau, wo die Feldmusik sowie ein *„Bataillon der Württemberger mit ihrer türkischen Musik"* aufzogen (Kriegl, S. 414); 1806 in Lannach und Mooskirchen, wo neben der Feldmusik von einer *„doppelten Musik"* die Rede ist (Kriegl, S. 406).

Harmoniemusik

Als die im barocken Orchester vorzüglich die „Harmonie" ausfüllenden Bläser sich zu einem eigenen Ensemble zusammenzuschließen begannen, entstand in der Zeit des Überganges vom Barock in die Wiener Klassik die „Harmoniemusik". Diesen Vorgang bezeugt Hans Friedrich von Fleming bereits 1726: Es würden nämlich zu dieser Zeit die Schalmeien von den Oboen verdrängt, *„weil die Hautbois nicht so stark, sondern viel doucer klingen, als die Schallmeyen. Um die Harmonie desto angenehmer zu completiren, hat man jetzund zwey Discante, zwey la Taillen, und zwey Bassons"*. Und an anderer Stelle lesen wir bei dem selben Autor: *„Bey der Königlichen Polnischen und Churfürstlich Sächsischen Infante-*

---

[97] In diesem Zusammenhang mag folgende Notiz in den Musikimposto-Akten aus dem Jahr 1795 von historisch-musikinstrumentenkundlichem Interesse sein: Danach hätte der Grazer Musiker/Kapellmeister/Komponist (Vorname nicht genannt) Cibulka die „Harmonika" erfunden, mit der er bei einer Aufführung von Goethes „Clavigo" im Grazer Schauspielhaus „statt der üblichen blasenden Instrumente" spielte.

Abb. 36: Harmoniemusik aus der Zeit um 1752. Die Musiker begleiten offensichtlich einen Trauerzug, da die Instrumente mit schwarzen Bändern versehen sind.

rie ist angeordnet, dass über denen Hautboisten annoch zwey Waldhornisten mit einstimmen müssen, welches eine recht angenehme Harmonie verursacht". So kündet sich bereits zu Beginn des zweiten Viertels des 18. Jahrhunderts im militärischen Bereich jene Besetzung an, die die klassische Harmoniemusik charakterisiert, nämlich je zwei Oboen, Waldhörner und Fagotte.

Bedeutsam ist in diesem Zusammenhang ein bislang in der Musikwissenschaft unbekannter steirischer Beleg über eine damals hierzulande *„ganz neue Musique"*: Als 1734 die Nachricht vom Sieg über die Franzosen in der Lombardei von *„drei blasenden Postillionen"* in Graz bekannt gemacht wurde, ordnete der Landesfürst in allen innerösterreichischen Ländern (Steiermark, Kärnten, Krain) Dankes- und Lobfeste an. Graz feierte am 2. November 1734. Zunächst traf man sich in der Grazer Hofkirche bei vortrefflicher Vokal- und Instrumentalmusik, danach wurde unter Anwesenheit des gesamten Adels und der Vasallen auf dem Kirchplatz eine Parade der Schloss- und Stadtgarde abgenommen, wobei der hiesige bürgerliche Stadt-Leutnant Herr Lorenz Hacker *„zu Bezeugung seines alleruntertänigsten Devoir, nebst dem klingenden Spiel eine ganz neue Musique von Hautbois, Fagott und Waldhörnern auf das annehmlichste intonieren ließ"* (Kriegl, S. 167). Deutlich wird hier zwischen dem „klingendem Spiel" der Truppe und der „annehmlich intonierten Harmoniemusik" unterschieden.

Um 1775 erweitern die durch Klappenmechanismen technisch perfektionierten und tonlich weicheren Klarinetten das Harmoniemusik-Sextett zum Oktett[98]. Zur selben Zeit verändern sich die gesellschaftlichen Strukturen sowohl innerhalb der Adels- als auch innerhalb der bürgerlichen Schichten. Schon Kaiserin Maria Theresia (1740–1780) hatte sich vom Prunk des Spanischen Hofzeremoniells zu befreien begonnen. Ihr Sohn Joseph II. (1780–1790) legte es endgültig ab. Die kaiserliche Hofkapelle wurde auf die „Kaiserliche Kammerharmonie" reduziert, die in ihrer „klassischen" Besetzung aus je zwei Oboen, Klarinetten, Hörnern und Fagotten bestand. Das entspricht der Definition, die Heinrich Christoph Koch 1802 gibt: *„Harmoniemusik, nennet man diejenige, die aus lauter Blasinstrumenten, und zwar gewöhnlich aus zwey Oboen, zwey Clarinetten, zwey Hörnern und zwey Fagotte besteht. Man bedient sich dabey entweder besonders dazu gesetzter Tonstücke, die den Namen Parthien führen, und die aus Sätzen von verschiedener Bewegung und Taktart bestehen, und jeden Charakter annehmen können, aber in keiner bestimmten Ordnung aufeinander folgen, oder man arrangirt für diese Instrumente Opern und andere Tonstücke, die eigentlich zu einem andern Gebrauche bestimmt sind, weil es bis jetzt noch an einer hinlänglichen Anzahl guter Tonstücke fehlt, die ursprünglich für diese Art der Musik gesetzt wären"*. Dem kaiserlichen Vorbild folgten die Adelshöfe, und so konnte C. F. Kramer im zweiten Band seines „Magazins der Musik", Hamburg 1784, S. 112, bereits

---

98 Zoltán Falvy, Blasmusik-Materialien in der ungarischen Nationalbibliothek in Budapest, in: Alta Musica 8 = Kongreß-Bericht Seggau 1983, Tutzing 1985, S. 221–226; The Haydn Yearbook. Das Haydn-Jahrbuch 10, 1978, mit Beiträgen zur Harmoniemusik an Adelshöfen im mitteleuropäischen Raum; Ewald Preinsperger, Verzeichnis der Noten für Harmonie-Musik und Blasorchester in der Festetics-Sammlung in Keszthely/Ungarn, Budapest-Keszthely-Oberschützen 1993 (Musica Pannonica 2); Jiří Sehnal, Die Harmoniemusik in Mähren von 1750 bis 1840, in: Alta Musica 14, Tutzing 1992, S. 237–283; Dorottya Somorjay (Hg.), Georg Druschetzky (1745–1819). Partitas for Winds, Budapest 1985 (Musicalia Danubiana 4); Wolfgang Suppan, Die Harmoniemusik. Das private Repräsentations- und Vergnügungsensemble des mitteleuropäischen Adels – zwischen Kunst- und gesellschaftlichem Gebrauchswert, in: Musica privata. Festschrift zum 65. Geburtstag von Walter Salmen, hg. von Monika Fink u. a., Innsbruck 1991, S. 151–165 (nochmals abgedr. in: ders., Werk und Wirkung, S. 241–261); ders., Karl Kreith – Flötist, Komponist, Pädagoge der Haydn-Zeit, in: Neues Musikwissenschaftliches Jahrbuch 4, 1995, S. 47–76 (verkürzt abgedr. in: ders., Werk und Wirkung, Tutzing 2000, S. 622–628); ders., Artikel „Harmoniemusik", in: ÖML 2, 2003, S. 688–691; Jiří Záloha, Das Repertoire der Schwarzenbergischen Bläserharmonie zu Ende des 18. Jahrhunderts, in: Studien zur Musikwissenschaft 44, 1995, S. 175–190.

III. Frühklassik und Wiener Klassik

vermerken, dass es in und um Wien wohl zu keiner Zeit so viele Adelskapellen gegeben hätte. Rund vierhundert Musiker würden im Dienst adeliger Häuser stehen.

Die Hochblüte der Harmoniemusik ist zwischen 1770 und 1825 anzusetzen, wobei die Regelbesetzung sowohl unter- als auch überschritten werden konnte – und zudem weitere Blasinstrumente in Erscheinung treten. Diese Variabilität in der Harmoniemusik-Besetzung ist vor allem bei den führenden Meistern der Zeit zu beobachten, bei Joseph Haydn, der für fünf- bis neunstimmige Harmonie schreibt, und bei Wolfgang Amadeus Mozart, dessen Serenade Nr. 10 „Grand' Partita", KV 361, für je 2 Oboen, Klarinetten, Basetthörner, Fagotte, 4 Hörner und Kontrabass als erster Höhepunkt der Harmoniemusik-Entfaltung gilt. Dagegen hielten sich Beethoven im „Oktett in Es", op. 103, und im „Rondino in Es", WoO 25, sowie Franz Schubert im „Oktett in F-Dur", D 72, 1813, an die klassische Bläserbesetzung mit je 2 Oboen, Klarinetten, Hörnern und Fagotten, während das „Nonett in Es-Moll" des Letztgenannten für 2 Klarinetten, 2 Hörner, 2 Fagotte, Kontrafagott und 2 Posaunen komponiert wurde. Auch dann, wenn Flöten, (Klappen-/Ventil-)Trompeten, Jagdhörner (bei Paul Wranitzky), Posaunen, Pauken (bei Georg Druschetzky) mit einbezogen werden, spricht man weiterhin von Harmoniemusik, manchmal ist von „neunstimmiger Harmonie" die Rede, wie bei Beethovens Fassung der 7. Symphonie. Johann Baptist Gänsbacher komponiert zwischen 1815 und 1819 „Trompeter-Harmonien". Nur dann, wenn Große und Kleine Trommel, Becken, Triangel der Harmoniemusik beigegeben werden, ist eindeutig von „Türkischer Musik" die Rede.

Das Ineinanderfließen von solistisch besetzter Harmonie- und chorisch besetzter Türkischer/Janitscharen-Musik wird deutlich in Louis Spohrs „Notturno" op. 34 in C (1815), das die Besetzungsangabe „für Harmonie- und [!] Janitscharenmusik" trägt. Das Werk entstand während der Reisezeit Spohrs, zwischen der Wiener Kapellmeistertätigkeit (1813/14) und seiner Anstellung in Frankfurt (1817), für 2 Piccolo-Flöten, 1 Flöte, 2 Oboen, 2 Klarinetten in B, 2 Hörner in F, 2 Fagotte, 1 Kontrafagott, 2 Trompeten, 1 Posthorn in B, 1 Posaune, Große Trommel, Becken und Triangel. Der junge Felix Mendelssohn Bartholdy hielt sich 1824 genau an die Besetzung der Kurmusik in Bad Doberan, für die er die „Ouvertüre op. 24" komponierte, nämlich 1 Flöte, je 2 Oboen, Klarinetten, Fagotte, Hörner, 1 Trompete und ein sogenanntes „Basshorn", das in der Zeichnung Mendelssohn Bartholdys einem ventillosen Tenorhorn ähnlich sieht. Karl Maria von Weber komponierte den Marsch für Harmoniemusik, 1826, für die Besetzung 1 Flöte, 2 Oboen, 2 Klarinetten, 2 Hörner, 2 Fagotte, 2 Trompeten, 1 Bass-Posaune.

David Whitwell verzeichnet im achten Band seiner Geschichte der Bläsermusik mehr als zweitausend Quellen und Titel von Harmoniemusik-Bearbeitungen, die zwischen 1782 und 1835 entstanden sind. Die Bearbeitung zeitgenössischer symphonischer und Opernmusik hatte einen besonderen Sinn: war es doch dadurch möglich, das jeweils Neue zu verbreiten und zu popularisieren, die Klassiker in der öffentlichen Meinung zu dem zu machen, was sie uns heute bedeuten.

Es ist bezeichnend, dass in dem selben Jahr, da Joseph II. die kaiserliche Harmoniemusik gründete, nämlich 1782, das Oberspielgrafenamt in Wien aufgelöst wurde. Die Harmoniemusik blieb zwar (noch) eine Spielwiese adeliger Hofhaltung, doch der Kaiser selbst führte seine Bläserharmonie dem neu entstehenden Bürgerlichen Konzertwesen zu. „Adelige und andere Liebhaber" (wie es mit der Betonung auf „und" im oben genannten Dresdener Bericht heißt) besuchten nun gemeinsam öffentliche Konzertveranstaltungen: Ein wesentliches Ziel der von Joseph II. konsequent durchgeführten „Aufklärung", in der Privilegien des Adels abgebaut und durch die bürgerlichen Tugenden „Bildung" und „Tüchtigkeit" ersetzt werden sollten, in der die weltliche Ethik der Freimaurer-Bewegung an die Stelle christlicher Moralvorstellungen treten sollte.

„Der Türcken dölpische Music" (Salomon Schweigger)[99]

Ostasiatische, auf dem Weg über die Seidenstraße in den Vorderen Orient gelangte Praktiken der „musikunterstützten" Kriegsführung werden im Abendland von Türkischen Truppen erstmals im 12. Jahrhundert mit Erfolg eingesetzt: als nämlich Kreuzfahrer mit Türkischen Heeren zusammenprallten. Dass es sich dabei um eine „neue", bislang im Abendland nicht in dieser Form übliche Nutzung von Musik handelt, wird aus dem Bericht von Geoffrey de Vinsauf deutlich, der als Teilnehmer am Kreuzzug Richards I. in das Heilige Land im Jahr 1188 den *„horrid clang"* der Trompeten und Schlaginstrumente beschreibt, der in seiner ungewohnten Lautstärke und Klangfarbe (*„The earth vibrated from the loud and discordant sounds, so that the crash of thunder could not be heard amidst the tumultuous noise"*) die christlichen Truppen vor Angst erschaudern ließ. Bei der Belagerung von Konstantinopel (1191) wurde der Klang der Alarmglocken in der Stadt von der tagelang vor dem Angriff bereits den Verteidigern zugespielten „Musik" der Angreifer überlagert[100]. Musik wurde so in der psychologischen Kriegsführung der Türken zu einer Waffe von besonderer Wirksamkeit. Noch aus der Darstellung der Musikgruppen auf dem großen Bild von der Schlacht bei Mohács in Südungarn, in der das Christenheer eine vernichtende Niederlage hinnehmen musste, wird deutlich, wie sehr sich das Verständnis von Militärmusik in Okzident und Orient bis in das 16. Jahrhundert herein unterschieden hat.

Dies konnte den christlichen Feldherren nicht verborgen bleiben, und so begann sich das Verständnis von der Funktion der Militärmusik auch im christlichen Abendland zu verändern[101].

Durch türkische Delegationen kam die „Türkische Musik" an europäische Kaiser- und Fürstenhöfe. Plakativ erscheint der Einzug der „Türkischen Musik" durch den Panduren-Obersten Franz von der Trenck 1741 (das Todesjahr von Johann Joseph Fux) in das Maria-Theresianische Wien. Daraus leitet die neuere österreichische Militärmusik symbolisch, wenn auch nicht de facto,

Abb. 37: Türkische Musik, mit acht großen Trommeln, sechs Becken, sechs Trompeten und drei Paar Pauken. Miniatur von Levni (gest. 1732), Topkai-Saray-Museum, Istanbul.

---

99 Zitiert nach G. Oransay, Von der Türcken dölpischer Music, in: Die Volkskultur der südosteuropäischen Völker, München 1962, S. 96–107 (Südosteuropa-Jahrbuch 6). Bereits Joseph von Hammer hat in seiner Geschichte des Osmanischen Reiches, Pesth 1834–1836, die Musik der Türken und vor allem ihre Kriegsmusik ausführlich dargestellt. – Das später in diesem Zusammenhang auch gebrauchte Wort „Janitscharen-Musik" ist irreführend. Die türkische Elitetruppe der Janitscharen, die von 1329 bis 1826 nachzuweisen ist, rekrutierte sich aus zwangsweise dem Islam zugeführten christlichen Gefangenen und Untertanen. Diese hatten zwar die „türkische" Kriegsmusik (auch) zu benutzen, es handelte sich aber keinesfalls um „ihre" Musik.

100 Wolfgang Suppan, Alla turca: Orientalismen in der europäischen Kunstmusik vom 17. bis zum 19. Jahrhundert, in: Das Musikinstrument 40, Heft 8, 1991, S. 57–61; ders., Von einer Melodie, die „auch feigen Seelen den Busen hebt". Historische Dokumente zur „Türkischen Musik" – und die koreanische Militärmusik „Tae-ch'it'a", in: Von der Vielfalt musikalischer Kultur. Festschrift für Josef Kuckertz, hg. von Rüdiger Schumacher, Anif/Salzburg 1992 (Wort und Musik. Salzburger akademische Beiträge 12), S. 535–544; desgl. ders., in: Werk und Wirkung, S. 157–167; ders., Von der „türkischen Bedrohung" durch Musik zur Orientromantik in der Musik, in: Beziehungen zwischen Orient und Okzident, Teil 2, Bochum 1993, S. 62–70; ders., Artikel „Türkische Musik", in: ÖML 5, 2006, S. 2464–2466.

101 Michael Pirker, Bilddokumente zum Einfluß der Janitscharenmusik auf die österreichische Militärmusik, phil. Diss. Wien, Geisteswiss. Fakultät 1986.

III. Frühklassik und Wiener Klassik

ihren Beginn ab[102]. In der Folgezeit finden sogenannte „Türkische Märsche" Eingang in die abendländische Kunstmusik, werden sogar in Symphonien und Opern verwendet. An der Mode der türkischen Kompositionen beteiligen sich alle größeren und kleineren Meister, von Christoph Willibald Gluck über Joseph Haydn und Wolfgang Amadeus Mozart bis zu Ludwig van Beethoven. Es handelt sich dabei um stilisierte Formen des „angstmachenden" Urbilds, wobei vor allem die typischtürkischen Oboen- und Trompeteninstrumente, eine Melodik mit scharfen Vorschlägen, Becken (die in der österreichischen Blasmusik noch immer als Tschinellen = chinesisch „J'in" bezeichnet werden), Triangel, Glöckchen (als Schellenbaum-Ersatz), zum Einsatz kommen.

Ungemein rasch verbreitete sich auch in der Steiermark seit den achtziger Jahren des 18. Jahrhunderts die Türkenmode. Neben die Harmonie- und Feldmusiken treten die „Türkischen" Musikkapellen, in denen zu den bisherigen Instrumenten der Harmonie- und Feldmusiken das türkische Schlaginstrumentarium mit Großer Trommel, Becken und Triangel tritt. Beim Siegesfest 1789 in Graz veranstaltete das Lyzeum eine Feier, an der sich sämtliche Professoren und Studenten in ihren grünen, roten und weißen Uniformen beteiligten, begleitet von Feld- und türkischer Musik sowie von der stark besetzten Stadtmusik (Kriegl, S. 357).

Nicht allein Graz, auch in den Städten und Dörfern der Steiermark kam es nun zur Gründung Türkischer Musikkapellen, so – anlässlich von Dankfesten 1789 in Judenburg, in Köflach, in St. Marein bei Erlachstein, in Stübing, in Wildon (Kriegl, S. 357).

In Graz bestanden 1790 jedenfalls unterschiedlich besetzte und benannte Musikkapellen nebeneinander. Als in diesem Jahr der steirische Herzogshut von Wien nach Graz zurückgebracht wurde, da beteiligte sich an den Feierlichkeiten das Militär unter dem klingenden Spiel der Feldmusik, das Jägerkorps präsentierte sich mit „herrlicher Musik", die auch vor dem Rathaus spielte, die bürgerliche Musik – in entsprechend prächtiger Uniform – stand unter der Anführung ihres Obersten, des Herrn Reichard Seebacher, dem hiesigen Braumeister „zum Mohren", und eine weitere Musikkapelle spielte die türkische Musik – und war daher auch türkisch gekleidet (Kriegl, S. 360). An weiteren Zeugnissen für die Türkenmode in der Musik des ausgehenden 18. und beginnenden 19. Jahrhunderts finden sich in den Musikimposto-Akten:

1790, anlässlich der Durchreise Sr. Majestät Ferdinand IV. von Neapel in Graz, paradierte die in prächtige spanische Kleidung uniformierte Feldmusik, zweitens Trompeter und Pauker in ihrer schönen historischen landschaftlichen Kleidung, drittens die aus 16 Personen bestehende „Türkische Musik" in ihrer türkischen Kleidertracht (Kriegl, S. 362). Im selben Jahr beteiligten sich in Leoben, anlässlich der Durchreise des künftigen Kaisers Leopold, die Bergknappschaft mit der eigenen Bergmusik, die Bürgerkompanie mit ihrer wohlbesetzten türkischen Musik (Kriegl, S. 363). Und auch Bruck an der Mur stand dem nicht nach, dort musizierten das Bürgerkorps mit der wohlbesetzten Feldmusik, die türkische Musik mit den Hautboisten sowie – bei der Schießstätte – die doppelte Besetzung an Trompetern und an Paukern (ebda.).

Mozarts Oper „Die Entführung aus dem Serail" wurde 1791 in Graz stilgemäß sowohl unter Einbeziehung der Feldmusik wie der Janitscharenmusik aufgeführt (Kriegl, S. 365). Auch im folgenden Jahr 1792 ist in Graz sowohl von mehreren Feldmusiken (des Militärs und der Jäger) wie von der türkischen Musik und von der Janitscharenmusik der bürgerlichen Grenadiere die Rede (Kriegl, S. 266). 1792 konnte man allerdings vom Mihailowitschischen Freicorps eine türkische Musik hören, die auf eine ganz andere Art als der bisher gehörten war, und der wahren türkischen Musik ganz ähnlich gewesen sein soll – und wohl deshalb ungemein gefiel (Kriegl, S. 370).

Weitere Hinweise auf „türckische Musiken" finden sich 1796 in St. Andrä im Sausal (zur Fronleichnamsprozession) (Kriegl, S. 348), 1798 in Leibnitz (Kriegl, S. 388), 1799 in Bruck an der Mur (Aufzug der bürgerlichen Grenadiere unter musikalischer Begleitung einer „artigen" Feldmusik zur Parade, Zug der türkischen Musik), 1799 in Leoben (Kriegl, S. 391), 1801 in Graz, und zwar anlässlich der Opernaufführung des ehem. Grazer und nunmehrigen Wiener Hoftheaterkapellmeisters Wranitzky, wobei Türkische Musiken als Zwischenaktmu-

---

102 Emil Rameis, Die österreichische Militärmusik – von ihren Anfängen bis zum Jahre 1918, ergänzt und bearbeitet von Eugen Brixel, Tutzing 1976 (Alta Musica 2), S. 21–25.

Abb. 38–40: Die drei Bilder von der Eisenerzer türkischen Bergmusik zeigen eindrucksvoll, wie sich innerhalb weniger Jahre, zwischen 1810 und 1823, die Besetzung erweitert hat. In jedem Fall aber, 1810 (oben rechts) wie 1815 (oben links) und 1823 (darunter), wird als typisches Zeichen einer „türkischen" Musik der Schellenbaum mitgetragen.

sik eingesetzt wurden (Kriegl, S. 396), 1804 in Ratten (Kriegl, S. 402), 1804 in (Bad) Aussee, wo zugleich auch eine Harmoniemusik erwähnt wird (Kriegl, S. 404), 1805 in Graz und Gonobitz (Kriegl, S. 404f.), 1806 in Leoben und Groß St. Florian (Kriegl, S. 406–409), 1808 in Graz und in Leoben (auf der einen Seite die Türkische, auf der anderen Seite die Hautboistenbande) (Kriegl, S. 411f.), 1810 in Radkersburg (Kriegl, S. 416), 1810 in Mariazell (bei Wallfahrt und Kaiser-Empfang), im selben Jahr in Rohitsch-Sauerbrunn (für Erzherzog Johann spielten sowohl türkische als auch Regimentsmusiken) und in Graz (Kriegl, S. 417f.).

III. Frühklassik und Wiener Klassik

Abb. 41: Wie damals – um die Mitte des 19. Jahrhunderts – unterschiedliche, oft wohl auch zufällig sich ergebende Besetzungen nebeneinander bestanden haben, zeigt der sogenannte „Fichtl-Fries". Seit 1841 an das Krankenbett gefesselt, malte der Leobener Stadtschreiber Vincenz Fichtl seinen eigenen Leichenzug. Unser Ausschnitt zeigt die „Musikkapelle", darunter hat Fichtl die Noten des von ihm gewünschten Trauermarsches notiert.

Der Abzug der Franzosen 1801 sowie die Friedensfeiern in Leoben, Knittelfeld und Neumarkt waren umrahmt von türkischer Musik, gespielt vom Lattermannischen Regiment unter der Leitung von Kapellmeister Wünsch (Kriegl, S. 395). 1804 heißt es in Graz, dass an den Vormittagen von Sonn- und Feiertagen das Auftreten von „türkischen" und anderen Musiken nicht erlaubt sei (Kriegl, S. 327). Bereits 1801 wurden in Graz Noten für „Türkische Musik" samt zwölf Musikbüchern zum Kauf angeboten (Kriegl, S. 394).

Bei der Primiz des Hw. Herrn Franz Buttachsowitz am 30. September 1821 in Fladnitz an der Teichalpe beteiligte sich u. a. „die gutbesetzte türkische Musik". In Aussee, wo 1756 die „Markt-Musicy" beim Aufschlag des Kaiser-Franz-Berges noch aus Pfeifern und Trommlern bestand, empfing im Revolutionsjahr 1848 die Heimkehrer auf der Pötschenhöhe eine aus den Marktbewohnern gebildete „türkische Musikbande". Als Kapellmeister wirkten damals die Lehrer Anton Kettner (1842), Anton Szap (1842), Anton Perfahl d. Ä. (1855), Matthäus Hofer I (1863) und Rudolf Hütter (1868)[103].

Die bisher bekannt gewordenen Quellen zur Bläsermusik des 18. Jahrhunderts in der Steiermark vermitteln ein gutes Bild von der Entwicklung der Bläsermusik in unserem Land. Neben dem o. g. sehr frühen Zeugnis des Auftretens einer Harmoniemusik in Graz, nämlich 1734, wird klar, dass die Grenzen zwischen Feldmusik, Harmoniemusik, Bergmusik, Klezmer/Klesmer-Mu-

---

103 Fs. Bad Aussee 1951.

sik[104], Jägermusik, Jagdmusik, Türkischer Musik keinesfalls genau abgesteckt waren. An der Wende vom 18. zum 19. Jahrhundert und mit der Verbürgerlichung der Harmoniemusiken wird dann nach und nach die Sextett- und Oktett-Grundbesetzung dieser Gattung durch Flöten einerseits und durch verschiedene Blechblasinstrumente andererseits erweitert, schließlich entsteht daraus das Harmonie-Orchester.

Während Feld- und Harmoniemusiken wohl als Wurzeln, nicht aber als direkte Vorfahren unserer Blaskapellen bezeichnet werden dürfen, ist der Hinweis auf „Türkische Musikkapellen" ein sicheres Indiz dafür, dass es sich um Blaskapellen im modernen Sinn und damit um Vorläufer heute bestehender Blasorchester handelt. In den folgenden Städten/Gemeinden wird man daher die Entstehung der Musikkapellen in das ausgehende 18. und in das beginnende 19. Jahrhundert zurückverlegen dürfen:

1789 Graz (viele Belege bis 1804; 1801 wurden hier auch Noten für „Türkische Musik" zum Kauf angeboten), Judenburg, Köflach, St. Marein bei Erlachstein, nahe dem untersteirischen Cilli, Stübing, Wildon.

1790 Bruck an der Mur, Leoben
1796 St. Andrä im Sausal
1798 Leibnitz
1801 Knittelfeld, Neumarkt (in beiden Orten handelte es sich allerdings um eine Militärkapelle)
1804 (Bad) Aussee (1848 wieder genannt), Ratten
1805 Gonobitz
1806 Groß St. Florian
1810 (Bad) Radkersburg, Mariazell, Rohitsch-Sauerbrunn
1821 Fladnitz an der Teichalm

Unabhängig von diesen Daten können für einzelne Musikkapellen noch folgende Miszellen von Interesse sein:

Bürgergarden, jeweils entweder mit Trommlern und Pfeifern, aber auch schon mit einer Art Feldmusik oder „Türkischen Musik" bestanden in:

Abb. 42: Bis heute haben sich in der Steiermark intakte Schellenbäume erhalten, so in der oststeirischen Pfarre Jagerberg (unser Bild), im Diözesanmuseum und im Stadtmuseum in Graz[105].

Graz, um 1750; 1809 gab es einen Zapfenstreich, ausgeführt von der „napoleonischen Militärmusik" (Kriegl, S. 415).
Murau 1761 (Kriegl, S. 275, 278).
Marburg an der Drau 1792, wobei es sich um das bürgerliche Jägerkorps handelte; am 1. und 2. August 1801, als die Königin von Neapel dort weilte.
Stadtmusikanten sind 1776 in Judenburg bezeugt (Kriegl, S. 286).

1790 gab es vor dem Eisernen Tor in Graz ein Sommertheater. Hier spielte eine Bande von zusammengelaufenen Landstreichern täglich von 4–10 Uhr für den Pöbel die unbeschreiblichsten Ungereimtheiten und verderblichsten Gaukeleien, die man sich vorstellen konnte. Das traurigste hiebei war, dass diese schändliche Bude auch von Kindern besucht wurde, „*deren offenes Gemüt dadurch schon so früh angepestet*" wurde (Kriegl, S. 361, Anm. 233).

---

104 Unter Klezmer (Klesmer) wird in jüngster Zeit die „jüdische Gebrauchsmusik Osteuropas, insbesondere Hochzeits- und Festmusik" verstanden, s. ÖML 2, 2003, S. 1071. Doch bezeugen ältere Quellen, dass sich vielfach Wandermusikanten aus Bergbaugebieten ebenfalls als Klesmer-Musiker bezeichnet und einer Klesmer-Geheimsprache bedient haben, vgl. dazu Alfred Dieck, Die Wandermusikanten von Salzgitter. Ein Beitrag zur Wirtschafts- und Kulturgeschichte des nördlichen Harzvorlandes, Göttingen 1962.
105 Eugen Brixel, in: Katalog der steirischen Landesausstellung auf Schloß Herberstein, 1986, S. 409f.; Stradner 1986, S. 162, 179, Abb. 71f.

IV. Aufkommen und Verbreitung des zivilen Blasmusikwesens

1. Teil (bis 1980)

„Der freie Staat lebt von starken und aktiven Vereinen" (Wolfgang Schäuble[106])

Musikalische und politische Ereignisse schaffen die Bedingungen für die Gründung ziviler Blaskapellen in der Steiermark. *„Mit der Französischen Revolution begann nicht nur das Zeitalter der Massen, sondern auch das Zeitalter der Blasmusik im heute landläufigen Sinn"*[107]. Dieser Satz des Schweizer Musikhistorikers und Blasmusikforschers Walter Biber gilt ebenso für unseren Bereich. Wenn auch zeitlich verschoben, setzten sich von Frankreich aus in den österreichischen Ländern jene Ideen durch, die für die Errichtung von Musikvereinigungen entscheidend wurden: die Freiheit des Wortes und der Schrift, die Versammlungsfreiheit und die Möglichkeit von Vereinsgründungen. Zugleich verlangten die riesigen Freiluftveranstaltungen und die politischen Demonstrationen der Macht in den siebziger bis neunziger Jahren des 18. Jahrhunderts in Paris nach starken Bläserchören, die den Komponisten, Arrangeuren und Instrumentenbauern neue Aufgaben stellten und die die musikalische Basis für das Blasorchester unserer Tage schufen[108]. In den Jahrzehnten um 1800 beginnt die technische Vervollkommnung der Holzblasinstrumente, die Blechblasinstrumente werden durch die Einführung von Klappen und Ventilen zu chromatischen Instrumenten erweitert und das Vorbild der türkischen Musik führt zur Integration der Schlaginstrumente in die Harmoniemusiken.

Die Entwicklung vollzog sich in den österreichischen Ländern von Westen nach Osten. Der alemannische Bereich um den Bodensee mit dem heutigen Vorarlberg ging voran[109], dann folgte Tirol, wo das Blasmusikwesen vor allem aufgrund des freien Bauernstandes sich entfalten konnte und wo Blaskapellen als quasi „Regimentsmusikzüge" der Schützenkompanien in den Freiheitskämpfen des Jahres 1809 eine wichtige Funktion erfüllten[110].

Nicht beachtet wurde bisher eine Spur, die um die Wende vom 18. zum 19. Jahrhundert von Paris und Brüssel nach Graz und in das untersteirische Marburg an der Drau führte: Nämlich Eduard von Lannoys möglicher Einfluss auf die Entstehung oder zumindest auf die Instrumentation früher Bläsergruppen hierzulande. Lannoy hat mit Sicherheit die Pariser *„Musique de la Garde républicaine"* gekannt, die unmittelbar nach der Revolution des Jahres 1789 entstanden ist und als Modell des neuen Blasorchesters sich über ganz Europa verbreitete. In seinem Werkverzeichnis finden sich mehrere Kompositionen für *„Orchester ohne Streicher"*, wie er das Blasorchester genannt hat (u. a. ein Marsch aus Karl Maria von Webers Oper „Der Freischütz"[111]), sowie für Bläsergruppen. Zudem lebte Lannoy seit 1808 die Sommer über auf Schloss Wildhaus nahe Marburg. In den

---

106 Wolfgang Schäuble am 6. Oktober 1990 in seiner Rede im Rahmen der Jahreshauptversammlung des Bundes Deutscher Blasmusikverbände in Villingen/Schwarzwald. Schäuble ist dzt. (2010) Bundeswirtschaftsminister im Kabinett der deutschen Bundeskanzlerin Angela Merkel.
107 Walter Biber, Aus der Geschichte der Blasmusik in der Schweiz, in: Alta Musica 1, 1976, S. 135; Heinrich Zwittkovits, Die Blaskapellen im Viertel unter dem Wienerwald, Wien (1979), mschr. Hausarbeit am Institut für Österreichische Geschichtsforschung, S. 14 f.
108 David Whitwell, The Principal Band Appearences in the French Revolution, in: Alta Musica 4, 1979, S. 221–242; ders., Band Music of the French Revolution, Tutzing 1979 (Alta Musica 5).
109 Erich Schneider, Die Entwicklung des Blasmusikwesens in Vorarlberg, in: Alta Musica 1, 1976, S. 145–174.
110 E. Egg und W. Pfaundler, Das große Tiroler Blasmusikbuch, Wien u. a. 1979.
111 Wolfgang Suppan, Heinrich Eduard Josef von Lannoy. Leben und Werke, phil. Diss. KFU Graz 1959; verkürzte Fassung gedruckt Graz 1960. Der o. g. Freischütz-Marsch trägt im Werkverzeichnis die Nr. 106, eine autographe Partitur sowie eine Kopie befindet sich in der Bibliothek des Johann-Joseph-Fux-Konservatoriums in Graz, Signatur Nr. 40474 (dzt. als Leihgabe im Steiermärkischen Landesarchiv, Graz).

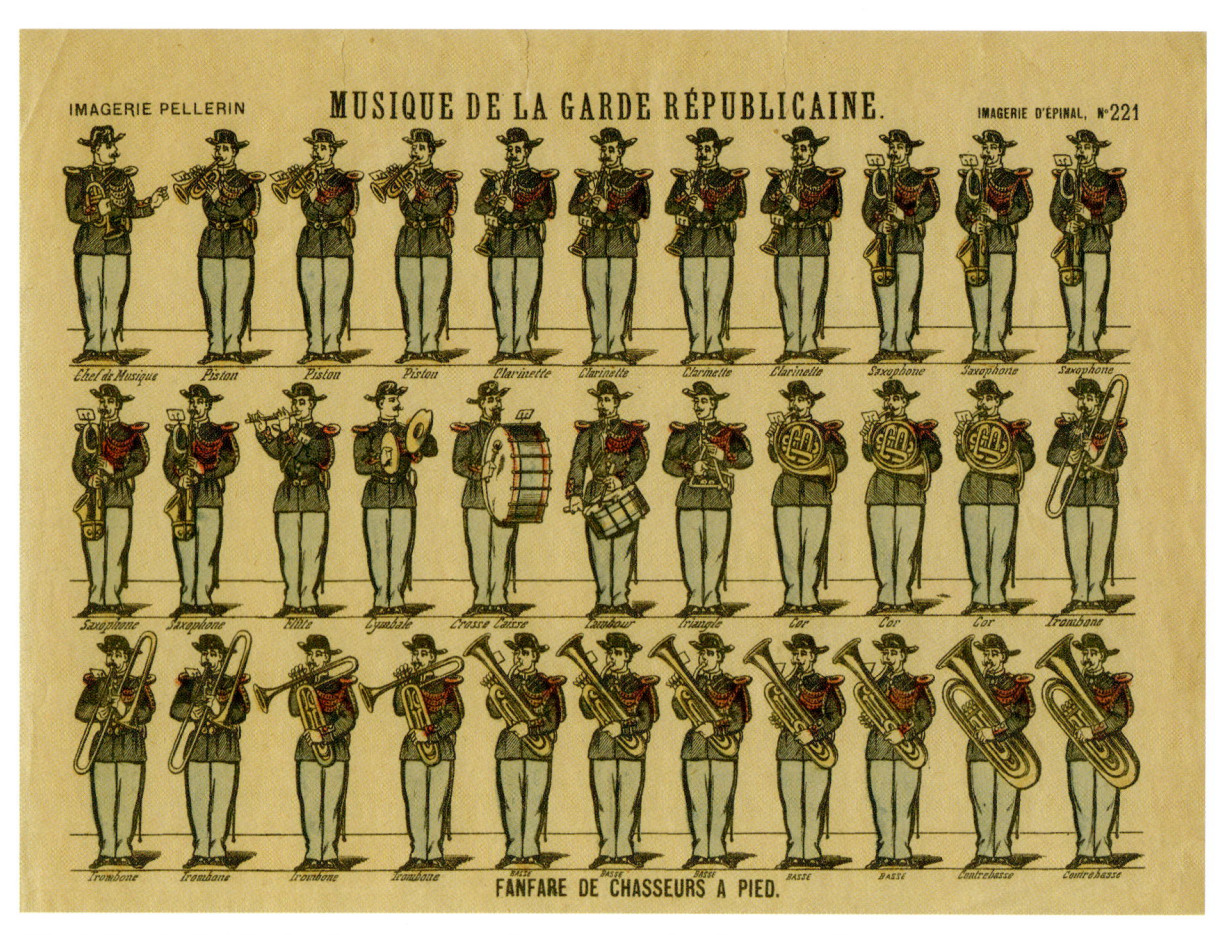

Abb. 43: Ob zivile oder Militärkapellen: Ausgangspunkt der europäischen Blasorchesterentwicklung war die im Gefolge der Französischen Revolution unmittelbar nach 1789 gegründete „Musique de la Garde Républicaine". Die berühmte Bilderdruck-Anstalt Pellerin in Épinal druckte Besetzung und Instrumente dieses Orchesters auf einem ihrer europaweit verbreiteten Bilderbogen.

folgenden Jahren sind französische Truppen auch von Kärnten her die Drau abwärts Richtung Marburg an der Drau gezogen – und damit an dem unmittelbar an der Drau gelegenen Lannoy'schen Schloss Wildhaus vorbeigekommen[112].

Um diese Zeit bestanden im Osten Österreichs noch keine ungebundenen zivilen Blaskapellen. Wo Bläsergruppen in Erscheinung traten – man denke an das Judenburger Bild von 1794, da bot die Bürgergarde, also eine offizielle bürgerlich-städtische Organisation, den Rahmen. Auch Musikvereinsgründungen, wie die in Wien 1812, Graz 1815, und die Gründung der ersten steirischen Männerchöre in Graz, Leibnitz und Marburg an der Drau (alle 1846)[113] können nur im Zusammenhang mit der Entfaltung des bürgerlichen Musik- und Konzertbetriebes gesehen werden. Eine wesentliche Änderung der Rechtslage stellte sich erst als Ergebnis der Revolution von 1848 ein. Österreich erhielt im März 1849 eine Verfassung, in deren Rahmen entscheidende Reformen der inneren Verwaltung in Bezug auf das Vereinswesen festgeschrieben wurden. Durch kaiserliches Reichspatent vom 26. November 1852 erfolgte die „Neuordnung gesetzlicher Bestimmungen über Vereine". Danach konnten Vereine

---

112 Artikel „Lannoy", in: Suppan, Stmk./2, 2009, S. 399–402. – Für die Praxis sind folgende Kompositionen Lannoys neu erschienen: Grand Trio für Pianoforte, Klarinette und Violoncello, herausgegeben von Wolfgang Suppan, London 1970, Musica rara; „Ein Uhr", Ouvertüre zum gleichnamigen Melodram, bearbeitet für symphonisches Blasorchester von Armin Suppan, gedruckt im Verlag Hartman, Maribor 2008.
113 Karl Rappold, Die Entwicklung des Männerchorwesens in der Steiermark, Graz 1962 (Beiträge zur steirischen Musikforschung 4, hg. von W. Suppan), S. 23 ff.

IV. Aufkommen und Verbreitung des zivilen Blasmusikwesens

mit entsprechender Satzung von der Staatsverwaltung bewilligt werden, wenn sie keine staatlichen Aufgaben wahrnehmen wollten. Gewährleistet musste innerhalb der Vereine eine aufrechte Führung und die Rücksicht auf öffentliche Interessen sein. Ebenso wie die Gründung an staatliche Instanzen gebunden blieb, sollte auch die Auflösung eines Vereines an gewisse Bedingungen geknüpft sein. Als Folge dieser Rechtslage entstanden in den Jahrzehnten nach 1852 auch in der Steiermark die ersten Blasmusikvereine, manche von ihnen, die zuvor als freie Gemeinschaften, als Schützen-, Bürger- oder Bergmannskapellen, oder im Rahmen von städtischen Türmerstiftungen (wie Leoben, 1839) bestanden hatten, erhielten nun ein Vereinsstatut.

Bläsergruppen, Bürgergarden und Bergmannskapellen vor 1866

Feldmusik, Harmoniemusik und türkische Musik sind getrennte Wurzeln eines Baumes: auf diese Namen stößt man immer wieder in den Gründungsakten unserer Blaskapellen, ohne dass im populären Sprachgebrauch jeweils genau zwischen diesen Ensembles unterschieden würde. Prestigedenken im militärischen und im zivilen Bereich führte zum zahlenmäßigen Ausbau der ursprünglich kleinen Musikergruppen, wie sie uns aus Musiknoten, literarischen Quellen und auf Bildern um die Wende vom 18. zum 19. Jahrhundert überliefert sind. Vor allem die durch die Erfolge der Instrumentenbauer und die vereinheitlichte Stimmung der Instrumente möglich gewordene chorische Besetzung von Holzbläsern, Trompeten und Flügelhörnern schuf die Voraussetzung für diese Entwicklung.

Es ist bis in die sechziger Jahre des vorigen Jahrhunderts meist schwierig, konkrete Gründungsdaten von Musikkapellen anzugeben. In der Regel handelt es bei der Entstehungs- und Gründungsphase um einen Überlappungsprozess: aus kleineren, herumziehenden Tanzmusik- oder Pfeifer-Trommler-Gruppen bilden sich Harmonie- und/oder türkische Musiken. Und selbst dort, wo im Zusammenhang mit den Vereinsgesetzen nach der Mitte des Jahrhunderts behördlich genehmigte Satzungen vorliegen, mag es sich nicht stets um eine Neugründung, sondern eben um die staatliche Sanktionierung längst geübter Praktiken handeln. Der Musikverein Sinabelkirchen feierte im Jahr 1976 sein 170-jähriges Bestehen, er wäre demnach 1806 gegründet worden. In der Festschrift 1976 steht darüber zu lesen, dass sich bereits 1751 der Wirtssohn Ignaz Raminger mit dem Schul- und Musikunterricht in Sinabelkirchen befasst habe und dass im Jahr 1806 erstmals eine aus Streichern und Bläsern gebildete Musikkapelle beurkundet sei, geleitet vom damaligen Lehrer und Organisten Martin Altenburger. Als Altenburger 1860 starb, folgte ihm als Lehrer Sowinski (Vorname unbekannt), dessen musikalisches Interesse bald zur Aufstellung einer kompletten Blasmusik führte. Man wird daher die Gründung der Blaskapelle Sinabelkirchen gerechterweise erst nach 1860 annehmen dürfen, während frühere Gruppierungen eben zum Zwecke der musikalischen Ausgestaltung der Gottesdienste von den Organisten und Lehrern aufgebaut wurden. Um eine Harmonie- oder türkische Musik handelte es sich – nach der dargestellten Quellenlage – nicht[114]. In Anger bei Weiz wird eine Musikkapelle erstmals im Jahr 1824 genannt. Damals fand die Grundsteinlegung der Volksschule *„unter Trompeten- und Paukenschall"* statt. Notenmaterialien im Archiv der Pfarrkirche weisen auf ein volles Orchester, Streicher und Bläser, hin. In einem Marktprotokoll aus dem Jahr 1843 ist davon die Rede, dass *„unter zahlreich versammelter Bürgerschaft die Übertragung der Bürgerlade unter solem. [feierlicher] Musik und Pöllerschießen vom alten Herrn Marktrichter Carl Ott zum neuerwählten Herrn Haushofer"* erfolgt sei. Da mag man schon eher an Freiluftmusik während des Marschierens, also an Blasmusik denken, zumal 1858 eine Rechnung im Pfarrarchiv für eine Trompete, ein Bassflügelhorn und ein Bombardon aufliegt – also spezifische Instrumente des Blasorchesters. Im Jahr 1868 wird die Fronleichnamsprozession vom „Musikchor" begleitet, und 1879 hat die „Musikbande" den Festgottesdienst zu Ehren des Kaiserhauses musikalisch gestaltet und anschließend die Schulkinder bei einem Ausflug zum Stixpeter begleitet[115]. Konkret ist von der Blaskapelle erst 1897 die Rede.

---

114   Fs. 170 Jahre Musikverein Sinabelkirchen. 1806–1976, ebda. 1976; Norbert Lipp, Musikverein Sinabelkirchen. Von den Anfängen bis zur Gegenwart – mit Beiträgen zur Musikgeschichte und zum musikalischen Leben von Sinabelkirchen, Mag.-art.-Diplomarbeit KUG, Institut für Musikethnologie 1993.
115   Josef Riegler, Musikverein Anger, in: 600 Jahre Markt Anger. 1364–1964, Anger 1964, S. 169–172; Manfred Wiener, Anger und seine Kulturgeschichte. Mit Beiträgen zur Geschichte des Ortes, des Musikvereines, der Veteranen- und Feuerwehrmusik, der Kirchenmusik, Mag.-art.-Diplomarbeit KUG, Institut für Musikethnologie 1996.

Anderseits finden wir bei den von den Kapellen selbst angegebenen Gründungsdaten einige, die durchaus weiter zurückzuversetzen wären. Die Jugendkapelle St. Johann bei Herberstein ist zwar 1960 gegründet worden, doch kann sie mit Stolz auf eine Veteranenkapelle hinweisen, die im Jahre 1884 *„mit einer schwarzblauen Uniform"* im Dorf auftrat. Hier sollte das ältere Datum gelten[117]. Ebenso verhält es sich in Wörschach im Ennstal, wo die Kapelle im Jahr 1975 das fünfzigjährige Bestehen feierte, obgleich mehrfach Berichte darüber vorliegen, dass bereits um 1880 der Uhrmacher Alexander Schiestl eine 8-Mann-Kapelle leitete, die zwischen Hohentauern, Trieben und Schladming Erfolge feierte, dass Schiestl dann vor der Jahrhundertwende mit einer 12- bis 14-Mann-Kapelle kirchliche Feiern und Gratulationen mit Marschmusik umrahmte und auch 1906 beim Empfang des Bischofs mitwirkte. Da erscheint es legitim, die Gründung der Wörschacher Kapelle doch in den achtziger Jahren des 19. Jahrhunderts anzugeben[118]. Als Gründungsjahr des Musikvereins Fischbach wird 1947 angegeben. Doch weiß die mündliche Überlieferung von einer Kapelle, die 1880 oder 1885 entstanden sein soll. Die darauf Bezug nehmenden Urkunden und Bilder sind im Zuge der Kriegshandlungen 1945 zugrunde gegangen, da Fischbach Kampfgebiet war und von den Russen besetzt wurde. Ein einziges erhaltenes Bild der älteren Kapelle, um 1900 aufgenommen, bezeugt jedoch zur Genüge, dass die Geschichte des Musikvereins Fischbach mit Recht in das vorige Jahrhundert zurückzuführen ist[119]. 1977 feierte die Marktmusikkapelle Vorau das Jubiläum des einhundertjährigen Bestandes. In der aus diesem Anlass erschienenen Festschrift lesen wir, dass bereits 1769 dem neugewählten Probst des Stiftes Vorau, Taufferer, von einer aus Bürgern des Marktes gebildeten Musikergruppe ein Festgruß dargebracht wurde, und zwar in folgender Besetzung: vier Waldhornisten, zwei Pfeifer und zwei Tambours[120].

Abb. 44–46: Zu den ältesten Fotografien steirischer Musikkapellen zählen die der Salinenkapelle Altaussee 1863 (oben), Langenwang 1870 (Mitte) und Ebersdorf 1876 (unten)[116].

---

116 Fs. Trachtenkapelle Ebersdorf 2010. – Zu den steirischen Berg- und Knappenkapellen vgl. Werner Markus, Berg- und Knappenkapellen in Österreich, phil. Diss. KUG 2009, S. 164–316. In diesem Band sind auch die Fotos der Altausseer und Oberzeiringer Musikkapelle enthalten.
117 Fs. 100 Jahre Blasmusik. 25 Jahre Musikverein St. Johann bei Herberstein, ebda. 1984.
118 Fs. Musikverein Wörschach, ebda. 1991.
119 Gottfried Allmer (Hg.), 700 Jahre Fischbach, ebda. 1995; Stefan Fasching, Kulturgeschichte von Fischbach, Mag.-art.-Diplomarbeit KUG, Institut für Musikethnologie 1998.
120 Josef Heuchler, Die Chronik der Marktmusik Vorau, Mag.-art.-Diplomarbeit KUG, Institut für Musikethnologie 1989; weitere Literatur in: Suppan, Stmk./2, 2009, S. 742–744.

IV. Aufkommen und Verbreitung des zivilen Blasmusikwesens

Die angeführten Beispiele zeigen, dass die Gründungsdaten der einzelnen Kapellen in der Ehrentafel nicht allein von der Zufälligkeit aufgefundener Quellen in Pfarr- und Gemeindeakten, von Bildzeugnissen oder mündlicher Überlieferung abhängen, sondern auch von der Bewertung dieser Quellen. Vereinsgründungen mit genehmigten Statuten ergeben exakte Daten, aber sagen über die Vorgeschichte, die satzungslose Zeit, nichts aus. Es gibt zudem Kapellen, die bereits einhundert und mehr Jahre bestehen, ohne dass eine vereinsmäßige, behördlich anerkannte Vereinsgründung vollzogen worden wäre.

Mit den nötigen Vorbehalten ist daher die folgende Liste der von den heute noch bestehenden und dem Steirischen Blaskapellenverband angeschlossenen Kapellen mitgeteilten, aber nur in Einzelfällen überprüften Gründungsdaten bis einschließlich 1865 zu betrachten[121]:

1810	Eisenerz (Bergkapelle)
1820	Fladnitz an der Teichalm
1833	Gröbming
1843	Schladming
1847	Irdning
1848	Bad Aussee – Hartberg – Übelbach
1849	Gabersdorf – Pusterwald
1850	Blumau – Bad Mitterndorf – Ebersdorf – Heilbrunn (offizielle Vereinsgründung 1954) – Jagerberg – Kapfenstein – Mürzsteg – Nestelbach bei Graz – Passail – St. Marein bei Graz – Waltersdorf – Wolfsberg im Schwarzautal
1851	St. Margarethen an der Raab – Wettmannstätten
1852	Altaussee – Feldbach
1853	Hieflau – Kirchberg an der Raab – St. Andrä im Sausal – Schöder
1854	Hartmannsdorf – St. Marein bei Knittelfeld
1856	Lang – Leoben-Seegraben (Bergkapelle)
1860	Breitenfeld an der Rittschein – Frauenburg bei Unzmarkt – St. Johann im Saggautal – Schäfern
1863	Kumitz – Mühlen am Zirbitz – Weißkirchen bei Judenburg
1864	Ratten – St. Georgen an der Stiefing
1865	Grafendorf – Oberzeiring

Im Zusammenhang mit den Bürgergarden stehen die Blaskapellen in Judenburg (Bild von 1794), Schladming (seit 1843), Graz (in den vierziger Jahren des 19. Jahrhunderts), Hartberg (1848) und Übelbach (1848). Weitere einschlägige Daten finden sich in der Doktorarbeit von Herbert Kriegl. Eine Sonderentwicklung ist für Leoben infolge der dort lang anhaltenden Tradition der Stadttürmermeister zu bemerken. Ein köstliches Dokument, das für beide Bereiche äußerst aufschlussreich und amüsant zu lesen ist, liegt in der Selbstbiographie Anton Absengers vor, die Günther Jontes bekannt gemacht hat[122].

Absenger, 1820 in Zerlach bei Kirchbach in der Steiermark geboren, ein begabter Geiger und Flügelhornist, der mehrere Jahre hindurch mit der Kapelle des späteren Berliner Hofkapellmeisters Joseph Gungl Europa bereiste, gründete 1846 nach dem Vorbild Johann Strauß' (Sohn) und Joseph Gungls eine Tanz- und Unterhaltungskapelle in Graz, die zu Beginn des Jahres 1848 auf vierzehn Mann angewachsen war. Er schloss sich daraufhin der Kapelle des Grazer Bürger-Korps an, um darin die Leitung der Streichmusik zu übernehmen. Rivalitäten mit der damals in Graz einflussreichen Hornisten-Familie Schantl führten allerdings bald zu Schwierigkeiten. Doch lassen wir Absenger selbst sprechen:

„Als Schantl sich durch mich immer mehr zurückgesetzt fühlte, sann er auf Rache. Im Hochsommer dieses Jahres [1848] wurde im Garten des Hotels ‚Elefant' ein Radetzkyfest veranstaltet, bei welchem die damals hier seiende Artilleriemusik [k. k. Feldartillerie-Regiment Nr. 4] und meine Kapelle mitwirkten. Wolf, der Schwager Schantls, war Kapellmeister der Militärmusik, und es hatten beide sich verabredet, meinen Sturz herbeizuführen, und zwar sollte dies schon in diesem Concerte stattfinden. Wolf hatte seine Capelle in der Mitte des Gartens postiert, während ich in die hinterste Ecke gedrängt wurde. Wir spielten wechselweise. Schantl blies ein großes Hornsolo, welches sich am Ende einer peinlichen Stille erfreute. Um das zu vertuschen, spielte sein Schwager jetzt hintereinander mehrere Stücke, ließ uns aber nicht zu Wort kommen. Dasselbe kannst du ja auch thun, dachte ich mir, und als die Militärmusik endlich schwieg, gingen es meine Musiker an. Ein Stück nach dem andern, jedes stürmisch applaudiert. Als ich ein Flügelhornsolo blies,

---

121 Zu den einzelnen Orten finden sich in der Regel bei Suppan, Stmk./2, 2009, weitere Hinweise.
122 Artikel „Leoben", in: Suppan, Stmk/2, 2009, S. 413–420, in dem der folgende Artikel nachzutragen ist: Günther Jontes, Anton Absenger (1820–1899), Leobens letzter Stadttürmermeister. Zur Selbstbiographie des steirischen Musikers und Komponisten, in: Der Leobener Strauß 5, 1977, S. 67–99.

da brach ein wahrer Sturm von Beifall los. Wie das Concert aus war, gingen meine Gegner wüthend hinaus, denn ihr Anschlag war mißglückt. Das Sprichwort ‚Wer andern eine Grube gräbt, fällt selbst hinein' hatte sich glänzend bewährt [...] Der vielen Feindseligkeiten überdrüssig trat ich aus der Bürgermusik aus, sagte aber früher meinen Musikern, nur bei Schantl zu bleiben. Am nächsten Sonntag spielte Schantl wirklich mit der vereinten Bürgerkapelle. Boshafte Zuhörer haben mir gesagt, dass es sehr ruhig und still heruntergegangen sei".

Man sieht, Musikerrivalitäten, wie sie Johann Strauß in Wien, Offenbach in Paris und später Gungl in Berlin zu bestehen hatten, fanden auch in Graz ein „dankbares" Publikum. Doch lassen wir Absenger selbst weiter erzählen:

„Nicht lange danach wurde ich Nationalgardecapellmeister. Als solcher fungirte ich zwei Jahre. Von meiner Gegenpartei Schantl & Wolf wurde öfters der Versuch gemacht, mich nach Christiania [Oslo] zu bringen. Dort würde ich nämlich eine Capellmeisterstelle bekommen. Ich aber lehnte dankend ab [...] Im Jahre 51 rückte die Nationalgarde das letztemal aus. Ich erfuhr vorher, dass Schantl bei den Bauern Musiker anwerbe. Ich schickte nun auch meinen Bruder überall herum, und außerdem kamen eine Menge Musiker der kurz vorher aufgelösten Artilleriemusik zu mir. Auf diese Art brachte ich 56 Mann zusammen. Der nächste Tag war des Kaisers Geburthstag, der 18. August. Vor fünf Uhr standen wir am Hauptplatz einander gegenüber. Die Bürgercapelle unter der Leitung Schantls, die Nationalgardemusik unter meiner. Der Bandaführer der Bürgercapelle trat vorher zu mir und sagte: ‚Wie der erste Schuß fällt, schlagen wir ein'. Er meinte nämlich die Bürgermusik. Ich dachte mir aber, wo steht das geschrieben, dass gerade ihr anfangen sollt, und ging zu meinem Tambour und sagte, dass er einzuschlagen hat, wenn der erste Schlag der Glocke ertönt. Eine Weile erwartungsvolle Pause. Da auf einmal ertönt der erste Glockenschlag und mit ihm auch das Einhauen meines Tambours. Wir zogen nun die Herrengasse hinauf und so weiter, bis wir bei der Monturskommission den wuthschnaubenden Schantl sahen. Mit klingendem Spiel zogen wir bei ihm vorüber wieder auf den Hauptplatz zurück. Er mochte nicht sehr darüber erbaut gewesen sein, denn er machte ein grimmiges Gesicht, als er uns 56 Mann stark vorübermarschieren sah, während er nur 42 Mann hatte. Am Vormittag kam er nicht in unser Stammbierhaus, wo er sich sonst immer einfand. Mein erster Hornist, Herr Franz Xaver Freiheim (jetzt steirischer Dichter), ich und viele andere meiner Musiker, wir feierten beim edlen Gerstensaft den Sieg unserer Partei. [...] Das war damals halt noch ein echter Musikerkrieg, wobei zwar kein Blut, aber eine Menge Gersten- und Rebensaft floß".

Als Absenger 1852 Graz den Rücken kehrte, um die Stelle eines Stadttürmermeisters in Leoben anzunehmen, verlor das Grazer Konzertleben eine tragende Säule seines Gebäudes; denn auch die Unterhaltungsmusik, wie sie von Absengers Kapellen geboten wurde, zählt zu den wesentlichen Stützen des Kulturlebens. Absengers Abschiedskonzert im „Schottischen Garten" (Puntigamer Bierhalle) gestaltete sich zu einer würdigen Feier:

„So groß der Garten war, so war er doch zu klein für das zahlreich erschienene Publikum, denn nach außerhalb waren noch 4–5 Tische aufgestellt. Bis zum andern Tag dauerte es. Wieder und wieder musste ich etwas spielen, bis es endlich nicht mehr ging und die Musiker ihren Gram in den Biergläsern vergruben. Am 30. Juli 1852 trat ich die Reise nach der alten Bergstadt Leoben an. Ein hoffnungsvoller junger Mann in der Blüthe seiner Jahre [...] Am nächsten Tag berief ich die Leobner Stadtmusik zusammen und forderte sie auf, mir etwas vorzuspielen. Auf das hin gingen sie wirklich daran, ihren Instrumenten so schauerliche Töne zu entlocken, dass mir ganz angst und bange ward [...] Am Geburtstag Sr. Majestät sah die Capelle schon ganz anders aus und erntete das erstemal unter meiner Leitung Beifall. Gleich darauf feierten die Leobner Bürger das alle zehn Jahre stattfindende Waldbereinigungsfest, wobei sich die Capelle schon mit Leistungen hervortat, die ich nicht in so kurzer Zeit erwartet hätte. Bald darauf eröffnete ich eine Musikschule, die sich bald allgemeinen Zuspruchs erfreute. Nach etwa drei Jahren hatte ich eine Capelle hergestellt, deren Jüngster 8 und der Älteste 14 Jahre alt war. Ferner waren alle Instrumente einer Militärmusik vertreten. Dass alle Knaben steirisch gekleidet waren, machte einen sehr guten Eindruck".

Man lernt daraus, dass Jugendkapellen durchaus keine Erfindung unserer Jahrzehnte sind. Bereits 1855 trat in Leoben eine solche in Erscheinung, und sie war einheitlich in steirischer Tracht gekleidet. Nur schade, dass wir nicht nähere Informationen über das Repertoire besitzen.

Das Reisefieber packte jedenfalls Absenger erneut, und er zog am 24. Juli 1855 mit seiner Knabenkapelle gegen Graz, um dem Gouverneur Graf Wickenburg ein Ständchen darzubringen. Abends gab es ein Konzert im Garten des Meerscheinschlössls (in der heutigen Mozartgasse). *„Wie erstaunten wir aber, als uns Graf Wickenburg hier mit seinem Besuch beehrte und er in keinem unserer weiteren Concerte fehlte. Vom schönsten Wetter begünstigt, spielte ich noch 14 Tage hintereinander"*. Auch eine erneute Kollision mit Schantl fehlte selbstverständlich nicht: *„Bei einem dieser Concerte kam mein Flügelhornlehrer Florian Schantl. Er sagte, dass ich den Buben alles eingewerkelt hätte. Ich rief einen herbei und forderte Schantl auf, ihn zu prüfen. Er fragte ihn nun Verschiedenes, was der Knabe aber alles richtig beantwortete. Als er ihn fertig geprüft hatte, sagte er zu mir: ‚Du hast in der Musik Großartiges geleistet'. Unter andern kam auch ein Agent von Schwender in Wien. Er bot mir 4000 Gulden für einen Monat. Kost und Wohnung, kurzum alles andere auch frei. Ich würde mich keinen Augenblick besonnen haben, hätte nicht die Cholera in Wien gewühtet und somit ein Hinausgehen ganz und gar unmöglich gemacht. Ich fuhr nach Ablauf der vierzehn Tage nach Leoben wieder zurück"*. Absengers Jugendkapelle ist auf dem Ölgemälde Josef von Ginovskys, das den Empfang Kaiser Franz Josephs auf dem Leobener Hauptplatz im Jahr 1856 darstellt, deutlich zu erkennen. Absenger mag ein begnadeter Flügelhornist und Orchesterleiter gewesen sein, er hat als Solist in den folgenden Jahren und bis knapp vor seinem Tod am 16. Dezember 1899 noch weite Reisen unternommen. Als Komponist hat er neben Franz Blümel und Jakob Eduard Schmölzer die Gattung der Steirischen Tänze und der Steirerlieder (am bekanntesten *s'Kohlröserl*) zur Blüte gebracht, von seinen Märschen blieben der *Rosegger-Marsch* und der *Tunner-Marsch* längere Zeit lebendig[123].

An Absengers Persönlichkeit lässt sich die Entwicklung der Blasmusik in der Steiermark um die Jahrhundertmitte deutlich herausarbeiten: wie Nationalgarde- und Bürgergardekapellen im Widerstreit und zugleich in gegenseitiger Abhängigkeit voneinander sich entfalten und wie davon – aufgrund gesellschaftspolitischer Umwälzungen – die zivilen Blaskapellen sich schließlich befreien. In ihrer musikalischen Vorbildfunktion nicht außer acht dürfen dabei die Militärkapellen gelassen werden. Zwischen 1829 und 1834 weist Erika Eisbacher acht repräsentative Veranstaltungen im ständischen Theater oder im Rittersaal nach, bei denen vor allem die vom späteren Direktor des Musikvereins für Steiermark und Wiener Armeekapellmeister Andreas Leonhardt geleiteten Konzerte der 27er viel Beifall erhielten. *„Das zahlreich versammelte Publikum ließ es an der lautesten Anerkennung nicht fehlen; denn die Ouvertüre mußte auf lärmenden Beifallsturm wiederholt werden, und nach jeder einzelnen Produktion wurde Herr Leonhardt einstimmig gerufen"*, berichtete „Der Aufmerksame" am 8. Januar 1839 in der Rezension des Silvester-Konzertes 1838[124].

Ehe von den zivilen Blaskapellen die Rede ist, müssen wir aber einen Blick auf die musikalischen Bergmannstraditionen werfen[125]. Früh ist gerade in den Bergbaugebieten der Steiermark, um den Erzberg, im Ausseerland, im Murtal um Judenburg und Leoben, in der Weststeiermark um Köflach–Voitsberg, von Musikanten die Rede. Reichtum – und damit Vergnügungssucht – und dann wieder ärmere Zeiten, in denen die einheimischen Musiker als Wandermusikanten anderswo ihren Unterhalt suchen, wechseln einander ab. Aus der Geschichte der Stadt Leoben wissen wir, dass am 3. und 4. August 1728 Kaiser Karl VI. und Maria Theresia anlässlich ihres Jagdaufenthaltes im Reitinggebiet von Bergleuten mit fliegenden Fahnen und der „Bergmusik" empfangen wurden. Vom 9. bis 11. Juli 1765 machten Bergknappen mit Musik und Liedern der Kaiserin Maria Theresia, dem König Josef und den Erzherzögen in Leoben ihre Aufwartung[126].

Die hübschen Figuren der Rinner Krippe, um 1800 geschnitzt, lassen in etwa erahnen, wie solche Bergmannsgruppen ausgesehen und welche Instrumente sie benutzt haben[127]. Steirische Gegenstücke dazu aus bäuerlichem Milieu sind die acht Spielleute auf Lebzeltmodeln im Steirischen Volkskundemuseum[128] und – obgleich zeit-

---

123 Suppan, Stmk./2, 2009, S. 1 f.; Suppan, Blasmusik/5, 2009, S. 20. Im erstgenannten Lexikon ist Absengers Sterbedatum vom 17. auf den 16. Dezember 1899 zu berichtigen.
124 Erika Eisbacher, Das Grazer Konzertleben von 1815 bis März 1839, mschr. phil. Diss. Graz 1956; W. Suppan, Folklore im Grazer Konzertleben des Biedermeier, in: Historisches Jahrbuch der Stadt Graz 5/6, Graz 1973, S. 126, Anm. 8. – Im letztgenannten Aufsatz ist auch von Wandermusikanten, wie der Graßl-Familie aus Berchtesgaden, die Rede, die in den zwanziger und dreißiger Jahren in Graz Aufsehen erregten und zur Nachahmung reizten.
125 Walter Markus, Berg- und Knappenkapellen in Österreich, phil. Diss. Kunst-Universität Graz, Institut für Musikethnologie, 2009.
126 Musik in Leoben, hg. von Willi Kadletz, Leoben 1964, S. 35–38; Fs. Bergkapelle Seegraben 1966, S. 17.
127 Abbildung bei: E. Egg und W. Pfaundler, Das große Tiroler Blasmusikbuch, Wien u. a. 1979, S. 63.
128 Abgebildet in: Steirische Berichte 5, 1961, S. 82.

lich später (1898 entstanden) – die Musikanten im sogenannten „Schachspiel des Grafen Wilczek", ein Hauptwerk des weit über die Grenzen seiner Heimat hinaus bekannt gewordenen Krippenschnitzers von Wildalpen, Rupert Grießl[129].

1866–1918: Die traditionsprägende Kraft altösterreichischer Militärmusik

Mit der Niederlage von Königgrätz hatte Österreich seine Vormachtstellung im deutschen Raum endgültig verloren, es schied aus dem Deutschen Bund aus – und widmet sich verstärkt den innenpolitischen Problemen der Donaumonarchie. Am 21. Dezember 1867 akzeptierte der Reichsrat in Wien zusammen mit anderen Gesetzen, die der verfassungsmäßigen Neuordnung der österreichischen Reichshälfte gelten, den Ausgleich mit Ungarn[130]. Heinrich Zwittkovits weist mit Recht auf die Bedeutung der neuen Gesetzeslage für die Entfaltung der zivilen Blaskapellen in Österreich hin, in der den Bürgern Gleichheit vor dem Gesetz, Unverletzlichkeit des Eigentums, Glaubens- und Gewissensfreiheit, Lehr- und Lernfreiheit, das Koalitionsrecht und das Recht, Vereine zu bilden, zugestanden wird. Besondere Bestimmungen betreffen fortan die Versammlungsfreiheit, öffentliche Belustigungen, Hochzeitszüge, Volksfeste und sonstige Versammlungen oder Aufzüge zur Ausübung eines gesetzlich gestatteten Kultus[131]. Eine interessante Gründerphase beginnt: Neben den Freiwilligen Feuerwehren treten karitativ-kulturelle Gruppen, Turn- und Verschönerungsvereine sowie Gesangvereine an die Öffentlichkeit. Vor allem aber, oft eingebunden in die genannten Gruppen, streben Musikkapellen nach vereinsmäßigem Zusammenschluss.

Die folgende Liste, obzwar nicht problemlos (siehe oben), zeigt doch, dass sich zwischen den Jahren 1870 und 1880 eine wesentliche Gründungsphase im steirischen Blasmusikbereich fixieren lässt, wobei geographische Schwerpunkte nun nicht mehr auszumachen sind:

1866 Puch bei Weiz
1867 Halbenrain – Ranten
1868 Anger – Schönberg
1869 Kitzeck
1870 Mautern – St. Blasen – St. Lorenzen am Wechsel – St. Lorenzen im Mürztal – St. Stefan ob Leoben – Waldbach
1871 Breitenau bei Mixnitz – Aich an der Enns – Neumarkt – Weiz
1872 Kammern bei Leoben – Krieglach – Paldau
1873 Dechantskirchen – Fürstenfeld – Gnas – Hausmannstätten – Liezen – St. Radegund – Traboch
1874 Birkfeld – Krakauebene – Kraubath ob Leoben – Murau – Thörl – Trofaiach
1875 Deutsch-Feistritz – Ebersdorf – Fehring – Haus im Ennstal – St. Johann am Tauern – St. Martin im Sulmtal – St. Peter am Ottersbach – Seckau – Wenigzell
1876 Knittelfeld – Öblarn – Preding – St. Gallen
1877 Admont – Großreifling – Kirchbach – Kobenz bei Knittelfeld – Neuberg an der Mürz – St. Peter am Kammersberg – St. Veit am Vogau – Vorau
1878 Allerheiligen bei Wildon – Friedberg – Radmer – Scheifling
1879 Donnersbach – Gaal – Rottenmann
1880 Burgau – Fischbach – Klöch – Mönichwald – Pürgg – Rettenegg – Salla bei Köflach – Soboth – Tragöß – Wartberg im Mürztal – Wenigzell – Wörschach
1882 Hainersdorf – Schwanberg
1883 Knittelfeld (Bundesbahn)
1884 St. Johann bei Herberstein – Wildalpen
1885 Großsteinbach – Ilz – St. Jakob im Walde – (Bad) Radkersburg
1886 Hollenegg
1887 Donawitz, Werkskapelle – Hitzendorf bei Graz – St. Michael/Leoben – Stallhofen
1890 Lassing bei Liezen – Miesenbach – Riegersburg – St. Josef bei Stainz i. W. – St. Oswald bei Eibiswald – St. Oswald-Möderbrugg – Weißenbach an der Enns

---

129 Adolf Grabner, Geschichte der Gemeinde Wildalpen, Wildalpen 1960, S. 91–94, Abb. 20; 2. Aufl. 1986.
130 E. Zöllner, Geschichte Österreichs, Wien 1974, S. 410–412.
131 Heinrich Zwittkovits, Die Blaskapellen im Viertel unter dem Wienerwald, Wien (1979), mschr. Hausarbeit am Institut für Österreichische Geschichtsforschung, S. 17 f.

IV. Aufkommen und Verbreitung des zivilen Blasmusikwesens

1891 Semriach
1892 Gams ob Hieflau
1893 Bruck an der Mur, Felten & Guilleaume – Untertal – Zeltweg
1894 Gleinstätten
1895 Altenmarkt, Bezirk Liezen – Ardning – Festenburg – Gratkorn
1896 Palfau – Stanz im Mürztal
1897 Deutschlandsberg – Gaishorn – Gratwein
1898 Gasen
1899 Niederwölz – St. Ruprecht ob Murau
1900 Eisenerz, Stadtkapelle – Pöllau
1901 Stainach
1902 Graz-Straßgang – Mürzzuschlag (Bundesbahn) – St. Lambrecht bei Murau – Veitsch
1903 Gams ob Frauental – Lebring-St. Margarethen – Tauplitz
1904 Fernitz bei Graz – Graz (Post) – St. Martin am Grimming – Turnau
1905 Selzthal
1906 Aflenz-Kurort
1908 Etmißl – Pischelsdorf
1909 Aschbach – Gleisdorf – Stubenberg – Spital am Semmering – Siebing bei Brunnsee
1910 Leibnitz – Rabenwald
1912 Feldkirchen bei Graz – Groß St. Florian – Niklasdorf – St. Lorenzen bei Trieben
1914 Graz (Bundesbahn)
1917 Kalwang

Abb. 47, 48: Die Musikkapellen Übelbach (oben) und Pürgg (darunter), beide im Jahr 1880 fotografiert.

Pars pro toto: Um die Gründungsphase anhand einzelner charakteristischer Beispiele zu illustrieren, sei aus der Chronik des einen oder anderen Vereins zitiert:

In Anger bei Weiz führte der ehemalige 1. Flügelhornist der 27er, Karl Kohlhofer, die Musikkapelle in den achtziger Jahren zu weithin beachteten Erfolgen. In Ardning stand Volksschuloberlehrer Wilhelm Angerer an der Spitze der 1895 gegründeten Musikkapelle[132]. In der Breitenau lebte bis zu seinem Tod am 20. November 1871 der aus Böhmen gebürtige Lehrer, Organist und Mesner Wenzel Stipek, der eine Blaskapelle gegründet hatte, die dann seine Lehrer-Nachfolger Sibetz, Skala, Böhme und Johann Kristoferitsch weiterführten[133]. In Deutschfeistritz-Peggau gründeten vier Männer die Blaskapelle: Kaplan Pater Victorin Kodric, Oberlehrer Peter Jakopp, Lehrer Alois Fasching und Franz Hierold[134]. Das Gründungskonzert der Deutschlandsberger Blaskapelle fand am 18. August 1897 *„anlässlich des Geburtstages seiner Majestät des Kaisers Franz Josef"* statt[135]. In Donnersbach ging die Musikkapelle im Jahre 1880 aus dem Kirchenchor hervor: Der rührige Lehrer und Organist wollte zunächst nur die Gottesdienste in einer feierlichen Art mit Bläsern gestalten, doch trennte sich die Blaskapelle bald von ihm, um im weltlichen Bereich stärker in Erscheinung treten zu können[136].

---
132 Fs. Musikkapelle Ardning 1895–1985, ebda. 1985.
133 Hilmar Paar, Musikalische Entwicklung in Breitenau, Mag.-art.-Diplomarbeit KUG, Institut für Musikethnologie 1985; Fs. 130 Jahre Musikverein Breitenau. Knappenkapelle, ebda. 2001.
134 Fs. 125 Jahre Musikverein Deutschfeistritz-Peggau. 1875–2000, ebda. 2000.
135 Artikel „Deutschlandsberg", in: Suppan, Stmk./2, 2009, S. 95.
136 Fs. 100 Jahre Blasmusik Donnersbach, ebda. 1980.

Ähnlich vollzog sich die Entwicklung in Frauenburg bei Judenburg, wo ebenfalls der Organist Hirner im Jahre 1860 für das Entstehen einer Blaskapelle sorgte. In Fürstenfeld wieder lösten sich die Bläser im Jahre 1873 vom bestehenden Streichorchester, um künftig selbständig aufzutreten[137].

Zu den ältesten Kapellen des Landes zählt diejenige von Gabersdorf, Bezirk Leibnitz, in der Lehrer Wilhelm Potzinger als eigentlicher Gründer gilt; 1849 erstmals genannt, wurde die Kapelle 1852 Bestandteil des „Urlauber-Vereins", dem Vorläufer unseres heutigen Kameradschaftsbundes[138]. In Gaishorn wieder steht 1897 Pfarrer Pater Roman Schmied an der Spitze der „Musikgründungs-Mannschaft der Marktkapelle Gaishorn"[139]. In Gröbming, wo das Bestehen einer Musikkapelle bis in das Jahr 1833 zurückzuführen ist, erhält Lehrer Ferdinand Puchwein als Organist und Kapellmeister von der Bürgerschaft dankbare Anerkennung[140]. Auch in Irdning, dessen „Musikbanda" am 15. September 1853 bei der Eröffnung der Fahrpost-Stelle, 1858 bei der Glockenweihe, 1871 bei der Gründung des Militärveteranenvereines und 1877 bei der Eröffnung der Bahnlinie Stainach – Aussee genannt wird, wirkte bis 1875 ein Lehrer Puchwein als Kapellmeister[141]. An der Schule in Kammern im Liesingtal unterrichtete von 1842 bis 1876 Oberlehrer Johann Reisner aus Neuhaus in Böhmen: Ihm wird die Gründung der Musikkapelle zugeschrieben, die seit 1862, später auch unter den Nachfolgern Reisners, nämlich Johann Haller, Rudolf Höge und Franz Berodett, als „Kammerer Musikbande" über den Ort hinaus sich großer Beliebtheit erfreute[142].

Die Chronik des Musikvereines Kirchberg an der Raab berichtet, dass dort bereits 1853 Angehörige der dort stationierten k. u. k. Dragonereinheit zusammen mit einheimischen Spielleuten eine Ortsmusik gründeten, die seit etwa 1880 von dem Militärmusiker Kohschmied geleitet und ausgebaut wurde[143]. In Kitzeck im südsteirischen Sausal steht ebenfalls ein Militärmusiker bei der ersten Gründung Pate: Alois Pronegg, vulgo Veigl, kam 1869 nach dreijähriger Dienstzeit in den Ort zurück, um gleich mit dem Aufbau der Kapelle zu beginnen. In Krieglach probte die Ortskapelle schon seit 1872, als 1892 Mathias Fürstner nach dreijähriger Dienstzeit bei den 27ern in Graz in seine Heimatgemeinde zurückkehrte, um die Kapelle zu weithin beachtetem Ansehen zu führen[144]. Jakob Glöckler diente bei der Militärmusik in Wiener Neustadt, ehe er in seine Heimatgemeinde Neumarkt zurückkam, um dort im Jahre 1871 Bürger für die Blasmusik zu begeistern und eine Kapelle aufzubauen.

1863 gründete Lehrer Johann Frodl in St. Margarethen bei Silberberg, dem heutigen Noreia, eine Bläsergruppe, die sich kontinuierlich zu einem Orchester entwickelte und 1963 in Musikverein Mühlen am Zirbitz umbenannt wurde. Die Anfänge des Musikvereins Niederwölz liegen zwar im Dunkeln, doch kann beurkundet werden, dass vor 1899 ein „Musikclub" bestand, dem sowohl eine Bläser- als auch eine Streichergruppe angehörte: Die Besetzung der Bläsergruppe bestand aus zwei Klarinetten, zwei Flügelhörnern, drei Trompeten, zwei Althörnern, einem Bassflügelhorn, einem Bass, kleiner und großer Trommel, Becken. Wieder anders stellt sich die Quellenlage in Öblarn dar: Der Admonter Benediktiner und Pfarrvikar Pater Wernfried Fettinger weist in seiner 1864 erschienenen „Monographie der Pfarre Öblarn" auf die *„in der Kirche eigenthümlichen Instrumente und Musikalien"* hin, darunter *„Zwey Waldhörner mit den erforderlichen Mutationen. Ein Bombardon. Eine einfache Trompete mit nöthigen Bogen. Eine C Klarinette. Eine C Flöte, angeschafft im Jahre 1864. Zwey B Klarinetten sammt A Mittelstücken"*. Diese Instrumente dienten wohl eher zur Verschönerung der Kirchenmusik. Berichte der „Steirischen Alpenpost" aus den Jah-

---

137 Joachim Meister, Das Fürstenfelder Stadtorchester 1947–1988. Mit historischen Anmerkungen zum Musikleben seit 1827, Mag.-art.-Diplomarbeit KUG, Institut für Musikethnologie 1988; Martin Kerschhofer, 30 Jahre Jugendblaskapelle Fürstenfeld. 1955–1995, Mag.-art.-Diplomarbeit KUG, Institut für Musikethnologie 1985; Alfred Reiter, Geschichte der Werkskapelle der Austria-Tabakwerke Fürstenfeld, Mag.-art.-Diplomarbeit KUG, Institut für Musikethnologie 1985.
138 Fs. 130 Jahre Musikkapelle Gabersdorf. 1849–1979, ebda. 1979; Fs. desgl. 1999.
139 Fs. 80 Jahre Marktmusikkapelle Gaishorn – Treglwang, Gaishorn 1977; Fs. desgl. 1997.
140 Johann Lipp, Die Geschichte des Musikvereins Gröbming bis zum Jahre 1938, Mag.-art.-Diplomarbeit KUG, Institut für Musikethnologie 1984; Fs. Musikbezirk Gröbming. 50 Jahre, Gröbming 2004.
141 Suppan, Stmk./2, 2009, S. 316f.; Fs. Marktmusik Irdning. 150 Jahre, ebda. 2003.
142 Fs. 100 Jahre Musikverein Kammern und Umgebung, ebda. 1972.
143 Helmut Freissmut, Ortskapelle-Musikverein Kirchberg an der Raab, Mag.-art.-Diplomarbeit KUG, Institut für Musikethnologie 1984; Blasmusik im Wandel der Zeit. Musikkapelle Kirchberg/Raab, 2 Teile, ebda. 1993 und 2003.
144 Rudolf Zangl, Geschichte und Entwicklung der Musikkapelle VOEST-Alpine Roseggerheimat Krieglach, Mag.-art.-Diplomarbeit KUG, Institut für Musikethnologie 1985.

IV. Aufkommen und Verbreitung des zivilen Blasmusikwesens

ren 1886 und 1887 nennen Oberlehrer Johann Haller als Gründer des Streichorchesters. Doch haben sich die zu diesem gehörenden Bläser wohl auch selbständig hören lassen; denn 1887 wird zugleich als mögliches Gründungsdatum der Blaskapelle angegeben. Unter der Leitung des berühmten pensionierten Militärkapellmeisters und Komponisten Eduard Wagnes kam es 1927 zum 50-Jahr-Jubiläum der Öblarner Blaskapelle[145]. Die Feuerwehrkapelle Palfau führt als ihren Gründer Oberlehrer Franz Hallecker an; man schrieb das Jahr 1896. Wesentlich früher anzusetzen ist die Gründung einer Musikkapelle in Passail, wo der Schulmeister Franz Teichmann als erster Kapellmeister fungierte. Sein Nachfolger wurde der Komponist zahlreicher kirchenmusikalischer Werke, Franz Arnfelser, ebenfalls Lehrer, der von 1872 bis zu seinem tragischen Tod im Jahr 1898 die Kapelle dirigierte[146].

In Puch bei Weiz schrieb man das Jahr 1866, als Florian Almer, vulgo Bachflori, mit der Ausbildung junger musikbegeisterter Leute begann und die Musikkapelle gründete; sein Nachfolger wurde 1898 der Lehrer Otto Böhmer[147]. In Ratten ist der Name eines böhmischen Lehrers „Cermak" in Erinnerung, der um 1864 die Blaskapelle ins Leben gerufen hatte. Inzwischen wurde dort im Jahr 2008 ein hervorragend eingerichtetes Blasmusik-Museum eröffnet[148]. In St. Blasen 1870 der gleiche Fall, dort hat Lehrer Sandner die Vereinigung gegründet. Sein Nachfolger wurde Anton Walser aus Noreia bei Mühlen, der die 50 Kilometer lange Wegstrecke von seiner Wohnung bis nach St. Blasen zu jeder Musikprobe hin und zurück zu Fuß zurücklegte![149] In St. Gallen bemühte sich 1876 der Lehrer Josef Huber um die Aufstellung der Feuerwehrkapelle. Die St. Gallener Bevölkerung spendete im Jahr 1885 den hohen Betrag von 189 Gulden und 50 Kreuzer, womit mehrere Instrumente eingekauft werden konnten[150]. Oberlehrer Balthasar Höller, der von 1857 bis 1884 in St. Lorenzen am Wechsel wirkte, kümmerte sich dort in den Jahren um 1875 um die Gründung einer Blaskapelle. Als am 18. Juni 1878 der Hartberger Bezirkshauptmann Franz von Makzin im Ort weilte, heißt es u. a.: *„Während der festlichen Tafel, zu welcher auch Hr. Gemeindevorsteher Leopold Bäck, Oberlehrer Balth. Höller und Schulobmann Anton Kogler geladen waren, intonierte die wohlbesetzte Musikkapelle die Volkshymne und andere Tonstücke".* Der Musikverein St. Marein bei Knittelfeld verdankt seine ersten Erfolge dem Schulleiter Marcelus Mattner, der bis über die Jahrhundertwende (1902) die Kapelle leitete und dafür mehrfach von der Gemeindeverwaltung ausgezeichnet wurde[151]. Gründungskapellmeister der Musikkapelle St. Peter am Kammersberg ist Oberlehrer Johann Schopf (1874–1897)[152]. Erhalten blieb die Gründungsurkunde der Musikkapelle St. Veit am Vogau, unterzeichnet von Peter Schellauf, Lehrer in St. Veit am Vogau und erster Kapellmeister[153]. Im Jahre 1891 gründete der Oberlehrer Franz Muhri die Blaskapelle Semriach, die am Karsamstag des genannten Jahres erstmals bei der Auferstehungsprozession mitwirkte[154]. Neben den zahlreichen Schulmännern, die als Gründer von Blaskapellen geführt werden, nimmt sich der Gemeindesekretär und Organist Josef Dunst in Stanz im Mürztal eher bescheiden aus. Er führte von 1896 bis 1902 die Kapelle. Dann kam der ehemalige Militärmusiker Karl Hammer aus Ligist nach Stanz, wurde dort als Gemeindesekretär angestellt und führte die Musikkapelle durch 32 Jahre hindurch überaus erfolgreich[155].

Um das altberühmte Kloster Vorau haben sich früh Musiker gesammelt. Bereits 1769 berichten – wie bereits oben angedeutet – die Quellen von einer Bläsergruppe, die dem neu gewählten Probst Taufferer in der Besetzung vier Waldhörner, zwei Pfeifer, zwei Tambours einen musikalischen Festgruß darbrachte. Unmittelbar im Anschluss an die Gründung der Freiwilligen Feuerwehr kam es 1877 zur Gründung einer Feuerwehrkapelle, die 1884 anlässlich der Überreichung der goldenen Medaille der Steiermärkischen Landwirtschaftsgesell-

---

145 Johann Gruber, Die geschichtliche Entwicklung der Blasmusik in Öblarn bis zum Jahr 1947, Mag.-art.-Diplomarbeit KUG, Institut für Musikethnologie 1984.
146 Fs. 130 Jahre Marktmusikkapelle Passail 1850–1980, ebda. 1980; Artikel „Arnfelser", in: Suppan, Stmk./2, 2009, S. 17f.
147 Fs. Musikverein „Heimatklang" Puch. 140 Jahre. 1866–2006, ebda. 2006.
148 Fs. Blasmusik in Ratten. 125 Jahre Musikkapelle. 40 Jahre Musikverein, ebda. 1989; Blasmusikmuseum Ratten. Fs. zur Eröffnung, ebda. 2008.
149 Fs. 135 Jahre Musikverein „Gebirgsklänge" St. Blasen, ebda. 2005.
150 Fs. 100 Jahre Musikkapelle St. Gallen, ebda. 1976.
151 Fs. 150 Jahre St. Marein bei Knittelfeld, ebda. 2004.
152 Fs. 120 Jahre Musikverein St. Peter am Kammersberg, ebda. 1997.
153 Fs. 120 Jahre Erzherzog-Johann-Trachtenkapelle St. Veit am Vogau, ebda. 1997; Artikel „St. Veit am Vogau", in: Suppan, Stmk./2, 2009, S. 593.
154 Fs. 100 Jahre Marktmusikkapelle Semriach, ebda. 1991; desgl. 110 Jahre, 2001, und 115 Jahre, 2006.
155 Fs. 80 Jahre Musikverein Stanz im Mürztal, ebda. 1976.

Abb. 49–52: Die Werkskapelle Zeltweg, die 1901 noch „auf Streich" und „auf Blech" spielte, wie die auf dem Foto zu sehenden Streichinstrumente bezeugen (oben links). – Die Feuerwehrkapelle St. Marein am Pickelbach (heute „bei Graz"), um 1901 (oben rechts). – Die Musikkapelle Turnau 1904 (Mitte). – Die Musikkapelle St. Martin am Grimming, ca. 1904 (unten links).

schaft an Probst Isidor Allinger für ihre hervorragenden Leistungen gesondert hohes Lob erhielt. Probst Allinger spendete am 2. Juli 1885 10 Gulden[156]. In Wartberg im Mürztal tritt 1785 erstmals Oberlehrer Johann Herbst in seiner Funktion als Kapellmeister in Erscheinung, ihm folgten seine Kollegen Johann Nepomuk Lauda, Alois Wolf, Andreas Hendrich und Georg Schwarz in der Leitung der Blaskapelle[157]. Die heutige Elin-Stadtkapelle Weiz ging aus der Feuerwehrkapelle des Jahres 1871/72 hervor, deren Kapellmeister Andreas Binder d. Ä. war. Mehrere kleine Gruppen schlossen sich 1893 in Zeltweg unter der Leitung des Lehrers Alois Bartl zu einem größeren Klangkörper zusammen, der später als Feuerwehr- und noch später als Werkskapelle der Maschinenfabrik international beachtetes Niveau erreichte[158]. Mit einem Hinweis auf Wildalpen sollte diese Zitatensammlung abschließen: In der Kirchenchronik dieser Gemeinde wird 1884 ein großes kirchliches Fest vermerkt: *„Nämlich vier goldene Hochzeiten zur gleichen Zeit. Die Jubilanten wurden von Zislers Gasthaus von der gesamten Geistlichkeit mit Ausnahme seiner Gnaden, der in der Kirche wartete, in vollem Ornat abgeholt und in die Kirche geführt. Unter den Klängen der Musik und Böllerschall…"*.

Die einzelnen Mosaiksteine ergeben doch, obgleich unvollständig, ein deutliches Bild der Entfaltung des Blasmusikwesens während der zweiten Hälfte des 19. Jahrhunderts in der Steiermark. Blaskapellen stehen vom Anfang an im Blickpunkt der Öffentlichkeit. Dass sich zunächst Lehrer um die Gründung und Leitung der Kapellen verdient machen, hängt einerseits mit deren öffentlichem Auftrag zusammen, zum anderen wohl auch mit der wirtschaftlichen Situation dieses Standes; man musste sich um zusätzliche Kontakte zur Bevölkerung kümmern – und hatte so in vielfältiger Weise Vorteile. Ehe „Volksbildungswerke" gegründet wurden, nahmen die Lehrer neben ihrem Hauptberuf eine kulturelle Erwachsenenbildung wahr, die dem gesellschaftlichen Leben ihrer Gemeinde wesentliche Impulse vermittelte. Aber auch die Pfarrherren standen in der Regel nicht abseits, bildeten doch Kirchenchöre, Gesangvereine und Blaskapellen eine untrennbare Einheit, geleitet vom Lehrer – Organisten – Kapellmeister, getragen von denselben Idealisten, die dort und da mitwirkten.

Das alles aber hätte nicht ohne jene Militärmusiker aufgebaut werden können, die als „Pensionisten" oder kürzerdienende Soldaten in ihre Heimatgemeinden zurückkamen oder als Gemeindesekretäre gesucht wurden. Von ihnen kommt das fachliche Können her, das Wissen um die musikalischen Möglichkeiten und nicht zuletzt – die von ihnen zumeist selbst (ab)geschriebenen Märsche, Ouvertüren, Polkas, Walzer usw.; denn gedruckte Literatur gab es damals kaum. Und die Militärkapellmeister hüteten ihre Kompositionen und Arrangements sorgfältig vor fremdem Zugriff.

In der langen Friedenszeit und in dem damit verbundenen kulturellen und wirtschaftlichen Aufschwung der Donaumonarchie bildeten Blaskapellen den Hintergrund einer breiten musikalisch-kulturellen Bewegung, der selbst große Meister wie Johannes Brahms und Anton Bruckner nicht ferne standen; beide komponierten für Blasorchester oder ließen ihre Werke dafür bearbeiten[159]. In solche Bereiche der musikalischen Komposition wagten sich vorzüglich Militärkapellen und nur wenige leistungsstärkere Zivilkapellen. Den durchschnittlichen Blaskapellen in Stadt und Land ging es erstens um die Befriedigung eines breiten Unterhaltungsbedürfnisses, um die Vermittlung jener „leichten Muse", die Carl Michael Ziehrer und Franz Lehár etwa im Anschluss an Johann Strauß kreiert hatten, zweitens um jene Marsch- und Freiluftmusik, die weltliche und kirchliche Feierlichkeiten erst zu einem repräsentativen Aushängeschild einer Gemeinschaft werden ließ.

So musizierte und sang man sorglos auf den Ersten Weltkrieg zu – und spielte stolz und zuversichtlich jene Kameraden und Soldaten in den Krieg, die irgendwo in fremden Ländern verbluteten, nach schweren Schicksalsschlägen wieder nach Hause kamen und in jenem Deutsch-Österreich wieder erwachten, das dann völlig andere Lebensbedingungen bieten sollte. Die Geschichte der altösterreichischen Militärmusik als traditionsprägende Kraft aber war zu Ende gegangen.

---

156 Artikel „Vorau", in: Suppan/Stmk./2, 2009, S. 742–744; Fs. 120 Jahre Marktkapelle Vorau, ebda. 1997; Freiwillige Feuerwehr Vorau. Musikverein Marktkapelle Vorau, zur Eröffnung des Rüsthauses und Musikerheimes, Vorau 2000.
157 Michael Koller, Beiträge zur Musikgeschichte von Wartberg, Mag.-art.-Diplomarbeit KUG, Institut für Musikethnologie 1989; Fs. 120 Jahre Musikverein Harmonie Wartberg, ebda. 2000.
158 Fs. 130 Jahre ELIN-Stadtkapelle Weiz, ebda. 2001.
159 Artikel „Brahms" und „Bruckner", in: Suppan, Blasmusik/5, 2009, S. 120f. und 132, mit weiterführender Literatur und Werkangaben.

1918–1945: Die Suche nach neuen Formen

Trotz des hohen Blutzolls, den der Erste Weltkrieg gefordert hatte, und trotz der wirtschaftlich miserablen Zeit, die folgte, haben sich die Musikkapellen in Stadt und Land verhältnismäßig bald wieder zu gemeinsamem Spiel zusammengefunden. Das hängt wohl damit zusammen, dass die zahlreichen Militärmusiker der Donaumonarchie in Zivilberufen oder als halbprofessionelle Kapellmeister und Musiklehrer ein neues Betätigungsfeld suchten und durch ihre Tätigkeit in Amateurmusikvereinen in die Gesellschaft eingebunden werden konnten. Die um ihre Identität bemühte Erste Republik benötigte für Feste und Feiern, für politische und religiöse Demonstrationen Blaskapellen. Nach schweren Kriegsjahren bestand zudem in allen Schichten der Bevölkerung das Bedürfnis sich auszuleben, sich zu unterhalten.

So kam es in den zwanziger Jahren zu einer weiteren wichtigen Gründungsphase im Bereich des steirischen Blasmusikwesens, darunter auch Arbeitermusikvereine (Tabelle rechts).

Wie rasch damals der Neuaufbau erfolgte, zeigen die Berichte in den Protokollbüchern. In (Bad) Mitterndorf im steirischen Salzkammergut fanden sich am 19. Oktober 1919 beim Gastwirt und Bäckermeister Hans Reisinger 13 Musiker zur ersten Probe ein. *„Voll Idealismus begann Reisinger mit dem Wiederaufbau, bildete mit seinen Kameraden junge Musiker heran und brachte das wahre Kunststück zuwege, am 1. Mai 1920 beim traditionellen Weckruf eine 37 Mann starke Musikkapelle durch die Ortschaften zu führen und mit den Klängen flotter Marschmusik das Wiedererstehen der Blasmusik zu bekunden"*[160]. Ähnliche Begeisterung herrschte in Deutschfeistritz-Peggau, wo ganze Instrumentengruppen neu besetzt werden mussten. Trotzdem wurden damals in den zwanziger Jahren Stücke aufgeführt, an die sich auch heute nur Kapellen mit hohem Können heranwagen (z. B. die Ouvertüren *Flotte Bursche* von F. von Suppé und *Orpheus* von J. Offenbach). Die

---

[160] Die genannten Daten und Zitate sind entweder den Jubiläumsfestschriften der einzelnen Musikkapellen oder schriftlichen Berichten von Vereinsarchivaren entnommen worden. Letztere werden im Blasmusikarchiv Suppan auf der Pürgg bzw. im BLIZ (Blasmusik-Informations-Zentrum am Johann-Joseph-Fux-Konservatorium des Landes Steiermark) in Graz verwahrt.

Jahr	Kapellen
1919	Bergla – Hengsberg – St. Oswald bei Plankenwarth
1920	Dobl – Bruck (Bundesbahn) – Graßnitz – Kaindorf bei Hartberg – Katsch an der Mur – Frojach – St. Magdalena bei Hartberg – Söchau – Schölbing – Unterlungitz
1921	Bad Aussee – Althofen – Allerheiligen im Mürztal – Krakaudorf – Spielfeld
1922	Gutenberg – Kumberg – Pogier – Unterlamm – Unterpremstätten – Aigen im Ennstal
1923	Gamlitz – Geistthal – Kindberg (Werkskapelle) – Landl bei Hieflau – Mürzzuschlag-Hönigsberg (Werkskapelle) – Neudau – Röthelstein – St. Lorenzen-Feistritz – Strassen
1924	Arnfels – Feldbach (Jungsteirer) – Frohnleiten – Großstübing – Mariahof bei Murau – Mitterdorf im Mürztal – Stein an der Enns – Trieben (Werkskapelle) – Unterrohr
1925	Arzberg – Bretstein – Graz-Liebenau – Koglhof – Ligist – Mureck – Obdach bei Judenburg – Pöls ob Judenburg (Werkskapelle) – Ramsau am Dachstein – St. Marein im Mürztal
1926	Deutsch Goritz – Ebersdorf-Eichkögl – St. Kathrein am Offenegg – St. Nikolai in der Sölk – Steieregg – Wald am Schoberpass
1927	Krumegg bei St. Marein – Lafnitz an der Lafnitz – Neudau (Werkskapelle) – Pernegg – St. Georgen ob Murau
1928	Graz-Eggenberg – Großwilfersdorf – Kleinlobming – Pruggern – St. Margarethen bei Knittelfeld – St. Nikolai ob Draßling – Wagendorf (später in der heutigen Erzherzog-Johann-Trachtenkapelle St. Veit am Vogau aufgegangen) – Weng bei Admont
1929	Eichberg an der Lafnitz – Graz-Mariatrost – Judenburg (Arbeitermusikverein) – Judendorf-Straßengel – Rosental bei Voitsberg (Bergkapelle)
1930	Johnsbach im Gesäuse – St. Anna am Aigen – Rothenthurm-St. Peter
1931	Bärnbach – Scheiben-St. Georgen – Voitsberg (Glasfabrik) – Vordernberg
1932	Hinterlobming – Pinggau – St. Peter im Sulmtal
1933	Eggersdorf – Piber bei Köflach
1934	St. Ulrich
1935	Graz-Wetzelsdorf
1938	Graz-Eggenberg (Werkskapelle Simmering-Graz-Pauker) – Kalsdorf – Piberstein (Bergkapelle)
1942	St. Peter-Freienstein

IV. Aufkommen und Verbreitung des zivilen Blasmusikwesens

Vergnügungssucht in der Nachkriegszeit brachte eine wahre Flut von Waldfesten in der alten Schießstätte, die mit ihren Musik- und Tanzpavillons und den verschiedenen „Buden" ein beliebtes Ziel für Veranstaltungen war. Vom frühen Nachmittag bis oft in die späten Abendstunden konzertierte man bei diesen Festen und fand ein dankbares Publikum. In Deutschlandsberg gab es seit 1920 gar eine zweite Musikkapelle, zunächst als Jugendkapelle von Josef Frodl begründet, bis 1938 als Frodl-Kapelle ein wesentlicher Faktor des kulturellen Lebens der weststeirischen Stadt. Der Reichsbund der katholischen Jugend, vertreten durch Kaplan Schröttner, stand 1924 Pate bei der Gründung der Jungsteirerkapelle Feldbach, die bereits im Gründungsjahr bei der Weihe der Dorfkapelle Koller in Schützing erstmals öffentlich zu hören war und 1926 bei der Reichsbundtagung der katholischen Jugend in Mariazell Erfolge feierte[161].

Wie sehr nun Blasmusik faszinierte, zeigte sich u. a. darin, dass manche als „Streichmusik" gegründete Kapelle umrüstete. Aus der Gaal berichtet die Chronik des dortigen Musikvereins: *„1920 kam Karl Hufnagl, damals Hilfsgendarm in Seckau, in die Gaal und gründete mit zwölf Jugendlichen eine Musikgruppe, anfangs mit Violinen [...] Ein Jahr später rüstete uns der Kapellmeister mit Blasinstrumenten aus, was zur Folge hatte, dass wir gleich Zuwachs von Musikern bekamen. Es ging flott aufwärts. Die erste Ausrückung war zu Ostern (1922) bei einer Auferstehungsfeier, wo auch noch die alte Kapelle spielte. Da gab es natürlich einen kleinen musikalischen Wettstreit. Die alte Kapelle löste sich bald darauf auf. Fünf Mann der alten Kapelle gesellten sich dann zu uns jungen Musikern und es entstand eine sehr gute Kameradschaft unter jung und alt. Dazu muss bemerkt werden, dass damals die Instrumente von jedem einzelnen selbst gekauft werden mussten – und dies eine große finanzielle Belastung war"*[162]. Von den schwierigen finanziellen Bedingungen ist auch beim Bundesbahn-Musikverein Knittelfeld die Rede. Zwar konnte man das Kriegsende gut überstehen, noch 1917 war eine eigene Vereins-Musikschule eingerichtet worden, so dass in den Jahren 1918 und 1919 ohne wesentliche Behinderung weitermusiziert wurde. Doch geriet der Verein *„mit Rücksicht auf die zunehmende Geldentwertung und die säumige Einzahlung der Mitgliedsbeiträge [...] in finanzielle Schwierigkeiten. Es wurde daher im Jahre 1923 ein Ansuchen an die Stadtgemeinde Knittelfeld gestellt [...] Dieses Ansuchen wurde jedoch auf Grund der damaligen tristen Finanzlage der Stadtgemeinde zurückgestellt. Die beiden Herren Bartholomäus Mark und Rudolf Gruber ließen es sich nicht nehmen, die Bewohner der Stadt Knittelfeld zur Opferwilligkeit aufzurufen. Dieser Aufruf ergab ein Sammelergebnis von 7,420.000 Kronen sowie acht Kilogramm Emailgeschirr"*[163]. Auch die Gründung des „Arbeitermusikvereins Hönigsberg" (heute Werkskapelle der Schoeller-Bleckmann-Stahlwerke/Böhler Mürzzuschlag-Hönigsberg) geschah nicht etwa mit finanzieller Hilfe der Werksleitung oder einer politischen Partei, sondern *„wer am Mitspielen interessiert war, musste sich das Instrument selbst kaufen, was durch eine Grazer Firma durch langfristige Ratenzahlungen ermöglicht wurde [...] Man musste (bei den Proben) frieren, weil das Geld für Brennholz nicht ausreichte. Als Notlösung setzte man einen Heizkostenbeitrag von 8000 Kronen pro Mann fest"*[164]. Günstiger ergab es sich in Rottenmann, wo die Arbeiterschaft der Firma Gebrüder Lapp den „Arbeitermusikverein Rottenmann" gründen half und durch eine Geldsammlung im Jahre 1919 ein Betrag von 7000 Kronen für den Ankauf von Musikinstrumenten aufgebracht wurde.

Bei der Musikkapelle Untertal in St. Katharein an der Laming musste der Mitgliedsbeitrag laut Protokoll der Jahreshauptversammlung 1925 von 20 auf 30 Groschen erhöht werden. Die Reparaturen der Musikinstrumente sollten künftig von den Musikern selbst beglichen werden – wobei in Streitfällen ein Schiedsgericht aus zwei Musikern und zwei Nichtmusikern über den Kostenersatz zu entscheiden hatte[165]. In St. Martin am Grimming wurden 1925, wie einem alten Kassabuch zu entnehmen ist, für 18 Stück Klarinettenblätter 96.000 Kronen ausgelegt, und eine Eisenbahnfahrt nach dem nahe gelegenen Trautenfels kostete die Kapelle 171.000 Kronen. Am 15. Januar 1926 schloss man mit einem Kassastand von

---

161 Karl Pfeiler, Blasmusikszene in Feldbach. Entstehung und Aufführungsgeschichte der „Jungsteirerkapelle", der „Stadtmusik" und des Musikvereins „Van der Groeben", Mag.-art.-Diplomarbeit KUG, Institut für Musikethnologie 1987.
162 Fs. 100 Jahre Musikverein Gaal, ebda. 1979; Fs. 200 Jahre, ebda. 1999.
163 Fs. 70 Jahres Bundesbahn-Musikverein Knittelfeld, ebda. 1953; Fs. 95 Jahre, ebda. 1978; Blasmusik aus dem Bezirk Knittelfeld, Landesausstellung Verkehr, ebda. 1999.
164 Werner Gamsjäger, Die Werkskapelle Böhler Mürzzuschlag-Hönigsberg, Mag.-art.-Diplomarbeit KUG, Institut für Musikethnologie 1982.
165 Fs. 75 Jahre Musikverein Untertal, St. Katharein an der Laming, ebda. 1968; Fs. 100 Jahre, ebda. 1993; Fs. ebda. 2003.

1,437.480 Kronen – und erhielt dafür 143,74 Schilling; nun bezahlte man allerdings für ein Fass Bier nur noch 15 Schilling. Die Gemeinde bewilligte eine Jahressubvention von 10 Schilling!

Trotz dieser schwierigen Bedingungen, die sich mit einzelnen Zitaten belegen lassen, finden wir landauf, landab die neu aufkeimende Freude an der Musik. Immer wieder weisen die Chroniken auf den raschen Wiederaufbau hin. *„Bereits im Jahre 1919 konnten die glücklich in die Heimat zurückgekehrten Musiker zum Weiterausbau der Musikkapelle schreiten […] In verhältnismäßig kurzer Zeit gelang es, die Musikkapelle auf einen guten Stand zu bringen und die musikalischen Leistungen beachtlich zu steigern, so dass am 9. Juni 1919 bereits das erste öffentliche Blaskonzert anlässlich eines Gartenfestes in Trieben vorgetragen werden konnte"*, berichtet der Chronist aus St. Lorenzen im Paltental[166]. *„Nach den Wirren des Krieges bemühte sich Herr Wagendorfer mit einigen Musikern, die Musikkapelle wieder zu formieren. Unter seiner Leitung rückte die Kapelle 1919 – zur größten Freude der Bevölkerung, wieder eine Ortskapelle zu haben – das erste Mal nach Kriegsende aus"* (St. Marein bei Knittelfeld)[167].

Nicht zu übersehen ist dabei allerdings, dass sich zu Ende der zwanziger und zu Beginn der dreißiger Jahre immer stärker politische oder religiös-weltanschauliche Gruppierungen bildeten, in welche Blaskapellen miteinbezogen wurden. In den kleineren Städten setzten sich zudem die Blasmusiker deutlich von den „bürgerlichen" Salonorchestern und den Chorvereinigungen ab; es gehörte zum Standesbewusstsein gewisser Schichten der Bevölkerung, dieser oder jener Vereinigung anzugehören – und das bedeutete eben: sich mit dem Hintergedanken politischer oder klerikaler Agitation zu treffen.

In die ausgehenden zwanziger Jahre fallen die ersten Bemühungen, innerhalb einzelner Bundesländer Österreichs die Blaskapellen zu überregionalen Verbänden zusammenzufassen. In der Schweiz gab es seit 1864 einen Zusammenschluss der Blaskapellen, in der Südwestecke Deutschlands seit 1893[168], so fiel die Idee bald in Vorarlberg auf fruchtbaren Boden[169]. In Kärnten sind solche Bestrebungen mit dem Namen Rudolf Kummerers verbunden, der im Jahre 1927 von Feldkirchen aus den Landesverband der Nicht- und Nebenberufsmusiker Kärntens gründete und zum Zwecke der Verbreitung seines Ideengutes die erste Blasmusik-Fachzeitschrift in Österreich, den „Nichtberufsmusiker", herauszugeben begann. In Tirol schlossen sich die Musikkapellen zum Landesverband der Tiroler Musikkapellen zusammen. In Niederösterreich bemühte sich Gottlieb Ostadal erfolgreich, den Landesverband der Nicht- und Nebenberufsmusiker Niederösterreichs (dem bald die des Burgenlandes ebenfalls zugehörten) ins Leben zu rufen. Seit 1929 erschienen dafür eigene „Mitteilungen" in gedruckter Form. Karl Moser und Eduard Munninger waren die treibenden Kräfte, als 1929 der Oberösterreichische Blasmusikbund entstand. Die mit diesen Gründungen verbundenen Zeitschriften, einschließlich der „Alpenländischen Musiker-Zeitung" (ab 1930), kamen jedoch über einige Nummern oder höchstens Jahrgänge nicht hinaus. Am längsten, nämlich drei Jahre hindurch, erschien die vom Unterrichtsministerium subventionierte Zeitschrift der Vaterländischen Front, die im März 1938 eingestellt wurde[170]. In der Steiermark verfolgten einzelne Persönlichkeiten des Blasmusiklebens die Entwicklung in den umliegenden Bundesländern mit großer Aufmerksamkeit, ohne zunächst einen entscheidenden Schritt zu tun. Als im Jahre 1931 in Kitzbühel der Reichsverband österreichischer Volksmusik unter Obmann Munninger und Schriftführer Moser als bundesweiter Dachverband gegründet werden sollte, da beteiligte sich auch die Steiermark daran.

Die politischen Wirren der Jahre 1932 bis 1934 gingen an den Blaskapellen und den eben entstandenen Verbänden nicht spurlos vorüber. Arbeitermusikvereine mussten 1934 schließlich aufgelöst oder umbenannt werden. Die politischen Parteien versuchten auf die regionalen Verbände Einfluss zu nehmen – oder gründeten selbst halbstaatliche Organisationen. So hatte sich der Reichsverband gegen die Kapellmeisterunion ebenso wie gegen den Musikerring zur Wehr zu setzen. Angesichts der zahlreichen arbeitslosen Berufsmusiker sollten Nebenberufsmusiker oder Hobbymusiker auf das häusliche Musizieren beschränkt werden. Am 28. De-

---

166   Fs. St. Lorenzen im Paltental, ebda. 1988.
167   Fs. 150 Jahre Musikverein St. Marein bei Knittelfeld, ebda. 2004.
168   Wolfgang Suppan, Blasmusik in Baden. Geschichte und Gegenwart einer traditionsreichen Blasmusiklandschaft, Freiburg im Breisgau 1983.
169   Blasmusik in Vorarlberg, Edition II, hg. von Walter Fehle u. a., Hohenems 2008.
170   Karl Moser, 15 Jahre Fachzeitschrift Österreichische Blasmusik, in: ÖBZ 15, 1967, S. 125 ff.

IV. Aufkommen und Verbreitung des zivilen Blasmusikwesens

Abb. 53–56: Vier Musikkapellen aus den zwanziger Jahren des 20. Jahrhunderts: Gutenberg, Gründungsfoto aus dem Jahr 1922 (oben links); Miesenbach 1922 (oben rechts); Graßnitz 1928 (links) und Wagendorf (unten), erster öffentlicher Auftritt im Jahr 1928, 1. Reihe, 3. v. r.: Emil Suppan, Vater des Verfassers dieses Buches.

zember 1933 veröffentlichte die Bundesregierung eine Verordnung „*über die Ausübung des Kapellmeister- und Musikerberufes*", die nicht ohne Auswirkungen auf die Kapellmeister ziviler Blaskapellen bleiben konnte; denn auch diese sollten vor staatlichen Prüfungskommissionen erscheinen und Befähigungsnachweise erwerben. „*Die erwerbsmäßige Tätigkeit als Instrumentalmusiker, und zwar sowohl als Einzelmusiker wie als Musiker in einem Orchester, in einer Salon- oder Jazzkapelle, in einer Schrammel- oder Quartettmusik u. dgl. (im folgenden kurz ‚ausübende Musiker' genannt), darf nur auf Grund eines Berechtigungsscheines ausgeübt werden*", heißt es in Paragraph 10 der Verordnung. Es verwundert nicht, dass diese Formulierung auch dazu führte, Kapellmeister und Musiker in Blaskapellen, die bei einem Gartenfest für ein Fass Bier oder bei einer Fronleichnamsprozession für eine Jause tätig waren, als „erwerbsmäßige" Musiker zu bezeichnen, sie zur Mitgliedschaft im Musikerring oder in der Kapellmeisterunion zu zwingen und Befähigungsnachweise zu verlangen[171].

Die folgenden Jahre sind gekennzeichnet von dem Aufbäumen des Reichsverbandes gegen staatliche Gängelung. 1934 erhielten alle Mitgliedskapellen ein Formblatt, auf dem sie bei jedem Auftritt bestätigen konnten, nicht gegen Entgelt tätig geworden zu sein. Ein „Tag der lebendigen Musik" sollte der Bevölkerung klarmachen, „*welche […] idealen Aufgaben die heimatlichen Blaskapellen erfüllten*". Ein Flugblatt, 1934 vom Reichsverband für Österreichische Volksmusik in hoher Auflage verbreitet, kennzeichnet die damalige Situation. Es heißt darin u. a.:

„*Nach langer Zeit der Ungewißheit ist nunmehr endgültig die Entscheidung gefallen. Der Reichsverband für Österreichische Volksmusik ist vom Bundeskanzleramt in Wien […] am 20. Oktober 1934 bewilligt worden. Gehässige Angriffe von verschiedenen Seiten haben die Bewilligung wohl verzögern können, aber Dank der energischen Mithilfe des Österr. Heimatschutzes […] ist es gelungen, alle Hindernisse zu überwinden […] Die Zeit und die gesetzlichen Bestimmungen erfordern nunmehr den engsten Zusammenschluss aller nicht berufstätigen Kapellmeister und Musiker Österreichs im Reichsverbande […] Von den Berufsmusiker-Organisationen wurden alle Hebel in Bewegung gesetzt, Euch, die Nichtberufsmusiker, in ihre Reihen zu zwingen. Mit allen Listen wird gearbeitet, um der Regierung ein falsches Bild über die Art Eurer Tätigkeit zu geben […] Alle Landesverbände müssen geschlossen im Reichsverbande vereinigt sein […] Kein Bruderzwist darf unsere Reihen schwächen!*" Im Rahmen der konstituierenden Sitzung des Reichsverbandes für Österreichische Volksmusik am 25. November 1934 in Linz wurde Gottlieb Ostadal, Siebenbrunn, zum Reichsverbandsobmann gewählt.

Nun begannen schwierige Verhandlungen mit den Berufsmusiker-Verbänden, die letztlich, am 17. Februar 1935, zu jenem Abkommen führten, in dem Vertreter beider Interessengruppen sich verpflichteten, „*vom heutigen Tage an jede feindselige Handlung gegeneinander zu unterlassen bzw. an ihre Mitglieder, Vertrauensleute und Funktionäre Weisungen zu erteilen, dass solche Handlungen in Zukunft zu unterlassen sind*"[172].

Der nächste Schritt des Reichsverbandes erwies sich als besonders wirkungsvoll. In offenen Briefen an den Bundeskanzler Kurt von Schuschnigg und an Kardinal Innitzer wurde die Situation des Blasmusikwesens in Österreich dargestellt und erstmals von einer „kulturpolitischen" Verantwortung gesprochen: „*Es ist aber wohl auch unsere Pflicht, in einer Zeit, in der vielleicht die aktivere Teilnahme des Staatsbürgers am Neuaufbau unseres geliebten Vaterlandes geboten ist, bei allem Respekt vor den Plänen und Entschlüssen der Staatsführung, Hinweise in jener Richtung zu geben, wo unserem fachmännischen Empfinden nach solche notwendig und förderlich sein können, um drohenden Schaden zu verhüten und einem nicht unwichtigen Zweig unserer Volkskunst, der Volksmusikpflege, weiteres Gedeihen zu sichern*". Konkret geht es in diesem Schreiben vom 25. April 1936 darum, die Musiker vor dem Zwang zum Beitritt in die sogenannte Ring-Gewerkschaft zu befreien – und dafür eine Österreichische Musikkammer als oberste Instanz für alle Bereiche des Musiklebens zu schaffen.

Der am 19. September 1936 in Graz tagende steirische Bürgermeisterverband stellte sich vehement hinter diese Forderung des Reichsverbandes, zumal trotz aller Ver-

---

171 Kapellmeister-Union Österreichs. Verordnung der Bundesregierung vom 28. Dez. 1933, Wien (1934).
172 Herr Gottlieb Ostadal hat vor seinem Tod am 21. Juli 1980 dem Verf. zahlreiche handschriftliche Protokolle und gedruckte Unterlagen übergeben, aus denen die Entwicklung in jenen Jahren deutlich wird.

Abb. 57: Der Steiermark-Bericht aus der „Alpenländischen Musiker-Zeitung", 4. Jg., 7. Folge, 1933, S. 8. Landesverbandsobmann war damals Hans Moder (St. Michael), Landesmusikmeister Albin Laschalt (Graz). Im Mittelpunkt der 3. Landesverbandstagung stand offensichtlich die Frage des Musikschutzes (heute: AKM), wobei sogar dazu aufgefordert wurde, nur „tantiemenfreie Piecen" zu spielen und keine Programme einzureichen. Viele Komponisten traten damals der „AKM" nicht bei, um die Musikkapellen zu ermuntern, ihre Stücke „tantiemenfrei" spielen zu können.

einbarungen über gegenseitige Anerkennung gerade in diesem Bundesland heftige Auseinandersetzungen stattfanden. „Die Versuche des ‚Ringes' und der ‚Kapellmeister-Union', bei denen mit Mitteln der Einschüchterung nicht gespart wird, sind geeignet, eine schwere Schädigung der ‚volkstümlichen Musikpflege' in den Stadt- und Landgemeinden zu verursachen. Im besonderen werden durch solche, auf eine finanzielle Belastung der Landmusiker hinzielende Organisierungsversuche die auf freiwillige Musikausübung angewiesenen Kirchenvorstehungen, die vaterländischen und gemeinnützigen Vereine und deren Veranstaltungen schwer gefährdet, da – wie beobachtet wird – viele Landmusiker lieber ihren selbstlos ausgeübten Musikdienst einstellen, als sich einer der obengenannten Organisationen anzuschließen". Nur die Gründung einer „Musikkammer" könnte hier klärend eingreifen, stellen die in Graz versammelten Bürgermeister steirischer Gemeinden fest.

Im Jahre 1936 erlebt Graz das erste große steirische Musikertreffen, gemeinsam veranstaltet vom Reichsverband, der Grazer Messe AG und der Vaterländischen Front (Werk „Neues Leben"). Etwa 1500 steirische Blasmusiker trafen sich damals in der Landeshauptstadt. Landesmusikmeister Albin Laschalt hatte für das Monsterkonzert folgende Märsche ausgesucht: den *Reichsverbandsmarsch* von Max Damberger, den *Flitschmarsch* von Eduard Wagnes, den *Belgiermarsch* von Franz Blümel und *Mein Österreich* von Suppé-Preiß. Wertungsspiele, ein großer Festzug und Platzkonzerte sollten *„beweisen, dass das von den Vätern übernommene alte Kulturgut in den im Reichsverband zusammengeschlossenen Kapellen und Vereinen einen treuen Hort gefunden hat"*.

Mit der Bindung an die Vaterländische Front, die zu einem Nahverhältnis zu der Bundesregierung und schließlich zu dem Erlass vom 28. September 1937 führte, in der die Stellung der Amateurmusiker zu den Berufsmusikervereinigungen geregelt wurde, ging der Reichsverband eine politische Liaison ein, die naturgemäß nicht allseits Zustimmung finden konnte. Doch für die vielen kleinen Land- und Stadtkapellen bedeutete es eben gewisse Freiheit und Freizügigkeit, vor allem konnte in diesem Rahmen wieder lockerer musiziert werden. Der politische Nebeneffekt trat – blicken wir in die Chroniken der Musikkapellen – kaum in Erscheinung. Gemeinsam mit dem „Neuen Leben" der Vaterländischen Front wurde 1937 der erste bundesweite Blasmusikwettbewerb ausgeschrieben, der in zwei Abteilungen: a) für Kapellen in der Stärke von 10 bis 22 Mann, b) für Kapellen von 23 bis 50 Mann, zu intensiverer Probentätigkeit und zu einer bewussten Steigerung des musikalischen Niveaus führen konnte.

In der Steiermark tritt uns 1937 der Name Alois Köberl erstmals entgegen: Am 10. Dezember 1937 wird er *„entsprechend dem einstimmigen Wahlvorschlag der konstituierenden Hauptversammlung des Landesverbandes Steiermark"* zum Landesverbandsobmann ernannt. Ihm werden wir vor allem nach 1945 wieder begegnen, wenn es darum geht, nach dem Ende des Zweiten Weltkrieges den Neuaufbau in die Wege zu leiten.

Kaum hatten sich die Blaskapellen der Steiermark an die Situation gewöhnt und konnten hoffnungsvoll in die Zukunft blicken, da begannen politische Spannungen erneut die Atmosphäre zu vergiften. Vereine traten dem Reichsverband bei oder traten wieder aus, weil sich die Musiker dieser oder jener politischen Ideologie zuwandten. In vielen Orten kam es zu Spaltungen innerhalb der Kapellen oder zu Gegengründungen. Ein führender Vertreter dieser politisch engagierten Musikpflege, Hermann von Schmeidel, schrieb bereits 1937 in der deutschen Zeitschrift „Die Volksmusik" offen über die künftigen Pläne in der „Ostmark". Er lobt zwar die traditionsreichen Blaskapellen altösterreichischer Art:

„Das ausgezeichnete Niveau dieser Landkapellen stammte aus der erzieherischen Kraft der alten österreichischen Militärkapellen", sieht aber die „völkische Stoßkraft" eher in den *„originalen kleineren Spielgruppen, die nicht nach dem Muster der Militärkapellen zusammengesetzt sind"*. Besonders erschreckend sei die Literaturwahl bei den Blaskapellen: *„Auch hierzulande blieben wir nicht verschont von den Verirrungen des Spielens einer Aida-Phantasie oder der Figaro-Ouvertüre bei einer kleinen Feuerwehrkapelle. Die gedruckten Stimmen werden von einem Verlag bezogen, der schlechte Bearbeiter hat, die Stimmen, die nicht besetzt werden können, werden weggelassen […] Ganz abgesehen von dem Fluch solcher Literaturwahl, die eben unserer Zeit entspricht, wo die Landmenschen den geistigen Boden unter den Füßen verlieren und ihre Sehnsucht nach der Stadt dadurch austoben, dass sie Moden mitmachen, die ihnen nicht stehen […] Als gute Deutsche haben wir die verdammte Pflicht und Schuldigkeit, auch unsere gefährlichen Fehler einzugestehen und sie zu beseitigen. Immer wieder erleben wir die*

IV. Aufkommen und Verbreitung des zivilen Blasmusikwesens

Abb. 58–60: Musikkapellen beim „Landesmusikfest" 1936 in Graz: Vor dem Rathaus der Landeshauptstadt haben die Musikvereine Weißenbach an der Enns und Groß-Veitsch (oben), der Deutsche Musikverein Kindberg (unten), die Bergkapelle Fohnsdorf (Mitte) Aufstellung genommen.

Freude, die Errungenschaften der Fachschaft Volksmusik in der Reichsmusikkammer [in Berlin] *auch hierzulande dankbar aufgegriffen zu sehen, selbst in Gebieten, die volksmusikalisch ein Paradies geblieben sind wie das steirische Salzkammergut"*[173].

1938 erfolgte der Anschluss Österreichs an Deutschland. Bald danach setzten intensive Bemühungen des Gaues Steiermark ein, eine eigene Musikhochschule in Graz zu errichten. Im Studienjahr 1939/40 begannen die ersten Lehrveranstaltungen, am 10. und 11. Mai 1940 folgte die offizielle Eröffnung der Staatlichen Hochschule für Musikerziehung in Graz mit dem Sitz im Schloss Eggenberg. Als Direktor des neuen Instituts wurde Felix Oberborbeck aus Weimar nach Graz berufen, als Dozenten wirkten hier u. a. Wolfgang Grunsky, Ernst Günthert, Reinhold Heyden, Franz Illenberger, Ludwig Kelbetz, Walter Kolneder, Karl Marx, Theodor Warner, Walther Wünsch. Im Rahmen dieser ersten Grazer Musikhochschule kam es unter der Leitung von Kurt Jeßrang zur Gründung eines großen symphonischen Jugendblasorchesters, des Gebietsmusikzuges der Hitler-Jugend[174].

Mit dem Kriegbeginn im Jahr 1939 musste eine Kapelle nach der anderen Proben und Auftritte einstellen. Schließlich übernahmen die in allen Kreisstätten gegründeten Bann-Musikzüge der Hitler-Jugend die musikalische Gestaltung politischer Feiern. Aus diesen Bann-Musikzügen gingen jene jungen Blasmusiker hervor, die unmittelbar nach Kriegsende zusammen mit der älteren Generation und mit den „Heimkehrern" für neues Leben in den Blaskapellen sorgten.

Seit 1945: Stolze Leistungen nach schwierigem Neuaufbau

Der Zweite Weltkrieg hatte gewaltige Lücken in den Reihen der steirischen Blasmusiker hinterlassen, viele Steirer schmachteten in Gefangenschaft und kamen erst Ende der vierziger und zu Anfang der fünfziger Jahre nach Hause – zudem bestand in den einzelnen Besatzungszonen Österreichs zunächst ein Verbot von Vereinsgründungen[175]. Es sah nicht gut aus um die Blasmusik in unserem Land, das zunächst von sowjetischem, bulgarischem, jugoslawischem („Tito-Partisanen") Militär besetzt, dann aber der englischen Besatzungszone zugewiesen wurde[176]. Im Winter 1945/46 trafen sich dort und da die ersten Musiker, um in bescheidensten Verhältnissen wieder ihre Musik zu pflegen. Gerade in dieser schwierigen Zeit mochte die Musik helfen, manche persönliche Not zu lindern und neue Gemeinschaften zusammenzufügen.

Zu den Männern der ersten Stunde, die 1938 aus der Verbandsarbeit hatten ausscheiden müssen, gehörte der Gleisdorfer Fabrikant Alois Köberl. 1948 gelang es ihm, den früheren Obmann des Reichsverbandes für Österreichische Volksmusik, Gottlieb Ostadal, ausfindig zu machen. An diesen wandte er sich am 22. September 1948 mit folgendem Brief:

„Mit ganz besonderer Freude habe ich soeben Ihre werte Anschrift durch ein von Herrn Kapellmeister Emil Rameis an mich gerichtetes Schreiben erfahren [...] Jedenfalls möchte ich nunmehr sofort die Gelegenheit ausnützen und mich auf diesem Wege etwas mit Ihnen unterhalten. Neun Jahre sind es her, seitdem wir uns in Wien im Prater das letztemal gesehen – und so manches haben wir durchleben müssen. Doch immerhin ist es bezeichnend, nach all den schweren Jahren wieder lebensfroh und gesund mit einem so lieb gewordenen alten Musikidealisten in Briefwechsel treten zu können, dem nur ein Ziel

---

173 Hermann von Schmeidel, Volksmusik in Österreich, in: Die Volksmusik 1937, S. 123–129.
174 Felix Oberborbeck, Landschaftlicher Musikaufbau, dargestellt am Beispiel der Steiermark, in: Das Joanneum 3, Graz 1940, S. 69 ff.; Helmut Brenner, Musik als Waffe? Theorie und Praxis der politischen Musikverwendung, dargestellt am Beispiel der Steiermark 1938–1945, Graz 1992 – Nur allgemein äußert sich dazu Stefan Karner, Die Steiermark im Dritten Reich 1938–1945. Aspekte ihrer politischen, wirtschaftlich-sozialen und kulturellen Entwicklung, Graz – Wien 1986. – Die Geschichte der einzelnen steirischen Musikkapellen während der Jahre 1938 bis 1945 wird in den Jubiläumsfestschriften zumeist nur kurz gestreift.
175 Zur allgemeinen Situation in der Steiermark vgl. Joseph F. Desput (Hg.), Vom Bundesland zur europäischen Region. Die Steiermark von 1945 bis heute, Graz 2004 (Geschichte der Steiermark, Band 10); darin über Musik: Christian Glanz, S. 461–480.
176 Einer meiner Schulfreunde und Tanzmusikpartner in den Jahren um 1950 in Leibnitz hat die damalige Situation in einer Art Autobiographie vorurteilsfrei dargestellt: Otto Golger, Wunderjahre. Glückselige – dunkelschwarze Kindheit und Jugend im Schatten des Zweiten Weltkrieges, Seggauberg bei Leibnitz 2008.

IV. Aufkommen und Verbreitung des zivilen Blasmusikwesens

Abb. 61–65: Bald nach 1945 begannen die Aktivitäten unserer Musikkapellen. In Gröbming fand man sich bereits im Jahr 1946 wieder zusammen (oben rechts). In Eggersdorf begegnet uns erstmals der spätere steirische Landesobmann Willi Konrad, der als junger Kapellmeister um 1947 die Musiker sammelte (unten links). In Ottendorf kam es 1950 zur Neugründung (oben links) und bereits zwei Jahre später, 1952, zur Trachtenweihe (Mitte). Und auch in Stein an der Enns und St. Stefan ob Stainz (unten rechts) traten die Musikkapellen bald wieder an die Öffentlichkeit.

95

vorschwebte: die österreichischen Land- und Volksmusikkapellen auf einer Plattform zu sammeln und für deren gerechte Forderungen jederzeit mutig einzutreten [...] Das, lieber Musikkamerad, ist Ihnen damals vollends gelungen, und alle diejenigen können es verstehen, die die Ehre hatten, mit Ihnen mitgearbeitet zu haben. Es wäre höchst an der Zeit, in einem befreiten Land in demokratischem Sinn eine Organisation aufzubauen, wie es der Reichsverband war, zum Nutz und Frommen der gesamten österreichischen Land- und Volksmusikerschaft, um damit den verwaisten, ihrer Noten und ihrer Instrumente beraubten Kapellen wieder auf die Beine zu helfen. Sie können mir glauben, wie oft und bei jeder Gelegenheit man hören kann: Wann kommt endlich wieder der Reichsverband, der für uns wirklich Erspießliches geleistet hat? [...] Wir [d. h. die Stadtkapelle Gleisdorf] spielen unter Direktor Pfluger seit etwa einem Jahr nach erfolgtem Neuaufbau, doch wird es noch langer Zeit bedürfen, bis wir wieder auf jener Höhe sind, die uns einst auszeichnete"[177].

In seinem Antwortschreiben wies Gottlieb Ostadal auf den eben gegründeten Landesverband der Blasmusikkapellen in Oberösterreich hin, der unter der Führung *„unseres alten Kameraden Hans Scheichl"* in Wels stünde. Es wäre sinnvoll, wenn Neugründungen in anderen Bundesländern sich die Satzungen Oberösterreichs zum Vorbild nähmen, um eine einheitliche Basis – mit dem Ziel eines späteren österreichweiten Bundesverbandes – zu haben. Auf die Zusammenarbeit mit staatlichen Volksbildungsreferenten und auf die Aufgaben im Zusammenhang mit der Gesellschaft der Autoren, Komponisten und Musikverleger (AKM) wird ebenfalls in diesem Schreiben bereits hingewiesen. Zugleich begann Rudolf Kummerer in Kärnten bundesweit seine Fühler auszustrecken. Mit dem Briefkopf „Arbeitsgemeinschaft der Blaskapellen Österreichs" schrieb dieser verdiente Funktionär und erfolgreiche Komponist des *Kaiserschützen-Marsches* am 5. Dezember 1948 an Gottlieb Ostadal: *„Ich hoffe aber noch mindestens zehn Jahre zu leben, damit ich mein letztes großes Werk: Schaffung einer Arbeitsgemeinschaft zum Nutzen nicht nur für die betreffenden Kapellen, sondern meines lieben Vaterlandes Österreich, erleben kann"*. Ehrlicher und idealer Einsatz dieser Männer prägen den Neuaufbau eines organisierten Blasmusikwesens in Österreich nach den großen Zerstörungen der letzten Kriegsjahre.

Mit Hilfe der oberösterreichischen Freunde konnte im Jahre 1950 in der Steiermark ein Proponentenausschuss gebildet werden, dem die Herren Alois Köberl, Richard Pfluger, Alois Wilfling und Josef Lang, alle Gleisdorf, angehörten und der für den 17. Dezember 1950 in die Gösserbräusäle in Graz zur Gründungsversammlung des Bundes der Blasmusikkapellen Steiermarks einlud. 32 Kapellen trugen sich dort als Mitglieder ein, weitere Kapellen hatten Beobachter geschickt. Aus Oberösterreich war der damalige Pressereferent Karl Moser erschienen, um in einem mitreißenden Referat die Anwesenden von der Notwendigkeit gemeinsamen Handelns zu überzeugen. Alois Köberl wurde einstimmig zum Bundesobmann gewählt, Alois Wilfling übernahm als Schriftführer die organisatorischen Belange. Bis Ende Januar 1951 konnten 20 weitere Kapellen zum Beitritt ermuntert werden.

Groß war die Trauer, als Köberl bereits am 4. Februar 1951 an den Folgen einer Operation starb. *„Wer diesen ungemein agilen, opferfreudigen, musikbegeisterten, ideal veranlagten Menschen gekannt, wird ihn nie vergessen können"*, heißt es im ersten Steiermark-Bericht der 1953 gegründeten Zeitschrift „Österreichische Blasmusik" (im Text künftig als ÖBZ abgekürzt)[178]. Die Stadtkapellen Feldbach, Weiz und Gleisdorf und die Musikkapelle Gnas spielten ihm bei der Beerdigung am 7. Februar 1951 die letzten Melodien, an die 3000 Freunde folgten seinem Sarg. Vom Geiste Köberls erfüllt, übernahm Konstantin Riemelmoser die Obmannstelle im Bund. Hatte Köberl den Bund mit 62 Mitgliedskapellen hinterlassen, so gelang es Riemelmoser durch eine großangelegte Werbeaktion während des Sommers 1951 auf einen Stand von 206 Kapellen zu kommen. Ein Jahr später, Ende 1952, gehörten dem Bund bereits 253 Kapellen mit über 7000 Musikern an.

In enger Zusammenarbeit mit den kulturellen Instanzen der steiermärkischen Landesregierung und mit dem Steirischen Volksbildungswerk wurde ein intensives Kurswesen aufgebaut, der „Tag der Blasmusik" fand nach oberösterreichischem Vorbild auch in der Steiermark viele Freunde, Ernst Ludwig Uray und Peter Girn ermöglichten den Kapellen Auftritte im damaligen Studio Graz der Sendergruppe Alpenland, Ehrenzeichen für verdiente und langjährig treu dienende Musiker und

---

177 Dieser und alle weiteren genannten Briefe befinden sich im Original im Blasmusikarchiv von Wolfgang und Armin Suppan.
178 ÖBZ 1, Nr. 1/2, Februar 1953, S. 16.

IV. Aufkommen und Verbreitung des zivilen Blasmusikwesens

Kapellmeister konnten geschaffen und vergeben werden, und selbst Landeshauptmann Josef Krainer sen. stand wohlwollend dabei. Zumal sein Stellvertreter und Landeskulturreferent Tobias Udier im Geleitwort zur ersten Ausgabe der ÖBZ die schönen und treffenden Worte fand: *„Die Bedeutung der Blasmusik für das Kulturleben, vor allem in ländlichen Gebieten als ein Quell der Einigung und Freude ist nicht hoch genug einzuschätzen. Die Blasmusikkapellen sind bei rechter Pflege ihrer Kunst Bewahrer wertvoller Volksmusik und echten, unverfälschten Brauchtums"*[179]. Ehrend sollen jene Männer erwähnt werden, die damals, im Januar 1953, den Bund führten oder in den einzelnen Bezirken des Landes die wesentliche Aufbauarbeit geleistet hatten:

Der Bundesleitung gehörten im Januar 1953 an:

Bundesobmann: Konstantin Riemelmoser, Schulleiter und Kapellmeister, Graz
Bundesobmann-Stellvertreter: Peter Schöggl, Schlossermeister und Kapellmeister, St. Marein im Mürztal
Bundeskapellmeister: Richard Pfluger, Organist und Stadtkapellmeister, Gleisdorf
Bundeskapellmeister-Stellvertreter: Josef Hexmann, Kapellmeister a. D. der Grazer Polizeimusikkapelle, Graz
Bundesschriftführer: Alois Wilfling, Buch- und Kassenführer der Raiffeisenkasse Gleisdorf
Bundeskassier: Josef Lang, Landesangestellter, Gleisdorf
Bundeskassier-Stellvertreter: Emmerich Moritz, Postangestellter, Frankenberg bei Gleisdorf

Die Bezirksverbände führten damals:

Bezirksverband	Bezirksobmann	Bezirkskapellmeister	Bez.-Schriftführer	Kapellen
Bruck an der Mur Sitz Kapfenberg	Wrunschko Johann jun.	Strack Franz	Pölzl Franz	13
Deutschlandsberg	Roschker Josef	Obiltschnigg Alb.	Weber Ferdinand	17
Feldbach	Eigner Franz	Lobovsky Robert	Maier Franz	15
Fürstenfeld	Meister Josef	Spörk Franz	Schweiger Franz	6
Graz und Umgebung	Kienzl Raimund	Hexmann Josef	Siuka Hermann	22
Hartberg	Sommer Erich	Trummer Franz	Reiff Bernhard	22
Judenburg	Bezirksschriftenempfänger Neubauer Johann, Möderbrugg			7
Knittelfeld	Köck N.	Diemer Karl	Lerner N.	9
Leoben	Wagner Franz	Horcicka N.		11
Leibnitz	Puchtler Wolfgang	Trummer Franz	Zöhrer Konrad	22
Liezen	Dr. Curt Fossel	Hammerschmied Josef		29
Murau	Kiendl Walter	Ackerl Alois	Rößler Peter jun.	20
Mürzzuschlag	Geßlbauer Jakob	Liebscher Ludwig	Steininger Hermann	15
Radkersburg Sitz Mureck	Rudolf Franz	Auer Josef	Silberschneider A.	8
Voitsberg	Udik Franz	Schabl Karl	Gaisterer Robert	7
Bezirk Weiz Bez.-Verb. Birkfeld	Lingl Karl	Bratl Franz	Frießenbichler Fr.	10
Weiz, Sitz Gleisdorf	Lang Josef	Farnleitner Karl	Sinnitsch Alois	15

179 Ebda., S. 15.

Die folgenden Jahrgänge der ÖBZ, die bis 1967 in selbstloser Weise von Karl Moser in Linz redigiert wurde, spiegeln das Leben des steirischen Verbandes als Bestandteil der gesamtösterreichischen Blasmusikentwicklung von Monat zu Monat wider: Die Bergkapelle Piberstein hat unter Kapellmeister Malli beim Wettbewerb von 15. bis 17. August 1951 in Lienz den ersten Preis errungen – und wird zur ersten Musikolympiade 1954 nach Holland eingeladen[180]. Auch Landeshauptmann Krainer stellte sich da als Gratulant ein. Die Selzthaler Eisenbahnermusik eröffnete als eine der ersten in der Steiermark ihr eigenes Musikheim. In Wettmannstätten fand das erste weststeirische Blasmusiktreffen statt, verbunden mit dem 100-Jahr-Jubiläum der dortigen Blaskapelle. In Murau, Schöder, Knittelfeld, Irdning, Weiz, Gleisdorf, Hartmannsdorf, Graßnitz bei Aflenz, Deutsch Goritz und Eggersdorf bei Graz fanden aus Anlass des „Tages der Blasmusik" Konzerte statt. Kapellmeisterlehrgänge sorgten für Nachwuchs, wobei vor allem Richard Pfluger als Kursleiter in Erscheinung trat. Bei der Jahresversammlung am 22. März 1953 in Graz konnte Obmann Riemelmoser u. a. den Konservatoriumsdirektor Günther Eisel sowie den Musikwissenschaftler Walther Wünsch und den Volksbildner Franz Maria Kapfhammer begrüßen, die in der freudigen Aufbruchstimmung jener Jahre dazu beigetragen haben, dem steirischen Blasmusikwesen wieder auf die Beine zu helfen. Walther Wünsch rief damals den Blasmusikern zu: *„Sie erfüllen eine sehr vornehme Aufgabe, und dadurch unterscheiden Sie sich von den Menschen, die mit der Partitur vor dem Radio sitzen, dem Hörer, der selbst kein Instrument mehr spielt. Dass heute in der Steiermark noch soviel geblasen wird, ist Ihr Verdienst. Eines müssen wir noch bedenken: wir leben im Wandel der Zeiten. Wir sind eine Generation, die sät, aber wahrscheinlich keine Ernte erleben wird. Eine Generation, die zwischen den Zeiten steht, in der Kulturkrise, aber das darf uns nicht hindern, die Liebe zur Musik aufrechtzuerhalten, und wer die Liebe zur Musik hat, übernimmt die Verpflichtung für seine Umgebung, für sein Volk und für seine Heimat"*[181].

Jahr für Jahr, vor allem während der fünfziger Jahre, entstehen im Land neue Kapellen, die sich dem Steirischen Blaskapellenverband anschließen:

Jahr	Kapellen
1945	Kapfenberg (Stadtkapelle)
1946	Pack bei Edelschrott – St. Oswald im Freiland
1947	Eggersdorf-Raabnitztal – Gralla bei Leibnitz – Oberaich
1948	Graz-Justizwache[182]
1949	Graz-Wetzelsdorf – Laßnitzhöhe-Hart – St. Peter-Raaba – Wildon
1950	Gußwerk – Ottendorf
1951	Heimschuh – Lannach – Oberdorf/Voitsberg (Werkskapelle) – Weißenbach bei Liezen
1952	Bierbaum am Ottersbach – Leoben-Göß (Brauerei) – Lieboch bei Graz – Pichl an der Enns – Spielberg bei Knittelfeld
1953	Bruck an der Mur (Leykam-Mürztaler Werkskapelle) – Weiz (Kameradschaftsbund)
1954	Heilbrunn (siehe oben, 1850) – Strallegg – Voitsberg (Werkskapelle Fa. Bauer)
1955	Pöllau bei Hartberg (Kernstock-Kapelle)
1956	Bairisch-Kölldorf – Eisbach-Rein – Kaindorf an der Sulm – Parschlug – St. Lambrecht (Werkskapelle) – Seiersberg bei Graz
1957	Graz (Zollwache) – Laßnitz an der Mur
1958	Edelschrott
1959	Kainach – Hirschegg
1960	Krieglach (Werkskapelle) – Leibnitz (Jugendkapelle)
1961	Frauental bei Gams – St. Veit in der Gegend
1962	Pöllauberg – St. Oswald bei Plankenwarth (Hofer)
1963	St. Marein bei Neumarkt
1964	St. Johann ob Hohenburg – Vasoldsberg
1965	Pöllau bei Hartberg (Kameradschaftsbund) – St. Kathrein am Hauenstein – Schäffern – Straß – Werndorf bei Graz
1967	Teufenbach
1968	Wundschuh
1970	Mooskirchen (Jugendkapelle) – Osterwitz – St. Michael bei Leoben (Jugendkapelle)
1972	Feldbach (Von der Groeben)
1974	Tieschen
1975	St. Bartholomä – St. Stefan ob Stainz
1976	Pistorf
1977	Fernitz bei Graz – Stainach (Jugendrotkreuz-Jugendkapelle)
1978	Fürstenfeld (Jugendkapelle) – Langenwang
1979	Trofaiach (Original Steirerland)

---

180 Wilhelm J. Bernsteiner, Vorgeschichte und Geschichte der Bergkapelle Piberstein, Mag.-art.-Diplomarbeit KUG, Institut für Musikethnologie 1985; Fs. 60 Jahre Bergkapelle Piberstein, ebda. 1998.
181 ÖBZ 1, Nr. 1/2, 1953, S. 55.
182 60 Jahre Justizwachmusik Steiermark. Festschrift. 1948–2008, Graz 2008.

Bezirkskapellmeister in Feldbach, schrieb die heute noch instruktive Einführung in „Das Blasorchester", mit durchaus überregional wissenswertem Material über Fragen des Blasmusik-Arrangements, der spezifischen Instrumente des Blasorchesters, der Probenarbeit und des Marschmusik-Reglements. Vom selben Verfasser stammt eine Harmonie- und Formenlehre. In preiswerter Gestaltung wurden diese vier Schriften allen steirischen Blaskapellen angeboten, die sich somit grundlegendes theoretisches Rüstzeug im Selbststudium erwerben konnten. Ein wichtiger Effekt dieser Bemühungen stellte sich nach und nach durch die Umstellung der Musikkapellen von der alten „hohen" auf die Normalstimmung ein[187]. Heute ist dieser Prozess weitgehend abgeschlossen, nur einzelne Kapellen beharren auf ihrer hohen Stimmung, um die Tradition der altösterreichischen Militärkapellen fortzuführen.

Dass Musikkapellen nicht um ihrer selbst willen da sind, sondern Gemeinschaft fördern, indem sie weltlichem und kirchlichem Brauchtum den festlichen Rahmen bieten, der es aus dem Alltäglichen heraushebt und zu etwas Besonderem macht, wird bewusst und erfolgreich von den Vertretern des steirischen Landesverbandes herausgestellt. Alois Wilfling, als Schriftführer „die Seele" des Verbandes, weist in der Januar/Februar-Nummer des 2. Jahrganges, 1954, der ÖBZ unmissverständlich darauf hin. So konnte der steirische Landtag nicht umhin, die Frage der Blaskapellen zu erörtern und vor allem im Zusammenhang mit der Fremdenverkehrswerbung sein Wohlwollen durch eine beträchtliche Erhöhung der finanziellen Zuschüsse zum Ausdruck zu bringen. Landtagsabgeordneter Berger aus Feistritz bei Anger gehörte zu den Blasmusikpionieren im steirischen Landesparlament[188].

Wie rasch der Bund der Blasmusikkapellen Steiermarks damals wuchs, wurde in der dritten Jahreshauptversammlung am 14. März 1954 deutlich. Obmann Riemelmoser konnte im Spiegelsaal des Steirerhofes in Graz den Ehrengästen und rund 300 Delegierten mitteilen, dass nun 290 steirische Blaskapellen mit zusammen 8000 Musikern im Bund vereinigt seien. Als Bundeskapellmeister wurde Robert Lobovsky, Stadtkapellmeister in Feldbach, bestimmt. Sein Vorgänger in diesem Amt,

Richard Pfluger, erhielt den Titel eines Ehrenbundeskapellmeisters. Von 4. bis 11. März 1954 fand in Gleisdorf bereits der fünfte Schulungskurs für Kapellmeister statt, den 47 angehende oder bereits aktive Blasorchesterleiter absolvierten. *„Unter reger Anteilnahme – die dem jugendlichen Geiste der Teilnehmer entsprach – konnte der Kurs zu einem positiven Abschluss gebracht werden"*, wie Pressereferent Walter Stark in der ÖBZ berichtete[189].

Die Aufwärtsentwicklung des steirischen Landesverbandes fand dadurch besondere Anerkennung, dass sich am 7. und 8. August 1954 die Delegierten aller österreichischen Landesverbände in Gleisdorf zu ihrer vierten Arbeitstagung trafen. Freude löste in der Steiermark die Nachricht aus, dass die Bergkapelle Piberstein beim ersten Internationalen Musikwettbewerb in Kerkrade einen ersten Preis in der Konzert- und Marschmusikwertung errungen hatte; die Bergkapelle Hödlgrube-Zangtal bestand beim selben Wettbewerb ehrenvoll mit einem ersten und einem zweiten Preis. So begann langsam auch die Wirksamkeit steirischer Blaskapellen im Ausland auf unser Land aufmerksam zu machen, womit der Grundstein für die heutige rege Reisetätigkeit unserer Blaskapellen im Dienste der Fremdenverkehrswerbung und der Völkerverständigung gelegt wurde.

Der Trend, die Hinterzimmer von Gasthäusern als Probelokale aufzugeben, führte nach und nach zum Bau eigener Musikerheime. Wie man dabei vorging, zeigte modellhaft der Musikverein Kumberg: Die Gemeinde stellte kostenlos ein Grundstück zur Verfügung, von 1950 bis 1954 wurden von den Musikern insgesamt 149 Tagesschichten umsonst geleistet, so dass lediglich Kosten für das Baumaterial in der Höhe von 37.000 Schilling anfielen. Mit einem Musikfest wurde das Musikerheim am 23. Mai 1954 feierlich eingeweiht. Weitere Musikerheim-Einweihungen erfolgten 1955 in St. Marein im Mürztal und in Stainach. Immer mehr Kapellen errichteten in den kommenden Jahren ein eigenes Heim, oft großzügig ausgestattet mit Proben-, Gemeinschaftsraum, eigenem Notenarchiv und Aufnahmestudio. Hier zeigte sich in der Tat ein Gemeinschaftsgeist, wie er im „Freizeitverhalten" des Menschen nur noch im Bereich einiger Sportarten anzutreffen ist.

---

187 Eugen Brixel, Zur Frage der Blasorchesterstimmung im k. (u.) k. Militärmusikwesen, in: Alta Musica 18, 1996, S. 127–148.
188 ÖBZ 2, 1954, S. 16.
189 Ebda. 2, 1954. S. 63.

1955: „Österreich ist frei!" (Leopold Figl)

Bei der fünften Tagung der Arbeitsgemeinschaft der Österreichischen Blasmusik-Landesverbände am 13. und 14. August 1955 in Linz wurde der Steirer Konstantin Riemelmoser zum neuen Vorsitzenden bestellt. Die sechste Tagung der Arbeitsgemeinschaft am 25. und 26. August 1956 in Villach konnte Riemelmoser noch leiten, obzwar das Gemeinschaftsfoto bereits einen gesundheitlich angeschlagenen Menschen erkennen lässt. Am 2. September 1956, bei der Einweihung einer Gedenktafel für Gründungsobmann Alois Köberl in Gleisdorf, trat er das letzte Mal öffentlich in Erscheinung[190].

Am 27. September 1956 starb Riemelmoser an den Folgen einer Operation in Graz. Mit ihm verlor der steirische Landesverband *„einen aufrechten, arbeitsfreudigen und heiteren Mitarbeiter, [...] der mit Freude und Hingabe sich seinen Kameraden in der Steiermark und im letzten Jahr als Vorsitzender der Arbeitsgemeinschaft auch allen übrigen österreichischen Blasmusikkapellen gewidmet hatte. Trotz aller gesundheitlichen Widerwärtigkeiten fand er sein Ideal in der Hilfsbereitschaft für seine Musiker, buchstäblich bis zum letzten Atemzug"* (Rudolf Wagner-Wehrborn)[191].

Der bisherige Bundesobmann-Stellvertreter Peter Schöggl aus St. Marein im Mürztal übernahm die Leitung des steirischen Verbandes, bis er am 31. März 1957

Abb. 70: 1955, das Jahr des Staatsvertrages und des Abzuges der Besatzungstruppen, in dem Leopold Figl vom Balkon des Ballhausplatzes in Wien die von der Menge bejubelten Worte sprach: „Österreich ist frei!". Nun setzten bald die ersten Auslandskontakte steirischer Musikkapellen ein. Im Jahr 1958 fuhr die Stadtkapelle Leibnitz unter der Leitung von Otto Zettl in einem wackeligen „Reisebus" und über zumeist holprige Straßen nach Berlin, wo diese Aufnahme entstanden ist. In der ersten Reihe ganz rechts Wolfgang Suppan, Klarinette, neben ihm Erwin Bauer, später Obmann der Musikkapelle Graz-Wetzelsdorf, dann Karl Schabl, Flügelhorn, später Musikschuldirektor in Gleisdorf, hinter ihm (nicht sichtbar) Friedrich Körner, Trompete, später Landesmusikdirektor und o. Prof. an der Kunst-Universität in Graz, hinter Karl Schöggl, Tenorhorn, in der zweiten Reihe ganz außen Erwin Koch, später Kapellmeister der Stadtkapelle Leibnitz. Die Lebensmittel waren damals knapp in Berlin, die Bevölkerung wurde über die „Luftbrücke" versorgt. Natürlich besuchte man in Berlin auch das berühmte Jazzlokal, die „Kupferkanne", wo der Posaunist Albert Mangelsdorff mit seiner Gruppe spielte. Fritz Körner und Wolfgang Suppan hatten ihre Instrumente eingepackt, um dort „mitzujammen".

---

190 Abbildungen in ÖBZ 4, 1956, S. 127 und 142.
191 Ebda., S. 117.

von der Generalversammlung offiziell zum Landesobmann bestellt wurde. Bei dieser Versammlung taucht ein neuer Name zum ersten Mal im Landespräsidium auf, und zwar Willi Konrad als Pressereferent. In der Sitzung des Bundesvorstandes vom 16. November 1957 übertrug das Präsidium ihm zusätzlich die Funktion eines Landeskapellmeister-Stellvertreters, um Robert Lobovsky zu entlasten. Konrad sollte schließlich der vierte steirische Landesobmann nach dem Zweiten Weltkrieg werden. Die Jahresversammlung 1958, am 30. März im Spiegelsaal des Hotels Steirerhof in Graz abgehalten, bot Gelegenheit, erstmals auf die Tätigkeit der steirischen Musikschulen hinzuweisen: von 5252 Schülern erlernten 520 ein Holz- oder Blechblasinstrument. Dieser Anteil von 10 Prozent steigerte sich jedoch von Jahr zu Jahr, woraus die besondere Neigung der Jugendlichen zu den Blasinstrumenten deutlich wird. Der Jahresbericht 1977/78 des Landesmusikdirektors für Steiermark zeigt an der Landesmusikschule in Graz und an 36 steirischen Musikschulen 13.673 Schüler an, davon etwa 6200 Bläser und Schlagzeuger, was einen Prozentsatz von etwa 45 Prozent für diese Gruppe ergibt. Die Anzahl der Bläserlehrer wurde im Verhältnis zu den Lehrern für Saiten- und Tasteninstrumente wesentlich vergrößert, was nicht zuletzt auf den Einfluss der Blaskapellen zurückzuführen ist. Bestanden zunächst bei manchen Musikschulleitern Bedenken gegen die Blaskapellen, so konnten diese schließlich aufgrund der Leistungen und des sauberen Auftretens beseitigt werden. In den letzten Jahren haben vielfach Musikschulleiter selbst die Direktion von Blaskapellen übernommen.

Im Jahre 1958 schien auch die Aufbauphase des steirischen Landesverbandes abgeschlossen, dem mit 335 Kapellen so gut wie alle Amateurblasorchester angehörten, die damals in der Steiermark lokal und überlokal in Erscheinung treten konnten. Bedauert wurde allerdings, dass die Kapellen der Polizei, der Gendarmerie, der Straßenbahnen und die sogenannte Landestrachtenkapelle noch abseits standen. Vielfach wurde auch der Sinn von Wertungsspielen nicht richtig verstanden, weshalb Landeskapellmeister Lobovsky eindringlich darauf hinweisen musste, dass es nicht um Beckmesserei gehe, sondern dass es sich bei den Wertungsspielen um eine Einrichtung zum Nutzen jeder einzelnen Kapelle und vor allem jedes Dirigenten handle. Nach den Erfolgen der Jugendkapelle Birkfeld bei der Jahresversammlung 1957 konnte 1958 der Bezirk Murau mit Stolz auf seine erste eigene Jugendkapelle hinweisen, die Michael Leitner in St. Blasen aufgebaut hatte[192].

1959 – Erzherzog-Johann-Jahr in der Steiermark

Ein Anlass, um die Blaskapellen in der Öffentlichkeit zu präsentieren und den Anteil der Blasmusik bei der Ausprägung des Heimatbewusstseins zu dokumentieren. Alle Kapellen werden von der Bundesleitung aufgerufen, sich bereitwillig den örtlichen Organisationen zur Verfügung zu stellen. Am großen Festzug am 20. September 1959 in Graz, der vom Glacis über den Opernring und am Landhaus in der Herrengasse vorbei durch die Annenstraße nach Eggenberg führte, nahmen 34 Kapellen des steirischen Landesverbandes teil. Ein Fest im Park des Schlosses Eggenberg, ähnlich dem, wie es Erzherzog Johann mehr als hundert Jahre zuvor für "seine Steirer" veranstaltet hatte, beschloss diesen Ehrentag des Landes. Der steirische Komponist Hanns Holenia schuf damals den Marsch *Der steirische Prinz*, Robert Lobovsky den *Erzherzog-Johann-Marsch*; beide Stücke konnten sich im Repertoire unserer Blaskapellen jedoch nicht festsetzen[193].

Auch Kapellen-Neugründungen brachte das Jahr 1959: Unter Ferdinand Hartners Leitung fanden sich in Edelschrott etwa 20 Musiker zur "Erzherzog-Johann-Trachtenkapelle" zusammen; den musikalischen Aufbau der Musikkapelle Kainachtal überwachte Roman Gombotz: Zeichen dafür, dass die bestehenden Kapellen nicht mehr voll ausreichten, um alle Musizierwilligen aufzunehmen, und dass Orte, in denen bisher keine Kapelle bestand, auch den Ehrgeiz entwickelten, ein eigenes Orchester zur Gestaltung des dörflichen Lebens bereit zu haben. Im selben Jahr (1959) bereitete die Grazer Messe eine Sonderschau unter dem Motto "Meine Freizeitgestaltung" vor: Den steirischen Kapellen wurde Gelegenheit geboten, dabei in Graz vor das Messepublikum zu treten.

---

192 ÖBZ 6, 1958, S. 72–74.
193 Wolfgang Suppan, Hanns Holenia. Eine Würdigung seines Lebens und Schaffens, Graz 1960, S. 104. – Eine Zusammenfassung der Leistungen des Jahres 1959 liegt vor in: Steirischer Ehrenspiegel. Das Gedenkjahr 1959, hg. vom Steirischen Volksbildungswerk, Graz 1961.

Das Jahr 1959 brachte aber auch in das gesamtösterreichische Blasmusikwesen Bewegung: die lose Arbeitsgemeinschaft der österreichischen Blasmusik-Landesverbände wurde in einen Österreichischen Blasmusikverband übergeführt, der mit seinen Kompetenzen und als gesamtösterreichische Vertretung doch ein gewichtiges Wort in der österreichischen Kulturpolitik mitreden sollte. Die wesentlichen Vorarbeiten für diese Neugründung hatte der niederösterreichische Landesobmann Josef Leeb geleistet, der schließlich zum Präsidenten der neuen Vereinigung gewählt wurde. Steirischerseits nahmen eine Wahl ins Präsidium an: Alois Wilfling als Protokollführer, Robert Lobovsky als Schriftführer[194].

Die Jahresversammlung 1960 des steirischen Landesverbandes gedachte des zehnjährigen Bestehens des Bundes, der nun 339 Mitgliedskapellen mit 15.000 Musikern vereinigte. Im Landesvorstand ergab sich insofern eine Änderung, als Willi Konrad zusammen mit Ludwig Maderthaner, Selzthal, als Stellvertreter des Landesobmannes gewählt wurde. Geplant wurde ein 1. Steirisches Landesmusikfest für den 4. September 1960, doch reichte die Zeit wohl nicht aus, um eine so umfangreiche Veranstaltung in wenigen Monaten zu organisieren. Zumal für den 27. August 1960 auch die erste Hauptausschusssitzung des Österreichischen Blasmusikverbandes in Gleisdorf ausgerichtet werden musste. Das erste steirische Landes-Musiktreffen fand am 9. und 10. September 1961 in Graz statt. Mit einem Festkonzert der Postkapelle Graz unter der Leitung von Laurenz Glock im Stefaniensaal begann am 9. September der Reigen der Veranstaltungen. Die Morgenmesse am Festsonntag in der Grazer Barmherzigenkirche umrahmte der Musikverein Graz-Wetzelsdorf, dirigiert von Rudolf Macher. Höhepunkt war der Festzug vom Grazer Bahnhof durch Annenstraße und Murgasse zum Hauptplatz, wo Landeshauptmann Josef Krainer und Bürgermeister Gustav Scherbaum die Festansprachen hielten und Landeskapellmeister Lobovsky mit dem Gesamtchor der normal-gestimmten Kapellen Sepp Tanzers *Festliches Vorspiel* und sein Stellvertreter Konrad mit den hochgestimmten Kapellen Webers *Festchor* zur Aufführung brachten.

Etwa 50.000 Grazer feierten die mehr als einhundert aus allen Teilen der Steiermark angereisten Blaskapellen. Die Last der Organisation hatte Festobmann Hermann Siuka auf seine Schultern geladen. Blicken wir in das von Willi Konrad redigierte Festbuch, so finden wir anerkennende Worte Landeshauptmann Krainers: „*Der Mensch braucht zur Sicherung seiner Existenz mehr als Arbeit, Nahrung und Kleidung. Er braucht Freude sowie den Sinn für das Schöne und Gute. Jedes Leben müsste verdorren, wenn diese Werte keine Beachtung finden. Deshalb können wir den Idealismus und Opfermut unserer Musik nicht entbehren*". Und der Volkskundler und Kulturlandesrat Hanns Koren schrieb: „*Der Landesverband der Blasmusikkapelle der Steiermark ist über seine organisatorische Tätigkeit hinaus zum Träger musikalischer Erziehung und fachlicher Beratung geworden. Wer die letzten Jahre mit offenen Ohren erlebt hat, kann die gewissenhafte und mühevolle Ausbildungsarbeit richtig einschätzen [...] Diese schöne Entfaltung wäre nicht möglich, hätten nicht die Generationen vor uns durch ihren musikalischen Einsatz und ihre Opfer mit dazu den Grund gelegt. Es ist ein Teil unserer Volksseele, der im Spiel unserer Kapellen aufklingt. Es soll auch im Lärm der Gegenwart und Zukunft nicht verstummen*". In einer ersten Chronik des steirischen Landesverbandes wies Willi Konrad u. a. darauf hin, dass steirische Kapellen durchaus gesamtösterreichisch konkurrenzfähig seien: Beim ersten österreichischen Blasmusik-Rundfunkwettbewerb in Innsbruck konnten die Brauereikapelle Göss (Kunststufe) und die Bergkapelle Bärnbach-Oberdorf (Unterstufe) je einen zweiten Rang, die Bergkapelle Rosental (Mittelstufe) einen dritten Rang erreichen. Schließlich ist das Blasmusikwesen nicht allein als kultureller, sondern auch als wirtschaftlicher Faktor bemerkenswert geworden: Im Jahre 1960 gaben steirische Kapellen über 3,5 Millionen Schilling für die Anschaffung von Instrumenten, Noten, Uniformen, Trachten u. ä. aus.

Das 1. Steirische Landesmusikfest 1961 hatte jedenfalls sein Ziel erreicht:
1. den Zusammenhalt der Kapellen und Musiker im Inneren zu stärken,
2. nach außen die Bedeutung der steirischen Blasmusiker ins rechte Licht zu setzen[195].

---

194 ÖBZ 7, 1959, S. 117–122.
195 Fs. Landesmusikfest Graz 1961; Bericht in: ÖBZ 9, 1961, S. 132 f. – Leider liegen uns von diesem Landesmusikfest, ebenso wie von den folgenden in den Jahren 1970 und 1975, keine Fotos vor.

IV. Aufkommen und Verbreitung des zivilen Blasmusikwesens

Blättert man in den Jahrgängen der ÖMZ, so wird eine Fülle von Verbands- und Vereinsarbeit deutlich, die von Woche zu Woche, von Monat zu Monat und von Jahr zu Jahr von den Blaskapellen geleistet wird. Neben der Routinearbeit der Proben und örtlichen Auftritte ziehen Jubiläums- und Bezirksmusikfeste zahlreiche Kapellen und Zuhörer an; um Freundschaften zu schließen und für den Fremdenverkehr zu werben, reisen immer mehr steirische Kapellen ins Ausland, in die Schweiz, nach Deutschland, nach Jugoslawien, nach Ungarn, nach Italien, in die Tschechoslowakei, nach Frankreich, in die Niederlande, ja sogar in die USA und nach Kanada (St. Peter-Freienstein, 1970). Die Gegenbesuche ausländischer Blaskapellen vertiefen gewonnene Freundschaften und erschließen den Gästen die Schönheiten unserer Heimat. Blasmusik wird mehr und mehr auch ein übernationales Band, das durch die Gründung einer Internationalen UNESCO-Gesellschaft die Musikverbände Europas und bald zudem außereuropäische Länder umschließt. Trotzdem bleibt die Eigenart landschaftlicher Traditionen gewahrt: als ein Gegengewicht gegen Vermassung und sogenannte Weltmusikkultur. Eben darin, dass von Dorf zu Dorf und von Landschaft zu Landschaft die Blasmusik kulturelles Eigengut weiter überliefert, erhält sie ihren Sinn als Symbol der Heimat.

In der August-1963-Nummer der ÖBZ veröffentlicht Willi Konrad erstmals seine Gedanken zu einem

Leistungsabzeichen,

das als Gegenstück zu den Ehrungen für langjährige Mitgliedschaft in einer Blaskapelle dem Leistungsstreben vor allem junger Musiker Anreize vermitteln sollte. Ein Gedanke, der sich als überaus zukunftsträchtig erwies. Konrad begründete: *„Die einzelnen Landesverbände des Österreichischen Blaskapellenverbandes haben für verdienstvolle und langjährige Mitglieder Auszeichnungen geschaffen [...] Nirgends jedoch ist für die musikalische Leistung eine sichtbare Unterscheidung geschaffen. So möchte ich [...] die Schaffung eines Leistungsabzeichens vorschlagen. Meinen Vorschlag begründe ich damit, dass unser aller Ziel es ist, eine Leistungssteigerung nicht nur der Kapellen, sondern auch der Musiker zu erreichen. Da eine Leistungssteigerung nur durch eine Leistungsmessung laufend kontrolliert werden kann, soll für den interessierten Blasmusiker in Form einer Prüfung die Möglichkeit bestehen, seine Leistung messen zu lassen und auf Grund dieser Leistungsmessung ein entsprechendes Abzeichen zu erwerben [...] ich darf nur daran erinnern, dass bereits etliche Organisationen unseres Landes, wie etwa die Freiwilligen Feuerwehren, die Landjugend, die Sportverbände usw. ein solches Leistungsabzeichen mit viel Erfolg eingeführt haben"*[196]. Zwar gab es zunächst viele Bedenken, doch dann entzündete sich der Funke der Jungbläserleistungsabzeichen, der in richtiger Einschätzung einer leistungswilligen Jugend, die immer mehr zu den Blaskapellen strömte, von dieser steirischen Anregung her zu einem bedeutenden und wichtigen Erfolg für die Blasmusikverbände nicht allein Österreichs, sondern auch der Bundesrepublik Deutschland wurde.

Nette persönliche Eindrücke von einem „Sommerurlaub bei den steirischen Blasmusikern", gemeint ist in erster Linie die Musikkapelle Lassing bei Liezen, brachte der oberösterreichische Komponist Franz Kinzl damals (1963) zu Papier – und in der ÖBZ zum Druck. Auch der *„Judenburger Bezirkskapellmeister Augustin Erdle ist da, er hat sein Flügelhorn mit, bläst von unserem Balkon des Hauses Mühlanger schöne Weisen in die Nacht"*. Kinzls Ouvertüre *Pilgerfahrt* wird von den Lassingern einstudiert. *„Erdle, untrennbar vom Flügelhorn, das er ebenso schön wie seine als Sängerknabe geedelte Stimme meistert, bläst [...] Da fallen auch bei mir alle Hemmungen und ich setze mich ans Euphonium [...] So wurde die Erholung vom geschäftigen Musikbetrieb des Jahres unversehens zur musizierenden Entspannung"*[197]. – Auch das gehört in eine Geschichte der Blasmusik in der Steiermark: wie man sich hier bei Blasmusik, als Zuhörer, aber noch mehr als Musikant, wohl fühlen mag. Blasmusik hat eben noch eine Funktion im Leben der Menschen, sie ist nicht dem Menschen auf ein Podium entrückte Kunst geworden. Das Wechselspiel zwischen Musiker und Zuhörer bleibt wichtigstes Reagens musikalisch-gesellschaftlichen Lebens im Dorf und in der Kleinstadt.

---

196 ÖBZ 11, 1963, S. 103 f.
197 Ebda., S. 122.

1966–1981: Die Ära Willi Konrad

Die Neuwahl des Landesvorstandes im Rahmen der Jahresversammlung des steirischen Verbandes am 22. Mai 1966 im Puntigamer Brauhaus brachte gewichtige Veränderungen: Willi Konrad wurde als Nachfolger Peter Schöggls zum Landesobmann bestellt, als seine Stellvertreter traten Manfred Meier und Viktor Graf, als Geschäftsführer Arnold Lippitz und als Landeskapellmeister Hans Zettner nun ins Blickfeld. Allein Kassier Alois Wilfling sorgte für eine gewisse Kontinuität, er hatte bereits unter den drei Vorgängern Konrads treu gedient. Bei der Jahresversammlung am 28. April 1968 gab Konrad bekannt, dass nun 370 Blaskapellen dem Verband angehörten. 22 Prozent der 9100 Aktiven seien unter 20 Jahre alt. Bei insgesamt 11.500 Veranstaltungen wirkten steirische Kapellen im Berichtsjahr 1967 mit. Beachtenswert sind die Ausgaben, die steirische Kapellen pro Jahr leisten: 3 Millionen Schilling für Anschaffung und Reparatur von Musikinstrumenten, 2 Millionen Schilling für Trachten und Uniformen, 1 Million Schilling für Noten und die Ausgestaltung der Musikerheime. Ein Drittel der steirischen Kapellen ist zu diesem Zeitpunkt in Tracht gekleidet.

Das Jahr 1969 brachte die Umbenennung in Steirischer Blaskapellenverband, eine Änderung der Satzungen sowie neue Ehrungsmöglichkeiten: Verdienstzeichen in Gold, Silber und Bronze. Von 5. bis 8. Juni trafen sich in Graz die Delegierten des Österreichischen Blasmusikverbandes zur Jahrestagung. Zugleich begannen in Graz die Vorbereitungen für ein zweites steirisches Landesmusikfest, das 1970 in Graz abgehalten werden sollte. Das junge, von großer Begeisterung erfüllte Team der steirischen Landesleitung wollte das Zwanzig-Jahr-Jubiläum des Steirischen Blaskapellenverbandes besonders eindrucksvoll gestalten. Musikalischer Höhepunkt sollte ein Großkonzert sein, an dem 22 Kapellen mit 600 Musikern aus Graz und Umgebung gemeinsam ein Konzertprogramm erarbeiteten. Hans Zettner dirigierte u. a. so schwierige Kompositionen wie Ernest Majos symphonische Dichtung *Attila*, Friedrich Smetanas *Libussa*-Fanfare und Paul Hubers *Hymne*, unter der Leitung des jungen Grazer Militärkapellmeisters Rudolf Bodingbauer, der damit erstmals seine Verbundenheit mit dem Amateurmusikwesen des Landes bekundete, kamen Gerhard Bancos *Intrade Festival*, Karl Messners *Prinz-Eugen-Kampfruf* und der von Bodingbauer neugestaltete *Zapfenstreich* zur Aufführung. Das Liebenauer Stadion war für diese Veranstaltung der ideale Schau- und Hörplatz. Fritz Jurmann berichtete darüber in der ÖMZ: „*Nach der Libussa-Fanfare von Smetana erklang die Originalkomposition Hymne des Schweizers Paul Huber mit interessanten harmonischen Wendungen, vom Großorchester wie von einer Riesenorgel gespielt. In den Bereich der symphonischen Blasmusik gehört Ernest Majos symphonische Dichtung Attila, die er dem in Graz anwesenden und aus Graz stammenden Musikwissenschaftler und Mitarbeiter unseres Blattes, Wolfgang Suppan, gewidmet hat. Das dramatische Werk mit einer teils komplizierten Überlagerung einzelner Themen fand eine einprägsame Interpretation […] Nach dem musikalisch-akustischen Ereignis des Festkonzertes am Samstag (5. September 1970) gab es am Sonntag bei fast regenfreiem Wetter einen vor allem optisch beeindruckenden Aufmarsch von rund 210 Kapellen mit 6000 Blasmusikern auf dem Freiheitsplatz*"[198].

Eindrucksvoll auch die Ansprachen des Schirmherrn, Landeshauptmann Josef Krainer: „*Das Jubiläum des Steirischen Blaskapellenverbandes ist ein kulturelles Ereignis, welches das ganze Land erfasst […] Unsere Musiker in Stadt und Land sind das Zeugnis eines lebensfrohen und uneigennützigen Schaffens, welches uns überdauern und die Nachwelt anregen wird. Wenn nun den Blasmusikkapellen Anerkennung gezollt wird, soll nicht vergessen werden, dass nicht nur traditionelle Musik gepflegt, sondern auch dem heimischen, schöpferischen Schaffen immer wieder Raum gegeben wird. So bringt unser Volk laufend Neues hervor und beweist durch seine geistige Besinnung und Haltung, dass das Gute und Schöne weiter entwickelt wird*"; – und des Grazer Bürgermeisters Gustav Scherbaum: „*Dieses Jubiläum verdient besondere Würdigung in einer Zeit, die jede aktive, musikalische Betätigung durch Rundfunk, Fernsehen und Schallplatten zu bedrohen scheint*"[199].

Hart traf ein Jahr später, am 28. November 1971, die steirischen Blasmusiker der plötzliche Tod Landeshauptmann Josef Krainers. Mit ihm „*verloren die Blasmusiker dieses Landes einen prominenten Freund und

---

198 ÖBZ 18, 1970, Nr. 8, S. 1–3.
199 Fs. Landesmusikfest Graz 1970, S. 4f. und 7f.

Förderer [...] Unvergessen bleibt seine launige Ansprache an über sechstausend Blasmusiker in Graz am 6. September 1970"[200]. Bei aller Trauer, die geboten erschien, überraschte die Blasmusiker aber bald eine freudige Nachricht: dass als Nachfolger Krainers Friedrich Niederl zum neuen Landeshauptmann gewählt wurde. In den Jahren 1956 bis 1959 erfüllte Niederl die Funktion eines Bezirksobmannes der Blaskapellen in Liezen, fünfzehn Jahre hindurch gehörte er bereits dem steirischen Landesvorstand an: Von ihm durfte man mit Recht tiefes Verständnis für die Belange der Blasmusik erwarten. Zum Stellvertretenden Landesobmann wurde Manfred Meier gewählt, der als Nachfolger Niederls bis 1966 den Blasmusikbezirk Liezen geführt hatte. Im Präsidium des Landesverbandes gab es Veränderungen dadurch, dass Militärkapellmeister Rudolf Bodingbauer die Funktion des Landeskapellmeisters übernahm (Mai 1972). Und als der Tod überraschend nach dem Stellvertretenden Landesobmann Viktor Graf griff, da rückte Karl Kleinhansl in dessen Aufgabenbereich vor (1975).

1972 brachte im Kurswesen des steirischen Landesverbandes insofern eine gewichtige Veränderung, als die Hochschule für Musik und darstellende Kunst in Graz einen eigenen „Blasorchesterleiter-Lehrgang" einrichtete, der lernwilligen jungen Musikern die Möglichkeit bot, durch vier Semester hindurch, jeweils an Wochenenden sich auf das Dirigentenamt vorzubereiten. Seit 1972 fanden alljährlich im Spätherbst im Grazer Raiffeisenhof die sogenannten „Kapellmeistertage" statt, bei denen Rudolf Bodingbauer mit seiner Militärmusik neue Literatur vorstellte und Verleger Gelegenheit erhielten, ihre Produktion zu zeigen.

Wichtige Ereignisse der österreichischen Blasmusikszene betreffen im Jahre 1974 auch die Steiermark. Wolfgang Suppan, als o. Professor und Vorstand des Institutes für Musikethnologie an die Hochschule für Musik und darstellende Kunst in Graz berufen, seit Jahrzehnten (gleichsam „auswärtiges") Mitglied der steirischen Landesleitung und im Rahmen der Generalversammlung des Österreichischen Blasmusikverbandes von 23. bis 26. Mai 1974 in Krems als Jugendreferent in das Präsidium geholt; Suppan hatte diese Funktion bereits seit 1965 im Bund Deutscher Blasmusikverbände ausgefüllt. Damit gehörten zwei Steirer dem gesamtösterreichischen Präsidium an: Konrad als Protokollführer, Suppan als Jugendreferent. In die kommenden Jahre fällt die intensive Förderung bläserischer Kammermusik („Spiel in kleinen Gruppen"), über die vor allem in der Jugend eine Hebung des musikalischen Niveaus der Blaskapellen erreicht werden soll. Suppan greift hier Ideen auf, die in den sechziger Jahren von dem „Cantare et sonare"-Kreis ausgingen, an dem neben Guido Waldmann, Willy Schneider und Hermann Regner (damals alle in Trossingen) auch der Tiroler Otto Ulf hervorragenden Anteil hatte. Im Präsidentenamt selbst folgte auf Josef Leeb der Innsbrucker Franz Karsten. Bei der bereits am 28. April 1974 durchgeführten steirischen Jahresversammlung in den Räumen des Brauhauses Puntigam hatte Obmann Konrad eine interessante Statistik vorgelegt, die die schichtenübergreifende Tätigkeit der Blaskapellen deutlich aufzuzeigen vermochte: Von etwa 10.000 aktiven Blasmusikern in der Steiermark sind 17 Prozent in der Landwirtschaft tätig, 8 Prozent kommen aus dem Beamtenstand, 13 Prozent sind Angestellte, 36 Prozent Arbeiter, 3,5 Prozent Selbständige und 0,5 Prozent Angehörige freier Berufe; 17 Prozent stehen noch in Schulausbildung und gehören jenen 28 Prozent der Aktivmusiker an, die unter zwanzig Jahre alt sind[201].

Zwar nicht unmittelbar mit dem Steirischen Blaskapellenverband verbunden, doch indirekt nicht ohne Wirkung auf das Ansehen der Blasmusik im Allgemeinen, konnte von 25. bis 30. November 1974 an der Hochschule für Musik und darstellende Kunst in Graz die 1. Internationale Fachtagung zur Erforschung des Blasmusikwesens durchgeführt werden, in deren Rahmen es zur Gründung der Internationalen Gesellschaft zur Erforschung und Förderung der Blasmusik kam. Damit rückte Graz in den Mittelpunkt musikwissenschaftlicher und volkskundlich-soziologischer Bemühungen um das Blasmusikwesen in aller Welt.

Wolfgang Suppan wurde zum ersten Präsidenten, Eugen Brixel zum Generalsekretär der IGEB gewählt. Fritz Waldstädter und Willi Konrad traten in den Fachbeirat ein. Die Publikationsreihe der Gesellschaft, ALTA MUSICA, erscheint seither im Verlag Schneider, Tutzing/BRD. Als Folge solcher Initiativen richtete die

---

200 ÖBZ 19, 1971, Nr. 10, S. 11.
201 Willi Konrad, Abriß der steirischen Musikgeschichte, Heft 5 [der Schriften des Steirischen Blasmusikverbandes], Graz o. J. (1974), mit konkreten Hinweisen auf den Steirischen Tonkünstlerbund, den Steirischen Sängerbund und auf die Situation der Blasmusik. – ÖBZ 22, 1974, Nr. 5, S. 1f. und 13.

Grazer Musikhochschule im Jahr 1980 ein eigenes Institut für Blasmusikforschung – allerdings ohne eigenen Etat, was sich bald rächen sollte! – ein, mit dessen Leitung Fritz Waldstädter, assistiert von Eugen Brixel, betraut wurde[202]. Die private Sammlung von Blasmusiknoten und Archivalien Wolfgang Suppans ist seit 1978 im „Blasmusikarchiv Pürgg" im steirischen Ennstal öffentlich zugänglich; dort fanden seit 1979 u. a. internationale pädagogische Blasmusikveranstaltungen, wie Dissertanten-Seminare der Illinois State University mit George Foeller, statt.

Das 3. Landesmusikfest des Steirischen Blaskapellenverbandes sollte von 29. bis 31. August 1975 wieder in Graz abgehalten werden. Nun fiel es Friedrich Niederl zu, als Landeshauptmann „seine" Blasmusiker zu begrüßen:

„Mit der zunehmenden Befriedigung bloß materieller Bedürfnisse wird auch in unserer Zeit das Wissen um ideelle Werte wieder lebendig. Besonders nimmt die Neigung zu musikalischer Betätigung zu. Ich freue mich darüber, da wir all die freiwilligen Gemeinschaften in unserem Lande, von den Musikkapellen bis zu den Gesangvereinen, von den Feuerwehren bis zu den Sportvereinen dringend brauchen; denn aus diesen Gemeinschaften heraus entwickelt sich immer wieder das, was das Leben bereichert: Freude und Frohsinn, Hilfsbereitschaft sowie ein seelischer und körperlicher Ausgleich, den vor allem auch unsere Jugend stets gerne aufgreift"[203].

In seiner Festansprache hatte Willi Konrad mit berechtigtem Stolz die Bilanz eines Jahres vorgestellt: *„Die steirischen Blaskapellen treten immer wieder vor die Öffentlichkeit. So wurden allein im Jahre 1974 an die 1400 Konzerte gegeben, 861 Musikfeste aller Art gefeiert; unsere Vereine rückten 1942-mal zu öffentlichen Anlässen aus, waren 1103-mal für den Fremdenverkehr tätig, spielten 1637-mal bei kirchlichen Feiern und hatten 1695-mal für private Körperschaften zu tun; dass die Kapellen bei 4350 Begräbnissen mitwirkten und bei über 1000 sonstigen Anlässen aufmarschierten, soll das Bild ihrer Tätigkeit nur abrunden"*[204]. 230 Kapellen nahmen am Landesmusikfest teil.

In die Landesobmann-Jahre von Willi Konrad fällt auch die Einrichtung der „Bläsertage". In Übereinstimmung mit Landeskapellmeister Rudolf Bodingbauer wurden diese Bläsertage als Wertungsspiele für geladene Blasorchester konzipiert. Es sollten die jeweiligen Spitzenkapellen des Landes sich in offener Wertung einer überregionalen Jury stellen. Am 9. Dezember 1978 durften folgende Orchester teilnehmen: Musikkapelle der VOEST-ALPINE Donawitz, Musikverein Gröbming, Stadtkapelle Murau, Werkskapelle Mürzzuschlag Hönigsberg, Gendarmeriemusik Steiermark, Zollwachemusik Steiermark, ELIN-Stadtkapelle Weiz und Werkskapelle Zeltweg.

Im Jahr des dreißigjährigen Bestehens des Steirischen Blaskapellenverbandes und des 4. Landesmusikfestes in Graz (am 6. und 7. September 1980) trat ein neuer Landeshauptmann an die Spitze der Steiermärkischen Landesregierung: Josef Krainer jun. Er wusste um die Lebendigkeit von Blasmusik und Brauchtum in der Steiermark und stellte fest: *„Die Blasmusik hat ihren festen Platz und ist eine bedeutende kulturelle und gesellschaftliche Institution in unserer Heimat"*[205]. Der steirische Landesverband durfte sich von ihm, wie von seinen Vorgängern Josef Krainer sen. und Friedrich Niederl, wohlwollende Förderung erwarten. In das kulturpolitische Konzept des Modells Steiermark und des Gymnasiallehrers Kulturlandesrat Kurt Jungwirth fügt sich offensichtlich die Arbeit der Blaskapellen: *„Kultur hat etwas zu tun mit gesellschaftlichem Wohlbefinden. Kultur hat daher viel mit Gemeinschaft, mit Mitmenschlichkeit, mit Lebensfreude zu tun. Deshalb gibt es Feste und Feiern. Aber es gibt kein gelungenes Fest, keine würdige Feier ohne Musik, besonders in ihrer öffentlichen und gut vernehmbaren Form, nämlich der Blasmusik"*[206]. Festobmann war diesmal Karl Kleinhansl, der Konzerte

---

202 Mitteilungen der Internationalen Gesellschaft zur Erforschung und Förderung der Blasmusik, Graz 1975 ff. – F. Thelen, Graz – endlich ein Standort für die Blasmusikforschung, in: ÖBZ 23,1975, Nr. 1, S. 1 f.
203 Fs. Landesmusikfest Graz 1975, S. 4 f. – Anlässlich des 25-jährigen Verbandsjubiläums erschien auch folgende Schrift: W. Konrad, Abriß der steirischen Musikgeschichte, Graz 1975, als Heft 5 der Schriftenreihe. Die Broschüre enthält auch eine kurzgefasste Darstellung der Entwicklung des Steirischen Blaskapellenverbandes, S. 27–30.
204 Ebda., S. 11–13. – Vgl. aber auch den Beitrag Die gesellschafts- und kulturpolitische Situation der Blasmusik in Österreich, ebda. S. 17–24, verfasst von Wolfgang Suppan.
205 Fs. Landesmusikfest Graz 1980, S. 2 f.
206 Ebda., S. 4 f.

IV. Aufkommen und Verbreitung des zivilen Blasmusikwesens

Abb. 71, 72: Landesmusikfest 1980 in Graz: Die Musikkapellen haben vor dem Rathaus in Graz Aufstellung genommen (links). – Auf der Ehrentribüne (am Rednerpult) Landesobmann Willi Konrad, in der Mitte (mit dem Glas) Bürgermeister Götz, ganz rechts Landesrat Kurt Jungwirth.

und Aufmärsche sinnvoll in das Bild der Grazer Altstadt einzufügen verstand. Über 270 Kapellen mit zusammen 8000 Blasmusikern waren nach Graz gekommen, um sich gemeinsam ihrer Tradition und Aufgabe, ihrer gesellschaftlichen Wirkung und musikalischen Bedeutung bewusst zu werden: In einem Verband, der im Jahre 1980 378 Kapellen mit rund 13.000 Musikern umfasste und um dessen Zukunft man angesichts der 4000 Jungmusiker (darunter 10 Prozent Mädchen) keine Sorge zu haben brauchte.

Aufkommen und Verbreitung des zivilen Blasmusikwesens

2. Teil (seit 1981)

Von Herbert Polzhofer und Wolfgang Suppan

1981 bis 1996: Manfred Meier führt als Landesobmann den Steirischen Blasmusikverband[207]

Am 26. April 1981 kam es im Rahmen der 31. Jahreshauptversammlung des Steirischen Blaskapellenverbandes in Gratkorn zu einer Statutenänderung und zu teilweiser Neuwahl des Vorstandes. Die neuen Satzungen sahen einen Präsidenten vor: ein Ehrenamt, das Willi Konrad bis zu seinem Tod am 16. September 2003 ausüben sollte. Zum Landesobmann wurde Manfred Meier gewählt. Der neue Landesobmann betonte, dass er von seinem Vorgänger einen hervorragend organisierten Verband übernehmen würde, dem 377 Musikkapellen angehörten, in denen 13.263 Musiker[208] aktiv tätig seien, dazu kämen dreitausend Jugendliche in Ausbildung. An der Spitze der Ehrengäste nahm Landeshauptmann Dr. Josef Krainer an der Veranstaltung teil, der in seiner Rede darauf hinwies, dass das Land Steiermark trotz schwieriger Budgetlage die von Idealismus geprägte Tätigkeit der Musikamateure auch finanziell fördern würde; denn Musikmachen würde den ganzen Menschen beanspruchen, nämlich „Hirn, Herz und Hand"[209]. Für den angemessenen musikalischen Rahmen sorgte die Musikkapelle aus Mitterdorf im Mürztal unter der Leitung von Karl Hirzberger.

Der 1981 gewählte Landesvorstand:

Präsident: Willi Konrad, Gratkorn
Landesobmann: Manfred Meier, Liezen
Landesobmann-Stellv.: Karl Kleinhansl, Laßnitzhöhe, und Franz Ressel, Mitterdorf im Mürztal
Landeskapellmeister: Rudolf Bodingbauer, Graz; sein Stellv. Franz Schabl, Voitsberg
Landesjugendreferent: Eugen Brixel; sein Stellv. Alois Grünwald
Landesstabführer: Johann Poier, Graz
Landesschriftführer: Karl Thaller, Peggau; sein Stellv. Karl Niederl, Graz
Landesfinanzreferent: Siegfried Tropper, Graz; sein Stellv. Franz Wittmaier, Graz
Rechtsreferenten: Horst Lohr, Frohnleiten, und Rainer Holenia, Gratkorn
AKM-Referent: Hans Ehgartner, Deutschlandsberg
Pressereferent: Günther Brandl, Graz
Beiräte: Gottfried Götzl, Rosental an der Kainach; Franz Mesicek, Hausmannstätten; Hermann Rauszig, Judenburg; Dieter Schoeller, Graz; Wolfgang Suppan, Graz – Pürgg
Sozialfond: Arnold Lippitz, Kaindorf an der Sulm; Alfred Pirker, Liezen; Gottfried Götzl, Rosental an der Kainach

---

207 Im Sekretariat des Steirischen Blasmusikverbandes liegen für die Jahre von 1981 bis 1996 keine Unterlagen auf. Das bedeutet, dass der Text vor allem auf der Basis der Berichte in der Österreichischen Blasmusikzeitung (ÖBZ) sowie – bis 1990 – aufgrund der Broschüre von Willi Konrad, 40 Jahre Steirischer Blasmusikverband 1950–1990, Graz 1990, erstellt werden musste. Für die einzelnen Mitgliedskapellen wurden zusätzlich die dem Sekretariat und dem „Blasmusikarchiv Suppan" eingesandten Publikationen (Festschriften, Zeitschriften) der Mitgliedsvereine genutzt.
208 Die Verf. bitten zu beachten, dass in diesem Zusammenhang stets vom „Spiel in kleinen Gruppen" geschrieben wird: Dies ist die originale, im gesamten deutschen Sprachraum übliche Bezeichnung, obgleich im Österreichischen Blasmusikverband dafür zeitweise auch „Musik in kleinen Gruppen" gebraucht wird.
209 ÖBZ 29, 1981, Heft 5, S. 14.

IV. Aufkommen und Verbreitung des zivilen Blasmusikwesens

Abb. 73: Der Landesvorstand nach der Neuwahl im Jahr 1981.

Höhepunkte dieses Jahres 1981 waren am 6. November 1981 der 2. Steirischer Bläsertag im Stefaniensaal in Graz sowie der unmittelbar daran anknüpfende Informationstag im Raiffeisenhof in Graz-Wetzelsdorf am 7. November 1981. Der Bläsertag fand in Form eines Wertungsspieles mit offener Wertung für Höchstklassenkapellen statt. Folgende Orchester nahmen daran teil: Die Stadtkapelle Deutschlandsberg unter der Leitung von Franz Maurer, die Werkskapelle Donawitz-Leoben unter der Leitung von Erich Renher, das Jugendblasorchester der Städtischen Musikschule Gleisdorf unter der Leitung von Johann Cescutti, der Musikverein Gröbming unter der Leitung von Hans Lipp, die Werkskapelle der VOEST-Alpine Krieglach unter der Leitung von Rudolf Zangl, die Stadtkapelle Murau unter der Leitung von Philipp Fruhmann, die Elin-Stadtkapelle Weiz unter der Leitung von Josef Wiedner, die VOEST-Alpine Werkskapelle Zeltweg unter der Leitung von Willibald Kremser, der Musikverein der Zollwache Steiermark unter der Leitung von Hans Josel. Im Rahmen des Informationstages stellte die Militärmusik Steiermark neue Literatur vor, Musikverlage, Musikinstrumentenerzeuger, Trachtenschneider stellten ihre Produkte aus[210].

Den seit 1972 bestehenden viersemestrigen Blasorchesterleiterkurs an der Hochschule für Musik und darstellende Kunst in Graz absolvierten 1981 neunzehn Kandidaten[211].

Beachtlich erscheinen die internationalen Kontakte, die mehr und mehr von unseren Musikkapellen geknüpft werden. In diesem Jahr konzertierten u. a. im Ausland[212]: Musikkapelle Deutschfeistritz-Peggau mit Obmann Herbert Polzhofer und Kapellmeister Anton Kaindlbauer in der Schweiz, um das fünfzigjährige Bestandsfest der Arbeitermusik Langenthal musikalisch mit zu gestalten. Ortsmusikkapelle Mautern, Fremdenverkehrswerbefahrt vom 9. bis 17. Juli 1981 nach Ostfriesland,

---

210 ÖBZ 29, 1981, Heft 8, S. 14. – Auf Vereins-Festschriften wird ab hier nur noch gelegentlich hingewiesen, da diese in der Regel in den Ortsartikeln von Suppan, Stmk./2, 2009, verzeichnet sind. Dieses Nachschlagewerk haben bei der Jahreshauptversammlung des Steirischen Blasmusikverbandes 2009 in St. Peter am Ottersbach alle Mitgliedskapellen als Geschenk von Landeshauptmann-Stellvertreter und Blasmusikreferent Hermann Schützenhöfer erhalten.
211 Willi Konrad, 40 Jahre Steirischer Blasmusikverband 1950–1990, Graz 1990, S. 42–46; ÖBZ 29, 1981, Heft 6, S. 18f.
212 Diese und alle weiteren genannten Auslandsfahrten werden den Berichten in der ÖBZ entnommen, weitere Unterlagen über Auslandsreisen liegen im Sekretariat des Steirischen Blasmusikverbandes nicht auf.

Helgoland, Amrum, Husum sowie nach Hamburg. Jugendkapelle Mooskirchen im Juli 1981 zu einem Freundschaftsbesuch nach Renningen-Malmsheim nahe Stuttgart. Trachtenkapelle Markt Hartmannsdorf zu Besuch beim Fanfarenzug „Fränkische Herolde" in Dertingen, wo man 25-jähriges Bestandsjubiläum feierte.

Am großen Blasmusikfest in Wien am 20. und 21. Juni 1981 nahmen die Stadtkapelle Deutschlandsberg, die Werkskapelle VEW-Böhler Kapfenberg und die Bergkapelle Piberstein teil.

1982 und 1983

Die 32. Jahreshauptversammlung des Steirischen Blaskapellenverbandes fand am 16. Mai 1982 in Gratkorn statt, umrahmt von der Werkskapelle Simmering-Graz-Pauker unter der Leitung von Rudolf Macher[213]. Landeskapellmeister Bodingbauer freute sich über das ständig steigende musikalische Niveau der steirischen Musikkapellen, Seminare und Wertungsspiele würden gut angenommen. Ebenso konnte Landesjugendreferent Brixel die positive Entwicklung im Bereich der Schulungen und Prüfungen für Jungmusiker vermerken. Im Rahmen von vierzehn Prüfungsterminen konnten 597 Abzeichen vergeben werden, 381 in Bronze, 185 in Silber, 31 in Gold, so dass nun insgesamt 4779 steirische Jungmusiker bereits ein Abzeichen oder mehrere Abzeichen tragen dürfen. Mitte Juni trafen sich 35 Bläser-Ensembles zum 4. Steirischen Landeswettbewerb für Bläserkammermusik in Mürzzuschlag. Ein Hornquartett aus Birkfeld vertrat die Steiermark in Luxemburg. Anlässlich des Erzherzog Johann-Gedenkjahres fand am 11. und 12. September 1982 ein steirisches Regionalmusikfest in Stainz statt. Musikkapellen der Bezirke Deutschlandsberg, Graz-Stadt, Graz-Süd, Leibnitz und Voitsberg beteiligten sich daran.

Für den 10. April 1983 hatte der Landesvorstand des Steirischen Blaskapellenverbandes zur 33. Jahreshauptversammlung in den Brauhaussaal nach Graz-Puntigam eingeladen[214]. Die musikalische Umrahmung war der Musikkapelle Heiligenkreuz unter der Leitung von August Kurzmann anvertraut worden. Willi Konrad erhielt für seine Verdienste um das steirische Musikleben den Ehrenring des Verbandes, der Jugendreferent des Verbandes, Alois Grünwald, wurde vom Bundespräsidenten durch die Verleihung des Titels „Professor" geehrt. – Der Versuch des Grazer Bezirksobmannes und Landespressereferenten Karl Niederl, unter dem Titel „Steirischer Blasmusikspiegel" eine eigene steirische Blasmusikzeitschrift zu schaffen, beschränkte sich auf eine Ausgabe (Jahrgang 1, April 1983). Es blieb in den folgenden Jahren bei den viermal jährlich verschickten „Rundschreiben", die seit 1992 mit dem Titel „Blasmusik in der Steiermark" versehen wurden[215].

1984: Umbenennung in „Steirischer Blasmusikverband"

Im Verlauf der 34. Jahreshauptversammlung am 29. April 1984 im Brauhaussaal in Leoben-Göß, die die Musikkapelle der Gösser Brauerei unter der Leitung von Franz Horcicka umrahmte, erfolgte die Umbenennung von „Steirischer Blaskapellenverband" in „Steirischer Blasmusikverband"[216]. Bei den statutengemäß durchgeführten Neuwahlen kam es im Landesvorstand zu Veränderungen in den folgenden Positionen:

Landesjugendreferent: Alois Grünwald, Liezen; sein Stellv. Josef Pöttler, Pöllau
Landesschriftführer-Stellv.: Anna Bodingbauer, Graz
Landesfinanzreferent-Stellv.: Felix Lesky, Graz
Pressereferent: Karl Niederl, Graz
Beiräte: Eugen Brixel, Graz; Philipp Fruhmann, Murau; Franz Mesicek, Hausmannstätten; Dieter Schoeller, Graz; Wolfgang Suppan, Graz – Pürgg

Im Berichtsjahr wurden in zehn Bezirken Konzertwertungsspiele durchführt, an denen 73 Musikkapellen teilgenommen haben. Zehn Bezirke boten die Möglichkeit an, Jungmusiker-Prüfungen abzulegen. Ein Regionalmusikfest fand in Feldbach statt, an dem sich Musikkapellen der Bezirke Feldbach, Fürstenfeld, Hartberg und Radkersburg beteiligten.

---

213 ÖBZ 30, 1982, Heft 6, S. 14.
214 ÖBZ 31, 1983, Heft 4, S. 16.
215 Im Sekretariat des Steirischen Blasmusikverbandes und im „Blasmusikarchiv Pürgg" sind diese Aussendungen leider nur lückenhaft erhalten geblieben.
216 ÖBZ 32, 1984, Heft 5, S. 22.

1985 bis 1989

Ein kleines Jubiläum, das fünfunddreißigjährige Bestehen des Steirischen Blasmusikverbandes, wurde im Rahmen der 35. Jahreshauptversammlung in Gratkorn am 28. April 1985 gefeiert[217]. Die Steiermärkische Landesregierung hatte dazu offiziell die 3. Präsidentin des Steiermärkischen Landtages, Waltraud Klasnic, entsandt, für den Österreichischen Blasmusikverband war Präsident Friedrich Weyermüller erschienen. Die musikalische Umrahmung lag bei der Werkskapelle Kindberg unter der Leitung von Hans Dormann.

Der Verband trauert um seinen früheren Landesobmann Peter Schöggl, der in St. Marein im Mürztal beerdigt wurde[218].

Erfolgreich verlief der 3. Steirischer Bläsertag im Grazer Stefaniensaal am 12. April 1985, an dem sich sechs Orchester beteiligten: Das Jugendblasorchester der Städtischen Musikschule Gleisdorf mit Kapellmeister Johann Cescutti, die Glasfabriks- und Stadtkapelle Köflach mit Kapellmeister Günther Domani, die Werkskapelle VOEST-Alpine Krieglach mit Kapellmeister Rudolf Zangl, die Kernstockkapelle Pöllau mit Kapellmeister Josef Pöttler, die Marktmusikkapelle Wildon mit Kapellmeister Hannes Hammer, die Werkskapelle der VOEST-Alpine Zeltweg mit Kapellmeister Willibald Kremser[219].

Zur 36. Jahreshauptversammlung am 27. April 1986 hatte der Landesvorstand des Steirischen Blasmusikverbandes wieder in den Saal des Volkshauses nach Gratkorn eingeladen[220]. Die Liste der Ehrengäste führte diesmal Landeshauptmannstellvertreter Kurt Jungwirth an. Es musizierte die Zollwachemusik Steiermark unter der Leitung von Harald Benedikt. Landesjugendreferent Alois Grünwald konnte berichten, dass beim Wertungsspiel im Rahmen des Bundestreffens der Jugendkapellen die Jugendkapelle der Musikschule Gleisdorf einen 1. Rang mit Auszeichnung erreicht hat.

Eine Woche zuvor, am 20. April 1986, hatte in Pöllau der Landeswettbewerb „Spiel in kleinen Gruppen" stattgefunden. Dabei stellten sich insgesamt 54 Gruppen der Jury, 19 Gruppen in der Stufe A, 29 Gruppen in der Stufe B, vier Gruppen in der Stufe C, drei Gruppen in der Sonderklasse[221]. Vier der besten Gruppen wurden zum Bundeswettbewerb am 25. und 26. Oktober 1986 nach Dornbirn entsandt, wo je zwei „mit Auszeichnung" (Flötenquintett aus Fehring, Brass Band aus Pöllau) und „mit sehr gutem Erfolg" (Holzbläsertrio aus Liezen, Blechbläsertrio aus Knittelfeld) unser Bundesland hervorragend vertreten haben.

Gratkorn bot sich auch im Jahr 1987 für die Durchführung der 37. Jahreshauptversammlung (am 26. April) an[222]. Die musikalische Umrahmung besorgte die Stadtkapelle Gleisdorf unter der Leitung von Hans Pendl. Die Neuwahlen ergaben nur geringe Veränderungen im Landesvorstand:

Landesobmann-Stellv.: Siegfried Tropper, Graz
Rechtsreferent-Stellv.: Josef Altenburger, St. Nikolai ob Draßling
AKM-Referent: Oskar Bernhart, Groß St. Florian

Karl Kleinhansl, der die Altersgrenze von siebzig Jahren überschritten hatte und daher nicht mehr in den Landesvorstand gewählt werden konnte, wurde mit dem Ehrenring des Verbandes ausgezeichnet. Der Sitz des Verbandes (mit einem Schreibtisch im Büro des Steirischen Volksbildungswerkes) wurde – unter den selben äußeren Bedingungen – in die Herdergasse 3 in Graz verlegt. Der Informationstag fand in gewohnt repräsentativer Atmosphäre, mit der Vorführung und Besprechung von neuen Blasorchesterwerken sowie mit zahlreichen Ausstellern, am 7. November 1987 im Schwarzl-Zentrum statt.

4. Steirischer Bläsertag am 17. Oktober 1987 im Grazer Stefaniensaal, mit sechs Musikkapellen: die Stadtkapelle Deutschlandsberg unter der Leitung von Franz Maurer, das Jugendblasorchester Gleisdorf unter der Leitung von Johann Cescutti, die Postmusik Graz unter der Leitung von Emil Uhl, die Werkskapelle Alpine Kindberg unter der Leitung von Hans Dormann, die Stadtkapelle

---
217 ÖBZ 33, 1985, Heft 5, S. 20.
218 ÖBZ 33, 1985, Heft 4, S. 22.
219 ÖBZ 33, 1985, Heft 4, S. 20.
220 ÖBZ 34, 1986, Heft 4, S. 18.
221 ÖBZ 34, 1986, Heft 5, S. 18.
222 ÖBZ 35, 1987, Heft 4, S. 16.

Murau unter der Leitung von Philipp Fruhmann, die Kernstockkapelle Pöllau unter der Leitung von Josef Pöttler[223]. Die Jury bestand aus den Militärkapellmeistern Anton O. Sollfelner (Wien, Vorsitz), Hans Schadenbauer (Wien), Rudolf Schrumpf (Eisenstadt), sowie Landesmusikdirektor Friedrich Körner und Wolfgang Suppan.

Am 14. März 1987 wurde der ehemalige Landeskapellmeister Robert Lobovsky in Feldbach beerdigt.

Die 38. Jahreshauptversammlung fand am 24. April 1988 in Gratkorn statt, es spielte der Musikverein Parschlug unter der Leitung von Siegfried Kienleitner. Landesobmann Meier konnte berichten, dass nun 390 Musikkapellen mit 14.650 Musikern dem Steirischen Blasmusikverband angehören, die 17.000 Proben und 13.286 Ausrückungen gemeldet hätten. Im Referat von Landeskapellmeister Bodingbauer wurde deutlich, dass einer geringfügigen Abnahme der Konzertwertungsspiele eine deutliche Zunahme der Marschmusikwertungen gegenüber stünde. Laut Landesjugendreferent Grünwald haben im Berichtsjahr 993 Jungmusiker die Prüfungen für das Jungmusiker-Leistungsabzeichen absolviert. Aus gesundheitlichen Gründen musste Landesstabführer Johann Poier sein Amt zurücklegen, seine Funktion im Landesvorstand übernahm Erich Perner[224].

Zur 39. Jahreshauptversammlung traf man sich am 23. April 1989 im Saal des Volkshauses in Gratkorn[225], wobei Landeshauptmann-Stellvertreter Kurt Jungwirth die Liste der Ehrengäste anführte. Die Jugendkapelle der Stadt Kindberg unter der Leitung von Karl Hirzberger bot Proben ihres beachtlichen Könnens. Ein Schwerpunkt in der Schulungsarbeit der Verantwortlichen bei den Mitgliedskapellen lag laut Landeskapellmeister Bodingbauer bei der Vorstellung konzertanter originaler Blasmusik. Vier Jungmusiker-Ensembles vertraten die Steiermark beim Bundeswettbewerb im niederösterreichischen Zeillern mit sehr gutem Erfolg.

Der 31. Delegiertentag des Österreichischen Blasmusikverbandes fand vom 4. bis 7. Mai 1989 in Graz statt, wobei neben den Regularien dieser Jahreshauptversammlung auch Schönheiten unseres Landes gezeigt wurden: das Lipizzaner-Gestüt Piber, der Grazer Schlossberg, die noch mit Dampf betriebene Schmalspur-Landesbahn Weiz – Birkfeld, wo die Musikkapelle Birkfeld die Gäste begrüßte[226].

1990

Ein Jubiläumsjahr, in dem das 5. Steirische Landesmusikfest stattfinden sollte, und zwar am 14. und 15. Juli 1990 in Graz. Der Festausschuss wurde von Karl Kleinhansl geleitet, ihn unterstützten Johannes Altorff, Oskar Bernhart, Rudolf Bodingbauer, Eugen Brixel, Franz Kniepeiss, Josef Malli, Franz Mesicek, Erich Perner und Herber Polzhofer. Willi Konrad verfasste aus diesem Anlass eine 66 Seiten umfassende Broschüre, in der die Geschichte des Verbandes, eindrucksvoll bebildert, dargestellt wurde[227].

Das Fest begann am 14. Juli mit dem Sternmarsch der Gastkapellen aus den Bundesländern: Jugendmusikverein Draßburg (Burgenland), Trachtenkapelle Seeboden (Kärnten), Musikverein Schwarzatal-Wimpassing (Niederösterreich), Musikverein Leonstein-Steyrtal (Oberösterreich), Trachtenmusikkapelle Großmain (Salzburg), Musikkapelle Unterlangkampfen (Tirol), Wiener Blasorchester (Wien), Musikkapelle Peter Sigmair, Olang (Südtirol), die am Grazer Freiheitsplatz vom Bläserensemble der Grazer Postmusik unter der Leitung von Emil Uhl mit der „Festfanfare der Stadt Graz" von Waldemar Bloch begrüßt wurden. Nach den

Abb. 74: Der Landesvorstand nach der Generalversammlung 1989 in Gratkorn.

---

223 ÖBZ 35, 1987, Heft 9, S. 20f.
224 ÖBZ 36, 1988, Heft 5, S. 18.
225 ÖBZ 37, 1989, Heft 4, S. 24.
226 ÖBZ 37, 1989, Heft 4, S. 1ff.
227 Willi Konrad, 40 Jahre Steirischer Blasmusikverband 1950–1990, Graz 1990.

IV. Aufkommen und Verbreitung des zivilen Blasmusikwesens

Ansprachen von Landesobmann Meier und Bürgermeister Alfred Stingl spielten alle Kapellen gemeinsam die Traditionsmärsche der vertretenen Bundesländer. Am Abend dieses Tages fand im Grazer Stefaniensaal der 5. Steirische Bläsertag statt, an dem sich folgende Höchstklassen-Orchester der Jury stellten: die Stadtkapelle Fehring unter der Leitung von Friedrich Karner, die Werkskapelle der VOEST-ALPINE Zeltweg unter der Leitung von Willi Kremser, die Postmusik Graz unter der Leitung von Emil Uhl, die Marktmusikkapelle Wildon unter der Leitung von Friedrich Kriebernegg, die Kernstockkapelle Pöllau unter der Leitung von Josef Pöttler, die Mürztaler Trachtenkapelle Mitterdorf unter der Leitung von Manfred Skale.

Abb. 75–77: Landesmusikfest 1990 in Graz. Der Marschblock aus Fürstenfeld marschiert ein, an der Spitze Bezirksobmann Johann Tauchmann (unten rechts). Gesamtchöre am Freiheitsplatz (oben). Bläsertag im Stefaniensaal, mit offener Wertung (unten links).

Höhepunkt des Landesmusikfestes aber war der Aufmarsch aller Musikkapellen am Grazer Freiheitsplatz am 15. Juli 1990, wo sich etwa 7000 Musiker versammelten. Gesamtchöre und Ansprachen bezeugten das hohe musikalische und gesellschaftliche Ansehen der Blasmusik, wobei Landeshauptmann Josef Krainer betonte, wie sehr gerade die 15.000 aktiven Musiker in den 393 Musikkapellen in unserem Land, darunter 4.800 Jungmusiker, das „klingende Herz" der steirischen Gemeinden genannt werden dürften. *„Immer dann, wenn es etwas Besonderes gibt, sei es ein kirchlicher oder ein weltlicher Anlass, spielen sie auf, geben damit dem Ereignis das unverwechselbare Gepräge"* (Josef Krainer)[228]. Lesenswert auch das Vorwort des Ersten Landeshauptmann-Stellvertreters und Kulturreferenten der Steiermärkischen Landesregierung, Kurt Jungwirth, in dem es u. a. heißt: *„Die steirische Blasmusik pflegt in besonderem Maße zugleich Tradition und Aktualität. Sie schlägt klingende Brücken vom Gestern zum Heute und damit auch – und das ist besonders wertvoll – von Jung zu Alt. So unterschiedlich die Anlässe ihres Auftritts sind – frohe Feste, Hochzeiten, Jubiläen, aber auch Trauerfeiern – getragen wird unsere Blasmusik stets von der Sehnsucht, selber zu musizieren oder Musik zu hören. Es ist eine Ursehnsucht der Menschen"* (S. 4).

Die Einstimmung auf dieses 5. Landesmusikfest war im Rahmen der 40. Jahreshauptversammlung des Steirischen Blasmusikverbandes am 29. April 1990 in Gratkorn erfolgt, es spielte der Musikverein Vorau unter der Leitung von Friedrich Zisser. Die in diesem Jahr statutengemäß abzuhaltenden Neuwahlen ergaben folgenden Landesvorstand[229]:

> Landesobmann: Manfred Meier, Liezen
> Landesobmann-Stellv.: Franz Ressel, Mitterdorf im Mürztal, und Siegfried Tropper, Graz
> Landeskapellmeister: Rudolf Bodingbauer, Graz, sein Stellv. Franz Schabl, Voitsberg
> Landesjugendreferent: Alois Grünwald, Liezen, sein Stellv. Markus Waidacher, Frohnleiten
> Landesstabführer: Erich Perner, St. Stefan im Rosental

> Landesfinanzreferent: Felix Lesky, Graz, sein Stellv. Johann Perl, Gratwein
> Rechtsreferenten: Josef Altenburger, St. Nikolai ob Draßling, und Horst Lohr, Judendorf-Straßengel
> Landesschriftführer: Anna Bodingbauer, Graz
> Pressereferent: Eugen Brixel, Graz
> AKM-Referent: Oskar Bernhart, Groß St. Florian
> Beiräte: Philipp Fruhmann, Murau, Siegfried Grabner, St. Magdalena am Lemberg, Franz Kniepeiss, Judendorf-Straßengel, Franz Mesicek, Hausmannstätten, Wolfgang Suppan, Graz – Pürgg
> Hilfsfond: Michael Ehgartner, Deutschlandsberg, Gottfried Götzl, Rosental an der Kainach, Alfred Pirker, Liezen

Im Jubiläumsjahr sollte aber auch der Landeswettbewerb „Musik in kleinen Gruppen" in Knittelfeld stattfinden, an dem sich 60 Ensembles beteiligten. Den viersemestrigen Blasorchesterleiterkurs der Grazer Musikhochschule absolvierten in diesem Jahr fünfzehn Kandidaten[230]. Über den Informationstag am 10. November 1990 in der Schwarzl-Halle nahe Graz berichtete die Österreichische Blasmusik-Zeitung, dass zehn Blasmusikverlage, ein Dutzend Musikinstrumentenerzeuger und Trachtenschneider, zwei Tonstudios beteiligt waren und zudem erstmals ein Instrumentenbasar stattgefunden hat[231].

Nur wenige Tage nach seiner Wiederwahl als Landesschriftführer verstarb im Alter von 63 Jahren Karl Thaller[232], und unmittelbar nach dem Landesmusikfest (am 26. Juli 1990) wurde in Leibnitz das langjährige Mitglied des Landesvorstandes, Arnold Lippitz, Kaindorf an der Sulm, zu Grabe getragen.

1991 bis 1995

Für die 41. Jahreshauptversammlung am 28. April 1991 hatte der Landesvorstand die große Schwarzl-Halle in Unterpremstätten nahe Graz angemietet[233].

---

228 5. Steirisches Landesmusikfest. 40 Jahre Steirischer Blasmusikverband, redigiert von Eugen Brixel, Graz 1990.
229 ÖBZ 38, 1990, Heft 5, S. 18.
230 ÖBZ 38, 1990, Heft 6, S. 22.
231 ÖBZ 38, 1990, Heft 10, S. 26.
232 ÖBZ 38, 1990, Heft 5, S. 19.
233 ÖBZ 39, 1991, Heft 5, S. 28.

IV. Aufkommen und Verbreitung des zivilen Blasmusikwesens

Ansprachen von Landesobmann Meier und Bürgermeister Alfred Stingl spielten alle Kapellen gemeinsam die Traditionsmärsche der vertretenen Bundesländer. Am Abend dieses Tages fand im Grazer Stefaniensaal der 5. Steirische Bläsertag statt, an dem sich folgende Höchstklassen-Orchester der Jury stellten: die Stadtkapelle Fehring unter der Leitung von Friedrich Karner, die Werkskapelle der VOEST-ALPINE Zeltweg unter der Leitung von Willi Kremser, die Postmusik Graz unter der Leitung von Emil Uhl, die Marktmusikkapelle Wildon unter der Leitung von Friedrich Kriebernegg, die Kernstockkapelle Pöllau unter der Leitung von Josef Pöttler, die Mürztaler Trachtenkapelle Mitterdorf unter der Leitung von Manfred Skale.

Abb. 75–77: Landesmusikfest 1990 in Graz. Der Marschblock aus Fürstenfeld marschiert ein, an der Spitze Bezirksobmann Johann Tauchmann (unten rechts). Gesamtchöre am Freiheitsplatz (oben). Bläsertag im Stefaniensaal, mit offener Wertung (unten links).

Höhepunkt des Landesmusikfestes aber war der Aufmarsch aller Musikkapellen am Grazer Freiheitsplatz am 15. Juli 1990, wo sich etwa 7000 Musiker versammelten. Gesamtchöre und Ansprachen bezeugten das hohe musikalische und gesellschaftliche Ansehen der Blasmusik, wobei Landeshauptmann Josef Krainer betonte, wie sehr gerade die 15.000 aktiven Musiker in den 393 Musikkapellen in unserem Land, darunter 4.800 Jungmusiker, das „klingende Herz" der steirischen Gemeinden genannt werden dürften. *„Immer dann, wenn es etwas Besonderes gibt, sei es ein kirchlicher oder ein weltlicher Anlass, spielen sie auf, geben damit dem Ereignis das unverwechselbare Gepräge"* (Josef Krainer)[228]. Lesenswert auch das Vorwort des Ersten Landeshauptmann-Stellvertreters und Kulturreferenten der Steiermärkischen Landesregierung, Kurt Jungwirth, in dem es u. a. heißt: *„Die steirische Blasmusik pflegt in besonderem Maße zugleich Tradition und Aktualität. Sie schlägt klingende Brücken vom Gestern zum Heute und damit auch – und das ist besonders wertvoll – von Jung zu Alt. So unterschiedlich die Anlässe ihres Auftritts sind – frohe Feste, Hochzeiten, Jubiläen, aber auch Trauerfeiern – getragen wird unsere Blasmusik stets von der Sehnsucht, selber zu musizieren oder Musik zu hören. Es ist eine Ursehnsucht der Menschen"* (S. 4).

Die Einstimmung auf dieses 5. Landesmusikfest war im Rahmen der 40. Jahreshauptversammlung des Steirischen Blasmusikverbandes am 29. April 1990 in Gratkorn erfolgt, es spielte der Musikverein Vorau unter der Leitung von Friedrich Zisser. Die in diesem Jahr statutengemäß abzuhaltenden Neuwahlen ergaben folgenden Landesvorstand[229]:

> Landesobmann: Manfred Meier, Liezen
> Landesobmann-Stellv.: Franz Ressel, Mitterdorf im Mürztal, und Siegfried Tropper, Graz
> Landeskapellmeister: Rudolf Bodingbauer, Graz, sein Stellv. Franz Schabl, Voitsberg
> Landesjugendreferent: Alois Grünwald, Liezen, sein Stellv. Markus Waidacher, Frohnleiten
> Landesstabführer: Erich Perner, St. Stefan im Rosental

> Landesfinanzreferent: Felix Lesky, Graz, sein Stellv. Johann Perl, Gratwein
> Rechtsreferenten: Josef Altenburger, St. Nikolai ob Draßling, und Horst Lohr, Judendorf-Straßengel
> Landesschriftführer: Anna Bodingbauer, Graz
> Pressereferent: Eugen Brixel, Graz
> AKM-Referent: Oskar Bernhart, Groß St. Florian
> Beiräte: Philipp Fruhmann, Murau, Siegfried Grabner, St. Magdalena am Lemberg, Franz Kniepeiss, Judendorf-Straßengel, Franz Mesicek, Hausmannstätten, Wolfgang Suppan, Graz – Pürgg
> Hilfsfond: Michael Ehgartner, Deutschlandsberg, Gottfried Götzl, Rosental an der Kainach, Alfred Pirker, Liezen

Im Jubiläumsjahr sollte aber auch der Landeswettbewerb „Musik in kleinen Gruppen" in Knittelfeld stattfinden, an dem sich 60 Ensembles beteiligten. Den viersemestrigen Blasorchesterleiterkurs der Grazer Musikhochschule absolvierten in diesem Jahr fünfzehn Kandidaten[230]. Über den Informationstag am 10. November 1990 in der Schwarzl-Halle nahe Graz berichtete die Österreichische Blasmusik-Zeitung, dass zehn Blasmusikverlage, ein Dutzend Musikinstrumentenerzeuger und Trachtenschneider, zwei Tonstudios beteiligt waren und zudem erstmals ein Instrumentenbasar stattgefunden hat[231].

Nur wenige Tage nach seiner Wiederwahl als Landesschriftführer verstarb im Alter von 63 Jahren Karl Thaller[232], und unmittelbar nach dem Landesmusikfest (am 26. Juli 1990) wurde in Leibnitz das langjährige Mitglied des Landesvorstandes, Arnold Lippitz, Kaindorf an der Sulm, zu Grabe getragen.

1991 bis 1995

Für die 41. Jahreshauptversammlung am 28. April 1991 hatte der Landesvorstand die große Schwarzl-Halle in Unterpremstätten nahe Graz angemietet[233].

---

228 5. Steirisches Landesmusikfest. 40 Jahre Steirischer Blasmusikverband, redigiert von Eugen Brixel, Graz 1990.
229 ÖBZ 38, 1990, Heft 5, S. 18.
230 ÖBZ 38, 1990, Heft 6, S. 22.
231 ÖBZ 38, 1990, Heft 10, S. 26.
232 ÖBZ 38, 1990, Heft 5, S. 19.
233 ÖBZ 39, 1991, Heft 5, S. 28.

Der steirische Informationstag in der Schwarzl-Halle südlich von Graz hat sich zur größten Blasmusikmesse Österreichs entwickelt, er fand am 9. November 1991 statt. Erstmals nahm der neue Landesrat Michael Schmid daran teil: Ihm ist es gelungen, im Rahmen der Steiermärkischen Landesregierung ein eigenes Blasmusik-Referat einzurichten (eine nicht nur in Österreich, sondern wohl europaweit einmalige Konstellation!). Schmid versprach, „*sich tatkräftig für die Anliegen der steirischen Blasmusik einzusetzen*"[234].

Der Grazer Hochschullehrgang für Blasorchesterleiter besteht seit neunzehn Jahren, seither haben mehr als dreihundert Kandidaten den viersemestrigen Kurs positiv abgeschlossen[235]. Trotzdem ist der Bedarf an Kapellmeistern in unserem Land keinesfalls abgedeckt; denn nicht allen Absolventen des Kurses gelingt der Übergang in die Praxis eines Kapellmeisters, viele bleiben weiterhin in der „zweiten Reihe", das heißt, sie werden als Vizedirigenten leider nur dann und wann vor einer Musikkapelle stehen dürfen. – Dass unsere Musikkapellen in vielen Teilen Europas für die Steiermark werben, bezeugt u. a. die Jugendkapelle Tieschen, die vom 11. bis 19. Oktober 1991 in Barcelona und Callela bei Valencia erfolgreich aufgetreten ist[236].

Zur 42. Jahreshauptversammlung am 26. April 1992 in Unterpremstätten, Schwarzl-Halle, trafen sich zahlreiche Delegierte der Mitgliedskapellen des Steirischen Blasmusikverbandes. LO Meier konnte darauf hinweisen, dass der Steirische Blasmusikverband mit beinahe vierhundert Mitgliedskapellen und insgesamt 15.233 aktiven Musikern, davon 6633 unter vierundzwanzig Jahre alt, seine bisher größte „Ausdehnung" erfahren hat. Unter den 6633 Jugendlichen finden sich 2018 Mädchen. Und eine weitere Zahl ist beachtenswert: Etwa die Hälfte der steirischen Musikkapellen verfügt bereits über ein eigenes Vereinsheim, rund einhundert Musikkapellen proben in gemeindeeigenen Räumen, nur noch neun Mitgliedskapellen sind auf Nebenzimmer in Gasthäusern angewiesen. Es fanden 1991 22.037 Proben und 14.777 Ausrückungen statt. Der wirtschaftliche Effekt unseres Musizierens schlägt sich in folgenden Zahlen nieder: Bei einem Gesamtrahmen von 60 Millionen ATS entfielen 18 Millionen auf die Anschaffung und Reparatur von Musikinstrumenten, 11,4 Millionen dienten dem Ankauf von Trachten, für 2,6 Millionen wurden Musiknoten angeschafft. Erstmals nahm Landesrat Michael Schmid als Blasmusikreferent der Steiermärkischen Landesregierung an einer Generalversammlung teil, um unter dem begeisterten Beifall der Delegierten eine „drastische Erhöhung" der Subventionen anzukündigen[237]. 24 Teilnehmer absolvierten den Blasorchesterleiter-Lehrgang der Hochschule für Musik und Darstellende Kunst in Graz[238].

Die 43. Jahreshauptversammlung des Steirischen Blasmusikverbandes fand am 25. April 1993 erneut in der Schwarzl-Halle in Unterpremstätten statt. Erstmals wurde ein Grundsatzreferat in das Programm eingebaut, Wolfgang Suppan sprach über „Kritische und in die Zukunft weisende Gedanken zur Situation unserer Blasmusik". Unter den Ehrengästen Landeshauptmann-Stellvertreter Peter Schachner-Blazizek, „Blasmusik-Landesrat" Michael Schmid, Landesrätin Waltraud Klasnic, Landesrat Erich Tschernitz und Landtagsabgeordneter Wolf Chibidziura. Die musikalische Umrahmung lag beim Musikverein „Heimatklang" St. Marein im Mürztal unter der Leitung von Herbert Schöggl. Erstmals wurde die geplante Überreichung einer besonderen Auszeichnung an jene Orchester erwähnt, die innerhalb von fünf Jahren dreimal „mit ausgezeichnetem Erfolg" an Wertungsspielen des Verbandes teilgenommen haben. Der Landeshauptmann selbst würde diese Auszeichnung, den „Steirischen Panther", vergeben. Alois Grünwald konnte als Landesjugendreferent auf die erfreuliche Entwicklung im Bereich des Jungmusiker-Leistungsabzeichens (im Berichtsjahr wurden 46 Goldene, 221 Silberne und 598 Bronzene Leistungsabzeichen vergeben) sowie bei „Musik in kleinen Gruppen" (65 Gruppen mit insgesamt 210 Jungmusikern nahmen am Landeswettbewerb in Bad Gleichenberg teil) hinweisen. Beim Bundeswettbewerb in der Stadt Bruneck in Südtirol wurde von den Juroren drei der vier angetretenen steirischen Gruppen eine „ausgezeichnete" Leistung bestätigt[239].

---

234 ÖBZ 39, 1991, Heft 10, S. 24.
235 ÖBZ 39, 1991, Heft 7, S. 28.
236 ÖBZ 39, 1991, Heft 9, S. 30f.
237 ÖBZ 40, 1992, Heft 5, S. 25.
238 ÖBZ 40, 1992, Heft 7, S. 25.
239 ÖBZ 41, 1993, Heft 5, S. 24.

Die Neuwahlen ergaben folgenden Landesvorstand[240]:

> Landesobmann: Manfred Meier, Liezen
> Landesobmann-Stellvertreter: Gerhard Angerer, Feldbach, und Gerhard Ofner, Mürzzuschlag
> Landeskapellmeister: Rudolf Bodingbauer, sein Stellv. Philipp Fruhmann, Murau
> Landesjugendreferent: Alois Grünwald, Liezen, sein Stellv. Markus Waidacher, Frohnleiten
> Landesstabführer: Erich Perner, St. Stefan im Rosental
> Landesschriftführer: Anna Bodingbauer, Graz, ihr Stellv. Franz Kniepeiss, Judendorf-Straßengel
> Landesfinanzreferent: Felix Lesky, Graz, seine Stellv. Sabine Latzko, verehel. Yildiz, Gratwein
> Landespressereferent: Eugen Brixel, Feldbach–Graz
> EDV-Referent: Günther Lang, St. Dionysen bei Bruck an der Mur
> AKM-Referent: Oskar Bernhart, Groß St. Florian
> Landesrechtsreferent: Horst Lohr, Judendorf-Straßengel, sein Stellv. Josef Altenburger
> Landes-EDV-Referent: Günther Lang, St. Dionysen bei Bruck
> Beiräte: Siegfried Grabner, St. Magdalena; Josef Höflechner, Straß; Franz Mesicek, Hausmannstätten; Wolfgang Suppan, Graz–Pürgg; Alois Weitenthaler, Judenburg
> Hilfsfond: Herbert Mayer, Liezen; Gottfried Götzl, Rosental an der Kainach; Michael Ehgartner, Deutschlandsberg

In seinen Grußworten wies Landesrat Michael Schmid darauf hin, dass er künftig alljährlich für Mitglieder steirischer Blaskapellen viertausend Freikarten für den Besuch von Vorstellungen im Grazer Opernhaus zur Verfügung stellen würde. Damit begann die langjährige fruchtbare Zusammenarbeit mit der Grazer Oper. Der Informationstag fand am 20. November 1993 im Schwarzl-Zentrum in Unterpremstätten nahe Graz statt[241].

Für seine zweiunddreißigjährige Mitarbeit im Geschäftsführenden Präsidium des Bundes Deutscher Blasmusikverbände, zunächst als Vorsitzender des Jugendbeirates, dann als Vorsitzender des Musikbeirates

Abb. 78: Wolfgang Suppan erhält für seine zweiunddreißigjährige Mitarbeit im Geschäftsführenden Präsidium des Bundes Deutscher Blasmusikverbände sowie für die Vertretung der Belange der außerschulischen Jugend- und Erwachsenenbildung im Deutschen Musikrat in Bonn und in der UNESCO-Forschungskommission in Paris das Bundesverdienstkreuz 1. Klasse zum Verdienstorden der Bundesrepublik Deutschland. Die Verleihung fand im deutschen Generalkonsulat in Graz durch Regierungspräsident Dr. Norbert Nothhelfer statt. Auf dem Foto (v.l.n.r.): Bürgermeister Hermann Kröll, Schladming, Landeshauptmann Dr. Josef Krainer, Elfriede und Wolfgang Suppan, Landtagsabgeordneter und Bürgermeister von Pürgg-Trautenfels, Kurt Tasch, Generalkonsul Walbroel.

und schließlich als Stellvertretender Präsident, wurde Wolfgang Suppan 1993 mit dem Bundesverdienstkreuz 1. Klasse zum Verdienstorden der Bundesrepublik Deutschland ausgezeichnet, einer der höchsten Orden, die die BRD an Nicht-Diplomaten und Nicht-Regierungsmitglieder vergibt. Die Verleihung fand im deutschen Generalkonsulat in Graz statt, Regierungspräsident Dr. Norbert Nothhelfer und der Geschäftsführer des Bundes Deutscher Blasmusikverbände, der Musikverleger Klaus Schulz, waren aus diesem Anlass nach Graz gekommen, wo in Anwesenheit von Landeshauptmann Dr. Josef Krainer der Festakt stattfand.

Anlässlich der 44. Jahreshauptversammlung am 10. April 1994 in der Unterpremstättener Schwarzl-Halle konnte Landesobmann Meier u. a. Frau Landeshauptmann-Stellvertreter Waltraud Klasnic sowie unseren Blasmusik-Landesrat Michael Schmid begrüßen. Letztgenanntem konnte er dafür danken, dass nur mit seiner finanzielle Hilfe in der Höhe von 100.000,00 ATS die Weiterführung des Blasorchesterleiterkurses an der Hochschule für Musik und darstellende Kunst in Graz möglich geworden ist[242]. Es konzertierte die Werkskapelle Böhler Mürzzuschlag-Hönigsberg unter der Lei-

---

240 Vorstellung neuer Landesvorstandsmitglieder, in: ÖBZ 41, 1993, Heft 7, S. 22f.
241 ÖBZ 42, 1994, Heft 1, S. 23f.
242 ÖBZ 42, 1994, Heft 4, S. 23; ebda., Heft 7, S. 25.

tung von Hubert Auer. Großes Bedauern löste die Mitteilung von Landesjugendreferent Alois Grünwald aus, dass er das Amt des Landesjugendreferenten zurücklegen würde. An seine Stelle trat der bisherige Stellvertreter Markus Waidacher, während als dessen Stellvertreter Josef Pöttler bestimmt wurde.

Am 29. Mai 1994 fand der Landeswettbewerb „Musik in kleinen Gruppen" im Großen Saal der Arbeiterkammer in Murau statt, es beteiligten sich daran 49 Gruppen aus 15 steirischen Bezirken[243]. Vier davon wurden zum Bundeswettbewerb entsandt, zu dem diesmal die südsteirische Stadt Leibnitz eingeladen hatte, zwei steirische Gruppen erhielten dabei eine „ausgezeichnete Leistung" bestätigt. – Am 6. Steirischen Bläsertag am 27. November 1994 im Grazer Stefaniensaal nahmen sechs Orchester teil: Die Werkskapelle Böhler Mürzzuschlag-Hönigsberg unter der Leitung von Hubert Auer, die Kernstockkapelle Pöllau unter der Leitung von Josef Pöttler, der Musikverein Heilbrunn unter der Leitung von Peter Bratl, die Stadtkapelle Deutschlandsberg unter der Leitung von Franz Maurer, die Stadtkapelle Murau unter der Leitung von Philipp Fruhmann, die Musikkapelle VOEST-Alpine „Roseggerheimat" unter der Leitung von Rudolf Zangl.

Die 45. Jahreshauptversammlung des Steirischen Blasmusikverbandes fand am 23. April 1995 im Kulturheim der weststeirischen Stadt Voitsberg statt, umrahmt von den Klängen der Werkskapelle der Firma Bauer in Voitsberg unter der Leitung von Sepp Rauth. Frau Landeshauptmann-Stellvertreter Waltraud Klasnic und unser Blasmusik-Landesrat Michael Schmid waren als Vertreter der Landesregierung erschienen, um zu hören, dass der Steirische Blasmusikverband mit seinen 396 Mitgliedskapellen und 12.850 aktiven Musikern auch kulturpolitisch eine mächtige Kraft im Lande ist. Landeskapellmeister Bodingbauer gab bekannt, dass 16.000 Gesamt- und 5.000 Teilproben stattgefunden haben, dass steirische Musikkapellen 14.460-mal in der Öffentlichkeit in Erscheinung getreten sind. Leider fanden im Berichtsjahr nur fünf Konzertwertungsspiele statt. Landesjugendreferent Waidacher konnte auf 991 neue Träger von Jungmusiker-Leistungsabzeichen sowie auf siebzehn steirische „Spiel in kleinen Gruppen"-Wettbewerbe verweisen, an denen sich 121 Gruppen beteiligt haben. – An Stelle der bisherigen stellvertretenden Landesfinanzreferentin Sabine Latzko, verehel. Yildiz, wurde Johann Eder in diese Funktion gewählt. Hannes Lackner erhielt einen Sitz im Beirat[244]. – Der 24. Steirische Informationstag fand am 4. November 1995 im Saal des Schwarzl-Freizeitzentrums in Unterpremstätten nahe Graz statt.

Die in vielen Musikkapellen bestehenden kleinen Bläsergruppen, die unabhängig vom Repertoire des Orchesters ein überliefertes volkstümliches Repertoire pflegten, drängten seit den achtziger Jahren des 20. Jahrhunderts mehr und mehr an die Öffentlichkeit. Eine Bewegung, die von Bayern her in Österreich Fuß gefasst hat[245]. Der Bezirk Graz-Nord unter Bezirksobmann Herbert Polzhofer ging beispielgebend voran – und veranstaltete das „1. Weisenbläsertreffen" in Übelbach[246]. Seither finden in vielen steirischen Bezirken solche geselligen musikalischen Treffen statt, die – ohne spezifische Förderung durch den Steirischen Blasmusikverband – viel Publikum anziehen (siehe Kapitel IX, „Weisenblasen", S. 292 ff).

Folgende Musikkapellen wurden während der Jahre 1981 bis 1996 gegründet:

1981 Dorfmusikkapelle Dietersdorf, Bezirks Bad Radkersburg; Musikkapelle Rohrbach an der Lafnitz, Bezirk Hartberg
1984 Musikschulorchester Hartberg
1985 Musikverein Predlitz-Turrach, Bezirk Murau
1987 Musikverein Therme Loipersdorf, Bezirk Fürstenfeld
1989 Marktkapelle Wagna, Bezirk Leibnitz
1991 Bläservielharmonie, Graz (1991 Gründungskonzert; 1994 Gründungsversammlung des „Vereins Grazer BläserVielharmoniE"; 1998 Beitritt zum Steirischen Blasmusikverband)
1995 Musikverein Don Bosco, Graz (hervorgegangen aus dem Jugendblasorchester Don Bosco, das 1978 gegründet worden war), Bezirk Graz-Stadt

---
243 ÖBZ 42, 1994, Heft 6, S. 16.
244 ÖBZ 43, 1995, S. 36f.
245 Über „Weisenblasen" vgl. Artikel „Weise", in: ÖML, Band 5, 2006, S. 2614, mit weiterführender Literatur; Willi Sauberer, Das Weisenblasen und die Weisenbläser. Eine Sammlung von Fakten und Meinungen zur heutigen alpenländischen Praxis, in: Salzburger Volkskultur 26, Mai 2002, S. 77–101; Wolfgang Suppan, Weisenblasen, in: ÖBZ 57, 2009, Heft 5, S. 14; Steirischer Brauchtumskalender 2010. Blasmusik, Graz 2009, S. 111.
246 ÖBZ 43, 1995, S. 36.

1996 bis 2006: Wolfgang Suppan leitet die musikalische und gesellschaftspolitische Neupositionierung ein

> Motto: „*Wer darauf beharrt, dass alle Macht und Autorität in seinen eigenen Händen vereint ist, beschränkt die Verwirklichung seiner Anliegen auf die Größe seiner eigenen Hände*" (Paul Harris, Gründer von Rotary International, 1905).

Die 46. Jahreshauptversammlung des Steirischen Blasmusikverbandes fand am 21. April 1996 in der Grimming-Halle in Bad Mitterndorf, Blasmusikbezirk Bad Aussee, in Anwesenheit von Frau Landeshauptmann Waltraud Klasnic sowie unseres „Blasmusik-Landesrates" Michael Schmid statt, musikalisch umrahmt von der Musikkapelle Mitterndorf unter der Leitung von Karl Bauer.

Die Neuwahl ergab folgenden Landesvorstand:

> Landesobmann: Wolfgang Suppan, Graz – Pürgg
> Landesobmann-Stellv.: Gerhard Angerer, Feldbach, und Franz Mesicek, Hausmannstätten, Bezirk Graz-Süd
> Landeskapellmeister: Rudolf Bodingbauer, Graz; sein Stellv. Philipp Fruhmann, Murau
> Landesjugendreferent: Markus Waidacher, Frohnleiten, Bezirk Graz-Nord; sein Stellv. Josef Pöttler, Pöllau, Bezirk Hartberg
> Landesstabführer: Erich Perner, St. Stefan im Rosental, Bezirk Feldbach, sein Stellv. Hermenegild Kaindlbauer, Deutschfeistritz, Bezirk Graz-Nord
> Landesschriftführer: Anna Bodingbauer, Graz, ihr Stellv. Franz Kniepeiss, Judendorf-Straßengel, Bezirk Graz-Nord
> Landesfinanzreferent: Felix Lesky, Graz; sein Stellv. Johann Edler, Salla, Bez. Voitsberg
> Pressereferent: Eugen Brixel, Graz
> AKM-Referent: Sepp Maier, Hainersdorf, Bezirk Fürstenfeld
> Rechtsreferent: Hans Lohr, Judendorf-Straßengel, Bezirk Graz-Nord
> EDV-Referent: Günther Lang, St. Dionysen, Bezirk Bruck an der Mur

> Beiräte: Oskar Bernhart, Groß St. Florian, Bezirk Deutschlandsberg; Siegfried Grabner, St. Magdalena, Bezirk Hartberg; Josef Höflechner, Straß, Bezirk Leibnitz; Hannes Lackner, Graz; Alois Weitenthaler, Judenburg
> Hilfsfond: Herbert Mayer, Liezen; Gottfried Götzl, Rosental an der Kainach, Bezirk Voitsberg; Michael Ehgartner, Deutschlandsberg

Die Versammlung wählte anschließend Manfred Maier zum Ehren-Landesobmann.

In seiner Antrittsrede präzisierte der neue Landesobmann seine Vorstellungen über die kulturelle und gesellschaftspolitische Dimension der Blasmusik, die in der Öffentlichkeit stärker bewusst gemacht werden sollte. Das Hauptaugenmerk gelte einer effizienten Jugendarbeit: „*Viele Jugendliche finden in unseren Blaskapellen jenen Halt, jenen Erfolg, jene Selbstbestätigung, die sie im Verbund ihrer Familie, ihrer Dorfgemeinschaft, ihrer Schule zu zufriedenen Menschen und Mitbürgern heranwachsen lässt, – und die daher nicht der Gefahr ausgesetzt sind, in die Drogenszene abzuleiten oder durch destruktive Kulte und Sekten aus der Bahn geworfen zu werden*". (Suppan) Mit Recht betonte der Berichterstatter in der Österreichischen Blasmusikzeitung, dass diese 46. Jahreshauptversammlung „*ohne Zweifel als wesentlicher Markstein in die Chronik der Steirischen Blasmusik eingehen wird*"[247]. Unter dem Beifall aller Anwesenden verkündete „Blasmusik-Landesrat" Michael Schmid, dass er aufgrund seiner intimen Kenntnis der Situation der steirischen Blaskapellen (seine Gattin gehört als Flötistin der Musikkapelle St. Stefan ob Stainz an) und ihrer nachgewiesenen hohen gesellschaftlichen Wirksamkeit, vor allem im Bereich der außerschulischen

---

247 Zitate nach: ÖBZ 44, 1996, Heft 5, S. 28.

Jugend- und Erwachsenenbildung, die Subvention des Landes Steiermark für den Steirischen Blasmusikverband mit einem gewaltigen Sprung auf 8 Millionen ATS pro Jahr erhöhen werde[248].

Der 25. Informationstag fand in gewohnter Form, mit Konzerten, in denen neue Literatur vorgestellt wurde, sowie mit einem reichen Angebot der Aussteller am 9. November 1996 im Saal des Schwarzl-Freizeitzentrums statt[249]. Ein weiterer Neubeginn betraf die Verleihung der „Steirischen Panther" durch Frau Landeshauptmann Waltraud Klasnic. Im Weißen Saal der Grazer Burg wurden Pokale verteilt. In diesem Rahmen kam es zudem zur Verleihung des „Großen Ehrenzeichens des Landes Steiermark" an zwei Persönlichkeiten außerhalb der Steiermark, die sich große Verdienste um die Entfaltung des Blasmusikwesens in der Steiermark erworben haben: den Verleger der „Alta Musica"-Buchreihe der Internationalen Gesellschaft zur Erforschung und Förderung der Blasmusik, Hans Schneider, Tutzing am Starnberger See, sowie dem Verleger zahlreicher Werke steirischer Komponisten, Klaus Schulz, Freiburg im Breisgau[250].

Der Jugendwettbewerb „Spiel in kleinen Gruppen" fand 1996 in Mürzzuschlag statt. – Die Stadt Bruck an der Mur veranstaltete in diesem Jahr das erste Internationale Militärmusik-Treffen mit Beteiligung ziviler Musikkapellen.

1997: Kulturpolitik ist Sozialpolitik

Nach dieser von positiver Aufbruchstimmung getragenen Jahreshauptversammlung stellte sich leider bald heraus, dass die Zusammenarbeit im neugewählten Landesvorstand nicht konfliktfrei verlaufen konnte. So musste der Landesobmann für den 19. Januar 1997 eine ao. Jahreshauptversammlung in den Saal des Hotels „Böhlerstern" nach Kapfenberg einberufen. Nach kontroverser Diskussion kam es schließlich unter dem Vorsitz des Präsidenten des Österreichischen Blasmusikverbandes, Friedrich Weyermüller, zu Neuwahlen, die folgendes Ergebnis brachten[251]:

> Landesobmann: Wolfgang Suppan, Graz – Pürgg
> Landesobmann-Stellvertreter: Siegfried Grabner, St. Magdalena; Herbert Polzhofer, Deutschfeistritz
> Landeskapellmeister: Philipp Fruhmann, Murau; sein Stellv. Rudolf Zangl, Krieglach
> Landesjugendreferent: Markus Waidacher, Frohnleiten; sein Stellv. Josef Pöttler, Pöllau
> Landesstabführer: Erich Perner, St. Stefan im Rosental, sein Stellv. Hermenegild Kaindlbauer, Graz
> Landesschriftführer: Josef Malli, Graz; sein Stellv. Franz Kniepeiss, Judendorf-Straßengel
> Landesfinanzreferent: Felix Lesky; sein Stellv. Horst Wiedenhofer, Gutenberg
> Pressereferent: Eugen Brixel, Graz
> EDV-Referent: Günther Lang, St. Dionysen bei Bruck
> AKM-Referent: Artur Krobath, St. Peter-Freienstein
> Rechtsreferenten: Michael Ehgartner, Deutschlandsberg, und Gerhard Ofner, Mürzzuschlag
> Beiräte: Wolf Chibidziura, Preding; Josef Höflechner, Straß; Hannes Lackner, Graz; Adolf Marold, Wörschach – Mitterberg bei Gröbming; Alois Weitenthaler, Weißkirchen bei Judenburg
> Hilfsfond: Oskar Bernhart, Groß St. Florian; Herbert Mayer, Liezen; Josef Pilz, Stein an der Enns

Die 47. Jahreshauptversammlung am 27. April 1997 in Fürstenfeld wurde bereits vom „neuen Team" gestaltet. An der Spitze der Ehrengäste kam Frau Landeshauptmann Waltraud Klasnic in die oststeirische Malteserritter-Stadt[252]. Vor der Halle begrüßte die Trachtenkapelle Ottendorf an der Rittschein unter der Leitung von Herbert Maierhofer die Gäste und die Delegierten, im Saal konzertierte die Werkskapelle Austria Tabak, Fürstenfeld, dirigiert von Alfred Reiter.

Erstmals steht eine Generalversammlung des Steirischen Blasmusikverbanes unter einem Motto, nämlich: „Kulturpolitik ist Sozialpolitik". Dazu führt Landesobmann Suppan aus:

---

248 Ebda, S. 27f.
249 Protokoll der ao. Generalversammlung am 19. Jänner 1997 in Kapfenberg, in: Blasmusik in der Steiermark, Jg. 47, Nr. 1, Februar 1997, S. 4–10; ÖBZ 44, 1996, Heft 10, S. 42, und Heft 12, S. 44.
250 ÖBZ 44, 1996, Heft 5, S. 30f.
251 ÖBZ 45, 1997, Heft 2, S. 50.
252 Protokoll der 47. Generalversammlung am 27. April 1997 in Fürstenfeld, in: Blasmusik in der Steiermark, Jg. 47, Nr. 2, Juni 1997, S. 45–16.

„Unser freiheitlich-demokratisches Gemeinwesen lebt davon, dass Bürgerinnen und Bürger an seiner Gestaltung mitwirken und einen Teil ihrer Lebenszeit für das Gemeinwohl einsetzen. Unser Gemeinwesen wäre nicht denkbar, wären nicht Millionen von Menschen aus freiem Entschluss bereit, sich in Verbänden und Vereinen für eine am Gemeinwohl orientierte Aufgabe zu engagieren. Von der Vielzahl und Vielfalt freiwilliger Tätigkeit hängt die Qualität des Lebens in unserem Lande entscheidend ab".

Auf solche Sätze gingen auch die anwesenden Vertreter der Steiermärkischen Landesregierung ein. Blasmusik-Landesrat Michael Schmid wiederholte gleichsam den Tenor der Aussagen des Landesobmannes, wenn er wörtlich anführt: *„Förderungen der Blasmusik sind Investitionen im gesellschaftlichen und sozialen Bereich [...] Ehrenamtliche Tätigkeiten mit 120 bis 140 Terminen im Jahr pro Kapelle summieren sich bei 393 Mitgliedskapellen des Steirischen Blasmusikverbandes mit 15.687 aktiven Mitgliedern zu jährlich 5 Millionen Stunden. Das entspricht der Leistung von einer Milliarde Schilling. Daher muss die Ehrenamtlichkeit mehr Anerkennung und Gewichtigkeit bekommen. Man soll einen Weg suchen, damit Eltern durch den Besuch ihrer Kinder in einer Musikschule nicht außergewöhnlich belastet werden. Blasmusik ist eine Klammer zwischen den Generationen, zwischen Jung und Alt. Die Blasmusik ist ein deutliches Beispiel dafür, dass in unserer Zeit sehr junge, junge und ältere Musikerinnen und Musiker miteinander harmonieren".* Landtagsabgeordneter Siegfried Schrittwieser ergänzte dazu: *„Wir brauchen in unserer Gesellschaft die Vereine. Die Jugend und die ältere Generation verträgt sich vorbildlich in den Musikkapellen – und das ist die Garantie für ein geordnetes und friedliches Zusammenleben. Durch Landesobmann Suppan ist der nun eingeschlagene Weg bestätigt und auch abgesichert. Die Politiker werden ihren Teil dazu beitragen".* Und Frau Landeshauptmann Waltraud Klasnic präzisierte: *„Gemeinsam sind wir bestrebt, die Anliegen der Steirischen Blasmusik in der Landesregierung zu hören und ihnen nachzukommen",* um u. a. darauf hinzuweisen, dass die Steiermärkische Landesregierung den 19. November 1997 als den „Tag des Ehrenamtes" fixiert hat. Sehr positiv für das Ansehen des Landes würde sich die Konferenz der World Association for Symphonic Bands and Ensembles (WASBE) vom Juli d. J. in Schladming auswirken. Gern wird sie allen jenen Musikkapellen, die sich durch besondere Leistungen bei Wertungsspielen

Abb: 79: Erstmals in der Geschichte des Landes Steiermark gibt es einen eigenen Blasmusikreferenten in der Steiermärkischen Landesregierung, eine Funktion, die Landesrat Michael Schmid ausfüllte. Unser Foto zeigt ihn zusammen mit Landeskapellmeister Philipp Fruhmann (rechts) während des Aufmarsches zur 100-Jahr-Feier des Grazer Opernhauses im Jahr 1999.

auszeichnen, im Weißen Saal der Grazer Burg die aus Sölker Marmor und mit dem offiziellen steirischen Landeswappen versehene Auszeichnung überreichen.

Landeskapellmeister Fruhmann stellte an den Beginn seines ausführlichen Berichtes die Nachricht, dass die Musikkapelle der VOEST ALPINE – Roseggerheimat Krieglach unter der Leitung von Rudolf Zangl beim Österreichischen Blasmusikwettbewerb in Feldkirchen in Kärnten vom 20. bis 22. September 1996 in der Stufe D die höchste Punkteanzahl aller teilnehmenden Orchester errreicht hätte. Im Fußball würde man da vom „Österreichischen Meister" sprechen! Jungmusiker-Leistungsprüfungen und „Spiel in kleinen Gruppen" – beides höchst erfolgreich gestaltet – bildeten den Mittelpunkt des Berichtes von Landesjugendreferent Markus Waidacher.

Über den unglaublichen Erfolg der WASBE-Konferenz in Schladming, sowohl für die Weltorganisation als auch für das gastgebende Land Österreich, durften sich alle Beteiligten freuen. An keiner anderen WASBE-Konferenz vorher gab es mehr Publikum, nie zuvor haben so viele Spitzenorchester, nämlich einundvierzig, aus Europa, Nord- und Südamerika sowie aus dem Fernen Osten teilgenommen, nie *mehr* Verlage, Musikinstrumentenerzeuger eine Ausstellung beschickt, zudem referierten und unterrichteten die besten Fachleute in Round Table-Gesprächen und Seminaren, das Internationale Jugendorchester erreichte unter der Leitung von Karel Husa, Frederick Fennell, Alfred Reed und Ray Cramer hohes Niveau. Joseph Horovitz, Karel Husa und Alfred Reed fanden zurück in ihre mitteleuropäische Heimat[253]. In besonderer Weise haben Schladmings Bürgermeister Hermann Kröll und der Direktor des Schladminger Tourismusbüros, Heinz Lang, mit allen ihren Mitarbeitern, sich damit Verdienste um die steirische Blasmusik erworben[254].

1998: Blasmusik – Kultur- und Wirtschaftsfaktor

Die 48. Jahreshauptversammlung am 26. April 1998 im Kultur- und Kongresshaus in Knittelfeld stand unter dem Motto „Blasmusik – Kultur- und Wirtschaftsfaktor". Mehr als sechshundert Delegierte von 244 Mitgliedskapellen nahmen daran teil, musikalisch begrüßt vom Musikverein Seckau unter der Leitung von Kapellmeister Robert Kleemair (vor der Halle) und dem Musikverein der Bediensteten der ÖBB Knittelfeld unter der Leitung von Kapellmeister Bernd Pichler (im Saal).

Der Landesobmann wies in seinem Bericht zunächst darauf hin, dass es nach wie vor sein Ziel sei, an möglichst vielen Veranstaltungen der steirischen Blaskapellen teilzunehmen, um sich selbst ein Bild von der musikalischen Leistungsfähigkeit und von der gesellschaftlichen Präsenz der Mitgliedskapellen machen zu können. Danach ging er auf das Motto dieser Jahreshauptversammlung ein und gab dazu drei Stimmungsbilder aus der jüngsten Vergangenheit (im folgenden Text wörtlich zitiert):

„(1) In dem weltberühmten Kurort Baden-Baden, im Südwesten Deutschlands, ist vor einer Woche (am 18. April 1998) eines der größten Festspiel- und Opernhäuser der Welt eröffnet worden, – in Europa nach der neuen Pariser Bastille-Oper das zweitgrößte Haus! Die Karajan-Pfingst-Festspiele wurden bereits von Salzburg nach Baden-Baden transferiert. Lothar Späth, der ehemalige Baden-Württembergische Ministerpräsident, nun Vorsitzender des Freundeskreises dieses Baden-Badener Festspiel- und Opernhauses, hat in seiner Eröffnungsrede u. a. darauf hingewiesen, *daß der Kulturbereich heute bereits ein größerer Wirtschaftsfaktor sei als die Bau- oder die Autoindustrie!* Und dies in einem Land mit einer blühenden Auto-Industrie. Die Kosten für den Bau in Baden-Baden wurden daher nicht aus dem Kulturbudget des Landes Baden-Württemberg genommen – sondern aus dem Regionalentwicklungsplan. Das Haus wird auf rein privatwirtschaftlicher Basis geführt werden. (2) Zu Salzburg: Laut Bericht vom 8. April 1998 in der Kleinen Zeitung hat die Intendantin der Salzburger Festspiele, Frau Helga Rabl-Stadler, in einer Presse-Konferenz erklärt: *Die Festspiele seien der wirtschaftliche ‚Motor der Region',* und weiter: *‚Wir zahlen uns unsere Subventionen selbst'.* Sie wollte damit sagen, dass die Gelder der öffentlichen Hand, die nach Salzburg gehen, durch Steuereinnahmen ausgeglichen würden. (3) Zur Weltkonferenz der Symphonischen Blasorchester 1997 in Schladming: Es gab dort 9000 Teilnehmer aus aller Welt – und insgesamt 43.000 Menschen haben die Konzerte, Seminare, Ausstellung der Musikindustrie besucht. Schladming konnte ein Nächtigungsplus von 27,5 % für den Juli 1997 (im Vergleich zu den entsprechenden Monaten der Vorjahre) verbuchen, während österreichweit sonst eher Rückgänge angesagt waren.

Mit solchen Beispielen soll die wirtschaftliche Bedeutung von Musik im Freizeitbereich deutlich gemacht werden. Die Mitgliedskapellen des Steirischen Blasmusikverbandes sind zwar nur ein winzig kleiner Bestandteil der weltweiten Musikindustrie, doch mag sich das ‚Vermögen' in Relation zum steirischen Kulturbudget durchaus sehen lassen. Neueste Erhebungen (Stand 1997) ergeben folgendes Bild:

---

253 Wolfgang Suppan, Die Heimkehr dreier Mitteleuropäer. Joseph Horovitz, Karel Husa, Alfred Reed, in: Österreichische Musikzeitschrift 52, 1997, Heft 7, S. 24–33. Die Österreichische Musikzeitschrift widmete dieses Heft 7/1997 des 52. Jahrganges der Schladminger WASBE-Konferenz und damit der Blasmusik.
254 Ausführlich wird die WASBE-Konferenz, einschließlich der ihr nachfolgenden MID EUROPE-Konferenzen behandelt in: Suppan/2003, S. 151–162. Sowohl anlässlich der WASBE-Konferenz wie auch für die nachfolgenden MID EUROPE-Konferenzen erschienen repräsentative Programmbücher sowie CD-Editionen, jeweils hg. von Wolfgang Suppan.

(A) Musikinstrumente, je 50 Instrumente,
   à S 30.000 . . . . 480 Mill. S
(B) Trachten, 16.000 Musiker, à S 10.000 . . . 160 Mill. S
(C) Musiknoten, Musikarchiv,
   395, à S 100.000 . . . . 316 Mill. S
(D) Musikheime: 250 eigene Häuser bzw.
   Räumlichkeiten . . . . 1.500 Mill. S
   in Gemeinde- und Schulräumen,
   Pfarrheimen . . . . 60 Mill. S
   in Privathäusern . . . . 2 Mill. S
   in Gasthäusern, nur noch 4

Das ergibt eine Summe von . . . . . . ca. 2,5 Milliarden S

Steirische Musikkapellen machen jährlich einen Umsatz von ca. 80 bis 90 Mill. S. Das Budget des Steirischen Blasmusikverbandes entspricht dem eines passablen mittelständischen Wirtschaftsbetriebes. Das heißt, wir bezahlen mehr an Steuern, als die Öffentliche Hand an Subventionen für uns leistet. Auch wir können, ebenso wie die Salzburger Festspiele, daher von uns behaupten, *wir bezahlen unsere Subventionen selbst.* Welche vergleichbare Einrichtung des Kulturlebens kann dies von sich sagen?

Das ist der Grund, warum ich vor einem Jahr durchaus selbstbewusst sagen konnte, wir möchten nicht als Bittsteller eingestuft werden – und das, was so landläufig als Subvention bezeichnet wird, ist im Grunde eine Investition in die Menschen unseres Landes. Vor einer Woche konnte ich hier in Knittelfeld mit Landtagsabgeordnetem Grabner ein interessantes Gespräch führen: Und er sagte mit Recht u. a.: Das, was im Bereich der Freiwilligkeit passiert: von Rot-Kreuz-Helfern, von Feuerwehren, von Sportverbänden, von den Musikkapellen, dient in hohem Maße dem Funktionieren des Gemeinwesens. Es ist notwendig, ja unverzichtbar für das Gemeinwesen, – aber es könnte vom Staat gar nicht bezahlt werden. Deshalb wird das Ehrenamt immer stärker aufgewertet.

Anlässlich der Überreichung der Pro Musica-Plakette an bundesdeutsche Blasorchester formulierte Bundespräsident Roman Herzog[255]:

‚Wer singt oder ein Instrument spielt, erlernt eine zweite Sprache. Die Sprache der Musik durchbricht Mauern der Vereinsamung [...] Der Musizierende übt sich auch in Konzentrationsfähigkeit, Einfühlungsvermögen und Ausdauer. Er erwirbt sich einen Lebensrhythmus, der ihm hilft, die eigene Persönlichkeit zu entfalten'.

Und in der hochangesehenen Frankfurter Allgemeinen Zeitung konnte man über eine Tagung von Sozial- und Kulturwissenschaftlern im südbadischen Wehr u. a. lesen: ‚Nicht die Kulturpolitik ist heute in der Krise, sondern die Wirtschafts- und Gesellschaftspolitik sind es. Und hier ist gerade die Kulturpolitik gefordert. Kulturpolitik als die zentrale öffentliche Aufgabe, bei der es um die grundlegenden Fragen des Zusammenlebens der Menschen geht, um ihre Werte, Ziele und Verantwortungen, ihre Rechte und Pflichten'". (Suppan)

Folgende wichtige Themen wurden zudem im Rahmen der Knittelfelder Jahreshauptversammlung behandelt (aus dem Protokoll):

(A) Zur AKM-Situation: 80 % der Tantiemen gehen in das Ausland. Wir sollten daher bei der Gestaltung unserer Konzertprogramme und bei den AKM-Meldungen sorgfältiger darauf achten, dass auch steirische Komponisten „zu Wort kommen". Unser Ziel sollte sein, eigene Komponisten zu fördern, uns zu bemühen, in jedem Konzert zumindest das Werk eines steirischen Komponisten zu interpretieren. Der Landesvorstand wird daher eine Liste mit „steirischen Werken" erstellen und im Sekretariat steirische Werke zur Einsicht für unsere Kapellmeister auflegen. (B) Zum ORF: Bezirksobmann Herbert Mayer, Liezen, stellt den folgenden Antrag: Der Landesvorstand ist zu beauftragen, entsprechende Maßnahmen und Aktivitäten zu setzen, um ein Umdenken im ORF–Landesstudio Steiermark zu erwirken. Es sollen künftig wieder entsprechende Blasmusik-Sendungen, und zwar aus allen Bereichen der Blasorchestermusik, von der E- bis zur U-Musik, in angemessener Sendezeit in das Programm-Schema aufgenommen werden. (C) Im neuen Organisationsstatut der Musikschulen in Steiermark wird die Einbindung der Aktivitäten um das Jungmusiker-Leistungsabzeichen in den Musikschulbereich festgeschrieben. Dafür dankt der Landesobmann dem anwesenden Landesmusikdirektor Josef Rauth. (D) Die Steiermark wird den Jubiläums-Jahreskongreß des Österreichischen Blasmusikverbandes vom 11. bis 14. Juni 1998 in Bad Waltersdorf aus-

---

255 Die Pro Musica-Plakette erhalten in der Bundesrepublik Deutschland alle jene Musikkapellen, die auf eine mehr als einhundertjährige Geschichte hinweisen können.

IV. Aufkommen und Verbreitung des zivilen Blasmusikwesens

richten. (E) Vom 15. bis 19. Juli 1998 wird die erste MID EUROPE in Schladming stattfinden: Eine Gründung von Wolfgang Suppan, dem Tourismus-Obmann Fritz Danklmaier und dem Tourismus-Chef Heinz Lang, in Verbindung mit Bürgermeister Hermann Kröll, alle Schladming, sowie dem Steirischen Blasmusikverband. Die Veranstaltung weist erneut eine hervorragende internationale Präsenz (Konzerte, Ausstellung, Seminare) auf. (F) Das nächste Landesmusikfest des Steirischen Blasmusikverbandes wird am 24. und 25. Juni 2000 in Deutschlandsberg stattfinden. Als Vorsitzender des örtlichen Organisations-Komitees für Deutschlandsberg wurde vom Landesausschuss unser Beiratsmitglied Oskar Bernhart benannt. Begleitende Schwerpunktveranstaltungen sind in Bruck, Graz (Eröffnungskonzert), Hartberg, Kapfenberg, Schladming (Jugendkapellentreffen, Musik in kleinen Gruppen, MID EUROPE) geplant.

Landeskapellmeister Philipp Fruhmann gibt das Ergebnis der Musikinstrumentenerhebung bekannt, die mit Stichtag 1. Mai 1997 durchgeführt wurde. Die Auswertung durch EDV-Referent Günther Lang ergab, dass die

Abb. 80: Im Rahmen des Tages der offenen Tür bei der Bürgerberatung der Steiermärkischen Landesregierung am 19. März 1998 konnte der Steirische Blasmusikverband seine Geschichte und seine gegenwärtige musikalische und gesellschaftliche Position der Öffentlichkeit vorstellen. Auf dem Foto (v.l.n.r.) Landesobmann-Stellvertreter Siegfried Grabner, Bezirksobmann und Landesbeirat Josef Pilz, Landesfinanzreferent Felix Lesky, Landesobmann Wolfgang Suppan, Landesobmann-Stellvertreter Herbert Polzhofer.

Abb. 81: Zu den neuen Entwicklungen jener Jahre zählt die Gründung von überregionalen Blasorchestern, Bundes- und Landes(jugend)orchestern sowie Bezirksorchestern. Solche Orchester sollten einerseits Vorbildfunktion ausüben, andererseits besonders talentierten Musikern die Chance bieten, wertvolle zeitgenössische Literatur kennen zu lernen und zu spielen. Auch in der Steiermark zeigten sich bald solche Auswahlorchester. Auf unserem Foto dirigierte Armin Suppan das Auswahlblasorchester des Bezirkes Weiz, am Programm standen u. a. Carl Orffs „Carmina burana" für Chor und Blasorchester.

durchschnittliche Stärke der steirischen Musikkapellen bei 41 Aktiven liegt. Acht Bezirke veranstalteten Konzert-Wertungsspiele, sechs Marsch-Wertungsspiele. Damit haben sich insgesamt 92 Musikkapellen einer freiwilligen Prüfung unterzogen. Ab 1999 wird es fünf Stufen geben, eine neue Literaturliste tritt mit 1. Januar 1999 in Kraft. Als Ergebnis eines Kompositionsauftrages an Franz Cibulka liegt die dreisätzige Suite *Made in Styria* vor, die von der Kernstockkapelle Pöllau bereits eingespielt wurde. Für den 7. November 1998 wird zu einem Informationstag ins oststeirische Gnas eingeladen. Leider sollte es der letzte Informationstag in einer langen und erfolgreichen Reihe werden, da offensichtlich der Bedarf an solchen Veranstaltungen erschöpft war.

Mit berechtigtem Stolz konnte Landesjugendreferent Markus Waidacher auf zwei Tausender-Jubiläen im Jahr 1997 hinweisen: Am 2. August wurde in Frohnleiten das 19.000., am 16. November das 20.000. Abzeichen vergeben. Urkunden für den erfolgreichen Abschluss des Blasorchesterleiter-Kurses 1995–1997 an der Hochschule für Musik und darstellende Kunst in Graz erhielten: Andreas Abel, Johann Grasch, Renate Jauck, Bernhard Lamprecht, Gerhard Lipp, Barbara Podrzavnik, Helmut Rumpf, Elisabeth Sonnleitner, Gerhard Stefanzl und Gerald Waldbauer.

Mit dieser Generalversammlung wollte gezeigt werden, dass die Umstellung des Managements des Steirischen Blasmusikverbandes erfolgreich im Gange ist, und zwar zu einer von Freundschaft und effizienter Zusammenarbeit getragenen Organisation im Sinne einer partizipativen Unternehmenskultur. Dabei greifen Kultur und Wirtschaft, außerschulische Jugend- und Erwachsenenbildung, musikalisch-künstlerische und gesellschaftspolitische Bemühungen ineinander.

**1999: Blasmusik –
Instrument demokratischer Willensbildung**

Mit der *Festival Fanfare* von Franco Cesarini eröffnete die Marktmusikkapelle Wildon unter der Leitung von Kapellmeister Fritz Kriebernegg die 49. Jahreshauptversammlung am 25. April 1999 in Leibnitz. Mehr als sechshundertfünfzig Delegierte von 238 Mitgliedskapellen haben daran teilgenommen. An der Spitze der Ehrengäste konnte Landesobmann Suppan begrüßen: Bundeswirtschaftsminister Martin Bartenstein, Landeshauptmann-Stellvertreter Peter Schachner-Blazizek, unseren Blasmusikreferenten, Landesrat Michael Schmid mit seinem Büroleiter Peter Frank, die Abgeordneten zum Steiermärkischen Landtag Otto Heibl, Peter Tschernko und Karl Wiedner. Ein besonderer Dank für die Gastfreundschaft und die Zurverfügungstellung der schönen Sporthalle galt dem Hausherrn, Bürgermeister Hans Kindermann, Leibnitz.

Landesobmann Suppan nimmt zunächst zum Motto dieser Jahreshauptversammlung Stellung, nämlich: „Blasmusik – Instrument demokratischer Willensbildung". Er führt u. a. aus:

Wenn wir von Musik reden, geht es immer um Menschen, die sie machen – oder die ihr zuhören, gewollt oder ungewollt, bewusst oder unbewusst, im Konzertsaal oder beim Essen im Restaurant. Und das bedeutet, dass es sich um ein menschlich-psychisches und um ein gesellschaftliches Faktum handelt: Und zwar bei allem, was wir als Musiker tun, ob wir Bach, Mozart, Sepp Tanzer oder den 47er-Marsch spielen. Daher habe ich schon bei der Jahresversammlung 1998 in Knittelfeld das Motto von der Blasmusik, die Kultur- *und* Wirtschaftsfaktor sei, auf die Stirnwand der Halle schreiben lassen, um beeindruckende Zahlen vor allem vor unseren Ehrengästen und der Presse auszubreiten. Wer hätte schon gedacht, dass in den 395 steirischen Musikkapellen mit ca. 16.000 Musikerinnen und Musikern ein Vermögen von mehr als 2,2 Milliarden ATS steckt? Es ist heute zeitgemäß, d. h. notwendig, auf solche Fakten hinzuweisen: Denn nur daraus erwächst die Begründung dafür, dass wir öffentliche Gelder erwarten, ja beanspruchen dürfen. Wäre Musik nur sinnloses Spiel, unnützes Dekor unseres Lebens, – dann wäre sie Privatsache. Dann hätte der Bund der Steuerzahler in der Bundesrepublik Deutschland recht, der in einem großen „Spiegel"-Artikel verkündete: *Wer auf die Pauke hauen will, soll das selbst bezahlen!* Also Musik als Hobby, wie Briefmarken sammeln, wie Kaninchen züchten…, – woraus sich kein Anspruch auf Musikunterricht, keine Finanzierung von Musikschulen durch die sogenannte „öffentliche Hand" ergeben würde.

Demgegenüber stellen wir fest (und das ist nicht zuletzt ein Ergebnis meiner musikanthropologischen Arbeiten, u. a. sechs Jahre in der Forschungskommission der UNESCO in Paris): Musik ist humanbiologisch notwendig, für den psychischen Haushalt jedes einzelnen

Abb. 82: Jahreshauptversammlung Leibnitz 1999.

Menschen konstitutiv, für das Funktionieren der Gesellschaft unverzichtbar[256].

Die Blaskapelle aber, und das ist heute die Musik, die in jeder Gemeinde das kulturelle Geschehen gewichtet, die die meisten Menschen zum aktiven Musizieren bringt und sie dabei bis ins hohe Alter hält, – diese Blaskapelle *ist das Idealbild einer funktionierenden Demokratie.* In ihr werden die Möglichkeiten und Grenzen der Freiheit des Menschen bewusst gemacht. Nämlich: Die Möglichkeiten, sich menschlich zu entfalten, mitschöpferisch am Ganzen teilzunehmen, damit ein angesehenes, zufriedenes, selbstbewusstes Mitglied der Gemeinschaft zu werden. Aber eben: Innerhalb von Grenzen, die durch Komponisten und Dirigenten und von den Mitspielern gegeben sind. Instrument demokratischer Willensbildung: meint daher konkret, indem wir unsere Jugend in die Blaskapellen aufnehmen, betreuen wir sie in jenem positiven Sinne: Dass sie als mündige Bürger die demokratische Ordnung unserer Gesellschaft, unseres Staates mitgestalten lernen.

Mein Kollege Gerhard Rohde hat in der März-Nummer der in Regensburg erscheinenden „Neuen Musikzeitung" zu der derzeitigen Sparwelle in Deutschland geschrieben, die wieder einmal bei der Musik beginnen will: *„Jede Mark, an der hierbei* [nämlich an den Musikschulen und an anderen Einrichtungen des öffentlichen Musiklebens] *gespart wird, wird sonst eines Tages x-fache Sozialkosten verursachen, von den seelischen Beschädigungen nicht zu reden".*

Zum Abschluss seines Berichtes weist Landesobmann Suppan darauf hin, (1) dass das Büro in der Grazer Herdergasse neu adaptiert wurde, (2) dass *Steirische Panther* und *Robert Stolz-Preise* am 22. April 1999 durch

---

[256] Wer mehr dazu wissen möchte, der wird auf die folgenden Bücher des Verfassers verwiesen: Der musizierende Mensch. Eine Anthropologie der Musik, Mainz 1984 (Musikpädagogik. Forschung und Lehre, Band 10); Musica humana. Die anthropologische und kulturethologische Dimension der Musikwissenschaft, Wien – Köln – Graz 1986 (Forschen – Lehren – Verantworten. Festgaben zur 400-Jahr-Feier der Karl-Franzens-Universität Graz, Band 8); Werk und Wirkung. Musikwissenschaft als Menschen- und Kulturgüterforschung, 3 Bände, Tutzing 2000 (Musikethnologische Sammelbände 15–17).

Abb. 83: Jungmusikerprüfung am 10. April 1999 in Mureck, Bezirk Radkersburg. In der ersten Reihe, sitzend, in der Mitte: Landesjugendreferent Markus Waidacher, zweiter von rechts: Bezirksobmann Unger.

Frau Landeshauptmann Waltraud Klasnic und Herrn Hans Stolz im Weißen Saal der Grazer Burg überreicht wurden, (3) dass die *Kooperation Musikschulen – Blasmusik* nun gleichsam offiziellen Charakter erhält; denn mit Erlass des Bundesministeriums für Unterricht und kulturelle Angelegenheiten ist das „Organisationsstatut für Musikschulen in Steiermark" in Kraft getreten, in dem es u. a. heißt: *„Im Sinne einer erfolgreichen Zusammenarbeit mit dem Steirischen Blasmusikverband, seinen Funktionären, Kapellmeistern und insbesondere den Jungmusikern, welche die Ausbildungsgänge an den Musikschulen besuchen, sind die Richtlinien zur Erlangung der Leistungsabzeichen in Bronze, Silber und Gold mit den Lehrinhalten der Unter-, Mittel- und Oberstufe sowohl im künstlerischen Hauptfach als auch den ergänzenden Unterrichtsfächern im Rahmen der eigenverantwortlichen Unterrichtsplanung zu berücksichtigen"*. (4) Die MID EUROPE-Konferenz in Schladming wird vom 14. bis 18. Juli stattfinden. Teil dieser Veranstaltung ist diesmal der 5. Wettbewerb der Confédération Internationale des Sociétés de Musique (CISM) der UNESCO. (5) Ob wir auch in der Steiermark eine Landesakademie für musikalische Jugendbildung erhalten, ist derzeit noch offen. Doch soll weiterhin dafür geworben werden. Um gut dafür gerüstet zu sein, wird der Landesvorstand vom 27. bis 30. Mai 1999 eine Studienreise zu mehreren Landesakademien in Deutschland und Frankreich unternehmen.

Leider musste unser Landesfinanzreferent Felix Lesky wegen einer schweren Erkrankung sein Amt zurücklegen. An seine Stelle trat sein bisheriger Stellvertreter Horst Wiedenhofer, Bezirksobmann in Weiz. Judenburgs Bezirksobmann Alois Weitenthaler wurde dessen Stellvertreter, Bezirksobmann Johann Tauchmann, Fürstenfeld, rückt auf den freigewordenen Beiratssitz vor. Die Versammlung beschloss einstimmig, Herrn Lesky zum Ehrenmitglied zu ernennen.

Landeskapellmeister Philipp Fruhmann kann berichten, (1) dass der Kompositionswettbewerb erfolgreich abgeschlossen werden konnte. Der erste Preis wurde an Reinhard Summerer für seine *Sonata for Orchestra* vergeben, der zweite Preis an Herbert Marinkovits für

Warship and Dance. Zudem wurden zwei weitere Werke empfohlen: die Fantasie *Heide West* von Josef Hutz und der Konzertwalzer *Narzissenfest* von Walter Vaterl. (2) Angesichts der immer prekärer werdenden Situation im Kapellmeister-Bereich wird der „Kapellmeister-Grundkurs" verstärkt angeboten. (3) Wie oben betont, ist der letztjährige Informationstag in Gnas nicht gut angenommen worden, es wird daher empfohlen, keine weiteren Informationstage abzuhalten und dafür die Konzerte, Seminare sowie die Ausstellung im Rahmen der MID EUROPE in Schladming zu besuchen. Ein Auswahlorchester des Mur- und Ennstales wird dort, kommentiert vom Landeskapellmeister, eine sogenannte „Reading Session" veranstalten, in deren Rahmen neue Kompositionen vorgestellt werden. (4) In sechzehn Bezirken haben sich 139 Vereine mit 5.700 Musikern freiwillig einer Wertung gestellt. In acht Bezirken nahmen 74 Orchester an der Konzertwertung und ebenfalls in acht Bezirken 65 Musikvereine an der Marschwertung teil.

Landesjugendreferent Markus Waidacher berichtet, dass im Berichtsjahr 1051 Jungmusiker die Prüfungen für Leistungsabzeichen positiv abgeschlossen haben, dass an elf „Spiel in kleinen Gruppen"-Bezirkswettbewerben 163 Gruppen mit zusammen 632 Teilnehmern sich der Jury gestellt haben, dass am Landeswettbewerb am 7. Juni 1998 in Mureck 55 Gruppen mit 221 Musikern und am Bundeswettbewerb am 25. und 26. Oktober 1998 im oberösterreichischen Kremsmünster vier steirische Gruppen mit 19 Musikern teilgenommen haben. Schließlich gab es in Ried im Innskreis das Österreichische Jugendkapellentreffen, bei dem die Jugendkapelle der Städtischen Musikschule Fürstenfeld unter der Leitung von Martin Kerschhofer die Steiermark ehrenvoll vertreten hat. – Auch von der Möglichkeit, ein Erwachsenen-Musiker-Leistungsabzeichen zu erwerben, wird bereits vereinzelt Gebrauch gemacht.

Seit dem Winter-Semester 1999/2000 findet der Blasorchesterleiterkurs am Johann-Joseph-Fux-Konservatorium des Landes Steiermark in Graz statt. Die damalige Abteilung 4 (Blas- und Schlaginstrumente) der Hochschule/Universität für Musik und darstellende Kunst, wo der Kurs seit 1972 angesiedelt war, hatte es abgelehnt, diese Lehrveranstaltung weiterzuführen. In dieser Situation erklärte sich der Direktor des Konservatoriums, Anton Bärnthaler, in verständnisvoller Weise bereit, für die Weiterführung zu sorgen. Der Vorteil des Ortswechsels lag darin, dass der Kurs nun im Verwaltungsbereich des Landes Steiermark angesiedelt war, d. h. dass die Regeln des Bundes, die die Abhaltung des Kurses nur bei einer Mindestanzahl von Studierenden ermöglicht haben, nicht zur Anwendung kamen. Primär lag es zudem in der Aufgabe des Landes, für die Ausbildung von Kapellmeistern steirischer Musikkapellen Sorge zu tragen. Zugleich kam es im Erdgeschoß des Neubaues des Konservatoriums zur Einrichtung des „Blasmusik-Informationszentrums" (BLIZ), in dem die Blasorchesterpartituren- und Noten-Sammlung von Wolfgang Suppan – eine Stiftung an das Land Steiermark – zur Aufstellung gelangte. Die wertvolle Sammlung ist damit allen Interessenten an einem zentralen Ort, in unmittelbarer Nähe zum Sekretariat des Steirischen Blasmusikverbandes, zugänglich.

Noch immer kommt es zu Neugründungen von Musikkapellen. Es sind vor allem Bürgermeister, die wissen, dass eine Musikkapelle in ihren Gemeinden nicht allein für die Umrahmung von festlichen Veranstaltungen sorgt, sondern dass darüber hinaus die Dynamik des Zusammenlebens, die Identität einer Gemeinde, nicht zuletzt die frühe Einbindung der Jugend in das dörfliche Geschehen gefördert wird. So griff Bürgermeister Alois Adam gerne die Anregung des Seggaubergers Fritz Pölzl auf, ein ehemaliger Musiker der Jugendkapelle Leibnitz, dann Kapellmeister in Gabersdorf, Absolvent des Grazer Musikhochschulkurses für Blasorchesterleiter, erstens alle Seggauberger Musiker zuzsammenzufassen, danach junge Menschen auszubilden, um ein eigene Musikkapelle auf dem traditionsträchtigen Boden um das Schloss Seggau und um die Wallfahrtskirche Frauenberg bei Leibnitz ins Leben zu rufen. Am 13. September 1999 fand die Gründungsversammlung statt, am 19. und 20. August 2000 traf man sich zum feierlichen Gründungsfest auf dem Platz vor der Frauenberger Kirche, wo sich eine bereits spielfähige Musikkapelle präsentierte.

In kurzer Zeit konnte Fritz Pölzl, der seine eigene Begeisterung auf seine Musiker zu übertragen verstand und der sich auch als Komponist präsentierte, die Musiker zu beachtlichen Leistungen führen[257].

---

257 Musikkapelle Seggauberg. Gründungsfest (am) 19./20. August (2000) in Frauenberg. Seit April 2005 erscheint regelmäßig eine eigene Zeitschrift, der „Musikkurier Seggauberg"; Wolfgang Suppan, Artikel „Pölzl", in: Das Blasmusik-Lexikon, Kraichtal 2009, S. 597.

Das Jubiläumsjahr 2000

Eine Bläsergruppe des Musikvereins Öblarn unter der Leitung von Kapellmeister Johann Mali leitete die 50. Generalversammlung am 30. April 2000 in der Ramsau mit einer Fanfare ein. An der Spitze der Ehrengäste konnte Landesobmann Suppan Frau Landeshauptmann Waltraud Klasnic begrüßen, zudem waren Bundesrat Erhard Meier, Nationalrat Anton Knerzl, Landtagsabgeordneter Kurt Tasch, der Vizepräsident des Österreichischen und Präsident des Steirischen Gemeindebundes, Bürgermeister Hermann Kröll, Schladming, erschienen. Bürgermeister Schrempf, Ramsau, begrüßte alle Delegierten.

Landesobmann Suppan wies eingangs darauf hin, dass mit dieser Generalversammlung die Funktionsperiode des Landesvorstandes ausläuft, der im Rahmen einer außerordentlichen Generalversammlung im Jänner 1997 in Kapfenberg gewählt worden ist. Zu den Grundsätzen dieser Arbeitsperiode zählten: (A) Im musikalischen Bereich intensive Basisarbeit und Leistungsförderung, (B) im kultur- und gesellschaftspolitischen Bereich umfassende außerschulische Jugend- und Erwachsenenbildung. Beide Bereiche konnten in enger Zusammenarbeit mit dem zuständigen Referenten der Steiermärkischen Landesregierung, Herrn Landesrat Michael Schmid, wahrgenommen werden. Mit dem Wechsel von Landesrat Schmid in die Bundesregierung, Anfang Februar 2000, ergab sich ein bruchloser Übergang zu unserer neuen Referentin, Frau Landesrätin Magda Jost-Bleckmann.

Am 12. Mai 2000 wird es das vierte Mal sein, dass besonders qualifizierte steirische Musikkapellen aus der Hand von Frau Landeshauptmann Klasnic den „Steirischen Panther" entgegennehmen dürfen. Es ist jeweils ein Festtag für die Ausgezeichneten, wenn Obmann, Kapellmeister und Stabführer zusammen mit dem Bürgermeister in den Weißen Saal der Grazer Burg eingeladen werden.

Nun zu wichtigen Punkten aus dem Geschehen des Jubiläumsjahres, die zudem in einer repräsentativen Festschrift der Öffentlichkeit vorgestellt werden[258]:

Die Grazer Oper: Im September 1999 brachten einhundert Musikkapellen dem einhundertjährigen Grazer Opernhaus am Ring ein Ständchen dar: So wie es sich für Blaskapellen gehört, wenn in einer Gemeinde jemand einen runden Geburtstag feiert. Allerdings hatte dieses Geburtstagsständchen doch einen besonderen Charakter durch die Art der Musik erhalten. Mit einer Komposition des Wieners Thomas Pernes hüllten 4000 Musikerinnen und Musiker das riesige Gebäude in eine postmoderne Klangwolke ein. Dieser Kontakt mit der Grazer Oper führte dazu, dass wir am 28. März 2000 den Auftakt unseres Jubiläumsjahres in eben dieser Oper feiern durften. Die große Anzahl von Ehrengästen, ein übervolles Haus (leider konnten nicht alle hinein, die hineingewollt haben!), fünf außergewöhnlich gut vorbereitete Orchester: die Murauer, die Zeltweger, die Krieglacher, die Pöllauer, die Deutschlandsberger, – und eine Musik, die von unserem steirischen Barockmeister Johann Joseph Fux bis zur Avantgarde der Millenniums-Wende führte, nämlich zum Violoncello-Konzert von Franz Cibulka, gespielt von der jungen Solocellistin des Grazer Philharmonischen und Opernorchesters, führten zu einem großartigen Erfolg. Herr Intendant Gerhard Brunner und alle seine Mitarbeiter im Grazer Opernhaus haben uns mit geradezu rührender Höflichkeit und Hilfsbereitschaft umsorgt. Da war keine Spur von Arroganz zu merken, wie sie etwa die Grazer Presse uns gegenüber praktiziert hat: Hat doch keine einzige Grazer Tageszeitung auch nur eine Zeile auf der Kulturseite dem Ereignis gewidmet. Dagegen haben wir uns über die dreiundzwanzigteilige Blasmusik-Serie in der Grazer Tageszeitung NEUE ZEIT im vergangenen Jahr sehr gefreut. Hier hat man höchst objektiv unsere Arbeit dargestellt. Desgleichen hat die steirische Musikschulzeitung „Fortissimo" unsere Arbeit gerecht gewürdigt.

Schladming: Auf die WASBE-Konferenz 1997 folgten bisher zwei MID EUROPE-Konferenzen 1998 und 1999. Die dritte MID EUROPE wird vom 12. bis 16. Juli 2000 stattfinden. Innerhalb kurzer Zeit hat sich Schladming und damit die Steiermark in die Reihe der weltweit führenden Blasmusik-Veranstaltungen eingereiht.

---

258 50 Jahre Steirischer Blasmusikverband. Jubiläumsveranstaltungen in Graz, Mürzzuschlag, Bruck an der Mur, Kapfenberg, Schladming, Bad Waltersdorf. Landesmusikfest. 22. bis 25. Juni 2000. Blasmusik im Schilcherland, hg. im Auftrag des Steirischen Blasmusikverbandes von Wolfgang Suppan, Graz 2000.

IV. Aufkommen und Verbreitung des zivilen Blasmusikwesens

Abb. 84, 85: Einhundert Blaskapellen marschierten auf, um die Grazer Oper anlässlich des 100-Jahr-Jubiläums des Hauses am Ring einzukreisen und in eine Klangwolke einzuhüllen. Ein deutliches Zeichen des Ineinandergreifens von sogenannter Hoch- und sogenannter Volkskultur.

In Planung: *Die Landesakademie für musikalische Jugendbildung in St. Stefan ob Stainz.* Andere Länder haben längst erkannt, welche staatspolitische Aufgabe dem Musizieren in Vereinen zukommt. Die Musik erfüllt bei uns nicht Selbstzweck, sie ist Vehikel sinnvoller Freizeiterfüllung. In den prägenden Phasen des jungen Menschen, bis zum 20. Lebensjahr, verstärkt Musizieren in der Gemeinschaft sowohl die Intelligenz als auch die soziale Kompetenz, wie mein Frankfurter Kollege Hans Günther Bastian in einem zur Frankfurter Musikmesse vor wenigen Wochen erschienenen Buch, das das Bundesministerium für Forschung und Bildung in Deutschland in Auftrag gegeben hatte, schreibt. Deshalb habe ich in der Grazer Oper von einer „Schule der Demokratie" gesprochen, die in unseren Musikkapellen praktiziert wird. Und in dem Geleitwort des Generalsekretärs des Europarates, Walter Schwimmer, zum Festbuch des diesjährigen Straßburger Musikwettbewerbes lese ich: *„Wenn sich Menschen aus freien Stücken zusammenschließen, um in ihrer Freizeit miteinander zu musizieren, dann ist das mehr als nur Zeitvertreib, [...] es ist gelebte Demokratie".*

Sorgen bereitet den Mitgliedern des Landesvorstandes das Repertoire unserer Musikkapellen. *„Wenn ich zu einem Konzert eingeladen werde – und nur englische Titel im Programm finde, dann kommen mir Zweifel, ob wir noch eine mitteleuropäische, eine österreichische Blasmusik-Identität besitzen. Dabei würde vor allem unsere starke Tradition es uns erlauben, mutig in die Zukunft voran zu schreiten und neue Klänge für das Blasorchester uns zu erobern. In diesem Sinn halten wir eine entsprechende steirische Komponisten- und Verlagsförderung für unbedingt erforderlich".* (Suppan)

Landesschriftführer Josef Malli berichtet, dass im Jahr 1999 die Vereinsnamenserhebung durchgeführt und abgeschlossen werden konnte. Alle 396 Musikkapellen in der Steiermark sind nun als gemeinnützige Vereine erfasst, außer es handelt sich um Dienst- oder Werksmusikkapellen, Kameradschafts- oder Feuerwehrmusikkapellen, Musikvereine, die durch Gemeinden oder Städte erhalten werden, oder Musikkapellen von Musikschulen.

Besonderer Dank wird dem Landes-EDV-Referenten Günther Lang ausgesprochen, der dafür gesorgt hat, dass der Steirische Blasmusikverband auf dem EDV-Sektor zeitgemäß und professionell ausgerüstet ist.

Landeskapellmeister Fruhmann kann auch für das Berichtsjahr 1999 auf durchaus großartige Erfolge in der Kapellmeisterausbildung sowie bei den Konzert- und Marschwertungsspielen hinweisen. In vierzehn Bezirken haben sich 131 Musikvereine mit 5.500 Musikern auf eine Wertung vorbereitet und sich dieser gestellt. In acht Bezirken haben 78 Kapellen bei der Marsch-Wertung und in sechs Bezirken 53 Orchester bei der Konzert-Wertung teilgenommen. Beim 4. österreichischen Blasmusikwettbewerb vom 24. bis 26. September 1999 in Feldkirchen in Kärnten wurde der steirische Verband von der „Glasfabriks- und Stadtkapelle Köflach" unter der Leitung von Eduard Wagner sehr erfolgreich vertreten. – Die Erhebung der Leistungsstufen steirischer Musikkapellen ergab folgendes Bild:

Stufe	Anzahl	Prozent
Stufe A	86	= 22%
Stufe B	194	= 48%
Stufe C	95	= 25%
Stufe D	18	
Stufe E	2	
Gesamt	395	

Von der nicht minder erfolgreichen Jugendarbeit im Steirischen Blasmusikverband konnte Landesjugendreferent Markus Waidacher berichten: Im Berichtsjahr 1999 traten 1211 Jungmusiker zur Leistungsprüfung an. Von diesen 1211 Musikern konnten 1186 die Prüfung positiv bestehen. Diese große Anzahl von über tausendzweihundert Jungmusikerprüfungen wurde durch zweiundzwanzig Seminare in unseren Blasmusikbezirken ermöglicht. Zählt man die drei „Goldprüfungstermine" in Frohnleiten und in Pöllau hinzu, waren die Teams der Prüfungsjury fünfundzwanzigmal in der ganzen Steiermark im Einsatz. – Im Rahmen von zwölf Bezirkswettbewerben „Spiel in kleinen Gruppen" wurden die Teilnehmer für den Landeswettbewerb am 28. Mai 2000 in Mürzzuschlag ermittelt. Die besten Gruppen durften schließlich unser Land beim Bundeswettbewerb in Salzburg vertreten.

Unter dem Vorsitz des Präsidenten des Österreichischen Blasmusikverbandes, Friedrich Weyermüller, fanden die Neuwahlen des Landesvorstandes statt, die nur wenige Veränderungen brachten:

IV. Aufkommen und Verbreitung des zivilen Blasmusikwesens

> Landesobmann: Wolfgang Suppan, Graz – Pürgg
> Landesobmann-Stellvertreter: Siegfried Grabner, St. Magdalena am Lemberg, und Herbert Polzhofer, Deutschfeistritz
> Landeskapellmeister: Philipp Fruhmann, Murau, sein Stellv. Rudolf Zangl, Krieglach
> Landesjugendreferent: Markus Waidacher, Frohnleiten, sein Stellv. Friedrich Pfatschbacher, Mautern
> Landesstabführer: Erich Perner, St. Stefan im Rosental, sein Stellv. Hermenegild Kaindlbauer, Graz
> Landesschriftführer: Josef Malli, Graz, sein Stellv. Erhard Mariacher, Miesenbach bei Birkfeld
> Landesfinanzreferent: Horst Wiedenhofer, Gutenberg bei Weiz, sein Stellv. Alois Weitenthaler, Weißkirchen bei Judenburg
> Landes-EDV- und Statistikreferent: Günther Lang, St. Dionysen bei Bruck
> Landesrechtsreferenten: Michael Ehgartner, Deutschlandsberg, und Gerhard Ofner, Mürzzuschlag
> Landesmedienreferent: Eugen Brixel, Feldbach – Graz
> Landes-AKM-Referent: Artur Krobath, St. Peter am Freienstein
> Landesbeiräte: Wolf Chibidziura, Preding, Hannes Lackner, Graz, Adolf Marold, Wörschach – Liezen, Josef Pilz, Stein an der Enns, Johann Tauchmann, Söchau bei Fürstenfeld
> Hilfsfond: Oskar Bernhart, Groß St. Florian, Johann Edler, Voitsberg, Albin Prinz, Gralla bei Leibnitz

Im Rahmen der Grußworte berichtete Frau Landeshauptmann Waltraud Klasnic unter dem Beifall der Delegierten, dass nach dem offiziellen Landtagsbeschluss nun auch ein einstimmiger Regierungsbeschluss gefasst wurde, die von uns geplante Landesakademie in St. Stefan ob Stainz zu errichten.

Die Jubiläumsveranstaltungen des Jahres 2000, einschließlich des Landesmusikfestes, sind in dem Buch „Blasmusikland Steiermark" ausführlich in Text und Bild gewürdigt worden. Es kann daher auf dieses Buch verwiesen werden, das nicht als Längsschnitt durch die Geschichte, sondern als Querschnitt anlässlich der Millenniumswende verstanden werden sollte[259].

Festgehalten darf in einer Chronik des steirischen Blasmusikwesens auch werden, dass im Jahr 2000 die „1. Steirische Blasmusikschule", ein Verein zur Förderung und Ausbildung von Blasmusikern, von Thomas Weinzerl in Heiligenkreuz am Waasen gegründet wurde. Daraus ergaben sich für die Entfaltung des Blasmusikwesens im südsteirischen Raum, vorzüglich im Bezirk Leibnitz, weitere Möglichkeiten, und auch die Gründung neuer Musikkapellen konnte in diesem Zusammenhang erfolgen.

2001: Bildungspolitik ist die Voraussetzung für eine erfolgreiche Sozial- und Wirtschaftspolitik

Anlässlich der 51. Jahreshauptversammlung am 29. April 2001 in Weiz begrüßte das Auswahlorchester des Musikbezirkes Weiz unter der Leitung von Klaus Maurer die Gäste vor der Halle. Im Saal musizierte die ELIN-Stadtkapelle Weiz unter der Leitung von Werner Derler. An der Spitze der Ehrengäste konnte Landesobmann Suppan Frau Landeshauptmann Waltraud Klasnic begrüßen. Erstmals nahm unser neuer Blasmusikrefent, Landeshauptmann-Stellvertreter Leopold Schöggl, an einer Jahreshauptversammlung teil. Zudem fanden sich unter den Ehrengästen die Nationalräte Christian Faul und Josef Trinkl sowie Herr Landtagsabgeordneter Siegfried Schrittwieser, Clubobmann der SPÖ-Fraktion im Steiermärkischen Landtag.

Ein schwerer Verlust überschattete die Veranstaltung, war doch unser langjähriges Landesvorstandsmitglied Eugen Brixel am 16. Oktober 2000 verstorben[260].

Der Bericht des Landesobmannes beginnt aus aktuellem Anlass mit folgenden Sätzen: *„Sternstunde der Blasmusik – so titelte einen Tag vor dieser Versammlung (am 28. April 2001) die Grazer ‚Kleine Zeitung'. In dem Beitrag wird aus Reden von Abgeordneten zitiert, u. a. dass ‚Blasmusik wichtig sei und viel zur Kultur in diesem Lande beitragen kann'. Das ist grundrichtig; denn keine andere Einrichtung des öffentlichen oder privaten Musiklebens führt mehr Menschen zum lebenslangen Musizieren im Dienste der Öffentlichkeit – und trägt damit, weil Musik in besonders starkem Maß die Emo-*

---

259 Wolfgang Suppan, Blasmusikland Steiermark, Der Steirische Blasmusikverband am Beginn des 21. Jahrhunderts. Kultur-, gesellschafts- und wirtschaftspolitische Perspektiven, Gnas 2003.
260 Sein Lebenslauf sowie das Werk- und Schriftenverzeichnis finden sich sowohl in Suppan, Stmk./2, 2009, wie in Suppan, Blasmusik/5, 2009.

tionen der Menschen bestimmt, zu einem konfliktfreien Zusammenleben bei. Das Bekenntnis zur Blasmusik wird mehrfach bestätigt. Und wir betonen in solchem Zusammenhang, dass an einem Frühschoppen keinesfalls etwas ‚Schlechtes' sein kann: Frühschoppen und Marschmusik gehören ebenso zur Blasmusik-Realität wie das Konzert, in dem heute von der traditionellen Musik bis zur Avantgarde (wenn wir nach Schladming schauen) alles vertreten ist, was Kultur in ihrem vollen Umfang ausmacht. – Das heißt: Ich darf meinen Bericht mit einem Dank an die Steiermärkische Landesregierung und an die Abgeordneten im Steiermärkischen Landtag beginnen: Wir alle im Landesvorstand waren uns nach dem Erscheinen der in Rede stehenden Kleinen Zeitung einig, dass es uns wohl erstmals gelungen ist, eine so positive Titelzeile in einer großen Tageszeitung zu bekommen". (Suppan) Der folgende Bericht wird von Fotos unterstützt, die EDV-Referent Günther Lang zusammengestellt hat:

„2001 ist das Jahr nach dem Jubiläum zum fünfzigjährigen Bestehen des Steirischen Blasmusikverbandes – und zugleich der Beginn eines neuen Jahrhunderts.

So fragen wir uns *erstens:* Was war die Bilanz von fünfzig Jahren Steirischer Blasmusikverband, was haben die Veranstaltungen im Jubiläumsjahr bewirkt, und *zweitens:* Sind wir fit für das neue Jahrhundert? Tun wir alles, um die Blasmusik insgesamt – und unseren Steirischen Blasmusikverband so in das neue Jahrhundert zu führen, dass wir weiterhin von einem wesentlichen Träger der musikalischen Basiskultur sprechen können, dass wir unseren gewichtigen Anteil an der außerschulischen Jugend- und Erwachsenenbildung leisten, im gesellschaftlichen ebenso wie im musikalischen Bereich jene ehrenamtlichen Leistungen erbringen, die öffentliche Förderung verdienen.

2000: Da ist zunächst über das *Festkonzert in der Grazer Oper* zu berichten. Die Spitzen des politischen und kulturellen Lebens feierten mit uns, Frau Landeshauptmann Waltraud Klasnic, Landtagspräsident Franz Hasiba, Landeshauptmann-Stellvertreter Peter Schachner-Blazizek, die Blasmusik-Landesrätin Magda Jost-Bleckmann, der Bürgermeister der Stadt Graz Alfred Stingl, viele Bürgermeister aus steirischen Gemeinden, vor allem die Vertreter unserer Musikbezirke und Mitgliedskapellen. Schon seit vielen Jahren war das Grazer Opernhaus nicht mehr so voll wie an diesem 28. März 2000, als Zusatz- und Notsitze nicht ausreichten, um alle aufnehmen zu können, die dabei sein wollten. Fünf unserer leistungsfähigen Blasorchester gestalteten diesen Festakt: die Stadtkapelle Murau, die Werkskapelle Zeltweg, die Musikkapelle der VOEST-Alpine Roseggerheimat Krieglach, die Ottokar-Kernstock-Kapelle Pöllau sowie die Stadtkapelle Deutschlandsberg. Es gab zwei Uraufführungen unseres steirischen Komponisten Franz Cibulka, das Violoncello-Konzert und die Neufassung des *Aquarius* für zwei Sprecher und Blasorchester. Allen Musikerinnen und Musikern, die erstaunliche Leistungen erbracht haben, vor allem aber den Kapellmeistern Philipp Fruhmann, unser Landeskapellmeister, Herbert Bauer, Rudolf Zangl, unser stellvertretender Landeskapellmeister, Anton Mauerhofer und Josef Angerer, sei für ihren grandiosen Einsatz gedankt.

Es folgte die zentrale Veranstaltung des Jubiläumsjahres, das *Landesmusikfest in Deutschlandsberg*. Ehrengast dieses Landesmusikfestes war kein Geringerer als Alfred Reed, der Alt-Österreicher, dem wir mit dieser Einladung ein Stück Heimat wiedergegeben haben. Wie er das von Bezirkskapellmeister Josef Rupp musikalisch vorbereitete Jugendauswahlorchester des Bezirkes Deutschlandsberg geführt, ja menschlich und musikalisch betreut hat, wird uns allen, vor allem aber den jugendlichen Orchestermitgliedern eine lebenslange Erinnerung bleiben. Frau Landeshauptmann Klasnic hat in der Grazer Burg Alfred Reed eine hohe Auszeichnung des Landes Steiermark überreicht, die er mit Stolz trägt (ich konnte mich im Dezember 2000 in Chicago und vor wenigen Tagen beim Asien-Pazifik-Wettbewerb der Symphonischen Blasorchester in Taiwan davon überzeugen!). Das Konzert der Jugend, mit einem deutschen Gastorchester, in Groß St. Florian, das Kirchenkonzert mit der Bozener Stadtkapelle „Zwölfmalgreien" in Stainz, die vielen Platzkonzerte in den Gemeinden des Bezirkes Deutschlandsberg, die Marsch-Show mit den begeistert gefeierten Niederländern in Eibiswald, das Gala-Konzert der Stadtkapelle Radolfzell, der Festgottesdienst und schließlich der imposante Festzug mit dem Festakt der 8000 Blasmusikerinnen und Blasmusiker aus der Steiermark, den Gastkapellen aus allen österreichischen Bundesländern sowie aus Slowenien, Ungarn, Deutschland, Südtirol im Stadion von Deutschlandsberg, – das alles hat Eindruck hinterlassen. Ich kann hier und heute nicht alle nennen, die dafür zu bedanken sind. Doch werden wir stellvertretend für alle Mitarbeiter und Helfer im Bezirk Deutschlandsberg heute den Vorsitzenden des dortigen Organisationskomitees, Herrn Gendarmerie-Oberstleutnant Oskar Bernhart, in besonderer Weise ehren. Er hat unglaublich intensive und peinlich genaue Arbeit geleistet.

Doch damit war es nicht getan: Weitere Veranstaltungen folgten mit den internationalen Begegnungen in *Bruck an der Mur* (Dank an Johann Trafella), in *Kapfenberg* (Dank an Manfred Skale), schließlich mit der *MID EUROPE in Schladming* und zum Abschluss mit einer wissenschaftlichen Konferenz der Internationalen Gesellschaft zur Erforschung und Förderung der Blasmusik in *Bad Waltersdorf* (Dank an Bernhard Habla). In dem Buch „Blasmusikland Steiermark" (Gnas 2003, Verlag Weishaupt), ein Querschnitt durch unser Jubiläumsjahr 2000, sind die Veranstaltungen in Text und Bild dokumentiert.

Als Landesobmann bin ich stolz auf alle meine Mitarbeiter im Landesvorstand, in den steirischen Bezirken und in jeder einzelnen Musikkapelle unseres Landes. Die Bilanz nach zweihundert Jahren Blasorchesterentwicklung und fünfzig Jahren Steirischer Blasmusikverband ist beachtlich.

Ich habe schon bei der diesjährigen „Steirische Panther"-Verleihung einen lieben Freund aus meiner Zeit im Südbadischen, den deutschen Politiker Wolfgang Schäuble, zitiert, der davon gesprochen hat, dass (ich zitiere wörtlich): ‚Der freie Staat [...] von starken und aktiven Vereinen' lebt. Wir dürfen uns zu jenen zählen, die vor allem durch ihre Jugendarbeit wesentlichen Anteil am Funktionieren unseres Staatswesens haben.

Anlässlich der Eröffnung des UN-Jahres des Ehrenamtes, nämlich der freiwilligen Leistungen im Dienste der Öffentlichkeit, hat Deutschlands Bundes-Familienministerin Bergmann dies so formuliert: ‚Ohne das freiwillige Engagement einzelner würden viele Teile des gesellschaftlichen Lebens in Deutschland zusammenbrechen', – und auf die Blaskapellen bezogen hat Baden-Württembergs Kultur-Staatssekretär Rudolf Köberle diese Aussage aus Berlin ergänzt:

‚Unsere Musikkapellen leisten einen unverzichtbaren Beitrag für die ästhetische Erziehung und Geschmacksbildung sowie für die Urteils- und Kritikfähigkeit junger Menschen – und fördern auf diese Weise die Fähigkeit zu Teamarbeit und sozialem Miteinander'.

Das genau ist es, was heute die Wirtschaft braucht: Junge Menschen, die zu Teamarbeit und sozialem Miteinander erzogen worden sind. Deshalb wird bei Einstellungsgesprächen immer öfter gefragt, ob der Kandidat in einer Musikkapelle mitwirken würde, und wenn ja, wird er bevorzugt aufgenommen.

Damit bin ich beim Motto der diesjährigen Jahreshauptversammlung, nämlich *Bildung als Chance*, und der daraus abgeleiteten Forderung, dass nämlich Bildungspolitik die Voraussetzung für eine erfolgreiche Sozial- und Wirtschaftspolitik sein muss. Daher erscheint es grundfalsch, etwa Musik aus den Stundentafeln der öffentlichen Schulen zu entfernen, – um dafür mehr Wirtschaftskunde zu unterrichten. Mit dem Motto *Bildung als Chance*, wobei die Musik wegen ihres starken Einflusses auf die unterbewusst entstehenden und wirkenden Emotionen der Menschen eine Sonderstellung einnimmt, geht der Steirische Blasmusikverband in das neue, in das 21. Jahrhundert.

Die Steiermark kann *Blasmusikland Nr. 1* bleiben, wie der seit November 2000 für die Blasmusik zuständige Referent in der Steiermärkischen Landesregierung, Herr Landeshauptmann-Stellvertreter Leopold Schöggl, im Volkskulturkalender stolz vermerken ließ. Wie sehr die Arbeit unserer Mitarbeiter österreichweit geschätzt wird, zeigt sich zudem daran, dass im Wahlvorschlag für das im Mai 2001 zu wählende neue ÖBV-Präsidium wieder zwei Steirer vertreten sein werden: Unser Landeskapellmeister Fruhmann als Stellvertretender Bundeskapellmeister, unser Landesjugendreferent Markus Waidacher als Stellvertretender Bundesjugendreferent" (Suppan).

Die Generalversammlung bestätigt einstimmig folgende Kooptierungen: Adolf Marold als Pressereferent, Ernst Bressnig als Beirat.

Jahr für Jahr wiederholen sich im Bericht des Landeskapellmeisters Philipp Fruhmann erfreuliche Meldungen über die Erfolge steirischer Musikkapellen im In- und Ausland, so dass zahlreiche „Steirische Panther" und „Robert Stolz-Preise" vergeben werden können, über die rege Beteiligung an Wertungsspielen, Kapellmeisterkursen, (Klang-)Seminaren sowie an der MID EUROPE. Und Landesjugendreferent Markus Waidacher kann gerne auf zahlreiche neue Träger von Jungmusiker-Leistungsabzeichen sowie auf die Erfolge unse-

Abb. 86, 87: Blick in den Saal während der Generalversammlung 2001 in Weiz. Am Rednerpult Frau Landeshauptmann Waltraud Klasnic (Insert), die im Rahmen dieser Veranstaltung den ersten „Goldenen Panther", die neu geschaffene höchste Auszeichnung des Steirischen Blasmusikverbandes, erhalten hat.

rer „Spiel in kleinen Gruppen"-Wettbewerbe verweisen. Im Jahr 2000 gab es 1124 Jugendliche, die eine Prüfung für die Erlangung eines Jungmusiker-Leistungsabzeichen abgelegt haben. Von diesen 1124 Musikern, die zur Jungmusikerprüfung angetreten sind, konnten 1116 die Prüfung positiv bestehen. Diese große Anzahl von über tausendeinhundert Jungmusikerprüfungen wurde durch 21 Seminare ermöglicht. Zusätzlich zu vier Goldprüfungsterminen in Frohnleiten, Deutschlandsberg und in Pöllau waren die Teams der Prüfungsjury fünfundzwanzigmal in der Steiermark im Einsatz. Bei zwölf Bezirkswettbewerben stellten sich 175 Ensembles dem Kammermusikwettbewerb „Spiel in kleinen Gruppen", von denen sich vierundvierzig für den Landeswettbewerb qualifizieren konnten. Fünf davon wurden an den Bundeswettbewerb am 28. und 29. Oktober 2000 in Salzburg „weitergereicht".

2002: Wir haben wieder eine eigene Zeitung

Die 52. Jahreshauptversammlung des Steirischen Blasmusikverbandes fand am 14. April 2002 in Gratkorn statt. Der Musikverein Radegund unter der Leitung von Hannes Kogler und Stabführer Gerhard Haas empfing die Gäste und Delegierten vor dem Volksheim. Im Saal musizierte die Markt- und Werkskapelle Gratkorn unter der Leitung von Karlheinz Pöschl. Dirigent und Orchester hatten den Ehrgeiz, die Delegierten mit einer besonderen Komposition in einer eher seltenen Instrumentenkombination vertraut zu machen: Nach der *Ortenberg-Fanfare* von Armin Suppan erklang das *3. Klavierkonzert. Metamorphosen über das Thema „Alle Vöglein sind schon da" in neun Sätzen* von Karl Haidmayer. Gespielt wurden die Sätze 1, 2 und 3, wobei der Komponist, Sir Karl Haidmayer, als Solist am Klavier bewundert werden konnte. Als Ehrengäste durfte Landesobmann Suppan den Landtagspräsidenten und Präsidenten der Johann-

IV. Aufkommen und Verbreitung des zivilen Blasmusikwesens

Joseph-Fux-Gesellschaft, Reinhold Purr, sowie unseren Blasmusik-Referenten, Landeshauptmann-Stellvertreter Leopold Schöggl willkommen heißen.

Es handelte sich um ein Jahr, in dem – unmittelbar nach dem großen Jubiläumsjahr 2000 – keine spektakulären Feste stattgefunden haben. Aber der Alltag, der zurückgekehrt ist, hebt die starke Präsenz unserer Musikkapellen sowohl im musikalischen als auch im gesellschaftlichen Bereich wieder stärker hervor, die Jugendarbeit kann wieder intensiver angegangen werden.

Vor allem aber: 2001 wird als das Jahr der neugestalteten und zum Teil auch neuen *Ehrenzeichen des Steirischen Blasmusikverbandes* in unsere Geschichte eingehen. Es handelt sich nun um landesspezifische Auszeichnungen, mit dem steirischen Panther und unserem neuen Emblem, die auch von ihrem ästhetischen Aussehen her jeden Träger zieren. Die Entwürfe stammen von Landesvorstandsmitglied Günther Lang, der zusammen mit Herbert Polzhofer beinahe zwei Jahre lang sich mit Entwürfen, Kostenvoranschlägen, Herstellerfirmen und Probeprägungen herumgeschlagen hat, der auch immer wieder Rückmeldungen von unseren Aktiven eingeholt hat, zuletzt auf unserem Stand bei der MID EUROPE-Konferenz in Schladming 2001.

Aus den Berichten des Landesschriftführers, des Landeskapellmeisters, des Landesjugendreferenten und des Landesfinanzreferenten gingen die Schwerpunkte der Arbeit im Berichtszeitraum 2001 hervor: (I) die leistungsbezogenen Konzert- und Marschmusikwettbewerbe, (II) die Jugendarbeit, mit den Vorbereitungen auf die Prüfungen zum Jungmusiker-Leistungsabzeichen, die Bläserkammermusik, die in den „Spiel in kleinen Gruppen"-Wettbewerben auf Bezirks-, Landes- und Bundesebene gipfeln, – und bei denen die Steiermark stets im Spitzenfeld Österreichs zu finden ist, (III) die Kapellmeister- und Instrumentalseminare, die als Vorbereitungskurse von uns durchgeführt werden, dann aber in den entsprechenden Lehrangeboten des Steiermärkischen Landeskonservatoriums weitergeführt werden, (IV) die beachtliche überregionale, österreichweite und internationale Präsenz unserer Blasorchester und sogenannten „Spiel in kleinen Gruppen"-Ensembles.

Die nachfolgenden Statistiken verraten imponierende Zahlen: Unsere 397 Mitgliedskapellen haben sich im Durchschnitt dreimal pro Woche zu Proben und Auftritten getroffen. Dazu kommt, dass man für die Proben und Auftritte auch noch zuhause üben muss. Die gemeinsame, zumeist sehr harte Arbeit, der gemeinsame Erfolg: Das bedeutet Selbstbestätigung für jedes einzelne Mitglied einer Musikkapelle, – und Selbstbestätigung bedeutet weiter Zufriedenheit, Ausgeglichenheit im sozialen Verhalten. Die „Steirischen Panther" und die Robert Stolz-Preise wurden am 18. April 2002 im Weißen Saal der Grazer Burg verliehen.

Zur geplanten „Steirischen Musikakademie St. Stefan ob Stainz": Ein Grundstück wurde gekauft. Die Gemeinde hat die Straße dorthin gebaut. Der Architektenwettbewerb wurde durchgeführt, das „Siegerteam" hat alle Pläne fertig ausgearbeitet. Am 24. November 2001 hat die Präsentation durch Landeshauptmann-Stellvertreter Leopold Schöggl in St. Stefan ob Stainz stattgefunden, am 5. März 2002 die Bauverhandlung. Die Bauausschreibung und der Spatenstich könnten demnach jederzeit erfolgen.

Einen schweren Verlust hat der Steirische Blasmusikverband in diesem Jahr 2002 erlitten. Am 16. September verstarb unser Präsident Willi Konrad. Im Beisein von Alt-Landeshauptmann Dr. Josef Krainer und Frau Landeshauptmann Waltraud Klasnic hielt Landesobmann Suppan den Nachruf am offenen Grab. Mit der Drucklegung dieses Nachrufes begann der Steirische Blasmusikverband eine „Neue Folge" seiner eigenen Blasmusik-Zeitschrift, die seither regelmäßig, viermal jährlich, redigiert von Erhard Mariacher, in großzügiger Ausstattung und mit vielen Bildern erscheint[261]. Für die Jahre seit 2003 ist damit unsere neue, von den Mitgliedskapellen sehr gut angenommene steirische Blasmusikzeitschrift die wesentliche Quelle für die Darstellung der Geschichte des Steirischen Blasmusikverbandes.

2003: „Erst der Einsatz ehrenamtlicher Funktionäre macht die Gesellschaft menschlich, daher ist Kulturpolitik die Basis erfolgreicher Sozial- und Wirtschaftspolitik" (Roman Herzog, Deutschlands Alt-Bundespräsident)

Dem Andenken Willi Konrads ist ein Buch gewidmet, das mit Unterstützung der Steiermärkischen Landes-

---

261 Nachruf, in: Blasmusik in der Steiermark (Musik-Nachrichten des Steirischen Blasmusikverbandes), Neue Folge, Nr. 1, Herbst 2002, S. 1–4.

regierung in diesem Jahr im Verlag Weishaupt in Gnas gedruckt werden konnte: „Blasmusikland Steiermark. Der Steirische Blasmusikverband am Beginn des 21. Jahrhunderts. Kultur-, gesellschafts- und wirtschaftspolitische Perspektiven". Der 207 Seiten starke, reich bebilderte Band bietet einen Querschnitt durch unsere Arbeit zur Jahrtausendwende. Es handelte sich demnach nicht um eine historische Darstellung, sondern um eine Dokumentation des damaligen (2003) Zustandes.

Dieser Band wurde im Rahmen der 53. Jahreshauptversammlung am 6. April 2003 in Köflach vorgestellt. Als erster übernahm unser Blasmusikreferent Landeshauptmann-Stellvertreter Leopold Schöggl das Buch: verdanken wir doch ihm die finanziellen Mittel, die den Druck ermöglicht haben.

Die Delegierten wurden vom Musikverein Gestütskapelle Piber unter der Leitung von Franz Steiner vor dem Volksheim in Köflach empfangen. Die Generalversammlung im Saal umrahmte die Glasfabriks- und Stadtkapelle Köflach unter der Leitung von Eduard Wagner. Unter den Ehrengästen konnten zudem begrüßt werden: Nationalratsabgeordnete Elisabeth Grossmann und die Landtagsabgeordneten Erwin Dirnberger und Karl Pettinger. Namens der gastgebenden Stadt sprach Bürgermeister Franz Buchegger zu den mehr als siebenhundert Delegierten von 259 Mitgliedskapellen. Mit Karl Kleinhansl, Ehrenmitglied und langjähriger Stellvertretender Landesobmann, sowie Hans Ehgartner, langjähriger Rechtsreferent im Landesvorstand, wurden zwei Pioniere des Wiederaufbaues des Steirischen Blasmusikverbandes nach dem Ende des Zweiten Weltkrieges betrauert.

Landesobmann Suppan wies in seinem Bericht auf drei wichtige Initiativen hin, die Gründung einer eigenen Editionsreihe mit Werken steirischer Komponisten, die oben bereits genannte (Wieder-)Gründung einer eigenen steirischen Blasmusikzeitschrift, die Einführung eines steirischen Junior-Leistungsabzeichens. Am 13. März 2003 fand im Weißen Saal der Grazer Burg die Überreichung der Steirischen Panther und Robert Stolz-Medaillen statt: bereits zum siebenten Mal, womit nun insgesamt 282 unserer Musikkapellen stolze Träger dieser Auszeichnung(en) sind.

Im ORF-Steiermark wird es wieder zu einer eigenen Blasmusiksendung kommen, und zwar jeweils am ersten Dienstag im Monat.

Abb. 88: Aufnahme für unsere neue Blasmusiksendung im ORF-Studio Steiermark mit Manfred Machhammer, rechts Günther Lang, im Hintergrund Wolfgang Suppan.

Die Einrichtung des neuen Sekretariats in Graz, Entenplatz 1b (Neubau des Johann-Joseph-Fux-Konservatoriums) wird derzeit vorbereitet, wobei ein besonderer Dank an unseren Gröbminger Bezirksobmann Josef Pilz geht, der die bauliche Beratung übernommen hat.

Landeskapellmeister Fruhmann wies gerne darauf hin, dass seit der Wende des Jahres 1997, seit die neue Mannschaft die Führung übernommen hat, die Beteiligung an Konzert-Wertungsspielen kontinuierlich zugenommen hat. Waren es 93 Orchester im Jahr 1997, die sich der Jury stellten, so erhöhte sich die Anzahl auf 139 im Jahr 1998, sank wegen der Vorbereitung auf das Landesmusikfest auf 64 im Jahr 1999, stieg wieder an auf 149 im Jahr 2000 und auf 154 im Jahr 2001. Auf Leistungsstufen verteilt, ergab sich folgende Statistik: in A traten fünf Kapellen an, in B vierunddreißig, in C sechsunddreißig, in D dreizehn und in E eine Kapelle. Somit entschieden sich siebzig Kapellen für die Stufen B und C, was einer Beteiligung von 78 % der angetretenen Musikkapellen entspricht. Ein deutlicher Trend zu höheren Leistungsstufen ist bemerkbar. Als interessant erwies sich die Zusammenarbeit mit dem Slowenischen Blasmusikverband unter Präsident Ervin Hartman in Bezug auf Pflichtstücke. Noch stärker zeigt sich der ansteigende Trend bei den Marschmusik-Wettbewerben.

Bei dem alle drei Jahre stattfindenden Wettbewerb der Höchststufenorchester des Österreichischen Blasmusikverbandes in Feldkirchen in Kärnten hat diesmal, am 5. Oktober 2002, die Kernstock-Kapelle Pöllau unter der Leitung von Toni Mauerhofer teilgenommen und mit 93,1 Punkten die höchste Bewertung aller teilnehmenden Kapellen erhalten. Am 13. März 2004 fand in der Grazer Burg die Verleihung der Steirischen Panther sowie der Robert Stolz-Preise durch Frau Landeshauptmann Waltraud Klasnic statt. Vierundvierzig Musikvereine erhielten den Steirischen Panther, zehn zusätzlich den Robert Stolz-Preis, sieben nur den Robert Stolz-Preis. Damit wurden seit 1996 insgesamt 272 Steirische Panther verliehen. Verstärkt wurden auch die vom Landeskapellmeister angebotenen „Klangseminare" angenommen, die der Verbesserung von Tonqualität, Stimmung, Spieltechnik, persönlichem Spielgefühl und Gesamtklang der Orchester dienen.

Der 6. Steirische Bläsertag am 24. März 2003 in der Grazer Oper gestaltete sich dank der großartigen Leistungen der teilnehmenden Kapellen, aber auch des fachkundigen Publikums zum musikalisch-gesellschaftlichen Höhepunkt des Jahres. Eine wertvolle Bereicherung stellte auch die Teilnahme des slowenischen Orchesters aus Trifail/Trbovlje unter Landeskapellmeister Alojs Zupan dar. Den steirischen Komponisten bieten solche Konzerte ein wichtiges Forum. Folgende Orchester wurden eingeladen, an diesem 6. Steirischen Bläsertag ihr Können zu zeigen: Der Musikverein Birkfeld unter der Leitung von Gerhard Werner, die Markt- und Werkskapelle Gratkorn unter der Leitung von Karlheinz Pöschl, die Musikkapelle der VOEST-Alpine „Roseggerheimat" Krieglach unter der Leitung von Rudolf Zangl, die Kernstockkapelle Pöllau unter der Leitung von Toni Mauerhofer. Als Höhepunkt des Konzertes werden Fachleute die Uraufführung des Konzertes für 2 Klarinetten und Blasorchester von Franz Cibulka durch die Krieglacher bezeichnen, wobei Wolfgang Kornberger und Christoph Gaugl als Solisten glänzten.

Landesjugendreferent Markus Waidacher konnte die Erfolgsgeschichte sowohl der Jungmusiker-Leistungsabzeichen als auch des „Spiels in kleinen Gruppen" fortschreiben. Im Berichtsjahr 2002 wurden steiermarkweit dreiundzwanzig Prüfungstermine angeboten, es haben 1406 Jungmusiker unter 24 Jahren die Prüfung bestanden, damit ist die Zahl 25.000 bereits überschritten worden. Das ist die höchste Anzahl seit Einführung dieser Jungmusiker-Prüfungen im Jahre 1970. Im Rahmen von zwölf Ensemble-Wettbewerben stellten sich 167 Gruppen mit insgesamt siebenhundert Musikern vor, davon qualifizierten sich vierzig für den Landeswettbewerb am 9. Juni im oststeirischen Jagerberg. Fünf davon wurden zum Bundeswettbewerb am 27. und 28. Oktober nach Liechtenstein geschickt. – Erstmals gab es 2003 in den Tagen um den Staatsfeiertag in vier Regionen Österreichs Wertungsspiele für Jugendkapellen.

Bei der Neuwahl des Landesvorstandes wurde das erfolgreiche Team wieder gewählt (mit Ausnahme derjenigen, die wegen Erreichen der Altersgrenze ausscheiden mussten):

> Landesobmann: Wolfgang Suppan, Graz – Pürgg
> Landesobmann-Stellvertreter: Herbert Polzhofer, Deutschfeistritz, und Oskar Bernhart, Groß St. Florian
> Landeskapellmeister: Philipp Fruhmann, Murau, sein Stellv. Rudolf Zangl, Krieglach
> Landesjugendreferent: Markus Waidacher, Frohnleiten, sein Stellv. Friedrich Pfatschbacher, Mautern
> Landesstabführer: Erich Perner, St. Stefan im Rosental, sein Stellv. Hermenegild Kaindlbauer, Graz
> Landesschriftführer: Josef Malli, Graz, sein Stellv. Anton Mauerhofer, Pöllau
> Landesfinanzreferent: Horst Wiedenhofer, Gutenberg, sein Stellv. Alois Weitenthaler, Weißkirchen bei Judenburg
> Landes-EDV- und Statistikreferent: Günther Lang, St. Dionysen bei Bruck an der Mur
> Landesmedienreferent: Erhard Mariacher, Miesenbach
> Landesrechtsreferenten: Michael Ehgartner, Deutschlandsberg, und Josef Altenburger, St. Nikolai ob Draßling
> Landes-AKM-Referent: Hannes Lackner, Graz
> Beirat: Ernst Bressnig, Kalsdorf, Wolf Chibidziura, Preding, Adolf Marold, Wörschach, Josef Pilz, Stein an der Enns, Johann Tauchmann, Söchau bei Fürstenfeld
> Hilfsfond: Albin Prinz (Vorsitz), Gralla bei Leibnitz, Johann Edler, Voitsberg, Karl Unger, Tieschen bei Bad Radkersburg

Innerhalb kurzer Zeit haben sich Schladming und die Steiermark mit diesen von Wolfgang Suppan künstlerisch und organisatorisch geleiteten MID EUROPE's in die Reihe der weltweit führenden Blasmusik-Veranstaltungen eingereiht.

**2004: Blasmusik – Soziales Leitbild für alle.
Wir haben endlich ein repräsentatives Sekretariat!**

Der Musikverein Althofen unter der Leitung von Wenzel Kogler begrüßte die Gäste und Delegierten zur 54. Jahreshauptversammlung am 18. April 2004 vor der Greimhalle in St. Peter am Kammersberg. In der Halle eröffnete der Musikverein St. Peter am Kammersberg unter der Leitung von Erwin Brunner die Veranstaltung mit der Festmusik von Richard Wagner. Als Ehrengäste waren vonseiten der Politik gekommen: Landeshauptmann-Stellvertreter Leopold Schöggl in seiner Eigenschaft als Blasmusikreferent der Steiermärkischen Landesregierung, die Bundesräte Günther Kaltenbacher und Engelbert Weilharter, Landtagsabgeordneter Johann Bacher. Das Wort hatte zunächst der Bürgermeister der Gemeinde St. Peter am Kammersberg, Walter Perner, um die etwa fünfhundert Delegierten von 251 Musikkapellen zu begrüßen. Im Rahmen des Totengedenkens wurde auch der beiden Toten des schrecklichen Unglücks am Ostersonntag, 16. April 2004, in der Gemeinde Thörl, Bezirk Bruck an der Mur, gedacht.

Noch unter dem Schock der Ereignisse von Thörl, wies Landesobmann Suppan zu Beginn seines Berichtes darauf hin, dass gerade in dieser Phase des frühlingshaften Erwachens der Natur, die für den Christen zugleich die Freude nach der Auferstehung des Heilands symbolisiert, unsere Blaskapellen (entweder am Ostersonntag oder am 1. Mai) in den Gemeinden von Haus zu Haus ziehen. Mit Musik stimmen sich die Menschen auf den Frühling und auf den beginnenden Sommer ein. Traditionelles Brauchtum soll damit bewahrt werden. So gesehen, hätte es jede Musikkapelle treffen können. Aus allen Teilen Österreichs, aber auch aus dem benachbarten Ausland, sind Hilfsangebote für Thörl eingegangen, der Österreichische Blasmusikverband und alle Landesobleute einschließlich Liechtenstein und Südtirol haben offiziell kondoliert. Der Landesobmann ersuchte, Benefizkonzerte zu veranstalten, um der Musikkapelle Thörl, die auch alle ihre Musikinstrumente verloren hat, und den Hinterbliebenen der beiden Toten sowie den zum Teil sehr schwer verletzten Musikern zu helfen.

Ein wichtiges Ereignis des Berichtsjahres war die Einrichtung des neuen Sekretariates in 8020 Graz, Entenplatz 1b, das im Dezember 2003 bezogen werden konnte. Am 7. Februar 2004 fand ein „Tag der offenen Tür" statt, bei dem zahlreiche Gäste, auch aus Slowenien, Ungarn und Deutschland, begrüßt werden konnten. Der Dank für den reibungslosen Ablauf der Übersiedlung ging an unseren Landesschriftführer und Büroleiter Josef Malli, an den stellvertretenden Landesobmann Herbert Polzhofer, aber auch an die Damen des Sekretariats und an viele Helfer aus Mitgliedskapellen.

Veränderung im Landesvorstand: Landes-EDV- und Statistik-Referent Günther Lang musste aus beruflichen Gründen im November 2003 seine Funktion zurücklegen. Der Landesobmann hat Herrn Erich Riegler, Musiker der Trachtenkapelle Graz-Straßgang vom Musikbezirk Graz-Stadt und EDV-Referent des Bezirkes Deutschlandsberg, gebeten, die Funktion zu übernehmen. Herr Riegler ist sogleich aktiv geworden, er hat bei der EDV-Ausstattung des neuen Büros entscheidend mitgearbeitet und eine Sitzung der Bezirks-EDV-Referenten geleitet. Die Versammlung erteilte die Zustimmung zu dieser Kooptierung in den Landesvorstand. – Zugleich erfolgt die Wahl von Günther Lang zum Ehrenmitglied des Steirischen Blasmusikverbandes.

Immer dringender wird die Kapellmeister-Ausbildung, zumal schon mehrere Musikkapellen Probleme haben, Kapellmeister zu finden. Vorgeschlagen wird daher ein dreistufiger Plan:

(a) Talentierte junge Leute sollen beim Goldenen Leistungsabzeichen abgeholt werden – und durch „Schnupperkurse" sowie durch Stimmführer-Kurse (nicht „Kapellmeister-Grundkurse") auf den Konservatoriums-Lehrgang vorbereitet werden.
(b) Der Blasorchesterleiter-Lehrgang am Johann-Joseph-Fux-Konservatorium des Landes Steiermark müsste dringend empfohlen werden. Um den Kurs für alle Interessierten attraktiver zu machen, soll nach Bedarf die Dirigierpraxis regionalisiert werden. Die Mitgliedskapellen werden gebeten, ihren Bedarf zu melden. – Daran könnte anschließen:
(c) Ein professionelles Blasorchesterstudium am Johann-Joseph-Fux-Konservatorium des Landes Steiermark. Dort bestehen auch insofern die besten Voraussetzungen, als es keine Begrenzung der Anzahl der Studierenden gibt und das Unterrichtsmaterial durch die Stiftung der „Sammlung Suppan" im BLIZ (Blasmusik-Informations-Zentrum) im Erdgeschoß des Konservatoriums-Neubaues hervorragende Bedingungen ermöglicht.

IV. Aufkommen und Verbreitung des zivilen Blasmusikwesens

Abb. 89, 90: Am 4. November 2003 fand die erste Landesvorstandssitzung in unseren neuen Räumlichkeiten in Graz, Entenplatz 1b, statt. Am 7. Februar 2004 konnten wir im Rahmen eines „Tages der offenen Tür" nicht ohne Stolz diese Räumlichkeiten der Öffentlichkeit präsentieren. Auch Redakteure deutscher Blasmusikzeitschriften: „Die Blasmusik" (Christian Buss), „Musik zum Lesen" bzw. „Eurowinds" (Gerhard Tenzer) und „Saarländische Amateurmusik" (Wolfgang Rößler) waren aus diesem Anlass nach Graz gekommen. (V.l.n.r.): Landesobmann-Stellvertreter Oskar Bernhart, Redakteur Harry Jantscher, Gerhard Tenzer, Landes-Medienreferent Erhard Mariacher, Christian Buss, Wolfgang Suppan, Wolfgang Rötzer, Landesobmann-Stellvertreter Herbert Polzhofer, Landesschriftführer und Büroleiter Josef Malli (unten).

Anlässlich der EU-Ostöffnung am 1. Mai 2004 trafen sich steirische und slowenische Musikkapellen an den Grenzübergängen, um gemeinsam zu musizieren. Dafür hat der slowenische Blasmusikverband den Marsch *Guten Tag, Nachbar* von Vinko Strucl und die EU-Hymne im Verlag Ervin Hartman in Marburg an der Drau zum Druck gebracht. Die Noten wurden an alle Musikkapellen ausgesandt. Die am 1. Mai teilnehmenden Kapellen erhielten Urkunden, die vom slowenischen Blasmusikpräsidenten, Ervin Hartman, und vom steirischen Landesobmann unterzeichnet wurden. Der Steirischer Panther und die Robert-Stolz-Medaillen hat Frau Landeshauptmann Waltraud Klasnic gemeinsam mit Herrn Hans Stolz am 27. Mai 2004 im Weißen Saal der Grazer Burg verliehen.

Die Konferenz der Internationalen Gesellschaft zur Erforschung und Förderung fand nach vielen Jahren wieder in der Steiermark statt, und zwar vom 9. bis 13. Juli 2003 in Oberwölz. Vertreter aus vielen Ländern Europas sowie aus Amerika waren zu diesem Anlass in unser Land gekommen, um den neuesten Stand der Blasmusikforschung darzulegen[262]. Unmittelbar danach, vom 13. bis 18. Juli 2003, begann die MID EUROPE in Schladming, so dass viele internationale Gäste zur inzwischen wichtigsten Blasmusik-Veranstaltung, mit Konzerten führender europäischer, amerikanischer und fernöstlicher Orchester, mit dem gewichtigen Seminar- und Ausstellungsprogramm, über den Sölkpass vom Mur- in das Ennstal hinüberwechseln konnten.

Landeskapellmeister Fruhmann begann seinen Bericht mit dem Hinweis auf die erfreuliche Entwicklung der Konzert- und Marschwertungen. In der „sitzenden Musik" haben sich 151 Musikkapellen der Jury gestellt, in der „marschierenden" 154. Nimmt man die statistische Durchschnittsstärke einer steirischen Musikkapelle mit 42 Musikern an, konnte über Konzert- und Marschwertungen die beachtliche Zahl von 6300 Musiker erreicht werden. Erfreulich ist die von allen Jury-Mitgliedern festgestellte Tendenz der positiven musikalischen Weiterentwicklung. Vor allem der Umstand, dass nicht nur auf den 1. Stimmen, sondern zunehmend auch bei den 2. und 3. Stimmen gut ausgebildete Musiker sitzen, bewirkt unabhängig von der jeweiligen Leistungsstufe eine bemerkenswerte Verbesserung des Gesamtklanges. Dies ist zweifellos das Ergebnis der hervorragenden Jugendarbeit des Steirischen Blasmusikverbandes in Verbindung mit den Musikschulen. Für jene mehr als einhundert Musikkapellen in der Steiermark, die noch nie an einer Konzertwertung teilgenommen haben, sollte das hervorragende Ergebnis der Stufe-A-Kapellen ein Signal an die Verantwortlichen dieser Musikvereine sein, sich ohne Vorurteil künftig die Teilnahme an einem Wertungsspiel zu überlegen.

Was die Marschwertung betrifft, bei der 43 % aller Teilnehmer eine ausgezeichnete Benotung erhalten haben, stellten die Jury-Mitglieder eine sehr gute Vorbereitung fest, was die technischen Abläufe betrifft. Leider kann die musikalische Entwicklung nicht im gleichen Maße mithalten. Je höher die Leistungsstufen, um so eher klaffen Exerzieren und musikalisches Ergebnis auseinander. Das bedeutet, für den musikalischen Teil müssten mehr Proben verwendet werden. Zudem wird eine Erneuerung der Marschmusikliteratur empfohlen; denn erfahrungsgemäß sind unsere Musiker dann zu vermehrter Probentätigkeit zu gewinnen, wenn sie mit neuer Literatur konfrontiert werden. Dies könnte durchaus auch ein Marsch aus dem Archiv sein, welcher länger nicht gespielt wurde. Besonders wichtig sind technisch leicht musizierbare Märsche. Gemeinsam mit dem Landesstabführer wird der Steirische Blasmusikverband eine Liste leicht spielbarer Straßenmärsche auflegen, die allen Kapellmeistern und Musikern die Auswahl erleichtern sollte.

Zum zehnten Mal durfte Markus Waidacher den Jugendbericht vortragen. Er wies u. a. darauf hin, dass seit nunmehr über fünfunddreißig Jahren Jungmusiker-Leistungsabzeichen vergeben werden: Einst eine Idee des steirischen Landesobmannes Willi Konrad, die vom Österreichischen Blasmusikverband, später auch vom Bund Deutscher Blasmusikverbände (als Wolfgang Suppan dort Vorsitzender des Jugendbeirates war[263]) aufgegriffen und zu einem beispiellosen Erfolg geführt wurde. Es gibt wenig derartige Aktivitäten, die über einen so großen Zeitraum nicht nur erfolgreich sind, sondern deren Beliebtheit ständig steigt, so dass trotz sinkender Kinderzahl die jährliche Teilnehmerzahl bei

---

262 Die Referate liegen gedruckt vor in Band 25 der Buchreihe ALTA MUSICA, hg. von Bernhard Habla, Tutzing 2006.
263 Für Deutschland wurden die Vergabe- sowie die Prüfungsrichtlinien festgelegt, in: Wolfgang Suppan, Bildungsplan des Bundes Deutscher Blasmusikverbände, zugleich Fragenkatalog für den Erwerb des Jungmusiker-Leistungsabzeichens, Freiburg im Breisgau 1984, 2. Auflage ebda. 1987.

IV. Aufkommen und Verbreitung des zivilen Blasmusikwesens

Abb. 91: Verleihung der Steirischen Panther und der Robert Stolz-Medaillen 2004 mit Frau Landeshauptmann Waltraud Klasnic im Park der Grazer Burg.

Abb. 92: Ein wichtige neue Veranstaltungsreihe wird 2004 im kleinen Kreis in Birkfeld gegründet: Die INTERMUSICA. – V.l.n.r.: Frau Gerlinde Hutter, Erhard Mariacher, Herr Adolf Hutter, Wolfgang Suppan, Birkfeld-Bürgermeister Franz Derler.

den Prüfungen von ca. 1100–1300 Kandidaten nicht nur aufrechterhalten bleibt, sondern die Anzahl sogar steigt, – im Berichtsjahr auf 1.550 Prüflinge. Angesichts dieses Andranges wurde das Angebot um ein „Junior-Leistungsabzeichen" erweitert.

2005: Jugend ohne Drogen

Zur 55. Jahreshauptversammlung am 17. April 2005 hatte der Landesvorstand in das steirische Salzkammergut, nach Bad Aussee, eingeladen. Dort empfing die Musikkapelle Bad Aussee unter der Leitung von Alois Zachbauer die Gäste und Delegierten vor dem Kulturhaus. Im Saal umrahmten die Musikkapellen Lupitsch und Strassen unter der Leitung von Ludwig Egger die

Veranstaltung. „Höchstanwesender" Ehrengast war Landtagspräsident Reinhold Purr, begleitet von unserem Blasmusikreferenten, Landeshauptmann-Stellvertreter Leopold Schöggl, und Bundesrat Theodor Binna. Der Landesobmann konnte zwei Blasmusikpräsidenten willkommen heißen, den Österreichischen (Herbert Ebenbichler) und den Slowenischen (Ervin Hartman). Das erste Wort hatte Bad Aussees Bürgermeister Otto Marl, der den Delegierten im Rahmen der Grußworte seine traditionsreiche Stadt vorstellte.

Zum diesjährigen Motto der Jahreshauptversammlung, „Jugend ohne Drogen", führte Landesobmann Suppan aus, dass Vorbeugen besser als Heilen sei, jedenfalls würde es dem Staat entschieden weniger kosten. Wunderschön ist der „Steirischer Blasmusik-Kalender" geworden, in dem das Thema „Blasmusik trifft Oper" fotografisch hervorragend aufbereitet wurde. Jedenfalls konnte gezeigt werden, wie eng oftmals unterschiedlich gesehene Bereiche des musikkulturellen Lebens doch zusammen gehören.

Nach dem erfolgreichen Regionalmusikfest vom 9. bis 11. Juli 2004 in Leibnitz folgten Leoben 2005 und Weiz 2006 mit Regionalmusikfesten. Das „Aufsteirern" hat sich in der kurzen Zeit des Bestehens zu einer repräsentativen Veranstaltung des Landes entwickelt. Selbstverständlich war der Blasmusikverband beim „Jahr der Volkskultur 2005" vielfach vertreten, – soweit die von unseren Blaskapellen heute überwiegend musizierte Musikliteratur als Bestandteil steirischer „Volkskultur" bezeichnet werden darf! Die MID EUROPE in Schladming hat erneut unseren Mitgliedern die Chance eröffnet, sich überregional zu informieren und Erfahrungen für die eigene praktische Arbeit zu sammeln. Am 3. Mai 2005 hat Frau Landeshauptmann Waltraud Klasnic im Weißen Saal der Grazer Burg die „Steirischen Panther" sowie die „Robert Stolz-Preise" verliehen. – Nach einer Probenphase vom 16. bis 20. Mai 2005 hat die Bläserphilharmonie des Internationalen Jugendorchesters folgende Konzerte in der Steiermark gegeben: am 20. Mai 2005 in Birkfeld, am 21. Mai 2005 in Bad Aussee. Die Konzerte des Internationalen Jugendorchesters waren als Gemeinschaftsaktion (und auch Gemeinschaftsfinanzierung) des Steirischen Blasmusikverbandes und des Rotary Clubs Ausseerland möglich geworden.

Es war Erhard Mariacher, Bezirksobmann des Blasmusikbezirkes Birkfeld und Mitglied des Landesvorstandes,

Abb. 93: Meldung des Stabführers der Musikkapelle Bad Aussee zu Beginn der Jahreshauptversammlung 2005. V.l.n.r.: Landeskapellmeister Philipp Fruhmann, ÖBV-Präsident Herbert Ebenbichler, Landtagspräsident Reinhold Purr, Landesobmann Wolfgang Suppan, Landeshauptmann-Stellvertreter und Blasmusikreferent Leopold Schöggl.

der die Idee hatte, als Gegenstück zur MID EUROPE in Schladming eine internationale Blasmusikveranstaltung in der nördlichen Oststeiermark zu planen. Nach mehreren Gesprächen und dem Ausloten der Möglichkeiten, hat Landesobmann Suppan vorgeschlagen, im Raum um Birkfeld einen internationalen Solisten-Wettbewerb mit Blasorchesterbegleitung zu schaffen, – bislang ein Desiderat der europäischen Blasmusikszene. So entstand die INTERMUSICA: Eine nach dem Grundkonzept von Wolfgang Suppan gemeinsam von der Marktgemeinde Birkfeld, Bürgermeister Franz Derler, der gräflichen Familie Tacoli sowie der Firma Hutter organisierte Veranstaltungsreihe, zu der erstmals vom 5. bis 9. Oktober 2005 eingeladen wurde.

Landeskapellmeister Fruhmann freute sich über die bisher größte Teilnehmeranzahl bei Wertungsspielen in der Steiermark, nämlich 173 Musikkapellen. Im Jahre 2004 konnten über die Konzertwertung 4200 Musiker und über die Marschwertung 3200, also insgesamt 7400 Musiker, musikalisch betreut werden. – Seit die Publikationsreihe „Blasmusik aus der Steiermark" im Kraichtaler HeBu-Musikverlag erscheint, verzeichnen wir sowohl national wie international eine ständig steigende Anzahl von Werken steirischer Komponisten und Bearbeiter in den Listen der Pflichtstücke. In Österreich konnten erfreulicherweise Werke der Komponisten Franz Cibulka, Herbert Marinkovits, Reinhard Summerer sowie Bearbeitungen von Armin Suppan nominiert

Abb. 94: Nach der Vorbereitungswoche in Miesenbach musizierte das Internationale Jugendorchester unter der Leitung von Johann Mösenbichler mit zahlreichen steirischen Jungmusikern anlässlich „100 Jahre Rotary International" 2005 im Kursaal in Bad Aussee.

werden. – Den Kompostionswettbewerb des Österreichischen Blasmusikverbandes 2001–2004 gewann Herbert Marinkovits mit dem „Capriccio for Band". – Am 27. Mai 2004 fand in der Grazer Burg die Verleihung der Steirischen Panther und Robert Stolz-Medaillen durch Frau Landeshauptmann Waltraud Klasnic statt. 39 Vereine erhielten die Stele aus Sölker Marmor, zusätzlich sechzehn Vereine aus der Hand von Hans Stolz den Robert Stolz-Preis.

Landesjugendreferent Waidacher verkündete u. a., dass anlässlich der Jungmusiker-Leistungsabzeichen-Prüfungen im Bezirk Leibnitz in Gleinstätten der 28.000., bald danach im Bezirk Graz-Süd der 29.000. Jungmusiker geprüft wurde. Offensichtlich eine unendliche Erfolgsgeschichte, obgleich Pädagogen bei Einführung dieser Prüfungen zunächst sehr skeptisch reagiert hatten: Wer wollte sich schon freiwillig prüfen lassen? – Bei zwölf Wettbewerben im „Spiel in kleinen Gruppen" stellten sich 203 Ensembles der Jury. 42 Gruppen konnten sich für den am 6. Juni 2004 in Rottenmann durchgeführten Landeswettbewerb qualifizieren. Fünf steirische Ensembles durften im Oktober 2004 zum Bundeswettbewerb in das burgenländische Rust fahren. – Die Steiermark, konkret Gratkorn mit seinem für solche Ereignisse vorzüglich geeigneten Volkshaus(-Saal), war als Austragungsort des 2. gesamtösterreichischen Jugendblasorchesterwettbewerbes ausgewählt worden.

Folgende Musikkapellen wurden in den Jahren 1996 bis 2006 gegründet:
1999: Raaba, Spielmannszug, Bezirk Graz-Stadt; Musikkapelle Seggauberg, Bezirk Leibnitz
2001: Musikkapelle des Gemeindeverbandes Ehrenhausen, Bezirk Leibnitz
2003: Blasorchester der 1. Steirischen Blasmusikschule (Thomas Weinzerl), Bezirk Leibnitz
2005: Symphonisches Blasorchester des Johann-Joseph-Fux-Konservatoriums, Bezirk Graz-Stadt
2006: Marktmusikkapelle Gleinstätten, Bezirk Leibnitz

Seit 2006: Horst Wiedenhofer. Ein neuer Landesobmann steht an der Spitze des Steirischen Blasmusikverbandes

Die 56. Generalversammlung in Deutschlandsberg am 2. April 2006 fand besonderes Interesse. Ging doch die zehnjährige Regenerationsphase im Steirischen Blasmusikverband zu Ende, die Landesobmann Suppan mit seiner Wahl im Jahr 1996 eingeläutet hatte. Vor der Koralmhalle empfing der Musikverein-Marktkapelle Frauental unter der Leitung von Oskar Lenz die Gäste und Delegierten, auf dem Podium im Saal hat die Stadtkapelle Deutschlandsberg unter der Leitung von Josef Angerer Platz genommen, um die Veranstaltung festlich zu umrahmen.

Landesobmann Suppan begrüßte den Präsidenten des Steiermärkischen Landtages, Siegfried Schrittwieser, den Blasmusikreferenten des Landes Steiermark, Herrn Ersten Landeshauptmann-Stellvertreter Hermann Schützenhöfer, mit ihnen sind die Landtagsabgeordneten Heinz Gach, zugleich Landesjägermeister, Manfred Kainz, Claudia Klimt-Weithaler und Walter Kröpfl erschienen. Mehr als sechshundert Delegierte von 285 steirischen Musikkapellen waren anwesend. Den Österreichischen Blasmusikverband vertrat Präsident Manfred König, Salzburg, den Bund Deutscher Blasmusikverbände Ronald Holzmann, Vorsitzender des Musikbeirates, den Slowenischen Blasmusikverband Präsident Ervin Hartman. Dem Bürgermeister der gastgebenden Stadt Deutschlandsberg, Herrn Josef Wallner, galt der Dank für die Zurverfügungstellung der großartigen Halle.

In das Totengedenken eingebunden waren Nachrufe auf den langjährigen Landesobmann und (seit 1996) Lan-

Abb. 95: Das Regionalmusikfest in Leoben vereinte zahlreiche Musikkapellen des steirischen Oberlandes auf dem Hauptplatz der Montan-Stadt.

IV. Aufkommen und Verbreitung des zivilen Blasmusikwesens

Abb. 96: Der musikalische Nachlass des Komponisten Ernest Majo wurde von der Familie des Komponisten dem Steirischen Blasmusikverband bzw. dem Blasmusik-Informationszentrum (BLIZ) übergeben. Auf dem Foto v.l.n.r.: Josef Malli, Herbert Polzhofer, Oskar Bernhart, Enkelin und Witwe Ernest Majos, Wolfgang Suppan, Armin Suppan, Horst Wiedenhofer, Erhard Mariacher.

des-Ehrenobmann Manfred Meier, auf das ehemalige Landesvorstandsmitglied Artur Krobath, auf den österreichisch-amerikanischen Komponisten Alfred Reed, der mit der Steiermark seit der WASBE-Konferenz 1997 in enger Beziehung stand, der dem Steirischen Blasmusikverband den Marsch „Altes und Neues" gewidmet hat und der von Frau Landeshauptmann Waltraud Klasnic für seine Verdienste um unser Land mit dem Großen Ehrenzeichen des Landes Steiermark ausgezeichnet worden ist[264].

Diese letzte Generalversammlung, die Wolfgang Suppan als Landesobmann zu eröffnen hatte, bot ihm die Möglichkeit, in einem Rückblick der Jahre zu gedenken, die er als Landesobmann mit geprägt hat. „In jeder Gesellschaft, in jeder Organisation gibt es *Phasen der Beharrung und solche der Erneuerung*. Die Jahre seit 1996 werden in der Geschichte des Steirischen Blasmusikverbandes als solche der Erneuerung verzeichnet werden. Wir können gemeinsam auf folgende wichtige, ja entscheidende Umstrukturierungen verweisen:

Bis 1996 gab es *kein eigenes Büro* und *keine fest angestellten Sekretärinnen*. Die Arbeit für den Verband wurde in einer Ecke des Büros des Steirischen Volksbildungswerkes zunächst in der Parkstraße, dann in der Herdergasse in Graz nebenberuflich erledigt. Schließlich erhielten wir die Möglichkeit, im Dachgeschoß des Hauses in der Herdergasse uns Räume in sehr bescheidenem Ausmaß selbst auszubauen. Damit konnten erstmals Arbeitsplätze für zwei Halbtags-Sekretärinnen sowie für die ehrenamtlich tätigen Funktionäre eingerichtet werden.

Im Verlauf der Gesamtrenovierung des Komplexes Herdergasse wurden unsere Dachgeschoßräume ebenfalls saniert, und damit erhielt der Steirische Blasmusikverband erstmals ein angemessenes Büro, drei eigene Räume mit Toiletten und kleiner Teeküche. Als im Jahr 2002 die Vorbereitungen für den Bau einer ‚Landesakademie für die musisch-kulturelle Jugend- und Erwachsenenbildung' in St. Stefan ob Stainz eingestellt wurden, – dort war auch unser neues Sekretariat geplant, stellte uns die Steiermärkische Landesregierung unser jetziges

---

264 Artikel „Reed", in: Suppan, Blasmusik/2, 2009, S. 615f.

Büro am Entenplatz 1b zur Verfügung. Im selben Neubau konnte auch das ‚Blasmusik-Informationszentrum' (BLIZ) eingerichtet werden. Der Vertrag mit dem Land wurde auf zwanzig Jahre abgeschlossen. Auf dieser soliden Basis konnte damit begonnen werden, unseren Verband zu einem modernen Dienstleistungsbetrieb für die knapp vierhundert Musikkapellen des Landes mit mehr als 18.000 aktiven und ca. 80.000 passiven/unterstützenden Mitgliedern umzugestalten.

Ein Nachtrag zu St. Stefan ob Stainz: Für die professionell geplante und in jedem Fall für die Region Weststeiermark unseres Landes attraktive Landesakademie, die den gesamten Alpen-Adria-Raum bedienen sollte, haben wir ein Grundstück gekauft, das sich noch (2010) in unserem Besitz befindet, und eine GmbH gegründet, die ebenfalls noch besteht. Verhandlungen mit dem Land und mit der Gemeinde St. Stefan haben ergeben, dass der ursprüngliche Plan nicht weiter verfolgt werden kann.

Im Jahr 2000 haben wir unser fünfzigjähriges Bestehen gefeiert: Es ist danach (2003) das Buch ‚Blasmusikland Steiermark' erschienen, das einen Querschnitt durch die Initiativen bietet, die seit 1996 die Aufbauarbeit geprägt haben:

(a) Da ist einmal die *gesellschafts- und wirtschaftspolitische Positionierung* des steirischen Blasmusikwesens, das sich nun als wesentlicher Bestandteil der außerschulischen Jugend- und Erwachsenenbildung präsentiert, in dem demokratische Verhaltensformen gelernt und gepflegt werden, in dem die Jugend eine Heimstätte gefunden hat und Alters- und Gesellschaftsschichten übergreifend ihre Position im Leben einschätzen lernt.

(b) Da ist die *musikalische Niveauverbesserung*, sowohl – mithilfe der Musikschulen – im Spieltechnischen wie in Bezug auf die Literatur. Gebildete Menschen aller Berufsgruppen, vom Arbeiter und Bauern bis zum Akademiker, prägen die musikalische Gestaltung des Repertoires. Es wird immer wieder darauf hingewiesen, dass alle Gattungen der Musikliteratur die volle Wirklichkeit unserer Blasmusik ausmachen – und uns nach außen als erstzunehmende musikalisch-kulturelle Orchesterformation ausweisen. Daher ist jede Einseitigkeit von Übel. Weder die einseitige Pflege der (so genannten) Tradition, noch die einseitige Hinwendung zu den Formen modischer Popularmusik erscheint sinnvoll und zukunftsträchtig, – sondern von der Unterhaltungs- bis zur Ernsten Musik, von der Straße bis in den Konzertsaal eröffnet sich uns ein Spektrum, das keine andere Orchestergattung in dieser Form erfüllen kann.

(c) Deshalb haben wir auch die *Förderung zeitgenössischer steirischer Komponisten und Arrangeure* zu einem unserer besonderen Anliegen gemacht. Unsere *Editionsreihe* im HeBu-Musikverlag wird inzwischen international überaus beachtet. Darin liegt unsere Zukunft. Nur wer seine Komponisten fördert, wird auch in Zukunft etwas zu musizieren haben.

(d) Wir haben im Jahr 2000 ein neues *Logo* geschaffen – und wir haben in diesem Zusammenhang neue, steirische *Auszeichnungen* geschaffen, – und wir haben die Vergabe dieser Auszeichnungen objektiviert. Meinem Stellvertreter, Herbert Polzhofer, habe ich in besonderer Weise dafür zu danken, dass er die undankbare Aufgabe übernommen hat, die Vergabe der Auszeichnungen in eine gerechte Bahn zu lenken.

(e) Im *musikalischen Bereich* wurden die *Wertungsspiele* intensiviert, in regelmäßigen Bezirkskapellmeister-Tagungen unter dem Vorsitz unseres äußerst gewissenhaft und fachlich kompetent arbeitenden Landeskapellmeisters Philipp Fruhmann konnte sinnvolle Vorbereitungsarbeit dafür geleistet werden. Das Ergebnis spiegelt sich in den bisher neun Verleihungen ‚Steirischer Panther' durch den Landeshauptmann für Steiermark im Weißen Saal der Grazer Burg. Ergänzend zur Landesauszeichnung hat die Familie Robert Stolz', vertreten durch den Großneffen des Komponisten, Hans Stolz, die ‚Robert-Stolz-Medaillen' gestiftet, die jenen Musikkapellen überreicht werden, die dreimal ein Wertungsspiel ‚mit Auszeichnung' absolviert haben.

(f) Die *Jugendarbeit* durch unseren Landesjugendreferenten Markus Waidacher zeichnet sich durch einen hohen internationalen Standard pädagogisch-didaktischer Erkenntnisse und Erfahrungen aus. Im ‚Spiel in kleinen Gruppen' zählten unsere Landessieger vielfach zu den Besten Österreichs.

Die Anzahl der Träger von Jungmusiker-Leistungsabzeichen hat eine Größe erreicht, die allen, die – wie der Verfasser – von Anfang an dabei waren, geradezu utopisch erscheint.

(g) Die Steiermark zählt zu jenen Bundesländern, die dank der unauffälligen, aber bis in die kleinsten Kapellen und die letzten Täler des Landes hineinreichenden konsequenten Arbeit unseres Landesstabführers Erich Perner besonders beachtet werden. Sowohl national wie international begeistern steirische Musikkapellen in der *Marschmusik*. Häufig werden steirische Musikkapellen zu den großen Fernsehshows, z. B. nach Bremen, Dortmund und Hannover, eingeladen, wo sie den professionellen Militärkapellen anderer Länder keinesfalls nachstehen.

(h) Unser Verhältnis zum Österreichischen Blasmusikverband (ÖBV) wurde insofern geregelt, als Mitglieder unseres Landesvorstandes Funktionen im ÖBV-Präsidium einnehmen: Philipp Fruhmann als stellvertretender Bundeskapellmeister, Markus Waidacher als stellvertretender Bundesjugendreferent, Herbert Polzhofer als Beirat, Oskar Bernhart als stellvertretender Bundesschriftführer und Auszeichnungsreferent. An der ÖBZ arbeiten unsere Funktionäre laufend mit, wir sind das Bundesland mit den meisten ÖBZ-Abonnenten. Auch eine eigene steirische Blasmusikzeitung haben wir wieder, die vom Landesmedienreferenten Erhard Mariacher in Verbindung mit Harry Jantscher hervorragend redigiert und präsentiert wird.

(j) Am *Landesmusikfest 2000* in Deutschlandsberg beteiligten sich 8000 Musikerinnen und Musiker. Der Festakt fand im Grazer Opernhaus statt, das sich damit erstmals der Amateurblasmusik gegenüber geöffnet hat. So konnten wir dort auch den Steirischen Bläsertag 2003 abhalten. Bisher fanden drei *Regionalmusikfeste* statt, in Leibnitz, in Leoben und in Weiz. Solche Veranstaltungen dienen der inneren Festigung, der Identitätsfindung der Blasmusik ebenso wie der Wirkung nach außen.

(k) *International* hat sich die Steiermark mit der Konferenz der World Association for Symphonic Bands and Ensembles (WASBE) im Jahr 1997 glänzend präsentiert: Erstmals fand eine solche Konferenz in Mitteleuropa statt, in Schladming, – und erstmals gab es so viele Konzerte, nämlich vierzig, und so viele Konzertbesucher, nämlich 43.000. Im Anschluss an den Erfolg der WASBE-Konferenz wurden die MID-EUROPE-Konferenzen eingerichtet. Ein zweites überregional aktives Zentrum haben wir im Jahr 2005 mit der INTERMUSICA, einem Solistenwettbewerb, in Birkfeld initiiert. Die Veranstaltung hat sich inzwischen international hervorragend eingeführt, Solisten aus vielen europäischen Ländern nehmen daran teil.

(l) Die Zusammenarbeit mit den *Blasmusikreferenten in der Steiermärkischen Landesregierung* verlief in jedem Fall positiv, von Loyalität und gegenseitigem Vertrauen geprägt. Ich nehme da niemanden aus und bevorzuge niemanden, wenn ich Herrn Landesrat Michael Schmid, Frau Landesrätin Magda Bleckmann und Herrn Zweiten Landeshauptmann-Stellvertreter Leopold Schöggl nenne, – und davon ausgehe – und das haben alle bisherigen Gespräche angedeutet, dass auch unser neuer Blasmusikreferent, Erster Landeshauptmann-Stellvertreter Hermann Schützenhöfer, sich ebenso unserer Sache verbunden fühlen wird. Die finanziellen Förderungen des Landes für Musikheimbauten, für die Jugendausbildung, für Musikinstrumente, für Trachten, für Musiknoten verstehen sich als unverzichtbarer Basisbeitrag, den die Gemeinden entsprechend aufstocken. Den größeren Teil ihres Budgets aber erwirtschaften die Musikkapellen selbst. Das bedeutet, die Mittel des Landes vervielfachen sich gleichsam in den Händen unserer Musikkapellen. Das gegenwärtige Gesamtvermögen der steirischen Musikkapellen ist mit 160 Millionen € anzugeben. Das, was wir ehrenamtlich in den Gemeinden vor allem an demokratiepolitisch erfolgreicher Jugendarbeit leisten, wäre ohnehin von keinem Staat zu bezahlen. – Wenn in den letzten zehn Jahren die Subventionen der Öffentlichen Hand gestiegen sind, dann hängt dies nicht damit zusammen, dass ein Blasmusikreferent den anderen übertreffen wollte, – sondern es ist unsere ernsthafte, professionelle, organisatorische und musikalisch-fachliche Arbeit, die Anerkennung gefunden hat. – Im Jahr 1997 hat die Steiermärkische Landesregierung erstmals die *Steirischen Panther* verliehen, im ersten Jahr als Pokal, seither als eine mit dem offiziellen steirischen Landeswappen verzierte Stele aus Sölker Marmor.

(m) Auf das ‚Blasmusik-Informationszentrum' (BLIZ) im Hause Entenplatz 1b in Graz wurde schon hingewiesen, in dem die private Blasmusik-Noten- und Partituren-Sammlung des Verfassers allgemein zugänglich gemacht wird. Diese Sammlung ging als Stiftung an das Land Steiermark, sie gilt als die größte ihrer Art, nämlich in Bezug auf die Blasmusik, in Europa. – Aber auch mit den *Blasmusikmuseen in Ratten und in Oberwölz* haben wir Schmuckstücke schaffen können, die Entstehung und soziokulturelle Bedeutung des Blasmusikwesens in Mitteleuropa anschaulich aufbereiten.

(n) Auf Besonderheiten innerhalb der Mitgliedskapellen des Steirischen Blasmusikverbandes soll ebenfalls hingewiesen werden: Die altösterreichischen Militär-, aber auch viele Zivilorchester des 19. und des beginnenden 20. Jahrhunderts haben sowohl ‚auf Streich' wie ‚auf Blech' gespielt. Als Relikt des Spiels ‚auf Streich' hat sich die Bürgermusik Bad Aussee in unsere Tage herüber gerettet. Wir haben aber auch drei *Spielmannszüge* in den Verband aufgenommen, den Grazer Spielmannszug, den Spielmannszug Judenburg sowie den Spielmannszug Raaba bei Graz. Nicht entschließen konnte sich der Landesvorstand jedoch, die *Jagdhornbläsergruppen* in den Steirischen Blasmusikverband zu integrieren, da sich doch sehr viele Mitglieder von Blaskapellen auch in Jagdhornbläsergruppen engagieren (siehe Kapitel IX, S. 298 ff) dieses Buches, wo Josef Pöschl die steirischen Jagdhornbläsergruppen vorstellt).

Es war Mitte der neunziger Jahre des vorigen Jahrhunderts in meiner (W. S.) Lebensplanung nicht vorgesehen, dass ich nach einer zweiunddreißigjährigen ehrenamtlichen Tätigkeit im Geschäftsführenden Präsidium des Bundes Deutscher Blasmusikverbände noch eine weitere Blasmusik-Funktion in der Steiermark übernehmen sollte. Die Situation des Jahres 1996 hat mich dazu bewogen, doch zu helfen, um den Verband den zeitgemäßen Anforderungen eines Dienstleistungsbetriebes anzupassen und musikalisch an den internationalen Standard heranzuführen. Dabei konnte ich mich seit der ao. Generalversammlung im Februar 1997 in Kapfenberg auf ein fachlich kompetentes, mir gegenüber loyales und mit großer Freude an der Blasmusik und an den musizierenden Menschen arbeitendes Team stützen. Nur so, gemeinsam, konnten die angepeilten Ziele erreicht werden. Allen, die dazu beigetragen haben, danke ich aufrichtig: den Mitarbeitern im Landesvorstand, in den Bezirksverbänden, in den einzelnen Mitgliedsvereinen, aber auch den Verantwortlichen in der Steiermärkischen Landesregierung, den Bezirkshauptleuten, den vielen Bürgermeistern in ihren Gemeinden, den Beamten und Angestellten auf allen Ebenen der Verwaltung.

Um die Zukunft der Blasmusik in unserem Lande Steiermark ist mir nicht bange: Der neue, kaum veränderte Landesvorstand wird in diesem Sinne weiterarbeiten und die Zeichen der Zeit verstehen, d. h. die jeweils neuen gesellschaftlichen Anforderungen annehmen und zum Wohle der uns anvertrauten Menschen umzusetzen wissen. Dazu wünsche ich meinem langjährigen Mitarbeiter und Nachfolger Horst Wiedenhofer eine gute Hand. Herzlichen Dank Ihnen allen!". (Suppan)

Landeskapellmeister Fruhmann kann verkünden, dass mit 193 Teilnehmern an Wertungsspielen im Berichtsjahr erneut ein Rekord zu vermelden ist. „Diese erfreuliche Entwicklung führe ich unter anderem auf das umfangreiche Literaturangebot bei den Pflichtstücken durch den ÖBV zurück. Die Werkauswahl wurde deshalb für die Kapellmeister wesentlich erleichtert. Weiters glaube ich, dass es mir bei den Bezirkstagungen zur Vorbereitung der Wertungsspiele gelungen ist, Vorurteile unterschiedlichster Art bezüglich der Konzertwertungsspiele abzubauen. Außerdem hat sich unser Landesstabführer Erich Perner bei elf Stabführerkursen mit 165 Teilnehmern in den Bezirken um die Vorbereitung der Marschwertung außerordentlich bemüht […] In den allgemeinen technischen Abläufen können große Fortschritte festgestellt werden. Durch die Verbesserung unserer Schlagzeuger sind im rhythmischen Bereich ebenfalls enorme Fortschritte feststellbar. Erfreulich ist auch der Umstand, dass eine merkliche Verbesserung in der Tonkultur der zweiten und dritten Stimmen zu bemerken ist. Neben der konsequenten Arbeit der Kapellmeister konnten diese Verbesserungen durch die gute Arbeit der Bläserlehrer an den Musikschulen, unterstützt durch die kontinuierliche Jugendarbeit des Landesverbandes, erreicht werden. Defizite und gleichzeitig eine Möglichkeit zur weiteren Verbesserung sehe ich in den Bereichen Dynamik, Artikulation und Registerbalance […] Erstmals habe ich über die bei den Konzertwertungen gespielte Literatur eine Statistik erstellen lassen. Das Ergebnis fällt für die steirischen Komponisten und deren gespielte Werke sehr gut aus. In der Stufe B erreichte Reinhard Summerer mit seinen

Abb. 97: Der Grazer Spielmannszug, einer von drei Spielmannszügen in der Steiermark, die dem Steirischen Blasmusikverband angehören.

Drei Tänzen mit fünf Aufführungen den zweiten Platz hinter Gottfried Veit mit der *Böhmischen Rhapsodie*. In der Stufe C konnte Franz Cibulka mit *Triconto* und zehn Aufführungen den ersten Platz vor Florian Pranger mit *Ars Viventi* erreichen. Schließlich erreichte Herbert Marinkovits in der Stufe D mit *Carpricco for Band* mit zwei Aufführungen den zweiten Platz. Bedenkt man, dass pro Stufe acht Werke zur Auswahl standen, konnten unsere steirischen Komponisten mit ihren Werken überaus gut abschneiden. [Dass unsere steirischen Komponisten mit ihren Werken überhaupt in die nationale und internationale Diskussion eingebunden werden konnten, verdanken wir der Einrichtung und konsequenten Förderung unserer Publikationsreihe ‚Steirische Blasmusik' im HeBu-Musikverlag in Kraichtal.]

Der Solistenwettbewerb INTERMUSICA 2005 in Birkfeld, an welchem einundzwanzig Solisten aus dem mitteleuropäischen Raum teilnahmen, zeichnete sich durch ein überaus hohes Niveau der Teilnehmer aus. Nach den ersten Erfahrungen kann davon ausgegangen werden, dass dieser Wettbewerb für unsere bestqualifizierten jungen Musiker ein gutes Forum ist, ihr Können einer breiten Öffentlichkeit vorzustellen. Durch die Verbindung mit dem begleitenden Blasorchester ist sichergestellt, dass diese Musiker auch künftig als Stützen in unseren Vereinen wirken werden. Als Beispiel kann der erste Gewinner der ‚Goldenen Dohle' von Birkfeld, der Klarinettist Christoph Gaugl von der Kernstock-Kapelle Pöllau genannt werden [der inzwischen das Probespiel um die Solo-Klarinettisten-Stelle im Grazer Philharmonischen und Opernorchester gewonnen hat!]. Um eine gewisse Kontinuität bei der Beurteilung zu erreichen, wird die internationale Jury unter meinem Vorsitz beim Wettbewerb 2006 mit den gleichen Personen wie 2005 besetzt sein. – Beim österreichischen Orchesterwettbewerb in Feldkirchen im Oktober 2005 erreichte die Stadtkapelle Murau als steirische Vertretung mit 88,2 Punkten den 4. Platz. Das Niveau des Spitzenfeldes war überaus hoch, die ersten vier Plätze waren nur durch fünf Punkte getrennt.

In Weiz wurde ein neues Kunsthaus gebaut, welches beste Voraussetzungen für die Abhaltung von Konzerten bietet. Dies ist der Grund, weshalb der diesjährige Steirische Bläsertag im Rahmen des Oststeirischen Regionalmusikfestes in Weiz abgehalten wird. Für dieses außergewöhnliche Konzert, welches der steirischen Blasmusik die Möglichkeit einer Standortbestimmung des Leistungsniveaus unserer Höchststufenorchester bietet, habe ich vier Orchester vorgeschlagen, welche einen Querschnitt unseres Blasorchesterklanges, verbunden mit verschiedenen Stilrichtungen bieten sollen. Die vier Orchester wurden vom Landesvorstand einstimmig bestätigt: der Musikverein Heilbrunn mit Kapellmeister Peter Bratl, der Musikverein Groß St.

Florian mit Kapellmeister Gerald Oswald, die Werkskapelle Zeltweg mit Kapellmeister Herbert Bauer, die Kernstock-Kapelle Pöllau mit Kapellmeister Anton Mauerhofer. Da sich diese vier Orchester über Bezirkswertungsspiele bestens qualifiziert haben, wird auf eine Wertung beim Bläsertag verzichtet, um diesem Konzert dadurch einen noch festlicheren Charakter zu verleihen.

Im abgelaufenen Jahr habe ich bei sieben Musikvereinen Klangseminare durchgeführt und hiebei 115 Musiker bei der Umstellung auf ein passendes Mundstück beraten können, damit erhöht sich die Gesamtzahl der von mir gestalteten Klangseminare auf vierundfünfzig. Die Erfolge bei den abgehaltenen Klangseminaren, bei welchen eine Trefferquote von bis zu 90 % erreicht wird, veranlassen mich, auf dieses wichtige Thema, welches vielfach unterschätzt wird, nochmals besonders hinzuweisen. Stimmung, leichtere Spielbarkeit und Tonkultur können mit Hilfe dieser Klangseminare auf Dauer eine erhebliche Verbesserung erreichen.

Beim Bundesmusikfest 2005 erreichten die Musikvereine Bad Blumau, Eggersdorf und Deutschfeistritz unter der Stabführung unseres Landesstabführer-Stellvertreters Hermenegild Kaindlbauer in der Stufe D einen ausgezeichneten Erfolg. Beim Bundesmusikfest 2006 wird die Steiermark durch die Musikvereine Fladnitz, Semriach und Langenwang wieder mit Landesstabführer-Stellvertreter Hermenegild Kaindlbauer vertreten sein.

Mit heutigem Tag geht eine zehnjährige Zusammenarbeit mit unserem hochgeschätzten Landesobmann Univ.-Prof. Dr. Suppan zu Ende. Es ist nicht meine Aufgabe aus diesem Anlass eine Laudatio für ihn zu halten, – ich möchte jedoch festhalten, dass wir auf Basis der gegenseitigen Wertschätzung eine überaus konstruktive Zusammenarbeit hatten, welche zu vielen wertvollen Ergebnissen für unsere steirische Blasmusik geführt hat. Dafür und für das zusätzliche freundschaftliche Verhältnis möchte ich Dir, lieber Wolfgang, meinen herzlichen Dank aussprechen." (Fruhmann)

Landesjugendreferent Waidacher bekannte zu Beginn seines Referates, dass die Leistungen, welche wir gemeinsam in unserer Tätigkeit für die Jugendausbildung vollbringen und bis jetzt vollbracht haben, in der Öffentlichkeit mit großem Stolz gezeigt werden dürfen […] Den größten Aufwand in unserer Arbeit nehmen hier die Seminare für die Jungmusikerprüfungen sowohl für die Vorbereitung als auch für die Durchführung ein. Es gab fünfundzwanzig Prüfungstermine in den Bezirken und zusätzlich drei Goldprüfungstermine. Insgesamt bedeutet dies, dass 2095 Kandidaten das Prüfungsprogramm positiv absolviert haben.

Vom 5. bis 8. Mai 2005 veranstaltete der Bund Deutscher Blasmusikverbände in Bruchsal in Baden-Württemberg ein Internationales Jugendorchestertreffen. Das Jugendblasorchester Pöllau unter der Leitung von Anton Mauerhofer hat die Steiermark dort erfolgreich vertreten. – In der letzten Oktoberwoche 2005 wurde in Österreich der 2. Jugendblasorchester-Wettbewerb an vier Standorten durchgeführt. Bei diesem Wettbewerb nahmen 110 Orchester mit über viertausend Kindern und Jugendlichen im Alter zwischen 10 und 18 Jahren teil. Einen Standort stellte die Steiermark: Am 22. Oktober trafen sich zweiundzwanzig Orchester in Gratkorn, davon dreizehn aus der Steiermark. In Gratkorn lag das Jugendblasorchester Groß St. Florian an der Spitze. Beim anschließenden Bundeswettbewerb erreichte das Jugendblasorchester der Musikschule Krieglach unter der Leitung von Rudolf Zangl die höchste Punkteanzahl aller acht teilnehmenden Orchester.

„Abschließend möchte ich mich bei unserem Landesobmann Wolfgang Suppan bedanken. – Lieber Wolfgang! Für die kameradschaftliche und freundschaftliche Zusammenarbeit in den letzten zehn Jahren sage ich danke. Danke im eigenen, aber auch im Namen aller Bezirksjugend- und Vereinsjugendreferenten für die Unterstützung im so großen Bereich der Jugendarbeit. In der Hoffnung, dass du uns weiterhin deine Erfahrung und dein Wissen zuteil werden lässt, wünsche ich dir künftig etwas mehr Ruhe und vor allem viel Gesundheit." (Waidacher)

Der bisherige Landesobmann hat die in den Statuten festgelegte Altersgrenze von siebzig Jahren bereits 2003 überschritten. Das bedeutet, dass ein neuer Landesobmann an die Spitze des Steirischen Blasmusikverbandes treten wird. Landesvorstand und Ausschuss haben einhellig für diese Position Horst Wiedenhofer in Vorschlag gebracht.

IV. Aufkommen und Verbreitung des zivilen Blasmusikwesens

Abb. 98: Der neu gewählte Landesvorstand des Steirischen Blasmusikverbandes 2006.

Als Wahlleiter wird von der Versammlung der Präsident des Österreichischen Blasmusikverbandes, Manfred König, bestimmt. Er verliest den vorbereiteten Vorschlag für den neuen Landesvorstand. Zunächst wird über den Landesobmann abgestimmt. Horst Wiedenhofer wurde am 25. Juni 1950 in Graz geboren, besuchte die Volksschule in Gutenberg, die Hauptschule in Weiz, absolvierte 1964 bis 1968 eine Lehre als Starkstrommonteur bei der Elin in Weiz, 1968 bis 1973 das Fach Elektrotechnik an der HTL Graz-Gösting. 1973 trat er in die Firma Elin-Union als Konstrukteur ein. Ab 1978 war er in der Lehrlingsausbildung tätig, 1983 erfolgte seine Bestellung zum Ausbildungsleiter der Lehrwerkstätte (VA TECH) und zum Prüfungsvorsitzenden bei Lehrabschlussprüfungen. Horst Wiedenhofer ist seit 1974 verheiratet mit Elisabeth, beider Sohn Alexander ist beruflich der Musik verbunden. – Die musikalische Ausbildung erfolgte im Fach Schlagzeug bei Johann Kern, seit 1967 gehört er der Ortskapelle Gutenberg an, von 1984 bis 1999 als Obmann. Bereits 1990 war seine Wahl in den Weizer Bezirksvorstand erfolgt, zunächst als Kassier, 1996 als Bezirksobmannstellvertreter, 1999 als Bezirksobmann (bis März 2006). 1997 holte ihn Landesobmann Suppan in den Landesvorstand, zunächst als Landesfinanzreferent-Stellvertreter, seit 1999 als Landesfinanzreferent. Im Vorstand der Johann-Joseph-Fux-Gesellschaft erfüllte Horst Wiedenhofer von 2001 bis 2010 das Amt des Kassiers.

Wahlleiter Manfred König verliest den Wahlvorschlag:

Landesobmann: Horst Wiedenhofer, Gutenberg bei Weiz
Landesobmann-Stellvertreter: Herbert Polzhofer, Deutschfeistritz, und Oskar Bernhart, Groß St. Florian
Landeskapellmeister: Philipp Fruhmann, Murau, sein Stellv. Rudolf Zangl, Krieglach
Landesjugendreferent: Markus Waidacher, Frohnleiten, sein Stellv. Wolfgang Jud, Bärnbach
Landesstabführer: Erich Perner, St. Stefan im Rosental, sein Stellv. Hermenegild Kaindlbauer, Graz
Landesschriftführer: Josef Malli, sein Stellv. Anton Mauerhofer, Pöllau
Landes-EDV- und Statistikreferent: Erich Riegler
Landesfinanzreferent: Alois Weitenthaler, seine Stellv. Hedwig Eder, St. Michael ob Leoben
Landesrechtsreferenten: Michael Ehgartner, Deutschlandsberg, und Josef Altenburger, St. Nikolai ob Draßling
Landesmedienreferent: Erhard Mariacher, Miesenbach bei Birkfeld
Landes-AKM-Referent: Hannes Lackner, Graz
Landesbeiräte: Ernst Bressnig, Kalsdorf; Wolf Chibidziura, Preding; Adolf Marold, Liezen – Wörschach; Josef Pilz, Stein an der Enns; Johann Tauchmann, Söchau bei Fürstenfeld
Hilfsfond: Albin Prinz (Vorsitz), Gralla bei Leibnitz, Johann Edler, Voitsberg, Karl Unger, Tieschen bei Bad Radkersburg

Abb. 99 (links): Wolfgang Suppan erhält die Urkunde seiner Wahl zum Ehrenpräsidenten des Steirischen Blasmusikverbandes. V.l.n.r.: Landeskapellmeister Philipp Fruhmann, Landtagspräsident Siegfried Schrittwieser, Landeshauptmann-Stellvertreter und Blasmusikreferent Hermann Schützenhöfer, Wolfgang Suppan, Landesobmann Horst Wiedenhofer, Landesobmann-Stellvertreter Herbert Polzhofer.

Abb. 100, 101 (Mitte und unten): Aufmarsch zum Regionalmusikfest in Weiz, im Stadion versammeln sich die Musikkapellen der Oststeiermark.

Auf Antrag des neuen Landesobmannes Horst Wiedenhofer wird der scheidende Landesobmann Wolfgang Suppan von der Generalversammlung zum Ehrenpräsidenten des Steirischen Blasmusikverbandes ernannt. *„Wir alle haben Wolfgang Suppan bei seiner Arbeit begleiten dürfen. Persönlich habe ich seinen Führungsstil bewundert und fachlich viel gelernt. Seine großen Stärken sind: (a) Die fachliche Kompetenz, (b) Das internationale Ansehen, (c) Die menschliche, unkomplizierte Art. Seine Arbeit ist ein imponierendes Lebenswerk an der Kunstuniversität in Graz, für den Blasmusikverband und für das Land Steiermark. Ein besonderer Dank gilt seiner Gattin Elfi, als ruhender Pol in der Familie, welche ihm Kraft für seine umfangreichen Tätigkeiten gab."* (Wiedenhofer)[265]

In ihren Grußworten weisen die Ehrengäste vor allem auf das Wirken von Wolfgang Suppan hin. Der Präsident des Slowenischen Blasmusikverbandes, Ervin Hartman, überreicht dem scheidenden Landesobmann das „Goldene Ehrenkreuz" seines Verbandes. Der Vorsitzende des Musikbeirates im Bund Deutscher Blasmusikverbände, Ronald Holzmann, überbringt die Grüße des Präsidenten des Bundes Deutscher Blasmusikverbände, des Baden-Württembergischen Kultusministers Helmut Rau, und überreicht als besondere Auszeichnung den „Freiburger Posaunenengel", ein speziell für diesen Anlass angefertigter Bronzeabguss der berühmtem Figur am Freiburger Münster. Landesobmann Baldur Heckel spricht namens der 260 Chöre des Steirischen Sängerbundes. Erster Landeshauptmann-Stellvertreter Hermann Schützenhöfer bedankt sich bei Wolfgang Suppan für sein großes Lebenswerk im Dienste der Musik: *„Er hat die Verbindung von der Volkskultur zur Wissenschaft geformt und gelebt"*.

Bereits drei Wochen nach seiner Wahl, vom 28. bis 30. April 2006, hatte Landesobmann Wiedenhofer die ehrenvolle Aufgabe, das ÖBV-Präsidium, alle Landesobleute/Präsidenten aus den österreichischen Bundesländern einschließlich Südtirol und Liechtenstein zur sogenannten Präsidenten-Konferenz in Graz willkommen zu heißen. Vom 26. bis 28. Mai 2006 fand im Heimatbezirk Wiedenhofers, in der Stadt Weiz, ein Regionalmusikfest einschließlich eines Bläsertages im neuen Kunsthaus zu Weiz statt. Die Verleihung der Steirischen Panther und der Robert Stolz-Medaillen in der Grazer Burg, die MID EUROPE in Schladming, vom 12. bis 15. Juli 2006, schließlich die INTERMUSICA vom 4. bis 8. Oktober 2006 im Raum Birkfeld kennzeichneten das erste – anstrengende – Jahr des neuen Landesobmannes.

2007: Das Leitbild des Steirischen Blasmusikverbandes wird präsentiert

Für den 15. April 2007 hatte Landesobmann Wiedenhofer die Vertreter der 396 steirischen Blaskapellen zur 57. Jahreshauptversammlung nach Birkfeld eingeladen. Vor der Roseggerhalle empfing der Musikverein Miesenbach unter der Leitung von Karl Gaulhofer die Gäste, im Saal musizierte der Musikverein Birkfeld unter der Leitung von Gerhard Werner. Nach der Begrüßung der Ehrengäste: Herrn Landtagspräsidenten Siegfried Schrittwieser, Ersten Landeshauptmann-Stellvertreter und Blasmusikreferenten Hermann Schützenhöfer, den Abgeordneten zum Nationalrat Christian Faul, die Landtagsabgeordneten Heinz Gach und Erwin Gruber, Birkfeld-Bürgermeister Franz Derler, den Präsidenten des Slowenischen Blasmusikverbandes Ervin Hartman, stellte Landesobmann Wiedenhofer der Versammlung das neue Leitbild des Steirischen Blasmusikverbandes vor, das der Landesvorstand in Zusammenarbeit mit Otto Köhlmeier und dessen Gattin Gabriele im Frühjahr 2007 formuliert hatte. Es sollte einerseits unsere Intentionen wirkungsvoll nach außen tragen, andererseits Orientierungshilfe, Wegweiser und Hilfestellung für uns selbst und alle unsere Mitglieder sein, – mit dem Ziel, richtige Entscheidungen treffen zu können und nichts dem Zufall überlassen zu müssen. Das Leitbild ist die knappe Beschreibung eines gewünschten Zustandes. Es baut auf tatsächliche Stärken und ist knapp und prägnant formuliert, es betont und signalisiert unsere Einzigartigkeit und Unverwechselbarkeit.

---

265 Siehe auch: Ein Dank an Wolfgang Suppan, in: Blasmusik in der Steiermark, NF 5, Nr. 2, Juni 2006, S. 35–38; ebda. S. 42f.; ebda. NF 7, Nr. 3, September 2008, S. 6f. – Es mag verwirrend erscheinen, dass es im Steirischen Blasmusikverband z. T. unterschiedliche Bezeichnungen für Landesvorstands-Funktionen und Ehrenämter gibt. Das hat folgende Gründe: (1) Der steirische Landesobmann entspricht in anderen Bundesländern Österreichs sowie in Deutschland und in der Schweiz dem (Verbands-)Präsidenten. (2) Im Jahr 1981 hat man Willi Konrad den Rücktritt als Landesobmann damit „schmackhaft" gemacht, dass man in den Statuten neben dem Landesobmann die Ehrenfunktion eines „Präsidenten" (auf Lebenszeit) für Willi Konrad verankert hat. In den folgenden Jahren gab es manche Missverständnisse, weil Außenstehende nicht wissen konnten, ob nun der „Präsident" oder ob der „Landesobmann" den Verband führt. (3) Als die Funktionszeit von Landesobmann Manfred Meier zu Ende ging, erfolgte dessen Wahl zum „Ehren-Landesobmann" (auf Lebenszeit), da die Funktion des Präsidenten zu dieser Zeit durch Willi Konrad besetzt war. (4) Nach dem Tod von Willi Konrad im Jahr 2002 wurden auf Veranlassung des Verfassers dieses Buches die Statuten insofern verändert, als das Präsidentenamt korrekterweise als „Ehrenamt" – mit der Bezeichnung „Ehrenpräsident" – ausgewiesen wurde. Damit sollten Missverständnisse künftig vermieden und zugleich die Auftritte des Landesobmannes erleichtert werden.

DAS LEITBILD DES STEIRISCHEN BLASMUSIKVERBANDES 2007

- Wir sind eine **überregionale und überparteiliche, gemeinnützig arbeitende Organisation** für Musikerinnen und Musiker in der Steiermark.

- Unser oberstes Ziel ist es, das **Blasmusikwesen** in der Steiermark zu **fördern**, zu **unterstützen** und weiter zu **entwickeln** und die **Blasmusik in allen Gesellschaftsschichten** zu etablieren.

- Unser Bestreben geht dahin, sowohl **zwischen den Generationen** als auch **zwischen den Geschlechtern** zu vermitteln und **Alt wie Jung, Frauen wie Männer** für die Blasmusik zu gewinnen und zu begeistern.

- Ein wesentlicher Schwerpunkt unserer Arbeit besteht darin, Strukturen für die **musikalische Aus- und Weiterbildung** zu schaffen, sowohl für Kinder als auch für Jugendliche und Erwachsene. Durch eine optimale musikalische Bildung soll die **Qualität der steirischen Blasmusik langfristig gesichert** werden.

- Eine wichtige Aufgabe sehen wir in der **Förderung der Jugend**, in der Hinführung junger Menschen zu einer musischen, sinnvollen und erfüllten Freizeitgestaltung.

- Wir wollen uns vermehrt um die **Vermittlertätigkeit zwischen Tradition und Moderne** bemühen. Wir wollen das historisch Gewachsene stärken und produktiv weiterentwickeln und gleichzeitig dem Neuen offen entgegen treten, es fördern und unterstützen.

- Es ist uns ein wesentliches Anliegen, **das steirische Blasmusikgeschehen einer breiten Öffentlichkeit positiv ins Bewusstsein zu bringen** und damit das **Erscheinungsbild** des steirischen Blasmusikwesens entscheidend **zu optimieren**.

- Um all diese Ziele zu erreichen, wollen wir uns **selbst permanent bilden und weiterentwickeln**. Ganz besonders wollen wir den **örtlichen Blasmusikkapellen** in der Steiermark die **bestmögliche Hilfestellung** zukommen lassen und mit diesen gemeinsam das steirische Blasmusikwesen stetig verbessern und vervollkommnen.

Landesobmann Wiedenhofer bedankt sich beim Ehepaar Köhlmeier für die Präsentation des Leitbildes.

Im Berichtsjahr ist mit Franz Schabl ein langjähriges Mitglied des Landesvorstandes, Landeskapellmeister-Stellvertreter von 1966 bis 1993, verstorben. Ihm und aller weiteren Toten des abgelaufenen Jahres gedenkt die Versammlung unter den Klängen des Liedes vom Guten Kameraden.

Landesobmann Wiedenhofer beginnt seinen Bericht mit einem Dank an alle Kollegen und Freunde im Landesvorstand, in den Bezirksvorständen und in jeder einzelnen Mitgliedskapelle. Sie alle haben ihm einen guten Einstand als Landesobmann ermöglicht.

Nach der Generalversammlung in Deutschlandsberg hatte er sogleich – wie oben bereits genannt – in ein „volles Programm" einzusteigen: Vom 28. bis 30. April 2006 musste die ÖBV-Präsidentenkonferenz in Graz vorbereitet werden, die Verleihung der Steirischen Panther folgte am 10. Mai 2006, das Regionalmusikfest mit dem Bläsertag war für den 25. bis 28. Mai 2006 in Weiz terminisiert worden, der Steirische Blasmusikverband war bei der Jahreshauptversammlung („Kongress") des ÖBV vom 15. bis 18. Juni 2006 in Meran in Südtirol zu vertreten, die MID EUROPE in Schladming stand vom 11. bis 16. Juli 2006 in Schladming an, die INTERMUSICA vom 5. bis 7. Oktober 2006 in Birkfeld. Dazu kamen unzählige Teilnahmen bei Bezirksmusikfesten, Konzerten, Feiern, Ehrungen, Gesprächen und Sitzungen: Schließ-

Abb. 102, 103: Zur Mariazeller Musiker-Wallfahrt 2007 ist eine umfangreiche Bilddokumentation erschienen. Wir beschränken uns hier auf zwei Fotos: ÖBV-Präsident und Landesobmann-Stellvertreter Oskar Bernhart, der die Organisation dieser Riesenveranstaltung hervorragend bewältigt hat, begrüßt eine Gruppe von Pilgern, die in Mariazell eintrifft (links). Diözesanbischof Dr. Egon Kapellari im Gespräch mit dem Ehepaar Wiedenhofer (rechts).

lich sollten alle unsere Mitgliedskapellen, aber auch die Vertreter des öffentlichen Lebens in den steirischen Bezirken, den „Neuen" kennen lernen.

Nach dem Rotationsplan des Österreichischen Blasmusikverbandes fiel die Präsidentschaft im Jahr 2007/08 dem Steirischen Blasmusikverband zu. Bereits im Vorfeld wurde vereinbart, dass nicht Landesobmann Wiedenhofer diese Position anstreben würde, sondern dass sein Stellvertreter Oskar Bernhart zunächst, 2006 in Meran, zum Vizepräsidenten gewählt würde, um im folgenden Jahr den ÖBV als Präsident zu führen. Eine Arbeitsteilung, die sich sehr bewähren sollte. In diesem Zusammenhang hatte Landesobmann-Stellvertreter Bernhart die Idee, als steirischen Beitrag zur gesamtösterreichischen Blasmusikszene zu einer *Mitteleuropäischen Blasmusikwallfahrt nach Mariazell* einzuladen. Dieser Veranstaltung war ein großartiger Erfolg beschieden. Am 22. und 23. September 2007 trafen sich etwa zweitausend Blasmusiker aus Österreich, Süddeutschland, Liechtenstein, Südtirol, Slowenien, Tschechei, Slowakei und Ungarn in Mariazell, um der MAGNA MATER AUSTRIAE zu huldigen. Diözesanbischof Dr. Egon Kapellari zelebrierte die Messe vor der Basilika, Landeskapellmeister Fruhmann dirigierte das Riesenorchester aller anwesenden Musiker während der Festmesse, Landeskapellmeister-Stellvertreter Zangl leitete die Uraufführung der *Klangbilder* des steirischen Komponisten Bruno Sulzbacher[266].

Landeskapellmeister Fruhmann berichtete, dass im Jahre 2006 114 Musikvereine aus elf Bezirken mit zusammen 5130 Musikern an Konzert-Wertungsspielen teilgenommen haben. Dies sei die höchste Beteiligung seit Bestehen des Wettbewerbes. Auch für 2006 wurde eine Statistik über die Häufigkeit der gespielten Werke erstellt. Erfreulicherweise wurden die Werke österreichischer Komponisten, insbesondere auch unserer steirischen, am häufigsten gespielt.

In der Stufe A: *Spirit of Music* von Fritz Neuböck.
    Stufe B: *Böhmische Rhapsodie* von Gottfried Veit, Südtirol, dicht gefolgt von: *Drei Tänze* von Reinhard Summerer. Er ist Gewinner des Schweizer Kompositionswettbewerbes für Unterhaltungsmusik in der Höchststufe.
    Stufe C: *Triconto* von Franz Cibulka, 22 Aufführungen.
    Stufe D: *Capricco for Band* von Herbert Marinkovits.

Am 10. Mai 2006 verlieh erstmals Landeshauptmann Franz Voves gemeinsam mit Landeshauptmann-Stellvertreter Hermann Schützenhöfer die Steirischen Pan-

---

266 Blasmusik in der Steiermark, NF 6, Nr. 4, Dezember 2007, S. 4–6. – Eine Bilddokumentation in Buchform ist dazu als Privatdruck des Steirischen Blasmusikverbandes erschienen. – Zur Wallfahrts- und Musikgeschichte von Mariazell vgl. Artikel „Mariazell", in: Suppan, Stmk./2, 2009, S. 436–438.

ther an sechzig sowie die Robert Stolz-Medaillen an neunzehn Musikkapellen in der Grazer Burg. – An der INTERMUSICA in Birkfeld nahmen einundzwanzig junge Künstler mit zum Teil herausragendem Niveau teil. Im Finale der besten fünf Solisten wurde von der Jury der aus dem Bezirk Birkfeld stammende Tubist Peter Stadlhofer als Sieger ermittelt. Er konnte sich mit seinem Instrument musikalisch besonders überzeugend präsentieren und erhielt aus den Händen von Graf Tacoli die „Goldene Dohle". – Den Bläsertag gestalteten die Orchester aus Heilbrunn mit Kapellmeister Peter Bratl, aus Groß St. Florian mit Kapellmeister Gerald Oswald, aus Zeltweg mit Kapellmeister Herbert Bauer und aus Pöllau mit Kapellmeister Anton Mauerhofer. – Im Rahmen der Schladminger MID EUROPE fand am 11. und 12. Juli ein Steiermark-Schwerpunkt statt, den die Orchester aus Krieglach, Murau, Pöllau sowie das Steirische Landesjugendblasorchester gestalteten. – Die Stadt Bruck an der Mur veranstaltete 2007 das siebente Internationale Militärmusik-Treffen mit Beteiligung ziviler Musikkapellen.

Dem Bericht des Landesjugendreferenten, Markus Waidacher, entnehmen wir: „Die Leistungen, welche wir gemeinsam in unserer Tätigkeit für die Jugendausbildung vollbringen, sollen wir auch stolz aufzeigen und der Öffentlichkeit präsentieren. Zu den zentralen Aufgaben zählten hier die Jungmusikerseminare und die Wettbewerbe ‚Spiel in kleinen Gruppen'. In den Bezirken wurden im Berichtsjahr 2006 an 19 Prüfungsterminen 2192 Jugendliche geprüft. Anlässlich der Prüfung am 12. Feber 2006 hat im Bezirk Voitsberg der 31.000. Jungmusiker die praktischen und theoretischen Vorbereitungen positiv abgeschlossen. Bereits im Juli 2006 folgte im Bezirk Leibnitz der 32.000. Jungmusiker. Die organisatorische Abwicklung der Prüfungen mit dem neuen EDV-Programm ist für alle Beteiligten eine große Erleichterung und bedingt daher auch, dass alle, welche eine Prüfung ablegen, im Verband gemeldet sind. Dies bedeutet aber auch, dass wir von der ÖBV-Jugend die uns zuständige Förderung zur Gänze ausschöpfen können.

Im Berichtsjahr 2006 gab es zudem in fünfzehn Bezirken mit insgesamt 226 Ensembles (792 Musiker) die ‚Spiel in kleinen Gruppen'-Wettbewerbe, 43 Gruppen davon konnten sich für den Landeswettbewerb am 10. und 11. Juni in Bruck an der Mur qualifizieren. Für den eigenen Schlagwerk-Wettbewerb hatten sich 14 Schlagwerkensembles mit 67 Musikern angemeldet. Für den Bundeswettbewerb am 21. und 22. Oktober in Klagenfurt konnte die Steiermark sechs Gruppen entsenden.

2007 veranstaltete der Steirische Blasmusikverband erstmals in Zusammenarbeit mit den Musikschulen in der Steiermark das Projekt ‚Landesjugendblasorchester Steiermark'. Ziel ist es, die besten Bläser- und Schlagzeuginstrumentalisten aus der Steiermark zu einem gemeinsamen Klangkörper zu formen. Der erste große Auftritt fand am 12. Juli 2007 im Rahmen des Steiermark-Tages der MID EUROPE in Schladming statt".

2008: Mit Oskar Bernhart führt ein Steirer den Österreichischen Blasmusikverband

Die Marktmusikkapelle Semriach unter der Leitung von Johann Wiener begrüßte vor der Halle die Delegierten zur 58. Jahreshauptversammlung am 13. April 2008 in Deutsch-Feistritz, in der Halle musizierte der Musikverein Deutschfeistritz-Peggau unter der Leitung von Peter Krinner. Hohe politische Gäste hatten sich eingefunden, an der Spitze der Präsident des Steiermärkischen Landtages, Siegfried Schrittwieser, Erster Landeshauptmann-Stellvertreter Hermann Schützenhöfer, zugleich in seiner Funktion des Blasmusikreferent der Steiermärkischen Landesregierung, die Abgeordnete zum Österreichischen Nationalrat, Sylvia Rinner, die Abgeordnete zum Steiermärkischen Landtag, Claudia Klimt-Weithaler, – aber auch der Präsident des Slowenischen Blasmusikverbandes, Ervin Hartman. Sie alle wurden von Landesobmann Wiedenhofer herzlich begrüßt.

Ein ereignisreiches Jahr war der Jahreshauptversammlung 2007 in Birkfeld gefolgt: Die Steirischen Panther und Robert Stolz-Medaillen wurden am 23. Mai in der Aula der Alten Universität in Graz verliehen, der Österreich-Wettbewerb „Musik in Bewegung" fand am 6. und 7. Juli in Bruck an der Mur statt, wobei die Steiermark durch den Musikverein Ottendorf an der Rittschein vertreten wurde, im Rahmen der Schladminger MID EUROPE vom 10. bis 15. Juli gab es den Steiermarktag, die mitteleuropäische Musikwallfahrt am 22. und 23. September in Mariazell präsentierte sich als eine großartige Veranstaltung, desgleichen die INTERMUSICA vom 30. September bis 6. Oktober in Birkfeld.

Der Präsident des Österreichischen Blasmusikverbandes, der Steirer Oskar Bernhart, zugleich für die Orga-

IV. Aufkommen und Verbreitung des zivilen Blasmusikwesens

Abb. 104, 105: Generalversammlung des Steirischen Blasmusikverbandes 2008. In der Halle umrahmt der Musikverein Deutschfeistritz-Peggau die Berichte und Diskussionen (oben), auf dem Podium haben die Präsidiumsmitglieder Platz genommen (unten).

nisation der Mariazeller Musikerwallfahrt verantwortlich, berichtete, dass dieser Anlass mehr als zweitausend Musikerinnen und Musiker vereinte, die zu Fuß oder mit Bussen nach Mariazell gekommen waren. Eine beeindruckende Veranstaltung demnach. *„Am Ende waren wir einfach erleichtert und dankbar, dass alles so gut gelaufen ist. Und so darf ich wohl allen öffentlich und aufrichtig danken, die mit dabei waren und diese in Österreich einzigartige Blasmusikwallfahrt so großartig und wohlwollend unterstützt haben."* (Bernhart)

Aus dem Bericht des Landeskapellmeisters ging hervor, dass bei dreizehn Marsch- und neun Konzertwertungen, also insgesamt einundzwanzig Bewerben, 235 Musikvereine teilgenommen haben. Gegenüber der bisherigen Höchstbeteiligung im Jahr 2005 von 193 Kapellen bedeutete dies eine sensationelle Steigerung um zweiundvierzig Musikvereine. Sehr positiv haben sich die Bemühungen der Bezirksleitungen um die akustische Verbesserung an den Aufführungsstandorten ausgewirkt.

„Die Kapellmeister-Aus- und Weiterbildung zählt zu den wichtigsten Anliegen des Landesverbandes, weshalb alle Veranstaltungen auf diesem Sektor neben der fachlichen Betreuung auch finanziell bestens unterstützt werden. Die von mir geleiteten Kapellmeisterkurse I und II, welche auch für Stimmführer gedacht sind, erfreuen sich ungebrochener Beliebtheit. Der Kurs I fand 2007 erstmals in Murau statt und wurde von neunundzwanzig Damen und Herren besucht. Der Kurs II wurde traditionell im Gasthof Schwaiger in St. Kathrein am Offenegg mit fünfzehn Kursteilnehmern abgehalten. Interessant ist die Entwicklung der Kursteilnehmer in der Altersstruktur sowie das vorhandene fachliche Grundwissen. Die Teilnehmer werden immer jünger und das Niveau des fachlichen Grundwissens auf durchschnittlich silbernen Leistungsabzeichen immer ausgeglichener, weshalb sich vor allem die Vermittlung der theoretischen Inhalte des Kurses einfacher gestaltet. Der Kurs III ist für aktive Kapellmeister gedacht. Er fand in Mooskirchen statt und wurde von neunundzwanzig Kapellmeistern besucht. – Über die Gesamtentwicklung der Besucherzahl bei den Kapellmeisterkursen seit 1997 kann ich ebenfalls eine kurze Statistik zeigen. Ich freue mich sehr, dass in diesem Zeitraum 284 Teilnehmer den Kurs I und 140 Teilnehmer den Kurs II besucht haben,

insgesamt 424. – Zusätzlich haben in den letzten fünf Jahren sechsunddreißig Musiker den zweijährigen Kapellmeister-Lehrgang am Konservatorium abgeschlossen. Ausdrücklich halte ich fest, es ist erklärtes Ziel des Verbandes, möglichst viele Kapellmeister-Anwärter zum Besuch des Blasorchester-Leiterkurses am Konservatorium zu gewinnen.

Erstmals lud der Österreichische Blasmusikverband zu einem Wettbewerb ‚Musik in Bewegung' ein, und zwar am 6. und 7. Juli 2007 nach Bruck an der Mur. Der Bewerb wurde in zwei Teilen durchgeführt. Teil 1 hatte den üblichen Ablauf der Wertungsstufe D zum Inhalt und fand am Hauptplatz in Bruck statt. Im 2. Teil wurde das Show-Programm durch eine eigene Jury bewertet. Dieser Bewerb wurde im Fußballstadion durchgeführt und von Tausenden begeisterter Zuschauer verfolgt. [Ob sich das Show-Programm dabei in Richtung Clownerie bewegt – und ob man nicht bei solchen Wettbewerben zwischen (a) ‚Musik-Theater' (Kitsch) und (b) ‚Musik in Bewegung' mit ausschließlicher Beteiligung der Musiker und Marketenderinnen unterscheiden sollte, fragten sich manche Besucher[267].]

Am Nationalfeiertag fand im Rahmen einer Gedenkfeier für Markgraf Leopold I. (auch ‚Leopold der Starke' genannt, er regierte von 1122 bis 1129 und wurde im Stift Rein begraben) und im Anschluss an den feierlichen Gottesdienst im Stift Rein die Uraufführung eines sakralen Werkes von Rudolf Bodingbauer statt. Als Interpret fungierte ein aus 150 Musikern bestehendes Auswahlorchester aus dem Bezirk Graz-Nord, dirigiert von Peter Krinner.

Im dritten Jahr des Bestehens der INTERMUSICA in Birkfeld war eine Rekordbeteiligung an Solisten festzustellen. Insgesamt sechsunddreißig Bewerber aus sechzehn Nationen haben sich der Jury gestellt. Das Niveau war sehr ausgeglichen und an der Spitze besonders hoch und dicht, weshalb die Jury neun Kandidaten zur Schlussrunde zugelassen hatte. Der Sieg ging an den Flötisten Jozef Hamernik aus der Slowakei." (Fruhmann)

Landesjugendreferent Markus Waidacher dokumentierte die Jugendarbeit im Berichtsjahr 2007. „Es sind Leistungen, welche wir gemeinsam in unserer Tätigkeit für die Jugendausbildung vollbringen und auf die wir auch

---

267 ÖBZ 57, Heft 11, 2209, S. 14.

IV. Aufkommen und Verbreitung des zivilen Blasmusikwesens

Abb. 106: Neu in der Geschichte des Steirischen Blasmusikverbandes: Landeshauptmann-Stellvertreter und Blasmusikreferent Hermann Schützenhöfer lädt die „Goldenen", d. h. die Träger des Goldenen Leistungsabzeichens, zu einem Empfang in die Aula der Alten Universität ein. In der ersten Reihe v.l.n.r.: Landesobmann-Stellvertreter Oskar Bernhart, Landeskapellmeister Philipp Fruhmann, Landeshauptmann-Stellvertreter Schützenhöfer, Landesjugendreferent Markus Waidacher, Landesobmann Horst Wiedenhofer.

stolz sein dürfen. Bei den Jungmusiker-Leistungsabzeichen-Prüfungen gab es zweiundzwanzig Termine in den Bezirken und vier Goldtermine. Insgesamt wurden 2296 Jungmusiker-Leistungsabzeichen vergeben.

Im Berichtsjahr 2007 fand erstmals in der Steiermark ein Jugendblasorchester-Wettbewerb statt. Über neunhundert Kinder und Jugendliche in einundzwanzig Orchestern fanden sich in Gratkorn ein, drei Orchester konnten zum 3. Österreichischen Jugendblasorchester-Wettbewerb am 27. Oktober 2007 nach Linz entsandt werden: In der Stufe A das Jugendblasorchester St. Peter ob Judenburg-Kobenz unter der Leitung von Andreas Gollner, in der Stufe D das Jugendblasorchester Groß St. Florian unter der Leitung von Gerald Oswald, in der Stufe S das Bezirksjugendblasorchester Voitsberg unter der Leitung von Wolfgang Jud. – Eine Einrichtung, die es in einigen Bundesländern schon seit längerem gibt,

wurde bei uns 2007 erstmals gemeinsam mit den Musikschulen in der Steiermark ins Leben gerufen: Das Projekt ‚Landesjugendblasorchester Steiermark', geleitet von Wolfgang Jud." (Waidacher)

Für seine Verdienste um den Steirischen Blasmusikverband wurde Josef Malli, langjähriges Landesvorstandsmitglied, Bezirksobmann des Musikbezirkes Graz-Stadt, Kapellmeister der Polizeimusik in Graz sowie der Musikkapelle in Eggersdorf bei Graz, zum Ehrenmitglied des Steirischen Blasmusikverbandes ernannt.

Am 25. November 2008 verlor der Steirische Blasmusikverband mit Alois Grünwald eine seiner prägenden Persönlichkeiten. Die Trauerrede bei der Beerdigung in Liezen hielt Wolfgang Suppan, der u. a. ausführte: „Er zählte zu den eifrigsten und konsequentesten Pionieren der Blasmusikentwicklung in der Steiermark nach dem

Abb. 107, 108: Der Ehrenpräsident des Steirischen Blasmusikverbandes feierte am 5. August 2008 auf Schloss Trautenfels, Gemeinde Pürgg-Trautenfels, seinen 75er. Unter den zahlreichen Gästen Landtagspräsident Siegfried Schrittwieser (links); rechts (v.l.n.r.) Landesbeirat Wolf Chibidziura, Landtagsabgeordneter Karl Lackner, Wolfgang Suppan, Landtagsabgeordneter und Bürgermeister a. D. Kurt Tasch, Schladmings Alt-Bürgermeister Hermann Kröll, Landesobmann Horst Wiedenhofer.

Ende des Zweiten Weltkrieges. In den mehr als dreißig Jahren, von 1956 bis 1988, da er die Stadtkapelle Liezen dirigierte, galt ‚sein' Orchester als eines der führenden in der Steiermark, sowohl was die Programmgestaltung als auch das musikalische Niveau der Konzerte betraf. Die Verbreitung der neuen Originalwerke, von Tanzer und Thaler bis Kinzl und König, aber auch der führenden bundesdeutschen (Haase-Altendorf, Majo, Hartwig, Edmund Löffler) und schweizerischen (Paul Huber, Benz, Königshofer) Blasorchesterkomponisten, war ihm das besondere Anliegen. Solche Werke in modellhaften Aufführungen dem Publikum nahe zu bringen – und damit das Ansehen des Blasmusikwesens in der Öffentlichkeit zu heben, war ihm Verpflichtung". (Suppan)

2009: Jede Musikkapelle erhält ein Exemplar der 2. Auflage des „Steirischen Musiklexikons"

In St. Peter am Ottersbach, Bezirk Bad Radkersburg, fand am 19. April 2009 die 59. Jahreshauptversammlung des Steirischen Blasmusikverbandes statt. Vor der Ottersbachhalle empfing der Musikverein St. Peter am Ottersbach unter der Leitung von Josef Andreas Schantl die Gäste, im Saal musizierte die Stadtkapelle Bad Radkersburg unter der Leitung von Günther Pendl. Landesobmann Wiedenhofer konnte u. a. unseren Blasmusikreferenten in der Steiermärkischen Landesregierung, Ersten Landeshauptmann-Stellvertreter Hermann Schützenhöfer, die Landtagsabgeordneten Heinz Gach und Anton Gangl begrüßen. 650 Delegierte aus 394 Mitgliedskapellen des Steirischen Blasmusikverbandes waren anwesend.

Als wesentliche Ereignisse des Berichtsjahres hob Landesobmann Wiedenhofer hervor: Die Verleihung der Steirischen Panther sowie der Robert Stolz-Medaillen durch Herrn Landeshauptmann Franz Voves am 14. Mai 2008 in der Aula der Alten Universität in Graz, die Jahreshauptversammlung („Kongress") des Österreichischen Blasmusikverbandes vom 22. bis 25. Mai 2008 in St. Kathrein am Offenegg, Bezirk Weiz, der neu eingeführte Empfang der Träger des Goldenen Jungmusiker-Leistungsabzeichens durch Herrn Landeshauptmann-Stellvertreter Hermann Schützenhöfer am 23. Juni 2008, der 7. Österreichische Blasmusikwettbewerb am 26. und 27. September 2008 in Feldkirchen, an dem steirischerseits die Musikkapelle Groß St. Florian mit vorzüglichem Erfolg teilgenommen hat, die INTERMUSICA vom 4. bis 11. Oktober 2008 in Birkfeld sowie das Militärmusik-Treffen in Graz am 16. Oktober 2008. – 2009 konnte erstmals ein eigener Bildungsfolder des Steirischen Blasmusikverbandes der Öffentlichkeit präsentiert werden.

Aus dem Bericht des Landeskapellmeisters zitieren wir: „An dreizehn Konzertwertungen und neun Marschwertungen haben insgesamt 249 Musikvereine teilgenommen. Diese Teilnehmerzahl bedeutet erneut Rekord. Bis zum Jahre 2003 hatten sich jährlich durchschnittlich

IV. Aufkommen und Verbreitung des zivilen Blasmusikwesens

Abb. 109: Landeshauptmann Franz Voves verleiht die Steirischen Panther sowie die Robert Stolz-Medaillen in der Aula der Alten Universität.

130 bis 150 Musikvereine an Wertungsspielen beteiligt, seither verzeichneten wir eine kontinuierliche Steigerung: 2004 waren es 173, im Jahr 2005 193, im Jahr 2007 235, im Jahr 2008 249 Kapellen. Alle Beteiligten können sich über diese erfolgreiche Entwicklung freuen".

Landesjugendreferent Waidacher konnte die Erfolgsgeschichte „Jugendarbeit" im Steirischen Blasmusikverband fortschreiben, 2008 erneut mit einem Rekordergebnis bei den Jungmusiker-Leistungsabzeichen-Prüfungen sowie im „Spiel in kleinen Gruppen"-Wettbewerb: Nicht zuletzt dank der Zusammenarbeit mit den steirischen Musikschulen. Siebenundzwanzig allgemeine Prüfungstermine fanden in den Bezirken statt, dazu kamen fünf Gold-Prüfungstermine. Und das Ergebnis: 3040 neue Träger von Jungmusiker-Leistungsabzeichen in unserem Bundesland. Seit der Einführung der Jungmusiker-Leistungsprüfungen im Jahr 1970 haben bis zum heutigen Tag über 40.000 Jungmusikerinnen und Jungmusiker solche Prüfungen abgelegt.

Die Neuwahl des Landesvorstandes – unter dem Vorsitz des Ehrenpräsidenten Wolfgang Suppan – verlief rasch, unkompliziert und durchwegs einstimmig – und ergab nur geringe Veränderungen:

Landesobmann: Horst Wiedenhofer, Gutenberg bei Weiz
Landesobmann-Stellvertreter: Oskar Bernhart, Groß St. Florian, und Alois Weitenthaler, Weißenbach bei Judenburg
Landeskapellmeister: Philipp Fruhmann, Murau, sein Stellv. Rudolf Zangl, Krieglach
Landesjugendreferent: Wolfgang Jud, Bärnbach, seine Stellv. Nadja Sabathi, Kaindorf bei Leibnitz
Landesstabführer: Erich Perner, St. Stefan im Rosental, sein Stellv. Hermenegild Kaindlbauer, Graz
Landesschriftführer: Anton Mauerhofer, Pöllau, seine Stellv. Christina Stern, Feldbach

Abb. 110: Der 2009 wieder-(neu-)gewählte Landesvorstand des Steirischen Blasmusikverbandes mit Landeshauptmann-Stellvertreter und Blasmusikreferent Hermann Schützenhöfer (vorne Mitte) und den drei Damen im Sekretariat des Steirischen Blasmusikverbandes.

Landesfinanzreferentin: Hedwig Eder, St. Michael ob Leoben, ihr Stellv. Franz Muhr, Bruck an der Mur
Landesrechtsreferenten: Michael Ehgartner, Deutschlandsberg, und Josef Altenburger, St. Nikolai ob Draßling
Landesmedienreferent: Erhard Mariacher, Miesenbach bei Birkfeld
Landes-EDV- und Statistik-Ref.: Erich Riegler, Graz
Landes-AKM-Referent: Hannes Lackner, Graz
Beiräte: Ernst Bressnig, Kalsdorf; Wolf Chibidziura, Preding; Adolf Marold, Liezen – Wörschach; Josef Pilz, Stein an der Enns; Johann Tauchmann, Söchau bei Fürstenfeld
Hilfsfond: Markus Waidacher, Frohnleiten; Johann Edler, Voitsberg; Gernot Hauswirth, Graz

Die Generalversammlung fasste den einstimmigen Beschluss, die aus Altersgründen ausscheidenden Landesvorstandsmitglieder, Herbert Polzhofer und Albin Prinz, für ihren langjährigen intensiven Einsatz für den Steirischen Blasmusikverband, zu Ehrenmitgliedern zu ernennen. Ein Bläserensemble des Musikbezirkes Leibnitz leitete diesen feierlichen Akt mit der *Albin Prinz-Jubiläumsfanfare* von Reinhard Summerer ein.

Einer großzügigen finanziellen Unterstützung des Blasmusikreferenten der Steiermärkischen Landesregierung, Landeshauptmann-Stellvertreter Hermann Schützenhöfer, ist es zu danken, dass alle Landesvorstandsmitglieder und jede Mitgliedskapelle ein Exemplar der 2. Auflage des „Steirischen Musiklexikons" unseres Ehrenpräsidenten Wolfgang Suppan (im Verlag der Akademischen Druck- und Verlagsanstalt, Graz 2009) geschenkt erhalten konnten. Mit diesem umfangrei-

IV. Aufkommen und Verbreitung des zivilen Blasmusikwesens

Abb. 111, 112: Zwei Musiklexika erschienen 2009, zunächst die 2. Auflage des „Steirischen Musiklexikons" von Wolfgang Suppan, dann die 5. Auflage des „Lexikons des Blasmusikwesens" von Wolfgang und Armin Suppan. Im Rahmen der Jahreshauptversammlung in St. Peter am Ottersbach wurde dank der finanziellen Hilfe unseres Landeshauptmann-Stellvertreters und Blasmusikreferenten Hermann Schützenhöfer das steirische Lexikon an alle Musikkapellen des Landes verteilt, auf unserem Foto nimmt Musikobmann Horn, Ratten, das Buch in Empfang (links). Im Sekretariat folgte einige Monate später die Verteilung des Blasmusik-Lexikons an alle Vorstandsmitglieder. Auch im zweiten Fall zeigte sich unser Blasmusikreferent sehr großzügig. Auf dem Foto v.l.n.r.: Landesobmann Horst Wiedenhofer, Landesjugendreferent-Stellvertreterin Nadja Sabathi, Landesjugendreferent Wolfgang Jud, Landesobmann-Stellvertreter Alois Weitenthaler, Wolfgang Suppan (rechts).

chen, im Lexikon-Großformat 804 Seiten umfassenden Buch sollte es allen unseren aktiven Mitgliedern möglich sein, sich in die steirische Musikgeschichte einzulesen und daraus auch mit Stolz die reiche historische Entwicklung der Musik in unserem Bundesland kennen zu lernen: als ein wesentliches Element unserer Identitätsbildung. In dieser 2. Auflage des „Steirischen Musiklexikons" sind bei den Literaturangaben zu den einzelnen Orten erstmals auch die Blasmusik-Festschriften sowie die einschlägigen Magister-Diplomarbeiten der Kunst-Universität Graz eingearbeitet worden. Hier darf man in der Tat von einer sinnvoll angelegten Bildungsoffensive der öffentlichen Hand sprechen[268].

Angekündigt wurde zudem die 5. Auflage des „Blasmusik-Lexikons" von Wolfgang und Armin Suppan, ebenfalls ein respektabler Band mit 839 Druckseiten. Dabei ist nicht nur der Verlagswechsel zu beachten, statt des Schulz-Verlages in Freiburg im Breisgau erschien nun der HeBu-Musikverlag in Kraichtal auf dem Titelblatt, auch die bisherige Zusammenarbeit mit dem Bund Deutscher Blasmusikverbände wurde aufgegeben, an seine Stelle trat der Steirische Blasmusikverband. Landesobmann Wiedenhofer verfasste das beachtliche Geleitwort.

Abb. 113: Zu einem Fest für unseren Landeskapellmeister Philipp Fruhmann gestaltete sich die Gratulation zu seinem 70. Geburtstag in Murau. Auf dem Foto der Jubilar mit dem leider inzwischen verstorbenen Rudolf Zangl und Landesfinanzreferentin Hedwig Eder (Mitte).

Anlässlich des fünfzigjährigen Jubiläums des Österreichischen Blasmusikverbandes hat das Österreichische Fernsehen eine Film-Serie mit dem Titel „Erlebnis Österreich" gestaltet. Der Steiermark-Beitrag behandelte das Thema „Blasmusik und Brauchtum", dem bereits im „Großen Steirischen Blasmusikbuch" des Jahres 1983 ein umfangreiches Kapitel gewidmet war (S. 136–156)

---

268 Die genannten Angaben werden daher in diesem Buch nicht wiederholt.

Abb. 114: Neujahrskonzert mit dem einzigen Streichorchester des Steirischen Blasmusikverbandes, der Bürgermusik Bad Aussee. Einst haben Alt-Österreichs Militär-, aber auch viele Zivilkapellen sowohl „auf Blech" als auch „auf Streich" gespielt. Die Bad Ausseer sind das einzige Orchester, das aus dieser Tradition heraus bis heute überlebt hat.

und das auch in diesem Band professionell aufgearbeitet wird. Der Film mit dem Titel „Mit Pauken und Trompeten" wurde am 25. November 2009 im Brauhaus Puntigam vorgestellt und am 28. November 2009 um 17:05 Uhr in ORF 2 österreichweit ausgestrahlt. – Der Volkskulturkalender 2010, vom Volkskultur-Verlag Guido Jaklitsch in Ehrenhausen verlegerisch betreut, wurde anlässlich des Jubiläums des Steirischen Blasmusikverbandes der Blasmusik gewidmet[269].

2010: Wir feiern das Jubiläum des sechzigjährigen Bestehens des Steirischen Blasmusikverbandes

Das Jubiläumsjahr 2010 wurde mit dem 8. Steirischen Bläsertag eingeleitet, der am 15. März 2010 erneut im Grazer Opernhaus stattfinden sollte. Vier Orchester konnten dabei ihr Können zeigen (in der Reihenfolge des Auftrittes): Die Musikkapelle Groß St. Florian unter der Leitung von Gerald Oswald, die Kernstock-Kapelle Pöllau unter der Leitung von Anton Mauerhofer, die Musikkapelle der voest-alpine „Roseggerheimat" Krieglach unter der Leitung von Ludwig Gruber sowie das Jugendblasorchester Steiermark, dirigiert von Wolfgang Jud und Reinhard Summerer. Landeskapellmeister Fruhmann hat die Orchester und die gespielten Kompositionen vorgestellt.

Die Reihe der Steirischen Bläsertage wurde von Willi Konrad im Jahr 1978 begründet. Vergleicht man den ersten Bläsertag im Stefaniensaal in Graz (siehe oben, S. 108) mit dem 8. Bläsertag 2010, so fällt auf, dass ers-

---

269 Blasmusik in der Steiermark, NF 8, Nr. 4, Dez. 2009, S. 36.

tens keines der 1978er-Orchester, die damals an der Spitze der Blasmusikentwicklung in der Steiermark gestanden haben, diesmal dabei sein durfte. Zweitens handelt es sich – trotz desselben Namens – seit dem Jahr 2000 um ein anderes Veranstaltungskonzept. Wobei nicht allein das Grazer Opernhaus oder das Weizer Kunsthaus als äußere Rahmen andere Konditionen schufen, – sondern aus dem früheren „Wertungsspiel" ist ein Konzertabend geworden, der spezifischen Gesetzen zu gehorchen hat. Unsere besten Orchester bedürfen nicht des Druckes durch eine Jury, um sich perfekt vorzubereiten. Da Pflichtstücke fehlen, liegt die Verantwortung der Programmgestaltung ebenso beim Landeskapellmeister wie bei den einzelnen Dirigenten, die sich der übergreifenden, einen musikalisch logischen Aufbau bildenden Gesamtkonzeption unterzuordnen haben. Damit kann – im günstigen Fall – der Eindruck nach außen, vor allem einem Publikum gegenüber, das normalerweise unsere Konzerte nicht besucht, entschieden verstärkt werden.

Drei Wochen vor diesem 8. Steirischen Bläsertag, am 23. Februar 2010, verstarb Landeskapellmeister-Stellvertreter Rudolf Zangl, Krieglach: Obgleich wir von seiner schweren Erkrankung wussten, wirkte die Nachricht doch wie ein Schock auf alle, die ihm menschlich und durch die Musik verbunden waren.[270] Verständlich, dass auch die am 18. April 2010 nach Bruck an der Mur einberufene Jahreshauptversammlung vor allem Rudi Zangls gedachte! Seine Position als stellvertretender Landeskapellmeister wurde auf zwei Persönlichkeiten aufgeteilt: Alois Mauerhofer, Pöllau, und Adolf Marold, Liezen, werden nun Landeskapellmeister Fruhmann unterstützen. Neu geschaffen wurden zudem Stellvertreter für den Landesjugendreferenten (Manfred Rechberger, Hengsberg) und für den EDV- und Statistikreferenten (Viktor Hohl, Bad Radkersburg). Die Position des Landesschriftführers wurde mit Peter Buchsbaum, Langenwang, neu besetzt, in den Beirat traten ein: Karl Hackl, Burgau (für Johann Tauchmann) und Christian Schwab, Tragöß (für Adolf Marold). Als Ehrengast konnte Landesobmann Horst Wiedenhofer unseren Blasmusikreferenten, 1. Landeshauptmann-Stellvertreter Hermann Schützenhöfer, begrüßen. In Vertretung des Landeshauptmannes war Landesrätin Elisabeth Grossmann erschienen. Neben den durchwegs erfreulichen Berich-

Abb. 115: Landeskapellmeister Philipp Fruhmann stellte Orchester und Kompositionen beim Bläsertag 2010 in der Grazer Oper vor.

ten stand die Vorbereitung auf das Landesmusikfest im Zentrum der Beratungen. Persönlich bedankt wurde auch der Landesdirektor des ORF für Steiermark, Gerhard Draxler, der – mit finanzieller Unterstützung des Blasmusikreferenten der Steiermärkischen Landesregierung – unter dem Titel „Mit Pauken und Trompeten" einen über unser Land hinaus beachteten Fernsehfilm über gesellschaftliche und volkskundliche Aktivitäten der Blasmusik herstellen ließ.

Anlässlich der Jahreshauptversammlung war auch eine repräsentative Festschrift erschienen, die den Verantwortlichen für die einzelnen Sparten unserer Organisation Gelegenheit bot, einen Leistungsnachweis schriftlich vorzulegen und damit für die Nachwelt zu dokumentieren. Von entscheidender Bedeutung sind in solchen Schriften die Geleitworte hoher Repräsentanten unseres Landes, weil sich darin das öffentliche Ansehen des Steirischen Blasmusikverbandes spiegelt. Daher zitieren wir gerne daraus:

Landeshauptmann Franz Voves schreibt u. a.: „Der Steirische Blasmusikverband […] ist heute längst selbst eine gesellschaftliche Institution in der Steiermark. Gerade in einer individualisierten Gesellschaft, in der Gemeinschaftsgefühl und Solidarität zusehends an Bedeutung verlieren, sind soziale Netzwerke, die ein Miteinander fördern, von unschätzbarem Wert. Mit dem Blasmusikverband können die Steirerinnen und Steirer auf eine

---

270 Nachruf, in: Blasmusik in der Steiermark, NF 9, Nr. 1, 2010, S. 3. – Im selben Heft wird auch ausführlich und mit zahlreichen Abbildungen vom 8. Bläsertag in der Grazer Oper berichtet, während in den Kulturspalten der steirischen Tageszeitungen keine Rezension der Veranstaltung erschien.

Abb. 116–119: Auf der Bühne des Grazer Opernhauses die Kernstock-Kapelle Pöllau unter der Leitung von Anton Mauerhofer (oben), das Steirische Jugendblasorchester unter der Leitung von Wolfgang Jud (Seite 169 oben), die Musikkapelle der voest-alpine Roseggerheimat Krieglach unter der Leitung von Ludwig Gruber (unten), die Musikkapelle Groß St. Florian unter der Leitung von Gerald Oswald (Seite 169 unten).

IV. Aufkommen und Verbreitung des zivilen Blasmusikwesens

Abb. 120: Jahreshauptversammlung 2010: Foto von der Empore des Saales. Auf der Bühne hat das Stadtorchester Bruck an der Mur unter der Leitung von Hans Trafella Platz genommen, vor der Bühne sitzen die Mitglieder des Landesvorstandes.

gemeinnützige Organisation bauen, deren verbindendes Element – die Freude am gemeinsamen Musizieren – schon seit Jahrzehnten Brücken zwischen den unterschiedlichsten Gruppen der Gesellschaft schlägt. Kaum anderswo findet kultureller und zwischenmenschlicher Austausch, auch zwischen den Generationen, auf so ungezwungene und sympathische Weise statt. Vor allem jungen Menschen bietet der Blasmusikverband sowohl einen sozialen als auch musikalischen Anknüpfungspunkt. Schließlich beschränkt sich sein inhaltliches Repertoire bei Weitem nicht auf traditionelle Märsche, sondern spannt einen weiten Bogen über alle Formen der Unterhaltungsmusik bis hin zu Avantgarde-Werken".

1. Landeshauptmann-Stellvertreter Hermann Schützenhöfer schreibt uns in das „Stammbuch": „Musik ist eine ganz besondere Form der Kommunikation […] Gerade durch seine kontinuierliche und pädagogisch orientierte Arbeit widmet sich der Steirische Blasmusikverband in den bereits 396 Musikvereinen generationen- und genreübergreifend sehr gewissenhaft der Pflege und Entwicklung unseres musikalischen Erbes". Und obgleich Graz als Sorgenkind der Verantwortlichen im Steirischen Blasmusikverband gilt, betont der Bürgermeister der Landeshauptstadt, dass es sich dabei um „eine wichtige Säule im Musikland Steiermark" handeln würde. Das ist eine Sprachregelung, die seit 1997 von Landesobmann Wolfgang Suppan eingemahnt wurde und die seit einigen Jahren bei der Politik angekommen ist: Zum Vorteil aller steirischen Musikkapellen.

Im Original liest sich dies so (zum Teil wiederhole ich hier schon früher in diesem Buch Gesagtes)[271]: „Als Bestandteil der außerschulischen Jugend- und Erwachsenenbildung, der mehr Menschen zum Musizieren *in*

---

271 210 Jahre Blasorchester. 60 Jahre Blasmusikverband in der Steiermark, in: Der Vierzeiler, 2/2010, S. 5–7.
272 Vgl. dazu auch den Bericht sowie weitere Fotos der Generalversammlung in: Blasmusik in der Steiermark, NF 9, Nr. 2, Juni 2010, S. 4–6, 12f.

IV. Aufkommen und Verbreitung des zivilen Blasmusikwesens

Abb. 121: Überreichung der Urkunden an die Absolventen des Blasorchesterleiter-Kurses 2007/09 am Johann-Joseph-Fux-Konservatorium in Graz; v.r.n.l.: Landeshauptmann-Stellvertreter und Blasmusikreferent Hermann Schützenhöfer, Kursleiter Armin Suppan; v.l.n.r.: Landesrätin Elisabeth Grossmann, Landesobmann-Stellvertreter Alois Weitenthaler, Landeskapellmeister Philipp Fruhmann, Kursteilnehmer.

Abb. 122: Im Rahmen der Jahreshauptversammlung fanden mehrere Ehrungen statt. Auf dem Foto v.l.n.r.: Landeskapellmeister Philipp Fruhmann, Landeshauptmann-Stellvertreter und Blasmusikreferent Hermann Schützenhöfer, Landesobmann-Stellvertreter Oskar Bernhart, Landesvorstandsmitglied Gernot Hauswirth, Ehrenpräsident Wolfgang Suppan, Landesvorstandsmitglied Hannes Lackner, Landesobmann-Stellvertreter Alois Weitenthaler, der langjährige Landesjugendreferent des Steirischen Blasmusikverbandes Markus Waidacher, Landesobmann Horst Wiedenhofer, Landesrätin Elisabeth Grossmann[272].

Abb. 123: 130-Jahr-Jubiläum der Musikkapelle Pürgg. Auf der Ehrentribüne haben Platz genommen (v.l.n.r.): Bezirkskapellmeister Hans Koller, Ehrenpräsident Wolfgang Suppan, Bezirksobmann Josef Pilz, Bürgermeister Barbara Krenn, Pürgg-Trautenfels, Bürgermeister Reinhard Hager, Aigen, Dechant Mag. Luis Schlemmer, Landtagsabg. Karl Lackner, Landtagsabg. und Bürgermeister Ewald Persch, Rottenmann.

der Gemeinschaft und *für diese* bringt als jede andere Einrichtung des öffentlichen und privaten Musiklebens, bestimmt damit das Blasmusikwesen in der Steiermark zusammen mit dem Sport das Freizeitverhalten der Bürger in hohem Maße, und zwar Gesellschafts- und Altersschichten übergreifend. Daraus ergibt sich die hohe sozialanthropologische und kulturpolitische Funktion des Blasmusikverbandes ebenso wie der Bezirksvertretungen und jedes einzelnen Vereines. *Was und wie unsere Blasorchester ‚spielen', trägt intrakulturell zur Identitätsbildung bei – und grenzt damit interkulturell die Menschen des europäisch-abendländischen Kulturkreises von Menschen anderer Kulturen und deren Musiksprachen ab.*

Das Blasorchester entstand im Gefolge der Französischen Revolution, unmittelbar nach 1789 und im Zusammenhang mit der Gründung des Pariser Conservatoire, als Symphonie-,Orchester ohne Streicher', es ist bald militärischen Aufgaben zugeordnet worden und – nach musikwissenschaftlichem Verständnis – schließlich in den Bereich der niederen Musik abgesunken. Die musikalische Arbeit in und durch die Blasorchester verbindet daher volkskulturelle mit hochkulturellen Aufgaben. Die von den Blasorchestern geleistete musikalische Basisarbeit deckt einerseits den lebendigen Musikbedarf der Bevölkerung des Landes bis in die kleinsten Gemeinden und in den entlegensten Gräben des Landes ab, ‚entdeckt' und erschließt aber zugleich jene Talente, die zunächst in den Musikschulen, später im Johann-Joseph-Fux-Konservatorium des Landes Steiermark und in der Universität für Musik und darstellende Kunst in Graz zu den Stützen unserer Berufsorchester weitergebildet werden. Das Repertoire erstreckt sich auf alle historischen Gattungen und Stile der Musik, von der Bläsermusik der Renaissance und des Barock bis zur Avantgarde an der Wende vom 20. zum 21. Jahrhundert. Traditionelle volkstümliche Musizierformen verbinden sich in den Konzertprogrammen mit modischer Popularmusik, dazwischen aber zeigen einige leistungsstarke Orchester, dass sie im Bereich der Symphonischen Blasmusik ‚auf der Höhe der Zeit' stehen.

Abb. 124: Der Ehrenpräsident des Slowenischen Blasmusikverbandes Ervin Hartman überreicht die Ehrenurkunde für den Steirischen Blasmusikverband an Landesobmann Horst Wiedenhofer.

Eingebunden in die Arbeit des Steirischen Blasmusikverbandes ist die Förderung unserer Komponisten ebenso wie unserer Verlage. Die Vorbereitungen für die Realisierung einer eigenen zentralen Ausbildungs- und Tagungsstätte im weststeirischen St. Stefan ob Stainz während der Jahre 1997 bis 2002 konnten leider nicht zu einem positiven Abschluss gebracht werden. Nach der Veranstaltung der UNESCO-Konferenz der World Association for Symphonic Bands and Ensembles (WASBE) 1997 in Schladming, eröffnete sich dem Blasmusikwesen des Landes und darüber hinaus ganz Österreichs mit den jährlichen MID EUROPE-Konferenzen in Schladming ein weites Feld überregionaler und internationaler Kontakte und Kooperationen. Parallel dazu kam es 2004 zur Gründung der INTERMUSICA im Raum Birkfeld, weltweit der erste internationale Wettbewerb für Solisten mit Blasorchester-Begleitung.

Dass es primär um musikalische Leistung geht, die zu persönlicher Zufriedenheit, Ausgeglichenheit, Stolz und Freude bei den heranwachsenden Menschen führt, zeigt sich auch an dem großen Anteil an Jungmusiker-Leistungsabzeichen, die jährlich vergeben werden. Den Gefahren der Drogen- und aggressiven Sektenszene sind selbstbewusste, weil zufriedene junge Menschen in unseren Blasorchestern weniger ausgesetzt.

Die enge Zusammenarbeit mit der Steiermärkischen Landesregierung, in erster Linie mit dem Blasmusikreferenten innerhalb dieser Landesregierung, Erster Landeshauptmann-Stellv. Hermann Schützenhöfer, mit dem Johann-Joseph-Fux-Konservatorium unter der Direktion Toni Maier sowie mit öffentlichen und privaten steirischen Musikschulen ist für die Festigung des musikalischen Niveaus unserer Orchester konstitutiv. Die vorzüglich ausgebildete Jugend verlangt jedoch mehr und mehr nach professionellen Dirigenten. Da liegt unsere Sorge – und auch unser besonderes Bemühen. Der viersemestrige Blasorchesterleiterkurs am Johann-Joseph-Fux-Konservatorium (einschließlich der Zubringer-Ausbildung von Stimmführern an steirischen

Abb. 125: Der Musikverein St. Martin am Grimming, Einmarsch zum Wettbewerb am Hauptplatz in Hartberg.

Musikschulen) vermag dzt. noch nicht den Bedarf an jüngeren Dirigenten abzudecken."

Vom Wetter leider nicht begünstigt, fand am 15. Mai 2010 der Steirischer Marschmusik-Wettbewerb („Musik in Bewegung") in Hartberg statt. Alle steirischen Bezirke hatten Vertreter in die oststeirische Stadt entsendet, die sich der Jury unter der Leitung von Landesstabführer Erich Perner stellten. Die Militärmusik Steiermark gestaltete eine Rasenshow, deren Militärkapellmeister Hannes Lackner hatte für dieses Fest eigens die „Steiermark-Fanfare" komponiert. Die Wertungsergebnisse ergaben folgende Reihung (in runden Klammern die Stufe, dahinter die Anzahl der erreichten Punkte)[273]:

Musikverein Allerheiligen/Mürzhofen (D. 94,41)
Musikverein St. Georgen ob Murau (C. 94,26)
Musikkapelle Eichberg (B. 94,24)
Ortsmusikkapelle St. Johann ob Hohenburg (A. 93,83)
Trachtenmusikkapelle Ottendorf an der Rittschein (E. 92,64)
Trachtenkapelle Fladnitz an der Teichalm (C. 92,53)
Musikverein Deutschfeistritz-Peggau (D. 92,23)
Musikverein Edelsbach (D. 91,70)
Musikverein Heilbrunn (B. 91,59)
Musikverein Lieboch (D. 91,17)
Musikverein St. Martin am Grimming (C. 90,93)
Marktmusikkapelle Eibiswald (C. 90,46)
Stadtkapelle Bad Aussee (A. 88,66)
Musikverein Kammern im Liesingtal und Umgebung (A. 88,03)
Musikverein St. Lorenzen im Paltental und Umgebung (A. 87,32)
Eisenbahner-Musikverein Knittelfeld (B. 87,04)
Marktmusikkapelle Straden (E. 86,32)
Trachtenkapelle Graz-Wetzelsdorf (B. 86,13)
Marktmusikverein Gamlitz (E. 85,06)

---

[273] Zu diesem 1. Landeswettbewerb „Musik in Bewegung" ist eine eigene Festschrift erschienen, in der das gesamte Programm ausführlich erläutert wird und in der die einzelnen Musikkapellen vorgestellt werden.

IV. Aufkommen und Verbreitung des zivilen Blasmusikwesens

Abb. 126: Der Stabführer der Marktmusikkapelle Gamlitz Franz Steiner meldet der Jury, dass seine Kapelle zum Wettbewerb angetreten sei.

Abb. 127: Die Trachtenmusikkapelle Ottendorf an der Rittschein während des Showprogrammes im Fußballstadion in Hartberg.

Abb. 128, 129: Nicht allein der Steirische Blasmusikverband feiert in diesem Jahr den Sechziger, auch Landesobmann Horst Wiedenhofer lud anlässlich seines 60. Geburtstages am 27. Juni 2010 zu einem Fest nach Gutenberg an der Weizklamm ein. Zwei Landeshauptmann-Stellvertreter fanden sich neben Verwandten und Bekannten, neben den Mitgliedern des Landes- und Weizer Bezirksvorstandes ein. Auf den beiden Fotos (links) das Ehepaar Siegfried Schrittwieser, (rechts) das Ehepaar Hermann Schützenhöfer mit den Wiedenhofer's.

Abb. 130: 12. und 13. Juni 2010: Landeswettbewerb „Spiel in kleinen Gruppen" in Bad Aussee. Eines der am Landeswettbewerb teilnehmenden Ensembles, das Hornquartett „Corna à 4" aus Murau (Ausbilder Peter Ehgartner), vor dem Erzherzog Johann-Denkmal im Kurpark von Bad Aussee.

Bruck an der Mur: Die Stadt des 7. Landesmusikfestes vom 2. bis 4. Juli 2010

Landesmusikfeste sind Höhepunkte des Verbandslebens. Ihre Vorbereitung und Durchführung erfordert sowohl vom Landesvorstand wie von allen Bezirken und Vereinen besondere Anstrengungen. Seit der Gründung des Steirischen Blasmusikverbandes im Jahr 1950 haben sechs Landesmusikfeste stattgefunden: 1961, 1970, 1975, 1980, 1990 und 2000. Damit erwies sich ein Abstand von zehn Jahren als praktikabel. Anlässlich des fünfzigjährigen Jubiläums des Steirischen Blasmusikverbandes im Jahr 2000 hat sich der Landesvorstand erstmals entschlossen, eine solche Großveranstaltung außerhalb der Landeshauptstadt Graz abzuwickeln. Deutschlandsberg erwies sich zur Millenniumswende als großartiger Gastgeber (siehe oben, aber auch die zahlreichen Abbildungen in dem Buch „Blasmusikland Steiermark"[274]).

Nun, zum sechzigjährigen Bestandsjubiläum des Steirischen Blasmusikverbandes, wurde Bruck an der Mur ausgewählt, deren Bürgermeister und Stadtrat als besonders blasmusikfreundlich gelten und die durch die Organisation mehrerer Militärmusikfestivals einschlägige Erfahrung vorweisen, vor allem aber durch seine Lage und durch die Atmosphäre der alten Handelsstadt, mit dem historischen Hauptplatz, aber auch mit modernen Sälen und Sportstätten, ideale Bedingungen anbieten konnte. Bürgermeister Bernd Rosenberger spricht im Vorwort des Programmbuches deutlich diese besondere Aufgabe seiner Stadt an: „Die Blasmusik in all ihren Facetten bildet seit jeher einen festen Bestandteil unseres Kulturlebens. Das Internationale Blasmusikfestival, welches im Jahr 2008 bereits zum siebten Mal stattfand, ist mit Sicherheit ein österreichischer Höhepunkt in der Blasmusikszene. Denn wo sonst als in der Kornmesserstadt findet ein internationales, dreitägiges Festival, bei dem Militärformationen gemeinsam mit Exekutiv- und Zivilkapellen musizieren, bereits seit 1996 statt? Es war und ist stets ein Anliegen der Stadtpolitik, die Stadt Bruck an der Mur zu einer pulsierenden Wohlfühlstadt mit Lebensqualität für Bürger und Gäste zu machen"[275].

Erstmals sollte die Jugend mit einer „Bunten Nacht" den Anfang machen. Bunt in jeder Hinsicht, mit Hip-Hop-Streetdance, Sport, Akrobatik, Rock, „Klängen aus dem Wald", einer Modenschau und dem Kletterturm der Naturfreunde, mit „Spiel in kleinen Gruppen" in den stimmungsvollen Innenhöfen der Patrizierhäuser rund um den Hauptplatz. Aus allen Teilen der Steiermark hatten sich am Freitag, 2. Juli 2010, im Laufe des Nachmittags und des Abends Gruppen junger Musiker eingefunden. Das Groß-Orchester präsentierte zwei neue Stücke modisch-rhythmischer Popularmusik, die Reinhard Summerer komponiert hatte: „Swing in the City" und „Colourful Dreams" (die englischen Titel entsprechen zeittypischer Jugendkultur). Letzteres eine Suite, in der das alte Thema des manchen Menschen gegebenen Farbenhörens sich neu artikulierte[276].

Als Auftakt des Landesmusikfestes im klassisch-festlich-feierlichen Sinn aber verstanden die Teilnehmer an der Veranstaltung die von Sr. Exzellenz, Diözesanbischof Dr. Egon Kapellari, Graz-Seckau, zelebrierte Festmesse in der Brucker Stadtpfarrkirche. Das Blasorchester der Stadt Bruck gestaltete den musikalischen Part mit der Interpretation der „Deutschen Messe" von Franz Schubert.

Mit großer Dankbarkeit drucken wir an dieser Stelle die Predigt unseres Diözesanbischofs ab, die sich intensiv mit der Funktion der Musik im katholischen Gottesdienst auseinandersetzt:

Wir haben uns heute hier in der Stadtpfarrkirche in Bruck an der Mur versammelt, um Gott zu danken für die reiche Ernte aus sechzig Jahren des Bestehens des Steirischen Blasmusikverbandes. Morgen werden rund fünftausend Musizierende aus Österreich, Südtirol und Slowenien auf dem Hauptplatz versammelt sein, um dieses Jubiläum mit ihren Kolleginnen und Kollegen aus der Steiermark zu feiern. In den vergangenen 60 Jahren hat sich vieles in unserer Gesellschaft verändert. Viele Ge-

---

274 Suppan, Blasmusikland 2003, S. 33–55.
275 Festschrift. 60 Jahre Steirischer Blasmusikverband. Jubiläumsveranstaltungen, hg. von Horst Wiedenhofer, Graz 2010, S. 10; desgl. in der extra erschienenen Broschüre für die Veranstaltung in Bruck an der Mur, S. 6.
276 Die fachlich kompetente Zusammenfassung der seit dem griechischen Altertum dazu geäußerten Erfahrungen und Einsichten bieten die beiden Artikel „Farbe-Ton-Beziehung" von Jörg Jewanski, in: MGG/2, Sachteil, Band 3, 1995, Sp. 345–371, sowie „Synästhesie" von Helmut Rösing, ebda., Band 9, 1998, Sp. 168–186; mit weiterführender Literatur.

Abb. 131: Auf dem Koloman Wallisch-Platz (Hauptplatz) der Stadt Bruck an der Mur haben sich die aus allen Bezirken der Steiermark angereisten Jugendlichen versammelt, um bei Sport und Spiel und heiterer Musik zu feiern. Die Leitung der Veranstaltung lag bei Landesjugendreferent Wolfgang Jud, den Reinhard Summerer und Anton Mauerhofer als Dirigenten unterstützten.

meinschaften und zumal jene, in denen Menschen sich ehrenamtlich engagieren und ihre freie Zeit mit anderen teilen, stehen dabei heute vor großen Herausforderungen. Das Ehrenamt ist ein großer Schatz für die Kirche und die Zivilgesellschaft. Wenn die so auf vielfache Weise geleisteten Dienste ausfielen, würde der humanistische Grundwasserspiegel in unserer Gesellschaft drastisch sinken. Bei seinem Besuch in Österreich im September 2007 hat Papst Benedikt XVI. daher gesagt: „Ohne freiwilliges Engagement konnten, können und werden Gemeinwohl und Gesellschaft nicht bestehen."

Zu den Gemeinschaften, die wesentlich auch von Ehrenamtlichen getragen werden, zählen auch die zahlreichen Musikgruppen in unserem Land. Die Faszination, die Musik auf junge und jung gebliebene Menschen ausübt, ist aber auch heute ungebrochen. Musik ist ein wesentliches Element im Leben vieler Familien, Schulen, politischer Gemeinden und Pfarrgemeinden. Musik war immer und ist auch heute ein Lebensmittel in unserer Gesellschaft. Man braucht sie zwar nicht so dringend wie Brot und wie andere Nahrung für den Körper. Sie ist aber so etwas wie Brot für die Seele. Ein Leben ohne Musik wäre öde. Der Dichter Rainer Maria Rilke hat in seiner ersten Duineser Elegie über die Musik gesagt, dass sie „anruft und tröstet und hilft". Die Menschheit hat in ihrer bisherigen Geschichte ungemein viel Musik verschiedenster Art geschaffen: Musik, die Menschen aller Völker, Religionen und Kulturen „anruft und tröstet und hilft".

Ihnen, liebe hier versammelte Musikschaffende, sind neben anderen guten Gaben auch die Liebe zur Musik und die Fähigkeit, Musik meisterlich zum Erklingen zu bringen, ins Leben mitgegeben worden. Das ist, wie man allgemein sagt, eine Gabe der Natur. Religiöse Menschen verstehen diese Gabe aber in einem tieferen Sinn auch als eine Gnade Gottes, für die man Gott danken kann und danken soll. Wer dieses Geschenk mit anderen Menschen teilen kann und teilt, der kann ihnen viel Freude bereiten. Die Begabung für Musik und die Freude am Musizieren

IV. Aufkommen und Verbreitung des zivilen Blasmusikwesens

Abb. 132: Landesobmann Horst Wiedenhofer begrüßt in der Pfarrkirche von Bruck an der Mur die in der Kirche versammelten Gläubigen zur Festmesse mit Sr. Exzellenz, Diözesanbischof Dr. Egon Kapellari.

für Menschen und auch für Gott ist Ihnen, den hier versammelten Frauen und Männern, gemeinsam.

Zum vielgestaltigen musikalischen Panorama gehört auch die in unserem Land so weit verbreitete Blasmusik, die viele Menschen zum gemeinsamen Musizieren und gemeinsamen Hören zusammenführt. Viel davon erklingt ausdrücklich auch zur Ehre Gottes. So ist es bei unzähligen kirchlichen Festen und Prozessionen und so auch heute hier in Bruck an der Mur. Zwischen Blasmusik und Kirche gibt es eine lange Verbindung, für die ich und viele Seelsorger und andere Christen sehr dankbar sind. Blasmusik kann Menschen bewegen, ihre Herzen zu Gott zu erheben und sie für ihre Mitmenschen zu öffnen. Sie kann bei fröhlichen Feiern und bei besinnlichen Anlässen Menschen aus unterschiedlichen Gesellschaftsschichten zusammenführen, kann Interesse am Guten wecken, neue Freundschaften entstehen lassen und Grenzen von Ländern und Sprachen überwinden helfen.

Besonders herzlich grüße ich daher auch die Musiker, die aus den benachbarten Ländern Österreichs, aus Südtirol und Slowenien kommend der Einladung des Steirischen Blasmusikverbandes gefolgt sind, um an dieser Jubiläumsfeier teilzunehmen. Wo Menschen zur Ehre Gottes musizieren und anderen so Christus zeigen, dort kommt immer wieder ein Stück Welt zum Blühen. „Blüh' auf, gefrorner Christ", hat vor fast vierhundert Jahren, bald nach den Verwüstungen durch den dreißigjährigen Krieg der Priester, Mystiker und Dichter Angelus Silesius gesagt. Dieses Wort muss immer wieder gesagt werden, weil so vieles in der Welt, im Leben uns am Blühen und am Fruchtbringen hindern kann, so die Hitze von Konflikten und die Kälte von Herzlosigkeit. „Blüh' auf, gefrorner Mensch", das sagt auch Musik – nicht jede Musik freilich – aber gewiss die von Musizierenden des Österreichischen Blasmusikverbandes dargebotene Musik. Möge diese Musik im Allgemeinen und besonders auch die von Ihnen dargebotene religiöse Musik immer wieder offene Ohren und bereite Herzen finden.

Abb. 133: Bad Aussee ...

Im Anschluss an den Festgottesdienst konzertierten zwei Tiroler Musikkapellen, die Südtiroler aus Feldthurns vor dem Kulturhaus, die Nordtiroler Speckbacher Stadtmusik Hall in Tirol im Kulturhaussaal. Ervin Hartman, Ehrenpräsident des Slowenischen Blasmusikverbandes, nahm dies zum Anlass, Landesobmann Wiedenhofer für den Steirischen Blasmusikverband die Ehrenurkunde seines Verbandes zu überreichen: Damit sollte die langjährige erfolgreiche Zusammenarbeit beider Organisationen dokumentiert werden.

Zweieinhalb Stunden dauerte der Einmarsch der insgesamt 48 Musikkapellen aus Südtirol, Slowenien, aus den österreichischen Bundesländern Burgenland, Kärnten, Niederösterreich, Oberösterreich, Salzburg, Tirol, sowie der Marschblöcke aus den steirischen Bezirken, bis sich mehr als fünftausend Musiker am Sonntagvormittag, 4. Juli 2010, auf dem Koloman Wallisch-Platz versammelt hatten. Ein mächtiges Orchester, aber auch ein machtvolles Zeugnis der gesellschaftlichen und kulturellen Wirksamkeit der steirischen Blasmusik: Die zahlenmäßig stärkste musikalisch-kulturelle Vereinigung des Landes, – wie Landeshauptmann Mag. Franz Voves und 1. Landeshauptmann-Stellvertreter und Volkskultur-/Blasmusik-Referent Hermann Schützenhöfer in ihren Begrüßungsreden betonten. Klangvoll breiteten sich die gemeinsam gespielten Chöre und Märsche über die Kornmesserstadt aus. Nach der Meldung von Landesstabführer Erich Perner an Landesobmann Wiedenhofer:

5371 aktive Teilnehmer am Landesmusikfest angetreten![277],
sowie den Befehlen „Habt Acht!" und „Ruht!",

dirigierte Landeskapellmeister-Stellvertreter Anton Mauerhofer den für dieses Ereignis komponierten „Festlichen Einzug" von Siegmund Andraschek[278].

---
277 Die Teilnehmerzahl hat sich im Verhältnis zu früheren Landesmusikfesten leider verringert.
278 Die Komposition eignet sich vorzüglich für Gesamtchöre. Die Noten sind in unserer Editionsreihe im HeBu-Musikverlag in Kraichtal, Baden-Württemberg, als Nr. 46 gedruckt.

IV. Aufkommen und Verbreitung des zivilen Blasmusikwesens

Abb. 134: … und Weiz.

Abb. 135: Landesstabführer Erich Perner meldet an Landesobmann Horst Wiedenhofer: „5371 aktive Teilnehmer angetreten".

Abb. 136: Nach eineinhalb Stunden hat sich der Platz gefüllt, der Festakt kann beginnen: Der Betrachter blickt vom Kirchturm der Stadt Bruck an der Mur aus auf 5371 Musiker!

Als Vorsitzender des Organisationskomitees begrüßte sodann Landesobmann-Stellvertreter Oskar Bernhart die versammelten Ehrengäste, an deren Spitze den Diözesanbischof Dr. Egon Kapellari, den Landeshauptmann Mag. Franz Voves, beide Landeshauptmann-Stellvertreter, Hermann Schützenhöfer und Siegfried Schrittwieser, die Musiker mit ihren Obleuten und Kapellmeistern, die Marketenderinnen, die um den Platz versammelten und aus allen Fenstern der Häuser schauenden Gäste.

Als wertvolle und damit auch unser seriöses Anliegen charakterisierende musikalische Aussage, stand die Uraufführung der Festmusik „Salutatio" für Solo-Trompeter und getrennt aufgestellte Blasorchester des Südtiroler Komponisten Gottfried Veit im Mittelpunkt des Festaktes[279]. Landeskapellmeister Philipp Fruhmann dirigierte souverän die Komposition und führte die unterschiedlichen Gruppen zu- und ineinander, die variationenreich den alten Choral „Christus regnat, Christus vincit, Christus imperat" aufklingen ließen. Solche Musik führte hin zu einer kurzen Andacht, bei der Se. Exzellenz, Diözesanbischof Dr. Egon Kapellari, folgende Sätze sprach:

Geehrte Musikerinnen und Musiker, die zum 60-Jahr-Jubiläum des Steirischen Blasmusikverbandes nach Bruck an der Mur gekommen sind und hier am Sonntag unter einer strahlenden Sonne auf dem schönen Hauptplatz dieser alten Stadt versammelt sind! – Und in ihrer Mitte, geehrte Fest- und Ehrengäste!

„Kunst ist ein Lebensmittel" hat Max Reinhardt, der Gründer der Salzburger Festspiele, vor Jahrzehnten gesagt: Kunst ist ein Lebensmittel, das gilt besonders auch für die Musik. Ohne sie wäre das Leben ungemein viel ärmer. Musik kann ungemein viel. Sie kann jubeln und klagen. Sie kann aufwecken, aufrütteln und kann besänf-

---

[279] Das Werk wurde für den Besuch des Papstes Benedikt XVI. in Mariazell komponiert, konnte dort jedoch wegen widriger Wetterbedingungen nicht zur Wiedergabe gelangen. Se. Heiligkeit, Papst Benedikt XVI., hätte sich über dieses Werk besonders gefreut, zählt der Choral, dem Veit die Melodie entnommen hat, doch zum Repertoire der Regensburger Domspatzen, die 2007 davon eine hervorragende Aufnahme veröffentlicht haben.

IV. Aufkommen und Verbreitung des zivilen Blasmusikwesens

Abb. 134: … und Weiz.

Abb. 135: Landesstabführer Erich Perner meldet an Landesobmann Horst Wiedenhofer: „5371 aktive Teilnehmer angetreten".

Abb. 136: Nach eineinhalb Stunden hat sich der Platz gefüllt, der Festakt kann beginnen: Der Betrachter blickt vom Kirchturm der Stadt Bruck an der Mur aus auf 5371 Musiker!

Als Vorsitzender des Organisationskomitees begrüßte sodann Landesobmann-Stellvertreter Oskar Bernhart die versammelten Ehrengäste, an deren Spitze den Diözesanbischof Dr. Egon Kapellari, den Landeshauptmann Mag. Franz Voves, beide Landeshauptmann-Stellvertreter, Hermann Schützenhöfer und Siegfried Schrittwieser, die Musiker mit ihren Obleuten und Kapellmeistern, die Marketenderinnen, die um den Platz versammelten und aus allen Fenstern der Häuser schauenden Gäste.

Als wertvolle und damit auch unser seriöses Anliegen charakterisierende musikalische Aussage, stand die Uraufführung der Festmusik „Salutatio" für Solo-Trompeter und getrennt aufgestellte Blasorchester des Südtiroler Komponisten Gottfried Veit im Mittelpunkt des Festaktes[279]. Landeskapellmeister Philipp Fruhmann dirigierte souverän die Komposition und führte die unterschiedlichen Gruppen zu- und ineinander, die variationenreich den alten Choral „Christus regnat, Christus vincit, Christus imperat" aufklingen ließen. Solche Musik führte hin zu einer kurzen Andacht, bei der Se. Exzellenz, Diözesanbischof Dr. Egon Kapellari, folgende Sätze sprach:

Geehrte Musikerinnen und Musiker, die zum 60-Jahr-Jubiläum des Steirischen Blasmusikverbandes nach Bruck an der Mur gekommen sind und hier am Sonntag unter einer strahlenden Sonne auf dem schönen Hauptplatz dieser alten Stadt versammelt sind! – Und in ihrer Mitte, geehrte Fest- und Ehrengäste!

„Kunst ist ein Lebensmittel" hat Max Reinhardt, der Gründer der Salzburger Festspiele, vor Jahrzehnten gesagt: Kunst ist ein Lebensmittel, das gilt besonders auch für die Musik. Ohne sie wäre das Leben ungemein viel ärmer. Musik kann ungemein viel. Sie kann jubeln und klagen. Sie kann aufwecken, aufrütteln und kann besänf-

---

279 Das Werk wurde für den Besuch des Papstes Benedikt XVI. in Mariazell komponiert, konnte dort jedoch wegen widriger Wetterbedingungen nicht zur Wiedergabe gelangen. Se. Heiligkeit, Papst Benedikt XVI., hätte sich über dieses Werk besonders gefreut, zählt der Choral, dem Veit die Melodie entnommen hat, doch zum Repertoire der Regensburger Domspatzen, die 2007 davon eine hervorragende Aufnahme veröffentlicht haben.

IV. Aufkommen und Verbreitung des zivilen Blasmusikwesens

Abb. 137: Landesobmann-Stellvertreter und Vorsitzender des Organisationskomitees Oskar Bernhart begrüßt alle Anwesenden.

Abb. 138: Blick vom Rednerpult auf die rechte Platzseite mit dem Rathaus und dem Fahnenschmuck.

Abb. 139: Landeskapellmeister Philipp Fruhmann zwischen den Ehrengästen, rechts Landeshauptmann Mag. Franz Voves, links 1. Landeshauptmann-Stellvertreter Hermann Schützenhöfer; rechts im Hintergrund der Chefredakteur der Österreichischen Blasmusikzeitung, Gerhard Imre, Oberschützen, Burgenland.

tigen. Sie ist eine Sprache, die über die Sprachen im engeren Sinn dieses Wortes hinausreicht.

Musik hat von jeher auch mit Religion zu tun. Dies gilt ebenso für das Christentum wie für die anderen Weltreligionen. Das gilt auch für die Blasmusik und ihren unverwechselbaren Rang im ungemein weiten Panorama der Musik im Ganzen. Daher habe ich gestern auf Einladung des Steirischen Blasmusikverbandes in der Stadtpfarrkirche Bruck die Vorabendmesse gefeiert und daher bin ich auch eingeladen worden, hier im öffentlichen Raum in Ihrer Mitte ein Gebet zu sprechen. Das ist keine Vereinnahmung derer, die nicht religiös glauben, sondern eine Stimme in Stellvertretung für unzählige Menschen, die christlich glauben und die ihrem Glauben immer wieder auch einen musikalischen Ausdruck geben. Und so wende ich mich in Ihrer Mitte an ihn, den wir Gott nennen und der uns in Jesus Christus die Tiefe seines Wesens erschlossen hat, und ich spreche ein Gebet:

Gott von Dir kommen wir, zu Dir gehen wir.
Ohne Dich gehen wir im Kreis.
Du hast uns eine Stimme gegeben zum Sagen, Fragen, Loben und Klagen.
Du hast uns auch die Gabe geschenkt, diese Stimme mit Musik zu verstärken.
Ich bitte um Deinen Segen für alle hier Anwesenden, insbesondere
für die Musizierenden, damit für sie und durch sie Musik weiterhin
ein Lebensmittel für unzählige Menschen sein kann.

Den Grußworten des geistlichen Oberhauptes folgten die Grußworte der „weltlichen Macht": Zunächst Brucks Bürgermeister Bernd Rosenberger, den sein Brucker Musikschuldirektor Johann Kügerl mit dem von ihm komponierten „Bernd Rosenberger-Marsch" eine besondere Reverenz erwies. Danach der Präsident des Österreichischen Blasmusikverbandes, Josef Lemmerer, 1. Landes-

IV. Aufkommen und Verbreitung des zivilen Blasmusikwesens

Abb. 140: Blick vom Rednerpult auf die linke Platzseite; Steiermarks Militärkapellmeister Hannes Lackner dirigiert einen der steirischen Traditionsmärsche, den „47er-Regiments-Marsch".

hauptmann-Stellvertreter und Volkskultur-/Blasmusikreferent Hermann Schützenhöfer, Landeshauptmann Mag. Franz Voves. Den „47er-Regiments-Marsch", einer der steirischen Traditionsmärsche, dirigierte Militärkapellmeister Hannes Lackner. Landesobmann Horst Wiedenhofers Dankesworte beschlossen den Festakt, der mit der steirischen Landeshymne „Hoch vom Dachstein an" von Ludwig Carl Seydler (1810–1888) würdevoll ausklang[280]. Die Kommandos

„Habt Acht!" – „Abtreten!"

sprach Landesstabführer Erich Perner, – und in dem Bewusstsein, an einer großartigen Geburtstagsfeier teilgenommen zu haben, traten die aktiven und passiven Mitglieder der Musikkapellen sowie die vielen Gäste die Rückfahrt in ihre Länder und Bundesländer, in die einzelnen Gemeinden der Steiermark zwischen Bad Aussee und Bad Radkersburg, Murau und Hartberg an. Ehe die Busse bestiegen wurden, erklangen Märsche auf allen Plätzen und aus allen Gassen der Stadt: So feiert nur die Blasmusik!

* * *

6. September 2010:
Präsentation des vorliegenden Buches im Rahmen eines Empfanges von Erstem Landeshauptmann-Stellvertreter Hermann Schützenhöfer in der Grazer Burg. Damit enden die Veranstaltungen des Steirischen Blasmusikverbandes im Jubiläumsjahr 2010.

---

280 Wolfgang Suppan, Die Landeshymne der Steirer, in: Die Grazer Burg, Graz 1985, S. 12–16; 2. Auflage, ebda. 1993, S. 8–14; nochmals abgedruckt in ders., Werk und Wirkung, S. 1089–1093. In der Festschrift ist der Name des Komponisten nicht erwähnt worden. Über Seydler vgl. Suppan, Stmk./2, 2009, S. 644f.

Abb. 141: In lockerer Runde wird der Erfolg dieses Landesmusikfestes besprochen, v.r.n.l.: Se. Exzellenz, Diözesanbischof Dr. Egon Kapellari, Beiratsmitglied Wolf Chibidziura (etwas im Hintergrund), Wolfgang Suppan, Frau Elisabeth Wiedenhofer, Landesobmann Horst Wiedenhofer.

Ein Ausblick

Während des Landesmusikfestes ist von Politikern und Journalisten in Interviews und persönlichen Tischgesprächen mehrmals die Frage aufgeworfen worden, wo unsere (steirische) Blasmusik heute stehen und wie es mit ihr wohl weitergehen würde? Als Vertreter des 1. Landeshauptmann-Stellvertreters Hermann Schützenhöfer hat Landtagsabgeordneter Heinz Gach, Landesjägermeister und selbst Blasmusikobmann in Zeltweg, anlässlich der Eröffnung der „Bunten Nacht der Jugend" am 2. Juli 2010 in Bruck an der Mur zurecht betont, dass die für die musikalische Jugendarbeit ausgegebenen Subventionen der Öffentlichen Hand eine „Investition in die Zukunft unserer Gesellschaft" seien. In der Tat haben unsere Blasorchester – sofern sie gut geführt werden – keine Nachwuchsprobleme. Quantität ist aber keine Garantie für Qualität, – und nur Letztere zählt mittel- und langfristig.

Daher wird die folgende Frage entscheidend sein: Welche Qualität kommt der Ausbildung zu? Die Sorge beginnt dort, wo der Instrumental- und musiktheoretische Unterricht nicht begleitet wird von einem umfassenden Bildungsangebot, das ein Bewusstsein für musikalische Werte einerseits, für die Mentalität und den Charakter junger Menschen bildende Werte andererseits zu entwickeln vermag. Im Kreis der Bundes- und Verbandsjugendreferenten der deutschsprachigen Länder habe ich – auch als Wissenschaftler – immer wieder darauf hingewiesen[281]. Als Vorsitzender des Jugendbeirates, als Mitglied des Geschäftsführenden Präsidiums und als Stellvertretender Präsident des Bundes Deutscher Blasmusikverbände von 1965 bis 1997 sowie als Bundesjugendreferent im Österreichischen Blasmusikverband von 1974 bis 1977 habe ich versucht, dies im Sinne einer „Wissenschaft für die Praxis" zu praktizieren. Im Bildungsplan/Prüfungskatalog für die Jungmusiker-Leis-

---

281 Wolfgang Suppan, Die biologischen Grundlagen und kulturellen Möglichkeiten der Talenteförderung im Bereich der Musik, mit besonderer Berücksichtigung der Situation bei den Amateurblasorchestern in Mitteleuropa, in: Florilegium Musicologicum. Festschrift für Hellmut Federhofer, hg. von Christoph-Hellmut Mahling, Tutzing 1988, S. 409–425; desgl. in: Suppan, Werk und Wirkung, 2000, S. 109–128.

tungsabzeichen sind entsprechende Fragen enthalten[282]. Das Vermögen, die verschiedenen Stile der Musik sowie die persönlichkeitsprägenden und ästhetischen Werte von E(rnster)- und U(nterhaltungs)-Musik unterscheiden zu können, erschien und erscheint mir wichtiger, als große und/oder kleine Terz zu erkennen. Aber Letzteres ist von Prüfern selbstverständlich leichter abzufragen. Eine aus der heute dominanten Spaßkultur heraus entwickelte Didaktik des Musikunterrichtens, bei der der Pädagoge ebenso wie der Dirigent zum Entertainer verkommt, führt nicht zu jener besonderen humanen Qualität des Musizierens in der Gemeinschaft, in der der Musiker sowohl im heiteren wie im ernsten, im historischen wie im zeitgenössischen Genre sich selbst verwirklichen kann[283].

Entscheidenden Einfluss auf die weitere Entwicklung der Blasmusik in unserem Land wird – ich habe während meiner steirischen Landesobmann-Jahre von 1996 bis 2006 immer wieder darauf hingewiesen – die Lösung des Dirigentenproblems haben. Dass der „Kapellmeister" einer Amateurkapelle sich aus den Reihen der Musiker rekrutiert, erschien früher als Normalfall. Das Ergebnis war – in der Regel – klar, die Musikkapelle hat einen guten Musiker (meist ersten Flügelhornisten oder Klarinettisten) verloren und einen schlechten Kapellmeister gewonnen. Heute sitzen Absolventen von Musikschulen, ja Konservatorien und Musikhochschulen in den Blasorchestern, Träger von Silbernen und Goldenen Jungmusiker-Leistungsabzeichen, Bundessieger von „Jugend musiziert" und im „Spiel in kleinen Gruppen". Nur bestens ausgebildete Dirigenten werden solche Menschen musikalisch führen können. Kurse, wie sie die Verbände veranstalten, bieten eine Grundausbildung an, sie ändern grundsätzlich nichts, sondern führen im Idealfall nur lokal – allerdings in Einzelfällen auch erstaunlich erfolgreich – zu Lösungen[284]. Eine zentrale Ausbildungsstätte (in St. Stefan ob Stainz) hat Parteipolitik uns trotz gewissenhafter und abgeschlossener Planung verweigert. Wollen wir aber das musikalische Niveau halten und sollen die vielen jungen Menschen, die sich den Prüfungen für Jungmusiker-Leistungsabzeichen stellen, nicht resignieren, muss in diesem Bereich eine Professionalisierung erfolgen, und zwar über Blasmusik-Kompositions-/Instrumentations- sowie Blasmusikkapellmeister-Studiengänge an unseren Kunst-Universitäten und Konservatorien. Die USA, England, die Benelux-Länder, Skandinavien, die Schweiz, der Ferne Osten mit Japan, Südkorea und Taiwan weisen hier den Weg. Die Ergebnisse solcher Ausbildungsmöglichkeiten konnten z. T. bei der ersten WASBE-Konferenz im mitteleuropäischen Raum, 1996 in Schladming, bewundert werden.

Also doch, trotz der vielen positiven und lobenden Politikerworte, eine eher negative Bilanz des kulturvergleichend arbeitenden Historikers, Ethnologen und Anthropologen?[285] Nein, weder das eine noch das andere. Aber eben die Strategie eines Wissenschaftlers, der dieses Buch zusammen mit Freunden und Kollegen verfasst hat: Ohne „Sterndeuterei", aber mit Analysen und Mahnungen an die Verantwortlichen außerhalb und innerhalb der österreichischen Blasmusikverbände[286].

* * *

Folgende Musikkapellen sind seit 2007 dem Steirischen Blasmusikverband beigetreten:
2005: Polizeimusik Steiermark in Graz, aufgrund der Zusammenlegung von Gendarmerie und Polizei in Österreich neu formiert.
2009: Blaskapelle Heribert Raich, Bezirk Bad Aussee; Trachtenmusikkapelle Reifling, Bezirk Judenburg.

---

282 Wolfgang Suppan, Bildungsplan des Bundes Deutscher Blasmusikverbände, Freiburg im Breisgau 1984; 2. Auflage, ebda. 1987.
283 Zur philosophisch-anthropologischen Kategorie der Selbstverwirklichung vgl. Wolfgang Suppan, Der musizierende Mensch. Eine Anthropologie der Musik, Mainz – London – New York – Tokyo 1984 (Musikpädagogik. Forschung und Lehre, hg. von Sigrid Abel-Struth, Band 10); ders., Musica humana. Die anthropologische und kulturethologische Dimension der Musikwissenschaft, Wien – Köln – Graz 1986 (Forschen - Lehren - Verantworten. Festgaben zur 400-Jahr-Feier der Karl-Franzens-Universität Graz, hg. von Berthold Sutter, Band 8).
284 Beispiel dafür war der Blasorchesterleiter-Kurs an der Grazer Musikhochschule. Als nebenberuflicher Ausbildungsweg gedacht, ist nur ein geringer Teil der Absolventen in der Tat Kapellmeister geworden. Als die Musikhochschule/Kunst-Universität dieses Kurs auslaufen ließ, sollte der Wechsel an das Johann-Joseph-Fux-Konservatorium in Graz sowohl einen haupt- wie einen nebenberuflich zu absolvierenden Studiengang ermöglichen. Doch leider kam es aus personellen und finanziellen Gründen auch hier nur zu dem nebenberuflich zu absolvierenden, viersemestrigen Kurs (wobei die Schüler an einem Abend pro Woche für ca. vier Stunden Unterricht nach Graz fahren). Kandidaten, die sich zunächst für den vier- bis sechsjährigen professionellen Studiengang entschieden und diesen begonnen hatten, wurden damals ebenso vom Verfasser dieses Buches geprellt.
285 Zudem weiß der Wissenschaftler, dass aus der gegenwärtigen wirtschaftlichen und soziologischen Situation nicht Zukunftsprognosen abzuleiten sind. Angesichts der geringen Geburtenraten in den deutschsprachigen Ländern und der damit notwendig werdenden hohen Einwanderungsrate von Menschen aus anderen Kulturen stehen gravierende Veränderungen an, es entstehen immer stärker „Parallelkulturen", denen unsere Blasmusik fremd ist.
286 Viele Details zu solcher Strategie finden sich in den „Dirigentenstaberl"-Glossen der ÖBZ, beginnend mit Juni 1999. Bis September 2010 sind insgesamt 135 Folgen diese Serie erschienen.

EHRENTAFEL

Die Funktionsträger (Geschäftsführendes Präsidium) des Steirischen Blasmusikverbandes
seit seiner Gründung im Jahr 1950

Landesobleute:
1950–1951: Alois Köberl, Gleisdorf
1951–1956: Konstantin Riemelmoser, Weiz – Graz
1956–1966: Peter Schöggl, St. Marein im Mürztal
1966–1981: Willi Konrad, Gratkorn
1981–1996: Manfred Meier, Liezen
1996–2006: Wolfgang Suppan, Graz – Pürgg
Seit 2006: Horst Wiedenhofer, Gutenberg bei Weiz

Landesobmann-Stellvertreter:
1950–1951: Hans Glonner, Wartberg im Mürztal
1951–1956: Peter Schöggl, St. Marein im Mürztal
1955–1965: Ludwig Maderthaner, Selzthal
1956–1959: Josef Lang, Gleisdorf
1959–1965: Hermann Siuka, Graz
1959–1966: Willi Konrad, Gratkorn
1965–1978: Viktor Graf, Weiz
1965–1981: Manfred Meier, Liezen
1978–1986: Karl Kleinhansl, Laßnitzhöhe
1978–1993: Franz Ressel, Mitterdorf im Mürztal
1987–1993: Siegfried Tropper, Graz
1993–1996: Gerhard Ofner, Mürzzuschlag
1993–1997: Gerhard Angerer, Feldbach
1996–1997: Franz Mesicek, Hausmannstätten
1997–2006: Siegfried Grabner, St. Magdalena am Lemberg
1997–2009: Herbert Polzhofer, Deutschfeistritz
Seit 2006: Oskar Bernhart, Groß St. Florian
Seit 2009: Alois Weitenthaler, Weißkirchen ob Judenburg

Landeskapellmeister:
1950–1955: Richard Pfluger, Gleisdorf
1955–1966: Robert Lobovsky, Feldbach
1966–1972: Hans Zettner, Bruck an der Mur
1972–1997: Rudolf Bodingbauer, Graz
Seit 1997: Philipp Fruhmann, Murau

Landesjugendreferenten:
1970–1984: Eugen Brixel, Feldbach – Graz
1984–1994: Alois Grünwald, Liezen
1994–2009: Markus Waidacher, Frohnleiten
Seit 2009: Wolfgang Jud, Bärnbach

Landesstabführer:
1975–1988: Johann Poier, Graz
Seit 1988: Erich Perner, St. Stefan im Rosental

Landesschriftführer/Geschäftsführer:
1950–1969: Alois Wilfling, Gleisdorf
1959–1965: Ernst Fleck, Gleisdorf
1965–1971: Arnold Lippitz, Kaindorf an der Sulm
1971–1990: Karl Thaler, Peggau
1990–1997: Anna Bodingbauer, Graz
1997–2009: Josef Malli, Graz
2009–2010: Anton Mauerhofer, Pöllau
Seit 2010: Peter Buchsbaum, Langenwang

Landesfinanzreferenten:
1950–1956: Josef Lang, Gleisdorf
1959–1978: Alois Wilfling, Gleisdorf
1978–1989: Siegfried Tropper, Graz
1989–1999: Felix Lesky, Graz
1999–2006: Horst Wiedenhofer
2006–2009: Alois Weitenthaler, Weißkirchen ob Judenburg
Seit 2009: Hedwig Eder, St. Michael ob Leoben

Redaktion der Zeitschrift „Blasmusik in der Steiermark":
Seit 2003: Erhard Mariacher, Miesenbach

Die Mitglieder des Landesvorstandes des Steirischen Blasmusikverbandes 1950 bis 2010

Die Geschichte des Steirischen Blasmusikverbandes wurde in den vergangenen fünfzig Jahren von den folgenden Persönlichkeiten geprägt, die zum Teil viele Jahre hindurch ein Ehrenamt im Landesvorstand ausgefüllt haben und weiter ausfüllen:

(Landesobleute im Fettdruck. Weitere wichtige Blasmusikfunktionen der Genannten sind in eckige Klammern gesetzt.)

Josef Altenburger, Rechtsreferent seit 1987
Gerhard Angerer, Landesobmann-Stv. 1993–1997
Oskar Bernhart, AKM-Referent 1987–1996, Vorstandsmitglied seit 1996, Landesobmann-Stv. seit 2006 [ÖBV-Präsident 2007/08]
Anna Bodingbauer, Schriftführer-Stv. 1984–1990, Schriftführer 1990–1997
Rudolf Bodingbauer, Landeskapellmeister 1972–1997
Ernst Bressnig, Beirat seit 1997
Eugen Brixel, Jugendreferent 1959–1977, Vorstandsmitglied 1977–1996, Pressereferent 1987–2000 [ÖBV-Bundesjugendreferent 1977–1989, ÖBV-Bundeskapellmeister 1989–2000]
Peter Buchsbaum, Schriftführer seit 2010
Wolf Chibidziura, Beirat seit 1997
Hedwig Eder, Finanzreferent-Stv. 2006–2009, Finanzreferentin seit 2009
Johann Edler, Finanzreferent-Stv. 1995–1997, Mitglied des Hildsfonds seit 2000
Hans Ehgartner, AKM-Referent 1981–1993
Michael Ehgartner, Rechtsreferent seit 1993
Ernst Fleck, Finanzreferent 1956–1959, Pressereferent 1959–1965
Philipp Fruhmann, Vorstandsmitglied 1984–1987, Landeskapellmeister-Stv. 1997–1998, Landeskapellmeister seit 1998 [ÖBV-Bundeskapellmeister-Stv. seit 2001]
Hans Glonner, Landesobmann-Stv. 1950–1951
Gottfried Götzl, Vorstandsmitglied 1966–1997
Karl Grabenweger, Jugendreferent-Stv. 1970–1981
Siegfried Grabner, Vorstandsmitglied 1990–1997, Landesobmann-Stv. 1997–2000
Viktor Graf, Landesobmann-Stv. 1965–1975
Adolf Gruber, Jugendreferent-Stv. 1971–1980

Alois Grünwald, Jugendreferent-Stv. 1981–1983, Jugendreferent 1984–1994
Karl Hackl, Beirat seit 2010
Gernot Hauswirth, Mitglied des Hilfsfonds seit 2009
Josef Hexmann, Landeskapellmeister-Stv. 1951–1953
Josef Höflechner, Vorstandsmitglied 1990–2000
Erich Hofer, Pressereferent 1959–1965
Adolf Hofrichter, Schriftführer-Stv. 1970–1981
Viktor Hohl, EDV-Referent-Stv. seit 2010
Rainer Holenia, Rechtsreferent-Stv. 1981–1984
Wolfgang Jud, Jugendrefrent-Stv. 2006–2009, Jugendreferent seit 2009
Christian Judmaier, Vorstandsmitglied 1970–1981
Hermenegild Kaindlbauer, Landesstabführer-Stv. seit 1995
Karl Kleinhansl, Pressereferent 1972–1980, Landesobmann-Stv. 1975–1986, Vorstandsmitglied 1986–1990
Franz Kniepeiss, Landesschriftführer-Stv. 1990–2000
Alois Köberl, Landesobmann 1950–1951
Franz Köck, Vorstandsmitglied 1952–1957
Willi Konrad, Landeskapellmeister-Stv. 1953–1959, Pressereferent 1959–1962, Landesobmann-Stv. 1959–1965, Landesobmann 1965–1981, Präsident 1981–2002 [langjähriges ÖBV-Präsidiumsmitglied]
Artur Krobath, AKM-Referent 1997–2003
Hannes Lackner, Vorstandsmitglied seit 1996, AKM-Referent seit 2003
Günther Lang, EDV- und Statistik-Referent 1989–2003
Josef Lang, Finanzreferent 1950–1956, Landesobmann-Stv. 1956–1959, Vorstandsmitglied 1959–1970
Sabine Latzko, s. Yildiz
Felix Lesky, Finanzreferent-Stv. 1984–1989, Finanzreferent 1989–1999
Arnold Lippitz, Schriftführer 1965–1971, Hilfsfond 1971–1980
Horst Lohr, Rechtsreferent 1965–1997
Robert Lobovsky, Landeskapellmeister-Stv. 1952–1955, Landeskapellmeister 1955–1966
Ludwig Maderthaner, Vorstandsmitglied 1952–1957, Landesobmann-Stv. 1955–1965
Sepp Maier, AKM-Referent 1996–2000
Josef Malli, Schriftführer 1997–2009
Erhard Mariacher, Landesmedienreferent/Redaktion der „Steirischen Blasmusik-Zeitschrift" seit 2003

Adolf Marold, Vorstandsmitglied, seit 1997, Pressereferent 2001, Landeskapellmeister-Stv. seit 2010

Anton Mauerhofer, Schriftführer-Stv. 2006–2009, Schriftführer 2009–2010, Landeskapellmeister-Stv. seit 2010

Herbert Mayer, Mitglied des Hilfsfond 1996–2000

Manfred Meier, Landesobmann-Stv. 1965–1981, Landesobmann 1981–1996, Landesehrenobmann 1996–2005) [ÖBV-Präsidiumsmitglied seit 1981, ÖBV-Rechtsreferent bis 1996]

Rudolf Meier, Rechtsreferent 1952–1954, Vorstandsmitglied 1954–1970

Franz Mesicek, Schriftführer-Stv. 1981–1984, Vorstandsmitglied 1984–1986, Landesobmann-Stv. 1996–1997

Franz Muhr, Landesfinanzreferent-Stv. seit 2009

Friedrich Niederl, Rechtsreferent 1954–1965, Vorstandsmitglied 1965–1981

Karl Niederl, Pressereferent 1980–1987

Gerhard Ofner, Landesobmann-Stv. 1994–1997

Johann Perl, Finanzreferent-Stv. 1990–1993

Erich Perner, Landesstabführer seit 1986

Richard Pfluger, Landeskapellmeister 1950–1955

Josef Pilz, Vorstandsmitglied seit 1997

Alfred Pirker, Vorstandsmitglied 1970–1984, Hilfsfond 1984–1996

Josef Pöttler, Jugendreferent-Stv. 1995–2000

Johann Poier, Landesstabführer 1972–1986

Herbert Polzhofer, Landesobmann-Stv. 1997–2009

Albin Prinz, Mitglied (Vorsitzender) des Hilfsfonds 2000 bis 2009

Karl Pucher, Pressereferent 1965–1970

Wolfgang Puchtler, Vorstandsmitglied 1952–1970

Hermann Rauszig, Vorstandsmitglied 1981–1983

Manfred Rechberger, Jugendreferent-Stv. seit 2010

Franz Ressel, Landesobmann-Stv. 1978–1994

Erich Riegler, EDV- und Statistik-Referent seit 2002

Konstantin Riemelmoser, Landeskapellmeister-Stv. 1950–1951, Landesobmann 1951–1956

Nadja Sabathi, Jugendreferent-Stv. seit 2009

Franz Schabl, Landeskapellmeister-Stv. 1965–1993

Peter Schöggl, Landesobmann-Stv. 1951–1956, Landesobmann 1956–1965, Landesehrenobmann 1965–1985

Dieter Schoeller, Vorstandsmitglied 1981–1984

Karl Schröcker, 1978 bis 1981

Christian Schwab, Beirat seit 2010

Hermann Siuka, Landesobmann-Stv. 1959–1965, Pressereferent 1962–1972

Walter Stark, Pressereferent 1953–1956

Christina Stern, Schriftführer-Stv. seit 2009

Wolfgang Suppan, Vorstandsmitglied 1959–1996, Landesobmann 1996–2006, Ehrenpräsident seit 2006 [im Bund Deutscher Blasmusikverbände: Vorsitzender des Jugendbeirates 1966–1991, Vorsitzender des Musikbeirates 1991–1992, Stellv. Präsident 1992–1998; Präsident der Internationalen Gesellschaft zur Erforschung und Förderung der Blasmusik (IGEB) 1974–2000; Vorstandsmitglied der World Association for Symphonic Bands and Ensembles (WASBE) 1989–1999, deren Weltpräsident 1995–1997; ÖBV-Bundesjugendreferent 1974–1977]

Johann Tauchmann, Vorstandsmitglied 1998–2010

Christian Temmel, Vorstandsmitglied 1957–1970

Karl Thaler, Schriftführer 1971–1990

Siegfried Tropper, Finanzreferent-Stv. 1970–1978, Finanzreferent 1978–1986, Landesobmann-Stv. 1986–1993

Karl Unger, Mitglied des Hilfsfonds 2003–2009

Markus Waidacher, Jugendreferent-Stv. 1991–1994, Jugendreferent 1994–2009, seit 2009 Vorsitzender des Hilfsfonds [ÖBV-Bundesjugendreferent-Stv. seit 2001]

Alois Weitenthaler, Vorstandsmitglied 1993–1998, Finanzreferent-Stv. 1998–2006, Finanzreferent 2006–2009, Landesobmann-Stellvertreter seit 2009

Horst Wiedenhofer, Finanzreferent-Stv. 1996–1998, Finanzreferent 1999–2006, Landesobmann seit 2006

Alois Wilfling, Schriftführer 1950–1959, Finanzreferent 1959–1978

Franz Wittmaier, Finanzreferent-Stv. 1981–1989

Sabine Yildiz, Landesfinanzref.-Stv. 1993–1995

Rudolf Zangl, Landeskapellmeister-Stv. 1997–2010

Hans Zettner, Landeskapellmeister-Stv. 1962–1966, Landeskapellmeister 1966–1972

Ehrenmitglieder[287]

Gottfried Götzl, 1997

Siegfried Grabner, 2003

Karl Keinhansl, 1994 (verstorben 2003)

Franz Kniepeiss, 2007

Günther Lang, 2003

---

287 Für die Vollständigkeit der Listen der Ehrenmitglieder und Ehrenringträger übernimmt der Verf. keine Gewähr, es können nur diejenigen Namen angeführt werden, die im Sekretariat des Steirischen Blasmusikverbandes erfasst sind.

Felix Lesky, 1999 (verstorben 2004)
Josef Malli, 2008
Albin Prinz, 2009
Herbert Polzhofer, 2009
Franz Ressel, 1994
Franz Schabl, 1992 (verstorben 2006)
Siegfried Tropper, 1994

Ehrenringträger (wird seit 2001 nicht mehr vergeben)
Karl Kleinhansl
Willi Konrad
Franz Ressel
Franz Schabl
Michael Schmid
Siegfried Tropper

Träger des Steirischen Panthers in Gold
(wird seit 2001 vergeben)
Oskar Bernhart, 2010
Philipp Fruhmann, 2010
Waltraud Klasnic, 2001
Herbert Polzhofer, 2004
Wolfgang Suppan, 2002
Horst Wiedenhofer, 2010

Träger des Steirischen Panthers in Silber
(wird seit 2001 vergeben)
Oskar Bernhart, 2001
Walter Brunner, 2001
Philipp Fruhmann, 2004
Peter Schachner-Blazizek, 2002
Josef Malli, 2004
Erhard Mariacher, 2005
Erich Perner, 2004
Herbert Polzhofer, 2004
Albin Prinz 2008
Erich Riegler, 2008
Leopold Schöggl, 2004
Markus Waidacher, 2004
Horst Wiedenhofer, 2004
Rudolf Zangl, 2004

Trägerinnen des Goldenen Panthers für Damen
Maria Bernhart, 2004
Monika Fruhmann, 2004
Rosemarie Polzhofer, 2004
Elfriede Suppan, 2004
Isabella Waidacher, 2005
Rosemarie Weitenthaler, 2004
Elisabeth Wiedenhofer, 2005

Trägerinnen des Silbernen Panthers für Damen
Hilde Anhofer, 2003
Rosemarie Bauer, 2003
Katharina Berger, 2008
Maria Chibidziura, 2002
Veronika Dörflinger, 2004
Elisabeth Eibisberger, 2005
Renate Fuhs, 2006
Maria Grabner, 2002
Roswitha Hauska, 2009
Auguste Jantscher, 2003
Hermine Kaindlbauer, 2004
Sieglinde Kniepeiss
Christine Koller, 2008
Johanna Krinner, 2005
Maria Lang, 2004
Heidemarie Latzko, 2005
Hermine Lindbichler, 2003
Franziska Mariacher, 2008
Barbara Mlaker, 2002
Edith Pailer, 2008
Klaudia Perner, 2004
Walpurga Pilz, 2002
Gilda Prinz, 2008
Theresia Rieger, 2003
Rosa Riegler, 2008
Christine Ringhofer, 2008
Maria Schnabl, 2003
Hedmig Schuh, 2005
Aloisia Summerer, 2008
Mathilde Unger, 2004
Emma Zisser, 2008

V. Die Musik militärischer und paramilitärischer Einheiten

Militärmusik: Grundlagen und ihre Entfaltung in Österreich bis zum Ende des Ersten Weltkrieges

Von Armin Suppan

Musik als Bestandteil militärischer Formationen hat eine zweifache Wurzel: Sie ist einmal Signalmusik, die der Übermittlung von Befehlen und Informationen sowie dem Gleichschritt der Truppe dient, und sie soll zweitens durch ihre Lautstärke den *turgor vitalis* der eigenen Truppe erhöhen und zugleich den Gegner demoralisieren, ihm Angst machen. Erst in ihrer Sekundärfunktion wird Militärmusik zur *Musik im eigentlichen Sinn*, die aufgrund ästhetischer Qualitäten sowohl innerhalb der Truppe als auch nach außen Wirkung entfaltet, wobei von der Dienst- und Zeremonial- bis zur Tanz- und Unterhaltungsmusik, ja selbst bis zum Symphoniekonzert alle Bereiche des allgemeinen Musiklebens, alle Besetzungstypen und alle musikalischen Gattungen einbezogen werden können[288].

Zur erstgenannten Primär-Funktion zählen jene auf Tuben, Hörnern, Bucinae, Luren, Holz- und Metall-Trompeten, Pfeifen geblasenen sowie auf Trommeln und Pauken geschlagenen Signale, von denen seit griechischer und römischer Zeit, dann von Tacitus in der *Germania*, später u. a. im Kriegsbuch von Dillich (1607) ausführlich berichtet wird[289].

Die zweitgenannte Primär-Funktion ist zurzeit der Kreuzzüge und mit dem Eindringen der Türken in Europa bewusst geworden: Geoffrey de Vinsauf schildert in seiner Beschreibung vom Kreuzzug Richards I. in das Heilige Land im Jahr 1188 jene „Türkischen Militär-

Abb. 142: Die Feldzeichen und Musikinstrumente der deutschen Söldnerheere des 16. Jahrhunderts, wie sie Wilhelm Dillich in seiner 1589 in Frankfurt erschienenen „Kriegsschule" darstellt. Pfeifer und Landsknecht-Trommler gehörten zu den Fußtruppen (oben), Trompeten und Pauken zu den berittenen Truppen (unten). Im zweiten Band der „Kriegsschule" kommt Dillich auf den Seiten 266–269 nochmals ausführlicher auf „Feldgeschrey" und Musikinstrumente zu sprechen.

---

288 Armin Suppan, Skizzen zu einer Geschichte der Militärmusik, in: Institutum Musices Feldkirchense. Annales 2 (1996–1997), hg. von Walter Pass, Tutzing 2001, S. 135–153.
289 G. Walser, Römische und gallische Militärmusik, in: Festschrift Arnold Gering, Bern/Stuttgart 1982, S. 231; W. Dillich, Kriegsbuch, 2 Bände, Kassel 1607; Neudruck Magstadt 1967.

musiken", deren „horrible noise" (schrecklicher Lärm) die Erde erzittern ließ, so dass die christlichen Krieger vor Angst flüchteten. Im Bericht über den Kampf um Konstantinopel wird betont, dass das Alarm-Läuten der Glocken in der Stadt vom Klang der Hörner, Trompeten und zahlreichen Schlaginstrumente der andringenden Türken übertönt worden sei[290]. Die psychologische Kriegsführung der Türken bediente sich der Musik als Waffe. Noch 1526, in der Schlacht bei Mohács/Südungarn, als das christliche Heer eine vernichtende Niederlage hinnehmen musste, befanden sich auf christlicher Seite nur Signalmusiker: die den Reitertruppen zugeordneten Trompeter und Pauker sowie die den Fußtruppen zugeordneten Pfeifer und Trommler, während auf orientalischer Seite ein „Orchester" mit zahlreichen Trompetern, Oboisten, Beckenschlägern und Trommlern den Schlachtlärm dominierte[291].

Ansätze für Sekundärformen militärischer Musik begegnen in römischen Repräsentationsmusiken, wenn etwa zum feierlichen Abschluss eines Tages vor der Unterkunft des Befehlshabers, dem *praetorium*, das sogenannte *classimum*, eine Zeremonie mit Musik gestaltet wurde[292].

Im 13. Jahrhundert begann die Herstellung verfeinerter, aus kostbarem Metall hergestellter Blasinstrumente, die zudem in kleineren (höher gestimmten) und größeren (tiefer gestimmten) Varianten zu Instrumentenfamilien sich auszuweiten begannen. So gab der deutsche Kaiser Friedrich II. (1194–1250) im Jahr 1240 in Arezzo den Auftrag, „vier tubae und eine tubecta" aus Silber herzustellen. Sie sollten mit jenem Instrument vergleichbar sein, das Dante Alighieri (1265–1321) später „trompetta" genannt hat. Doch sind während des gesamten europäischen Mittelalters eindeutige Namensgebungen im Bereich der Trompeten-, Horn-, Posaunen- und Tubenfamilien eher vage. Die Holz- und Metallblasinstrumente existierten damals in vielen Mischformen. An den kleineren Adelshöfen gingen unterschiedliche Verwendungsmöglichkeiten der frühen Bläser-Schlagzeuggruppierungen, auch des Alta-Ensembles zu zeremoniellen, unterhaltsamen (Tisch- und Tanzmusik), Jagd- und militärischen Zwecken nahtlos ineinander über. Erst zur Zeit Kaiser Maximilians I. (1459–1519) beginnt sich die Situation zu klären, zumal sich die von Hans Burgkmair gestalteten Holzschnitte aus dem ihm zu Ehren gestalteten Triumphzug als authentische ikonographische Zeugnisse mit entsprechend genauen Beschreibungen erweisen[293].

In den frühen deutschen Feldmusiken beginnt im ausgehenden 16. Jahrhundert die ebenfalls in den Burgkmair-Holzschnitten dargestellte Schalmeien-Familie zu dominieren. Die militärische Kombination von Pfeife und Trommel wird anfort als „[kleines] Feldspiel" bezeichnet, von dem sich im 19. Jahrhundert das „große Feldspiel", nämlich die Blaskapelle, abzugrenzen begann[294].

Stufen der Entwicklung sind in einzelnen literarischen und ikonographischen Zeugnissen überliefert, doch lässt sich daraus keine eindeutige Chronologie ablesen, was die Bildung regional einheitlicher militärischer Signal- und Zeremonialmusik sowie fester Ensembles betrifft. 1528 erscheinen in Cl. Jannequins Chanson *La Bataille* zwei Trompetensignale. Aus dem Jahr 1591 stammt die englische Manuskript-Sammlung *My Ladye Nevells booke* (in Privatbesitz) mit Imitationen von vermutlich damals in England gebräuchlichen Trompeten-Signalen. Die Situation in Italien bezeugen Machiavelli im *Libro della arte della guerra*, 1521, und Zarlino in *Le institutioni harmonichi 1*, 1558, wobei auch die Verwendung von Trompeten, Pauken und Flöten in der Militärmusik sowie als rhythmischer Impulsgeber für das Marschieren erläutert wird. Dänischer Provenienz sind die Niederschriften Hendrich Lübeckhs und Magnus Thomsens (um 1600) von Signalen und Spielstücken. Die Trompetenschule von C. Bendinelli (*Tutta l'arte della trombetta*, 1614, Neudruck Kassel 1975) enthält ebenso wie M. Mersennes *Harmonie universelle* (Paris

---

290 Wolfgang Suppan, Von einer Musik, die „auch feigen Seelen den Busen hebt". Historische Dokumente zur „Türkischen Musik" – und die koreanische Militärmusik „Tae-ch'it'a", in: Von der Vielfalt der musikalischen Kultur. Festschrift für Josef Kuckertz, hg. von Rüdiger Schumacher, Salzburg 1992, S. 535–544; nochmals abgedr. in: ders., Werk und Wirkung, S. 157–167. – Zur Fortführung der Tradition türkischer Militärmusik vgl. H. Sanai, Mehter Musikisti, Istanbul 1964; P. Tuglaci, Mehterhane ,den bando ,ya [Türkische Militärkapellen in Vergangenheit und Gegenwart], Istanbul 1986.
291 Man vgl. das in Budapest bewahrte Gemälde von der Schlacht bei Mohács, Abb. in: Wolfgang Suppan, Blasmusik in Baden. Geschichte und Gegenwart einer traditionsreichen Blasmusiklandschaft, Freiburg im Breisgau 1983, S. 77.
292 Günter Wille, Musica romana. Die Bedeutung der Musik im Leben der Römer, Amsterdam 1967.
293 Abbildungen u. a. bei Peter Panoff, Die Militärmusik in Geschichte und Gegenart, Berlin 1938.
294 Günter Mössmer, Funktion und Bedeutung des Feldspiels der Landsknechte zur Zeit Maximilian I., in: Musik und Tanz zur Zeit Kaisers Maximilian I., hg. von Walter Salmen, Innsbruck 1992 (Innsbrucker Beiträge zur Musikwissenschaft, Band 15), S. 47–58; Patrick Tröster, Ikonographische Belege zum Alta-Ensemble um 1500, ebda., S. 107–121.

V. Die Musik militärischer und paramilitärischer Einheiten

1636/37) Trompetensignale. Doch dabei handelt es sich jeweils um versprengte, keinesfalls charakteristische Zeugnisse. Mussten doch militärische Signale geheim bleiben; das heißt, sie wurden für spezifische Ereignisse jeweils neu vereinbart, mündlich überliefert, um nur der eigenen Truppe verständlich, dem Feind aber unverständlich zu sein[295]. Unter Kaiser Karl V. (1500–1558) kam es erstmals zur Gründung spezifischer Trompeter- und Pauker-Zünfte („Caroliner"), die Aufnahme in solche Zünfte war mit musikalischen Prüfungen und standesbedingten Vorschriften verbunden. Kaiser Ferdinand II. (1578–1637) gewährte auf dem Reichstag zu Regensburg der Zunft darüber hinaus ein Reichsprivilegium, das 1630 verbessert wurde.

Lienhart Fronsperger, bedeutender Militärtheoretiker des 16. Jahrhunderts, gibt in seinem Reglement aus dem Jahre 1555 Auskunft über die Aufgaben und Pflichten der Spielleute: *„Unter einem jeden Fähnlein Landsknechte werden mindestens zwei Spiel', also zwei Pfeifer und zwei Trommler gehalten. Sie werden gewöhnlich vom Fähnrich mit Zulassen des Hauptmanns bestellt. Die Spielleute sind verpflichtet, sich allezeit in der Nähe des Fähnrichs zu halten, damit man sie gegebenenfalls gleich bei der Hand hat. Sobald der Fähnrich mit seinem Fähnlein [Fahne] auf ist, sollen sie spielen, bis sich die Landsknechte versammelt haben. Wenn dann der Fähnrich mit dem Fähnlein dahin zieht, bleibt das eine Spiel bei dem Fähnlein [Fahne], das andere nimmt Platz zwischen den Schützen und den langen Spießen. Sind es aber drei Spiele, so hat das eine Spiel sich vor den Schützen zu halten. Auf dem Marsch sollen sie die Ordnung der Truppe aufrechterhalten. Die Trommler sind verpflichtet, die Befehle und Anordnungen des Obersten und ihres Hauptmanns allzeit mit Beflissenheit auszurichten. Wird es einem befohlen aufzuschlagen, so muss er das sofort tun und fleißig ausrufen. Deshalb ist es gut, dass die Trommler helle und verständliche Stimmen haben. Da man sie öfter auch hinausschickt, Besatzungen aufzufordern oder andere Befehle bei den Feinden auszurichten, ist es notwendig, dass sie geschickt, tapfer und redlich sind. Man muss Vertrauen zu ihnen haben, wenn man sie zu den Feinden schickt, und sie sollen da nicht mehr und nicht weniger reden, als man ihnen befohlen hat. Aber die Obersten haben ja ihr besonderes Spiel, das zu solchen wichtigen Zwecken gebraucht wird. Diesem obliegt auch das Trommelschlagen am Standort des Obersten"*[297].

Abb. 143: Uniformen österreichischer Militärmusiker um 1700 (v.l.n.r.): Trompeter eines Kürassier-Regiments, Tambour eines Dragoner-Regiments, Pfeifer eines Infanterie-Regiments[296].

Vom beginnenden 17. Jahrhundert bis zum ausgehenden 18. Jahrhundert reicht jene Übergangsphase, die zu festumrissenen militärmusikalischen „Dienstmusiken" und zu damit verbundenen Besetzungstypen führt. Diese Entwicklung ist verknüpft mit den aus den Türkenkriegen übernommenen Erfahrungen, so dass schließlich, am Ende dieser Phase, im deutschen Sprachraum der Begriff „Türkische Musik" sowohl als Kompositionstyp (*Alla turca, Türkische Märsche* u. a. bei Gluck, Haydn, Mozart[298], Beethoven[299]) wie als militärmusikalische Formation mit chorisch besetzten Holz- und Blechblasinstrumenten einschließlich des zum Teil neuen „türkischen" Perkussions-Instrumentariums (mit

---

295 Georg Duthaler, Zum Signal, in: Alta Musica 4, Tutzing 1979, S. 85–95; ders., Trommeln und Pfeifen in Basel, Basel 1985; Z. Barcy und Pál Karch, Hangászok – Hangszerek – Hangjegyek 1629–1918) [Trompeten- und Trommelsignale in der österreichisch-ungarischen Monarchie], Budapest 1985.
296 Reinholf Müller und Manfred Lachmann, Spielmann – Trompeter – Hoboist. Aus der Geschichte der deutschen Militärmusik, Berlin 1988, S. 57.
297 Lienhart Fronsperger, Reglement aus dem Jahre 1555, zitiert nach Peter Panoff, Die Militärmusik in Geschichte und Gegenwart, Berlin 1938, S. 48.
298 M. Pirker, Die Türkische Musik und Mozarts „Entführung aus dem Serail", in: Die Klangwelt Mozarts, Wien 1991, S. 133ff.
299 Ludwig van Beethoven, Türkischer Marsch, bearb. von Armin Suppan, Freiburg 1981, Schulz.

Schellenbaum = Türkischer bzw. chinesischer Hut, mit Tschinelle = Becken, mit Großer Trommel) feststeht. Formen der Feldmusiken und der Harmoniemusiken gehen damit in der sogenannten „Türkischen Musik" auf, die als die Grundlage des modernen (symphonischen) Blasorchesters angesehen werden darf[300].

Die Gründung der *Musique de la Garde républicaine* im Zusammenhang mit der Französischen Revolution 1789 in Paris veränderte die Situation schlagartig. Unter der Leitung von Bernard Sarrette war in Paris auf der Grundlage der älteren Feld- und Harmoniemusiken und unter Einschluss des neuen „türkischen" Schlaginstrumentariums innerhalb eines Jahres jenes professionelle Blasorchester entstanden, zu dessen zentralen Aufgaben es gehörte (vielmals zusammen mit Chören), die alljährlich stattfindenden Revolutions-Jubiläumsfeiern musikalisch zu umrahmen[301]. Die führenden Komponisten Frankreichs, darunter F. J. Gossec, É. Méhul, G. G. Cambini, Ch.-S. Catel, L. Cherubini, F. Devienne, F. Duvernoy, F. R. Gebauer, H. und L. E. Jadin sowie J. F. Lesuer, schrieben dafür künftig Jahr für Jahr neue Werke. An den Besetzungen und Orchestrationen dieser Revolutionsmusiken lässt sich die Entwicklung ablesen. Im Zusammenhang damit steht der Aufschwung des Blasinstrumentenbaus mit der Erfindung der Klappen- und Ventilsysteme, der es ermöglichte Flöten, Oboen, Klarinetten, Fagotte, Trompeten, Hörner, Posaunen chorisch einzusetzen, – aber auch die Einführung neuer „demokratischer" Unterrichtsmodelle, vor allem die Gründung der *École gratuite de la Garde Nationale* im Jahr 1792, aus der 1795 das *Pariser Conservatoire* hervorging, an dem die führenden Musiker der Garde républicaine als Lehrer wirkten[302]. Im Instrumentarium fehlten noch die weitmensurierten Bügelhörner (Flügelhörner) sowie die Bass-Tuben, deren Konstruktion erst in die 30er- und 40er-Jahre des 19. Jahrhunderts fällt; bis dahin erfüllte das Serpent die Bass-Stimme. Die Garde républicaine wurde so zu einem ersten Orientierungspunkt für die Militär(blas)orchester in der westlichen Welt sowie in den von der westlichen Kultur beeinflussten außereuropäischen Ländern (Nord- und Südamerika, Japan, Australien, Südafrika), und zwar auch dort, wo regionale Traditionen beibehalten wurden oder neu sich bildeten[303].

Die geschilderte Entwicklung spiegelt sich in steirischen Quellen und Instrumentenfunden, beginnend mit der Römerzeit, vor allem im Bereich der einstigen Provinzhauptstadt Flavia Solva nahe der heutigen Stadt Leibnitz gelegen (siehe oben, Kapitel I). Zusammen mit Rüstungen und Waffen werden im Landeszeughaus in Graz jene Pfeifen und Trommeln, Trompeten und Pauken aufbewahrt, die seit dem Mittelalter und bis in die zweite Hälfte des 18. Jahrhunderts herein in Friedens- und Kriegszeiten das militärische Geschehen begleiteten.

Dies lässt sich an einem jener Regimenter nachvollziehen, die mit der Steiermark in besonderer Weise verbunden sind. Kaiser Leopold I. hatte ein Jahr vor der zweiten Türkenbelagerung Wiens befohlen, neun Infanterie- und drei Kavallerieregimenter neu aufzustellen. Darunter befand sich das mit Bestallungsbrief vom 3. Februar 1682 dem Obristinhaber Ottavio Conte Nigrelli anvertraute Infanterie-Regiment. Der Sollstand des Regiments betrug 2051 Mann, jeder der zehn Kompanien gehörten sechs Spielleute an: je zwei Trommler, Pfeifer und Feldschreier. Im Jahr 1698 wurden auf Befehl des Oberkommandierenden, des Prinzen Eugen von Savoyen, acht Kompanien des Regiments Nigrelli in die Steiermark verlegt, 1700 auch die restlichen vier. Während der Friedensjahre von 1748 bis 1756 wurde das Regiment auf eine Truppenstärke von 2408 gebracht und neu uniformiert, die Stärke der Musikbande erhöhte sich auf 36 Mann. Zu einem steirischen Regiment wurden das Nigrelli-Regiment im Jahr 1766, als ihm der Grazer und (bis 1775) der deutschsprachige Teil des Marburger Kreises als Werbebezirk zugewiesen wurde, seit 1769 mit der Nr. 27 versehen[304]. Was hier von den 27ern berichtet wurde, galt auch für andere steirische Regimenter, zum Beispiel die 47er. Waren die Pfeifer und Trommler den Fußtruppen zugeordnet, so zählten Feldtrompeter und Heerpauker zu den berittenen Einheiten. Feldtrompeter standen ebenso wie die Pauker im Offiziersrang. Es

---

300 E. Harrison Powley III, Turkish Music. An Historical Study of Turkish Percussion Instruments and Their Influence on European Music, MA-Dissertation University of Rochester 1968; Bernhard Höfele, Materialien und Studien zur Geschichte der Harmoniemusik, phil. Diss. Bonn 1982; Armin Masel, Zur Geschichte der Harmonie- und Türkischen Musik im bayerischen Heer bis zum Jahre 1826, in: Mit klingendem Spiel 13, 1990, S. 185–217.
301 David Whitwell, The Principal Band Appearances in the French Revolution, in: Alta Musica 4, Tutzing 1979, S. 221–242, S. 16.
302 David Whitwell, Band Music of the French Revolution, Tutzing 1979 (Alta Musica 5); Wolfgang Suppan, 1789–1989: 200 Jahre Französische Revolution – 200 Jahre konzertantes Blasorchester, in: Das Musikinstrument 38, Heft 4, 1989, S. 96–98.
303 Dazu Grundsätzliches bei A. Kalkbrenner, Die Organisation der Militärmusikchöre aller Länder, Hannover 1884.
304 Hans Hegenbarth, Furchtlos und treu. 300 Jahre Infanterieregiment Nr. 27, Graz 1982, S. 9, 20f.

V. Die Musik militärischer und paramilitärischer Einheiten

Abb. 144: Das Infanteriespiel des Starhembergischen Regiments mit Querpfeifern, Oboisten, einem Fagottisten und einem Tambour, Graz 1728.

war ihnen nach Paragraph 10 der Ferdinandeischen Privilegien von 1630 verboten, *„bey Verlierung der Kunst mit denen Gauklern, Thürmern* [d. h. Stadtpfeifern und Turmbläsern] *oder bey den Glückshäfen und dergleichen"* zu blasen, sie wurden neben ihren musikalischen Aufgaben häufig als Boten eingesetzt, hatten Botschaften und Geheimbriefe zu überbringen, mit dem Feind Verhandlungen zu führen und andere militärische oder diplomatische Vertrauensdienste zu leisten[305]. Auf den schlanken, meist in d gestimmten Trompeten hatten sie – von den Paukern begleitet – neben Signalen auch Feldstücke, Sonaten und ähnliche Musikstücke auszuführen, wofür sie extra bezahlt wurden. Bei der Hochzeit Leopolds I. mit Erzherzogin Claudia Felicitas von Tirol (1673) kamen neben den Hoftrompetern und den Grazer Landschaftstrompetern und ihren Paukern auch die Trompeter des schmidschen Kürassier-Regiments zum Einsatz. Zu Beginn des 18. Jahrhunderts befanden sich auf dem Schlossberg nicht weniger als *„fünf Tambourspiele, darunter ein großes Spiel, das beim Schlosstor aufgestellt war"*[306].

Österreichs Militärhistoriker beginnen die neuere Militärmusikgeschichte der Donaumonarchie in der Regel 1741, mit dem Einmarsch der Truppen des slawonischen Panduren-Obersten Franz Freiherr von der Trenck in Wien, wobei eine 27 Mann starke Musikkapelle nach dem Vorbild einer Janitscharenkapelle (9 [?] Schalmeienbläser, je 4 Beckenschläger und Pauker, 10 Tamboure) die Truppe angeführt hat[307]. Ähnliche Formationen be-

---
305 Vgl. H. Federhofer, Die landschaftlichen Trompeter und Heerpauker, a. a. O., S. 86.
306 F. Popelka, Geschichte der Stadt Graz, Band 1, Graz 1928, S. 329.
307 Emil Rameis, Die österreichische Militärmusik von ihren Anfängen bis zum Jahre 1918, ergänzt und bearbeitet von Eugen Brixel, Tutzing 1976 (Alta Musica 2).

standen jedoch damals auch bei anderen Regimentern, wie bei dem der 1741 in Mailand stationierten „Hoch- und Deutschmeister". Es handelt sich jedenfalls um eine jener „Übergangs"-Besetzungen, die in zahlreichen Varianten existierten. Der o. g. neue Militärmusiktyp mit den chorisch besetzten Holz- und Blechbläsern, vor allem der Dominanz der Klarinetten, wird in den österreichischen Ländern durch verstreute Berichte seit 1800, vor allem durch einen Bericht des Hofkriegsrates an Kaiser Franz I. vom 20. September 1820 fassbar, in der auf Auswüchse hingewiesen wird, die sich auf Besetzung und Adjustierung bezogen. Das Geltungs- und Prunkbedürfnis einzelner Regimentsinhaber und deren Offiziere habe bereits zu „Musikbanden in der Stärke von 50–60 Köpfen" mit kostspieliger, jedoch „unmilitärischer" Kleidung geführt. Als Ergebnis dieses Berichtes bestimmte der Kaiser zwei Jahre später, dass der Stand der Militärkapellen bei den 43 deutschen und den 15 ungarischen Infanterie-Regimentern auf 34 Mann, die Zahl der zum Regimentsstab gehörenden Hoboisten auf 10 Mann festgesetzt sei. Die Art der Besetzung aber wurde den Regimentsinhabern und Militärkapellmeistern freigestellt. Sehr früh wurden in den österreichischen Militärkapellen Klappen- und Ventil-Blasinstrumente eingesetzt. Viele Militärkapellmeister experimentierten zusammen mit Instrumentenbauern, um die Chromatisierung der Blechblasinstrumente voran zu treiben. Aus der 1845 erschienenen „Allgemeinen Schule für die Militärmusik" (Wien 1845) wird deutlich, dass um diese Zeit die Umstellung auf Pumpventile bei Flügelhörnern, Trompeten, Waldhörnern, Posaunen (man verwendete in Österreich Ventil-, nicht Zugposaunen) vollzogen war[308].

Unter den Persönlichkeiten, die als Militärkapellmeister in der Steiermark besondere Bedeutung erlangten, steht Andreas Leonhardt (1800–1866) an erster Stelle. Den Grundstein für dieses Ansehen legte er durch die achtjährige Tätigkeit als Militärkapellmeister bei den 27ern von 1830 bis 1846. Er begleitete das Orchester in die oberitalienischen Garnisonen, nach Bologna und Modena, wo ihn die philharmonischen Gesellschaften zum Ehrenmitglied ernannten. 1851 erfolgte seine Bestellung zum Armeekapellmeister: *„Dieser wirklich kunsterfahrene und zugleich anspruchslose, feingebildete Musiker,* *der fast jeden Bauernrecruten in einen Musikvirtuosen umzuwandeln weiß, so dass der ihm anvertraute Musikchor, den wohlverdienten Ruf genießt, einer der vorzüglichsten im ganzen Kaisertum zu sein"*[309]. Der Rezensent des Grazer „Aufmerksamen" schrieb u. a. über ihn: *„Der Musik-Chor unseres vaterländischen Regiments Ritter v. Luxem, mit seinem verdienten einsichtsvollen Capellmeister Herrn Andr. Leonhardt an der Spitze, hat sich zwischen den Acten in drey eigens gewählten und einstudierten Concertstücken hören lassen. 1. Die Ouverture aus der Oper unsers vaterländischen Tonsetzers Anselm Hüttenbrenner entwickelte durch die treffliche Instrumentierung auf große Militärmusik den ganzen ernsten Charakter der Composition, und brachte durch die Posaunen- und Trompeten-Accorde einen Effect hervor, dessen man die militärische Musik kaum fähig gehalten hätte, und der mehr durch die Wirkung der Harmonie in das Gemüth, als durch die materielle Kraft in das Gehör drang. Die Trommel war nur im untergeordneten Dienste der Pauken und die große beynahe gar nicht angebracht. Wohl bekamen die in der Originalpartitur auf die schwächern Instrumente berechneten Stellen neues melodisches Leben. Stimmung und Präcision war bey diesem Chore wie gewöhnlich vortrefflich. Der Herr Capellmeister hat sich mit dieser Bearbeitung Beyfall und Ehre errungen. 2. Die Variationen auf das beliebte Thema aus Mozarts Oper Don Juan: Reich mir die Hand, mein Leben, eigens von Herrn Capellmeister componirt, sprachen durch Neuheit der Idee, durch originelle Zusammenstellung der Instrumente, durch überraschende Wendungen, durch Geschmack und Energie so vortheilhaft an, daß das vergnügte Publikum ihre Wiederholung verlangte. 3. Das große Männer-Duett aus den Puritanern von Bellini, mit dem Leben der italienischen Muse vorgetragen, musste mit seinem effectvollen Schlusse wiederholt werden. Obgleich das verehrte Publikum diesen Musikchor im vorigen Jahre in zwey großen theatralischen Vorstellungen hörte, und bey so vielen militärischen Bewegungen, Feyerlichkeiten und andern Anlässen wieder vernahm, so fand es sich bey dieser Production doch abermahls äußerst zahlreich ein, um die aus lauter Steyerern bestehende ausgezeichnete Capelle zu begrüßen, und ihrem achtungswürdigen Meister und Lehrer Leonhardt, der sich so verdienstlich ihre Aufnahme und Ehre an das Herz legt, Achtung und*

---

308 Interessante Hinweise auf die Besetzungen ergeben sich auch aus der anonym erschienenen Sammlung „Historische Märsche und sonstige Compositionen für das kaiserliche und königlichen Heer", Wien 1895; R. von Ottenfeld – W. Teuber, Die österreichische Armee von 1700–1867, Wien 1885, S. 705; Artikel „Türkische Musik", in: ÖML 5, 2006, S. 2464–2466.
309 Die Wacht an der Donau, 4. Mai 1842.

V. Die Musik militärischer und paramilitärischer Einheiten

Abb. 145: Als Kaiser Ferdinand I. am 24. Oktober 1838 in Leoben einzog, säumten Bergleute und Bürgergarde in Habtachtstellung die Straße, im Vordergrund die Honoratioren der Stadt und Bürger, Mitte links gut erkennbar die Musikkapelle in beachtlicher Stärke – mit dem im Hintergrund unter dem Eck-Erker des Hauses gut erkennbaren Türkischen Schellenbaum. Der Tambour-Major hält den Stock hoch. – Gouache von J. M. Tendler.

Wohlwollen zu bezeugen. Abermahls hat sich der Herr Capellmeister und sein braver Musik-Chor aus Edelmuth unentgeltlich für dieses wohlthätige Fest verwendet, in welchem Genie und Kunst mit so vielem Beyfalle geehrt, der Zweck mit einer so reichlichen Einnahme für die Armen gesegnet worden ist, und das edelherzige Publikum sich so sinnvoll für das Schöne, und so großmütig und liebreich für die Förderung edler Zwecke bewährt hat".

Als Erzherzog Johann Anfang Dezember 1837 von der „großen, unter dem sichtbaren Schutz der göttlichen Vorsehung glücklich überstandenen" Orientreise zurückkehrte[310], komponierte Leonhardt für ihn eine weihevolle Festmusik, die von der Musikkapelle des bewaffneten Grazer Bürger-Korps uraufgeführt wurde. Anlässlich der feierlichen Enthüllung des *Kaiser-Franz-Monuments* im August des Jahres 1841 entstand Leonhardts *Fest-Ouvertüre*.

1843 und 1844 inszenierte Leonhardt romantisch-historisierende Schauspiele, wobei zunächst ein Herold mit zehn Trompetern, acht Knappen und einem Pauker den anwesenden Honoratioren die Programme zu überrei-

---

310 P. Baldauf, Geschichte der merkwürdigsten Begebenheiten in der landesfürstlichen Provinzial-Hauptstadt Grätz in Steiermark mit besonderer Beziehung auf das uniformierte und militärisch organisierte Bürger-Corps, Graz 1843, S. 220.

chen hatte, worauf ein weiterer Herold, drei Pauker, 38 Trompeter, acht Bannerträger und 26 je zur Hälfte als griechische und deutsche Krieger kostümierte Soldaten unter den Klängen Leonhardtscher Musik einzogen. Dem Einzug folgte eine von acht Reitern ausgeführte Quadrille, eine Zaracole von drei, eine Quadrille von 16, ein Kopf Carousel von zehn und noch eine Quadrille von 16 Reitern. Daran reihte sich ein Waffentanz von sechs Herren und eine Quadrille aller Mitwirkenden. Mit einem festlichen Auszug aller 79 mitwirkenden Reiter endete das „Carousel". Über die Inszenierung des Jahres 1844 berichtete die Grazer Zeitschrift „Stiria": *„Hier darf auch die orientalische Musik für die Griechen- und Damen-Quadrille, beide zum Zwecke dieses Festes componiert vom Musikdirector des löbl. k. k. Infanterie-Regimentes Paron Piret, Hrn. Leonhardt, nicht unerwähnt bleiben, so wie der vom Musikchor des Infanterie-Regimentes Baron Piret und dem Trompetenchore des Chevauxlegers Regiments Fürst Windischgrätz am Schlusse aufgeführte große Marsch nach Motiven der Oper ‚I Lombardi' durch das präzise Ineinandergreifen und die mächtige Gewalt der Töne eine große, seltene Wirkung hervorbrachte. Bearbeitet ist dieser Marsch zu dessen öffentlicher Aufführung bald wieder eine Gelegenheit gesucht werden möge, vom Herrn Leonhardt"*[311].

Als Höhepunkt des Wirkens von Leonhardt in Graz bezeichnet Eugen Brixel den am 27. Mai 1843 veranstalteten *Großen militärischen Zapfenstreich*, der alle damals in Graz stationierten Regimentskapellen unter Leonhardts Leitung vereinigte. *„Rückblickend möchte man diese spektakuläre Veranstaltung als Generalprobe zu jener großartigen Monsterveranstaltung des Jahres 1853 ansehen, bei der Leonhardt im Rahmen der Olmützer Kaisermanöver Furore machte. Während Leonhardt 1853 in Olmütz, inzwischen zum Armeekapellmeister avanciert, eintausendzweihundert Musiker dirigierte, waren es 1843 in Graz zweitausend Musiker und siebzig Tamboure, die sich zu einem bis dahin in der steirischen Landeshauptstadt wohl noch nicht dagewesenen Monsterkonzert vereinigten. Erstmals fand in dieser Grazer militärischen Großveranstaltung Leonhardts Hang und Talent zur effektvollen militärisch-musikalischen Repräsentation seinen besonderen Niederschlag"*[312]. Diesmal berichtet die „Stiria"[313]:

„Zur Feier der Anwesenheit Sr. Durchlaucht des Herrn Alfred Fürsten von Windischgrätz, k. k. wirkl. geheimen Raths, General-Feldmarschall-Lieutenants, Commandirenden in Böhmen etc., Hochwelcher am 24. v. M. hierorts eingetroffen war, und Dem zu Ehren die hiesige löbl. k. k. Garnison, und insbesondere das löbl. k. k. Fürst Windischgrätz Chevaux-Legers-Regiment ausgezeichnete militärische Manövers und Paraden executirte, fand am 27. d. M. am Platze vor dem Burgthore gegen das Glacis während der glänzenden Soirée bei Sr. Excellenz dem Herrn Landesgouverneur Mathias Const. Grafen von Wickenburg eine große musikalische Production Statt, welche von den fünf Musickchören der Infanterie-Regimenter Baron Piret und König Wilhelm, des Chevaux-Legers-Regiments Fürst Windischgrätz, des vierten Artillerie-Regiments und des Grenadier-Bataillons von Füller, unter der Leitung des Herrn Leonhardt, Musikdirectors der Capelle des Infanterie-Regiments Baron Piret, ausgeführt wurde. Es waren demnach nahe an 200 Musiker, nebst allen in Grätz verfügbaren Tambours (70 an der Zahl). Sehr brillant hatte sich schon der Anmarsch gemacht, besonders für Jene, welche im Wintergarten der Burg und im Burggarten selbst sich befanden. Eine große Anzahl von Flambeaus umgab den bedeutenden Musik-Körper, dem drei große Trommeln und Teller sammt 6 kleinen Trommeln vorangingen. Bei der Burg angelangt, nahmen die 100 Musiker ihren Platz an den schon früher aufgestellten Pulten und führten die Ouverture Militaire vom Herrn Musikdirektor Leonhardt aus, welche durch ihren Charakter, so wie ihren Mittelsatz (wo die Tambours ganz pianissimo den Marsch beginnen, dann die Musik einfällt und bis zum fortissimo sich steigert), allgemeines Interesse erregte. Die Ausführung war äußerst praecis, die Stimmung vortrefflich. Diesem folgte die Bassarie Sammt Chor aus der Oper: ‚Nabucodonosor', von Verdi, welche so gut gefiel, dass von den höchsten und hohen Herrschaften die Repetition verlangt wurde. Der Solo-Part wurde von dem Hautboisten Sölchs des Baron Piret Infanterie-Regiments sehr gut vorgetragen. Besondere Wirkung machte in diesem Stücke auch die Caval-

---

311 Stiria, 23. März 1844. – Grundsätzliches zu den folgenden Absätzen: Eugen Brixel (mit Martin und Pils), Das ist Österreichs Militärmusik, Graz 1982; dazu: Pál Karch, Ergänzungen und Berichtigungen zu den bisher veröffentlichten Verzeichnissen über die Militärmusik in der Donaumonarchie, die ungarische Reichshälfte betreffend, in: Pannonische Arbeitsberichte 1, 1990–1994, S. 130–174 und 277–350. Weitere Literatur zur Militärmusik in: Wolfgang Suppan, Blasmusikforschung seit 1966. Eine Bibliographie, Tutzing 2003, S. 41–50, sowie in den Alta Musica-Bänden.
312 Eugen Brixel, Militärmusik, in: ders. und Wolfgang Suppan, Das große steirische Blasmusikbuch, Wien u. a. 1981, S. 46f.
313 Stiria, 8. Juni 1843, S. 271f.

Abb. 146: Partitur des „Jung-Österreich-Marsches" von Armeekapellmeister Andreas Leonhardt, ein Festmarsch, komponiert zur Enthüllung des Standbildes der Kaiserin und Königin Maria Theresia in der Theresianischen Militär-Akademie in Wiener Neustadt, 1862, zugewiesen den k. u. k. Militär-Erziehungs- und Bildungsanstalten, aus: Historische Märsche und sonstige Compositionen für das kaiserliche und königliche Heer. Instrumentiert für vollständige Militär-Musik. Vom k. u. k. Reichs-Kriegs-Ministerium autorisierte Ausgabe, Wien 1895, S. 306. Die Partituren dieser berühmten Sammlung ermöglichen Einblick in die Instrumentationstechnik und Besetzung der Militärorchester der Donaumonarchie.

lerie- und Grenadier-Musik, welche den Chor vorstellte. Die Instrumentirung war so gehalten, dass die Trompeten-Harmonien kein Uebergewicht erlangen konnten. – Hierauf wurden die von dem hingeschiedenen Lanner componirten Walzer: ‚Die Troubadours', besonders im Finale, wo die Trompeten und Posaunen eine besondere Melodie ausführen, mit vielem Effecte executirt. – Nach diesen folgte ein vom Herrn Leonhardt componirter Festmarsch mit Introduction und Finale, wobei sämmtliche 70 Tambours agirten. Von herrlicher Wirkung war der von dieser bedeutenden Anzahl Tambours ausgeführte Wirbel, welcher mit dem leisesten Piano begann und bis zum größtem Fortissimo sich steigerte, bis dann ein voller Accord von 200 Instrumenten, 3 großen Trommeln und Cinellen erfolgte, welcher so präcis eintrat, dass er allgemeines Erstaunen erregte. Diese Composition sprach durch ihren Charakter und ihre Neuheit vorzüglich an. – Hierauf formirte sich der Musikkörper zum Abmarsch durch das Burgthor auf den Hauptwachplatz, wobei der Effect dieser Masse von Instrumenten, besonders über den Theaterplatz, äußerst überraschend war. Die sämmtlichen Herren Capellmeister mit ihren unterstehenden Musikchören waren für dieses Musikfest vom besten Geiste beseelt, weßhalb wir diese Anerkennung öffentlich auszusprechen um so mehr aufgefordert sind, als vielleicht 12.000 Menschen vergnügte Zeugen waren."*

All dies führte dazu, dass der Musikverein für Steiermark Leonhardt für die Jahre 1841 und 1842 – neben seiner Militärkapellmeister-Tätigkeit – zum „artistischen Direktor" berief. 1846 bis 1851 lebte er als „Privatlehrer und Compositeur" in Graz. 1851 bis 1862 reformierte er als Armeekapellmeister in Wien das österreichische Militärmusikwesen[314].

Auf Leonhardt folgte als Kapellmeister im Infanterie-Regiment Nr. 27 Johann Gungl. Er begleitete 1847 das Regiment Baron Piret (Nr. 27) nach Italien, von wo er nicht mehr nach Graz zurückkehrte.

Vier Jahre zuvor, im April 1843, hatte bereits Joseph Gungl, der seit Mitte der dreißiger Jahre an der Spitze der Musikkapelle des 4. Artillerie-Regiments gestanden war, Graz verlassen. Man nannte ihn hier den „Grazer Strauß". Hier komponierte er u. a. die *Mur-Lieder ohne Worte* (op. 28), die *Grätzer Polka* sowie die Märsche *Steirers Heimweh* und *Grätzer Colosseum-Marsch*, in späteren Jahren folgte der Walzer *Erinnerung an Graz*[315]. Statt der 27er kamen die 43er nach Graz, dirigiert von Franz Haniel (* 1810), später die 13er, die 14er, die 22er und die 57er. Doch erst die Regimentsmusik des 5. Ulanen-Regiments unter der Leitung von Ignaz Hajek (1830–1902) vermochte die Grazer wieder kurzfristig für Militärmusik zu begeistern.

Dafür trat Marburg stärker in den Vordergrund, als dort – von Kärnten kommend – das Infanterie-Regiment Nr. 14, die „Hessen", Einzug hielt. Die Regimentsmusik stand unter der Leitung eines der berühmtesten altösterreichischen Militärkapellmeister, nämlich Philipp Fahrbach sen. Er hatte zuvor beim Wiener Hausregiment Hoch- und Deutschmeister (Nr. 4) die Musik dirigiert, ehe er 1856 die Leitung der Regimentsmusik im Infanterie-Regiment Nr. 14 übernahm: Einer der *„beliebtesten und besten österreichischen Militärkapellmeister"*, der sich *„besondere Verdienste um die Erhaltung und Hebung des Niveaus der Militärkapellen"* erworben hatte[316].

„In Marburg entfaltete Philipp Fahrbach eine rege kompositorische Tätigkeit und sorgte an der Spitze seiner Regimentskapelle für eine deutliche Belebung der musikalischen Szenerie dieser zweitgrößten steirischen Stadt. Von Marburg aus konzertierte Fahrbachs Regimentskapelle in Graz, bestritt Kurkonzerte in Bad Rohitsch-Sauerbrunn und begleitete mit seinem Militärorchester namhafte Solisten wie die Klaviervirtuosen Julius Eppstein und Stefan Fay. Fahrbachs Marburger Wirken war allerdings nur von kurzer Dauer; denn schon im September 1860 verließ, nach halbjährigem Aufenthalt, das Hessen-Regiment Marburg wieder und zog unter dem Jubel der Bevölkerung in Cilli ein, der südlichsten deutschen Stadt im slawischen Unterland"[317]. In Cilli führte er sich mit Walzer *Musik-Telegramme aus Cilli* ein. Fahrbachs Biograph Max Singer berichtet darüber: *„In und außer der Kirche hatte die Musik einen glanzvollen Tag. Fahrbachs ‚Fahnenweihe-Marsch' und ein Regimentslied des Hauptmann Julius Ebersberg, von Fahrbach vertont und von der*

---

314 Suppan, Stmk./2, S. 420.
315 Ebda., S. 244f., mit weiterführender Literatur.
316 A. Orel, Art. „Fahrbach", in: MGG/1; neu bearbeitet von Marion Linhardt, in: MGG/2.
317 M. Singer, Alt-Wiener Erinnerungen, Wien 1935, S. 113.

V. Die Musik militärischer und paramilitärischer Einheiten

Abb. 147: Noch bis in die Schlacht bei Königgrätz, 1866, spielten Altösterreichs Militärkapellen die Soldaten in die Schlacht, d. h. sie marschierten zusammen mit dem Fähnrich in der ersten Linie, – und boten dem Gegener damit ein besonders gutes Ziel. – Auf unserem Bild gibt Matthias Paulin, Hornist des (steirischen) 9. Feldjäger-Bataillons in der Schlacht von Solferino, 1859, das Zeichen zum Angriff. Die Signale der Trompete wurden erstens als „Sprache" verstanden, zweitens sollten sie den „turgor vitalis", den Angriffsgeist wecken und anfeuern[318].

Mannschaft vorgetragen, fanden besonderen Beifall. Ein Offiziersball beschloss die Feier. Auch zu den Jahrestagen von Magenta und Solferino fanden militärische Feierlichkeiten statt. Von nationalen Spannungen war in dem schönen Sanntal, in dem der Wein und die Edelkastanien gediehen, noch nichts zu merken. Die deutschen Bürger vertrugen sich aufs beste mit den slawischen Bauern und diese friedliche Stimmung spiegelt sich auch in Fahrbachs Untersteyrer-Polka (op. 244) und der Slowenen-Polka (ohne Opus)"[319].

Schließlich gelang es doch, die 14er nach Graz „zu übersiedeln", wo Fahrbach am 24. Mai 1862 sein Einstandskonzert in Fabians Bräuhausgarten im Münzgraben dirigierte, vom Publikum begeistert gefeiert. Hier komponierte Fahrbach u. a. die Polka française *Lasset die Kleinen zu mir kommen* (op. 245), der Witwe Erzherzog Johanns, Anna Gräfin von Meran, gewidmet, die Polka *Elektrische Funken* (op. 252), das Potpourri *Ein Tag in Graz*, den Walzer *Tanz-Novellen* (op. 249) und den *Willkomm-Marsch*. Im März 1863 endeten die Grazer Jahre der „Hessen" und damit auch die von Fahrbach, das Regiment kehrte nach Wien zurück. Den Grazern hinterließ er den *Grazer Abschiedsmarsch* sowie die *Polka Vergissmeinnicht* (op. 14). Die Lücke, die die 14er hinterlassen hatten, sollten die von Marburg kommenden 47er schließen, die seit 1857 Victorin Hallmayer (1831–1872) dirigierte. Sie blieben bis 1865 in Graz.

Doch die Regimenter und ihre Musikkapellen wechselten in den folgenden Jahrzehnten häufig die Garnisonen, manche Regimentsmusik durfte nur ein Jahr in

---

318 Österreichs Hort. Geschichts- und Kulturbilder aus den Habsburgischen Erbländern, Band 2, Wien 1908, S. 389.
319 Ebda., S. 117.

Abb. 148: Die Militärkapelle des Infanterie-Regiments „König der Belgier" Nr. 27 in Graz unter der Leitung von Kapellmeister Anton Gretsch, Aufnahme aus dem Jahr 1886.

Graz bleiben, wie z. B. die Regimentsmusik des Ödenburger Infanterie-Regiments Nr. 76 unter der Leitung von Kapellmeister Anton Rosenkranz (1827–1888). Über ein Konzert dieses Orchesters im Merangarten im Jahr 1881 schrieb die Grazer Tagespost: *„Vorzügliches leistete unter ihrem tüchtigen Capellmeister Herrn Rosenkranz die Regimentscapelle Freiherr von Knebel, die ein gut gewähltes Programm tadellos exekutierte"*[320]. Schließlich lebte die militärmusikalische Szene in Graz von der Mitte der achtziger Jahre des 19. Jahrhunderts bis zum Ende der Donaumonarchie von sechs Regimentern: den Infanterie-Regimentern Nr. 7, Nr. 27, Nr. 37, Nr. 47, Nr. 87, dem bosnisch-herzegowinischen Infanterie-Regiment Nr. 2.

Es waren vor allem die 47er, die schließlich das Grazer Musikleben bestimmten, und zwar mit ihrem Kapellmeister Joseph Franz Wagner (1856–1908), den man auch den österreichischen Marschkönig nannte. Mit der Steiermark verbunden blieb bis heute der *47er-Regimentsmarsch*, gleichsam eine zweite Landeshymne. Vergessen sind dagegen seine nicht minder melodiösen und rhythmisch packenden Kompositionen: Der *Erzherzog-Johann-Jodler-Marsch*, der Marsch *Steirer Dirndln*, der *Litschauer-Marsch*, der *Hartung-Marsch*, das Potpourri *Grazer Fensterpromenade*, das *Konzert für Flöte nach Seydlers Dachsteinlied*, der Walzer *Grazer Madln* oder das Lied *Einen schönen Gruß aus Graz*. Doch schon 1895 folgte die nächste Verlegung der 47er, und zwar nach Görz. Dafür kam das 2. bosnisch-herzegowinische Infanterie-Regiment nach Graz, dirigiert von dem gebürtigen Grazer und einstigen Kapellmeister des uniformierten Grazer Bürger-Korps Eduard Wagnes. Mit dem Marsch *Die Bosniaken kommen* zog er in Graz ein und hatte sofort alle Sympathien der Grazer auf seiner Seite.

---

320 Grazer Tagespost, 30. August 1881.

V. Die Musik militärischer und paramilitärischer Einheiten

Abb. 149: Die Militärkapelle des Infanterie-Regiments Nr. 47 in Graz unter der Leitung von Kapellmeister Johann Hunger, 1912.

Österreichs Militärmusik seit 1918

1918 setzte dem blühenden Militärmusikwesen der Donaumonarchie, das alle Schichten der Bevölkerung anzusprechen und damit kulturell zu vereinen vermochte, ein Ende. Nur langsam erholte sich die Republik „Deutsch-Österreich" von diesem Schock, und es dauerte einige Jahre, ehe wieder Militärmusik erklingen konnte. In den Bezirken wurden sogenannte Volkswehrbataillone errichtet. Zum provisorischen Leiter der damit verbundenen Volkswehrmusiken wurde der ehemalige Kapellmeister im Infanterie-Regiment Nr. 76, Ferdinand Schubert, bestellt. 1919 kam es zur Gründung einer Grazer Garnisonsmusik, deren Leitung Eduard Wagnes übernahm. 1920 begann die Neustrukturierung eines Bundesheeres und der damit verbundenen Militärmusik. In Graz wurde das Steirische Alpenjägerregiment Nr. 9 „Feldmarschall Daun" stationiert, in Leoben das Steirische Alpenjägerregiment Nr. 10 „Feldmarschall Conrad von Hötzendorf" sowie das Steirische Alpenrejägerregiment Nr. 11 „Feldmarschall Gideon von Laudon". Die Grazer Garnisonsmusik wurde aufgelöst, die Musiker zum Teil in die neu gegründeten Regimentskapellen übernommen. Eduard Wagnes trat in den Ruhestand und zog sich in sein Heim in Gams ob Frauental zurück[321].

Die musikalische Leitung der 9er hatten in der Folgezeit inne: Anton Zanetti (1924–1927), Anton Bernauer (1927–1928), Leo Jarosch (1928–1938), die der 10er: Friedrich Pilz (1924–1938), die der 11er: Alfred Janauschek (1936–1938). Durchaus aufmunternd reagierte die Presse nach einem von Pilz dirigierten Beethoven-Konzert der Musikkapelle des Alpenjäger-Regiments Nr. 10 am 27. März 1931: *„Eine Militärkapelle, die sich an Beethoven heranwagt, beweist schon dadurch ihre künst-*

---

[321] Anton Othmar Sollfelner, Die Österreichische Militärmusik in der 1. Republik 1918–1938. Ihr Werden und Wesen im Hinblick auf ihre kulturelle und gesellschaftspolitische Bedeutung, Mag.-art.-Diplomarbeit Musikhochschule Wien, 1985.

Abb. 150, 151: Beim Alpenjäger-Bataillon III/9 in der Kaserne in Straß leitete Kapellmeister Hopfer die Militärmusik. Die beiden Bilder wurden 1923 aufgenommen, in der ersten Reihe ganz rechts mit dem Bassflügelhorn Emil Suppan, der Vater des Verfassers dieses Buches.

V. Die Musik militärischer und paramilitärischer Einheiten

Abb. 152: Die Militärmusik Steiermark unter der Leitung von Rudolf Bodingbauer vor dem Grazer Stadtparkbrunnen im Jahr 1985.

lerische Mission. Unter der vornehmen Stabführung des Kapellmeisters Pilz ist das Wagnis überraschend gut gelungen. Das gewaltige Werk [Beethovens 5. Sinfonie] *wurde mit so viel Sorgfalt und rhythmischer Präzision vorgetragen, dass auch bei strenger künstlerischer Forderung wenig zu wünschen übrig blieb. Die Kapelle verfügt über eine ausgezeichnete Bläserschar [...] Der Beethovenabend der Alpenjägermusik Nr. 10 machte einen vorzüglichen Eindruck, er bewies, dass die durch viele Jahre totgesagte österreichische Militärmusik mitten in einer machtvollen Renaissance steht, von der sich für die Zukunft das Allergünstigste erwarten lässt"*[322]. In Leoben wurde 1935 Alfred Janauschek mit dem Aufbau und mit der Organisation einer Regimentsmusik im Alpenjäger-Regiment Nr. 11 betraut und am 1. April 1936 zu deren Kapellmeister ernannt. – In einzelnen Kasernen, wie z. B. beim Alpenjäger-Bataillon III/9 in Straß, bestanden eigene Militärmusikkapellen.

1939 erfolgte die Überleitung der österreichischen Militärkapellen in die Deutsche Wehrmacht. Janauschek übernahm als Musikmeister die Leitung der Regimentsmusik im Gebirgsjäger-Regiment Nr. 138, Friedrich Pilz hingegen wurde als Stabsmusikmeister mit der Leitung der Luftwaffenmusik in der Kaserne Graz-Thalerhof betraut[323].

Die Wirren des Zweiten Weltkrieges stellten sich der weiteren Entfaltung der Militärmusik in den Weg. Auch im ersten Nachkriegsjahrzehnt galten die Interessen im wiedererstandenen Österreich zunächst anderen Aufgaben als der Fortentwicklung österreichischer Militärmusiktradition. Erst als (die 2. Republik) Österreich im Jahr 1955 mit dem Abschluss des österreichischen Staatsvertrages ihre Freiheit wieder erlangt hatte, konnte auch die österreichische Militärmusik neu erstehen. Die Militär-

---

322 Grazer Tagespost, 29. März 1931.
323 Die Musikkapellen der Luftwaffe nahmen im Dritten Reich eine besondere musikalisch-künstlerische Position ein, vgl. darüber Hans Felix Husadel. Werk – Wirken – Wirkung, hg. von Michael Schramm, Bonn 2006 (Militärmusik im Diskurs. Eine Schriftenreihe des Militärmusikdienstes der Bundeswehr, Band 1).

Abb. 153: Die Militärmusik Steiermark unter der Leitung von Hannes Lackner beim Einmarsch in die Stadt Oberwölz, 2007.

musik Steiermark ging aus dem von Peter Zorn geleiteten Blasorchester der B-Gendarmerie hervor[324].

Sie fand in Alfred Janauschek (1899–1957) ihren ersten Dirigenten. Nachdem Janauschek im September 1956 seine Position als Militärkapellmeister des steirischen Feldjäger-Bataillons Nr. 17 angetreten hatte, konnte er sich nur noch kurze Zeit dieses neuen, Erfolg versprechenden Aufbaues erfreuen: Bereits ein halbes Jahr später verstarb er. Für wenige Monate leitete danach Karl Mantsch (* 1918 im steirischen Voitsberg, † 1967) die Militärmusik Steiermark, bis aus einer Vielzahl von Bewerbern Alois Krall (* 1903 in Graz, † 1974) als neuer Kapellmeister der steirischen Militärmusik ausgewählt wurde. Zwölf Jahre hindurch stand Alois Krall erfolgreich an der Spitze der Militärmusik Steiermark, bis ihn – Ende des Jahres 1969 – Rudolf Bodingbauer (* 1937 in Zell bei Zellhof, Oberösterreich) in dieser Funktion ablöste[325]. 1995 folgte diesem Hannes Lackner (* 1961 in Graz)[326].

---

324 Fotos der B-Gendarmerie finden sich – zusammen mit weiteren interessanten Bildern aus dem steirischen Militärmusikbereich – in dem Buch von Hannes Lackner, Die Militärmusik in der Steiermark. Eine Chronik, Graz 2003 (Privatdruck).
325 Rudolf Bodingbauer, Materialien zur Geschichte der Militärmusik in der Steiermark 1918–1938, Mag.-art.-Diplomarbeit KUG, Institut für Musikethnologie 1985, u. a. mit Interviews mit Emil Wallner, Frau Jarosch, Franz Trummer und Hans Pfleger.
326 Eugen Brixel, Kulturfaktor Militärmusik – Leitbild und Wegbereiter der zivilen Blasmusik in Österreich, in: ÖMZ 52, 1997, Heft 7, S. 16–23; Adolf Obendrauf, Die Militärmusik Steiermark und ihre Vorläufer seit dem 16. Jahrhundert, Mag.-art.-Diplomarbeit, Universität für Musik und Darstellende Kunst in Graz, Institut für Musikethnologie 2007.

V. Die Musik militärischer und paramilitärischer Einheiten

Abb. 154: Zusammenziehung der österreichischen Militärkapellen 2008. In der UPC-Arena in Graz haben die Militärkapellen zusammen mit zivilen Kapellen Aufstellung genommen.

Erwähnenswert ist in diesem Zusammenhang zudem, dass folgende Steirer die Militärmusik der Zweiten Republik entscheidend mitgeprägt haben[327]: (1) Anton Othmar Sollfelner (*1935 in Gaal in der Steiermark), seit 1968 Militärkapellmeister in Kärnten, 1979 bis 1994 Armeemusikchef in Wien[328]. (2) Hans Schadenbauer (*1937 in Maria Lankowitz in der Steiermark), 1971 bis 1975 Kapellmeister der Militärmusik des Militärkommandos Burgenland, danach bis 2002 Gardekapellmeister in Wien. (3) Adolf Plank (*1938 in St. Dionysen bei Bruck an der Mur), 1973/74 Kapellmeister der Militärmusik in Niederösterreich. (4) Rudolf Schrumpf (*1939 in St. Lorenzen im Mürztal), 1974 zum Kapellmeister der Militärmusik Niederösterreich bestellt, 1978 bis 2003 Militärkapellmeister im Burgenland. (5) Josef Spirk (*1946 in Mühldorf bei Feldbach), 1976 mit der Leitung der Militärmusik des Militärkommandos Salzburg betraut, 1995 bis 2006 Heeresmusikchef in Wien. (6) Sigismund Seidl (*1950 in Neumarkt in der Steiermark), 1978 bis 1980 Dirigent der Militärmusik Niederösterreich, seither Militärkapellmeister in Kärnten.

Als geprüfter Militärkapellmeister wirkte Eugen Brixel in hervorragender Weise für die Entwicklung der Ama-

---

327 Anton O. Sollfelner und Christian Glanz, Die österreichische Militärmusik in der II. Republik 1955–2000, Graz 2000.
328 Klaus Mühlthaler, Prof. Mag. Anton O. Sollfelner. Armeekapellmeister und Komponist, Mag.-art.-Diplomarbeit, Universität für Musik und Darstellende Kunst in Graz, Institut für Musikethnologie 2007.

teurblasmusik in der Steiermark, sowohl als Musikschuldirektor und Stadtkapellmeister im oststeirischen Feldbach wie als Professor an der Grazer Musikhochschule/Kunst-Universität und am Johann-Joseph-Fux-Konservatorium des Landes Steiermark, zudem in den Präsidien des Steirischen und als Bundeskapellmeister des Österreichischen Blasmusikverbandes. Schließlich absolvierte Armin Suppan 1999 die österreichische Militärkapellmeisterprüfung, um noch im selben Jahr in den Lehrkörper des Johann-Joseph-Fux-Konservatoriums einzutreten, dort die Blasmusikabteilung zu leiten und das Blasmusik-Informations-Zentrum (BLIZ) einzurichten[329].

„Das k. k. priv. bewaffnete Bürger-Corps in Graz"[330]

Blenden wir nochmals zurück zur Wende vom 18. zum 19. Jahrhundert. Damals entstanden in Graz und in einer Reihe von steirischen Städten Bürgerkorps, die in Kriegs- oder Krisenzeiten für Sicherheit und Ordnung sorgen sollten, die aber auch im Rahmen des städtischen Zeremoniells, „bei festlichen Ein- und Aufzügen in vollem Waffenschmucke, unter der entfalteten Stadtfahne" sowie mit klingendem Spiel zur Stelle waren. Richard Seebacher, Mohrenwirt und Bierbrauer in der Murvorstadt, schloss dem 1765 „frei aufgerichtetem bürgerlichen Jäger-Corps" zu Graz eine „Hautboistenbande" nach dem Vorbild der damaligen Militärkapellen an. Um 1800 wird erstmals ein Kapellmeister genannt, nämlich Josef Gfremdtner, der die Harmoniemusik, bestehend aus acht Hautboisten, sowie eine Gruppe von acht weiteren Spielleuten leitete. Als Trompeter bei der Cavallerie-Abteilung des Grazer Bürger-Korps wirkten Franz Ellmauer und Joseph Hartl. Die Grenadier-Abteilung verfügte über einen eigenen Kapellmeister, nämlich Johann Hickl, und die namentlich genannten Spielleute: Anton Habran, Joseph Weigand, Anton Martin, Franz Böhm, Heinrich Stemnitzer, Johann Walter, Joseph Humpel und Paul Rungalthier[331]. Hickls Nachfolger wurde Joseph Teiringer, zugleich Regens chori und Organist der Grazer Mariahilfer Kirche.

Um 1821 wurde es still um das Grazer Bürgerkorps. Als es jedoch 1830 zu einer Art Neugründung kam, begegnen wir da einem der bedeutendsten Musiker der ersten Hälfte des 19. Jahrhunderts, nämlich Anselm Hüttenbrenner (1794–1868), als „Musikinspektor und Oberlieutenant im Stabe". Er konnte über zweiunddreißig Hautboisten und acht Tambours verfügen, anhand der Partituren Hüttenbrenner'scher Werke können wir auf die Besetzung schließen: solistisch oder chorisch besetzt, gab es zwei Flöten (davon eine Pikkolo), zwei Oboen, vier Klarinetten, zwei Fagotte, ein Kontrafagott, vier Hörner, vier Trompeten („2 Maschin", also Ventil-Trompeten), drei Posaunen, eine Ophikleide, Kleine und Große Trommel „e Piatti": Die Besetzung entsprach damit etwa Andreas Leonhardts 27er-Regimentsmusik. Hüttenbrenner bemühte sich, „*durch sorgfältige Proben, gute Wahl der Tonstücke, eigene Marschcompositionen und ähnliche Einflußnahmen das Gedeihen der Kapelle, mit welcher er bei festlichen Gelegenheiten ausrückte, zu fördern*"[332]. Erhalten haben sich aus Hüttenbrenners Komponierstube u. a. ein *Parademarsch für die Grazer Bürger-Miliz*[333] sowie ein *Großer Festmarsch mit Chor*.

In den vierziger Jahren treffen wir auf die Namen weiterer Kapellmeister: Jakob Reinbacher, Franz Marek, Franz Ilwof, die acht Trompeter der Cavallerie-Abteilung unterstanden bis 1843 dem Stabstrompeter Joseph Gottwald, danach dem Musikus Franz Reichmayer. Die unruhigen Zeiten des Revolutionsjahres 1848 rückten das Bürgerkorps wieder stärker in den Vordergrund, die Musikkapelle hatte – in Abstimmung mit den Militärkapellen – manche repräsentative Aufgaben zu übernehmen, u. a. „*stellte das Corps bei Beerdigung verstorbener k. k. Generäle, Offiziere und Soldaten den Conduct und die Musik bei*"[334]. In den Schematismen jener Jahre wird die Anzahl der Musiker mit 42 bis 48 angegeben, wobei – zum Unterschied von den Militärkapellen –

---

329 Die Kurzbiographien der genannten Persönlichkeiten sind in der Regel sowohl im ÖML wie bei Suppan, Stmk./2, 2009, zu finden.
330 Johann Krainz, Das k. k. priv. bewaffnete Bürger-Corps in Graz, Graz 1899.
331 Zahlreiche weitere Belege finden sich bei Kriegl, 2003.
332 Dieter Glawischnig, Anselm Hüttenbrenner. 1794–1868. Sein musikalisches Schaffen, Graz 1969; Biographische Hinweise und Literatur zu Anselm Hüttenbrenner finden sich in allen großen Lexika, u. a. in MGG/2, ÖML, Suppan, Stmk./2.
333 Österreichische Nationalbibliothek, Wien (Musiksammlung).
334 Joh. Krainz, Das k. k. priv. bewaffnete Bürger-Corps in Graz, Graz 1899, S. 22.

V. Die Musik militärischer und paramilitärischer Einheiten

als Relikt an die „türkische" Herkunft noch immer ein Schellenbaum verwendet wurde[335]. Erneut begegnet beim Grazer Bürgerkorps etwa seit der Jahrhundertmitte ein interessanter Name der steirischen Musikgeschichte: Ferdinand Franz Xaver Schantl (1808–1874)[336], Lehrer an der Musikschule des Musikvereins für Steiermark und ein vorzüglicher Hornist im Orchester des Grazer Stadttheaters. Als sein Stellvertreter bei der Musikkapelle des Grazer Bürgerkorps wird Eduard Piering (1819–1866) genannt[337]. Zudem verzeichnet das „Handbuch vom Kronlande Steiermark" den Korpstambour Feldwebel Franz Schweizer, den Bataillonstambour Feldwebel Anton Steiner und den Stabstrompeter (bei der Bürger-Kavallerie) Franz Reichmayer[338].

Als besondere Ehre empfand es die Musik des Grazer Bürgerkorps, den Trauerzug anlässlich des Ablebens von Erzherzog Johann am 15. Mai 1859 begleiten zu dürfen[339]. Als die 27er im Jahr 1866 nach Italien versetzt wurden und für einige Zeit keine Militärkapelle in Graz verfügbar war, stellte „über Ersuchen des k. k. Stadt- und Castell-Commandos [...] das Bürger-Corps bei Militärleichen den Conduct und die Musik bei"[340].

Schantls Nachfolger als Kapellmeister der Musik des Grazer Bürgerkorps wurde zu Anfang der sechziger Jahre des 19. Jahrhunderts Vinzenz Pertl (1823–1887). Er hinterließ gegen zweihundert Kompositionen, darunter die Musik zu Carl Morres Volksstück 's Nullerl (1885)[341]. In der Reihe der Bürgerkorps-Kapellmeister begegnen schließlich seit 1890 Eduard Wagnes, dessen Marsch *Grazer Bürger* sich besonderer Beliebtheit erfreute, und – als Wagnes 1895 als Militärkapellmeister die Musikkapelle im 2. bosnisch-herzegowinischen Infanterie-Regiment in Banja Luka übernahm – Andreas Kybl († 1946). Danach wurde es still um die Musikkapelle des Bürgerkorps. Mit dem Ende des Ersten Weltkrieges erlosch auch die Wirksamkeit dieser traditionsreichen und für das politische und gesellige Leben der Landeshauptstadt bedeutenden Einrichtung.

---

335 Schematismus für das Herzogtum Steiermark, Graz 1845 und 1855.
336 Vgl. Suppan, Stmk./2, S. 600f.
337 Auch als Instrumentenmacher in Graz bezeugt, s. Suppan, Stmk./2, S. 519.
338 Handbuch vom Kronlande Steiermark, Graz 1851.
339 Zwei Jahre vorher, am 19. Juni 1857, hatte Erzherzog Johann an Johann Josef Wenzel Graf Radetzky von Radetz (1766–1858) über die imposante Säkularfeier des Maria-Theresien-Ordens am Vortag in Wien berichtet, wo die Menschen bereits um 5 Uhr morgens mit 101 Kanonschüssen und anschließendem Weckruf mehrerer Musikkapellen geweckt wurden: Hannes Lambauer, „Ihr aufrichtigster Johann". Unveröffentlichte Briefe Erzherzog Johanns in der Steiermärkischen Landesbibliothek, in: Festschrift Gerhard Pferschy zum 70. Geburtstag, red. von Gernot Peter Obersteiner, Graz 2000, S. 171–184, Zitat S. 181.
340 Joh. Krainz, Das k. k. priv. bewaffnete Bürger-Corps in Graz, Graz 1899, S. 31.
341 1885 erscheint im Grazer Geschäfts- und Adreßkalender Johann Jobst als Leiter der Bürgerkorps-Kapelle auf. Er ist möglicherweise mit dem Instrumentenmacher gleichen Namens identisch, dessen Werkstätte sich in der Sporgasse 27 befand.

VI. Repertoire – Komponisten

Musik schafft Identität – jedoch nur intrakulturell, d. h. innerhalb einer Kultur sowie innerhalb von Gesellschafts-, Bildungs- und Altersschichten dieser Kultur. Das bedeutet, dass Musik Menschen unterschiedlicher Kulturen voneinander trennt, zu Feindschaften und Agressionen zwischen den Angehörigen verschiedener Völker führt. Musik wird dann zur Waffe[342]*!*

Es haben die einzelnen Schichten/Klassen einer Gesellschaft ihre Musik, durch die sie ihre Identität definieren und auch verteidigen, – und es benutzen Nationen und Kulturen jeweils eigene Wort- und Musiksprachen, die Bestandteil ihres Selbstbewusstseins sind[343].

Es ist daher ein Trugschluss zu meinen, dass Musik eine „Universalsprache" aller Menschen sei, die „nicht übersetzt zu werden brauchte", weil sie alle Menschen in gleicher Weise „verstehen" würden.

Wer als Musikethnologe/Volksmusikforscher in unterschiedlichen Kulturen in verschiedenen Kontinenten (Schwarzafrika, arabischer Raum, Fernost, Karibik) gearbeitet hat, der weiß, dass man Musiksprachen ebenso wie die Wortsprachen lernen muss, um einander verstehen zu können[344].

Allgemeine Bemerkungen zur Entstehung des Blasorchester-Repertoires

Die Entwicklung des Blasorchester-Repertoires im deutschsprachigen Raum ist im 19. Jahrhundert geprägt von Bearbeitungen der jeweils neuen Musik. Neben wenigen Originalwerken von Beethoven, Spohr, Mendelssohn Bartholdy, Anton Reicha in der ersten und Richard Wagner und Anton Bruckner in der zweiten Jahrhunderthälfte, erfüllte das Blasorchester vor allem die Funktion, die Werke der Komponisten-Generationen von Beethoven bis Richard Strauß in der Öffentlichkeit bekannt zu machen. (Eine Funktion, die im 20. Jahrhundert Rundfunk, Schallplatten und CD's übernommen haben.) Komponisten wie Franz Liszt und Richard Wagner bemühten sich um solche Bearbeitungen, Wagner hatte dafür sogar den Blasmusikfachmann Artur Seidel in seiner Nibelungen-Kanzlei angestellt. In der Regel waren es die Militärkapellmeister, die solche Bearbeitungen handschriftlich für ihre eigenen Orchester anfertigten. Parallel dazu entfaltete sich seit dem zwei-

---

342 Dazu das Buch meines Schülers Helmut Brenner, Musik als Waffe. Theorie und Praxis der politischen Musikverwendung, dargestellt am Beispiel der Steiermark 1938–1945, Graz 1992. – Ähnlich verhält es sich mit der Tracht, die einerseits als Identifikationsfaktor wesentlich ist, andererseits die Zuordnung zu kulturell „Fremdem" anzeigt und damit Aggressionen auslöst. Man denke an das dzt. geltende „Kopftuchverbot" in Frankreich.
343 Wolfgang Suppan, Musik als Identifikator. Annäherungen an ein heikles Thema, in: Musik als .... Ausgewählte Betrachtungsweisen, hg. von Rudolf Flotzinger, Wien 2006, S. 115–132 (Österreichische Akademie der Wissenschaften, Veröffentlichungen der Kommission für Musikforschung 28).
344 Diese Thematik zählt zu den Hauptforschungsbereichen des Autors, vgl. dazu dessen Bücher: Der musizierende Mensch. Eine Anthropologie der Musik, Mainz 1984 (Musikpädagogik. Forschung und Lehre, hg. von Sigrid Abel-Struth, Band 10); Musica humana. Die anthropologische und kulturethologische Dimension der Musikwissenschaft, Wien – Graz – Köln 1984 (Forschen – Lehren – Verantworten. Festgaben zur 400-Jahr-Feier der Karl-Franzens-Universität Graz, hg. von Berthold Sutter, Band 8); Werk und Wirkung. Musikwissenschaft als Menschen- und Kulturgüterforschung, 3 Bände, Tutzing 2000 (Musikethnologische Sammelbände, hg. von Zoltán Falvy, Bände 15–17), – sowie zahlreiche Aufsätze in wissenschaftlichen Zeitschriften (www.hlkstmk.at < Mitglieder < Suppan).

ten Drittel des 19. Jahrhunderts ein eigenständiges Blasmusikverlagswesen. Dirigenten vermochten sich an solchen Verlagen und deren Verzeichnissen zu orientieren. Da gab es Oertel in Hannover, Bellmann & Thümer in Dresden, beide 1866 gegründet, später Bauer und Halter in Karlsruhe, Schulz in Freiburg im Breisgau, Grosch in München, Rundel in Rot an der Rot, Doblinger, Kliment und Krenn in Wien, Helbling in Innsbruck[345]. Selbstverleger spielten dagegen nur eine bescheidene, regional begrenzte Rolle[346]. Dies blieb so bis in die achtziger Jahre des 20. Jahrhunderts.

Die Herstellung der zunächst gestochenen, bald nach dem Ende des Zweiten Weltkrieges handgezeichneten oder gestempelten Musiknoten erfolgte über die Verlage, die für die Herstellung und auch für die Werbung hohen finanziellen Einsatz zu leisten hatten. Das bedeutete, dass die Komponisten an diese Verlage gebunden waren. Der überwiegende Teil der Neuausgaben konnte nur so den Weg zu den Abnehmern finden. Als der Unterzeichnete in den sechziger Jahren des 20. Jahrhunderts damit begonnen hat, in der „Österreichischen Blasmusik-Zeitschrift" und in der Zeitschrift „Die Blasmusik" (die Fachzeitschrift des Bundes Deutscher Blasmusikverbände) alle Blasmusik-Neuerscheinungen zu rezensieren, kamen in regelmäßigen Abständen Pakete mit den Rezensions-Exemplaren von den Verlagen.

Die Auswirkungen dieser (geschäftlichen) Struktur auf die Blasorchester-Komposition, auf die einzelnen Gattungen und auf die mehr oder weniger traditionellen Kompositionsweisen zeigten sich in einer gewissen Gleichförmigkeit des Repertoires. Neue, sich gar der jeweiligen zeitgenössischen Avantgarde nähernde Kompositionen, hatten kaum eine Chance, wie sich 1926 zeigte, als Paul Hindemith in Donaueschingen versucht hatte, dem Amateurblasmusikwesen originale, musikalisch-technisch leistbare, aber doch aus dem Konventionellen ausbrechende Werke zu schenken[347]. Trotzdem begannen mit dem Donaueschinger Musikfest 1926 die entscheidenden Bemühungen um eine originale Blasmusik, die das Blasorchester auch als eigene Gattung in der Musik definieren sollten. Auf Einladung Paul Hindemiths beteiligten sich daran österreichischerseits Hans Gál (*Promenadenmusik*), Ernst Krenek (*Drei lustige Märsche*, op. 44) und Ernst Toch (*Spiel*), während Felix Petyrek zwar eine Komposition zugesagt, diese aber offensichtlich nicht termingerecht eingesendet hatte. Doch den 1926er-Werken blieb in den zwanziger und dreißiger Jahren die Breitenwirkung versagt. Mit der Neuorientierung des Blasmusikwesens nach dem Ende des Zweiten Weltkrieges kehrten solche Kompositionen über die USA nach Mitteleuropa zurück. Dagegen fanden die Burgmusik, die *Firlefei-Variationen*, vor allem aber das *Concerto grosso* des gebürtigen Grazers Hermann Grabner sogleich ein breites dankbares Publikum und zählten „*zu den meistgespielten zeitgenössischen Blasmusikwerken*", wie Georg Mantze im Vorwort zur Edition des *Concerto grosso* feststellte. Weiter heißt es in diesem Vorwort: „[…] *ist der Komponist bestrebt, den Gedanken der Registerteilung im Blasorchester praktisch durchzuführen. Zwei wichtige Anregungen haben hierbei Pate gestanden: die Art der Stimmenaufgliederung in der Orgelmusik und die musikalische Form des ‚Concerto grosso'. Wie der Orgelspieler sein Instrument registriert, so verfährt Grabner hier mit dem Blasinstrumentarium. Er teilt es in die Hauptgruppen des Holzbläser-, des Flügelhörner- und des Trompeten-Posaunen-Registers, wobei sich im Wechsel bald sämtliche Blech-Blasinstrumente, bald die Gesamtheit des Orchesters klanglich vereinigen, bald aber auch einzelne Instrumente solistisch hervortreten. Hiermit ist das ewig gleichbleibende klangliche Einerlei eines bloßen ‚Arrangements' vermieden. Der zugrundeliegenden Ausdrucksabsicht kommt die gewählte konzertante Form entgegen, deren Wesen es ist, kammermusikalisch und orchestermäßig instrumentierte Stellen wechseln zu lassen und dem ‚Grosso' der Instrumente (Tutti) das ‚Kleine Spiel' (Concerto) gegenüber zu stellen. Die lebhafte thematische Bewegung der beiden Außensätze und die pastorale Sanglichkeit des Andante machen die Komposition eingänglich für den Hörer und dankbar für den Spieler.*" (Georg Mantze)[348]

Neue Technologien und Verfahren der Herstellung von Musiknoten führten seit den 1980er-Jahren im Musik-

---

345 Weitere Informationen zu diesen und weiteren Blasmusikverlagen finden sich bei Suppan, Blasmusik/5, 2009.
346 Zur Geschichte des Blasmusik-Verlagswesens: Bernhard Habla, Das gedruckte Notenangebot für Blasmusik. Eine Bestandsaufnahme und Übersicht der Verleger in Deutschland und Österreich vom 19. Jahrhundert bis zum Zweiten Weltkrieg, Oberschützen 2004, PC-Ausdruck. Die Drucklegung dieser umfangreichen Untersuchung ist geplant.
347 Wolfgang Suppan, Donaueschingen 1926: Paul Hindemiths Bemühungen um eine amateurgerechte Blasmusik, in: ders., Werk und Wirkung, 2000, S. 334–342.
348 Suppan, Stmk/2, 2009, S. 218–221; Suppan, Blasmusik/5, 2009, S. 300f.

Abb. 155: Eines der bedeutendsten Werke ästhetisch-wertvoller Blasmusikliteratur ist das „Concerto grosso", op. 57, des gebürtigen Grazers Hermann Grabner, 1940 (2. Auflage, 1959) im Verlag Rudolf Erdmann & Co. in Leipzig erschienen. – Beginn des 2. Satzes.

Editionswesen zu einer völlig neuen Situation. Komponisten entwickeln seither an Heim-Computern, also am Bildschirm, die Partituren ihrer Kompositionen, um danach nicht allein die Partitur, sondern auch die Instrumentalstimmen daraus zu drucken. Für die Herstellung des Aufführungsmaterials wird kein Verlag mehr gebraucht. Und was die Werbung betrifft, kann man mit Hilfe von Homepages den potentiellen Kundenkreis direkt erreichen. Parallel zu dieser Entwicklung verloren die Blasmusikverlage an Bedeutung und Einfluss. Dem Musikhistoriker fehlen damit gesicherte Bezugspunkte, wie sie 1984/85 noch bestanden haben, als im Brass-Bulletin der Artikel über „Die Entwicklung der Literatur für Amateur-Blasorchester in Mitteleuropa seit 1950" erschienen ist[349]. Nun, fünfundzwanzig Jahre später, zerfließen die Kriterien gleichsam. Eine Fülle von jüngeren Komponisten mit unterschiedlichsten Ideen und Zielen präsentiert sich. Einerseits werden unzählige Stücke angeboten, die den von der Wirtschaft gesteuerten kurzfristigen Spaßkultur-Moden entsprechen, – es ist „Wegwerfmusik", die sich nach einer Saison „abgespielt" hat. Andererseits begegnen wir immer stärker wertvollen originalen Kompositionen und bläsergerecht orchestrierten Bearbeitungen, wobei im letztgenannten Bereich Werke aus der Zeit der Renaissance und des Barock bis in die auslaufende Spätromantik angeboten werden. Dazu fügen sich alle jene Formen, die im 20. Jahrhundert seit Arnold Schönbergs und Josef Matthias Hauers Ausbruch aus der Tonalität zu den seriellen, elektronischen, aleatorischen und den postmodernen atonal-tonalen und mikrotonalen (ethnischen) Mischformen geführt haben, – letztere allerdings zumeist mit geringer gesellschaftlicher Akzeptanz[350]. Und das alles steht zudem im Zeichen einer „Globalisierung", die regionale Kulturstile mehr und mehr einebnet[351].

Neue Blasorchesterklänge

Auf die neue Situation hat in Europa als erster Jan de Haan reagiert, Jahrgang 1951, der bereits in jungen Jahren, von 1978 bis 1989, beim holländischen Rundfunk als Komponist, Arrangeur, Produzent und Programmverantwortlicher Karriere gemacht hat, – und der zudem als Absolvent des angesehenen Utrechter Konservatoriums (Dirigierdiplom 1976) seit 1974 die Brass-Band *Soli Deo Gloria* dirigierte. Diese Verknüpfung von Rundfunkaufgaben mit der intimen Kenntnis der Blasorchester-Situation führte 1983 in Heerenveen zur Gründung des de Haske-Verlages. Was als Rundfunk- und Fernseh(hintergrund)musik den Geschmack des Publikums (unterbewusst) prägte, ließ sich sogleich im Blasmusikbereich vermarkten. Zusammen mit Jacob de Haan, Jahrgang 1959, hat Jan de Haan in den achtziger Jahren des 20. Jahrhunderts in rascher Folge und mit beträchtlichem finanziellen Werbeeinsatz zahlreiche Werke auf den Markt gebracht. Der Einsatz der nun neu sich bietenden Werbestrategien einerseits – und die den spezifischen (symphonischen) Blasorchesterklang perfekt nutzenden Instrumentationen andererseits, führten auf dem deutschsprachigen Markt, aber auch darüber hinaus bis nach Nordamerika und in den Fernen Osten (Japan, Südkorea, Taiwan) zur raschen Kenntnis und Verbreitung der de Haske-Editionen. Ein Stück, wie Jacob de Haans *Oregon*, 1988 erschienen, könnte man geradezu als Prototyp des neuen, „globalisierten" Blasorchestergeschmacks bezeichnen.

Parallel dazu trat Johan de Meij, Jahrgang 1953, ins Rampenlicht, ebenfalls Niederländer und Absolvent des Den-Haager Konservatoriums (Dirigierdiplom 1983 und Posaunendiplom 1984), dessen Symphonie *Der Herr der Ringe* 1984/85 von Amstel Music auf den Markt gebracht wurde, der John Williams wirkungsvolle Musik zu dem Film „Star Wars" unter dem Titel *Star Wars Saga* 1987 für Molenaar instrumentiert hat. De Meijs Symphonie wurde 1990 mit dem angesehenen Sudler-Preis ausgezeichnet, der damit erstmals für eine Blasorchesterkomposition nach Europa ging.

Dass ausgerechnet aus den Niederlanden dieser entscheidende Impuls für die Blasorchesterkomposition und Orchestration gekommen ist, hat viele verwirrt, es gab und gibt da wohl auch gewisse Widerstände. Aber die Konstellation erwies sich dort als ideal. Während

---

349 Wolfgang Suppan, Die Entwicklung der Literatur für Amateur-Blasorchester in Mitteleuropa seit 1950, in: Brass Bulletin 49, 1985, S. 13–30; ders., Komponieren für Amateure. Ernest Majo und die Entwicklung der Blasorchesterkomposition, Tutzing 1987 (Alta Musica 10).
350 Hellmut Federhofer, Neue Musik als Widerspruch zur Tradition, mit einem Geleitwort von Wolfgang Suppan, Bonn 2002 (Orpheus-Schriftenreihe, hg. von Martin Vogel, Band 100).
351 Eine Fülle von Werken zeigen die von Bernhard Habla im Kliment-Verlag herausgegebenen Bände „Werke für Solo-Instrumente und Blasorchester" an, Band 1ff., Wien 1991ff.

es heute noch an den meisten deutschsprachigen Musikhochschulen und Konservatorien von Vorurteilen der Blasmusik gegenüber nur so wimmelt[352], haben die Direktoren und Professoren an niederländischen Konservatorien früher als anderswo ihre Chance darin gesehen, durch gezielte Ausbildung von Musikern, Dirigenten, Komponisten für die Blasmusik ihren Absolventen damit eine Fülle gut bezahlter beruflicher Chancen zu eröffnen – und damit das musikalische Niveau ihrer Amateur-Blasorchester entschieden zu verbessern. Das niederländische Militärmusikwesen präsentiert sich immer noch modellhaft gegenüber den Amateurblasorchestern. Damit hebt sich letztlich der Widerspruch auf, der darin gesehen werden könnte, dass rundum Blasmusikverlage in Schwierigkeiten geraten, während in Holland ein neuer Leitverlag sich glänzend präsentiert.

Die Wirkung auf den süddeutsch-österreichisch-schweizerischen Raum beschränkte sich nicht auf einen einseitigen Import holländischer Werke: Das ist auch der Grund, warum ich in einer österreichischen Publikation so ausführlich darauf hinweise. Soweit Komponisten aus unserem Raum die Kriterien de Haskes erfüllen, werden ihnen ebenfalls gute Chancen geboten, man denke an den Oberösterreicher Thomas Doss, Jahrgang 1966, den es aus den oben angeführten Gründen zum Studium nach Maastricht gezogen hat, der aber auch als Mitarbeiter an Soundtrackproduktionen in Los Angeles bläserspezifisches Klanggefühl erworben hat. Seine *Navigations* erschienen in Paris bei Robert Martin, *Aurora* und alle weiteren Kompositionen dann bei Mitropa/deHaske. Oder an den Niederösterreicher Otto M. Schwarz, Jahrgang 1967, der ebenfalls aus dem Rundfunk- und Fernsehbereich kommt und dessen Stücke seit 1996 von de Haske vertrieben werden, darunter das vielgespielte *Fire and Ice*.

Wollte man von einem „oberösterreichischen Kreis" sprechen, könnte man neben Doss folgende Namen nennen: Alois Wimmer, Jahrgang 1960, der ein Klarinettenstudium absolviert hat, Musikunterricht erteilt und Blasorchester dirigiert, sein *Konzert für Klarinette und Blasorchester* erschien 1989 bei Kliment in Wien; Erland M. Freudenthaler, Jahrgang 1963, mit *Daemonia*, 2005 für das Internationale Rotary-Jugendauswahlorchester entstanden; Fritz Neuböck jun., Jahrgang 1965, Musikpädagoge und Leiter eines Jugendauswahlorchesters; Peter Wesenauer, 1966 in Bad Aussee zur Welt gekommen, der Ennio Morricone unter seinen Lehrern anführen kann und als freischaffender Komponist im oberösterreichischen Hallstatt lebt.

Zur Situation in der Steiermark[353]

In den Marktstrategien ebenfalls von den neuen technischen Möglichkeiten geprägt, d. h. zeitgemäß orientiert, hat sich im südwestdeutschen Raum der HeBu-Musikverlag, Kraichtal, etabliert. Neben traditionell gefertigter Blasmusik präsentiert HeBu seit dem Jahr 2000 in einem symphonisch-konzertanten Segment einen Kreis junger steirischer Komponisten, die mehr und mehr auf dem internationalen Markt Aufsehen erregen[354]: Reinhard Summerer, Jahrgang 1971, dessen Musiksprache sich als postmoderne Mixtur aus der seriellen Reihen- und Klang-Avantgarde seines Kompositionslehrers Johann Sengstschmid, aus aktuellen Techniken des Swing- bis Free-Jazz und durchaus traditionell-wohlklingenden Fixpunkten darstellt. Dafür stehen das *Concertino Piccante* für Posaune und Blasorchester, aber auch das *Konzert für Jazz-Trio und Blasorchester*, bei der MID EUROPE 2007 uraufgeführt, mit ausgiebigen Freiräumen für die improvisierenden Solisten. Armin Suppan, Jahrgang 1959, der zunächst barocke Anregungen aus dem *Concentus-musico instrumentalis* von Johann Joseph Fux aufgegriffen hat (*Wiener Barock-Ouvertüre*, mit dem Untertitel *Symphonische Metamorphosen*, Adler-Musikverlag), zeigt seine Stärke in der Orchestration; Musterbeispiele dafür sind Giacomo Puccinis *Vier*

---

352 An dieser Einschätzung ändern auch nichts die dort und da angebotenen „Blasorchesterleiterkurse" für außerordentliche Hörer. Es fehlen Lehrstühle und professionelle Studiengänge für Blasorchesterdirigenten und Komponisten, es fehlen studienbegleitende Lehrveranstaltungen für Instrumentalisten, in denen die Bedeutung und die spezifische musikalische Behandlung der Blasmusik gelehrt werden. Ein gut begonnener Versuch in Augsburg, geleitet von einem holländischen Dozenten, scheint dzt. wieder infrage gestellt zu werden.

353 Die Lebensläufe und Werkverzeichnisse der genannten (steirischen) Komponisten werden nicht, wie im Großen Steirischen Blasmusikbuch des Jahres 1981 listenmäßig erfasst, da inzwischen die 2. Auflage des Steirischen Musiklexikons (Suppan, Stmk./2, 2009) und die 5. Auflage des Blasmusik-Lexikons (Suppan, Blasmusik/5, 2009) erschienen sind. Jede steirische Musikkapelle erhielt im Rahmen der Jahreshauptversammlung 2009 des Steirischen Blasmusikverbandes dank der großzügigen Förderung von Landeshauptmann-Stellvertreter und Blasmusikreferent Hermann Schützenhöfer ein Freiexemplar der 2. Auflage des Steirischen Musiklexikons.

354 Die Editionsreihe „Blasmusik aus der Steiermark" wird vom Steirischen Blasmusikverband gefördert, bisher (2007) sind 40 Bände erschienen.

FESTGESANG AN DIE KÜNSTLER

nach Schillers Gedicht
für
Männer-Chor und Blechinstrumente
zur Eröffnung des ersten
Deutsch-Vlaemischen Sängerfestes in Cöln
componirt von
FELIX MENDELSSOHN BARTHOLDY
Partitur

Op. 68.

Eigenthum der Verleger
Bonn, bei N. Simrock
London bei Ewer & Co.

Preis 8 Franc

VI. Repertoire – Komponisten

Abb. 156, 157: Originales Titelblatt (links) und erste Seite (rechts) der Neuinstrumentation von Felix Mendelssohn Bartholdys „Festgesang an die Künstler", Neufassung 1987 im Karl Heinrich Möseler-Verlag, Wolfenbüttel und Zürich (Aulós. Werkreihe für Blasmusik, herausgegeben von Guido Waldmann, Manfred Glowatzki und Wolfgang Suppan, Nr. 233).

Stücke: 1. Scossa elettrica, Konzertmarsch; 2. Crisantemi; 3. Piccolo Tango; 4. La Tregenda (Hexentanz) aus dem Bühnenwerk ‚Le Villi', vor allem aber die 2007 erschienene *3. Symphonie* von Aram Khatschaturjan. Aus der Trossinger Schule Guido Waldmanns und Willy Schneiders stammt auch die Idee der Wiederbelebung des „Cantare et sonare", wobei nach Renaissance- oder Romantik-Vorbildern (Hector Berlioz, Franz Liszt, Felix Mendelssohn Bartholdy, Anton Bruckner) der Chor mit dem Bläserklang verbunden wird, um den „Kulturträgern" kleinerer Städte und Gemeinden, Chören und Blaskapellen, die Chance zu geben, gemeinsam aufzutreten. Dieser Anregung folgend hat Armin Suppan u. a. Felix Mendelssohn Bartholdys *Festgesang an die Künstler* für die moderne Blasorchesterbesetzung neu instrumentiert. Da gibt es insofern einen Graz-Bezug, als Friedrich von Schillers Text auch auf einer Tafel an der Südseite (gegen den Kaiser-Josef-Platz hin) des Grazer Opernhauses angebracht ist:

„Der Menschheit Würde ist in eure Hand gegeben.
Bewahret sie!
Sie sinkt mit euch! Mit euch wird sie sich heben!"

Mendelssohn Bartholdy hat die Komposition ein Jahr vor seinem frühen Tod, 1846, für das 1. deutsch-flämische Sängerfest im Juni 1846 in Köln für Blechbläser und Männerchor geschaffen, das Werk wurde damals von vielen tausend Sängern uraufgeführt.

Herbert Marinkovits, Jahrgang 1958, und Siegmund Andraschek, Jahrgang 1975, beide als Musikpädagogen aktiv. Marinkovits' *Sciltarin* wurde 2002 vom oberösterreichischen Blasmusikverband ausgezeichnet, ein Stück, das ebenso wie das Schladminger Divertimento in der Steiermark-Reihe des HeBu-Musikverlages gedruckt vorliegt. Von Andraschek finden sich ebenda u. a. *Camelot, King Arthur, The Battle of Salisbury* und *Arthur's Farewell* 2006 bis 2009 veröffentlicht.

Als derzeit international erfolgreichster Vertreter der steirischen Gruppe darf Franz Cibulka, Jahrgang 1946, genannt werden. Er bietet seine Werke im Eigenverlag „Art of Cibulka" an. Der internationale Durchbruch war ihm 1997 gelungen, als mehrere seiner Kompositionen bei der Schladminger WASBE-Konferenz großartige Erfolge feierten, darunter das von Carsten Svanberg, Ordinarius an der Grazer Kunst-Universität, uraufgeführte Posaunen-Konzert. Cibulka hat zunächst als Schüler von Andrzej Dobrowolski an der Grazer Kunst-Universität die von Krzysztof Penderecki und Witold Lutosławski entwickelten Techniken der polnischen Komponisten-Avantgarde übernommen, sich in seinen Blasorchesterwerken jedoch davon entfernt, um einen gemäßigt postmodernen Stil zu schreiben[355].

Nur gelegentlich haben der Burgenländer Jenö Takács (1902–2005), der Steirer Karl Haidmayer (*1927) und der Vorarlberger Günther Andergassen (*1930) sich der Blasmusik zugewandt: Der Erstgenannte vor allem mit der *Pannonischen Rhapsodie für Blasorchester und Klarinette*, deren Instrumentation er Armin Suppan überließ, 1989 bei Molenaar gedruckt; Haidmayer mit seinem Beitrag zum Richard Wagner-Jahr 1983, nämlich *De ilnes ortam*. Es handelt sich beim letztgenannten Werk um eine köstliche Persiflage des *Matrosenliedes* aus der Oper *Der fliegende Holländer* (*De ilnes ortam* klingt zwar lateinisch, ist aber nichts anderes als das von Rückwärts gelesene Matrosenlied). Andergassen, der gebürtige Bozener, der als Konservatoriumsdirektor in Feldkirch sich vorbehaltlos zur Blasmusik bekannte, schrieb das *Concertino*, op. 38a, das bei Kliment in Wien im Druck vorliegt.

Nicht alle genannten Komponisten aus österreichischen Bundesländern sind unmittelbar mit der Entwicklung in den Niederlanden verbunden, aber die musikalische Horizont-Erweiterung hierzulande ist doch wesentlich davon geprägt worden. Und so erschien es auch möglich, bei der Konferenz der World Association for Symphonic Bands and Ensembles, einer Affiliation der UNESCO, 1993 im spanischen Valencia den Antrag zu stellen, die WASBE-Konferenz 1997 erstmals im deutschen Sprachraum, im steirischen Schladming, durchzuführen. 1995 haben Schladmings Bürgermeister Hermann Kröll und der im japanischen Hamamatsu zum Präsidenten der WASBE gewählte Verfasser dieser Zeilen die diesbezüglichen Verträge unterzeichnet. Was zunächst als Risiko erschien: Würden mitteleuropäische Blasmusiker alles das goutieren, was weltweit von den führenden Komponisten in den neuesten atonalen, seriellen, elektronischen, aleatorischen Kompositionstechniken geschrie-

---

[355] Birgit Berger, geb. Geher, Franz Cibulka. Ein thematisches Verzeichnis seiner Blasmusikkompositionen, Mag.-art.-Diplomarbeit KUG, Institut für Musikethnologie 2005.

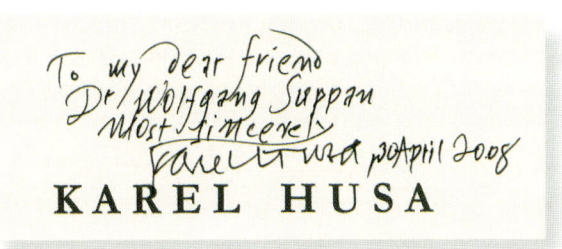

Abb. 158: Zu den Komponisten, die dem Verfasser dieses Buches Werke gewidmet haben, zählen Jan Zdeněk Bartoš (siehe S. 274), Franz Cibulka, Erland Maria Freudenthaler, Karel Husa, Hannes Kügerl, Ernest Majo, Alfred Reed (siehe S. 230) und Konrad Stekl.

ben wird, erwies sich als Publikumsmagnet besonderer Art. Angesichts der faszinierenden Interpretationen durch weltweit führende Orchester von Brasilien bis Japan, von Südafrika bis Schweden, wurden die ungewohnten Klänge teilweise wie eine Offenbarung aufgenommen. Insgesamt 42.000 Besucher haben die vierzig Konzert der WASBE-Konferenz in der Dachstein-Tauern-Halle zu Schladming besucht! Ein Besucherrekord, der weder vorher noch nachher bei einer WASBE-Konferenz auch nur annähernd erreicht wurde.

Die Schladminger WASBE-Konferenz brachte aber auch Werke von drei Komponisten in ihre Heimat zurück, die im Verlauf der politischen Ereignisse im 20. Jahrhundert Mitteleuropa verlassen haben[356]. Joseph Horovitz, Karel Husa und Alfred Reed entstammten diesem, von der altösterreichischen Militärmusik geprägten Traditionsraum. Und es erschien von hohem Interesse, wie, von der selben Basis ausgehend, diese Komponisten unter anderen kulturellen Bedingungen die Blasorchesterkomposition weiter zu entwickeln vermochten. Die Eltern von Alfred Reed haben zu Beginn der zwanziger Jahre des 20. Jahrhunderts Wien verlassen und sich in den USA niedergelassen. So ist Alfred 1921 in New York zur Welt gekommen. Seine *Armenischen Tänze* zählten bald zu den Standardwerken von Blasorchestern, die etwas auf sich hielten. Sein überragendes Meisterwerk in Komposition und vor allem Orchestration aber bleibt für mich *Praise Jerusalem*, Variationen über einen armenischen Osterhymnus. Reed verstarb 2005 in Florida. Ebenfalls Jahrgang 1921 ist Karel Husa. Der gebürtige Prager gelangte über das Musikstudium in Paris in die USA, wo er seit 1954 an der Cornell University in Ithaca, New York, Generationen von Kompositionsschülern ausbildete. Seine *Music for Prague* 1968 entstand unmittelbar unter dem Eindruck der grausamen Niederwerfung des Prager Aufstandes: Es ist bis heute, in seiner Originalfassung für Blasorchester wie in der Bearbeitung für Symphonieorchester, das meistaufgeführte, erfolgreichste Avantgarde-Stück der Gegenwart!

Der Dritte im Bunde, Joseph Horovitz, 1926 in Wien geboren, emigrierte 1938 mit den Eltern nach England, er wurde nach Studienjahren bei Nadja Boulanger in Paris Professor am hochangesehenen Royal College of Music in London. Seine zahlreichen Ballettmusiken inspirierten auch die Kompositionen für Blasorchester, darunter das viel gespielte, rhythmisch mitreißende Divertimento *Bacchus on Blue Ridge*, 1984 bei Molenaar gedruckt[357].

1997, das Jahr der Schladminger WASBE-Konferenz, ordnete damit gleichsam unser Verhältnis zur Blasmusik neu. Die seither folgenden MID EUROPE-Konferenzen wurden vom Verfasser gleichsam als Prüfstein für die weitere Entwicklung des Blasmusikwesens in Österreich konzipiert, um aus einer gesicherten Vergangenheit heraus in die Gegenwart aufbrechen zu können. Dieser Anspruch musste allerdings aufgrund kommerzieller Erwägungen schon bald aufgegeben werden.

Vom Nachleben konventioneller Blasmusikformen[358]

In einer Phase, da sich Konventionelles mit Modisch-Neuem in besonderer Weise verzahnt, ist selbstverständlich auch der bewusst traditionell ausgerichtete Sektor zu beachten. Im Österreichischen – einschließlich Südtirol – reichen Sepp Thaler (1901–1982), Sepp Tanzer (1907–1983), Herbert König (1911–1991) gerade noch in die achtziger Jahre des 20. Jahrhunderts herein. Ihr Erbe trugen und tragen weiter: Sepp Neumayr (* 1932), Anton Othmar Sollfelner (* 1935), dessen großartiger Einsatz für das österreichische Militärmusikwesen unvergessen bleibt[359], Eugen Brixel (1939–2000), 1974 Mitgründer der Internationalen Gesellschaft zur Erforschung und Förderung der Blasmusik (IGEB) und Mitherausgeber des Jahrbuches „Alta Musica" dieser Gesellschaft, Gottfried Veit (* 1943), wobei die Verlage Helbling in Innsbruck, Kliment in Wien und Adler (Heribert Raich) in Bad Aussee hilfreich waren und sind.

---

356 Wolfgang Suppan, Die Rückkehr dreier Mitteleuropäer – Joseph Horovitz, Karel Husa, Alfred Reed, in: Österreichische Musikzeitschrift 7/1997, S. 24–33.
357 Am Institut für Musikethnologie der Kunst-Universität Graz bereitet dzt. (2010) Wolfgang Jud, betreut von Wolfgang Suppan, seine Dissertation über Joseph Horovitz vor.
358 Bei den in diesem Abschnitt genannten Komponisten handelt es sich um eine Auswahl der für die Situation charakteristischer Persönlichkeiten, keinesfalls um vollständige Listen. Vgl. dazu die unter Anm. 5 genannten Nachschlagewerke.
359 Darüber ist Grundsätzliches nachzulesen in dem Beitrag von Armin Suppan, Skizzen zu einer Geschichte der Militärmusik, in: Annales Institutum Musices Feldkirchense (IMF) 1996–1997, Band 2, hg. von Walter Pass, Tutzing 2001, S. 135–153. – Zur Geschichte der jüngeren Militärmusik in Österreich: Anton O. Sollfelner und Christian Glanz, Die österreichische Militärmusik in der II. Republik, Graz 2000.

Dem altösterreichischen Raum entwachsen ist der gebürtige Untersteirer Walter Kalischnig (* 1926), der 1953 nach Holland auswanderte und 1970 bis 1984 als Tonmeister bei Radio Hilversum arbeitete[360]; er schrieb Blasorchesterwerke und Bearbeitungen, die zumeist im Verlag „Musica Mundana" gedruckt worden sind.

Wie sieht es in den unmittelbaren Nachbarländern Österreichs aus?

Völlig überraschend hat sich auf dem Weltmarkt, mit Hilfe des Staatsverlages „Editio Musica" in Budapest und dessen Vertrieb über Boosey & Hawkes im Westen, seit den siebziger/achtziger Jahren des 20. Jahrhunderts die Stimme Ungarns gemeldet. Einerseits von der ungarischen Tonsprache Béla Bartóks und Zoltán Kodálys geprägt, zum anderen aber an der Instrumentationskunst der Amerikaner orientiert, gelang Frigyes Hidas (1928–2007), mit der *Circus Suite* ebenso wie mit dem Requiem, Kamilló Lendvay (* 1928), mit dem Klavierkonzert, Árpád Balász (* 1937) und László Dubrovay (* 1943) in kurzer Zeit ein erstaunlicher internationaler Durchbruch, wie ihn keine andere Komponistengruppe eines europäischen Landes damals und seither erzielen konnte.

Für die Schweiz standen und stehen Paul Huber (1918–2001), Albert Benz (1927–1988), Jean Daetwyler (* 1907), Jean Balissat (* 1936), vor allem aber Albert Häberling (* 1919) für den Übergang vom konservativ geprägten Blasmusikwesen zu neuen Klangformen. Eingeleitet wurde diese zunächst stark bekämpfte Wende durch Häberlings „Festliche Musiktage" in Uster. Hier öffnete sich ein Fenster, durch das Komponisten aus aller Welt in die Schweiz hereintraten, – zugleich erhielten Schweizer Komponisten die Chance, sich auf dem Podium in Uster international zu profilieren.

Im süddeutschen Raum verstarben nach 1980 Hermann Ambrosius (1897–1983), Willy Schneider (1907–1983), Gustav Lotterer (1906–1987), Helmut Haase-Altendorf (1912–1990), Edmund Löffler (1900–2000), Willi Löffler (1915–2000), Ernest Majo (1916–2002), Dieter Herborg (1925–2005), Hermann Regner (1928–2008, seit 1964 als Ordinarius an der Musik-Universität „Mozarteum" in Salzburg tätig und dort 1993 emeritiert). Um 1990 fanden sich west- und mitteldeutsche Komponisten im „Borgsdorfer Kreis" zusammen, dem u. a. Fred Armbruester (* 1930), Klaus-Peter Bruchmann (* 1932), Hermann Egner (1947–2005), Hans Hütten (* 1943) angehörten. – Den Aufbruch zu hochinteressanten und emotional-ergreifenden neuen Klängen symbolisiert vor allem Rolf Rudin (* 1961), mit Werken, wie *Sternenmoor, Der Traum des Oenghus*.

Während in der Tschechei Evzen Záměcník (* 1939), Konservatoriumsdirektor i. R. in Brünn und Komponist einer mährisch inspirierten und stilisierten Blasmusik-Symphonik, eine neue Tonsprache suchte und fand (Titel, wie *Groteske für Fagott und Blasorchester*, 2005 entstanden und im HeBu-Musikverlag gedruckt), – verharrt in der Slowakei Adam Hudec (* 1949), bei traditioneller Polka-Musik, die vor allem über den Adler-Musikverlag auf den Markt gelangt(e).

In Slowenien zählen Ervin Hartman sen. (1904–1988) und jun. (* 1943) zu den traditionellen Kräften im Blasmusikbereich. Als gemäßigte Neuerer gelten: Bojan Adamič (1912–1995), viele Jahre Leiter des Laibacher Rundfunk-Tanzorchesters, für dessen Blasmusikschaffen das folkoristisch gefärbte Tonbild *Über drei Berge, über drei Täler* charakteristisch erscheint; sowie Emil Glavnik (* 1936), mit *Logarska Dolina* und den *Romantischen Variationen* für Tenor-Saxophon und Blasorchester; Dane Škerl (1931–2002), mit der *Tretja Sinfonieta*; und Vinko Strucl (1933–2006), dem wir u. a. *Rad igram na saksofon* (Ich spiele gerne Saxophon) für Alt-Saxophon und Blasorchester verdanken. Die genannten Kompositionen sind im repräsentativen Musikverlag Sloweniens, nämlich dem von Ervin Hartman in Marburg an der Drau, gedruckt erschienen.

Fassen wir zusammen:

(A) Neue Tonsprachen drängen auch in der Blasmusik vor, was sich nicht allein auf die zumeist genannten Parameter der Komposition, die Erfindung von Melodien (was jeder Vogel kann, wie schon die mittelalterlichen

---

360 Wolfgang Suppan, Ein erfolgreicher Steirer in den Niederlanden, in: Blasmusik in der Steiermark NF 6, 2007, S. 14.

Abb. 159, 160: Von den im letzten Absatz genannten Komponisten hat Ernest Majo mit den „Grimming-Impressionen" auch der Steiermark ein Denkmal gesetzt, in dem in das Rauschen von Steinlawinen hinein das Kopfmotiv des Dachsteinliedes erklingt. Sein musikalischer Nachlass wird im Blasmusikinformationszentrum (BLIZ) des Johann-Joseph-Fux-Konservatoriums in Graz verwahrt[361].

361 Wolfgang Suppan, Komponieren für Amateure. Ernest Majo und die Entwicklung der Blasorchesterkomposition, Tutzing 1987 (Alta Musica 10).

Musiktheoretiker wussten!), Harmonien und Rhythmen bezieht, sondern vor allem auf das „componere", das Zusammenfügen der Stimmen und ihre Zuordnung zu den einzelnen Musikinstrumenten. Hierin haben einzelne Komponisten und Arrangeure beachtliche Meisterschaft entwickelt. Und soll dieses Wissen um die möglichen Blasorchesterklänge nicht verloren gehen, brauchen wir – nach dem Vorbild der Niederlande – endlich entsprechende Lehrstühle für Blasorchesterkomposition/Instrumentation und Direktion an unseren Hohen Schulen der Musik. (Nicht zuletzt im Sinne einer berufsorientierten Ausbildung der Studierenden.)

(B) Seit der WASBE-Konferenz 1997 in Schladming weiß man in breiten Blasmusikerkreisen Mitteleuropas um die Besetzung des großen Symphonischen Blasorchesters, für das vier Register konstitutiv sind: (1) Das der Holzbläser – selbstverständlich einschließlich der Doppelrohrblatt-Instrumente, (2) das der engmensurierten, (3) das der weitmensurierten Blechbläser, sowie (4) das der Percussions-Instrumente. Das letztgenannte Register hat sich erst in jüngster Zeit als eigener und den anderen Registern gegenüber gleichberechtigter Klangpartner entfaltet. Zu Großer und Kleiner Trommel, zu den Becken und zu den Pauken bzw. zum „kombinierten Schlagzeug", wie es in der Tanzmusik üblich wurde, gehören jetzt Xylophon, Vibraphon, Marimbaphon, Röhrenglocken, Celesta, verschiedene Rasseln und Ratschen, Cowbells und Bongos, Holz- und Tempelblöcke, Windmaschinen etc.

(C) Nicht mehr die Militärkapellen „geben den Ton" an, wie einst in den Zeiten der Donaumonarchie oder des deutschen Kaiserreiches, sondern einzelne zivile Amateur-Blasorchester, vor allem aber die seit etwa fünfundzwanzig Jahren immer zahlreicher in Erscheinung tretenden Auswahlorchester (angefangen vom Weltjugendorchester bis zu regionalen Bezirks-/Kreisorchestern). In Deutschland und in der Schweiz hat man daraus bereits Konsequenzen gezogen und repräsentative militärische Repräsentationsorchester gegründet. Beispielgebend für die Programme dieser beiden Blasorchester sind (1) Ratzeks MID EUROPE-Programm von 2002: *Orient et Occident* von Camille Saint-Saëns, *Ein Wellenspiel* von Rolf Rudin, *Divertimento* von Boris Blacher, *Konzert für Tuba-Quartett und Blasorchester* von Franz Cibulka (Uraufführung), *Atlantis* von Thomas Doss; (2) Wagners MID EUROPE-Programm von 2007: *Marsch IR 33* von Paul Huber, *March Winds* von Derek Bourgeois, *Big Jig – An Irish Radio-Fantasy* von Thierry Besançon (Uraufführung), *Dionysiaques* von Florent Schmitt, *Temples* von Oliver Waespi[362].

(D) Offen ist derzeit in unseren Breiten, ob man auch in der Blasmusik zu einer „historischen Aufführungspraxis" gelangen wird, wobei ältere Kompositionen in der einstmals üblichen Besetzung und Stärke aufgeführt werden sollten. Oder ob man das eine oder andere Stück aus der Vergangenheit dadurch am Leben erhalten möchte, dass man es den neuen Orchestergrößen und dem Reichtum der aktuell möglichen Klangfarben anpasst, also neu orchestriert? Dies könnte zum Beispiel für Franz von Suppé-Ouvertüren oder für den Radetzky-Marsch von Johann Strauß-Vater von Interesse sein, – Stücke, die Original nicht für Blaskapellen geschrieben wurden und die seit eh und je nur als Transkriptionen im Umlauf sind[363].

(E) Suchen wir nach neuen Strukturierungsmöglichkeiten in der internationalen Blasmusikkomposition, so tritt an die Stelle der älteren Gruppierungen nach Verlagen und/oder regionalen/nationalen Schulen die Quantifizierung nach ästhetischen Kriterien. Dabei geht es weniger um E- oder U-Musik, also um schichtenspezifische Zuordnungen (bürgerliche oder bäuerliche Musik, Musik des Arbeiterstandes), sondern um die quer durch die Gesellschaft zu beobachtende Einsicht in innermusikalisch-schöpferische ebenso wie in kulturspezifisch-identitätsbildende Werte des Komponierens für Blasorchester.

---

362 Auf dem Weg zu einem „österreichischen" militärischen Repräsentationsorchester erscheint die Militärmusik Kärnten unter der Leitung von Sigismund Seidl, die weit über die sog. „Dienstmusik" hinaus die Werke der Avantgarde (u. a. von Karel Husa) sowie zeitgenössischer österreichischer Komponisten zur Aufführung brachte und bringt.
363 Als beispielgebend für eine solche Neuinstrumentation und teilweise auch quellenkundlich belegte Rekonstruktion liegen Julius Fučíks „Vier symphonische Gedichte" durch Armin Suppan im Adler-Musikverlag Bad Aussee vor. Dazu Wolfgang Suppan, Julius Fučík (1872–1916). Komponist, Militär- und Zivilkapellmeister der Donaumonarchie, und sein Beitrag zur national-tschechischen Schule in der Musik, in: Studia musicologica Academiae Scientiarum Hungaricae 47, Budapest 2006, S. 241–250. – Alfred Reeds hervorragend gelungene Neu-Instrumentationen des Radetzky-Marsches und des „Perpetuum mobile" von Johann Strauß sen. bzw. jun. für das Symphonische Blasorchester sind daher ebenso legitim wie alle früheren Blasorchester-Transkriptionen dieser Stücke. 1. Seite der Partitur, Seite 230.

(F) Das Blasorchester, als eine etwa zweihundert Jahre alte Orchesterformation, bedarf der steten Erneuerung aus der Tradition heraus. Erneuerung bezieht sich dabei primär auf das an zeitgenössischen Kompositionstechniken orientierte Repertoire. Eine solche Erneuerung sind unsere Blasmusikverbände, die im Österreichischen Blasmusikverband zusammengeschlossen sind, auch der Jugend schuldig, die heute etwa die Hälfte der aktiv Musizierenden in den Blaskapellen Österreichs stellt. Darüber hinaus tragen Dirigenten Verantwortung für unsere musikschöpferischen Mitglieder, die Komponisten, deren Werke sie in entsprechender Anzahl und Qualität in ihren Programmen vorstellen sollen.

(G) Als Konstante in der Blasmusikliteratur erweist sich jene Gattung, die von Anfang an mit den aus Bläsern bestehenden Freiluft-Ensembles und Orchestern verbunden war: der Marsch. Ob für das sitzende (Konzertmarsch) oder das „sich bewegende" Orchester komponiert, bleibt er in Melodik, Harmonik und Rhythmik traditionell. Einige provozierende Ausnahmen, wie Mauricio Kagels *10 Märsche, um den Sieg zu verfehlen*, wie (des Steirers) Hermann Markus Pressls *Wir wår'n die Kaiserjager*, bestätigen die Regel.

Doch dann zögern wir schon, wollen wir die o. g. Frage beantworten. Wo die Funktion nicht für die Form konstitutiv erscheint, wie eben beim Marsch, eröffnen sich alle Möglichkeiten freier Gestaltung, das gilt selbst für den Walzer oder für die Polka, man höre sich nur Igor Strawinskijs *Circus Polka* oder László Dubrovay's *Buzzing Polka* an[364]. Vor allem aber für die konzertanten Beiträge zum Repertoire haben sich mit der Lösung von festen Verlagsbindungen und damit Verlagsvorstellungen eine Fülle von klanglich neuartigen und auch experimentellen Lösungen ergeben, wobei als konstitutives Element einer Komposition immer stärker die Orchestration/Instrumentation in Erscheinung tritt. Seriöse Forschungsarbeiten wurden in diesem Zusammenhang zunächst in den USA veröffentlicht[365].

(H) Schießlich noch ein Nachwort zur Situation in Österreich, die insofern spezifisch geprägt erscheint, als die Militärkapellen der Donaumonarchie sowohl „auf Blech" als auch „auf Streich" gespielt haben[366]. Die Militär- und zivilen Kapellmeister instrumentierten ihre Werke daher in der Regel sowohl für die eine als auch für die andere Besetzungsvariante. Dies gilt von Johann Strauß' (Vater) *Radetzky-Marsch* bis Julius Fučíks *Vier symphonische Gedichte – Für Österreichs Ruhm und Ehre*, op. 59, 1898, in den Ausmaßen einer Gustav-Mahler-Symphonie (Rekonstruktion und Neuorchestration der Blasorchesterfassung von Armin Suppan, Bad Aussee 1997, Adler-Musikverlag).

Unsere Blasmusik-Edition im HeBu-Musikverlag, Kraichtal

Im Jahr 2000 kamen der Landesvorstand des Steirischen Blasmusikverbandes und Christian Buss, Inhaber des HeBu-Musikverlages im Baden-Württembergischen Kraichtal überein, eine neue Editionsreihe zu gründen. Herausgegeben von Wolfgang Suppan, den Philipp Fruhmann, Markus Waidacher und Rudolf Zangl unterstützen sollten, erhielten damit steirische Komponisten und Arrangeure/Bearbeiter die Chance, ihre Werke in einem repräsentativen und international aktiven Musikverlag zu veröffentlichen. Bis 2010 sind folgende Kompositionen erschienen:

Band 1: Franz Cibulka, Rhapsodie Nr. 3. – Wolfgang Suppan gewidmet.
Band 2: Reinhard Summerer, Sonata op. 1, 1997 – Wahlpflichtstück des Österreichischen Blasmusikverbandes 1989/99.
Band 3: Herbert Marinkovits, Worship and Dance. – 1997 beim Kompositionswettbewerb des Steirischen Blasmusikverbandes ausgezeichnet.
Band 4: Pjotr I. Tschaikowsky, Fest-Marsch zur Krö-

---

364 Nähere Angaben zu allen genannten Komponisten und Werken finden sich in Suppan, Blasmusik-Lexikon/5, 2009. – Zur Fachliteratur vgl. das Buch des Verf's: Blasmusikforschung seit 1966. Eine Bibliographie, Tutzing 2003.
365 Armin Suppan, Blasmusik-Dissertationen in den USA, in: Studia musicologica Academiae Scientiarum Hungaricae 36, Budapest 1995, S. 181–226.
366 Als „Streich"-Musik ist davon nur ein einziges steirisches Orchester bis heute übriggeblieben, die Bürgermusik Bad Aussee, die daher auch dem Steirischen Blasmusikverband angehört. – Zu dieser Thematik vgl. zudem: Bernhard Habla, Das Repertoire von Militär-Blasorchestern vor dem Ersten Weltkrieg. Gezeigt am Notenbestand des „bosnisch-herzegowinischen Infanterie-Regiments Nr. 3", in: Festschrift Wolfgang Suppan zum 60. Geburtstag, hg. von Bernhard Habla, Tutzing 1993, S. 349–375; Tünde Polomik, Quellen zur Erforschung der Tätigkeiten und Rollen von Militärorchestern in Bosnien und Herzegowina zur Zeit der österreichisch-ungarischen Verwaltung (1878–1918), in: Musica Pannonica 1, hg. von Zoltán Falvy und Wolfgang Suppan, Oberschützen – Budapest 1991, S. 111–136.

nung Kaiser Alexander II. von Russland, 1881, instrumentiert von Armin Suppan.

Band 5: Franz Cibulka, Trumpet Emotions, für Solo-Trompete und Blasorchester.

Band 6: Herbert Marinkovits, Schladminger Divertimento.

Band 7: Armin Suppan, Fantasie nach Themen aus der Oper „Macbeth" von Giuseppe Verdi.

Band 8: Reinhard Summerer, Three Short Stories, op. 7.

Band 9: Herbert Marinkovits, Sciltarin.

Band 10: Louis Moreau Gottschalk, Grand Tarantelle, instrumentiert von Armin Suppan.

Band 11: Reinhard Summerer, Concert-Suite no. 1, op. 12.
Satz 1: Waltz (Adagio – Valse pesante)
Satz 2: Romance (Lento)
Satz 3: Scherzo (Allegro giusto – Adagio – Tempo I)

Band 12: Reinhard Summerer, Wartburg – Fanfare, unter Verwendung der Melodien aus der Oper Tannhäuser von Richard Wagner.

Band 13: Gerhard Präsent, Fanfare für Bläser-Ensemble.

Band 14: Franz Fuchs d. J., Festlicher Auftakt.

Band 15: Karl Haidmayer, Le Porello.

Band 16: Reinhard Summerer, 3 Miniaturen für Brass-Quintett und Blasorchester.

Band 17: Ludwig van Beethoven, Egmont-Ouvertüre, arrangiert von Armin Suppan.

Band 18: Ludwig van Beethoven, Gefangenenchor aus „Fidelio", für Chor und Blasorchester arrangiert von Armin Suppan.

Band 19: Karl Haidmayer, 1. Konzert für Saxophon und Blasorchester.

Band 20: Reinhard Summerer, Schneewittchen, für Sprecher und Blasorchester.

Band 21: Karl Haidmayer, Concertino für Solo-Flügelhorn und Blasorchester.

Band 22: Reinhard Summerer, Concerto Piccante, op. 20, für Posaune und Blasorchester.

Band 23: Georges Bizet, Romanze aus „Der Perlenfischer", arrangiert von Armin Suppan.

Band 24: Robert Stolz, Rotary-Fanfare, arrangiert von Armin Suppan.

Band 25: Viktor Fortin, Concertino für Fagott und Blasorchester.

Band 26: Gerhard Präsent, Mini-Symphonie, für Blasorchester oder verschiedene Bläser-Ensembles.

Band 27: Reinhard Summerer, Drei Tänze für Blasorchester, op. 21.

Band 28: Johann Joseph Fux, Missa Confidentiae, K 9, instrumentiert von Armin Suppan.

Band 29: Hector Berlioz, Trauermarsch, 1. Satz der „Grande Symphonie funèbre et triomphale", op. 15, neu instrumentiert von Armin Suppan.

Band 30: Pietro Mascagni, Intermezzo aus „Cavalleria Rusticana", arrangiert von Armin Suppan.

Band 31: Reinhard Summerer, Intrada festiva, op. 22.

Band 32: Reinhard Summerer, Zeit für Natur, op. 23, Impressionen im Jahreskreis.

Band 33: Giacomo Puccini, Vier Stücke: 1. Scossa elettrica (Elektrischer Schlag / Electric Shock), Konzertmarsch; 2. Crisantemi (Crysanthemen / Chrysanthemums); 3. Piccolo Tango (Small Tango); 4. La Tregenda (Hexentanz / Witches' Dance) aus dem Bühnenwerk „Le Villi", arrangiert von Armin Suppan

Band 34: Siegmund Andraschek, Camelot, 2006.

Band 35: Reinhard Summerer, Concert Suite No. 2, op. 24, 2006.

Band 36: Nikolai Rimsky-Korsakov, Variationen über ein Thema von Glinka für Solo-Oboe und Blasorchester, neu arrangiert von Armin Suppan

Band 37: Siegmund Andraschek, King Arthur, 2007.

Band 38: Reinhard Summerer, Rapsodie, op. 25, für Flöte und Blasorchester

Band 39: Aram Katschaturjan, 3. Symphonie (Symphonic Poem), 1947, in einem Satz, neu bearbeitet und instrumentiert von Armin Suppan, 2007.

Band 40: Reinhard Summerer, Concerto, für Flügelhorn und Blasorchester, 2008.

Band 41: Siegmund Andraschek, The Battle of Salisbury, für Symphonisches Blasorchester, 2008.

Band 42: Louis Moreau Gottschalk, Erinnerung an Havanna, arrangiert von Armin Suppan, 2008.

Band 43: Siegmund Andraschek, Arthur's Farewell, 2009.

Band 44: Siegmund Andraschek, Erzberg-Fanfare, 2009.

Band 45: Fritz Pölzl, Weinland-Suite, in drei Sätzen: Das Land – Die Menschen – Der Wein, 2009.

Band 46: Siegmund Andraschek, Festlicher Einzug, 2009.

Band 47: Felix Mendelssohn Bartholdy, Trompeten-Ouvertüre, op. 101, für symphonisches Blasorchester instrumentiert von Armin Suppan, 2009.

VI. Repertoire – Komponisten

Abb. 161, 162: Auch neue Komponisten wurden durch unsere Blasmusik-Edition gleichsam entdeckt und auf den internationalen Markt eingeführt: Landesstabführer Erich Perner wies die Herausgeber auf Siegmund Andraschek hin (oben rechts), dessen Name erstmals auf der Titelseite von Band 34 erscheint (oben links), um dann regelmäßig sowohl in unserer Editionsreihe als auch in Ausgaben des HeBu-Verlages neue Werke veröffentlichen zu können.

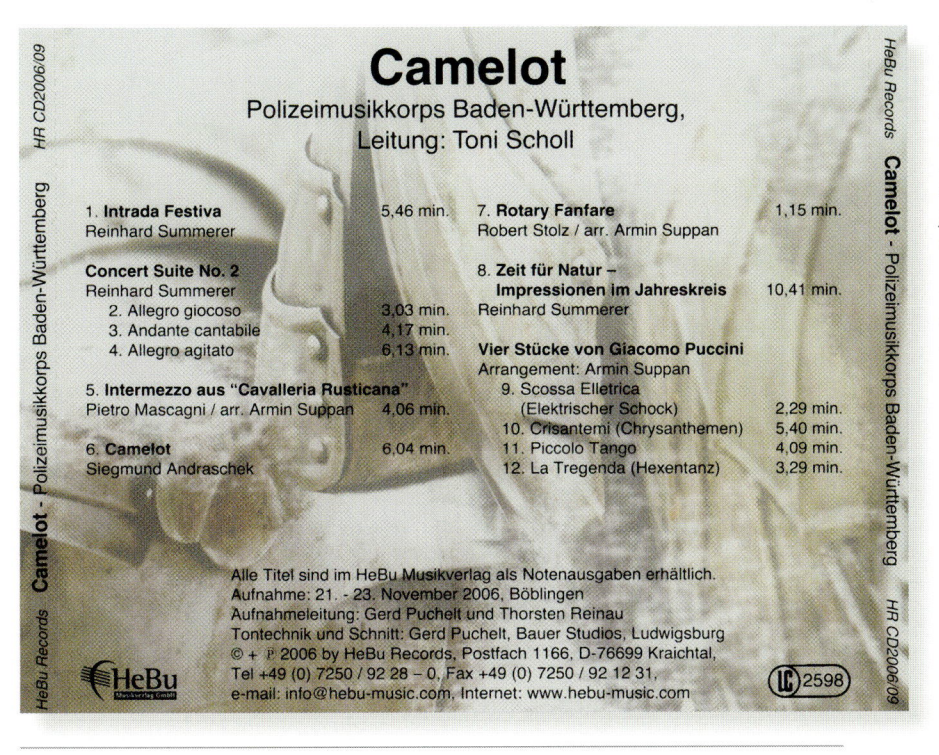

Abb. 163: Es ist dem leider am 18. August 2008 allzu früh auf tragische Art ums Leben gekommenen Christian Buss zu danken, dass die Werke der „Steiermark-Reihe" international weite Verbreitung gefunden haben[370]. Eine CD mit dem Polizeimusikkorps Baden-Württemberg unter der Leitung von Toni Scholl ist zur Gänze steirischen Komponisten und Bearbeitern gewidmet.

---

370 Christian Buss verstarb während einer Konzertreise mit seinem Orchester in Brasilien; s. Wolfgang Suppan, Erinnerungen an Christian Buss – Blasmusikfunktionär und Verleger, in: Blasmusik in der Steiermark NF 7, Nr. 4, Dez. 2008, S. 12.

Abb. 164:
Siehe S. 221.

VII. Pädagogische Maßnahmen

*„Musik macht Kinder nicht nur intelligenter, sondern auch sozial kompetenter.
Sie können sich erheblich besser konzentrieren als Kinder, die kein Instrument erlernen,
und weisen überdurchschnittliche Leistungen in Mathematik, Geometrie, Deutsch und
Englisch auf, obwohl sie zeitlich durch Üben und Ensemblespiel belasteter sind".*
(Heike Schmoll[371])

Bläserausbildung und Bläserschulen in der Steiermark

Musikausbildung, wie sie heute in der „westlichen" Kultur als Bestandteil sowohl der schulischen als auch der außerschulischen Jugend- und Erwachsenenbildung selbstverständlich geworden ist, besteht erst seit der Aufklärung, der Demokratisierung der Gesellschaft und damit auch der Musikausübung: Und das bedeutet, dass alle Neuerungen mit den politischen Veränderungen verbunden sind, die die Französische Revolution gebracht hat. Damals entstand das Pariser Konservatorium – als Prototyp einer öffentlichen, prinzipiell allen Menschen zugänglichen Unterrichtsanstalt. Die ersten Lehrer schrieben Instrumentalschulen, sowohl für den Unterricht unter Aufsicht eines Lehrers als auch zum Selbststudium geeignet. Der Musikinstrumentenbau trat in eine fruchtbare Experimentierphase ein und erfuhr bald einen gewaltigen Aufschwung, weil nun jedermann (worunter zunächst das Bürgertum, erst später der Bauern- und Arbeiterstand zu verstehen ist) sich ein Instrument seiner Wahl kaufen konnte. Dass in solchem Umfeld auch das Blasorchester – als konzertante Freiluftmusik – entstehen konnte, wurde oben schon betont (Einleitung zu Kapitel IV).

Was an „Musikunterricht" – als musikspezifische Einpassung junger Menschen in die europäisch-abendländische Kultur – bis zum Jahr 1789 geschah, passierte innerhalb von Spielmannsfamilien, in denen Praktiken und Techniken des Singens und Musizierens, aber auch des Baues von Musikinstrumenten mündlich weitervermittelt wurden. Im geistlichen Singen und Musizieren breiteten sich nach und nach in den Klöstern semiliterarische Vermittlungsformen aus, begleitet von musiktheoretischen Abhandlungen, wie jener des steirischen Abtes Engelbert von Admont (* um 1250 bis 1331)[372]. Im 16. Jahrhundert, mit dem Beginn der Neuzeit, bezeugen Rechnungsbücher, Bestellungsdekrete und Protokolle der steirisch-landschaftlichen Trompeter und Heerpauker, dass Musik gleichsam als eine „Handwerkskunst" gelehrt und gelernt wurde. Die bereits erfahrenen Musiker, wenn sie mindestens einen Feldzug mitgemacht hätten und auf eine mindestens siebenjährige Dienstzeit hinweisen könnten, sollten für die Ausbildung des musikalischen Nachwuchses sorgen. In einem Dokument des Jahres 1579 heißt es, dass *„ettliche der Trompeter vermüg ihrer Bestallung schuldig sain, aigne Jungen zu halten und dieselben das trometten zu lernen"*[373]. Die Lehrzeit schloss die Beherrschung der gebräuchlichen Feldstücke ein. Nach der Abschlussprüfung erhielt der Trompeter Degen und Freisprechungsbrief sowie einen symbolischen Backenstreich als Zeichen seiner Aufnahme in die Zunft. Dass sich gelegentlich kaiserliche und landschaftliche Trompeter aus finanziellen Gründen stritten, geht aus einem Verordnetenamtprotokoll aus dem Jahre 1671 hervor: *„Die kaiserlichen Hof- und Feldtrompeter contra die landschaftlichen Trompeter und Herpauker in Steyer per erlegung der Helffte von 100 Reichsthalern Lehrgeld, welches [...] sie empfangen; item, dass sie ihre Lehrjungen zu Loß- und Freysprechung zu denen kaiserlichen Privilegien schicken, auch wegen be-*

---

371 Heike Schmoll, Der Segen der Musik, in: Frankfurter Allgemeine Zeitung, 13. April 2000. Nr. 88, S. 16: Rezension des Buches von Hans Günther Bastian, Jugend am Instrument. Eine Repräsentativstudie, Mainz 1991.
372 Artikel „Engelbert von Admont", in: Suppan, Stmk./2, 2009, S. 120f.
373 Nach Hellmut Federhofer, Die landschaftlichen Trompeter und Heerpauker, a. a. O., S. 88.

gangener Unordnungen die empfindlichste Bestrafung zu empfinden haben sollen"[374].

Nicht anders erfolgte die Weitergabe der Handhabe der Musikinstrumente und der Musikpraxis bei den Stadtmusikantenkompanien, Thurnern oder Ratsmusikern. Das feste Reglement sah vor, dass der Lehrling von einem Meister in die Lehre aufgenommen wurde, nach einer bestimmten Lehrzeit seine Gesellenprüfung ablegte, um nach einer mehrjährigen Wanderschaft als Meister in den Dienst des Magistrats zu treten. Stadtthurner und Ratsmusiker begegnen uns seit dem 15. Jahrhundert nicht allein in Graz, sondern auch in den steirischen Städten Bruck an der Mur, Judenburg, Pettau, Marburg und Cilli. Zu ihren Aufgaben zählten die Turm- und Feuerwache, die musikalische Begrüßung von Standespersonen, die Mitwirkung bei kirchenmusikalischen Aufführungen – und die Ausbildung des entsprechenden Musikernachwuchses. In Leoben gab es zunächst nur „Turmwachter" zum Ausschreien der Stunden, seit der Mitte des 18. Jahrhunderts wurden mit Jakob Seybald und dessen Sohn Anton musikalisch geschulte Türmer angestellt[375].

Einzelne Instrumentalschulen, die vor 1789 gedruckt auf den Markt gekommen sind, wie Leopold Mozarts „Versuch einer gründlichen Violinschule" (Augsburg 1756) oder Johann Joachim Quantz' „Versuch einer Anweisung, die Flöte traversiere zu spielen" (Berlin 1752) widersprechen nicht der obigen Aussage, dass nämlich erst im Gefolge der Französischen Revolution die neue Form des demokratischen Musikunterrichtes die heute gängigen Unterrichtswerke hervorgebracht hätte. Leopold Mozart wie Quantz verfassten ihre Unterrichtswerke im Umkreis (geistlich-) adeliger Hofhaltung. Dass gerade im kleinadelig-bürgerlichen Milieu der steirischen Landeshauptstadt die Methode von Quantz auf besonderes Interesse stieß, bezeugt die hier im Jahr 1788 bei J. G. Weingand und Franz Ferstl gedruckte Schrift von Franz Anton Schlegel: „Gründliche Anleitung die Flöte zu spielen nach Quantzens Anweisung". Schlegels Lebenslauf liegt im Dunklen, er hat wohl als Flötist und Flötenlehrer in der Steiermark gewirkt. *„Um den Anfängern und Liebhabern des Flöten-Spielens ein bequemes Handbuch zu liefern, übernimmt Schlegel teils wörtlich übereinstimmend, teils vergröbernd auszugsweise die speziell auf die Flöte bezüglichen Teile des Werkes von Quantz in seine knapp gefasste Darstellung. Nur selten weicht er von seinem Vorbild ab. So lehnt er in konservativer Gesinnung die von Quantz empfohlene zweite Klappe ab, erwähnt aber die Möglichkeit, das Instrument auch nach links zu halten und durch Verlängerung des Mittelstückes eine Flöte d'amour zu erhalten. Auch übergeht er die französische und italienische Art, das Adagio zu spielen, und in der Auszierungslehre spiegelt sich schon die neue Zeit wider. Dagegen weicht er in den Griffen nur geringfügig von Quantz ab und stimmt auch mit dessen Tonbildungsideal überein. Schlegels Anleitung beweist den Einfluss von Quantzens Lehrmethodik der Flöte in Österreich während der Wiener Klassik"*[376].

Wesentlich später – und daher voll im Trend der „neuen" Musikschulen steht eine von Eugen Brixel erstmals beschriebene Trompetenschule von Franz Kaltenegger aus dem Jahre 1849. Von Kaltenegger wissen wir nur, dass er „Trommpeten Blasser" in Knittelfeld gewesen sei[377]. In der Beschreibung folge ich Brixel: *„Nach einer ,Vorrede', in der auf die Entwicklung der Trompete hingewiesen und die Erfindung der Ventile (,Klappen') einem Stadtkapellmeister in Kremsier namens Johann Leopold Kunerth, bzw. in weiterer Folge auch dem ,hiesigen Blechinstrumentenmacher Josef Riedl' zugeschrieben wird, [...] ist jedes der vier Kapitel dem Spiel eines anderen Trompeteninstrumentes gewidmet. Das I. Kapitel bezieht sich auf die ,Einfache (= Natur-) Trompete', deren Naturtonreihe in der (alten) tiefen Notation angegeben ist und deren Stimmung in G, A, B, D, Es, E, F und G variiert werden kann. In diesem ersten Kapitel wird überdies der Zungenstoß – bis zur Trippelzunge – erklärt und entsprechendes Übungsmaterial angeboten. Das II. Kapitel ist der ,Klappentrompete' gewidmet und zeigt die Darstellung einer mit vier Klappen versehenen Trompete des Instrumentenbauers ,Joseph Riedl' nebst zwei Mundstückschemata. Eine Grifftabelle und fünf Spielstücke sollen der Erlernung dieses Instruments dienen. Im III. Kapitel wird die ,Maschintrompete [...], die vollkommenste von allen', vorgestellt und dem Bläser zu deren Erlernung Übungs-*

---
374 Ebda., S. 88 f.
375 Wolfgang Suppan, Artikel „Leoben", in: ders., Stmk./2, 2009, S. 413–420.
376 Hellmut Federhofer, Artikel „Schlegel", in: MGG/1.
377 Eugen Brixel, in: ders. und Wolfgang Suppan, Das große steirische Blasmusikbuch, Wien u. a. 1981, S. 161f. – Über Kaltenegger gibt es bisher keine weiteren Informationen, ein entsprechender Artikel fehlt daher in Suppan, Stmk./2, 2009.

VII. Pädagogische Maßnahmen

material an die Hand gegeben. Das letzte (IV.) Kapitel bleibt der ‚Bass-Trompete und dem Posthorn' vorbehalten und verzichtet völlig auf Übungs- oder Spielstücke" (Eugen Brixel).

Mit der Gründung des Musikvereins für Steiermark und – diesem angeschlossen – der Einrichtung einer Musikausbildungsstätte zur *„Vervollkommnung der ausübenden Mitglieder [...] in der Tonkunst"* hielt die Bürgerliche Musikkultur offiziell Einzug in der Steiermark. Die zunächst eingerichtete „Singschule" wurde um Bläserlehrer erweitert, um *„dafür zu sorgen, dass vier bis sechs der fähigsten Jünglinge, und zwar die dürftigsten, unentgeltlich, in den Blasinstrumenten unterrichtet werden"* konnten, *„letzte dann aber verpflichtet wären, durch vier Jahre zu den Vereinszwecken mitzuwirken"*[378]. Der artistische Direktor des Musikvereins, Josef Haag (1786–1858), betonte ausdrücklich, dass für den Bläserunterricht *„als Leitfaden die im Pariser Conservatorium [!] eingeführten Schulen"* vorschreiben würden[379]. Um qualifizierte Lehrkräfte zu gewinnen, erschien noch vor Ablauf des Jahres 1818 in der Wiener und der Grätzer Zeitung folgende Ankündigung:

„Der von Sr. k. k. Majestät allerhöchst bestättigte Musik= Verein in Steyermark hat zur gründlichen Erlernung sämmtlicher Zweige der Tonkunst nebst der bereits bestehenden Singschule, eine eigene Schule für alle Blas= Instrumente auf Kosten des Vereins zu errichten, und zur Ertheilung des Unterrichts eigene Lehrer aufzustellen befunden. Es werden demnach alle jene, welche durch Kunstbildung und richtige Methode im Unterrichten sich fähig glauben, die Stelle eines Lehrers zu übernehmen, aufgefordert, ihre dießfälligen Anträge sammt dem allfälligen Unterrichtsplane dem Hrn. Musikdirektor des Vereins, wohnhaft in der Herrngasse Nro 202 im vierten Stocke vorzulegen, von dem sie sodann die weiteren Bedingnisse erfahren werden.
Grätz den 31. October 1818"[380].

Es langten sieben Bewerbungsschreiben ein. Ausgewählt und mit Januar 1819 angestellt wurden: Anton Scholz als Lehrer für Flöte, Oboe und Fagott, Joseph Kratky als Lehrer für Klarinette, Horn, Trompete und Posaune. Die Zahl der Bläserschüler betrug in den ersten Jahren dreißig bis vierunddreißig, sank aber später beträchtlich ab, so dass 1833 der Bläserunterricht sogar eingestellt wurde. An weiteren Musiklehrern begegnen uns Wilhelm Schlegel (Oboe), Michael Delange (Oboe und Fagott), Karl Tarrant (Oboe und Fagott), Caspar Liebenwein (Oboe), Georg Bruckner und Johann Schmidt (beide Horn). Als der oben (in Kapitel V) bereits mehrfach genannte Andreas Leonhardt im Jahr 1842 an die Spitze des Musikvereins für Steiermark berufen wurde, führte er unter der Bezeichnung „Harmonieschule" den Bläserunterricht wieder ein und gewann u. a. den Theatermusiker Ferdinand Franz Schantl (1808–1874), der nicht nur das Spiel auf seinem Instrument, dem Horn unterrichtete, sondern sämtliche Blechblasinstrumente sowie Klarinette, Oboe und Fagott. Zudem gründete er ein eigenes „Zöglings-Blasorchester", das durchaus positive Kritik erntete: So schrieb Ludwig Carl Seydler, der Komponist des „Dachsteinliedes", in der „Wiener Allgemeine Musikzeitung": *„[...] Den Schluss machte Webers ‚Jubelouverture' für große Harmoniemusik arrangiert von Herrn Schantl, unter dessen Leitung dieselbe von sämmtlichen Executanten mit Kraft und Energie ausgeführt, und vom Publikum mit einem lang anhaltenden Beifallssturme aufgenommen wurde. Hr. Schantl, der bei 40 Zöglingen bei verschiedenen Instrumenten als: Flöte, Oboe, Clarinette, Fagott, Waldhorn, Trompete und Posaune mit bestem Erfolg ertheilt, verdient für seinen unermüdlichen Fleiß und seine Thätigkeit das größte Lob; es erwirbt sich dieser höchst achtbare Künstler ein bleibendes Verdienst um das Institut im Allgemeinen, so wie um die künstlerische Ausbildung der seiner Leitung unterstehenden Zöglinge insbesondere"*[381].

Ferdinand Franz (Xaver) Schantl beendete 1853 seine Unterrichtstätigkeit an der Grazer Musikvereinsschule, um als Kapellmeister die Musik des Grazer Bürger-Korps zu leiten. Nun übernahm dessen Bruder Florian Schantl (1810–1894), ebenfalls Mitglied des Theaterorchesters, die Aufgabe, alle Blechblasinstrumente an der Musikvereinsschule zu unterrichten. In diesem Umfeld begegnet als Flötenlehrer der damals neunzehnjährige Jakob Stolz, Vater des Operettenkomponisten Robert Stolz. Weitere Namen nennt Ferdinand Bischoff (1826–1915), o. Universitätsprofessor für Deutsche Rechtsgeschichte und Privatrecht an der Karl-Franzens-

---

378 Ferdinand Bischoff, Chronik des Steiermärkischen Musikvereins, Graz 1890, S. 21.
379 Ebda., S. 33. – Wolfgang Suppan, Artikel „Haag", in: ÖBL.
380 Steyermärkische Intelligenzblätter zu Nr. 178 der Grätzer Zeitung, Samstag, 7. November 1818.
381 Wiener Allgemeine Musikzeitung, 1845, S. 388.

Universität in Graz, aber auch Präsident und „Chronist" des Musikvereins für Steiermark[382]. Er schätzte vor allem die Arbeit Schantls, über den er u. a. schrieb: *„Für den Ende des Jahres 1886 in den Ruhestand getretenen Blechharmonie- und Fagottlehrer Florian Schantl, der während seiner 35-jährigen Wirksamkeit wohl über 50 Schüler soweit gebracht hat, dass sie nach dem Austritt aus der Schule sofort bei Militärkapellen, häufig sogleich mit Feldwebelsrang, oder in Theaterorchestern und selbst in solchen von Hof- und Residenztheatern (in Wien, München, Warschau u. a.) zum Theil auf ersten Plätzen Anstellungen erhielten und der namentlich dem Orchester des Grazer Theaters seit dreißig Jahren fast ausschließlich alle Hornisten und Trompeter geliefert hat, trat seit 1. December 1886 dessen Schüler, der erste Hornist am Landestheater Josef Ignaz Stückler"* ein[383].

Trotz der schwierigen wirtschaftlichen Situation gelang es in der Direktionszeit Roderich von Mojsisovics' im Jahr 1920 die Musikvereinsschule zum Konservatorium umzuwandeln. Für die Bläserklassen wurden hervorragende Persönlichkeiten gewonnen: Engelbert Pirker (Flöte), Rudolf Spurny (Oboe und Englischhorn), Helmut Czerny und Josef Längauer (Klarinette), Franz Brugger (Trompete), Eduard Zugmeister (Trompete und Horn), Franz Schmid (Posaune), die bis in die Zeit nach dem Ende des Zweiten Weltkrieges nicht nur das Grazer Opern- und Philharmonische Orchester sowie das Rundfunkorchester der Sendergruppe Alpenland mit Bläsern versorgten, sondern darüber hinaus ihre Schüler in den großen Wiener Orchestern untergebracht haben. In den dreißiger Jahren des 20. Jahrhunderts entwickelten Hermann von Schmeidel (als erster steirischer „Landesmusikdirektor"), Ludwig Kelbetz, Walter Kolneder, Felix Oberborbeck das Steirische Musikschulwerk, das einen flächendeckenden Musikunterricht für alle Schichten der Gesellschaft sichern sollte[384]. In diesem Zusammenhang weist Ludwig Kelbetz, der 1943 in Russland gefallen ist, auch auf die Blaskapellen unseres Landes hin: *„Es wird nur wenig bekannt sein, dass wir in der Steiermark allein 300 Blaskapellen besitzen. Das sind mehr als in Ostpreußen, Pommern und Mecklenburg zusammen. Das darf als Hinweis gelten, wie großes Interesse für Musik in unserem Lande herrscht, wie groß die Zahl der im Lande vorhandenen Begabung ist und wie wichtig es ist, diese Kräfte zu fördern und zu schulen"*[385].

Nach dem Ende des Zweiten Weltkrieges konnten die Landesmusikdirektoren Otto Siegl (1950–1952), Erich Marckhl (1952–1971) und Friedrich Körner (1971–1996) unmittelbar an das Konzept aus den dreißiger Jahren anknüpfen – und damit ein florierendes Musikschulwesen aufbauen, das schließlich mit der Umwandlung des Konservatoriums in eine Musikakademie (1963), in eine Musikhochschule (1970) und schließlich in die Universität für Musik und darstellende Kunst in Graz (1998) in seiner vollen Breite wirksam werden sollte. Die Jahresberichte/Statistiken des Steirischen Musikschulwerkes bezeugen, dass nach den zunächst klavier- und streicherdominierten Klassen bald die Klassen für Holz- und Blechbläser sowie für Schlaginstrumente zahlenmäßig zu überwiegen begonnen haben. Gab es im Schuljahr 1957/58 an allen Musikschulen des Landes 599 Geigenschüler, so sind es 1990/91 788. Die Zahl erhöhte sich demnach trotz der zahlreichen Musikschulgründungen in den Jahren dazwischen kaum. Dagegen stiegen die Querflötenschüler im selben Zeitraum von 16 auf 844, die Klarinettenschüler von 161 auf 797, die Trompetenschüler von 127 auf 811. 1957/58 fehlten noch Horn- und Posaunenlehrer; 1990/91 waren 155 Horn- und 134 Posaunenschüler an steirischen Musikschulen eingeschrieben. Für das Jahr 2001 liegen von den öffentlichen Musikschulen folgende Zahlen vor:

Querflöte	1486 Schüler
Oboe	47 Schüler
Klarinette	1078 Schüler
Saxophon	559 Schüler
Fagott	24 Schüler
Horn	232 Schüler
Trompete	1021 Schüler
Flügelhorn	136 Schüler
Posaune	182 Schüler
Tenorhorn	223 Schüler
Tuba	97 Schüler
Schlagzeug	963 Schüler

---

382 Suppan, Stmk./2, 2009, S. 48f.
383 F. Bischoff, Chronik des Steiermärkischen Musikvereins, Graz 1890, S. 205.
384 L. Kelbetz, Das Steirische Musikschulwerk, in: Das Joanneum 1, Graz 1940, S. 62; Felix Oberborbeck, Landschaftlicher Musikaufbau, dargestellt am Beispiel der Steiermark, in: Das Joanneum 3, 1940, S. 69ff.; Helmut Brenner, Musik als Waffe? Theorie und Praxis der politischen Musikverwendung, dargestellt am Beispiel der Steiermark 1938–1945, Graz 1992.
385 L. Kelbetz, Der Musikunterricht im Konservatorium, in: Grazer Tagespost, 8. Oktober 1938, S. 7.

VII. Pädagogische Maßnahmen

Abb. 165: Wolfgang Suppan dirigiert die Gesamtchöre beim 2. Internationalen Jugendkapellen-Treffen in Löffingen im Schwarzwald im Jahr 1974. Die Steiermark war dort durch die Jugendblaskapelle der Musikschule Voitsberg vertreten.

Diese Zahlen würden sich allerdings wesentlich erhöhen, würde man die an den Privatschulen und spezifischen Blasmusikschulen unterrichteten Schüler hinzuzählen.

Folgende Professoren/Dozenten/Lehrbeauftragte unterrichten im Schuljahr 2009/10 Blas- und Schlaginstrumente an der Universität für Musik und darstellende Kunst in Graz und in Oberschützen:
Flöte: Dietrich Flury (o.Prof.), Nils Thilo Krämer (o. Prof.), Arno Steinwider-Johannsen
Oboe: Adolf Traar (o.Prof.), Gerhard Turetschek (o.Prof.)
Klarinette: Bertram Egger (Prof.), Gerald Pachinger (Prof.), Stefan Schilling (o.Prof.)
Fagott: Krisztina Faludy (o.Prof.), Kurt Pfleger
Saxophon: Gerald Preinfalk, Michaela Reingruber
Trompete: Helmut Arnfelser, Stanislav Arnold (o.Prof.), Gerhard Freiinger (Prof.), Stefan Hofer, Uwe Köller (o.Prof.), Hans Peter Schuh (o.Prof.), Franz Tösch
Waldhorn: Hermann Ebner, Hector Mc Donald (o.Prof.)
Posaune: Thomas Eibinger (Prof.), Johann Ströcker (Prof.), Carsten Svanberg (o.Prof.), Wolfgang Tischhart
Basstuba: Josef Maierhofer (o.Prof.)
Schlagzeug: Gerald Fromme (o.Prof.), Martin Kerschbaum, Günter Meinhart, Ulrike Stadler
Blasmusikforschung: Bernhard Habla
Pannonisches Blasorchester: Peter Forcher

(2) am Johann-Joseph-Fux-Konservatorium des Landes Steiermark:
Flöte: Reinhard Hechtl (Prof.), Gerda Hillmayer, Herbert Irmler, Heike Straub-Kossegg, Heide Wartha
Oboe: Klaus Mörth
Klarinette: Adolf Friedrichkeit, Johann Königshofer (Prof.), Wolfgang Kornberger, Reinhard Uhl
Saxophon: Martin Birnstingl, Christian Pold
Fagott: Johann Benesch
Trompete: Wolfgang Jud, Kurt Körner, Hans-Jörg Pirkwieser, Karl Rossmann
Waldhorn: Peter Heckl, Wilhelm Kalcher
Posaune/Tenorhorn: Erwin Moder, Josef Steinacher
Bass-Tuba: Erich Bendl
Schlagzeug: Gottfried Eitljörg, Kurt Gober
Blasorchester (Dirigieren, Instrumentation, Repertoirekunde): Armin Suppan

235

Abb. 166: Das internationale Jugend-Orchester 2009 im Music Camp „International Peace Garden", North Dakota, USA, mit den beiden steirischen Delegierten: Bernadette Bretterebner, Trompete (1. Reihe, stehend, 3. v. l.), und Patrick Kanzler, Flöte (3. Reihe, stehend, 6. v. r.).

Nicht allein die Idee der Jungmusiker-Leistungsabzeichen kam aus der Steiermark (Willi Konrad war es, der im Präsidium des Österreichischen Blasmusikverbandes das Konzept erstmals vortrug). Auch die Veranstaltung internationaler Jugendkapellen-Treffen geht auf eine steirische Anregung zurück. Als Vorsitzender des Jugendbeirates im Bund Deutscher Blasmusikverbände hat der Verfasser dieses Buches noch vor der Gründung der WASBE und der IGEB einem internationalen Kreis von europäischen Jugendreferenten den Vorschlag unterbreitet, die Blasmusikjugend Europas in regelmäßigen Abständen zusammenzuführen. Das erste Internationale Jugendkapellen-Treffen fand im Jahr 1969 in der „Faust"-Stadt Staufen im Breisgau statt[386]. Aus Österreich war damals Präsident Josef Leeb mit der Jugendkapelle aus dem Kleinen Walsertal gekommen.

Seit 1974 konnten/können jährlich zwei hochbegabte Jugendliche in das *Music Camp des International Peace Garden* in North Dakota in die USA entsendet werden, die dort als Stipendiaten im Kreis von sechs- bis achthundert Jugendlichen aus allen Kontinenten intensiven Musikunterricht von hochqualifizierten Solisten und Pädagogen erhalten, in verschiedenen Orchestern und Kammermusik-Ensembles mitwirken, vor allem aber Erfahrungen für ihr zukünftiges Leben sammeln. 2008 haben Judith Scheucher, Marktmusikkapelle Straß, Gerhard Ornig und Paul Gritsch, Musikverein Gralla, 2009 Bernadette Bretterebner und Patrick Kanzler, beide Mitglieder der Musikkapelle Pürgg, unser Land in den USA vertreten[387]. Während dieses Buch zum Druck geht (Juli 2010), befinden sich Mathias Knes und Bernhard Plos, Mitglieder der Musikkapellen Köflach und Maria Lan-

---

386 Wolfgang Suppan, Baden 1983, S. 104f. – In der historischen Stadt Staufen im Breisgau wird das „Faust"-Haus gezeigt. Hier soll der Teufel den Faust geholt haben.
387 Blasmusik in der Steiermark, NF 7, Nr. 4, Dezember 2008, S. 15; ebda. NF 8, Nr. 3, September 2009, S. 13.

VII. Pädagogische Maßnahmen

Abb. 167: Zum internationalen Jugendaustausch zählt auch, dass junge Menschen über die Blasmusik andere Länder und Kulturen kennen lernen. Den Sommer und Herbst des Jahres 2004 über gehörte Stefanie Riehle, Tochter eines Weinbauern aus Ortenberg nahe Offenburg in Südbaden und Klarinettistin des dortigen Blasorchesters, der Musikkapelle Gamlitz an. – Auf dem Foto (v.r.n.l.): Musikobmann Franz Trummer, Gamlitz, Bezirksobmann Albin Prinz, Gralla bei Leibnitz, Stefanie Riehle, Landesobmann Wolfgang Suppan, Kapellmeister Joachim Irischitz, Gamlitz.

kowitz, als Delegierte des Steirischen Blasmusikverbandes, in den USA. Beihilfen zu den Flugkosten gewährten den genannten Jugendlichen die Rotary Clubs Ausseerland, Leibnitz und Voitsberg-Köflach.

In diesem Zusammenhang ist auch auf die Möglichkeiten hinzuweisen, die begabte Instrumentalisten aus steirischen Blasorchestern durch die Möglichkeit der Mitwirkung im WASBE-Jugendorchester 1997 sowie durch die MID EUROPE-Jugendorchester erhalten haben. Im Jahr 2007 kam es in Mautern zur Gründung der Österreichischen Klarinetten-Gesellschaft, deren Präsident seither Friedrich Pfatschbacher ist. Die Gesellschaft veranstaltet Tagungen, in deren Rahmen sowohl praktisch-pädagogische Themen behandelt werden als auch wissenschaftliche Symposien stattfinden[388].

Die Blasorchesterleiter-Ausbildung

Zu den dringlichsten Aufgaben des Steirischen Blasmusikverbandes zählt die Ausbildung von Dirigenten. Wie oben schon dargestellt, wurde unmittelbar nach der Gründung des Verbandes damit begonnen, Kurse dafür einzurichten. Doch erst im Jahr 1972 ist es gelungen, Rektor und Senat der damaligen Hochschule für Musik und darstellende Kunst in Graz davon zu überzeugen, dass ein viersemestriger Hochschul-Lehrgang sowohl – studienbegleitend – für ordentliche wie für außerordentliche Hörer innerhalb der Abteilung 4: Blas- und Schlaginstrumente, eingerichtet werden sollte. Mit dem Winter-Semester 1972/73 konnte der Unterricht begonnen werden, den Fritz Waldstädter als Abteilungsvorstand formal leiten und Eugen Brixel fachlich betreuen sollte. Rudolf Bodingbauer, Willi Konrad und Karl Schabl unterrichteten als Lehrbeauftragte. Von den siebzig Kandidaten, die sich für den ersten Lehrgang angemeldet haben, wurden vierzig aufgenommen. Als Willi Konrad 1987 aus gesundheitlichen Gründen den Lehrauftrag zurücklegen musste, übernahm Wolfgang Suppan dessen Stunden, und er folgte zudem Fritz Waldstädter nach dessen frühem Tod in der offiziellen Leitung des Kurses. Bis 1990 hatten dreihundert Hörer den Lehrgang positiv absolviert[389]. Allerdings ging in den folgenden Jahren die Anzahl der Bewerber so stark zurück, dass nur mit finanzieller Hilfe unseres steirischen „Blasmusik-Landesrates" Michael Schmid der Kurs aufrechterhalten werden konnte. (Kurse an Bundeseinrichtungen – und dazu zählt die Grazer Musikhochschule/Kunst-Universität – dürfen nur kostendeckend, d. h. mit den von den Teilnehmern eingezahlten Beiträgen, geführt werden.)

Wie schon in Kapitel IV dieses Buches erläutert, war es – nach der Entscheidung der damaligen Abteilung 4 der inzwischen zur Universität erhobenen Grazer Musikhochschule – ab dem Jahr 1999 nicht möglich, den Kurs weiter zu führen. Der damalige Direktor des Johann-Joseph-Fux-Konservatoriums, Anton Bärnthaler, öffnete daraufhin in verständnisvoller Weise sein Haus

---

388 Blasmusik in der Steiermark, NF 6, Dez. 2007, S. 19; ebda. NF 8, Nr. 4, Dez. 2009, S. 29. – Friedrich Pfatschbacher hat seine Doktorarbeit über den Klarinetten-Chor am Institut für Musikethnologie der KUG geschrieben: Die Drucklegung dieser Schrift, Tutzing 2005, Verlag Hans Schneider, wurde in großzügiger und dankenswerter Weise vom damaligen Blasmusikreferenten der Steiermärkischen Landesregierung, Landeshauptmannstellvertreter Dipl.-Ing. Leopold Schöggl, finanziert.
389 Eugen Brixel, Musikhochschule Graz – Ausbildungsstätte für Blasorchesterdirigenten, in: Willi Konrad, 40 Jahre Steirischer Blasmusikverband 1950–1990, Graz 1990, S. 42–46 sowie 62–65.

für diese wichtige steirische Lehrveranstaltung[390]. Im Herbst des Jahres 1999 begann der erste Jahrgang des Blasorchesterleiter-Kurses am Johann-Joseph-Fux-Konservatorium. Franz Cibulka, der bereits am Konservatorium unterrichtete und sich als Komponist im Blasorchesterbereich einen Namen gemacht hatte, erhielt damit eine weitere Aufgabe an diesem Institut. Zusammen mit Armin Suppan, der damals in den Lehrkörper des Konservatoriums aufgenommen wurde, entwickelte er den neuen Studiengang. Armin Suppan war nach zehnjähriger professioneller Blasorchesterdirigenten-Tätigkeit im südwestdeutschen Raum nach Österreich zurückgekehrt und hatte 1999 hier die österreichische Militärkapellmeister-Prüfung abgelegt. Leider trat Cibulka bereits 2002 in den Ruhestand. Armin Suppan unterrichtet seither in diesem Kurs die Fächer Dirigieren, Blasorchester-Instrumentation und Repertoirekunde. Mit Lehraufträgen wurden u. a. versehen: Philipp Fruhmann (Klangseminar), Kurt Gober (Schlagwerkpraktikum), Wolfgang Jud (Jugendarbeit), Hannes Lackner (Dirigieren, Blasmusikgeschichte und Gehörbildung; in dankenswerter Weise steht Oberstleutnant Dr. Lackner mit seiner Militärmusik Steiermark für praktische Dirigierübungen zur Verfügung), Erich Perner (Stabführung), Anselm Schaufler (Tonsatz), Alexander Wiedenhofer (Gehörbildung), Rudolf Zangl (Dirigieren). Von großer Bedeutung ist, dass dieser Konservatoriums-Kurs unabhängig von der Anzahl der Teilnehmer durchgeführt werden kann, – gefördert von einem der führenden Trompeten-Solisten Österreichs, seit 2002 Direktor des Johann-Joseph-Fux-Konservatoriums: Toni Maier[391].

In den Jahren seit 2001 haben folgende Studierende die Abschlussprüfungen positiv absolviert:

1999/2001: Manfred Auner, Karl Gaulhofer, Josef Paunger, Edwin Reiter, Harald-Thomas Weinzerl, Rudolf Wiener.

2000/02: Gerhard Glaser, Ezekiel Olakunle Jooda, Anita Kollau, Martin Kressnig, Gerald Oswald, Horst Pobernel, Markus Poier, Harald Reichmann, Rainer Schabereiter, Jennifer Tauder.

Abb. 168: Ein „Bläser-Trio", das für die Konzeption der pädagogischen Maßnahmen im Bereich der Didaktik der Bläserausbildung sowie der Blasorchesterleiter-Ausbildung am Johann-Joseph-Fux-Konservatorium des Landes Steiermark entscheidende Maßstäbe gesetzt hat. Direktor Toni Maier (Mitte), Armin Suppan (links), Wolfgang Suppan (rechts).

Abb. 169: Die Absolventen des Blasorchesterleiter-Kurses am Johann-Joseph-Fux-Konservatorium in Graz im Jahr 2003 erhielten ihre Urkunden im Rahmen der MID EUROPE in Schladming. Auf dem Foto werden sie eingerahmt von (v.r.) Alt-Bürgermeister Hermann Kröll, Schladming, Kursleiter Armin Suppan, Landtagsabg. Odo Wöhry, Liezen; (v.l.) MID EUROPE-künstlerischer Leiter Hans Mösenbichler, MID EUROPE-Gründer Wolfgang Suppan, ÖBV-Präsident Friedrich Weyermüller.

---

390 Artikel „Bärnthaler", in: Suppan, Stmk./2, S. 32.
391 Toni Maier, Die Definition der Trompete und „High-Note-Blowers", Mag.-art.-Diplomarbeit KUG, Institut für Musikethnologie 2005; ders., Töne sind Perlen der Seele, Graz 2009.

VII. Pädagogische Maßnahmen

Abb. 170, 171: Die Absolventen des Jahrganges 2005/07 erhielten die Urkunden im Rahmen der Jahreshauptversammlung in Birkfeld überreicht, und zwar von den Kursleitern Armin Suppan und Rudolf Zangl.

Abb. 172, 173: Die Urkundenverleihungen 2008 in Deutschfeistritz (links) und 2009 in St. Peter am Ottersbach (rechts).

2001/03: Clemens Böhm, Alois Galler, Dietmar Kohlfürst, Peter List, Alois Neuherz, Natascha Offenbacher, Alexandra Peternusch, Rainer Pötz, Ralf F. Schöck[392].

2002/04: Arnold Breidler, Lucia Buch, Alexander Eichtinger, Roland Ganzer, Markus Grinschgl, Peter Kniepeiss, Martin Leitenbauer, Christian Matzhold, Stefan Orthofer.

2003/05: Raphaela Kraml-Prinz, Heribert Kranz, Markus Mild, Stefan Stadler.

2004/06: Andreas Dietrich, Christian Flechl, Hannes Goger, Harald Kaufmann, Bernhard Posch, Mario Puster, Herbert Rotschädl[393].

2005/07: Elisabeth Gaugl, Wolfgang Michl, Gustav Prattes, Gerhard Scherr, Stefan Schwaiger, Franz Sigl, Wolfgang Weissensteiner.

2006/08: Florian Bauer, Andrea Goger, Ludwig Goger, Heinz Hoppaus, Thomas Karner, Gerald Mitteregger, Dieter Moser, Georg Piechl, Anton Prettler, Kathrin

---
392 Blasmusik in der Steiermark, NF 2, 2003, S. 44.
393 Blasmusik in der Steiermark, NF 6, 2007, S. 5.

Reithofer, August Singer, Daniel Strohmeier, Elisabeth Weber, Theresia Wille, Karl Heinz Wohlfahrter.

2007/09: Hans Markus Enzinger, Carmen Grain, Johann Groß, Jörg Huber, Sabrina Kröll, Johanna Langmann, Gernot Mang, Petra Triebl, Robert Trummer.

2008/10: Karl Arzberger, Birgit Feldbaumer, Karin Hofer, Michael Hollauf, Markus Kreuzer, Tamara Promitzer, Silvia Pühringer, Michael Rauch, Michael Schachner.

Von der Hausmusik zum „Spiel in kleinen Gruppen"

Der pädagogische Auftrag der Musik für Bläsergruppen

Von der klein-adeligen und klösterlichen „Harmoniemusik" des ausgehenden 18. und beginnenden 19. Jahrhunderts über das Streichquartett des Biedermeier und das Klavierlied von Franz Schubert bis Hugo Wolf, blieb die „klassische" Hausmusik an bestimmte musikalische Gattungen gebunden, und ihre Träger verzichteten auf Öffentlichkeit einerseits sowie auf musikalisch perfekte Interpretation andererseits. Doch die Musikkultur der „Musikvereinskonzerte" verschaffte der „Musik der kleinen Besetzungen" in immer stärkerem Maß eine Öffentlichkeit. Parallel zu den Abonnement-Reihen der Symphoniekonzerte wurden Kammerkonzert- und Lieder-Reihen angeboten, in denen die anspruchsvolleren Werke der Hausmusik, die Streichquartette Haydns oder die Lieder eines Franz Schubert, Johannes Brahms und Hugo Wolf, in professioneller Qualität dargeboten wurden. In Wechselwirkung dazu schufen die Komponisten Kammermusik nicht mehr für Amateure, sondern für professionelle Musiker und Ensembles. Diese „Kammermusik" für den Konzertsaal entzog sich in steigendem Maß der „Hausmusik" (man denke an Béla Bartóks Streichquartette).

Paul Hindemith wollte in jugendlicher und jugendbewegter Begeisterung die getrennten Lager wieder zu-

Abb. 174: Auch steirische Komponisten fanden mit Werken dieser Gattung international Anerkennung, wie die Titelseite des Heftes 229 der „Aulós-Reihe" zeigt. 1986 erschien dort Eugen Brixels „Audiamus igitur", eine Burleske für Blechbläser-Quintett.

sammenführen: Er forderte nicht allein von den musikalischen „Laien" – wie der neue Begriff in den zwanziger Jahren lautete – die stärkere aktive Beteiligung an neuer Musik, er ermunterte zugleich seine Komponisten-Kollegen dazu, diesen Laien eine technisch und musikalisch nachvollziehbare zeitgenössische Literatur in die Hände zu geben. Doch diese an sich sinnvolle Initiative verlief im Sand. Die einschlägigen Kompositionen von Ernst Pepping oder Hans Gál, von Hermann Grabner oder Otto Siegl, von Ernst Krenek und auch Hindemith usf. wurden von denjenigen nicht angenommen, denen sie zugedacht waren. Es fehlte in der Zwischenkriegszeit der gesellschaftliche Hintergrund dafür[394].

---

394 Dazu Wolfgang Suppan, Donaueschingen 1926: Paul Hindemiths Bemühungen um eine amateurgerechte Blasmusik, in: Sociologia internationalis – Gesellschaft und Musik. Festgabe für Robert H. Reichardt zum 65. Geburtstag, Berlin 1992, S. 279–288.

VII. Pädagogische Maßnahmen

Abb. 175–178: Blechbläser, Flöten-, Klarinetten- und Saxophon-Ensembles beim Wettbewerb in Bruck an der Mur, 2006.

Nach dem Ende des Zweiten Weltkrieges griffen Persönlichkeiten wie Guido Waldmann, Willy Schneider und Hermann Regner in Trossingen, Otto Ulf in Innsbruck, Siegfried Borris in Berlin, Eberhard Werdin in Düsseldorf die Idee Hindemiths neu auf. Es entstand das „Spiel in kleinen Gruppen"[395]. Von der Besetzung her durchaus „Hausmusik"-verdächtig, aber mangels entsprechender Familienstrukturen nicht mehr als solche zu nutzen. Der Erfolg stellte sich jedoch in anderer Hinsicht ein, und zwar in Form „pädagogischer Spielmusiken", als Übungsliteratur, als Vorspielliteratur bei Schulabschlusskonzerten, als „Pflicht- und Selbstwahlstücke" bei den sich immer stärker ausbreitenden „Jugend musiziert"-Wettbewerben. Eigene Publikationsreihen entstanden, wie „Aulós" bei Möseler in Wolfenbüttel, „Jugend musiziert" bei Schulz in Freiburg im Breisgau, „Spiel in kleinen Gruppen" bei Grosch in München (später Thomi-Berg), „Musizieren im kleinen Kreis" bei Halter in Karlsruhe, „Die Musizierstunde" bei Rundel in Rot an der Rot. Durchweg Bläser-Literatur, womit die Verschiebung des Gewichtes zugunsten der Holz- und Blechbläser vollzogen wurde.

Das Gruppenspiel wird im Instrumental-Unterricht der Musikschulen vorbereitet, es wird auch zuhause und im Freundeskreis geübt. Aber dies zielt auf das Vorspielen in der Öffentlichkeit hin, für das „gearbeitet" wird. Als pädagogische Übung bereitet das „Spiel in kleinen

---

395 Nochmals möchte ich betonen, dass es sich dabei um die originale Formulierung handelt, die später in Österreich im Österreichischen Blasmusikverband in „Musik in kleinen Gruppen" umbenannt wurde. Aus Gründen der besseren Verständlichkeit bleiben wir in diesem Buch beim ursprünglichen Begriff.

Gruppen" auf das Zusammenspiel im Orchester (in den mitteleuropäischen Blasorchestern, in den evangelischen Posaunenchören) vor[396].

Das „Spiel in kleinen Gruppen" schloss schließlich auch Popular- und jazzverwandte Musik ein, – oder suchte unter dem Begriff der „Stubenmusik" traditionelle, ehemals mündlich überlieferte Melodien, Rhythmen und Klänge zu bewahren, um innerhalb der kleinbürgerlichen und bäuerlichen Familien (daher auch die Bezeichnung „Familienmusik") eine verlorene „Hausmusik"-Tradition in die Gegenwart hereinzuretten.

Es wird viel und es wird rundum musiziert, vor allem in kleinen Gruppen, mit unterschiedlichen artifiziellen Ansprüchen, wobei jeder so „gut" wie möglich spielen möchte (dies ist eine Grundtendenz des Menschen[397]). Doch nicht allein das Selbstmusizieren hat zugenommen. Über die Medien, vom klassischen Rundfunk, vom Fernsehen, von den CD's bis zu den neuesten Möglichkeiten einer über PC's und Handys „herunterzuladenden Musik", von der Funktionalen Hintergrundmusik im Wartezimmer des Arztes bis in Speiserestaurants umgeben uns bewusst oder unbewusst Klänge, dir wir hören wollen – oder auch nicht. Bei Thomas Bernhard lesen wir dazu in kompromissloser Schärfe: „[...] *diese pausenlose Musik ist das Brutalste, das die derzeitige Menschheit zu ertragen und zu erdulden hat*"[398].

Der deutsche Musikpädagoge Hans Günther Bastian hat in einer lesens- und bedenkenswerten Studie über die „Jugend am Instrument" die Gründe für diesen Musik-Boom benannt[399]. Es ist offensichtlich nicht allein ein gewisser Wohlstand, der es jedem ermöglicht, sich ein Instrument und Musiknoten zu kaufen sowie Musikunterricht zu bezahlen; Musik ausüben bedeutet dem Menschen mehr als irgendein anderes Hobby, als Briefmarkensammeln oder Kaninchenzüchten. Vergleichbar nur dem Sport: Musik und Sport, das ist dem modernen Kultur- und Sozialpolitiker bewusst, gewichten das Freizeitverhalten des Menschen in der „westlichen Kultur" heute am stärksten.

Bastians Umfrageergebnisse und ihre statistische Auswertung besagen, dass es primär nicht um Musik um ihrer selbst willen, um L'art pour l'art, geht. Es ist nicht „interesse- und zweckloses Wohlgefallen" an den Werken der Kunst, das junge Menschen zum Musikinstrument greifen lässt. Bastian kann fünf Funktionskategorien bestimmen (in runden Klammern Auszüge aus den Antworten der Jugendlichen, S. 154–156 des Bastian-Buches):

1. Emotional-psychische Funktionen („*An Musik fasziniert mich einfach das Emotionale. Dass ich mich darin ausdrücken kann, dass ich mir bestimmte Gefühle vermittle, um auch Agressionen abzubauen [...] Musik ist für mich eine Form der Meditation*").

2. Funktionen des Selbstausdrucks, der Identitätsfindung, der Persönlichkeitsentfaltung („*In Musik kann man sich selbst erkennen [...] Ich finde mich selbst in der Musik [...] Musizieren ist Arbeiten an mir selbst [...] Musik ist eine Möglichkeit, seine Persönlichkeit zu entfalten*").

3. Kommunikativ-soziale Funktion („*Musik ist Kommunikation auf einer sehr intensiven, sehr tiefgehenden Ebene. Kunst ist für mich Ausdrucksform, Sprache, niemals Selbstzweck [...] Das Schöne an der Musik ist, dass ich anderen Menschen Freude bereiten kann. Ich schenke, um beschenkt zu werden*").

4. Ästhetisch-intellektuelle Funktion („*Es bereitet mir Freude, ein Werk zu durchschauen, mich fasziniert, wie der Komponist sein Stück sinngemäß aufgebaut hat [...] Ich stelle mich der Wahrheitsidee eines Stückes*").

5. Zweckrationale, pragmatische Funktion („*Musik hat für mich eine praktische Bedeutung dadurch, dass sie mein Berufsziel ist*").

Unter 27 Faktoren, die das Spektrum der Analyse (S. 157 des Bastian-Buches) auflistet, ist die Antwort „Musik ist für mich reine Kunst" von peripherer, von untergeordneter Bedeutung. Damit bestätigt sich der musikanthropologische Bezug: Menschen „brauchen" Musik sowohl für die Regulierung ihres psychischen Haushaltes als auch zur (Mit-)Gestaltung der gesellschaftlichen Dynamik?

---

396 Adolf Marold, Spiel in kleinen Gruppen, Tutzing 1999 (Alta Musica 21).
397 John Blacking, Making Artistic Popular Music: The Goal of True Folk, in: Popular Music 1, 1981, S. 9–14.
398 Thomas Bernhard, Alte Meister, Frankfurt 1985, S. 277–280. Dazu auch Wolfgang Suppan, Ludwig Wittgenstein: Denker – Lehrer – Musiker, in: Vom pädagogischen Umgang mit Musik. Sigrid Abel-Struth zum Gedenken, Mainz 1993, S. 293–302.
399 Hans Günther Bastian, Jugend am Instrument. Eine Repräsentativstudie, Mainz 1991.

VII. Pädagogische Maßnahmen

Abb. 179–183: INTERMUSICA-Preisträger seit Beginn der Veranstaltung im Jahr 2005:
Oben links: 2005 – Christoph Gaugl, 1. Preis (im Vordergrund), links hinter ihm Bezirksobmann Erhard Mariacher, von dem die Idee einer internationalen Blasmusikveranstaltung in der nördlichen Oststeiermark an Landesobmann Wolfgang Suppan herangetragen worden ist; rechts im Hintergrund teilweise sichtbar der Komponist und Jury-Mitglied Gottfried Veit, Südtirol, ganz rechts der Präsident des Slowenischen Blasmusikverbandes und Jury-Mitglied Ervin Hartman, Marburg an der Drau.
Oben rechts: 2006 – Peter Stadlhofer, 1. Preis (im Vordergrund), links neben ihm Hedwig Gräfin Tacoli, rechts Alexander Graf Tacoli. Die gräfliche Familie Tacoli hat den Sieger-Pokal gestiftet und unterstützt die INTERMUSICA mit hohem Einsatz.
In der Mitte links: 2007 – Von links: Ivan Horvath, Kroatien; Jozef Hamernik, Slowakei; Gilles Rocha, Schweiz.
In der Mitte rechts: 2008 – Christian Hollensteiner, 1. Preis (in der Mitte des Fotos), Manuel Gangl, 2. Preis (links), Valentin Mauron, Schweiz, 3. Preis (rechts).
Unten links: 2009 – Martin Belic, Slowenien, 1. Preis (mit dem Scheck), links von ihm Landeskapellmeister und Jury-Vorsitzender Philipp Fruhmann, rechts Birkfeld-Bürgermeister Franz Derler und Alexander Graf Tacoli.

Kehren wir zum Thema Hausmusik zurück. Die neuen gesellschaftlichen Bedingungen haben auch zu neuen Formen des Zusammen-Musizierens zuhause und in der Öffentlichkeit geführt. Den veränderten Familienstrukturen und den beschränkten Musiziermöglichkeiten in Mietskasernen steht in der Regel ein gutes Angebot an öffentlichen Kultur- und Kommunikationszentren gegenüber. Die „Musik in der Planung der Städte"-Aktion[400] schuf neue „Hausmusik"-Treffs für Pop- wie für Brahms-Fans. Berufstätige Väter und Mütter überlassen ihre Jugend schulischen und außerschulischen Erziehern/Animateuren. Die öffentliche Hand fördert musikalische Initiativen unterschiedlichster Art, von der Musikschule bis zum Blasorchester – die damit zu den eigentlichen Trägern des heute weit verbreiteten „Spiels in kleinen Gruppen" geworden sind. Zumal sich daran auch führende Komponisten der Avantgarde und die großen Musikverlage beteiligen. Man denke etwa an die Verleger der oben genannten Bläser-Reihen. Der Horizont reicht von der „Renaissance of Baroque Brass"-Bewegung und von „Johann Joseph Fux für Bläser" (bei Schulz in Freiburg im Breisgau) bis zu Warren Benson, Vinko Globokar, Hans Werner Henze, Karel Husa, György Ligeti, Olivier Messiaen, Krzysztof Penderecki, Gunther Schuller, Karlheinz Stockhausen. Zumal auch der Leistungs- und Bildungsstand, wenn wir an die „Jugend musiziert"-Wettbewerbe denken, vielfach den Zugang zu technisch schwieriger Musik und zu neuesten Interpretationspraktiken ermöglicht.

Diese Überlegungen treffen sich sowohl mit Rudolf Stephans einschlägigen Beobachtungen als auch mit den Wiener Untersuchungen von Gerda Lechleitner und August Schmidhofer: dass über die sogenannte „klassische" Hausmusik hinaus zusätzliche Formen des „häuslichen Musizierens" im halböffentlichen und öffentlichen Bereich sich entwickelt hätten – bis hin zu einer Fülle von Kammermusik-Festivals und Sommer-Kursen in Music Camps, dass eine starke Tendenz zu einem semiprofessionellen Betrieb auffallen würde. *„Somit fühlt sich ein großer Personenkreis den Hausmusikern zugeordnet"*[401], und zwar ohne „bürgerliche" Grenzen zwischen E- und U-Musik zu respektieren. Ein anderer Blickwinkel aber ist der des Schulmusikers, der anhand der Stundentafeln den Rückgang des Musikunterrichtes in den öffentlichen Schulen aufzeigt. Doch diesem Rückgang steht die Zunahme an Musizierenden im „halb-öffentlichen" Bereich der Musikschulen sowie im Amateurmusikbereich gegenüber. Noch nie haben so viele junge Menschen die Chance wahrnehmen können, in Musikschulen sowie durch Amateurblasorchester kostengünstigen, ja sogar kostenfreien Musikunterricht und (Leih-) Musikinstrumente zu erhalten.

---

400 Georg Picht u. a., Musik in der Planung der Städte. Wozu braucht die Gesellschaft Musik?, in: Deutscher Musikrat. Referate – Informationen, 23. Mai 1973, S. 3.

401 Rudolf Stephan, Überlegungen zur Funktion der Hausmusik heute, in: ders. (Hg.), Über das Musikleben der Gegenwart, Berlin 1968, S. 26–38; Gerda Lechleitner und August Schmidhofer, Wiener Hausmusik heute, in: Anzeiger der phil.-hist. Klasse der Österreichischen Akademie der Wissenschaften 126, 1989 = Mitteilungen des Phonogrammarchivs Nr. 91, Wien 1990, S. 187–205.

VIII. Der wirtschaftliche Aspekt: Musikinstrumentenbauer und Musikverleger in der Steiermark – Musikheimbauten

Die 48. Jahreshauptversammlung des Steirischen Blasmusikverbandes, 1989, in Knittelfeld stand unter dem Motto: Blasmusik – Kultur- und Wirtschaftsfaktor (siehe oben, Kapitel IV). Damals konnte der Verfasser darlegen, dass die Musikindustrie heute weltweit mehr Geld umsetzt als die Autoindustrie. Dies gilt selbstverständlich nicht für die Steiermark – und schon gar nicht für unser Blasmusikwesen. Trotzdem ist das Vermögen an Musikinstrumenten, Musiknoten, Einheitskleidung, Musikhäusern und Proberäumen, das von unseren 395 steirischen Musikkapellen geschaffen wurde und verwaltet wird, beträchtlich. Dies zurecht, handelt es sich doch um die zahlenmäßig größte kulturelle Vereinigung des Landes, die flächendeckend aktiv ist, die Alters- und Gesellschaftsschichten übergreifend wirkt[402]. Der Staat könnte die ehrenamtlich geleistete Arbeit, die das leibseelische Gleichgewicht des Einzelnen wie die Dynamik menschlichen Zusammenlebens in der Gruppe gewichtet und positiv beeinflusst, nicht bezahlen[403].

Der Musikinstrumentenbau – Holz- und Blechblasinstrumente[404]

Zum überwiegenden Teil wurden und werden die in der Steiermark gebrauchten Holz- und Blechblasinstrumente nicht in unserem Lande erzeugt, das bezeugen auch die Bestände in steirischen Sammlungen, vor allem im Landesmuseum Joanneum und im Blasmusikmuseum Ratten. Grazer Hofkapellisten reisten zur Zeit der Renaissance nach Venedig, um dort im Auftrag der Erzherzöge Karl oder Ferdinand sich ihre kostbaren Instrumente zu besorgen. Später brachten Händler Musikinstrumente aus Nürnberg, aus Augsburg, aus Wien oder aus dem Böhmischen in die Steiermark. 1694 wird erstmals ein Marburger (an der Drau) Flötenmacher namens Maierhofer (Mayerhofer) erwähnt, doch haben sich Instrumente aus seiner Werkstatt nicht erhalten. Im Joanneum findet sich eine Querflöte von dem Grazer Instrumentenmacher Ignaz Hoyer, dessen Werkstätte sich in der ersten Hälfte des 19. Jahrhunderts im Griesviertel, und zwar am rechten Murufer befand, wo *„von 1800 bis 1900 die meisten Instrumentenmacher, Blechblasinstrumentenerzeuger* [... und] *Siebmacher"*, die sich zudem *„mit der Erzeugung kleiner und großer Holztrommeln"* befassten, ansässig waren[405]. Hier besaßen auch die weithin angesehenen Pierings ihre Werkstätte[406], zu deren Schülern Heinrich Schweffer zählte, während M. Pöhm im untersteirischen Pettau und Franz Perz in Marburg Holzblasinstrumente herstellten.

Unter den importierten und noch in Graz verwahrten Blechblasinstrumenten hat ein Horninstrumente das Interesse der internationalen Forschung erweckt: Es handelt sich um das im Kunstgewerbemuseum des Lan-

---

402 Wolfgang Suppan, Die biologischen Grundlagen und kulturellen Möglichkeiten der Talenteförderung im Bereich der Musik, mit besonderer Berücksichtigung der Situation bei den Amateurblasorchestern in Mitteleuropa, in: Florilegium Musicologicum. Festschrift für Hellmut Federhofer, hg. von Christoph.-H. Mahling, Tutzing 1988, S. 409–425.
403 Georg Picht, Siegfried Borris, Wolfgang Suppan u. a., Wozu braucht die Gesellschaft Musik? (Musik in der Planung der Städte), in: Deutscher Musikrat. Referate, Informationen, 23. Mai 1973. Dazu Grundsätzliches in den Büchern von Wolfgang Suppan: Der musizierende Mensch. Eine Anthropologie der Musik, Mainz – London – New York – Tokyo 1984 (Musikpädagogik. Forschung und Lehre, hg. von Sigrid Abel-Struth, Band 10); Musica humana. Die anthropologische und kulturethologische Dimension der Musikwissenschaft, Wien – Graz – Köln 1986 (Forschen – Lehren – Verantworten. Festgaben zur 400-Jahr-Feier der Karl-Franzens-Universität Graz, hg. von Berthold Sutter, Band 8); Werk und Wirkung. Musikwissenschaft als Menschen- und Kulturgüterforschung, 3 Bände, hg. von Zoltán Falvy, Tutzing 2000 (Musikethnologische Sammelbände 15–17).
404 Die landeskundliche Musikforschung hat bisher dem Blasinstrumentenbau in der Steiermark keine Aufmerksamkeit geschenkt, dagegen gibt es zusammenfassende Darstellungen von Hellmut Federhofer über Die Geigen- und Lautenmacher des 17. und 18. Jahrhunderts (in: Bl. f. Hk. 25, 1951, S. 74–81) und zur Geschichte des Orgelbaues (Aus Archiv und Chronik 4, 1951, S. 22–48).
405 H. Sowinski, Steirische Volksmusikinstrumente, in: Das Joanneum, Bd. 3, Graz 1940, S. 190.
406 Stiria, 19. Mai 1846.

Abb. 184, 185: Augsburger Instrumentenmacher- und Händler-Paar, deren Erzeugnisse auch in der Steiermark weit verbreitet waren. Kupferstiche von Martin Engelbrecht (1684–1756), Augsburg, um 1740.

des Steiermark erhaltene Instrument mit der Gravierung „Conrad Droschel. N. 1647", das Friedrich Körner als Instrument des Nürnbergers Michael Nagel identifiziert hat. Es handelt sich nach bisheriger Kenntnis um *„das älteste, nahezu unversehrt erhalten gebliebene Instrument aus der Werkstatt Michael Nagels, der zweifelsohne einer der kunstfertigsten Meister der Nürnberger Instrumentenbauer gewesen ist"*[407].

Als der Ruhm Nürnbergs als Zentrum des Blechblasinstrumentenbaues verblasste, kamen die in die Steiermark gebrachten Musikinstrumente vorzüglich aus Wiener, Graslitzer oder Königgrätzer Werkstätten. In Graz eröffneten Betriebe in kleinerem Ausmaß, vor allem für die Reparatur von Musikinstrumenten, ihre Geschäf-

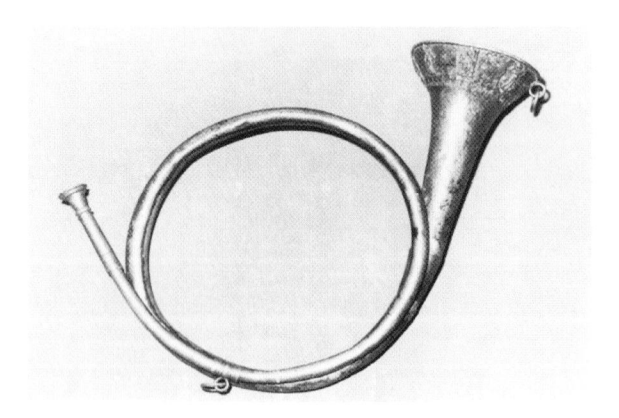

Abb. 186: Jagdhorn Michael Nagels, Nürnberg 1647, in der Abteilung für Kunstgewerbe des Landesmuseums Joanneum, Signatur KGW 14.921[408].

---

407 Friedrich Körner, Ein Horn von Michael Nagel in Graz, in: Historisches Jahrbuch der Stadt Graz 2, Graz 1969, S. 96.
408 Gerhard Stradner, Musikinstrumente in Grazer Sammlungen (Grazer öffentliche Sammlungen), Wien 1986 (Tabulae Musicae Austriacae 11), S. 41, Abb. 33. Herrn Gerhard Friesenbichler vom Blasmusikmuseum Ratten verdanke ich die Liste der dort verwahrten Holz- und Blechblasinstrumente. Vom Österreichischen Blasmusikmuseum in Oberwölz gibt es lt. Mitteilung von Bernhard Habla (Februar 2010) kein entsprechendes Verzeichnis der vorhandenen Musikinstrumente.

VIII. Der wirtschaftliche Aspekt: Musikinstrumentenbauer und
Musikverleger in der Steiermark – Musikheimbauten

te, so im 18. Jahrhundert Karl Benedick und Johann Brehm, im 19. Jahrhundert Georg Simon Kinzel (Künzel) und Johann Baptist Riedl (Ridl), der seine Ausbildung in Graslitz erhalten hatte, das sich mehr und mehr zum eigentlichen Zentrum des Blechblasinstrumentenbaus entfaltete[409]. Aus Graslitz kam auch Adolf Stowasser, der 1874 in der Grazer Griesgasse jenen Betrieb ins Leben rief, der bis 1995 zu den führenden Blechblasinstrumentenerzeugern hierzulande zählte. 1890 gründete mit Bohland & Fuchs eine weitere Graslitzer Firma eine Filiale in Graz. In Leoben ließ sich 1901 der ebenfalls aus Böhmen stammende Blasinstrumentenmacher Johann Pilat (1872–1953) nieder.

Vor allem für die Reparatur der in den steirischen Blaskapellen verwendeten Blasinstrumente wurden Fachleute gebraucht. Das „Adreßbuch der Landeshauptstadt Graz und Geschäftshandbuch für Steiermark" (Band 1) nennt 1862 neun Instrumentenmacher, fünf davon im Oberen Gries ansässig. In den siebziger Jahren des 19. Jahrhunderts waren es bereits zehn. Das Grazer Adressbuch des Jahres 1900 nennt die folgenden Instrumentenmacher: Avelin Eichler, Wien, Filiale Graz, Mariahilferstraße; Heinrich Hansch, Neuthorgasse; Johann Jobst, Sporgasse; Johann Ploy, Realschulgasse; Eduard Prachaczek, Stockergasse; Ferdinand Rothmüller, Griesgasse; Josef Schrott, Tegetthoffgasse; Heinrich Schweffer, Griesgasse; Adolf Stowasser, Griesgasse; Cäcilia Wagnes (Witwe des Instrumentenmachers Johann Wagnes), Rechbauergasse.

Die folgende Liste verzeichnet in alphabetischer Folge die Namen der bisher in der Steiermark erfassten Musikinstrumentenbauer (ohne Klavier-, Orgel- und Streichinstrumentenbauer sowie Glockengießer)[410].

Benedick Karl, * Graz, um 1762, † Graz, 3. Juni 1843. Aus den Matrikeln der Stadt Graz erfahren wir über ihn, dass er sich 1798 als Klavier- und Instrumentenmacher in Graz verehelichte. 1809 legte er den Eid als Instrumentenmacher ab.

Brehm Johann, im 18. Jahrhundert als Musikinstrumentenmacher in Graz nachzuweisen.

Bohland & Fuchs, Graslitzer Instrumentenbaufirma, die (lt. Grazer Geschäfts- und Adresskalender) 1890 in Graz einen Filialbetrieb errichtete.

Dillinger
Der Konvent der Barmherzigen Brüder in Graz bezahlte dem Instrumentenbauer Dillinger im Jahr 1724 1 fl. 48 kr. für Bassgeigen-Saiten. Allerdings bleibt nach dem derzeitigen Stand des Wissens offen, ob er auch mit Blasinstrumenten zu tun hatte.

Eichler Avelin, Instrumentenbauer in Wien, führte 1900 eine Filiale in der Grazer Mariahilferstraße (lt. Grazer Adressbuch 1900).

Fechner Eberhard, Musikinstrumentenhändler in Bruck an der Mur, der auch handgefertigte Blechblasinstrumente anbietet (lt. Telefonbuch 2010, Branchenverzeichnis).

Gollob Hellmut, * Graz, 31. März 1968. Gollob absolvierte die Ausbildung zum Musikinstrumentenmacher in der Firma Hörzer in Fernitz; Meisterprüfung 1996. Danach erwarb er das Diplom in seinem Fach am Wirtschaftsförderungsinstitut in Graz. Als Musikinstrumentenhändler und Erzeuger ließ er sich 1993 in Leibnitz nieder, 1998 übersiedelte er mit seiner Firma nach St. Veit am Vogau – Wagendorf.

Gombotz, Instrumentenfirma in Köflach, angeblich Ende der neunziger Jahre des 20. Jahrhunderts aufgelöst.

Grießl Alois und Andrea, * Graz, 27. Dezember 1946. Grießl absolvierte die Instrumentenbauerlehre bei der Firma Mauko in Graz, arbeitete in der Firma Hutter als Geselle und bestand 1982 die Meisterprüfung. Nach zehnjähriger Tätigkeit in der Firma Gombotz in Köflach eröffnete er 1992 einen eigenen Betrieb in Graz. Dem Handel mit Musikinstrumenten ist eine Meisterwerkstätte für Reparaturen aller Art, Umbauten, aber auch Neubau von Trompeten und Flügelhörnern angeschlossen. Nach seiner Pensionierung im Jahr 2007 übernahm seine Tochter Andrea (* Graz, 24. Juli 1979) den Betrieb,

---

409 Topographie des Königreichs Böhmen, Prag 1847; Julius Martin, Graslitz – Seine Anfänge und seine Entwicklung zur Zentrale der Blasinstrumentenindustrie der österreichisch-ungarischen Monarchie, mschr., o. J., S. 31.
410 Vgl. dazu auch die einschlägigen Artikel in: Suppan, Stmk./2, 2009. – Für Ergänzungen ist der Autor stets dankbar.

Abb. 187: Alois Grießl mit seiner Tochter Andrea beim Stand ihrer Grazer Instrumentenbau-Firma in der Ausstellungshalle der MID EUROPE in Schladming.

unterstützt vom langjährigen Mitarbeiter Wilfried Bossler als gewerberechtlichem Geschäftsführer.

Hansch Heinrich, um 1883 wird sein Name als Musikinstrumentenmacher und Händler in Graz genannt, zuletzt im Adressbuch aus dem Jahr 1900. Der Sitz der Firma war damals in der Neutorgasse. – Stradner 1986; William Waterhouse, The New Langwill Index, London 1993, S. 161.

Hörzer Josef, * Jungberg, Bezirk Hartberg, 21. April 1948. Nach der Ausbildung zum Musikinstrumentenmacher bei der Firma Wilhelm Stowasser in Graz in den Jahren 1962 bis 1965 und der Tätigkeit als Facharbeiter in derselben Firma bis 1981, gründete Hörzer 1982 eine eigene Firma in Fernitz, südlich von Graz. Zugleich übernahm er das Musikhaus Schieder in Hartberg, um es bis 1996 als Filiale zu führen. 1994 wurde der Neubau des Firmengebäudes in Fernitz bezogen. Unter den Lehrlingen der Firma befand sich Sohn Gerald Hörzer (* Kalsdorf bei Graz, 16. Januar 1969), der seit 1960 die Firma leitet. Neben dem Handel mit Musikinstrumenten und Noten sowie der Reparatur von Holz- und Blechblasinstrumenten erzeugt die Firma Hörzer in Zusammenarbeit mit professionellen Musikern der Konzert- und Unterhaltungsszene Solisteninstrumente (Trompeten und Flügelhörner) in Handarbeit.

Hoyer Carl und Ignaz. Die Werkstätte von Ignaz Hoyer befand sich in der ersten Hälfte des 19. Jahrhunderts im Grazer Griesviertel, am rechten Murufer, wo damals die meisten Grazer Instrumentenbauer ihre Werkstätten hatten. Hoyer erzeugte auch kleine und große Holztrommeln. Eine Querflöte aus seiner Erzeugung verwahrt das Joanneum in Graz, eine Klarinette das Blasmusikmuseum Ratten. – Hans Sowinski, Steirische Volksmusikinstrumente, in: Musik im Ostalpenraum (Das Joanneum 3). Graz 1940, S. 190; Stradner 1986; William Waterhouse, The New Langwill Index, London 1993, S. 184f.

Hutter Peter, Graz, Instrumentenhandel, Reparatur und Erzeugung (lt. Telefonbuch 2010, Branchenverzeichnis).

Jobst Johann, im Grazer Adressbuch 1900 genannter Instrumentenbauer in der Sporgasse.

Kienzl (Kinzel, Küntzel, Kuntzl) Georg Simon, um 1815 bis 1837 als Geigen- und Blasinstrumentenmacher in Graz bezeugt. Von ihm erhielten sich in steirischen Sammlungen ventillose Trompeten. – Stradner 1986; William Waterhouse, The New Langwill Index, London 1993, S. 205.

Kowarz (Kovard) Franz, Bürgerlicher Instrumentenmacher in Graz, von ca. 1830 bis 1855 nachzuweisen. Ein Flügelhorn in C aus seiner Produktion verwahrt das Blasmusikmuseum Ratten. – Identisch mit dem 1883 genannten Instrumentenmacher und Händler F. Kovard? – Stradner 1986; William Waterhouse, The New Langwill Index, London 1993, S. 214.

Kürschner Georg, er baute in Graz vor 1845 Musikinstrumente. – Willibald Leo Freiherr von Lütgendorff, Die Geigen und Lautenmacher vom Mittelalter bis zur Gegenwart 2, Frankfurt am Main 1922, S. 278; Stradner 1986.

Mauko Rupert, er gründete im Jahr 1948 in Graz eine Firma, in der sowohl Blechblasinstrumente gebaut als auch repariert wurden. Nachdem Mauko sich zur Ruhe setzte, übernahm Franz Hutter die Werkstätte.

Mayerhofer, 1694 in Marburg an der Drau genannter Flötenmacher. – Josef Andr. Janisch, Topographisch-statistisches Lexikon von Steiermark, Band 2, Graz 1885, S. 200; Grete Gatterer, Die Verwendung der Querflöte in der Steiermark, phil. Diss. Karl-Franzens-Universität Graz 1952, S. 146.

Perz Franz, * 1866, † 1927, Holzblasinstrumentenerzeuger in Marburg an der Drau.

Pesler Jakob, im „Grätzer Merkur" vom 13. Mai 1780 angeführter bürgerlicher Instrumentenmacher.

Piering, Instrumentenbauerfamilie
Christian Gottlieb Piering: * 1789 (1790?), † Graz, 1. Januar 1839. Er wird in der ersten Hälfte des 19. Jahrhunderts als Geigenbauer im Grazer Griesviertel genannt. – Dessen Sohn Eduard Piering, * Graz, 5. Oktober 1819, † Bad Radkersburg, 1866, erscheint um 1830 als Klarinetten-Schüler des Musikvereins für Steiermark. 1841 erhält er in Graz die Bürgerrechte als Instrumentenmacher, dessen Geschäft nach seinem Tod seine Witwe Maria Stelzl weiterführte. – Johann Piering, * Graz, 12. Mai 1823, Sterbedaten unbekannt. Bruder des Vorigen. Für den Instrumentenmacherlehring Johann Piering wird 1841 in Graz ein Pass ausgestellt. Es handelt sich bei Eduard und Johann wohl um jene Pierings, die Hans Sowinski als Schwegelpfeifenmacher in Graz anführt. *„Die Hoboen, Flöten und Fagotte des Herrn Piering sen. gelten schon längst für die besten Erzeugnisse dieser Art in Innerösterreich. Gegenwärtig wird auch eine Flöte mit elfenbeinernem Oberteil und Ebenholz mit silbernen Klappen, ein meisterhaft gearbeitetes, wahrhaft schönes und gutes Instrument, in Pierings Arbeitslokale (am Gries Nr. 961 zu Gratz) zum Verkaufe angeboten"* (Stiria, 19. Mai 1846). Aus Pierings Werkstätte stammt eine G-Klarinette mit fünf Klappen, die das Joanneum in Graz verwahrt[411], eine Flöte aus derselben Werkstätte verwahrt das Blasmusikmuseum Ratten.

Pilat, Instrumentenbauerfamilie
Johann Pilat, * Kwaskowitz, Böhmen, 17. Dezember 1872, † Leoben, 6. September 1953. Er kam im Jahr 1901 aus Böhmen nach Leoben, wo er sich als Blasinstrumentenmacher niederließ. – Sein Sohn Hans Pilat, * Kwaskowitz (nach Rudolf List, Kunst und Künstler in

---

411 Ferdinand Bischoff, Chronik des Steiermärkischen Musikvereines, Graz 1890, S. 91; H. Sowinski, Steirische Volksmusikinstrumente, in: Das Joanneum 3, Graz 1940, S. 189f.; Bernd Rom, Chronik des Musikvereins Admont und Umgebung, Mag.-art.-Diplomarbeit KUG, Institut für Musikethnologie 1988, S. 42; Gerhard Stradner, Musikinstrumente in Grazer Sammlungen, Wien 1986; Wolfgang Suppan, Folklore im Konzertleben des Grazer Biedermeier, in: Historisches Jahrbuch der Stadt Graz 5/6, 1973, S. 144; Stradner 1986; William Waterhouse, The New Langwill Index, London 1993, S. 303; Jakob Wichner, Zur Musikgeschichte Admonts, in: Mitt. hist. Ver. 40, 1892, S. 51.

der Steiermark, Ried im Innkreis 1967ff.: *Leoben?), 27. Dezember 1899, † Leoben, 1966, verbrachte die Lehrzeit bei seinem Vater, ging 1918 nach Markneukirchen, um sich bei Eduard Braun als Geigenbauer ausbilden zu lassen und legte 1926 die Meisterprüfung bei Anton Palfner in Graz ab. 1931 eröffnete er in St. Veit an der Glan ein eigenes Geschäft, 1936 übernahm er das Musikhaus Mössl in Leoben. – Dessen Sohn Erwin Pilat, *Leoben, 27. Januar 1929, legte nach Lehrjahren im väterlichen Geschäft und bei Fritz Baumgartner in Basel 1955 die Meisterprüfung im Geigenbau und 1964 die Meisterprüfung für das Blasinstrumentenmacher-Handwerk ab. Seit 1966 führte er als Alleininhaber den väterlichen Betrieb, 1997 zum Kommerzialrat ernannt. – Der Sohn von Erwin Pilat, Johannes-Erwin Pilat, *Leoben, 12. Februar 1961, erhielt die Berufsausbildung als Streich- und Blasinstrumentenmacher im elterlichen Betrieb; 1999 Meisterprüfung im Blechblasinstrumenten-Gewerbe. Er übernahm 2000 die Leobener Firma[412].

Ploy Johann, *Nadwischetz, Untersteiermark, 14. Mai 1811, † Sterbedaten unbekannt. Er übte von 1869 bis 1901 das Gewerbe des Musikinstrumentenmachers in Graz, Realschulgasse 6 (heute Hamerlinggasse) aus.

Pöhm M., Pettauer Instrumentenmacher, von ihm erhielt sich eine Oboe aus Ebenholz und Elfenbein aus dem Jahr 1796 im Grazer Joanneum. – Stradner 1986, S. 33.

Prachaczek Eduard, im Grazer Adressbuch des Jahres 1900 wird er als Musikinstrumentenbauer in der Stockergasse angeführt.

Prening Gottlieb, 1834 arbeitete er als Instrumentenmacher in Graz. – Federhofer, Musik und Geschichte, S. 164.

Riedl (Ridl) Johann (Baptist) und Wenzel
*1798, † 1840. Er kam ca. 1814 aus Graslitz nach Graz, wo er die Instrumentenmacherlehre absolvierte. 1834 ist er als Grazer Instrumentenmacher bezeugt, im Schematismus des Herzogtums Steiermark 1837 als Geigen- und Blasinstrumentenmacher in Graz eingetragen. Von ihm erhielt sich im Joanneum in Graz eine Klappentrompete. – Ein Instrumentenbauer Wenz(e)l Riedl, *Wien, 27. Juli 1821, Sterbedaten unbekannt, Sohn des Instrumentenbauers Wenzel Riedl in Wien, erhielt im Jahr 1841 in Graz einen Pass ausgestellt. (Mit der aus Graslitz in Böhmem stammenden Wiener Blasinstrumentenbauer-Familie Riedl verwandt, s. ÖML?). – Federhofer, Musik und Geschichte, S. 164; Wolfgang Suppan, Folklore im Konzertleben des Grazer Biedermeier, in: Historisches Jahrbuch der Stadt Graz 5/6, 1973, S. 144; Stradner 1986; William Waterhouse, The New Langwill Index, London 1993, S. 327.

Rothmüller Ferdinand, Musikinstrumentenerzeuger in der Grazer Griesgasse, im Adressbuch 1900 genannt.

Rudiger Jakob, im Jahr 1808 in Graz beurkundeter Instrumentenmacher. – L. Schiviz von Schivizhoffen, Der Adel in den Matrikeln der Stadt Graz, Graz 1909, S. 347.

Schehl (Schell) Karl und Franz, *Ludwigslust, 19. November 1781, † Graz, 17. April 1846; dessen Neffe Franz Schehl, *Wien, 23. Dezember 1810, † ebda., 1866. Karl Schehl wird seit 1814 als Orgelbauer in Graz genannt, er baute die noch heute bestehende Orgel in der Kirche zu St. Oswald bei Unterzeiring, ferner 1817 die Orgel bei den Barmherzigen Brüdern in Graz und renovierte 1818 die Grazer Domorgel. – Sein Sohn Franz Schehl führte als bürgerlicher Orgel- und Instrumentenmacher das Geschäft des Vaters in der Reitschulgasse 61 weiter; er verehelichte sich 1849 in Graz und errichtete 1850 die Orgel in der evangelischen Kirche in Rotenturm an der Pinka[413].

Scherscha Franz, *Graz, 1832, Sterbedaten unbekannt. Um 1857 als Instrumentenmacher in Graz, Pfarre St. Anna am Münzgraben, bezeugt. – Wolfgang Suppan, Folklore im Grazer Musikleben des Biedermeier, in: Historisches Jahrbuch der Stadt Graz 5/6, 1973, S. 144.

Schmid Franz, *Wien, 24. Juni 1821. Er hat zwischen 1853 und 1877 in Graz, Oberer Gries, Haus-Nr. 1055,

---

[412] Rudolf List, Kunst und Künstler in der Steiermark. Ein Nachschlagewerk, Ried im Innkreis 1967ff.; Willibald Leo von Lütgendorff, Die Geigen- und Lautenmacher, Ergänzungsband, Tutzing 1990, S. 474; ÖML.
[413] Edo Škulj, Leeksikon cerkvenih glasbenikov (Lexikon der Kirchenmusiker Sloweniens), Ljubljana 2005, Artikel „Schechel; Gottfried Allmer, Steirische Orgelbauer in Südwestungarn, in: Bl. f. Hk. 59, 1985, S. 61. Hellmut Federhofer, Musik und Geschichte, S. 123–126; O. Eberstaller, Orgeln und Orgelbauer in Österreich, Graz – Köln, 1955, S. 134 (auch als Schnell bezeichnet); Otfried Hafner, Aus dem Grazer Musikleben des Biedermeier, in: Bl. f. Hk. 51, 1977, S. 116f.; Alois Lugitsch, Die Chronik der Stadtkapelle Hartberg, Mag.-art.-Diplomarbeit KUG, Institut für Musikethnologie 1987, S. 6.

das Gewerbe als Holzblas-Instrumentenmacher ausgeübt. Er wohnte bei der Witwe des Instrumentenmachers Eduard Piering. Von ihm verwahrt das Blasmusikmuseum Ratten eine Klarinette in D. – Mitteilung Gerhard Friesenbichler, Blasmusikmuseum Ratten.

Schrott Josef, *Graslitz, Böhmen, 12. August 1859, †Graz, 1. August 1936; dessen Sohn Karl Schrott, *Graslitz, 4. Mai 1885, Sterbedaten unbekannt. Josef Schrott kam 1888 nach Graz und eröffnete hier eine Musikinstrumentenbau- und Reparaturwerkstätte. Ein Althorn in Es und eine Trompete in B aus seiner Produktion verwahrt das Blasmusikmuseum Ratten. – Sein Sohn, Karl Schrott, erlernte ebenfalls dieses Gewerbe (1899 bis 1902 bei der Firma Bohland & Fuchs in Graslitz, 1903–1905 bei der Firma Gebrüder Hug in Zürich), trat 1908 in das Geschäft seines Vaters ein, das er nach dessen Tod weiterführte. Er erzeugte Blas-, Streich-, Saiten- und Schlaginstrumente und erhielt 1937 überdies die „*Konzession zum Betriebe des Handels mit Musikalien, beschränkt auf Schulen für jene Musikinstrumente, die den Gegenstand des Musikinstrumentenerzeugergewerbes des Genannten bilden*" (lt. Gewerbeakten). – William Waterhouse, The New Langwill Index, London 1993, S. 363.

Schweffer Heinrich, *Graz, 21. September 1814, †ebda., 7. Januar 1887; dessen Stiefsohn August Schweffer, *Graz, 21. April 1850, †ebda., 4. August 1940. Grazer Holzblasinstrumentenerzeuger; Heinrich Schweffer lernte bei Piering in Graz und eröffnete dann selbst ein Geschäft (1900 im Grazer Adressbuch genannt). Er ehelichte die Witwe nach Herrn von Schivitz-Schivitzhoven, deren Sohn aus erster Ehe, August, er adoptierte. August Schweffer spielte neunundvierzig Jahre lang Fagott im Grazer Stadttheater und führte daneben bis 1924 das Geschäft seines Stiefvaters weiter[414]. Eine Klarinette in B aus der Produktion Schweffers verwahrt das Blasmusikmuseum Ratten.

Skonmaler Nikolaus, 1867 im Grazer Adressbuch genannter Instrumentenmacher. Mit der Grazer Geigen- und Lautenmacher-Familie Skomal verwandt? Siehe Suppan, Stmk./2, S. 650.

Stowasser, Instrumentenbaufirma.

Wenzel Stowasser, geboren 1803 in Graslitz, gründete 1824 in seiner Geburtsstadt eine Blechblasinstrumenten-Werkstätte, aus der nach seinem Tod, 1860, eine Reihe führender Werkstätten in Graslitz, Budapest, Graz, Warschau und Verona hervorging. Seine Söhne Josef, Julius und Richard Stowasser schlossen sich zur Firma W. Stowasser's Söhne zusammen, zeigten 1873 ihre Instrumente auf der Wiener Weltausstellung und errichteten 1876 in Graslitz ein eigenes Fabriksgelände, auf dem sie seit 1880 die Dampfkraft zum Antrieb der Maschinen einsetzten. 1893 stellte die Firma auf der Weltausstellung in Chicago aus; 1895 erhielt sie das Recht, den kaiserlichen Adler im Schild führen zu dürfen. Johann Stowasser, ein vierter Sohn von Wenzel Stowasser, gründete 1867 in Budapest die Firma Janos Stowasser.

Adolf Stowasser (sen.), *Graslitz, 16. Oktober 1842, †Graz, 19. Januar 1893, der fünfte Nachkomme des Wenzel, rief 1874 die Grazer Firma seines Namens ins Leben. Die auswärtigen Firmen blieben bis zum Ende des Ersten Weltkrieges mit der Stammfirma in Graslitz in Verbindung. Instrumente aus seiner Produktion (sowie von Wilhelm Stowasser) verwahrt das Blasmusikmuseum Ratten.

Josef Stowasser hatte zwei Söhne, Anton Rudolf und Josef jun.; letzterer errichtete 1884 die Filiale in Verona, die später selbständig wurde und von den Nachkommen des Josef Stowasser jun. bis 1936 weitergeführt wurde. Anton Rudolf Stowasser gründete in Graslitz einen Betrieb zur Erzeugung von Mechaniken für Saiteninstrumente, der bis 1945 bestand. Nach dem Tod des Josef Stowasser (1826 bis 1900) und des Julius Stowasser († 1898) wurden deren Söhne Anton Rudolf Stowasser und Josef Adolf Stowasser die Leiter der Stammfirma. Der Sohn des Erstgenannten, Ernst Stowasser, errichtete 1901 in Warschau eine weitere Filiale, die später von seinen Söhnen weitergeführt wurde. Differenzen zwischen den beiden Firmenchefs führten 1903 zum Ausscheiden von Josef Adolf Stowasser aus dem Betrieb W. Stowasser's Söhne. Josef Adolf (*Graslitz, 12. November 1864, †ebda., 25. Februar 1925) gründete in Gras-

---

[414] H. Sowinski, Steirische Volksmusikinstrumente, in: Das Joanneum 3, Graz 1940, S. 190; Wolfgang Suppan, Folklore im Grazer Konzertleben des Biedermeier, in: Historisches Jahrbuch der Stadt Graz 5/6, 1973, S. 145; Stradner 1986; William Waterhouse, The New Langwill Index, London 1993, S. 368.

litz einen eigenen Betrieb, der unter den beiden Söhnen Wilhelm und Hugo Stowasser sen. bis zum Ersten Weltkrieg hin großen Aufschwung nahm. Beide Firmen konnten nach Beendigung des Ersten Weltkrieges die Arbeit weiterführen und ihre Betriebsstätten erweitern. Hugo Stowasser sen. starb 1946 in Graslitz.

Wilhelm Stowasser, *Graslitz, 23. Oktober 1893, †Graz, 21. Januar 1966, ein Bruder von Hugo Stowasser sen., konnte 1948 mit seiner Familie nach Graz auswandern und sich hier 1950 als Blechblasinstrumentenmachermeister selbständig machen. 1962 nahm Wilhelm Stowasser seinen Sohn, Hugo Stowasser jun., *Graslitz, 25. Dezember 1925, als Gesellschafter in die Grazer Firma auf, die nun in der Steiermark die mehr als hundertvierzig Jahre während Tradition des Blechblasinstrumentenbaues in der Familie Stowasser aufrecht erhielt. – Die oben genannte erste Grazer Gründung von Adolf Stowasser führte zunächst dessen Sohn Adolf Stowasser jun., *Graslitz, 22. Juli 1865, †Graz, 28. März 1928, weiter, dann dessen Witwe Anna Stowasser, *Graz, 15. April 1875, †ebda., 22. März 1957, und schließlich deren Tochter aus erster Ehe, Maria Laufenstein, *Graz, 21. September 1897. Die Geschichte der Firma Stowasser in Graz endete 1995[415].

Wagnes Johann, um 1880 bis 1890 in Graz beurkundeter Instrumentenbauer. Eine Trompete in F aus seiner Produktion verwahrt das Blasmusikmuseum Ratten. Den Betrieb führte nach seinem Tod seine Witwe Cäcilia Wagnes weiter. – Stradner 1986, S. 43.

Weber Carl, *1838, †1904, Er lebte als Musikinstrumentenbauer und Händler in Graz.

Wierer Ignaz Michael, *Klagenfurt, um 1768, †Graz, 11. November 1843. Sein Name erscheint 1804 in der Grazer Bürgerliste, und zwar als Orgelbauer und Instrumentenerzeuger. – Federhofer, Musik und Geschichte, S. 126.

Wurz Josef, *Graz, 14. Februar 1821, Sterbedaten unbekannt. Als Messinginstrumentenmacher-Geselle ließ er sich 1843 von den Grazer Behörden einen Pass für drei

---

415 ÖML; Herbert Heyde, Das Ventilblasinstrument. Seine Entwicklung im deutschsprachigen Raum von den Anfängen bis zur Gegenwart, Leipzig 1987; Stradner 1986; Strobl, Wiener Blechblasinstrumentenbau 1815–1850 unter besonderer Berücksichtigung der Bassinstrumente, Dipl.-Arbeit, Wien 1988; William Waterhouse, The New Langwill Index. A Dictionary of Musical Wind Instrument Makers and Inventors, London 1993, S. 388f.

VIII. Der wirtschaftliche Aspekt: Musikinstrumentenbauer und
Musikverleger in der Steiermark – Musikheimbauten

Abb. 188–193: Das Blasmusikmuseum in Ratten im oberen Feistritztal (linke Seite). Der Museumsbau, in dem sich auch der Probenraum sowie Ensemblespiel-, Unterrichts-, Bibliotheks- und Verwaltungsräume der Musikkapelle Ratten befinden. Ausstellungsvitrinen mit historischen Blech- und Holzblasinstrumenten aus dem mitteleuropäischen Raum (diese Seite).

Jahre ausstellen. – Wolfgang Suppan, Folklore im Grazer Konzertleben des Biedermeier, in: Historisches Jahrbuch der Stadt Graz 5/6, 1973, S. 146; desgl., in: ders., Werk und Wirkung, S. 1299–1324.

Zalt Alexander, Grazer Instrumentenmacher, ihm wird am 25. Februar 1599 in Graz ein Sohn getauft. – Wilibald Leo von Lütgendorff, Die Geigen- und Lautenmacher, Ergänzungband, Tutzing 1990, S. 705; Hellmut Federhofer, Musik und Geschichte, S. 158.

Musikinstrumente in steirischen Kirchen und ihre Verwendung in profanen Musikkapellen im 19. und frühen 20. Jahrhundert

Von Gottfried Allmer

Da es für die ersten Jahrzehnte des 19. Jahrhunderts kaum Chronikberichte oder andere Aufzeichnungen zur örtlichen Musikkultur gibt, erweisen sich die Kirchen- und Pfründeinventare im Steiermärkischen Landesarchiv und im Diözesanarchiv als ideale Quelle für die Musikgeschichte, da im Zuge der Vermögenserhebung unter den Gerätschaften auch erstmals Musikinstrumente einzeln aufgezählt und bewertet werden. Aus verschiedenen Ursachen sind diese Inventare nicht vollständig erhalten, oder es fehlen gesonderte Rubriken für Musikinstrumente. Man findet sie vereinzelt auch unter *„Gerätschaften aus Metall, Holz, etc."*, doch in diesen Fällen meist nicht vollständig. Nicht aufgezählt werden natürlich auch jene Instrumente, die nicht im Kircheneigentum stehen, aber bei festlichen Anlässen von den Musikern mitgebracht wurden. Aus den vorhandenen steirischen Inventarbeständen lassen sich in 134 Fällen genaue Aufzeichnungen über das Instrumentarium herauslesen. Nicht inbegriffen sind dabei die regulär aufscheinenden Pauken, vereinzelte Trompeten oder Waldhörner und Notenbestände, die ebenfalls als Kirchenvermögen geführt wurden.

Die Ausgangslage zu Beginn des 19. Jahrhunderts

Nur in zwei Fällen (Wolfsberg und Wildalpen) werden 1808 lediglich einige Streichinstrumente, jedoch keine Blasinstrumente angeführt. Umgekehrt ist die Reihe der Orte wesentlich größer, in denen es keine Streichinstrumente, wohl aber zwischen zwei und acht Blasinstrumente auf der Musikempore gab. Das trifft für insgesamt 50 Pfarrorte zu, die geographisch verstreut in der Steiermark liegen. Fast gleich so viele Orte weisen eine kleine Streicherbesetzung (max. drei Instrumente) und eine meist wesentlich größere Bläserbesetzung auf mit etwa drei bis zehn Instrumenten. Ein Sonderfall ist 1836 die Stadtpfarrkirche Leoben St. Xaver, wo sich nur sechs Streichinstrumente, aber 23 Blasinstrumente auf der Musikempore befanden.

Weitere nicht regelhafte Inventare finden sich in folgenden Orten:

Ort/Jahr	Streicher	Blasinstrumente
Gröbming 1836	1	15
Gutenberg 1870	2	13
St. Ruprecht an der Raab 1828	2	20
Wies 1829	3	14

Allgemein größere Besetzungen finden sich in folgenden Kirchen:

Ort/Jahr	Streicher	Blasinstrumente
Aflenz 1807	7	24
Bruck an der Mur 1835	12	18
Eibiswald 1836	11	16
Eisenerz 1818	13	17
Leoben, Göß 1836	16	26
Neuberg 1807	10	22
Stainz	7	13
Bad Radkersburg 1807	4	12
Birkfeld 1808	6	12
Frohnleiten 1807	8	11
Hartberg 1807	9	15
Hieflau 1832	4	12
Leibnitz 1836	5	13
Murau 1830	7	11
Pöllau 1807	6	15
Vorau 1807	9	22
Vordernberg 1807	8	11

VIII. Der wirtschaftliche Aspekt: Musikinstrumentenbauer und
Musikverleger in der Steiermark – Musikheimbauten

Instrumentenbestände für mehr oder gleich viele Streicher und Bläser gab es nur in wenigen Orten:

Ort/Jahr	Streicher	Blasinstrumente
Graz, Dom 1804	17	10
Graz, Hl. Blut 1822	12	8
Mariazell 1794	19	19
Rottenmann 1808	11	10
St. Johann bei Herberstein 1820	11	11

Dazu als Beispiel 1 die Wallfahrtskirche Mariazell:

1794	1834
10 Violinen	10 Violinen
4 Violen	4 Violen
2 Passetl	2 Passetl
3 Violone	4 Violone
10 Trompeten	15 Trompeten
4 Posaunen	4 Posaunen
2 Oboen	2 Oboen
2 Traversflöten	2 Traversflöten
–	7 Klarinetten

Dazu als Beispiel 2 zwei aufgehobene Klöster:

1808 Rottenmann	1820 St. Johann bei Herberstein
7 Violinen	6 Violinen
3 Violen	3 Violen
1 Violon	2 Violone
2 Pauken	2 Pauken
6 Trompeten	9 Trompeten
4 Waldhörner	2 Bassetthörner

Die Entwicklung im 19. Jahrhundert

Streichinstrumente

Der Violon war das häufigste Instrument, das auf Grund seiner Größe auf der Musikempore einen fixen Platz hatte. Dazu kamen noch ein bis drei Violen, während die Violinen meist von den Musikern selbst mitgebracht wurden. In der Regel besaßen die Kirchen nur ein bis fünf sogenannte „Kirchengeigen". Die höchste Anzahl an Violinen findet sich 1804 im Grazer Dom mit 12, 1836 in Göß und 1892 in Bad Aussee mit jeweils 11 Stück sowie 1794 in Mariazell mit 10, 1822 in Graz Hl. Blut mit 10 und 1836 in Eibiswald mit 10 Instrumenten. Vier Violen gab es lediglich in Bruck an der Mur und Mariazell, drei in Göß, Murau und St. Johann bei Herberstein. Das Cello als Kircheninstrument ist in der Steiermark im 19. Jahrhundert nur 30-mal nachweisbar.

Flöten

Die Flöten, sie werden meistens nicht genauer bezeichnet, finden sich stets nur in wenigen Exemplaren auf den Musikemporen. Ihr Einzug in die Kirchenmusik erfolgt sehr zögernd. Im Jahr 1807 gibt es nur vier Belege für den Gebrauch von Traversflöten, und zwar in Aflenz, Birkfeld, Mariazell und Neuberg an der Mürz, 1829 auch in Radmer. Bis 1840 werden nur vier weitere Kirchen mit Flöten ausgestattet, 1836 besitzt Eibiswald vier Stück und Leoben St. Xaver zwei gelbe Zugflöten. Zwischen 1860 und 1880 vermehren sich Flöteninstrumente in steirischen Kirchen, darunter je zwei Flöten „mit Klappen" in Gröbming und Heilbrunn, weiters das Piccolo 1864 in St. Anna am Aigen und 1880 in Fischbach. Bis 1900 sind insgesamt noch 30 Neueinführungen nachweisbar, bis 1930 erfolgte ein Nachrüsten in nur vier Fällen.

Klarinetten

Auch die Klarinetten gehören zu Beginn des 19. Jahrhunderts noch nicht zu den weitverbreiteten Kircheninstrumenten in der Steiermark. Bis 1810 gibt es nur Nachweise in Aflenz (2 bis 1864), Anger (4 bis 1869), Birkfeld (4 bis 1884), Edelschrott (2 bis 1864), Frohnleiten (2 bis 1870), Gleisdorf (4 bis 1864), Gutenberg (4 bis 1870),

Hartberg (4), Leutschach (2), Miesenbach (2), Pöllau (2), St. Oswald bei Plankenwarth (2 bis 1882) und Vorau (2). Flächendeckend scheint die Klarinette bis 1850 im ganzen Bundesland eingeführt worden zu sein. Hier trifft man ab 1870 auch erstmals auf das Abwandern von Kircheninstrumenten zu profanen Musikkapellen. So waren bis etwa 1930 in folgenden Orten noch Klarinetten in kirchlichem Besitz: Fischbach (5), Fladnitz (5), Fohnsdorf (4), Burgau (1), Hieflau (3), Hitzendorf (1), Kaindorf (1), Köflach (4), Koglhof (4), Kindberg (5), Ligist (5), Langenwang (2), Mürzzuschlag (4), St. Margarethen an der Raab (3), St. Martin im Sulmtal (3), St. Veit am Vogau (4) und Weiz (6). Im Gegenzug sind aber ab 1900 noch in etlichen Orten auch für die Kirchenmusik neue Klarinetten nachbeschafft worden, so etwa für Dobl (3), Eggersdorf (4), Nestelbach (1), Piber (2), Pischelsdorf (3), St. Johann bei Herberstein (5), St. Johann in der Haide (5), St. Lorenzen am Wechsel (3), Salla (4) sowie Trautmannsdorf (3). Diese Situation kann man auch bei den Blechblasinstrumenten in ähnlicher Weise feststellen.

Oboen

Der Bestand von Oboen in der steirischen Kirchenmusik ist selten und dann oft für nur wenige Jahrzehnte feststellbar. 1794 besaß Mariazell schon zwei Stück, 1807 je eine in Neuberg und Vordernberg, 1818 in Gasen 2, 1830 in Murau 1, 1818 in Eisenerz 2, 1830 in Murau 1, 1866 in Groß St. Florian 2 und noch 1940 in Krieglach 1 Instrument.

Fagotte

Für das Fagott gibt es in der Steiermark zu Beginn des 19. Jahrhunderts wesentlich mehr Belege, wobei aber die Zweizahl pro Kirche nicht überschritten wird: Aflenz, Birkfeld, Edelschrott, Groß St. Florian, Hartberg, Neuberg, Pöllau, Puch, Stainz und Vorau. Bis 1840 wird allerdings nur zaghaft nachgerüstet, so in Bad Mitterndorf, Bruck an der Mur, Eibiswald, Eisenerz, Gröbming, Jagerberg, Kindberg, Leoben, Mariazell, Modriach, Murau, Radmer, Riegersburg, St. Lorenzen im Mürztal, St. Nikolai ob Draßling, St. Ruprecht an der Raab, St. Stefan ob Leoben, Wald am Schoberpass und Wies. Flächendeckend war das Fagott sodann bis 1899 in fast allen steirischen Kirchen vertreten. Die Instrumente blieben auch nach der Gründung einer örtlichen Musikkapelle in der Kirche, wie die folgenden Belege zeigen, wo bis etwa 1938 noch ein oder zwei Fagotte in den Kircheninventaren genannt werden:
Blumau, Edelsbach, Fehring (Kontrafagott), Frohnleiten, Gasen, Gleisdorf, Ilz, Knittelfeld, Köflach, Koglhof, Liezen, Maria Lankowitz, Mürzzuschlag, Pürgg, St. Erhard, St. Johann bei Herberstein, Sinabelkirchen, Spital am Semmering, Wartberg und Weiz.
Neuanschaffungen in steirischen Kirchen sind 1927 für Haus im Ennstal und vor 1940 für Krieglach nachweisbar.

Bombardon oder Harmoniebass

Bei diesen Instrumenten verhält es sich ähnlich wie bei Pauken und Violone. Der Größe wegen wurden sie fast immer von der Kirche angeschafft, und sie verblieben auch auf den Emporen, wenn sie längst nur mehr für profane Musikaufführungen verwendet wurden. Den ersten Nachweis in der Steiermark gibt es im Kircheninventar von Kirchberg an der Raab im Jahr 1860, gefolgt bis 1870 von Wettmannstätten, Gaal, Edelschrott, Gleisdorf, Kindberg, Lang, Spital am Semmering, Stainz, Unzmarkt, Kapfenberg, St. Peter am Kammersberg, Köflach, Anger, Gamlitz, Oppenberg, Preding, St. Radegund und Liezen. Diese Instrumente finden sich oft noch in den Inventaren des frühen 20. Jahrhunderts. Es folgten dann unzählige Neuanschaffungen, worunter jene besonders auffällig sind, die zum Teil schon nach erfolgter Gründung örtlicher Musikkapellen noch immer aus dem Kirchenvermögen bezahlt wurden, wie z. B. in Gratkorn, Sinabelkirchen, St. Georgen an der Stiefing, Pöls, St. Ruprecht an der Raab, Edelsbach, Semriach, Geistthal, Bad Waltersdorf, Salla, Dobl und Wenigzell, alle im Zeitraum zwischen 1893 und 1919! Hier werden zumindest teilweise noch alte Abhängigkeiten zwischen den Musikkapellen und den Kirchen sichtbar, auch wenn sie in der schriftlichen Vereinsüberlieferung nicht immer vermerkt wurden.

Trompeten, Posaunen und Waldhörner

In dieser Gruppe treffen wir auf den ältesten Blasinstrumentenbestand der steirischen Kirchen, wobei die Posaunen in der Frühzeit ohne Ventilmechanik nicht so häufig vorzufinden sind. 1807 gab es nur in Aflenz, Bad

Radkersburg, Mariazell, Neuberg und Pöllau Bestände von bis zu vier Instrumenten.

Bis 1850 folgten Allerheiligen bei Wildon, Bruck an der Mur, Eisenerz, Leoben, Nestelbach und Oberzeiring. Erst die Einführung der Ventil- und Zugposaunen brachte hier eine Vermehrung an örtlichen Belegen bis 1899, doch blieb die Stückzahl stets auf ein bis zwei Instrumente pro Kirche beschränkt. Posaunen gab es in steirischen Kirchen um 1900 immerhin noch auf rund 50 Musikemporen. Neuanschaffungen für steirische Kirchen können bis 1931 in St. Peter am Ottersbach, St. Kathrein am Offenegg, Trautmannsdorf, Pischelsdorf, St. Margarethen an der Raab, St. Martin im Sulmtal und zuletzt in St. Kathrein am Hauenstein festgestellt werden, wobei nur im letzten Fall zwei Instrumente, sonst immer nur eines gekauft wurden.

Was die Trompeten und Waldhörner betrifft, so kann hier in der gebotenen Kürze kein umfassender Überblick geboten werden. „Pauken und Trompeten", das sind bis etwa 1850 die wichtigsten und fast flächendeckenden Kircheninstrumente in der Steiermark. Die Stückzahlen bei Trompeten schwanken zwischen zwei und sechs, Gutenberg hat 1808 sogar acht Trompeten, Göß 1836 11 Instrumente, Mariazell zwischen 10 und 15, Neuberg an der Mürz 1807 acht Stück und Vorau 1807 noch 10. Die Zahl der „Kirchentrompeten" nimmt im 19. Jahrhundert ab, doch mit der Einführung der modernen Blasinstrumente vermehrt sich deren Zahl bis 1880 sprunghaft, um dann im Zuge der Übernahme der Instrumente durch Musikkapellen in den Kirchen wieder geringer zu werden. In der Zeit zwischen 1900 und 1938 sind in folgenden Kirchen noch Trompeten zu finden: Allerheiligen im Mürztal, Allerheiligen bei Wildon, Burgau, Dechantskirchen, Dobl, Eggersdorf, Eibiswald, Fischbach, Fladnitz, Fohnsdorf, Gnas, Haus im Ennstal, Heiligenkreuz am Waasen, Hitzendorf, Jagerberg, Kaindorf, Köflach, Langenwang, Lebring, Ligist, Mürzzuschlag, Piber, Pischelsdorf, Riegersburg, Schäffern, Sinabelkirchen, Übelbach, Wartberg, Weiz, St. Johann bei Herberstein, St. Martin im Sulmtal, St. Peter am Ottersbach, St. Radegund und St. Veit am Vogau. Doch ist allgemein mit dem Ersten Weltkrieg eine Zäsur und in der Folge eine rasche Abnahme an Trompeten auf Musikemporen zu vermerken. Dies hat wohl mit dem endgültigen Loslösen der Blasmusik aus dem kirchlichen Umfeld zu tun. Auch im Bereich des Waldhorns gilt das eben bei der Trompete Festgestellte fast parallel laufend. Hier ist die Stückzahl fast durchwegs nicht höher als zwei Instrumente, in wenigen Fällen sind je vier Waldhörner auf der kirchlichen Musikempore zu finden. Größere Bestände konnten im gesamten 19. Jahrhundert nirgends festgestellt werden.

Flügelhorn und Bassflügelhorn

Die in der heutigen Blasmusik typischen Instrumente sind in der Frühzeit des steirischen Instrumentenbestandes in den Kirchen nicht zu finden. Die ersten Belege für das Flügelhorn in der steirischen Kirchenmusik finden wir mit jeweils einem Instrument 1860 in Kirchberg an der Raab und Knittelfeld, 1861 in Fehring, Sinabelkirchen und Unterrohr, 1863 in Blumau und Gaal, 1864 in Gleisdorf, Kumberg und Spital am Semmering sowie 1865 in Fladnitz und Geistthal. Bis 1899 wurden noch 47 Kirchen mit je einem Flügelhorn ausgestattet. Beim Bassflügelhorn finden wir den ersten Beleg 1861 in Unterrohr, 1864 in Edelschrott und Kumberg, 1866 in Groß St. Florian, Unzmarkt, St. Johann in der Haide und St. Martin im Sulmtal mit je einem Instrument. Bis 1899 folgten weitere 35 Kirchen mit je einem Instrument.

Helikon und Euphonium

Diese typischen Blasmusikinstrumente fanden nur selten Eingang in steirische Kirchen. Auch hier ist der Bezug zu einer örtlichen bereits bestehenden Blaskapelle, die ihre Instrumente vorläufig noch im Kirchenbesitz hatte, anzunehmen.

Belege für das Helikon (je ein Instrument):

1876 – St. Peter im Sulmtal
1886 – Fohnsdorf
1888 – Piber
1889 – Schwanberg
1919 – Pischelsdorf
1922 – Übelbach
1928 – St. Martin im Sulmtal

Belege für das Euphonium (je ein Instrument):

1886 – Fohnsdorf
1937 – Pischelsdorf

Schlaginstrumente

Abgesehen von den Pauken, die als typische Kirchenmusikinstrumente seit dem 18. Jahrhundert in den meisten Kirchen Verwendung fanden, gab es im späten 19. Jahrhundert noch andere Schlaginstrumente, von denen der „Halbmond", ein Schellenbaum, der aus der Türkenzeit stammen soll, 1864 in St. Anna am Aigen neben einer „türkischen Trommel" erstmals Erwähnung fand. Ein ähnlicher Schellenbaum hat sich in der Pfarrkirche Jagerberg erhalten. Im kirchlichen Besitz wird weiters zwischen 1874 und 1901 in Grafendorf ein sogenannter Triangel erwähnt.

Das Paar Becken, auch Tschinellen (Cinellen) genannt, wird 1863 erstmals in der Pfarrkirche Gaal erwähnt, gefolgt 1864 in Gleisdorf und St. Anna am Aigen. Weitere Belege folgen meistens im Verband der großen und der kleinen Trommel, die eben auch ab 1860 in steirischen Kircheninventaren vermehrt auftreten. Da diese Instrumente für die Kirchenmusik nicht Verwendung finden, sind sie eindeutig Belege für das Wirken der örtlichen Musiker mit kirchlichen Instrumenten außerhalb der Kirchenräume, einerseits für kirchliche Prozessionen, andererseits aber für profane Festmusiken bei besonderen Anlässen. Die folgende Übersicht zeigt das erste Erwähnen dieser Instrumente in den Kircheninventaren und zugleich die jeweils bekannten Gründungsjahre von Musikkapellen.

Ort	erster Nachweis von Schlaginstrumenten in der Kirche	bekanntes Gründungsjahr der Musikkapelle
Allerheiligen bei Pöls	1891	1906
Anger	1869	1931
Bad Gams	1913	1903
Dobl	1913	1919
Ebersdorf	1882	1850
Edelsbach	1876	1926
Eggersdorf	1875	1933
Eibiswald	1836/1875	1905
Fischbach	1880	1902
Fladnitz	1890	1820 ?
Gaal	1863	1879
Gamlitz	1869	1923
Gasen	1883	1898
Gleisdorf	1864	1909
Grafendorf	1874	1901
Gröbming	1872	1833
Heilbrunn	1866	1900
Hitzendorf	1918	1887
Kaindorf	1894	1920
Langenwang	1887	?
Lebring	1891	1903
Oppenberg	1869	?
Pischelsdorf	1919	1908
Preding	1869	1876
Salla	1913	1880
St. Anna am Aigen	1864	?
St. Kathrein am Hauenstein	1931	1965 ?
St. Kathrein am Offenegg	1907	1926
St. Lorenzen am Wechsel	1907	1895
St. Magdalena am Lemberg	1885	1920
Schönberg	1876	1868
Stainz	1869	1876
Stubenberg	1879	1908
Weiz	1871	1871
Wenigzell	1919	1880

Einzelbelege aus Pfarrchroniken und Akten

Die Pfarrkirche Groß St. Florian besaß 1802 lediglich vier Trompeten, zwei Waldhörner, zwei Pauken, ein Fagott und einen Violon. Die übrigen Instrumente waren im Besitz der Lehrerschaft oder anderer dilettierender Musiker. Im Jahre 1806 wird schließlich eine Feier „mit

Feldmusik" oder „türkischer Musik" gestaltet. Ähnlich ist auch jene Nachricht einzuschätzen, die 1806 den Bestand einer Musikkapelle in Sinabelkirchen überliefert.

Der Kaiserempfang auf der Pack wurde 1810 mit Pauken und Trompeten verschönert.

In Kirchberg an der Raab wird 1815 anlässlich einer kirchlichen Feier eine „Musikbande" erwähnt, wie auch die Pfarrchronik von Fladnitz an der Teichalpe 1821 bei einer Primizfeier die „gut besetzte türkische Musik" erwähnt.

Die im Jahre 1840 bestehende zwölfstimmige Harmoniemusik von Groß St. Florian bezog zumindest teilweise ihr Instrumentarium von der Pfarrkirche, wie auch die Kirchenrechnungen vielfache Ausgaben für neue Instrumente oder deren Reparatur überliefern.

Für das Jahr 1843 ist weiters auch eine „Musikbande" für Preding bezeugt und 1846 spielen die Musiker von Fischbach steirische und deutsche Tanzweisen mit Violinen, Flöten, Trompeten und Bassgeige.

In Fischbach bestand zwischen 1660 und 1865 eine Musikkapelle mit zwölf Mann, und in St. Johann im Saggautal wird 1860 „die trefflich geschulte Musikkapelle" erstmals erwähnt. Die dafür notwendigen Instrumente wurden auf der Musikempore der Pfarrkirche aufbewahrt.

In Dechantskirchen wurde 1870 erstmals eine organisierte Musikgruppe erwähnt. Als im Jahre 1873 in Arzberg bei Weiz der Bischof auf Visitation war, wurde er von einer Musikgruppe empfangen. Als im Jahr 1872 der weitum bekannte Musiker und Organist Anton Fleck aus Hirnsdorf starb, spielten „seine Musikerkollegen aus St. Johann bei Herberstein" an seinem offenen Grab in Pischelsdorf.

Nun häufen sich die Nachrichten über organisierte Musikgruppen, ohne dass man in jedem Fall auch tatsächlich einer Blaskapelle im heutigen Sinne sprechen könnte, so 1875 in Edelsbach oder 1879 in der Gaal bei Knittelfeld.

Wie eng damals die profane Blasmusik mit der Kirche verbunden sein konnte, zeigen mehrere Berichte, so z. B. 1873 jener von Edelschrott, wo die Blasmusikgruppe „Wancura Buam" regelmäßig auch die Kirchenmusik in der dortigen Pfarrkirche besorgte. Daher war der 1886 erwähnte Priestereinzug mit Musik selbstverständlich.

Schon 1875 wird in Ebersdorf bei Hartberg die 17 Mann starke „Musikbande" erwähnt, und zwei Jahre später heißt es in St. Veit am Vogau, dass die meisten Blasmusiker auch Streichinstrumente beherrschen und bei der Kirchenmusik mitwirken; 1908 wird die Gruppe mit zwölf Mann beschrieben.

Die bischöfliche Visitationsreise durch die Oststeiermark wurde 1881 mehrfach von Musikgruppen begleitet. In St. Johann bei Herberstein zeigte sich der Bischof weniger von den Qualitäten der auftretenden Musiker begeistert, denn er fing plötzlich laut mit dem Rosenkranzgebet an, während es in St. Magdalena am Lemberg beim Empfang des Bischofs wohl harmonischer zuging; der Bischof wurde dort mit Geläute und „türkischer Musik" einbegleitet.

In Vorau wurde 1877 im Markt eine Musikkapelle im heutigen Sinne gegründet, doch zwei Jahre später wurden im Stift die Aufführungen der Blasmusik in Form der „Blechharmoniemessen" verboten.

Im Zuge der Inventarisierung des Kirchenvermögens in Hengsberg wurde sowohl 1883 wie nochmals 1892 eigens darauf verwiesen, dass sich der Musikalienkasten im Schulhaus befinde, während Violon und Pauken auf der Musikempore der Kirche aufbewahrt wurden. Das ist nur ein Beispiel für landesweit unzählige Fälle, wo ähnlich vorgegangen wurde. Schullehrer und Organist waren ja Jahrzehnte in einer Person vereinigt, wie etwa in Straden oder Groß St. Florian, wo dieses Amt in mehreren Generationen einer Familie ausgeübt wurde.

In Sinabelkirchen verblieben hingegen (wie in vielen anderen Kirchen) die Musikinstrumente der Musikkapelle weiterhin in der Pfarrkirche aufbewahrt und auch in deren Eigentum, obwohl die Musiker zumindest seit 1881 auch als Tanzkapelle auftraten. Als man 1921 die dortige Musikkapelle nach dem Ersten Weltkrieg neu gründete, hieß es in den Satzungen: *„… die den Musikern beigestellten Kircheninstrumente"*.

Im Zuge der Inventarisierung des Kirchenvermögens in Eggersdorf bei Graz im Jahr 1910 wird eigens nach der Aufzählung der Musikinstrumente vermerkt, dass diese nicht mit dem Kirchengeld gekauft wurden. So blieb die Musikempore der Pfarrkirche in Eggersdorf noch längere Zeit der Aufbewahrungsort zumindest der größeren Musikinstrumente.

Andererseits kam es nach Gründung neuer örtlicher Musikvereine auch zum Umstand, dass Kircheninstrumente nicht mehr benötigt wurden, wie z. B. 1918 in Hitzendorf, wo dann im Inventar *„mehrere alte Klarinetten und Blechblasinstrumente"* vermerkt, aber wegen des geringen Wertes (und Erhaltungszustandes) nicht mehr geschätzt wurden.

Ein anderer Fall ist aus Unterrohr bekannt, wo 1915 die in der Kirche befindlichen Instrumente, nämlich zwei Pauken, ein Bass, zwei Trompeten, zwei Waldhörner und ein Flügelhorn an die örtliche Musikkapelle abgegeben wurden.

Großes Erstaunen rief 1916 ein anderes Ereignis in der Pfarrkirche St. Johann im Saggautal hervor, das auch Eingang in die Pfarrchronik fand: *„Zum ersten Male seit Menschengedenken war an diesem [Oster]Tag das Hochamt nicht musikalisch, da die Musiker in Kriegsdiensten abwesend"* waren.

In Pischelsdorf wurde 1908 die Musikkapelle neu gegründet, jedoch weiterhin vom jeweiligen Organisten geleistet, der zugleich als Kapellmeister fungierte. Bis 1926 war die Mitwirkung in der Kirche als selbstverständlich angesehen, obwohl die Harmoniemessen zu dieser Zeit schon wegen *„zu laut und pompös"* abgelehnt wurden. Mit dem Organistenwechsel im Jahr 1926 erfolgte auch ein Kapellmeisterwechsel, und die Mitwirkung in der Kirche wurde aufgekündigt. Im Jahr 1928 wurden daher der 1925 neu gegründeten Jungsteirerkapelle in Pischelsdorf die kirchlichen Instrumente der Pfarrkirche übertragen. Im Jahr 1929 erfolgte die erste kirchliche Ausrückung zu Fronleichnam, womit die 1908 gegründete Musikkapelle endgültig vom kirchlichen Dienst verdrängt worden war. Doch bald kam es zwischen den Musikern und dem örtlichen Dechant zu großen Verstimmungen, da der Dechant nicht einverstanden war, dass die Jungsteirerkapelle zu profanen Anlässen musizieren wollte. Diese Problematik gab es in vielen Orten schon im 19. Jahrhundert. Die kirchlichen Instrumente wurden ungern für profanes Musizieren bereitgestellt. In Pischelsdorf bestand diese nicht immer einfache Situation bis 1938.

Zusammenfassung

Trompeten und Waldhörner sowie Pauken und Violone stellen neben den Orgeln und Streichinstrumenten den Grundbestand des kirchlichen Instrumentariums zu Beginn des 19. Jahrhunderts dar.

Der Bestand von Blasinstrumenten steigt in den steirischen Kirchen besonders in der zweiten Hälfte des 19. Jahrhunderts kontinuierlich an. Mit dem zunehmenden Bedarf an außerkirchlichen Auftritten steigen auch die für den kirchlichen Bedarf primär nicht notwendigen Instrumente, die je nach Entwicklung der örtlichen Musikstruktur um die Jahrhundertwende zum 20. Jahrhundert zunehmend für die neu gegründeten Musikkapellen zur Verfügung stehen und, zumindest teilweise, auch in deren Eigentum übergehen. Damit endet aber nicht die Tradition des Musizierens in der Kirche bei festlichen Anlässen, das Musikwesen wird umgekehrt vom sakralen Raum in die profane Unterhaltungskultur übernommen und erlebt im 20. Jahrhundert eine bisher nicht gekannte Blütezeit[416].

Das Musikverlagswesen[417]

Die Erfindung der Buchdruckerkunst durch Johannes Gutenberg in Mainz gelangte mit der Reformation in die Steiermark. Die ersten Buchdrucker im Lande stellten Schriften der Reformatoren her, darunter auch Gesangbücher mit Musiknoten. Als Erzherzog Karl von Innerösterreich die Gegenreformation einleitete, holte er dafür die Jesuiten und 1586 mit Georg Widmanstetter einen leistungsfähigen Buchdrucker nach Graz. Bei Widmannstetter erschienen Werke der Grazer Hofkapellisten, aber auch 1602 das für die Geschichte des geistlichen Singens in der Steiermark wichtige Katho-

---

416 Hier endet der Beitrag von Gottfried Allmer.
417 Zur Geschichte des Blasmusik-Verlagswesens allgemein: Bernhard Habla, Das gedruckte Notenangebot für Blasmusik. Eine Bestandsaufnahme und Übersicht der Verleger in Deutschland und Österreich vom 19. Jahrhundert bis zum Zweiten Weltkrieg, Oberschützen 2004, private Vervielfältigung, Druck in Vorbereitung.

lische Gesangbuch des aus Gerolzhofen in Franken als Schulmeister nach St. Marein im Mürztal berufenen Nicolaus Beuttner[418]. Die Druckerei Widmanstetters ging 1806 an Andreas Leykam über, dessen Firma bis heute besteht, allerdings nur sporadisch mit der Herstellung von Musikalien beschäftigt. Dasselbe gilt für andere große Grazer Buchdrucker und Verleger, die 1868 gegründete Styria und die 1949 gegründete Akademische Druck- und Verlagsanstalt.

Vor allem was den Bläser- und Blasorchesterbereich betrifft, handelt es sich gleichsam um einzelne „Findlinge", die da und dort auftauschen. So, wenn J. G. Weingand & F. Ferstl im Jahr 1788 Franz Anton Schlegels „Gründliche Anleitung die Flöte zu spielen nach Quantzens Anweisung" druckten, oder wenn Joseph Franz Kaiser (1786–1859) in seinem Verlag in Graz u. a. Andreas Leonhardts „Festmusik für den erlauchten Beschützer Steyermarks [...] dargebracht von dem armirten Bürger Corps" in einer Klavierfassung, Anselm Hüttenbrenners „Heller Magazin für das Pianoforte" und Jakob Eduard Schmölzers Komposition „Abschied von Neuhaus. Idylle zur Erinnerung an die Heilquelle von Neuhaus bei Cilli in Steiermark für die Flöte mit Clavierbegleitung" herausgebrachte. Um die Mitte des 19. Jahrhunderts arbeiteten in Graz vier Notendruckereien: Heribert Lampel in der Jungferngasse, A. Leykams Erben in der Stempfergasse, Theodor Schneider in der Radetzkystraße und Karl Tanzer am Jakominiplatz[419]. Die mit ihren Orchestern längere oder kürzere Zeit in Graz stationierten Militärkapellmeister veröffentlichten ihre Kompositionen eher in den großen Musikverlagen in Wien, Leipzig oder Berlin. Eine Ausnahme bildete die Klavierausgabe des „47er-Regimentsmarsches" von Joseph Franz Wagner bei Franz Pechel; eine spätere volkstümliche Ausgabe desselben Marsches druckte Alois Stanberg. Selbst betont steirische Titel fanden anderswo Verleger, wie Joseph Gungls Märsche „Steyrers Heimweh" und „Grazer Colloseums-Marsch" bei Eduard Bote & G. Bock in Berlin, J. F. Wagners „Erzherzog-Johann-Jodler-Marsch", sein „Concert für Flöte (oder Flügelhorn) über das steirische Volkslied ‚Hoch vom Dachstein'" oder das Lied „Einen schönen Gruß aus Graz" bei Adolf Robitschek in Wien und Leipzig.

Hans Wagner, Max Pock, Karl Tendler, Karl Wild oder Friedrich Goll publizierten hauptsächlich Lieder, Klavier- oder Chorwerke und nahmen keine Bläser- bzw. Blasmusikkompositionen in ihr Verlagsprogramm auf. Auch der Musikverlag Alois Stanberg, der in der Zwischenkriegszeit volkstümliche Unterhaltungsmusik herausgab, veröffentlichte ausschließlich vereinfachte Volksausgaben für ein Melodieinstrument mit Gitarrebegleitung, darunter – wie oben schon erwähnt – J. F. Wagners „47er Regimentsmarsch" oder Hermann Richters „Dreier-Schützen-Marsch".

In der vom Steirischen Tonkünstlerbund in Zusammenarbeit mit den Verlagen Ludwig Krenn (Wien), Heribert Raich (Adler-Verlag, Bad Aussee) und Fritz Schulz (Freiburg im Breisgau) herausgegebenen Publikationsreihe „Musik aus der Steiermark" waren Bläserwerke steirischer Komponisten gleichberechtigt neben Werken anderer Gattungen vertreten. Ausschließlich dem Blasorchester ist die im Jahr 2000 vom Steirischen Blasmusikverband initiierte Publikationsreihe „Steirische Blasmusik" in dem in Baden-Württemberg beheimateten HeBu-Musikverlag gewidmet (Liste siehe Kapitel VI).

Der alpenländisch-volkstümlichen Blasmusik widmen sich der Adler-Musikverlag (Heribert Raich) in Bad Aussee sowie der Verlag Hans Koller in Kleinsölk, beide begannen als Verleger eigener Werke. Die neuen Herstellungstechniken von Musiknoten am PC ermöglichen es immer mehr Komponisten, ihre Werke in Selbstverlagen herauszugeben und über das Internet zu bewerben. Eine alphabetische Liste soll auch in diesem Bereich einen ersten Überblick schaffen. (In der Regel finden sich dazu entsprechende Artikel in Suppan, Blasmusik/5 sowie Suppan, Stmk/2.)

Alder Norbert
*Graz, 1. Februar 1893, Sterbedaten unbekannt. Er lernte Violine in der Musikschule Johann Kortschak in Graz, absolvierte bei Pechl in Graz, Doblinger in Wien und Liegl in Villach die Lehre als Buch- und Musikalienhändler. In Graz eröffnete er 1922 eine Buch-,

---

418 Hellmut Federhofer, Grazer Musiknotendrucke aus alter Zeit, in: Neue Chronik 7, Graz 1952; Theodor Graff, Bibliographia Widmanstadiana. Die Druckwerke der Grazer Offizin Widmanstetter 1586–1805, Graz 1993 (Arbeiten aus der Steiermärkischen Landesbibliothek 22); Wolfgang Suppan, Nicolaus Beuttners Gesangbuch, Graz 1602, und die mündliche Überlieferung, in: Innerösterreich 1564–1619, hg. von Berthold Sutter, Graz 1968, S. 261–295 (Joannea 3).
419 Laut Adreßbuch der Landeshauptstadt Graz und Geschäftshandbuch für Steiermark, Graz 1867.

Kunst- und Musikalienhandlung sowie (1927) eine Konzertagentur; beide Geschäfte mussten jedoch 1937 geschlossen werden. Zusammen mit Otto Siegl gründete Alder 1922 einen „Steirischen Verlag", in dem Kompositionen von Waldemar Bloch, Friedrich Frischenschlager, Fritz Kappel, Heliodor Löschnigg, Artur Michl, Roderich von Mojsisovics, Max Schönherr und Otto Siegl im Druck erschienen sind. – Konrad Stekl, Steirische Musiknotendrucke zwischen den beiden Weltkriegen, in: Mitteilungen des Steirischen Tonkünstlerbundes, Nr. 29/30, S. 3–5.

Andraschek Siegmund
* Wien, 9. April 1975. Er studierte Posaune an der Universität für Musik und darstellende Kunst in Wien bei H. Küblböck, J. Pöttler und R. Josel sowie an der Kunst-Universität in Graz bei H. Wimberger und C. Svanberg. Musiktheoretische Studien führten ihn zu M. Meixner (Wien), Gerhard Präsent (Graz) und Michiru Oshima; Sponsionen zum Mag. art. 2003 und 2005. Seit dem Jahr 2000 unterrichtet Andraschek an der Musikschule in St. Stefan im Rosental, Steiermark. – Ein Teil seiner Kompositionen liegt im Selbstverlag „pettermusic" gedruckt vor.

Art of Cibulka, s. Franz Cibulka

Böhm Hippolyt
* Sniatny, Polen, 18. Dezember 1875, † Wien, 1. November 1942. Während der Jahre 1912 bis 1927 führte er in Graz die Musikalienhandlung und Konzertdirektion H. Böhm und strebte vor allem danach, das bodenständig-steirische Schaffen herauszustellen. In seinem Verlag erschienen u. a. erstmals Lieder und Kammermusikwerke von Sepp Amschl, Lilly Battistig, R. Burmester, Karl Fürnschuß, Walter Kainz, Fritz Kappel, Franz Theodor Kaufmann, Josef Kolleritsch, K. Kourimsky, Felix Mauracher, Nikolaus Mostler, David Ocherbauer, Anton Pacher, Alois Pachernegg, Josef Schellhammer, Konrad Stekl, Kurt von Tenner, Ernst Ludwig Uray, Viktor von Urbantschitsch, Rudolf von Weis-Ostborn, Franz Weiswasser und Hans von Zois gedruckt. Besonders die Werke von H. Holenia förderte er in einer Reihe von Konzerten. – Konrad Stekl, Steirische Musiknotendrucke zwischen den beiden Weltkriegen, in: Mitteilungen des Steirischen Tonkünstlerbundes, Nr. 29/30, S. 1967, S. 3–5; Wolfgang Suppan, Hanns Holenia. Eine Würdigung seines Lebens und Schaffens, Graz 1960.

Cibulka Franz (Peter)
* Fohnsdorf, Steiermark, 23. Dezember 1946. Cibulka studierte an der Kunst-Universität Graz Klarinette (bei Kurt Daghofer und Fritz Waldstädter), Orchesterleitung (bei Milan Horvath) und Komposition (bei Waldemar Bloch und Andrzej Dobrowolski); 1984 Mag. art. Er gehörte als Professor für Klarinette, Musiktheorie und Kammermusik bis 2002 dem Lehrkörper des Johann-Joseph-Fux-Konservatoriums in Graz an. Das kompositorische Schaffen von Cibulka ist durch Gegensätzlichkeiten gekennzeichnet. Während des Kompositionsstudiums bei Dobrowolski ist ein deutlicher Einfluss der polnischen Schule der zweiten Hälfte des 20. Jahrhunderts zu bemerken. Das ständige Suchen nach einer persönlichen Tonsprache führte Cibulka zu einer freien Tonalität, die harmonische Elemente des Jazz wie auch der Popularmusik im weitesten Sinne aufweist. In den neunziger Jahren wandte er sich bevorzugt dem Symphonischen Blasorchester zu. In diesem Bereich gelang ihm mit Aufführungen postmoderner Kompositionen bei der Konferenz der World Association for Symphonic Bands and Ensembles 1997 in Schladming ein entscheidender internationaler Durchbruch. Cibulka wurde 2010 mit dem Josef Krainer-Kulturpreis des Landes Steiermark ausgezeichnet. – Seine Kompositionen erscheinen in der Regel gedruckt im Selbstverlag „Art of Cibulka".

Druck- und Verlagsanstalt Graz, Akademische
Von Paul Struzl (* Graz, 9. Juni 1914, † ebda., 20. Januar 1973) im Jahr 1949 gegründeter Verlag, der zunächst Skripten zu den Lehrveranstaltungen Grazer Universitätsprofessoren vervielfältigte und druckte, bald aber mit wissenschaftlichen Werken, vor allem mit Faksimile-Ausgaben seltener älterer Drucke weltweit Aufsehen erregte. Unter den Nachdrucken finden sich u. a. Nicolaus Beuttners Gesangbuch aus dem Jahr 1602, unter den Buchveröffentlichungen die 1. und 2. Auflage des Steirischen Musiklexikons, unter den musikwissenschaftlichen Reihen die „Beiträge zur steirischen Musikforschung", herausgegeben von Wolfgang Suppan, 5 Bände, 1960–1969; Jazzforschung / Jazz Research, herausgegeben von Friedrich Körner, Franz Kerschbaumer u. a., seit 1959 41 Bände; die Musikethnologischen Sammelbände, herausgegeben von Wolfgang Suppan, 8 Bände, 1977–1986; die Grazer musikwissenschaftlichen Beiträge, herausgegeben von Rudolf Flotzinger, Bände 1–10, 1975–1993.

VIII. Der wirtschaftliche Aspekt: Musikinstrumentenbauer und Musikverleger in der Steiermark – Musikheimbauten

Ferstl Franz
Geburtsdaten unbekannt, † Graz, 1821 (?). Um 1800 führte er in Graz die Franz Ferstl'sche Buch-, Kunst- und Musikhandlung, in der seit dem Jahr 1823 in Zusammenarbeit mit dem Musikverein für Steiermark die Publikationsreihe „Musikalische Blumenlese" erschien. Seine Kunst- und Musikalienhandlung wurde von Johann Lorenz Greiner weitergeführt. – ÖML; Rudolf Flotzinger, Quellen zur österreichischen Musikgeschichte, in: Musicologica Austriaca 3, 1982, S. 85f.; Ernst Hilmar, Franz Schubert. Dokumente 1801–1830, Tutzing 2003, S. 547; Kriegl, S. 359.

Frank Andreas
Im Jahre 1562 übernahm er die Druckerei des ältesten feststellbaren Grazer Druckers Alexander Leopold und stellte dort 1574 die *Gesang-Postill* Andreas Giglers her, den ersten steirischen Notendruck. – R. Peinlich, Zur Geschichte des Buchdruckes, der Bücherzensur und des Buchhandels zu Graz im 16. Jahrhundert, in: Mitt. hist. Ver. 27, 1879, S. 142; Wolfgang Suppan, Gereimte Liedpublizistik, in: Die Steiermark im 16. Jahrhundert. Beiträge zur landeskundlichen Forschung, Graz 1979, S. 95–135; desgl. in ders., Werk und Wirkung, S. 1104–1137.

Greiner Johann Lorenz
* Graz, 21. September 1781, † ebda., 13. Januar 1841. Greiner absolvierte das Gymnasium sowie 1800 das Lyzeum in Graz. 1802 trat er in die Franz Ferstl'sche Buchhandlung ein, 1808 heiratete er Josephine Drasenberger. Nach dem Tod seines Ziehvaters Ferstl übernahm er dessen Buchhandlung, 1825 erhielt er eine „neue Befugnis" für eine „Kunst-, Musikalien- und Papierhandlung" in Graz, in der u. a. die Vierteljahresschrift „Musikalische Blumenlese" erschien, in der auch Werke steirischer Komponisten (Hüttenbrenner) abgedruckt wurden. Die Firma wurde 1852 von Carl Tendler übernommen. – ÖML; Ferdinand Bischoff, Chronik des Steiermärkischen Musikvereines, Graz 1890, S. 63; Rudolf Flotzinger, Quellen zur österreichischen Musikgeschichte I, in: Musicologica Austriaca 3, 1982, S. 86; Ernst Hilmar, Franz Schubert. Dokumente 1801–1830, Tutzing 2003, S. 568.

Herma-Musikverlag, s. Herbert Marinkovits.

Hofrichter Wenzel
* Radonowitz, Bezirk Reichenberg, Sudetenland, 15. Oktober 1887, † Graz, 22. August 1976. Hofrichter kam 1910 als Mitarbeiter der Musikalienhandlung Pechel nach Graz und trat 1922 als Geschäftsführer in das Verlagshaus Hippolyt Böhm ein, das seit 1912 auch den Werken steirischer Komponisten die Möglichkeit der Drucklegung bot. Nach der Auflösung der Firma Böhm übernahm Wenzel Hofrichter 1927 den Verlag und richtete dazu eine Musiknotenleihanstalt ein. 1945 ging der Verlag an die Firma Stanberg über, Hofrichter arbeitete bis zu seiner Pensionierung im Jahr 1957 in der Alpenland-Buchhandlung „Südmark". – Konrad Stekl, in: Mitteilungen des Steirischen Tonkünstlerbundes, Nr. 29/30, 1967, S. 3–5, sowie Nr. 53/54, 1972, S. 15f.

Kienreich Johann Nepomuk Andreas
* Graz, 2. Mai 1759, † ebda., 6. April 1845. Als Buchhändler arbeitete er bis 1791 mit dem Grazer Buchhändler Christian Friedrich Trötscher zusammen, danach gründete er einen eigenen Verlag und eröffnete 1796 dazu eine Druckerei. In seinem Verlag erschienen 1828 die beiden Lieder *Im Walde* und *Auf der Bruck* von Franz Schubert: die einzigen zu seinen Lebzeiten in Österreich außerhalb Wiens gedruckten Werke des Liedmeisters. Der Verlagskatalog zeigt darüber hinaus folgende Musikalien an: (1) Johann Nepomuk Nestroy, Lieder des Schusters Knieriem und des Schneiders Zwirn aus der Zauberposse *Der böse Geist Lumpacivagabundus*, 1834; (2) *Jubeltöne der Ehrfurcht und Liebe am Geburtsfeste Sr. Majestät Franz I. ehrerbiethigst dargebracht vom uniformierten Bürger-Corps in Grätz am 12.2.1835*, 1835; (3) Joseph Roqquerol, *Festgesang der uniformierten Bürger der Hauptstadt Gratz, dargebracht ihrem hochverehrten Herrn Oberst und Commandanten Joseph Kienreich bei Gelegenheit der Beglückwünschung wegen der ihm von Sr. Majestät dem Kaiser Ferdinand I. verliehenen goldenen Civil-Ehren-Medaille. Am 10. October 1841.* Gedicht von J. Roqquerol, in Musik gesetzt von Ludwig Carl Seydler, 1841; (4) Joseph Haydn, Textbuch zu Haydns Oratorium *Die sieben Worte des Erlösers am Kreuze*, 1863. – ÖBL; Ernst Hilmar, Franz Schubert. Dokumente 1801–1830, Tutzing 2003, S. 609; Kriegl, S. 359.

Knöbl Josef
Musikverlag in Hartberg, der mit 31. Dezember 2009 geschlossen wurde.

Koller Hans
*Aich-Assach, Steiermark, 17. Januar 1955. Er gehörte 1975/76 der Militärmusik Steiermark an und absolvierte in dieser Zeit den Blasorchesterleiterkurs an der Kunst-Universität Graz. 1976 bis 2007 leitete er die Musikkapelle Kleinsölk, 1998 gründete er dort ein eigenes Tonstudio sowie einen Musikverlag. Koller hat etwa zweihundert Kompositionen volkstümlicher Art, vor allem für Chöre und Blasorchester komponiert. – Artikel „Koller", in: Suppan, Blasmusik/5, sowie Stmk./2.

Krobath Artur
*Leoben, Steiermark, 26. November 1951, †St. Peter-Freienstein, Steiermark, 1. Januar 2006. Er studierte an der Kunst-Universität Graz, absolvierte in Graz den Militärmusikdienst 1973/74 und unterrichtete Trompete, Steirische Harmonika, Hackbrett, Akkordeon an der Musikschule in Trofaiach. Seine im Eigenverlag erschienenen Blasorchester-Kompositionen, Märsche und Unterhaltungsstücke, fanden im obersteirischen Raum weite Verbreitung.

Leykam, Druckerei und Verlag
Die Reformen Josefs II. schränkten 1781 die Privilegien der damals einzigen steirischen Buchdruckerwerkstätte von Widmanstetter derart ein, dass Andreas Leykam aus Wien, der als Gehilfe in der Druckerei Widmanstetter in Arbeit stand, darum ansuchte, eine zweite Buchdruckerei in Graz errichten zu dürfen. Das Gubernium beantragte die Abweisung; doch hielt dem die Hofkanzlei entgegen, dass in jedem Handelszweig die Konkurrenz sich als nützlich erweise und erteilte mit Dekret vom 30. September 1781 dem Andreas Leykam die Bewilligung, auf eigene Gefahr und auf eigene Kosten, ohne jedes Privileg die Druckerei zu eröffnen. Da es mit der Druckerei Widmanstetter unter dem mehr wissenschaftlich interessierten Alois Beckh-Widmanstetter weiter bergab ging, kaufte Leykam am 9. April 1806 um 16.000 Gulden „*die reale Buchdruckgerechtigkeit samt Einrichtung nebst der von dieser Druckerei bisher verlegten Zeitung*" (Widmanstetter) auf. Bei Leykam erschienen in der Folgezeit auch Musikalien und Musikbücher, so 1795 die *Missa solemnis in C* op. 1 von Martin Heimerich, 1796 Bihlers *Marsch und Kriegslied der Boznerschen Tyrolischen Landes-Vertheidigungs-Truppen.* Von Widmanstetter übernahm Leykam den Grazer Schreibkalender, dann den seit dem Anfang des 18. Jahrhunderts hier gedruckten Bauernkalender (Manderlkalender). Früh wandte sich Leykam auch pädagogischer Literatur zu. 1920 erschien dort das von Hans Haller und Hans Pratscher herausgegebene *Alpenländische Liederbuch,* 1936 Ernst Decseys Debussy-Buch, 1948 Waldemar Blochs *Neue Harmonielehre,* 1956 Erich Marckhls Mozart-Broschüre und 1961 das *Steirische Liederbuch,* herausgegeben von Rudolf Schwarz und Emil Seidel. – Mit der Druckerei Leykam, die Widmanstetters 1586 in Graz begonnene Buchdruckertätigkeit weiterführt, ist ein wesentliches Stück steirischer Geschichte sowie Geschichte der Buchdruckerkunst und des Zeitungswesens verbunden[420].

Marinkovits Herbert (Pseud. Herma von Bierkist)
*Wimpassing, Niederösterreich, 14. Januar 1958. Nach der musikalischen Grundausbildung in Ternitz studierte er Musik am Konservatorium in Eisenstadt sowie Musikwissenschaft an den Universitäten in Wien und Graz. Seit 1984 unterrichtete er Musik an burgenländischen Musikschulen, 1988 kam er nach Mürzzuschlag, wo er seit 1989 als Musikpädagoge am Gymnasium tätig ist. Mit seiner Gattin zusammen hat er den Herma-Musikverlag gegründet, in dem seine eigenen Kompositionen gedruckt angeboten werden.

Miller Franz Xaver
Geburts- und Sterbedaten unbekannt. Er betrieb im ausgehenden 18. und beginnenden 19. Jahrhundert die Miller'sche Buchhandlung in Graz, in der auch die jeweils aktuellen Musikalien und Unterrichtswerke (1787 u. a. die Flötenschule von Quantz, 1806 „fehlerlos geschriebene ‚Obersteirische'") angeboten wurden. – Kriegl, S. 359–409.

---

420 Theodor Graff und Stefan Karner, Leykam. 400 Jahre Druck und Papier. Zwei steirische Unternehmen in ihrer historischen Entwicklung, Graz 1985; V. Thiel, Geschichte der Offizin Widmanstetter in Graz, in: Gutenberg-Jahrbuch 1935, S. 193ff.; ders., Zeitungswesen in Steiermark bis 1848, in: Das Joanneum 2, Graz 1940, S. 77ff.; ders., A. Leykam. Das Wirken eines deutschen Druckers im südostdeutschen Grenzraum, in: Gutenberg-Jahrbuch, Mainz 1942/43, S. 310ff.

VIII. Der wirtschaftliche Aspekt: Musikinstrumentenbauer und
Musikverleger in der Steiermark – Musikheimbauten

Pechel, Buch- und Musikalienhandlung
Die Firma Pechel gilt als Nachfolger einer 1690 von Martin Veith und Michael Rieger in Graz gegründeten Buchhandlung. Als Besitzer erscheinen: 1779 bis 1821 Franz Ferstl; Lorenz Greiner, bis 1841; dessen Witwe, bis 1852; Carl Tendler, bis 1873 (als Teilhaber Anton Wendelin, 1853 bis 1856); Albert Leutner, bis 1880. Am 1. Mai 1880 erwarb der gebürtige Mecklenburger Franz Pechel das Geschäft und gliederte, seinen persönlichen Neigungen folgend, eine Musikalienhandlung an. In seinem Verlag erschienen u. a. siebzehn Bände des *Steirischen Tanz-Albums*. Als Vorstand des Gremiums der Grazer Buchhändler erhielt Pechel den Titel Kommerzialrat. Nach seinem Tod am 4. Jänner 1931 übernahmen Emmy und Fritz Pechel die inzwischen aufgelöste Buch- und Musikalienhandlung. – Bernhard Habla, Das gedruckte Notenangebot für Blasmusik, a. a. O., S. 429.

Pettermusic, s. Siegmund Andraschek

Pirrer Josef
Geburtsdaten unbekannt, † Graz, 2. Dezember 1974. Musikalienhändler in Graz.

Pock, Buch-, Kunst- und Musikalienhandlung
Josef Pock, * Pettau, 19. April 1840, † Graz, Jänner 1920; dessen Sohn Max Pock, * Graz, 6. Oktober 1876, † ebda., 6. September 1938; dessen Nachkommen Grete Pock, * Graz, 30. Oktober 1902, † ebda., 31. Juli 1957, Josef Pock, * Graz, 6. Juni 1904, und Max Pock, * Graz, 21. Juli 1905. Im Jahr 1860 erhielt Konrad Schmidt die Konzession zum Betrieb einer Leihbibliothek und kurz danach zum Betrieb einer Buch-, Kunst- und Musikalienhandlung mit Antiquariat in Graz, Hofgasse 3. Die Firma ging im Jahr 1890 in den Besitz von Hans Wagner über, der auch als Musikalienverleger (u. a. der *Edelrauten* von V. Jabornik, 1894/95) in Erscheinung trat. 1891 konnte das neue Geschäftslokal im Grazer Rathaus bezogen werden. 1902 erwarb Josef Pock die OHG Hans Wagner käuflich, nach dessen Tod, 1938, kamen Josef, Max und Grete Pock in den Besitz. Die Firma wurde im folgenden Jahr in eine OHG umgewandelt. In der Zeit zwischen den beiden Weltkriegen erschien im Musikverlag Pock eine Reihe von Werken zeitgenössischer steirischer Komponisten, vor allem für Männer- und gemischte Chöre. – Kat. Admont 1980, S. 70.

Abb. 194: Heribert Raich, der in seinem Musikverlag bereits mehr als eintausend Märsche sowie Kompositionen im volkstümlich-alpenländischen Stil veröffentlicht hat, als Aussteller bei der MID EUROPE-Konferenz in Schladming.

Raich Heribert (Ps. Jörg Asten, Karl Auer, T. Berg, Manfred Ezl)
* Obersdorf bei Bad Mitterndorf, 3. Oktober 1939. Während der Dienstzeit bei der Militärmusik Steiermark in Graz ausgebildet, ist er seit 1960 als Kapellmeister und Komponist in Altaussee und Bad Aussee tätig, wo er 1964 den Adler-Musikverlag gegründet hat, in dem vorzüglich alpenländisch-volkstümliche Stücke, aber auch einzelne Werke der konzertanten Blasmusik von Militärkapellmeistern der Donaumonarchie (wie Julius Fučíks *Österreichs Ruhm und Ehre*, in der Neu-Instrumentation von Armin Suppan) und junger österreichischer Komponisten gedruckt erscheinen. Dem Verlag wurde später ein Tonstudio sowie die ATP-Records-Produktion angeschlossen. Raich erhielt 2004 durch den österreichischen Bundespräsidenten den Berufstitel „Professor" verliehen. – Erhard Mariacher und Wolfgang Suppan, in: Blasmusik in der Steiermark NF 3, 2004, S. 76f.

Skale Manfred
* Bruck an der Mur, 2. August 1957. Nach dem Studium im Hauptfach Klarinette an der KUG wurde er Lehrer für Holzblasinstrumente an der Musikschule in Krieglach. Daneben dirigiert er die Mürztaler Trachtenkapelle Mitterdorf. 1992 gründete Skale in Aflenz-Kurort den Verlag „MANFRED SKALE MUSIC", der sich auf Musik für Bläser und für Blasorchester spezialisierte.

Stanberg Alois, Johanna, Siegfried

*Graz, 19. Oktober 1895, †ebda., 9. April 1950; dessen Gattin Johanna Stanberg, *Marburg an der Drau (Maribor), 11. Februar 1904, †Graz, 5. November 1974; der Bruder von Alois Stanberg, Siegfried, *Graz, 6. Dezember 1901, †Wien (?), 1945. Alois und Siegfried Stanberg gründeten 1923 ein Musikhaus in Graz, Neutorgasse 41, das 1937 nach Graz, Joanneumring 12, übersiedelte. Nach dem Tod von Alois Stanberg übernahm dessen Witwe Johanna das Geschäft, das seit 1972 von deren Tochter Liselotte, verehelichte Schlapak, gemeinsam mit ihrer Tochter Brigitte, verehelichte Gossler, weitergeführt wurde. – Siegfried Stanberg war bereits 1941 aus der Firma ausgeschieden und nach Wien übersiedelt, wo er ein eigenes Geschäft gründete. Beide Firmen, in Graz und in Wien, betätigten sich auch verlegerisch. In der Grazer Firma erschien u. a. das populäre Grazer Studentenlied *Student sein in Graz, wenn der Flieder blüht*[421].

Styria, Verlagshaus

1868 regt Fürstbischof Johannes Zwerger die Gründung eines „Preßvereines in der Diözese Seckau" an. Ein Jahr später erfolgt die Gründung, wobei Alfred Graf des Enffants d'Avernas zum Obmann und Prälat Alois Karlon zum Direktor gewählt werden. 1870 erfolgt die Eröffnung der „Vereinsdruckerei" im Grazer Stainzerhof (1879 „Druckerei Styria", 1886 „k. k. Universitätsbuchdruckerei"), wo auch der Verlag seinen Sitz hat. Die Gründung der Verlagsbuchhandlung erfolgt 1872. In den folgenden Jahrzehnten werden Außenstellen in verschiedenen steirischen Bezirksorten errichtet, 1922 die Verlagsbuchhandlung und Druckerei Pustet in Salzburg gekauft, zugleich die „Styria"-Buchhandlung in Altötting eröffnet. Nach der Stilllegung des Verlages im Jahr 1938 und der Zerstörung der Druckerei durch Bombenangriffe im Jahr 1945, erfolgt 1946 die Reaktivierung des „Katholischen Preßvereines", der seit 1948 auch die „Kleine Zeitung" wieder herausgibt. 1953 erfolgt die Gründung des Styria-Verlages in Köln. Neben Zeitschriften und literarischen Werken veröffentlichte das Verlagshaus Styria auch kirchenmusikalische und Chorwerke, Blasmusik und Liedersammlungen, u. a. Hans Tagger sen., *Aus meines Großvaters Liederbuch*, Graz u. a. 1952; Ernst Ludwig Uray, *O Jubel, o Freud, glückselige Zeit. Alte steirische Hirten- und Krippenlieder*, Graz (um 1958)[422].

Styrian Brassworks, s. Reinhard Summerer.

Summerer Reinhard

*Buchberg bei Stubenberg, Steiermark, 14. Dezember 1971. Er schloss das Studium der Musik als Schüler von Carsten Svanberg, Erich Kleinschuster und E. Neumeister (Posaune) sowie bei Johann Sengstschmid (Komposition) an der KUG ab (Mag. art. 1998). Als Musikpädagoge und Komponist wirkt er seit 1996 in Bad Waltersdorf in der Oststeiermark, seit 2002 zudem als Lehrbeauftragter an der Kunst-Universität in Graz. In seinem kompositorischen Schaffen finden sich neben Blasorchesterwerken Kompositionen und Arrangements für Big Bands und Jazz-Ensembles, für Blechbläser-Ensembles, Chorwerke sowie volkstümliche Musik. – Einige seiner Kompositionen bietet Summerer im Selbstverlag „Styrian Brassworks" an.

Tendler, Familie

*Wien, 25. September 1825, †Graz, 30. November 1904; seine Gattin Aloisia Tendler, geborene Werner, *Graz, 21. Juni 1833, †ebda., 19. März 1914; deren Kinder Gabriele Tendler, verehelichte Wenzel, *Graz, 5. April 1854, Sterbedaten unbekannt; Franz Tendler, *Graz, 18. August 1859, †ebda., 11. November 1927. – Gabriele Tendler verehelichte sich mit Ferdinand Wenzel, *Windische Bühel bei Marburg an der Drau (Maribor), 25. August 1833, Sterbedatum unbekannt; deren Tochter Gabriele Wenzel, *Budapest, 14. November 1877, Sterbedatum unbekannt. – Franz Tendler verehelichte sich 1912 mit Rosa, geborene Schlag, *Schönberg, Bezirk Judenburg, 23. August 1873, †Graz, 14. Mai 1949.

Karl Tendler kam nach Lehrjahren in den Wiener Buchhandlungen K. Haas's Witwe und E. Hütte im

---

[421] List; Eugen Brixel, Der Grazer Musikverlag Stanberg von der ersten zur zweiten Republik: Grazer Verlagsaktivitäten im Dienste der (steirischen) Popularmusik, in: Friedrich Körner. Festschrift zum 65. Geburtstag, Graz 1996 (Jazzforschung 28), S. 173–203; Bernhard Habla, Das gedruckte Notenangebot für Blasmusik. Eine Bestandsaufnahme und Übersicht der Verleger in Deutschland und Österreich vom 19. Jahrhundert bis zum Zweiten Weltkrieg, Oberschützen/Burgenland o. J., Ms.-Vervielfältigung, S. 485.

[422] 80 Jahre Styria, Graz 1949; In Jahrzehnten gewachsen. Festschrift zur Hundertjahrfeier des Hauses, Graz 1969; Bernhard Habla, Das gedruckte Notenangebot für Blasmusik, a. a. O., S. 429; K. M. Stepan, Stückwerk im Spiegel. Jubiläumsschrift, Graz 1949.

Jahr 1946 nach Graz, wo er bis 1852 in verschiedenen Buchhandlungen (E. Ludewig, J. Gubner's Witwe, F. Dirnböck, Ferstl und J. Greiner) tätig war. Laut Vertrag vom 19. Oktober 1852 erwarb er von Frau Josefa Greiner und deren Sohn Lorenz Greiner die Buchhandlungsgerechtsame der ehemals Ferstl'schen Buchhandlung und erhielt mit 20. November desselben Jahres vom Magistrat die Ausübungsbewilligung. Im folgenden Jahr wird ihm dazu die Konzession zur Führung einer Kunst- und Musikalienhandlung erteilt und 1857 kauft er die in der Konkursmasse der Firma J. Hubner's Witwe & Carl Mekiska befindliche Musikalien-Leihanstalt. 1876 wird Karl Tendler der k. k. Hoftitel verliehen und 1887 schließt er seinem Geschäft eine Theater- und Konzertagentur an. – 1904, nach dem Tod des Karl Tendler, teilt Frau Louise Tendler dem Stadtrat mit, dass sie die Geschäfte ihres Mannes in vollem Umfang weiterführen werde und machte als ihren Stellvertreter den Sohn Franz Tendler namhaft.

1914 sind Franz Tendler und seine Nichte Ella Wenzel die Erben des Nachlasses von Louise Tendler. Das Geschäft wird wie bisher als Kunst- und Musikalienhandlung, Musikalienleihanstalt, Theater- und Konzertagentur geführt; die Buchhandlung ist bereits 1873 von Karl Tendler an Albert Lentner verkauft worden. – Nach dem Tod Franz Tendlers beginnt der Niedergang des Unternehmens. Rosa Tendler ersucht 1930 die Steiermärkische Landesregierung um Verleihung der Konzession zum Betrieb einer Kunst- und Musikalienhandlung mit dem Standort Volksgartenstraße 3; die bisherigen Räumlichkeiten in der Herrengasse 16 hatte die Landesregierung für sich in Anspruch genommen. Die Bewilligung wird erteilt, doch gibt sie die Musikalienhandlungskonzession noch im selben Jahr zugunsten von Alois Stanberg zurück. Von 1931 bis 1942 führt Rosa Tendler die Kunsthandlung weiter; die ihr 1932 verliehene Konzession zum Betrieb eines Theaterkartenbüros erhält 1935 Grete Grünwald. – ÖML.

Trötscher Christian Friedrich
*Amlishagen, Franken, um 1760, †Graz, 15. Dezember 1824. 1789 umfasste sein Angebot als Buch- und Musikalienhändler in Graz bereits Kompositionen von Mozart, Salieri, Albrechtsberger, Clementi, Kozeluch, Stadler. 1799 legte Trötscher hier den Bürgereid als Buch-, Kunst- und Musikalienhändler ab. – Kriegl, S. 359 u. ö.

Tusch Aloys, um 1824 als Buch-, Kunst- und Musikalienhändler in Graz *„im Weiß'schen Haus am Hauptplatze Nr. 337 im ersten Gewölbe gegen die Schmiedgasse"* tätig. – Ernst Hilmar, Franz Schubert. Dokumente, Tutzing 2003, S. 760.

Wallner Alarich, s. Kapitel VII, oben.

Widmanstetter (Widman, Widmanstad), Familie

Die Familie Widmanstetter stammt aus Nellingen bei Ulm.

Johann Albrecht Widmanstad, *um 1506, †Regensburg, 1557. Onkel des Folgenden. Ein Schüler Reuchlins, der als Astronom und Orientalist, Sekretär Papst Pauls III. und Rat Herzog Ludwigs von Bayern sowie Kanzler des Erzbischofs von Salzburg bis zum Kanzler König Ferdinands aufstieg. Er reformierte 1554 die Universität Wien im katholischen Geist. Schließlich wirkte er als Domherr in Regensburg.

Georg Widmanstetter, *Nellingen bei Ulm (?), Geburtsdatum unbekannt, †Graz, 20. Mai 1618. Neffe des Vorigen.

Dessen Söhne: (1) *Georg Widmanstetter,* *Bayern, Geburtsdatum unbekannt, †Graz, 1610; (2) *Ernst Widmanstetter,* *Graz, 1592, †ebda., 12. Februar 1635.

Kinder des Letztgenannten: *Marie Susanne Widmanstetter,* *Graz, 1620, †ebda., 1680; *Ferdinand,* *Graz, 1624, †ebda., 1668; *Franz Widmanstetter,* *Graz, 1625, †ebda., 1664.

Kinder aus der Ehe von Marie Susanne mit Johann Beckh († Graz, 1648): (1) *Gottfried Beckh-Widmanstetter,* *Graz, 1638, †ebda., 1706; (2) *Johann Georg Beckh-Widmanstetter,* *Graz, 1643, †ebda., 1688: (3) *Barbara Beckh-Widmanstetter,* *Graz, um 1643, †ebda., 1681; (4) *Bernhard Beckh-Widmanstetter,* *Graz (?), um 1647, †ebda., 1684.

Sohn des Letztgenannten: *Ferdinand Bernhard,* *Graz, 1680, †ebda., 1705.

Georg Widmanstetter, der beim Münchner Drucker Adam Berg gelernt und gearbeitet hatte, wurde im Jahre 1585 von Erzherzog Karl II. von Innerösterreich nach Graz berufen. Vor allem waren es die Patres des Jesuiten-Kollegiums, die für ihre gleichzeitig gegründete Universität und die im Zuge der Gegenreformation nun einsetzenden Aktivitäten eine leistungsfähige Offizin benötigten. Bis in das beginnende 18. Jahrhundert bestimmte dieses Anliegen die Buchproduktion, daneben aber wurden alle gängigen Formen der Buchkultur von den Widmanstetters gepflegt. Die Blüte des Grazer Musiknotendruckes währte bei Widmanstetter von 1588 bis 1614. Für die Ausbreitung des gegenreformatorischen Liedgutes bedeutsam wurde Nicolaus Beuttners katholisches Gesangbuch, das seit 1602 zahlreiche Auflagen erlebte, aber auch (Lied-)Flugschriften sind bei Widmanstetter hergestellt worden. Die Buchdruckerei bestand bis 1806, in welchem Jahr Alois Beckh-Widmanstetter den Betrieb an seinen einstigen Gehilfen Andreas Leykam verkaufte, der sich schon 1781 selbständig gemacht hatte[423].

Musikheimbauten

Neben dem Kauf von Musikinstrumenten und Musiknoten hat sich seit den achtziger Jahren des 20. Jahrhunderts verstärkt der Bau von eigenen „Häusern der Musik", mit einem akustisch angemessenen Proberaum, mit Unterrichts- und Ensemblespielräumen, mit Arbeitsräumen für Obmann und Kapellmeister, mit Notenarchiv und Trachten-/Uniform-Kästen und Umkleideräumen, mit einem Raum, in dem man nach den Proben gesellig zusammensitzen kann, eingebürgert. Ein großer Teil der Mitgliedskapellen im Steirischen Blasmusikverband besitzt heute bereits eigene Häuser oder zumindest eigene Komplexe in Schulen oder anderen öffentlichen Gebäuden. In manchen Orten wurden gemeinsame Bauten mit der Freiwilligen Feuerwehr errichtet. Die Bauten oder Einbauten konnten im Rahmen einer Mischfinanzierung errichtet werden, wobei Blasmusik- und Gemeindereferate der Steiermärkischen Landesregierung, Gemeinden, Spenden der Bevölkerung, vor allem aber Eigenleistungen von jeweils mehre-

Abb. 195–199: Nur einige der Musikheime können hier im Bild vorgestellt werden: St. Johann im Sausal, Außenansicht (Mitte), Eröffnung mit Landeshauptmann Franz Voves und seiner Gattin, Wolfgang Suppan und Bezirksobmann Albin Prinz (oben). Birkfeld im Inneren, ohne Musiker (rechte Seite unten), mit Musikern (rechte Seite oben), Fischbach, von außen (unten).

---

423 Lexika: MGG/2; ÖML. – Theodor Graff, Bibliographia Widmanstadiana. Die Druckwerke der Grazer Offizin Widmanstetter 1586–1805, Graz 1993 (= Arbeiten aus der Steiermärkischen Landesbibliothek 22); ders. und Stefan Karner, Leykam. 400 Jahre Druck und Papier. Zwei steirische Unternehmen in ihrer historischen Entwicklung, Graz 1985; Ottfried Hafner, in: Bedeutende Grazer im Porträt, hg. von W. Steinböck, Graz – Wien 1977, S. 45; Anita Mayer-Hirzberger, Die Musikdrucke der Offizin Widmanstetter in Graz (1585–1806), Diplomarbeit KFU Graz 1988; Wolfgang Suppan, Drei katechetische Schriften des 18. Jahrhunderts, darunter ein bisher unbekannter Widmanstetter-Druck sowie ein Text wider den höllischen Reien, in: Miscellanea Musicae. Rudolf Flotzinger zum 60. Geburtstag = Musicologica Austriaca 18, 1999, S. 339–351.

VIII. Der wirtschaftliche Aspekt: Musikinstrumentenbauer und
Musikverleger in der Steiermark – Musikheimbauten

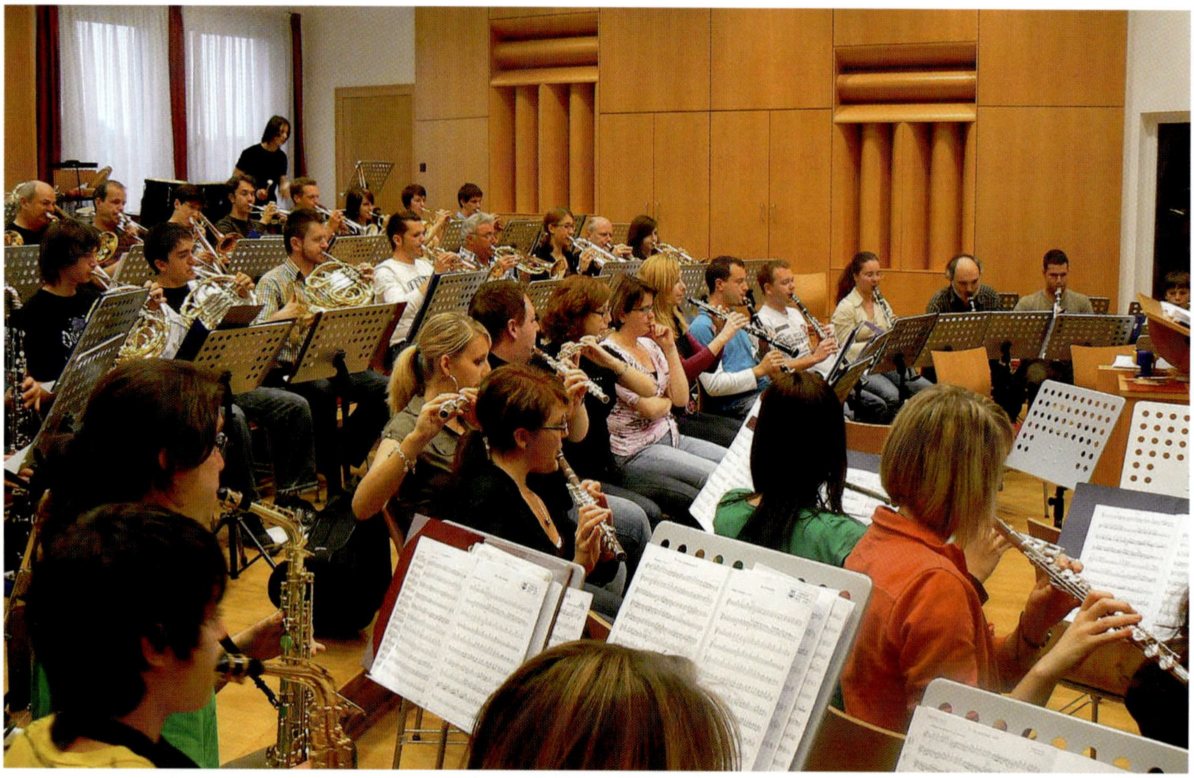

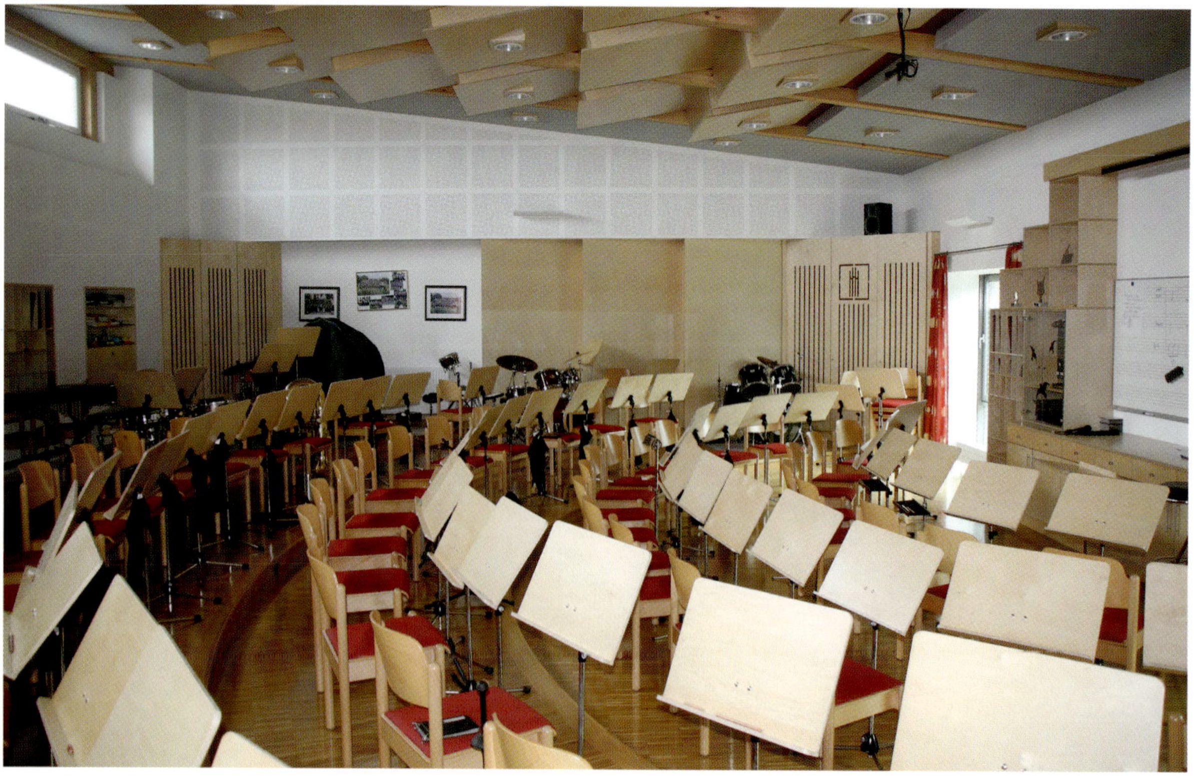

VIII. Der wirtschaftliche Aspekt: Musikinstrumentenbauer und
Musikverleger in der Steiermark – Musikheimbauten

Abb. 200–202: Die Musikheime von Gralla bei Leibnitz (Luftbild, oben) und im Inneren (linke Seite oben) sowie Bad Waltersdorf, Innenansicht (linke Seite unten).

ren tausend Stunden durch Mitglieder der Musikvereine geleistet wurden.

Als zentrale Ausbildungs- und Begegnungsstätte war – nach dem Vorbild der deutschen Bundesakademie in Trossingen und der bayerischen, baden-württembergischen sowie elsässischen Landesakademien für die musizierende Jugend – eine eigene Landesakademie in St. Stefan ob Stainz geplant worden, in der die außerschulische Jugend- und Erwachsenenbildung mit dem Schwerpunkt Musik wahrgenommen werden sollte. Auf diese Aufgabe haben sich die Mitglieder des Landesvorstandes u. a. durch Studienreisen zu entsprechenden Einrichtungen und durch Diskussionen mit den Präsidien deutscher und französischer Blasmusikverbände gewissenhaft und professionell vorbereitet. Leider ist kurz vor dem Spatenstich der Bau dieses Projekt vonseiten der damaligen Steiermärkischen Landesregierung gestoppt worden. Das Land Kärnten hat die Idee einschließlich der inhaltlichen Detailplanung übernommen – und das Projekt im Zuge der Revitalisierung des mittelalterlichen Stiftes Ossiach realisiert.

Als Dokument, das die Leistung des Landesvorstandes in den Jahren seit der Wende des Jahres 1997 bezeugt, zitieren wir aus dem Architektur-Journal[424] sowie aus Tageszeitungen.

---

424 Architektur-Journal, 24. Jg., Heft 198/199, Okt./Nov. 2000, S. 67–75.

Ansicht Südwest

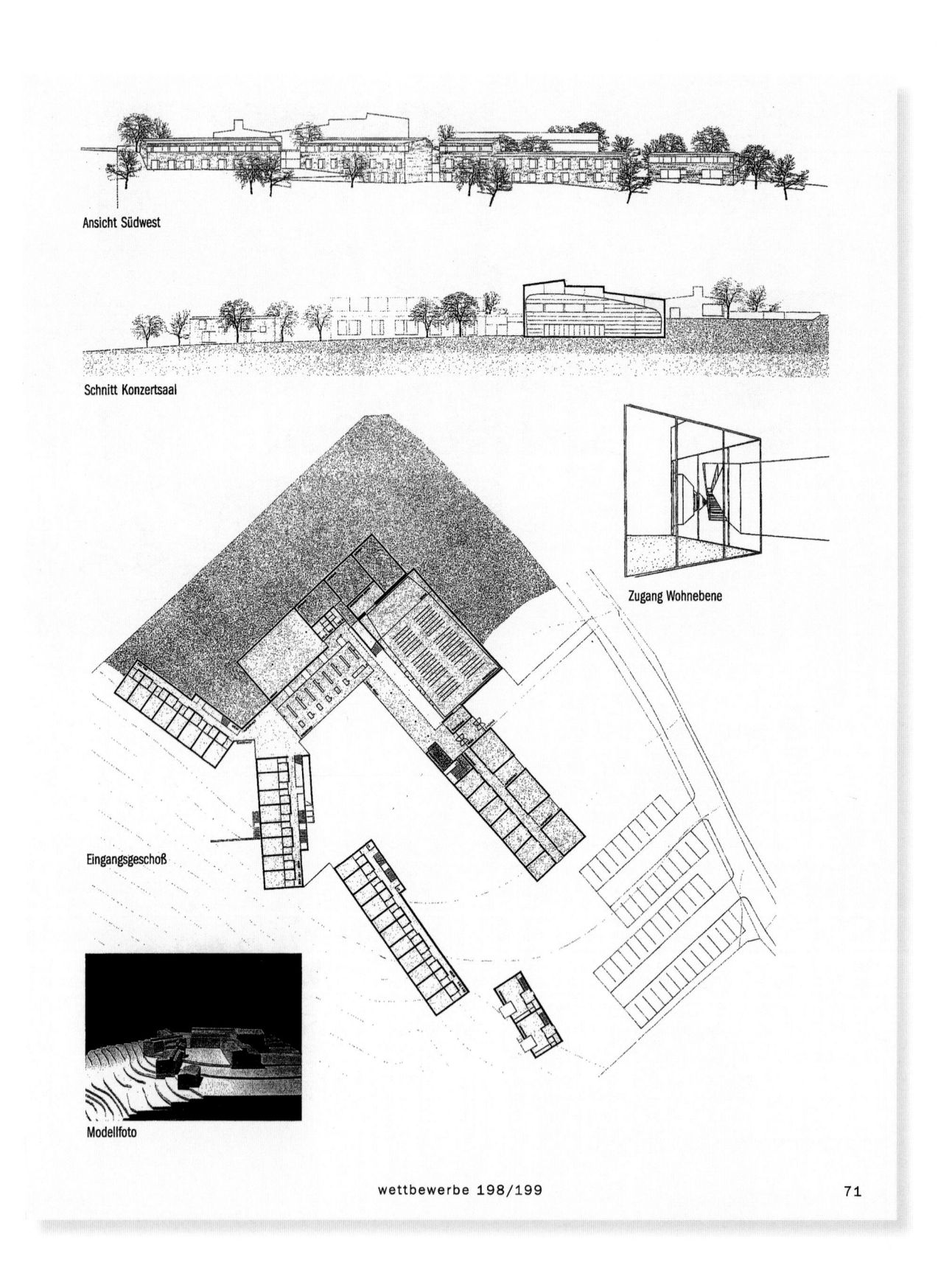

Schnitt Konzertsaal

Zugang Wohnebene

Eingangsgeschoß

Modellfoto

VIII. Der wirtschaftliche Aspekt: Musikinstrumentenbauer und
Musikverleger in der Steiermark – Musikheimbauten

S. 24/25 *KLEINE ZEITUNG*

SÜD & SÜDWEST

DIENSTAG
27. NOVEMBER 2001

Musikakademie soll bald Wirklichkeit werden

Musikakademie in St. Stefan ob Stainz rückt in greifbare Nähe. Fertigstellung bis 2003

Steirer geben österreichweit den Ton an

■ VON HANS AST

Nach einiger Ungewissheit scheint jetzt festzustehen, dass der Spatenstich für die Steirische Musikakademie in St. Stefan ob Stainz im April 2002 erfolgen wird. Das war zumindest der erfreuliche Höhepunkt bei der Präsentation der Pläne und Aufgaben der Musikakademie durch den Steirischen Blasmusikverband im Buschenschank Lazarus in Langegg.

Zur Erinnerung verwies Univ.-Prof. Wolfgang Suppan als Landesobmann des Steirischen Blasmusikverbandes darauf, dass der damalige Landesrat Michael Schmid im Jahr 1999 die Errichtung der Musikakademie zugesagt hatte. Voraussetzung sei die Übernahme der Verantwortung für den Betrieb durch den Blasmusikverband gewesen.

„Daher haben wir den einstimmigen Beschluss gefasst, dass der Verband der Rechtsträger des gebauten Landesmusikheimes sein wird", betonte Suppan. Welche große Bedeutung die Musikakademie im schulischen und außerschulischen, im professionellen wie im Amateurbereich, in der Jugend- und Erwachsenenbildung aktiver Musiker und Sänger haben werde, könne am Beispiel solcher Einrichtungen in Deutschland ermessen werden. Der Landesobmann voller Stolz: „Es wird die erste Einrichtung dieser Art in Österreich sein, und sie wird im gesamten Alpen-Adria-Raum ihre Wirksamkeit entfalten."

> Die Musikakademie in St. Stefan ob Stainz wird die erste Einrichtung dieser Art in Österreich sein.
> WOLFGANG SUPPAN, Landesobmann

Landeshauptmann-Stellvertreter Leopold Schöggl bremste die Euphorie allerdings etwas ein: „Obwohl die notwendige Infrastruktur durch die Gemeinde St. Stefan geschaffen wurde, bedarf es noch vieler Anstrengungen. Immerhin werden die Gesamtkosten 140 Millionen Schilling erreichen, wobei der Bau selbst gar nicht das Problem ist. Vielmehr muss noch eine Wirtschaftlichkeitsstudie erstellt werden. Aber grundsätzlich rechnen wir doch mit dem Spatenstich im April und einer Fertigstellung im Herbst 2003." Der Blasmusikverband müsse jedoch sogleich mit der Gründung eines Kuratoriums und eines Trägervereines der potenziellen Nutzer beginnen, forderte Schöggl.

Das Architektenteam um Klaus Leitner erläuterte die Funktionalität der Anlage: „Das große Bauvolumen in die Landschaft einzubetten, war nicht so leicht. Deshalb wurde es in mehrere Bereiche aufgesplittet, wodurch ein vielseitig verwendbarer Hofbereich entstehen wird." Der große Probenraum und der Konzertsaal für bis zu 100 Musiker und 380 Sitzplätze für Besucher bilden das Herzstück der Planung. Ein Foyer ist dem Konzertsaal vorgelagert und dient auch als Pausenraum. Darin ist eine gläserne Bibliothek eingeschlossen. Restaurant und Küche sind mit dem Wohntrakt mit 60 Zimmern und 90 Betten verbunden. „Wir wollen mit der Gesamtkonzeption kreatives Wohlbefinden für die Fortbildungsteilnehmer schaffen", so der Architekt.

Bei der Tagung in Langegg wurden auch die neu gestalteten Auszeichnungen des Blasmusikverbandes präsentiert. Und Verbandspräsident Willibald Konrad erhielt gleich das neue Ehrenzeichen für die 60-jährige aktive Mitarbeit.

Abb. 203, 204: Der 1. Preis im Internationalen Architektenwettbewerb zum Bau der (Alpen-Adria-)Landesakademie für musikalische Jugendbildung in St. Stefan ob Stainz wurde Herrn Architekten Klaus Leitner, Linz – Graz, zuerkannt (linke Seite). Nicht nur die Bevölkerung der Weststeiermark nahm lebhaften Anteil an diesem Projekt, auch in der Presse gab es überaus positive Reaktionen (oben).

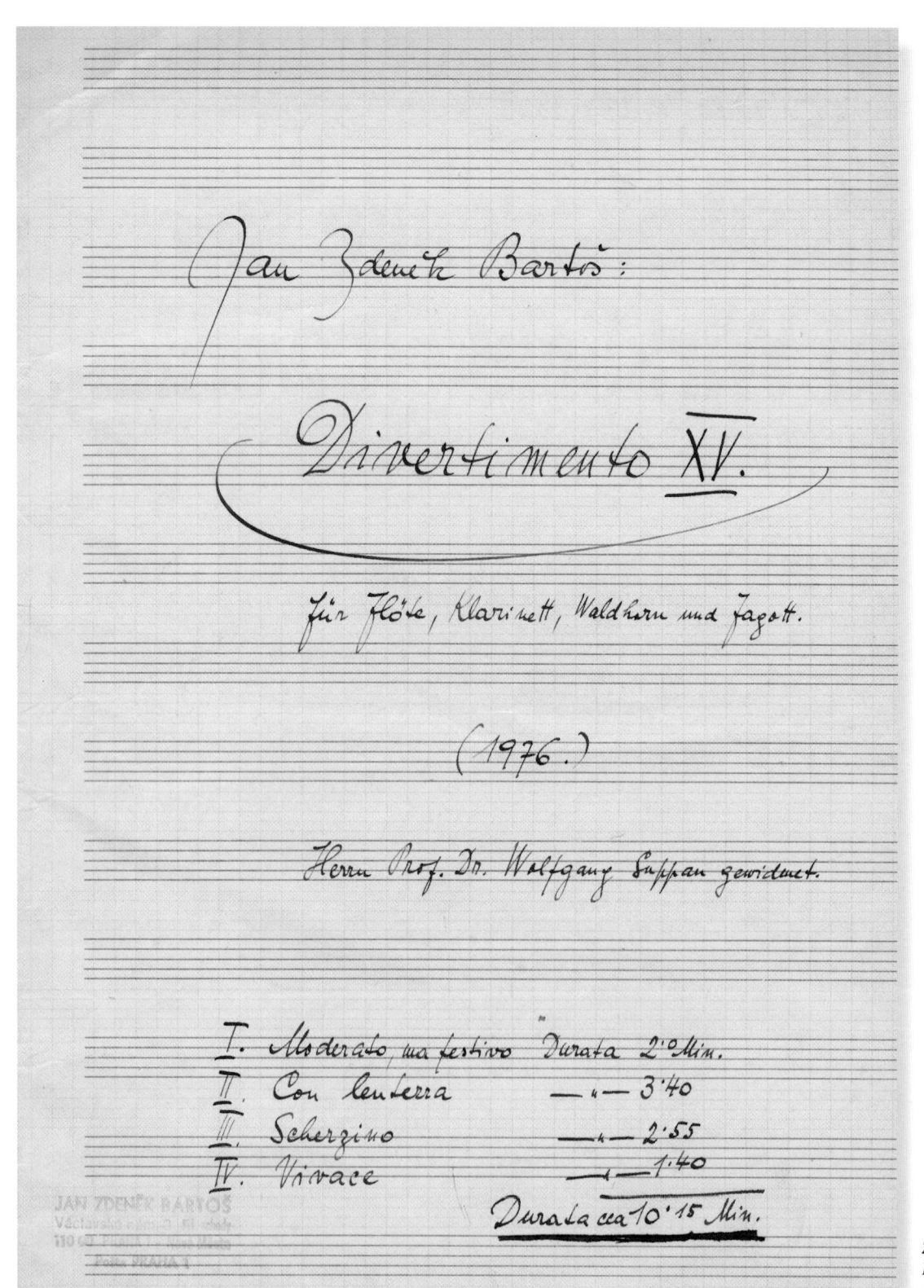

Zu diesem Faksimile siehe S. 221.

IX. Blasmusik und Brauchtum

„Die Geschichte kennt keine Gesellschaft und keine Kultur ohne Musik. Musik ist also nicht nur ein ästhetisches Phänomen; sie gehört als konstitutiver Faktor zu einer humanen Lebenswelt" (Georg Picht [425]).

Brauchtum: in dem Wort steckt Gebrauch, brauchen drinnen, etwas das gebraucht wird, das Bestandteil gesellschaftlichen Lebens ist und die Kultur eines Gemeinwesens kennzeichnet. Einstmals war alle Musik Gebrauchsmusik, eine Sprache, die über das Wort hinaus zwischenmenschliche und kulturbegründende Kontakte herzustellen vermochte. In der abendländischen Kultur spaltete sich dann davon jene Musik als Kunst ab, die schließlich zur L'art-pour-l'art-Bewegung führte, zu einer Kunst um der Kunst willen, die die Bezugspunkte Mensch und Gesellschaft außer acht ließ. Die Schubfächer Kunst- und Volksmusik, Ernste und Unterhaltungsmusik entwickelten sich daraus, und nur was in die jeweils erstgenannten Kategorien fiel, entsprach dem Prestige- und Standesdenken der Vertreter und Protagonisten der sogenannten bürgerlichen Musikkultur in ihrer Spätphase.

Aber das Musikverständnis des Menschen ist nicht teilbar, es trägt nicht jemand seine E- oder U-Musik-Zugehörigkeit wie die Blutgruppe mit sich herum. Und deshalb ist auch die Musik nicht teilbar. Dies lässt sich nirgends deutlicher zeigen als an der Blasmusik:

1. Sie ist *Volksmusik*, aber nicht in dem Sinn, dass man unter Volk allein die „seelisch-gesellschaftlichen" Grundschichten verstehen dürfte, sondern als eine Bildungsschichten und Stände übergreifende Tonsprache [426].

2. Sie ist *Kunstmusik* im Sinne unserer europäisch-abendländischen Tradition, weil alle Strukturen und Aussagen sich darin artikulieren lassen, die hohem Kulturbewusstsein und hoher Kulturverantwortung entsprechen.

3. Sie ist *Ernste Musik*, indem sie dem Menschen die ästhetischen Werte seines Lebens und Schaffens bewusst macht.

4. Sie ist *Unterhaltungsmusik*, in der Freude am Spielerisch-Heiteren, am naiven Sich-Geben und Bewegen zum Ausdruck kommt [427].

Nur wer diese volle Wirklichkeit sieht, gewinnt Zugang zu einem Phänomen, dem allein in Mitteleuropa – in Süddeutschland, in der Schweiz, in Österreich und in Südtirol – heute etwa 350.000 Musiker, darunter zwei Drittel unter 25 Jahre alt, freiwillig und in idealer Gesinnung dienen [428].

Wenn wir von Brauchtum sprechen, dann nicht im Sinne einer retrospektiv orientierten Volkskunde oder Brauchtumspflege, die den Zeugnissen einer vergangenen Kultur nachtrauert und diese sorgsam und in möglichst „authentischer" Form bewahren möchte. Wir meinen, dass Brauchtum etwas Lebendiges ist, das sich mit den gesellschaftlich-ökonomischen Bedingungen, mit dem Weiterschreiten der Zivilisation ständig verändert. Was hat nicht gerade die Verstädterung weiter Gebiete an neuen Ausdrucksformen des Brauchtums, nämlich

---

425 Georg Picht, Siegfried Borris, Wolfgang Suppan u.a., Musik in der Planung der Städte, in: Referate. Informationen Nr. 23, hg. vom Deutschen Musikrat, Bonn – Bad Godesberg 1973. – Georg Picht, einer der bedeutenden Reformpädagogen Deutschlands, war zu dieser Zeit Ordinarius für evangelisch-theologische Philosophie an der Universität Heidelberg.
426 Hier ist bewusst nicht die „klassische" Volksmusik-Definition benutzt, wie sie an anderer Stelle und auch im Zusammenhang mit der Blasmusik angewendet wird. Vgl. dazu W. Suppan, Volkslied. Seine Sammlung und Erforschung, Stuttgart 1966, 2. Auf. 1977; ders., in: Vorrede zum Musikethnologischen Teil, in: Handbuch des Volksliedes, hg. von Rolf W. Brednich, Lutz Röhrig und Wolfgang Suppan, Band 2, München 1973, S. 379ff.; ders. 1976, S. 72f.
427 Unzutreffend ist hingegen die Etikettierung „Laienmusiker" für den Blasmusiker, da es sich in keinem Fall um Laien, d. h. um Leute, die nichts von Musik verstehen, handelt. Auch der Gegensatz Profi-Laie ist nicht anzuwenden, da heute in zunehmendem Maß Berufsmusiker als Dirigenten und Pädagogen in Blasorchestern tätig sind.
428 W. Suppan, Zur Situation der Blasmusik in Mitteleuropa, in: ÖBZ 16, 1968, H. 9, S. 1–3; ders., Amateurmusik, in: DB 25, 1975, S. 239–241; dass. unter dem Titel Die gesellschafts- und kulturpolitische Situation der Blasmusik in Österreich, in: Festschrift zum 3. Landesmusikfest in Graz, Graz 1975, S. 17–24, und in: ÖBZ 23, 1975, H. 8, S. 1 f.; ders., Amateurmusik, in: In Sachen Musik, hg. von Sigrid Abel-Struth u. a., Kassel 1977, S. 97–105; ders., Amateurblasmusik in Österreich, in: Österreichische Musikzeitschrift 33, 1978, S. 652–660.

Abb. 205: Im Jahr 1844 hat Erzherzog Johann Sänger, Spielleute und Tänzer aus allen Teilen der Steiermark nach Graz eingeladen, wo auf dem Platz vor dem Schloss Eggenberg ein „Volksfest" stattgefunden hat: Es sollte der Besinnung auf die traditionellen Werte der Menschen in unserem Land dienen und damit zur Identitätsfindung beitragen. Dieses Eggenberger Fest könnte als ein Vorläufer des von „Blasmusik-Landeshauptmann", Landeshauptmann-Stellvertreter Leopold Schöggl, im Jahr 2003 ins Leben gerufenen „Aufsteirern" gesehen werden. Es wird seit 2006 von Schöggls Nachfolger als Blasmusikreferent der Steiermärkischen Landesregierung und Landeshauptmann-Stellvertreter Hermann Schützenhöfer erfolgreich weitergeführt.

des menschlich-gesellschaftlichen Zusammenlebens mit sich gebracht! Was haben die Massenmedien, vor allem das Fernsehen dazu beigetragen, dass Familie und Dorfgemeinschaft ältere Gewohnheiten aufgegeben und dafür neue entwickelt haben! Deshalb ist das lebendige Brauchtum einer Gemeinschaft stets eine Auseinandersetzung zwischen historisch gewachsenen und neu sich bildenden Antrieben des öffentlich-kulturellen Lebens. Solche Gedanken, durch die wir frei von Sentimentalitäten unsere Umwelt beobachten und qualifizieren, sind allerdings in der Volkskunde verhältnismäßig jung.

Viktor von Geramb dachte 1924 noch nicht daran, das Vereinswesen, gar die Blasmusikkapellen, in seinem Buch vom „Deutschen Brauchtum in Österreich" zu berücksichtigen. Und auch bei Franz Anton Brauner, der 1955 über „Steirisches Brauchtum im Jahrlauf" schrieb, ist davon nichts zu lesen[429]. Einen Umschwung brachte erst die Tübinger Bausinger-Schule mit ihrem starken soziologischen Einschlag. Dort entstand das Buch „Kulturstile kleiner Gemeinden", in dem Herbert Schwedt dezidiert feststellte: *„Es wäre übrigens unmöglich, irgendeine verbindliche Aussage über das Leben in einer*

---

429 Viktor von Geramb, Deutsches Brauchtum in Österreich, Graz 1924; F. A. Brauner, Steirisches Brauchtum im Jahrlauf, Graz – Wien 1955.

Landgemeinde ohne Berücksichtigung des Vereinswesens zu machen"[430]. 20 Jahre nach Brauner, 1975, konnte in diesem neuen Volkskundeverständnis in Graz eine Dissertation approbiert werden, in der Eberhardt Schweighofer *„Traditionelle Elemente im musikalischen Vereins- und Gemeinschaftsleben der Gegenwart im Gebiet des politischen Bezirkes Judenburg"* untersuchte, um damit in einen Komplex musikalischen Kultur- und Gemeinschaftslebens einzudringen, der sich als *„höchst feinfühliger Organismus"* (Vorwort) darstellt.

Überblickt man die Auftritte einer Blaskapelle das Jahr über, so wird man bemerken, dass es kaum Veranstaltungen „in eigener Sache" sind. Die alljährlich vom Steirischen Blasmusikverband vorgelegte Statistik widerspiegelt genau diese Situation: Vereinseigene Konzerte und Musikfeste machen fünf bis zehn Prozent der Auftritte aus. Sonst handelt es sich um gemeindliche und kirchliche Ereignisse, die mit Musik zu umrahmen sind. In Fremdenverkehrsgemeinden müssen regelmäßig Heimatabende, Kur- oder Platzkonzerte bestritten werden, für die Freiwillige Feuerwehr, für den Kameradschaftsbund, für die Sportvereinigungen, für die Kirche, für politische Parteien wird etwa 90 Prozent der Öffentlichkeitsarbeit geleistet. Sozialpädagogisch von Bedeutung ist die Jugendarbeit. Zwar hilft bei der musikalischen Ausbildung gerade in der Steiermark das dichte Netz von Musikschulen entscheidend mit, dass junge Menschen ein Instrument lernen können. Vielfach wird trotzdem innerhalb der Kapellen Unterricht erteilt. Die entscheidende Arbeit erfolgt aber in der Kapelle, insofern als hier der junge Mensch in eine Gemeinschaft hineinwächst, seine von hoher Verantwortung getragene Eigenleistung zu erbringen hat und sich dabei selbst bestätigen kann. Jährlich werden pro Kapelle in der Steiermark je fünfzig bis achtzig Gesamtproben abgehalten, dazu kommen Register- und eigene Jugendproben. In den Blaskapellen vollzieht sich die Sozialisierung und Sensibilisierung des jungen Menschen; das heißt: er lernt darin seine Aufgabe in der Gemeinschaft erfüllen und wird wach für die entscheidenden Schritte in seinem Berufsleben. Das ist ein wesentlicher Grund dafür, warum die öffentliche Hand, vor allem die Kommunen, Blaskapellen finanziell fördern: die außerschulische Jugend- und die Erwachsenenbildung sind da in sinnvolle Bahnen geleitet, und zwar sowohl im Dienste der Gesellschaft als auch im Dienste der menschlichen

Abb. 206: Wenn der Hochzeitszug aus der Kirche kommt, spielen die Musiker auf: hier in Semriach, nach der Abbildung im 3. Band des Topographisch-Statistischen Lexikons von Steiermark von Josef Andr. Janisch, Graz 1885.

Einzelpersönlichkeit. Bei regionalen und überregionalen Musikfesten entstehen Kontakte zu Gleichgesinnten über Landes- und Ländergrenzen hinweg. Es ist heute keine Seltenheit mehr, dass an einem Jubiläumsfest in der Steiermark Jugend- und Erwachsenenkapellen aus dem Osten und Westen, aus dem Norden und Süden Europas teilnehmen, ja sogar Kapellen aus den USA und aus Japan waren in den vergangenen Jahren bei uns zu Gast. Solche Besuche führen in der Regel zu Gegenbesuchen, und so weitet sich der Blickwinkel jedes einzelnen Musikers, der völkerverbindende Charakter der Musik vereitelt chauvinistische Regungen.

---

430   H. Schwedt, Kulturstile kleiner Gemeinden, Tübingen 1968 (Volksleben 21), S. 17.

Die Hypothek, „Biermusiker" zu sein und militaristische Tendenzen zu verfolgen, ist heute weitgehend abgebaut. Musikalische und pädagogische Leistungen in der Öffentlichkeit lassen diese Abqualifizierung des Blasmusikwesens nicht mehr zu. Das Gleiche gilt im musikalisch-kompositorischen Bereich, wo die Originalblasmusik-Komposition seit den sechziger Jahren unseres Jahrhunderts entscheidend zur Niveauverbesserung beigetragen hat[431]. Die schon genannte Freiburger Dissertation von Peter Ruhr[432] hat aufgrund umfassender statistischer Erhebungen einen Gesinnungswandel auch unter den Musikern feststellen können: Die weitaus größte Anzahl der befragten Musiker, nämlich 67,7 Prozent, möchte die in harten Proben erarbeitete seriöse Literatur, vor allem Originalblasmusik der letzten Jahrzehnte, in einem richtigen Konzertsaal vor aufmerksamen Zuhörern darbieten. Nur 2,3 Prozent der Musiker spielen am liebsten während des Marschierens, 7,3 Prozent bevorzugen Gartenfeste, 8,6 Prozent Platzkonzerte und 14,2 Prozent spielen am liebsten in Festzelten. Das ist sicher ein ungewöhnliches und überraschendes Ergebnis, das vom Leistungsstreben der Blasmusiker Zeugnis ablegt: man möchte in erster Linie gute Musik machen, zeigen, was man kann. Aber die Statistik Ruhrs stammt aus dem Jahr 1980 und sie betrifft den Südbadischen Raum. Obgleich für die Steiermark ähnliche Untersuchungen fehlen, kann man davon ausgehen, dass hier der Anteil der Marschmusik-Liebhaber unter den aktiven Musikern größer ist.

Musik und Brauchtum im Jahreslauf

Januar: Mit dem sogenannten „Neujahrs-Einblasen", einem Turmblasen in kleiner Besetzung zwischen Quartett und Oktett, wird in vielen Orten der Steiermark das Jahr einbegleitet. Ein Brauch, der sich wohl von den Stadttürmern herleitet, die ebenso wie die „Neujahrssänger" und die „Neujahrsgeiger" (in der Gegend von Stubenberg in der Oststeiermark besorgen das „Neujahrsgeigen" Bläsergruppen von etwa acht bis zwölf Mann) einen glücklichen Beginn und Verlauf des anbrechenden Jahres allen ihren Mitbürgern wünschen mochten. Dagegen sind Neujahrskonzerte – in Anlehnung an das berühmte und durch das Fernsehen weltweit verbreitete Neujahrskonzert der Wiener Philharmoniker – im Bereich der steirischen Blaskapellen jüngerer Natur.

Mit der „Perchtennacht", vom 5. auf den 6. Januar, sind die an heimlichen Umtrieben reichen „Raunächte" zu Ende. Am Abend des 5. Januar laufen in Stainach im Ennstal die „Glöckler" mit ihren beleuchteten Figuren auf den Köpfen durch den Ort. Sie halten Glöckchen in den Händen oder haben diese umgebunden: Lärmzauber, der nach alter Vorstellung die Wachstumskräfte zu neuem Leben erwecken soll. Die Musikkapelle ist nicht unmittelbar daran beteiligt. Wohl aber hat der langjährige Kapellmeister (1908–1951) und Ehrenkapellmeister der Stainacher Kapelle, Franz Zehentleitner, den Glöcklerlauf in Stainach eingeführt.

Der Fasching ist die Zeit der Bälle, und manche Musikkapelle gestaltet ihren Ball zu einem gesellschaftlichen Ereignis der Dorf- oder Stadtgemeinschaft – und hofft damit auch auf finanziellen Gewinn, der die ständige Sorge um die für die Erhaltung einer Kapelle nötigen Mittel etwas einschränkt. An einigen Orten ist das „Gasslfahren" mit schellenklingenden, aufgekränzten Pferden und „Gassln" noch oder bereits wieder anzutreffen, und die ganze Festlichkeit wird umrahmt von der Blaskapelle.

Februar: Alte Quellen berichten vom Schwerttanz, wie er in der Steiermark im Ausseerland und in der Oberwölzer Gegend einst üblich war[433]. Noch um 1850 konnte der Grazer Altertumsforscher Karl Weinhold diesen Brauch miterleben: *„Da kamen die Bauernburschen und Männer im Mondenschein auf einer Waldwiese, festlich geschmückt, zusammen, in der Rechten ein blankes Schwert, begleitet von einer Schar junger sonntäglich gekleideter Mädchen, die als Fackelträgerinnen im Kreise Aufstellung nahmen. Ein altes Lied, von Musik begleitet, eröffnete die malerische Festlichkeit. Dann folgte ein Spruch, den die Schwerttänzer erwiderten und darauf begann der Tanz. Die Männer umkreisen sich, gingen aufeinander los, wichen zurück und drangen wieder vor,*

---

431 W. Suppan, Zur Frage der Blasmusik (Militärmusik, Harmoniemusik), in: ÖMZ 21, 1966, S. 462–470.
432 P. Ruhr, Der Blasmusiker. Studien zur Geschichte und heutigen Struktur der Blasmusik im südbadischen Raum, phil. Diss. Freiburg im Breisgau 1980, S. 308.
433 Gerta Jandl, Der Tanz im steirischen Brauchtum, phil. Diss. KFU Graz 1967.

IX. Blasmusik und Brauchtum

immer nach dem Takte der Musik und der gesungenen Verse"[435]. Das „Blochziehen" im unteren Murtal sowie in der südlichen Ost- und Weststeiermark, Faschingsrennen im oberen Murtal, das Scheibenschießen im Ausseerland, vor allem aber die Gestaltung der Faschingstage selbst mit dem abschließenden Faschingbegraben sind reich an ortsgebundenen Überlieferungen. Weithin berühmt ist der Ausseer Fasching. Dort ziehen alljährlich am „Damischen Montag" (Faschingsmontag) die Mitglieder der Musikkapelle vermummt und verkleidet

Abb. 207, 208: Altes Faschingsbrauchtum, das am ehesten mit dem Brauchtum der alemannisch-schwäbischen Fasnet verglichen werden kann, hat sich vor allem im Zusammenhang mit der Bergbautradition im Ausseerland erhalten[434]. *Als Trommelweiber verkleidet, ziehen die Mitglieder der Musikkapelle durch den Markt.*

---

434 Johannes Künzig, Die alemannisch-schwäbische Fasnet, Freiburg im Breisgau (1950); Wolfgang Suppan, Blasmusik in Baden. Geschichte und Gegenwart einer traditionsreichen Blasmusiklandschaft, Freiburg im Breisgau 1983, S. 230–234. – Zu den historischen Wurzeln Hans Moser, Städtische Fastnacht des Mittelalters. Masken zwischen Spiel und Ernst, Tübingen 1967.
435 Viktor von Geramb, Deutsches Brauchtum in Österreich, Graz 1924, S. 15. – Über von Geramb vgl. Suppan, Stmk./2, S. 204f.; Helmut Eberhart, Viktor Geramb und seine Bedeutung für die Österreichische Volkskunde, in: 800 Jahre Steiermark und Österreich 1192–1992. Der Beitrag der Steiermark zu Österreichs Größe, Graz 1992 (Forschungen zur geschichtlichen Landeskunde der Steiermark 35), S. 681–702.

Abb. 209: Das Fasching-Ertränken in der Steiermark schildert F. Schlegel in der „Allgemeinen Illustrierten Zeitung" (o.O.u.J.).

und mit sonderbar zugerichteten Musik- und Lärminstrumenten durch den Ort. Hauptpersonen sind die „Trommelweiber" und die „Flinserln", Burschen, die in alten, abenteuerlichen Weiberkleidern stecken. „*Die Trommelweiber bearbeiten während des Umzuges und beim Ständchen auf dem Hauptplatz allerlei Gefäße, zum Beispiel Blecheimer u. dgl., wie Trommeln oder sie benützen unterschiedliche Topfdeckel als Schlaginstrumente, die sie kräftigst wie Tschinellen handhaben. Alle Lärmwerkzeuge schlagen taktmäßig mit der Musik mit, so dass ein unbeschreibliches Getöse, ein Höllenspektakel entsteht. Die ‚Flinserlweiber' tragen mit allerlei Flitterwerk übersäte Kleider. Immer wieder muss die Musik den begehrten Faschingsmarsch spielen, worauf nicht endenwollender Jubel einsetzt. Auch die Fahne aus dem Jahr 1868 wird im Zuge mitgeführt, von allem Volke stets stürmisch begrüßt. Dieser Ausseer Faschingszug soll erstmals im Jahre 1767 durchgeführt worden sein*"[436].

Ähnlich wie bei den rheinischen Karnevalsumzügen hat auch in der Steiermark dort und da (in Graz: Faschingsumzug einer Tageszeitung) die Veranstaltung großer Faschingsumzüge begonnen. Man erwartet dabei von den Musikkapellen närrische Verkleidungen und spe-

---

436 F. A. Brauner, Steirisches Brauchtum im Jahrlauf, Graz – Wien 1955, S. 55.

zifische „Narrenmusik", und es gibt Musikkapellen, die sich dafür eigens eingerichtet haben, um gegen Entgelt solche Umzüge mitzumachen. In Oberzeiring und auf der Pürgg im Ennstal veranstalteten die Musikkapellen am Faschingsdienstag einen „Er-und-Sie-Lauf", wobei in lustiger Verkleidung Schi gefahren und musiziert wird. So bilden sich vor allem um die närrischen Faschingstage auch bei uns modebeeinflusste neue Bräuche.

März: Der im Volksschauspiel und in Gesangsversen ausgetragene „Sommer- und Winterstreit" ist heute wohl vergessen, und auch das „Todaustragen" gehört zu den historischen Begebenheiten. In Graz muss dies einst viele Anhänger gehabt haben: Da wurde eine riesige Strohpuppe, der „Tattermann", unter großer Beteiligung der Bevölkerung in einem langen Zuge mit Musik in die Karlau geführt und dort verbrannt. 1774 wollten die Behörden dieses Volksfest verbieten, doch brach daraufhin eine Revolte aus, die mit Waffengewalt unterdrückt werden musste. Die Zeit von Aschermittwoch bis Ostern ist eher eine stille, besinnliche, in der die heitere Musik schweigen sollte. Musikkapellen nützen diese Zeit vielfach dazu, um Konzerte zu veranstalten oder an Wertungsspielen teilzunehmen. Es ist die Zeit, in der man sich in intensiver Probenarbeit auf die sommerlichen Verpflichtungen vorbereiten kann.

April: Palmweihe und Auferstehungsprozession werden in den meisten Orten unseres Landes von den Blaskapellen festlich begleitet. Während die Ostermorgenmusik in Oberwölz älterer Herkunft ist, bürgern sich neuerdings bei den Musikkapellen mehr und mehr Osterkonzerte oder Frühjahrskonzerte ein.

Mai: Am Morgen des 1. Mai tummeln sich fast in allen Gemeinden unseres Landes die Blaskapellen, um die Bürger frühmorgens aus dem Schlaf zu wecken. Die Kapellen ehren damit jede einzelne Familie ihrer Dorfgemeinschaft, und sie bedanken sich zugleich für das erwiesene Vertrauen. Die Musiker werden dafür bewirtet und – da Essen und Trinken bald an eine Grenze stößt – mit Geldbeträgen entlassen. Im Dienste der Freiwilligen Feuerwehren stehen die Musikkapellen am Florianitag (4. Mai), der mit Umzug und Festmesse gefeiert wird.

Abb. 210: Am Morgen des Fronleichnamstages ziehen in Schladming noch heute Musiker zum „Jungfrauenaufwecken" durch die Stadt. Unser Bild zeigt den ehemaligen Musikschuldirektor Hans Plank mit seiner Gruppe[437].

Durch Muttertagskonzerte, vielfach als Platzkonzerte nach dem vormittägigen Kirchgang dargeboten, wollen die Musikkapellen den Müttern der Musikerinnen und Musiker sowie deren Gattinnen eine Freude bereiten. In Schladming gibt es am Morgen des Fronleichnamstages den Brauch des „Jungfrauenaufweckens". Drei Musikanten, zwei Klarinetten (früher Schwegelpfeifen) und Trommel, ziehen vor die Häuser der unverheirateten Mädchen. Sie spielen ihre Weise und erhalten dafür vom Mädchen eine kleine Gabe, meist an einer Schnur heruntergelassen oder beim Fenster herausgereicht. Kämen die Spielleute nicht, wäre es eine Schande für das vergessene Mädchen. Der Brauch entstand angeblich, als vor vielen Jahren ein Stadtschreiber seine Schöne am Fronleichnamstag sehr zeitlich wecken wollte. Da er zugleich Musiker war, spielte er vor dem Fenster des Mädchens auf seiner Schwegelpfeife. Dabei bemerkte er einen ausbrechenden Brand, den um diese Tageszeit kaum jemand rechtzeitig entdeckt hätte. So konnte eine Ausbreitung der Flammen verhindert werden. In Erinnerung und als Dank für dieses Geschehen werden die Schladminger Mädchen einmal im Jahr, jedes persönlich, durch Musik geweckt.

---

437 Wolfgang Suppan, Volksmusik im Bezirk Liezen, Trautenfels 1984 (Kleine Schriften des Landschaftsmuseums Trautenfels am Steiermärkischen Landesmuseum Joanneum, Heft 6), S. 39. Eine ältere Weise, von Josef Reiterer 1893 niedergeschrieben, wurde in der Zeitschrift „Das deutsche Volkslied", 12. Jg., 1910, S. 87, abgedruckt.

Im Mai beginnen aber auch die Musikfeste und die Besuchsreisen, Christi Himmelfahrt oder Pfingsten erscheinen dafür besonders geeignet. An Fronleichnam aber gehört die Kapelle wieder ins Dorf, um der Prozession die nötige Feierlichkeit zu vermitteln.

Juni, Juli, August: Musikfeste, Kirtage, Volksfeste, Fremdenverkehrsveranstaltungen erfüllen das Leben der Musikkapellen in den Sommermonaten. Ehe der Touristenrummel voll einsetzt, besinnt man sich noch einmal auf die dörflichen Aufgaben und möchte durch den „Tag der Blasmusik" die Bevölkerung auf sich aufmerksam machen. Ein spezifisch blasmusikalisches Brauchtum, 1950 erstmals in Oberösterreich üblich geworden und von dort über ganz Österreich verbreitet, hat sich da am ersten Juni-Sonntag eingebürgert. An Sonnwendfeiern sind Musikkapellen selten beteiligt. Der Judenburger Blaskapelle fällt die Aufgabe zu, die alle drei Jahre stattfindende Wallfahrt nach Maria Waitschach musikalisch zu gestalten. Dabei spielt die Kapelle den ausziehenden Pilgern ein Abschiedsständchen. Eine kleine Abordnung der Kapelle begleitet die Wallfahrer und zieht zu jedem Sammelpunkt voraus, um die eintreffenden Pilger zu begrüßen. Die nach Judenburg zurückkehrenden Wallfahrer werden wieder von der gesamten Kapelle begrüßt. In Obdach ziehen die Wallfahrer alljährlich an dem der Sonnenwende nächstgelegenen Sonntag nach Maria Lankowitz. Die örtliche Blaskapelle spielt zur Verabschiedung und zum Empfang der Pilger, zieht aber nicht mit. Um den 24. Juni wird alljährlich in St. Johann in der Scheiben der „Johannis-Tag" gefeiert. Der heilige Johannes wurde geköpft – und sein Haupt auf einer „Scheibe" dem König dargeboten, weshalb auch der Ortsname mit „St. Johann auf der Scheiben" angegeben wird. Der Musikverein Scheiben – St. Georgen umrahmt am Johannis-Tag zunächst den Gottesdienst in der Kirche, wirkt dann beim Umzug durch den Ort mit und spielt abschließend ein Ständchen auf dem Kirchplatz.

Im August, am Oswaldisonntag (der dem 5. August nächstgelegene Sonntag), sollte man nach Krakaudorf bei Murau fahren. Dort findet der Umzug des „Samson" statt, einer acht Meter hohen Riesenfigur, der wir auch in den Benelux-Ländern begegnen können. Vielleicht ein Relikt der Franzosenzeit in der Steiermark. Am Samstagabend wird der Samson aus seiner Behausung im Feuerwehrturm hervorgeholt und mit Musik zum Pfarrhof getragen, wo der Samson dem Pfarrer zu Ehren einen „Steirischen" tanzt. *„Von der Seltsamkeit des im Abenddunkel daherschwankenden Riesen, der über die Schindeldächer des malerischen Gebirgsdorfes ragt, kann man sich kaum eine rechte Vorstellung machen, ehe man dies Bild gesehen hat. Am folgenden Tage wecken schon um vier Uhr früh Böllerschüsse die Schläfer und alles bereitet sich zum Oswaldifest vor. Buben und Mädchen werden geschmückt [...] Die Burschen und Männer legen ihre napoleonischen ‚Prangschützen'-Uniformen mit weißen Hosen, roten Lampas, scharlachroten Westen, dunkelgrünem Frack, Bärenmützen, weißem Riemenzeug und Vorderladergewehren an und die Weiber erscheinen in festlichem Sonntagsstaat. Ein Zug stellt sich zusammen [...] Dann ist Festgottesdienst [...] Am Nachmittag beginnt der eigentliche ‚Samsonumzug', begleitet von den Prangschützen und der ganzen Bevölkerung. Jedem Ehrengast tanzt er einen ‚Steirischen' und bei jedem Tanz geben die Schützen eine Salve ab. Mehrere Stunden dauert dieser Zug.*

In mehreren obersteirischen Gegenden, zum Beispiel bei Selzthal, sowie um Eisenerz und Vordernberg waren früher und noch vor wenigen Jahrzehnten Erntefeste, im Gebiet des Erzberges ‚Heugerzug' benannt, im Brauch. Die ganze entbehrliche Knappschaft mit ihren Frauen half das Heu von den Berghängen herabbringen – woran sich ein Erntefestzug mit Vorreiter, Musik, Festwagen – Darstellung der vier Jahreszeiten und Austragen geschmückter landwirtschaftlicher Geräte, ferner ein Ernteschmaus und eine Verbrennung der drei letzten Korngarben anschloss"[438].

Alte Pfeifer- und Spielmannstraditionen – bis hin zum Basler Morgenstreich – spiegeln sich in den Schweglern des Salzkammergutes. Seit Raimund Zoder im Jahre 1925 den „Pfeifertag" am großen Frauentag, dem 15. August, eingeführt hat, treffen sich alljährlich Pfeifer und Trommler auf einer der Almen des steirischen oder oberösterreichischen Salzkammergutes. Ein neuer Brauch demnach – der aber doch sehr alte Formen des Spielmannswesens aufgenommen und für die Gegenwart bewahrt hat[439].

---

[438] V. von Geramb, Deutsches Brauchtum in Österreich, Graz 1924, S. 73.
[439] A. Ruttner, Das Seitelpfeifen im Salzkammergut, in: Volkskultur in Oberösterreich 16, Heft 3/4, Winter 1966/67, S. 30–37.

IX. Blasmusik und Brauchtum

Abb. 211: Seit 1925 findet am großen Frauentag, dem 15. August, im steirisch-oberösterreichischen Grenzgebiet des Salzkammergutes der Pfeifertag statt. Unsere Fotografie wurde 1936 auf der Pötschenhöhe aufgenommen, es sind darauf der legendäre Lois Blamberger (2. von links) und der damalige „Pfeifervater" Leopold Khals (rechts, neben dem Schild „Haltestelle", mit großem Gamsbart) zu sehen.

Abb. 212: Ausseer Pfeifer und Trommler im Schützenhaus am Grundlsee[440].

September: Doch mit den Erntefeiern, die heute vielfach von Organisationen der Landjugend in Verbindung mit der Kirche gestaltet werden, sind wir bereits im „Herbstmonat". Blaskapellen sind im Erntefest-Brauchtum fix integriert, während man für die heitere Atmosphäre obersteirischer Almabtriebe eher zu Tanzunterhaltungen mit kleineren Musikantengruppen greift. Der Ägydimarkt in Graz und der Altausseer Kirtag, am ersten September-Wochenende, bilden zumeist den Abschluss der sommerlich-heiteren Feste.

Oktober: Die Winzer- und Weinfeste der Südsteiermark ziehen sich in den Oktober hinein. Als Prototyp eines spätmittelalterlichen Jahrmarkttreibens hat sich der Maxlonmarkt (Maximiliansmarkt) in Niederwölz in die Gegenwart herein gerettet. Einst weit berühmt, kamen aus allen Teilen der Steiermark, aus Kärnten, aus Salzburg, aus Oberösterreich Händler und Kauflustige herbei, es herrschte buntes Jahrmarkttreiben mit

---

440 Wolfgang Suppan, Volksmusik im Bezirk Liezen, Trautenfels 1984 (wie oben), S. 52.

Schaubuden und Ringelspielen, mit Seiltänzern, Bärentreibern, Gauklern, Taschendieben, Viehhändlern usw. „*Am Morgen des ersten Markttages verlas der Gerichtshalter des Schlosses Rotenfels im Namen des Bischofs von Freising jene Urkunde, welche die uralten Rechte und Freiheiten des Jahrmarktes verkündete. Nach dem Gottesdienst wurde feierlich die ‚Freiung', ein ausgestreckter hölzerner Arm, mit dem blanken Schwert in der Faust auf hoher, mit Reisigkränzen umwundener Stange herumgetragen. An der Spitze des Zuges marschierte ein ‚Gassenkehrer', dann folgten die Musikanten mit dem Träger der Freiung, und den Aufmarsch beschloss die bunte Volksmenge. Vor den Kaufläden und Gasthäusern wurde haltgemacht, die Musikanten spielten lustige Ländler, wofür man sie reichlich mit einem frischen Trunk belohnte. Schließlich wurde die Freiung auf dem Marktplatz aufgestellt und streng bewacht. Die Wächter mußten achtgeben, dass sie nicht von kecken Burschen anderer Ortschaften listig oder gewaltsam entführt wurde. War dies der Fall, so erhielt jener Ort das Vorrecht des Jahrmarktes, wohin die Freiung gebracht wurde. Einer alten Überlieferung nach soll sich die Freiung einst in Oberwölz befunden haben, doch sei es einigen schlauen Burschen gelungen, sie nach Niederwölz zu entführen [...] Mit der Aufstellung der Freiung begann und beginnt auch jetzt noch das eigentliche lebhafte Markttreiben [...] Auf den zwanzig Tanzplätzen mit Zitherspielern, Hackbrettschlägern und anderen Musikanten drehten sich die Paare lustig im Takt, die Burschen stampften, paschten in die Hände und wirbelten ihre Tänzerinnen so herum, daß die Röcke flogen [...] Nachts wurde in den ersten Jahren von 100 Männern mit blanken Schwertern in der Rechten der großartige Schwerttanz aufgeführt [...] Nach Ablauf von drei Tagen wurde die Freiung wieder feierlich eingeholt, und der berühmte Maxlonjahrmarkt war damit beendet*"[441].*

Abb. 213: Das Austragen der Freiung in Niederwölz fand am ersten Montag nach dem Maximilianstag im Oktober statt. Unser Bild ist dem St. Joseph-Kalender (24. Jahrgang des Steirischen Volks-Kalenders) des Jahres 1894, S. 97, entnommen. Die genaue Beschreibung findet sich ebenda, S. 50. Die „Freiung", ein ausgestreckter Mannesarm, ist das Wahrzeichen der Marktgerechtigkeit und einstigen Gerichtsbarkeit.

Solches Treiben ist heute weitgehend vorbei. An die Stelle ungezügelt-heiterer Feste treten Feiertermine wie der Nationalfeiertag, an dem Kameradschaftsvereine ihrer Toten gedenken. Oder auch der Weltspartag, an dem Sparkassen und Banken die Musikkapellen engagieren, um bei den einzelnen Filialen Leute anzulocken.

November: Friedhofgang und Heldenehrung sind am „Allerheiligentag" ein Pflichttermin für die Musikkapellen des Landes, obgleich die Witterung da meist das Spielen im Freien sehr erschwert. St. Martin wird – von den Kindergärten her – als Umzugtermin neu eingeführt, und da soll es wieder die Musikkapelle sein, die Martinslieder spielt, bei denen die Kinder mit den Lampions in den Händen mitsingen.

Mit dem Cäcilien-Konzert beginnt eine Reihe von möglichen Konzertterminen, die – oft in Absprache mit den regional angrenzenden Kapellen – als Wunschkonzerte dargeboten werden. Zu den Wunschkonzerten gehört die mundartliche Heimatdichtung. Im mittleren Ennstal und im steirischen Salzkammergut hat sich in diesem Zusammenhang der dichtende Musikobmann der

---

441 F. A. Brauner, Steirisches Brauchtum im Jahrlauf, Graz – Wien 1955, S. 107–110, mit Abbildung der Freiung und der dahinter marschierenden Musiker (nach dem o. g. St. Joseph-Kalender 1894).

IX. Blasmusik und Brauchtum

Tauplitzer Kapelle, Josef Lösch, einen Namen gemacht, in Pürgg Josef Stieg[442].

Dezember: In diese Zeit der Besinnung auf die Familie fallen auch die internen Weihnachtsfeiern der „Bläser-Familien". Im Jahresprogramm der Knappenkapellen bildet das Barbarafest (4. Dezember) einen Höhepunkt. In Fohnsdorf und Hohentauern führen die Kapellen den Zug in die Kirche an, dann wird die Festmesse gespielt, und anschließend erfolgt die Totenehrung auf dem Friedhof. Der Tag klingt mit einem Festkonzert aus, bei dem Jubilare geehrt werden. Advent- und Weihnachtskonzerte sind die weltlichen Termine der Musikkapellen, das Turmblasen am Heiligen Abend oder die musikalische Ausgestaltung der Christmette sowie des Hirtenamtes mit Blasmusik fällt in den geistlichen Bereich der Dezember-Spielgelegenheiten. In diesem Turmblasen vor oder nach der Christmette mögen auch Wurzeln des in jüngster Zeit modisch gewordenen „Weisenblasens" zu finden sein (s. unten). Entweder vor der Mette oder danach, wenn die Menschen aus den Tälern herauf und von den Bergen herunter zur Kirche kommen – oder nach der Mette wieder nach Hause wandern, erklingen weihnachtliche Weisen von den Türmen unserer Kirchen. Der Verfasser erlebt dies alljährlich auf der Pürgg, so wie es schon Viktor von Geramb in dem Buch „Deutsches Brauchtum in Österreich" und Franz Anton Brauner in dem Buch „Steirisches Brauchtum im Jahrlauf" beschrieben haben: *„Gegen Ende des feierlichen Gottesdienstes – wenn nochmals die Orgel machtvoll ertönt – steigen vier Männer mit ihren Blasinstrumenten behutsam die steile Turmtreppe hinauf bis zum Gestühl der ehernen Glocken, halten beim großen Schallfenster still, setzen ihre Instrumente an die Lippen, und schon erklingen feierlich und getragen unsere einzig schönen alten Weihnachtschoräle in die kalte Winternacht hinaus. Unten aber drängen die Gläubigen durchs weite Kirchenportal ins Freie, zünden wieder ihre Laternen und Fackeln an, bleiben aber lauschend stehen, sobald die Turmbläser oben ihre feierlichen Weisen ins nächtliche Dunkel hinausschmettern. Es ist ein ganz eigenartiger, tief ergreifender und unvergeßlich schöner Anblick, wenn aus den hohen Kirchenfenstern goldige Strahlenbündel auf die schneebedeckte Erde fallen und sich gleichzeitig dunkle Gestalten mit brennenden Laternen oder rötlich qualmenden Fackeln rund ums alte Gotteshaus bewegen.*

Und über diese Menschen hinweg [klingen ... die] alten Weisen, und der dunkle Himmel mit unzähligen glitzernden Sternen überwölbt das nächtlich schöne, wundervolle Bild. Noch ein harmonisch klingender Schlußchoral vom Turme herab, der Schein aus den hohen Bogenfenstern erlischt allmählich, und unzählige Lichtlein – Irrlichtern gleichend – verlieren sich langsam da und dort in der Ferne"[443].

Dass sich Blaskapellen als Familien verstehen, zeigt sich stets daran, wie sehr am Einzelschicksal jedes Musikers und seiner Familie Anteil genommen wird. Geburtstage werden in jeder Probe durch das Abspielen eines besonderen Marsches gefeiert, an Taufen, Hochzeiten, Beerdigungen nimmt die ganze Kapelle teil. Manches Hochzeitsbild eines Musikers zeigt nicht nur dessen leibliche Verwandtschaft – sondern auch „seine" Musikerfamilie.

Bezirks- und Landesmusikfeste haben ihr eigenes Ritual entwickelt, mit Vorbeimärschen an Ehrentribünen und Gesamtchören aller anwesenden Musiker. Diese machtvollen Demonstrationen in der Öffentlichkeit sollen die Stärke und Bedeutung des Blasmusikverbandes darstellen und zugleich jedem einzelnen Teilnehmer einer solchen Veranstaltung das Gefühl vermitteln, Teil einer großen Schar Gleichgesinnter zu sein. Vor allem Gesamtchöre, wenn die Musikstücke klug ausgewählt wurden, können mit ihrem Klangvolumen begeistern. Auch Wertungsspiele, trotz aller Problematik einer nur bedingt objektiven Messbarkeit von musikalischen Leistungen, gehören zu jenen neuen Formen des Verbandslebens, die die Blasmusikbünde eingeführt haben: zum Zwecke der Verbesserung des musikalischen Niveaus, des Kennenlernens neuer Blasorchesterwerke, denen ein vorbildliches kompositorisches Konzept zuerkannt wird, und vor allem als ein „Druckmittel" für den Kapellmeister, der im Hinblick auf eine solche musikalische Leistungsprüfung mehr und intensivere Probenarbeit fordern kann.

Im Zusammenhang mit dem religiösen Brauchtum und der Ausgestaltung von Gottesdiensten im katholischen Bereich, lässt sich in der Steiermark ein Schwerpunkt in der Komposition von sogenannten Blasmusik- oder Harmoniemessen feststellen. Die Aufführung von solchen Harmoniemessen entsprach zwar nicht den offiziellen kirchlichen Vorschriften, doch konnten einzelne

---

442 ÖMZ 57, Heft 12, 2009, S. 18.
443 Franz Anton Brauner, Steirisches Brauchtum im Jahrlauf, Graz – Wien 1955, S. 40.

Abb. 214, 215: Musiker feiern seit eh und je Hochzeit in der Musikerfamilie, und seit auch Frauen den Musikkapellen angehören – etwa seit den siebziger Jahren des 20. Jahrhunderts – häufen sich Hochzeiten zwischen Musikern und Musikerinnen eines Orchesters. Auf unserem Foto die Musikkapelle Pürgg, wo 1935 das Hochzeitsfoto von Franz Spöckmoser auch die damals aktiven Musiker zeigt (oben), sowie der Musikverein Harmonie Wartberg (unten).

Pfarrherren in dieser Hinsicht durchaus großzügig sein. Vor allem in kleineren Gemeinden, wo keine Streicher, wohl aber eine Blaskapelle und ein Chor zur Verfügung standen, wurden die Deutschen Messen von Michael Haydn oder Franz Schubert bald für Chor und Blaskapelle bearbeitet. In den Notenarchiven vieler steirischer Kirchen finden sich daneben eigens für diese Besetzung komponierte Messen. Als Beispiele dafür: In St. Kathrein am Offenegg liegen die Noten der *Großen* und der *Kleinen Harmonie-Messe* von Anton Rehatschek (1821–1889, Oberlehrer und Organist in Eggersdorf bei Graz) sowie eine *Missa für Blech* von Alois Steinlechner. In Gasen in der Oststeiermark schrieb Alois Paulmichl (1881–1941, in Haslau, Gasen und Admont als Lehrer tätig) mehrere Blasmusikmessen. In Anger bei Weiz erhielten sich die Noten der Harmoniemessen von Rehatschek und Josef Gregor Zangl. Die Besetzung der *Großen Harmonie-Messe* von Rehatschek sieht folgende Instrumente vor: Flöte, Es-Klarinette, zwei B-Klarinetten, Flügelhorn I und II, Waldhorn in Es I und II, Trompete in Es I und II, B-Basshorn, B-Trompete, Bombardon, Helikon, dazu der übliche gemischte Chorsatz. Auch der Steirer Sepp Schwindhackl (1910–1980, in Graz und Bregenz tätig) schrieb 1956 eine *Deutsche Messe* und 1966 ein *Deutsches Requiem* für Blaskapelle und Chor, von Willi Konrad (1925–2003) stammt die *Blasmusik-Messe*; Otto Zettl (1909–2001) benutzte steirische Weihnachtslieder, um die Pürgger Krippenmesse einzurichten, die in zwei unterschiedlichen Fassungen dargeboten werden kann: a) mit gemischtem Chor und Blechbläserquartett, b) mit dreistimmigem Frauen- oder Kinderchor und Blockflötentrio (Verlag F. Schulz, Freiburg-Tiengen)[444].

Die systematische Erfassung der Blasmusikmessen in der Steiermark und ihre Untersuchung würde zweifellos nähere Einsichten in diese musikalische Besonderheit des Ostalpenraumes ermöglichen[445].

„Steirische Musik"

In unseren Themenkreis gehört noch, was Komponisten an *steirischer* Musik bearbeitet oder im Geiste der steirischen Landschaft und ihrer Menschen komponiert haben, wobei wir – den Erfahrungen des großen ungarischen Volksmusiksammlers und Komponisten Béla Bartók folgend – drei Phasen des Volksmusikeinflusses auf die schriftgebundene, hochkulturelle Musik auseinanderhalten:

1. Volksmusikbearbeitungen, bei denen Lieder und „Steirische Tänze" aus älteren Schriftquellen und neueren Aufzeichnungen aus mündlicher Überlieferung originalgetreu in einen Vokal- oder Instrumentalsatz aufgenommen werden,
2. Kompositionen, in denen solche Melodien, Rhythmen, Klänge als organischer Bestandteil einer schöpferischen Idee mitverwoben werden,
3. Kompositionen, die der Atmosphäre einer Landschaft entströmen, ohne dass der Komponist konkrete Themen der entsprechenden Volkspoesie verwenden würde[446].

Zur erstgenannten Möglichkeit könnte man Melodienfolgen zählen, in denen im Rahmen allgemein-alpenländischer Lied- und Tanzweisen auch Steirisches zu hören ist, vor allem aber Ausgaben für kleinere Bläsergruppen. Ich nenne dazu: Ernst Ludwig Urays *Weihnachtslieder* für drei bis vier Bläser, die gern für das weihnachtliche Turmblasen Verwendung finden (Verlage F. Schulz, Freiburg-Tiengen, und Adler, Bad Aussee); die Sätze der oben bereits genannten *Pürgger Krippenmesse* von Otto Zettl; *Mooskirchner Tänze* im Satz von Walter Kainz (Steirisches Volksbildungswerk, 1959); *Musikanten spielts auf*, Steirer aus einem Notenbüchl der Annaberger Tanzlmusi, von Sepp Weissbacher für drei Klarinetten eingerichtet (Volkslied und Volksmusik im Lande Salzburg, Heft 19, 1978); *Murtaler Tänze* von Johann Josel (Ludwig Krenn, Wien); *Ennstaler Ländler* von Karl Zaruba; *D'Gleichenberger*, Ländler von Josef Pöschl (die beiden letztgenannten bei Doblinger, Wien).

Im zweitgenannten Bereich liegen z. B. an Blasorchesterstücken vor: Alois Pachernegg *G'schichten aus dem Enns-Tal* (Otto Wrede / Regina-Verlag, Berlin – Wiesbaden 1935); Eduard Wagnes' Walzer *Die Ennstaler* (Kliment, Wien); Hans Schneiders *Spechtensee-Walzer* (Alztal-Verlag); Fritz Pölzls Suite *Steirisches Weinland* (HeBu-Musikverlag 2009), zahlreiche Stücke von Heribert Raich (Adler, Bad Aussee). Dazu als „Spiel in klei-

---

444 W. Suppan, Blasmusik in der Kirche, in: Allgemeine Volksmusik-Zeitung (heute: DB) 14, 1964, S. 257f.
445 Bernhard Habla, Messen für Blasorchester, in: Grenz-Überschreitungen. Festschrift zum 70. Geburtstag von Manfred Büttner, Bochum 1993, S. 259–287.
446 Balint Sarosi, Volksmusikalische Quellen und Parallelen zu Bartóks und Kodálys Musik, in: Musikethnologische Sammelbände 1, hg. von W. Suppan, Graz 1977, S. 29–52.

Abb. 216: Im Deutschen Volksliedarchiv in Freiburg im Breisgau wird unter den Signaturen D 541 bis D 548 ein Manuskript verwahrt, auf dessen Titelseite es heißt: „Favorit Ländler für zwei Flöten von Johann Baptist Schiedermayer, 1818, [im Jahr] 1912 erhalten von Oberlehrer Krones in Kumberg, Gerichtsbezirk Graz-Umgebung. In der dortigen Gegend noch hie und da gespielt"[447].

---

447 Wolfgang Suppan, Johann Baptist Schiedermayers Flöten-Ländler in der steirischen Volksmusik, in: Bayerische Sänger- und Musikantenzeitung 13, Heft 3, Mai/Juni 1970, S. 55–61. Schiedermayer ist 1779 in Münster bei Straubing zur Welt gekommen, 1796 wurde er Organist am Stift St. Nicola in Passau, von dort aus bewarb er sich erfolglos um die Stelle des Stadt-Türmermeisters in Linz (er war demnach auch Bläser), trotzdem ließ er sich 1804 in Linz nieder, wo er 1810 Dom- und Stadtpfarrorganist wurde und 1840 starb. Als Komponist zählte er neben Haydn und Mozart zu den geachteten Persönlichkeiten seiner Zeit. – Artikel „Schiedermayr", in: MGG/2, Personenteil, Band 14, 2005, Sp. 1328f.

IX. Blasmusik und Brauchtum

nen Gruppen" die *Hirtenmusik* von Alois Pachernegg, in der weihnachtliche Krippenlieder für Oboe, Klarinette und Fagott (oder zwei Klarinetten und Fagott) verarbeitet werden (F. Schulz, Freiburg-Tiengen); von Eugen Brixel die *Kleine Salzkammergut-Suite* für variable Bläserbesetzung (ebda. und Adler, Bad Aussee).

In die dritte Gruppe fallen großangelegte Orchesterwerke nach Art der mächtigen „Herbst-Symphonie" von Joseph Marx. In jüngerer Zeit kamen einige symphonische Blasorchesterwerke auf den Markt, u. a. Ernest Majos *Grimming-Impressionen*, im Jahr 1975 auf der Pürgg im steirischen Ennstal angesichts des beherrschenden Grimming-Massivs entstanden (s. oben, Kapitel VI), und Hannes Kuegerls *Flavia Solva*, eine Erinnerung an die Römerherrschaft in unserem Land, beim Blasorchesterwettbewerb der Stadt Leibnitz preisgekrönt und vom symphonischen Blasorchester der Hochschule für Musik und darstellende Kunst in Graz unter der Leitung von Eugen Brixel uraufgeführt (Schulz, Freiburg-Tiengen), Franz Cibulkas festliche Intrade *Made in Styria* (Art of Cibulka-Selbstverlag).

Bläserkammermusik dieser Kategorie schrieben u. a. Franz Fuchs d. J. mit den *Bildern aus der Untersteiermark*, op. 15, für Streicher, Flöte, Klarinette und Horn (ungedruckt); Alois Pachernegg mit den *Drei Ennstaler Menuetten* für Flöte (Oboe), Klarinette und Fagott (F. Schulz, Freiburg-Tiengen)[448]; Jenö Takács mit der *Serenade nach Alt-Grazer Kontratänzen* für die klassische Besetzung des Bläserquintetts, op. 83 (Doblinger, Wien); Ernst Ludwig Uray mit den *Schladminger Tänzen* für Flöte, Trompete, Klarinette, Horn und Fagott, 1966 (ebda.)[449].

Die Auswahl an „steirischer" Musik ist demnach nicht allzu reichlich, und es wäre zu wünschen, dass in allen genannten Gattungen von Komponisten und Arrangeuren mehr Aufführungsmaterial vor allem für Blasorchester zur Verfügung gestellt wird; denn es mag durchaus attraktiv sein, über lokale und regionale Marsch-, Polka- und Walzerkompositionen hinaus das landschaftliche Kolorit unserer Heimat, von den Gebirgsregionen der Obersteiermark bis ins südsteirische Weinland, von der Koralpe bis an die Ausläufer des oststeirischen Hügellandes an der Grenze zum Burgenland einzufangen.

Aus der großen Reihe einschlägiger Märsche kann nur eine kleine, kaum repräsentative Auswahl genannt werden[450]:

Anton Absenger: *Rosegger-Marsch* (Kliment, Wien)
Eugen Brixel: *Steirischer Panther* (Adler, Bad Aussee)
Hans Dautz: *Steirischer Holzknecht-Marsch* (Kliment, Wien)
Jakob Geßlbauer: *Gruß aus Krieglach* (Selbstverlag, Leoben)
Josef Hexmann: *Gruß an Graz* (Selbstverlag, Graz)
Hanns Holenia: *Hoch vom Dachstein an* und *Der steirische Prinz* (beide Selbstverlag, Graz)
Johann Josel: *Mein grünes Steirerland* (Krenn, Wien)
Hans Kliment: *Steirer-Buam* (Kliment, Wien)
Hans Koller: *Der Ennstaler* und *Ein Herz für's Steirerland* (beide Selbstverlag, Kleinsölk)
Adolf Krausz: *Grazer Bürger-Marsch* und *Andritzer-Marsch* (beide Kliment, Wien)
Ernest Majo: *Servus Pürgg* (Bauer, Karlsruhe)
Franz Meierhofer: *Aufsteirern-Marsch* (Helma-Verlag)
Hans von Mulzheim: *Hoch Strechau* (Selbstverlag, Lainbach bei Hieflau)
Fritz Pölzl: *Hoch Seggauberg* (Selbstverlag, Seggauberg)
Heribert Raich: *Bergkristall*, *Narzissen-Marsch* (Adler, Bad Aussee)
Emil Rameis: *Gruß aus Steiermark* (Kliment, Wien)
Hans Schneider: *Durchs Ennstal* und *Unterm Grimmingtor* (beide Kliment, Wien)
Max Schönherr: *Servus Graz* (Doblinger, Wien)
Walter Skolaude: *Steirer-Marsch*, instr. von Armin Suppan (Schulz, Freiburg-Tiengen)
Hans Stilp: *Grazer Bummler* (Kliment, Wien)
J. F. Wagner: *Erzherzog Johann-Marsch* (Robitschek, Leipzig)
Eduard Wagnes: *Ausseer Buam* (Kliment, Wien)
Hans Weber: *Gruß an Tragöß* (Kliment, Wien)
Sepp Zangl: *Gruß aus Feldbach* (Adler, Bad Aussee)

---

448 Wolfgang Suppan, Alois Pachernegg und die Volksmusik seiner Ennstaler Heimat, in: Volksmusik – Wandel und Deutung. Festschrift Walter Deutsch zum 75. Geburtstag, hg. von Gerlinde Haid u. a., Wien u. a. 2000, S. 461–475; Herbert Köberl, Leben und Schaffen von Alois Pachernegg, Mag.-art.-Diplomarbeit KUG, Institut für Musikethnologie 1991.
449 Die genannten Komponisten sind – mit weiteren Angaben über ihre Werke und deren Verleger – bei Suppan, Stmk./2, 2009, oder bei Suppan, Blasmusik/5, 2009, nachzuschlagen.
450 Armin Suppan, Repertorium der Märsche für Blasorchester, 2 Teile, Tutzing 1982 und 1990 (Alta Musica 6 und 13).

Vom Steireranzug zur Trachtenuniform

Die in Abhängigkeit von den k. k. Militärkapellen der Donaumonarchie entstandenen und sich entfaltenden zivilen Musikkapellen hielten sich in der Uniformierung zunächst an ihr militärisches Vorbild. Oft waren es abgetragene Uniformen staatlicher oder halbstaatlicher Organisationen, die dazu dienten, die Kapelle in einer einheitlichen Kleidung zu präsentieren, oft nur alte Militärmützen, die stellvertretend für die gesamte Uniform die Zugehörigkeit eines Musikers zur Kapelle andeuteten. Werkskapellen, wie die Seegrabener oder die der Austria-Emailwerke in Knittelfeld, hatten da wenig Sorgen. Die Möglichkeit, als Feuerwehrkapelle zu einer einheitlichen Kleidung zu kommen, nutzten mehrere Blaskapellen: Haus im Ennstal, um 1900; Puch bei Weiz, 1895; Gaishorn-Treglwang, 1902; Vorau, 1905; Stanz im Mürztal, 1907; Gleisdorf, 1913; Breitenau, 1914; u. a. Doch haben in der Steiermark sich schon verhältnismäßig früh, dem Vorbild Erzherzog Johanns folgend, „Steireranzug" und „Steirerdirndl" durchgesetzt, wobei regionale Abweichungen von dem Grundmuster durchaus möglich und üblich wurden. So zeigen Abbildungen von Kapellen aus dem Ende des vorigen Jahrhunderts (St. Stefan ob Leoben, 1893; Öblarn, 1895/96; Haus im Ennstal, vor 1900; Eisenerz, um 1900; Pürgg, 1905) bereits vielfach den einheitlichen Steireranzug, ohne noch militärisch genau von den Schuhen bis zur Kopfbedeckung eine Normierung anzudeuten. Man trug eben den Sonntagsstaat, den man ohnehin zu Hause im Schrank hängen hatte. Die Tracht lebte und bedurfte keiner Pflege oder gar Reglementierung. Manieren traten erst dort in Erscheinung, wo sich die Kapelle eine Einheitstracht leisten konnte. Die Altsteirertracht der Musikkapelle Stainach aus dem Jahr 1913 – der volkskundlich verdiente Lehrer Franz Zehentleitner dirigierte damals die Kapelle – strebte offensichtlich bei den Hüten Variantenreichtum an. Von schmalen bis überbreiten Hutkrempen, von eckigen und kurzen bis spitzen und hohen Hüten gab es jede nur denkbare Form. Ein Zeugnis richtig verstandener Trachtenpflege, ohne jede Erstarrung und Fixierung auf angeblich authentische Vorbilder, die Individualität jedes Musikers konnte sich in einem Teilbereich der Tracht ausdrücken[451].

Welch Unterschied zu den Trachtenbildern derselben Kapelle aus den Jahren 1966 und 1974, nicht allein in der genauen Ausführung jeder einzelnen Tracht, auch in der strammen Haltung der Musiker. Der Linzer Volkskundler Franz Lipp hat 1966 in einem grundlegenden Referat den Kapellen des Österreichischen Blasmusikverbandes deutlich gesagt, was es bedeuten mag, Tracht zu tragen, – eine Tracht, die nicht als etwas *„ein für allemal Starres und Abgeschlossenes"* angesehen werden dürfte. *„Im Gegenteil: sie ist ständig in Entwicklung begriffen und paßt sich jeder Phase des Fortschrittes unter Beibehaltung eines traditionellen Kernes an. Man kann Tracht auch so auffassen: Tracht ist der sichtbare Ausdruck des inneren Wesens – und wenn man gar für Wesen ‚Gnade' einsetzt, so wäre Tracht eine Art Sakrament, ein Ausdruck der Begnadung oder Weihe, und zwar von Gnaden der Heimat, der Verbundenheit mit der Scholle und dem Stück Boden, in das man hinein geboren ist. Durch die Tracht empfängt unsere ganze Verbundenheit mit der Heimat eine Weihe, eine innere Bestätigung und Bekräftigung. Das gilt allgemein. Im besonderen aber für die Blasmusikkapellen: Musikkapellen in sinnvoller Tracht treten als Repräsentanten an die Stelle der gesamten kulturellen Tradition eines Ortes, einer Gemeinschaft. Eine Musikkapelle in sinnvoller Tracht übernimmt eine wichtige soziale und kulturelle Funktion, die ihr von keiner anderen Gemeinschaft abgenommen werden kann"*[452].

Die Zeit ist gekommen, um an diese Worte von Franz Lipp zu erinnern, zumal Trachten immer mehr in den Folklorerummel einbezogen und vor allem durch Tanz-, Unterhaltungs- und Gesangsgruppen à la „Oberkrainer" oder „Mosch" allein den kommerziellen Absichten einer „gaudigen" Showmusik dienstbar gemacht werden. Es hat den Anschein, als ob die freie Entfaltung der Tracht einschließlich der Trachtenerneuerung zunächst im Bereich des Blasmusikwesens durchaus landschafts- und traditionsgerecht erfolgt ist. Was uns an Bildern aus dem ausgehenden 19. und aus dem beginnenden 20. Jahrhundert überkommen ist, zeigen die jeweils modetypischen Grundmuster der Steireranzü-

---

451 Fs. 75 Jahre Musikverein Stainach, ebda. 1976, S. 74.
452 F. Lipp, Bedeutung der Tracht für das Wirken der Blasmusikkapellen, in: ÖBZ 14, 1966, S. 20–22 und 64–66; vgl. auch W. Suppan, Vom Sinn und von den Aufgaben einer Trachtenkapelle, in: Allgemeine Volksmusik-Zeitung (heute: DB) 17, 1967, S. 55 f.; A. Weitnauer, Trachtenerneuerung, in: Schönere Heimat 1972, S. 249–251; ders., Herkunft und Bedeutung der Trachtenfarben, in: Allgemeine Volksmusik-Zeitung (heute: DB) 18, 1968, S. 104; ders., Vom Feigenblatt zur Schwabentracht, Kempten 2/1967.

ge, der Standeskleidung der Berg- und Hüttenleute, der Bauern und Jäger in allen Landesteilen. Die besondere Situation der grünen Mark, wo die Landesfarben Weiß und Grün auch die repräsentative Kleidung bestimmen, hat hier offensichtlich früher als in den angrenzenden Bundesländern (und darin nur Tirol vergleichbar) zur Vereinheitlichung der Musikerkleidungen auf Trachtenbasis geführt.

Nach dem Ersten Weltkrieg trat da ein Geschmacks- und Gesinnungswandel ein. Ältere, wieder- und neu gegründete Kapellen suchten nach Einheitskleidungen, und da wurden, ausgehend von der Tellermütze, dem „Kappl", unzählige vielfach khakifarbene Uniformen in freier Anlehnung an Polizei-, Postler-, Eisenbahner-, Flieger- und Marineuniformen erfunden, in denen die Musikkapellen ein paramilitärisches Zeremoniell entfalteten. Es bedurfte daher nach dem Zweiten Weltkrieg keiner besonderen Aufrufe, um den allergrößten Teil der Pseudomilitäruniformen zu beseitigen. Und da dies u. a. im Interesse des Fremdenverkehrs geschah, halfen zumeist das Fremdenverkehrsreferat der Steiermärkischen Landesregierung und die Gemeinden mit beträchtlichen finanziellen Zuwendungen aus. In der letzten Phase hatten allerdings, um zusätzliche Geldmittel bewilligt zu erhalten, die zuständigen Beamten des Steirischen Volkskundemuseums formell ihre Zustimmung zu erteilen. Die Vereinheitlichung wurde dabei bis in alle Einzelheiten durchgeführt und durch die Anbringung von Wappen und Armspangen der militärische Charakter dieser Trachten verstärkt. Man kann solche Trachten eben nur noch als „Verkleidung", wenn man aus dem Alltagsleben heraus- und als Blasmusiker auftritt, benutzen; es handelt sich nicht mehr um den Sonntagsstaat[453]. Die Statistik des Steirischen Blaskapellenverbandes weist aus, dass gegenwärtig (2010) beinahe alle 395 Mitgliedskapellen in erneuerte Tracht eingekleidet sind. Neben bäuerlichen Trachten, die zumeist in Verbindung mit den Regenerations- und Reformbestrebungen Erzherzog Johanns ihre Formung erhalten haben (darauf beziehen sich dezidiert die „Erzherzog-Johann-Trachtenkapelle Altenmarkt", die „Erzherzog-Johann-Kapelle Edelschrott" und die „Erzherzog-Johann-Trachtenkapelle St. Veit am Vogau"), tragen Musikkapellen auch dazu bei, Bürger- und Standestrachten zu erneuern und lebendig zu erhalten. Beispiele für die erstgenannte Gruppe sind die Bürgertracht von Feldbach und die Hammerherrentrachten von Rothenthurm-St. Peter und St. Gallen. Auf die Maximilianische Zeit zurück gehen die Trachten der Berg- und Hüttenleute in den Montanbezirken der Steiermark: um den Erzberg, im Zeltweg-Fohnsdorfer und Köflach-Voitsberger Revier, im Ausseerland, in Liezen, in Trieben, in den Industriezentren des Mürztales, in der Breitenau, in Oberzeiring. An den Farben der „Federbuschen" auf den Hüten lässt sich die Zugehörigkeit dieser Kapellen zu den verschiedenen Betrieben erkennen: weiß = Erz und Kohle, grün = Stahlgewinnung, blau = Stahlverarbeitung, rot = Magnesit.

Die uniforme Einkleidung in Trachten ist in Österreich so selbstverständlich geworden, dass etwa einheimische Besucher der Konferenz der World Association for Symphonic Bands and Ensembles (WASBE) 1997 in Schladming höchst erstaunt reagierten, als auf der Bühne Orchester aus anderen Ländern und Kontinenten so auftraten, wie wir in Österreich es von Philharmonikern gewohnt sind: Im Frack, Smoking oder zumindest im schwarzen Anzug.

Dagegen verbinden Besucher aus anderen Ländern, vor allem aus den USA oder Japan, die Trachtenkleidung unserer Blaskapellen mit „Heimatabend"-Gaudi, mit dem, was die Frankfurter Allgemeine einmal „Jodel-Dodel-Kultur" nannte. Als die in Tracht gekleidete Musikkapelle Algund/Südtirol bei einem Konzert in Toblach anlässlich des Kongresses der Internationalen Gesellschaft zur Erforschung und Förderung der Blasmusik (IGEB) symphonische Blasmusik darbot, da sprangen enttäuschte Besucher auf und verließen unter Protest (*„Die glauben wohl, sie sind die Wiener Philharmoniker!"*) das Konzert. Sie hatten offensichtlich Märsche und Polkas und dazu Alphörner und Jodlerinnen erwartet.

Nach dem Besuch mehrerer MID-EUROPE-Konferenzen in Schladming fasste David McCormick aus den USA die Situation so zusammen: Seit den fünfziger Jahren treten die Konzertblasorchester, die sogenannten

---

[453] Bedauerlicherweise wurde in dem Bestreben, eine einheitlich trachtenuniformierte marschierende Truppe zu gewährleisten, nicht Rücksicht auf die immer stärker in den Musikkapellen aktiv werdenden Frauen genommen. Dort und da erfolgte – gegen jede volkskundlich-fachliche Einsicht – die Einkleidung der Frauen in Männertrachten. Erst ein Förderungsschwerpunkt von Landesrat Michael Schmid hat eine Umkehr eingeleitet, doch gibt es heute noch immer „Trachtenkapellen", in denen Frauen die Männertracht (z. B. eine Lederhose) tragen.

„sitzenden Kapellen", die sich in den USA, Japan etc. von den marschierenden Blaskapellen, den „Marching Bands", getrennt haben, nur noch in schwarzen Anzügen auf: Damit dokumentieren sie, dass sie nicht Unterhaltungsmusik machen – sondern ausschließlich Ernste Musik.

Die Trachteneinkleidung in Österreich hatte weder das eine noch das andere Ziel: Es ging um die Bewahrung des „Kleides der Heimat", um den Dreiklang „Landschaft – Tracht – Musik", um ein neues Österreich-Bewusstsein, – sowohl der deutschen Österreicher wie der slowenischen Österreicher in Kärnten und der ungarischen und kroatischen Österreicher im Burgenland; denn nichts hat auf das Erleben und auf das Handeln der Menschen stärkeren Einfluss als die Musik: Sie wirkt unmittelbar auf die Emotionen, die 92 % der Sachentscheidungen, des Denkens der Menschen bestimmen. Musik ist daher „das gefährlichste Instrument der Politik": Das war das Ergebnis interkultureller musikwissenschaftlicher Forschungen zur Anthropologie des Menschen[454]. Darauf sollten wir nicht vergessen – und Tracht stets mit Würde tragen, ob es sich um ernste oder heitere Anlässe, um Ernste oder Unterhaltungsmusik handelt, die wir darbieten, ob wir marschieren oder im Konzertsaal auftreten.

Weisenblasen

Was seit etwa zwei bis drei Jahrzehnten „Weisenblasen" genannt wird, ist im Zusammenhang mit dem Aufkommen der ländlichen Blaskapellen seit dem zweiten Drittel des 19. Jahrhunderts in Mitteleuropa bezeugt[455]. Da haben die in der Blaskapelle aktiven Mitglieder einer Familie zuhause geübt – und abends vor ihren Häusern die Dorfbewohner an ihrem Spiel teilhaben lassen. Auch brauchtümliche Feste und Hochzeiten, an denen nicht die ganze Musikkapelle teilnehmen konnte oder – aus finanziellen Gründen – sollte, mögen ein Anlass dafür gewesen sein, dass sich kleinere Gruppen zusammengetan haben. Es wurden Lieder gespielt, die man auch auswendig gesungen hat. Das alles vollzog sich eher spontan, ungeplant, in der Besetzung und in der Literatur eher zufällig.

Am ehesten könnte man in den Signalrufen, dem Miteinander-„Sprechen" über die Almen hin, und dem geblasenen „Abendsegen" der Alphörner einen Vorläufer unseres heutigen Weisenblasens sehen. In der Steiermark weisen Schnitzerein auf alten Truhen, die im Landschaftsmuseum Schloss Trautenfels im Ennstal verwahrt werden, auf paarweises Blasen von Wurzhörnern hin[456]. Erzherzog Johann trug im Verlauf seiner Reise in die Obersteiermark am 27. August 1810 in sein Tagebuch ein:

„Im Gjaid ließ ich mir von der Sennerin die ganze Wirtschaft beschreiben. Abends waren Geiger und Pfeifer da, und von Schladming kamen Bauern mit ihren Alpenhörnern (Wurzelhörnern). Sie sind wie Posaunen gemacht, von Lärchenholz und mit Bast umgeben und geben einen reinen, angenehmen, aber zugleich traurigen Ton. Das Blasen der Schwegel, das des Horns und das Ludeln (Jodeln) der Sennerinnen, die es vortrefflich können, ist in einem Gebirge, wo es allenthalben widerhallt, einzig in seiner Art."

Der Klang der Alphörner sollte primär böse Geister vertreiben, auf diese Funktion weist 1819 ein Bericht aus dem Ennstal hin: „*Ungefähr fünf Stunden von Schladming entfernt ist die Ursprungsalm; auf dieser sind auch die drei Wildfrauenlöcher, aus denen man vor vielen Jahren immer die Wildfrauen hervorkommen sah, welche jedoch weggezogen, seit dem das Wurzelhornblasen aufgekommen ist*". Noch 1910 soll es in der Ramsau am Dachstein zwölf bis fünfzehn Wurzhörner in Gebrauch gegeben haben. Eine Wiederbelebung dieser Praxis begann zu Ende der sechziger Jahre des 20. Jahrhunderts, als Konrad Schlegel in Fladnitz auf der Teichalpe (eigentlich bekannter als Hackbrettbauer)[457] und Hans Rainer in Gaishorn mit dem Neubau von Alphörnern begannen. Ihnen schloss sich in den 1980er-Jahren der

---

454 Wolfgang Suppan, Der musizierende Mensch. Eine Anthropologie der Musik, Mainz 1984; ders., Musica humana, Die anthropologische und kulturethologische Dimension der Musikwissenschaft, Wien – Graz – Köln 1986; ders., Werk und Wirkung.
455 Anlässlich der ersten Auflage des Großen Steirischen Blasmusikbuches, 1981, wussten die Verfasser noch nichts vom Weisenblasen. Vgl. Wolfgang Suppan, Weisenblasen, in: ÖBZ 57, Heft 5, 2009, S. 14.
456 Karl Haiding, Vom Singen auf der Alm, in: Vorträge Graz und Seggau 1973–1977, hg. von Wolfgang Suppan, Graz 1977 (Musikethnologische Sammelbände 1), S. 89–104.
457 Wolfgang Suppan, Miszellen zur Volksmusik im Bezirk Weiz, in: Weiz. Geschichte und Landschaft in Einzeldarstellungen 8, hg. von Leopold Farnleitner, Weiz 1967, S. 19–59; desgl. (verkürzt) in: ders., Werk und Wirkung, S. 1229–1259.

IX. Blasmusik und Brauchtum

Abb. 217: Beim Weisenblasen am 1. Mai 2010 in Wolfsberg im Schwarzautal, Bezirk Leibnitz, fanden sich u. a. drei Alphornbläser ein.

Ramsauer Tischler Robert Obergruber an. Diese Neubauten folgten allerdings nicht der traditionellen steirischen Art, sondern lehnten sich an die moderne Schweizer Form an. Mehrere hundert Alphornbläser trafen sich 1992 beim Internationalen Alphorntreffen 1992 in der Ramsau am Dachstein: Die Fremdenverkehrswerbung hatte die Lücke entdeckt und zusammen mit dem Seniorenbund die Organisation des Festes übernommen[458].

Nun zu Viktor Zacks Beschreibung aus Vordernberg: Dort – und auch in anderen steirischen Regionen – hatten seit der Erfindung der Ventile im zweiten Jahrzehnt des 19. Jahrhunderts Flügel- oder Tenorhörner die Alphörner abgelöst. Viktor Zack, einer der erfolgreichsten steirischen Volkslied- und Volksmusiksammler, u. a. zusammen mit Viktor von Geramb Herausgeber der „Alten Hirten- und Krippenlieder"[459], beschreibt das Duo-Spiel zweier Brüder, das er während seiner Zeit als Unterlehrer in Vordernberg von 1873 bis 1882 erlebt hat:
„[...] *Und wieviel wurde da gesungen! In Bürgerkreisen und in Arbeiterkreisen (Bauern gibt es dort keine), zu jeder Jahreszeit, zu jeder Tageszeit, bei jeder Gelegenheit; bei der Heumahd unter Tags, in den Häusern und auf den Hausbänken des Abends. Und dieser Gesang verstummte nur auf die Zeit, in der von der ‚Bergermauer' die Flügelhorn-Duette zweier musikfroher Brüder in den*

---

458 Franz Schüssele, Alphorn und Hirtenhorn in Europa. Hölzerne Hörner von der Schweiz bis nach Schweden, von Russland bis Rumänien in Geschichte und Gegenwart, Buchloe 2000, alle Zitate aus diesem Buch. – Vgl. zudem Brigitte Geiser, Das Alphorn in der Schweiz, Bern 1976 (Schweizer Heimatbücher 177/178); Charlotte Vignau, Modernity, Complex Societies and the Alphorn, phil. Diss. Universität Amsterdam 2008.
459 Suppan, Stmk./2, S. 790f.

5. Ländler in B

6. Ländler in B

Abb. 218: Flügelhorn-Ländler, die Robert Popelak im Jahr 1912 beim Gastwirt Höfer in St. Pankratzen bei Graz aufgefunden und an das Steirische Volksliedarchiv weitergegeben hat. Von dort gelangte die Sammlung in das Deutsche Volksliedarchiv nach Freiburg im Breisgau (Signatur D 489–540)[460].

---

460 In Auswahl abgedruckt bei Wolfgang Suppan, Steirische Flügelhornländler, in: Bayrische Sänger- und Musikanten-Zeitung 11, 1968, Heft 5, S. 103–110. An den volkstümlichen Bereich für Amateure grenzen auch: Karl Kreith, Duette für 2 Klarinetten, hg. von Wolfgang Suppan, Freiburg im Breisgau 1976 (Jugend musiziert 811); ders., 6 Original Ungarische Tänze für 2 Flöten, hg. von Armin Suppan, ebda. 1993; ders., 12 Duette für Waldhörner (oder Klarinetten), hg. von Armin Suppan, ebda. 1994.

Ort herunterschallten". Eine Sammlung von Ländlern für zwei Flügelhörner, die 1912 beim Gastwirt Höfer in St. Pankratzen bei Graz aufgefunden wurde, erinnert an die von Zack geschilderten abendlichen Flügelhorn-Duette, die etwa so geklungen haben mögen (siehe Abb. 218, S. 294).

Mit den städtischen Turner-Traditionen würde ich dagegen das heutige Weisenblasen nicht vergleichen[461], auch das pädagogische „Spiel in kleinen Gruppen" überschneidet sich kaum damit[462]. Eher besteht eine Verknüpfung mit den weihnachtlichen Weisen, die im ostalpenländischen Raum vor der Mitternachtsmette von den Kirchtürmen herunter klangen und klingen[463].

Inzwischen hat sich auch das Weisenblasen organisiert und institutionalisiert. Komponisten schreiben dafür Bläsersätze, Musikverlage bieten in Form von Stimmheften eigene Literatur an, es gibt eine Reihe von festen Orten und Terminen, an denen „Weisenbläser"-Gruppen sich regelmäßig treffen und auf beachtliches Publikumsinteresse stoßen. In folgenden steirischen Blasmusikbezirken finden regelmäßig Weisenbläser-Treffen statt (Berichte darüber finden sich in den seit 2002 erscheinenden neuen Folgen der Zeitschrift „Blasmusik in der Steiermark"):

Bezirk Bad Aussee: Das 2. Jodler- und Weisenbläsertreffen auf der Blaa-Alm, zwischen Altaussee und Bad Ischl gelegen, fand 2006 statt, ein 4. im Jahr 2008. – Stimmungsvoll verläuft auch das Musiker-Camp am Loser bei Altaussee, das im Jahr 2004 zum zweiten Mal zahlreiche junge Musiker vereinte (Blasmusik in der Steiermark, NF 3, Nr. 4, Dez. 2004, S. 118), sowie am Tressensattel zwischen Altaussee und Grundlsee (ebda. NF 5, Nr. 4, Dez. 2006, S. 133).

Bezirk Bad Radkersburg: Über das 4. Weisenbläsertreffen der Weinlandkapelle Klöch am Klöchberg-Seindl wird 2005 berichtet (ebda. Dez. 2005, S. 129), über das 5. ein Jahr später, 2006 (ebda. NF 5, Dez. 2006, S. 149).

Bezirk Birkfeld: Gesamtsteirische Weisenbläsertreffen finden seit 2007 auf der Wildwiesen in Miesenbach statt (ebda. NF 6, Nr. 3, 2007, Titelseite und S. 5). Über das Treffen des Jahres 2008 wird ebda. Sept. 2008, S. 22, berichtet. – Aber auch am Haueneck in St. Kathrein am Hauenstein treffen sich regelmäßig Weisenbläser.

Bezirk Bruck an der Mur: Bereits zum 3. Weisenbläser-Treffen auf der Aflenzer Bürgeralm kam es 2007 (ebda. NF 6, 2007, S. 21). – Über Treffen in Aschbach am Hubertussee, nahe Mariazell, finden sich Berichte 2007 und 2008.

Bezirk Deutschlandsberg: Vom Rosenkogler Weisenbläsertreffen, das 2007 zusammen mit Jagdhorngruppen gestaltet wurde, berichtete unsere Zeitschrift „Blasmusik in der Steiermark", NF 6, 2007, auf S. 18.

Bezirk Graz-Nord: Zu den ältesten Treffen in der Steiermark zählt das auf Initiative des damaligen Bezirksobmannes Herbert Polzhofer im Jahr 1995 erstmals beim „Plotscherbauer" in Übelbach veranstaltete, das seither jährlich – an verschiedenen Orten – wiederholt wird: 1996 in Eisbach-Rein, 1997 in Frohnleiten, 1998 in St. Radegund/Schöckel, 1999 in Semriach, 2000 in Deutschfeistritz, 2001 in Übelbach, 2002 in Judendorf-Straßengel, 2003 in St. Radegund am Novy-Stein[464], 2004 Thal bei Graz, 2005 auf dem Eichberg bei Deutschfeistritz, 2006 in Gratwein, 2007 in Kumberg, 2008 in St. Oswald, 2009 in Judendorf-Straßengel.

Bezirk Knittelfeld: Am 4. Sonntag im August findet am Fuße des Rosenkogls das Gaaler Weisenbläser-Treffen statt.

Bezirk Leibnitz: Besondere Atmosphäre strahlt das Weisenbläsertreffen in Wolfsberg im Schwarzautal aus, das immer am 1. Mai stattfindet, und zwar bei der hoch über die oststeirische Hügellandschaft aufragenden Kapelle in Glojach. Veranstalter ist die Musikkapelle Wolfsberg im Schwarzautal. – Die höchstgelegene Weinbauge-

---

461 Hans Joachim Moser, Tönende Volksaltertümer, Berlin 1935.
462 Wolfgang Suppan, Das "Spiel in kleinen Gruppen": Pädagogische Spielmusik, „Jugend musiziert"-Literatur, Hausmusik, Kammermusik, in: Kultur Bildung Politik. Festschrift für Hermann Rauhe zum 70. Geburtstag, hg. von Hanns-Werner Heister und Wolfgang Hochstein, Hamburg 2000 (Musik und. Eine Schriftenreihe der Hochschule für Musik und Theater Hamburg, Band 3), S. 553–564.
463 Brigitte Böck, verehelichte Ehold, verfasste im Jahr 1991 an der Wiener Musikhochschule eine Magister-Diplom-Arbeit über das Weisenblasen im Bezirk Neunkirchen in Niederösterreich; vgl. zudem: Willi Sauberer, Das Weisenblasen und die Weisenbläser. Eine Sammlung von Fakten und Meinungen zur heutigen alpenländischen Praxis, in: Salzburger Volkskultur, 26. Mai 2002, S. 77–101; Gerlinde Haid, Artikel „Weise", in: ÖML, Band 5, 2006, S. 2614.
464 40 Jahre Blasmusikbezirk Graz Nord. 1969–2009. o. O. 2009, S. 36.

Abb. 219: Blechbläserquartett (2 Flügelhörner, Tenorhorn und Tuba) am 1. Mai 2010 beim Weisenbläsertreffen in Wolfsberg im Schwarzautal.

Abb. 220: Vor der Wildwiesen-Kapelle in Miesenbach bei Birkfeld, wo der „Heilige" Baldhauser (Tannhäuser) in Liebesschmerzen angebetet wird[465]. Ganz rechts: Landesobmann Horst Wiedenhofer.

IX. Blasmusik und Brauchtum

Abb. 221: Eine Gruppe der Weinlandkapelle Klöch, wo das Weisenbläsertreffen mitten im Rebgelände stattfindet.

Abb. 222: Ein Blechbläserquartett mit Landesjugendreferent Markus Waidacher beim Weisenblasen des Bezirkes Graz-Nord in Übelbach, 2001.

meinde der Steiermark, Kitzeck, hat 2008 mit Weisenbläsertreffen begonnen.

Bezirk Liezen: Mitten im Ort Stainach, in dem erst vor wenigen Jahren angelegten Park, hat 2007 erstmals ein Weisenbläsertreffen stattgefunden.

Bezirk Leoben: Am Vorbild des oberösterreichischen Weisenbläsertreffens in Grünau am Almsee, das 2010 bereits zum 22. Mal stattgefunden hat, orientiert sich das Weisen- und Echobläsertreffen am Leopoldsteinersee nahe Eisenerz. Zum sechsten Mal trafen sich die Gruppen dort im Jahr 2003 (ebda., NF 2, Dez. 2003, S. 159), zum siebten Mal 2004 (ebda., NF 3, Dez. 2004, S. 125, zum achten Mal 2005 (ebda., NF 4, Dez. 2005, S. 127), zum neunten Mal 2006.

---

465 Dazu Wolfgang Suppan, Zur Überlieferung der Tannhäuser-Ballade sowie weiterer Wallfahrerlieder aus Miesenbach, Bezirk Weiz, in: Bl. f. Hk. 80, 2006, S. 3–13. Erweiterter Abdruck desselben Textes in: Ferdinand Hutz, Miesenbach in Vergangenheit und Gegenwart, Band 2, Miesenbach 2006, S. 111–143.

Jagdmusik

Von Josef Pöschl

Jagdglück und Jagdgeschick bestimmten das Schicksal des Menschen in den frühgeschichtlichen Kulturen und bei den Naturvölkern. Das Jagdglück hängt von der irrealen Welt der Geister, Dämonen und Götter ab, das Jagdgeschick wird kulturspezifisch erlernt: In beiden Bereichen funktioniert Musik als kommunikatives Element.

Auch in unserer Hochkultur wirkt solches Grundwissen der Menschen nach. Die Jagd ist nicht ohne Klangzauber, d. h. Nachahmung von Tier- und Vogelstimmen denkbar, und die Signalsprache der Jäger bleibt trotz moderner technischer Kommunikationsmöglichkeiten Musik-, vor allem Horninstrumenten vorbehalten[467].

Abb. 223: Jagdszene aus dem Reiner Musterbuch, 1213: ein berittener Jäger mit Hifthorn verfolgt einen Hirsch; Codex Vindobonensis 507, fol. 2r. Der Ton, der aus dem Jagdhorn „herausklingt", wird durch gewellte Striche, wie bei den Pürgger „klugen Jungfrauen", sichtbar gemacht (s. oben, Kapitel I, Abb. 10, S. 27)[466].

Abb. 224: Die Abbildung aus der Großen Heidelberger, der sogenannten „Manesse"-Handschrift, zeigt den Minnesänger „von Sunegge", der einem untersteirischen Geschlecht entstammte, zu Anfang des 14. Jahrhunderts auf der Jagd. Mit seinen Hunden folgt er dem Hirsch in die Berge und stößt in sein „von vil rotem golde herzliches horn".

---

466 Sepp Walter, Die zwölf Szenenbilder aus dem Reiner Musterbuch, in: Paulus Rappold (Hg.), Stift Rein 1129–1979. 850 Jahre Kultur und Glaube. Festschrift zum Jubiläum, Rein 1979, S. 539–547.

467 Josef Pöschl, Jagdmusik. Kontinuität und Entwicklung in der europäischen Geschichte, phil. Diss. Kunst-Universität Graz, gedr. Tutzing 1997 (Alta Musica 19); ders., Zur Situation der österreichischen Jagdhornmusik, in: Auf den Spuren der Jagd. Ausstellungskatalog. Stainz 1993, 74–79; ders., Das österreichische Jagdhornbläserbuch, Graz 1990; ders., Quellen zur Geschichte der österreichischen Jagdmusik, in: Der Anblick 1998, 9, 42–44.

Aus dieser Signalsprache entfaltete sich seit der Renaissance zudem eine stilisierte und künstlerisch gestaltete Form von Musik[468]. Seit damals nutzten u. a. Johann Joseph Fux, Johann Sebastian Bach, Georg Friedrich Händel, Joseph Haydn, Wolfgang Amadeus Mozart, Ludwig van Beethoven, Franz Schubert, Karl Maria von Weber (vor allem im *Freischütz*), Felix Mendelssohn Bartholdy, Robert Schumann, Franz Liszt, Richard Wagner, Anton Bruckner (*Jagd-Scherzo* der 4. Symphonie), Hugo Wolf, Gustav Mahler, Max Reger, Paul Hindemith, Béla Bartók die Jagdthematik in einigen ihrer Werke.

Aus dem Innviertler Ort Waizenkirchen stammt der von den Habsburgern seinerzeit geadelte Steuereinnehmer „Jäger von Waldau". Laut Urkunde vom 3. Dezember 1624 wurde dieser Adelstitel an die Nachkommen weitergegeben. Die Familie Jäger aus Krieglach im Mürztal in der Steiermark führt im Familienwappen aus dem späten 16. Jahrhundert das einwindige Jagdhorn. Unter den stubenbergischen Dienstleuten zeigten einige ein Horn im Wappen, so die Schilchenleiter aus Schielleiten bei Stubenberg, die Kohlenberger vom Kohlenberg bei Gnas, die Schüttinger von Hitzendorf bei Graz[469].

Im traditionellen, mündlich tradierten Lied vergangener Jahrhunderte fanden steirische Volksliedsammler und Forscher, wie Viktor Zack oder Anton Schlossar, Jagdlieder. Einige davon sind unter dem Titel „Jäger- und Almlieder in der Steiermark" von der Steirischen Landesjägerschaft in Zusammenarbeit mit dem Steirischen Almwirtschaftsverein und dem Steirischen Volksliedwerk im Jahre 2000 im Druck vorgelegt worden[470]. Im jüngeren volkstümlichen Schaffen steirischer Komponisten begegnen uns vielfach Jagdthemen:

Ernst Ludwig Uray verfasste im Jahre 1959 nach einer Idee von Elisabeth Wamlek-Junk die *Rabensteiner Schloss-Kantate* für Soli, Kinderchor, gemischten Chor, Männerchor, Erzähler und kleines Orchester. Eine Nummer der zehnteiligen Kantate trägt den Titel „Jagdchor": Ein vierstimmiger Männerchor, begleitet von einer Trompete in C und zwei Hörnern in F, singt ein Preislied auf die Jagd.

Von Walther Truger stammt die *Friedrich von Gagern-Fanfare*, die er für seine Grazer Jagdhornbläsergruppe schrieb. Truger war nicht nur Hornmeister dieser Vereinigung, sondern von 1968 bis 1972 auch der erste Einsatzleiter, so der Titel des Gesamtleiters der steirischen Jagdhornbläsergruppen im Steirischen Jagdschutzverein.

Die Kärntner Chorleiterin Gretl Komposch schrieb nach Texten von Hanna Heinz-Erian die neunteilige *Neuberger Jagd-Messe* für gemischten Chor und Waldhörner.

Der aus Stallhofen in der Weststeiermark stammende Alois Kollegger komponierte 1979 die *Erste Allgemeine Jägermesse* für gemischte Jagdhörner in B (1986 in der Edition Hans Pizka unter dem Titel *Jagdhornmesse*), die *Köflacher Jägermesse* für Parforcehörner in Es und eine *Jubiläumsfanfare* für gemischte Jagdhörner in B.

Für die Jagdhornmusik setzte sich auch der Gleisdorfer Musiklehrer Johann Cescutti ein, von dem die *1. Steirische Jägermesse* sowie der *Jubiläums-Jägermarsch* für gemischte Jagdhörner in B stammen.

Der Wiener Buchautor und Komponist Karl Kislinger schrieb für die Steiermark einen *Aflenzer Jägermarsch* für gemischte Jagdhörner in B und das neue Signal *Zum Trinken*, das aufgrund des herausgerufenen „Prost" der ausführenden Bläser sich ungemeiner Beliebtheit erfreut.

Johann Hayden aus Niederösterreich widmete unserem Land eine *Steirische Jagdfanfare* für Parforcehörner in Es.

Die Serie *Neue österreichische Jagdmusik* von Josef Pöschl gilt als das umfangreichste Werk auf dem Gebiete der Jagdhornmusik. Im Zeitraum 1991 bis 2010 wurden dreizehn Hefte editiert (Heft 1 im Verlag Weishaupt, Gnas, die weiteren Hefte im Eigenverlag von Josef Pöschl, Gratkorn), zusammen beinahe vierhundert Kompositionen. Mit Ausnahme von Jože Grlec, der aus der slowenischen Steiermark stammt, enthalten diese

---

468 Hans Helmut Geringer, Kaiser Maximilian I. als Jäger und die Jagd seiner Zeit, phil. Diss. KFU Graz 1970.
469 Ludwig Freidinger, Historische Wappen und ihre Inhaber in Straden, in: Marktgemeinde Straden, Gnas 1999, S. 409–413; Helga Reiterer, Die Adelswappen der südlichen Oststeiermark im Mittelalter, phil. Diss. KFU Graz 1973.
470 Josef Pöschl, Das Jagdlied – Spiegelbild romantischer Naturverbundenheit?, in: Chor Journal Herbst/Winter, Graz 2006, S. 10–13.

Abb. 225: Titelseite des Heftes 13 der „Neuen österreichischen Jagdmusik", hg. von Josef Pöschl, Gratkorn 2010.

Hefte nur Stücke von österreichischen Komponisten, darunter die Steirer Josef Haberler, Horst Plank, Walter Gspurning, Adolf Obendrauf, Richard Haas und Josef Pöschl.

In Österreich hat vor allem die aus der Steiermark stammende Familie Schantl die Entwicklung des Jagdhornspiels sowie der Jagdhornbläsergruppen seit der zweiten Hälfte des 19. Jahrhunderts geprägt[471]. In der Schantl-Nachfolge arbeitet heute Josef Pöschl, der sowohl in historischen Studien als auch durch praktische Ausgaben die neue Entwicklung beeinflusst hat[472]. Im Rahmen von Jagdverbänden kam es zur Gründung fester Ensembles, die sich in der Steiermark seit den fünfziger Jahren des 20. Jahrhunderts zu einem überregionalen Verband zusammengeschlossen haben, dem dzt. (2010) neunzig Jagdhornbläsergruppen mit insgesamt achthundert Mitgliedern angehören. Landesleiter ist seit 1999 Peter Maierhofer, Hornmeister (musikalisch Verantwortlicher) seit 2007 Karl Heinz Promitzer. Die Anzahl der Mitglieder in den steirischen Jagdhornbläsergruppen schwankt zwischen zehn und achtzehn, aber auch in Bezug auf die Besetzung und auf die verwendeten Instrumente unterscheiden sich die einzelnen Ensembles. So blasen drei der steirischen Gruppen mit reinen Plesshörnern in B, sechs mit reinen Parforcehörnern in B, sieben mit Ventilhörnern in B, 69 mit gemischten Hörnern in B. Nur zwölf nutzen die Möglichkeiten des Parforce-Hornes in Es[473].

Im Zuge der Förderung des Jagdhornblasens als Teil des jagdlichen Brauchtums, nicht zuletzt als optische und akustische „Visitenkarte" der Jägerei gegenüber der Öffentlichkeit, wurden bis zur Jubiläumsfeier des einhundertjährigen Bestehens des Steirischen Jagdschutzvereines im Jahr 1982 insgesamt 42 Jagdhornbläsergruppen registriert, die in der Anfangsphase von Walther Truger (1968–1972) koordiniert, später von Othmar Janisch (1972–1980) weitergeführt und dann von Alexander Ertl (1980–1998) als Einsatzleiter übernommen wurden. Letzterem folgte als Einsatzleiter Peter Paul Maierhofer.

Geordnet nach Gründungsjahren ergibt sich folgende Chronologie:
1956 JBG Horrido Mürzzuschlag,
1958 JBG St. Katharein an der Laming und JBG Schladming,
1960 JBG St. Martin am Grimming,
1962 JBG Pölstal,
1963 JBG Friedberg und JBG Vorau,
1964 JBG Gesäuse-Admont, JBG Weißkirchen und JBG Ligist.

Seit 2007 leitet ein Dreierteam die steirischen Jagdhornbläsergruppen: Landeshornmeister wurde der Leiter der Parforce-Horngruppe Eggersdorf, Helmut Rosenberger, ihm zur Seite stehen die Organisatoren Willibald Acham aus der Weststeiermark und Wilhelm Weber

---

471 Artikel „Schantl", in: Suppan, /Stmk./2, S. 600f.
472 Josef Pöschl, Das österreichische Jagdhornbläserbuch, Band 1, Graz 1990, S. 219–263. – Vgl. zudem das Schriftenverzeichnis im Artikel „Josef Pöschl", in: Suppan, Stmk./2, 2009, S. 532f.
473 Hörbuch zur steirischen Jagdmusik, 2007; Blasmusik in der Steiermark, NF 6, März 2007, S. 9.

aus der Obersteiermark. Nach dem Tod von Helmut Rosenberger übernahm 2009 Manfred Brandstätter dessen Funktion.

Ende der achtziger Jahre wuchs die Anzahl der Jagdhornbläsergruppen in der Steiermark auf 63 Gruppen an, zurzeit (2010) sind 72 Gruppen mit 639 Aktiven gemeldet. Die durchschnittliche Gruppengröße beträgt neun Personen. In jüngster Zeit entstanden Gruppen in Gratkorn (2007), eine reine Parforcehorngruppe in B, – in Eisbach-Rein (2008), in gemischter Besetzung in B, – in Murau „Dianas Hörnerklang", ebenfalls in gemischter Besetzung, die einzige Frauengruppe der Steiermark.

Es liegt auf der Hand, dass das musikalische Niveau bei Jagdhornbläsergruppen, die sich regelmäßig an Wettbewerben beteiligen, ansteigt. Bisher fanden sechzehn solcher Bewerbe statt:

1. Mariazell 1972, im Rahmen der 90. Jahreshauptversammlung des Steirischen Jagdschutzverbandes. Vierzehn Gruppen hatten sich damals beteiligt.
2. St. Radegund bei Graz 1973, beim Gasthaus „Schöckelbartl", mit dreizehn Gruppen.
3. Auf der Burg Deutschlandsberg 1974.
4. Seckau 1976. Die höchste Punkteanzahl erreichte die Jagdhornbläsergruppe Gleisdorf, sie gewann damit zum ersten Mal den Wanderpreis in Form eines silbernen Jagdhorns.
5. Fürstenfeld 1978.
6. Voitsberg 1980.
7. Graz-Eggenberg 1983. Erstmals waren die teilnehmenden Gruppen in Klassen A und B eingeteilt, um einen chancengleichen gerechten Wettbewerb zu gewährleisten. Die gemischte Besetzung in B überwog, nur zwei Gruppen waren ausschließlich mit Fürst-Pless-Hörnern besetzt.
8. St. Lambrecht 1985, zugleich als österreichweiter Wettbewerb ausgeschrieben. Ziel dieses Bewerbes sollte es sein, die Qualität des einzelnen und gemeinsamen Vortrages aller Jagdsignale, Fanfaren und Märsche bundesweit zu fördern. Die Pflege des jagdlichen Brauchtums sollte dabei im Vordergrund stehen. Teilnahmeberechtigt waren alle Personen, auch Jugendliche, die der Jagd nahe stehen und die bei diversen Veranstaltungen das jagdliche Brauchtum würdig vertreten.
9. Admont 1989.
10. Schloss Halbenrain im Bezirk Radkersburg 1994.
11. Mürzzuschlag 1996, diesmal wurden Wettbewerbsbedingungen für gemischte Gruppen, Parforcehornbläsergruppen in B und auch in Es vorgegeben. Zwei Pflichtstücke sowie zwei Selbstwahlstücke gelangten zum Wettbewerbsvortrag.
12. Stainz 1998. Die Teilnehmer hatten die Möglichkeit, in drei Leistungsgruppen anzutreten, und zwar mit dem Schwerpunkt „Jagdsignale".
13. Bad Radkersburg 2000, das „Erste Internationale Jagdhornbläser- und Jägerchortreffen", an dem neben den österreichischen Teilnehmern Gruppen aus Tschechien und Bayern sich beteiligten.
14. Straden 2002, im Rahmen des fünfzehnjährigen Bestehens der Jagdhornbläsergruppe Straden. Erstmals kam es dabei zu einem österreichischen Solisten-Wettbewerb im Jagdhornblasen, es nahmen achtzehn Gruppen und 26 Solisten daran teil. Als Solist wurde Gerhard Schäffer, Hornmeister der Jagdhornbläsergruppe Laa an der Thaya auf dem Fürst-Plesshorn, an die erste Stelle gereiht. Im Zentrum der Veranstaltung aber stand die Enthüllung eines Denkmals für die wohl berühmteste österreichische „Horn-Familie", die Schantls aus Straden.

Abb. 226: Das im Jahr 2002 enthüllte Josef Schantl-Denkmal in Straden.

15. Eggersdorf bei Graz 2004.
16. Mürzzuschlag 2007, anlässlich des 125-jährigen Bestehens des Steirischen Jagdschutzverbandes und des fünfzigjährigen Bestehens der Jagdhornbläsergruppe „Horrido Mürzzuschlag".

Die Jagdhornbläsergruppen im Steirischen Jagdschutzverband sind bei allen einschlägigen Veranstaltungen präsent, treten aber auch bei nichtjagdlichen Anlässen auf. So kam es am 21. Januar 1995 in Wies zur österreichischen Erstaufführung der „Fürst-Pless-Jagdmesse" (Texte: Ruth Zehetbauer), auch als „Deutsche Jägermesse" bezeichnet, von Johann Paul Zehetbauer (1929–1989). Anlässlich der Eröffnung der steirischen Landesausstellung 2001 fanden sich rund achtzig Jagd-

Abb. 227–230: Vier steirische Jagdhornbläsergruppen. – Auf dieser Seite oben: Die Jagdhornbläsergruppe Übelbach, eine reine Fürst-Plesshorngruppe, mit Hornmeister Markus Waidacher, ganz rechts. – Auf dieser Seite unten: Die Jagdhornbläsergruppe Gratkorn, eine reine Parforcehorngruppe in B, mit Hornmeister Josef Pöschl, ganz links. – Auf der folgenden Seite oben: Die Jagdhornbläsergruppe Eisbach-Rein, eine gemischte Gruppe in B, mit Hornmeister Siegfried Klöckl, 2008. – Auf der folgenden Seite unten: Die älteste Jagdhornbläsergruppe der Steiermark, „Horrido Mürzzuschlag", im Jahr 2007.

IX. Blasmusik und Brauchtum

hornbläser aus vierzehn Gruppen in St. Ruprecht/Raab ein, geleitet von Josef Pöschl, um das „Feuer & Flamme"-Spektakel mitzugestalten. Dabei kam das *Ruprechter Klangspektrum* von Josef Pöschl zur Uraufführung, ein eigens dafür komponiertes Stück für vier Jagdhornbläsergruppen (Plessgruppe, Gruppe für Parforcehörner in B, gemischte Gruppe in B und Parforcehorngruppe in Es). Und auch beim alljährlichen „Aufsteirern" in Graz fehlen Jagdhornbläsergruppen nicht.

Beeindruckende Erlebnisse vermittelten steirische Jagdhornbläsergruppen den Teilnehmern der Ersten Landeshubertusfeier in der Veitsch am 5. November 2005 sowie bei der Jägermesse im Wiener Stephansdom am 10. Oktober 2007. Dort wurde die *Kleine Jägermesse (Missa brevis per venatores)* für Gesangssolisten, Männerchor, Parforcehörner in B und Orgel von Josef Pöschl dargeboten. Bald danach, am 3. November 2007, folgte im Grazer Dom im Rahmen der großen Landeshubertusfeier die Aufführung der *La Grande Messe de Saint Hubert* von Jule Cantin. Für die musikalische Gestaltung der Messe waren Willibald Acham und Helmut Rosenberger verantwortlich. Letztgenannter wählte für die musikalische Umrahmung die Hubertusmesse aus, die ausführenden fünfundzwanzig Parforcehornbläser stammten aus den Parforcehorngruppen Arnfels, Eggersdorf, Hausmannstätten und Köflach, an der Orgel begleitete Domorganist Emanuel Amtmann. Helmut Rosenberger war auch gemeinsam mit dem Domorganisten mit der „Waldandacht", einer Fantasie für Parforcehorn-Solo mit Orgelbegleitung von Josef Pöschl, zu hören. Die Gesamtleitung lag in den Händen von Johann Cescutti.

Eine CD zum 40. Bestandsjubiläum der Musikschule St. Ruprecht/Raab mit dem Titel „Die Jagd in der Kunstmusik" aus dem Jahre 2008 entstand als Gemeinschaftsproduktion mehrerer Lehrer dieser Schule, in der Josef Pöschl über zwei Jahrzehnte als Pädagoge tätig war. In der professionell gestalteten DVD „Raritäten steirischer Jagdmusik" von Josef Pöschl wurde die Jagdmusik filmisch in Szene gesetzt. Zu hören und zu sehen sind: Solo-Jagdhörner mit Beispielen österreichischer Komponisten, Die Jagd in der Kunstmusik, Sakrale Jagdmusik mit Jägermessen und Chor mit Jagdhörnern[474].

Im vorliegenden Beitrag konnte gezeigt werden, dass – in das Jagd-Brauchtum integriert – auch in der Steiermark zahlreiche Jagdhornbläser-Gruppen entstanden sind, die innerhalb des Steirischen Jagdschutzvereines agieren[475]. Zwischen diesen Gruppen und den Mitgliedsvereinen des Steirischen Blasmusikverbandes bestehen zahlreiche personelle Querverbindungen. Steiermarks Landesjägermeister Heinz Gach, Abgeordneter zum Steiermärkischen Landtag, ist zugleich Obmann der Werkskapelle Zeltweg.

---

[474] Weitere Tonpublikationen: CD: Ein Hörbuch zur steirischen Jagdmusik. – CD: Festliche, jagdliche Musik mit Hörnern, Chor und obligater Orgel. – CD: Wie herrlich ist's im Wald: Johann P. Zehetbauers Fürst-Pless-Jagdmesse, Jagdchöre und Hornsignale, eine Gemeinschaftsproduktion der JBG St. Peter und des MGV Wies. – Berichte zum Thema „Jagd und Musik" sowie über die steirischen Jagdhornbläsergruppen finden sich regelmäßig in der Zeitschrift „Der Anblick".

[475] Grundsätzliches zum Thema: Karl Lemke und Franz Stoy, Jagdliches Brauchtum, 2. Aufl., Berlin 1977; Gilbert Fuchs, Steirischer Jägerbrauch, Graz 1959; Waltraud Froihofer, Heimatfilmromantik, in: Guido Jaklitsch (Hg.), Steirischer Brauchtumskalender 2007, Leibnitz 2007, S. 67–73.

X. Literatur und Abkürzungen

Nach Vorarbeiten von Ferdinand Bischoff, Otto Erich Deutsch und Jakob Wichner hat Hellmut Federhofer in den fünfziger und sechziger Jahren des 20. Jahrhunderts entscheidend zur Erforschung und Kenntnis der steirischen Musikgeschichte beigetragen. Bis zu seiner Berufung als Ordinarius für Musikwissenschaft und Musikgeschichte an die Universität Mainz im Jahre 1962 hat er zudem eine Reihe von Studenten des Musikwissenschaftlichen Instituts der Universität Graz auf Themen der steirischen musikalischen Landeskunde verwiesen, darunter den Unterzeichneten, der noch während seiner Studienzeit mit den Vorarbeiten zur Herausgabe des Steirischen Musiklexikons beginnen konnte. Auch die historischen Kapitel dieses vorliegenden Bandes hätten ohne die Kärrnerarbeit Federhofers nicht geschrieben werden können.

Das folgende Literaturverzeichnis ist als Auswahl-Bibliographie zu verstehen. Die Fachwissenschaft wird zudem auf die Schriftenverzeichnisse in: Suppan, Stmk./2, 2009, vor allem auf die Artikel „Ferdinand Bischoff", „Hellmut Federhofer", „Rudolf Flotzinger", „Gernot Gruber", „Wolfgang Suppan", verwiesen.

Da es sich bei dem vorliegenden Band um ein Buch für alle Schichten unserer Gesellschaft handelt, wurde zwar die Regel wissenschaftlicher Arbeitspraxis beachtet, jedoch kein allzu umfangreicher Anmerkungsapparat beigegeben. Die Mitteilungen der einzelnen Blaskapellen und die Jubiläums-Festschriften liegen beim Verfasser bzw. im BLIZ (Blasmusik-Informations-Zentrum des Johann-Joseph-Fux-Konservatoriums) oder im Sekretariat des Steirischen Blasmusikverbandes auf, wo sie für weiterführende Forschungsarbeiten zur Verfügung stehen. Leider konnte nur ein Teil des interessanten Bildmaterials verwertet werden; die für volkskundliche und musikwissenschaftliche (instrumentenkundliche) Studien bedeutsamen ikonografischen Quellen sind bislang nicht systematisch erfasst worden (vgl. W. Salmen, Katalog der Bilder zur Musikgeschichte Österreichs I, Innsbruck 1980). Da es sich dabei zumeist um wertvolle Erinnerungsstücke handelt, wurden die Bildzeugnisse wieder an die einzelnen Kapellen zurückgegeben.

Alta Musica
Alta Musica. Eine Publikationsreihe der Internationalen Gesellschaft zur Erforschung und Förderung der Blasmusik, hg. von Wolfgang Suppan, Eugen Brixel, Bernhard Habla, Tutzing 1976ff.

Anonym
Blasmusik. Ein melodisches Stück Heimat, Medieninhaber: Verein Heimatland Steiermark, Graz o. J. (ca. 1995–2000), mit Abbildungen steirischer Musikkapellen.

Bl. f. Hk.
Blätter für Heimatkunde, hg. vom Historischen Verein für Steiermark, Graz 1923ff.

DB
Die Blasmusik. Monatsschrift (Fortsetzung der „Allgemeinen Volksmusik-Zeitung"), Freiburg im Breisgau/Kraichgau 1951ff.

Eugen Brixel (mit Martin und Pils), Das ist Österreichs Militärmusik, Graz 1982; dazu Pál Karch, Ergänzungen und Berichtigungen zu den bisher veröffentlichten Verzeichnissen über die Militärmusik in der Donaumonarchie, die ungarische Reichshälfte betreffend, in: Pannonische Arbeitsberichte I, 1990–1994 und 277–350.

Joseph Damanski, Die Militär-Kapellmeister Österreich-Ungarns. Illustriertes biographisches Lexikon (Schematismus), Wien u. a. 1904.

Federhofer 1956 bzw. /1971 bzw. /1980
Hellmut Federhofer, Musikleben in der Steiermark, in: Die Steiermark. Land – Leute – Leistung, hg. von Berthold Sutter, Graz 1956; 2/1971, S. 614–660; nochmals abgedr. (mit Ergänzungen von Rudolf Flotzinger) in: Kat. Admont 1980, S. 15–83.

Abb. 231: Hellmut Federhofer, geboren 1911 in Graz, Promotion 1936 an der Universität in Wien, Habilitation 1944 an der Karl-Franzens-Universität in Graz, 1962 Ernennung zum o. Univ.-Prof. für Musikwissenschaft und Musikgeschichte an der Johannes Gutenberg-Universität in Mainz, dort 1981 emeritiert. 2001 verlieh ihm die Karl-Franzens-Universität in Graz die Ehrendoktorwürde, 2005 erhielt er die höchste Auszeichnung des Landes Steiermark, das Große Goldene Ehrenzeichen mit dem Stern. Ihm verdankt unser Land die wesentlichen Beiträge zur landeskundlichen Musikforschung.

Federhofer 1976
Hellmut Federhofer, Blasinstrumente und Bläsermusik in der Steiermark bis zum Ende des 18. Jahrhunderts, in: Alta Musica 1, 1976, S. 61–101.

Ders., Die landschaftlichen Trompeter und Heerpauker in Steiermark, in: Zs. hist. Ver. 40, 1949, S. 63–102; Namensverzeichnis dazu in: Adler 2 (XVI), 1950, S. 33–40 und 52–54.

Ders., Die Stadttürmermeister von Leoben, in: Bl. f. Hk. 23, 1949, S. 109–116.

Ders., Zur Musikpflege der Jesuiten in Graz im 17. Jh., in: Aus Archiv und Chronik 2, 1949, S. 126–136.

Ders., Die Grazer Stadtmusikanten und die privilegierte Stadtmusikantenkompagnie, in: Zs. hist. Ver. 42, 1951, S. 91–118.

Ders., Die Musikpflege an der evangelischen Stiftskirche in Graz (1570–1599), in: Jahrbuch der Gesellschaft für die Geschichte des Protestantismus in Österreich 68/69, 1953, S. 68–97.

Ders., Die Grazer Stadtpfarrmatrikeln als musikgeschichtliche Quelle, in: Zs. hist. Ver. 45, 1954, S. 158–168.

Ders., Musikpflege und Musiker am Grazer Habsburgerhof der Erzherzöge Karl und Ferdinand von Innerösterreich (1564–1619), Mainz 1967.

Federhofer, Musik und Geschichte 1996
Ders., Musik und Geschichte. Aufsätze aus nichtmusikalischen Zeitschriften, Hildesheim u. a. 1996 (Musikwissenschaftliche Publikationen, Hochschule für Musik und Darstellende Kunst Frankfurt/Main, hg. von Herbert Schneider, Band 5), mit dem Neudruck der o. g. sowie weiterer Aufsätze zur landeskundlichen Musikforschung in der Steiermark.

Fs.
Festschrift.

Rudolf Flotzinger, Geschichte der Musik in Österreich. Zum Lesen und Nachschlagen, Graz u. a. 1988.

Rudolf Flotzinger und Gernot Gruber (Hg.), Musikgeschichte Österreichs, 3 Bände, 2. Aufl., Wien u. a. 1995.

Kat. Admont 1980
Musik in der Steiermark. Katalog der Landesausstellung 1980 in Admont, Graz 1980.

KFU
Karl-Franzens-Universität in Graz.

Konrad 1990
Willi Konrad, 40 Jahre Steirischer Blasmusikverband 1950–1990, Graz 1990.

Kriegl
Herbert Kriegl, Musikimposto, andere Patente und Auflagen zur Gestaltung des öffentlichen Musizierens. Das steirische Musikleben des 18. Jahrhunderts im Spannungsbereich ständischer und behördlicher Verfügung und in freier Entfaltung, phil. Diss. KUG, Institut für Musikethnologie 2003.

KUG
Hochschule/Universität für Musik und darstellende Kunst in Graz.

Robert Lobovsky, Das Blasorchester, Graz 1953.

Maria Mairold, Sänger und Kirchenmusiker aus dem Ferdinandeum in Graz 1588–1684, in: Zs. hist. Ver. 83, 1992, S. 273–335.

MGG/1
Die Musik in Geschichte und Gegenwart, hg. von Friedrich Blume, Kassel u. a. 1949ff.

MGG/2
Die Musik in Geschichte und Gegenwart, 2. Aufl., hg. von Ludwig Finscher, Kassel u. a. 1994ff.

ÖBZ
Österreichische Blasmusik(-Zeitschrift), Monatsschrift, Jg. 1ff., 1952 ff.

ÖBL
Österreichisches Biographisches Lexikon, Band 1ff., Graz – Köln 1957ff.

ÖML
Österreichisches Musiklexikon, hg. von Rudolf Flotzinger, 5 Bände, Wien 2002–2006.

Pannonische Arbeitsberichte, hg. von Wolfgang Suppan und Bernhard Habla, Oberschützen – Graz 1990ff.

Rameis – Brixel
Emil Rameis, Die österreichische Militärmusik von ihren Anfängen bis zum Jahre 1918, ergänzt und bearbeitet von Eugen Brixel, Tutzing 1976 (= Alta Musica 2).

Anton Othmar Sollfelner, Die Österreichische Militärmusik in der I. Republik 1918–1938. Ihr Werden und Wesen im Hinblick auf ihre kulturelle und gesellschaftspolitische Bedeutung, Mag.-art.-Diplomarbeit, Musikhochschule Wien, 1985.

Anton Othmar Sollfelner und Christian Glanz, Die österreichische Militärmusik in der II. Republik 1955–2000, Graz 2000.

Stradner 1986
Gerhard Stradner, Musikinstrumente in Grazer Sammlungen (Grazer öffentliche Sammlungen), Wien 1986 (Österreichische Akademie der Wissenschaften, Tabulae Musicae Austriacae 11).

Armin Suppan, Repertorium der Märsche für Blasorchester, 2 Bände, Tutzing 1982 und 1990 (Alta Musica 6 und 13).

Armin Suppan, Skizzen zu einer Geschichte der Militärmusik, in: Institutum Musices Feldkirchense. Annales 1996–1997, hg. von Walter Pass, Band 2, Tutzing 2001, S. 135–153.

X. Literatur und Abkürzungen

Suppan, Stmk./1, 1962–66
Wolfgang Suppan, Steirisches Musiklexikon, Graz 1962–66.

Suppan, Stmk./2, 2009
Wolfgang Suppan, Steirisches Musiklexikon, 2. Aufl., Graz 2009.

Suppan, Blasmusik/5, 2009
Wolfgang Suppan, Das Blasmusik-Lexikon, Kraichtal, Baden-Württemberg 2009. Es handelt sich dabei um die 5. Auflage des Lexikons des Blasmusikwesens, 1. Auflage, Freiburg im Breisgau 1973.

Suppan, Baden 1983
Wolfgang Suppan, Blasmusik in Baden. Geschichte und Gegenwart einer traditionsreichen Blasmusiklandschaft, Freiburg im Breisgau 1983.

Wolfgang Suppan, Der musizierende Mensch. Eine Anthropologie der Musik, Mainz u. a. 1984 (Musikpädagogik. Forschung und Lehre, hg. von Sigrid Abel-Struth, Band 10).

Wolfgang Suppan, Bildungsplan des Bundes Deutscher Blasmusikverbände, Freiburg im Breisgau 1984; 2/1987.

Wolfgang Suppan, Musica humana. Die anthropologische und kulturethologische Dimension der Musikwissenschaft, Wien u. a. 1986 (Forschen – Lehren – Verantworten. Festgaben zur 400-Jahr-Feier der Karl-Franzens-Universität Graz, hg. von Berthold Sutter, Band 8).

Wolfgang Suppan, Komponieren für Amateure. Ernest Majo und die Entwicklung der Blasorchesterkomposition, Tutzing 1987 (Alta Musica 10).

Wolfgang Suppan, WASBE-Konferenz Schladming 1997. MID EUROPE-Konferenzen Schladming 1998–2000. Programmbücher, Schladming 1997–2000.

Suppan, Werk und Wirkung 2000
Wolfgang Suppan, Werk und Wirkung. Musikwissenschaft als Menschen- und Kulturgüterforschung, 3 Bände, hg. von Zoltán Falvy, Tutzing 2000 (Musikethnologische Sammelbände 15–17).

Suppan, Blasmusikland 2003
Wolfgang Suppan, Blasmusikland Steiermark. Der Steirische Blasmusikverband am Beginn des 21. Jahrhunderts, Gnas 2003.

Wolfgang Suppan, Blasmusikforschung seit 1966. Eine Bibliographie, Tutzing 2003 (mit dem Verzeichnis der seit 1966 erschienenen Blasmusikbücher und Aufsätze).

Zs. hist. Ver.
Zeitschrift des historischen Vereines für Steiermark, Graz 1903ff.

Die von Wolfgang Suppan betreuten Blasmusik-Dissertationen und Habilitationen am Institut für Musikethnologie der Universität für Musik und Darstellende Kunst in Graz sowie an anderen Universitäten von 1983 bis einschließlich 2010[476]

Arnold Blöchl, Zur Geschichte der Blasmusik und Bläsermusik in Oberösterreich, phil. Diss. Geisteswissenschaftliche Fakultät der Universität Salzburg 2003.

Helmut Brenner, Marimbas in Lateinamerika. Historische Fakten und Status quo der Marimbatraditionen in Mexiko, Guatemala, Belize, Honduras, El Salvator, Nicaragua, Costa Rica, Kolumbien, Ecuador und Brasilien, Habilitationsschrift Universität des Saarlandes, Saarbrücken 2004; gedr. Hildesheim u. a. 2007 (Studien und Materialien zur Musikwissenschaft 43).

Thomas Dvorak, Teaching Music through Performance in Beginning Band, Habilitationsschrift University of Wisconsin, Milwaukee USA 2001.

Rudolf Gstättner, Jakob Eduard Schmölzer – Sein Leben und sein Werk, 2 Bände, phil. Diss. 2005.

Bernhard Habla, Besetzung und Instrumentation des Blasorchesters seit der Erfindung der Ventile für Blechblasinstrumente bis zum Zweiten Weltkrieg in Österreich und Deutschland, 2 Bände, phil. Diss. 1990; gedr. Tutzing 1990 (Alta Musica 12).

Herbert Kriegl, Musikimposto, andere Patente und Auflagen zur Gestaltung des öffentlichen Musizierens. Das steirische Musikleben des 18. Jahrhunderts im Spannungsbereich ständischer und behördlicher Verfügungen und in freier Entfaltung, phil. Diss. 2003.

Josef Maierhofer, Die Basstuba und ihre Vorläufer im Sinfonie- und Opernorchester seit Mozart, phil. Diss. 2008.

Adolf Marold, Spiel in kleinen Gruppen. Bläserkammermusik unter besonderer Berücksichtigung musikalisch-pädagogischer und soziologischer Aspekte, phil. Diss. 1995; gedr. Tutzing 1999 (Alta Musica 21).

Friedrich Pfatschbacher, Der Klarinetten-Chor, phil. Diss. 2004; gedr. Tutzing 2005.

Josef Pöschl, Jagdmusik. Kontinuität und Entwicklung in der europäischen Geschichte, phil. Diss. 1994; gedr. Tutzing 1997 (Alta Musica 19).

Karlheinz Pöschl: Die Sinfonien von Karl Haidmayer [darunter auch Blasorchester-Kompositionen], phil. Diss. 2004.

---

476 Falls die Doktorarbeiten/Habilitationsschriften nicht am Institut für Musikethnologie der Kunst-Universität (Universität für Musik und darstellende Kunst) in Graz approbiert wurden, sondern an anderen Universitäten bzw. Instituten, wird dies gesondert angeführt.

Markus Werner, Berg- und Knappenkapellen in Österreich, phil. Diss. 2009.

Heinrich Zwittkovits, Die Pflege der zivilen Blasmusik im Burgenland im Spiegel der allgemeinen historischen Entwicklung (unter besonderer Berücksichtigung der Zwischenkriegszeit), phil. Diss. Universität Wien 1992; gedr. Tutzing 1993 (Alta Musica 15).

Mag.-art.-Diplomarbeiten am Institut für Musikethnologie der KUG seit 2009 (Ergänzung)[477]:

Stefan Hausleber, Der Trachtenmusikverein Spital am Semmering, 2009.

Robert Orthaber, Die Musikkapelle Groß St. Florian, 2009.

Franz Scheifler, Trachtenkapelle Dobl, 2010.

Wolfgang Walter, Josef Eizenberger (1877–1969). „... einer der führenden Männerchorkomponisten des deutschen Sprachraumes" (Wolfgang Suppan), 2009.

Bildnachweis

Soweit in dieser Liste nicht angeführt, stammen die Vorlagen aus den Sammlungen des Autors (Blasmusikarchiv Pürgg) und aus den Archiv-Beständen des Steirischen Blasmusikverbandes. Keine Provenienz wird auch bei jenen Abbildungen angegeben, die Personen/Gemeinden/Vereine zur Verfügung gestellt haben, wobei alle Rechte von diesen bereits abgelöst wurden. Wenn die Verweise auf Vorlagen sich aus den Fußnoten ergeben, werden diese hier nicht wiederholt. Die neueren Abbildungen hat in der Regel Erhard Mariacher, Miesenbach, fotografiert, dem ich auch weitere historische Aufnahmen aus steirischen Kirchen, Klöstern und Bauwerken verdanke. – Die Nummern beziehen sich auf die Seitenzahlen im vorliegenden Buch.

Dankbar vermerken wir:
„Alpenpost", Bad Aussee, Aufnahme Bernd Nöster, Bürgermusik Bad Aussee, Neujahrskonzert 2009: 166.
Brass Bulletin Nr. 80, Heft 4, 1992, Titelseite: 49.
Gesellschaft der Musikfreunde, Wien: 57.
Foto Erika Hasenhüttl, Josef Pöschl: Schutzumschlag.
www.bigshot.at/Christian Jungwirth: 14.
Katalog der Steirischen Landesausstellung 1986, Herberstein, Schellenbaum aus Jagerberg: 72.
Willi Konrad, 40 Jahre Steirischer Blasmusikverband 1950–1990, Graz 1990, S. 46: 207.
Foto Melbinger: 9.
Manfred Polansky, Langenwang: 46.
Foto Rastl, Bad Aussee: 279.
Steiermärkisches Landesarchiv, Musikimposto-Akten (nach Kriegl): 61.
Aus Suppan, Baden konnten übernommen werden: 36, 47, 66, 193.
Aus Suppan, Stmk./1 konnten übernommen werden: 32, 42, 68, 70, 71 (Heimatmuseum Leoben), 197, 199, 204, 276, 281, 283, 284, 298.
Chorherrenstift Vorau, Bibliothek, Aufnahmen Erhard Mariacher: Schutzumschlag sowie 16 und 60.

---

477 Die einschlägigen Mag.-art.-Diplomarbeiten an diesem Institut wurden bereits mehrfach aufgelistet: s. Wolfgang Suppan, Beiträge zur landeskundlichen Musikforschung. Ein Arbeitsbericht des Instituts für Musikethnologie an der Hochschule für Musik und Darstellende Kunst in Graz, in: Zs. hist. Ver. 87, 1996, S. 165–273; ders., Blasmusikland 2003, S. 191–201; ders., Stmk./2, 2009, bei den einzelnen Ortsartikeln.

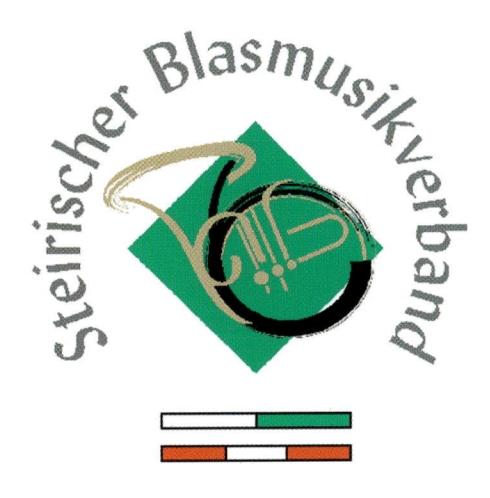

Vorbemerkung: Die Unterlagen (Fotos, Namenslisten etc.) für diesen Teil des Buches wurden von den einzelnen Blasmusikbezirken sowie von den Musikkapellen zur Verfügung gestellt, die damit auch bestätigen, dass alle Abdruck- bzw. Copyright-Rechte abgegolten sind. Die Damen im Sekretariat des Steirischen Blasmusiksekretariates, Frau Edith Allmer, Frau Andrea Troyer und Frau Sabine Yildiz, haben die elektronisch übermittelten Daten gesammelt, geordnet und dem Verlag in der Originalfassung weitergereicht. Um sicher zu gehen, dass keine Irrtümer passiert sind, wurden die Korrekturfahnen den Verantwortlichen in den einzelnen Blasmusikbezirken zur Durchsicht und Kontrolle übermittelt. Die Verantwortung für die korrekte Datenerfassung liegt daher nicht beim Herausgeber oder beim Verlag, sondern allein bei den Vereinen bzw. bei den Blasmusikbezirken.

Dokumentation

Der neu gewählte Landesvorstand des Steirischen Blasmusikverbandes 2009 in St. Peter am Ottersbach.
1. Reihe v.l.n.r.: Andrea Trojer, Obstlt Oskar Bernhart, MDir. Mag. Wolfgang Jud, o. Univ.-Prof. emer. Dr. Wolfgang Suppan, Prof. Ing. Philipp Fruhmann, Erster Landeshauptmann-Stv. Hermann Schützenhöfer, Ing. Horst Wiedenhofer, Alois Weitenthaler, Mag. Hedwig Eder, Mag. Edith Allmer; 2. Reihe v.l.n.r.: Ernst Bressnig, MDir. Prof. Mag. Rudolf Zangl (†), MDir. Prof. Mag. Markus Waidacher, Christina Stern, Mag. Nadja Sabathi, MAS Gernot Hauswirth, Dir. Erhard Mariacher, Sabine Yildiz; 3. Reihe v.l.n.r.: Franz Muhr, DI Josef Pilz, Anton Mauerhofer, MDir. Prof. Ing. Mag. Dr. Adolf Marold, Wirkl. Hofrat DI Wolf Chibidziura, Johann Tauchmann, Vzlt Erich Perner, Erich Riegler; nicht am Foto: Dr. Josef Altenburger, Mag. Johann Edler, Dr. Michael Ehgartner, Vzlt Hermenegild Kaindlbauer, Obstlt MMag. Dr. Hannes Lackner.
Neue Landesvorstandsmitglieder ab 18.4.2010: Peter Buchsbaum, Ing. Karl Hackl, Ing. Viktor Hohl, Mag. Dr. Manfred Rechberger, Ing. Christian Schwab.

Musikbezirk Bad Aussee

Bezirksvorstand Bad Aussee: 1. Reihe: Bezirksjugendreferent Sepp Moser, Bezirksstabführer Sepp Pichler, Bezirksobmann Franz Egger, Bezirkskapellmeister Ludwig Egger, Bezirkskapellmeisterstv. Wolfgang Peer, Bezirksfinanzreferent Siegfried Stelzhammer; 2. Reihe stehend: Beiräte; Fritz Winkler, Karl Edlinger, Bezirksstabführerstv. Otto Tanzmeister, Bezirksfinanzreferentstv. Edwald Strimitzer, Bezirksschriftführerstv. Rudi Gasperl, Beirat Helmut Hillbrand, Bezirks-EDV-Referent Hans Gamsjäger, Beirat Alois Zachbauer, Bezirksobmannstv. Stefan Pucher; nicht am Foto: Bezirksjugendreferentstv. Günther Seebacher; Beiräte: Karl Wohlfahrter, Andreas Langanger, Andreas Egger, John Lowdell, Martin Fuchs, Bezirksjugendreferentstv. Milan Kopmajer.

Salinenmusikkapelle Altaussee

Obmann:
PUCHER Stefan

Kapellmeister:
LANGANGER Andreas

Jugendreferent:
SEEBACHER Günter

Stabführer:
ANZMEISTER Otto

Schriftführer:
LEU Robert

EDV-Referent:
LEU Robert

Kassier/Finanzreferent:
GAISWINKLER Hannes

5. Reihe stehend von links: Fischer Alfred, Kain Julius, Pressl Werner, Mittendorfer Thomas, Hütter Mathias, Freller Roland, Freller Harald, Machherndl Gerhard, Pucher Stefan, Pichler Johann, Fischer Michaela, Linortner Johann; 4. Reihe stehend: Köberl Franz, Fischer Rainer, Leu Georg, Schilcher Thomas, Muß Hannes, Raich Heribert jun., Mag. Angerer Franz, Köberl Herbert, Vößner Christian, Hütter Franz, Muhs Albert, Loitzl Bettina, Köberl Andreas, Laserer Michael; 3. Reihe stehend: Fischer Ludwig (Fähnrich), Dr. Jaeger Alfred, Mag. Trummer Martin, Fischer Christian, Freller Walter, Loitzl Johann jun., Pucher Manfred, Peer Detlef, Loitzl Johann sen., Tanzmeister Otto (Stabführer), Wimmer Josef, Muß Siegrid, Kainzinger Birgit, Schrempf Kristina, Fischer Christine, Egger Ingrid, Simentschitsch Thomas jun., Simentschitsch Thomas sen., Malik Gerhard (Fähnrich), Loitzl Andreas (Tafelträger); 2. Reihe sitzend: Köberl Martina, Laserer Wolfgang, Winkler David, Loitzl Edwin, Schilcher Johann, König Brigitte (Marketenderin), Gaiswinkler Gottfried (Ehrenkapellmeister), Köberl Wilfried (Kapellmeister), Malik Michaela (Marketenderin), Freller Bernhard, Langanger Andreas, Leu Robert, Raich Max, Vößner Karl, Kitzer Siegfried; 1. Reihe hockend: Schröttenhamer Johannes, Gaiswinkler Hannes, Pichler Markus, Köberl Erwin, Khälß Sepp.

Bürgermusikkapelle Bad Aussee, Großes Streichorchester

Obmann:
STELZHAMMER Siegfried

Kapellmeister:
LOWDELL John

Schriftführer:
STELZHAMMER Siegfried

3. Reihe v.l.n.r.: Josef Moser, Hans Loitzl, Alfred Deopito, Franz Egger, Walter Panzner, Franz Angerer, Dr. Alfred Jaeger, Julien Farel, Dominik Kainzinger, Erwin Köberl, Karl Vößner, Robert Leu; 2. Reihe: Fabian Egglmeier, Ingeborg Machherndl, Christian Fischer, Hans Grieshofer, Christine Brandl, Barbara Stix, Karin Koschuh, Konstanze Jaeger, Georg Heiß, Sofie Grill, Birgit Freller, Herbert Köberl; 1. Reihe: Josef Ainhirn, Rainer Seiringer, Hans Frosch, Caroline Kerschbaumer, Norman Sambs, Konzertmst. Leila Heinz, Kpm. John Lowdell, Ehrenkpm. Friedl Gaiswinkler, Obmann Siegfried Stelzhammer, Almut Bauer, Dr. Ulrike Jungmair.

Stadtkapelle Bad Aussee

Obmann:
Ing. SIMBÜRGER Daniel

Kapellmeister:
ZACHBAUER Alois

Jugendreferent:
DEOPITO Alfred

Stabführer:
ZACHBAUER Alois

Schriftführer:
URBAN Alexander

EDV-Referent:
Ing. SIMBÜRGER Daniel

Kassier/Finanzreferent:
SCHADLER Thomas

Von links nach rechts: 4. Reihe: Schadler Thomas, Weinhandl Herbert, Zopf Konrad, Holzinger Florian, Geistberger Christian, Fleischhacker Jürgen; 3. Reihe: Gassner Siegfried, Peer Thomas, Reiter Ernst, Ziermayer Hubert, Deopito Alfred, Panzner Walter, Amon Simon, Egger Stefan, Urban Alexander; 2. Reihe: Reißinger Friedrich, Obmann Simbürger Daniel, Haas Karl, Grill Andreas, Egger Martin, Roschitz Michael, Grieshofer Markus, Zauner Fritz (etwas verdeckt); 1. Reihe: Grabner Heidi, Grill Sophie, Deubler Nicola, Haas Christina, Remschack Christian, Klier Manfred, Peer Alexandra, Kapellmeister und Stabführer Alois Zachbauer; leider nicht am Bild: Gassner Clemens, Holzer Florian, Amon Markus, Egglmaier Philipp, Gierlinger Gerhard, Köberl Johann, Krenn Marcel, Raich Christian, Strenberger Johann, Maketenderinnen: Pichler Carina, Moser Nicole, Ewiß Sandra, Köfler Michaela.

Musikkapelle Grundlsee

Obmann:
KÖBERL Karl

Kapellmeister:
GASPERL Rudolf

Jugendreferent:
WEISSENBACHER Herbert

Stabführer:
GRILL Werner

Schriftführer:
GASPERL Bernhard

EDV-Referent:
PEINSIPP Bernhard

Kassier/Finanzreferent:
MAYERL Karl

Gasperl Rudolf jun., Grieshofer Romana, Mayerl Julia, Grill Theresa, Höller Florian, Mayerl Christian, Amon Berhard, Peinsipp Bernhard, Ewiss Helmut, Dattendorfer Caroline, Köberl Karl, Mayerl Karl, Gasperl Wolfgang, Baumann Günther, Hillbrand Herbert, Gasperl Bernhard, Weißenbacher Herbert, Grill Werner, Schanzl Friedl, Bischof Karl, Gasperl Günther, Amon Erhard, Schanzl Rainer, Budemayr Max, Rastl Vroni, Hillbrand Helmut, Kogler Thomas, Gasperl Rudolf sen., Amon Manuela, Grill Hannes, Wimmer Josef, Bischof Bernhard, Schwarzmüller Oliver, Steiner Lorenz; Marketenderinnen: Wimmer Sophi, Geistberger Bianka, Mayerl Elfriede, Moser Melanie.

Feuerwehrmusikkapelle Lupitsch

Obmann:
EGGER Franz

Kapellmeister:
GAMSJÄGER Hans

Jugendreferent:
PRESSL Reinhard

Stabführer:
SCHLACHER Alfred

Schriftführer:
GAMSJÄGER Johann jun.

EDV-Referent:
GAMSJÄGER Hans

Kassier/Finanzreferent:
EGGER Christian

1. Reihe sitzend: Fritz Kogler, Alfred Pressl, Fritz Gamsjäger, Carina Pichler, Kapellmeister Hans Gamsjäger, Martina Gaisberger, Stabführer Alfred Schlacher, Brigitte Preßl, Obmann Franz Egger, Michaela Margotti, Sepp Moser, Martin Preßl, Andreas Hillbrand, vorne: Günther Kogler, Herbert Gamsjäger, Christian Egger; 2. Reihe: Bernhard Temmel, Markus Kogler, Hans Gamsjäger jun., Christina Sailer, Melanie Hillbrand, Petra Gaisberger, Sabine Einhirn, Nicole Mandl, Sabine Grieshofer, Alexander Demmel, Carina Degner, Carola Honegger, Franz Preßl, Reinhard Pressl, Andreas Sandner; 3. Reihe: Moritz Bergler, Georg Holzer, Werner Hillbrand, Hans Moser, Eduard Pichler, Alois Angerer, Wilhelm Köberl, Reinhard Daxner, Patrik Pressl.

Musikkapelle Bad Mitterndorf

Obmann:
WINKLER Harald

Kapellmeister:
WOHLFAHRTER Karl-Heinz

Jugendreferent:
WOHLFAHRTER Karl-Heinz

Stabführer:
EGGER Andreas

Schriftführer:
LIMBERGER Hans-Jürgen

EDV-Referent:
GEWESSLER Stephanie

Kassier/Finanzreferent:
RAUSCHER Uwe

Balkon v. l. n. r.: Bauer Markus (Posaune, Bariton), Wohlfahrter Karl sen. (Posaune); letzte Reihe stehend v.l.n.r.: Limberger Hans-Jürgen (C-Tuba), Pliem Christian (B-, Es-, Bassklarinette, B-Trompete, Flügelhorn), Bliem Anton (Flügelhorn), Egger Hannes vlg. Lukas (Flügelhorn), Egger Hannes vlg. Strigi (Flügelhorn), Ahornegger Stefanie (Flügelhorn), Rozic Michael (Flügelhorn, B-Trompete), Stoderegger Josef (Tenorhorn, Posaune), Stocker Florian (Tenorhorn, B-Trompete), Stoderegger Johann (Tenorhorn), Rauscher Uwe (Waldhorn, B-Trompete), Ferk Kevin (F-Tuba); vorletzte Reihe stehend v. l. n. r.: Mössner Rita (Querflöte), Gewessler Stephanie (Querflöte, Fagott), Kogler Christine (Es-Saxophon), Gewessler Marie-Theres (Es-Saxophon), Rodlauer Caroline (Es-Saxophon), Gaisberger Julia (Querflöte), Hinterschweiger Bernd (Tenorhorn), Wildling Sabine (Tenorhorn), Pliem Hubert (Tenorhorn), Pliem Günter (Schlagzeug); 2. Reihe stehend v.l.n.r.: Bauer Karl (Es-, B-Klarinette, Baritonsaxophon), Leitner Thomas (B-Klarinette), Schwab Rene (B-Klarinette), Weixelbaumer Cornelia (B-Klarinette), Bergler Alexandra (B-Klarinette), Wirth Rebecca (B-Klarinette), Huber Jasmin (B-Klarinette), Grick Julia (B-Klarinette), Messingfeld Florian (B-Klarinette), Wohlfahrter Christoph (Schlagzeug), Schlömicher Bernhard (Schlagzeug), Hopfer Josef (Schlagzeug), Etheridge Jennifer (Waldhorn); 1. Reihe sitzend v.l.n.r.: Steinberger Melanie (Querflöte, Piccolo, Vibraphon), Schaffer Carina (Querflöte), Schuller Anna (Marketenderin), Steinbrecher Monika (Marketenderin), Wohlfahrter Karl jun. (Kapellmeister, Posaune, Tenorhorn), Egger Andreas (Stabführer, Flügelhorn, B-Trompete), Werger Monika (Marketenderin), Präsoll Petra (Marketenderin), Limberger Belinda (Querflöte), Stenitzer Anna (Querflöte); vordere Reihe knieend v.l.n.r.: Demmerer Thomas (B-Trompete), Pliem Nathalie (B-Klarinette), Höller Alexander (Schlagzeug), Stocker Christian (Schlagzeug).

Musikkapelle Kumitz

Obmann:
WINKLER Friedrich

Kapellmeister:
EGGER Franz jun.

Jugendreferent:
STRIMITZER Robert

Stabführer:
Ing. PREIN Andreas

Schriftführer:
Ing. KREUTZER Wolfgang

EDV-Referent:
Ing. PREIN Andreas

Kassier/Finanzreferent:
NEUPER Jörg

Von oben links stehend: Franz Egger sen., Herbert Strimitzer, Martin Klamminger, Georg Heiss, Jörg Neuper, Mario Burgschweiger, Margit Pehringer; nächste Reihe stehend: Robert Strimitzer, Johann Kaltenbrunner, Gerald Schlömmer, Manfred Winkler, Gerhard Präsoll, Engelbert Wachinger, Werner Heiss, Andreas Prein; nächste Reihe stehend: Wolfgang Kreutzer, Engelbert Präsoll, Josef Präsoll, Christian Pehringer, Simon Pliem, Josef Schmied, Martin Kaserbacher, Mario Hochrainer, Lukas Strimitzer, Eva Wachinger; nächste Reihe sitzend: Christina Heiss, Irina Strimitzer, Theresa Pliem, Johann Schlömmer, Franz Egger jun., Anke Hillbrand, Friedrich Winkler, Ewald Strimitzer, Sandra Laubichler, Florian Burgschweiger, Georg Pühringer, Jasmine Leitner, Julia Schimmer; sitzend: Raphael Schretthauser, Patrick Paganin, Stefan Strimitzer, Kevin Krenn; nicht am Foto: Christian Grill, Josef Kaserbacher, Sonja Köberl, Pamela Krenn, Carola Pliem, Christiane Pliem, Johann Pliem, Franz Pramhaas, Gernot Schlömmer, Catrina Wachinger.

Musikkapelle Strassen

Obmann:
Ing. FUCHS Martin

Kapellmeister:
EGGER Ludwig Mario

Jugendreferent: EGGER Gudrun

Jugendreferent:
EGGLMEIER Philipp

Schriftführer:
Mag. EGGER Michaela

Kassier/Finanzreferent:
KLANNER Harald

Vorne: Grill Herbert (Bariton); 1. Reihe v. links: Pürcher Lisa (Querflöte), Köberl Elisabeth (Querflöte), Fuchs Eveline (Querflöte), Zitz Eva (Marketenderin), Egger Ludwig (Kpm. – Bez.-Kpm.), Fuchs Martin (Obmann), Hillbrand Elisabeth (Marketenderin), Egger Michaela (Klarinette, Schriftführer), Egglmeier Philipp (Klarinette), Klanner Günter (Klarinette); 2. Reihe v. links: Zitz Martin (Flügelhorn), Pucher Reinhard (Flügelhorn), Klanner Robert (Flügelhorn), Kirchschlager Christian (Tenorhorn, Obm.-Stv.), Köberl Ernst (Tenorhorn), Steinegger Michael (Bariton), Hillbrand Walter (Ehrenobmann), Peer Thomas (Tenorhorn), Bernhard David (Bariton), Singer Simon (Bariton), Köberl Waltraud (Klarinette, Schriftführer), Zitz Andreas (Klarinette), Gasperl Michaela (Klarinette), Köberl Selina (Klarinette), Singer Anika (B-Trompete); 3. Reihe v. links: Schadler Katharina (F-Tuba), Zopf Konrad (B-Tuba, Kpm.-Stv.), Egglmeier Fabian (Kleine Trommel), Ladstätter Bernhart (Große Trommel), Klanner Harald (Kleine Trommel, Kassier), Zauner Fritz (Becken), Gasperl Henrico (Horn), Singer Karl (Horn), Klanner Walter (Zugposaune), Grill Hermann (Zugposaune), Ewis Helmut (B-Trompete); nicht am Bild: Egger Gudrun (B-Trompete, Kpm.-Stv.), Schadler Thomas (Horn), Syen-Egglmeier Martina (Klarinette), Ettlinger Enst (Klarinette), Hölbling Martin (Flügelhorn).

Trachtenkapelle Tauplitz

Obmann:
SCHACHNER Alfred

Kapellmeister:
PEER Wolfgang

Jugendreferent:
SEEBACHER Andreas

Stabführer:
EGGER Christian

Schriftführer:
VASOLD Ursula

Kassier/Finanzreferent:
HOCHREINER Hans-Peter

Kapellmeister: Wolfgang Peer; Marketenderin: Helga Schachner, Judith Mößelberger, Helga Huber; Querflöte: Corina Peer, Nicole Schachner, Christina Hierzegger; Flügelhorn: Leo Sölkner jun., Andreas Seebacher, Hannes Hierzegger, Ursula Vasold, Josef Pichler sen., Georg Pichler; Klarinette / Saxophon: Josef Pichler jun., Roland Peer, Christian Egger, Karl Schachner, Josef Präsoll, Klaus Jäger, Katrin Trieb, Manuel Mößelberger, Pia Sonnleitner; Waldhorn: Oliver Vasold, Bernd Seiringer; Bassflügelhorn/Bariton: Walter Kreuzer, Markus Edlinger, Günther Peer, Alexander Sölkner; Trompete: Hans-Peter Hochrainer, Alfred Schachner jun., Helmut Seebacher, Wolfgang Geiger, Michael Pirkmann, Dennis Schubert, Bernhard Lendl; Bass: Karl Edlinger (Obmann), Markus Borchia, Helmut Lexer; Posaune: Florian Edlinger, Eberhard Sölkner, Josef Vasold; Schlagwerk: Martin Vasold, Klaus Plesskot, Helmut Hierzegger, Lena Sonnleitner, Sabine Pöltl.

Musikbezirk Birkfeld

Bezirksfunktionäre: 1. Reihe sitzend von links: DI Peter Nistelberger, EDV-Referent; Franz Hödl, Stabführer; Hubert Bratl, Kapellmeister; Dir. Erhard Mariacher, Obmann; Franziska Lechner, Schriftführerin; MMag. Andreas Ebner, Jugendreferent (bis 2010); Ernst Eichtinger, Kassier; 2. Reihe von links: Gerwin Lueger, Beirat MV Ratten; Andreas Unterberger, Jugendreferent-Stv.; Werner Friedheim, Stabführer-Stv.; Mag. Gerhard Werner, Kpm.-Stv.; Johann Hollensteiner, Obmann-Stv.; Ing. Josef Pusterhofer, Beirat MV St. Kathrein/H.; Karl Kern, Beirat MV Strallegg, Andreas Binder, Beirat MV Gasen; nicht am Foto: Karl Berger, Obmann-Stv.; Birgit Grabenbauer, Jugendreferent (ab 2010); Eva Schweighofer, Jugendreferent-Stv.

Musikverein Anger

Obmann:
FRIEDHEIM Werner

Kapellmeister:
Mag. FRIESENBICHLER Bianca

Jugendreferent:
NEUHOLD Johannes

Stabführer:
FRIEDHEIM Werner

Schriftführer:
GANZER Heinz

EDV-Referent:
GANZER Heinz

Kassier/Finanzreferent:
WILFLING Willibald

Obmann/Stabführer: Werner Friedheim; Kapellmeister: Mag. Bianca Friesenbichler; Musiker: 1. Reihe v. l.: Michaela Pessl, Josef Holzer, Susanne Pernhofer, Verena Ertl, Monika Friedheim, Michaela Flicker, Nicole Schwaighofer, Julia Willingshofer, Bianca Friesenbichler, Claudia Rosenberger, Jasmin Pernhofer, Lena Pechmann, Franziska Gremsl, Reinhold Reitbauer, Daniela Holzer; 2. Reihe v. l.: Melanie Pernhofer, Johann Fetz, Stefanie Pessl, Carina Klaminger, Michael Derler, Mathias Darnhofer, Bernhard Holzer, Josef Darnhofer, Nicole Pirkheim, Patrick Kratzer, Sabine Glöckl, Claudia Friedheim, Katrin Friedheim; 3. Reihe v. l.: Hannes Grabner, Christian Liebmann, Willibald Wilfling, Wolfgang Gremsl, Christian Holzer, Christian Zingl, Ferdinand Köck, Peter Darnhofer, Manfred Wiener, Bernhard Köck, Harald Holzer, Manuel Zingl, Karl Berger, Johannes Darnhofer, Georg Fetz, Robert Holzer, Bernhard Sommer, Stefan Dunst, Arno Dornhofer, Werner Friedheim.

Musikverein Birkfeld

Obmann:
HOLLENSTEINER Johann

Kapellmeister:
MDir. Mag. WERNER Gerhard

Jugendreferent:
DI (FH) REITBAUER Joachim

Jugendreferent:
WEIRER Christina

Stabführer:
HÖDL Franz

Schriftführer:
LECHNER Franziska

EDV-Referent:
RÖTHEL Werner

Kassier/Finanzreferent:
HÖDL Johann

1. Reihe v.l.n.r.: Angelika Putz, Patrizia Hofbauer, Mag. Gerhard Werner, Magdalena Reitbauer, Sonja Gruber; 2. Reihe v.l.n.r.: Christina Gissing, Verena Derler, Melanie Hofbauer, Michaela Reitbauer, Julia Kreimer, Marlena Hofbauer, Tanja Reitbauer, Kati Kiss; 3. Reihe v.l.n.r.: Gottfried Derler, Robert Faust, Marie Sylvestre, Franz Hödl, Franz Gangl, Franz Hauer, Peter Forcher, Stefan Weirer, Thomas Schöngrundner, Nadja Albrecht, Daniel Kliem, Siegfried Kropfhofer, Eveline Hödl, Madelein Hödl, Julia Hödl, Matthias Breitegger; 4. Reihe v.l.n.r.: Johann Hollensteiner, Klaus Maurer, Jürgen Reitbauer, Franziska Lechner, Rupert Maier, Andreas Derler, Christina Albrecht, Sabrina Hödl, Clemens Reitbauer, Barbara Friesenbichler, Christina Weirer, Philipp Töglhöfer; 5. Reihe v.l.n.r.: Karl Reithofer, Karl Gruber, Christian Hollensteiner, Gottfried Lang, Heimo Gaulhofer, Agnes Reithofer, Hermann Fasching, Simone Grabner, Joachim Reitbauer, Timea Herisc, Eva Ebner, Michaela Perhofer, Andreas Pailer, Helmut Unterberger, Johannes Gessl, Eva Schweighofer, Johannes Urstöger, Falakyne Gyöngyver; 6. Reihe v.l.n.r.: Manfred Faist, Thomas Reithofer, Gregor Lang, Hermann Pretterhofer, Thomas Holzer, Johann Perhofer, Johann Gessl, Stefan Hofbauer, Birgit Grabenbauer, Michaela Pailer, Michaela Posch, Martin Hollensteiner, Andreas Ebner, Johann Hödl. 7. Reihe v.l.n.r.: Peter Schellnegger, Stefan Zink, Manfred Saller sen., Manfred Saller, Mario Stübler, Werner Röthel.

Musikverein Fischbach

Obmann:
KANDLBAUER Otmar

Kapellmeister:
Mag. FASCHING Stefan

Jugendreferent:
HIRZBERGER Franz jun.

Stabführer:
ZOTTLER Norbert

Schriftführer:
GESSLBAUER Reinhold Martin

EDV-Referent:
KANDLBAUER Otmar

Kassier/Finanzreferent:
Prof. Mag. Dr. FASCHING Emanuel

Die Namen der Musiker und Funktionäre: Mosbacher Johannes (Sax), Berger Martin (Tenorhorn), Berger Stefan (Euphonium), Hirzberger Thomas (Posaune) Kerschenbauer Katrin (Flöte), Zottler Karin (Flöte), Mosbacher Viktoria (Flöte), Zottler Maria (Flöte), Schneidhofer Patritz (Beirat), Doppelreiter Sabine (Marketenderin), Baumgartner Melanie (Marketenderin), Fasching Emanuel (Trompete und Kassier), Kandlbauer Otmar (Tuba und Obmann), Zottler Norbert (Tenorhorn und Stabführer), Fasching Stefan (Posaune und Kapellmeister), Stadlhofer Erwin (Klarinette und Kapellmeister-Stv.), Pusterhofer Angelika (Flügelhorn), Stadlhofer Petra (Flöte), Krautgartner Tamara (Klarinette), Zottler Angelika (Oboe), Kalcher-Grünbichler Sonja (Klarinette), Sommersguter Verena (Marketenderin), Kandlbauer Sabine (Marketenderin), Brunnhofer Bernhard sen. (Beirat), Sammer Siegfried (Gr. Trommel), Baumgartner Johann (Tschinelle), Übeleis Heinz (Trompete), Hirzberger Franz sen. (Trompete), Pusterhofer Harald (Flügelhorn und Jugendreferent), Gesslbauer Reinhold (Horn und Schriftführer), Übeleis Stefan (Horn), Baumgartner Wolfgang (Flügelhorn und Kapellmeister-Stv.), Froihofer Renate (Horn), Froihofer Alois (Klarinette), Berger Karl-Heinz (Horn), Stadlhofer Werner (Flügelhorn), Berger Karl (Flügelhorn, Instrumentenwart, Ehrenobmann), Pusterhofer Angelika (Klarinette), Gaisrucker Tanja (Flöte), Pusterhofer Günther (Klarinette), Berger-Zink Beate (Piccolo), Eggbauer Johann (Archivar), Froihofer Friedrich (Flügelhorn, Schriftführer-Stv., Medien- und AKM-Referent, Ofenluger Stephan (Tuba), Baumgartner David (Tuba), Gösslbauer Gerald (kl. Trommel), Gesslbauer Katrin (Sax), Brunnhofer Bernhard jun. (komb. Schlagzeug), Berger Gerhard (Pauke), Berger Katrin (Sax), Brunnhofer Sonja (Sax und Obmann-Stv.), Sommersguter Peter (kl. Trommel), Hirzberger Franz jun. (Trompete), Grabenbauer Josef (Euphonium), Kandlbauer Robert (Trompete), Gaugl Martin (Euphonium), Gesslbauer Karoline (Bassklarinette, Kassier-Stv. und Uniformwartin), Fasching Thomas (Tenorhorn), Froihofer Tobias (Posaune), Froihofer Markus (Trompete), Übeleis Michael (Posaune), Gesslbauer Franz (Flügelhorn und Stabführer-Stv.), Berger Robert (Tuba und Obm.-Stv.), Grünbichler Hermann (Flügelhorn), Ofenluger Christian (Posaune).

Musikverein Gasen

Obmann:
BINDER Andreas

Kapellmeister:
Mag. WILLINGSHOFER Maria

Kapellmeister:
ZAHRNHOFER Mario

Jugendreferent:
PICHLER Mathias

Stabführer:
STRASSEGGER Klaus Josef

Schriftführer:
WILLINGSHOFER Hannes

EDV-Referent:
WILLINGSHOFER Hannes

Kassier/Finanzreferent:
WILLINGSHOFER Johann

Vorne (sitzend) v.l.n.r.: Elfriede Willingshofer, Caroline Doppelreiter, Ehrenkapellmeister Peter Kaltenegger, Johann Pöllabauer, Kpm. Mario Zahrnhofer, Kpm. Mag. Maria Willingshofer, Bgm. Labg. Erwin Gruber, Ingrid Pöllabauer; Mitte v.l.n.r.: Alexandra Binder, Karl Troger, Monika Kulmer, Kurt Peßl, Petra Wetzelhütter, Klaus Strassegger, Daniela Reitbauer, Simon Pöllabauer, Sonja Peßl, Gerhard Willingshofer, Beate Straßegger, Fritz Pöllabauer, Viktoria Troger, Mathias Pichler, Julia Arbesleitner, Reinhard Strassegger, Eva Elmleitner, Thomas Strassegger, Florian Peßl, Karoline Schwaiger, Katharina Baumegger, Obmann Andreas Binder; hinten v.l.n.r.: Wolfgang Pöllabauer, Hubert Peßl, Martin Willingshofer, Johann Pöllabauer jun., Engelbert Strassegger, Johann Doppelhofer, Stefan Pöllabauer, Kurt Zahrnhofer, Ernst Peßl, Markus Ochsenhofer, Josef Haubenwallner, Hans Beiler, Gerhard Pöllabauer, Fritz, Hans und Reinhold Willingshofer („Die Stoakogler").

Musikverein Heilbrunn

Obmann:
ALTMANN Hubert

Kapellmeister:
MDir. Mag. BRATL Josef

Jugendreferent:
UNTERBERGER Andreas

Jugendreferent:
BAUERNHOFER Sabrina

Stabführer:
FELBERBAUER Peter sen.

Schriftführer:
TIEFENGRABER Christoph

Kassier/Finanzreferent:
TIEFENGRABER Gottfried

Altmann Hubert, Altmann Mario, Azesberger Klaus, Bauernhofer Bernd, Bauernhofer Julia, Bauernhofer Klaus, Bauernhofer Manfred, Bauernhofer Sabrina, Bauernhofer Viktoria, Bratl Andreas, Bratl Christoph David, Bratl Doris, Bratl Erich, Bratl Erich, MDir. Mag. Bratl Josef, Bratl Martin, Bratl Nina Carmen, Bratl Josef, Felberbauer Peter jun., Felberbauer Peter sen., Flicker Doris, Flicker Herbert, Flicker Marianne, Haberl Franziska, Haidenbauer Sonja, Hofer Gerlinde, Hofer Karl, Höfler Bettina, Höfler Christian, Horvat Ivan, Kreimer Sarah, Mauerhofer Matthias, Mauerhofer Vinzenz, Pichler Andreas, Pretterhofer Josef, Pretterhofer/Pirkwieser Petra, Rinderhofer Cornelia, Rinderhofer Karl, Rinderhofer Karl Philipp, Schirgi Reinhard, Schneider Lisa Maria, Schneider Michael, Schwaiger Birgit, Schwarz Bettina, Schwarz Robert, Stadlhofer Peter, Stadlhofer Peter sen., Stanzer Clemens, Stanzer Hans Peter, Straßegger Hans Peter, Straußberger Manfred, Straußberger Marie Christine, Straußberger Patriza, Straußberger Sebastian, Straussberger Franz, Tiefengraber Christoph, Tiefengraber Gottfried, Tiefengraber Markus, Tiefengraber Martina, Tiefengraber Stefan, Tiefengraber Thomas, Unterberger Andreas, Unterberger Silvia, Unterberger Viktoria, Widihofer Peter, Zink David, Zink Gerald.

Musikverein Koglhof

Obmann:
DERLER Gerhard

Kapellmeister:
B.A. B.A. BERGER Karl

Jugendreferent:
HABERL Wolfgang

Stabführer:
PAIER Manfred

Schriftführer:
KANDLBAUER Sandra

EDV-Referent:
DI (FH) NISTELBERGER Peter

Kassier/Finanzreferent:
SALLEGGER Manfred

1. Reihe (von links nach rechts): Kapellmeister MMag. Andreas Ebner (bis 2010), Elfriede Derler, Florian Sallegger, Jakob Wiener, Viktoria Wiener, Niklas Kratzer, Barbara Häusler, Christine Nistelberger, Gerlinde Stelzer, Obmann Gerhard Derler; 2. Reihe (von links nach rechts): Stabführer Manfred Paier, Patrick Doppelhofer, Martina Schröck, Michaela Haberl, Eduard Schweiger, Katrin Haberl, Julia Maierhofer, Sandra Grabner, Ludwig Königshofer; 3. Reihe (von links nach rechts): Bernd Stoppacher, Siegfried Oswald, Armin Haberl, Carolin Sallegger, Katharina Holzer, Sandra Kandlbauer, Johann Stelzer, Johann Holzer, Herbert Holzer; 4. Reihe (von links nach rechts): Wolfgang Haberl, Hannes Nistelberger, Stefanie Nistelberger, Sabine Derler, Franz Paier, Michael Windhaber, Johannes Kandlbauer, Daniel Windhaber, Peter Sallegger (Tuba); 5. Reihe (von links nach rechts): Robert Stelzer, Karl Sallegger, Stefan Derler, Alexander Stelzer, Günter Grünbichler, Helmut Gissing, Josef Haberl, Manfred Sallegger, Rudolf Grünbichler, Harald Derler.

Musikverein Miesenbach

Obmann:
SORGER Wolfgang

Organisationsreferent:
PAUNGER Erwin

Kapellmeister:
GAULHOFER Karl

Stabführer:
GRIEẞAUER Wolfgang

Schriftführer:
DREBERS Gerhard

EDV-Referent:
HOLZER Manuel

Kassier/Finanzreferent:
GRIEẞAUER Wolfgang

1. Reihe v.li.: Grießauer Carina (Marketenderin), Hirzabauer Jutta, Käfer Erika (Noten- und Trachtenwart), Gaulhofer Karl (Kapellmeister), Goldgruber Verena, Holzer Marina, Geier Kathrin, Maderbacher Marilyn, Tösch Bianca, Gaulhofer Christina, Pötz Alexandra, Doppelhofer Katharina, Drebers Christoph, Schöngrundner Claudia (Marketenderin); 2. Reihe v.li.: Pötz Tina, Narnhofer Franz (Ehrenkapellmeister), Narnhofer Norbert (Kpm.-Stv.), Paunger Erwin (Organisationsreferent), Narnhofer Franz jun., Buchegger Karin (Jugendreferent-Stv.), Mosbacher Isabella, Goldgruber Sebastian, Sorger Markus, Goldgruber Michael, Goldgruber Raphael; 3. Reihe v.li.: Sorger Wolfgang (Obmann), Goldgruber Christian, Arbesleitner Bernhard, Drebers Norbert (Obm.-Stv.), Kerschhofer Christoph (Jugendreferent), Hirzabauer Ernest, Maierhofer Johannes, Holzer Manuel (EDV-Referent), Grießauer Wolfgang (Kassier und Stabführer), Drebers Gerhard (Schriftführer); nicht im Bild: Drebers Maria, Arbesleitner Heribert (Kassier-Stv.) Rozanek Johann, Paunger Fritz, Paunger Tanja, Pöttler Josef, Gaulhofer Carina, Geier Philipp, Goldgruber Sabrina, Hirzabauer Josef.

Bergkapelle Rabenwald

Obmann:
DERLER Gerhard

Kapellmeister:
BRATL Hubert

Jugendreferent:
MAUERHOFER Arnold

Stabführer:
DERLER Gerhard

Schriftführer:
GROLLEG Manfred

Kassier/Finanzreferent:
WINKELBAUER Günther

1. Reihe von links: Bratl Hubert (Kapellmeister), Nistelberger Anja (Querflöte), Reisenhofer Corinna (Querflöte), Haidenbauer Sandra (Querflöte), Auer Maria-Luise (Klarinette), Eiter Iris (Klarinette), Nistelberger Martin (Klarinette), Fischer Franz (Klarinette), Hirzberger Sandra (Klarinette), Abesleitner Katrin (Klarinette), Schrank Theresia (Klarinette), Derler Gerhard (Stabführer); 2. Reihe von links: Schneeberger Franz (Flügelhorn), Wiederhofer David (Flügelhorn), Kalcher Katja (Flügelhorn), Scheer Christian (Flügelhorn), Schönauer Gerald (Waldhorn), Schaffler Patrick (Waldhorn), Kirchner Simone (Saxophon), Schrank Edith (Saxophon), Pichler Andrea (Klarinette); 3. Reihe von links: Hirzberger Siegfried (Tenorhorn), Ebner Hermann (Euphonium), Hirzberger Christoph (Euphonium), Pichler Janik (Euphonium), Derler Christoph (Trompete), Maier Markus (Trompete), Tödling Armin (Trompete), Maier Daniel (Trompete); 4. Reihe von links: Derler Erwin (Tuba), Wiederhofer Lukas (Tuba), Schrank Paul (Tuba), Unterberger Peter (Posaune), Flois Daniel (Posaune), Hirzberger Helmut (Posaune), Derler Wolfgang (Trompete); 5. Reihe von links: Grolleg Manfred (Tuba), Rossegger Karl (Becken), Mauerhofer Arnold (Große Trommel), Derler Dominik (Kleine Trommel), Schwarz Anna (Kleine Trommel), Auer Christian (Kleine Trommel).

Musikverein Ratten

Obmann:
Ing. HORN Markus

Kapellmeister:
HEGER Michael

Jugendreferent:
LUEGER Christian

Stabführer:
HAUSWIRTSHOFER Karl

Schriftführer:
HAUSWIRTSHOFER Anna

Kassier/Finanzreferent:
DOPPELREITER Andrea

1. Reihe v.l.n.r.: Heim Thomas, Höllerbauer Regina, Kratzer Wolfgang, Tösch Herbert, Ochensberger Hermann, Feiner Manuela, Hauswirtshofer Julia, Pusterhofer Jessica, Friesenbichler Johann, Ing. Horn Markus (Obmann), Ziegerhofer Teresa, Hauswirtshofer Karl, Schneidhofer Bettina, Stöberl Marina, Prinz Florian jun., Ditrich David, Prinz Silvia, Prinz Matthias, Feiner Patrick; 2. Reihe v.l.n.r.: Prinz Florian sen., Kerschenbauer Ferdinand, Friesenbichler Gerhard, Tösch Leonhard, Mag. Prinz Werner, Mag. (FH) Bogner Bettina, Doppelreiter Andrea, Prinz Theresia, Kerschenbauer Bianca, Gletthofer Julia, Pusterhofer Tanja, Geßlbauer Michaela, Fast Julia, Steinhofer Christian, Pusterhofer Franz, Königshofer Christian, Doppelreiter Anja; 3. Reihe v.l.n.r.: Steiner Johann, Filzmoser Erich, Hirzberger Walter, Prinz Johann, Prinz Ernst, Hauswirtshofer Lisa, Hauer Gabriela, Doppelreiter Tina, Hauswirtshofer Anna, Geßlbauer Andreas, Geßlbauer Alexander, Gutschelhofer Edith, Pusterhofer Gottfried, Lueger Gerwin, Eichtinger Alexander, Eichtinger Michael, Lueger Christian, Prinz Sabine; 4. Reihe v.l.n.r.: Zisser Johann, Schneidhofer Regina, Feiner Rupert, Tösch Herbert; nicht anwesend: Buchebner Viktoria, Breitegger Denise, Breitegger Natascha, Friesenbichler Gerhard jun., Friesenbichler Josef, Mag.(FH) Leitenbauer Julia, Leitenbauer Martin, Leitenbauer Ingrid, Prinz Hermann, Ziegerhofer Johannes.

Ortsmusik Rettenegg

Obmann:
EICHTINGER Ernst

Kapellmeister:
PRETTERHOFER Hubert

Jugendreferent:
SPREITZHOFER Anita

Stabführer:
GRILL Johannes

Schriftführer:
PRETTERHOFER Johann

Kassier/Finanzreferent:
KARGL Patricia

1. Reihe v.l.n.r.: Barbara Pusterhofer, Karoline Kroisleitner, Sonja Ziegerhofer, Maria Riegler, Roswitha Pötz, Anja Pretterhofer, Kpm. Hubert Pretterhofer, Christin Ziegerhofer-Grill, Stefanie Kroisleitner, Teresa Steiner, Anna Steiner, Verena Ziegerhofer, Nadja Wegerer; 2. Reihe: Kathrin Pretterhofer, Patricia Kargl, Anja Ziegerhofer, Nadine Ziegerhofer, Alexandra Lurger, Barbara Pretterhofer, Hubert Eichtinger, Andreas Doppelreiter, Tanja Friesenbichler, Cornelia Ziegerhofer, Kerstin Prinz, Kristin Pretterhofer, Margit Prinz; 3. Reihe: Birgit Ziegerhofer, Sabine Riegler, Alfred Ziegerhofer, Johannes Grill, Martin Ziegerhofer, Stefan Doppelreiter, Erwin Goldgruber, Herbert Kroisleitner, Martin Pützfeld, Bernhard Pützfeld, Martina Ochensberger; 4. Reihe: Johann Steiner, Erich Nutz, Peter Königshofer, Franz Pusterhofer, Lukas Pretterhofer, Johann Pretterhofer, Johannes Ziegerhofer, Armin Simml, Leopold Ziegerhofer, Kristina Pretterhofer, Anita Spreitzhofer, David Steiner, Barbara Pretterhofer; 5. Reihe: Jakob Pretterhofer, Franz Eichtinger, Siegfried Wegerer, Ernst Eichtinger, Leopold Ziegerhofer, Dieter Königshofer, Gerald Luegger, Karl Wegerer, Martin Eichtinger, Anna Ziegerhofer; nicht am Bild: Karin Luegger, Rupert Pretterhofer, Franz Pretterhofer.

Musikverein Strallegg

Obmann:
Dr. AUER Johann jun.

Kapellmeister:
SCHIRNHOFER Johann

Jugendreferent:
ALBERT Magdalena Felicitas

Stabführer:
HAUER Franz

Schriftführer:
Mag. LEHOFER Johanna

EDV-Referent:
Mag. LEHOFER Johanna

Kassier/Finanzreferent:
ZINK Johannes

1. Reihe v.l.n.r.: Johann Lehofer, Josef Gschiel, Franz Mosbacher (damals Obmann), Franz Hauer (Stabführer, Kpm.-Stv.), Johann Schirnhofer (Kapellmeister)Magdalena Albert (Jugendreferentin), Karl Schneeberger, Walter Buchebner; 2. Reihe v.l.n.r.: Christine Kerschenbauer (Marketenderin), Julia Schirnhofer, Veronika Maierhofer, Bernadette Mosbacher, Helena Schirnhofer, Katherina Auer, Gerald Ebner, Kristina Ambrosch, Katherina Böhm, Cornelia Gschiel, Christine Haubenwaller (Marketenderin); 3. Reihe v.l.n.r.: Stefan Schneeberger, Ursula Wasserbauer, Nicole Kern, Michael Schafferhofer, Manfred Mosbacher, Karl Heinz Kern, Gertrude Spreitzhofer, Johanna Lehofer (Schriftführerin und EDV-Referentin), Kristina Krogger, Ulrich Kaindlbauer, Michael Feiner, Stefan Kaindlbauer; 4. Reihe v.l.n.r.: Margit Gschiel, Josef Schabereiter, Manuel Auer, Helmut Kaindlbauer, Hannes Zink (Kassier), Berthold Heim, Hannes Narnhofer, Josef Narnhofer, Karl Kern, Rudolf Schabereiter; 5. Reihe v.l.n.r.: Willibald Lechner, Josef Mosbacher, Peter Hauer, Paul Töglhofer, Gerald Auer, Fritz Pöttler, Andreas Pöttler, Patrick Mosbacher, Florian Rechberger; nicht auf dem Bild: Obmann (seit 2009) Prim. Dr. Johann Auer.

Musikverein St. Kathrein am Hauenstein

Obmann:
Ing. PUSTERHOFER Josef

Kapellmeister:
PUSTERHOFER Andreas

Jugendreferent:
SCHABERREITER Martina

Stabführer:
MEIERHOFER Franz

Schriftführer:
WEGHOFER Anita

EDV-Referent:
Ing. LECHNER Harald

Kassier/Finanzreferent:
KNÖBELREITER Johann

1. Reihe von links: Schiester Doris (Marketenderin), Weissenbacher Melanie (Klarinette), Bauernhofer Barbara (Querflöte), Schaberreiter Martina (Klarinette/Sax), Ing. Pusterhofer Josef (Posaune), Meierhofer Franz (Flügelhorn), Pusterhofer Andreas (Flügelhorn), Ing. Lechner Harald (Es-Klarinette/Sax), Baumgartner Markus (Klarinette), Schiester Helfried (Klarinette), Königshofer Verena (Marketenderin); 2. Reihe von links: Schafferhofer Sarah (Schlagzeug), Schweighofer Gregor (Schlagzeug), Grill Christina (Klarinette), Meierhofer Jeanette (Querflöte), Glaser Andrea (Querflöte), Hafner Clarissa (Querflöte), Schweighofer Christian (Flügelhorn), Baumgartner Roland (Flügelhorn), Baumgartner Herbert (Flügelhorn), Beuernhofer Monika (Flügelhorn), Rathofer Stefan (Bmstr., Trompete), Lehofer Barbara (Trompete), Mock Christoph (Trompete), Weghofer Anita (Klarinette); 3. Reihe von links: Meierhofer Alexander (Bass), Knöbelreiter Johann (Bassflügelhorn), Knöbelreiter Gerald (Bariton), Hofer Werner (Schlagzeug), Wurm Stefan (Schlagzeug), Knöbelreiter Klaus (Posaune), Schaberreiter Marie-Theres (F-Horn), Pusterhofer Daniel (F-Horn), Breitegger Peter (Bass), Rigler Robert (Bass); nicht auf dem Foto: Bauernhofer Josef (Bariton), Königshofer Hannes (Schlagzeug), Pusterhofer Elfriede (Querflöte), Spandl Gabriela (Klarinette/Sax), Spandl Christine (Querflöte), Tösch Bernhard (Flügelhorn), Mag. Tösch Franz (Flügelhorn), Zottler Peter (F-Horn).

Musikbezirk Bruck a. d. Mur

1. Reihe von rechts: Finanzreferent Friedrich Gamper, Schriftführerin Tanja Pamsl, Ehrenobmann Johann Haindl, Stabführerstv. Sabine Masser, Kapellmeisterstv. Mag. Rainer Schabereiter; 2. Reihe von rechts: EDV-Referent und Stabführer Ing. Thomas Lenger, Obmannstv. Nadja Gass, Finanzreferentstv. Jazinta Kalteis, Obmann Ing. Christian Schwab, Beirat Mag. Johann Kügerl, Ehrenobmann Karl Schnabl, Jugendreferent Hans-Peter Raffer, Kapellmeisterin Mag. Gerlinde Karner.

Musikverein Aflenz-Kurort

Obmann:
MUSSBACHER Alexandra

Obmann (2.):
Dipl.-Ing. REISS Erwin

Kapellmeister:
MMag. BRUNNER Thomas

Jugendreferent:
SCHAFFENBERGER Alexandra

Stabführer:
ROM Gernot

Schriftführer:
RAPPOLD Johann

EDV-Referent:
FERK Simone

Kassier/Finanzreferent:
KOTZEGGER August

Bassklarinette: Ing. Hubert Kren, Klarinette: Martina Schaffenberger, Stefanie Decorso, Alexandra Schaffenberger, Obman: Johann Rappold, Kapellmeister: MMag. Thoma Brunner, Querflöte: Anna Maria Achatz, Alexandra Mussbacher, Katharina Kammerhofer, Simone Ferk, Stabführer: Gernot Rom, Trompete: Georg Pachner, Klarinette: Sabine Fürhapter, Magdalena Moser, Querflöte: Magdalena Lorenz, Klarinette: Katrin Rechberger, Flügelhorn: Bernhard Rappold, Rudolf Fürstner, Fritz Fürstner, Eva Seitinger-Moser, Gernot Rom jun., Saxophon: Sofie Graf, Trompete: Andreas Rom, August Kotzegger, Werner Springer, Oliver Springer, Tenorhorn: Thomas Rappold, Rudolf Fink, Norbert Gaugl, Posaune: Ing. Thomas Lenger, Leander Reiss, Horn Eduard Simitz, Gerhard Nachtmann, Klarinette: Bernhard Fürstner, Norbert Fürstner, Tenorhorn: Bernhard Längauer, Tuba: Peter Wallner, Walter Fellner, Gerald Stadlhofer, Heinz Sattler, Schlagzeug: Andreas Fellner, Rudolf Zangl jun., Otto Trafella. Musiker, die nicht am Foto sind: Klarinette: Kerstin Kothleitner, Querflöte: Claudia Kloucek. Jungmusiker, die schon aktiv mitspielen, aber nicht am Foto sind: Schlagzeug: Markus Lorenz, Sebastian Ferk, Querflöte: Cornelia Repolusk, Posaune: Gregor Rom, Tenorhorn: Johann Pengg.

Musikverein Aschbach

Obmann:
TSCHACKERT Karin

Kapellmeister:
GOLDGRUBER Josef

Jugendreferent:
PETRITSCH Jörg

Stabführer:
GANSTER Helmut

Schriftführer:
GANSTER Eveline

EDV-Referent:
PETRITSCH Jörg

Kassier/Finanzreferent:
GRÜNSCHACHNER Gerhard

Egger Franz (Eintritt 1980), Filzwieser Jana (2004), Ganster Eveline (1995), Ganster Helmut (1984), Gassner Fritz (1959), Goldgruber Andreas (1974), Goldgruber Bernhard (1991), Goldgruber Josef (1974), Greifensteiner Dieter (2003), Grünschachner Gerhard (1986), Höhn Michaela (2007), Holzer Kathrin (1995), Kompöck Arthur (1950), Lechner Johann (1971), Leodolter Grete (1992), Mayer Arnold (2007), Mayer Brigitte (2002), Petritsch Jörg (2000), Plachel Sandra (2002), Prenner Florian (2005), Prenner Peter (2009), Reiterer Christian (1985), Schober Bernhard (2001), Seebacher Karl (1949), Sommerauer Leopold (2008), Steiner Christian (1948), Stolz Christian (1994), Täubenbacher Franz (1955), Teibenbacher Andreas (1980), Teibenbacher Werner jun. (1978), Teibenbacher Werner sen. (1949), Tschackert Karin (1993).

Musikverein Breitenau – Knappenkapelle

Obmann:
GRAF Gerhard

Kapellmeister:
GRAF Wolfgang

Jugendreferent:
POLYMERIDIS Waia

Stabführer:
PICHLER Alexander

Schriftführer:
PICHLER Martina

EDV-Referent:
PREZLER Hannes Jörg

Kassier/Finanzreferent:
BODLOS Martin

Graf Wolfgang (Kapellmeister), Grabmaier Ernst (Flöte 1), Mühlbacher Tanja (Flöte 1, Piccolo), Gutmann Romana (Flöte 1), Haidenhofer Romana (Flöte 1, Piccolo), Mandl Carina (Flöte 1), Leitner Elisa (Flöte 2, Tenorsax. 2B), Pösendorfer Kathrin (Flöte 1), Gosch Anja (Flöte 1), Bojar Romana (Flöte 2), Pichler Alina (Flöte 2), Thonhofer Anja (Flöte 2), Kainz Michael (Klarinette Es, Altsax. 1 Es), Graf Bernhard (Klarinette 1B, Baritonsax), Baumgartner Alfred (Klarinette 1B, Tenorsax 2B), Grassegger Tanja (Klarinette 1B, Oboe), Solodzuk Julia (Klarinette 1B, Oboe), Bärnthaler Lisa Marie (Klarinette 1B), Leitner Tamara (Klarinette 1B), Zink Michaela (Klarinette 2B, Bassklarinette), Pichler Martina (Klarinette 2B, Altsax. 2Es), Polymeridis Waia (Klarinette 2B, Tenorsax. 1B), Ebner Vanessa (Klarinette 2B, Bassklarinette), Steinler Hubert (Klarinette 2B), Doppelhofer Julia (Klarinette 2B), Baierl Miriam (Klarinette 2B), Klösch Viktoria (Klarinette 3B), Doppelhofer Lisa (Klarinette 3B), Schinnerl Asmara (Klarinette 3B), Paar Julia (Klarinette 3B), Strassegger Lisa (Klarinette 3B), Graf Günther (Fagott, Posaune 1), Schinnerl Marco (Fagott, Klarinette 3B), Gutmann Andreas (Flügelhorn 1), Hofbauer Siegfried (Flügelhorn 1), Prezler Johann (Flügelhorn 1), Prezler Susanne (Flügelhorn 2), Hey Louisa (Flügelhorn 2), Solodzuk Fritz (Tenor 1), Pichler Ewald (Tenor 1), Ebner Florian (Tenor 1), Pichler Heimo (Tenor 1, Bariton), Ebner Laurenz (Bariton), Pölzl Franz (Trompete 1), Bodlos Ilse (Trompete 1), Bodlos Martin (Trompete 1), Wiltschnigg Hermann (Trompete 2), Hagenauer Klaus (Trompete 2), Wagner Fritz (Trompete 3), Dr. Wagner Günter (Trompete 3), Höfler Eduard (Horn 1), Harrer Helmut (Horn 1), Graf Michaela (Horn 2), Harrer Adolf (Horn 3), Teuschl Martin (Posaune 1), Kainz Stefan (Posaune 2), 57 Pichler Alexander (Posaune 3, Bassposaune), Kanzian Gerald (Tuba 2), Graf Gerhard (Tuba 2), Guster Michael (Schlagzeug), Prezler Hannes (Schlagzeug, Pauke), Strassegger Michael (Schlagzeug), Höfler Stefan (Schlagzeug), Wiedenhofer Josef (Schlagzeug).

Blasorchester Stadt Bruck an der Mur

Präsident:
Bgm. ROSENBERGER Bernhard

Obmann: GRAF Stefan

Geschäftsführender Obmann:
BAIERL Michael

Kapellmeister:
Prof. Mag. TRAFELLA Johann

Jugendreferent: PÖLZL Michael

Stabführer: BAIERL Michael

Schriftführer:
Mag. KARNER Gerlinde

EDV-Referent:
Mag. KARNER Gerlinde

Kassier/Finanzreferent:
ALDRIAN Peter

Aktive Musiker/Mitglieder, 1. Reihe v.l.n.r.: Mühlbacher Anna (Marketenderin), Mauthner Erwin (Bassklarinette, 1. Obm.-Stv.), Nistelberger Eva (Tenor-Saxophon, Geschf. Obm.Stv.), Baierl Michael (Horn, Geschf.Obmann, Stabführer), Graf Stefan (Schlagzeug, Obmann), Bürgermeister Rosenberger Bernd (Präsident), Prof. Mag. Trafella Johann (Kapellmeister), Mag. Trafella Bernhard (Oboe, Kpm.-Stv.), Trafella Otto (Schlagzeug, Beirat), Baierl-Melmer Imelda (Marketenderin); 2. Reihe v.l.n.r.: Heitzer Robert (B-Klarinette, Beirat), Temmel Caroline (Es-Klarinette), Knabl Beate (B-Klarinette), Mühlbacher Sebastian (Fagott), Marcher Viktoria (Flöte), Marcher Julia (B-Klarinette), Stocker Oliver (B-Klarinette), Schweigebauer Jasmin (Alt-Saxophon), Knabl Helene (Alt-Saxophon), Maier Lukas (B-Klarinette), Köppel Juliane (Alt-Saxophon), Ing. Lenger Thomas (Posaune, Stabführer-Stv.); 3. Reihe v.l.n.r.: MDir. Mag. Kügerl Johann (Horn, Beirat), Mag. Karner Gerlinde (B-Klarinette, Schriftführerin, EDV-Referentin), Pein Maria (Fagott), Spannring Candida (Flöte, Jugendreferentin-Stv.), Theiler Sarah (B-Klarinette), Gesselbauer Julia (Piccolo), Klein Hubert (Flügelhorn), Kaufmann Rudolf (Flöte, Beirat), Stadlhofer Anton (Flügelhorn), Skrivanek Peter (Posaune); 4. Reihe v.l.n.r.: Mag. Gruber Ludwig (Flügelhorn), Diem Jürgen (Bariton), Mühlbacher Roland (Flügelhorn, Bekleidungswart), Felber Joseph (Trompete), Dipl.-Ing. Nohturfft Nils (Trompete, EDV-Referent-Stv.), Hollik Christian (Schlagzeug), Aldrian Peter (Schlagzeug, Finanzreferent), Pölzl Johannes (Alt-Saxophon), Hafellner Paul (Trompete). Nicht auf dem Bild: Stadtrat Ing. Grill Gerhard (2. Obm.-Stv.), Dr. Feier Bernadette, Stocker Irina (Flöte), Dipl.-Ing. Adlmann Roland (B-Klarinette), Hollerer Gerald (B-Klarinette), Kugler Andreas (B-Klarinette, Schriftführer-Stv.), Lammer Michael (B-Klarinette, Finanzreferent-Stv.), Dipl.-Ing. Lietz Peter (B-Klarinette), Mandl Manuela (B-Klarinette), Hadler Anna (Oboe), Hollerer Ina (Alt-Saxophon), Pichler Patrick (Alt-Saxophon), Pölzl Michael (Tenor-Saxophon, Jugendreferent), Fürpaß René (Trompete), Gegenhuber Christoph (Horn), Nistelberger Sascha (Horn), Ruhs Christina (Horn), Mandl Peter (Tenorhorn), Nistelberger Gerd (Tenorhorn, Notenwart), Dkfm. Lanz Hubert (Tuba), Wallner Peter (Tuba), Neugebauer Uwe (Schlagzeug), BRV Schoberer Franz (Beirat).

Eisenbahner-Musikverein Bruck/Mur

Obmann:
SEITINGER Hans-Peter

Kapellmeister:
SEITINGER Hans-Peter

Jugendreferent:
FÖRSTNER Jakob

Stabführer:
PRUTSCH Manuel

Schriftführer:
FELIX Elisabeth

EDV-Referent:
PFOSER Jürgen

Kassier/Finanzreferent:
Mag. Dr. KAPELLER-FLEKL Waltraud

1. Reihe vorne (v.l.n.r.): Mag. Dr. Waltraud Kapeller-Flekl (Finanzreferentin, Marketenderin), Franz Brunader (Kontrolle), Bernhard Lackner (Schriftführer-Stv.), Walter Stanzl (Schriftführer), Hans-Peter Seitinger (Obmann und Kapellmeister), Reg.-Rat. Kurt Schmidhofer (Ehrenobmann), Johann Feier (Beirat), Johann Rüstl (Flügelhorn), Christine Seitinger (Marketenderin); 2. Reihe (v.l.n.r.): Beatrice Frühwirth (Flöte), Nadja Wolfsteiner (Flöte), David Metzler (Tenorhorn und Posaune), Jürgen Pfoser (EDV-Referent, Klarinette und Saxophon), Friedrich Gamper (Bezirks-Finanzreferent, Beirat, Horn), Ing. Michael Felix (Tuba), Joannes Meier (Flügelhorn), Jakob Förstner (Obmann-Stv. und Jugendreferent, Trompete), Ing. Thomas Gmeinbauer (Schlagzeug), Burger Walter (Schlagzeug), Thomas Pierer (Kapellmeister-Stv., Klarinette und Saxophon); 3. Reihe (v.l.n.r.): Philip Ehrenhöfer (Posaune), Lukas Knollmüller (Euphonium und Tuba), Bianca Klopfleisch (Fagott), Lena Felix (Trompete), Verena Rischka (Flöte), Manuel Prutsch (Stabführer, Saxophon), Iris Kapeller (Flügelhorn), Elisabeth Felix (Saxophon), Maria Rischka (Horn), Elfriede Pierer (Saxophon), Sebastian Ehrenhöfer (Schlagzeug).

Werksmusik Norske Skog Bruck

Obmann:
STELZER Andrea

Kapellmeister:
SCHWEIGER Alfred

Jugendreferent:
Mag. (FH) PLONER Petra

Stabführer:
SCHWEIGER Alfred

Schriftführer:
Mag. (FH) PLONER Petra

Kassier/Finanzreferent:
Mag. (FH) PLONER Petra

Kapellmeister: Alfred R. Schweiger; Obfrau: Andrea Stelzer; Mag. (FH) Petra Ploner, Sandra Kreidl, Smeritschnig Ulrike, Smeritschnig Sara, Andreas Ramsenthaler, Heribert Löcker, Manfred Geringer, Matthias Dorn, Pia Sauer, Sabrina Geringer, Thomas Schirnhofer, Friedrich Gamper, Markus Auer, Sebastian Lenger, Benjamin Lenger, Daniela Dorn, Karl Rabelhofer, Gruber Karl, Melanie Wolfgruber, Marlen Lang, Hannes Meier, Anton Gasz, Claudia Schirnhofer, Siegmund Zettler, Johann Liebminger, Leo Schirnhofer, Udo Zadra, Georg Schweiger, Daniel Frühwirt.

Musikverein Etmißl

Geschäftsführender Obmann:
MARCHER Reinhard

Kapellmeister:
WIDER Josef

Jugendreferent:
PAMSL Tanja

Stabführer:
WÖLS Helmut

Schriftführer:
ANDRITZ Carmen

EDV-Referent:
KARACSONY Manuela

Kassier/Finanzreferent:
MÜHLHAUSER Martin

1. Reihe: v.l.n.r.: Helga Jobstmann, Martina Weissenbacher, Anna Fladl, Sabrina Perl, Stefanie Franz, Pierer Claudia, Marlene Andritz, Martin Mühlhauser, Reinhard Marcher, Thomas Wider; 2. Reihe: v.l.n.r.: Josef Wider, Franz Govedic, Eva Jobstmann, Helmut Wöls, Mario Angerer, Bernhard Marcher, Christian Angerer, Raimund Buchhas, Tanja Pamsl, Gabriel Ganzer, Reinhard Schmerda; 3. Reihe: v.l.n.r.: Wolfgang Kolar, Christoph Wider, Richard Perl, Dominik Kolar, Dominik Perl, Cornelia Weissenbacher, Katrin Angerer, Carmen Andritz, Harald Angerer, Rainer Bischof, Verena Wöls, Raimund Hofer, Franz Wöls; nicht am Foto: Marion Edlinger, Viktoria Wöls, Julia Kolar, Michael Wöls, Maximilian Hochreiter, Manuela Karacsony, Teresa Kolar, Sara Fladl, Lisa Mühlhauser.

Musikverein Graßnitz

Obmann:
KORNDON Herbert

Kapellmeister:
Mag. DICKER Karl-Heinz

Jugendreferent:
SCHWEIGHOFER Eva

Stabführer:
SCHMIED Christoph

Schriftführer:
LEODOLTER Christina

EDV-Referent:
Mag.ª LEODOLTER Carmen

Kassier/Finanzreferent:
HOLLERER Manuela

1. Reihe kniend von links nach rechts: Carina Hollerer, Philipp Schaffenberger, Michael Korndon, Luciano Tatschl, Matthias Karner, Patrick Lackner, Robin Hollerer, Marlies Schmied; 2. Reihe von links nach rechts: Christoph Schmied, Mag. Karl-Heinz Dicker, Elisabeth Zöchling, Christine Tschuschnigg, Eva Schweighofer, Stefanie Hollerer, Petra Knöbelreiter, Marlies Dicker-Schweighofer, Daniela Lenger, Doris Treitler, Julia Weninger, Romana Ledam, Sabrina Fladischer, Dipl.-Ing. Johann Fladischer, Herbert Korndon; 3. Reihe von links nach rechts: Andreas Magerböck, Hans-Peter Hollerer, Dipl.-Ing. Franz Sommerauer, Johann Diepold, Josef Knöbelreiter, Karl Dicker, Tanja Albrecher, Mag.ª Carmen Leodolter, Stefanie Fladischer, Christina Leodolter, Manuela Hollerer, Manfred Hollerer, Bernd Korndon, Josef Fürstner, Bernhard Hollerer, Siegfried Kindelsberger, Anton Traumüller, Hans-Peter Ploderer.

Musikverein Gusswerk

Obmann:
KALTEIS Manfred

Kapellmeister:
KOMPÖCK Mario

Jugendreferent:
HOLLERER Katharina

Schriftführer:
KALTEIS Jacinta

EDV-Referent:
KALTEIS Jacinta

Kassier/Finanzreferent:
KOMPÖCK Ernst

Kapellmeister: Mario Kompöck; Piccolo: Jacinta Kalteis; Flöte: Karin Galler, Christine Demmerer, Antonia Wallmann, Elisabeth Hollerer, Es-Klarinette: Anton Wurzenberger; B-Klarinette: Andrea Teubenbacher, Katharina Hollerer, Karoline Kompöck, Anna-Maria Demmerer; Flügelhorn: Jennifer Strebinger, Helmut Wutzel, Ernst Kompöck, Carola Ploderer, Josef Ploderer; Trompete: Thomas Rachholz, Reinhard Hollerer, Thomas Hollerer; Tenorhorn: Michael Ulrich, Alfred Grünschachner, Bariton: Manfred Kalteis; Horn: Josef Kaufmann, Josef Strohmeier; Posaune: Heimo Kalteis; Tuba: Mag. Hannes Haider, Martin Demmerer, Isabella Hollerer, Josef Seisenbacher; Schlagzeug: Stefan Kompöck, Karl Minar, David Ofner; Marketenderin: Nina Krejcza, Sandra Krautgartner.

Stadtkapelle Kapfenberg

Präsident:
Mag. SCHWARZ Brigitte

Ehrenpräsident:
ALEXA Roland

Obmann: GASS Nadja

Obmann (2.): KURZ Stefanie

Kapellmeister:
GASS Siegfried

Jugendreferent:
NIEMCZYK Sandra

Stabführer:
DETSCHMANN Karl

Schriftführer:
WALCH Carmen

EDV-Referent: KURZ Stefanie

Kassier/Finanzreferent:
KANZIAN Irmgard

Aktive Musiker: Flöten/Piccolo: Cukic Anna, Finster Herta, Hoffmann Judith, Kalteis Jacinta, Kurz Stefanie, Petritsch Eva-Maria; Oboe: Smeritschnik Ulrike; Klarinette: Brandtner Christina, Hoffmann Birgit, Buchebner Nina, Nistelberger Astrid, Windisch Andrea, Fetaj Elvisa; B-Kl.: Gass Nadja; Sax: Fellner Sebastian, Kurz Johanna, Niemczyk Sandra, Stellenberger Peter, Wagner Harald, Harrer Arabella; Flügelhorn: Kische Aris, Kische Nikolaje, Pusterhofer Rudolf, Richter Jutta, Schaffer Franz; Trompete: Gass Michael, Gass Siegfried, Huber Melanie, Steibl Stefan, Walch Carmen, Pucher Patrick; Tenorhorn/Bariton: Eppich Hermann, Moser Adolf, Stadlhofer Christian; Posaune: Hildenbrandt Adam, Huber Wolfgang, Kapfer Josef, Kapfer Peter, König Patrick, Schemmel Manuel; Horn: Gamper Fritz, Kaszta Aron; Bass: Möslinger Willi, Pichler Andreas, Popetschnigg Philipp, Thurner Gottfried; Schlagwerk: Harrer Enzo, Malatschnig Alin, Markus Tempfer, Michael Prein, Sarah Smeritschnik, Windisch Markus; Oboe: Smeritschnik Ulrike; Klarientte: Brandtner Christina, Hoffmann Birgit, Buchebner Nina, Nistelberger Astrid, Windisch Andrea, Fetaj Elvisa; B-Kl.: Gass Nadja; Sax: Fellner Sebastian, Kurz Johanna, Niemczyk Sandra, Stellenberger Peter, Wagner Harald, Harrer Arabella; Flügelhorn: Kische Aris, Kische Nikolaje, Pusterhofer Rudolf, Richter Jutta, Schaffer Franz; Trompete: Gass Michael, Gass Siegfried, Huber Melanie, Steibl Stefan, Walch Carmen, Pucher Patrick; Tenorhorn/Bariton: Eppich Hermann, Moser Adolf, Stadlhofer Christian; Posaune: Hildenbrandt Adam, Huber Wolfgang, Kapfer Josef, Kapfer Peter, König Patrick, Schemmel Manuel; Horn: Gamper Fritz, Kaszta Aron; Bass: Möslinger Willi, Pichler Andreas, Popetschnigg Philipp, Thurner Gottfried; Schlagwerk: Harrer Enzo, Malatschnig Alin, Markus Tempfer, Michael Prein, Sarah Smeritschnik, Windisch Markus 2003. (Foto Storm)

Werkskapelle Böhler Kapfenberg

Obmann (2.):
SCHWAIGER Astrid

Geschäftsführender Obmann:
KOLLER MAßER Petra

Kapellmeister:
Mag. SCHABEREITER Rainer

Jugendreferent:
SCHWAIGER Astrid

Stabführer:
MAßER Sabine

Schriftführer:
STOPPACHER Martina

EDV-Referent:
STOPPACHER Martina

Kassier/Finanzreferent:
STOPPACHER Christoph

1. Reihe von links: Manfred Strasser, Heinz Kirchmair, Johann Auer, Werner Koller(†), Sabine Maßer, Norbert Feitek, Albin Skorianz, Heinrich Pacher, Markus Lechner; 2. Reihe von links: Günter Rinner, Sylvia Graf, Anita Osoinig, Rita Lehofer, Martina Stoppacher, Astrid Schwaiger, Pamela Maßer, Alfred Kreinz; 3. Reihe von links: Christina Leodolter, Franz Fleck, Wolfgang Hochsteiner, Christoph Stoppacher, Willi Muster, Michael Theisl, Petra Koller-Maßer; letzte Reihe von links: Tanja Feitek, Stefan Handler, Stephan Schwaiger, Horst Zuendel, Carmen Leodolter, Arno Grasberger, Wolfgang Assigal. Nicht am Foto: Rainer Schabereiter, Hans-Peter Lehofer, Nicole Edlinger, Claudia Pfanner, Manfred Assigal, Dominik Lenger, Martin Teuschl, Eduard Koppensteiner, Alfred Feitek, Andreas Graf, Hubert Reiter, Patrik Kamper, Manfred Gangl, Kamenschegg Jörg. Derzeitiger Musiker/Innen-Stand: 49 Musiker, davon 13 Damen und 36 Herren.

Stadtkapelle Mariazell

Obmann:
PAPST Patrik

Kapellmeister:
SCHWEIGER Helmut

Jugendreferent:
AUER Sebastian

Stabführer:
FLUCH Christian

Schriftführer:
PAPST Karin

Kassier/Finanzreferent:
SCHMIDBERGER Sandra

Obmann: Papst Patrik, Kapellmeister: Schweiger Helmut. Abl Anna, Auer Sebastian, Bernold Simone, Billensteiner Michael, Ebner Harald, Ebner Jürgen, Fleischmann Claudia, Fluch Christian, Fluch Susanne, Galler Herbert, Galler Karin, Ganser Bernhard, Grießl Martha, Haas Christoph, Haas Harald, Haider Hannes, Höhn Andreas, Hollerer Elisabeth, Hollerer Katharina, Kaml Peter, Kompöck Mario, Kompöck Stefan, Leodolter Alfred, Lindner Andreas, Maderthoner Viktoria, Müllner Franz, Ofner David, Papst Karin, Papst Patrik, Potzgruber Daniela, Prammer Christian, Prammer Claudia, Rabl Jürgen, Scheitz Ludwig, Scherer Regina, Scherer Toni, Schmidberger Sandra, Schneck Julia, Schneck Paul, Schöggl Helmut, Schöggl Katja, Schrittwieser Eva, Schweiger Andreas, Schweiger Helmut, Schweiger Ulrike, Strohmeier Georg, Teubenbacher Thomas, Weissenbacher Silke, Weser Daniel, Wutzl Helmut, Zimmerl Karl, Zimmerl Stefan.

Trachtenkapelle Oberaich

Obmann:
LANG Marlen

Kapellmeister:
WALCHHÜTTER Ernst

Jugendreferent:
HAMMER Thomas

Stabführer:
BAIERL Michael

Schriftführer:
STEINKELLNER Sabine

EDV-Referent:
KRANAWETTER Thomas

Kassier/Finanzreferent:
STELZER Thomas

Baierl Michael, Baierl Imelda, Baumegger Johann, Fasser Peter, Grieser Manfred, Grieser Verena, Gröbming August, Hammer Thomas, Holzer Anton, Holzer Eva, Hönekl Katrin, Hörmann Johanna, Irzl Christopher, Irzl Juliane, Kaiser Christopher, Kaiser Cornelia, Kaiser Franz, Klemm Harald, Kranawetter Thomas, Kriebernegg Rupert sen., Kriebernegg Rupert jun., Lang Marlen (Obmann), Lechner Julius, Lechner Manuel, Lechner Tanja, Macku Eva-Maria, Maier Walter, Pachner Josef, Panhölzl Julia, Paszicsnyek Alexander, Perl Kristina, Pfeilstöcker Michael, Pfeilstöcker Susanne, Pretzler Daniel, Rabensteiner Franz, Rabensteiner Ulrike, Santler Katrin, Schmidhofer Anja, Schmidhofer Anton, Schmidhofer Katja, Schönfelder Andrea, Snopek Andrea, Steinkellner Rudolf, Steinkellner Sabine (Schriftführer), Stelzer Christoph, Stelzer Friedrich, Stelzer Lukas, Stelzer Manuel, Stelzer Michael, Stelzer Thomas (Kassier), Tischler Andreas, Unterberger Nina, Valenta Doris, Valenta Elisabeth, Valenta Roland, Valenta Ursula, Walchhütter Ernst (KPM), Walchhütter Julia, Walchhütter Susanne, Weghofer Alois.

Bergkapelle Oberdorf a.d. Laming

Präsident:
Ing. WACHTER Peter

Obmann: LÖCKER Heribert

Kapellmeister:
Dr. GLANZ Christian

Jugendreferent:
PIONTEK Markus

Stabführer:
PRETTENHOFER Erich

Schriftführer:
Dipl.-Ing. GEIER Georg

Schriftführer:
ZERNER Carmen

EDV-Referent:
ILLMAIER Roswitha

Kassier/Finanzreferent:
Ing. MODERER Rene

Flgh.: Geher Birgit, Horn: Berger Kurt, Tromp.: Dörflinger Karl, Drum: Dörflinger Kurt, Klar.: Dörflinger Peter, Tromp.: Dörflinger Tina, Drum: Enzinger Flo, Pos.: Geier Georg, Diri.: Glanz Chr., Pos.: Grünzweig Hans, Tuba: Haring Markus, Klar.: Hindler Bianca, Tuba: Hindler Gerhard, Klar.: Illmaier Rosi, Tenor: Krammer Heli, Flgh.: Kurz Irene, Klar.: Lang Christian, Pos.: Lenes Flo, Klar.: Löcker Heri, Flöte: Löcker Matzi, Klar.: Löcker Michi, Flgh.: Lukas Hans, Tromp.: Moderer Rene, Tenor: Pateck Andy, Sax: Piontek Markus, Stabf.: Prettenhofer Erich, Sax: Puntigam Chr., Horn: Puntigam J., Drum: Putzi Helmut, Tenor: Repnegg Gerold, Sax: Rinnerhofer Babs, Tenor: Rinnerhofer Karl, Drum: Rinnerhofer Werner, Klar.: Schönbauer Martin, Klar.: Schwaiger Berndl, Horn: Spanring Walter, Flgh.: Zerner Carmen.

Musikverein Parschlug

Obmann:
MADERTONER Johann

Obmann:
(2.) REITER Walter

Kapellmeister:
KIENLEITNER Siegfried

Jugendreferent:
MADERTONER Katrin

Stabführer:
PICHLBAUER Christa

Schriftführer:
ROSSIK Gabriela

EDV-Referent:
FRANKL Johann

Kassier/Finanzreferent:
LANG sen. Karl

Musikerliste: Derler Andreas, Madertoner Katrin, Fladischer Otto, Maierhofer Julia, Flicker Christoph, Peroutka Jörg, Flicker Philipp, Peroutka Jochen, Frankl Johann, Pichlbauer Christa, Graßauer Franz, Pichler Hubert, Graßauer Gerhard, Pichler Elisabeth, Harrer Katrin, Rauchegger Franz sen., Kienleitner Manfred, Rauchegger Franz jun., Kienleitner Alexander, Reiter Walter, Kienleitner Andreas, Rußmann Hannes, Kienleitner Siegfried, Schneidhofer Robert, Kienleitner Marco, Schuster Andrea, Knoll Gerhard, Sommerauer Johann, Kohlhofer Walter, Sommerauer Bernhard, Kohlhofer Karina, Sterlinger Kurt, Krautinger Rudolf, Treitler Martin, Lang Markus, Treitler Robert, Lang Thomas, Wintschnig Helmut, Lang Karl, Zuser Richard, Madertoner Martina, Madertoner Johann.

Musikverein Pernegg

Obmann:
Ing. THEUßL Adolf

Kapellmeister:
Ing. RAFFER Günther

Jugendreferent:
Ing. RAFFER Günther

Stabführer:
Dipl.-Ing. HALDA Martin

Schriftführer:
WENK Oliver

EDV-Referent:
SARKLETI Florian

Kassier/Finanzreferent:
Mag. RAFFER Ulrike

1. Reihe (v.l.n.r.): Wenk Oliver (Klarinette 1B), Huterer Andreas (Klarinette Es), Wenk Dominic (Klarinette 2B), Pretterhofer Elisabeth (Alt Saxophon), Wagner Franziska (Klarinette 2B), Pfanner Claudia (Bassklarinette), Theussl Adolf jun. (Flügelhorn 1B, Kapellmeister), Knoll Manuela (Piccolo), Strassegger Ute (Querflöte 1C, Obmann), Raffer Ulrike (Querflöte 2C), Pichler Andrea (Querflöte 2C), Plienegger Theresa (Querflöte 2C); 2. Reihe: Wenk Franz (Klarinette 3B), Fritz Bernd (Klarinette 2B), Sarkleti Florian (Klarinette 1B), Theussl Adolf sen. (Flügelhorn 2B), Düregger Alfred (Flügelhorn 2B), Scherer Martin (Flügelhorn 1B), Heinrich Paul-Dominik (Trompete 2B), Krautinger Josef (Flügelhorn 1B), Raffer Günther (Flügelhorn 1B), Stockner Heinz (Trompete 1B), Moser Gerald (Trompete 1B), Mayer Katharina (Querflöte 1C); 3. Reihe: Strassegger Karl-Ernst Tuba B), Köck Friedrich (Tuba B), Augustin Erwin (Tuba F), Wagner Johann (Tuba F), Thonhofer Josef (Bariton C), Gaugl Gerhard (Tenorhorn B), Wrenko-Ulm Bianca (Tenor-Saxophon), Grasberger Bianca (Bariton-Saxophon), Halda Martin (Horn 1F); 4. Reihe: Lechner Markus (Schlagzeug), Breitegger Alexander (Schlagzeug), Plienegger Anna (Schlagzeug), Rieger David (Schlagzeug), Stelzer Franz (Schlagzeug), Harrer Hermann (Posaune 3C), Liebminger Johann sen. (Posaune 2C), Liebminger Johann jun. (Posaune 1C).

Musikverein Pogier

Obmann:
DI HOFSTÄTTER Josef

Kapellmeister:
LEODOLTER Franz

Jugendreferent:
KOHLHOFER Michael jun.

Stabführer:
LEODOLTER Herbert

Schriftführer:
DI (FH) FRAIß Margot

EDV-Referent:
Ing. RICHTER Karl jun.

Kassier/Finanzreferent:
Ing. SCHICKBICHLER Otmar

Alphabetische Liste der Musiker am Foto: Brunnhofer Georg (Trompete), Czernin Magdalena (Querflöte), Fleck Franz (Flügelhorn), Flicker Filipp (Querflöte), Flicker Christoph (Klarinette), Fraiß Ernst (Schlagzeug), Fraiß Margot (Saxophon), Fruhmann Martin (Tenorhorn), Gegenhuber Christof (Horn), Grabler Gregor (Schlagzeug), Grabler Hubert (Horn), Hofstätter Josef (Trompete), Kamper Patrik (Tenorhorn), Kohlhofer Michael (Posaune), Kohlhofer Michael (Trompete), Krobath Heidi (Horn), Leodolter Christoph (Flügelhorn), Leodolter Herbert (Schlagzeug), Leodolter Franz (Flügelhorn), Leodolter Kathrin (Tenorhorn), Leodolter Irmgard (Bass), Mauz Selina (Klarinette), Piemeshofer Sigrid (Querflöte), Pusnik Christopher (Horn), Reiter Hubert (Flügelhorn), Richter Günther (Bass), Richter Helmut (Tenorhorn), Richter Karl (Klarinette), Richter Thomas (Schlagzeug), Schmiedhofer Theresa (Querflöte), Schickbichler Otmar (Klarinette), Schickbichler Wolfgang (Flügelhorn), Schwaiger Rudolf (Flügelhorn), Schwaiger Stefan (Posaune), Sieghart Willi (Bass), Stenitzer Rudolf (Horn), Spreitzhofer Alexander (Schlagzeug), Theny Heinz (Posaune), Wirubal Anna (Saxophon), Zapf Silvia (Klarinette), Zündel Horst (Tenorhorn).

Musikverein Röthelstein

Obmann:
Ing. HARRER Ewald

Kapellmeister:
GLETTLER Franz

Jugendreferent:
Ing. HARRER Ewald

Stabführer:
KAHR Adelheid

Schriftführer:
KAHR Eva

EDV-Referent:
Ing. FRITZ Bernd

Kassier/Finanzreferent:
KAHR Martin

Dobersek Alfred, Dobersek Christian, Fank Ingeborg, Fragner Valentin, Fritz Bernd (EDV-Referent), Glettler Franz (Kapellmeister, Sachwart-Stv.), Glettler Gottfried, Grill Horst (Kapellmeister-Stv., Finanzreferent-Stv.), Harrer Ewald (Obmann, Jugendreferent), Kahr Adelheid (Stabführer), Kahr Martin (Finanzreferent, Obmann-Stv.), Krautinger Josef, Liebminger Johann, Lind Willibald, Masser Sabine, Medak Helmut (Stabführer-Stv.), Möstl Marlena (Trompete), Pagger Christian (Kapellmeister-Stv.), Pagger Christian (Tenorhorn), Pagger Katharina (Tenorhorn), Pagger Melanie (Querflöte), Pessler Christina, Rachoinig Alfred (Archivar-Stv.), Rachoinig Gernot, Rachoinig Jürgen, Rauchegger Karl, Rauchegger Claudia (Marketenderin), Schmidhofer Anton, Wagner Franiska (Klarinette), Zink Andreas (Archivar), Zink Helmuth (Ehrenobmann). Musikschüler: Harrer Jenny (Trompete), Harrer Lorenz (Flügelhorn), Harrer Michael (Schlagzeug), Hörzer Jan (Saxophone), Medak Andre (Schlagzeug), Mittasch Fabio (Schlagzeug), Pagger Anna (Flügelhorn), Petrischek Maximillian (Trompete), Petrischek Paul (Tenorhorn), Schmidt Kai (Flügelhorn).

Marktmusik St. Dionysen

Obmann:
Dir. LANG Günther

Kapellmeister:
FÜRPASS René

Kapellmeister:
RAFFER Hans-Peter

Jugendreferent:
WOLFGRUBER Melanie

Stabführer:
Ing. BAYERL Robert

Schriftführer:
ZOTT Andrea

EDV-Referent:
Ing. DORN Josef Karl

Kassier/Finanzreferent:
ZETTLER Siegmund

Mitglieder der Marktmusik St. Dionysen, April 2010: Kapellmeister, Bez.-Jugendreferent Hans-Peter Raffer; 1. Reihe v. rechts nach links: Ehrenobmann und Bürgermeister Gerhard Weber, Dipl.-Ing. Elisabeth Schalli, Matthias Dorn, Ing. Josef Dorn, Sarah Haidinger, Theresa-Marie Kiendlsperger, Bettina Leimberger, Bez.-Kpm. Mag. Gerlinde Karner, Andrea Zott, Sabine Fürhapter, Vanessa Häuslhofer, Elisabeth Stolz, Julia Kugler, Marie Sophie Lennes, Ramona Lautenbach, Obmann/Präsident Günther Lang; 2. Reihe v. rechts nach links: Stabführer Ing. Robert Bayerl, Mag. Sabine Kügerl, Erich Leimberger, Simone Schaffer, Ehrenkapellmeister MDir. Mag. Johann Kügerl, Tamara Kügerl, Katharina Gasz, Anna Bauregger, Jugendreferentin Melanie Wolfgruber, ML René Fürrpass, Ing. Markus Auer, Benjamin Lengger, Daniela Dorn, Sebastian Lengger, Marina Gasz, Anna Kaltenegger, Julia Malik, Gloria Murschitz, Magdalena Kiendlsperger, Angelika Walchhütter; 3. Reihe v. rechts nach links: Brigitte Hössl, Alexandra Wedenig, Finanzreferent Siegmund Zettler, Edgar Riedl, Lukas Dorn, Rene Zettler, Stefan Wedenig, Benjamin Wonisch, Markus Kügerl, Hubert Wentner, Ehrenmitglied Eduard Zettler, Andreas Weber, Josef Zettler, Gerhard Lenger, Dominik Brandner, Leo Schirnhofer, Werner Wedenig, Anton Gasz, Edmund Dittmann, Bianca Sibert; nicht am Foto: Willi Lenger, Christine Lengger, Alfred Schweiger.

Musikverein St. Lorenzen im Mürztal

Obmann:
HABERL Hans Christian

Kapellmeister:
BUCHRIESER Werner

Jugendreferent:
BUCHRIESER Werner

Stabführer:
BREIDLER Johann

Schriftführer:
BUCHRIESER Brigitte

EDV-Referent:
HÖLZL Stefan

Kassier/Finanzreferent:
LANG Mario

Aktive Musiker: Breidler Johann, Breidler Wolfgang, Buchrieser Stefan, Buchrieser Werner, Doppelhofer David, Eggbauer Sabrina, Feldhofer Georg, Feldhofer Phillipp, Gruber Fabian, Gruber Julian, Guger Petra, Haberl Georg, Haberl Hans Christian, Hochsteiner Yvonne, Hölzl Stefan, Kroisenbrunner Peter, Kroisenbrunner Stefan, Kückmaier Andreas, Lang Manfred, Lang Mario, Lehofer Hans-Peter, Leichtfried Emanuel, Leichtfried Marie-Christine, Leitner Dieter, Metzler David, Nouza Marco, Pabst Christina, Pfeifer Sarah, Pfeifer Tanja, Pigl Andreas, Pirker Michael, Predl Eva, Sammer Bernhard, Sapusek Hannes, Schäffer Franz, Schäffer Karl jun., Schäffer Karl sen., Schrank Sabine, Stockner Wolfgang, Tritscher Stefan, Tschiedl Heinrich, Weberhofer Patricia, Wengg Johanna, Wolfand Anke, Zeiringer Maria, Zink Gerald, Zink Otto, Zinner Thomas.

Musikverein Heimatklang St. Marein im Mürztal

Obmann:
Ing. GEIßLER Manfred

Kapellmeister:
Mag. KAPFER Josef

Jugendreferent:
ROSMANN Johannes

Stabführer:
ROSMANN Johannes

Schriftführer:
DOBROVITS Johannes

EDV-Referent:
WOLFAND Adolf

Aktive Musiker (Stand Dezember 2009): Dirigent: Josef Kapfer; Flöte: Carmen Gass, Tanja Melanie Wolfand, Marlene Jandrasits, Julia Assigal; Klarinette: Wolfgang Kroisenbrunner, Otto Maierhofer, Sarah Vanessa Wolfand, Melanie Geißler, Daniel Krenn, Marc Kroisenbrunner, Jennifer Moor, Elisabeth Krenn, Alina Kroisenbrunner, Mario Wurzwallner, Anna-Lena Maierhofer, Gerald Roßkogler; Saxophon: Bettina Wirth, Lukas Glaszner; Flügelhorn: Manfred Geißler, Franz Schöggl, Thomas Geißler, Christoph Stoppacher; Trompete: Johannes Dobrovits, Adolf Wolfand, Markus Putz; Tenorhorn/Bariton: Matthias Feichtenhofer, Ludwig Fuchs, Helmut Schrumpf; Horn: Manfred Assigal, Kurt Moor, Sebastian Lackner, Eduard Koppensteiner Markus Lenz; Posaune: Martin Baumegger, Manuel Schemmel, Peter Kapfer, Mathias Rosmann, Simon Rosmann; Tuba: Alois Trummer, Karl Lenz; Schlagzeug/Pauke: Johannes Rosmann, Karl Kelemina, Robert Maier, Patrick Steiner.

Marktmusikkapelle Thörl

Obmann:
EDLINGER Alfred

Kapellmeister:
MMag. Dr. ZUSER Richard

Jugendreferent:
BAJZEK Dominik

Stabführer:
STRECHER Robert

Schriftführer:
Ing. MAGERBÖCK Günther

EDV-Referent:
Ing. HANDL Erwin

Kassier/Finanzreferent:
MAGERBÖCK Andreas

Personen am Foto: Norbert Kotzegger, Andreas Magerböck, Günther Magerböck, Gernot Rom, Erwin Handl, Bernhard Rappold, Günther Leodolter, Phillip Ebner, Dominik Wagner, Martin Sommerauer, Christian Polaschek, Alfred Edlinger, Otto Pichler, Florian Spenger, Benjamin Hasenhüttl, Gerlinde Bajzek, Silvia Bajzek, Verena Strecher, Katharina Graf, Gerhard Rappold, Christine Rappold, Stephanie Fluch, Heidi Weiland, Richard Fluch, Dominik Bajzek, BGM Günther Wagner, Herbert Pirker, Richard Zuser, LR Siegfried Schrittwieser, Robert Strecher, Christine Kammerhofer, Katharina Rappold, Martin Kroissenbrunner, Florian Sommerauer, Patrick Rainer, Kathrin Lenes.

Trachtenkapelle Tragöß

Obmann:
Ing. SCHWAB Christian

Kapellmeister:
Bakk. art. BERGER Kurt

Jugendreferent:
REITER Carmen

Stabführer:
GEHRINGER Manfred

Schriftführer:
Ing. SKOFF Beate

EDV-Referent:
Ing. SKOFF Beate

Kassier/Finanzreferent:
Ing. ILLMAYER Andreas

1. Reihe von rechts: Reiter Carmen, Fürhapter Hugo, Bischof Philipp, Gehringer Sabrina, Reiter Julia, Schobe Julia, Eder Anita, Hartner Michaela, Lanzer Christoph, Graf Verena, Skoff Beate, Illmayer Bernhard, Emmerstorfer Manfred, Graf Alex; 2. Reihe von rechts: Emmerstorfer Michael, Illmayer Andreas, Glaser Johann, Gehringer Manfred, Berger Kurt, Bischof Andreas, Grassauer Robert, Zöchling Franz, Patterer Franz, Hochsteiner Konrad, Graf Peter, Piber Helmut, Jeßner Günther, Zerner Gilbert, Stockreiter Franz; 3. Reihe von rechts: Hauser Christian, Eibel Helmut, Schachermayer Josef, Feiel Otto, Hochsteiner Martin, Stockreiter Gernot, Eder Christian, Hochsteiner Mario, Schwab Christian, Glaser Otto, Hochsteiner Johann, Patek Andreas, Stockreiter Hermann, Jeßner Severin, Feiel Franz, Hochsteiner Wolfgang.

Musikverein Turnau

Obmann:
LEITINGER Christian

Geschäftsführender Obmann:
HOFER Stefan

Kapellmeister:
HOFER Erwin

Jugendreferent:
TROIS Katrin

Stabführer:
SCHWÖLLBERGER Siegfried

Schriftführer:
DI (FH) LENGER Martina

EDV-Referent:
DI (FH) LENGER Martina

Kassier/Finanzreferent:
SOMMERAUER Franz

1. Reihe v.l.n.r.: Bettina Tesch, Daniela Payer, Siegfried Schwöllberger, Christian Leitinger, Erwin Hofer, Martina Lenger, Melanie Durac; 2. Reihe v.l.n.r.: Franziska Schäffer, Nina Schaunitzer, Sandra Preinknoll, Alexandra Fritz, Waltraud Hofer, Regina Schoberer, Verena Fürstner, Melanie Schuster, Teresa Kreuzer, Mathias Hofreiter; 3. Reihe v.l.n.r.: Robert Tanzmeister, Katrin Trois, Stefan Hofer, David Almer, Camilla Grabner, Diana Grabner, Martina Fladl, Michael Karlon, Andreas Weißenbacher, Michael Dotter, Rudolf Fink; 4. Reihe v.l.n.r.: Hubert Weinfurter, Patrick Hofer, Andreas Binder, Jennifer Arsenschek, Sandra Tesch, Markus Höfler, Christina Edlinger, Christoph Schwöllberger, Markus Hofer, Georg Winkler, Gregor Lenger; 5. Reihe v.l.n.r.: Franz Sommerauer, Siegfried Fritz, Gerhard Höbel, Lisa Arsenschek, Thomas Tesch, Helmut Schäffer, Karl Fladl, Peter Arsenschek, Florian Sommerauer, Franz Schwöllberger.

Musikverein St. Katharein a.d. Laming

Obmann:
DI (FH) STEER Martin

Kapellmeister:
Mag. SCHABEREITER Rainer

Jugendreferent:
STEFLITSCH Robert

Stabführer:
REISINGER Adolf

Schriftführer:
WENGG Sandra

EDV-Referent:
DI (FH) SCHNABL Roman

Kassier/Finanzreferent:
MUSTER Michaela

1. Reihe (jeweils v.l.n.r.): Kpm. Rainer Schabereiter; 2. Reihe: Karl Schnabl, Obm. Martin Steer, Doris Krammer, Barbara Krenn, Hannes Krenn, Andreas Krammer, Horst Muster, Georg Zuckerstätter, Helmut Krammer, Maria Schnabl; 3. Reihe: Stefan Hollerer, Ruth Krammer, Karin Piemeshofer, Andrea Pabst, Gerhard Schwarz, Michaela Muster, Stabführer Adolf Reisinger, Nicole Bucher, Sabine Niederhuber, Susanne Krammer, Markus Hollerer, Larissa Koller; 4. Reihe: Karina Köhbach, Veronika Krammer, Simone Steflitsch, Dominik Krenn, Christian Krautgartner, Robert Steflitsch, Simone Ferk, Emanuel Krammer; 5. Reihe: Richard Koller, Michael Pollerus, Johann Krammer, Nadine Krenn, Lukas Steer, Patrick Pichler, Ines Köhbach, Roman Schnabl, Daniela Sampl, Günter Pichler; 6. Reihe: Lea Luznik, Anna Tuller, Gernot Krammer, Daniel Pichler, Markus Standler, Stefan Emmerstorfer, Stefan Lengger. (Foto: Eva-Maria Ebner)

Musikbezirk Deutschlandsberg

Sitzend von links: Johann Posch (Bez.-Obm.-Stv.), DI Wolf Chibidziura (Bezirksobmann-Stv.), Oskar Bernhart (Ehrenbezirksobmann), Christian Lind (Bezirksobmann), Friedrich Haindl (Bezirkskapellmeister), Franz Maurer (Ehrenbezirkskapellmeister), MDir. Prof. Mag. Josef Rupp (Ehrenbezirkskapellmeister), Anton Theisl (Bezirksschriftführer); stehend von links: Peter Schwab (Bezirksstabführer), DI (FH) Gerald Waldbauer (Bezirksschriftführer-Stv.), Alois Knass (Bezirksfinanzref.-Stv.), Harald Lederer (Bezirksstabführer-Stv.), Sarah Steinbauer (Bezirksjugendreferent-Stv.), MMag. Sandra Masser (Bezirksjugendreferent-Stv.), Heinz Tappler (Bez.-Kpm.-Stv.), Georg Lampl (Bez.-Finanzreferent), DI Christian Reinbacher (Bez.-EDV-Referent), MDir. Mag. Josef Deutschmann (Bezirksjugendreferent). Weitere Mitglieder des Bezirksvorstandes (leider nicht am Foto): die Jugendbeiräte Elisabeth Weber, Gerald Oswald und Paul Teschinegg.

Marktmusikkapelle Bad Gams

Obmann:
LAMPL Georg

Kapellmeister:
LEDERER Harald

Jugendreferent:
DEUTSCHMANN Susanne

Stabführer:
WÖLKHART Richard

Schriftführer:
KOLLER Michaela Marion

Kassier/Finanzreferent:
ISAK Christian

Kapellmeister: Lederer Harald; Flöte: Lederer Sara, Deutschmann Susannen (Jugendreferent), Lichtenegger Isabella, Faist Nathalie; Klarinette: Koller Michaela (Schriftführer), Gögg Gerti (Archivar), Gaisch Barbara (Schriftführer-Stv.), Löscher Petra, Senekowitsch Martin, Lederer Raffael, Lederer Emanuel, Strunz Larissa; Saxophon: Lampl Roman jun., Berger Johann, Schwabl Katharina, Lederer Stefanie, Pühringer Clarissa, Deutsch Andreas, Salzger Richard, Salmhofer Georg; Flügelhorn: Wallner Manfred, Prattes Gustav, Gögg Franz, Lampl Roman, Senekowitsch Gernot, Patrick Ulm; Trompete: Isak Christian (Organisationsref., Obm.-Stv., Kassier-Stv.), Schaut Stefan, Senekowitsch Gabi, Schaut Stefan, Schaut Markus, Freidl Ernst, Markus Pernjak, Lukas Fabian, Daniel Koschir; Tenöre: Mildner Mario, Truschnegg Franz, Truschnegg Thomas, Lampl Georg (Obmann), Ulm Peter, Ulm Melissa; Horn: Thomas Deutsch; Posaune: Cabonari Michael, Löscher Johann, Fabian Mathias, Schwabl Florian; Tuba: Mandl Manfred (Obmann-Stv.), Isak Franz (Archivar), Wölkart Fritz sen., Cabonari Maximilian; Schlagzeug: Högler Josef, Lederer Arnold, Wölkart Richard, Maierhofer Johannes, Manuela Wallner, Amadeus Lechner; Schlagzeug: Gstarz Elisabeth, Maierhofer Christine, Maierhofer Veronika, Reinisch Sara.

Stadtkapelle Deutschlandsberg

Obmann:
PATSCH Wolfgang

Organisationsreferent:
SCHLIEFSTEINER Christian

Kapellmeister:
Dr. ANGERER Josef jun.

Jugendreferent:
DI (FH) REITERER Josef

Jugendreferent: STELZL Birgit

Stabführer: SCHWAB Walter

Schriftführer:
ENGELBOGEN Wolfgang

Kassier/Finanzreferent:
VONDRAK Andreas

Dr. Angerer Josef (Kapellmeister), Theisl Viktoria (Oboe), Safran Barbara, Suppan Thomas (Oboe), Dr. Ehgartner Michael (Piccolo, Flöte), Michl Wolfgang (Flöte), Koller Lisa (Flöte), Aldrian Barbara (Flöte), Ehgartner Daniela (Flöte), Krobath Helena (Flöte), Platzer Eva-Maria (Flöte), DI Edegger Bernd (Eb-Klarinette), Grundner Armin (Bb-Klarinette), Nebel Matthias (Bb-Klarinette), Mörth Franz (Bb-Klarinette), Stehring Herbert (Bb-Klarinette), Unger Kurt (Bb-Klarinette), Stiegler Franz (Bb-Klarinette), DI FH Reiterer Josef (Bb-Klarinette), Flucher Theresia (Bb-Klarinette), Ling Anna (Bb-Klarinette), Reinisch Laura, Dr. Stehring Peter (Bb-Klarinette), Kiegerl Silvia (Bb-Klarinette), Mag. Leitner Christian (Fagott), Engelbogen Wolfgang (Altsaxophon), Stelzl Birgit (Altsaxophon), Strohmeier Astrid (Altsaxophon), Vondrak Anna (Altsaxophon), Seewald Josef (Tenorsaxophon), Theisl Eva (Tenorsaxophon), Koch Franz (Baritonsaxophon), Mörth Christian (Flügelhorn), DI Katschnig Christian (Flügelhorn), Edegger Paul (Flügelhorn), Mörth Michele (Flügelhorn), Gutschy Gernot (Flügelhorn), Bainschab Markus (Flügelhorn), Edegger Georg (Flügelhorn), Absenger Gerhard (Tenorhorn), Ing. Ripper Andreas (Tenorhorn), Potisk Dominik (Tenorhorn), Salzmann Felix (Tenorhorn), Hevesy Arnold (Tenorhorn), Kranabetter Carina (Horn), Fürst Hannes (Horn), Lederer Ewald (Horn), Vondrak Andreas (Horn), Mag. Patsch Gerlinde (Trompete), Mag. Kampel Markus (Trompete), Lenz Franz (Trompete), Scherr Andreas (Trompete), Ehgartner Julia (Trompete), Theisl Michael (Trompete), Felix Friedrich (Posaune), DI FH Hasewend Wolfgang (Posaune), Löscher Karl (Posaune), Taucher Jasmin (Posaune), Theisl Anton (Posaune), Mag. Arndt Hans-Jörg (Posaune), Reinisch Alfred (F-Tuba), Zwetti David (F-Tuba), Schliefsteiner Christian (Bb-Tuba), Kranabetter Josef (Bb-Tuba), Meditz Venice (Kontrabass), Buchinger Johann (Kontrabass), Patsch Wolfgang (Schlagwerk), Schwab Walter (Schlagwerk), Mörth Thomas (Schlagwerk), Arndt Wilfried (Schlagwerk), Ullrich Gernot (Schlagwerk), Berger Elmar (Schlagwerk), Schliefsteiner Christoph (Schlagwerk), Vondrak Johannes (Schlagwerk), Krobath Anita (Marketenderin), Koch Eva (Marketenderin), Arndt Tanja (Marketenderin), Fail Petra (Marketenderin).

Musikverein Marktmusikkapelle Eibiswald

Obmann:
KREMSER Barbara

Organisationsreferent:
BRAUCHART Franz Josef

Organisationsreferent:
NAUSCHNEGG Daniel

Kapellmeister:
RAUCHEGGER Winfried

Jugendreferent:
KREMSER Stefan

Stabführer: URL Johannes

Schriftführer:
TSCHEMMERNEGG Renate

EDV-Referent:
VERONEG Simon

Kassier/Finanzreferent:
Mag. (FH) BRAUCHART Bernadette

Alle Reihen von links: Kniend: Thomas Ully, Markus Kupnick, Carina Pratter, Manuela Weixler, Mario Silli, Herbert Wechtitsch; sitzend: Viktoria Kremser, Sabine Kupnick, Maria Altenbacher, Carmen Gschliesser, Winfried Rauchegger, Barbara Kremser, Johannes Url, Lisa Groß, Brigitte Kürbisch, Silvia Ladinek; 1. Reihe stehend: Tanja Gschliesser, Renate Tschemmernegg, Sophia Stroisnik, Anja Moser, Martin Kröll, Günter Gosch, Raimund Dietrich, Daniel Nauschnegg, Reinhard Nauschnegg, Michael Wechtitsch, Walter Cigler, Melanie Krieger, Birgit Kröll, Monika Niederl; 2. Reihe stehend: Johann Praßl, Johanna Stroisnik, Silke Schober, Elisabeth Nauschnegg, Thomas Wechtitsch, Karl Brauchart, Josaf Ladinek, Bernadette Nauschnegg, Patricia Kiegerl, Sonja Michelitsch; 3. Reihe stehend: Franz Kürbisch, Franz Hofer, Johann Kremser, Alexander Schmidleithner, Franz Brauchart, Georg Gosch, Markus Maschutznig.

Musikverein Marktkapelle Frauental

Obmann:
Mag. MÜLLER Franz

Organisationsreferent:
Dipl.-Ing. EDEGGER Johannes

Kapellmeister:
LENZ Oskar

Jugendreferent:
JÖBSTL Andrea

Schriftführer:
WEIßENSTEINER Karin

EDV-Referent:
GWEHENBERGER Erik Vincent Roland

Kassier/Finanzreferent:
POLZ-LARI Josef Franz

Anna Edegger (Querflöte), DI Johannes Edegger (Posaune), Ing. Martin Edegger (Klarinette), Christian Felix (Bariton), Friedrich Felix (Posaune), David Gwehenberger (Zugposaune), Erik Gwehenberger (Schlagzeug), Mirjam Gwehenberger (Querflöte), Georg Hainzl (Saxophon), Johannes Haring (Schlagzeug), Christine Heinz (Bariton), Anton Hofer (Flügelhorn), Monika Hofer (Trompete), Stefan Hofer (Trompete), Andrea Jöbstl (Klarinette), DI Robert Jöbstl (Schlagzeug), Karl Kaiser (Bariton), DI Christian Katschnig (Flügelhorn), Peter Kiefer (Flügelhorn), MBA Monika Kiklin (Querflöte), Eduard Koch (Trompete), Hans Koller (Trompete), Lisa Koller (Querflöte), Anita Krainer (Saxophon), Carina Kranabetter (Horn), Daniel Kranabetter (Flügelhorn), Josef Kranabetter (Tuba), Hermann Lafer jun. (Horn), Mag. Andreas Lenz (Klarinette), Josef Lenz (Schlagzeug), Oskar Lenz (Kapellm.), Kurt Miklavc (Posaune), Mag. Franz Müller (Schlagzeug), Jasmin Nebel (Querflöte), Florian Nebel (Zugposaune), Josef Nebel (Bariton), Katrin Nebel (Querflöte), Florian Neßhold (Tuba), Josef Neßhold (Bariton), Josef Pfeifer (Bariton), Josef Polz-Lari (Trompete), Thomas Polz-Lari (Trompete), Franz Pommer (Schlagzeug), Josef Pommer (Flügelhorn), Ferdinand Primus (Flügelhorn), Ilse Primus (Klarinette), Ing. Georg Rämbitsch (Saxophon), Lea Rämbitsch (Saxophon), Dr. Peter Ramspacher (Tuba), Christina Reiterer (Querflöte), Heinz Reiterer (Tuba), Ingrid Reiterer (Klarinette), Stefan Reiterer (Trompete), Herbert Stehring (Klarinette), DI Peter Stehring (Klarinette), Andrea Strohmeier (Trompete), Astrid Strohmeier (Saxophon), Herbert Trstenjak (Bariton), Andreas Vondrak (Horn), Karin Weißensteiner (Querflöte), Sigmund Wolf (Bariton).

Musikkapelle Groß St. Florian

Präsident: URCH Erich

Obmann: POSCH Johann

Kapellmeister:
OSWALD Gerald

Jugendreferent:
POSCH Andrea

Jugendreferent:
STROHMEIER Anton jun.

Stabführer: SCHWAB Peter

Schriftführer: NEBEL Franz

EDV-Referent:
STOISER Manfred

Kassier/Finanzreferent:
KRENN Herbert

Albrecher Daniela, Aldrian Martina, Deutschmann Anton, Deutschmann Johann, MDir. Mag. Deutschmann Josef, Deutschmann Michael, Deutschmann Nina, Deutschmann Peter, Mag. Deutschmann Petra, Ehmann Daniela, Ehmann Helmut, Mag. Erregger-Rössl Elfriede, Ertl Andrea, Ertl Margret, Ertl Maria, Fauland Gernot, Felber Franz, Flucher Karl, Fuchs Michaela, DI (FH) Geisler Hannes, Mag. Golds Wolfgang, Haring Nicole, Harling Julia, Högler Britta, Hutter Jasmin, Koch Daniela, Kögl Günther, Koinegg Moritz, Kormann Herbert, Krenn Herbert, Legenstein Franz, Legenstein Manfred, Mag. Loibner Konstantia, Maier Nina, Malli Norbert, Mandl Angelika, Mandl Barbara, Bakk. Mandl Bernadette, Mandl Elisabeth, Mandl Josef, Mandl Melanie, Marx Michael, Masser Christian, Masser Karl, Masser Matthias, Masser Sabrina, Masser Stefanie, Moser Stefanie, Muchitsch Alexander, Nebel Franz, MA MA Orthaber Robert, Oswald Erwin, Mag. Oswald Franz, Oswald Gerald, Oswald Maximilian, Oswald Stephanie, Oswald Victoria, Painsi Thomas, Peinhopf Sarah, Perner Franz-Josef, Perner Rebecca, Picker Petra-Marlene, Ploderer Cornelia, Pölzl Christina, Pommer Susanne, Posch Alexandra, Posch Andrea, Posch Johann, Mag. Pötz Rainer, Reinbacher Barbara, Reinhart Daniel, Reinisch Martin, Reiterer Mario, Riffel Katja, Schabernak Uwe, Scherr Gerhard, Schmitt Johann, Schmitt Klaus, Schwab Peter, Schweighart Klaus, Siener Stephan, Stangl Markus, Stangl Melina, DI (FH) Steinbauer Elke, Stelzer Claudia, Stelzer Cornelia, Steyrer Hannes, Stiendl Rene, Stoiser Anton, Stoiser Manfred, Mag. Strohmeier Christa, Strohmeier Anton jun., Strohmeier Anton sen., Trstenjak Johann, Unterkofler Benjamin, Unterkofler Maria, Präsident Urch Erich, Url Markus, Mag. Wegner Bernhard, Wieser Franz, Winkler Birgit, Wurnitsch Julia, Wurnitsch Klaus, Wurnitsch Nicole, Zach Günther.

Musikkapelle Hollenegg

Obmann:
DIESTLER Karl

Kapellmeister:
KOCH Peter

Jugendreferent:
ALDRIAN Ulrike

Stabführer:
REINISCH Franz

Schriftführer:
GRADWOHL Elfriede

EDV-Referent:
TRSTENJAK Christina

Kassier/Finanzreferent:
FORTMÜLLER Franz

Aldrian Ulrike (Flöte), Better Andreas (Klarinette), Dax Christoph (Schlagwerk), Deutschmann Sabrina (Flöte), Diestler Karl (Tenorhorn), Dolinschek Franz (Horn), Edler Josef (Trompete), Egner Leonhard (Trompete), Eicher Cornelia (Flöte), Eicher Tamara (Klarinette), Fortmüller Franz (Saxophon), Frießnegg Susanne (Tuba), Gaich Romana (Flöte), Galli Kerstin (Flöte), Genseberger Manfred (Schlagwerk), Glockengießer Marianne (Klarinette), Gosch Renate (Horn), Gradwohl Elfriede (Klarinette), Gradwohl Lukas (Tenorhorn), Größbauer Elisabeth (Flügelhorn), Jöbstl Corinna (Flöte), Jöbstl Stefan (Trompete), Karner Ursula (Flöte), Klug Gottfried (Tuba), Kluge Katharina (Flöte), Knappitsch Rudolf sen. (Tuba), Knappitsch Rudolf jun. (Saxophon), Koch Julia (Saxophon), Koch Peter (Kapellmeister), Koch Stefanie (Klarinette), Koisiak Peter (Posaune), Koisiak Silvia (Klarinette), Kollmann Franz (Klarinette), Krainer Bianca (Saxophon), Krasser Edith (Saxophon), Majcan Peter (Schlagwerk), Mörth Karl (Schlagwerk), Pauser Jasmin (Flügelhorn), Pauser Manuel (Schlagwerk), Prietl Helfried (Tenorhorn), Reinbacher Christian (Flügelhorn), Reinisch Franz (Tuba), Reiterer Daniel (Schlagwerk), Resch Markus (Tenorhorn), Roschitz Stefan (Horn), Sackl Robert (Horn), Steinbauer Karl-Heinz (Posaune), Steinbauer Sarah (Fagott), Stelzer Johann (Trompete), Stelzl Franz (Tuba), Stelzl Karl (Flügelhorn), Theisl Anton (Posaune), Theußl Verena (Saxophon), Töglhofer Philipp (Schlagwerk), Totz Johannes (Schlagwerk), Trstenjak Christina (Oboe), Wagner Maria (Flöte), Wiesbauer Thomas (Saxophon).

Marktmusikkapelle Lannach

Obmann:
Dipl.-Ing. MAYERHOFER Ulrich

Kapellmeister:
KIEFER Peter

Jugendreferent:
NINAUS Christine

Stabführer:
HERMANN Kurt

Schriftführer:
LECHNER Nadja

EDV-Referent:
Dipl.-Ing. REINBACHER Christian

Kassier/Finanzreferent:
RIEGLER Gernot

Namen der Musiker jeweils von links nach rechts: 1. Reihe: Mayerhofer Jonathan, Hermann Laura, Hermann Dominique, Lechner Nadja, Hermann Vanessa, Ninaus Christine, Kiefer Peter, Fuchs Edeltrud, Krebs Viktoria, Mayerhofer Johannes, Gaar Marie-Theres; 2. Reihe: Mayerhofer Ulrich, Reinbacher Christian, Mikkelsen Günther, Hermann Maria, Mayerhofer Magdalena, Robosch Ariane, Höllebauer Lisa, Steurer Nina, Mayerhofer Ingrid; 3. Reihe: Markl Andreas, Treffler Ernst, Riegler Gernot, Fernitz Alfred, Fuchs Sepp, Treffler Josef, Kindermann Alexander, Spitzer Walter; 4. Reihe: Pommer Franz, Hierhold Fritz, Oswald Peter, Mario Micu-Budisteanu, Gaar Tobias, Treffler Ernst jun., Hermann Kurt.

Musikverein Osterwitz

Obmann:
POBERNELL Alois jun.

Organisationsreferent:
Mag. POBERNEL Patrizia

Kapellmeister:
Dr. POBERNEL Horst

Kapellmeister:
POBERNEL Maria jun.

Jugendreferent:
Mag. KÜGERL Eva

Stabführer:
KÜGERL Franz sen.

Kassier/Finanzreferent:
KREUZER Herta

Ordentliche Mitglieder (aktive Mitglieder), Stand 1. November 2009: Fail Sabrina (Querflöte), Gross Christian (Flügelhorn), Kamsker Jaqueline (Querflöte), Knass Sabrina (Marketenderin), Knappitsch Stefan (B-Trompete), Krampl Claudia (Querflöte), Kreuzer Arnold (B-Trompete, Horn), Kreuzer Edith (Marketenderin), Kreuzer Heidi (Marketenderin), Kreuzer Herbert (B-Trompete), Kreuzer Herta (B-Klarinette, Kassier), Kügerl Evi (B-Klarinette), Kügerl Franz sen. (B-Bass), Kügerl Franz jun. (Bassflügelhorn, Obmann-Stv.), Lenz Verena (Querflöte), Michelitsch Lisa (Querflöte), Mörth Alexandra (C-Flöte, Oboe), Ottinger Gerald (Ehrenobmann), Pansi Ferdinand (Posaune), Pobernell Alois jun. (Flügelhorn, Obmann), Pobernel Bernhard (Kl. Trommel), Pobernel Erich (Euphonium, Archivar), Pobernel Erwin (Flügelhorn), Pobernel Gerhard (Kl. Tommel), Pobernel Grete (Marketenderin), Pobernel Hermine (Marketenderin), Pobernel Horst (Bassflügelhorn, Kapellmeister), Pobernel Johann (Posaune), Pobernel Manuela (Marketenderin), Pobernel Maria jun. (Flügelhorn, Kapellm.-Stv.), Pobernel Maria sen. (Es-Klarinette), Pobernel Norbert (Posaune), Pobernel Patritzia (B-Klarinette, Pressereferent), Pongratz Albert (B-Klarinette), Pongratz Annelies (B-Klarinette), Pongratz Peter (B-Trompete), Pongratz Reinhard (Posaune), Rämbitsch Gerald (B-Bass), Rämbitsch Johann (Posaune, Beirat), Rämbitsch Josef sen. (F-Bass), Reinbacher Florian (Flügelhorn), Reinbacher Patrick (B-Klarinette), Sackl Kathrin (Marketenderin), Schaller Martina (Saxophon), Unger Josef (Gr. Trommel), Vriznik Elisabeth (B-Klarinette, Schriftführer), Wildbacher Beatrix (C-Flöte).

Marktmusikkapelle Pölfing-Brunn

Obmann:
FÜRBASS Josef

Kapellmeister:
KOINEGG Florian

Jugendreferent:
PSCHAIDER Waltraud

Stabführer:
LIPP Siegfried jun.

Schriftführer:
KRIEGER Helmut

Kassier/Finanzreferent:
LIPP Siegfried sen.

Mitglieder: Fürbass Andrea, Fürbass Josef, Fürbass Patrick, Fürbass Paul, Garber Stefan, Gosch Josef, Götzner Angelika, Haider Manuel, Hermann Isabella, Hermann Jürgen, Köhler Günter, Köhler Jaqueline, Koinegg Florian, Krieger Helmut, Krieger Melanie, Legat Johann, Legat Michael, Legat Julia, Lind Christian, Lind Elisabeth, Lind Katharina, Lind Maria, Lipp Martin, Lipp Siegfried jun., Lipp Siegfried sen., Lipp Wilhelm, Lojnik David, Lojnik Gottfried, Lojnik Jasmin, Michelitsch Karl, Michelitsch Michael, Michelitsch Sabine, Nebel Kerstin, Pauritsch Yuvileyris, Pölzl Fabian, Pschaider Waltraud, Pschaider Andreas, Reiterer Andreas, Reiterer Elisabeth, Sitter Marisa, Sitter Marlies, Strohmayer Christian, Strohmayer Günther, Weiß Karl.

Musikverein Marktmusikkapelle Preding

Obmann:
FÜRNSCHUß Ernest

Kapellmeister:
GRUNDNER Armin

Jugendreferent:
LEITNER Michaela

Jugendreferent:
LEITNER Christina

Stabführer:
MEIXNER Adolf

Schriftführer:
PLODERER Günter

EDV-Referent:
LANGMANN Günther

Kassier/Finanzreferent:
SAGMEISTER Peter jun.

Mitgliederliste: Kapellmeister, Es- und B-Klarinette: Armin Grundner; B-Klarinette: Alexandra Aldrian, Anja Lueger, Nadine Schnur, Clemens Tschampa, Markus Kraxner, MMag. Dr. Reinhard Gruber, Georg Golds; Querflöte: Julia Aldrian, Carmen Gosch, Bettina Strohmeier Verena Frieß; Piccolo und Querflöte: Günter Ploderer; Alt-Saxofon: Lisa Aldrian, Mag. Stefan Loibner, Christina Leitner, Eva Arzt; Tenor-Saxofon: DI Manfred Lueger; Bariton-Saxofon: HR DI Wolf Chibidziura; Flügelhorn: Ernest Fürnschuß, Günther Langmann, Josef Nagler, Fritz Strohriegel; Trompete: Johannes Wippel, Robert Kraxner; Fagott: Michaela Leitner; Horn: Mag. Lisa Hofer; Posaune: Johannes Mitteregger, Andreas Kappel, Dejan Lukic; Tenorhorn: DI Erich Reisenhofer, Herbert Rupp; Bariton: Johann Reisenhofer Bgm. Adolf Meixner Siegfried Krenn; B-Tuba: Josef Lueger sen., Daniel Strohmeier, F-Tuba: Peter Sagmeister jun.; Schlagzeug: Josef Gartler, Josef Lueger jun., Peter Steinscherer, Willibald Fürnschuß, Walter Reisenhofer, Katharina Leitner; Ehrenmitglieder: Ehrenobmann HR DI Wolf Chibidziura; Ehrenkapellmeister Mag. Christian Leitner, MDir. Prof. Mag. Josef Rupp; Ehrenmitglied Peter Sagmeister sen., Matthias Stoißer; Marketenderinnen: Maria Klement, Stefanie Sagmeister, Sonja Mally; Archivare: Monika Gartler, Johann Ploderer.

Marktmusikkapelle Schwanberg

Obmann: OA SCHMON Werner
Organisationsreferent: ALDRIAN Peter
Organisationsreferent: GSELLMANN Helmut
Organisationsreferent: PATSCHOK Christina
Organisationsreferent: PREßNIC Gottfried
Organisationsreferent: SPIELER Josef
Organisationsreferent: TATZER Franz
Kapellmeister: Mag. MÖRTH Kurt
Jugendreferent: KAPPER Manuel
Stabführer: PREßNIC Gottfried
Schriftführer: GADNER Markus
EDV-Referent: WINKLER Martin
Kassier/Finanzreferent: THEUSSL Gerald

V.l.n.r.: Obm. Werner Schmon, Gerald Theussl, Martin Winkler, Josef Spieler, Alexandra Winkler, Heinrich Presnic, Elisabeth Weber, Gernot Lorenz, Edith Stopper, Michael Freidl, Franz Leitinger, Thomas Stopper, Raimund Temmel, Michael Hartner, Peter Strametz, Katrin Gadner, Markus Gadner, Mario Gastl, Michaela Freidl, Gottfried Presnic, Stefan Mörth, Franz Tatzer, Jeanine Aldrian, Stefanie Aldrian, Peter Aldrian, Cornelia Aldrian, Kurt Mörth, Heinz Koch, Roland Koch, Johanna Kiegerl, Michaela Humpel, Manuel Kapper, Hannes Mörth, Siegfried Pölzl, Franz Deutsch, Angelika Patschok, Helmut Gsellmann, Christine Patschok, Matthias Paulitsch, Christine Resch, Wolfgang Adlbauer.

Musikverein Stainz

Obmann: Ing. WALLNER Peter
Organisationsreferent: SEINER Ignaz jun.
Kapellmeister: MDir. Mag. DEUTSCHMANN Josef
Jugendreferent: SONNLEITNER Maximilian
Stabführer: Ing. WALLNER Peter
Schriftführer: SEINER Michael
Kassier/Finanzreferent: RUHHÜTL Walter

1. Reihe v. links: Wallner Alois, Narnhofer Markus, Höfler Michael, Hilscher Karin, Hilscher Iris, Seiner Heike, Wallner Peter, Deutschmann Josef, Andrea Kohler, Schwarzl Kevin, Adam Markus, Prettler Markus, Ninaus Kerstin, Wallner Georg, Kraxner Hubert; 2. Reihe v. links: Kohlhammer Heinz, Nöger Michael, Sonnleitner Maximilan, Kelih Valentin, Spieler Bernd, Wippel Franz, Heczendorfer Katherina, Seiner Michael, Ruhhütl Karin, Seiner Ignaz, Deutschmann Anja, Strohmaier Franz, Theißl Stefanie, Jud Andreas, Wallner Wolfgang, Thaler Markus, Fabian Harald; 3. Reihe v. links: Koller Johann, Wallner Manfred jun., Wallner Manfred sen., Feyer Gerhard, Hierzer Franz, Csernicska Bernd, Nöger Doninik, Wallner Martin, Sackl Anton, Ruhhütl Eduard, Müller August, Maier Josef, Wallner Christian.

Bergkapelle Steyeregg

Obmann:
Bgm. AORev. Mag. KRIEGER Franz

Geschäftsführender Obmann:
JAHN Karin

Geschäftsführender Obmann:
KRAMMEL Michaela

Organisationsreferent:
SCHUSTER Werner

Kapellmeister:
Prof. Mag. Dir. RUPP Josef

Jugendreferent:
REPOLUSK Verena-Maria

Stabführer:
SCHMIDT Gerfried

Schriftführer:
MAIER Barbara

Kassier/Finanzreferent:
KRIEGER Martin

Aldrian Barbara, Aldrian Franz, Dr. Aldrian Josefine, Aldrian Sarah, Bauer Beatrix (Marketenderin), Baumann Erich (Kapellmeister-Stellvertreter), Baumann Katrin, Dietrich Ernst (Stabführer-Stellvertreter), Garber Stefan, Groinig Manuela (Marketenderin), Dr. Grossauer Josef Kurt, Gutschi Michael, DI Hasewend Wolfgang, Jahn Karin (Geschäftsführende Obfrau), Jahn Mario (Kassier-Stellvertreter), Koch Klaus, Krainer Klaus, Krammel Michaela (Geschäftsführende Obfrau), Krammel Nina, Kriebernegg Roman, Mag. Krieger Franz (Obmann), Krieger Franz sen. (Fahnenträger), Krieger Martin (Kassier), Kriegl Kerstin, Kriegl Melanie, Kügerl Julia (Jugendreferent-Stellvertreterin), Leitinger Melanie, Loibner Stefan, Löscher Karl, Maier Barbara (Schriftführerin, Marketenderin), Masser Josef, Merschnik Christian, Merschnik Franz, Prasser Roman, Repolusk Verena (Jugendreferentin), Prof. Rupp Josef (Kapellmeister), Schmidt Gerfried (Stabführer), Schmuck Christine (Schriftf.-Stellvertreterin, Marketenderin), Schmuck Florian, Schuster Werner, Selhofer Josef, Stelzl Josef, Strauß Franz. Personen ohne Funktionsangabe sind MusikerInnen.

Ortsmusik Soboth

Obmann:
GOLLOB Franz

Kapellmeister:
PANSI Berthold

Stabführer:
MAUTHNER Andreas

Schriftführer:
PAULITSCH Daniela

Kassier/Finanzreferent:
LEITINGER Herbert

Enzi Erwin, Enzi Gert, Enzi Johannes, Enzi Lea, Enzi Sarah, Enzi Simon, Fraidl Nadine, Gollob Christoph, Gollob Franz, Gollob Hannah, Gollob Katharina, Gollob Paul, Koller Hubert, Kremser Andrea, Kremser Hermann, Kremser Patrick, Kriebernegg Martina, Leitinger Herbert, Mattheis Denise, Mattheis Jennifer, Mattheis Patrick, Mauthner Andreas, Mauthner Stefan, Mlatschnig David, Pansi Berthold, Pansi Michael, Paulitsch Daniela, Paulitsch Nicole, Paulitsch Roswitha, Paulitsch Adolf, Poberschnigg Stefan, Preßnic Heinrich, Roßmann Christian, Simon Arnd, Simon Martina, Stocker Alexandra, Stroisnik Johanna, Stroisnik Sophia, Tratinek Jasmin.

Musikverein St. Josef i.d. Weststeiermark

Obmann:
MAIERHOFER Leonhard

Kapellmeister:
Mag. PINTER Borut

Jugendreferent:
HECHTL Renè

Jugendreferent:
HÖSELE Wilhelm

Schriftführer:
MAIERHOFER Leonhard jun.

EDV-Referent:
TROPPER Peter

Kassier/Finanzreferent:
STEIFER Gerhard

1. Reihe von links: Veronika Wolf, Beatrice Lienhart, Leonhard Maierhofer jun., Kapellmeister Mag.Borut Pinter, Obmann Leonhard Maierhofer, Marlene Rappel, Kerstin Ulm, Ramona Gaube; 2. Reihe von links: Peter Tropper, Robert Maierhofer, Simon Treichler, Elke Thomann, Willi Hösele, Rene Hechtl, Johann Gaube, August Ulm; 3. Reihe von links: Gerhard Steifer, Kevin Hechtl, Mario Schnur, Dominik Lukas, Franz Strohmeier, Johann Walter, Hermine Pinter, Hannes Müller, Johann Offenbacher, Florian Thomann; nicht am Foto: Johann Weiß, Martin Steifer, Magdalena Trausner, Carina Trausner, Ing. Stephan Kurz.

Berg- u. Hüttenkapelle St. Martin im Sulmtal

Präsident:
Dipl.-Ing. Dr. ZEILER Burghard

Ehrenpräsident:
Dipl.-Kfm. KESSLER Günther

Ehrenpräsident:
Dr. RANKL Othmar

Ehrenpräsident:
Dr. Ing. SPROSS Manfred

Ehrenpräsident: BÄHRING Bernd

Obmann: SOMMER Karl-Heinz

Organisationsreferent:
STEINBAUER Bernd

Kapellmeister: Ing. WALTL Franz

Jugendreferent: GALLI Martin

Stabführer: SOMMER Karl-Heinz

Schriftführer: KLEINDIENST Bettina

EDV-Referent:
KLEINDIENST Bettina

Kassier/Finanzreferent:
KLEINDIENST Gerhard

Kassier/Finanzreferent:
KLEINDIENST Gerhard

1. Reihe von links nach rechts: Obmann Sommer Karl-Heinz, Steinbauer Willibald, Asel Anja, Wicher Katharina, Petschnig Pia, Stranimaier Sigrid, Teschinegg Katharina, Pölzl Elisa, Gödl Marlene, Koch Andrea, Langmann Christine, Galli Martin, Kapellmeister Ing. Waltl Franz; 2. Reihe von links nach rechts: Koch Mathias, Steinbauer Bernd, Siebenhofer Norbert, Gotthard Anton, Siebenhofer Lisa, Spieler Maria, Lojnik Sabrina, Kleindienst Gerhard, Steinbauer Daniela, Binder Christina, Gartner Franz, Stranimaier Susanne, Michelitsch Manfred, Mandl Florian; 3. Reihe von links nach rechts: Gartner Martin, Gotthard Maximilian, Freidl Gerd, Freidl Gudrun, Waltl Stefan, Painsi Franz, Mandl Robert, Mandl Franz, Gotthard Christina, Stiegler Kathrin, Krenn Cornelia, Galli Johanna, Steinbauer Raimund, Langmann Elisabeth; 4. Reihe von links nach rechts: Teschinegg Paul, Prattes Hans-Jürgen, Steinbauer Günter, Kleindienst Bettina, Jöbstl Willibald sen., Friessnegg Werner, Teschinegg Julia, Weiss Johann, Zeck Stefanie, Gödl Johannes, Langmann Martin.

Ortsmusikkapelle St. Oswald ob Eibiswald

Präsident:
Prinz CROY VON Clemens

Obmann:
MSD EISNER Johannes

Kapellmeister:
KOCH Johannes

Jugendreferent:
MSD EISNER Johannes

Schriftführer:
KNASZ Anita

EDV-Referent:
MSD EISNER Johannes

Kassier/Finanzreferent:
KNASS Alois

1. Reihe kniend von links: Pock René und Lindner Martin; 2. Reihe sitzend von links: Marketenderin Wieser Sonja, Kassierstellvertreter Knass Harald, Stabführer Tschuchnig Wolfgang, Kapellmeister Koch Hannes, Obmann und Jugendreferent Eisner Johannes, Ehrenobmann und Kassier Knass Alois, Kapellmeisterstellvertreter Freidl Robert; 3. Reihe stehend von links: Aldrian Martin, Manfred Knaß, Schriftführerin Anita Knaß, Findenig Andrea, Lasnik Stefanie, Golob Judith, Kremser Stefanie; 4. Reihe stehend von links: Pichler Gottfried, Bekleidungswart Knass Doris, Knaß Elisabeth, Golob Franziska, Schriftführerstellvertreterin Krasser Sigrid, Instrumentenwart Zitz Alois. Auf dem Bild fehlen: Marketenderin Palko Simone, Obmannstellvertreter Martin Raunjak, Assigal Josef, Mauthner Maximilian, Theisl Klemens und Zach Ulrike.

Musikverein St. Oswald / Kloster

Obmann:
KOCH Brigitte

Kapellmeister:
HORVATH Christian

Jugendreferent:
KLUG Nicole

Stabführer:
MÜLLER Johannes

Schriftführer:
KÖHLBICHLER Elisabeth

EDV-Referent:
MÜLLER David

Kassier/Finanzreferent:
KLUG Peter

Mitglieder: Alfred Göri, Martina Göri, Helene Hasewend, Christian Horvath, Marianne Horvath, Daniel Klug, Nicole Klug, Peter Klig, Brigitte Koch, Christoph Koch, Elisabeth Köhlbichler, Manuela Kügerl, Markus Kügerl, Mag. Otmar Lichtenegger, Bernhard Moser, Harald Moser, Lukas Moser, Andrea Müller, David Müller, Elias Müller, Ines Müller, Johannes Müller, Sebastian Nestler, Michaela Rämpitsch-Schwab, Günter Reinisch, Andrea Ripper, Ing. Andreas Ripper, Christoph Ripper, Felix Salzmann, Peter Schwab, Alfred Wölkart, Bianca Wölkart, Marianne Wölkart, Stefan Wölkart, Ing. Thomas Wölkart, Ing. Johannes Zmugg, Ing. Karl Zmugg.

Musikverein St. Peter im Sulmtal

Obmann:
THEISSL Daniela

Organisationsreferent:
Mag. (FH) ALDRIAN Alexander

Kapellmeister:
Mag. MÖRTH Kurt

Jugendreferent:
HOFFMANN-LEHMANN Frauke

Stabführer:
GOLLIEN Josef

Schriftführer:
KRASSER Ernst

Kassier/Finanzreferent:
PATSCHER Josef

3. Reihe stehend von links nach rechts: Reiterer Thomas, Zöhrer Martin, Hainzl Viktoria, Gollien Anna, Lehmann Frauke, Resch Madeleine, Strametz Peter, Zöhrer Bianka, Kogelnik Marlene, Reiterer Karin, Reiterer Thomas; 2. Reihe stehend von links nach rechts: Aldrian Alexander, Oswald Kurt, Spieler Josef, Krasser Ernst, Grossauer Kurt, Mörth Hannes, Gollien Johann, Gollien Stefan, Eibinger Johanna, Kapper Manuel; 1. Reihe sitzend von links nach rechts: Gollien Josef, Theißl Daniela, Plank Katharina, Mörth Kurt, Patscher Josef.

Musikverein St. Stefan ob Stainz

Präsident:
Dipl.-Ing. SCHMID Michael

Obmann:
Ing. GAISBERGER Jürgen

Kapellmeister:
TAPPLER Heinz

Jugendreferent:
HIDEN Günter

Stabführer:
DI (FH) WERBER Christian

Schriftführer:
Mag. Dr. SCHMID Gabriele

Kassier/Finanzreferent:
MOSER Josef

Obmann: Ing. Jürgen Gaisberger, Kapellmeister: Heinz Tappler. Aktive Musiker: Blumrich Robert, Bonstingl Lukas, Bretterklieber Birgit, Bretterklieber Marianne, Csernicska Eva, Csernicska Stefan, Fabian Bernhard, Fuchs Hannes, Fuchs Oliver, Fuchs Philipp, Fuchs Sabine, Fuchs Sandra, Fuchs Thomas, Ing. Gaisberger Jürgen, Gössler Johann, Halbwirth Georg, Halbwirth Markus, Hiden Franz, Hiden Günter, Hiden Josef, Hiden Maria, Hofer Robert, Höller Markus, Höller Matthias, Jandl Herbert, Kern Johanna, Klug Angelika, Klug Michael, Klug Stefan jun., Klug Stefan sen., Konrad Felix, Konrad Reinhard, Krainer-Hiden Peter, Krainer-Hiden Wolfgang, Krill Markus, Michaelis Anna, Michaelis Eva, Moser Josef, Muralter Magdalena, Ofner Franz, Pieron Fabian, Possert Alfred, Possert Anton, Prettner Ulrike, Prutsch Christian, Reisinger Philipp, Ritter Gernot, Ritter Peter, Ritter Simone, Rumpf Martina, Schantl Andreas, Schantl Clemens, Schantl Martin, Mag. Dr. Schmid Gabriele, Schober Anton, Schober Hannes, Schreiner Andrea, Schweiger Anton, Stelzl Julia, Tappler Heinz, Tappler Karl-Heinz, Tappler Wolfgang, Trieb Melanie, Trieb Michelle, Wagner Sabine, DI (FH) Werber Christian, Wolf Stefanie; Marketenderinnen: Csernicska Anita, Fuchs Marina, Hackl Kathrin, Windisch Martina, Weilharter Denise.

Trachtenmusikverein St. Ulrich in Greith

Präsident:
Ing. HAFNER August

Obmann:
LAMPEL Johann

Organisationsreferent:
HEUSSERER Johann

Kapellmeister:
Bez.-Kpm. HAINDL Friedrich

Jugendreferent:
KINZER Margit

Stabführer:
ZMUGG Franz jun.

Schriftführer:
STROHMEIER Martin

EDV-Referent:
EHMANN Herbert

Kassier/Finanzreferent:
ZMUGG Franz jun.

Ehmann Herbert, Ehmann Karl, Ehmann Stephanie, Feldhofer Thomas, Golob Lisa-Marie, Haindl Friedrich, Haring Ivan, Hermann Petra, Heusserer Johann, Jakelj Peter, Jammernegg Melanie, Jammernegg Stefan, Kaschmann Alois, Kaschmann Gerlinde, Kasper Maria-Luise, Kinzer Erwin, Kinzer Manfred, Koinegg Johann, Koinegg Sandra, Kinzer Margit, Kogler Eduard, Kröll Melanie, Kröll Stefanie, Kürbisch Vanessa, Lampel Ernst, Lampel Johann, Lampel Mathias, Legat Erwin, Lipp Albert, Lipp Angelika, Malli Manuela, Malli Wilhelm, Masser Carina, Masser Karl, Melcher Daniela, Milhalm Franz, Milhalm Hermann, Milhalm Karl, Milhalm Michael, Muchitsch Sonja, Pommer Patrick, Pratter August, Pratter Sabine, Pratter Michael, Pratter Stefan, Ruhri Nadine, Rumpf Martina, Rumpf Stefanie, Schipfer Margarete, Schmidt Lisa, Schrotter Alois, Strohmeier Alois, Strohmeier Angelika, Strohmeier Elisabeth, Strohmeier Franz, Strohmeier Julia, Strohmeier Kathrin, Strohmeier Martin, Sungi Andrea, Sungi Christoph, Sungi Daniela, Sungi Josef, Sungi Katrin, Sungi Lisa, Vezonik Martina, Weixler Bianca, Weixler Dominik, Zmugg Franz, Zeck Elisa.

Marktmusikkapelle Wettmannstätten

Obmann:
FLORIAN Thomas

Kapellmeister:
SCHERR Gerhard

Jugendreferent:
KLEMENT Christian

Stabführer:
PALL Johann

Schriftführer:
STIENDL Werner

EDV-Referent:
SCHACHINGER Philipp

Kassier/Finanzreferent:
STROHMEIER Andreas

Angerer Martin (Schlagzeug), Angerer Wolfgang jun. (Posaune), Angerer Wolfgang sen. (Posaune), DI Bernardo Alexandra (Klarinette), DI Bernardo Kurt (Tenorhorn), DI Bernado Ciara (Saxophon), Florian Irene (Marketenderin), Florian Thomas (Flügelhorn), Fürnschuß Sandra (Marketenderin), Gartner Wolfgang (Schlagzeug), Geissler Johann (Klarinette), Geissler Melanie (Querflöte), Geissler Melissa (Klarinette), Hammer Erika (Marketenderin), Hammer Johann (Schlagzeug), Hammer Peter (Horn), Kiegerl Stefan (Bass), KlambauerJulia (Klarinette), Klement Christian (Trompete), Klement Kerstin (Saxophon), Masser Heribert (Trompete), Mitteregger Andrea (Marketenderin), Mitteregger Manfred (Horn), Mitteregger Patrick (Horn), Mitteregger Sabrina (Trompete), Muster Nora (Klarinette), Neger Kristina (Querflöte), Neuhold Renate (Querflöte), Neukirchner Alexander (Flügelhorn), Neukirchner Daniela (Flügelhorn), Pall Bianca (Trompete), Pall Claudia (Querflöte), Pall Johann (Flügelhorn), Pall Sabine (Saxophon), Pichler Benedikt (Schlagzeug), Reitterer Andreas (Schlagzeug), Samastur Anita (Klarinette), Samastur Wolfgang (Bass), Schachinger Philipp (Trompete), Schachinger Theresia (Flügelhorn), Scheier Andrea (Marketenderin), Scheier Eduart (Schlagzeug), Scheier Harald (Tenorhorn), Scherr Gerhard (Trompete), Scherr Mario (Tenorhorn), Steinwender Anton (Tenorhorn).

Marktmusikkapelle Wies

Obmann:
PAURITSCH Robert

Organisationsreferent:
ROTHSCHÄDL Franz

Kapellmeister:
LIPP Martin

Jugendreferent:
BINDER Elisabeth

Stabführer:
KINZER Erich

Schriftführer:
EHMANN Margaretha

Kassier/Finanzreferent:
PASTOLNIK Helmut sen.

Bernhard Stefanie, Binder Julia, Binder Elisabeth, Blaha Julia, Brauchart Christian, Crepinko Martina, Crepinko Andreas, Ehmann Verena, Fidler Maria, Frank Melanie, Freigassner Robert, Garber Stefanie, Garber Patrick, Garber Sarah, Gosch Heidrun, Gosch Anja, Gschliesser Anja, Högler Heidi, Kinzer Erich, Kogler Ines, Koller-Hermann Veronika, Körbisch Gerhard, Kosjak Rene, Krampl Birgit, Kürbisch Martin, Lipp Martin, Lipp Victoria, Lukas Christoph, Maderbacher Kathrin, Maderbacher Kristin, Maderbacher Elisabeth, Moser Karina, Müller Kathrin, Pastolnik Helmut, Paternusch Marion, Pauritsch Susanne, Pauritsch Bianka, Pauritsch Gerlinde, Pauritsch Stefan, Pauritsch Robert, Pichler Alexandra, Pichler Jakob, Pongratz Gernot, Poscharnik Markus, Pracher Verena, Pridigar Martin, Prinz Barbara, Rabensteiner Neeta, Rothschädl Franz, Rothschädl Stefan, Rothschedl Lukas, Smodej Christian, Spieler Marion, Stelzl Doris, Stopper Helmut, Strohmaier Christoph, Strohmaier Stefan, Strohmaier Heribert, Strohmaier Martin, Wabnegg Thomas, Wabnegg Michael, Waltl Matthias, Waltl Georg, Waltl Rene, Waltl Cornelia.

Musikbezirk Feldbach

Der Bezirksvorstand Feldbach im Oktober 2009; sitzend v.l.n.r.: Bezirkskapellmeister-Stv. Mag. Adolf Obendrauf, Bezirkskapellmeister Friedrich Karner, Bezirksobmann Josef Stern, Bezirksobmann-Stv. Franz Gingl; stehend v.l.n.r.: Bezirksschriftführer Hermann Hochegger, Bezirksjugendreferent-Stv. Josef Bauer, Bezirksstabführer Ing. Karl Buchgraber, EDV-Referent und Bezirksschriftführer-Stv. Christina Stern, Bezirksjugendreferent MS-Dir. Mag. Dr. Karl Pfeiler, Bezirksjugendreferent-Stv. Mag. Peter List, Landesstabführer Erich Perner, Bezirkskassier-Stv. Markus Mild, Bezirkskassier Johann Haberl; nicht auf dem Foto: Medienreferent Mag. (FH) Harald Reichmann.

Musikverein Bairisch-Kölldorf

Obmann:
MAURER Albert

Kapellmeister:
LACKNER Karl Gottfried

Jugendreferent:
WURZINGER Richard

Stabführer:
LACKNER Karl Gottfried

Schriftführer:
KOBALE Daniela

EDV-Referent:
SCHEUCHER Franz

Kassier/Finanzreferent:
DIRNBAUER Anita

Berghold Sarah, Blasl Bernadette, Blasl Heinz Günter, Brandl Paul, Braunstein Andrea (Marketenderin), Braunstein Johann, Breuer Ludwig, Brucker Iris Maria, Brucker Tanja, Dirnbauer Anita, Duthaler Phillip, Edelsbrunner Gerhard, Fasching Matthias, Fauster Benjamin, Fauster Martin, Fink Franz, Fink Günter, Fink Johann, Fink Josef, Fink Manfred, Frauwallner Mario, Graf Mathias, Gütl Ewald, Habersack Gerhard, Habersack Johann, Höber Klaus, Hochleitner Rudolf, Hödl Jürgen, Hütter Daniela, Lackner Franz, Lackner Gottfried, Lackner Karl Gottfried, Lindner Tanja Elisabeth, Maurer Albert, Maurer Johann, Maurer jun. Johann, Moik Josef, Neumeister Anton, Neumeister Janine, Pachler Franz, Pachler Stefan, Parmetler Elisabeth, Petz Markus, Pletzer Markus, Posch Gerhard, Puntigam August, Puntigam Johann, Puntigam Margit, Raab Barbara, Raab Ferdinand, Resch Josef, Resch Marlene, Resch Robert, Roppitsch Andreas, Roppitsch Franz, Roppitsch Martin, Rudmann Judith, Scheucher Franz, Schmidt Tanja, Schöllauf Alexandra (Marketenderin), Schöllauf Gerhard, Schöllauf Werner, Stangl Brigitte, (Marketenderin), Trummer Reinhard, Waltersdorfer Vinzenz, Weissenbacher Elena, Wurzinger Erwin, Wurzinger Manuel, Wurzinger Monika, Wurzinger Richard, Zotter Julia (Marketenderin).

Musikverein Breitenfeld

Obmann:
KIENREICH Wolfgang

Kapellmeister:
SCHWAB Andreas

Jugendreferent:
LÖFFLER Bernhard

Stabführer:
SCHWARZ Ernst

Schriftführer:
HOCHEGGER Hermann

EDV-Referent:
KONRATH Christian

Kassier/Finanzreferent:
FRITZ Gerald

Von links nach rechts, beginnend in der hintersten Reihe: Turner Christian, Urschler Matthias, Wendler Verena, Puchas Patrik, Fritz Stephanie, Konrath Christian, Löffler Franz, Matzer Joseph, Jansel Wilhelm, Jansel David, Schnepf Christian, Kickenweitz Stefan, Löffler Bernhard, Posch Andreas, Raidl Franz, Schmidt Alexandra, Matzer Silvia, Pfeifer Günther, Löffler Gertraud, Matzer Katharina, Janisch Alexandra, Glaser Karin, Thier Bernhard, Schwarz Fabian, Schwarz Manuela, Wagner Tanja, Matzer Silvia, Paulitsch Silvia, Raidl Carina, Wagner Kerstin, Fritz Josef, Glanz Clemens, Wallner Katharina, Auner Anita, Jansel Cornelia, Raidl Theresa, Kienreich Klara, Stocker Karin, Gratzer Mario, Trummer Lisa, Hochegger Hermann, Schwab Andreas, Schwarz Ernst, Kienreich Wolfgang, Fritz Gerald, Konrath Dominika.

Musikverein Edelsbach

Obmann:
GSÖLS Sophie

Kapellmeister:
MILD Markus

Jugendreferent:
PFEIFER Bettina

Stabführer:
LEGENSTEIN Gernot

Schriftführer:
Ing. SCHWAB Robert

EDV-Referent:
Ing. SCHWAB Robert

Kassier/Finanzreferent:
OBER Hans-Peter

1. Reihe (von links nach rechts): Melbinger Lukas, Weiß Bastian, List Lukas, Buchgraber Manuel; 2. Reihe: Legenstein Gernot, Platzer Josef sen., Ober Karl, Kpm. Mild Markus, Obm. Dunkl Martin, Neubauer Eduard, Reicht Willibald, Monschein Josef; 3. Reihe: Stangl Valentin, Krenn Martina, Fuchs Cornelia, Frühwirth Katharina, Buchgraber Anna, Buchgraber Isabella, Wurm Karin, Lafer Manuela, Frühwirth Eva, Kaufmann Stefanie, Hofmüller Gabriela, Buchgraber Alfred, Ziegerhofer Julia, Ziegerhofer Teresa; 4. Reihe: Paier Karin, Schwab Doris, Glatz Michaela, Gsöls Sophie, Knittelfelder Viktor, Telser Franz, Marko Gerald, Pfeifer Bettina, Frühwirth Manfred, Paier Joachim; 5. Reihe: Langbauer Robert, Reicht Christian, Langbauer Tanja, Lafer Romana, Suppan Franz, Platzer Josef jun., Schwab Alois, Buchgraber Manuela, Lafer Johann, Leitgeb Josef sen.; 6. Reihe: Reicht Robert, Fink Otto, Leitgeb Josef jun., Ober Hans-Peter, Ober Dietmar, Schwab Robert, Rath Josef, Glatz Roman, Dunkl Markus, Buchgraber Bernadette, Reicht Roman.

Musikverein Eichkögl

Obmann:
RATH Ewald

Kapellmeister:
AMTMANN Martin

Jugendreferent:
ZETTELBAUER Erika

Stabführer:
PETZ Christian

Schriftführer:
Ing. ZAFF Jürgen

EDV-Referent:
SUPPAN Friedrich jun.

Kassier/Finanzreferent:
SUPPAN Friedrich sen.

Weigl Herbert jun., Zaff Jürgen, Nöst Mario, Schölnast Christian, Fuchs Andreas, Petz Christian, August Nießwohl, Matz Albert, Temmel Christoph, Rabl Anna, Sohar Ernst, Zettelbauer Erika, Rath Ewald, Suppan Friedrich sen., Nestl Manfred, Rabl Helmut, Weigl Christian, Suppan Friedrich jun., Lederer Bernhard, Kern Anna, Niesswohl Hans Peter, Amtmann Martin, Obojes Janine, Paier Thomas, Paier Markus, Petz Christina, Matz Johanna, Gerger Sabrina, Rabl Bianca, Berghold Claudia, Lederer Julia, Niesswohl Beate, Fuchs Renate, Maier Sabrina, Rabl Stefanie; nicht am Foto: Brandl Michael, Einsinger Johann, Fuchs Patrik, Körndl Katja, Obojes Jasmin, Pichler Doris, Schröck Martina, Suppan Christopher, Tieber Dominik, Timischl Marcel, Weigl Herbert sen. Unser aktueller Mitgliederstand per 1.1.2010: 46 Mitglieder.

355

Stadtkapelle Fehring

Obmann:
GINGL Franz

Kapellmeister:
Mag. LIST Peter

Jugendreferent:
SUNDL Klaus

Stabführer:
REICHMANN Markus

Schriftführer:
REICHMANN Daniela

Kassier/Finanzreferent:
KARNER Matthias

1. Reihe von links (sitzend): Pfandner Daniela, Mag. List Peter, Mag. Karner Thomas, Wendler Franz, Gingl Franz, Karner Helmut, Karner Fritz, Fauster Hans, Reichmann Daniela, Karner Matthias, Bichler Sabine; 2. Reihe von links: Wurzinger Bettina, Sundl Klaus, Koch Martina, Fink Daniela, Hödel Isabella, Müller Ulrike, Bedek Christoph, Karner Alexandra, Kapper Katja, Neumeister Martina, Kniely Liane, Bildstein Eva, Schwarhofer Annette, Reindl Karin, Maitz Katharina, Wurzinger Kerstin; 3. Reihe von links: Wagner Manuel, Friedl Matthias, Wolf Daniela, Theissl Martina, Schmied Rudolf, Bauer Robert, Karner Karl, Maitz Ernst, Matzhold Andrea, Geiger Eva-Maria, Köhldorfer Edith, Herke Franz, Bedek Hans-Peter; 4. Reihe von links: Fink Franz jun., Reichmann Markus, Köhldorfer Sandra, Fink Franz sen., Adler Franz, Gutmann Christina, Lipp Wilhelm, Sammer Manfred, Gingl Edeltraud, Kleinschuster Martha, Michael Sukitsch, Posch Anton; 5. Reihe von links: Matzhold Anna, Gwaltl Karl, Dornik Heinz, Schmelzer Markus, Tappauf Michael, Pfister Rene, Kleinschuster Hans, Pfister Rene, Kleinschuster Hans, Kapper Maria, Neumeister Daniel, Geiger Bernhard, Fauster Alfred; 6. Reihe von links: Kerschberger Sepp, Palz Harald, Kapper Wilhelm, Ing. Wendler Peter, Lamprecht Christian, Kapper Erich, Thier Gerhard, Bauer Christian, Szummer Gerald, Bittner Daniel, Mag. Fauster Hannes, Lipp Hannes.

Stadtmusik Feldbach

Präsident:
Komm.-Rat HARMTODT Alois

Obmann:
Ing. BUCHGRABER Karl

Kapellmeister:
MDir. Mag. TRUMMER Rudolf

Jugendreferent:
DIETZ Christine

Stabführer:
Ing. BUCHGRABER Karl

Schriftführer:
DI (FH) THEISSL Stefan

EDV-Referent:
DI (FH) HÖSCH Heinz

Kassier/Finanzreferent:
HABERL Johann

Buchgraber Hartmut, Buchgraber Evelyn, Ing. Buchgraber Karl, Diem Katharina, Dietz Christine, Edelsbrunner Josef, Fladischer Fabian, Fritz Verena, Gingl Karl, Gradischnig Michael, Grill Christopher, Grill Rebecca, Haberl Johann, Haberl Karl, Haberl Stefan, Komm.-Rat Harmtodt Alois, DI Heuberger Ernst, DI (FH) Hösch Heinz, Hruska Josef, Huemer Matthias, Huemer Christoph, Josefus Johann, Josefus Petra, Josefus Christian, Josefus Florian, Jud Werner, Ing. Karlin Kurt, Knaus Helmut, Konrad Achim, Krainer Johann, Lafer Bettina, Löffler Franz, Lösch Martin, Lösch Johannes, Maier Birgit, Möglich Erika, Müllner Johann, Paierl Mario, Pöllabauer Maria, Mag. Pöllabauer Peter, Prassl Matthias, Prassl Hannes, Prassl Robert, Prassl Thomas, Schelch Gabriele, Schiffer Manfred, Schloffer Georg, Schloffer Katrin, Schuller Bernhard, Seidl Florian, Stangl Valentin, Stangl Michaela, Mag. Stessl-Mühlbacher Sonja, Stiasny Georg, Mag. Stiasny Bettina, Strobl Mario, Tappauf Martin, Mag. Tappauf Karl, Theissl Friedrich, Mag. (FH) Theissl Anna-Helena, DI (FH) Theissl Stefan, Trammer Friedrich, Trummer Ingrid, Trummer Robert, Trummer Evamaria, MDir. Mag. Trummer Rudolf, Dipl.-Ing. Trummer Christoph, Dir. Trummer Franz, Trummer Julia, Wilferl Helmut, Wurzinger Robert, Wurzinger Martin, Wurzinger Michael, Zotter Anna.

Jungsteirerkapelle Feldbach

Präsident:
Dir. ANGERER Gerhard

Obmann:
DI MATZHOLD Christian

Kapellmeister:
MSDir. Mag. Dr. PFEILER Karl

Jugendreferent:
PFEILER Elisabeth

Stabführer:
HÖDL Patrick

Schriftführer:
MATZHOLD Nina

Kassier/Finanzreferent:
STERN Josef

1. Reihe von links (sitzend): Luttenberger Birgit, Flasser Theres, Lafer Regina, Saurugg Andrea, Puntigam Tatjana, Matzhold Nina, Obm. DI Matzhold Christian, Dir. Angerer Gerhard, Kpm. Dr. Pfeiler Karl, Hödl Patrick, Altenburger Martina, Neuhold Nicole, Greiner Sabrina, Luttenberger Marion; 2. Reihe von links (stehend): Fasching Adolf, Pold Heinz, Pfeiler Florian, Schlögl Martin, Pfeiler Elisabeth, Luttenberger Sandra, Stern Eva, Weigl Romana, Grain Veronika, Suppan Evelyn, Würfel Andrea, Maier Manuel; 3. Reihe von links (stehend): Maier Walter, Ritz Helmut, Brecher Siegfried, Winkler Viktoria, Fasching Andrea, Mag. Tropper Theresia, Lackner Claudia, Gölles Sonja, Maier Oliver, Gölles Michael, Luttenberger Engelbert, Kern Philipp; 4. Reihe von links (stehend): Gölles René, Mayer Andreas, Lafer Alois, Matzhold Gerhard, Christiner Martin, Stern Josef. Nicht anwesende Musiker: Bajzek Matthias, Friesinger Alois, Gölles Stefan, Kohlmaier Christina, Kurz Gernot, Pfeiler Andreas, Platzer Sarah, Stern Christina. Ehrenmitglieder: Pfeiler Karl sen., Tropper Josef, Veith Josef.

Artillerie-Traditionskapelle Von der Groeben

Obmann:
Obstlt JUD Martin

Geschäftsführender Obmann:
Ing. MAHLER Elmar Florian

Kapellmeister:
Ing. THIER Gerhard

Jugendreferent:
Mag. MEITZ Gabriela

Stabführer:
WURZINGER Manuel

Schriftführer:
KARLIN Helmut

EDV-Referent:
ZWETTI Christian

Kassier/Finanzreferent:
KERNBICHLER Franz

Vorne: Kapellmeister Gerhard J. Thier; 1. Reihe (von links): Sabine Rath, Sarah Pelzmann, Iris Gangl, Franz Kernbichler, Gabriela Meitz, Martina Bauer; 2. Reihe (von links): Josef Bauer, Josef Thier, Aushilfe, Aushilfe, Siegfried Gosch, Franz Kerschhofer, Reinhard Prassl, Aushilfe, Christian Zwetti, Anton Neumeister, Elmar Florian Mahler; 3. Reihe (von links): Ottokar Müller, Helmut Karlin, Ernst Eder, Alois Neuherz, Josef Hatzel, Günter Klaus Schwarzl, Manfred Stefanzl, Peter Köhldorfer, Manuel Wurzinger, Helmut Pokorny.

Marktmusikkapelle Gnas

Obmann:
TRUMMER Gerhard

Organisationsreferent:
KAMPER Anton

Kapellmeister:
KAUFMANN Harald

Jugendreferent:
MASSER Monika

Stabführer:
ROSSMANN Wilhelm jun.

Schriftführer:
SUNDL Anna

EDV-Referent:
SUPPAN Christian

Kassier/Finanzreferent:
KROBATH Erich

Musikerliste per November 2009 (alphabetisch): Baumann Robert, Eibl Tanja, Fasching Verena, Gutmann Josef, Haas Albert, Haas Andreas, Haas Kathrin, Hermann-Sand Alexandra, Höchelein Paul, Hödl Herbert, Hödl Lukas, Jarc Denise, Prof. Kaufmann Alois, Kaufmann Harald, Kamper Anton, Kamper Stephan, Kreiner Doris, Krobath Erich, Lamprecht Albert, Lamprecht Albert jun., Lamprecht Markus, Masser Monika, del Negro Alois, Neumeiser Albert jun., Neumeiser Stefan, Niederl Alois, Niederl Alois jun., Niederl Helena, Niederl Andreas, Niederl Johann, Obendrauf Eva-Maria, Platzer Manfred, Pock Anita, Pucher Maria, Rath Rupert, Rauch Johann, Rauch Josef, Reinprecht Johann, Roßmann Wilhelm sen., Roßmann Wilhelm jun., Roßmann Patrick, Roßmann Kerstin, Schleich Johann, Sommer Alois, Stangl Michael, Stern Michael, Strini Bettina, Sundl Anna, Sundl Josef, Suppan Christian, Tropper Nicole, Trummer Bernhard, Trummer Gerhard, Trummer Franz, Uller Erich, Zwetti Christian; Marketenderinnen: Grießbacher Martina, Raidl Elisabeth, Roßmann Christiane.

Trachtenmusikkapelle Gossendorf

Obmann:
LAMPRECHT GERHARD

Kapellmeister:
EIBL MARKUS

Jugendreferent:
LEITGEB Eveline

Stabführer:
LAMPRECHT GERHARD

Schriftführer:
LAMPRECHT GERHARD

EDV-Referent:
LAMPRECHT GERHARD

Kassier/Finanzreferent:
PENDL HEINZ

Musiker von links nach rechts: 1. Reihe kniend: Doris Reindl, Fabian Genser, Mario Halbedl, Bianca Lamprecht; 1. Reihe stehend: Doris Gutl, Siegrid Fauster, Eveline Leitgeb, Daniela Leber, Romana Groß, Obmann und Stabführer Gerhard Lamprecht, Kapellmeister Markus Eibl, Johann Truhetz, Stefanie Fauster, Melanie Eder, Lisa Reicher, Silvia Eibl; 2. Reihe stehend: Jasmin Ziehenberger, Florian Gingl, Christoph Gingl, Friedrich Szummer, Johann Hartinger, Bernhard Resch, Alexander Genser, Franz Neumeister, Josef Baumgartner, Carina Genser, Bettina Schweinzer; 3. Reihe stehend: Josef Krobath, Franz Friesinger, Franz Halbedl, Karl Resch, Franz Laffer, Manfred Leitgeb, Daniel Ziehenberger, Maximilian Titz; 4. Reihe stehend: Obmann-Stellvertreter Josef Gutl, Josef Fink, Erich Resch, Alois Neuherz, Finanzreferent Heinz Pendl, Josef Schober, Gerhard Reicher.

Musikverein Hatzendorf

Obmann:
BEDEK Johann

Kapellmeister:
Mag. HIRSCHMUGL Anton

Jugendreferent:
GÜTL Johann

Stabführer:
PAYERL Josef

Schriftführer:
LIPP Franz

EDV-Referent:
LIPP Franz

Kassier/Finanzreferent:
FINK Johann

1. Reihe (v.l.n.r.): Payerl Sonja, Bauer Lisa, Niederl Sonja, Fink Julia, Neuherz Ewald, Mag. Hirschmugl Anton, Fink Franz, Bedek Johann, Fartek Carina, Temmel Michaela, Hardinger Gaby, Gütl Katharina; 2. Reihe: Thiebet Bernhard, Gütl Johann, Lehner Katrin, Spörk Evelyn, Lipp Bianca, Zenz Rebecca, Payerl Josef, Sapper Thomas, Hardinger Walter, Lehner Rita, Spörk Regina, Spörk Michael, Hirschmugl Anton, Hölbling Katharina; 3. Reihe: Lenz Bernadette, Ing. Windisch Christoph, Fink Alois, Stenitzer Franz, Thier Markus, Thier Reinhard, Spörk Josef, Windisch Franz; 4. Reihe: Sapper Christian, Fuchs Kristina, Neuherz Christiane, Thurner Viktoria, Waßhuber Johann, Thurner Franz, Gölles Franz sen., Friedl Elisabeth; 5. Reihe: Payerl Gerald, Gölles Franz jun., Fink Johann, Neuherz Harald, Lipp Franz, Lehner Herbert, Sapper Franz, Mag. Hirschmugl Karin; nicht auf dem Foto: Lehner Barbara, Senekowitsch Matthias, Spörk Ursula, Wallner Manuela, Gether Walter, Gütl Verena, Weinhofer Nadine.

Marktmusikkapelle Jagerberg

Obmann:
LEBER Alois

Kapellmeister:
NIEDERL Franz

Jugendreferent:
STOPPACHER Lisa

Stabführer:
TIEBER Alfred

Schriftführer:
RADKOHL Waltraud

EDV-Referent:
BRÜCKLER Sandra

Kassier/Finanzreferent:
BRÜCKLER Hannes

1. Reihe v.l.n.r.: Maria Riedl, Kerstin Rauch, Lisa Stoppacher, Kapellmeister Franz Niederl, Stabführer Alfred Tieber, Obmann Alois Leber, Ehrenkapellmeister Gottfried Neubauer, Erwin Resch, 2. Reihe v.l.n.r.: Nina Niederl, Alois Hirschmugl, Johannes Reisenhofer, Franz Groß sen., Josef Trummer, Nadine Siegl, Andreas Fuchs, 3. Reihe v.l.n.r.: Sandra Brückler, Bernhard Zach, Franz Groß, Elisabeth Radkohl, Manfred Tieber, Thomas Stoppacher, Franz Stoppacher, Bernhard Brünner, 3. Reihe v.l.n.r.: Waltraud Radkohl, Roman Neubauer, Bettina Stoppacher, Andre Schuster, Josef Rauch.

Musikkapelle Kapfenstein

Obmann:
Mag. LANG Martin

Kapellmeister:
RINGLER Franz

Jugendreferent:
HAMMER Helmut

Jugendreferent:
DIRNBAUER Gerald

Stabführer:
GINGL Anton

Schriftführer:
FUCHS Eva

EDV-Referent:
FUCHS Eva

Kassier/Finanzreferent:
HÖDL Manfred

1. Reihe von links: Heide Gingl, Alexander Baumgartner, Robert Schinko, Reinhard Schinko, Franz Ringler (Kapellmeister), Rafael Krenn, Mag. Martin Lang (Obmann), Stefan Dirnbauer, Anton Gingl (Stabführer), Franz Dirnbauer, Julia Fassold, Desiree Rubak, Annemarie Szumer; 2. Reihe von links: Bianca Müller, Franz Höber, Willibald Schuster, Helmut Faibl, Franz Kleinschuster, Alois Schuster, Stefan Titz, Verena Hödl, Melissa Ringler, Daniela Gross; 3. Reihe von links: Tanja Hammer, Viktoria Rubak, Florian Lutterschmied, Phillip Blasl, Anton Schmoll, Gerald Dirnbauer, Marlies Lang, Cinderella Rubak, Mario Müller, Eva Fuchs (Schriftführerin), Matthias Krenn, Carina Hammer; letzte Reihe von links: Anton Dirnbauer, Dietmar Turner, Helmut Hammer, Johann Gross, Gerhard Eibl, Roman Weiss, Heinz Sitzwohl, Harald Maier. (Foto aus dem Jahr 2008)

Marktmusikkapelle Kirchbach

Obmann:
Mag. (FH) REICHMANN Harald

Kapellmeister:
Mag. PLATZER Johann

Jugendreferent:
BAIER Josef

Stabführer:
AMTMANN Hanspeter

Schriftführer:
SUPPAN Bianca

EDV-Referent:
KÖLLI Johann

Kassier/Finanzreferent:
ZACH Robert

Musikerinnen und Musiker (v.r.n.l.): 1. Reihe: Manuela Mandl, Vroni Praschk, Franz Praschk, Harald Reichmann (Obmann), Johann Platzer (Kapellmeister), Hanspeter Amtmann (Stabführer), Martin Mandl, Josef Schönberger, Hans-Peter Fuchs, Angela Reicht, Sabine Reicht; 2. Reihe: Anna Skofitsch, Bianca Suppan, Marlies Schönberger, Marlies Baier, Stefanie Holzmann, Eva Reicht, Heidi Reicht, Viktoria Kickmayer, Elisabeth Ritter, Sandra Baumhackl; 3. Reihe: Anton Marbler sen., Josef Praschk, Fritzi Pucher, Manuela Reicht, Daniela Suppan, Josef Winter, Maria Pucher, Anna Holzmann, Johann Kickmayer, Karl Löffler, Johann Kölli; 4. Reihe: Anton Marbler jun., Franz Marbler, Mario Feierer, Josef Baier, Stefan Konrad, Erwin Wonisch, Manfred Platzer, Wolfgang Feierer, Philipp Wurzinger, Andreas Schober; 5. Reihe: Rupert Holzmann, Hubert Suppan († 2006), Martin Kurzmann, Franz Hutter, Georg Bauer, Hans-Peter Absenger, Markus Wonisch, Florian Bauer; 6. Reihe: Helmut Reicht, Erich Reicht, Hannes Kurzmann, Andreas Weiß.

Musikverein Kirchberg

Obmann:
MONSCHEIN Franz

Kapellmeister:
Mag. PROMITZER Karl-Heinz

Jugendreferent:
BIRCHBAUER Martina

Stabführer:
PROMITZER Markus

Schriftführer:
WINDISCH Reingard

Kassier/Finanzreferent:
HUSS Helga

Flöte: Neuhold Christine, Saurugg Andrea, Promitzer Vera, Deutsch Angelika, Wagner Annemarie, Breininger Karin, Wagner Elisabeth, Rath Franziska, Ofner Marlene, Pscheiden Eva-Maria, Pscheiden Karin, Windisch Reingard; Piccolo: Saurugg Andrea; Klarinette: Freissmuth Helmut, Karner Stefan, Gross Silvia, Lageder Silvia, Birchbauer Martina, Hierzer Daniel, Breininger Julia, Lageder Bianca, Pscheiden Johann jun., Gross Petra, Pscheiden Johann, Mandl Thomas; Saxophon: Gross Petra, Pscheiden Johann, Mandl Thomas, Lageder Bianca, Wagner Elisabeth; Trompete: Ofner Helmut, Hutter Eleonora, Rossmann Eveline, Ofner Fabian, Wagner Michael, Windisch Simon, Rath Norbert, Monschein Daniel; Flügelhorn: Promitzer Thomas, Absenger Franz, Promitzer Markus, Körndl Karoline, Huss Helga, Gössler Anton, Neubauer Gerda, Lageder Nadine; Horn: Sükar Stefan, Huss Viktoria, Monschein Franz, Fellner Matthias; Posaune: Windisch Samuel, Windisch Reingard, Dunkl Willibald, Monschein Patrick; Bass: Stark Stefan, Birchbauer Thomas, Faul Andreas; Schagwerk: Promitzer Helmut, Sükar Manfred, Fuchs Helmut, Saurugg Michaela, Monschein Stefan, Sükar Dominik; Marketenderinnen: Fellner Julia, Promitzer Vera.

Marktmusikverein Paldau

Obmann:
KNITTELFELDER Wolfgang

Kapellmeister:
SCHLÖGL Wolfgang

Jugendreferent:
LEBLER Heidi

Stabführer:
GSPANDL Katharina

Schriftführer:
WINKLER Maria

EDV-Referent:
GRIESBACHER Gernot

Kassier/Finanzreferent:
SCHLÖGL Johann

Marketenderinnen: Martina Bauer, Hermine Fuchs, Elisabeth Gspandl, Erna Kien, Michaela Schuster; Flöte/Piccolo: Eva-Maria Braun, Romana Griesbacher, Sandra Hutter, Martina Leber, Heidi Lebler, * Sabine Lindner, * Lisa-Marie Novak, * Verena Rathkolb, * Silvia Spirk; Klarinette: Markus Edelsbrunner, * Karl Fruhwirth jun., Karl Fruhwirth sen., Karl Hölzl, Wolfgang Kien, * Franz Lindner, * Rupert Müller, * Maria Winkler; Oboe: Susanne Hammer; Flügelhorn/Trompete: Gernot Griesbacher, Hannes Griesbacher, * Katharina Gspandl, Franz Hirschmann, Manuel Knittelfelder, Franz Maier, Josef Platzer, Gottfried Schaden, Otmar Spirk; Horn: Maria Lebler, Johann Schlögl; Posaune: * Franz Lindner, * Regina Monschein, Barbara Rauch; Tenorhorn/Bariton: Dominik Kerschhofer, Josef Matzer, * Regina Monschein, Josef Neuhold sen., Paul Neumeister, * Wolfgang Schlögl, * Rudolf Trummer; Bass: Alois Kamper, * Wolfgang Knittelfelder, Thomas Monschein, Josef Neuhold jun.; Schlagzeug: Daniel Kölbl, * Franz Lindner, Johannes Monschein, Christian Neuhold, Christoph Schiefer, * Rudolf Trummer.

Marktmusikkapelle Riegersburg

Obmann:
FAULAND Wolfgang

Kapellmeister:
WINKLER Josef

Jugendreferent:
MAUßER Katharina

Stabführer:
FAULAND Wolfgang

Schriftführer:
IBER Natascha

EDV-Referent:
MAUßER Stefan

Kassier/Finanzreferent:
ZANGL Otmar

1. Reihe von links: Czellary Nadine, Maurer Andrea, Iber Natascha, Ackerl Tanja, Koth Daniela, Winkler Josef, Fauland Wolfgang, Koller Josef, Posch Roland, Wagner Katharina, Winkler Isolde, Maußer Cornelia, Wagner Franziska; 2. Reihe von links: Wurm Eduard, Rabl Franz, Schwab Josef, Fuchs Josef, Winkler Alois, Zangl Otmar, Messerer Hannes, Schwab Christian, Thurner Thomas, Lichtenegger Johann, Maußer Katharina; 3. Reihe von links: Wippel Anita, Koller Wolfgang, Kummer Andreas, Gspaltl Günther, Janisch Stefan, Maußer Stefan, Müllner Peter, Wurm Wolfgang, Hörmann Martin.

Marktmusikkapelle St. Anna am Aigen

Obmann:
PFEIFER Alfred

Kapellmeister:
SCHERR Josef

Jugendreferent:
ERTL Ewald

Stabführer:
SORGER Walter

Schriftführer:
SCHERR Markus

EDV-Referent:
SCHERR Markus

Kassier/Finanzreferent:
FISCHER Claudia

Marktmusikkapelle St. Anna am Aigen, 2009: 1. Reihe v.l.: Fischer Bernhard, Legenstein Patrick, Ertl Susanne, Kapellmeister Scherr Josef, Obmann Pfeifer Alfred, Kink Daniela; 2. Reihe v.l.: Wurzinger Andreas, Sorger Bernhard, Sorger Karl, Hödl-Stefanzl Maria, Haas Brigitte, Schuster Maria, Frühwirt Kathrin, Wurzinger Sarah; 3. Reihe v.l.: Hammer Josef, Scharl Andreas, Scherr Markus, Frühwirt Christian, Lamprecht Katharina, Puff Julia, Hödl Robert, Hauer Josef; 4. Reihe v.l.: Sorger Josef, Sorger Martin, Hackl Gerhard, Prutsch Johann, Puff Anna, Sorger Anna, Sorger Christian, Ruck Ludwig, Stabführer Sorger Walter; 5. Reihe v.l.: Hackl Thomas, Grießbacher Herbert, Ulrich Franz sen., Simmerl Johann, Hackl Christian, Ertl Ewald, Lamprecht August, Rozmann Josef, Hackl Alois, Stefanzl Manfred, Hackl Alois.

Marktmusik St. Stefan im Rosental

Obmann:
WEIXLER Johann

Kapellmeister:
Vzlt PERNER Erich

Jugendreferent:
WAGNER Petra

Stabführer:
PLATZER Otto

Schriftführer:
Mag. HIRSCHMANN Michael

Kassier/Finanzreferent:
MACHER Alois

Ehrenobmann: Dr. Johannes Steyskal; Kpm: Perner Erich; Stabführer: Platzer Otto; Flöte: Kurzmann Cornelia, Schantl Antonia; Klarinetten: Ertler Florian, Fasching Herbert, Hirschmann Michael, Marbler Kristina, Meier Karl, Platzer Silke, Sammer Susanne, Scheucher Renate, Schlögl Roman, Tantscher Christian, Weixler Johann, Obmann; Saxophone: Dungl Vinzenz, Fasching Gabriele, Stubenvoll Katharina, Wagner Petra, Weixler Roman, Schantl Carolina; Flügelhörner: Harb Alois, Heinle Georg, Fasching Markus, Schranger Horst, Schranger Josef, Suppan Michael, Walter Reinhard; Marketenderinnen: Fasching Dania, Moik Ingrid, Moik Renate, Nagl Ingrid, Platzer Ingrid; Hörner: Schadler Pankraz, Scherr Egon, Solar Andreas, Zangl Johann; Tenorhörner: Absenger Gerhard, Hirschmann Manfred, Jagl Florian, Jagl Johann, Konrad Emmerich; Posaunen: Fasching Johann, Hirschmann Norbert, Seidl Gernot, Solar Erwin, Wilfling Richard; Bass: Eder Josef, Schadler Thomas, Schlögl Martin; Schlagzeug: Hirschmann Bernhard, Lex Johann, Macher Alois, Posch Robert, Potnik Marcel, Schwarz Emmerich, Seidl Thorsten; Trompeten: Fasching Kerstin, Fasching Petra, Fasching Silke, Hödl Joachim, Niederl Andreas, Niederl Mathias, Mag. Obendrauf Adolf, Dr. Pfeiler Karl, Sammer Robert, Schabl Jaqueline, Walter Benjamin.

Trachtenmusikkapelle Trautmannsdorf

Obmann:
KÖLLDORFER Josef

Kapellmeister:
KIRBISSER Johann jun.

Jugendreferent:
MMag. MELLACHER Sandra

Stabführer:
KÖLLDORFER Josef

Schriftführer:
MAIER Karl

EDV-Referent:
KÖLLDORFER Patrick

Kassier/Finanzreferent:
PLASCHG Markus

V.l.n.r. Flügelhorn: MMag. Kaufmann Stefan, ABgm. Wolf Rupert, Schröttner Thomas, Leitgeb Engelbert, Ing. Mahler Elmar, Moik Rupert, Scheucher Josef; v.l.n.r. Tuba: Obm.-Stv. Maier Johannes, Hirschmugl Maria, Kaufmann Robert, Pokorny Helmut, Kpm. Kirbisser Johann jun., Pfeiffer Johann, Prassl Patrick; v.l.n.r. Schlagzeug: 1. Reihe: Pfeiffer Josef, Stefanzl Herbert, Thierschädl Franz, Kirbisser Hans-Peter, 2. Reihe: Prassl Renate, Stefanzl Manfred, Maier Daniel, Thierschädl Gerhard; Trautmannsdorf; v.l.n.r. Klarinetten: Pfeiler Markus, Pfeiler Martin, BBak. Mellacher Sandra, Krobath Robert, Kass. Plaschg Markus, Pock Thomas, Schrf. Maier Karl, EKpm Kirbisser Johann, Ulbl Andreas; v.l.n.r. Mark. Hebenstreit Roswitha, Kpm Kirbisser Johann jun., Obm. Kölldorfer Josef, Mark. Pfeiler Marlies; v.l.n.r. Tenöre: 1. Reihe: Ranftl Josef, Alessio Christoph, 2. Reihe: Trummer Anni, Moik Eduard, Mellacher Maria, Puntigam Karl; v.l.n.r. Flöten: Kirwasser Sylvia, Fritz Monika, Fuchs Ulrike, Wolf Sabine; v.l.n.r. Hörner: EKpm. Thierschädl Johann, Alessio Helmut, EObm. Kaufmann Herbert, Pachler Heinrich, Lackner Franz; v.l.n.r. Sax: Trummer Margret, Kothgasser Werner, Obm. Kölldorfer Josef, Mellacher Petra, Trummer Elisabeth; v.l.n.r. Trompeten: 1. Reihe: Kölldorfer Patrick, Pock Christoph, 2. Reihe: Lamprecht Martin, Maier Matthias, Kpm-Stv. Mellacher Josef, Hirschmugl Michael.

Musikverein Unterlamm

Obmann:
WEINER Franz

Kapellmeister:
KRENN Franz

Jugendreferent:
LOIDL Heike

Stabführer:
POLD Markus

Schriftführer:
POLT Josef jun.

EDV-Referent:
LOIDL Franz

Kassier/Finanzreferent:
NEUHERZ Gerhart

Von links nach rechts: 1. Reihe (vorne): Freißmuth Karina, Hartinger Melissa, Bauer Josef, Dobida Josef, Krenn Franz, Siegl Kerstin, Weiner Barbara; 2. Reihe: Lackner Claudia, Loidl Christina, Jaindl Kerstin, Loidl Franz, Weiner Franz, Tschandl Werner, Neuherz Gerhart, Polt Claudia, Tschandl Tina, Tschandl Sandra; 3. Reihe: Gartner Anton, Siegl Barbara, Gether Walter, Kapper Josef, Payerl Johann, Pold Alois, Siegl Elisabeth, Rebernik Stefanie; 4. Reihe: Siegl Franz, Strobl Siegfried, Unger Thomas, Steurer Karl, Unger Bianca, Payerl Franz, Gartner Manuela, Loidl Wolfgang; 5. Reihe: Josef Polt jun., Eibel David, Jaindl Franz, Polt Josef, Pold Heinz, Gspandl Egon, Jaindl Johann, Mandl Karl, Freißmuth Johann, Freißmuth Erich, Pold Johann. (Foto: Mag. Wilhelm Jobstmann, 2008)

Musikbezirk Fürstenfeld

V.l.n.r.: Bez.-Schrf. Ing. Josef Riegebauer, Bez.-Kpm.-Stv. Herbert Maierhofer, Bez.-Kpm. Alfred Reiter, Bez.-FinRef.-Stv. Andreas Pfingstl, Bez.-FinRef. Theres Brünner, Bez.-JRef. MMag. Robert Ederer, Bez.-Obmann Ing. Karl Hackl (Obm.), Bez.-Stbf. Franz Heschl, Bez.-JRef.-Stv. Theresa Grabner-Matzer, Bez.-EDV-Ref. Stefan Jagsch.

Musikverein Bad Blumau

Obmann:
GABLERITS Franz

Kapellmeister:
BRÜNNER Stefan

Jugendreferent:
RAUER Katharina

Stabführer:
GABLERITS Andreas

Stabführer:
PURKART Alexander

Schriftführer:
BRÜNNER Theres

EDV-Referent:
FEISCHHACKER Benedikt

Kassier/Finanzreferent:
GROß Franz

Mitglieder: Angerbauer Herbert, Brugner Fritz, Brugner Sebastian, Brugner Simon, Brugner Werner, Brünner Stefan, Brünner Theres, Flechel Josef, Fleischhacker Benedikt, Gablerits Andreas, Gablerits Franz, Glatz Fritz, Groß Bernadette, Groß Eva-Maria, Groß Franz, Groß Josef, Handler Franz, Janisch Mario, Kiczula Christian, Kiczula Sabrina, Meister Daniel, Meister Josef, Neuherz Fritz, Neuherz Karl, Neuherz Maria, Neuherz Mathias, Perner Daniela, Perner Melanie, Pfeifer Alexandra, Pfeifer Martin, Purkart Alexander, Rauer Katharina, Rauer Sebastian, Reichl Mathias, Riedler Philipp; Marketenderinnen: Angerbauer Jasmin, Raber Sabrina, Schellnast Corina, Singer Evelyne; Stabführer: Gablerits Andreas.

Musikverein Burgau

Obmann:
PÖLLER Siegfried

Kapellmeister:
SCHILLER Herbert

Jugendreferent:
DAMPF Martin

Stabführer:
PÖLLER Siegfried

Schriftführer:
SODL Josef

EDV-Referent:
HACKL Thomas

Kassier/Finanzreferent:
WÖLFL Rudolf

Aktive Mitglieder: Andreas Magdics, Angelika Leonhard, Anton Sammer, Anton Sammer sen., Brigitte Mühlhauser, Christian Scherbler, Christian Wallner, Christoph Graf, Daniel Weisz, Elisabeth Hackl, Ewald Hammer, Ewald Schwarz, Franziska Hirmann, Friedrich Mühlhauser, Herbert Schiller, Isabell Wolf, Johann Poller, Josef Hackl, Josef Sodl, Karl Hackl, Karl Hackl sen., Karl Sodl, Klaus Fröhlich, Kurt Lederer, Lena Kirisits, Martin Dampf, Mathias Hackl, Mathias Paugger, Oliver Schwarz, Peter Wolf, Raffael Schiller, Rene Schwarz, Rudolf Wölfl, Sebastian Poller, Siegfried Pöller, Theresa Raber, Thomas Fasching, Thomas Hackl, Thomas Müller, Thomas Raber, Willi Scherbler; Marketenderinnen: Andrea Lederer, Birgit Sodl, Irene Wölfl, Manuela Müller.

Musikverein Stadtkapelle Fürstenfeld

Obmann:
WAGNER Hans Jürgen

Kapellmeister:
Mag. REITER Alfred

Jugendreferent:
MATZER Theresa

Jugendreferent:
LEITGEB Philipp

Stabführer:
JAGSCH Robert

Schriftführer:
MAYRHOFER Andrea

EDV-Referent:
JAGSCH Stefan

Kassier/Finanzreferent:
POSCH Herbert

Aktive MusikerInnen: Arnold Michael (Saxophon, Tenor), Breitschädel Hans (Fagott), Breitschädel Helga (Oboe), Dampf Stefan (Schlagzeug), Deutsch Irene (Querflöte), Deutsch Manfred (Schlagzeug), Fasch Johannes (Schlagzeug), Feiertag Bianca (Klarinette), Fladerer Kerstin (Querflöte), Flechl Laurenz (Klarinette), Fromm Franz (Trompete), Gross Theresa (Querflöte), Gruber Georg (Klarinette), Hammer Simone (Klarinette), Herbsthofer Laurin (Schlagzeug), Heuberger Michaela (Klarinette), Himler Kristin (Saxophon Alt), Höhenberger Claudia (Klarinette), Huber Hansjörg (Klarinette), Jagsch Robert (Klarinette), Jagsch Stefan (Tenorhorn), Janisch Kathrin (Klarinette), Karner Anja (Flügelhorn), Karner Jana (Flügelhorn), Knebel Daniela (Saxophon Tenor), Koglmann Sarah (Klarinette), Körbler Margarethe (Trompete), Kunter-Pfingstl Ingrid (Querflöte, Piccolo), Lederer Veronika (Trompete), Leitgeb Philipp (Trompete), Mader Iris (Flügelhorn), Matzer Josef (Bariton), Grabner-Matzer Theresa (Posaune), Mayer Verena (Saxophon Alt), Mayrhofer Andrea (Klarinette), Mayrhofer Josef (Flügelhorn), Mayrhofer Martin (Flügelhorn), Musilek Thomas (Posaune), Ofner Peter (Tuba), Papst Viktoria (Klarinette), Pauss Guido (Saxophon Tenor, Schlagzeug), Pferschy Hans Georg (Trompete), Pfingstl Andreas (Trompete), Pfingstl jun. Andreas (Trompete), Pfingstl Johann (Klarinette), Pfingstl Mario (Posaune), Pocivalnik David (Klarinette), Posch Herbert Saxophon (Bariton Alt), Pronegg Matthias (Schlagzeug), Prutsch Christina (Querflöte), Pußwald Hans (Schlagzeug), Raber Thomas (Flügelhorn), Reiter Alfred (Klarinette), Reiter Christoph (Klarinette), Rindler Karl (Tuba), Roch Franz Ferdinand (Klarinette), Schragen Walter (Horn), Schwab Angelika (Marketenderin), Smoch Catherine (Saxophon Alt), Strobl Angelika (Querflöte), Strobl Raimund (Posaune), Teuschler Adolf (Bariton), Trousil Sebastian (Klarinette), Uhl Michael (Flügelhorn), Unger Bettina (Querflöte), Wagner Barbara (Marketenderin), Wagner Hans Jürgen (Tenorhorn), Wagner Johann (Klarinette), Wagner Karin (Marketenderin), Wagner Maximilian (Tuba), Wallner Monika (Horn), Wallner Sandra (Querflöte), Weinhandl Martin (Schlagzeug), Wetterau Laura (Saxophon Alt).

Musikverein Großwilfersdorf

Obmann:
DI (FH) HEINRICH Hannes

Kapellmeister:
URSCHLER Karl

Jugendreferent:
DI PAPST Karl

Stabführer:
KOGLER Bernd

Schriftführer:
MEIER Sandra

EDV-Referent:
MEIER Sandra

Kassier/Finanzreferent:
HEINRICH Franz

Musiker 2009: Auer Herbert, Ederer Robert (nicht am Foto), Eibl Herbert, Freiberger Alfred (nicht am Foto), Fuchs Florian, Groß Ferdinand, Hartinger Franz; Kassier: Heinrich Franz; Obmann: Heinrich Hannes; Jug.-Ref.: Hirt Stefan, Jaindl Johann; Stabführer: Kogler Bernd, Kogler Helmut (nicht am Foto), Kogler Mario, Kundigraber Christian, Kundigraber Sonja; Schriftf.: Meier Sandra, Papst Karl, Peindl Sascha, Pichler Gernot (nicht am Foto), Rath Barbara, Rath Manfred, Rindler Petra, Rindler Wolfgang, Schwab Alexander, Schwab Christoph, Spörk Anita, Stadlober Matthias, Tauchmann Johann (nicht am Foto), Temmel Alfred, Toberer Christian, Tuboro Guillermo, Urschler Adrian; Kapellmeister: Urschler Karl, Urschler Karl-Heinz, Zehner Franz.

Musikverein Großsteinbach

Obmann:
TRUMMER Franz

Kapellmeister:
Ing. HAIDER Eduard jun.

Jugendreferent:
FASCHING Brigitte

Stabführer:
MONSBERGER Christoph

Schriftführer:
FASCHING Brigitte

EDV-Referent:
MONSBERGER Christoph

Kassier/Finanzreferent:
MAIER Johann

Aktive Mitglieder: Blaschek Dominik, Derler Markus, Derler Melanie, Fasching Brigitte, Fleck Hubert, Gross Josef, Hackl Christina, Hackl Markus, Haider Andrea, Haider Christa, Haider Eduard jun., Haider Eduard sen., Haider Ernst, Haider Iris, Haider Robert, Haider Stefan, Haider Werner, Hörzer Günter, Kandlhofer Natalie, Kapfer Karin, Kapfer Petra, Kapfer Sylvia, Kröll Stefan, Kutschera Maria, Lang Petra, Maier Johann, Maier Mario, Mauerhofer Sarah, Mayer Karl, Monsberger Christoph, Peindl Simone, Pendl Werner, Pfeifer Herbert, Potzinger Bernhard, Potzinger Franz, Potzinger Markus, Prem Roman, Prettenhofer Hans, Rath Silke, Rechberger Sandra, Rechling Gabi, Riegebauer Anja, Riegebauer Nicole, Salmhofer Hans, Spirk Sophie-Marie, Steiner Karina, Trummer Franz, Voit Alena, Wallner Marie-Lena, Wilfling Lukas, Wolf Erwin, Wolf Herbert.

Musikverein Hainersdorf

Obmann:
SCHWARZ Josef

Kapellmeister:
AUNER Manfred

Stabführer:
Ing. MAIER Hubert

Schriftführer:
EIBEL Karin

EDV-Referent:
EIBEL Karin

Kassier/Finanzreferent:
MEISTER Ferdinand

Namensliste des Musikvereins Hainersdorf: Manfred Auner, Sabine Allmer, Markus Amian, Karin Eibel, Stefan Feißt, Heidi Gruber, Holper Philip, Karin Gölles, Robert Hanfstingl, Doris Kerschhofer, Karina Kien, Franz Kogler, Herbert Kogler, Bernhard Lang, Franz Maier, Hubert Maier, Maria Maier, Josef Maier, Ferdinand Meister, Adolf Peinsith, Hannes Pendl, Julia Pendl, Markus Pendl, Thomas Pendl, Ferdinand Pendl, Christina Pendl, Patarina Pendl, Lukas Pendl, Michael Pendl, Stefan Rath, Thomas Rath, Günter Schaller, Heribert Schwab, Jasmin Schwab, Josef Schwarz, Daniel Schwarz, Robert Sommer, Kurt Tauschmann, Martin Tauschmann, Theresa Tauschmann, Alexandra Zach, Gernot Zeller.

Musikverein Ilz

Obmann:
FÜRST Johann

Kapellmeister:
KAISER Ferdinand

Jugendreferent:
HASENBURGER Wolfgang

Stabführer:
MAURER Franz

Schriftführer:
GETHER Siegfried

EDV-Referent:
GETHER Siegfried

Kassier/Finanzreferent:
MAURER Gottfried

Obmann: Fürst Johann; Kapellmeister: Kaiser Ferdinand; Schriftführer: Gether Siegfried; aktive Musiker: Ing. Brottrager Rupert, Deimel Franz, MDir. Mag. Deutsch Werner, Fink Doris, Dr. Fleischhacker Bettina, Freiberger Günther, Fürst Johann, Gether Johann, Gether Siegfried, Gosnik Walter, Grabner Johann sen., Mag. Grabner Johann jun., Grabner-Matzer Theresa, Mag. Gradwohl Michael, Gruber Paul, Gschiel Helga, Harb Erna, Harb Hannes, Hasenburger Magdalena, Hasenburger Wolfgang, Hödl Stefanie, Hütter Nora, Dipl.-Ing. Janisch Ferdinand, Jeindl Johann, Dipl.-Ing. Jeindl Matthias, Kainz Alexander, Kaiser Ferdinand, Kalcher Hertha, Kleinschuster Engelbert Jürgen, Kohl Margit, Krausnecker Jakob, Kulmer Margit, Lafer Sandra, Löffler Franz, Löffler Kerstin, Maurer Franz, Maurer Gottfried, Neumann Petra, Potocnik Alexander, Prem Erwin, Prenner Thomas, Puffing Julian, Radl Anton, Rath Kerstin, Ing. Riegebauer Josef, Riegebauer Sen Josef, Rosenberger Cornelia, Schaller Günther, Siegl Birgit, Wagner Nina, Weiler Anna, Weiler Hermann, Mag. Wodits Erika; aktive Jungmusiker: Bloder Tobias, Kohl Lukas, Lankmair Antonia, Potzmann Bernhard, Prenner Elisabeth, Reisenhofer Antonia, Reitinger Bernadette, Schaller Anita.

Trachtenmusikkapelle Ottendorf a.d.R.

Obmann:
FLECHL Alois

Kapellmeister:
MAIERHOFER Herbert

Jugendreferent:
FRITZ Irene

Stabführer:
GOSCH Siegfried

Schriftführer:
MAIERHOFER Harald

EDV-Referent:
FLECHL Christian

Kassier/Finanzreferent:
TAUTERER Karl

Mitglieder, 1. Reihe v.l.n.r.: Carina Panhofer, Siegfried Gosch, Hermann Hohensinner, Bernhard Posch, Petra Cugowski, Karl Tauterer, Anita Maierhofer, Alois Flechl, Marika Schröck, Herbert Maierhofer, Harald Maierhofer, Ewald Deimel, Jasmin Frank; 2. Reihe: Verena Barones, Irene Fritz, Katharina Gosch, Heidi Hohensinner, Gabriela Posch, Adalbert Fritz, Georg Seidnitzer, Roland Zotter, Anton Schaller, Bernhard Unger, Bernhard Hörmann, Wolfgang Schröck, Edith Posch, Anton Deimel; 3. Reihe: Anita Orthofer, Thomas Hohensinner, Lisa Koller, Tanja Hohensinner, Verena Posch, Doris Kapfensteiner, Julia Fasching, Alexandra Koller, Sabrina Grundmann, Andrea Wagner, Silvia Kollegger, Stefan Maninger, Josef Kollegger, Kurt Panhofer, Eduard Unger, Sigrid Zotter, Reinhard Barones, Gerhard Auner; 4. Reihe und dahinter: Daniel Maninger, Doris Fasching, Karina Maierhofer, Matthias Maierhofer, Kerstin Großschädl, Philipp Unger, Jenny Großschädl, Rebekka Leitner Thomas Koller, Michael Orthofer, David Lueger, Christoph Brodtrager, Florian Maderbacher, Verena Haberl, Christopher Koller, Marilena Maierhofer, Markus Flechl, Michael Teuschler, Raimund Strobl, Gerald Mandl, Christian Flechl, Manfred Kager, Dieter Maderbacher. Auf dem Gruppenfoto fehlen: Lisa Zengerer, Isabella Leitner, Bettina Tauchmann, Lisa Barones, Katharina Maierhofer, Laura Frank, Viktoria Koller, Melissa Krems, Katharina Pongratz, Martin Neuherz, Alexander Ulz, Sabrina Fasching, Tamara Lammer.

Musikverein Söchau

Obmann:
HARTINGER Franz

Kapellmeister:
FRISCHER Karl-Heinz

Jugendreferent:
MAURER Kerstin

Stabführer:
HESCHL Franz

Schriftführer:
Ing. LEBITSCH Markus

EDV-Referent:
Ing. LEBITSCH Markus

Kassier/Finanzreferent:
URSCHLER Herbert

Aktueller Stand der aktiven Mitglieder per 1.1.2010: Deimel Nadine, Eibel Erwin, Eibel Karl, Frischer Karl Heinz (Kapellmeister), Gindl Yvonne, Grabner Marko, Gradwohl Alfred, Hafner Christina, Hartinger Franz, Hartinger Johann, Hartinger Lena, Hartinger Nicole, Heschl Erna, Heschl Franz, Klug Christopher, Klug Günther, Klug Michael, Kowald Kevin, Lebitsch Christoph, Lebitsch Franz, Lebitsch Herbert, Ing. Lebitsch Markus, Lebitsch Michaela, Leitner Christoph, Leitner Franz, Leitner Josef jun., Leitner Josef sen., Lorenz Anja, Maier Stefan, Maurer Herbert, Maurer Kerstin, Ing. Milkovits Markus, Oberreiter Stefan, Oberreiter-Klug Irmgard, Pfingstl David, Pfingstl Franz, Pfingstl Hannah, Posch Melissa, Prasch Jürgen, Prasch Rene, Dipl.-Ing. Rath Johann, Reisenhofer Peter, Reiter Philipp, Riegler Harald, Schnepf Franz, Schnepf Norbert, Strobl Alfred, Strobl Isabella, Teuschler Gerhard, Teuschler Harald, Teuschler Lisa-Maria, Trösterer Jaqueline, Urschler Andrea, Urschler Herbert, Urschler Judith, Ing. Weber Valentin, Weiß Moritz.

Musikverein Therme Loipersdorf

Präsident:
SIEGL Franz

Obmann:
HEIGL Josef jun.

Kapellmeister:
KOHL Rudolf

Jugendreferent:
MUSILEK Thomas

Stabführer:
KOHL Rudolf

Schriftführer:
SPÖRK Carina

EDV-Referent:
HUBER Gregor

Kassier/Finanzreferent:
PFINGSTL Franz

Besetzungsliste (für die Konzertwertung), 11.10.2009: Kapellmeister (1): * Kohl Rudolf; Stabführer (1): * Kohl Rudolf; Marketenderin (8): Dornfeld Jenny, Fuchs Rebekka, * Konrad Manuella, Konrath Isabella, Konrath Sabine, Konrath Silvia, Rath Sonja, Zotter Melanie; Flöte/Piccolo (9): Edelmann Eva, DP Fröhlich Sabine, Hirmann Katharina, Kalt Lena, Kohl Jasmin, Krammer Renate, Natter Miriam, Sorger Simone, Spörk Carina; Klarinette (9): * Mag. Drenik René, * Handler Waltraud, Kohl Bernhard, Kojnek René, Natter Ruth, Siegl Hermann, Sorger Alfred, Stessl Anna, Vogl Bianca; Saxophon (3): * Mag. Drenik René, * Mag. Drenik René, * Handler Waltraud; Flügelhorn/Trompete (14): Heigl Josef sen., Janisch Elfriede, * Kohl Rudolf, Kojnek Christoph, * Konrad Manuella, Krenn Alexander, Lenz Richard, Pfingstl Andreas, * Rath Markus, Rath Markus, Sorger Manuel, Sorger Verena, Spörk Marianne, Stangl Josef; Horn (3): Fuchs Kerstin, Huber Josef, Waldegger Karl; Posaune (4): * Mag. Kohl Johanna, Mock Gerhard, Musilek Thomas, Siegl Günther; Tenorhorn/Bariton (5): Fuchs Martin, Heigl Josef jun., Pfingstl Franz, Stessl Josef, Süss Friedrich; Bass (2): Höllerl Franz, Rindler Karl; Schlagzeug (8): Drenik Michael, Huber Gregor, * Mag. Kohl Johanna, Kojnek Thomas, König Helmut, Musilek Alois, Rindler Bettina, Weber Hannes. Gesamtzahl der Musiker: 67.

Musikbezirk Graz-Stadt

Vorne von links: Bkpm. Karl Rappold, Bezirksfinanzreferentin Birgit Tantscher, BO Gernot Hauswirth, MAS; BJugRef. Ulla Mayer, Bezirksehrenkapellmeister Emil Uhl; hinten von links: BO-Stv. Dr. Otto Maxa, Beirat Ing. Michael Streitschwerdt, Beirat Ing. Josef Schwarz, BSchriftfin und BEDV-Referentin Gerlinde Marx, BFinanzRefstv. Alois Grießl; Bezirksvorstandsmitglieder – nicht am Bild: BO-Stv. Hermann Portenkirchner, BKpm-Stv. August Kurzmann, BStabf. Gottfried Marak, Schriftführer-Stv. Manfred Stoiser, Ehren-Bezirksobmann Josef Malli.

Musikverein St. Veit-Andritz-Stattegg

Obmann:
Dr. MAXA Otto

Kapellmeister:
DI RUMPF Siegfried

Jugendreferent:
BA FASCHING Alexander

Stabführer:
HÜTTER Engelbert

Schriftführer:
MARX Gerlinde

EDV-Referent:
MARX Gerlinde

Kassier/Finanzreferent:
TANTSCHER Birgit

Auer Peter, Bierbauer David, Binder Kerstin, Ing. Brunnsteiner Rupert, Cichini Tim, Mag. Dolcet Christian, Eicher Bianka, Esterl Nicklas, Mag. Esterl Otto, Fasching Alexander BA, Großegger Alexander, Hammler Rene, Hammer Sandra, Harb Thomas, Herrmann Andrea, Hütter Dominik, Hütter Engelbert, Kniepeiß Barbara, Kniepeiß Christian, Kniepeiß Jürgen, Kniepeiß Michael, Kniepeiß Peter, Ing. Kniepeiß Peter, Kravanja Evelyn, Kraus Marlies, Lehrhofer Ulrike, Lilek Martina, Lueger Christian, Maier Josef, Martl Felix, Marx Astrid BA, Marx David, Marx Gerlinde, Dr. Maxa Otto, Mollich Gerald, Ing. Mollich Manfred, Mollich Markus, Mollich Nina, Mollich Peter, Mollich Walter, DI Neureiter Andreas, Nieß Birgit, Nieß Hildegund, Nix Thomas, Papst Manfred, Papst Stefanie, Pointl Daniela, Reiter Johann, Reiter Martin, Ing. Rissner Ferdinand, Ing. Röck Dietmar, DI Rumpf Siegfried, Schönhuber Paul, Ing. Semlitsch Anton, Seper Andreas, Stelzl Gudrun, DI Stelzl Reinhard, Tantscher Birgit, Tantscher Karin, Tantscher Kristin, DI Thalhammer Johann, Töglhofer Hermann, Tüchler Angelika, Zechner Peter, Zimmerl Karl, Mag. Zimmerl Stefan, Marketenderinnen: Uhl Gudrun, Daxböck Christine, Papst Ursula.

Eisenbahner Musikverein der Europastadt Graz

Obmann:
HECHTL Hanspeter

Kapellmeister:
HECHTL Hanspeter

Jugendreferent:
QUEISSNER Robert

Stabführer:
WÖLKART Ingeborg

Schriftführer:
NECHYBA Franz

EDV-Referent:
HECHTL Hanspeter

Kassier/Finanzreferent:
WÖLKART Ingeborg

1. Reihe: Aichelsreiter Otto (1972), Daniela Krisper (2007), Wolfgang Fink (1993), Hanspeter Hechtl (1993), Wiederspahn Ernst (1999), Mag. Gerhard Gutmann (2007), Eduard Binder (1964); 2. Reihe: Ingeborg Wölkart (2005), August Fartek (1963), Kevin Hechtl (2005), Franz Strohmeier (2005), Johann Gutscheber (1989), Robert Queissner (2005), Hannes Müller (1998), Robert Percht (2006), Franz Jungwirth (1996), Johann Kainz (1990); 3. Reihe: Franz Nechyba (2006), Josef Hörzer (1997), Mario Schnur (1998), Johann Gauster (1979), Erwin Teller (1962), Rene Hechtl (2005), Klaus Saubart (1967), Peter Wegl (2005), Alfred Koschar (2000); 4. Reihe, Gottfried Schlager (1991), Kurt Guttfreund (2009), Markus Ramminger (2005), Rudi Staudinger (1993), Engelbert Stadlober (2009); nicht am Foto: Fritsch Margit (Saxophon), Markus Prassl (Schlagzeug).

Musikverein Graz-Eggenberg

Obmann:
GRIEßL Alois

Kapellmeister:
NIEDERL Karl

Kassier/Finanzreferent:
BERTOLIN Martin

Bertolin Martin, Binder Eduard, Fartek August, Fritsch Margit, Grießl Alois, Gutscheber Johann, Haberl Christine, Hofrichter Helmut, Jungwirt Franz, Koschar Alfred, Maritsch Martin, Mulle Ernst, Niederl Karl, Queissner Robert, Saubart Adam, Schwarz Josef, Sokoll Karl, Wiederspahn Ernst.

Musikverein Liebenau

Obmann:
LAFFER TITUS

Kapellmeister:
REINGRUBER Elisabeth

Jugendreferent:
STARK Karin

Stabführer:
MARAK Gottfried

Schriftführer:
Mag. FIAMMENGO Isabella

Flöten: Isabella Biedermann-Schwab, Mag. Isabella Fiammengo, Christine Neubauer, Karin Raith, Martina Raith, Nina Wöhry, Anna Zobl; Klarinetten: Elisabeth Hagauer, Gottfried Marak, Barbara Müllner, Sabine Raith, Katharina Trausnitz, Mag. Elvira Tschachler, Dr. Eva Weingrill; Saxophone: DI (FH)Bernhard Fink, Selina Laffer, Stephan Lanegger, Liselotte Leistentritt, Ing. Robert Rottleuthner, Karin Stark; Tenorhorn/Bariton: Andreas Domweber, Marius Laffer, Hubert Lercher, Martin Schwab; Flügelhörner: Martin Grundner, DI Albert Kemmetinger, Karl Plazar, Elisabeth Raith; Trompeten: Alexander Grundner, Matthias Reichmann, Markus Probst, Christina Schopper, Kerstin Schwab; Posaune: Bernd Grünwald, Johann Mitteregger, Elisabeth Reingruber; Horn: Martin Schusteritsch; Tuba: Josef Hafner, Titus Laffer, Gerhard Luttenberger; Schlagzeug: Gerhard Gissing, Ferdinand Laffer, Georg Laffer, Karin Luttenberger, Jakob Reichmann.

Ortsmusik Mariatrost

Obmann:
Ing. WAGNER Josef

Kapellmeister:
Ing. SCHWARZ Josef

Jugendreferent:
NARNHOFER Markus

Stabführer:
SCHWARZL Franz

Schriftführer:
SCHWARZ Marie Louise

Kassier/Finanzreferent:
LUTTENBERGER Herbert

Obmann: Ing. Josef Wagner; Kapellmeister: Ing. Josef Schwarz. 1. Reihe sitzend von links: Franz Jungwirt, Karl Kunter, Herbert Luttenberger, Obm. Ing. Josef Wagner, Kpm. Ing. Josef Schwarz, Stf. Franz Schwarzl, Paul Duncan, Elisabeth Schwarz, Johanna Feldbaumer; 2. Reihe von links: Erich Fink, Martin Lobe, Fabian Feldbaumer, Rupert Schwarz, Markus Fink, Ing. Wolfgang Dobesberger, Nicole Lindner, Stefanie Maier, Johanna Strohmeier, Stefan Schinnerl, Josef Foramitti; 3. Reihe von links: August Fartek, Rudolf Reisner, Markus Narnhofer, Patrick Pacher, Marcel Pacher, Florian Schinnerl, Michael Stattegger, Bernhard Kling, Martin Feldbaumer, Benedikt Schwarz; 4. Reihe von links: Anton Schöpfer, Peter Hierhold, Alois Sattler. (Foto vom Sommer 2009)

Trachtenkapelle Graz-Wetzelsdorf

Obmann:
ZACH Josef

Kapellmeister:
Dipl.-Ing. BRANDSTÄTTER Helmut

Jugendreferent:
Dipl.-Ing. BÖSS Barbara

Stabführer:
DI KORNSTEINER Martin

Schriftführer:
LABUGGER Günter

Kassier/Finanzreferent:
LABUGGER Ernest

Obmann: Zach Josef, DI Ofner Josef, DI Riebenbauer Franz; Kapellmeister: DI Brandstätter Helmut; Flöte: Hartlieb Florian, Luttenberger Lea, Seinitzer Heidemarie, Selenko Judith; Klarinette: DI Böss Barbara, Brunner Josef, Claasen Carolin, Haimel Susanne, Koch Claudia, Labugger Günter, Pichler Friedrich, Wedam Karin, Zengerer Alois; Fagott: Luttenberger Marit; Flügelhorn: Gutscheber Hans, Jungwirt Franz, Ing. Kerschbaumer Andreas, Kerschbaumer Markus, Seinitzer Peter, Wieser Max; Saxofon: Bauer Erwin, Fritsch Margit, Jakl Jürgen; Bassflügelhorn: Domweber Andreas, Fink Markus, Hollerer Helmut, Kettisch Richard, Mag. Kornsteiner Birgit, Labugger Ernest, DI Wöllner Johannes; Trompete: Binder Eduard, Fraissler Jakob, Haimel Bernhard, Hofer Ines, Koban Josef, Kröpfl Gerd, Kröpfl Nina, Luttenberger Tobias, Thier Jakob; Posaune: DI Kornsteiner Martin, Saubart Adolf, Steiner Georg; Tuba: Fartek August, Fink Erich, Fraissler Lukas, Nahler Richard; Schlagzeug: Kröpfl Peter, Sokoll Karl, Staudinger Rudolf, Ing. Wenzl Rudolf.

Militärmusik Steiermark

Kapellmeister:
Obstlt. MMag. Dr. LACKNER Hannes

Obstlt MMag. Dr. Hannes Lackner, Vzlt Gerald Deutsch, Vzlt Johann Gauster, Vzlt Hermenegild Kaindlbauer, Vzlt Josef Mühlmann, Vzlt Erich Perner, Vzlt Friedrich Wilson, Ostv Mag. Adolf Obendrauf, Ostv Christian Pold, Ostwm Jürgen Koch, Ostwm Hannes Kogler, Ostwm Johann Rath, Ostwm Karl Weissenbacher, Stwm Gerald Hofer, Stwm Ronald Kober, Owm Robert Guttmann, Owm Karl Unger, Owm Franz Wölkart, Kpl Domenik Kainzinger, Kpl Gernot Mang, Kpl Florian Regger, Kpl Bernhard Sommerauer, Kpl Thomas Spolenak, Kpl Gernot Vallant, Kpl Roland Zanker, Rekr Georg Bauer, Rekr Michael Benesch, Rekr Thomas Czerwinka, Rekr Michael Dax, Rekr Florian Edlinger, Rekr Paul Gritsch, Rekr Markus Hackl, Rekr Michael Hansmann, Rekr Franz Peter Hasler, Rekr Thomas Haspl, Rekr Stefan Hirt, Rekr Andreas Karger, Rekr Daniel Kaufmann, Rekr Stefan Kicker, Rekr Christopher Koller, Rekr Christian Kreuter, Rekr Daniel Maier, Rekr Gerhard Ornig, Rekr Marco Ott, Rekr Andreas Pailer, Rekr Bernhard Pfingstl, Rekr Michael Pirolt, Rekr Christoph Portner, Rekr Erwin Purgstaller, Rekr Michael Reiter, Rekr Michael Resch, Rekr Christian Ruprechter, Rekr Kevin Stullner, Rekr Stefan Taferner, Rekr Gernot Vidmar, Rekr Thomas Welles.

Postmusik Graz

Obmann:
NEUBAUER Karl

Kapellmeister:
RAPPOLD Karl

Stabführer:
WINDISCH Peter

Schriftführer:
STELZL Gudrun

Kassier/Finanzreferent:
EIBEL Johann

Flöte: Mag. Gollenz Barbara, Oberreiter-Klug Irmgard, Stelzl Gudrun, Schnalzer Regina; Oboe: Omer Diler, Schnalzer Sabine; Fagott: –; Klarinette: Fink Gottfried, Hackl Stefan, Klug Christopfer, Lurger Gerhard, Lurger Karl jun., Kaufmann Rupert, Mertz Sandra Dr., Reitgruber Josef, Stücklschwaiger Peter, Topcuoglu Dilara, Weber Helmut, Wiesler Johann; Bassklarinette: –; Saxophon: Dietrich Franz, Klug Günter, Klug Michael, Schilli Alexandra, Schmid Miriam, Güttinger Tanja; Horn: Kogler Heinrich, Schnalzer Herbert, Adlmann Horst; Flügelhorn: Dietrich Willibald, Haider Karl, Halbedl Heinrich, Kainz Johann, Praßl Raimund, Rumpler Josef, Schellnegger Franz, Schrampf Josef, Uhl Emil; Tenorhorn: Frank Franz, Lurger Karl sen., Neubauer Karl, Peichler Johann; Bariton: Eibel Johann, Konrad Josef; Trompete: Friedrich Christian, Frühwirth Sabrina, Müller Hannes, Rappold Markus, Swischaj Franz; Posaune: Dietrich Werner, Kloiber Alfred, Klöckl Eduard, Koschar Alfred, Schnalzer Ernst, Weingartmann Georg, Windisch Peter; Bass: Hampl Peter, Hasenhütl Roland, Schnalzer Manfred, Dr. Stiegler Markus, Turza Herbert; Schlagzeug: Gollner Walter, Hammer Rupert, König Johann, Peichler Günther, Oberreiter-Klug Stefan, Turza Daniel; Marketenderin: Eibel Martina, Höller Hedwig, Mandl Fabiola, Strohmeier Angelika.

Trachtenkapelle Graz-Straßgang

Präsident:
SCHWARZ Josef

Obmann:
KRAINZ Manfred

Kapellmeister:
FÜRSTNER Friedrich

Jugendreferent:
PLODER Simone

Stabführer:
RIEGLER Erich

Schriftführer:
Mag. BAUER Caroline

Kassier/Finanzreferent:
BOH Ernst

Bauer Caroline, Boh Ernst, Ing. Büchsenmeister Michael, Büchsenmeister Sandra, Eisl August, Fürstner Friedrich, Gutkauf Alois, Hüger Andrea, Mag. Hüger Florian, Kasper Friedrich, Kokol Markus, Krainz Manfred, Lercher Hubert, Lienhard Johann, Narnhofer Franz, Narnhofer Gregor, Ploder Johann, Ploder Simone, Pratter Christian, Riegler Erich, Riffel Stefan, Dr. Schrempf Christoph, Schröcker Elisabeth, Staud Herbert, Stoiser Franz, Stoiser Manfred, Summer Johann.

Justizwachmusik Steiermark

Präsident:
HOCHSTRASSER Franz

Obmann:
PLODER Herbert

Kapellmeister:
Mag. SABATHI Nadja

Stabführer:
PLODER Herbert

Schriftführer:
FISCHER Franz

EDV-Referent:
PLODER Herbert

Kassier/Finanzreferent:
SCHÖNHERR Peter

1. Reihe sitzend von links nach rechts: Gradwohl Wolfgang, Binder Franz, Probst Johannes, Ploder Herbert, Riegler Johann, Derler Gerhard, Major, Schönherr Peter, Zengerer Monika, Steyer Edmund, Korzinek Erich; 2. Reihe stehend von links nach rechts: Rothschedl Herbert, Fischer Franz, Riegler Wolfgang, Edlinger Gerhard, Lemmer Günther, Ziesler Gerhard, Wolf Maier Andreas sen., Forjan Hubert, Berger Peter, Neuhold Rudolf, Koch Franz, Rath Robert, Ulz Johannes; 3. Reihe stehend von links nach rechts: Reinisch Andreas, Wolf Maier Andreas jun., Schöffmann Karl, Mag. Pessl Hubert, Adamer Gerhard, Adamer Josef, Gratz Franz, Scheer Egon, Kulmer Karl, Lichtenegger Otmar, Pastolnik Helmut, Pec Johann.

Musikverein der Grazer Verkehrsbetriebe

Obmann:
Dipl.-Ing. SOLYMOS Andreas

Kapellmeister:
REICHERT Erwin

Schriftführer:
BAUMGARTNER-NEUWIRTH Roswitha

Kassier/Finanzreferent:
PENZ Thomas

Musiker: Albinger Alois, Albrecher Gerhard, Baumgartner-Neuwirth Roswitha, Briesner Hermine, Dillinger Kurt, Eibler Felix, Fartek August, Filipancic Desiree, Glaser Günther, Glaser Richard, Gollenz Werner, Größ Alois, Haar Thomas, Hansmann Birgit, Hansmann Jürgen, Hofrichter Helmut, Kager Andrea, Kahr Josef, Kainz Josef, Kasper Friedrich, Kofler Andrea, Konrad Helmut, Kosic Werner, Krenn Patrick, Maier Alfons, Neuwirth Rudolf jun., Nick Helmut, Oberreiter Erwin, Penz Thomas, Postl Roland, Reichert Erwin, Schaffler Alexander, Schloffer Martin, Schneider Christian, Scholz Antony, Schöpfer Alfred, Seebacher Robert, Sikora Gottfried, Steinkellner Markus, Stoifmann Alois, Wiederspann Ernst, Zwilak Johann.

Polizeimusik Steiermark

Musikoffizier:
Mag. JOCHAM Hubert

Obmann:
PRATTES Anton

Kapellmeister:
PLODER Johann

Stabführer:
SUMMERER Franz

EDV-Referent:
SLONIOWSKI Guido

Kassier/Finanzreferent:
HIDEN Günther

Musikerliste: Piccolo-Flöte: Schulter Josef, Brucker Armin, Ringhofer Siegfried, Grasser Othmar; Oboe: Streibl Anton; Eb-Kl. / Bass-Kl., Bariton-Sax: Jakl Jürgen; B-Klarinette: Pertl Johann, Keusch Helmut, Zischmaier Georg, Dietmayer Christian, Pichlbauer Hermann, Zengerer Alois, Pichler Friedrich, Posch Anton, Preininger Martin, Rumpf Cornelia, Breuer Ludwig; Alt-Saxophon: Fedl Erich, Gratzer Alois; Tenorsax: Friedl Josef; Flügelhorn: Schwabl Herbert, Schmid Ulrike, Hiden Günther, Gruber Manfred, Liebminger Josef, Grinschgl Wolfgang, Prutti Anton, Pichler Norbert; Tenorhorn: Prinz Albin, Christöfl Gerhard, Gerencser Karl; Bariton: Brunner Eduard, Weixler Anton, Polzhofer Walter, Horn Lenz Markus, Prattes Anton, Lafer Hermann; Trompete: Dietrich Raimund, Stefanzl Gerhard, Zitz Bernhard, Eibegger Erwin, Grill Christoph*, Miedl Hubert, Hörzer Wolfgang, Kicker Franz; Posaune: Bierbaum Karl-Heinz, Dobesberger Wolfgang, Summerer Franz, Arzberger Karl; Tuba: Narnhofer Franz, Pansi Berthold, Gremsl Josef; Schlagzeug: Gratzer Christian, Ertl Franz, Lenz Oskar; Kapellmeister: Ploder Johann; Kapellmeister-Stv.: Grill Christoph*.

Musikverein Grazer Spielmannszug

Obmann:
PINTER Gottfried

Kapellmeister:
STEFANZL Gerhard

Jugendreferent:
Dipl. Wirtschaftsing. (FH)
STREITSCHWERDT Michael

Schriftführer:
STEFANZL Georg

EDV-Referent:
Dipl.-Wirtschaftsing. (FH)
STREITSCHWERDT Michael

Kassier/Finanzreferent:
KREINER Erwin

Stehend v.l.n.r.: Obm. Gottfried Pinter, Bodo Grygar, Obmstv. Gert Mayer, Andreas Rumpl, Gabi Rumpl, Landesfachwart für Spielmannswesen STMK Hannelore Höfler, Rudi Grilz, Sebastian Grilz, Inge Mayer, Christine Grilz, Charly Wiedner, Antonia Fürbaß, Musik. Leit. Ulla Mayer, Elke Streitschwerdt, Andrea Staudinger, Gudrun Stadlbauer-Mtetwa, Stefan Frühwirth, Elisabeth Stefanzl, Julia Stefanzl, Markus Bauer, Gerhard Stefanzl; hockend v.l.n.r.: Leo Mtetwa, Tando Mtetwa, Astrid Kaloud-Wiedner, Raimund Vanek, Lennart Strobl, Irene Neunteufl-Strobl, Yannick Strobl, Florian Wiedner, Ralph Stöckl, Viktoria Grilz, Michael Streitschwerdt.

Jugendblasorchester Don Bosco

Obmann:
SEBATH Roswitha

Kapellmeister:
MAS HAUSWIRTH Gernot

Jugendreferent:
GETHER Marie-Theres

Schriftführer:
MAHLER Ruth

Kassier/Finanzreferent:
SÖLLINGER Tamara

Besetzungsliste, Herbst 2009: Auer Larissa (Querflöte), Felber Matti (Schlagzeug), Felber Max (Trompete), Frühwirth Marion (Querflöte), Frühwirth Michael (Klarinette), Fuchs Lena (Querflöte), Gande Barbara (Posaune), Garas Dominik (Trompete), Gether Marie-Theres (Querflöte, Pikkolo), Gimpl Martin (Tenorhorn), Hauswirth Gernot (künstl. Leiter), Hauswirth Jutta (Tuba), Hutter Katharina (Trompete), Hutter Simon (Altsax), Kaloud Tobias (Querflöte), Krausler Alexander (Trompete), Krausler Stefan (Altsax), Kropf Flora (Querflöte), Mahler Alexandra (Querflöte, Pikkolo), Meinhart Peter (Trompete), Meinhart-Dohr Daniela (Bariton-Sax), Painold Anna (Klarinette), Painold Johannes (Tenorsax), Pfleger Doris (Oboe), Ploberger Paul (Altsax), Raumberger Bernhard (Klarinette), Reisenegger Nina (Querflöte), Rogi Philip (Tenorhorn), Ruby Lisa (Querflöte), Sackl Paul (Altsax), Schmidt Matti (Klarinette), Schöttel Christian (Trompete), Sebath Roswitha (Obfrau), Sebath Stefan (Tenorhorn), Seidl Matthias (Schlagzeug), Söllinger Antonia (Klarinette), Söllinger Tamara (Trompete), Spannring Theresa (Oboe), Trummer Robert (Klarinette).

Judenburger Spielmannszug

Obmann:
WINKLER Reinhild

Kapellmeister:
DI Dr. REISCHENBACHER Doris

Jugendreferent:
WOBER Claudia

Stabführer:
DUSCHEK Ralph

Schriftführer:
GRATZL Eva

EDV-Referent:
DUSCHEK Gudrun

Kassier/Finanzreferent:
Ing. STRÖBEL-SUENG Sabine

Adamiczek Clemens, Adamiczek Karin, Duschek Gudrun, Duschek Lena, Duschek Maria, Duschek Ralph, Gratzl Eva, Greiner Christine, Greiner Katharina, Kocsil Eva, Mag. Kornsteiner Birgit, Moschig Katrin, Reischenbacher Alfred, Dr. Dipl.-Ing. Reischenbacher Doris, Ströbel Hans, Ing. Ströbel-Sueng Sabine, Sueng Philipp, Thaller Martina, Winkler Christoph, Winkler Franz, Winkler Kerstin, Winkler Reinhild, Wober Claudia, Dipl.-Ing. Zuber Michael.

Grazer BläserVielharmonie

Obmann:
DRÖSCHER Markus

Kapellmeister:
LIN Chin-Chao

Kapellmeister:
DELIORMAN Cemi'i Can

Schriftführer:
Dr. WEINGRILL Eva

Besetzung: Dirigent: Chin-Chao Lin; Flöte: Katharina Haring, Ingrid Lefebvre, Martina Majcen, Petra Schneeberger, Desiree Schorn, Judith Selenko, Corinna Szakmary, Martina Thaller; Oboe: Holger Bach, Carmen Grain, Barbara Winkler, Klarinette, Helmut Brandstätter, Irene Fauster, Nicolas Geiger, Mario Grünwald, Jacqueline Jeanson, Sabine Krassnig, Kristina Maierhofer, Barbara Müllner, Sophie Narath, Reinhard Traumüller, Sabine Wolf; Bassklarinette, Barbara Böss; Saxophon, Massimiliano Gir,ardi, Nadja Merkač, Ludwig Mohr, Stéphanie Thein, Sandra Ulrich, Eva Weingrill, Maximilian Wührer; Fagott: Markus Dröscher, Marit Luttenberger; Trompete/Flügelhorn: Nicolas Laissy, Robert Lurf, Michael Oberwasserlechner, Fabio Perathoner, Christoph Schwärzler, Bernhard Seunig, Andreas Wendel; Horn: Katrin Klein, Stefan Petrovic, Sebastian Süss; Bariton/Tenorhorn: Raimund Groinig, Birgit Kornsteiner, Martin Kornsteiner, Gerhard Loos, Philipp Schneider; Posaune: Johannes Leibetseder, Wolfgang Nemitz, Peter Rabanser, Johannes Skazedonig; Tuba: Martin Höppner, Walter Plankensteiner; Schlagzeug: Matthias Frank, Philipp Haslwanter, Hannes Klampfer, Claire Quezel, Markus Sutterlüty, Klaus Thöni.

Werksmusik der Siemens SGP-VT Graz

Obmann:
GOGG Franz

Kapellmeister:
OFFENBACHER Johann

Blasorchester des J. J. Fux-Konservatoriums

Obmann:
Prof. Mag. MAIER Anton

Kapellmeister:
Mag. SUMMERER Reinhard

Blasorchester Heribert Raich

Obmann:
Prof. RAICH Heribert

Kapellmeister:
Prof. RAICH Heribert

Musikbezirk Graz-Nord[478]

Die Ausschussmitglieder im Jahre 2008, vorne von links: Bez.-Kpm. Mag. Walter Latzko, Bez.-Kpm.-Stv. Ing. Fritz Wagner, Ehren-Bez.-Obm. Herbert Polzhofer, Ehren-Bez.-Kpm. Franz Kniepeiss sen., Bez.-Obm. Norbert Arbesleitner, Bez.-Obm.-Stv. Wolfgang Vötsch; hinten von links: Bez.-Schriftf. und Medienref. Harald Jantscher, Bez.-Obm.-Stv. Alois Schinnerl, Bez.-EDV-Ref. Gerhard Pucher, Bez.-Stabf. Christian Grubbauer, Bez.-Finanzref.-Stv. Ewald Amhofer, Bez.-Jugendref.-Stv. Mag. Nicole Urdl, Bez.-Finanzref. Herbert Anhofer, Bez.-Jugendref. Ernst Hofer; nicht auf dem Bild: Bez.-Stabf.-Stv. Günter Kollegger.

---

478   40 Jahre Blasmusikbezirk Graz-Nord. 1969–2009, o. O. 2009.

Musikverein Deutschfeistritz-Peggau

Obmann:
GLAWOGGER Erich

Kapellmeister:
KRINNER Peter

Jugendreferent:
RÜHL Kathrin

Stabführer:
KRINNER Peter

Schriftführer:
HAMMERNIK Kerstin

EDV-Referent:
HAMMERNIK Kerstin

Kassier/Finanzreferent:
SAMMER Johann

1. Reihe sitzend von links: Angelika Viertler, Johann Schlegl (verstorben), Ehrenkapellmeister Anton Kaindlbauer, Ehrenobmann Josef Schuller; 2. Reihe von links: Erika Sammer, Tanja Viertler, Nadine Schober, Doris Affenberger, Patricia Rumpl, Obmann Erich Glawogger, Kapellmeister Peter Krinner, Ewald Jantscher, Manfred Bauernberger, August Jantscher, Thomas Rumpl, Birgit Jantscher-Haselbacher, Astrid Hammernik, Ewald Prettenthaler, Renate Rühl, Eleonore Stampler; 3. Reihe von links: Clemens Wiesenhofer, Daniel Oswald, Martina Zeiler, Melanie Schober, Kerstin Hammernik, Sieglinde Kniepeiss, Verena Pötscher, Markus Steinhöfler, Thomas Skarget, Kathrin Rühl, Franz Kniepeiss, Magdalena Krinner, Thomas Stadler sen., Thomas Stadler jun.; 4. Reihe von links: Manuel Hammernik, Gerhard Affenberger, Johann Sammer, Wolfgang Krinner, Robert Fellner, Josef Paunger, Martin Fischer, Stefan Pötscher, Klaus Ziegler jun., Theodor Glettler, Christoph Stoni, Stephan Jantscher, Robert Jantscher, Andreas Domweber, Johann Lackner, Fritz Oswald.

Feuerwehrmusikverein Eisbach-Rein

Obmann:
HESS Manfred

Organisationsreferent:
NIGG Helmut

Kapellmeister:
LIEBSCHER Friedrich

Jugendreferent:
Mag. SCHNABL Alexandra

Stabführer:
JANTSCHER Markus

Schriftführer:
KOCH Carina

EDV-Referent:
DI Dr. PLANTOSAR Ewald

Kassier/Finanzreferent:
SCHIRGI Reinhard

Anhofer Christoph, Anhofer Herbert, Ertl Andreas, Franz Eva, Gogg Josef, Gogg Jürgen, Gratz-Labugger Christoph, Gratz-Labugger Markus, Hahn Andreas, Hahn Daniel, Hahn Heimo, Hansemann Eva, Hesz Manfred, Hönger Florian, Mag. Huber Marianne, Jantscher Markus, Jantscher Nadine, Koch Carina, Koch Nina, Krautwaschl Sandra, Lackner Markus, Lackner Nicole, Liebscher Friedrich, Liebscher Martin, Löscher Johann, Mayer Angelika, Mayer Reinhard, Mag. Muster Stephan, Nigg Helmut, Ogrisek Elisabeth, Ing. Papst Johann, Papst-Fruhmann Tanja, Peiser Denise, DI Dr. Plantosar Ewald, Prettenthaler Hubert, Prokop Michael, Rabensteiner Samuel, Reichert Erwin, Rosegger Dietmar, Ing. Rosegger Herbert, Rückert Philipp, Saubart Vanessa, Schacherl Ewald, Schalli August, Schalli Ernst, Schalli Siegfried, Schirgi Ewald, Schirgi Reinhard, Schlatzer Johann, Schlatzer Leopold, Mag. Schnabl Alexandra, Sova Andrei-Elian, Stock Christoph, Stoimaier Josef, Stoimaier Michael, Stoimaier Stefanie, Taschler Daniela, Trojer Nina, Urdl Christian, Urdl Nicole, Mas, Volkmer Karl, Wiederspahn Ernst, Zinggl Josef, Zmug Alexander, Zmug Heinz, Zmug Helfried, Zmug Maximilian jun., Zmug Maximilian sen.

Musikverein Frohnleiten

Obmann:
ARBESLEITNER Norbert

Kapellmeister:
HIRZBERGER Johann

Jugendreferent:
GÜNTHER Johann

Stabführer:
ARBESLEITNER Norbert

Schriftführer:
HÖGGERL Hannes

EDV-Referent:
HÖGGERL Hannes

Kassier/Finanzreferent:
PALZER Walter

Affenberger Gerhard, Affenberger Karl, Affenberger Manfred, Arbesleitner Jörg, Arbesleitner Norbert, Bloder Stefan, Bodlos Heidemarie, Bodlos Peter, Brunnegger Markus, Damm Stephan, Fischer Johannes Moritz, Frickel Heike, Gaul Werner, Grasberger Johann, Grassegger Karl, Grill Horst, Günther Johann, Günther Josef, Günther Rosemarie, Haushofer Christian, Haushofer Georg, Herdy Andreas, Herler Patrick, Hirtler Karina, Hirzberger Johann, Hirzberger Lukas, Höggerl Hannes, Höggerl Sandra, Hostniker Klaus, Kainz Nina, Kicker Franz, Klaus Benjamin, Konrad Jürgen, Latzko Walter, Ledolter Simone, Leitner Vera, Liebisch Carina, Lind Erich, Matt Sebastian, Messner Florian, Nageler Peter, Nahold Moritz, Neuhold Sandra, Novak Carina, Pagger Christian, Palzer Walter, Prietl Manfred, Rait Marion, Riegler Jutta, Schabernak Uwe, Scherer Angelika, Schmidhofer Anna, Schriebl Georg, Schwarz Nadine, Seunig Markus, Steinberger Simon, Straßegger Valentin, Straußberger Dionys, Straussberger Lukas, Waidacher Barbara, Waidacher Manfred, Waidacher Markus, Weinberger Johannes, Weinberger Markus, Wieser Clemens, Wieser Gudrun, Windisch Franz, Zöhrer Christian.

Markt- und Werkskapelle Gratkorn

Obmann:
HUBER Heribert

Kapellmeister:
Dr. PÖSCHL Karlheinz

Jugendreferent:
TONSERN Maximilian

Stabführer:
HUBER Heribert

Schriftführer:
SCHADLER Susanne

EDV-Referent:
Ing. BAUER Willy

Kassier/Finanzreferent:
LEITNER Gerhard

Mag. Adlmann Horst (Horn), Aufegger Florian (Posaune), Ing. Bauer Willy (Klarinette), Mag. Brunner Thomas (Tuba), Durdis Matthias (Klarinette), Durdis Sebastian (Klarinette), Ellersdorfer Katrin (Posaune), Fuhrmann Sebastian (Saxophon), Gangl Manuel (Klarinette), Gehrer Nikolaus (Schlagzeug), Grassegger Karl (Saxophon), Haas Bianca (Querflöte), Haas Cornelia (Klarinette), Habenbacher Michael (Schlagzeug), Hansemann Eva (Querflöte), Mag. Haring Dieter (Posaune), Hauser Lisa (Klarinette), Huber Eva-Maria (Trompete), Huber Heribert (Trompete), Hübl Johanna (Saxophon), Jeitler Edmund (Bassflügelhorn), Jeitler Florian (Trompete), Jeitler Manfred (Flügelhorn), Jeitler Stefan (Trompete), Justin Viktor (Trompete), Kerschbaumer Andrea (Querflöte), Mag. Konrad Hannes (Saxophon), Krauthauf Helena (Trompete), Krauthauf Simone (Saxophon), Krenn Ulrich (Schlagzeug), Lackner Robert (Flügelhorn), Leitner Gerhard (Klarinette), Mag. Litscher-Nagy Zsuzsanna (Querflöte), Mulle Susanne (Horn), Nauta Roland (Schlagzeug), Nigg Helmut (Trompete), Peiser Philipp (Trompete), Pelzmann Karl (Klarinette), MMag. Peyer Barbara (Querflöte), Pichler Johannes (Trompete), Pöschl Julia (Saxophon), Dr. Pöschl Karlheinz (Kapellmeister), Pozvek Helmut (Bassflügelhorn), Prugger Jan-Thorsten (Klarinette), Rückert Philipp (Flügelhorn), Schadler Stefan (Posaune), Schadler Susanne (Posaune), Schaupp Thomas (Bassflügelhorn), Schellander Reinhard (Bassflügelhorn), Schieghofer Laura (Klarinette), Schröpel Alexander (Schlagzeug), Tonsern Maximilian (Klarinette), Totter Andrea (Horn), Trojer Nina (Querflöte), Wanek Michael (Schlagzeug), Weißenbacher Eva (Klarinette), Weißenbacher Julia (Querflöte), Winter Barbara (Horn), Winter Claudia (Flügelhorn), Winter Eva Hermine (Horn), Winter Julia (Querflöte), Wippel Isabella (Trompete), Wippel Josef (Tuba), Wirth Peter (Schlagzeug), Mag. Zebinger Andreas (Fagott), Zinggl Josef (Tuba), Zmug Helfried (Trompete), Zorn Simone (Querflöte).

Musikverein Markt Gratwein

Obmann:
TEIBINGER Stefan

Kapellmeister:
Dipl.-Päd. YILDIZ Sabine

Jugendreferent:
SAMPT Sabine

Stabführer:
LATZKO Franz

Schriftführer:
BSc HIERZER Andrea

EDV-Referent:
Ing. URDL Markus

Kassier/Finanzreferent:
HAAS Gerhard

Kapellmeister: Yildiz Sabine; Ehrenkpm. und Kpm.-Stv.: Latzko Franz; Flöten: Perl-Vorbach Elke, Pock Natalie, Benedikt Eva, Kriegl Brigitte, Lichtmannegger Daniela, Wiegisser Birgit; Saxofone: Schneider Gerhard, Frewein Eva, Hierzer Andrea, Schneider Stefanie, Köpping Maria, Pucher Gertrude, Schöberl Mirjam, Prem Elisabeth; Klarinetten: Kniebeiß Ute, Sampt Sabine, Weber Elisabeth, Grinschgl Melanie, Grinschgl Klaudia, Yildiz Marcel, Pucher Julia, Prem Sarah, Neundlinger Lydia; Flügelhörner: Hiden Günther, Kriegl Christian, Grinschgl Wolfgang, Meisterl Patrick, Weber Christoph, Haas Gerhard, Frewein Helena; Hörner: Binder Christian, Saubart Christoph, Forstner Stefan; Tenorhorn/Bariton: Grinschgl Markus, Kriegl Fritz, Teibinger Stefan, Pichler Johann, Jantscher Tanja; Trompeten: Urdl Markus, Sammer Michael jun., Köpping Gabriele, Kniebeiß Markus, Saubart Klaus, Egger Patrick, Yildiz Chiara; Posaunen: Frühwirth Horst, Sammer Michael, Kraschitzer Anton, Sammer Anita; Bässe: Hemmer Erwin, Sammer Daniel, Gratzer Karl; Schlagzeug: Pucher Gerhard, Perl Helmut, Haas Armin, Friesenbichler Martina, Neundlinger Roland, Grinschgl Valentin.

Musikverein Großstübing

Obmann:
STAMPLER Johann

Kapellmeister:
ZENZ Franz

Jugendreferent:
KNAPP Daniela

Stabführer:
BODLOS Franz

Schriftführer:
ZENZ Kerstin

EDV-Referent:
ZENZ Kerstin

Kassier/Finanzreferent:
STAMPLER Erich

Mitglieder: Adamer Franz, Arbesleitner Erwin, Arbesleitner Gerald, Benedikt Erwin, Benedikt Patrik, Bodlos Ewald, Bodlos Franz, Bodlos Isabella, Harg Christopher, Hörzer Thomas, Huber Christian, Huber Herbert, Huber Michael, Jantscher Michael, Knapp Bernhard, Knapp Daniela, Knapp Franz jun., Knapp Franz sen., Knapp Gerlinde, Kollegger Rene, Lang Martin, Prietl Franz, Rainer Rudolf, Stampler Bianca, Stampler Erich, Stampler Johann (1), Stampler Johann (2), Stampler Thomas, Zenz Franz, Zenz Gottlieb, Zenz Heinz, Zenz Kerstin, Zenz Natascha, Zenz Stefan.

TMK der Marktgemeinde Judendorf-Straßengel

Obmann:
DORNER Franz

Kapellmeister:
KNIEPEISS Franz

Jugendreferent:
KERSCHBAUMER Christina

Stabführer:
KNIEPEISS Franz

Schriftführer:
DIETRICH Andreas

EDV-Referent:
GÖSSLER Manfred

EDV-Referent:
KNIEPEISS Franz

Kassier/Finanzreferent:
LACKNER Fritz

Mitgliederliste: Mag. Dr. Claudia Bernecker, MMag. Thomas Brunner, Andreas Dietrich, Ulrike Dietrich, Franz Dorner, Hermann Eberl, Elvira Eberl, Eduard Eisenberger, Klemens Fasching, Margit Fritsch, Bernhard Gaulhofer, Fritz Gaulhofer, Fritz Gaulhofer sen., Laura Groicher, Manfred Gößler, Natalie Haid, Christina Kerschbaumer, Franz Kniepeiss, Sabine Kniepeiss, Sieglinde Kniepeiss, Franz Kniepeiss sen., Fritz Lackner, Werner Lackner, Carina Lackner, Josef Langmann, Ernest Lienhart, Dr. Horst Lohr, Elisabeth Lohr, Mag. Cornelia Maier, Johannes Maierhofer, Martin Maritsch, Julia Mayer, Ernst Mulle, Karin Mulle, Christoph Mühlmann, Fabian Neischl, Julia Orthacker, Christina Panzenböck, Thomas Pommer, DI Peter Pucher, Franz Pucher, Anita Riedl, Florian Riedl, Christian Sickinger, Anna-Sophie Silli, Raphael Singer, Thomas Singer, Victoria Singer, Christian Singer, Alexander Stehlik, Rene Wagner, Petra Weingrill-Six, Bastian Wilding, Manfred Zweytik.

Marktmusikverein Kumberg

Obmann:
DEXER Johann

Kapellmeister:
Ing. EIBISBERGER Erhard

Jugendreferent:
EIBISBERGER Birgit

Stabführer:
DEXER Erwin

Schriftführer:
Mag. PAMMER Bernhard

EDV-Referent:
NARAT Philipp

Kassier/Finanzreferent:
EIBISBERGER Stefan

Jacqueline Bauer, Erwin Dexer, Barbara Dexer, Johann Dexer, Margit Dexer, Andreas Dobnig, Mark Dobnig, Ing. Erhard Eibisberger, Birgit Eibisberger, Stefan Eibisberger, Johann Eibisberger, Mag. Wolfgang Eibisberger, Evelyn Eibisberger, DI (FH) Wolfgang Fikerment, Verena Fuchs, Hermann Gangl, Stefan Gangl, Judith Gattringer, Christian Grubbauer, Karin Hammer, Hermann Hiebler, Kathrin Hiebler, Gabriele Hierhold, Barbara Hierhold, Nicole Igl, Ing. Helmut Igl, Jürgen Koch, Marina Köck, Franz Köck jun., Georg Koller, Gerald Kreimer, Jakob Krottmayer, Anna Lammer, DI (FH) Franz Lammer, Stefan Lampl, Christina Lampl, Mirjam Lechner, Thomas Lechner, Robert Macher, Anita Macher, Josef Manninger, Thomas Mausser, Dipl.-Ing. Andreas Michelitsch, DI (FH) Martin Michelitsch, Ing. Markus Mündler, Philipp Narat, Mag. Bernhard Pammer, Gerhard Pammer, Franz Pötsch, Maximilian Prem, Mag. Ewald Prügger, Rene Pucher, Anna Purkathofer, Tamara Reisenhofer, Alexandra Stangl, Markus Stangl, Katharina Steiner, Hermann Teller.

Musikverein St. Radegund

Obmann:
KOGLER Hannes

Kapellmeister:
Prof. Mag. CIBULKA Franz

Jugendreferent:
MEISTER Matthias

Stabführer:
KOGLER Hannes

Schriftführer:
KOGLER Daniela

EDV-Referent:
ECKART Andreas

Kassier/Finanzreferent:
STRITZEL Ulrike

1. Reihe v. l.: Prof. Franz Cibulka, Daniela Kogler, Christina Klammler, Ulrike Sauseng, Agnes Hofer, Anna Haas, Theresa Rinner, Jürgen Koch, Elisabeth Haas, Mathias Kogler, Tatjana Hölzl, Stefanie Röck, Barbara Sauseng, Elisabeth Sauseng; 2. Reihe: Mathias Meister, Richard Klammler, Ulrike Stritzel, Christian Sauseng, Simon Hofer, Michael Neureiter sen., Gerhard Haas, Andreas Eckart, Hannes Kogler, Mag. Erhard Koch; 3. Reihe: Herbert Gangl, Robert Klammler, Christian Hartl, Dr. Barbara Hopfer, Hannes Hödl, Johann Sauseng, Christine Röck, Johann Auer, Michael Neureiter jun., Markus Neureiter, Katharina Haas, Stefan Harb, Raimund Sauseng; 4. Reihe und stehend: Franz Flagl, Florian Anhofer, Michael Kogler. Markus Neureiter, Thomas Flagl, Daniel Kogler.

Marktmusikkapelle Semriach

Obmann:
SCHINNERL Alois

Kapellmeister:
WIENER Johann

Jugendreferent:
RUMPL Mario

Stabführer:
WIENER Johann

Schriftführer:
Ing. EISENBERGER Stefan

EDV-Referent:
SCHINNERL Daniela

Kassier/Finanzreferent:
TAIBINGER Franz

Christandl Christa (Trompete), Dobersek Christian (Trompete), Eisenberger Stefan (Flügelhorn), Fabian Katrin (Trompete), Glettler Anton (Tenorhorn), Glettler Erich (Flügelhorn), Glettler Siegfried (Tenorhorn), Haupt Josef (Schlagzeug), Haupt Teresa (Flöte), Heger Daniel (Saxophon), Heger Paul (Taferlträger), Hirschbauer Martin (Posaune), Hirtenfellner Wolfgang (Klarinette), Hollegger Christian (Flügelhorn), Hollegger Josef (Schlagzeug), Krempl Peter (Horn), Krinner Christian (Flügelhorn), Krinner Christopher (Flügelhorn), Krinner Elisabeth (Marketenderin), Krinner Hannes (Schlagzeug), Krinner Harald (Bariton), Krinner Richard (Schlagzeug), Lanz Josefine (Tenorhorn), Lanz Kerstin (Klarinette), Lanz Stefan (Trompete), Loitold Sandra (Flöte), Mag. Sammer Patricia (Klarinette), Martinelli Franz (Posaune), Martinelli Helmut (Trompete), Möstl Katharina (Flöte), Möstl Martin (Posaune), Neuhold Claudia (Klarinette), Neuhold Gerald (Saxophon), Neuhold Peter (Klarinette), Neuhold-Yalcinkaya Evelyne (Saxophon), Pabst Christian (Flügelhorn), Pieber Franz (Bass), Pirstinger Arno (Trompete), Polonec Sarah (Marketenderin), Prügger Johann (Schlagzeug), Pucher Cornelia (Flöte), Puregger Christoph (Bass), Raith Alois (Flügelhorn), Raith Miriam (Saxophon), Reif Bianca (Marketenderin), Reisinger Angelika (Klarinette), Rinner Jakob (Saxophon), Rumpl Mario (Trompete), Sammer Siegfried (Bariton), Schinnerl Alois (Flügelhorn), Schinnerl Daniela (Flöte), Schinnerl Patrick (Trompete), Schlegl Anja (Saxophon), Schlegl Stefan (Bass), Taibinger August (Bass), Taibinger Franz (Bass), Taibinger Franz (Tenorhorn), Tirk Christoph (Schlagzeug), Westen Elisabeth (Marketenderin), Westen Katharina (Piccolo), Wibner Christian (Trompete), Wibner Stefan (Saxophon), Wiener Johann (Kapellmeister), Wiener Ulli (Marketenderin), Zechner Max (Schlagzeug).

Musikverein St. Oswald bei Plankenwarth

Obmann:
KOLLEGGER Johann

Kapellmeister:
Dipl.-Päd. HOFER Karl

Jugendreferent:
UHL Michael

Stabführer:
Ing. KOLLEGGER Günter

Schriftführer:
DUNGEL Hannes

EDV-Referent:
DUNGEL Hannes

Kassier/Finanzreferent:
HAMMER Franz

Besetzungsliste, Stand 1.10.2009: Flöte (8): Dirnberger Daniela, Glawogger Theresa, Hofer Gudrun, Kaspar Sabine, Reiter Julia, Schartner Melanie, Steiner Melanie, Uhl Gudrun; Klarinette (11): Dungel Hannes, Dungel Linda, Gänsweider Franz, Gogg Jürgen, Hammer Franz, Hausegger Elisabeth, Dipl.Päd. Hofer Karl (Kapellmeister), Kaspar Franz, Krienzer Johanna, Schartner Gernot, Steinwender Lukas; Saxofon (2): Letnar Rudolf, Uhl Michael; Horn (2): Dirnberger Kurt, Kollegger Johann (Obmann); Flügelhorn (5): Dirnberger Thomas, Hofer Konrad, DI Dr. Kollegger Gerlinde, Reicher Manfred, Strommer Hubert; Tenorhorn/Bariton (4): Hyden Hubert, Ing. Kollegger Günter (Stabführer), Senger Bernhard sen., Turner Johann; Trompete (5): Kogler Alois, Turner Hannes, Senger Bernhard jun., Strommer Stefan, Uhl Heribert; Posaune (2): DI Birnstingl Stefan, Labugger Franz; Tuba (4): Birnstingl Johann, Kollegger Franz, Moser Jörg, Steinwender Herwig; Schlagzeug (7): Brunner Bernd, Egger Franz, Hausegger Harald, Dipl.-Päd. Hofer Ernst (Kpm.-Stv.), Kugi Erwin, Kugler Moritz, Steinwender Martin; Marketenderinnen (7): Christian Miriam, Christian Raphaela, Hartweger Pia, Haßlacher Sophie, Schmer Franziska, Steinwender Kathrin, Steinwender Verena.

Marktmusikverein Thal

Obmann:
VÖTSCH Wolfgang

Kapellmeister:
Ing. WAGNER Fritz

Jugendreferent:
BAUMGARTNER Gerald

Stabführer:
BAUMGARTNER Karlheinz

Schriftführer:
EIßL Regina

EDV-Referent:
EIßL Regina

Kassier/Finanzreferent:
URDL Heimo

Die Marketenderinnen, Taferlträger und Musiker: 1. Reihe von links: Obmann Wolfgang Vötsch, Stabführer und Jugendreferent Karlheinz Baumgartner, Kapellmeister Fritz Wagner; 2. Reihe von links: Claudia Böhm, Astrid Koreimann, Karin Gebhardt, Manuel Eißl, Birgit Nagl, Manuela Kellerer, Siegfried Wagner, Heimo Urdl, Markus Hörmann, Julia Nagl, Andrea Doppler, Michaela Böhm; 3. Reihe von links: Nicole Pichler, Lisa Obendrauf, Simone Egger, Regina Eißl, Kerstin Hofer, Karl Katzbauer, Franz Baumgartner, Franz Gratz, Bettina Wagner, Margareta Glawogger, Petra Junk-Gratz; 4. Reihe von links: Franz Wagner, Bernhard Ponstingl, Bernhard Baumgartner, David Gratz; 5. Reihe von links: Karl Mandl, Franz Ponstingl, Theresia Glawogger, Manfred Nagl, Alois Urdl, Martin Böhm, Florian Puntigam, Karl Kling, Christian Glawogger, Günter Freisinger; 6. Reihe von links: Manfred Wagner, Wolfgang Freisinger, Franz Hörmann, Jörg Gruber, Roman Ruthofer, Philipp Mandl, Edmund Wagner, Wolfgang Höller, Gerald Baumgartner.

Marktmusikkapelle Übelbach

Obmann:
HIDEN Franz

Kapellmeister:
MITTEREGGER Gerald

Jugendreferent:
HAUSEGGER Daniela

Stabführer:
WINDISCH Peter

Schriftführer:
JANTSCHER Harald sen.

EDV-Referent:
KATZBAUER Philipp

Kassier/Finanzreferent:
SCHICKER Josef jun.

Musikerliste und Funktionäre 2009: Arbesleitner Nora (Querflöte), Brandt Ilse (Klarinette), Hausegger Daniela (Saxophon, Jugendreferent-Stv.), Hiden Andreas (Schlagzeug), Hiden Christoph (Schlagzeug), Hiden Franz (Trompete, Obmann), Hiden Michael (Posaune), Hirtner Michael (Klarinette), Jantscher Harald jun. (Trompete), Jantscher Harald sen. (Klarinette, Schriftf.-Stv.), Katzbauer Matthias (Tenorhorn), Katzbauer Philipp (Tuba), Klöckl Bianca (Trompete), Klöckl Peter (Saxophon), Köppel Petra (Querflöte), Krasser Mario (Klarinette, Kapellmeister), Kreiner Manfred (Schlagzeug), Menapace Hannes (Tuba), Mitteregger Gerald (Tuba, Kapellmeister-Stv.), Mitteregger Mathias jun. (Schlagzeug), Mitteregger Mathias sen. (Klarinette), Nunner Andreas (Klarinette, Notenwart), Palzer Brigitte (Klarinette), Peichler Günther (Schlagzeug), Peichler Johann (Tenorhorn, Instrumentenwart), Plienegger Andrea (Trompete), Dr. Plienegger Johann (Trompete, Jugendreferent), Mag. Plienegger Maria (Waldhorn, Schriftführerin), Ramsauer Christoph (Schlagzeug), Ramsauer Markus (Trompete), Reinbacher Armin (Flügelhorn), Scherer Franz (Flügelhorn), Schicker Josef jun. (Waldhorn, Finanz- und EDV-Referent), Schicker Josef sen. (Posaune), Sonnleitner Eva (Klarinette), Steinschneider Alfred (Saxophon), Steinschneider Ernst (Waldhorn), Steinschneider Jürgen (Saxophon), Steinschneider Manfred (Tuba), Stipsits Stefan (Trompete), Windisch Manuel (Posaune), Windisch Peter (Posaune, Stabführer), Wolf Erwin (Flügelhorn), Zenz Albert (Saxophon, Bekleidungswart), Zettel Markus (Schlagzeug, Obmann-Stv.), Zirbisegger Walter (Flügelhorn, Ehrenkapellmeister), Anneliese Moser (Marketenderin), Christine Moser (Marketenderin).

Musikverein St. Bartholomä

Obmann:
GRAUPNER Manfred

Kapellmeister:
Mag. ZWANZER Alfred

Jugendreferent:
Mag. BRUNNER Maria

Stabführer:
GRAUPNER Franz

Schriftführer:
PAMMER Karin

EDV-Referent:
Ing. SKARGET Thomas

EDV-Referent:
GRAUPNER Manfred

Kassier/Finanzreferent:
HIRT Traude

1. Reihe von links nach rechts: Silvia Dokter, Maria Hochegger, Bettina Marchel, Nadine Hemmer, Andrea Brunner, Maria Brunner, Melanie Eisl, Julia Kaspar, Thomas Prettenthaler, Julia Schwar, Charlotte Hirt, Bernhard Senger jun.; 2. Reihe von links nach rechts: Wolfgang Graupner, Thomas Skarget, Edeltraud Hirt, Angela Birnstingl, Ilse Marchel, Günther Mikkelsen, Karin Graupner, Mag. Alfred Zwanzer, Christian Nabernik, Franz Birnstingl, Phillip Hirt, Andreas Grabitzer, Franz Hirt; 3. Reihe von links nach rechts: Peter Gogg, Johann Marchel, Franz Fröhwein, Bernhard Senger, Manfred Graupner, Arnold Breidler, Karin Pammer, Rudolf Letnar, Franz Brunner, Uwe Huber, Franz Graupner, Franz Fischer, Johann Reicher, Daniel Binder.

Musikverein Weinitzen

Obmann:
AMHOFER Ewald

Kapellmeister:
GOLLENZ Werner

Jugendreferent:
WOHLGEMUT Jürgen

Stabführer:
GOLLENZ Werner

Schriftführer:
LILEK Bianca

EDV-Referent:
Ing. GLETTLER Johannes

Kassier/Finanzreferent:
POSCH Johann

Allitsch Bianca, Amhofer Ewald, Anhofer Kathrin (Marketenderin), Beyer Claudia, Beyer Gustav, Beyer Katharina, Braunstingl Christian, Fasching Philipp, Feiertag Jasmin, Ferk Andreas, Ferk Johann, Ing. Glettler Johannes, Prof. Dr. Gollenz Franz-Josef, Gollenz Werner, Gottmann-Binder Christian, Grosinger Florian, Großschädl Franz, Großschädl Gert, Großschädl Roman, Haidl Robert, Hirtenfellner Carmen, Hofbauer Miriam, Höfler Stefan, Hötzer Daniela, Kainz Andreas, Kienreich Markus, Ing. Klecker Thomas, Kollmann Bernd, Kregar Julia, MMag. Lackner Elke, Lilek Bianca, Lilek Karin, Mauthner Florian, Mauthner Melanie (Marketenderin), Mauthner Nicole, Neuhold Brigitte, Prosser Philipp, Puchas Silvia (Marketenderin), Sach Barbara, Schmidt Margit (Marketenderin), Schögler Rafael, Schöpfer Anton, Stadtegger Angelika, Stadtegger Philipp, Steinhöfler Hannah, Wagner Stephan, Mag. Welsch Christoph, Windisch Andreas, Windisch Anita, Wohlgemut Jürgen, Wohlgemut Werner.

Musikbezirk Graz-Süd

Liste der Bezirksfunktionäre Graz-Süd (2009): 1. Reihe sitzend, von links: Bezirksschriftführerin und Bezirkspressereferentin Daniela Krisper, Beirätin Maria Posch, Bezirkskapellmeister Vzlt Josef Mühlmann, Bezirksobmann Franz Muhr, Bezirksfinanzreferentin Andrea Kager, Bezirksjugendreferent-Stellvertreterin und Bezirksschriftführer-Stellvertreterin Tina Swoboda, Bezirksstabführer-Stellvertreter Helmut Hofrichter; 2. Reihe stehend, von links: Bezirksehrenmitglied Wilhelm Tscherner, Bezirks-EDV-Referent Christian Nabernik, Bezirksstabführer Vzlt Franz Mauthner, Ehrenbezirksobmann OARiR Franz Mesicek, Beirat Josef Hörzer, Beirat Peter Winkler, Bezirksobmann-Stellvertreter Johann Richard Seidl, Bezirkskapellmeister-Stellvertreter Herbert Turza, Beirat Josef Kainz, Bezirkskapellmeister-Stellvertreter Franz Matthias Pitscheneder, Bezirksjugendreferent Anton Streibl.

Trachtenkapelle Laßnitzhöhe

Obmann:
PÖGL Gustav jun.

Kapellmeister:
TURZA Herbert

Jugendreferent:
EGGER Michael

Stabführer:
RAITH Johann

Schriftführer:
PERTL Johann

EDV-Referent:
SUPPAN Johann

Kassier/Finanzreferent:
TANTSCHER Friedrich

Berghold Anita, Brugger Anton, Egger Birgit, Egger Michael, Friedrich Christian, Fröhlich Johann, Gruber Martina, Gruber Julia, Haas Dietmar, Kern Thomas, Kolak Jürgen, König Johann, Konrad Alfred, Konrad Josef, Kristandl Sandra, Leopold Franz, Lindschinger Barbara, Lindschinger Stefanie, Lindschinger Meinrad, Maier Christina, Maier Maria, Nader Christina, Nagl Cornelia, Neuherz Wolfgang, Neuherz Josef, Neuhold Karl, Ortlechner Christian, Pertl Gabriela, Pertl Johann, Pfeiffer Andreas, Pögl Gustav jun., Praßl Sabrina, Raith Johann, Schellnegger Robert, Schellnegger Franz, Schönberger Birgit, Seidl Markus, Seidl Thomas, Stix Katharina, Stix Gudrun, Straßegger Sigrid, Suppan Margarethe, Suppan Johann, Tantscher Friedrich, Turza Herbert, Turza Daniel, Zotter Klaus.

Trachtenkapelle Dobl

Obmann:
KAINZ Josef

Kapellmeister:
Mag. ZWANZER Alfred

Jugendreferent:
STRINI René

Stabführer:
MAYER Florian

Schriftführer:
MAYER Florian

Kassier/Finanzreferent:
DI (FH) PONGRATZ Alois

1. Reihe sitzend v.l.n.r.: Weber Cornelia (Picollo), Krois Claudia (Querflöte), Mayer Florian(Klarinette, Stabführer), Kainz Josef (Posaune, Obmann), Mag. Zwanzer Alfred (Kapellmeister), Harzl Verena (Klarinette), Kainz Katharina (Klarinette), Erber Maria (Klarinette); 2. Reihe v.l.n.r.: Fließer Johann jun. (Tenorhorn), Strini Rene (Klarinette, Sax), Grinschgl Franz (Flügelhorn), Büchsenmeister Karl (Flügelhorn), Schmer-Galunder Stefanie (Flügelhorn), Pongratz Alois (Flügelhorn, Kassier), Stoiffmann Alois (Flügelhorn); 3. Reihe v.l.n.r.: Bäck Christian (Bass), Zmugg Rupert (Tenorhorn), Zmugg Gabriel (Flügelhorn), Fließer Johann sen. (Schlagzeug), Scheifler Franz (Flügelhorn), Weber Anton (Klarinette) Pongratz Stefan (Bass, Obm.-Stellvertr.), Wegl Peter (Trompete, Obm.-Stellver.); 4. Reihe v.l.n.r.: Schmer-Galunder Florian (Tenorhorn), Hammer Matthias (Schlagzeug), Grinschgl Konrad (Schlagzeug), Erber Franz (Trompete), Hechtl Rene (Trompete), Kainz Manuel (Trompete).

Marktmusikkapelle Feldkirchen bei Graz

Obmann:
MENHART Stephan

Kapellmeister:
FINSTER Martin

Jugendreferent:
BERGMANN Ingrid

Stabführer:
MENHART Stephan

Schriftführer:
LEBERNEGG Marlene

EDV-Referent:
ORGEL-APFELKNAB Michaela

Kassier/Finanzreferent:
GROICHER Sandra

Derzeit aktive Mitglieder: Aldrian Markus, Aldrian Nadja, Bergmann Ingrid, Finster Martin, Flucher Marlies, Gaisberger Alexandra, Gaisberger Jürgen, Groicher Manfred, Hiebaum Katja, Kölbl Melanie, Lebernegg Marlene, Linhard Thomas, Luttenberger Karin, Menhart Stephan, Mörth Christian, Mörth Edith, Mörth Michéle, Orgel-Apfelknab Michaela, Schletterer Andreas, Suppan Kornelia, Werber Christian, Werber Manfred, Marketenderinnen: Groicher Heike, Groicher Sandra, Neuhauser Beate, Stoff Melanie.

Feuerwehrkapelle Fernitz

Obmann:
Dipl.-Ing. JAUSNER Helmut

Kapellmeister:
REIBENSCHUH Franz

Schriftführer:
KÖLLY Horst

Klarinette Es: Tina Swoboda; Klarinette B: Johann Ruhs, Christine Ostermann; Trompete C: Josef Krainer; Trompete B: Franz Reimschuh (Kapellmeister), Franz Edelsbrunner, Michael Kölly, Bernd Swoboda; Tenorhorn: Josef Moder (Ehrenobmann), Helmut Jausner (Obmann), Josef Hörzer; Posaune: Franz Wumbauer; Bass: Karl Lehr, Franz Baumhackel; Schlagzeug: Rudolf Kölly (Schriftführer), Horst Kölly (Stabführer), Markus Prassl, Stefan Swoboda.

Musikverein Jugendkapelle Fernitz

Obmann:
HIEBAUM Manfred

Kapellmeister:
Mag. BERGHOLD Wilhelm

Jugendreferent:
FAULAND Michele

Stabführer:
FINK Wolfgang

Schriftführer:
HIEBAUM Christine

EDV-Referent:
HIEBAUM Manfred

Kassier/Finanzreferent:
EBERHARDT Erich

Absenger Christian, Berghold Beatrix, Berghold Wilhelm, Del Vecchio Sara, Eberhardt Erich (Kassier), Eberhardt Lisa (Marketenderin), Edlinger Hubert, Ehgartner Manuel, Eibler Katharina, Eibler Martina, Fauland Michele, Fink Karl, Fragner Armin, Freisacher Stefan, Hiebaum Manfred (Obmann), Hiebaum Matthias, Hornhofer Andreas, Hörzer Josef, Hörzer Gerald, Jörgler Magdalena, Karrer Ursula, Kölly Michael, Lackner Walter, Ledinegg Daniela, Maier Hannes, Novotny Patrick, Pechmann Martin, Pichler Philipp, Pölzl Franz, Pospischil Patrick, Praßl Markus, Prinz Tanja (Marketenderin), Raffedseder Elena, Schlager Gottfried, Skringer Martina (Marketenderin), Skringer Werner (Obmann-Stv.), Swoboda Bernd, Truchses Stefanie (Marketenderin), Urdl Andrea, Werlberger Larissa, Wolf Christina; nicht am Foto: Fink Wolfgang, Fragner Hannes, Luiser Christian, Potocnik Reinhard, Schlager Gabi, Schöllauf Franz, Sitzwohl Stefan, Swoboda Stefan, Swoboda Tina, Ziegler Gabriel.

Marktmusik Hausmannstätten

Obmann:
POSCH Maria

Kapellmeister:
Mag. PINTER Borut

Jugendreferent:
AUGUSTIN Marie Marlen

Stabführer:
BAUMGARTNER Johann

Schriftführer:
LASSELSBERGER Luise

EDV-Referent:
KEFER Christian

Kassier/Finanzreferent:
Ing. ERKINGER Helga

Mitglieder: Baumgartner Johann, Baumgartner Wolfgang, Berghold Wilhelm, Dierks Jan, Dollinger Franz, Freiinger Stefanie, Gangl Melanie, Hafner Josef, Kefer Anita, Kefer Christian, Kefer Markus, Krinninger Thomas, Krinninger Walter, Lasselsberger Luise, Maxl Gerhard, Nauschnegg Hans Peter, Pauritsch Christian, Pauritsch Karl, Pinter Borut, Pinter Hermine, Posch Christoph, Posch Maria, Posch Patrick, Prietl Helfried, Puchleitner Gerd, Reisenhofer Karl, Sebekovsky Nadine, Seidl Gernot, Sixt Angelika, Stucken Detlef, Tantscher Michael, Wumbauer Franz, Zechner Anita, Zechner Peter.

Musikverein Marktkapelle Hitzendorf

Obmann:
Mag. KLÖCKL-STADLER Elisabeth

Obmann:
(2.) KAGER Andrea

Kapellmeister:
STADLER Stefan

Jugendreferent:
LERCH Reinhard

Stabführer:
FUCHS Franz

Schriftführer:
PURGSTALLER Renate

EDV-Referent:
BEICHLER Sabrina

Kassier/Finanzreferent:
STERN Johannes

Musiker: Lackner Patrick, Kager Florian, Wenzl Michael, Hacker Philip, Klöckl Jonas, Kopp Nikolaus, Schwar Roland, Halbedel Heinrich, Klöckl-Stadler Elisabeth, Stadler Hubert, Stadler Stefan, Stieber Gabriela, Kager Andrea, Bauer Franz, Kniepeiß Alois, Pöschl Franz, Weidinger Nicole, Lickl Franz, Eberl August sen., Guggi Johann jun., Lackner Robert, Stern Johannes, Guggi Johann sen., Fuchs Franz, Weidinger Anita, Stadler Melanie, Buddrick Nicole, Schwar Lisa-Marie, Gruber Marlene, Pischler Petra, Weidinger Bianca, Kraus Alexandra, Hambammer Franz, Pesenhofer Robert, Schlosser Walter, List Christian, Lerch Peter, Kager Stefan, Beichler Sabrina, Eberl August jun., Gollob Florentina, Herunter Franz sen., Hösele Wolfgang, Lerch Reinhard, Marchel Beatrice, Pesenhofer Andreas, Schlosser Michael, Schmiedtbauer Herbert, Spielmann Magdalena.

Musikkapelle der Roto Frank und der Marktgemeinde Kalsdorf

Obmann:
Ing. KARPJUK Hannes

Kapellmeister:
KEMMER Walter

Jugendreferent:
HORVAT Marko

Stabführer:
WENDLER Franz

Kassier/Finanzreferent:
HOLD Harald

Kapellmeister: Walter Shorty Kemmer (1993); Stabführer: Franz Wendler (1970); Marketenderin: Nicole Wendler (2006), Kristin Kienzle (2008). Musiker: Querflöte: Melanie Kainer (2007), Belinda Platzer (2007), Katharina Schmidt (2007), Christine Schütz (2007), Ursulina Stupan (2007), Verena Traby (2007); Klarinette: Ernst Bressnig (1965), Ulrike Ettl (2000), Alois Gollner (1968), Alexandra Goschier (1990), Julia Musits (2007); Saxophon: Ing. Christian Bressnig (1984), Harald Hold (2005), Ingrid Labitsch (2000), Jürgen Lesiak (2007), DI (FH) Nicole Seifriedsberger (2009), DDr. Karl Platzer (2002); Flügelhorn: Christian Ettl (1998), Christian Nabernik (1997), Alexandra Wendler (2006), Georg Wendler (1996); Trompete: Mag. Franz Eckhart (1986), Ing. Hannes Karpjuk (1984), Petra Karpjuk (1989), Robert Zöhrer (1988); Horn: Patrick Findner (2009), Edith Häusel (2005); Tenor/Bariton: Klaus Labitsch (2002), Siegfried Kolar (2006), DI (FH) Ernst Neuhold (2004), Sebastian Pauschitz (2007); Posaune: Gerhard Zöhrer (1980); Bass: Franz Fischer (2000); Schlagzeug: Patricia Fruhwirth (2007), Christoph Greiner (2006), Marko Horvat (2006), Christoph Jaklitsch (1997), Melanie Koller (2007), Christoph Messner (1997), Patricia Sommer (2002), Wolfgang Weichhart (2000), Josef Weiner (1953), Franz Wendler (1970).

Musikverein Krumegg

Obmann:
HOFER Andreas

Kapellmeister:
KOHLFÜRST Ludwig

Jugendreferent:
ZIRKL Stephan

Schriftführer:
FEIERTAG Alexandra

Kassier/Finanzreferent:
HAUK Karl

Brugger Egon, Eberl Franz, Eberl Willibald, Egger Manuel, Egger Valentin, Erlinger Bettina, Ettl Michaela, Feiertag Alexandra, Flitsch Roman, Flitsch Urban, Grabner Andreas, Grabner Michael, Hauk Karl, Hofer Andreas sen., Hofer Andreas jun., Hofer Elisabeth, Kamper Albert, Kamper Franz, Kamper Stefan, Kohlfürst Dietmar, Kohlfürst Ludwig, Kohnhauser Heinz, Kurzmann Verena, Maier Tanja, Mekis Andreas, Mekis Silvia, Neuhold Heinz, Nöst Kerstin, Nöst Martina, Obenauf Ewald, Obenauf Ilse, Pammer Johann, Posch Dieter, Prall Stefan, Reiter Christine, Reiter Martina, Reiter Sabine, Schechtner Barbara, Schechtner Lisa, Schechtner Paul, Schönberger Denise, Weiß Julia, Weiß Lena, Weiß Melanie, Weiß Rupert, Windisch Sabrina, Zach Bernadette, Zettel Michael, Zettel Werner, Zirkl Anton, Zirkl Stephan.

Musikverein Lieboch

Obmann:
KOCHAUF Helmut

Kapellmeister:
WEINZERL Thomas

Jugendreferent:
Mag. KOCH Michaela

Stabführer:
Vzlt MAUTHNER Franz

Schriftführer:
PITSCH Sabine

EDV-Referent:
DI (FH) HÖRMANN Rainer

Kassier/Finanzreferent:
REISINGER Andreas

Adametz Sabine, Blaschitz Anita, Blaschitz Christina, Blaschitz Franz, Breinhälter Alexander, Florian Daniel, Freidau Erich sen., Friedau Erich jun., Fritz Romana, Gogg Peter, Gogg Franz, Gogg-Fassolter Gabi, Grabenwarter Johann, Hörmann Rainer, Hösele Alexandra, Hösele Andreas, Hösele Peter, Kochauf Helmut, Krugfahrt Bernhard, Letscher Brigitte, Mauthner Franz, Mauthner Magdalena, Mayer Margareta, Moser Philipp, Moser Thomas, Muhr Franz, Pisch Alexander, Pitsch Sabine, Puntigam Katharina, Regier Ingrid, Regier Thomas, Regier Tobias, Reisinger Andreas, Riedl Daniel, Scholler Martin, Schreiner Regina, Skarget Thomas, Strommer Mattias, Strommer Markus, Watz Manfred, Weicher Daniel, Weinzerl Thomas, Weinzerl Anna, Weinzerl Elisabeth, Weinzerl Josef.

Musikverein Nestelbach

Obmann:
SCHEIDERER Rudolf

Kapellmeister:
BINDER Franz

Jugendreferent:
GRUBER Michael

Stabführer:
BINDER Franz

Schriftführer:
SCHERR Jasmine

EDV-Referent:
BINDER Daniela

Kassier/Finanzreferent:
WINTER Anton

Musikerinnen und Musiker (in alphabetischer Reihenfolge): Baumkircher Heinz (Becken), Baumkircher Karl (Flügelhorn), Baumkircher Werner (Tenorhorn, Posaune), Binder Carina (Querflöte), Binder Daniela (Klarinette), Binder Franz (Klarinette, Saxophon), Dollinger Edwin (Tenorhorn, Posaune), Färber Isabella (Klarinette), Flucher Johann jun. (Schlagzeug), Flucher Johann sen. (Bass), Fuchs Erich (Trompete), Graßmugg Benjamin (Flügelhorn), Gruber Michael (Trompete), Hofer Franz (Schlagzeug), Hubmann Stefan (Schlagzeug), Jäger Christian (Schlagzeug), Janisch Lukas (Trompete), Kamper Franz (Bass), Koren Michaela (Klarinette, Saxophon), Paier Franziska (Querflöte), Rieberer Waltraud (Querflöte, Piccolo), Ritter Josef (Bass), Scheiderer Rudolf (Tenorhorn), Scherr Bianca (Querflöte), Scherr Erwin (Flügelhorn), Scherr Helmut (Tenorhorn), Scherr Jasmine (Klarinette, Saxophon), Schloffer Patrick (Flügelhorn), Schögler Christian (Große Trommel), Schönherr Peter (Klarinette, Saxophon), Voit Manuel (Flügelhorn), Wilfling Kerstin (Klarinette), Wilfling Kevin (Trompete), Winter Anton (Trompete), Zwilak Andreas (Flügelhorn), Zwilak Johann (Bass); Marketenderinnen: Rupp Maria, Binder Bettina, Flucher Eva, Hofer Daniela.

Musikverein Seiersberg

Obmann:
ACKERL Walter

Organisationsreferent:
ACKERL Walter

Kapellmeister:
Vzlt. MÜHLMANN Josef

Jugendreferent:
PACHERNEGG Thomas

Stabführer:
GARTLER Hubert

Schriftführer:
SCHLEGL Karin

EDV-Referent:
NEUMEISTER Dominik

Musikverein Seiersberg 2009: 1. Reihe sitzend v.l.n.r.: Pia Suppan, Nadine Kemeter, Lara Maier, Ehrenmusiker Alois Gutkauf, Kapellmeister Vzlt Josef Mühlman, Obmann Walter Ackerl, Ehrenobmann Alois Pammer, Christa Natter, Lukas Jagerhofer, Barbara Probst, Verena Thaler; 2. Reihe stehend v.l.n.r.: Stabführer, Obmstv. Hubert Gartler, Christina Flucher, Lisa Pöll, Schriftführerin Karin Schlegl, EDV-Ref. Dominik Neumeister, Niklas Neumeister, Mathias Hebenstreit, Markus Natter, Maximilian Schriebl, Bettina Auer, Maria Natter, Evelyn Lang, Anna Trausnitz, Beirat Franz Andraschko, Florian Jagerhofer; 3. Reihe stehend v.l.n.r.: Erich Fridau sen., Franz Sulzer, Michael Resch, Raphael Gartler, Christoph Ganotz, Christoph Bodlos, Jugendrefernt Thomas Pachernegg, Barbara Ganotz, Kassier-Stv. Helmut Natter, Martin Andraschko, Josef Kahr, Kassier Martin Jagerhofer, Archivar Erich Fridau jun., Werner Fürst; nicht am Bild: Iris Ernst, Gerhard Aldrian, Daniel Neubauer, Jugendreferent-Stv. Simone Ortner, Curd Ornig, Pornchanock Weiler, Lena Gasser, Klemens Kroger, Beirat Eduard Eberhardt, Nora Steininger, Martina Zinser.

Marktmusikkapelle St. Marein bei Graz

Obmann:
KRAXNER Franz

Kapellmeister:
Prof. Mag. MODER Erwin

Jugendreferent:
NÖST Elisabeth

Stabführer:
HIEBAUM Stefan

Schriftführer:
EDELSBRUNNER Günther

Kassier/Finanzreferent:
LAFER Heinz

MusikerInnen: Dieber Tanja, Querflöte (2002), Edelsbrunner Alfred, Klarinette (1970), Edelsbrunner Franz, Flügelhorn (1970), Edelsbrunner Franz, Schlagzeug (1995), Edelsbrunner Günther, Posaune (1996), Edelsbrunner Markus, Klarinette (1996), Fischanger Andreas, Klarinette (1995), Fischanger Franz, F-Tuba (1970), Fischanger Thomas, Flügelhorn (1995), Froschhauser Teresa, Querflöte, Piccolo (1998), Gschmeidler Sarah, Querflöte (2007), Gspandl Johann, Bassflügelhorn (1966), Hiebaum Isabella, Klarinette (1997), Hiebaum Stefan, Klarinette (1972), Kager Michaela, Trompete (1995), Kien Josef, Klarinette (1999), Kohlfürst Walter, Schlagzeug (1994), Korger Helmut, Schlagzeug (1987), Kraxner Alois, Flügelhorn (1975), Kraxner Benedikt, Schlagzeug (1999), Kraxner Franz, Posaune (1974), Kraxner Johanna, Klarinette (1998), Kurzmann Daniel, Trompete (1997), Kurzmann Kerstin, Saxophon (2008), Lafer Benjamin, Saxophon (2008), Lafer Dominik, Schlagzeug (2001), Lafer Heinz, Trompete (1977), Leopold Christian, Klarinette (1984), Maier Alfons, Klarinette (1977), Mandl Christina, Querflöte (2007), Miklavcic Peter, Horn (1997), Moder Erwin, Posaune (1965), Monschein Silvia, Trompete (1992), Nöst Elisabeth, Querflöte (1999), Nöst Stefanie, Saxophon (2005), Pfeiffer Johann, Bassflügelhorn (1989), Platzer Josef, F-Tuba (1943), Reibenschuh Franz, Flügelhorn (1948), Schwarzl Josef jun., Bassflügelhorn (1994), Schwarzl Stefan, Bassflügelhorn (1994), Schwarzl Josef sen., Klarinette (1967), Thiebet Josef, Saxophon (1974), Tieber Franz, B-Tuba (1974), Tieber Johannes, Bassflügelhorn (2006), Wiedner Romana, Saxophon (1996), Wiedner Walter, Horn (1980), Zach Alois, Flügelhorn (1970); Marketenderinnen: Gassner Christiane (2004), Herzog Heike (1996), Hiebaum Julia (2005), Wicht Hermine (1996).

Marktmusik Unterpremstätten-Zettling

Obmann:
Mag. Obmann Ulrich

Kapellmeister:
PITSCHENEDER Matthias

Jugendreferent:
AMON Karoline

Stabführer:
KIRCHBERGER Alois

Schriftführer:
MUHR Werner

EDV-Referent:
LORENZ Philipp

Kassier/Finanzreferent:
GANGL Michael

1. Reihe v.l.n.r.: Wippel Markus, Gartler Isabella, Glauninger Sylvia, Greiner Christoph, Pitscheneder Beate, Kirchberger Eva, Kelz Petra, Fauland Manuel, Huber Marcel; 2. Reihe v.l.n.r.: Pitscheneder Matthias, Schröttner Verena, Amon Karoline, List Bernhard, Muhr Werner, Glauninger Sandra, Haberl Clemens, Scheucher Sabine, Fruhwirth Johannes, Trost Franz jun., Spath Wolfgang; 3. Reihe v.l.n.r.: Ortner Sabrina, Kirchberger Alois, Ruprecht Birgit, Obmann Ulrich, Kogler Johann, Bergmann Ingrid, Haberl Nicole, Seidl Constanze, Langmann Johanna, Matula Ingrid, Lorenz Philipp, Markl Markus, Gangl Michael, Wippel Johannes; 4. Reihe v.l.n.r.: Fruhwirth Michael, Streibl Anton, Matzer Adolf, Kirchberger Christian, Scheucher Bernhard, Ivartnik Franz, Zauner Erich, Eisenberger Bernd, Markl Andreas, Poswek Josef, Kogler Markus, Haberl Florian, List Christian, Schantl Christian, Pitscheneder Heinz. (Foto 2009)

Marktmusik Vasoldsberg

Obmann:
SEIDL Johann Richard

Kapellmeister:
RUMPF Helmut

Stabführer:
KONRAD Manfred

Schriftführer:
JÖRGLER Karin

EDV-Referent:
Ing. JAUTZ Ilse

Kassier/Finanzreferent:
FRÜHWIRTH Walter

Sitzend v.l.n.r.: Bürgermeister Josef Baumhackl, Ehrenkapellmeister Andreas Wolf-Maier, Kapellmeister Helmut Rumpf, Manfred Konrad, Obmann Johann Richard Seidl, Ehrenmitglied Rosa Wolf-Maier, Ehrenmitglied Franz Fessel; 2. Reihe v.l.n.r.: Marketenderin Sophie Seidl, Prof. Karl Landenhammer, Anita Frühwirth, Lidwina Perl, Valentina Ulbl, Regina Seidl, Bianca Zenz, Karin Jörgler, Petra Neumann, Sandra Linhart, Walter Frühwirth, David Ulbl, Manfred Jörgler, Andreas Wolf-Maier, Marketenderin Maria Frühwirth, Michael Fessel, Marketenderin Ing. Ilse Jautz, Michaela Konrad, B.A. Daniel Kukovetz; 3. Reihe v.l.n.r.: Josef Volk, Christian Weiss, Otto Ninaus, Felix Eibler, Josef Wolf-Maier, Andreas Ninaus, Matthias Finster, Stephan Menhart, Elisabeth Konrad, Margit Jautz, Andreas Strohmeier, Matthias Hain. Zurzeit sind ca. 34 Musiker und drei Marketenderinnen unter der Leitung von Kapellmeister Helmut Rumpf und Obmann Johann Richard Seidl aktiv.

Jugendkapelle Werndorf

Obmann:
TSCHERNER Wilhelm

Kapellmeister:
ULLRICH Stefan

Jugendreferent:
DRÖSCHER Stefan

Stabführer:
TSCHERNER Wilhelm

Schriftführer:
ULRICH Birgit

EDV-Referent:
SIEGL Manfred

Kassier/Finanzreferent:
FÄRBER Johann

Obmann und Stabführer: Tscherner Wilhelm; Kapellmeister: Ullrich Stefan; Marketenderinnen: Mund Ursula, Ursnik Manuela, Spath Sonja, Palzer Cornelia; Musiker: Adamer Werner (Klarinette), Färber Karin (Klarinette), Fimbinger Sabine (Es-Klarinette), Gmehling Johannes (Klarinette), Koköfer Andreas (Klarinette), Lukas Josef (Saxophon), Nebel Andreas (Saxophon), Nebel Petra (Saxophon), Parcz Iris (Klarinette), Rauch Katharina (Klarinette), Renzhammer Ramona (Klarinette), Gsellmann Sonja (Klarinette), Siegl Manfred (Saxophon), Tscherner Reinhard (Klarinette), Ernst Iris (Querflöte), Ulrich Birgit (Querflöte), Fimbinger Britta (Querflöte), Orso Stefanie (Querflöte), Rauch Julia (Querflöte), Skergeth Beate (Querflöte), Fimbinger Norbert (Flügelhorn), Kostelenski Wolfgang (Flügelhorn), Macher Christian (Flügelhorn), Scheiner Claus (Flügelhorn), Tscherner Wolfgang (Flügelhorn), Adamer Gerhard (Posaune), Jahrbacher Felix (Posaune), Adamer Josef (Tenorhorn), Dröscher Stefan (Tenorhorn), Fimbinger Eric (Tenorhorn), Ulrich Peter (Tenorhorn), Weissgerber Dietmar (Tenorhorn), Färber Hannes (Trompete), Berger Peter (Trompete), Mund Kilian (Trompete), Kreisler Kerstin (Horn), Ulrich Anneliese (Horn), Dröscher Martin (B-Bass), Färber Johann (B-Bass), Sorko Christian (B-Bass), Greiner Martina (Cinellen), Feger Johann (Gr. Trommel), Holler Stefan (Kl. Trommel), Nebel Matthias (Kl. Trommel), Tschrepinko Martin (Kl. Trommel).

Musikverein Wundschuh

Obmann:
SCHÖGGLER Thomas

Kapellmeister:
ORTHOFER Stefan

Jugendreferent:
KICKMAIER Veronika

Stabführer:
REININGER Christoph

Schriftführer:
ZIRNGAST Sandra

Kassier/Finanzreferent:
ZURY Elisabeth

Vorne von links: Veronika Baier, Veronika Kickmaier, Melissa Rath, Johann Stampler, Stefan Stampler, Ferdinand Krispel, Beate Weber, Tanja Unterthor, Gertrude Roßmann, Christian Orthofer, Stefan Orthofer; 2. Reihe von links: Alois Kickmaier, Friedrich Mörth, Christoph Reininger, Bernhard Ruß, Josef Zirngast, Bernhard Zury, Georg Gugl, Karl Baier, Johanna Ofner, Karl Höller, Christian Gaggl, Herbert Rupp, Daniel Leber; 3. Reihe von links: Mario Payer, Adalbert Reininger, Otto Aichelsreiter-Holzmann, Thomas Baier, Adelheid Vodenik, Philipp Kölbl, Sandra Zirngast, Josef Koch, Elisabeth Zury; hinten von links: Rudolf Staudinger, Franz Aichelsreiter-Holzmann, Wolfgang Seidler, Thomas Schöggler.

Musikverein Spielmannszug Raaba

Obmann:
HOFRICHTER Helmut

Geschäftsführender Obmann:
Ing. DOPPLER Peter

Kapellmeister:
HOFRICHTER Helmut

Stabführer:
HOFRICHTER Helmut

Schriftführer:
MA MAIERHOFER Elisabeth

EDV-Referent:
MAIERHOFER Mario

EDV-Referent:
MAIERHOFER Michael

Kassier/Finanzreferent:
WINTER Stefan

MusikerInnen, vorderste Reihe von links: Melanie Hold, Querflöte (2006); Bernhard Pelzl, Trompete (2004); Kristina Gross, Querflöte (2004); Markus Pelzl, Schlagzeug (2004); Caroline Genser, Querflöte (2006); Jakob Ederer, Schlagzeug (2005); Kathrin Buchbauer, Querflöte (2006); Mittlere Reihe von links: Helmut Hofrichter, Kapellmeister; Christin Vollmann, Querflöte (1999); Katharina Auer, Querflöte (2000); Elisabeth Neuhold, Querflöte (2002); Christopher Heiden, Querflöte (2008); Magdalena Ederer, Querflöte (2004); Samuel Hönle, Schlagzeug (2001); Andrea Pelzl, Querflöte (2003); Mario Lechner, Schlagzeug (2005); Tamara Palier, Querflöte (2004); Daniela Elisabeth Krisper, Querflöte (1999); Letzte Reihe von links: Thomas Penz, Trompete (2002); Erwin Reichert, Trompete (2002); Julian Vollmann, Trompete (2001); Martina Maierhofer, Trompete (2002); Mario Maierhofer, Tenorhorn (2002); Michael Maierhofer, Bariton (2002); Thomas Linhard, Schlagzeug (2002); Robert Seebacher, Schlagzeug (2000); Martin Doppler, Schlagzeug (2000); Christian Sandgruber, Bassgitarre und Piccolo; (2002); nicht am Bild: Vanessa Riedl, Querflöte (2009); Elisabeth Pichler, Blockflöte (2007); Philipp Pichler, Blockflöte (2007); Benedikt Pichler, Blockflöte (2007); Catharina Handler, Blockflöte (2007); Patrizia Riedl, Bassgitarre (2009); Michael Schlemmer, Schlagzeug (2007); Antonia Herunter, Querflöte (2005).

Musikbezirk Gröbming[479]

Der Bezirksausschuss (v.l.n.r.): 1. Reihe: Bez.-Kpm.-Stv. Herbert Nußbaumer, Bez.-Kpm. Prof. Johann Koller, BO DI Josef Pilz, BO-Stv. Engelbert Schrempf, Bez.-Jugendref. MMag. Dr. Gerhard Lipp; 2. Reihe: Bez.-EDV-Ref. Alfred Buchegger, Bez.-Schriftf. Wolfgang Schupfer, Bez.-Kassier Erwin Pfeifenberger, Bez.-Jugendref.-Stv. Eduard Pitzer, Beirat Kajetan Danklmaier.

---

479 50 Jahre Musikbezirk Gröbming, Gröbming 2004.

Musikverein Aich-Assach

Obmann:
Ing. KOLB Hermann

Kapellmeister:
DANKLMAIER Kajetan

Jugendreferent:
SCHWARZKOGLER Johann

Stabführer:
DANKLMAIER Kajetan

Schriftführer:
BUCHEGGER Alfred

EDV-Referent:
BUCHEGGER Alfred

Kassier/Finanzreferent:
SCHREMPF Markus

Musikverein Aich-Assach (2006), von links nach rechts: 4. Reihe: Andreas Kolb, Karl Maier, Martin Gruber; 3. Reihe: Johann Reiter, Franz Scharzenberger, Martina Schrempf, Monika Waschl, Claudia Landl, Franz Gruber, Stefan Schrempf, August Schwarz; 2. Reihe: Dagmar Walcher, Johann Schwarzkogler, Gerhard Schrempf, Helmut Mayer, Markus Schrempf, Josef Moosbrugger, Stefan Fuchs, Michael Kolb, Johann Kolb jun., Maria Thaler, Kpm. Kajetan Danklmaier; 1. Reihe: Katharina Moosbrugger, Alfred Danklmaier, Viktoria Reiter, Madeleine Roiderer, Bettina Seggl, Obm. Hermann Kolb, Johann Kolb sen., Alfred Buchegger, Manfred Kolb, Christina Gruber, Tanja Gruber, Tanja Zefferer, Christian Longin; vorne: Jungmusiker.

Trachtenkapelle Donnersbach

Obmann:
FORSTNER Josef

Kapellmeister:
ILSINGER Johann

Jugendreferent:
STÜCKELSCHWEIGER Stefanie

Stabführer:
BOCHSBICHLER Johann

Schriftführer:
SCHUPFER Wolfgang

EDV-Referent:
SCHUPFER Wolfgang

Kassier/Finanzreferent:
MAUSSER Cornelia

Musikerinnen und Musiker (2009): Bochsbichler Patricia, Bochsbichler Dominik, Bochsbichler Johann, Forstner Josef, Hiebler Dieter, Huber-Schiefer Gerald, Huber Herbert, Huber Jürgen, Huber Norbert, Huber Oliver, Huber Thomas, Ilsinger Hannes, Ilsinger Johann, Ilsinger Markus, Ilsinger Mathias, Ilsinger Rudolf, Kapp Marlies, Klingler Andreas, Klingler Thomas, Köberl Andreas, Köberl Gregor, Köberl Manuel, Luidold Alfred, Luidold Heinz, Luidold Sebastian, Luidold Siegfried, Mausser Cornelia, Niederl Roland, Reiter Hubert, Reiter Thomas vlg. Kirg, Reiter Thomas, Ruhdorfer Christina, Ruhdorfer Maximilian, Schachner Gerald, Schlemmer Barbara, Schlemmer Elisabeth, Schlemmer Engelbert, Schoiswohl Andrea, Schoiswohl Dominik, Schupfer Wolfgang, Schweiger Anton, Schweiger Michael, Steer Franz, Steiner Bettina, Steiner Gregor, Stücklschweiger Stefanie.

Musikverein Trachtenkapelle Gröbming

Obmann:
HÖRING Ulrich

Kapellmeister:
MMag. Dr. LIPP Gerhard

Jugendreferent:
SCHMALENGRUBER Herwig Bernd

Stabführer:
Mag. MOSER Adolf

Schriftführer:
Dipl.-Ing. SEEBACHER Christian

EDV-Referent:
Dipl.-Ing. SEEBACHER Christian

Kassier/Finanzreferent:
Amtsdir. PFATSCHBACHER Hermann

Arnsteiner Fritz (Schlagzeug), Arnsteiner Lukas (Trommelbub), Arnsteiner Michael (Schlagzeug), Arnsteiner Peter (Horn), Atzlinger Martin (Flügelhorn), Atzlinger Nicole (Klarinette), Binder Manfred (Schlagzeug), Brunnthaler Evelyn (Oboe), Ebenschwaiger Margit (Saxophon), Erhart Alexander (Schlagzeug), Faimann Günther, Mag. (Querflöte), Feit Dominik (Horn), Freidl Reinhard (Trompete), Fuchs Andrea (Saxophon), Fuchs Manfred (Tenorhorn), Galler Bernhard (Fagott), Ing. Greimeister Mathias (Tuba), Gruber Alfred (Saxophon), Mag. Gruber Johann (Klarinette), Gruber Nicole (Klarinette), Gruber Thomas (Euphonium), Mag. Hirschegger Günther (Tenorhorn), Hirz Dieter (Klarinette), Hirz Michael (Querflöte), Hofstätter Hannes (Tuba), Hofstätter Michael (Euphonium), Höring Thomas (Flügelhorn), Höring Ulrich (Posaune), Keppert Thomas (Klarinette), Kiendler Stefanie (Saxophon), Knaus Eva (Klarinette), Knerzl Veronika (Querflöte), Koller Andreas (Posaune), Koller Anja (Querflöte), Krug Andreas (Trompete), Lindtner Manfred (Tuba), MMag. Dr. Lipp Gerhard (Kapellmeister), Prof. Mag. Lipp Johann (Posaune), Löschenkohl Daniela (Querflöte), Maderebner Romana (Querflöte), Maier Katharina (Saxophon), Mag. Ming Jung (Saxophon), Mag. Moser Adolf (Schlagzeug), Mag. Moser Andreas (Schlagzeug), Moser Franz (Euphonium), Nussmayr Gernot (Trompete), Nussmayr Peter (Klarinette), Paulitsch Michael (Klarinette), Mag. Pfatschbacher Christian (Horn), MMag. Pfatschbacher Gerald (Euphonium), Amtsdir. Pfatschbacher Hermann (Klarinette), Puchner Gerald (Tuba), Ries Johann (Tuba), Roiderer Beate (Querflöte), Royer Renate (Klarinette), Schlagbauer Karoline (Querflöte), Schlager Jürgen (Schlagzeug), Schmalengruber Herwig Bernd (Schlagzeug), Schmalengruber Katrin (Querflöte), Schupfer Anton (Tuba), Schwarz Markus (Schlagzeug), Schwarzkogler Markus (Saxophon), Dipl.-Ing. Seebacher Christian (Saxophon), Seebacher Kurt (Tenorhorn), Seebacher Nicole (Querflöte), Speer Andrea (Saxophon), Speer Stefan (Posaune), Stadelmann Gerhard (Flügelhorn), Stadelmann Michael (Flügelhorn), Stiegler Daniel (Trompete), Wegscheider Lisa (Klarinette), Winter Manfred (Klarinette), Zefferer Albert (Posaune), Ing. Zefferer Bernhard (Flügelhorn), Zefferer Patrik (Euphonium), Zefferer Reinhard (Horn), Zörweg Lorenz (Schlagzeug), Kiendler Kristina (Marketenderin), Knerzl Maria (Marketenderin), Maierl Anita (Marketenderin), Peyrer Freya (Marketenderin), Seebacher Walter (Fähnrich), Stangl Engelbert (Fähnrich), Stiegler Eduard Fähnrich, Arnsteiner Johanna (Ehrenmitglied), Gruber Alfred sen. (Ehrenmitglied).

Marktmusikkapelle Haus

Obmann:
STÜCKLSCHWEIGER Franz

Kapellmeister:
KNAPP Stefan

Jugendreferent:
KNAPP Sebastian

Jugendreferent:
MITTERWALLNER Doris

Jugendreferent:
FUCHS Maria

Stabführer:
LANDL Herbert

Schriftführer:
THÖRINGER Heribert

Kassier/Finanzreferent:
MOOSBRUGGER Erich

1. Reihe sitzend (v.l.n.r.): Kübler Paul, Stocker Christina, Höflehner Roman, Holzer Marion, Taxacher Katharina; weiter stehend: Wieser Silke, Hofer Birgit, Hofer Maria, Herbert Landl; vordere Reihe: Hartweger Anna, Hartweger Cynthia, Stadelmann Melanie, Wedl Julia, Pretscherer Maria, Taxacher Viktoria, Fuchs Maria, Stadelmann Thomas, Stücklschweiger Franz, Knapp Stefan, Fuchs Judith, Moosbrugger Erich, Schwab Anton, Schwab Christoph, Moosbrugger Reinhard; hintere Reihe: Stocker Josef, Stücklschweiger Walter, Pitzer Edi, Thöringer Heribert, Barthelme Anton, Pitzer Edi sen., Köll Wolfgang, Stadelmann Gerald, Brunner Walter, Taxacher Andreas, Brunner Christina, Thöringer Herbert, Mitterwallner Lukas, Stranimaier Gerald, Danklmaier Georg, Schwab Karl, Schwab Matthias, Danklmaier Rudolf, Walcher Willi, Stieg Mathias, Reiter Helmut, Fuchs Roland, Zeiler Josef, Holzer Günther, Knapp Sebastian, Höflehner Stefan, Grundner Martin, Mitterwallner Doris, Webel Christian, Grundner Barbara, Fuchs Ullrike, Danklmaier Eva; nicht am Foto: Kübler Horst, Moosbrugger Helmut, Pacher Hubert, Breuer Johannes und Elisabeth, Plakolm Alexandra, Wuttke Pirmin, Gruber Patrick.

Marktmusikkapelle Irdning

Obmann:
SCHIEFER Josef

Organisationsreferent:
BREINEDER Robert

Kapellmeister:
Mag. HIRSCHEGGER Günther

Jugendreferent:
REITER Sandra

Jugendreferent:
REITER Sabrina

Stabführer:
DANKLMEIER FLORIAN

Schriftführer:
ZEIRINGER NICOLE

EDV-Referent:
Ing. MÖSENBACHER Josef

Kassier/Finanzreferent:
Ing. MÖSENBACHER Josef

Alphabetische Reihenfolge der am Bild anwesenden Musikanten: Jürgen Bachler, Robert Breineder, Bernhard Danklmeier, Florian Danklmeier, Franz Danklmeier, Johann Danklmeier, Sonja Fritz, Birgit Fuchs, Peter Fuchs, Julia Gallob, Erich Gewessler-Hartmann, Carina Griesebner, Elke Haidl, Theresa Hartmann, Franz Lackner, Martin Lackner, Josef Mösenbacher, Irene Mösenbacher-Molterer, Hannes Perr, Herbert Plank, Peter Plank, Erwin Pöllinger, Katharina Pötsch, Gerhard Reiter, Sabrina Reiter, Ricarda Rieder, Christian Ruhdorfer, Barbara Schiefer, Josef Schiefer, Dominik Schwab, Maria Schwab, Daniel Schweiger, Sandra Schweiger, Heinz Seebacher, Elisabeth Stieg, Johanna Stieg, Lukas Telser, Anna Titschenbacher, Angela Vogl, Martin Weidhofer, Ehrenfried Weisl, Michael Weisl, Nicole Zeiringer.

Musikverein Kleinsölk

Obmann:
HÖFLECHNER Helmut

Organisationsreferent:
ZÖRWEG Matthias

Kapellmeister:
LEITGAB Andreas

Jugendreferent:
LEITGAB Andreas

Stabführer:
LEITGAB Andreas

Schriftführer:
BRANDNER Viktoria

EDV-Referent:
BRANDNER Viktoria

Kassier/Finanzreferent:
ZÖRWEG Felix

1. Reihe (v.l.n.r.): Franziska Galler, Karl Brandner, Sandra Höflechner, Bezirkskpm. Johann Koller, Obmann Helmut Höflechner, Kapellmeister Andreas Leitgab jun., Stefanie Stieber, Sabine Höflechner, Melanie Koller, Beate Koller; 2. Reihe: Stefan Kienler, Viktoria Brandner, Waltraud Koller, Gottlieb Mösenbacher, Karin Höflechner, Markus Kienler, Felix Zörweg, August Pichler, Andreas Leitgab sen.; 3. Reihe: Matthias Zörweg, Andreas Winterer, Karl Höflechner, Gerhard Bartl, Josef Winterer, Christoph Stücklschweiger, Hubert Höflechner, Josef Koller, Florian Mösenbacher; 4. Reihe: Martin Höflechner, Ludwig Zörweg, Martin Bartl, Dominik Pircher, Michael Gassner, Karl Pichler, Martin Grundner, Thomas Kienler, Josef Zörweg; nicht am Bild: Evelyn Zörweg, Carina Koller, Caroline Gappmayr-Koller, Daniel Grundner, Bettina Grundner, Norbert Pichler.

Musikverein Ramsau am Dachstein

Obmann:
SCHREMPF Mathias

Kapellmeister:
DORNIG Ronny

Jugendreferent:
STEINER Peter

Jugendreferent:
LUTZMANN Ronald

Stabführer:
PILZ Gerhard

Schriftführer:
STOCKER Gerhard

Kassier/Finanzreferent:
REINGRUBER Dagmar

Vorne sitzend von links: Christian Schrempf, Michael Wieser; sitzend 1. Reihe: Maria Kirchgasser, Irene Schrempf, Dagmar Reingruber, Kathrin Schrempf, Stabführer Gerhard Pilz, Kapellmeister Ronny Dornig, Julia Winkler, Johanna Höflehner, Julia Schrempf, Kerstin Luidold; 2. Reihe: Fritz Dornig, Johann Reiter, Inge Lackner, Andreas Reinbacher, Maier Günter, Ernst Bachler, Wolfgang Unterberger, Gerhard Stocker; 3. Reihe: Peter Tritscher, Gerhard Bachler jun., Peter Steiner, Franz Steiner, Franz Perhab, Franz Tritscher, Walter Walcher; 4. Reihe: Andreas Engelhardt, Richard Zechmann, Herbert Landl, Wilhelm Landl, Walter Walcher jun., Matthias Engelhardt; 5. Reihe: Siegmund Wieser, Herbert Reiter, Obmann Mathias Schrempf, Johann Wieser, Siegi Huber, Lydia Reingruber. (Es sind nicht alle Mitglieder auf dem Foto)

Musikverein Öblarn

Obmann:
ERTLSCHWEIGER Albert

Obmann:
(2.) REITH Reinhold

Kapellmeister:
MALI Johann

Jugendreferent:
GAICH Martin

Stabführer:
DANKLMAIER Anton sen.

Schriftführer:
RINGDORFER Martin

EDV-Referent:
LASSACHER Franz

Kassier/Finanzreferent:
KUKULA Stefan

Berger Beatrice (Querflöte), Bogner Bettina (Querflöte), Danklmaier Anita Euphonium, Danklmaier Gerhard (Horn), Danklmaier Harald (Tenorhorn), Danklmaier Anton jun. (Flügelhorn), Danklmaier Pürcher Christian (Tuba), Danklmaier Anton sen. (Trompete), Danklmayer Johann (Flügelhorn), Davison Martin Euphonium, Edegger Christina (Klarinette), Edegger Theresa Saxophon, Ertlschweiger Albert (Trompete), Ettlmayer Leonhard (Trompete), Ettlmayer Lukas (Tenorhorn), Fuchs Michael Schlagzeug, Gaich Martin Klarinette, Gallob Gerhard (Tuba), Gallob Günther jun. (Flügelhorn), Greimeister Johann (Zugposaune), Greimeister Walter (Tuba), Grießebner Katharina (Saxophon), Gruber Simone (Querflöte), Hofer Maria Klarinette, Kukula Christina (Querflöte), Kukula Maria (Querflöte), Kukula Stefan (Trompete), Lassacher Franz Euphonium, Mali Eva (Querflöte), Mali Johann (Tenorhorn), Mali Roland Flügelhorn, Mali Siegfried (Flügelhorn), Percht Manuel (Schlagzeug), Pilz Harald (Klarinette), Reith Bernadette Saxophon, Reith Reinhold (Schlagzeug, Ringdorfer Florian Horn, Ringdorfer Johann (Klarinette), Ringdorfer Martin (Klarinette), Ringdorfer jun. Karl (Tuba), Ringdorfer Karl sen. (Tuba), Salzinger Ronald Schlagzeug, Salzinger Sebastian Saxophon, Schiefer Andreas (Tenorhorn), Schiefer Carina Flügelhorn, Schmidt Larissa Klarinette, Schmied Laura (Saxophon), Schweiger Johannes (Flügelhorn), Schweiger Manfred (Euphonium), Triebl Phillip (Schlagzeug), Tschernitz Otto jun. (Schlagzeug), Vollmann Christian (Trompete), Weißenbacher Siegfried (Flügelhorn), Zach Carina (Querflöte), Zach Patricia (Trompete), Zefferer Andreas Euphonium, Zeiler Margret (Querflöte), Zettler Anton (Klarinette).

Trachtenkapelle Pichl an der Enns

Obmann:
SCHREMPF Helfried

Kapellmeister:
KORNBERGER Gottfried

Jugendreferent:
GERHARDTER Heinz

Stabführer:
FUCHS Roland

Schriftführer:
KORNBERGER Gottfried

EDV-Referent:
KORNBERGER Gottfried

Kassier/Finanzreferent:
WINDBERGER Ernst

MusikerInnen auf dem Foto: 1. Reihe (von links): Margret Schrempf, Judith Fuchs, Bettina Weber, Obm.-Stv. Hubert Höflechner, Obm. Helfried Schrempf, Kpm. Gottfried Kornberger, Stabführer Roland Fuchs, Burgi Hutegger, Nikola Kornberger, Sabrina Walcher; 2. Reihe (von links): Doris Kornberger, Gudrun Marko, Helmut Keinprecht, Ernst Kargl, Theresa Stocker, Ulrike Fuchs, Heinz Gerhardter, Andreas Gerhardter, Birgit Schrempf, Barbara Gerhardter; 3. Reihe (von links): Reinhard Kornberger, Wilfried Knauss, Harald Buchsteiner, Georg Kornberger, Gerwald Knauss, Herbert Kornberger, Stefan Schaumberger, Thomas Gründbichler; 4. Reihe (von links): Ernst Windberger, Engelbert Walcher, Anton Knauss, Markus Kargl, Siegfried Kornberger, Siegmund Pitzer, Michael Stocker, Erhard Gerhardter; nicht am Foto: Christoph Kornberger, Andrea Kornberger, Stefan Höllbacher, Peter Walcher.

Musikverein Pruggern

Obmann:
MOSER HARALD

Kapellmeister:
Mag. KRAMMER HORST MARTIN

Jugendreferent:
KRAMMER MARIE

Stabführer:
SCHWARZ HEINZ

Schriftführer:
WALCHER MARTIN

Kassier/Finanzreferent:
PERCHT ANDREAS

Mitglieder: Bacher Andrea, Klarinette (1996); Bacher Mario, Tuba in B (1994); Berger Anton, Ehrenmitglied, Tuba in F (1929); Berger Gerald, Posaune (1994); Berger Herbert, Posaune (1961); Berger Manuela, Bariton (1991); Burgsteiner Gerald, Schlagzeug (1982); Dietmayer Karl jun., Schlagzeug (1967); Dietmayer Karl sen., Ehrenmitglied (1945); Dietmayer Michael, Waldhorn (1995); Dietmayer Simone, Querflöte (1997); Fischbacher Hans, Ehrenmitglied (1929); Gruber Christine, Marketenderin (1990); Gruber Marlene, Klarinette (1983); Grünschachner Yvonne, Querflöte (1994); Höflechner Cölestin, Es-Klarinette, Saxophon (1969); Hutegger Josef jun., Klarinette (1985); Klein Josef, Tenorhorn (1965); Knaus Simone, Marketenderin (1984); Knaus Sandra, Trompete (1994); Knerzl Magdalena, Marketenderin (1990); Koch Stephanie, Querflöte (1994); Mag. Krammer Horst Martin, Kapellmeister, Trompete (1964); Krammer Lisa Stephanie, Oboe, Querflöte (1990); Krammer Lukas, Flügelhorn (1994); Krammer Marie Kristin, Fagott, Saxophon (1989); Mösenbacher Bettina, Marketenderin (1987); Moser Harald, Obmann, Tuba in B (1969); Percht Andreas, Flügelhorn (1979); Percht Markus, Schlagzeug (1984); Prock-Schilhabl Daniela, Querflöte (1986); Sagaster Tim, Saxophon (1996); Schrempf Alexander, Waldhorn (1995); Schrempf Anna, Saxophon (1993); Schrempf Arnold, Schlagzeug (1973); Mag. Schrempf Erwin, Trompete (1960); Schrempf Florian, Klarinette (1977); Schrempf Sophie, Posaune (1997); Schwab Alfred, Ehrenkapellmeister, Klarinette (1934); Schwab Andreas, Bariton (1966); Schwab Franz, Klarinette (1948); Schwab Johann, Waldhorn (1965); Schwarz Hannes, Klarinette (1985); Schwarz Heinz, Klarinette (1957); Schwarz Herwig, Tenorhorn (1984); Schwarz Klaus, Flügelhorn (1982); Schwarz Kristin, Marketenderin (1993); Schwarz Mathias, Klarinette (1996); Seebacher Anita, Trompete (1989); Seebacher Franz, Klarinette (1955); Seegl Peter, Waldhorn (1984); Stangl Melanie, Querflöte (1988); Stocker David, Flügelhorn (1997); Stocker Domonik, Schlagzeug (1993); Stocker Helmut, Tuba in B (1966); Stocker Julia, Querflöte (1998); Stocker Patricia, Klarinette (1995); Stocker Rene, Tuba in F (1976); Stocker-Mali Barbara, Querflöte (1971); Triebl Julia, Marketenderin (1992); Trinker Alexandra, Querflöte (1987); Trinker Anton, Althorn (1943); Trinker Christoph, Schlagzeug (1984); Trinker Michael, Schlagzeug (1970); Tschernitz Alina, Saxophon (1996); Walcher Birgit, Saxophon (1994); Walcher Martin, Flügelhorn (1970); Zeiler Gallus, Ehrenmitglied (1910).

Stadtkapelle Schladming

Obmann:
NIMMERVOLL Josef

Kapellmeister:
LUIDOLD Hans

Jugendreferent:
SCHREMPF Michael

Stabführer:
MOSER Hannes

Schriftführer:
SCHÜTTER Irene

EDV-Referent:
NIMMERVOLL Josef

Kassier/Finanzreferent:
STOCKER Willi

Luidold Hans (Kapellmeister), Moser Daniela (Flöte), Riemelmoser Hanna (Flöte), MDir. Prof. Mag. Plank Hans (Klarinette), Schrempf Michael (Klarinette), Schütter Irene (Klarinette), Luidold Anna (Saxophon), Moser Johannes (Saxophon), Steiner Anja (Flügelhorn), Knauß Sebastian (Flügelhorn), Krausse Siegfried (Flügelhorn), Rolfs Katja (Flügelhorn), Siegmund Wolfram (Flügelhorn), Nimmervoll Josef (Trompete), Reiter Lorenz (Trompete), Wieser Martin (Trompete), Bacher Gustav (Horn), Moser Hannes (Horn), Eder Gislinde (Horn), Erlbacher Ronald (Horn), Trinker Thomas (Horn), Höflehner Franz (Tenorhorn/Bariton), Stocker Willi (Tenorhorn/Bariton), Steiner Martin (Tenorhorn/Bariton), Huber Monika (Tenorhorn/Bariton), Trinker Siegbert (Bass), Schrempf Carola (Bass), Ladreiter Christof (Bass), Hofmann Herwig (Schlagzeug), Schlemmer Sandra (Schlagzeug), Kuhn Wolfgang (Schlagzeug), Trinker Matthias (Schlagzeug), Trinker Andreas (Schlagzeug), Fischbacher Rudi (Schlagzeug), Arhire Filip (Schlagzeug).

Musikkapelle Stein an der Enns

Obmann:
ZEFFERER MANFRED

Kapellmeister:
GEWESSLER-HARTMANN Erich Johann

Jugendreferent:
PILZ Stefan Christoph

Stabführer:
SCHÖNLEITNER ANTON

Schriftführer:
HOLZINGER ALBERT

EDV-Referent:
HOLZINGER Simon Martin

Kassier/Finanzreferent:
ZECHMANN ERICH

1. Reihe v. links: Mayer Martina, Feichter Isabella, Schwarzkogler Sarah, Frank Tanja, Zefferer Manfred (Obmann), Schönleitner Anton, Menneweger Franz (Kapellmeister), Steiner Sandra, Feichter Petra, Niederberger Katrin, Mag. (FH) Langanger Dagmar; 2. Reihe v. links: Ladreiter Walter, Höflehner Johannes, Mösenbacher Julia, Barczuk Anja, Höflehner Erwin, Gerharter Doris, Höflehner Conny, Perhab Viktor, Maderebner Maria, Schadenbauer Helmut, Maderebner Stefan; 3. Reihe v. links: Zach Peter, Steiner Gerhard, Zechmann Erich (Kassier), Pilz Stefan, Dipl.-Ing. Pilz Josef, Bgm. Holzinger Albert (Schriftführer), Dr. Grüsser Hubert, Zeiringer Dieter; 4. Reihe v. links: Egger Werner, Holzinger Simon, Höflehner Johann, Gerharter Helmut, Mösenbacher Franz, Binder Johann; nicht am Foto: Zefferer Tanja, Pilz Alexander. (Foto: 26.10.2009, Wunschkonzert 85 Jahre MK Stein/Enns)

Musikverein St. Martin am Grimming

Obmann:
SCHWAB Franz

Kapellmeister:
NUßBAUMER Herbert

Jugendreferent:
PFEIFENBERGER Michael

Stabführer:
NUßBAUMER Herbert

Schriftführer:
PORTENKIRCHNER Julia

EDV-Referent:
EGGMAYR Andreas

Kassier/Finanzreferent:
PFEIFENBERGER Erwin

Kassier/Finanzreferent:
DANKLMAYER Ewald

1. Reihe sitzend von links: Gabriele Schupfer, Norbert Stangl, Josef Eggmayr, Obm. Franz Schwab, Stabführer Manfred Gruber, Kapellmeister Herbert Nussbaumer, Birgit Jarz, Elfriede Royer; 2. Reihe stehend von links: Christoph Planitzer, Daniela Planitzer, Anton Gruber, Jasmin Schwab, Hans Planitzer, Gerhard Gritz, Doris Schadenbauer, Alfred Pichler sen., Herbert Eggmayr, Michael Pfeifenberger, Gerald Schmid, Ewald Danklmayer; 3. Reihe von links: Franz Kahls, Andrea Planitzer, Julia Portenkirchner, Jennifer Gruber, Erwin Pfeifenberger, Regina Hofer, Stefanie Gruber, Inge Danklmayer, Doris Danklmayer; 4. Reihe von links: Mario Pfarrbacher, Willi Schmid, Alfred Pichler jun., Andreas Eggmayr, Walter Pichler, Melanie Portenkirchner, Herbert Danklmayer.

Musikverein St. Nikolai im Sölktal

Obmann:
MAIER Harald

Kapellmeister:
SCHIEFER Christian

Jugendreferent:
BACHER Gerald

Schriftführer:
PFANDL Martina

Kassier/Finanzreferent:
LENGDORFER Hermann jun.

Musikerinnen und Musiker: Vorne kniend v.l.: Marketenderin Sandra Egger, Stabführer Lorenz Menneweger, Marketenderin Birgit Egger; 1. Reihe v.l.: Laura Menneweger, Patricia Hofer, Ines Lengdorfer, Lisa Kals, Caroline Zörweg, Yvonne Lengdorfer, Sylvia Lengdorfer, Mag. Karin Reiter, Martina Pfandl, Andreas Kals; 2. Reihe v.l.: Obmann Harald Maier, Gerhard Riessner, Stefan Schupfer, Patrick Reiter, Karoline Lengdorfer, Alexander Schiefer, Martin Reiter, Gerald Langbrucker, Bürgermeister Hermann Lengdorfer sen., Manuel Wieser, Hermann Lengdorfer sen., Stefan Klinglhuber, Kapellmeister Christian Schiefer.

Musikverein Donnersbachwald

Obmann:
WEICHBOLD Martin

Kapellmeister:
Mag. WEICHBOLD Peter

Jugendreferent:
KALSBERGER Martin

Stabführer:
Mag. WEICHBOLD Peter

Schriftführer:
HEISS Hannes

EDV-Referent:
KÖBERL Willibald

Kassier/Finanzreferent:
KÖBERL Willibald

Vorne hockend: Oliver Stieg (3. Trompete). 1. Reihe v.l.n.r.: Gerald Rudorfer (Schlagzeug, Obmann-Stellvertreter), Maria Weichbold (2. Klarinette, Schriftführer-Stellvertreter), Mag. Peter Weichbold (Kapellmeister/Stabführer), Martin Weichbold (1. Flügelhorn, Obmann), Bianca Heiß (Maketenderin), Melanie Heiß (Schlagzeug); 2. Reihe: Bgm. Erwin Petz (Es-Klarinette), Thomas Weichbold (2. Flügelhorn, Notenwart), Urban Weichbold (1. Tenorhorn), Martin Weichbold (2. Tenorhorn), Hannes Heiß (1. Klarinette), Nicole Zeiringer (Querflöte/ Piccolo, Kapellmeister-Stellvertreter); 3. Reihe: Martin Kalsberger (2. Trompete, Jugendreferent), Daniel Zenger (3. Tenorhorn), Patrick Petz (Horn, Bass), Christina Heiß (Querflöte), Stefanie Heiß (Querflöte), Beatrice Heiß (Querflöte), Clemens Weichbold (1. Trompete); 4. Reihe: Peter Plank (Posaune, F-Bass), Alfred Gierer (F-Bass), Willibald Köberl (Finanzreferent, EDV-Referent).

Trachtenmusikkapelle Pürgg

Obmann:
DI SEMMLER Manfred

Kapellmeister:
Mag. SUPPAN Armin

Jugendreferent:
DI (FH) STIEG Robert

Stabführer:
BINDLECHNER Ferdinand

Schriftführer:
Ing. Dipl.-Päd. SCHLÖMMER Anita

EDV-Referent:
Ing. Dipl.-Päd. SCHLÖMMER Anita

Kassier/Finanzreferent:
BRETTSCHUH Werner

Hofer Silke, Bindlechner Ferdinand (Stabführer), Bindlechner Franz (Beirat), Bindlechner Hubert (Notenwart-Stv.), Bindlechner Marco, Bindlechner Roland, Bretterebner Bernadette, Bretterebner Florentina, Brettschuh Albert (Obm.-Stv., Kpm.-Stv.), Brettschuh Gregor, Brettschuh Max-Werner, Brettschuh Sandra, Kassier, Brettschuh Werner, Eingang Christian (Jugendreferent), Eingang Hermann (Beirat), Hartmann Erich (Stabführer-Stv.), Griesebner Svenja, Kanzler Patrick, Katzensteiner Peter (Notenwart), Kogler Elena, Kogler Florian, Kogler Monika, Krenn Harald (Kassier-Stv.), Kreutzer Michael, Lorbeck Roland, Lechner Karin (Trachtenwart-Stv.), Peter Eva, Ing. Peter Johanna, Pichler Petra (Trachtenwart), Plank Christian (Notenwart-Stv.), Plank Sandra, Ram Peter, Schachner Robert (Beirat), Dr. Mag. Schachner Werner, Ing. Schlömmer Anita (Schriftführerin), Schlömmer Franz, Dipl.-Ing. Schmied Engelbert, Schmied Roland, Schnepfleitner Alexander, Schrempf Gustl (Stabführer-Stv.), Schweiger Reinhard, Dipl.-Ing. Semmler Manfred (Obmann, PR/MEref.), Stampfer Heinrich, Stampfer Sandra, Stenitzer Karl (Instrumentenwart), Stenitzer Michael, Stieg Michael, Dipl.-Ing. (FH) Stieg Robert (Jugendreferent), Suchanek Sigrid (Schriftführer-Stv.), Mag. Suppan Armin (Kapellmeister), Weichbold Markus.

Musikbezirk Hartberg

Die Bezirksleitung Hartberg im Jahre 2009, sitzend v.l.n.r.: Bez.-Stabf. Franz Summerer, BO-Stv. Willibald Fleck, BO OAR i.R. Franz Berger, Ehren-BO Siegfried Grabner, Ehren-BK Prof. Mag. Dir. Josef Schuh, BK Mag. Dir. Franz Fuchs; 1. Reihe, stehend (v.l.n.r.): EDV-Referent Franz Morgenbesser, Stbf.-Stv. Ernst Hofstätter, EM Karl Zisser, BR Ferdinand Kaiser, Schriftf. Hannes Goger, Jugendref. DI Georg Jeitler, BK-Stv. Mag. Heinz Kristoferitsch; 2. Reihe, stehend (v.l.n.r.): EM Prof. Mag. Karl Pailer, BK Siegfried Grabner jun., Schriftf.-Stv. Michaela Ebner, BR Mag. Katharina Jeitler, Presseref. Mag. Margit Kaiser-Holzer, EM Karl Ringhofer, EM Florian Kohlhauser. (© Foto Peklar)

Musikverein Dechantskirchen

Obmann:
LECHNER Walter

Kapellmeister:
Mag. PICHLBAUER Helmut

Jugendreferent:
ZINGGL Andreas

Jugendreferent:
KOGLER Lisa-Maria

Stabführer:
PFLEGER Günter

Schriftführer:
GRUBER Monika

EDV-Referent:
PUTZ Harald

Kassier/Finanzreferent:
KLAMPFL Leo jun.

Von links nach rechts und von unten nach oben: 1. Reihe: Helmut Pichlbauer (Kapellmeister), Zehrfuchs Doris (Marketenderin), Winkler Stefanie, Buchegger Regina, Riebenbauer Tamara, Zingl Christina (Marketenderin), Glatzl Michael, Karner Stephan, Hofer Leo, Pausackl Michaela (Marketenderin), Karner Richard; 2. Reihe: Fink Franz, Milchrahm Lukas, Barwik Christian, Hofer Josef, Stögerer Eva, Stögerer Patrick, Hold Christian, Kogler Tanja, Putz Harald, Milchrahm Philipp, Fellinger Reinhold; 3. Reihe: Hofer Andreas, Kogler Magdalena, Hold Patrick, Zinggl Carina, Schraml Joachim, Fink Stefanie, Hofer Othmar sen.; 4. Reihe: Stögerer Elisabeth, Schwammer Daniel, Kogler Lisa, Pferschy Heinz, Pausackl Barbara, Semmler Stefan, Prenner Reinhard, Kienegger Andreas, Stögerer Manfred, Kogler Konrad, Kienegger Johann; 5. Reihe: Zinggl Andreas, Zinggl Martin, Klampfl Martin, Klampfl Leo jun., Ringbauer Markus, Fink Andreas, Faustmann Monika, Kogler Bernhard; 6. Reihe: Pichler Karl, Kogler Ferdinand, Klampfl Leo sen., Pfleger Günter, Hofer Peter.

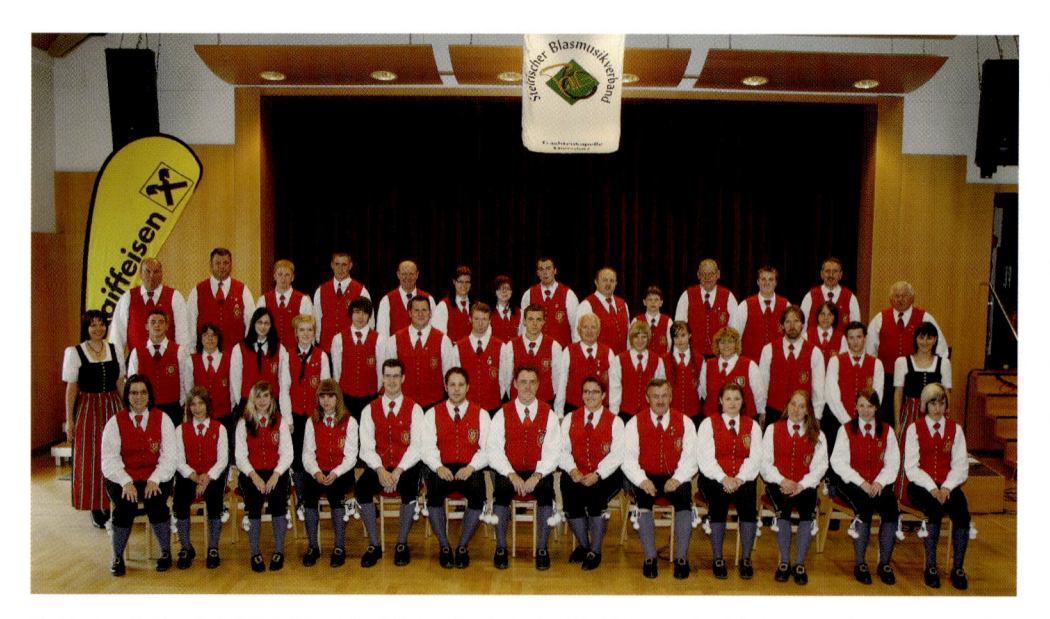

Trachtenkapelle Ebersdorf

Obmann:
TOMBECK Markus

Kapellmeister:
Ing. Mag. GERNGROSS Karl

Jugendreferent:
JEITLER Markus

Stabführer:
WOGER Karl

Schriftführer:
RATH Carina

EDV-Referent:
SAMMER ZERNI Heidrun

Kassier/Finanzreferent:
HALLAMAYR Franz

Trachtenkapelle Ebersdorf 2009: 1. Reihe (v.l.n.r.): Hofer Julia (Klarinette, 2000), Hörzer Andrea (Klarinette, 2008), Schieder Nicole, (Klarinette, 2008), König Kathrin (Klarinette, 2008), Tombeck Markus (Obmann/Klarinette, 1990), Glössl Michael (Klarinette, 2006), Ing. Mag. Gerngroß Karl (Kapellmeister/Flügelhorn, 1980), Goger Doris (Klarinette/Saxophon, 1986), Ing. Schwetz Anton (Es-Klarinette/Baritonsaxophon, 1967), Rath Carina (Oboe/Flöte, 2000), Goger Margret (Piccolo, 1992), Postl Melanie (Querflöte, 2005), Jagenbrein Lisa (Querflöte, 2005); 2. Reihe (v.l.n.r.): Trippl Daniela (Marketenderin, 2006), Vorauer Hannes (Schlagzeug, 2002), Goger Christoph (Schlagzeug, 2006), Hörzer Sarah (Klarinette/Saxophon, 2000), Rabl Hannah (Saxophon, 2006), Gerngroß Karl Maria (Flügelhorn, 2006), Hörzer Willibald (Flügelhorn, 1992), Sammer Alois jun. (Trompete, 1996), Sammer Stefan (Flügelhorn, 2004), Fleck Karl (Flügelhorn, 1950), Hofer Lisa (Flügelhorn, 2004), Gerngroß Chiara (Horn, 2009), Hörzer Marika (Horn, 2004), Goger Alfred (Horn, 1986), Goger Thomas (Schlagzeug, 2008), Goger Patrick (Schlagzeug, 2004), Goger Bianca (Marketenderin, 2005); 3. Reihe (v.l.n.r.): Schwarz Johann (Tuba, 1990), Sommer Robert (Tenorhorn, 1971), Richter Kevin (Tenorhorn, 2006), Goger Daniel (Schlagzeug, 1986), Glatz Alois (Trompete, 1974), Jeitler Christine (Trompete, 1996), Glatz Sabine (Trompete, 2004), Schwarz Marcel (Trompete, 2006), Hallamayr Franz (Tuba, 1974), Haas Patrick (Trompete, 2008), Sommer Walter (Tuba, 1967), Pöttler Stefan (Euphonium, 2008), Fleck Alfred (Euphonium, 1983), Schröck Anton (Euphonium, 1968). Als Ergänzung alle aktiven Mitglieder, die fürs Foto 2009 nicht anwesend waren: Beiglböck Mathias (Flügelhorn, 2004), Ing. Goger Hannes (Klarinette, 1990), Hallamayr Michaela (Klarinette, 1995), Hutter Sabine (Querflöte, 2000), Jeitler Markus (Klarinette, 1992), Lang Christian (Flügelhorn, 1992), Mugitsch Michael (Schlagzeug, 2004), Paar Manfred (Tenorhorn, 1980), Peheim David (Schlagzeug, 2006), Rath Christoph (Tenorhorn, 2006), Rath Fabian (Euphonium, 2005), Rath Josef (Flügelhorn, 1967), Sammer Alois (Schlagzeug, 1967), Sammer Anna (Marketenderin, 2001), Sammer-Zerni Heidi (Marketenderin, 2002), Weiß Andrea (Klarinette, 1995), Wenk Johann (Tenorhorn, 1945), Woger Karl (Stabführer, 1970); 52 aktive Musiker, 4 Marketenderinnen.

Musikkapelle Eichberg

Obmann:
HAMMERL Joachim

Kapellmeister:
MMag. HAMMERL Dietmar

Jugendreferent:
TERLER David

Jugendreferent:
KUNERT Matthias

Stabführer:
KOLLER Gernot

Stabführer:
RUDOLF Johann

Schriftführer:
Dipl.Päd. LUEGER Ulrike

EDV-Referent:
Mag. (FH) BUCHEGGER Bettina

Kassier/Finanzreferent:
HAMMERL Johannes

Musikkapelle Eichberg am 1.11.1009: 1. Reihe (v.l.n.r.): Stabführer Gernot Koller, Marketenderin Jenny Kober, Günter Lueger, Alois Buchegger, Obmann Joachim Hammerl, Kapellmeister Dietmar Hammerl, Kapellmeister-Stv. Kevin Kober, Josef Pötz, Marketenderin Patricia Rudolf, Marketenderin Katharina Hofer; 2. Reihe (v.l.n.r.): Paul Kogler, Bettina Buchegger, Tamara Plank, Katrin Faustmann; 3. Reihe (v.l.n.r.): Bernhard Buchegger, Reinhard Pausackl, Lukas Saurer, Annette Koller, Roswitha Lugitsch, Ulrike Koller, Jacqueline Schlögl, Miriam Grainer, Johann Hammerl, Karl Lechner, David Terler; 4. Reihe (v.l.n.r.): Georg Kunert, Jasmin Putz, Elisabeth Saurer, Angelique Schlögl; 5. Reihe (v.l.n.r.): Christoph Hofstätter, Alexander Putz, Christian Höttliner, Johann Kunert, Rainer Pötz, Alois Pausackl, Anton Hammerl, Friedrich Terler, Wilfried Wiedner; 6. Reihe (v.l.n.r.): Philipp Heuchler, Marco Feichtinger, Anna-Maria Rudolf, Franz Kopper, Alois Wiedner, Matthias Kunert, Patrick Krautgartner, Johannes Hammer, Herbert Ringhofer, Josef Heiling sen.

Musikverein Trachtenkapelle Festenburg

Obmann:
MORGENBESSER Franz

Kapellmeister:
Mag. art. KRISTOFERITSCH Heinz

Jugendreferent:
HATZL Andreas jun.

Stabführer:
INSCHLAG Johann jun.

Schriftführer:
MORGENBESSER Franz sen.

Kassier/Finanzreferent:
PICHLBAUER Stefan

4. Reihe v.l.: Andreas Hatzl, Franz Schwengerer, Stefan Pichlbauer, Hubert Inschlag, Josef Inschlag, Johann Hatzl; 3. Reihe: Ludwig Grabner, Carina Inschlag, Petra Stögerer, Albert Wiedner, Tanja Kristoferitsch, Stephan Inschlag, Silvia Inschlag, Christian Inschlag, Mario Ehrnhöfer; 2. Reihe: Tina Pichlbauer, Marco Stögerer, Franz Morgenbesser jun., Gerhard Inschlag, Johann Inschlag, Hannes Prenner, Lisa Holzer; 1. Reihe: Anna Lechner, Bertram Inschlag, Alois Kristoferitsch, Franz Morgenbesser sen., Philipp Schreiner, Michael Inschlag, Verena Inschlag.

Stadtkapelle Friedberg

Obmann:
RIEGLER Gerhard

Kapellmeister:
PIEBEL Bruno

Jugendreferent:
Dipl.-Päd. Ing. AUERBÖCK Martin

Stabführer:
Dipl.-Päd. Ing. AUERBÖCK Martin

Schriftführer:
RIEBENBAUER Ines

EDV-Referent:
BA BISCHOF Maria

Kassier/Finanzreferent:
Mag. PRENNER Stefan

Auerböck Martin, Auerböck Sebastian, Bischof Maria, Bischof Monika, Buchegger Jeannine, Buchegger Josef, Dinbauer Helene, Dinbauer Franz, Dinbauer Franz jun., Dinbauer Johann, Dunst Theresa, Dunst Thomas, Ehrenhöfer Dieter, Ehrenhöfer Erwin, Faustmann Josef, Faustmann Manfred, Faustmann Melanie, Glatz Markus, Glatz Martin, Glatz Mario, Glatz Waltraud, Gremsl Bettina, Grill Anna, Grill Birgit, Gruber Julia, Haring Katharina, Hofer Hannes, Honeck Christian, Honeck Claudia, Jahrmann-Mathä Birgit, Jiricek Marie-Theres, Kirschenhofer Christian, Kogler Peter, Kremnitzer Thomas, Lebenbauer Jakob, Lebenbauer Nina, Lechner Gerald, Lechner Gernot, Peinthor Thomas, Pfeffer Ehrenfried, Pfeffer Daniela, Pichelbauer Manfred, Pichelhöfer Martin, Piebel Bruno, Piebel Johannes, Piebel Susanne, Prenner Johann, Prenner Stefan, Prenner Theresa, Putz Claus, Putz Josef, Putz Michael, Rechberger Carina, Reitgruber Lisa, Riebenbauer Ines, Riegler Gerhard, Riegler Diana, Ringbauer Thomas, Salmhofer Sarah, Schebesta Rainer, Scherf Nadine, Scherf Sarah, Schneeweiß Carina, Schuller Christian, Steiner Josef, Stögerer Alexandra, Strobl Anna, Weninger Barbara, Weninger Martin, Wetzelberger Phillip.

Marktmusikkapelle Grafendorf

Obmann:
RINGHOFER Karl

Kapellmeister:
MMag. POSCH Michaela

Jugendreferent:
SEEWALD Daniel

Stabführer:
RINGHOFER Karl

Schriftführer:
ZISSER Marlies

EDV-Referent:
SEEWALD Daniel

Kassier/Finanzreferent:
ZISSER Karl

1. Reihe sitzend von links: Lechner Josef, Zisser Anton, Hofstadler Peter, Obm.Ringhofer Karl, Kpm. Posch Michaela, Winkler Harald, Schlögl Alexander; 2. Reihe stehend von links: Zisser Marlies, Teubl Birgit, Krausler Isabella, Kaltenegger Sonja, Glatz Sonja, Rechberger Tanja, Schuch Werner, Ebner Andreas, Posch Stefan, Grandits Maria-Elena, Hofstadler Stefanie, Sommer Martina; 3. Reihe stehend von links: Sommer Johann, Mogg Thomas, Ernst Brigitte, Oswald Katharina, Koller Kristina, Glatz Friedrich, Schützenhöfer Josef, Kopper Eva-Maria, Haas Markus, Haas Astrid, Gruber Lisa; 4. Reihe stehend von links: Maier-Paar Stefan, Mogg Manfred, Seewald Daniel, Ringhofer Johannes, Putz Gottfried, Kogler Johannes, Teubl Hannes, Stadler Michael, Ringhofer Michael, Notter Philipp; 5. Reihe stehend von links: Fuchs Erwin, Kern Bernhard, Oswald Andreas, Lind Anton, Ringhofer Johann, Zisser Karl, Mogg Matthias, Lechner Christoph, Bundschuh Volkmar, Mogg Walter.

Stadtkapelle Hartberg

Geschäftsführender Obmann:
Ing. WILFINGER Peter

Kapellmeister:
Mag. BORECKY Friedrich

Jugendreferent:
SCHLEIMER Thomas

Stabführer:
SCHLEIMER Thomas

Schriftführer:
WACH Wolfgang

EDV-Referent:
FUCHS Martin

Kassier/Finanzreferent:
Mag. CZADUL Franz

1. Reihe von links: Michaela Krämer (Vorstandsmitglied), Claudia Ziermann, Franz Kirschenhofer, Helge Kump, Mag. Heinz Steinbauer (KPM-Stv.), Mag. Fritz Borecky (KPM), Ing. Peter Wilfinger (geschäftsf. Obmann), Ing. Bernhard Rybar, Kevin Weichselberger, Martin Freiberger, Eva Zorn, Thomas Lugitsch; 2. Reihe von links: Stefan Paar, Martin Fuchs (Kassier-Stv.), Sebastian Weghofer, David Lugitsch, Julia Papst, Franz Czadul (Kassier), Susanne Ferstl, DI Robert Pöttler, DI Harald Schöllnast, Katrin Borecky, Irene Fink; 3. Reihe von links: Katharina Ganotz, Andrea Auer, Gerhard Moser (Archivar-Stv.), Josef Reitgruber, Ingrid Reitgruber (geschäftsf. Obmann-Stv.), Christa Jeitler, Magdalena Schalk, Stefanie Pfleger, Wolfgang Wach (Schriftführer); 4. Reihe von links: Werner Ferstl, Gregor Krautgartner, Alexander Pötscher, DI Georg Jeitler, Mag. Herbert Monsberger, Joachim Kummer, Magdalena Lugitsch, Franz Weghofer, Helmut Tomschitz (Jugendreferent-Stv.), Alexander Mogg; 5. Reihe von links: Cornelia Krautgartner, Jasmin Hollensteiner, Michael Schantl, Christian Pichler, Michael Fink, Rainer Ziermann, Josef Friedl, Thomas Schleimer (Jugendreferent), Max Pichler, Michael Oswald, Johannes Löschberger, Florian Pucher; 6. Reihe von links: Peter Schwarz, Stefan Kernbauer, Mag. Martin Lueger, Harald Handler, Lukas Jeitler, Taucher Gottfried (Vorstandsmitglied), Patrick Lerch, Heinz Nußhold (Archivar), Philipp Wilfinger, Saskia Hirschböck, Johanna Kohl; nicht am Foto: Andreas Friedl, Dr. Doris Resch, Stefan Hammerl. (© Foto Peklar)

Marktmusikkapelle Kaindorf

Obmann:
KLAMBAUER Herbert

Kapellmeister:
GOGER Andrea

Jugendreferent:
GOGER Andrea

Stabführer:
SUMMERER Franz

Schriftführer:
PEINSIPP Christine

EDV-Referent:
ERNST Harald

Kassier/Finanzreferent:
GRIESHOFER Herbert

1. Reihe v. links: Franz Summerer, Aloisia Summerer, Andrea Goger, Kerstin Derkitsch, Herbert Klambauer; 2. Reihe v. links: Angelika Stampler, Elisabeth Peinsipp, Manuela Höller, Katharina Prem, Christiane Rechling, Eva Allmer; 3. Reihe v. links: Tanja Dunkl, Christine Peinsipp, Christiane Taschner, Lisa Fuchs, Karin Käfer, Christina Allmer, Hermine Allmer; 4. Reihe v. links: Johann Fuchs, Josef Allmer, Christian Holzer, Verena Käfer, Harald Ernst, Anton Käfer; 5. Reihe v. links: Christian Huber, Manfred Peinsipp, Reinhard Höfler, Robert Gutmann, Herbert Grieshofer, Philipp Bruchmann; 6. Reihe v. links: Hermann Summerer, Johann Fuchs, Thomas Fuchs, Günter Gutmann, Johann Stelzer, Michael Peinsipp.

Musikverein Lafnitz

Obmann:
WAPPEL Manfred

Kapellmeister:
SCHUCH Martin

Jugendreferent:
SCHUCH Martin

Stabführer:
WILFINGER Hermann

Schriftführer:
PICHLER Sieglinde

EDV-Referent:
Mag. WILFINGER Doris

Kassier/Finanzreferent:
HALLEGGER Markus

1. Reihe (v.l.n.r.): Birgit Hallegger, Karl Glatz, Melanie Halwachs, Franz Hallegger, Sigrid Hallegger, Manfred Karner, Manfred Wappel, Horst Mandl, Günter Schocher, Gerwald Pichler; Mitte: Friedrich Lehr, Thomas Rudolf, Iris Mathä, Markus Hallegger, Hermann Wilfinger, Eva-Maria Bonstingl, Bianca Gleichweit, Josef Zisser, Adolf Meinolf; letzte und vorletzte Reihe: Walfried Kresina, Wolfgang Bonstingl, Bettina Arzberger, Martin Schuh, dahinter Klaus Fuchs, Sabine Wappel, Hermann Schützenhofer, Stefanie Fassl, Orgeta Kulheku, Stefan Schützenhofer, Lisa Rudolf, Marco Schützenhofer, Lukas Hofer, Gerald Schantl, Doris Wilfinger, Bernd Wilfinger, (davor) Carina Gleichweit; nicht auf dem Foto: Herbert Krug, Harald Hammer, Markus Hammer, Katharina Schlögl, Julia Winkler, Sabrina Halper, Patrick Halper, Sieglinde Pichler, Margit Schützenhofer, Kerstin Hammer, Michael Lind, Josef Lind, Anton Schantl, Florian Schantl. (Foto Mai 2006)

Trachtenkapelle Mönichwald

Obmann:
GRUBER Leopold

Kapellmeister:
Mag. POSCH Franz

Jugendreferent:
HÖLLERBAUER Isabell

Schriftführer:
GRUBER Bernhard

Kassier/Finanzreferent:
POSCH Franz

4. Reihe (v.l.n.r.): Posch Josef, Freiberger Josef, Freiberger Josef jun., Pichlbauer Franz, MA Posch Christian, Gaulhofer Reihard, Gaulhofer Johann, Freiberger Johann, Trost Josef. 3. Reihe (v.l.n.r.): Friesenbichler Stefan, Höllerbauer Stefan, Schwengerer Josef, Faustner David, Faustner Christoph, Luef Norbert, Posch Franz, Luef Josef, Pichlbauer Wolfgang, Radits Michael; 2. Reihe (v.l.n.r.): Posch Josef jun., Trost Johann, Freiberger Martin, Gaugl Manfred, Höllerbauer Andreas, Orthofer Armin, Gruber Bernhard, Gruber Rainer, Holzer Robert, Schwengerer Josef; 1. Reihe (v.l.n.r.): Freiberger Tamara, Mag. Haselmayr Evelyn, Höllerbauer Isabell, Posch Bernadette, Kpm. Mag. Posch Franz, Posch Bettina, Kroisleitner Sonja, Königshofer Lisa, Gaulhofer Katharina, Freiberger Katrin.

Werksmusikkapelle Borckenstein Neudau

Präsident:
Dipl.-Ing. JANNER Hans

Obmann:
Ing. GSPANDL Philipp

Kapellmeister:
Prof. SVANBERG Carsten

Jugendreferent:
PIEBER Thomas

Stabführer:
Ing. GSPANDL Philipp

Schriftführer:
HACKL Klaus

EDV-Referent:
PFINGSTL Bernhard

Kassier/Finanzreferent:
GOTTHARDT Hermann

Vorne v.l.n.r.: Jannach Sandra, Hackl Andrea; 1. Reihe v.l.n.r.: Ifkowitsch Claudia, Jannach Franz, Schalk Anna, Peinsipp Anna, Maurer Sarah, Pfingstl Linda, Kpm. Univ.-Prof. Svanberg Carsten, Obm. Ing. Gspandl Philipp, Schrampf Otto, Österle Otto, Loyer Thomas, Jannach Katrin; 2. Reihe v.l.n.r.: Kernbichler Thomas, Schalk Franz, Pieber Johannes, Pfingstl Bernhard, Hackl Katherina, Humann Erich, Schantl Lisa-Maria, Gspandl Sonja, Gmoser Kordula, Frenz Johann, Gspandl Gerhard; 3. Reihe v.l.n.r.: Genser Stefan, Hackl Willibald, Hallegger Sandra, Pieber Thomas, Loyer Jürgen, Hackl Klaus, Kernbichler Franz, Bauer Annemarie, Bauer Christina, Präs. DI Janner Hans; 4. Reihe v.l.n.r.: Pieber Dieter, Loyer Gerhard, Heschl Raimund, Ifkowitsch Jan, Himmler Gerhard, DI Gmoser Markus, Schalk Josef, Schalk Martin, Popofsits Kurt, Gotthardt Hermann.

Marktmusikkapelle Pinggau

Obmann:
HÖNIGSCHNABL Alfred

Kapellmeister:
MDir. MMag. EBNER Andreas

Jugendreferent:
HÖLLER Katharina

Stabführer:
Ing. DOPPELHOFER Stefan

Schriftführer:
Ing. DOPPELHOFER Stefan

Kassier/Finanzreferent:
HÖLLER Josef jun.

Breitenbrunner Manuel, Doppelhofer Stefan, Fasching Adolf, Faustmann Christine, Faustmann Eva, Faustmann Lisa, Glatzl Sabine, Gremsl Armin, Gremsl Daniel, Gremsl Manfred, Grill Andreas, Grill Carina, Grill Stefan, Hofer Andrea, Höfler Viktoria, Höller Josef jun., Höller Katharina, Hönigschnabl Alfred, Hönigschnabl Christian, Hönigschnabl Christoph, Hönigschnabl Daniela, Hönigschnabl Franz, Hönigschnabl Hermann jun., Hönigschnabl Hermann sen., Hönigschnabl Johann, Hönigschnabl Markus, Hönigschnabl Peter, Kerschbaumer Gernot, Kerschbaumer Patrick, Kerschbaumer Romana, Krutzler Alexander, Krutzler Manfred, Lechner Carina, Lechner Patrick, Notter Stefan, Pfeffer Gerald, Pfeffer Leopold, Plank Birgit, Prenner Christoph, Prenner Bianca, Prenner Daniela, Prenner Evelyn, Reiterer Petra, Riebenbauer Margot, Rois Florian, Rois Ingeborg, Mag. Rois Josef, Schantl Stefan, Schneemann Karl, Prof. Mag. Schuh Josef, Mag. Schuh Wolfgang, Spitzer Stefan, Wappl Karl jun., Weninger Johann, Winkler Claudia, Winkler Stefanie, Zingl Christian; Marketenderinnen: Halwachs Melanie, Höller Verena, Reiterer Andrea, Tanja Dunst.

Kernstock-Kapelle Pöllau

Obmann:
ROHRHOFER Siegfried

Kapellmeister:
MAUERHOFER Anton

Jugendreferent:
ROSENBAUM Ines

Stabführer:
SEEMANN Hans-Erich

Schriftführer:
SEEMANN Hans-Erich

EDV-Referent:
HOFSTÄDTER Thomas

Kassier/Finanzreferent:
Ing. OFENLUGER Hannes

Allmer Norbert, Almbauer Willibald, Baumgartner Vera, Berghofer Klaus, Berghofer-Rieger Rosmarie, Buchegger Theresa Karenz, Dornhofer Elisabeth, Ebner Franz (Kpm.-Stv.), Ebner Johannes (Beirat), Ebner Martin, Edlinger Melanie, Gaugl Christoph, Gaugl Marlies, Grabner Julia, Heil Florian, Heschl Matthias, Hofstädter Monika, Hofstädter Thomas (EDV-Ref.), Hoppl Daniel, Jeitler Katharina (Schrf.-Stv.), Jeitler Margot, Kerschbaumer Alexander, Koch Peter (Obm.-Stv.), Koch Stefanie, Kornberger Brigitte, Kornberger Franz jun., Kornberger Franz sen. (derzeit beurlaubt), Kornberger Wolfgang, Kullar Christian (Obm.-Stv.), Laschet Maria, Lebenbauer Mathilde, Lechner Johann, List Anita Karenz, List Franz Dietmar, Loidl Stefan, Maier Hans Peter, Mauerhofer Anton jun. (Kpm.), Mauerhofer Anton sen., Mauerhofer Michael, Mauerhofer Patrick, Nussgraber Beate, Ofenluger Hannes Kassier, Ofenluger Jürgen, Ofenluger Karin, Pichler Florian, Pöltl Josef, Pöltl Matthias, Posch Nicole, Pöttler Christina, Pöttler Josef Ehrenkpm., Pötz Barbara, Prinz Philipp, Pusterhofer Vera, Putz Benjamin, Rechberger Christian, Rechberger Ewald, Rechberger Karl, Rechberger Patrick, Rieger Hannes, Rieger Helmut jun. Beirat, Rieger Helmut sen., Rohrhofer Erich, Rohrhofer Heribert, Rohrhofer Siegfried Obm., Rohrhofer Viktoria, Rosenbaum Ines Jugendref., Rosenbaum Walter, Rossegger Franz, Schauer Notburga, Schirnhofer Stefan, Schweighofer Alois, Seemann Anna (Jugendref.-Stv.), Seemann Hans-Erich (Schrf.), Seemann Rupert, Sommer Manuel, Steiner Alfred, Steiner Georg, Stelzer Karlheinz, Stranz Stefan, Warga Stefan, Weghofer Bernhard (Ehrenobm.), Weissenberger Viktor, Weissenberger Manuel, Wels Helmut, Wiesenhofer Dominika, Zangl Bernhard (Kass.-Stv.), Zangl Fabian.

Kameradschaftskapelle Pöllau

Obmann:
GABRIEL Josef

Kapellmeister:
ALMBAUER Willibald

1. Reihe von links: Zelletinger Franz, Hirt Franz, Mauerhofer Johann, ÖKB-Obmann Gabriel Josef, Almbauer Richard, Kapellmeister Almbauer Willibald, Stabführer Hirt Franz; 2. Reihe von links: Rinnhofer Karl, Koch Peter, Geier Alexandra, Heil Florian, Gaugl Andreas, Kapellmeister-Stv. Hirzberger Anton; 3. Reihe von links: Koch Sefanie, Höfler Ernst, Pöltl Mathias; 4. Reihe von links: Tögelhofer Hermann, Kassier Kerschhofer Adolf, Rossegger Franz, Dornhofer Elisabeth, Sommer Manuel, Ofenluger Jürgen.

Trachtenkapelle Pöllauberg

Obmann:
GRASSER Josef

Organisationsreferent:
GRASSER Karl jun.

Kapellmeister:
SEDELMAIER Josef

Jugendreferent:
HEIL Christoph

Stabführer:
EBNER Andreas

Schriftführer:
KLEIN Gerald

Kassier/Finanzreferent:
GRASSER Markus

Piccolo: Schirnhofer Melanie; Querflöte: Schirnhofer Bettina, Kohl Stefanie, Haupt Verena; Klarinette: Klein Dietmar, Tuttner Gerald, Geier Alexandra, Maierhofer Franz, Wiesenhofer Werner, Höfler Daniel, Ebner Franz, Klein Julia, Kitting Franz; Es-Klarinette: Maurer Mario; Saxophon: Grasser Katrin, Terler Nina; Flügelhorn: Klein Gerald, Schieder Gerald, Stranz Mario, Schieder Peter, Grasser Peter, Schieder Reinhard; Horn: Scherf Manfred, Ebner Michaela, Klein Reinhard, Scherf Karl, Schieder Martin; Trompete: Rosenberger Stefan, Ebner Erhard, Fink Robert, Schirnhofer Werner, Ebner Hannes, Gleichweit Patrick, Kröpfl Verena, Tuttner Lukas, Maurer Robert; Tenorhorn: Grasser Karl, Gleichweit Julius, Grasser Markus; Bariton: Ebner Andreas, Ebner Martin; Posaune: Gleichweit Julius, Schweighofer Hannes, Terler Christian, Dornhofer Reinhard, Tuttner Alexander; Tuba: Ebner Markus, Ebner Benjamin, Putz Karl, Kandlhofer Anton; Schlagwerk: Grasser Josef, Rosenberger Franz, Altmann Hans-Peter, Scherf Georg, Heil Christoph, Wagner Kevin.

Musikverein Schäffern

Obmann:
HAAS Josef

Kapellmeister:
HAMMER Franz

Jugendreferent:
SCHUH Martin

Schriftführer:
Ing. PUTZ Ernst

Kassier/Finanzreferent:
PUTZ Herbert

Andreas Fasching, Christian Fasching, Josef Haas, Karl Haas, Maria Haas, Alexandra Hammer, Franz Hammer Kampichl, Ingrid Hammer, Claudia Hammer, Karl Hammer jun., Karl Hammer sen., Alois Hammer sen., Christian Heißenberger, Gottfried Heißenberger, Josef Höller, Alois Jahrmann, Petra Gamperl, Sonja Kager, Gerhard Koller, Josef Osterbauer, Ernst Putz, Herbert Putz, Hermann Putz, Markus Putz, Christoph Schneeberger, Johann Schneeweiß, Josef Schneeweiß, Christian Schuh, Martin Schuh, Norbert Sobl, Christian Wilfinger, Franz Wilfinger jun., Franz Wilfinger sen., Johann Zingl.

Trachtenkapelle Schäffern

Obmann:
KERSCHBAUMER Karl

Organisationsreferent:
Ing. KUNTNER Robert

Kapellmeister:
SCHUH Alois

Jugendreferent:
DORNER Heinrich jun.

Jugendreferent:
HEISSENBERGER Julia

Stabführer:
Ing. LIND Hermann

Schriftführer:
Ing. HOFER Gerald

EDV-Referent:
Ing. BUCHNER Peter

Kassier/Finanzreferent:
Ing. BUCHNER Peter

Aktive Mitglieder, Stand März 2010: Buchner Peter, Dorner Nadine, Dorner Heinrich, Dorner Christoph, Dorner Heinrich jun., Edelhofer Martina, Gamperl Josef, Gamperl Herbert, Glatz Reinhold, Glatz Bernd, Groller Richard, Groller Daniel, Haas Hermann, Haas Christian, Haas Rupert, Haas Patrick, Heissenberger Julia, Heissenberger Anja, Hofer Bernhard, Hofer Manuela, Hofer Christian, Hofer Gerald, Kager Clarissa, Kerschbaumer Karl, Kienreich Verena, Kirnbauer Thomas, Konetschny Andreas, Kratzer Bernhard, Lind Hermann, Lind Stefan, Morgenstern Ernst, Müller Ottokar, Pfeffer Barbara, Pfeffer Sabrina, Pichler Ernst, Pichler Bernadette, Prenner Gregor, Prenner Beate, Punkl Ernst, Punkl Michael, Punkl Martin, Putz Erwin, Putz Bernhard, Putz Clarissa, Putz Claudia, Putz Josef, Putz Angelika, Riebenbauer Martin, Riebenbauer Franz, Schuh Marco, Schuh Alois, Schuh Josef, Schuh Stefan, Schuh Willibald, Schuh Dietmar, Schuh Wolfgang, Stögerer Manfred, Traint Alfred.

Musikverein Schölbing

Obmann:
LECHNER Martin

Obmann:
(2.) HESCHL Franz

Organisationsreferent:
PREINER Helmut jun.

Organisationsreferent:
BERGHOFER Anton

Kapellmeister:
LUGITSCH-STRASSER Gerhard

Kapellmeister:
LECHNER Alexandra

Jugendreferent:
LANG Christian

Stabführer:
GLATZ Jürgen

Stabführer:
MÜLLER Marius

Schriftführer:
GOGER Maria

Kassier/Finanzreferent:
GLATZ Josef

Aktive Musiker, Stand März 2010: Bauer Michael, Bauer Robert, Berghofer Anton, Glatz Josef, Glatz Jürgen, Glatz Sandra, Goger Heinz, Goger Maria, Heschl Claudia, Heschl Franz, Heschl Franz, Lang Christian, Lechner Alexandra, Lechner Martin, Lechner Martina, Lechner Rupert, Lugitsch-Strasser Alois, Mag. Lugitsch-Strasser Christine, Lugitsch-Strasser Christoph, Lugitsch-Strasser Gerhard, Lugitsch-Strasser Josef, Lugitsch-Strasser Stefan, Mantsch Alexander, Müller Marius, Nöhrer Franz, Pötscher Andreas, Pötscher Christian, Pötscher Paul, Preiner Helmut, Preiner Helmut, Riegler Benedikt, Riegler Stefanie, Singer Michael, Stumpf Johann, Winkler Hermann, Winkler Julia, Winkler Thomas, Wolfauer Albert, Wolfauer Michael, Wolfauer Silke, Zettl-Gruber Michaela.

Musikverein St. Jakob im Walde

Obmann:
BERGER Herbert

Kapellmeister:
BERGER Alfred

Jugendreferent:
HATZL Elisabeth

Stabführer:
OAR i.R. BERGER Franz

Schriftführer:
HATZL Thomas

EDV-Referent:
HATZL Jakob

Kassier/Finanzreferent:
HATZL Franz

Ganz vorne: Kpm. Alfred Berger. 1. Reihe (v.l.n.r.): Arzberger Manfred, Berger Reinhold, Hatzl Elisabeth, Arzberger Josef, Berger Manuela, Berger Bianca, Hofer Maria, Inschlag Verena; 2. Reihe (v.l.n.r.): Wurm Brigitte, Willenshofer Katrin, Zink Kerstin, Arzberger Michaela, Gletthofer Karl, Hatzl Siegfried, Hatzl Jakob; 3. Reihe (v.l.n.r.): Hatzl Thomas, Pittermann Johann, Arzberger Stefan, Arzberger Andreas, Berger Franz, Berger Roland, Posch Rupert, Hatzl Franz jun., Kandlbauer Josef, Berger Herbert, Zink Manfred, Feiner Johann, Arzberger Ursula, Hatzl Anton, Berger Patrick, Posch Franz, Ochabauer Christoph, Hatzl Wolfgang; 4. Reihe (v.l.n.r.): Posch Rupert jun, Arzberger Karl, Berger Friedrich, Arzberger Michael, Hatzl David, Arzberger Oliver, Hatzl Ernest, Arzberger Siegfried; 5. Reihe (v.l.n.r.): Zink Peter, Hatzl Franz, Willenshofer Matthias, Arzberger Thomas, Prettenhofer Christoh, Berger Michael.

Blasmusik St. Johann bei Herberstein

Obmann:
NAGL Johannes

Organisationsreferent:
NAGL Michael Johannes

Kapellmeister:
KULMER Josef

Jugendreferent:
KULMER Andreas

Stabführer:
Ing. ALLMER Wolfgang

Schriftführer:
ALLMER Ursula

EDV-Referent:
WINDHABER Mario

Kassier/Finanzreferent:
PROBST Johann

Musiker am Bild (v.l.): Allmer Ursula (Klarinette), Kulmer Angelika (Klarinette), Kulmer Kevin (Flügelhorn), Kapfensteiner Kathrin (Marketenderin), Scheer Michaela (Marketenderin), Dunst Stefan (Bariton), Samwald Renate (Querflöte), Tauss Herbert (Ehrenobmann), Kulmer Sylvia (Flügelhorn), Nagl Katharina (Trompete), Nagl Alexander (Flügelhorn), Nagl Johannes (Tenorhorn), Allmer Renate (Klarinette), Durlacher Reinhard (Schlagzeug), Kulmer Josef (Flügelhorn), Ehrenreich Stefan (Flügelhorn), Allmer Felix (Obmann-Stv.), Nagl Marion (Tuba), Windhaber Siegfried (Klarinette), Kulmer Andreas (Flügelhorn), Jörgler Michael (Tenorhorn), Kulmer Manfred (Bariton), Probst Johann (Horn), Riegerbauer Karl sen. (Tenorhorn), Allmer Gerhard (Horn), Nagl Michael (Schlagzeug), Riegerbauer Karl jun.(Trompete), Kricker Franz (Tuba), Riegerbauer Alfred (Tuba). Musiker nicht am Bild: Allmer Martin (Schlagzeug), Allmer Wolfgang (Schlagzeug), Dunst Josef (Klarinette), Freiberger Karl (Horn), Lind Josef (Klarinette), Paier Friedrich (Flügelhorn), Purkarthofer Walter (Schlagzeug), Schaffer Patrick (Schlagzeug), Schwarz Martina (Querflöte), Steinhöfler Friedrich (Schlagzeug), Steinhöfler Josef (Trompete).

Trachtenkapelle St. Lorenzen am Wechsel

Obmann:
ZINGL Otmar

Kapellmeister:
KERN Monika

Jugendreferent:
HASPL Thomas

Stabführer:
WINKLER Günter

Schriftführer:
PUTZ Werner

EDV-Referent:
PUTZ Werner

Kassier/Finanzreferent:
HOLZER Daniel

Liste der aktiven Mitglieder, Stand November 2009 (alphabetisch): Archam Nicole, Arzberger Patrick, Binder Katrin, Buchegger Martin, Faustmann Franz, Faustmann Walter, Feichtinger Christian, Feichtinger Leopold, Haas Florian, Haas Michaela, Haspl Thomas, Hatzl Jaqueline, Holzer Daniel, Holzer Georg, Holzer Katrin, Hutz Danja, Hutz Johann, Hutz Judith, Hutz Stefan, Kern Michaela, Kern Monika, Klampfl Katharina, Kogler Verena, Kogler Wolfgang, Pichlbauer Rupert, Prenner Alois, Putz Anna, Putz Werner, Reiterer Johannes, Reiterer Matthias, Reiterer Michaela, Schreiner Willibald, Schützenhöfer Hanna, Spitzer Birgit, Stögerer Hermann, Tromayer Lisa-Maria, Weninger Anna, Weninger Michael, Wiedner Elisabeth, Wiedner Julia, Winkler Günter, Zettl Yvonne, Zingl Andrea, Zingl Carina, Zingl Konrad, Zingl Otmar.

Trachtenmusikverein St. Magdalena

Obmann:
BAUER Josef

Kapellmeister:
Mag. FASCHING Ewald

Jugendreferent:
FASCHING Josef

Stabführer:
Ing. GSCHIEL Martin

Schriftführer:
GRUBER Andrea

Kassier/Finanzreferent:
Ing. GSCHIEL Martin

Bauer Josef, Bauer Stefan, Bauer Thomas, Fasching Josef, Freidorfer Birgit, Freidorfer Markus, Friedrich Alois, Friedrich Alois jun., Friedrich Christian, Grabner Siegfried, Grabner Siegfried jun., Grabner Stephan, Gruber Andrea, Gschiel Martin Ing., Haagen Julia, Haagen Christine, Hödl Gerald, Jeitler Georg DI, Koch Manfred, Kröpfl Alexandra, Kröpfl Michaela, Mauerhofer Bernhard, Mittlinger Matthias, Mugitsch Hermann, Peinsipp Bianca, Raser Rudolf, Raser Wolfgang Ing., Rudolf Gerhard, Rumpf Heike, Schieder Franz, Schieder Gerhard, Schieder Markus, Schmid Franz, Schneider Elias, Schwarr Dietmar, Stumpf Melanie, Teubl Ingrid, Wegerer Matthias, Wodits Manfred, Zettl Corinna, Zettl Dominik, Zettl Werner, Zisser Bianca.

Musikverein Stubenberg am See

Obmann:
SCHEER Markus

Organisationsreferent:
GRATZER Peter

Kapellmeister:
NESTLER Gerhard

Jugendreferent:
POLZHOFER Stefanie

Stabführer:
HÖFLER Peter

Schriftführer:
SCHÖNHERR Kurt

EDV-Referent:
WIEDERHOFER Stefan

Kassier/Finanzreferent:
HOFER Manfred

Aktive MusikerInnen: Allmer Heinrich, Allmer Stefan, Berger Peter, Dornhofer Roswitha, Dunst Manuel, Durlacher Kerstin, Feichtinger Thomas Herbert, Felberbauer Michael, Gratzer Peter, Gschiel Denise, Gschiel Viktoria, Hofer Anton, Hofer Anton jun., Hofer Christian, Hofer Franz, Hofer Herbert, Hofer Manfred, Hofer Michael, Höfler Andreas (Kl.), Höfler Andreas (Sz.), Höfler Ingrid, Höfler Johann, Höfler Karl (B), Höfler Karl (H), Höfler Peter, Koska Adolf, Polzhofer Stefanie, Riedl Karl, Scheer Markus, Schönherr Carina, Schönherr Kurt, Schützenhofer Claudia, Schweiger Robert, Schweiger Siegfried, Trafella Johann, Trafella Bernhard, Weizer Andreas, Weizer Verena, Wiederhofer Stefan, Wieser Johann, Windhaber Karl-Heinz, Windhaber Kurt, Windhaber Patrick, Winkelbauer Michaela.

Trachtenmusikverein Unterlungitz

Obmann:
Ing. ZETTL Bernhard

Kapellmeister:
ERTL Norbert

Jugendreferent:
WINKLER Sandra

Stabführer:
DORN Johannes

Schriftführer:
ZETTL Margit

Kassier/Finanzreferent:
DORN Johannes

Sitzend von links: Bernhard Zettl, Johann Dolezal, Stefan Ertl, Monika Handler, Jasmin Hollensteiner, Patrick Winkler, Alois Winkler, Josef Schuller; stehend von links: Christoph Spörk, Christoph Miksch, Franz Winkler, Martina Schieder, Sonja Dorn, Nobert Ertl, Margit Zettl, Alfred Pesendorfer, Sandra Winkler, Johannes Dorn; stehend hinten von links: Reinhard Pesendorfer, Anton Heiling, Reinhard Handler, Karl Handler, Gerhard Zaunschirm, Franz Romirer, Sabrina Schuller, Andrea Handler, Harald Handler, Veronika Pesendorfer; nicht auf dem Foto: Alfred Pfeiffer, Franz Handler, Christoph Zisser, Karina Zisser, Karin Winkler, Tanja Hollensteiner, Kathrin Handler, Ulrike Holzer.

Ortskapelle Unterrohr

Obmann:
PROBST Stefan

Obmann:
PEINDL Klaus

Kapellmeister:
MMag. ZIERMANN Klaudia

Jugendreferent:
FREITAG Marion

Stabführer:
FREITAG Herbert

Stabführer:
MLYNEK Manfred

Schriftführer:
WINKLER Anja Tamara

EDV-Referent:
GSCHIEL Jessica

Kassier/Finanzreferent:
GSCHIEL Alois

Mitglieder, Stand Oktober 2009: Breitenbrunner Wolfgang, Busswald Sabine, Fasching Katharina, Freitag Herbert, Freitag Marion, Freytag Andreas, Freytag Stefan, Gschiel Alois, Gschiel Alois jun., Gschiel Günther, Gschiel Helmut, Gschiel Jessica, Haindl Karl-Heinz, Handler Harald, Heiling Andreas, Hinterhofer Tina, Knöbl Barbara, Lagler Daniel, Mlynek Manfred, Müller Peter, Paulitsch Günther, Peindl Klaus, Peindl Wolfgang, Pöltl Josef, Polzhofer Martin, Probst Stefan, Riedenbauer Julia, Riedenbauer Sarah, Rieger Helmut, Rücker Otto, Tödtling Anita, Winkler Anja, Ziermann Klaudia, Ziermann Rainer.

Marktmusikkapelle Vorau

Obmann:
LECHNER-RIEGLER Herbert

Kapellmeister:
Mag. HEUCHLER Josef

Jugendreferent:
KERSCHENBAUER Stefanie

Jugendreferent:
KRONAUS Martina

Stabführer:
LECHNER-RIEGLER Herbert

Schriftführer:
RECHBERGER Alois

EDV-Referent:
Mag. KAISER-HOLZER Margit

Kassier/Finanzreferent:
KERSCHENBAUER Franz

Die 74 Mitglieder der Marktmusikkapelle Vorau, alphabetisch geordnet: Ehrenhöfer Sebastian, Fank Cornelia, Fank Wolfgang, Faustmann Alois, Mag. Faustmann Martina, Geier Franz, Geier Gerhard, Geier Hannes, Geier Helmut, Grabner Alexander, Graf Christian, Gruber Josef, Handler Franz, Harl Benjamin, Heuchler Gerhard, Mag. Heuchler Josef (Kapellmeister), Hofer Wolfgang, Holzer Anton jun. Holzer Anton sen., Kaiser Ferdinand jun., Kaiser Ferdinand sen., Mag. Kaiser-Holzer Margit, Mag. Kern Angelika, Kerschenbauer Franz (Finanzreferent), Kerschenbauer Franz, Kerschenbauer Hannes, Kerschenbauer Johann, Kerschenbauer Lisa, Kerschenbauer Matthias, Kerschenbauer Roland, Kerschenbauer Stefanie, Kirchsteiger Bernadette, Kirchsteiger Helmut, Kirchsteiger Lukas, Kirchsteiger Michaela, Kirchsteiger Werner, Kronaus Martina, Lechner Elisabeth, Lechner Josef, Lechner Victoria, Lechner-Riegler Herbert (Obmann), Lechner-Riegler Stefan, Maierhofer Bernadette, Maierhofer Birgit, Mag. Moser Bernhard, Notter Maria, Nunner Bianca, Mag. Pfeifer Jörg, Pfleger Nina, Ing. Pfleger Reinhard, Pichler Hans-Peter, Pillhofer Gerhard, Pillhofer Maria, Pötz Angelika, Pötz Christian, Pötz Gerald, Pötz Julia, Pötz Veronika, Putz Bernhard, Putz Sabrina, Rechberger Alois (Schriftführer), Rechberger Armin, Rechberger Carina, Rechberger Hannes, Rechberger Johann, Rechberger Peter, Rechberger Susanne, Rohrhofer Kerstin, Scherbichler Wolfgang, Storer Andreas, Welles Thomas, Ing. Weninger Konrad, Wolf Cornelia, Zisser Friedrich.

Blasmusikkapelle Waldbach

Obmann:
SEDLAK Herbert

Kapellmeister:
Ing. FAUSTMANN Michael

Jugendreferent:
Ing. FAUSTMANN Michael

Jugendreferent:
SEDELMAIER Michael

Stabführer:
Ing. FAUSTMANN Michael

Schriftführer:
SEDELMAIER Brunhilde Maria

Kassier/Finanzreferent:
KOGLER Elisabeth

1. Reihe v.l.: Sarah Feiner (Marketenderin), Franz Schöngrundner, Trompete (aktiv seit 1966), Sedelmaier Michael, Schlagwerk (2000, Jugendreferent), Krogger Thomas, Schlagzeug (1997), Gruber Adolf, Klarinette/Fagott (1947, Ehrenkapellmeister), Faustmann Michael, Klarinette (1980, Kapellmeister), Sedlak Herbert, Klar. (1974, Obmann), Norbert Sobl, Horn (1965, Obmann-Stellvertr.), Kogler Elisabeth, Altsax (1999, Finanzreferentin), Sedlak Gerald, Flügelhorn (1999, Finanzref.-Stv.), Sedlak Hermann, Klar. (1963), Lang Michaela (Marketenderin); 2. Reihe v.l.: Wallisch Christian, Tenorhorn (1983), Feiner Florian, Schlagwerk (2008), Riegler Marina, Querflöte (1996), Ganster Christina, Querflöte (1986), Riegler Marlene, Querflöte (2008), Lang Bianca, Querflöte (2003), Kogler Christine, Querflöte (1994, Schriftf.-Stv.), Sedlak Maria, Klarinette (2003), Pailer Andrea, Klarinette (1996), Faustmann Julia, Klarinette(2008), Hofer Valentina, Klarinette (2008); 3. Reihe: Wetzelberger Alois, Tenorhorn (1972), Pinter Gerhard, Schlagwerk (1980), Pinter Joseph, Schlagwerk (2006), Rechberger Christoph, Schlagwerk (1998), Doppelhofer Anna, Schlagwerk (2006), Gaugl Elisabeth, Horn (1978), Sedelmaier Josef, Horn (1968), Schantl Manuel, Tenorhorn (2008), Kornfeld Josef, Tompete (1964); 4. Reihe: Schwingesbauer Rupert, Tenorsax (1957), Weber Ewald, Tenorhorn(1963), Lengl Manuel, Posaune (2007), Feiner Georg, Bariton (1982), Schöngrundner Andreas, Trompete/Schlagwerk (1991), Doppelhofer Peter, Trompete (1970), Steiner Peter, Trompete (1979), Gaugl Gerhard, Flügelhorn (1994), Feiner Viktor, Flügelhorn (1978), Feiner Melanie, Tuba (2006); 5.Reihe: Kirschenhofer Wolfgang, Posaune; Norbert Luef, Posaune; Riegler Franz, Posaune (1970), Wallisch Erich, Tuba (1963), Ganster Markus, Tuba (2006), Steiner Daniel, Tuba (2007); nicht auf dem Foto: Bauernhofer Othmar, Klarinette (1952), Offenmüller Ines, Altsax (1999), Feiner Andrea, Klarinette (1986), Wiedner Ewald, Klarinette (1963), Bendl Erich, Tuba (1968), Edelbrunner Herbert, Flügelhorn (1960), Gruber Andreas, Horn (1979), Pfeifer Josef, Flügelhorn (1951).

Marktmusikkapelle Bad Waltersdorf

Obmann:
RATH Josef (Pepo)

Kapellmeister:
MDir. Mag. FUCHS Franz

Jugendreferent:
jun. RATH Josef

Stabführer:
GOGER Ludwig

Schriftführer:
KIELNHOFER Josef

Kassier/Finanzreferent:
WEINZETTL Heidi

1. Reihe sitzend v.l.: Franz Pum, EKpm. Josef Rath, Alfred Thaler, Kpm. Mag. Franz Fuchs, Obm. Josef Rath, Stabf. Ludwig Goger, Herbert Fuchs, David Fuchs, Christian Kapfer, Michael Rath; 2. Reihe stehend v.l.: Georg Janisch, Josef Kielnhofer, Marika Hörzer, Viktoria Lederer, Markus Rath, Lukas Freißling, Andrea Alber-Pieber, Martina Weinzettl, Viktoria Pieber, Heidi Weinzettl, Birgit Weinzettl, Sarah Lang; 3. Reihe v.l.: Stefanie Gruber, Julia Grill, Karina Dorn, Anika Ertl, Verena Wilfinger, Magdalena Ertl, Anna Jansky, Bettina Baumgartner; 4. Reihe v. l.: Ferdinand Kunter, Karl Janisch, Franz Janisch, Victoria Pichler, Martina Janisch, Katharina Thaler, Elfiede Pichler, Daniela Fuchs, Johann Hauer, Franz Pichler; Letzte Reihe v.l.: Dieter Pieber, Johannes Schorrer, Alfred Schalk, Mathias Stieg, Patrick Raggam, Josef Rath jun., Andreas Janisch, Wolfgang Fiedler, Christian Neuhold, Walter Pichler; nicht auf dem Foto: Anja Reisinger, Thaller Peter, Fiedler Tina, Carmen Kurz, Mag. Ewald Fasching, Gerhard Nestler, Kadir Toplica, Franz Pum jun., Thaller Wolfgang, Dietmar Lederer, Albin Kundigraber, Schuller Alexander.

Musikverein Wenigzell

Obmann:
MADERBACHER Anton

Kapellmeister:
BINDER Gerald

Jugendreferent:
GRUBER Christian

Stabführer:
HOFSTÄTTER Ernst

Schriftführer:
FAUSTMANN Franz

EDV-Referent:
SOMMERSGUTER Eva Maria

Kassier/Finanzreferent:
SOMMERSGUTER Franz

Bauer Hans-Jürgen, Binder Gerald, Faustmann Franz, Faustmann Josef, Faustmann Magdalena, Fellinger Melanie, Gruber Christian, Gruber Claudia, Gruber Hermann, Gruber Michael, Hofer Dominik, Hofer Tanja, Hofstätter Ernst, Hofstätter Johann, Kandlbauer Hannes, Kandlbauer Magdalena, Karner Christian, Karner Raimund, Köberl Michael, Kroisleitner Karl, Krückl Raimund, Maderbacher Anton, Maier Erwin, Maierhofer Daniel, Maierhofer Dominik, Maierhofer Markus, Maierhofer Raphaela, Milchrahm Manfred, Payerhofer Ursula, Pittermann Johann, Pittermann Margit, Pötz Florian, Pötz Patriz, Sommersguter Ernst, Sommersguter Eva, Sommersguter Franz, Sommersguter-Maierhofer Otmar, Sommersguter-Maierhofer Philipp, Teichmeister Andrea, Wetzelberger Johannes, Zeilinger Michael, Zeilinger Stefan, Zeilinger Thomas, Zingl Franz.

Musikverein Wörth an der Lafnitz

Obmann:
NEMETZ Wolfgang

Kapellmeister:
SOMMER Erich

Jugendreferent:
PIEBER Susanne

Schriftführer:
WIEDRICH Siegbert

Kassier/Finanzreferent:
SALMHOFER Karl

Musikerinnen und Musiker: Taschner Martin, Salmhofer Robert, Pieber Englbert, Pieber Thomas, Nemetz Dieter, Sommer Erich jun., Liphart Walter, Widrich Siegbert, Preiner Englbert, Nemetz Josef, Salmhofer Matthias, Nemetz Karin, Spörk Bettina, Salmhofer Karl, Nemetz Wolfgang, Pieber Susanne, Ziegler Theresa, Edl Stefanie, Gradwohl Anita, Sommer Erich sen., Stelzer Tobias, Pieber Alexander, Ziegler Florian; weitere Mitglieder: Pieber Erwin, Nemetz Lisa.

Musikverein Rohrbach an der Lafnitz

Obmann:
KERSCHENBAUER Franz

Kapellmeister:
KIRSCHENHOFER Wolfgang

Jugendreferent:
RITTER Jenny

Stabführer:
KIRSCHENHOFER Wolfgang

Schriftführer:
PICHLBAUER Laura

EDV-Referent:
Ing. RITTER Helmut

Kassier/Finanzreferent:
HAMMER Christian

1. Reihe: Schlögl Alexander (Schlagzeug), Hofer Katharina (Marketenderin), Schweighofer Katrin (Marketenderin), Feichtinger Ingrid (Klarinette), Putz Christian (Klarinette), Kpm. Kirschenhfoer Wolfgang, Obm. Ing. Helmut Ritter (Klarinette), Susanne Ritter (Trompete), Zingl Elisabeth (Marketenderin), Prenner Sylvia (Marketenderin) Kunert Gerhard (Schlagzeug); 2. Reihe: Pichlbauer Franz (Klarinette) Schuh Christina (Flöte), Holzer Josefa (Trompete), Hammer Sabine (Horn), Ritter Jenny (Flöte), Kunert Andrea (Flügelhorn), Pichlbauer Laura (Saxophon), Luef Birgit (Saxophon), Prenner Tanja (Klarinette), Hutz Johann (Klarinette); 3. Reihe: Helmut Ritter sen. (Horn), Hammer Johann (Horn), Kunert Anton (Schlagzeug), Hammer Christian (Flügelhorn), Morgenbesser Robert (Flügelhorn), Uhl Alfred (Flügelhorn), Kunert Martin (Tropete), Ferstl Mario (Klarinette); 4. Reihe: Kerschenbauer Franz (Tuba), Zingl Stefan (Tenorhorn), Ferstl Hannes (Tenorhorn), Putz Hannes (Bariton), Teichmeister Josef (Tuba), Grabler Johann (Tenorhorn), Salmhofer Erich (Tenorhorn), Kirschenhofer Norbert (Tuba). (Foto 2007)

Jugendkapelle der Musikschule Hartberg

Obmann:
LUGITSCH Johannes

Kapellmeister:
Mag. MONSBERGER Herbert

Stabführer:
MONSBERGER Christoph

Schriftführer:
FUCHS Irene

Kassier/Finanzreferent:
FUCHS Martin

Herbert Monsberger, Krautgartner Anna, Moser Bernadette, Hirschböck Saskia, Kneißl Anja, Gigler Carina, Schlögl Katharina, Hollensteiner Tanja, Handler Kathrin, Schieder Martina, Villgratter Marie Th., Riegler Stefanie, Lugitsch Johannes, Kopper Roswitha, Fuchs Martin, Hammerl Stefan, Fuchs Irene, Handler Andrea, Weghofer Sebastian, Lugitsch David, Kernbauer Thomas, Handler Monika, Zisser Karina, Fuchs Klaus, Papst Julia, Lugitsch Magdalena, Ganotz Katharina, Schallegger Magdalena, Muhr Carina, Zorn Eva, Winkler Sandra, Pfleger Astrid, Handler Harald, Struggel Lisa, Friedl Andreas, Craighero Mathias, Lugitsch Michael, Pichler Max, Oswald Michael, Mogg Alexander, Jasmin Hollensteiner, Feichtinger Andreas, Pucher Florian, Peindl Wolfgang, Pötscher Alexander, Weichselberger Kevin, Ritter Susanne, Christian Pichler, Michael Fink, Michael Schantl, Martina Schöngrundner, Ferstl Martin, Rodler Karin, Krautgartner Cornelia, Weichselberger Philip, Gregor Krautgartner, Hatzl David, Löschberger Peter, Monsberger Christoph, Jeitler Lukas, Ganotz Stefan, Pfleger Anna-Carina, Ganotz Theresa, Patrik Lerch, Postl Stefan, Kernbauer Stefan, Winkelbauer Christiane, Halb Marita, Löschberger Sebastian, Schleimer Thomas, Wilfinger Philipp, Jeitler Christa, Lechner Alex, Friedrich Alois.

Musikbezirk Judenburg

Bezirksvorstand Judenburg des Steirischen Blasmusikverbandes 7. Februar 2010

1. Reihe sitzend von links: Petra Zuber (Bez.-Schrf.), Silke Grangl (Bez.-Schrf.), Reinhard Bauer (Bez.-Obm-Stv.), Alois Weitenthaler (BO und LO-Stv.), Herbert Bauer (Bez.-Kpm.), Ewald Wilding (Bez.-JRef.), Isabella Mayer (Bez.-EDV-Ref.-Stv.), Helmut Grangl (Bez.-Kpm.-Stv.); 2. Reihe stehend von links: Horst Wiedenhofer (Landesobmann), Josef Angeringer (Bez.-Stbf.), Johann Peinhaupt (Bez.-Stabf.-Stv.), Michael Seidl (Bez.-EDV-Ref.), Gerald Reiter (Bez.-FRef.), Martin Gollner (Bez.-FRef.-Stv.), Martin Bogensberger (Bez.-JRef.-Stv.), Albin Koini (Kassaprüfer), Alfred Grössing (Kassaprüfer).

Musikverein Bretstein

Obmann:
RIEDNER Erich

Kapellmeister:
GRÖSSING Alfred

Jugendreferent:
GRÖSSING Jürgen

Stabführer:
GRÖSSING Alfred

Schriftführer:
BEREN Friedrich

EDV-Referent:
BEREN Friedrich

Kassier/Finanzreferent:
GRÖSSING Jürgen

1. Reihe (v.l.n.r.): Lernpaß Isabell, Prodinger Anita, Lernpaß Monika, Beren Tanja, Lerchbacher Michaela, Kreuzer Marina, Kpm. Grössing Alfred, Haingartner Melanie, Laudenbach Daniela, Gerold Eva-Maria, Galler Johanna, Mandl Georg, Mali Christoph; 2. Reihe (v.l.n.r.): Mag. Fichtl Bernd, Haingartner Sandra, Beren Anja, Knefz Pascal, Obm. Riedner Erich, Grössing Albert, Riedner Luise, Riedner Janine-Marie, Koini Tanja, Horn Klemens, Kogler Karin, Lanz Wernfried, Haingartner Christoph; 3. Reihe (v.l.n.r.): Beren Friedrich, Kogler Engelbert, Haingartner Wilfried, Steinberger Stefan, Haingartner Josef, Lernpaß Lisa-Maria, Knefz Dominik, Mayerl Hannes, Grössing Jürgen, Knefz Karl, Grössing Gernot.

Bergkapelle Fohnsdorf

Obmann:
Mag. DUSCHEK Michael

Kapellmeister:
Mag. MARKUS Walter

Jugendreferent:
LANZ Markus

Jugendreferent:
BÄRNTHALER Gernot

Stabführer:
Mag. MARTETSCHLÄGER Petra

Schriftführer:
ZWINGER Heike

Kassier/Finanzreferent:
LIEBMINGER Josef

Liste der Musiker: Bärnthaler Chris, Bärnthaler Franz, Bärnthaler Gernot, Berger Anna-Maria, Ing. Doff Helmut, Dorfer Nikolaus, Dorfer Viktor, Duschek Lena, Duschek Maria, Mag. Duschek Michael, Duschek Ralph, Eisenbeutl Gerhard, Fortin Harald, Galler Gerhard, Gasser Michael, Gollner Franz, Grasshoff Stefan, Greiner Christine, Greiner Katharina, Greiner Maria, Gressl Johann, Gruber Sabrina, Dipl.-Ing. Haberer Christoph, Hartleb Philipp, Hatz Kevin, Kaiser Hans-Peter, Kneissl Stefano, Kornthaler Corinna, Lanz Markus, Lex Martin, Lex Thomas, Liebfahrt Andreas, Ing. Liebfahrt Bernhard, Ing. Liebfahrt Franz, Liebfahrt Heinrich, Liebfahrt Lukas, Liebfahrt Markus, Liebfahrt Martina, Liebfahrt Monika, Liebfahrt Peter, Liebfahrt Walter, Mag. Liebminger Eva, Liebminger Josef, Mag. Liebminger Veronika, Mag. Markus Walter, Mag. Martetschläger Petra, Mayer Elisabeth, Midl Thomas Michael, Dipl.-Ing. Peßenhofer Michael, Picher Ursula, Pichler Iris, Pichler Tobias, Pilgram Andreas, MMag. Podmenik Daniela, Dr. Podmenik Günter, Rackl Thomas, Reiter Johannes, Rössler Lukas, Schober Anja, Schober Heike, Schober Stefan, Seidl Michael, Ing. Wiesenegger Bertold, Dipl.-Ing. Wiesenegger Michael, Wind Eva-Maria, Wind Florian, Wolfsberger Karina, Wurm Julian, Zwinger Heike.

Musikverein Frauenburg

Obmann:
EGGER Horst

Kapellmeister:
WIESENEGGER Heribert

Jugendreferent:
BOGENSBERGER Martin

Stabführer:
WIESENEGGER Heribert

Schriftführer:
MAYER Isabella

Kassier/Finanzreferent:
MAYER Peter

Bogensberger Martin, Bogensberger Monika, Egger Anna, Egger Horst, Egger Verena, Felfer Erwin, Felfer Martin, Galler Angelika, Galler Maria, Gams Gerhard, Gams Martin, Gams Fabio, Hebenstreit Mathias, Katzenberger Arnold, Krotmayer Christian, Kubli Viktoria, Lercher Günther, Maierhofer Harald, Marktler Clemens, Mayer Berthold, Mayer Isabella, Mayer Peter, Mayer Thomas, Mayer Ulrich, Neumann Kathrin, Palli Manfred, Petz Karin, Poier Clemens, Poier Dominik, Pojer Manfred, Pojer Manuel, Pojer Markus, Pojer Veronika, Rauchegger Marco, Sabitzer Alexander, Schiefer Harald, Schiefer Johann jun., Schiefer Johann sen., Schiefer Eva, Schnedl Anna-Maria, Schnedl Wolfgang, Trattner Vanessa, Turnscheck Josef jun., Turnscheck Josef sen., Unterweger Fritz, Wallner Helen, Wager Kathrin, Weinhandl Manuela, Wiesenegger Ernst, Wiesenegger Herbert, Wiesenegger Stefan, Wiesengger Berthold.

Knappenkapelle Hohentauern

Obmann:
BAUER Reinhard

Kapellmeister:
SALFELLNER Josef

Jugendreferent:
HÖFLER Robert

Schriftführer:
MAYER Isabella

Kassier/Finanzreferent:
Ing. KENDLER Christian

1. Reihe vorne: Kandler Stefan, Bauer Manfred, Steindacher Gerald, Weinhappel Emil, Talhammer Mario; 2. Reihe Mitte: Obmann Bauer Reinhard, Bauer Angelika, Leitner Christiane, Jetz Marina, Leitner Mathias, Gruber Caroline, Jetz Günter, Kendler Verena, Gruber Josef, Stocker Bettina, Gruber Lisa, Simbürger Bernadette, Staubmann Julia, Kleemaier Christiane, Zandl Barbara, Mayer Isabella, Kendler Regina, Ernst Lisa, Kendler Christian, Gruber Heidi, Kapellmeister Salfellner Josef; 3. Reihe hinten: Gruber Hubert, Höfler Peter, Lanz Christoph, Höfler Robert, Kleemaier Michaela, Höfler Robert.

AMV Stadtkapelle Judenburg

Obmann:
WALCH Ortwin

Kapellmeister:
Mag. SCHNEIDER Gerlinde

Jugendreferent:
RIEGLER Christoph

Stabführer:
PÖTSCHGER Jörg

Schriftführer:
GRONALT Bernhard

Kassier/Finanzreferent:
DORNER Ernst

1. Reihe v.l.: Ing. Franz Pucher, Anna Luidold, Sabine Vallant, Mag. Tanja Klug, Andrea Beinschab, Lisa Perschler, Ehrenobfrau Mag. Ilse Reiter, Mag. Gerlinde Schneider, Ortwin Walch, Olivia Dietmaier, Karin Krenn, Julia Taferner, Theres Walch, Bianca Kogler, Ehrenstabführer Johann Krahberger; 2. Reihe v.l.: Karl Rummel, Anton Streibl, Andrea Kraxner, Wolfgang Reiter, Mario Tiefengruber, Heinz Kogler, Jörg Pötschger, Patrick Garber, Andreas Meßner, Andrea Grießner, Sylvia Pichlmair, Ernst Dorner, Alois Streibl, DI Dr. Fritz Koiner, Bernhard Gronalt, Musikoffizier Manfred Zipper; 3. Reihe v.l.: Edwin Schneider, Wolfgang Meßner, Mag. Tanja Weiwoda, Karl Burböck, Eva Steinwidder, Alexander Gronalt, Robert Rössler, Konstantin Kortschack, Christoph Riegler, DI Gernot Pacher, Stefan Riegler, Kurt Reiter, Alexander Temmel, Rita Wolf, Gabriel Cresnar, Christoph Veit, Herbert Hansmann, Josef Walch, Max Haslebner.

Musikverein St. Oswald-Möderbrugg

Obmann:
PÖLLINGER Johann

Kapellmeister:
TIEFENGRUBER Alois jun.

Jugendreferent:
EISMANN Anita

Stabführer:
PÖLLINGER Thomas

Schriftführer:
UNTERWEGER Maria

EDV-Referent:
UNTERWEGER Christian

Kassier/Finanzreferent:
STROHMEIER Josef

Aktive Musiker: Bernsteiner Christof, Bernsteiner Franz, Bernsteiner Stefan, Eismann Anita, Felber Josef, Felber Oswald, Forcher Armin, Fratzl Martin, Fratzl Thomas, Hasler Marianne, Hochfellner Michael, Hubmann Katja, Hubmann Marlies, Hubmann Melanie, Hubmann Vera, Kandler Hubert, Karner Daniela, Karner Georg, Karner Konrad, Kogler Dominik, Kogler Roland, Kreuzer Martin, Meier Herbert, Nestelbacher Bernhard (Gastmusiker), Nestelbacher Sabine (Gastmusikerin), Öffel Hannes, Öffel Jürgen, Pfandl Verena, Poier Christina, Pöllinger Johann, Pöllinger Thomas, Rumpold Johanna, Scherkl Johann, Semlitsch Wolfgang, Spiegel Eva, Spiegel Georg, Spiegel Josef, Steiner Josef, Steinwider Arnold, Strohmeier Andreas, Strohmeier Josef, Tiefengruber Alois jun., Tiefengruber Alois sen., Tiefengruber Carina, Tiefengruber Harald, Tiefengruber Magdalena, Tiefengruber Stefan, Tiefengruber Wolfgang, Unterweger Alois, Unterweger Christian, Unterweger Maria, Waldhuber Markus.

Musikverein Obdach

Obmann:
STRUBER Josef

Kapellmeister:
STEINKELLNER Peter

Jugendreferent:
LANGTHALER Horst

Stabführer:
STEINKELLNER Christian

Schriftführer:
SCHRUNNER Eva

EDV-Referent:
STEINKELLNER Peter

Kassier/Finanzreferent:
SCHÖNHART Johann

Am Boden sitzend von links: Struber Sebastian, Sattler Vinzenz, Schrunner Benjamin, Zechner Peter; sitzend von links: Kern Kerstin, Götschl Gudrun, Rieger Sonja, Rieger Hemma, Schrunner Eva, Ableitner Erich, Struber Josef, Steinkellner Peter, Grillitsch Elke, Papst Ulrike, Langthaler Eva, Pirker Katrin, Leitner Gabi; 1. Reihe stehend von links: Sattler Nicole, Kaltenegger Eligius, Reiter Gerald, Walch Peter, Scherngell Gabriele, Pirker Kerstin, Zamberger Daniela, Steinkellner Christian, Pirker Heidemarie, Moitzi Jasmin, Mostögl Sarah, Fasch Daniela, Grillitsch Josef, Steinkellner Inga; 2. Reihe stehend von links: Gsodam Erwin, Fössl Josef, Haag Helmut, Schönhart Johann, Grillitsch Manfred, Gsodam Hannes, Fasch Josef, Berlinger Wolfgang, Fasch Martin, Schopf Andreas, Rieger Paul, Raffler Lukas; 3. Reihe stehend von links: Peinhopf Ewald, Schaffer Franz, Sattler Johann, Langthaler Markus, Scherngell Christian, Kaltenegger Peter, Langthaler Horst, Perner Christian, Walch Johann, Moser Heinrich. Auf dem Foto fehlen: Fasch Kurt, Götschl Christina, Leitner Manuela, Leitner Stefan, Rieger Anita, Steinkellner Klaus, Steinkellner Thomas. (Foto vom 4. September 2009)

Musikverein Knappenkapelle Oberzeiring

Obmann:
KREUTER Gerhard

Kapellmeister:
DÖRFLINGER Ewald

Jugendreferent:
DÖRFLINGER Manuel

Stabführer:
ANGERINGER Josef

Schriftführer:
GRUBER Theresa

EDV-Referent:
NEUPER Markus

Kassier/Finanzreferent:
HASLER Erhard

Ägidius Angeringer, Josef Angeringer, Ewald Dörflinger, Josef Dörflinger, Manuel Dörflinger, Wernfried Dörflinger, Mag. Birgit Enzinger, Eva Fruhmann, Hannes Fruhmann, Katharina Fruhmann, Barbara Gruber, Theresa Gruber, Mag. (FH) Birgit Hasler, Erhard Hasler, Patrick Hasler, Gudrun Hirsch, Andreas Kainer, Christian Kainer, Fabian Karpf, Marianne Kobald, Prof. Mag. Helmut Koini, Anna Ramona Köck, Gerhard Kreuter, Gottfried Kreuzer, Markus Kreuzer, Melanie Kreuzer, Peter Kreuzer, Mag. Hugo Mali, Klemens Maurer, Christian Neuper, Christoph Neuper, Julia Neuper, Markus Neuper, Thomas Neuper, Dipl.-Ing. Gernot Pirker, Eva-Maria Schaffer, Rudolf Schaffer, Franz Schaumberger, Mag. Günter Schaumberger, Mag. Thomas Schaumberger, Christina Steinberger, Gernot Steiner, Johann Steiner, Josef Steiner, Martin Steiner, Waltraud Steiner, Friedrich Stuhlpfarrer, Marco Stuhlpfarrer.

Werkskapelle Zellstoff Pöls AG

Obmann:
DI (FH) LEITNER Ernst

Kapellmeister:
POIER Markus

Jugendreferent:
RICHTER Hans

Stabführer:
DI (FH) LEITNER Ernst

Schriftführer:
HASLER Edith

EDV-Referent:
HASLWANTER Philipp

Kassier/Finanzreferent:
HASLER Franz

Ebner Jessica, Ebner Tanja, Edler Carina, Enzinger Melanie, Ertl Susanna, Gangl Rosmarie, Gangl Stefan, Gschaider Alfred, Haberl Christian, DI Haberl Joachim, Haingartner Hubert, Haingartner Natalie, Hartleb Lucas, Hasler Edith, Hasler Franz, Hasler Franz-Peter, Haslwanter Philipp, Hochsteiner Eva, Höflechner Helmut, Kaiser Verena, Kogler Günther, Kogler Simone, Kogler Thomas, Kraner Kerstin, DI (FH) Leitner Ernst, Maier Sabine, Miesbacher Lisa, Miesbacher Martina, Miesbacher Michael, Miesbacher Stefanie, Peinhopf Georg, Peinhopf Renate, Peinhopf Thomas, Pirker Lisa, Poier Gerald, Poier Markus, Dr. Rappitsch Daniela, Rappitsch Elisabeth, Rappitsch Gerhard jun., Rappitsch Gerhard sen., Rappitsch Markus, Rappitsch Michael, Reicher Gregor, Reicher Lisa, Richter Hans, Rieger Franz, Rieger Hubert, Roth Hagen, DI (FH) Rottensteiner Uwe, Sattler Franz, Schneidl Sandra, Seidlinger Michaela, Simbürger Erich, Simbürger Rene, Steiner Josef, Sudi Florian, Trippl Heimo, Tschreppl Viktoria, Uhl Barbara, Wachter Sylvio, DI Zuber Michael.

Musikverein Pusterwald

Obmann:
Oberamtsrat KOGLER Klement

Kapellmeister:
KREßNIG Martin

Jugendreferent:
POIER Elisabeth

Stabführer:
PEINHAUPT Johann

Schriftführer:
KOINI Johann

EDV-Referent:
KOINI Johann

Kassier/Finanzreferent:
POIER Peter

Aktive Musikmitglieder 2009: Gruber David (Schlagzeug), Gruber Dominik (Klarinette), Gruber Helmut (Klarinette), Gugganig Manfred (Flügelhorn), Horn Willi (Trompete), Kogler Birgit (Querflöte), Kogler Bruno (Klarinette), Kogler Christian (Horn), Kogler David (Bariton), Kogler Günter (Flügelhorn), Kogler Heinrich (Es Trompete), Kogler Kerstin (Querflöte), Kogler Kevin (Trompete), Kogler Klement (Klarinette), Kogler Raphael (Klarinette), Kogler Sabine (Schlagzeug), Kogler Stefan (Klarinette), Kogler Thomas (Pöls) (Posaune), Koini Albin (B-Bass), Koini Anneliese (Querflöte), Koini Christoph (Horn), Koini Johann (Es-Klarinette), Koini Lukas (Klarinette), Koini Richard (Klarinette), Kreßnig Gerlinde (Querflöte), Kreßnig Martin (Klarinette, Altsaxophon), Kreßnig Raimund (Flügelhorn, Tenorhorn), Liebminger Iris (Querflöte, Piccolo), Mitterbacher Hansi (Tenorhorn), Mitterbacher Kathrin (Horn), Mitterbacher Walter (Es-Trompete), Peinhaupt André (Bariton), Peinhaupt Johann (Klarinette), Poier Alois (Es-Trompete), Poier Angelika (Querflöte, Tenorsaxophon), Poier Bernhard (Gr. Trommel), Poier Elisabeth (Trompete), Poier Franz (F-Bass), Poier Hubert (B-Bass), Poier Karl (Posaune), Poier Manfred (Tenorhorn), Poier Markus (vlg. Tatscher) (Schlagzeug, Becken), Poier Markus (Pöls) (Trompete), Poier Martin (Tenorhorn), Poier Maximilian (Alt Saxophon), Poier Melissa (Horn), Poier Natascha (Querflöte, Altsaxophon), Poier Peter (vlg. Eiwegger) (Flügelhorn), Poier Petra (Querflöte, Altsaxophon), Poier Rene (Bariton), Poier Thomas (Schlagzeug), Rössl Hans-Peter (Horn), Semlitsch Markus (Flügelhorn), Strahlhofer Christopher (Trompete).

Musikverein Rothenthurm- St. Peter ob Judenburg

Obmann: HASLER Hubert
Kapellmeister: GOLLNER Andreas
Jugendreferent: SATTLER Franz
Stabführer: LIEBMINGER Reinfried
Schriftführer: GOLLNER Sandra
EDV-Referent: GOLLNER Sandra
Kassier/Finanzreferent: GOLLNER Martin

Schlagzeug: Reiter Peter, Bischof Siegfried, Obmann Hasler Hubert, Bischof Andreas, Kropf Stefan; Saxophon: Gollner Martin, Taucher Thomas, Gollner Gerfried; Klarinette: Reiter Sebastian, Rainer Stefanie, Kogler Julia, Zugger Petra, Honis Elisabeth, Reiter Marlene, Reiter Cornelia; Trompete: Kpm. Gollner Andreas, Strasser Michael, Kropf Martina, Bischof Stefan; Querflöte: Mag. Kropf-Tatschl Sonja, Bischof Gabriele, Schaffer Sabrina, MMag. Reiter Petra, Zechner Waltraud, Gollner Sandra; Tenorhorn bzw. Bariton: Reiter Edwin, Reiter Thomas, Sattler Franz, Zechner Adolf jun., Zechner Adolf sen., Zechner Helmut, Sattler Clemens, Sattler Johannes; Horn: Bischof Klaus, Auer Michaela, Bischof Monika, Sattler Claudia, Gruber-Veit Daniela, Klingsbigl Eveline; Flügelhorn: Ing. Stuhlpfarrer Peter, DI (FH) Kleinferchner Wolfgang, Gruber Michael, Reinfried Liebminger, Reiter Michael; Tuba: Auer Ewald, Reiter Anton, Rummel Karl; Posaune: Schaffer Arnold, Kleinferchner Helmut, Ing. Wilding Siegfried, Wilding Ernst.

Musikverein Scheiben – St. Georgen

Obmann: ZECHNER Heinrich
Kapellmeister: LEITNER Wilhelm
Jugendreferent: STEINWIDDER Monika
Schriftführer: Ing. IRREGGER Roland
EDV-Referent: Ing. IRREGGER Roland
Kassier/Finanzreferent: Ing. REITER Gerald

Aktive Mitglieder (Stand 25.1.2010): Cecon Hubert, Cecon Jürgen, Egger Christian, Egger Stefan, Forst Patrick, Fritz Günter, Irregger Roland, Köck Klaus, Kollenz Günter, Leitner Matthias, Leitner Michaela, Leitner Sabine, Leitner Thomas, Leitner Wilhelm, Leitner Wolfgang, Neuper Barbara, Neuper Christiane, Neuper Franz, Pfeifenberger Manfred, Prodinger Nicole, Reiter Bernhard, Reiter Gerald, Steiner Hans, Steinwdder Katharina, Steinwidder Erika, Steinwidder Monika, Steinwider Christine, Steinwider Irmgard, Steinwider Ulrich, Vasold Laura, Wieser Ernst, Wieser Markus, Wieser Reinhard, Zechner Brigitta, Zechner Georg, Zechner Heinrich.

Musikverein St. Johann am Tauern

Obmann:
GRUBER Franz

Kapellmeister:
HÖFLECHNER Helmut

Jugendreferent:
EBERDORFER Wolfgang

Stabführer:
NESTELBACHER Bernhard jun.

Schriftführer:
SCHINTELBACHER Manuela

EDV-Referent:
SCHINTELBACHER Manuela

Kassier/Finanzreferent:
PRUGGER Michael

Höflechner Helmut, Gruber Franz, Hubmann Julia, Ofner Laura, Rohrer Katrin, Mag. Nestelbacher Sabine, Nestelbacher Bernhard jun., Schintelbacher Manuela, Ofner Fritz, Mag. (FH) Schöttel Eva-Maria, Hubmann Simone, ÖR Prugger Urban, Simbürger Hannes, Schöttl Daniel, Schwarz Markus, Gruber Gerhard, Leitner Herwig, Ofner Michael, Rohrer Daniel, Eberdorfer Wolfgang, Schöttel Werner, Schintelbacher Heidi, Nestelbacher Martin, Nestelbacher Bernhard sen., Schwarz Heinzi, Prugger Silvia, Prugger Michael, Poier David, Strahlhofer Margit, Karner Monika, Schwarz Monika.

Musikverein Weißkirchen

Obmann:
Bgm. PEER Ewald

Kapellmeister:
GRANGL Helmut

Jugendreferent:
MAGNES Monika

Stabführer:
Bgm. PEER Ewald

Schriftführer:
Ing. SEIDL Michael

EDV-Referent:
Ing. SEIDL Michael

Kassier/Finanzreferent:
Dir. WEITENTHALER Alois

Apfelknab Lisa, Bischof Helmut, Bischof Daniel, Bischof Sarah, Bojer Sebastian, Edlinger Guido, Eibensteiner Joachim, Mag. Freigassner Christina, Dipl.-Ing. Freigassner Maria, Frewein Margit, Frewein Johann, Frewein Birgit, Grangl Birgit, Grangl Silke, Grangl Manfred, Grangl Helmut, Grangl Kerstin, Gressl Georg, Ing. Großegger Michael, Grossegger Ingrid, Gruber Andreas, Guggi Franz, Hiebler Franz, Hiebler Helmut, Horn Wilfried, Irregger Maria, Kaltenegger Lucas, Klöckl Josef, Klöckl Marianne, Klöckl Michael, Klöckl Birgit, Klöckl Claudia, Klöckl Melanie, Klöckl Monika, Kobald Franz, Kohlhuber Andreas, Leitner Christine, Leitner Lukas, Liebminger Bernhard, Liebminger Peter, Liebminger Bettina, Liebminger Martina, Liebminger Andreas, Magnes Claudia, Magnes Birgit, Magnes Monika, Maurer Günther, Mostögl Julia, Peer Petra, Peer Bernd, Bgm. Peer Ewald, Peer Bettina, Peintner Claudia, Penasso Michael, Penasso Rosmarie, Pittini Cornelia, Rappitsch Gerhard, Reiter Daniel, Rieger Nicole, Rinder Sandra, Sattler Andrea, Sattler Roland, Sattler Engelbert, Sattler Viktoria, Schriefl Marie-Sophie, Ing. Seidl Michael, Staller Stefanie, Stani Stefan, Starchl Julia, Starchl Sandra, Steiner Lisa, Sterlinger Stefanie, Tockner Robert, Walch Nicole, Dir. Weitenthaler Alois, Weitenthaler Julia, Wilding Andreas, Zechner Franz, Zuber Bernhard, Zuber Angelika.

Werkskapelle Zeltweg

Obmann:
Dipl.-Ing. GACH Heinz

Kapellmeister:
BBakk. BAUER Herbert

Stabführer:
BBakk. BAUER Herbert

Schriftführer:
ZUBER Petra

EDV-Referent:
MAYER Stefan

Kassier/Finanzreferent:
MAYER Johann

Orchesterbesetzung am 9.11.2008: BBakk. Kapellmeister Herbert Bauer, Brigitte Stengg (Querflöte), Manuela Stocker (Querflöte), Manuela Tonder (Querflöte), Birgit Hansmann (Querflöte/Piccolo), Kerstin Kletzmayr (Querflöte), Doris Wilson (Querflöte), Bakk. Gertraud Schaffer (Querflöte), Johanna Schaffer (Querflöte), Natalie Hartner (Querflöte), Lisa Stimpfl (Querflöte), Ramona Reigl (Querflöte), Sabine Krenker (Querflöte), Maria Feldbaumer (Oboe), Nicole Stock (Oboe), Mag. Barbara Gatschelhofer (Englischhorn/Oboe), Prof. Willibald Kremser (Fagott), Ulrike Würger (Es-Klarinette), Petra Zuber (Klarinette), Peter Kreutzer (Klarinette), Hubert Sittlinger (Klarinette), Sandra Scherz (Klarinette), Eveline Pfandl (Klarinette), Karin Nekola (Klarinette), Ewald Wilding (Klarinette), Bakk. Sandra Wegscheider (Klarinette), Ing. Michael Freigassner (Klarinette), Ines Breitfuß (Klarinette), Michaela Daum (Klarinette), Jens Eixelsberger (Altklarinette), Daniela Rohr (Bass Klarinette), Ulrich Hollerer (Altsaxophon), Karl Lindthaler (Altsaxophon), Ing. Markus Umundum (Tenorsaxophon), DI Thomas Groß (Baritonsaxophon), DI Wolfgang Öfner (Waldhorn), Rosemarie Bauer-Madl (Waldhorn), Carmen Bauer (Waldhorn), Mario Goel (Waldhorn), Christian Umundum (Waldhorn), DI LAbg. Heinz Gach (Obmann), Johann Mayer (Obmann-Stv.), Alois Leitner sen. (Flügelhorn), Hubert Kogler (Flügelhorn), Peter Rohr (Flügelhorn), Hannes Gruber (Flügelhorn), Stefan Stani (Tenorhorn), Andreas Kurz (Tenorhorn), Jürgen Hansmann (Tenorhorn), Thomas Stani (Bariton), Franz Stani (Bariton), Werner Hansmann (Trompete), Manfred Pölzl (Trompete), Claudia Edlinger (Trompete), DI Michael Zuber (Trompete), Christoph Hödelmoser (Trompete), Christoph Hollerer (Trompete), Walter Bauer (Basstrompete), Robert Bauer (Posaune), Christian Saringer (Posaune), Helmut Breitfuß (Posaune), DI Doris Reischenbacher (Posaune), Franz Lindthaler (Bass-Posaune), Herbert Pressler (Tuba), Stefan Hold (Tuba), Josef Lindner (Tuba), Karl Rummel (Tuba), Adolf Rieger (Tuba), Peter Kreuter (Kontrabass), Thomas Wilding (E-Bass), Roman Maierhofer (Pauke/Schlagzeug), Harald Rummel (Schlagzeug), DI Christian Gerer (Schlagzeug), Stefan Mayer (Schlagzeug), Dominik Preis (Schlagzeug), Daniel Obersberger (Schlagzeug/E-Gitarre), Alexander Dietmaier (Schlagzeug), Robert Weitenhüller (Schlagzeug), Daniel Hurdes (Schlagzeug), Marion Reichstaler (Schlagzeug), Michael Jurtin (Schlagzeug), Florian Regger (Schlagzeug), MA Alfred Adam (Klavier).

Trachtenmusikkapelle Reifling

Obmann:
ENZINGER Hans

Kapellmeister:
ENZINGER Hans

Jugendreferent:
TEMMEL Alexander

Stabführer:
ENZINGER Hans

Schriftführer:
FEIEL Verena

Kassier/Finanzreferent:
ENZINGER Johann

V.l.n.r.: Peter Amon, Labg. Gabi Kolar, Walter Petek, Daniela Enzinger, Max Haslebner, Obmann Hans Enzinger, Bgm. Karl Feiel, Verena Feiel, Franz Feiel, Mario Tiefengruber, Johann Enzinger, Labg. Dipl.-Ing. Heinz Gach, LO.-Stv. Alois Weitenthaler.
Obmann: Hans Enzinger, Kapellmeister: Hans Enzinger. Aktive Mitglieder: Franz Steinberger Robert Rößler, Uwe Mayer, Christoph Veit, Alexander Temmel, Melanie Enzinger, Bianca Kogler, Beate Pitscheneder, Johanna Langmann, Corina Zanger, Bianca Nestelbacher, Max Haslebner, Andreas Pilgram, Heimo Trippl, Gernot Mang, Florian Regger, Heinrich Kogler, Franz Sattler, Petra Peer, Josef Kleemaier, Peter Ebner, Mathias Münzer, Mario Tiefengruber, Verena Feiel, Angelika Hofer, Norbert Mang, Peter Reiter, Domenik Kainzinger, Johann Gross, Jörg Huber.

Musikbezirk Knittelfeld

Der Bezirksvorstand Knittelfeld vom 7. März 2010:
3. Reihe von links nach rechts: Bez.-Kpm.-Stv. Ferdinand Hirn, Bez.-EDV-Ref. und Schriftführer-Stv. Christoph Seidl, Bez.-Stabführer-Stv. Leitold Franz; 2. Reihe von links nach rechts: Bürgermeister der Gemeinde Feistritz bei Knittelfeld Heinz Ring, Bez.-Fref. Wiry Brunno, Bez.-Fref.-Stv. Johann Hochfelner, Bez.-Schriftführer Philipp Winkler, Bez.-Obmann-Stv. Peter Horner, Bez.-Jugendreferent Wilfried Klade; 1. Reihe von links nach rechts: Bez.-Ehrenkapellmeister Maximilian Haubner, Landesobmann Horst Wiedenhofer, Bezirkshauptmann Werner Wurzbach, Bez.-Obmann Wolfgang Seidl, Bez.-Kapellmeister Klaus Mühlthaler, Bez.-Stabführer Josef Straßer.

Musikverein St. Lorenzen-Feistritz

Obmann:
SEIDL Wolfgang

Kapellmeister:
Ing. HIRN Ferdinand

Jugendreferent:
SATTLER Christian

Stabführer:
GAPPMAIER Bernhard

Schriftführer:
REITER Sylvia

EDV-Referent:
SEIDL Christoph

Kassier/Finanzreferent:
SCHERZ Günter

Schlagzeug: Unterweger Thomas, Platzer Manfred; Tuba: Hopf Albert, Scherz Günter; Posaune: Seidl Wolfgang (Obmann), Sundl Anton, Horn: Polding Günter; Trompete: Grill Franz, König Michaela, Maier Patrick, Gruber Manfred, Seidl Christoph; Bassflügelhorn: König Karl, Dietrich Michael, Hußauf Johann; Flügelhorn: Hochfellner Robert, Propst Gerald, König Doris, Koller Hermann; Klarinette: Sattler Christian, Reiter Harald, Puster Katrin, Schlacher Jürgen, Funkl Daniel, Gappmaier Bernhard (Stabführer); Flöte: Sattler Carina, Sattler Verena; Kapellmeister: Hirn Ferdinand; Marketenderinnen: Seidl Patricia, Reiter Silvia. (Musikerstand Oktober 2009)

Musikverein Gaal

Obmann:
DI KARGL Hubert

Kapellmeister:
Mag. MÜHLTHALER Klaus

Jugendreferent:
WACHTER Stefan

Jugendreferent:
WINKLER Verena

Stabführer:
WACHTER Andreas

Schriftführer:
Ing. WINKLER Philipp

Kassier/Finanzreferent:
KAISER Sandra

Musikverein Gaal im Jubiläumsjahr 2009: 1. Reihe (v.l.n.r.): Marketenderin Antonia Peissl, Marketenderin Ulrike Staudinger, Franz Mitteregger, Ehrenmitglied Hugo Wachter sen., Ehrenmitglied Anton Reumüller, Instrumentenpatin Veronika Mühlthaler, Instrumentenpatin Rosi Kargl, Obmann Dipl.-Ing. Hubert Kargl, Bgm. Ing. Harald Schlager, Kapellmeister Mag. Klaus Mühlthaler, Stabführer Andreas Wachter, Instrumentenpatin Margarethe Sonnleitner, Instrumentenpatin Margarethe Reumüller, Ehrenmitglied Heribert Esser, Leopold Staudinger, Ehrenobmann Vinzenz Kolland, Marketenderin Katharina Feldbaumer, Marketenderin Barbara Stocker; 2. Reihe: Otto Sorgmann, Landesobmann Mag. Wolfgang Findl, Alosia Lemberger, Robin Hauser, Tamara Prutti, Christinas Steiner, Anna Kargl, Agnes Kargl, Patrizia Schreibmayr, Eva-Maria Gruber, Sandra Schreibmayr, Elke Weinberger, Verena Winkler, Simone Wachter, Philipp Winkler, Max Reumüller, Andreas Reumüller; 3. Reihe: Gottfried Reumüller, Peter Kranz, Sarah Reumüller, Christina Stadie, Sarah Stocker, Viktoria Feldbaumer, Petra Hopf, Erwin Eberhard, Hubert Leitold sen., Burghard Prutti, Hubert Reumüller, Sarah Peinhopf, Julia Reumüller, Gerlinde Wachter; 4. Reihe: Peter Reumüller, Hugo Wachter jun., Sandra Kaiser, Bernhard Peinhopf, Erwin Miedl, Franz Reumüller, Hugo Wachter sen., Andreas Feldbaumer, Bernhard Ötschmaier, Stefan Wachter, Christian Wachter, Gerald Feldbaumer, Thomas Wachter.

Musikverein Kleinlobming

Obmann:
PFANDL Johann

Kapellmeister:
STRAßER Josef

Jugendreferent:
EBERHARD Karin

Schriftführer:
AHM Irene

EDV-Referent:
KARNER Daniel

Kassier/Finanzreferent:
ZUBER Stefan

Abraham Doris (Querflöte/Picco.), Abraham Wolfgang (Waldhorn), Ahm Irene (Altsax./Klarinette), Bachmann Peter (Schlagzeug), Birker Martin (Trompete), Brandl Josef jun. (Flügelhorn), Brandl Josef sen. (Schlagzeug), Brandl Peter (Tenorhorn), Eberhard Karin (Flügelhorn), Feldbaumer Maria (Querflöte/Oboe), Gruber Johanna (Flügelhorn), Gruber Peter (Tenorhorn), Gruber Marlies (Zugposaune), Haberleitner Fabian (Schlagzeug), Hatz Elisabeth (Klarinette), Jauk Günther (Klarinette), Jauk Johann (Klarinette), Jauk Maria (Querflöte/Picco.), Karner Daniel (Flügelhorn), Karner Herbert (Zugposaune), Karner Josef (Bass), Karner Stefan (Trompete), Koini Claudia (Klarinette), Kreuzer Kerstin (Klarinette), Kristandl Philipp (Klarinette), Leger Robert (Bariton), Leitner Julia (Flügelhorn), Mayerdorfer Christoph (Bass), Petz Julia (Flöte), Pfandl Johann (Bariton), Pfandl Wolfgang (Flügelhorn), Pichler Daniel (Klarinette), Pichler Klaus (Tenorsax./Klarinette), Radauer Christian (Altsax./Klarinette), Reissner Anton (Schlagzeug), Rössl Elisabeth (Flöte), Rössl Hans-Peter (Waldhorn), Schmid Thomas (Klarinette), Steinmetz Julia (Flöte), Steinwender Patrick (Bariton), Straßer Josef (Klarinette), Straßer Markus (Trompete/Schlagzeug), Temml Viktoria (Querflöte), Zuber Peter (Ventilposaune), Zuber Petra (Tenorsax./Klarinette), Zuber Stefan (Flügelhorn), Zwaz Christian (Trompete), Zwaz Claudia (Klarinette).

Eisenbahner Musikverein Knittelfeld

Präsident:
SCHAFARIK Siegfried

Obmann:
MEUSBURGER Josef

Kapellmeister:
Mag. PICHLER Bernd

Jugendreferent:
KOLLER Christine

Stabführer:
Ing. BACHMAYER Wolfgang

Schriftführer:
Dipl.-Ing. VOLLMANN Richard

EDV-Referent:
Ing. BACHMAYER Wolfgang

Kassier/Finanzreferent:
PUSTER Mario

Präsident: Siegfried Schafarik; Obmann: Josef Meusburger; Kpm: Mag. Bernd Pichler. Knapp Heinrich, Sonnleitner Elisabeth, Obm.-Stv.: Hübler Gudrun, Frank Andrea, Rabensteiner Sylvia, Musenbichler Nora, Staubmann Sabine, Koch Hermann, DI Vollmann Richard, Pichler Sandra, Koller Christine, Ing. Bachmayer Wolfgang, Jauk Johann, Steiner Karl, Buterin Andrea, Zippusch Nadine, Gjolaj Asi, Gjolaj Klara, Rabensteiner Stefanie, DI Egger Martin, Fössl Marco, Schreilechner Johanna, Kpm.-Stv. Weissensteiner Wolfgang, Kemetmüller Eva, Köck Rudolf, Puster Mario, Feichtinger Ernst, Moser Heinz, Berr Siegfried, Schachner Karl, Grasser Elke, Pichler Helmut, Illigasch Siegfried, Dietmaier Alois, Gugl Susanne, Klösch Alfred, Baumgartner Harald, Schreilechner Magdalena, Guggl Johann, Lanner Annemarie, Ing. Koban Erich, Koller Josef, DI Dr. Manfred Pölzl, Rader Ferdinand, Hartleb Manuel, Kohrgruber Patrick, Galla Heinrich, Kranz Alexandra, Stocker Martina, Pieber Birgit.

AMV Stadtkapelle Knittelfeld

Präsident:
GREGORITSCH Erich

Präsident:
BACHER Karl

Präsident:
SCHAFARIK Siegfried

Obmann:
Dr. PÖLZL Manfred

Kapellmeister:
KRANZ Heribert

Jugendreferent:
HAMMER Heinz

Stabführer:
HAMMER Heinz

Schriftführer:
KAMPER Lisbeth

Kassier/Finanzreferent:
STURM Wilfried

Carina Berner, Helmut Berner (Instrumenten-Wart), Andrea Burböck, Karl Burböck (Jugendkapellenleiter), Marina Coyle, Julia Esser, Michael Feldbaumer, August Fellner (Ehrenmitglied), Elke Fichtinger, Erich Gregoritsch (Präsident), Christian Gruber (Notenwart-Stv.), Alfred Grün, Nadja Gschaider, Erich Gschaider (Kontrolle), Corinna Gschaider, Werner Hammer, Heinz Hammer (Stabführer), Michael Hammer, Thomas Hammer (Stabführer-Stv.), Patricia Harter, Thomas Herzl, Barbara Herzl, Siegfried Illigasch, Birgit Kamper (Marketenderin), Lisbeth Kamper (Schriftführer), Wolfgang Kamper Obmann-Stv.), Thomas Kamper, Markus Kerschenbauer, Kerstin Kerschenbauer, Dipl.-Ing. Wilfried Klade, Josef Koller, Tanja Koller (Uniformenwart), Angelika Kysela, Marco Lämmerer (Notenwart), Sabrina Leitner, Tanja Leitner (Uniformenwart-Stv.), Katalin Mate (Marketenderin), Brigita Mate, Mario Mossauer, Kathrin Mossauer, Walter Mossauer, Karl Offenbacher, Verena Pichlmair, Martin Plank, Dr. Manfred Pölzl (Obmann), Mario Puster, Bruno Regittnig (Ehrenmitglied), Siegfried Schafarik (Präsident), Günter Scherz, Gottfried Schlick (Allrounder), JürgenSchmidt, Daniela Schrotter (Schriftführer-Stv.), Martina Schuster, Thomas Steiger, DI (FH) Wolfgang Stocksreiter, Wilfried Sturm (Kassier), Heliodor Sucher (Ehrenobmann), Patrick Sundl, Patrick Treml, Ing. Max Weissenbäck, Florian Winkler, Werner Winkler (Obmann-Stv.), Thomas Zwatz.

Musikverein Kobenz

Obmann:
HORNER Peter

Kapellmeister:
ZECHNER Helmut

Jugendreferent:
OFFENBACHER Michael

Jugendreferent:
PERI Monika

Stabführer:
LEITOLD Franz

Schriftführer:
HOLZER Martina

Kassier/Finanzreferent:
SCHREIMEIER Martin

Kassier/Finanzreferent:
SANDHACKER Michaela

1. Reihe (v.l.n.r.): Leopold Vollmann, Lisa Horner, Martina Holzer, Alexander Liebminger, Barbara Hölzl, Patrick Hammerl, Maria Kaltenegger, Saskia Zechner, Bettina Grangl, Elisabeth Schreimeier, Michaela Sandhacker, Martin Murgg, Gerlinde Hoffelner, Helmut Zechner (Kpm.); 2. Reihe: Peter Horner (Obmann), Andrea Schreimeier, Karl Steiner, Martin Traußnigg, Michael Offenbacher, Franz Kobald, Walter Persch, Stefan Offenbacher, Mag. Sonja Leitold, Mag. (FH) Marianne Peri; 3. Reihe: Ernst Feichtinger, Walter Schreimeier, Josef Murgg, Heinz Dornig, Josef Hoffelner, Rudolf Strasser, Klaus Liebminger, Thomas Hammerl, Christian Horner; 4. Reihe: Heinz Ring, DI Hannes Liebfahrt, Franz Hörbinger, Hannes Hochfellner, Daniel Ring, Bernhard Horner, Dr. DI Richard Weiß; 5. Reihe: Gerald Hammerl, Franz Leitold, Alfred Peri sen., Ing. Alfred Peri jun., Martin Schreimeier, Andreas Egger; nicht am Foto: Helmut Ambroschütz, Annemarie Lanner, Monika Peri, Julia Rohr, Ernst Stangl, Reinhard Strasser, Michael Hochfellner, Stefan Andraschko, Willi Neumann, Günter Rohr, DI (FH) Stefan Liebfahrt, Michael Rohr, Robert Hörbinger, Markus Persch, Ing. Manfred Rohr, Christine Hoffelner, Thomas Ring, Thomas Liebminger.

Musikverein Seckau

Obmann:
WIRY Bruno

Kapellmeister:
HAUBNER Maximilian

Jugendreferent:
FELDBAUMER Birgit

Stabführer:
SCHLAFFER Franz

Schriftführer:
EHGARTNER Katrin

EDV-Referent:
KLEEMAIER Robert

Kassier/Finanzreferent:
KLEEMAIER Robert

Besetzungsliste 29.10.2009: Kapellmeister: Haubner Maximilian; Stabführer: Schlaffer Franz; Marketenderinnen: Wiry Katrin, Offenbacher Beate; Flöte/Piccolo: Ehgartner Katrin, Feldbaumer Birgit, Feldbaumer Tanja, Jud Barbara, Jud Daniela, Offenbacher Daniela, Pojer Katharina, Stocker Lisa; Klarinette: Führer Barbara, Führer Karin, Lerchbacher Otto, Offenbacher Thomas, Scheurer Christian, Stocker Christina, Stocker Martin; Flügelhorn/Trompete: Ehgartner Hubert, Feldbaumer Michael, Feldbaumer Peter, Hübler Gernot, Kleemaier Werner, Offenbacher Karl, Schicho Markus, Schlaffer Claudia, Schlaffer Katrin, Stocker Christoph, Stocker Johann, Wiry Bruno; Horn: Friedl Andreas, Hübler Helmut, König Hannes; Posaune: Haubner Maximilian, Mitteregger Martin, Offenbacher Karl jun., Steiner Harald; Tenorhorn/Bariton: Gerold Julius, Gerold Julius, Kleemaier Robert, Mom Emanuel, Scheurer Michael, Schlaffer Franz; Bass: Gerold Michael, Haberleitner Günter, Hübler Lukas; Schlagzeug: Feldbaumer Birgit, Feldbaumer Günter, Reichmann Stefan, Schicho Paul, Wiry Stefan. Gesamtanzahl der Musiker: 52.

Marktmusikkapelle Spielberg

Präsident:
KRANZ Matthias

Obmann:
BAUMGARTNER Harald

Kapellmeister:
SCHEUCHER Gerhard

Jugendreferent:
STREIBL Günther

Jugendreferent:
KNOLL Christina

Stabführer:
PICHLMAIR Sylvia

Schriftführer:
PICHLMAIR Sylvia

EDV-Referent:
PICHMAIR Markus

Kassier/Finanzreferent:
STENGG Ewald

Anger Lukas, Baumgartner Hannes, Baumgartner Harald, Bischof Helmut, Feichtner Franz, Fürst Julian, Gruber Florian, Haubner Max, Hörtler Stefan, Horvath Birgit, Horvath Hellfried, Horvath Ursula, Kammersberger Lisa, Kirchmair Heinz, Knoll Christina, Köck Michaela, Kranz Matthias, Lackner Florian, Lackner Gerhard, Lackner Gerhard jun., Lackner Josefine, Lauter Harald, Lauter Robert, Matouschek Phillip, Perchtaler Claudia, Pichler Dominik, Pichlmair Sylvia, Puster Benedikt, Puster Lisa, Puster Markus, Rabensteiner Martin, Rinfoner Hans-Peter, Rinofner Claudia, Rinofner Renate, Rinofner Stefan, Scheucher Gerhard, Schindelbacher Kurt, Schmerleib Edith, Steinberger Eva, Steinberger Siegfried, Steiner Tobias, Stengg Ewald, Streibl Günther, Strohhäusl Andrea, Wagendorfer Gerhard.

Musikverein St. Marein bei Knittelfeld

Obmann:
HOCHFELNER Johann
Kapellmeister:
NEUMANN Floribert
Jugendreferent:
NEUMANN Floribert
Stabführer:
TRUMMER Harald
Schriftführer:
REIBENBACHER Christopher
Kassier/Finanzreferent:
MOSER Walter

1. Reihe v.l.: Trummer Anna, Strohhäusel Elisabeth, Kuhelnik Astrid, Quinz Elisabeth, Anja Reibenbacher, Seidl Regina, Schuschitz Romana, Stabf. Reibenbacher Christopher, Trummer Harald, Aschenbrenner Bruno, Saiger Johann, EhrenKpm. Endthaler Manfred, Marketenderin Sucher Birgit, Marketenderin Dorn Franziska; 2. Reihe v.l.: Güttl Rudolf, Dietrich Willi, Schweiger Melanie, Egger Benedikt, Mandl Stefanie, Kargl Franz, Meier Leopold, Obmann Hochfelner Johann, Mandl Hannes, stehend Kpm. Neumann Floribert; 3. Reihe v.l.: Dorn Maximilian, Schweiger Alfred, Moser Walter, Kuchler Christian, Pojer Andreas, Steffl Markus; nicht auf dem Bild sind folgende aktive Musiker: Dietrich Kurt, Frewein Harald, Frewein Jasmin, Güttl Matthias, Güttl Siegfried, Hammer Karl Heinz, Hussauf Stefan, Koller Josef, Kuhelnik Robert, Mossauer Walter, Mossauer Mario, Pickl Eva, Reibenbacher Josef, Reibenbacher Lisa, Saiger Harald.

Musikverein der Pfarrgemeinde St. Margarethen bei Knittelfeld

Obmann: HIRTLER Johann
Obmann: Mag. DEMMEL Christoph
Obmann (2.): DÜREGGER Sebastian
Obmann (2.): DIETMAIER Alois
Obmann (2.): DIEWALD Herbert
Kapellmeister:
Ing. GSTATTMANN Franz
Jugendreferent: WEIWODA Tanja
Stabführer: BOJER Josef
Schriftführer: Mag. GRILLITSCH Eva
Schriftführer: WAGNER Tanja
EDV-Referent: DIEWALD Herbert
Kassier/Finanzreferent:
Ing. LIENZER Andreas
Kassier/Finanzreferent:
KÖCKINGER Erwin

1. Reihe v.l.: Strohhäusl Christoph (Schlagzeug), Weitenthaler Gabriel (Schlagzeug), Meusburger Andrea (Marketenderin), Kohl Margit (Klarinette), Mag. Grillitsch Eva (Saxofon), Wagner Tanja (Saxofon), Kohl Katrin (Querflöte), Kahlbacher Anneliese (Querflöte), Gstattmann Maria (Piccolo), Kokalj Petra (Querflöte), Kothmüller Sandra (Querflöte), Pichler Sabine (Oboe) Mag. Weiwoda Tanja (Horn), Steiner Sophie (Horn), Stabler Magdalena (Marketenderin), Bojer Josef (Stabführer); 2. Reihe v.l.: Stabler Thomas (Schlagzeug), Pichler Manuel (Schlagzeug), Maitz Kurt (Schlagzeug), EO Gstattmann Franz (Schlagzeug), Obermeier Philipp (Saxofon), Wagner Thomas (Klarinette), Gstattmann Martin (Klarinette) Gstattmann Stefan (Klarinette) Streibl Robert (Klarinette) Pschenitschnigg Alice (Horn) Diewald Herbert (Klarinette), Stabler Kurt (Posaune), Köckinger Erwin (Posaune), Ing. Lienzer Reinfried (Posaune), Klösch Alfred (Posaune); 3. Reihe v.l.: Ing. Lienzer Andreas (Tenorhorn), Puster Mario (Tenorhorn), Eberhardt Anton (Tenorhorn), EKpm. Dietmaier Karl (Bariton), EKpm. Demmel Johann (Bariton) Pöchtrager Harald (Flügelhorn), Mag. Demmel Christoph (Flügelhorn), Simbürger Maximilian (Flügelhorn), Kpm. Ing. Gstattmann Franz (Flügelhorn), Gstattmann Michael (Flügelhorn), Veit Gernot (Horn), Reumüller Walter (Horn), Reumüller Martin (Horn); 4. Reihe v.l.: Ötschmaier Josef (Tuba), Ing. Wölfler Franz (Tuba), Brantner Heinz (Tuba), Puster Dominik (Tuba), Frewein August (Tuba), MDir. Mag. Schreibmaier Peter (Trompete), Hyden Peter (Trompete), Bojer Roland (Trompete), Dietmaier Alois (Trompete), Kohl Thomas (Trompete), Weissensteiner Wolfgang (Trompete). (Foto vom 6.4.2008)

Musikbezirk Leibnitz[480]

Sitzend von links: Franz Steiner (Bezirksstabführer), Dr. Manfred Rechberger (Bez.-Kpm.), Mag. Nadja Sabathi (Bez.-Jugendreferentin), Sepp Höflechner (Präsident), Raphaela Kraml (Jugendbeirätin), Albin Prinz (Bezirksobmann), Katrin Kieslinger (Jugenbeirätin), Alfred Langbauer (Bez.-Obmann-Stv.); stehend von links: Werner Scheucher (Bez.-Kpm.-Stv.), Dr. Markus Stiegler (Bez.-Finanzref.-Stv.), Franz Koinegg (Bez.-Kpm.-Stv.), Ing. Heinz Eisler (Bez.-Obmann-Stv.), Dr. Josef Altenburger (Rechtsreferent), Gorg Frühwirth (Finanzreferent), Gerald Hofer (Bez.-Stabf.-Stv.), Josef Fauland (Ehrenmitglied), Harald Lax (Bez.-Schriftführer), Herbert Ploder (Bez.-EDV-Referent), Helga Prettner (Bez.-EDV-Referent-Stv.).

---

480 Josef Ferk, Geschichte und Entwicklung des Blasmusikwesens im Bezirk Leibnitz. 50 Jahre Bezirksleitung Leibnitz des Steirischen Blasmusikverbandes, Mag.-Diplomarbeit KUG, Institut für Musikethnologie 2002, gedruckt Leibnitz 2003.

Ortsmusikkapelle Allerheiligen bei Wildon

Präsident:
FEDL Ernest

Obmann:
RÖSSLER Norbert

Kapellmeister:
MONSBERGER Konrad

Jugendreferent:
SCHWEINZGER Elisabeth

Stabführer:
SAMPL Johann

Schriftführer:
HOLZMANN Hannes

EDV-Referent:
Ing. GASPARITZ Hubert

Kassier/Finanzreferent:
Ing. GASPARITZ Hubert

Blazek Tamara (Flöte), Fedl Erich (Saxofon), Fedl Ernest (Horn), Fedl Franziska (Flöte), Fedl Markus (Schlagzeug), Frühwirth Georg (Klarinette), Gasparitz Hubert (Tuba), Gasparitz Jürgen Trompete), Geberle Angela (Saxofon), Gollner Manfred (Klarinette), Greiner Detlev (Flügelhorn), Hohl Beate (Marketenderin), Holzmann Dominik (Trompete), Holzmann Hannes (Schlagzeug), Hutter Katrin (Klarinette), Koller Johann (Tuba), Kowald Maria (Marketenderin), Krenn Franz (Tenor), Krenn Viktoria (Klarinette), Kurzmann Maria (Flöte), Lukas Manfred (Tenor), Lukas Felix (Klarinette), Lukas Georg (Klarinette), Lukas Josef (Klarinette), Macher Günther (Tenor), Maiberg Hemma (Klarinette), Maitz Augustin (Tenor), Monsberger Eva (Flöte), Monsberger Gerhard (Horn), Monsberger Herbert (Posaune), Monsberger Konrad (Flügelhorn), Monsberger Marlis (Flügelhorn), Monsberger Hildegard (Klarinette), Music Petra (Flöte), Nöst Dominik (Schlagzeug), Obendrauf Christine (Flügelhorn), Obendrauf Daniela (Klarinette), Obendrauf Manfred (Flügelhorn), Obendrauf Stefan Schlagzeug), Rössler Norbert Trompete), Rupp Christina Flöte), Rupp Franz (Trompete), Rupp Katja Flöte), Sampl Johann Stabführer), Schmölzer Maria Saxofon), Schweinger Elisabeth (Klarinette), Sekli Karl (Schlagzeug), Sidak Julia (Klarinette), Steg Daniel (Tenor), Stradner Bernadette (Oboe), Stradner Eva (Posaune), Stradner Johanna (Horn), Stradner Monika (Klarinette), Walch Lena (Flöte), Wiedner Valentina (Flöte), Windisch Johann (Schlagzeug).

Marktmusikkapelle Arnfels

Obmann:
HARTINGER Johann

Kapellmeister:
KRIEBERNEGG Herbert

Jugendreferent:
HARTINGER Christoph

Stabführer:
HARTINGER Johann

Schriftführer:
STERNAT Irene

EDV-Referent:
HARTINGER Michael

Kassier/Finanzreferent:
STRAUSS Erich

1. Reihe (v.l.n.r.): Heibl Martina, Karner Silke, Bscheider Marianne, Mag. Hintergräber Ute, Lederhaas Simone, Kriebernegg Ulla, Kpm. Kriebernegg Herbert, Ehrenobmann Karner Gerhard, Obmann Hartinger Johann, Hall Simone, Hartinger Evelyn, Körbler Mirijam, Sternat Angelika, Heibl Stefanie; 2. Reihe: Hall Patrick, Laber Bernd, Heibl Sandra, Pappel Isabella, Zitz, Corinna, Tscharmanek Heidrun, Prasser Elisabeth, Sternat Irene, Lederhaas Rupert, Haindl Andreas, Haring Gabriel, Kriebernegg Micha, Hartinger Stefan; 3. Reihe: Racholz Johann, Hartinger Michael, Lederhaas Friedrich, Tschermanek Romy, Racholz Corinna, Sternat Lisa, Laber Elke, Schrotter Thomas, Sternat Herbert, Wiedner Michael, Lederhaas Christian; 4. Reihe: Strauß Erich, Peklar Alois, Lederhaas Günter, Zitz Walter, Krenn Anita, Pürstner Michael, Seyfried Bernd, Kriebernegg David, Skazedonig Johannes, Sternat Georg, Hartinger Christoph; 5. Reihe: Kremser Manuel, Stelzl Robert, Körbler Ernst, Thünauer Michael, Hartinger Wolfgang, DI Lederhaas Friedrich, Körbler Elke, Stelzl Mathias, Mayer Birgit.

Musikkapelle Gabersdorf

Obmann:
Dir. MAURER Josef

Kapellmeister:
HUSS Manfred

Jugendreferent:
GIGLER Martin

Stabführer:
HÖLLER Helmut

Schriftführer:
BAUER Heide

EDV-Referent:
BAUER Heide

Kassier/Finanzreferent:
GIGLER Manfred

Aktive Mitglieder, Stand 14.11.2009: Bauer Heide, Deutschmann Gregor, Deutschmann Werner, Feldbacher Hannes, Feldbacher Reinhard, Gigler Manfred, Gigler Martin, Gigler Stefanie, Gottlieb Reinhard, Gröbner Helmut, Gröbner Josef, Gröbner Harald, Hierzer Stefanie, Hirschmann Tina, Holler Anna, Holler August, Holler Erich, Höller Helmut, Holler Josef, Höller Karin, Holler Philipp, Hörhan Michael, Huß Antonia, Huß Manfred, Klapsch Angelika, Klein Daniel, Körbler Fritz, Krasser Katharina, Lang Franz, Lappi Walter, Lienhard Bettina, Maurer Josef, Payer Josef, Pongratz Hubert, Pongratz Martina, Potzinger Josef, Prangl Karl, Prugmaier Franz, Prugmaier Gerhard jun., Prugmaier Gerhard sen., Prugmaier Kerstin, Prugmaier Patrick, Rath Robert, Rojko Silvio, Schauer Ernst, Schauer René, Schauer Verena, Scheukl Jessica, Silly Christopher, Silly Franz, Weber Armin, Weber Karl, Weber Werner, Weißinger Johann, Luttenberger Kathrin (Marketenderin), Prugmaier Stefanie (Marketenderin).

Marktmusikkapelle Gamlitz

Ehrenpräsident:
KAPAUN Adolf

Obmann:
TRUMMER Franz

Organisationsreferent:
STEINER Franz

Kapellmeister:
KIRISCHITZ Joachim

Jugendreferent:
ZWEYTIK Manfred

Stabführer:
STEINER Franz

Schriftführer:
WALTL Roland

EDV-Referent:
TRUMMER Johann

EDV-Referent:
WALTL Roland

Kassier/Finanzreferent:
Ing. ZIRNGAST Martin

Bauer Martina, Cergun Christopher, Deutschmann Manfred, Dietrich Leopold, Ferk Herbert, Geißler Barbara, Gerdisnik Marcel, Glück Katharina, Gostencnik Julia, Grossmann Ramon, Held Mario, Hirschmugl Franz, Hrastnik Andrea, Kapaun Adolf, Kaube Konrad, Ketschler Hannelore, Ketschler Rudolf, Kirischitz Joachim, Kniepeiss Franz, Kniepeiss Sieglinde, Loibner Thomas, Melcher Karl Michael, Menhart Erika, Musger Lisa Marie, Nellessen Nadja, Pacher Patrick, Pall Michael, Perner Gertraud, Robier Gerhard, Robier Günther, Sabathi Stefan, Sattler Alexander, Sattler Lukas, Schigan Thomas, Schirnik Christopher, Schirnik Florian, Schönwetter Nadja, Schwarze Jaqueline, Semlitsch Martin, Semlitsch Friedrich, Semlitsch Johannes, Skof Petra, Skrofitsch Manfred, Sorko Katharina, Steiner Franz, Steiner Michael, Steiner Helene, Trummer Franz, Trummer Johann, Trummer Christian, Trummer Elisabeth, Trunk Sarah, Tschernko Markus, Tschernko Karl, Waltl Sonja, Waltl Helmut, Waltl Roland, Zenz Petra, Zenz Helmut, Zirngast Martin, Zuser Hannes, Zweytik Manfred; Marketenderinnen: Ketschler Silvia, Kögl Martina, Neger Martina, Skoff Heike, Skoff Silvia.

Landesjugendkapelle Gleinstätten

Obmann:
MANDL August

Kapellmeister:
PÖLZL Alois

Jugendreferent:
PÖLZL Alois

Stabführer:
PÖLZL Alois

Schriftführer:
MANDL Werner

EDV-Referent:
MANDL Werner

Kassier/Finanzreferent:
MANDL August

Aktive Musiker: Brunner Eduard (Große Trommel), Brunner Siegfried (Flügelhorn, Trompete), Koppin Roland (Flügelhorn, Trompete), Mandl August (Tenorhorn), Mandl Helmut (Becken), Mandl Roswitha (Kleine Trommel), Mandl Werner (Bariton), Poscharnig Beatrice (Flügelhorn, Trompete), Pölzl Alois (Kapellmeister), Pölzl Christoph (Posaune), Pölzl Gottfried (Bass), Pölzl Martin (Flügelhorn), Zwetti Gottfried (Schlagzeug).

Musikverein Gralla

Obmann:
HARING Gerhard

Kapellmeister:
Mag. SCHOBER Franz

Jugendreferent:
Ing. KRIEGL Bernd

Stabführer:
KRIEGL Adolf

Schriftführer:
TAUCHER Erich

EDV-Referent:
GRITSCH Elmar

Kassier/Finanzreferent:
SPATH Johann

Brunner Horst (Obmann-Stv.), Brunner Julia, Draxler Franz, Draxler Stefan, Ebner Josef, Ebner Sabine, Ebner Karin (Marketenderin) Fabian Helga (Marketenderin), Galler Christian, Galler Herbert, Galler Sabine, Gödl Birgit, Gritsch Elmar (EDV-Referent), Gritsch Martin, Gritsch Udo, Gritsch Paul, Gudenus Nadja, Gudenus Romana, Haas Lukas, Haas Peter, Hammer Rupert, Haring Gerhard Obmann, Hatzl Laura, Hermann Claudia, Hermann Patrick, Holler Peter, Kreiger Christina, Kriegl Adolf (Stabführer), Ing. Kriegl Bernd Jugendreferent, Kröll Sabrina, Kumpitsch Helmut, Ladinig Christian, Mallaschitz Julian, Markoja Sara, Neugebauer Christian, Ornig Gerhard, Ornig Ingrid (Marketenderin), Ornig Johann, Mag. (FH) Ornig Sandra, Pirkwieser Sabine, Pischleritsch Mario, Pratter Christoph, Prattl Esther, Predota Marc, Prinz Albin, Dipl.-Ing. (FH) Pronegg Gerald (Kapellmeister-Stv.), Pucher Martina, Reiterer Tamara (Jugendbeirat), Schnabel Stefanie (Schriftführer-Stv.), Mag. Schober Franz (Kapellmeister), Semlitsch Robert, Spath Claudia, Spath Johann (Finanzreferent), Stangl Manuela, Strein Christina, Strein Lisa, Süssinger Willi, Süssinger Kerstin (Marketenderin), Taucher Erich (Schriftführer), Taucher Evelyn (Marketenderin), Taucher Markus, Tenoel Philipp, Wabnigg Alexander, Wabnigg Verena, Ing. Weihs Wolfgang, Weswaldi Andreas, Wiesner Saskia, Wruss Sabine (Finanzreferent-Stv.).

Marktmusikkapelle Großklein

Obmann:
STROHRIEGL Alois

Kapellmeister:
HAMMERL Thomas

Jugendreferent:
WANGG Rupert

Stabführer:
MASCHINEK Martin

Schriftführer:
ZIRNGAST Tatjana

EDV-Referent:
WANGG Rupert

Kassier/Finanzreferent:
PICHLER Josef

1. Reihe v.l.: Gollob Alexander, Baumann Franz, Pichler Sebastian, Strohriegl Melissa, Zirngast Tatjana, Gollob Anja, Stiegelbauer Petra, Stiegelbauer Christina, Keller Kerstin, Schwarzl Rudi, Schwarzl Martin, Schwarzl Thomas, Zirngast Simon; 2. Reihe v.l.: Maschinek Martin, Pölzl Harald, Pölzl Bernhard, Protenschlager Christian, Pölzl Johannes, Fagitsch Eduard, Heibl Leopold sen., Kpm. Hafner Franz, Obm. Strohriegl Alois, Gollob Franz, Zirngast Lukas, Imensek Franz, Zirngast Peter, Puschnigg Georg, Puschnigg Andreas, Töbich Franz, Wangg Rupert; nicht am Bild: Flucher Christina, Kpm. Hammerl Thomas, Heibl Barbara, Heibl Leopold jun., Imensek Stefan, Lindner Carina, Muster Tanja, Oswald Willibald, Pichler Josef, Prenner Theresa, Puschnigg Stefan, Resch Wolfgang, Schantl Verena, Schwarzl Andreas, Wrumec Sabine, Wrumec Hermann, Wrumec Stefan, Ziegler Viktoria, Zirngast Gerhard, Zitz Ines.

Marktmusik Heiligenkreuz am Waasen

Obmann:
ZACH Hansjörg

Kapellmeister:
WEINZERL Thomas

Jugendreferent:
WEINZERL Thomas

Stabführer:
ULZ Patrick

Schriftführer:
WALTERSDORFER Elisabeth

EDV-Referent:
Mag. WALTERSDORFER Hans

Kassier/Finanzreferent:
SCHAUER Günter

Marktmusik Heiligenkreuz am Waasen (2008); 1. Reihe (v.l.n.r.): Irmengard Putz, Sandra Hofer, Christina Putz, Annemarie Kalcher, Thomas Weinzerl (Kapellmeister), Elisabeth Waltersdorfer, Christina Hofer, Karin Hofer, Veronika Gsöll, Elisabeth Weinzerl; 2. Reihe (v.l.n.r.): Peter Weinzerl, Silvia Zach, Barbara Weinzerl, Elisa Pachernik, Nicole Schauer, Caroline Weinhandl, Sabrina Schauer, Elisabeth Krenn, Irmgard Kalcher, Bianca Hofer, Matthias Kurzmann, Stefan Weinzerl, Sabine Weinzerl, Hildegard Schauer, Eveline Krenn; 3. Reihe (v.l.n.r.): Anna Weinzerl, Michael Zach, Martina Melchart, Gerald Krenn, Harald Pichler, Markus Pechmann, Andreas Zenz, Stefan Schober, Jürgen Fröhlich, Stefan Sitzwohl, Martin Neuhold; 4. Reihe (v.l.n.r.): Martin Posch, Bernadette Gsöll, Nikolaus Waltersdorfer, Josef Weinzerl, Michael Weinzerl; 5. Reihe (v.l.n.r.): Oliver Milhalm, Thomas Gsöll, Johann Feirer; 6. Reihe (v.l.n.r.): Martin Krenn, Thomas Kalcher, Dominik Schauer, Leonhard Waltersdorfer; 7. Reihe (v.l.n.r.): Hansjörg Zach (Obmann), Patrick Ulz, Thomas Heigl, Andreas Pachernik; 8. Reihe (v.l.n.r.): Karl Weinzerl, Martin Eibler, Günter Schauer.

Musikverein Heimschuh

Obmann:
UEDL Johann Harald

Kapellmeister:
Mag. HARING Dieter

Jugendreferent:
KRAML-PRINZ Raphaela

Stabführer:
UEDL Johann Harald

Schriftführer:
UEDL Christiane

EDV-Referent:
MARCHEL Edith

Kassier/Finanzreferent:
UEDL David

Mitglieder: Präsident Gerhard Hartlieb (Mitte); Bürgermeister Siegfried Innerhofer (rechts außen); Auer Martina, Brodesser Karin, Mag. Haring Dieter, Held Markus, Held Stefan, Huss Manfred, Jauschnig Markus, Kainz Andrea, Kainz Florian, Kainz Franz, Kainz Franz Ekpm., Kainz Gerhard, Kainz Hannes, Kainz Sandra*, Körbler Valentina, Kraml-Prinz Raphaela*, Kos Kathrin*, Kriebernegg Michelle, Lackner Katrin, Leitgeb Anja, Leitgeb Carina, Marchel Albin, Marchel Edith, Matjas Kerstin*, Mlinaritsch Thomas, Neumann Claudia, Neumann Helmut, Neumann Karl, Nistl Carina, Nistl Julia*, Nussbaumer Achim*, Oswald Mathias, Pail Sandra*, Passath Sandra, Perstel Martin, Petschovnik Timea, Pongratz Patrick, Proneg Doris, Rauch Melanie, Ruprecht Günter*, Ruprecht Richard, Stiegler Elisabeth*, Stiegler Josef, Uedl Christiane, Uedl David, Uedl Johann Harald, Uedl Josef, Unger Melanie, Vollmann Barbara, Wiedner Kurt, Wiedner Michaela, Zöchinger Johann, Zweidick Christof, Zweidick Lisa. (mit * Gekennzeichnete sind nicht am Foto)

Musikverein Hengsberg

Obmann:
PAULITSCH Michael

Kapellmeister:
Mag. Dr. RECHBERGER Manfred

Jugendreferent:
KRENN Peter

Stabführer:
FRÖHLICH Josef

Schriftführer:
STROHRIEGL Veronika

EDV-Referent:
STROHRIEGL Veronika

Kassier/Finanzreferent:
WALTER Renate

Aldrian Birgit, Bäck Franz, Bäck Gerhard, Bakk. Bäck Stefan, Buchart Hubert, Erler Katrin, Florian Irene, Fröhlich Josef, Fröhlich Markus, Fröhlich Peter, Fuchs Werner, Glerton Viktoria, Gotthardt Johann, Grimmschlager Bianca, Haar Alfons, Haar Klaus, Haar Thomas, Haar Isabella, Klement Kerstin, Kölbl Johannes, Krenn Alois, Krenn Johanna, Krenn Josef, Krenn Paul, Krenn Peter, Krenn Siegfried, Lackner Katharina, Lienhart Karl, Ing. Mahler Maria, Ing. Mayer Johann, Muralter Julia, Muralter Maria, Paulitsch Michael, Paulitsch Wolfgang, Petrovic Annemarie, Rath Christian, Rechberger Robert, Mag. Dr. Rechberger Manfred, Schauer Karl, Schlager Irene, Strohriegl Veronika, Thomann Michael, DI Ulrich Sandra, DI Wallner Sylvia, Walter Renate, Walter Rudolf, Zink Christine, Zink Stefan.

Marktmusikkapelle Kaindorf an der Sulm

Obmann:
KIESLINGER Katrin

Organisationsreferent:
KURE Monika

Organisationsreferent:
WALITSCH René Josef

Kapellmeister:
Mag. SABATHI Nadja

Jugendreferent:
TIRAN Verena

Stabführer:
WALITSCH René Josef

Schriftführer:
KURE Monika

EDV-Referent:
SABATHI Florian

Kassier/Finanzreferent:
WALITSCH Carina

1. Reihe (jeweils v.l.n.r.): Martina Hammer, Martina Halpfer, Franz Harkam, Alfred Weiland, Renè Walitsch, Wilhelm Sabathi, Helmut Kure, Gerlinde Eberhaut, Barbara Gritsch;
2. Reihe: Klaudia Weiland, Katrin Kieslinger, Thomas Sabathi, Nadja Sabathi, Renate Sabathi, Eva Sauer; 3. Reihe: Christian Donik, Robert Eiletz, Erwin Sabathi, Michael Halpfer, Christina Stelzl, Alexander Garber, Monika Kure; 4. Reihe: Werner Halpfer, Richard Kindermann, Sabine Muster, Renè Muster, Kurt Garber, Kathrin Liebergesell, Roman Rauter;
5. Reihe: Sandra Lambauer, Carina Zettl, Sabrina Skrinjer, Elisabeth Hirschböck, Katharina Rechberger; 6. Reihe: Birgit Harkam, Carina Walitsch, Stefan Riedl, Theresa Hirschböck, Manuela Roßmann, Caroline Sunko, Andreas Kapaun; 7. Reihe: Florian Sabathi, Dominik Wöginger, Norbert Hirschböck, Florian Roßmann.

Musikverein Kitzeck

Obmann:
LAMBAUER Georg

Kapellmeister:
STELZL Willibald

Jugendreferent:
KRAINER Viktoria

Stabführer:
ULBL Wilhelm

Schriftführer:
SCHNABEL Rudolf

EDV-Referent:
SCHNABEL Rudolf

Kassier/Finanzreferent:
BANFI Astrid

Banfi Astrid, Deutscher Hubert, Deutscher Christian, Dunst Julia, Haring Dieter, Hartinger Evelyn, Heritsch Alexandra, Heritsch Notburga, Herneth Christian, Kager Werner jun., Kager Werner sen., Krainer Viktoria, Lambauer Georg, Lambauer Christoph, Lambauer Mario, Malli Bernhard, Pail Peter, Pail Siegfried, Reiterer Kerstin, Riffel Sabine, Schauer Bernhard, Schnabel Siegfried, Schnabel Rudolf, Schrei Sandra, Schuster Daniela, Spanner Doris, Stelzer Kevin, Stelzer Tanja, Stelzer Cornelia, Stelzl Willibald, Temmel Hans Peter, Temmel Johann, Tschernegg Susanne, Ulbl Wilhelm, Ulbl Klaus, Vidmar Gernot, Wessely Chiara, Wessely Werner, Wessely Laura.

Musikverein Lang

Obmann:
MAIER Bernhard

Kapellmeister:
KRAMPL Manfred

Jugendreferent:
MARCHEL Sarah

Stabführer:
IRGANG Hannes

Schriftführer:
LENHARD Robert

EDV-Referent:
Ing. KNESS Hannes

Kassier/Finanzreferent:
ZÖHRER Josef

Mitgliederliste per 28.10.2009: Braunegger Thomas, Draxler Manfred, Geckl Walter, Gödl Konrad, Grössbauer Martin, Grössbauer Sabrina, Hörmann Karl, Irgang Hannes, Kandinger Erich, Kleibenzettel Andreas, Ing. Kness Hannes, Krampl Dominik, Krampl Elmar, Krampl Manfred, Kurzmann Johann, Langbauer Raphael, Lenhard Gerhard, Lenhard Robert, Lenhard Thomas, Mag. Lenhard Werner, Lenhard jun. Franz, Maier Bernhard, Marchel Sarah, Martschinko Robert, Ing. Petritsch Stefan, Poje Viktoria, Pöschl Nadja, Radl Franz, Reich Martin, Schöller Sandrina, Schweinzger Florian, Schweinzger Matthias, Stoisser Felix, Strasser Florian, Winter Karl, Winter Martin, Würfel Stefan, Zöhrer Josef, Zöhrer Markus, Zsilavecz Tobias, Zsilavecz Valentin.

Musikverein Trachtenkapelle Lebring – St. Margarethen

Obmann:
HASLINGER Günter

Kapellmeister:
Mag. NEUBAUER Daniel

Jugendreferent:
HIERZBERGER Tessa

Stabführer:
MÜLLER Katharina

Schriftführer:
WIDEGGER Katja

Kassier/Finanzreferent:
LODER Ernst

Mag. Neubauer Daniel (Kapellmeister, Stabführer-Stv.), Amreich Andreas (Schlagzeug, nicht im Bild), Bauer Christian (Schlagzeug), Baumhakel Günter (Trompete), Graupp Hannah (Querflöte, nicht im Bild), Gutjahr Ernst (Schlagzeug), Gutjahr Rudolf (Flügelhorn), Haslinger Günter (Horn), Heidinger Hannes (Trompete), Hierzberger Tessa (Es-Saxophon, Klarinette), Ing. Mag. (FH) Höller Thomas (Posaune, Tenor, Bariton), Hutter Harald (Klarinette), Hütter Daniela (Querflöte, nicht im Bild), Jagersbacher Philip (Flügelhorn), Kaufmann Johann (B-Tuba), Krenn Rainer (Posaune, nicht im Bild), Kurzmann Alois jun. (Flügelhorn), Kurzmann Alois sen. (Es-Saxophon), Loder Ernst (B-Tuba), Marchel Kevin (Trompete), Meier Franz (F-Tuba), Müller Bernhard (Tenorhorn), Müller Franz (Tenorhorn), Payerl Linda (Querflöte, Tenor-Saxophon), Posch Sarah (Querflöte, Piccolo, Es-Saxophon), Pronegg Gerhard (Tenor-Saxophon), Reiter Margret (Querflöte, Piccolo, Fagott), Ing. Sauseng Gebhard (Bariton), Sauseng Jakob (Schlagzeug), Sbaschnik Fabian (Schlagzeug), Ing. Schadler Herbert (F-Tuba), Schauer Josef (Trompete), Schuster Andre (Schlagzeug), Schuster Marcel (Bariton), Steiner Alice (Querflöte, Oboe), Steiner Franz jun. (Bariton), Steiner Franz sen. (Horn), Steiner Tina (Posaune), Steinkellner Markus (Posaune, Tenor, Bariton), Stoisser Erwin (Trompete, Flügelhorn), Stoppacher Thomas (Trompete), Strmschek Helmut (Flügelhorn), Stübler Jennifer (Querflöte, nicht im Bild), DI. Dr. Vogel Andreas (Klarinette), Vogel Anna Maria (Querflöte, nicht im Bild), Vogel Christina (Querflöte, nicht im Bild), Widegger Gerhard (Flügelhorn), Windisch Daniel (Klarinette, Tenor-Saxophon), Stabführerin: Müller Katharina, Ehrendamen: Bauer Anita, Mag. Höller Sabine, Mehlsack Eva-Maria, Schablas Sonja, Schauer Julia, Unger Reiter Johanna, Widegger Katja.

Stadtkapelle Leibnitz

Präsident:
KR GOGL Otto

Obmann:
ALDRIAN Heimo

Kapellmeister:
Mag. HOFER Mario

Jugendreferent:
EISLER Alois sen.

Stabführer:
ALDRIAN Jörg

Schriftführer:
Ing. Dipl.-Ing. (FH) EISLER Alois, Andreas

EDV-Referent:
Ing. Dipl.-Ing. (FH) EISLER Alois, Andreas

Kassier/Finanzreferent:
MARCHEL Harald

Aldrian Heimo, Aldrian Isabella, Aldrian Jörg, Brechlmacher Markus, Brodschneider Franz, Brodschneider Karl-Heinz, Brodschneider Simone, Eisler Alois sen., DI (FH) Eisler Alois Andreas, Ing. Eisler Heinz, Falkhofen Angelika, Falkhofen Sabrina, MDir. Mag. Ferk Josef MA, Friesenbichler Jürgen, Gert Silke, Handl Christoph, Mag. Hofer Mario, Mag. Holler Karl August, Holler Karl sen., Holler Max, Holler Stefan, Holler Verena, Ing. Holler Walter, Jaklitsch Herbert, Kindermann Richard, Körbler Adelheid, Lafer Franz, Lampel Josef, Lampel Josef jun., Leypold Christian, Leypold Mario, Marchel Harald, Mag. Marchel Herbert, Marchel Johann, Moritsch Alois, Moritsch Christian, Moritsch Martin, Muster Johann, Petrowitsch Lukas, Pirs Matthias, Ploder Andreas, Ploder Herbert, Ploder Magdalena, Ploder Sieglinde, Posch Lukas, Posch Markus, Posch Stefan, Schablas Petra, Schnedlitz Christian, Trobe Melanie, Ully Kathrin, Weber Ferdinand, Weber Frank Ferdinand, Weber Sonja, Mag. Weiland Heidi, Weiland Peter, Willinger Katrin, Willinger Verena.

Jugendblaskapelle Leibnitz

Präsident:
KR GOGL Otto

Obmann:
ALDRIAN Heimo

Obmann:
(2.) Mag. KOLLER Christine

Kapellmeister:
MDir. Mag. FERK Josef, MA

Jugendreferent:
WEBER Sonja

Stabführer:
ALDRIAN Jörg

Schriftführer:
Dipl.-Ing. WEBER Ferdinand

EDV-Referent:
Dipl.-Ing. WEBER Ferdinand

Kassier/Finanzreferent:
MARCHEL Harald

Aldrian Ines, Aldrian Julia, Brechelmacher Katrin, Brodschneider Lisa Marie, Dielacher Magdalena, Eisler Matthias, Ferk Florian, MDir. Mag. Ferk Josef MA, Forster Tobias, Greiner Paul Martin, Gross Sebastian, Gross Stefanie Maridel, Hafner Anne-Marie, Hartner Julian Bernd, Hauk Jürgen, Heiling Sabrina, Hernuss Julia, Hofmann Anna, Höller Andrea, Kortschak Bibiane, Krenn Patrick, Krobath Kevin, Leypold Christian, Leypold Mario, Luttenberger Lukas Dietmar, Nemeth Richard Emanuel, Petrowitsch Lukas, Posch Lukas, Posch Stefan, Riegelnegg Michaela, Mag. Sametz Christian, Tinnacher Katrin Susanne, Ully Kathrin, Wabnegg Rudolf Edelhard, Weber Armin Johannes, Weber Ferdinand, Weber Frank Ferdinand, Weber Sandra, Weber Sonja.

Musikverein Leutschach

Obmann:
HOLZER Rudolf

Kapellmeister:
GRILL Christoph

Jugendreferent:
KOPF Robert

Stabführer:
GRILL Franz

Schriftführer:
SKERGETH Corina

Kassier/Finanzreferent:
PRONEGG Alois

Abel Andreas (Schlagzeug), Baumann Wolfgang (Euphonium), Birnstingl Tobias (Saxophon), Brunner Siegfried (Flügelhorn 2), Divjak Rene (Tuba), Dreisiebner Lisa-Marie (Flöte), Dworschak Nicol (Marketenderin), Fellner Irmgard (Marketenderin), Germuth Marina (Flöte), Golja Stefan (Trompete), Goriup Andreas (Tuba), Grill Ewald (Tenorhorn), Grill Peter (Schlagzeug), Grill Franz (Tuba), Grill Peter jun. (Schlagzeug), Grill Christoph (Trompete), Grill Marisa (Marketenderin), Hack Markus (Schlagzeug), Hack Hermann (Schlagzeug), Heber Manuela (Flöte), Hude Martina (Klarinette), Knapp Bettina (Klarinette), Kopf Robert (Klarinette), Kozel Alexandra (Saxophon, Alt), Lieschnegg Christina (Flöte), Lux Stefan (Klarinette), Martinuzzi Larissa (Saxophon), Muster Alexander (Schlagzeug), Muster Heike (Saxophon), Muster Martina (Flöte), Oswald Daniel (Klarinette), Perner Christoph (Klarinette), Plasch Katharina (Flöte), Poscharnig Beatrice (Flügelhorn 1), Poscharnik Harald (Trompete), Postl Anna (Flöte), Postl Veronika (Marketenderin), Postl Karin (Marketenderin), Postl Carina (Marketenderin), Postl Gottfried (Tuba), Postl Georg (Flügelhorn 2), Postl Martin (Schlagzeug), Postl Ewald (Euphonium), Postl Florian (Euphonium), Postl Gernot (Trompete), Postl Roland (Saxophon, Tenor), Pronegg Elisabeth (Flöte), Pronegg Alois (Tenorhorn), Reiterer Anna (Klarinette), Schantl Alois (Posaune), Skergeth Corina (Oboe), Skergeth Thomas (Schlagzeug), Stelzl Peter (Trompete), Strohmeier Christine (Trompete), Tertinjek Johann (Trompete), Triebl Petra (Flügelhorn 1), Tscheppe Marlene (Flöte), Wabnigg Gerhard (Tenorhorn), Walcher Jürgen (Klarinette).

Trachtenkapelle Oberhaag

Obmann:
KRÖLL Josef

Kapellmeister:
RAUCHEGGER Winfried

Jugendreferent:
KRÖLL Birgit

Stabführer:
BGM HARING Ernst

Stabführer:
HAIBL Eduard jun.

Schriftführer:
KRÖLL Manuela

EDV-Referent:
BGM HARING Ernst

Kassier/Finanzreferent:
HAIBL Ulrike

Aktive Mitglieder: Altenbacher Maria, Buchleitner Bernd, Ferrari Frederika, BGM/a.D. Haibl Eduard, Haibl Ulrike, Haibl jun. Eduard, BGM Haring Ernst, Haring Florian, Haring Josef, Haring Katharina, Kaschmann Andreas, Knes Rudolf, Krajnikar Karl, Kranner Tina, Kröll Birgit, Kröll Christian, Kröll Josef (Obmann), Krottmaier Christina, Krottmaier Karl, Krottmaier Kathrin, Krottmaier Simone, Krottmaier Stefanie, Labanz Peter, Legat Manuel, Mandl August, Marx Erwin, Milhalm Andreas, Nauschnegg Daniel, Nauschnegg Hans-Peter, Oswald Reinhold, Pommer Eva, Poschauko Sandra, Rauchegger Winfried (Kapellmeister), Vzbgm. Krieger Martina, Rieger Veronika, Robier Hannes, DI (FH) Robier Thomas, Strohmaier Katharina, Strohmaier Werner, Temmel Franz, Temmel Franz sen., Temmel Matthias, Temmel Raimund, Wiedner Karl, Wiedner Tanja, Vzbgm. Zuschnegg Werner, Marketenderinnen: Grebien Martina, Kröll Manuela, Haibl Ingrid, Rauchegger Birgit.

Musikkapelle Pistorf

Obmann:
Dr. STIEGLER Markus

Kapellmeister:
Dr. STIEGLER Markus

Jugendreferent:
FRÜHWIRTH Sabrina

Stabführer:
FELBER Alfred

Schriftführer:
KIEFER Günter

EDV-Referent:
Dr. STIEGLER Markus

Letzte Reihe v.l.: Christian Wiedner, Willibald Dietrich, Gregor Ledam, Hubert Lercher, Roland Heinnrich, Oliver Schwarzl; vorletzte Reihe v.l.: Helmut Frühwirth, Karl Weiß, Josef Schimpel, Anton Ledam, Josef Stiegler, Josef Hambaumer, Günter Kiefer; drittletzte Reihe v.l.: Christine Frühwirth, Viktoria Weichsler, Kerstin Pölzl, Bianca Ledam, Gernot Olejnik, Tanja Koch, Christine Bscheider, Gertrude Ledam; viertletzte Reihe v.l.: Katherina Stiegler, Melanie Pölzl, Carina Mossier, Patrick Neuer, Joachim Wiedner, Sabrina Frühwirth, Tanja Güttinger, Barbara Paschek, Gerlinde Prasser, Kerstin Weichsler; stehend: links Bgm. Gottfried Schober (Gleinstätten), rechts Bgm. Franz Koller (Pistorf); stehend in Tracht von links: Christina Weiß, Alfred Felber, Rudolf Pölzl, Verena Weiß, Markus Stiegler; stehend in Weiß von links: Hotter Anja, Antonia Strohmeier, Gernot Kollmützer, Michaela Neukirchner, Baumann Corina, Schober, Wundara Dorit; sitzend in Weiß: Toson Peter, Oswald Michaela.

Trachtenmusikkapelle St. Andrä-Höch

Obmann:
ALDRIAN Florian

Kapellmeister:
HELLBERGER Felix

Jugendreferent:
HELLBERGER Daniel

Stabführer:
MILHALM Karl

Schriftführer:
MILHALM Andreas

EDV-Referent:
MILHALM Andreas

EDV-Referent:
SCHWARZL Markus

Kassier/Finanzreferent:
REITERER Gottfried jun.

Adam Anton, Adam Markus, Güttinger Peter, Hellberger Antonia, Hellberger Daniel, Hellberger Felix, Hellberger Franz, Hetzl Reinhard-Johann, Mandl Christian, Milhalm Alois, Milhalm Andreas, Milhalm Franz, Milhalm Karl, Milhalm Maria Elisabeth, Neuwirth Daniela, Neuwirth Martin, Oswald Friedrich, Oswald Hermine, Pauritsch Andreas, Prettler Anton, Quitt Michaela, Quitt Tanja, Raab Annemarie, Reiterer Carmen Christina, Reiterer Christoph, Reiterer Gerhard, Reiterer Gottfried jun., Reiterer Gottfried sen., Reiterer Günther, Reiterer Maria, Reiterer Simone Maria, Reiterer Sonja, Sabathi Tanja, Schwarzl Arnold, Temmel Gerald, Temmel Hubert, Zitz Karlheinz; Marketenderinnen: Schöninger Annemarie, Strohmaier Monika.

Musikkapelle der Pfarre St. Georgen a.d. Stiefing

Obmann:
ABSENGER Johann

Kapellmeister:
MMag. LACKNER Renè

Jugendreferent:
SEITLER Elisabeth

Stabführer:
KÖLLI Anton

Schriftführer:
KÖLLI Margit

EDV-Referent:
DI FELGITSCHER Robert

Kassier/Finanzreferent:
PRUTSCH Werner

Absenger Johann, Ambros Anita, Dobler Nicole, Felgitscher Franz, DI Felgitscher Robert, Felgitscher Yannick Alexander, Feyer Edith, Gumpl Martina, Gutmann Christian, Gutmann Claudia, Gutmann Johann, Hauser Franz, Hofstaetter Johann, Hofstaetter Richard, Hohl Armin, Kölli Anton, Kölli Margit, Kölli Mario, Kopp Christina Maria, Lackner Hannes, Mmag. Lackner René, Neubauer Christoph, Neubauer Karl, Neubauer Michael, Ing. Mag. Neubauer Wolfgang, Neuhold Katharina, Nickl Georg, Obendrauf Barbara, Obendrauf Christian, Obendrauf Georg, Obendrauf Theresa, Oswald Rene, Pfiffer Andrea, Pfiffer Erich, Pfiffer Johannes, Prutsch Werner, Rauch Anna-Maria, Rauch Rudolf, Rumpf Julia, Rumpler Josef, Sänger Herbert, Scherer Daniela, Scherer Paul, DI (FH) Scheucher Christian, Mag. (FH) Schmidt Viktoria, Schweigler Anton, Seitler Elisabeth, Spath Christoph, Spath Johanna, Spath Thomas, Stradner Rudolf, Strohmaier Hermann, Strohriegl Franz, Strohriegl Lena, Tatzl Romana, Unterreiner Josef, Urdl Katharina, Weitmann Tobias.

Musikverein St. Johann im Saggautal

Obmann:
KOINEGG Johann

Kapellmeister:
KOINEGG Franz

Jugendreferent:
PICHLER Christine

Stabführer:
NEUKAM Bruno

Schriftführer:
RIEGELNEGG Maria

EDV-Referent:
RIEGELNEGG Maria

Kassier/Finanzreferent:
SCHMIDT Roland

Albrecher Bettina, Bäck Tanja, Berghofer Michaela, Binder Birgit, Binder Martina, Cresnik Sonja, Eisenberger Ilse, Flucher Melanie, Gigerl Dominik, Guggi Ernst, Hall Corinna, Heidenkummer Christina, Jauk Christoph, Jauk Kerstin, Koinegg Christoph, Koinegg Franz, Koinegg Johann, Koinegg Lisa, Koinegg Marlene, Koinegg Martin, Koppin Sebastian, Kröll Julia, Kröll Martin, Kröll Stefan, Muchitsch Veronika, Müller Lorenzo, Müller Marius, Neukam Bruno, Neukam Dominik, Neukam Manfred, Neukam Werner, Pachernegg Yvonne, Peißer Verena, Pichler Christine, Planinschitsch Elke, Pronnegg Martin, Purkart Julian, Reiterer Agnes, Reiterer Daniela, Reiterer Sebastian, Resch Georg, Riegelnegg Astrid, Riegelnegg Stefanie, Riegelnegg Tamara, Rotschädl Herbert, Sallmann Ernst jun., Salzger Franz, Salzger Johannes, Schmiderer Walter, Schmidt Carina, Schmidt Roland, Schuster Gerhard, Stelzl Andreas, Stelzl Christopher, Stelzl Peter, Stelzl Thomas, Sternad Verena, Wechtitsch Sybille, Winkler Raffael, Zenz Franz, Zwetti Alexandra, Zwetti Andrea, Zwetti Katrin, Zwetti Thomas.

Ortsmusikkapelle St. Nikolai ob Draßling

Obmann:
KAUFMANN Kurt

Kapellmeister:
GUTTMANN Robert

Jugendreferent:
KAINZ-KAUFMANN Daniel

Stabführer:
GUTTMANN Robert

Schriftführer:
KAUFMANN Angelika

EDV-Referent:
KAUFMANN Angelika

Kassier/Finanzreferent:
RUPP Marlene

Dr. Altenburger Josef (Schlagzeug), Frieß Josef (Klarinette), Fuchs Karl (Schlagzeug), Geberle Angela (Saxophon), Geissler-Klöckl Elfriede (Flöte), Gritsch Mark (Tenorhorn), Gritsch Sarah (Flöte), Größ Alois (Tuba), Gründl Christina Flöte, Gutmann Josef (Bariton), Guttmann Anton (Posaune), Guttmann Robert (Trompete), Kainz-Kaufmann Anton (Flügelhorn), Kainz-Kaufmann Daniel (Flügelhorn), Kainz-Kaufmann Tanja (Flöte), Kaufmann Anton (Schlagzeug), Kaufmann Karl (Posaune), Kaufmann Kurt (Saxophon), Kurz Isabelle (Flöte), Kurz Karl (Posaune), Kurz Philip (Flügelhorn), Loigge Eva-Maria (Flöte), Neuhold Karl (Saxophon), Neuhold Rudolf (Trompete), Neuwirth Anton (Bariton), Neuwirth Janine (Flügelhorn), Neuwirth Klaudia (Horn), Neuwirth Rudolf (Flügelhorn), Pratter Manfred (Tenorhorn), Prisching Dietmar (Klarinette), Rauch Christine (Flöte), Rauch Helene (Schlagzeug), Rohrer Alois (Tuba), Rohrer Gertrude (Flügelhorn), Rohrer Jakob (Bariton), Rupp Franz (Saxophon), Rupp Gernot (Trompete), Rupp Marlene (Flöte), Simon Franz (Klarinette), Tropper Christopher (Tuba), Tropper Hermann (Trompete), Tropper Romana (Klarinette), Trummer Karl (Flügelhorn), Trummer Markus (Klarinette), Kaufmann Angelika (Marketenderin), Kaufmann Sonja (Marketenderin).

Musikverein St. Nikolai im Sausal

Obmann:
Ing. FÜRNSCHUSS Helmut

Kapellmeister:
Mag. GRASCH Johann

Jugendreferent:
PÜHRINGER Silvia

Stabführer:
STRAUß Herbert

Schriftführer:
JURAK Andreas

EDV-Referent:
JURAK Andreas

Kassier/Finanzreferent:
KRENN Claudia

Aldrian Josef, Arnfelser Franz, Braunegger Kurt, Dellemeschnigg Horst, Fröhlich Christina, Fröhlich Josef, Fürbass Alexander, Fürnschuss Bettina, Ing. Fürnschuss Helmut, Glauninger Cornelia, Grasch Johann, Mag. Grasch Johann, Dipl.Päd. Grasch Michaela, Grasch Willibald, Harkamp Joseph, Hartinger Josef, Heritsch Julian, Jurak Andreas, Jurak Stefan, Kada Patrizia (M), Kamper Karin (M), Ing. Kaiser Johann, Kappel Julia, Kappel Matthias, Krampl Christoph, Krenn Claudia, Langbauer Sandra, Lari Andrea, Lari Franz, Lari Franz sen., Lari Marianne (M), Lari Nicole, Leskosek Bernhard, Dipl.-Päd. Leskosek Robert, Lindner Karl, Löscher Martin, Neukirchner Gerhard, Prattes Raphael, Prattes Rebecca, Pühringer Silvia, Redolfi Gerhard, Redolfi Tanja, Resch Hermann, Riedl Bernadette, Schadler Günther, Schautzer Manfred, Skargeth Johann, Stoiser Michaela (M), Stoißer Gabriela, Strauß Christina, Strauß Herbert, Temmel Alfred, Temmel Dietmar, Temmel Sonja (M), Thier Josef, Wilfling Marcel, Wilhelm Patrick, Zweidick Engelbert (E).
(M) = Marketenderin, (E) = Ehrenkapellmeister.

Musikverein Spielfeld

Obmann:
GRATZ Josef

Kapellmeister:
FERK Josef

Jugendreferent:
SAUER Viktoria

Stabführer:
GRATZ Josef

Schriftführer:
OSIBOW Anna Maria

Kassier/Finanzreferent:
SEIDL Susanne

1. Reihe sitzend v.l.: Skrabel Jasmin (Klar.), Rosker Anita (Klar.), Sauer Victoria (Sax), Bresnig Dietmar (Pos., Tuba), Gratz Josef (Obm., Stabf., Tenor), Seidl Susanne (Kassier, Piccolo), Sauer Eva (Flöte), Puchmann Sarah (Flöte), Povoden Rebecca (Flöte); 2. Reihe stehend v.l.: Kaltner Otto (Schlagzeug), Puchmann Victoria (Schlagzeug), Legat Ramona (Flh.), Trummer Jürgen (Flh.), Fischer Klaus (Flh.), Jahrbacher Christian (Kpmstv., Flh.), Lang Afred (Trp.), Wurm Markus (Trp.), Pschait Melissa (Klar.), Kossar Slava (Trp.); 3. Reihe stehend v.l.: Gratz Martin (Tenor), Kugel Manfred (Bariton), Ferk Herbert (Bariton), Schweiger Markus (Horn), Strohmeier Liesa (Horn), Legat Madeleine (Horn), Wonisch Michael (Horn), Lucas Stefan (Horn); Letze Reihe stehend v.l.: Gratz Peter (Tuba), Rode Thomas (Tuba), Gratz Rainer (Tuba), Gratz Hannes (Pos.), Gratz Phillip (Pos.).

Marktmusikkapelle Straß

Obmann:
Obst HÖFLECHNER Reinhold

Geschäftsführender Obmann:
MARFJANA Michael

Organisationsreferent:
ZANGL Romana

Kapellmeister:
SCHEUCHER Werner

Jugendreferent:
MARFJANA Marion

Stabführer:
SIMMERL Dietmar

Schriftführer:
BEDIANITSCH Daniela

EDV-Referent:
SCHEUCHER Werner

Kassier/Finanzreferent:
ANGERBAUER Margit

Aktive Musikerinnen, Stand 1.11.2009: Anna-Maria Adam, Tamara Adam, Dominik Albrecher, Margit Angerbauer, Sarah Baierl, Daniela Bedianitsch, Hermann Bolha, Robert Giessauf, Laura Grafoner, Verena Grafoner, Rainer Gratz, Franz Gstarz, Lisa Höflechner, Reinhold Höflechner, Manuel Höflechner, Christian Jahrbacher, Doris Kahr, Nadine Kirischitz, Thomas Koller, Marion Marfjana, Michael Marfjana, Carina Masser, Marie-Therese Mörth, Maria Paulitsch, Monika Paulitsch, Robert Pelz, Alexandra Peternusch, Karl Peternusch, Sandra Peternusch, Christoph Preis, Eva Preis, Albin Prinz, Friedrich Ranegger, Jennifer Sauer, Boris Schaffer, Sabrina Schantl, Armin Scheucher, Birgit Scheucher, David Scheucher, Esther Scheucher, Irene Scheucher, Judith Scheucher, Wolfgang Scheucher, Nicola Schöffmann, Kerstin Skerget, Franz Smejkal, Walter Sternad, Walter Sternad jun., Christian Ulz, Peter Zangl, Harald Zenz; Obmann: Bgm. Reinhold Höflechner; Kapellmeister: Werner Scheucher; Stabführer: Dietmar Simmerl; Marketenderinnen: Sabine Kainz, Elisabeth Kirischitz, Silvia Matty, Romana Zangl.

Musikverein Tillmitsch

Obmann:
Dipl.-Ing. FH DIETRICH Christoph

Kapellmeister:
SIGL Franz jun.

Jugendreferent:
REITERER Michaela

Stabführer:
SIGL Franz jun.

Schriftführer:
REITERER Michaela

EDV-Referent:
Dipl.-Ing. MISCHINGER Gernot

Kassier/Finanzreferent:
TINKLER Eduard

Andrä Johann (Flügelhorn), Brandstätter Anna (Querflöte), Brotschneider Walter (Gr. Schlagzeug), Dipl.-Ing. Dietrich Christoph (Schlagzeug), Dingsleder Stefan (B-Trompete), Dingsleder Johann (Flügelhorn), Fröhlich-Hammer Anton (Flügelhorn), Fröhlich-Hammer Sabrina (Marketenderin), Germuth Sarah (Es-Klarinette), Gödl Josef (Es-Klarinette), Gritsch Maria (Marketenderin), Gritsch Wolfgang (Gr. Schlagzeug), Gritsch Gerhard (Schlagzeug Becken), Gritsch Alois (C-Tuba), Gritsch Christian (B-Klarinette), Gritsch Bernadette (Schlagzeug), Gürtl Gerald (Bariton), Gürtl Mario (B-Klarinette), Gürtl Richard (B-Tuba), Gürtl Dominik (Schlagzeug), Gürtl Arnold (B-Klarinetteass), Habit Annemarie (B-Klarinette), Koller Werner (Querflöte), Lambauer Katharina (Querflöte), Langbauer Alfred (B-Klarinette), Langbauer Claudia (B-Klarinette), Mischinger, Bsc Gernot (Flügelhorn), Mitteregger Nicole (Saxophon Alt), Mörth Franz (Ventilposaune), Mossier Christian (Ventilposaune), Payerl Hannes (B-Klarinette), Payerl Manfred (B-Trompete), Payerl Jürgen (Tuba F), Payerl Reinhard (Zugposaune), Prasser Thomas (B-Trompete), Rabensteiner Julia (Waldhorn F), Reisenhofer-Koller Ulrike (Querflöte), Reiter Philipp (Flügelhorn), Reiter Julia (Waldhorn F), Reiterer Michaela Saxophon (Tenor), Reiterer Stefan (Schlagzeug), Reiterer Andreas (Saxophon, Tenor), Reiterer Herbert (Ventilposaune), Satzer Anita (Querflöte), Schöggler Steven (B-Trompete), Schöggler Philipp (Schlagzeug), Sigl Franz jun. (Flügelhorn), Sigl Franz sen. (Flügelhorn), Sigl Mario (Bassflügelhorn), Smerecnig Christina (Querflöte), Tinkler Karin (Waldhorn F), Tinkler Eduard (B-Klarinette), Trabi Sarah (Saxophon Alt), Zettel Patrick (Zugposaune), Zettel Carmen (Saxophon Alt), Zettel Erwin (B-Trompete), Zettel Karl (Bassflügelhorn).

Erzherzog Johann Trachtenkapelle St. Veit am Vogau

Obmann:
KAUFMANN Walter

Kapellmeister:
RANEGGER Friedrich jun.

Jugendreferent:
TATZL Bettina

Stabführer:
SCHAUPERL Alexander

Schriftführer:
Ing. WOHLMUTTER Brigitte

EDV-Referent:
SCHWINGER Franz Josef

Kassier/Finanzreferent:
GRANDL Markus

1. Reihe v.l.n.r.: Hermine Suppan, Ingrid Kaufmann, Lisa Schwarz, Elisa Tuchscherer, Eva-Maria Fruhmann, Julia Hammer, Eva-Maria Moder, Lena Gollob, Anna Maria Hammer, Michelle Holler, Selina Pichler, Silvia Hammer, Ing. Brigitte Wohlmutter; 2. Reihe v.l.n.r.: Alexander Schauperl, Carina Jöbstl, Linda Ranegger, Tanja Spindler, Petra Prutsch, Eva Maria Lamprecht, Nina Schweinzger, Michaela Lorber, Katharina Kerngast, Friedrich Ranegger; 3. Reihe v.l.n.r.: Franz Schwinger, Christian Grandl, Melanie Suppan, Viktoria Radkohl, Julia Jagonak, Julia Dorner, Kerstin Ulz, Thomas Jagonak, Gertrude Radkohl; 4. Reihe v.l.n.r.: Othmar Brunner, Bernhard Rossmann, Markus Rossmann, Gerhard Neumeister, Dieter Pichler, Marion Schober, Christian Huss BA; 5. Reihe v.l.n.r.: Daniel Suppan, Adolf Kohlberger, Daniela Mühlbacher, Franz Schober, Markus Grandl; 6. Reihe v.l.n.r.: Thomas Fauland, Thomas Kainz, Karl Prutsch, Magdalena Ploder, Julia Schnabl, Bettina Tatzl; 7. Reihe v.l.n.r.: Walter Kaufmann, Roman Posch, August Suppan, Gerhard Gersin, Christopher Neumeister, Philipp Suppan, Max Ranegger.

Musikverein Marktkapelle Wildon

Obmann:
KICKMAIER Margareta

Obmann:
(2.) Ing. HOPF Christian

Kapellmeister:
KRIEBERNEGG Fritz

Jugendreferent:
KICKER Stefan

Stabführer:
HOFER Helmut

Schriftführer:
GOGG Catherina

EDV-Referent:
Mag. HARB Waltraud

Kassier/Finanzreferent:
STRADNER Bernadette

(Stand 2009)

Stand Oktober 2009: Kapellmeister: Kriebernegg Fritz (bis 2010); Obfrau: Kickmaier Margareta (bis 2010); Querflöte, Oboe: Hofer Karin, Jahrbacher Laura, Rados Nadine, Resch Lisa-Maria, Resch Nadine, Stradner Bernadette (Oboe), Urdl Katharina, Vasold Laura; Klarinette: Gogg Catherina, Hammer Elisabeth, Hofbauer Christina, Hofbauer Julia, Hofer Helmut (Basskl.), Kubelka Mirjam, Lechner Karl, Mitteregger Michael, Obendrauf Barbara, Orgl Andrea, Orgl Selina; Fagott: Laber Elke, Reithofer Johannes; Saxofon: Adamer Werner, Büchsenmeister Joelle, Hammer Thomas, Hofer Michelle, Hofer Sandra, Hubmann Florian, Kammel Alexander, Liebmann Walter, Stoisser Denise; Horn: Scherübl Alois, Vodenik Heidi, Werner Anton; Trompete: Barbaric Rafael, Höller Franz, Kicker Stefan, Lückl Olivia, Kurzmann Annelies, Neubauer Wolfgang; Flügelhorn: Czerwinka Thomas, Gindlhuber Jürgen, Kollegger Fredi, Mitteregger Hubert, Schrötter Heidemarie, Szapacs Klaus, Zirngast Franz; Posaune: Adam Bettina, Hopf Christian, Kraus Susanne, Schicho Philipp, Vasold Peter; Tenorhorn: Dröscher Stefan, Hofbauer Matthias, Höller Sabrina, Jahrbacher Felix, Kickmaier Alois, Neubauer Karl, Ortner Martin, Resch Markus, Schicho Kurt; Tuba: Bäck Christian, Koller Johann, Puregger Wolfgang, Sorko Christian; Schlagzeug, Orgel, Gitarre: Duller Andreas, Hammer Matthias, Höller Melanie, Leitinger Sascha, Resch Daniel, Schuster Michael, Szapacs Michael.

Trachtenmusik Wolfsberg im Schwarzautal

Obmann:
Bürgermeister WAHRLICH Rupert

Organisationsreferent:
STAMPFER Herbert

Kapellmeister:
Mag. ABSENGER Margit

Jugendreferent:
TRUMMER Eva

Stabführer:
Bürgermeister WAHRLICH Rupert

Schriftführer:
Ing. SCHWEIGLER Josef

EDV-Referent:
Ing. SCHWEIGLER Josef

Kassier/Finanzreferent:
PRUTSCH Johann

Mag. Absenger Margit, Fedl Josef, Frisch Manfred, Mag. Berghold Beatrix, Graupp Jasmine, Großschädl Karl, Großschädl Lena, Hackl Franz, Hubmann Patrick, Hubmann Philipp, Kaiser Catharina, Kaiser Christina, Kaiser Ferdinand jun., Kaiser Ferdinand sen., Kaiser Manfred, Kaufmann Patrick, Konrad Susanne, Kunert Elmar, Luttenberger Karl, Mandl Florian, Marbler Rudolf, Matzer Michael, Neubauer Karl, Peer Georg, Pilch Johann, Platzer Manfred, Prutsch Alois, Prutsch Gerald, Prutsch Johann, Rathkolb Johann, Rathkolb Marie-Christin, Roßmann Johann, Roßmann Karl, Roßmann Josef, Roßmann Manfred, Schafzahl Valentin, Schantl Bianca, Schlögl Johann, Schlögl Stefanie, Schuster Günther, Ing. Schweigler Josef, Stampfer Herbert, Sudi Tobias, Trummer Eva, Trummer Karl, Wahrlich David, Wahrlich Franz, Wahrlich Johann, Wahrlich Jonas, Wahrlich Kristin, Wahrlich Rupert, Walter Edith, Wiener Rudolf sen., Wohlmutter Daniel, Wurzinger Friedrich, Bloder Birgit, Hubmann Silvia, Hubmann Claudia, Walch Anita.

Marktmusik Wagna

Obmann:
BUSCHNEG Inge

Organisationsreferent:
SEGRÄBER Walter

Kapellmeister:
WEINZERL Thomas

Jugendreferent:
BERNHARD Josef

Stabführer:
BERNHARD Heinz

Schriftführer:
Mag. LUTTENBERGER Andrea

EDV-Referent:
Ing. STANGL Konrad

Kassier/Finanzreferent:
SCHREIBER Michael

Weinzerl Thomas (Kapellmeister), Bauer Ursula (Querflöte), Egger Barbara (Querflöte/Piccolo, Jugendvertr.), Hafner Jennifer (Querflöte), Kahl Carina (Querflöte), Leykauf Linda (Querflöte), Mag. Probst Kessia (Querflöte), Schreiber Lisanne (Querflöte/Sax), Trebitsch Bianca (Querflöte), Weiner Tanja (Querflöte), Buschneg Melanie (Klarinette), Grün Kristina (Klarinette), Kicker Julia (Klarinette), Luttenberger Heimo (Klarinette), Luttenberger Jürgen (Klarinette), Mayer Eva (Klarinette), Schwarzbauer Lukas (Klarinette), Trabi Sabrina (Klarinette), Weinzerl Elisabeth (Klarinette), Ferk Martin (Flügelhorn), Luttenberger Reinhold (Flügelhorn), Sunko Walter (Flügelhorn), Stangl Konrad (Trompete, Obm.-Stv.), Stangl Simon (Trompete), Bordjan Melanie (Saxophon Alt), Kicker Thomas (Saxophon Tenor), Kos Birgit (Saxophon Alt), Trobe Melanie (Saxophon Alt), Weinzerl Anna (Saxophon), Bernhard Heinz (Tenorhorn/Tuba), Segräber Walter (Tenorhorn), Flucher Nikolaus (Waldhorn F), Maitherth Simon (Waldhorn), Weinzerl Josef (Horn), Halpfer Werner (Zugposaune), Kos Andrea (Zugposaune), Leypold Mario (Posaune), Muster Johann (Tuba B), Burgstaller Thomas (Schlagzeug), Egger Elisabeth (Schlagzeug), Holler Sebastian (Schlagzeug), Mircof David (Schlagzeug), Schneebauer Matthias (Schlagzeug, Jugendvertr.), Buschneg Inge (Obfrau), Mag. Luttenberger Andrea (Schriftführerin), Bernhard Josef (Obm.-Stv.), Schreiber Michael (Kassier), Ferk Gertrude (Schriftf.-Stv.), Schneebauer Gabriele (Kassier-Stv.).

Musikkapelle Seggauberg

Obmann:
HOFER Gerald

Kapellmeister:
PÖLZL Fritz

Jugendreferent:
PÖLZL Klaudia

Stabführer:
HOFER Gerald

Schriftführer:
Mag. PÖLZL-HOFER Elisabeth

EDV-Referent:
ZWEIKER Stefan

Kassier/Finanzreferent:
NEUHOLD Thomas

Pölzl Fritz (Kpm.), Hofer Gerald (Obmann), Edler Doris (Marketenderin), Gritsch Manuela (Marketenderin), Treiber Beate (Marketenderin); Flöten: Adam Elisabeth, Pölzl Klaudia, Puchas Claudia, Schadler Philip, Schneeberger Petra, Schwar Christiane, Schwar Claudia, Schwar Silvia, Zöhrer Karin; Klarinetten: Pommer Christiane, Schoenekl Elisabeth, Sirk Martina, Strohmeier Daniela, Strohmeier Isabella; Oboe: Schadler Bettina; Saxophon: Adam Michael, Deutschmann Sarah, Krainer Elisabeth, Wimmer Sandra, Zweiker Stefan; Flügelhorn: Bauer Christian, Zweytik Kurt, Hüttl Reinhard, Pölzl Otto jun.; Trompeten: Schoenekl Thomas, Zweidick Ewald, Frühwirt Sabrina, Holler Michael; Horn: Moser Christina, Poßnitz Roswitha, Rappold Tanja; Posaunen: Bauer David, Gigler Julian, Menhart Karl jun., Menhart Karl, Menhart Franz; Tenorhorn/Bariton: Pölzl Otto sen., Schadler Michael, Schadler Oliver, Spath Leo; Tuba: Neuhold Thomas, Schadler Werner; Schlagzeug: Körbler Stefan, Pölzl-Hofer Elisabeth, Rappold Philipp, Schneeberger Roman, Wimmer Josef, Zweytik Wolfgang.

Musikverein des Gemeindeverbandes Ehrenhausen

Obmann:
REGER Karl

Organisationsreferent:
GOLJA Andrea

Kapellmeister:
MIHEU Karl

Jugendreferent:
HÖDL Karin

Stabführer:
ROSCHKER Franz

Schriftführer:
STEINGRUBER Andrea

EDV-Referent:
ROBIER Günther

Kassier/Finanzreferent:
ROBIER Alois

Mitglieder: Braunegger Jeanine, Breitenbaumer Maria, Bauer Sebastian, Ertl Elke, Fischer Vera, Fruhmann Michaela, Fürhapter Peter, Geppert Kilian, Gerdisnik Christine, Gerdisnik Marcel, Golja Andrea, Golja Harald, Golja Stefan, Gollob Helmut, Gutjahr Anna, Hödl Karin, Koinegg Kerstin, Korp Christopher, Krofitsch Markus, Kronawetter Katharina, Lenz Christina, Markowitsch Georg, Markowitsch Kerstin, Miheu Eva, Miheu Karl, Miheu Primoz, Muster Alexander, Peinsipp Lukas, Radl Bianca, Regele Franz, Reger Karl, Reger Magdalena, Robier Alois, Robier Gerhard, Robier Günther, Roschker Anna, Roschker Franz, Roschker Luise, Roschker Sabine, Saurer Christoph, Schirmann Edith, Schober Franz jun., Schober Franz sen., Schober Sonja, Schönwetter Julia, Schönwetter Nadja, Semlitsch Friedrich, Semlitsch Martin, Speck Dajana, Steingruber Andrea, Steingruber Thomas, Stocker Erhard sen., Stocker Erhard jun., Sutter Andreas, Voller Nora, Weiner Raffaela, Zirngast Martin.

Blasorchester der 1. Steirischen Blasmusikschule

Obmann:
WEINZERL Thomas

Kapellmeister:
WEINZERL Thomas

Jugendreferent:
WEINZERL Thomas

Stabführer:
WEINZERL Thomas

Schriftführer:
WEINZERL Thomas

EDV-Referent:
WEINZERL Thomas

Kassier/Finanzreferent:
WEINZERL Thomas

Vorstand: Thomas Weinzerl (Kapellmeister), Günther Kainz (Konzertmeister), Gabriela Meitz, Rudolf Wiener, Barbara Weinzerl.

Marktmusik Gleinstätten

Präsident:
Ing. HAFNER August

Obmann:
NEGER-LOIBNER Winfried

Kapellmeister:
OSWALD Franz

Jugendreferent:
PRETTNER Helga

Stabführer:
KNIELY Johannes

Schriftführer:
SCHANTL Michaela

EDV-Referent:
PRETTNER Helga

Kassier/Finanzreferent:
WALTL Heinz

1. Reihe v.l.n.r.: Johannes Kniely (Stabführer), Stephanie Sackl (Marketenderin), Katharina Ulbing (Marketenderin), Helmut Koinegg (Obmann-Stv.), Franz Oswald (Kapellmeister), Winfried Neger-Loibner (Obmann), Ing. August Hafner (Präsident), Tanja Haring (Marketenderin), Patricia Ulbing (Marketenderin); 2. Reihe v.l.n.r.: Thomas Neger-Loibner, Michael Wehovz, Thomas Riegelnegg, Melanie Paschek, Victoria Oswald, Birgit Waltl, Sarah Hafner, Madeleine Roiderer, Nicole Oswald, Alexandra Ranegger, Sarah Walzl; 3. Reihe v.l.n.r.: Werner Prettner, Peter Toson, Magdalena Opriessnig, Stephanie Oswald, Dorit Wundara, Lisa-Maria Siebenhofer, Daniela Oswald, Corina Baumann, Anna Sackl, Lukas Hafner; 4. Reihe v.l.n.r.: Marie Sophie Pichler, Stephan Prettner, Maximilian Wehovz, Nathalina Prettner, Lisa-Maria Sackl, Lisa Baumann, Markus Adam, Ingrid Hafner, Helga Prettner, Erwin Oswald; 5. Reihe v.l.n.r.: Eduard Skringer, Patrick Neuer, Daniel Neuer, Natalie Paschek, Elisabeth Neger-Loibner, Peter Neger-Loibner, Matthias Masser, Tobias Marak, Christoph Pölzl; 6. Reihe v.l.n.r.: Christian Masser, Michaela Schantl, Moritz Koinegg, Philipp Jöbstl, Thomas Moser, Franz Pommer, Maximilian Oswald, Franz Imensek. Nicht am Bild: Sophie Reinisch, Lukas Wielandner, Martin Hüttel.

Musikbezirk Leoben

V.l.n.r. (den Köpfen nach, egal ob 1. oder 2. Reihe): Bez.-Stbf.-Stv. Rudolf Hubner, Bez.-Sportref.-Stv. Helmut Tschinkl, Kassaprüfer Franz Spiral, Kassaprüfer Johann Schober, BO-Stv. Christian Mayerhofer, Beirat Sepp Orasche, Bez.-Kpm. Christian Riegler, Bez.-Schriftführerin Gloria Ammerer, Bez.-Finanzref. Mag. Hedwig Eder, BO und Bez.-Stbf. Mario P. Krasser, Bez.-EDV-Ref. Christoph Stoni, Bez.-Sportref. Josef Riemelmoser; nicht am Foto: Bez.-Finanzref.-Stv. Mag. (FH) Robert Friess, Beirat Ilse Schober, Bez.-Jugendref. Birgit Kummer, Bez.-Kpm.-Stv. Martin Kaiser, Bez.-Jugendref.-Stv. Helmut Kurzmann.

Der neu gewählte Vorstand des Musikbezirkes Leoben:
BO Mario P. Krasser, BO-Stv. Helmut Tschinkl, BKpm. Christian Riegler, BKpm.-Stv. Thomas Wohltran, Bez.-Stbf. Mario P. Krasser, Bez.-Stbf.-Stv. Rudolf Hubner, Bez.-Schriftführer Gloria Ammerer, Bez.-Schriftführer-Stv. Kathrin Liess, Bez.-EDV-Ref. Christoph Stoni, Bez.-Finanzref. Mag. Hedwig Eder, Bez.-Jugendref. Gloria Ammerer, Bez.-Jugendref. Birgit Kummer, Beirat Kurt Scheiblhofer.

Werkskapelle voestalpine Donawitz

Obmann:
Dir. Ing. SCHÖLLNHAMMER Heinz

Organisationsreferent:
RADISCHNIGG Gerald

Organisationsreferent:
Ing. GIRSCH Walter

Kapellmeister:
DEMMEL Theodor

Jugendreferent:
VARSEK GEB. WALDSAM Carmen

Stabführer:
WALLNÖFER Stefan

Schriftführer:
Mag. HADLER Sabine

EDV-Referent:
Mag. HADLER Sabine

Kassier/Finanzreferent:
MAIER Norbert

Angerer Alexandra, Angerer Thomas Gottfried, Berger Kurt, Mag. Bosily Manfred, Ing. Brandl Anita, Brandl Lea, DI HTL Brandl Werner, Demmel Theodor, Engelmeier Alfred, Feichtinger Manfred, Fiedler Lorenz, Mag. Friedrichkeit Adolf, Ing. Girsch Walter, Glösel Isabella, Glösel Kathrin, Gollenz Andrea, Gritz Waldemar, Hadler Sabine, Hainzl Moritz, Hänsler Kathrin, Haubmann Rupert, Hieslmayr Elisabeth, Kehraus Josef, Kemetmüller Eva, Mag. Koch Erhard, Koch Hermann, Köck Werner Rudi, Kressmaier Martina, Luckner Robert, Maier Norbert, Mair Heimo, Mair Michael, Mehl Lorenz, Mitterbäck Johann, Mori Friedrich, DI Mühlhäußer Jürgen, Mag. Neugebauer Clemens, Pernik Julia, Pernik Ralf, Pfatschbacher Fabio, Mag. Dr. Pfatschbacher Friedrich, Pöschl Adolf, Posarnig Waldemar, Preininger Anton, Probst Freimuth, Radischnigg Gerald, Rieger Nadine, Sattler Johann, Schadauer Julian, Schauersberger Karl, Schmidt Hannes, Dir. Ing. Schöllnhammer Heinz, Sorger Franz, Steiner Andreas, Stelzer Lukas, Stock Eric, Strecher Verena, Summer Markus, Tischhart Markus, Varsek Carmen, Wagner Hermann, Waldsam Christoph, Wallnöfer Stefan, Weisl Erich, Windegger Herbert, Ziegler Sarah, Zörner Kerstin.

Musikverein Bergkapelle Eisenerz

Geschäftsführender Obmann:
DI PAPPENREITER Josef

Kapellmeister:
KÖNIG Manfred

Jugendreferent:
KURZMANN Thomas

Stabführer:
KÖNIG Manfred

Schriftführer:
WOHLTRAN Nicole

EDV-Referent:
PREIN Kristina

Kassier/Finanzreferent:
SWOBODA Andreas

König Manfred (Kapellmeister), DI Pappenreiter Josef (Obmann), Bachler Gerhard (Tenorhorn), Bachler Johann (Bass), Berger Christian (Trompete), Dungel Adolf (Tenorhorn), Ebenberger Alfred (Flügelhorn), Ebenberger Brigitte (Klarinette), Ebenberger Lukas (Flügelhorn), Ebenberger Silke (Klarinette), Gebauer Diana (Klarinette), Haberl Michael (Bariton), Hager Anni (Flöte), Hochsteiner Daniel (Trompete), Hochsteiner Ferdinand (Schlagzeug), Knöbl Dominik (Trompete), König Silke (Flöte), Köninger Vanessa (Klarinette), Krenn Rudolf (Horn), Kurzmann Helmut (Tenorhorn), Kurzmann Michaela (Posaune), Kurzmann Thomas (Trompete), Lechner Reinhard (Bass), Lemmer Daniel (Klarinette), Lemmer Günter (Flügelhorn), Prein Kristina (Flöte), Prein Ursula (Klarinette), Ranzenmayr Karl (Schlagzeug), Ranzenmayr Stefan (Schlagzeug), Ritzinger Alois (Flügelhorn), Rodlauer Dominik (Trompete), Rodlauer Doris (Flöte), Steuber Helmut (Bariton), Stromberger Gerhard (Trompete), Stromberger Stefan (Klarinette), Swoboda Andreas (Horn), Swoboda Brigitte (Klarinette), Swoboda Christoph (Trompete), Wohltran Egon (Klarinette), Wohltran Ferdinand (Klarinette), Wohltran Nicole (Piccolo/Flöte), Wohltran Thomas (Flügelhorn).

Stadtmusikkapelle Eisenerz

Obmann:
HUBER Engelbert

Kapellmeister:
KRANZ Heribert

Jugendreferent:
RITZINGER Andrea

Stabführer:
BAIER Kurt

Schriftführer:
THALER Roswitha

Kassier/Finanzreferent:
HAIDER Kurt

Aigner Hubert, Bachler Gerhard, Bachler Hans, Baier Kurt, Bayer Ewald, Fahrleitner Ludwig, Haider Kurt, Harrich Franz, Helm Andreas, Helm Marvin, Hirschbichler Alexandra, Bürgermeisterin und Präsidentin der Stadtmusikkapelle Christine Holzweber, Obmann Huber Engelbert, Huber Kerstin, Huber Michael, Kaar Walter, Kapellmeister Kranz Heribert, Krug Walter, Lechner Bianca, Lechner Julia, Lichtscheid Kathrin, Potzinger Dietmar, Raninger Georg, Ritzinger Alois, Ritzinger Andrea, Schiller Kerstin, Schnitzer Rudolf, Swoboda Andreas, Swoboda Brigitte, Thaler Roswitha, Thaller Michael, Thaller Walter, Jakob Umfer, Winter Florian, Wolthran Ferdinand, Wolthran Egon, Wörnschiml Hubert, Wallner Walter.

Gösser Musikverein

Obmann:
DI Brmst. WERNER Andreas

Geschäftsführender Obmann:
REICHENPFADER Walter

Kapellmeister:
STRAUSS Rudolf

Jugendreferent:
KUMMER Birgit

Stabführer:
REICHENPFADER Walter

Schriftführer:
WILDING Brigitte

EDV-Referent:
HARRER Markus

Kassier/Finanzreferent:
HARRER Ewald

Obmann: DI Werner Andreas; Flöten: Schweiger Marco, Kummer Birgit, Riedl Markus; Klarinetten: Spiral Franz, Vallant Erich, Schöggl Petra, Sprangler Emmerich, Mühlhans Erich, Hädicke Paul, Mayr Franz, Kummer Tanja; Saxophone: Fiausch Helmut, Kutschera Heide, Huber Erwin, Ölser Johann, Jeglitsch Laura; Flügelhörner: Breithofer Rudolf, Ditjo Jakob, Leyendecker Wolfgang, Hasenburger Wolfgang, Jöchlinger Hubert, Mühlstein Erich, Vallant Gernot; Trompeten: Glantschnig Reinhard, Dörflinger Karl, Raidl Anton, Ditjo Horst, Jöchlinger Sebastian; Musikverein, Kapellmeister: Strauss Rudolf; Tenöre, Euphonium: Reichenpfader Walter, Leyendecker Günther, Harrer Markus, Muhrer Alfred; Waldhörner: Wilding Christian, Wilding Brigitte, Leitner Franz; Posaunen: Kamper Walter, Scharf Manfred, Moder Walter; Bässe: Harrer Ewald, Schnabl Manfred; Schlagzeug: Schöggl Jürgen, Keller Kurt, Kehraus Josef, Kamper Manuel, Kamper Patrick, Hammer Sabine.

Musikverein Leoben-Hinterberg

Obmann:
Mag. FAßWALD Erich

Kapellmeister:
GRASSMUGG Gottfried

Schriftführer:
Mag. FAßWALD Erich

Schriftführer:
Dipl.-Ing. TAPPEINER Mario

Schriftführer:
STUMMER Barbara

Kassier/Finanzreferent:
GRASSMUGG Gottfried

Sitzend v.l.n.r.: Stefan Gottfried Tomaschitz, Dipl.-Ing. Barbara Stummer, Franz Mayr, Kpm. Gottfried Graßmugg, Valentin Fleck, Rudolf Strauß, Erich Oberleitner; stehend v.l.n.r.: Johann Höller, Werner Judmair, Alfred Muhrer, Walter Luckner, Johann Vallant, Dipl.-Ing. Jürgen Reiter, Dipl.-Ing. Markus Pohler, Dipl.-Ing. Thomas Weirather, Ferdinand Vollei, Wolfgang Kranz, Kurt Tschinkel, Dipl.-Ing. Maria Polak; Musiker, die leider nicht am Foto sind: Carmen Weckesser, Michael Kaltenegger, Robert Haller, Dipl.-Ing. Christoph Ressel, Jakob Ditjo.

Lobminger Ortsmusik

Obmann:
PIECHL Ignaz

Kapellmeister:
TROGER Ernst

Stabführer:
KRASSER Mario

Schriftführer:
SARCLETTI Johann

Kassier/Finanzreferent:
EISEN Walter

1. Reihe v.l.: Susanna Piechl, Janine Eisen, Walter Eisen, Ernst Troger, Ignaz Piechl, Mario Krasser, Carmen Eisen, Elke Eisen, Sarcletti Sarah; 2. Reihe v.l.: Norbert Schober, Albert Sarcletti, Klausjürgen Eisner, Reinhard Fresner, Erich Gutenbrunner, Christoph Rainer, Heimo Eisner, Margit Anderle, Ilse Schober, Patricia Schopf, Anna Fresner; 3. Reihe v.l.: Bernhard Mitzka, Nikolaus Piechl, Heimo Gladik, Christoph Schopf, Michael Wallner, Lorenz Sarcletti, Marco Petelinc, Wolfgang Fercher; 4. Reihe v.l.: Georg Piechl, Hubert Mitzka, Hans-Peter Sarcletti, Stefan Maier, Johann Sarcletti, Hubert Sarcletti, Philip Kremser; vorne hockend v.l.: Thomas Sarcletti, Klemens Fresner.

Musikverein Kalwang

Obmann:
LÖFFLER Bernd

Kapellmeister:
FEDIUK Mario

Jugendreferent:
SOMMER Elisabeth

Schriftführer:
SCHEIBLHOFER Petra

EDV-Referent:
SCHEIBLHOFER Petra

Kassier/Finanzreferent:
EBERHART Natascha

1. Reihe v.l.: Martin Schober, Löffler Bernd; 2. Reihe sitzend v.l.: Löffler Rosa, Schober Manuela, Künstner Sandra, Wohlmuth Anja, Keimel Vinzenz, Schober Johann, Scheiblhofer Kurt jun., Leitner Andreas, Strasser Irene, Miedler Karin, Jansenberger Manuel; 3. Reihe sitzend v.l.: Schober Manuel, Angerer Lisa, Amtmann Birgit, Tiffner Corinna, Valenta Doris, Madschedolnig Maximilian, Eberhart Natascha, Tiffner Karl, Suppan Maria, Sommer Michael; 4 Reihe stehend v.l.: Valenta Roland, Strasser Erwin, Pucher Paul, Pucher Kurt, Löffler Klaus, Scheiblhofer Kurt sen., Schober Sebastian, Podratzky Johann, Laptos Helmut, Fediuk Wolfgang, Aigner Günther, Eberhart Traugott, Fediuk Mario, Gragl Gernot; Marketenterinnen: links Prandstätter Claudia, rechts Löffler Elisabeth.

Musikverein Kammern im Liesingtal und Umgebung

Obmann:
ZÖTSCH Josef Erwin

Kapellmeister:
KAISER Martin

Jugendreferent:
WAGNER Barbara

Stabführer:
KROEMER Christian

Schriftführer:
STABLER Marianne

EDV-Referent:
HERMANN Anita

Kassier/Finanzreferent:
FRECH Heinz

Sitzend v.l.: Stefanie Nimpfer, Christine Toblier, Marianne Stabler, Ehrenobmann Alfred Auer, Stabführer Christian Kroemer, Bürgermeister Karl Dobnigg, Obmann Josef Zötsch, Ehrenmitglied Anton Toblier sen., Nicole Hammerl, Anita Hermann, Petra Prein; 2. Reihe: Karl Hermann jun., Eva Klostermann, Hubert Zötsch, Irmgard Kreditsch, Barbara Wagner, Josefine Toblier, Anton Toblier jun., Günter Hoffellner, Robert Frieß, Kapellmeister Martin Kaiser, Patrick Haberl; 3. Reihe: Gerald Ranninger, Franz Zötsch, Herbert Schaar, Johann Kaiser sen., Karl Hermann sen., Florian Schneider, Martin Ranninger, Markus Stabler, Johann Kaiser jun.; 4. Reihe: Daniel Hammerl, Daniel Kroemer, Martin Zötsch, Hubertus Zötsch, Christian Wachter, Kassier Heinz Frech, Anton Hammerl, Friedrich Kogler.

Musikverein Kraubath

Obmann:
Mag. FRIESS Robert

Organisationsreferent:
STEINER Peter

Kapellmeister:
Mag. GEHER Birgit

Jugendreferent:
MADER Christian

Stabführer:
GRUBER Johann

Kassier/Finanzreferent:
GRUBER Günter

Kniend v.l.: Ofner Sabrina (Horn), Fadinger Robert (Schlagzeug), Schöffmann Donat (Schlagzeug), Kressmaier Andreas (Schlagzeug/Obmann-Stv.), Kranz Fabian (Schlagzeug), Kranz Marvin (Flügelhorn), Hüger Carmen (Querflöte); links vorne stehend: Bracher Michaela (Marketenderin), Bracher Martin (Horn), Spitzer Eduart (Bassflügelhorn), Kranz Kurt (Flügelhorn), Kranz Helmut (Flügelhorn), Kapplans Martin (Klarinette), Pölzl Lisa Marie (Saxophon), Ing. Schwaiger Gerhard (Flügelhorn/Reisekassier-Stv.), Hirn Ferdinand (Klarinette), Gruber Katharina (Querflöte), Steiner Rudolf (Bassflügelhorn/Kpm.-Stv.), Gruber Günter (Flügelhorn/Kassier), Köhl Valerie (Horn), Mag. (FH) Friess Robert (Klarinette/Obmann), Hatz Carina (Trompete), Mader Astrid (Querflöte/Kassier-Stv.), Köhl Elisabeth (Klarinette), Strahlhofer Bettina (Querflöte), Wechselberger Simone (Querflöte), Pichler Ruben (Klarinette/EDV-Referent), Schwaiger Helmut (Klarinette/Reisekassier), Mader Christian (Bassflügelhorn/Posaune/Jugendreferent), Ing. Offner Peter (Bass), Ravenjak Birgit (Marketenderin); links oben erhöht stehend: Steiner Christian (Bassflügelhorn), Steiner Andreas (Bassflügelhorn/Bass), Steiner Peter (Horn/Organisationsreferent), Bracher Hermann (Horn), Pölzl Sonja (Saxophon), Kirisitz Elke (Trompete), Schmid Andreas (Trompete), Gruber Johann (Trompete).

Ortsmusikkapelle Mautern

Obmann:
ORASCHE Josef

Kapellmeister:
GANZER Roland

Jugendreferent:
POLLINGER Anton jun.

Stabführer:
HUBNER Rudolf

Schriftführer:
RIEMELMOSER Josef

EDV-Referent:
HABENBACHER Stefan

Kassier/Finanzreferent:
ORASCHE Christina

Adolf Wachter, Andrea Breitenberger, Anton Pauscher, Anton Pollinger, Anton Pollinger jun., Benjamin Weinzierl, Brigitte Müller, Carina Moisi, Christina Orasche, Corinna Kerschbaumer, Daniel Kerschbaumer, David Hubner, Dietmar Hopf, Elisabeth Kerschbaumer, Franz Hopf, Fritz Gerold, Gabriela Moisi, Georg Wegscheider, Gerald Schmid, Gerhard Breitenberger, Gerhard Müller, Günter Kerschbaumer, Heinz Zörner, Hermann Köppl, Hubert Leitner, Hubert Wurm, Johann Pollinger, Johann Pollinger jun., Johannes Schmid, Josef Riemelmoser, Kapellmeister Roland Ganzer, Karmela Kinsky, Katharina Fließer, Kerstin Rohrmoser, Markus Lammer, Martin Schneider, Martina Parzer, Matthias Mikusch, Michael Köppl, Obmann Sepp Orasche, Philipp Hubner, Roman Hubner, Rudolf Hubner, Siegfried Schmid, Stefan Habenbacher.

Musikverein Werkskapelle Brigl & Bergmeister Niklasdorf

Obmann:
PLANK Christian

Geschäftsführender Obmann:
SCHAUER Joachim

Kapellmeister:
MÜHLSTEIN Robert

Jugendreferent:
MÜHLSTEIN Stefan

Stabführer:
KURE Wolfgang

Schriftführer:
Mag. MOISI Stephanie

EDV-Referent:
PRADE Alfred

Kassier/Finanzreferent:
MARAK Johann

1. Reihe von links: Mühlstein Erich, Frommwald Robert, Mühlstein Robert (Kpm.), Eberhart Alfred, Glettler Maria, Schauer Joachim (Bgm.), Moisi Stephanie, Bertolli Lisa, Zechner Nina; 2. Reihe von links: Linhart Robert, Perwein Norbert, Lingl Florian, Tappeiner Michael, Ganzer Roland, Hirschberger Jürgen, Portner Christoph, Reichel Christina, Putz Barbara, Hödl Kathrin, Prade Christian, Kucharek Rita, Zechner Florian, Spruzina Barbara, Kure Wolfgang; 3. Reihe von links: Ganzer Rudolf, Marak Johann, Schöffmann Karl, Plank Christian (Obmann), Mühlstein Markus, Reichmann Florian, Bischof Nadja, Kure Gottfried, Boh Friedrich, Kaser Martin, Prade Josef, Prade Alfred, Prade Thomas; 4. Reihe von links: Schachner Eduard, Tappeiner Josef, Trieb Ewald, Schein Rupert, Stifter Markus, Reichmann Stefanie, Mühlstein Stefan, Vielhaber Walter, Fratzl Alfred, Wölfler Gerald, Bachfischer Michael.

Ortskapelle Radmer

Obmann:
KOLLER Willibald

Obmann:
(2.) SCHNABL Helmut

Kapellmeister:
SCHNABL Helmut

Jugendreferent:
TROPPACHER Petra

Stabführer:
NAGLER Anton

Schriftführer:
STANGL Susanne

EDV-Referent:
KOLLER Willibald

Kassier/Finanzreferent:
STANGL Herbert

Musiker, hintere Reihe v.l.n.r.: Steindl Alfred, Bachler Gerhard, Rinner Walter, Ranzenmayer Karl, Taxacher Heinrich, Stangl Dominikus, Schnessl Daniel; mittlere Reihe v.l.n.r.: Stangl Herbert, Ing. Winter Gerhard, Rinner Franz, Stangl Christiane, Lechner Bianca, Siebenbrunner Adolf, Stangl Josef, Taxacher Bernhard, Helm Andreas, Stangl Susanne, Rinner Christine; vordere Reihe v.l.n.r.: Helm Marvin, Lesky Otto, Troppacher Petra, Koller Willibald, Schnabl Helmut, Nagler Anton, Reinthaler Andrea, Troppaacher Tamara, Stangl Sabine, Klapf Siegbert; 1. Reihe, Musikschüler v.l.n.r.: Fahrleitner Bernhard, König Stefan, Schnessl Michael, Nagler Ulli, Pfatschbacher Pamela, Pretschuh David, Siebenbrunner Manuel, Plakolmer Bernhard, Thallinger Jakob, Dallinger Marlon. (Foto vom 12. Juli 2008, 130-Jahr-Feier)

Musikverein „Glück auf" – Bergkapelle Seegraben

Obmann:
Stadtrat TISCHHARDT Harald

Geschäftsführender Obmann:
KRANZ Kurt-Dietmar

Kapellmeister:
RIEGLER Christian

Jugendreferent:
AMMERER Isa

Jugendreferent:
KREMSER Sarah

Stabführer:
MAIR Lukas

Schriftführer:
AMMERER Gloria

Kassier/Finanzreferent:
FRATZL Alfred

Musikerliste: Riegler Christian (Kpm.), Ammerer Arno (1. Horn), Major Rebeka (Picc.), Fratzl Alfred (2. Horn), Ammerer Lieselotte (Flöte), Gressl Lukas (3. Horn), Nemecz Manfred (Flöte), Haslinger Thomas (4. Horn), Großmann Rebecca (Flöte), Kremser Sarah (Flöte), Hiebl Robert (1. Trp.), Krobath Hans Peter (1. Trp.), Ammerer Gloria (Oboe), Straßnigg Mario (1. Trp.), Gößwellner Michael (2. Trp.), Ammerer Isa (1. Klar.), Petelinc Christian (2. Trp.), Dietmayer Christian (1. Klar.), Wanz Herbert (2. Trp.), Skupa Sebastian (2. Klar.), Wölfel Sylvia (2. Klar.), Mair Lukas (1. Pos.), Edelhofer Anna (3. Klar.), Boh Friedrich (2. Pos.), Sandriesser Christoph (3. Klar.), Krobath Alexander (3. Pos.), Klingler Christian (Tenor), Leyendecker Günther (Tenor), Jeglitsch Laura (1. Altsax.), Schwaiger Stephan (Bariton), Würzinger Martin (2. Altsax.), Kaser-Linzer Meike (Tensax., F-Tuba), Ertl Fritz (Tensax.), Girsch Walter (B-Tuba), Schachner Eduard (B-Tuba), Unterweger Ildefons (1. Flgh.), Breithofer Rudolf (1. Flgh.), Kranz Kurt-Dietmar (Schlagzeug), Riegler Christian jun. (1. Flgh.), Kronsteiner Emmerich (Schlagzeug), Kremser Patrick (2. Flgh.), List Lukas (Schlagzeug), Neumayr Stefan (2. Flgh.), Salchinger Philip (Schlagzeug), Tischhardt Harald (Obmann), Kopeinig Roman (Archivar).

Marktmusikkapelle St. Michael

Obmann:
Ing. HANSCHIRIK Gerhard

Obmann:
(2.) JUNGWIRTH Heinz

Organisationsreferent:
SCHNEIDLER Olga

Organisationsreferent:
HALLER Annemarie

Kapellmeister:
BODLER Bernhard

Jugendreferent:
ERDKÖNIG Nina

Stabführer:
SCHWEIGER Marco

Schriftführer:
THOMAS Henrike

Kassier/Finanzreferent:
Mag. EDER Hedwig

Bodler Bernhard, Debeutz Alexandra, Debeutz Michael, Ditjo Jakob, Eder Barbara, Eder Hedwig, Eder Julia, Eder Lorenz, Eder Matthias, Erdkönig Nina, Groß Patrick, Groß Martina, Gsaxner Vinzenz, Hanschirik Arnold, Hanschirik Clemens, Hanschirik Gerhard, Harrer Marion, Judmaier Werner, Kamencek Teresa, Kamencek Tomas, Marinitsch Thomas, Moder Gerald, Moder Walter, Pichler Ulrike, Pirker Barbara, Pretzler Anita, Pretzler Isabella, Ralbovska Adela, Reichl Jan, Reiner Alessandra, Reip Michael, Reisinger Lukas, Remich Robert, Röblreiter Birgit, Röblreiter Tanja, Saiger Thomas, Sammer Theresa, Schachner Karl, Schaumberger Nino, Schlager David, Schlager Martin, Schlager Sandra, Schlager Stefan, Schnabl Manfred, Schneidler Olga, Schweiger Marco, Seidl Martina, Stadler Beate, Stern Martina, Strauss Rudolf, Thaler Marlies, Todtner Christoph, Todtner Stefan, Troger Doris, Vallant Erich, Vallant Gernot, Vallant Johann, Wagner Doris, Wagner Madeleine, Wallis Manuel, Wenninger Elisabeth, Wenninger Nadine, Winkler Mario, Winkler Thomas.

Jugendkapelle St. Michael

Geschäftsführender Obmann:
FRESNER Harald

Kapellmeister:
BODLER Bernhard

Schriftführer:
KAMENCEK Susanne

Kassier/Finanzreferent:
PRETZLER Martin

Velghe Justin, Kamencek Maximilian, Thaler Niko, Pösendorfer Gloria, Schachner Katharina, Röblreiter Janine, Velghe Jasmin, Blachfellner Lea, Schachner Maximilian, Kamencek Katarina, Doppelreiter Jaqueline, Komac Helene, Wolfinger Eva, Weigl Janine, Herzl Larissa, Fraidl Jasmin, Pösendorfer Christin, Gamper Stefan, Stadler Julia, Schachner Cornelia, Hauer Jennifer, Neureiter Lukas, Bodler Anna, Schlager Stefan, Wallis Manuel, Hanschirik Clemens, Feyrer Sebastian, Gamper Patrik, Ralbovska Adela, Saiger Thomas, Todtner Stefan, Kamencek Teresa, Marinitsch Thomas, Reisinger Lorenz, Plank Natascha, Seebach Vanessa, Gross Patrick, Sorgmann Jan, Jöchlinger Sebastian, Wenninger Nadine, Hubmann Thomas, Pretzler Anita, Peinsipp Michelle, Schatzl Daniel, Sammer Theresa, Strassnig Mario, Röblreiter Tanja, Wagner Madeleine, Schaumberger Nino, Kapfensteiner Dominik 8770, Pichlmaier Lukas, Tremmel Lisa, Pirker Barbara, Wieser Emanuel, Schneider Florina, Hanschirik Arnold, Todtner Christoph, Marinitsch Michael, Reisinger Lukas, Leitner Desiree, Schlager David, Kamencek Tomas, Harrer Marion, Troger Doris, Reichl Jan, Sunitsch Theresa, Schlager Martin, Saiger Armin, Eder Matthias, Eder Lorenz, Todtner Kerstin, Schlager Stefan, Eder Barbara, Debeutz Alexandra, Pretzler Isabella, Eder Julia, Wagner Doris, Röblreiter Birgit, Kamencek Susanne, Röblreiter Gerhard, Fresner Harald, Bodler Bernhard, Schneidler Olga.

Musikverein St. Peter-Freienstein

Obmann:
MAYERHOFER Christian

Kapellmeister:
Ing. REBERNIG Valentin

Jugendreferent:
Ing. REBERNIG Valentin

Stabführer:
Ing. REBERNIG Valentin

Schriftführer:
Ing. REBERNIG Valentin

EDV-Referent:
Ing. REBERNIG Valentin

Kassier/Finanzreferent:
RIEGLER Robert sen.

Foto von unserer letzten Ausrückung bei Fam. Aubell: 1. Reihe: Familie Aubell; 2. Reihe v.l.n.r.: Panholzer Herbert (1. Flügelhorn), Kettner Rudolf (3. Klarinette, langjähriger Kapellmeister), Bert Wallner (2. Flügelhorn, Gründungsmitglied, langjähriger Obmann), Bechter Magdalena (2. Klarinette), Irrenthaler Johann (Gr. Trommel), Mag. Harald Huber (2. Flügelhorn), Angelika Vogler (1. Klarinette, Schriftführer-Stv.), Helga Rebernig (2. Horn), Ing. Valentin Rebernig (1. Klarinette, Schriftführer, Jugendreferent, Stabführer), Mayerhofer Christian (1. Posaune, Obmann); 3. Reihe v.l.n.r.: Richard Heiland (Tuba, Obmann-Stv.), Erich Weitzer (Tuba), Rudolf Weitzer (Schlagwerk), Otto Bechter (Tenorhorn), Gerhard Knotz (2. Klarinette), Stephan Mayr (Bariton, Notenarchivar), Rene Panholzer (1. Flügelhorn), Jens Riedler (Schlagwerk), Florian Tomsitz (1. Horn).

Musikverein St. Stefan-Kaisersberg

Obmann:
TSCHINKEL Helmut

Kapellmeister:
HAMMER Norbert

Jugendreferent:
HUBER Petra

Stabführer:
PACHER Adolf

Schriftführer:
MOISI Birgit

EDV-Referent:
GALLOWITSCH Arnold

Kassier/Finanzreferent:
PACHER Adolf

MusikerInnen: Schlagzeuger vorne: Sitz Wolfgang und Gallowitsch Thomas-Peter; 1. Reihe von links nach rechts: Huber Petra, Dipl.-Ing. Walther Twrdy, Tschinkel Helmut, Hammer Norbert, Schweiger Heiko, Pacher Adolf; 2. Reihe von links nach rechts: Wartecker Nadine, Graf Christina, Sattler Nicole, Sattler Kerstin, Moisi Birgit, Anderle Julia, Eberhard Melissa; 3. Reihe von links nach rechts: Tschinkel Ingrid, Rosenblattl Ronald Steiner Gerhard, Steiner Josef, Wölfler Gerald, Steiner Dieter, Ulcar Johann; letzte Reihe von links nach rechts: Meusburger Martin, Meusburger Bernhard, Sitz Markus, Meusburger Thomas, Weihrauch Franz, Hammer Matthäus, Schwaiger Markus, Gallowitsch Arnold, Sitz Sabine, Schachner Burghard, Schlager Hubert, Steiner Eduard, Tschinkl Robert, Reiter Bruno, Muhrer Alfred, Sitz Günter, Maurer Peter, Troger Bianca, Schachner Hans.

Musikverein Traboch

Obmann:
DI KAUFMANN Harald

Kapellmeister:
TEMMEL Alfred

Stabführer:
Ing. PICHLER Josef

Schriftführer:
STORMANN Gerhild

EDV-Referent:
STORMANN Gerhild

Kassier/Finanzreferent:
HESSL Peter

1. Reihe v.l.n.r.: Raphaela Obersteiner, Edith Tauderer, Lukas Stiper, Bianca Hoffellner, Hermann Galler, Christine Hessl, Waltraut Gaber, Sophia Hinger, Verena Hoffellner, Sabrina Loschat, Julia Doppelreiter, Thomas Hubmann, Michaela Temmel, Viktoria Unger; 2. Reihe v.l.n.r.: Ing. Josef Pichler, Martin Pöllinger, Alexander Winkler, Gerald Schmid, Nina Tauderer, Christian Parzer, Phillip Hessl, Clemens Prevenhueber, Kerstin Wagner, Andrea Pöllinger, Robert Pöllinger, Christina Zöhrer, Christian Pichler, Ina Temmel, Kpm. MOL Alfred Temmel; 3. Reihe v.l.n.r.: Raphael Weiß, Walter Krenn, Ernst Köck, Sandra Kriz, Jürgen Angerer, Kaufmann Christoph, Josef Pöllinger, Ing. Friedrich Wagner, Stefan Tauderer, Waldemar Gritz; 4. Reihe v.l.n.r.: Michael Hessl, Jürgen Reiner, Patrick Furtner, Schmid Robert, Wolfgang Gaber, Daniel Angerer, Martin Temmel; 5. Reihe v.l.n.r.: Heribert Fischbacher, Peter Hessl, Daniel Kaufmann, Michael Hintringer, Ewald Tauderer, Philip Prevenhueber, Franz Gaber, DI Harald Kaufmann, Jürgen Wagner.

Stadtkapelle Trofaiach

Obmann:
REICHL Kurt

Kapellmeister:
Mag. BAUMANN Günter

Jugendreferent:
STIEBER Carolin

Stabführer:
MARCHLER Erwin

Schriftführer:
KORNHUBER Helmut

EDV-Referent:
KNOBLOCH Harald

Kassier/Finanzreferent:
MARCHLER Erwin

1. Reihe v.l.n.r.: Hopf Markus, Rockenschaub Martin, Pleßnitzer Melanie, Kaufmann Michael, Kislick Lisa, Teichert Johannes, Köhler Sebastian, Ehweiner Julia, Buchberger Kathrin, Hauer Monika, Ehweiner Madeleine; 2. Reihe v.l.n.r.: Lieb Sascha, Hofstätter Lukas, Loy Reinhard, Kristl Johann, Reichl Kurt (Obmann), Cepp Stefan, Stieber Carolin, Häusler Thomas, Liess Magdalena, Kornhuber Verena, Hofmeister Anita; 3. Reihe v.l.n.r.: Reichl Rudolf, Ruess Ernst, Scheer Franz, Köck Thomas, Marchler Manuel, Brandner Thomas, Ruess Thomas, Prentler Manfred (Stabführer-Stv.), Essl Thomas, Haider Franz, Einödhofer Barbara, Essl Marlies, Baumann Günter (Kapellmeister); 4. Reihe v.l.n.r.: Peitler Ernst, Plassnegger Günter, Kern Friedrich, Liess Siegfried, Loy Christoph, Scheuerer Thomas, Brandner Manfred, Kornhuber Helmut, Kaufmann Kurt, Ragossnig Albin, Peitler Harald, Hauer Gerhard, Ebner Albert.

Erzherzog Johann TK Musikverein Vordernberg

Obmann:
KAUFMANN Josef sen.

Kapellmeister:
WOHLTRAN Thomas

Stabführer:
WOHLTRAN Thomas

Schriftführer:
STEINER Edith

EDV-Referent:
HUBNER Walter

Kassier/Finanzreferent:
HIRTLER Markus

1. Reihe, Schlagzeug: Karner Thomas, Hubner Stefan; 2. Reihe, Flöten und Klarinetten: Kriechbaum Roswitha, Wohltran Nicole, Steiner Stefanie, Kpm. und Stabführer Wohltran Thomas, Steiner Edith, Kaufmann Josef, Greimelmaier Johann, Kettner Rudolf; 3. Reihe, Flgh, Trompete, Schlagzeug, Posaune: Hirtler Markus, Hirtler Anton, Merkl Gerald, Weitzer Rudolf (Schlagzeug), Kohlwegger Helmut (Schlagzeug), Wally Dieter, Wally Harald, Schörkmayer Gerhard, Gaisrucker Leopold (Posaune); 4. Reihe, Tenor, Bariton, Tuba: Großschädl Karl, Hubner Walter, Wally Wolfgang, Schörkmayer Ewald, Möse Norbert, Hammerer Alfred; Marketenderinnen, links: Hirtler Nicole; rechts: Treutler Eva.

Musikverein Wald am Schoberpass

Obmann:
BRANDNER Wolfgang

Kapellmeister:
PERCHT Manfred

Jugendreferent:
LANDL Timo

Stabführer:
ROTHLEITNER Robert

Schriftführer:
HUSSAUF Sandra

Kassier/Finanzreferent:
PERCHT Arnold

1. Reihe von links: Schneeberger Elisabeth, Einwallner Dagmar, Gröschl Gabriele, Obmann Brandner Wolfgang, Stabführer Rothleitner Robert, Kapellmeister Percht Manfred, Reichenfelser Birgit, Gruber Bettina, Einwallner Nicole; 2. Reihe von links: Schneider Lukas, Percht Arnold, Landl Roswitha, Landl Timo, Berghofer Karl, Wohlmuther Karl-Heinz, Wohlmuther Thomas, Kroiss Armin, Landl Udo, Percht Nina, Hussauf Sarah, Hussauf Sandra, Hussauf Anton, Steinmetz Thomas; 3. Reihe von links: Rothleitner Roman, Percht August, Gröschl Michael, Percht Christoph, Schneider Robert, Obersteiner Dieter, Klingsbigl Kurt, Hussauf Edeltraud, Hussauf-Fina Birgit, Scheipl Richard.

Polizeimusik Leoben

Obmann:
REISENHOFER Karl

Kapellmeister:
STONI Christoph

Jugendreferent:
STONI Christoph

Stabführer:
STONI Christoph

Schriftführer:
REITER Heimo

Kassier/Finanzreferent:
LÖW Günter

Breithofer Rudolf, Brodlos Martin, Christandl Ambros, Emmerstorfer Thomas, Felser Alfred, Huber Erwin, Kehraus Josef, Koller Lariassa, Koller Richard, Lechner Alexander, Maierhofer Romanna, Meinhart Erika, Moisi Stephanie, Prade Alfred, Purgstaller Jürgen, Raidl Anton, Ramsenthaler Andreas, Reichenpfader Walter, Reichmann Florian, Reichmann Stefanie, Reisenhofer Karl, Richter Franz, Richter Jutta, Riedl Markus, Sandgruber Christian, Sattler Gernot, Schein Rupert, Spruzina Barbara, Stoni Christoph, Teischl Johann, Teuschl Martin, Tiffner Karl, Tschinkl Kurt, Vallant Johann.

Musikbezirk Liezen

Der Bezirksvorstand, 1. Reihe v.l.n.r.: Ehrenobmann Walter Kern, Ernst Langanger, Rudolf Raninger, Bezirksobmann Ing. Franz Lemmerer, Bezirkskapellmeister MDir. Dr. Adi Marold, Dieter Moser, Karl Windhager, Roland Schachner; 2. Reihe stehend v.l.n.r.: Sabine Luxbauer, David Struckl, Johann Spreitz, Mag. Herbert Köberl, David Luidold, BA, MDir. Mag. Emmerich Mayer, Christian Hollinger, Walter Mayerhofer, Doris Schwingshackl; nicht am Foto: Karl Waschenegger, Gernot Schweiger, Wolfgang Wagner, Bez.-Jugendreferent Martin Eckmann.

Musikverein Admont-Hall

Obmann:
PLANITZER Günter

Kapellmeister:
Mag. ROM Bernd

Jugendreferent:
RAPPL Petra und
PLANITZER Patrizia

Stabführer:
RANINGER Rudolf

Schriftführer:
EIBL Dietmar

EDV-Referent:
Ing. ZETTELBAUER Helmut

Kassier/Finanzreferent:
WATZL Engelbert

Musiker (aktiv seit): Dr. Egger Alexander, Bassflügelhorn (1987), Ing. Egger Otto, Bassflügelhorn (1970), Eibl Dietmar, Trompete (1980), Eibl Ines, Flöte (2005), Eibl Kurt, Klarinette (1957), Ernecker Gerhard, Flügelhorn (1997), Ernecker Josef Bassflügelhorn (1989), Freidl Birgit, Klarinette (2008), Galler Andreas, Klarinette (2007), Geier Thomas, Horn (2003), Gschaidbacher Lambert, Posaune (1981), Hasitschka Lukas, Schlagzeug (1997), Kilzer Anton, Tuba (1989), Kreubichler Martina, Klarinette (2003), Lambrecht Gerhard, Horn (2005), Lambrecht Julia, Klarinette (2008), Planitzer Günter, Horn (2000), Planitzer Jasmine, Saxophon (2005), Planitzer Patrizia, Schlagzeug (1999), Raninger Rudolf, Klarinette (1969), Rappl Alfred, Klarinette (1973), Rappl Andreas, Klarinette (1994), Rappl Bernhard, Flügelhorn (1980), Rappl Daniela, Klarinette (2001), Rappl Helmut, Flügelhorn (1978), Rappl Margot, Flöte (2002), Rappl Maria, Klarinette (2007), Rappl Petra, Saxophon (2001), Rappl Stefan, Trompete (2002), Rappl Thomas, Horn (1999), Rappl Vera, Flöte (2005), Ing. Reitegger Rudolf, Flügelhorn (1994), Reiter Michael, Posune (1999), Reiter Sebastian, Flügelhorn (1998), Rom Armin, Posaune (1999), Rom Bernd, Kapellmeister (1969), Rom Mario, Trompete (1998), Rom Daniel, Schlagzeug (2008), Schager Birgit, Saxophon (2008), Senneca Michele, Schlagzeug (1963), Stelzl Felix, Trompete (2008), Tasch Engelbert, Euphonium (1949), Watzl Engelbert, Flügelhorn (1972), Watzl Fritz, Euphonium (1976), Watzl Mario, Bassflügelhorn (2009), Watzl Ines, Flöte (2002), Wippel Theresa, Flöte (2005), Ysopp Georg, Flügelhorn (1946), Zerisch Walter, Tuba (1969), Ing. Zettelbauer Helmut, Saxophon (1989); Marketenderinnen: Leyendecker Verena (2006), Reichl Anita (2006), Rappl Margot (2002) und Schager Birgit (2008).

Musikverein Aigen im Ennstal

Obmann:
STEINDACHER Gerald

Kapellmeister:
Mag. GRÜNWALD Herwig

Jugendreferent:
GINDL Johannes

Stabführer:
TIEFENBACHER Manfred

Schriftführer:
STROBL Daniela

EDV-Referent:
STEINDACHER Roland

Kassier/Finanzreferent:
Ing. EIDENBERGER Gerhard

Baumgartner Bianca, Baumgartner Sandra, Daum Franz sen., Daum Julia, Eidenberger Gerhard, Fritz Josef, Gerl Manfred jun., Gerl Manfred sen., Gindl Anna, Gindl Hannes, Gindl Katharina, Gindl Michael, Gindl Peter, Grünwald Florian, Grünwald Herwig, Grünwald Stefan, Hochkönig Anna, Hochkönig Barbara, Hochkönig Johannes, Huber Alois, Kerschhaggl Hannes, Köberl Franz, Lämmerer Melanie, Langegger Eva, Langegger Klaus, Mehrl Christine, Mehrl Florian, Mehrl Julia, Mehrl Karl jun., Mehrl Manfred, Moik Patrik, Moosmann Heidelinde, Moosmann Martina, Radlingmayer Sarah, Radlingmayer Tamara, Reiter Martin, Rüscher Karl-Heinz, Rüscher Marco, Rüscher Nadine, Schweiger Franziska, Schweiger Manuel, Schweiger Peter, Schweiger Robert, Steindacher Dominik, Steindacher Gerald, Steindacher Roland, Stocker Andreas, Strobl Daniela, Strobl Franz, Strobl Peter, Strobl Siegfried, Thöringer Herbert, Tiefenbacher Alexander, Tiefenbacher Daniel, Tiefenbacher Manfred, Wundersamer Dietmar, Wundersamer Klaus, Zelzer Johan jun., Zelzer Johann sen., Zelzer Sarah.

Erzherzog-Johann-Musikkapelle Altenmarkt

Obmann:
JAUK Wolfgang

Kapellmeister:
HUBER Jörg

Jugendreferent:
HINTSTEINER Kathrin

Stabführer:
KAURZINEK Peter

Schriftführer:
BRUNTHALER Karoline

EDV-Referent:
HINTSTEINER Michael

Kassier/Finanzreferent:
HINTSTEINER Johann

Ahrer Kurt, Ahrer Willibald, Auer Angelika, Auer Franz, Auer Mario, Brandstädter Friedrich, Brandstädter Martina, Brandstädter Werner, Bräuer Alfred, Brunthaler Karoline, Egger Adolf, Egger Gerhard, Feldhammer Silke, Fölser Fabian, Fössl Karl, Hintsteiner Johann, Hintsteiner Kathrin, Hintsteiner Michael, Hopf Karin, Huber Jörg, Immerl Renate, Jauk Markus, Jauk Wolfgang, Kahlhofer Brigitte, Kaurzinek Peter, Kaurzinek Wolfgang, Kern Michaela, Mayr Bernhard, Mayr Stefan, Maindl Stefanie, Obernberger Rudolf, Oberndorfer Matthias, Oberndorfer Siegfried, Schiefer Carina, Schiefer Martina, Schiefer Thomas, Seebauer Rudolf, Wildling Wolfgang, Zinner Reinhard.

Musikverein Ardning und Umgebung

Obmann:
HAHN, Friedrich

Kapellmeister:
DRAXL Erich

Jugendreferent:
SCHNITTLER Bernhard

Stabführer:
UNTERBERGER Lukas

Schriftführer:
HABACHER Andrea

EDV-Referent:
VÖLKL Natalie

Kassier/Finanzreferent:
VÖLKL Marina

Patrick Auer, Lisa Baumann, Friedrich Brandmüller, Christoph Draxl, Erich Draxl, Hannes Egger, Daniela Fößleitner, Elisabeth Fößleitner, Inge Gruber, Iris Gruber, Manuel Gruber, Daniel Hahn, Friedrich Hahn, Stefanie Heidlmayr, Wolfgang Henökl, Lina Köberl, Jürgen Koinegg, Lisa Metschitzer, Sonja Nowak, Christof Pirkmann, Dominik Riegler, Carina Schmid, Harald Schmid, Tina Schmid, Bernhard Schnittler, Andreas Seebacher, Sophie Seebacher, Susan Stangl, Karina Steffner, Bruno Torggler, Urban Torggler, Lukas Unterberger, Reinhold Unterberger, Marina Völkl, Natalie Völkl, Erwin Völkl, Anna Weber, Christoph Weber.

Musikkapelle Gaishorn-Treglwang

Obmann:
RIEGER Hans-Jürgen

Kapellmeister:
WAGNER Wolfgang

Jugendreferent:
RUß Tina

Stabführer:
DÖRFLER Helmut

Schriftführer:
LAMPRECHT Günther

Kassier/Finanzreferent:
HABERL Roland

Wagner Wolfgang (Kapellmeister), Reif Helmut, Wöhrer Bernhard, Rieger Hans-Jürgen (Obmann), Walzl Martin (Obmann-Stellvertreter), Brandner August, Brandner Jürgen, Lamprecht Günther (Schriftführer), Rieger Heinz, Staudacher Patrick, Rieger Maximilian, Pichler Florian, Wagner Walter, Wagner Ulrich, Wagner Eva-Maria, Lechner Rudolf, Haberl Gerhard, Haberl Roland Kassier, Habe Heinz, Tiffner Florian, Haberl Richard, Haberl Paul, Gindel Florian, Haberl Johannes, Gindel Sigrid, Hasler Lukas, Rieger Anna, Grabenhofer Karl, Ruß Tina, Haberl Stephanie, Leupold Bettina, Elmer Petra, Kaltenbrunner Carina, Dörfler Helmut (Stabführer), Lugger Anna, Maislinger Sabrina, Lamprecht Marlene, Gindel Simon, Gindel Theresa; nicht am Bild: Dandler Herwig, Grabenhofer Christoph, Grabner Karin, Huber Andreas, Kaltenbrunner Kurt, Pitscheider Günter, Rainer Josef, Stranimaier Peter, Tiffner Klaus.

Musikkapelle Gams

Obmann:
BAUMANN Helmut

Kapellmeister:
MESCHEK Franz

Stabführer:
THALLER Hermann sen.

EDV-Referent:
PRETSCHUH Florian

Kassier/Finanzreferent:
MESCHEK Margit

Aktive Mitglieder: Baumann Gregor, Baumann Helmut, Baumann Rudolf, Brandtner Florian, Dörr Tamara, Edlinger Max, Frank Dominik, Frank Susanne, Hadler Nicole, Huber Manfred, Huber Philipp, Huber Verena, Illmayer Anja, Illmayer Michael, Illmayer Siegfried, Klapf Sabine, Lindner Helmut sen., Lindner Helmut jun., Lindner Lisa, Meschek Franz, Meschek Margit, Meschek Tobias, Moder Cornelia, Pretschuh Ernst, Pretschuh Florian, Pretschuh Gerhard, Pretschuh Maria, Pretschuh Patrick, Reiter Erich, Reiter Iris, Rieder Christian, Schnabl Josef, Schmiedberger Mathias, Schranz Hubert, Stangl David, Stangl Marion, Stangl Michaela, Stangl Paul, Taxacher Roland, Thaller Jürgen, Thaller Hermann sen., Thaller Hermann jun.

Freiwilliger Feuerwehr-Musikverein Großreifling

Obmann:
PLETTENBACHER Rudolf

Obmann:
(2.) BRANDSTÄTTER Alfred

Kapellmeister:
PLETTENBACHER Rudolf

Jugendreferent:
THALLER Hermann

Stabführer:
WASCHENEGGER Karl

Schriftführer:
NACHBAGAUER Gabriele

Kassier/Finanzreferent:
LEITNER Karl

Stand 6.10.2009: Kapellmeister (bis 2009): Griessl Eduard; Stabführer: Waschenegger Karl; Flöte/Piccolo: Mag. phil. Brandstätter Christina, Mag. phil. Brandstätter Christina, Nachbagauer Johanna, Pretschuh Sabrina, Pretschuh Sabrina; Klarinette: Brettschuh Ulrike, Griessl Anja, Griessl Eduard, Köppl Lisa, Plettenbacher Silvia; Saxophon: Brettschuh Ulrike, Plettenbacher Silvia; Flügelhorn/Trompete: Brandstätter Alfred, Brandstätter Petra, Höbenreich Werner, Nachbagauer Gabriele, Peter Kurt, Plettenbacher Rudolf, Thaller Silvia, Waschenegger Friedrich; Horn: Brettschuh Hubert, Jelenz Reinhold; Tenorhorn/Bariton: Nachbagauer Franz, Ruschitzka Alois, Thaller Harald, Thaller Hermann; Bass: Brandstätter Peter, Leitner Karl, Unterberger Franz, Unterberger Franz; Schlagzeug: Lindner Eduard, Lindner Mario, Nachbagauer Katharina, Nachbagauer Katharina, Schröding Franz, Waschenegger Karl; Sonstige: Nachbagauer Johanna.

Musik- und Gesangverein Hieflau

Obmann:
SCHREIBMEIER Lisa

Obmann:
GROßAUER Robert

Obmann:
EDLINGER Kurt

Kapellmeister:
REICHENPFADER Jörg

Jugendreferent:
SCHREIBMEIER Lisa

Stabführer:
SEISENBACHER Manfred

Schriftführer:
BOGENREITER Florian

EDV-Referent:
BOGENREITER Florian

Kassier/Finanzreferent:
SPANRING Michael

Almer Katharina, Bogenreiter Florian, Dick Ines, Edlinger Kurt, Ey Ulrike, Fröschl Christoph, Fröschl Stefanie, Großauer Robert, Hadler Erich, Hölzl Michael, Hölzl Sarah, Hönickl Jacqueline, Huber Thomas, Janko Michaela, Maunz Sabine, Millautz René, Mitterböck Patricia, Mlatschnig Bianca, Mlatschnig Martina, Neuhauser Arnold, Reichenpfader Heike, Reichenpfader Helmut, Reichenpfader Jörg, Röck Ernst, Röck Gottfried, Schreibmeier Johannes, Schreibmeier Julia, Schreibmeier Lisa, Seisenbacher Manfred, Spanring Michael, Steininger Manuela, Steininger Priska, Steininger Stefanie, Wieser Robert.

Musikkapelle Johnsbach im Gesäuse

Obmann:
NACHBAGAUER Harald

Kapellmeister:
Dipl.-Ing. PIRCHER Walter

Schriftführer:
Mag. WOLF Dagmar

Kassier/Finanzreferent:
ZEIRINGER Josef

Jugendreferent:
NACHBAGAUER Florian

Name der aktiven MusikerInnen 2009: Berghofer Reinhold, Gasteiner August, Gasteiner Johannes, Gasteiner Nadja, Nachbagauer Christoph, Nachbagauer Florian, Nachbagauer Harald Obmann, Nachbagauer Marlis, Nachbagauer Silvia, Pircher Christian, Pircher Karl Finanzreferent, Pircher Maria, Pircher Ulrike, Pircher Walter jun. Kapellmeister, Pölzgutter Gerhard, Reichenfelser Julia, Wolf Dagmar Schriftführer, Wolf Franz, Zeiringer Josef, Jungmusiker in Ausbildung, Berger Michael, Nachbagauer Eva, Rossegger Simone, Rossegger Marina, Zeiringer Christina, Zeiringer Stefan.

Musikverein „Almrausch" Landl

Obmann:
BRANDL Herbert

Kapellmeister:
MULZHEIM Johann

Stabführer:
EBNER Franz

Schriftführer:
EBNER Franz

Kassier/Finanzreferent:
FRUMMEL Herbert

Obmann: Brandl Herbert; Kapellmeister: Mulzheim Johann; Stabführer: Ebner Franz; Stoll Manuela, Kerschbaumer Andrea, Brandstätter Monika, Frummel Herbert, Röck Esther, Schartner Tanja, Hadler Andrea, Brandstätter Lisa, Müllner Alexandra, Kronsteiner Birgit, Spanner Silvia, Auer Alexander, Brandl Hubert, Edlinger Johann, Kumar Anil, Klapf Alois, Kronsteiner Johann, Abl Herfried, Ahrer Bernhard, Auer Viktor, Lindbichler Dominic, Bachner Andreas, Oberegger Gerhard, Winter Dominic, Aster Jürgen, Vögerl Mathias.

Musikverein Lassing

Obmann:
SCHAUNITZER Johann

Kapellmeister:
ZEISER Wolfram sen.

Jugendreferent:
ZEISER Wolfram jun.

Stabführer:
ZEISER Wolfram sen.

Schriftführer:
GASTEINER Gerhard

EDV-Referent:
GASTEINER Gerhard

Kassier/Finanzreferent:
ZEISER Wolfram jun.

Musikerinnen und Musiker: Boytos Stefanie, Forstner Viktoria, Gasteiner Juliane, Grill Julia, Kleewein Hermine, Mündler Johanna, Purkhardt Martina, Schwab Evelyn, Schwab Susanne, Spreitz Petra, Spreitz Saskia, Spreitz Raphael, Thanner Christina, Eckhart Rudolf, Fladl Lukas, Gasteiner Gerhard, Gasteiner Stefan, Hornbacher Bernhard, Hornbacher Josef ObmStv, Hornbacher Valentin, Huber Erich, Huber Markus, Joerg Sebastian, Joerg Thomas, Joerg Tobias, Kettner Alexander, Kettner Gerhard, kettner Jochen, Perner August, Plank Markus, Schaunitzer Dominik, Schaunitzer Johann Obm., Schroefl Johann, Schüttner Michael, Schwab Dietmar, Schwab Herbert, Seidler Andreas, Semic Thomas, Stenitzer Gerald, Stieg Josef, Thanner Florian, Zechner Johann, Zeiser Wolfram jun., Kpm. Zeiser Wolfram sen.

Musikverein Liezen

Obmann:
Mag. (FH) FRÖHLICH Michael

Kapellmeister:
BA MA LUIDOLD David

Jugendreferent:
SEIß Isabella

Stabführer:
MOßHAMMER Thomas

Schriftführer:
Mag. SINGER Eva

EDV-Referent:
DI (FH) HOLLINGER Dominik

Kassier/Finanzreferent:
LINDMAYR Günter

Aktive Mitglieder der Stadtmusikkapelle, aktueller Stand lt. BMV-Liste 01/2010 (* = am Gruppenbild): Aigner Marcus, Besser Albin*, Feit Dominik*, Mag. Frei Markus*, Frei Sandra*, Freiberger Karin*, Mag. (FH) Fröhlich Michael*, Gaigg Ernst*, Gaigg Ernst jun.*, Gaigg Wolfgang, Galler Johann*, Glausriegler Bernhard*, Günther Albin, Hollinger David*, DI (FH) Hollinger Dominik*, Jäger Michael*, Klaric Antonio*, Mag. Köberl Herbert*, Lasser Hans*, Leitner Anton*, Leitner Klaus*, Lindmayr Ehrenfried*, Lindmayr Günter*, BA MA Luidold David*, Luidold Thomas*, Luidolt Erich*, Mandelberger Emmerich, Mitteregger Felix, Mosshammer Thomas*, Oitzinger Martina*, Pfeiler Yvonne*, Prandstätter Melanie, Rieberer Uwe*, Sach Robert*, Schausberger David*, Schwaiger Günther*, Seiß Isabella*, Sieberer Eva*, Mag. Singer Eva*, Singer Lisa*, Mag. Singer Manfred*, Spannring Adolf*, Spannring Elias*, Spreitz Johann*, Stefanschütz Franz*, Stefanschütz Verena*, Venturin Anja*, Wöhri Manfred* (mittlerweile ausgeschieden); Marketenderinnen: Gaigg Sonja, Kieler Andrea*, Venturin Sabrina*; ständige Gastmusiker (Stammkapelle): Eckmann Martin (EMV Selzthal)*, Fischlschweiger Wolfgang (Stadtkapelle Rottenmann), Fritz Markus (EMV Selzthal)*, MDir. Prof. Ing. Mag. Dr. Marold Adolf (MK Wörschach), Moser Andreas (MK Gröbming)*, Peer Hannes MMK Irdning*, MMag. Rossmann Susanne (keine)*, Schwaiger Christian (MK Weißenbach/Liezen)*.

Musikverein Palfau

Obmann:
SONNLEITNER Hubert

Kapellmeister:
BACHNER Ernst

Jugendreferent:
LINDNER Reinhold

Stabführer:
SONNLEITNER Hubert

Schriftführer:
BACHNER Ernst

Kassier/Finanzreferent:
THALLER Willibald

Namensliste 2009: Obmann und Stabführer: Sonnleitner Hubert; Kapellmeister: Bachner Ernst; Marketenderinnen: Bachner Maria, Käfer Sonja; Querflöte: Bachner Daniela; Klarinette: Auer Sandra, Bachner Birgit, Kronsteiner Engelbert jun., Lindner Dagmar, Meschek Martina, Lindner Reinhold, Pretschuh Ulrike, Seisenbacher Daniel, Thaller Manfred; Flügelhorn: Danner Günther, Danner Manfred, Kronsteiner Engelbert sen., Maunz Ewald, Weißensteiner Karl; Bassflügelhorn: Danner Christian, Danner Hermann, Thaller Karl, Thaller Willibald, Weißensteiner Franz; Trompete: Ganser Manfred, Maunz Christian jun., Meschek Harald, Sonnleitner Josef; Horn: Kronsteiner Josef; Posaune: Auer Michael, Lindner Ewald; Bass: Bachner Gerald, Maunz Christian sen.; Schlagzeug: Auer Bernhard, Baumann Manfred, Ganser Albert, Grabner Daniel, Lindner Gerhard, Sonnleitner Engelbert.

Musikverein Stadtkapelle Rottenmann

Obmann:
Prof. GREIMLER Siegfried

Kapellmeister:
Prof. GREIMLER Siegfried

Stabführer:
WILDLING Johann

Schriftführer:
ORTHABER Harald

Kassier/Finanzreferent:
KLEEMAIER Friedrich

Kpm. und Obm. Prof. Greimler Siegfried; Trompete: Kleemaier Friedrich, Brugger Georg, Fischlschweiger Michael, Hierz Michael, Muckenhofer Hubert, Steibl Samina, Zandl Dominik; Klarinetten: Schrögnauer Ernst, Köckinger Brigitte, Frewein Andrea, Jansenberger Johann, Draxler Carmen, Horak Sandra; Flöte: Greimler Elisabeth, Zandl Sabrina, Hierz Bettina; Flügelhorn: Eibegger Erwin, Zeiler Alfred, Grogger Anton, Frewein Franz, Steiner Manfred, Steiner Sabine, Heschl Simone; Horn: Fischlschweiger Wolfgang; Tenorhorn: Frewein Günter, Steiner Manfred jun., Oberndorfer Rudolf; Bariton: Kleemaier Markus, Sölkner Klaus; Bass: Wildling Johann, Greimel Willi, Heschl Andreas, Erlinger Günther; Schlagzeug: Schrögnauer Thomas, Lassl Marc, Krinner Lukas, Ginner Rudolf, Schöpf Gustav.

Eisenbahner-Musikverein Selzthal

Obmann:
TORGGLER Stefan

Kapellmeister:
ROZIC Michael

Jugendreferent:
ROZIC Filip

Stabführer:
DOBESBERGER Franz

Schriftführer:
LOITZL Christine

EDV-Referent:
ROZIC Filip

Kassier/Finanzreferent:
MADERTHAN Monja

Aktive Mitglieder: Abel Sabrina (Flöte), Abel Walter (Trompete), Bölderl Christina (Klarinette), Dobesberger Franz (Stabführer), Dorninger Michaela (Klarinette), Eckmann Alois (Tuba), Eckmann Martin (Posaune, Tuba, Vizekapellmeister), Eckmann Walter (Tuba), Eder Stefan (Schlagzeug), Fliecher Peter (Flügelhorn), Fritz Markus (Waldhorn), Gressenbauer Sarah (Flöte), Reg.Rat. Großleitner Winfried (Tuba), Huber Gerhard (Posaune), Huber Roland (Klarinette), Jäger Stefan (Schlagzeug), Klingler Anja (Klarinette), Dr. Kohlhauser Dietmar (Tenorhorn), Dr. Kohlhauser Manfred (Posaune), Kothleitner Jasmin (Flöte), Lainer Maria (Flöte), Loitzl Christine (Flöte), Loitzl Daniel (Trompete), Maderthan Monja (Klarinette), Mayerhofer Peter (Schlagzeug), Mayerhofer Roland (Flügelhorn), Pachner Bruno (Bariton), Pollross Florian (Flügelhorn), Pollross Harald (Waldhorn), Pollross Karin (Klarinette), Rozic Filip (Tenorhorn), Rozic Filip jun. (Tenorhorn), Rozic Michael (Flügelhorn, Kapellmeister), Sandner Andreas (Klarinette), Schmied Betina (Klarinette), Schüssler Heidemarie (Flügelhorn), Seebacher Daniel (Schlagzeug), Seebacher Helmut (Flügelhorn), Seebacher Marc (Bariton), Seebacher Rene (Flügelhorn), Stelzer Helmut (Flügelhorn), Sulzbacher Bruno (Ehrenkapellmeister), Torggler Armin (Flügelhorn), Torggler Stefan (Tuba, Obmann des EMV), Unterberger Anita (Klarinette), Unterberger Astrid (Klarinette), Unterberger Isabel (Flöte), Unterberger Haller Barbara (Klarinette), Walch Johann jun. (Waldhorn), Walch Johann sen. (Waldhorn), Walch Silvia (Trompete), Walch Stefan (Es-Klarinette), Walch Wolfgang (Trompete), Ing. Wechsler Gernot (Bariton), Wechsler Sabrina (Trompete), Windl Christina (Flöte).

Marktmusikverein Stainach

Obmann:
SCHWEIGER Gernot

Kapellmeister:
ZÜNDEL Christian

Jugendreferent:
KRONDORFER Michaela

Stabführer:
RANINGER Roland

Schriftführer:
LÖSCH Thomas

EDV-Referent:
KAMP Roland

Kassier/Finanzreferent:
SCHMIED Petra

Sitzend v.l.: Gernot Schweiger (Obmann), Christian Zündel (Kapellmeister), Thomas Lösch (Schriftführer); 2. Reihe v.l.: Nicole Simbürger, Kerstin Wesner, Stefan Köberl, Franz Zündel, Roland Raninger, Ingrid Zündel, Marvin Rupprecht, Jakob Kerschbaumer, Karin Kerschbaumer, Ingeborg Lösch, Kerstin Schweiger, Karmen Turk, Reinhard Köberl, David Stiegler (steht vor Reinhard Köberl), Philipp Kerschbaumer, Wilfried Maier, Johann Kerschbaumer, Sandra Weichbold, Elisabeth Lackner; zwischen 1. und 2. Reihe v.l.: Michael Stiegler (Flügelhorn), Manuel Lösch (Flügelhorn), Manuela Schweiger (Saxophon), Petra Schmied (Klarinette); 2. Reihe v.l.: Bianca Pogacnik, Michaela Krondorfer, Lisa Schrottshammer, Sabine Luxbauer, Erhard Glaser, Roland Kolb, Markus Stiegler, Markus Zündel, Roland Kamp, Kerstin Strodl, Elke Raninger, Sepp Stiegler, Lukas Leeb; nicht am Foto: Oliver Kamp, Peter Planitzer, Florian Schönwetter, Markus Köberl, Josef Raninger, Helmut Krondorfer, Sylvia Schachner, Melanie Stiegler, Claudia Mayr.

Trachtenkapelle St. Gallen

Obmann:
NEURATHNER Johann

Kapellmeister:
DI (FH) WEISSENSTEINER Alexander

Jugendreferent:
WEISSENSTEINER Bettina

Stabführer:
NEURATHNER Johann

Schriftführer:
HERMANN Martina

Schriftführer:
MALLE Ulrike

EDV-Referent:
HERMANN Martina

Kassier/Finanzreferent:
ZICK Franz

Dallner Erwin, Desch Katarina, Ertl Thomas, Fössleitner Martina, Fössleitner Stefan, Fürweger Jakob, Großmann Evelyn, Gstöttner Pascal, Hermann Birgit, Hermann Martina, Hermann Walter, Hintsteiner Oliver, Jauk Christian, Jauk Irene, Kobs Johanna, Kobs Katarina, Kobs Rudi, Kössler Herbert, Kössler Manfred, Kössler Marina, Kössler Susi, Kössler Verena, Lechner Josef, Malle Ulli, Mayer Melanie, Moosbrugger Barbara, Neurathner Johann, Platzer Christian, Pölzgutter Johann, Riegler Martina, Schneiber Christiane, Steiger Janine, Steinberger David, Steinberger Josef, Steinberger Jürgen, Szecsey Siegfried, Weissensteiner Alex, Weissensteiner Bettina, Wendner Johanna, Windhager Christoph, Zeiler August, Zick Christoph, Zick Franz, Zinner Franz.

Musikverein St. Lorenzen i. P. und Umgebung

Obmann:
MAYERHOFER Thomas

Kapellmeister:
MAYERHOFER Walter

Stabführer:
MAYERHOFER Thomas

EDV-Referent:
MAYERHOFER Thomas

Kassier/Finanzreferent:
PACHER Johann

Obmann: Thomas Mayerhofer; Kapellmeister: Walter Mayerhofer; Flöte: Hansmann Jasmin, Schrefler Bettina, Müller Sandra, Panhölzl Stefanie, Schöttl Anja; Flügelhorn: Mayerhofer Roland, Hansmann Michael, Burghauser Patrik, Laimer Gerhard, Mayerhofer Anita, Hansmann Kevin, Pacher Andreas, Müller Markus; Tenorhorn: Mayerhofer Thomas, Burghauser Erwin jun., Wechsler Gernot; Posaune: Gröschl Michael, Percht Christoph; Schlagzeug: Mayerhofer Peter, Mayerhofer Bernhard, Haberl Philip; Es-Klarinette: Haberl Herwig; B-Klarinette: Schrefler Peter, Schmuck Siegfried, Müller Werner, Fliecher Peter, Weikl Magdalena; Trompete: Pacher Johann, Stauchner Manfred, Rejautz Gerhard, Klingler Günter, Torggler Armin; Horn F: Mayerhofer Philip, Schöttl Jörg, MDir. Mag. Maier Emmerich; Tuba: Rejautz Günter, Kettner Albert; Makedenderinnen: Müller Susanne, Steinmetz Martina.

Werks- und Stadtmusik Trieben

Obmann:
Ing. STRANIMAIER Arno

Kapellmeister:
Dipl.-Päd. FÖSLEITNER Friedrich

Jugendreferent:
FÖSLEITNER Silvia

Stabführer:
MDir. Mag. MAIER Emmerich

Schriftführer:
PETTER Elke

EDV-Referent:
BRATTER Werner

Kassier/Finanzreferent:
BRATTER Werner

Personenliste: Dipl.-Päd. Fösleitner Friedrich (Kapellmeister); Ing. Stranimaier Arno (Obmann, Posaune, Tuba), Bed. Brandner Tamara (Flöte), Bratter Werner (Flöte), Dipl.-Päd. Fösleitner Silvia (Flöte), Hartl Sabrina (Flöte), Hofmayer Corinne (Flöte), Jäger Miriam (Flöte), Pelka Carina (Flöte), Tomani Martina (Flöte), Wachtler Sidonie (Flöte), Zeisl Christine (Flöte), Mag. Grassegger Stefanie (Klarinette, Saxophon), Hafner Niklas (Klarinette), Mag. Haslinger Christoph (Klarinette, Saxophon), König Nico (Klarinette), Latzina Melanie (Klarinette), Mag. Monsberger Hilde (Klarinette, Saxphon), Sumann Markus (Klarinette), Ringl Melanie (Klarinette, Saxophon), Schöfl Carina (Klarinette, Saxophon), Spanring Tina (Klarinette), Premec Davorin (Saxophon, Klarinette), Strimitzer Sandra (Saxophon), Dipl.-Päd. Fösleitner Werner (Trompete), Heiler Johann (Trompete), Ing. Huber Michael (Trompete), Pfister Manuel (Trompete), Weißenbacher Kerstin (Trompete), Friedl Martina (Flügelhorn), Golob Philip (Flügelhorn), Hofmann Heimo (Flügelhorn), Kleewein Klaus (Flügelhorn), Fösleitner Tobias (Bariton), Jäger Florian (Bariton), Jäger Matthäus (Tenorhorn), Schrametei Bernadette (Bariton), Schrametei Otto (Tenorhorn), Haslinger Helmut (Waldhorn), MDir.Mag. Maier Emmerich (Waldhorn), Schupfer Björn (Waldhorn), Konrad Michael (Posaune), Stranimaier Andre (Posaune, Bariton), Haslinger Johann (Tuba), Luidold Siegfried jun. (Tuba), Petter Elke (E-Bass), Luidold Siegfried sen. (Schlagzeug), Schlosser Christian (Schlagzeug), Weißenbacher Janis-Noel (Schlagzeug), Widi Walter (Schlagzeug).

Musikkapelle Weng im Gesäuse

Obmann:
KNIEWASSER Gerhard

Kapellmeister:
DI LENA Günter

Jugendreferent:
PLATZER Karoline

Stabführer:
DERLER Christian

Schriftführer:
UNTERBERGER Katrin

EDV-Referent:
UNTERBERGER Katrin

Kassier/Finanzreferent:
WIMBERGER Gerald

1. Reihe hockend (jeweils v.l.n.r.): Walter Durchschlag, Julian Mitterböck, Dieter Wolf, Andreas Erlinger; 2. Reihe sitzend: Gernot Prantl, Stefan Prantl, Daniel Nagler, Ludwig Reitegger, Patrizia Katschner, Sabrina Mitterböck, Christina Steinhauser, Stephanie Gütl, Katrin Unterberger; 3. Reihe stehend: Bianca Berner (Marketenderin), DI Franz Lena, Karoline Platzer, Ferdinand Maunz, Brigitte Reithofer, DI Günter Lena, Hubert Platzer, Michael Schmierer, Gerald Wimberger, Kristina Durchschlag, Christoph Unterberger, Katharina Raffl (Marketenderin); 4. Reihe stehend: Christian Derler, Christian Blamauer, Wolfgang Platzer, Herbert Stecher, Gerhard Kniewasser, Wolfgang Mitterböck, Hubert Maunz, Gerald Lattacher.

Musikverein Weißenbach bei Liezen

Obmann:
Mag. BRANDMÜLLER Walter

Kapellmeister:
STRUCKL David

Jugendreferent:
KRENN Tanja

Jugendreferent:
TIEFENBACHER Birgit

Stabführer:
RAINER Thomas

Schriftführer:
GRIEßER Heidi

EDV-Referent:
STRUCKL David

Kassier/Finanzreferent:
EDLINGER Gerlinde

Aktive Mitglieder, Stand 14.12.2009: Brückler Eva, Capellari Julia, Edlinger Gerlinde, Edlinger Stefan, Essenko Lukas, Grießer Heidi, Hofer Andrea, Kern Sandra, Kettner Herbert (nicht am Foto), Kettner Anita, Krenn Nicole, Krenn Tanja (nicht am Foto), Krenn Walter, Mayerl Kathrin, Pfusterer Michaela, Pichler Herwig, Plank Josef, Rainer Dominik, Rainer Saskia, Sallfeldner Erhard, Schmidt Elisabeth, Schmidt Kathrin, Schüttbacher Melanie, Schwaiger Andreas, Schwaiger Christian (nicht am Foto), Seebacher Manfred, Seebauer Clemens (nicht am Foto), Struckl David (Kapellmeister), Tasch Ulrike (nicht am Foto), Terler Lorenz, Tiefenbacher Birgit, Uray Heidrun, DI Wöhry Odo (Obmann).

Trachtenmusikkapelle Weißenbach an der Enns

Obmann:
WINDHAGER Karl

Kapellmeister:
MOSER Dieter

Jugendreferent:
DGKP SEEBAUER Clemens

Stabführer:
WEISSENSTEINER Johannes

Schriftführer:
SCHWINGSHACKL Doris

Kassier/Finanzreferent:
LIRSCHER Barbara

Namen der Mitglieder, die auf dem Foto von 2008 zu sehen sind (von vorne, v.l.n.r.): 1. Reihe: Dieter Moser (Kapellmeister); 2. Reihe: Jasmin Göbelhaider, Julia Schneiber, Martina Tautscher, Nicole Meissl; 3. Reihe: Sabine Weissensteiner, Cornelia Knotek, Alina Forstner, Michaela Rodlauer, Marion Käfer, Rudolf F. Stöckelmeier, Monika Hagauer; 4. Reihe: Wolfgang Windhager, Norbert Pretschuh, Franz Moser, Lukas Moser, Patrick Wildling, Katharina Mayr, Ingrid Baumann, Stefanie Weissensteiner; 5. Reihe (nur halbe Reihe, ab Mitte): Alfons Schließmann, Florian Huber, Felix Achathaller, Bianca Rohrer, Doris Schwingshackl; 6. Reihe: Jakob Schneiber, Christoph Auer, Petra Mager, Harald Palmetzhofer, Rainer Baumann, Thomas Käfer, Elisabeth Pretschuh; 7. Reihe: Hermann Weissensteiner, Hannes Rodlauer, Erich Fahrnberger, Alexander Huber, Daniel Auer, Herbert Rodlauer, Hans Rodlauer, Maximilian Rodlauer, Philip Hintsteiner, Manuela Seebauer, Clemens Seebauer; 8. Reihe: Simone Unterberger, Bianca Weissensteiner, Karl Stumberger, Karl Windhager (Obmann), Thomas Weissensteiner, Tobias Weissensteiner, Johann Schneiber, Johannes Weissensteiner (Stabführer), Hans-Peter Danner.

Musikkapelle Wildalpen

Obmann:
BAUMANN Heinz

Kapellmeister:
MAYER Thomas

Jugendreferent:
GRAF Marco

Stabführer:
MAYER Thomas

Schriftführer:
HINTERREITER Andreas

EDV-Referent:
BAUMANN Heinz

Kassier/Finanzreferent:
BOGENREITER Ernst

Mitgliederliste: Abel Günther, Arrer Ferdinand, Arrer Michael, Baumann Arnold, Baumann Heinz (Obmann), Baumann Hermann, Bogenreiter Ernst (Kassier), Casari Leo, Casari Veronika, Casari Wolfgang, Eisbacher Andreas, Formann Fredl, Graf Anton, Graf Lukas, Graf Marco (Jugendreferent), Graf Sabrina, Graf Tobias, Gulas Oliver, Hinterreiter Andreas (Schriftführer), Hollinger Christian (Bez.-EDV-Referent), Illmayer Peter sen., Illmayr Daniel, Kain Hermann, Mayer Thomas (Kapellmeister), Mitterbäck Michael, Moser Michaela, Moser Wolfgang, Oberrainer Stefan, Stenitzer Angela, Weissensteiner Stefan, Werner Andreas, Winter Tamara.

Musikverein Wörschach

Obmann:
SCHACHNER Roland

Kapellmeister:
LASSER Edwin

Kapellmeister:
MDir. Prof. Ing. Mag. Dr. MAROLD Adolf

Jugendreferent:
SCHACHNER Michael

Stabführer:
LANGANGER Ernst

Schriftführer:
HORNER Dagmar

EDV-Referent:
HUBER Gregor

Kassier/Finanzreferent:
Ing. GOLOB Franz Johann

Aktive Musikerinnen und Musiker: Edwin Lasser (Kapellmeister, Posaune, Tenorhorn), MDir. Dr. Adolf Marold (Kapellmeister, Klarinette, Saxophon), Monika Gebeshuber (Querflöte, Piccolo), Stefanie Maxones (Querflöte, Piccolo), Julia Ritt (Querflöte, Piccolo), Julia Gebeshuber (Querflöte), Marie-Theres Wagner (Querflöte), Christina Schachner (Querflöte), Albert Grüßer (Klarinette, Saxophon), Catherina Schachner (Klarinette), Lukas Maxones (Klarinette, Saxophon), Stefan Lux (Klarinette), Gregor Huber (Klarinette), Herbert Grüßer Klarinette, (Saxophon), Rudolf Horner (Klarinette, Saxophon), Irmgard Lasser (Klarinette), Martina Lasser (Klarinette), Karin Gassner (Klarinette), Mag. Franz Ritt (Flügelhorn), Klaus Weitgasser (Flügelhorn), Ing. Andreas Kerschbaumer (Flügelhorn), Christian Lasser (Flügelhorn), Markus Kerschbaumer (Flügelhorn), Eduard Weißenbeck (Flügelhorn), Gerhard Gassner-Speckmoser (Trompete), Siegfried Strobl (Trompete), Sonja Haider (Trompete), Ernst Langanger (Trompete), Sabrina Wechsler (Trompete), Kerstin Lausegger (Trompete), Johann Weitgasser (Tenorhorn), Ing. Gernot Wechsler (Tenorhorn), Martin Schachner (Bariton), Klaus Lemmerer (Horn), Peter Maxones (Horn), Laura Maxones (Horn), Michael Schachner (Posaune, Bariton), Johannes Huber (Posaune), Ing. Franz Golob (Posaune), Roland Schachner (Tuba), Adolf Kerschbaumer (Tuba), Stefan Langanger (Tuba), Gerald Aigner (Schlagzeug), Eduard Wechsler (Schlagzeug), Marko Grünwald (Schlagzeug), Arne Gorski (Schlagzeug), Roman Pleininger (Schlagzeug), Thomas Schachner (Schlagzeug), Paul Schaunitzer (Schlagzeug), Reinhard Lasser (Schlagzeug), Jakob Horner (Trommelwagerlzieher), Sebastian Horner (Trommelwagerlzieher), Anita Lasser (Marketenderin), Sigrid Weißenbeck (Marketenderin), Brigitte Kerschbaumer (Marketenderin), Bettina Schwaiger (Marketenderin), Martina Schwaiger (Marketenderin).

Musikbezirk Murau[481]

Die Bezirksleitung des Blasmusikverbandes Murau im Jahre 2009 (v.l.): Johann Hösele (Beirat), August Seidl (Finanzreferent), Michael Dröscher (Beirat), Dir. Fritz Unterweger (Obmann), Erwin Ebner (EDV-Referent), Karl Rappold (Kapellmeister), Dir. Gotthard Seidl (Obmann-Stv.), Prof. Ing. Philipp Fruhmann (Ehrenkapellmeister), MDir. Mag. Wolfgang Fleischhacker (Kapellmeister-Stv.), Mag. Peter Ehgartner (Jugendreferent), Hubert Galler (Obmann-Stv. und Stabführer) und Mag. Hannes Grogger (Beirat); nicht am Foto: Ing. Wilfried Ofner (EDV- und Schriftführer-Stv.), Walter Horn (Schriftführer), Erwin Fussi (Ehrenobmann), Armin Kogler (Jugendreferent-Stv.), Mag. Anton Hlebaina (Finanzreferent-Stv.).

---

481   50 Jahre Bezirksleitung Murau. 100 Jahre Blasmusik in Stadl/Mur. Festschrift, Stadl an der Mur 2001.

Musikverein Althofen

Obmann:
FUSSI Erwin

Kapellmeister:
EICHMANN Helmut

Jugendreferent:
RAUCH Reinhold

Stabführer:
FUSSI Erwin

Schriftführer:
RAUCH Thomas

EDV-Referent:
RAUCH Thomas

Kassier/Finanzreferent:
STOCKER Gottfried

Brunner Claudia (Marketenderin), Brunner Elisabeth (Bariton), Eichmann Helmut (Kapellmeister), Fritz Markus (Kl. Trommel), Fussi Andreas (B-Tuba), Fussi Erwin (Obmann/Stabführer), Fussi Lorenz (Flügelhorn), Galler Isabella (Marketenderin), Galler Manuel (Kl. Trommel), Gerold Reinhard (Posaune), Herbst Michael (B-Klarinette), Hlebaina Anja (Bariton), Kaplans Josef (Bariton), Kern Max (Kl. Trommel), Klünsner Siegfried (Gr. Trommel), Kobald Sabrina (B-Trompete), Kobald Tanja (B-Klarinette), Kogler Erwin (Flügelhorn), Kogler Meinrad (F-Tuba), Kurz Matthias (Posaune), Leitner Alfred (B-Trompete), Mag. Dorfer Karin (B-Klarinette), Perger Gerhard (Es-Klarinette), Putz Sabina (B-Trompete), Putz Theresa (B-Klarinette), Rauch Nicole (B-Klarinette), Rauch Reinhold (Posaune), Rauch Thomas (Kl. Trommel), Reßler Jasmin (B-Trompete), Rohn Sandra (Bariton), Schlojer Sylvia (Marketenderin), Schmiedhofer Bernhard (Tenorhorn), Stadlober Stefan (Flügelhorn), Stadlober Viktoria (B-Klarinette), Stocker Franz (B-Klarinette), Stocker Gottfried (B-Klarinette), Stocker Johann (Flügelhorn), Stocker Sabrina (B-Trompete), Wohleser Siegfried (Becken).

Musikverein Katsch-Frojach

Obmann:
PICHLER Martin

Kapellmeister:
HOLZER Johann

Jugendreferent:
PICHLER Franziska

Stabführer:
STOCKER Hubert

Schriftführer:
SUMMER Michael

EDV-Referent:
TRATTTNER Christina

Kassier/Finanzreferent:
FEICHTNER Johann

V.l.n.r. (Jahr des Vereinseintritts); ganz vorne: Wieser Florian, Schlagzeug (2009), Schuchnigg Thomas jun., Schlagzeug (2002); sitzend: Dockner Monika, Querflöte (2006), Trattner Christina, Querflöte (2002), Wind Martina, Es-Klarinette (1990), Leitner Karin, B-Klarinette (1997), Schuchnigg Marlene, B-Klarinette (1999), Obmann Pichler Martin, Horn F (2005), Pichler Sabrina, Marketenderin (2010), Kapellmeister Holzer Johann, Tenorhorn (1965), Pichler Franziska, B-Klarinette und Schlagzeug (2003), Sunitsch Anja, B-Klarinette (2009), Klünsner Marion, B-Klarinette (2009); stehend: Schoberegger Silvia, Marketenderin (2010), Stabführer Stocker Hubert, Schlagzeug (1977), Kobald Manuela, Marketenderin (2010); 1. Reihe stehend: Reiger Alexander, Alt-Saxophon (2008), Baluch Marie, Alt-Saxophon (2009), Pichler Magdalena, B-Trompete (2009), Reiger Lukas, B-Trompete (2006), Pirker Stefan, B-Trompete (1999), Kerschbaumer Gerald, B-Trompete (1991), Kobald Gerald, Flügelhorn (2003), Kobald Andreas, Flügelhorn (1998), Dorfer Albert, Flügelhorn (1989), Pichler Sebastian, Flügelhorn (2006), Kaplans Anton, Posaune (1965); 2. Reihe stehend: Kobald Klaus, Tenorhorn (1994), Kratzer Gerhard, Tenorhorn (2008), Summer Michael, Bariton (1957), Metnitzer Claudia, Bariton (2009), Maierhofer Maria, Horn F (2009), Leitner Gottfried, Horn F (1969), Stocker Oswald, Es-Trompete (1982), Zitz Franz, Es-Trompete (1959), Pichler Jakob, Posaune (1970); 3. Reihe stehend: Pichler Rebekka, F-Bass (2005), Feichtner Johann, B-Bass (1985), Schuchnigg Thomas sen., Stabführer-Stv. (1984), Pichler Herbert, Schlagzeug (1984), Mayer Peter, Schlagzeug (2010), Kogler Hubert, Schlagzeug (1957), Stocker Thomas, Schlagzeug (2010); nicht am Bild: Dockner Andrea, B-Klarinette (2001), Eichberger Eva, B-Klarinette (1987), Feichtner Herbert, Stabführer-Stv. (1985), Grasser Sandra, B-Klarinette (1999), Pirker Martin, B-Trompete (2006), Scheucher Sabine, B-Trompete (2006), Schoberegger Bettina, Tenorhorn (2003).

Schützenmusikkapelle Krakaudorf

Obmann:
SUMANN Rudolf

Obmann:
(2.) Ing. SCHRÖCKER Josef

Kapellmeister:
SIEBENHOFER Hubert

Schriftführer:
MOSER Anton

EDV-Referent:
SIEBENHOFER Hubert

Kassier/Finanzreferent:
SIEBENHOFER Johann

1. Reihe von links: Franz Thanner, Klaus Tockner, Katharina Schweiger, Rudolf Sumann (Obmann), Mag. Gottlieb Schnedl (Kapellmeister), Sabrina Schlick, Johann Wieland, Maria Tockner; 2. Reihe von links: Daniela Saringer, Elisabeth Schröcker, Stefanie Bischof, Claudia Schnedl, Gottfried Tockner, Hubert Stolz, Johann Kleinferchner, Petra Tockner, Sabrina Tonner, Martin Grießer; 3. Reihe von links: Patricia Siebenhofer, Teresa Sumann, Franz Kleinferchner jun., Alexius Schnedl (Kapellmeister-Stellvertreter), Michael Grießer, Günther Zwinger, Christina Prodinger, Florian Knapp; 4. Reihe von links: Bernhard Schröcker, Franz Bischof, Andreas Thanner, Urban Zitz, Robert Siebenhofer, Roman Zitz, Walter Zitz, Nicole Fritz; 5. Reihe von links: Philipp Spreitzer, Judith Tockner, Hubert Siebenhofer, Christoph Thanner, Markus Bacher, Franz Kleinferchner sen., Adolf Grießer; 6. Reihe von links: Andreas Knapp, Oliver Thanner, Leopold Knapp, Günther Kleinferchner, Gerald Zwinger.

Musikverein „Alpenklänge" Krakauebene

Obmann:
SIEBENHOFER Herbert

Kapellmeister:
Mag. HLEBAINA Anton

Jugendreferent:
KOGLER Armin

Stabführer:
SIEBENHOFER Peter

Schriftführer:
SIEBENHOFER Elisabeth

EDV-Referent:
LINTSCHINGER Johannes

Kassier/Finanzreferent:
Ing. STOLZ Norbert

Am Boden sitzend (jeweils v.l.n.r.): Ewald Siebenhofer, Andreas Tockner, Martin Wallner, Bernd Siebenhofer; 1. Reihe sitzend: Mag. Otto Esterl jun., Sandra Bischof, Marianne Siebenhofer, Johann Stolz, Mag. Gudrun Esterl, Veronika Siebenhofer, Kpm. Mag. Anton Hlebaina, Schriftführerin-Stv. Elisbeth Hlebaina, Stephanie Siebenhofer, Elisabeth Siebenhofer, Marianne Stolz, Lisa Maria Siebenhofer, Eva Maria Löcker; 2. Reihe stehend: Obm. Insp. Herbert Siebenhofer, Marketenderin Lisa Schnedl, Jug.-Ref. Armin Kogler, Gregor Wallner, Patrick Wimmler, David Bischof, Instr./Notenwart Josef Stolz, Reinhard Tockner, Johannes Siebenhofer, Raimund Kogler, Josef Hollerer, Simon Tockner, Schriftführerin Elisabeth Siebenhofer, Elfriede Tockner, Marketenderin Christina Stolz; 3. Reihe stehend: Johann Siebenhofer, Mag. Dr. Gernot Esterl, Franziska Dethloff, Kathrin Pirkner, Theresa Moser, Christina Stolz, Julian Kogler, Peter Siebenhofer jun., Erwin Siebenhofer, Rudolf Stolz, Gerhard Stolz, Stabführer Peter Siebenhofer sen.; 4. Reihe stehend: Otto Esterl sen., Instr./Notenwart-Stv. Harald Zitz, Alexandra Miehl-Siebenhofer, Jug.-Ref.-Stv. Peter Moser, 1. Kpm.-Stv. Johannes Lintschinger, Gottfried Lintschinger, Tamara Hlebaina, Harald Kogler, 2. Kpm.-Stv. Robert Hlebaina, Dominik Kogler; nicht auf dem Bild: Melania Würger, Josef Pirkner, Marketenderin Christina Schnedl.

Musikverein Laßnitz bei Murau

Obmann:
KLAUBER Anton

Organisationsreferent:
PETERNELL Evelyn

Kapellmeister:
KÖCK Fritz

Jugendreferent:
PRIMAVESI Monika

Stabführer:
BACHER Gerald

Schriftführer:
TOCKNER Elisabeth

EDV-Referent:
TOCKNER Johann

Kassier/Finanzreferent:
PETERNELL Walter

Aktive Musikanten und Musikantinnen: Bacher Erhard, Bacher Gerald, Bacher Hubert, Bacher Martin, Bacher Martina, Bacher Raphael, Bacher Sabine, Bacher Werner, Ebner Brigitte, Ebner Stefan, Fussi Anton, Fruhmann Renate, Fuchs Johann, Gappmayer Sabine, Gappmayer Hans, Kollmann Frank Laßnitz, Klauber Alexander, Köck Reinhard, Kravagna Michaela, Kropf Martina, Kropf Sabine, Leitner Josef, Moser Christian, Moser Siegfried, Moser Martina, Peternell Evelyn, Peternell Christina, Peternell Sonja, Peternell Walter, Pichelmayer Beate, Pichelmayer Gerhard, Prieler Alexandra, Prieler Markus, Prieler Peter, Primavesi Monika, Schaflechner Friedrich, Schaflechner Leonhard, Schiffer Martin, Schnitzer Andreas, Schnitzer Alexander, Schnitzer Elisabeth, Sommer Petra, Steiner Maria, Tockner Johann, Weißofner Berthold, Wölfl Gudrund, Wölfl Thomas, Wurzer Sandra.

Musikverein Mariahof

Obmann:
OFNER Franz

Kapellmeister:
OFNER Werner

Jugendreferent:
MAIER Elisabeth

Jugendreferent:
EHGARTNER Christian

Stabführer:
OFNER Werner

Schriftführer:
NEUMANN Harald

EDV-Referent:
OFNER Wilfried

Kassier/Finanzreferent:
SEIDL Markus

Mitgliederliste (alphabetisch): Delmarco Claudia, Ehgartner Christian, Ehgartner Leopold, Esser Ronald, Helfenschneider Martina, Helfenschneider Sigrid, Kellner Thomas, Kernmaier Carina, Leitner Johann, Liebchen Julia, Maier Nicole, Maier Beate, Maier Elisabeth, Maier Katharina, Mlinar Dominik, Mlinar Mirjam, Mlinar Theresa, Murer Birgit, Nahold Veronika, Neumann David, Neumann Hannes, Neumann Philipp, Ofner Angelika, Ofner Anna, Ofner Christine, Ofner Florian, Ofner Franz, Ofner Matthäus, Ofner Robert jun., Ofner Robert sen., Ofner Werner, Ing. Ofner Wilfried, Ofner Veronika, Paulitsch Valentin, Paulitsch Vinzenz, Peinhaupt Peter, Peinhaupt Rudolf, Peinhaupt Sebastian, Peinhaupt Stefan, Peinhaupt Willi, Präsent Peter, Präsent Petra, Präsent Sabine, Präsent Sarah, Preisl Christine, Preisl Stefan, Present Arno, Present Arnolf, Present Helga, Present Lukas, Present Stefan, Radauer Petra, Reichsthaler Friedrich, Ritzinger Armin, Ritzinger Bernhard, Schnedl Peter, Schuller Monika, Schusser Kerstin, Seidl August, Seidl Georg, Seidl Josef, Seidl Markus, Straner Julia, Strasser Kerstin, Tschernig Lisa, Umundum Johannes, Wohleser Barbara.

Musikverein Mühlen am Zirbitz

Obmann:
STÖLLER Erwin

Kapellmeister:
PICHLER Hubert jun.

Jugendreferent:
RUCKER Karin

Jugendreferent:
KOMAR Katrin

Stabführer:
MAIER Johann

Schriftführer:
WUITZ Anita

EDV-Referent:
WUITZ Anita

Kassier/Finanzreferent:
KOMAR Hubert

Feiel Walter (Flügelhorn), Hofferer Heinz (Posaune), Hofferer Peter (Bass), Horn Eduard (Flügelhorn), Kogler Andreas (Trompete), Komar Hartmut (Flügelhorn), Komar Katrin (Klarinette, Jugendref.), Komar Hubert (Schlagwerk), Krainer Selina (Klarinette), Kraxner Sabrina (Flöte), Lassacher Roland (Tenorhorn), Lintschinger Marion (Flöte), Maier Johann (Stbf./Obm.-Stv.), Maier Herbert (Schlagwerk), Matschnigg Martina (Flöte), Neumann Philipp (Trompete), Panzer Kerstin (Flöte), Pichler Roland (Tenorhorn), Pichler Thomas (Tenorhorn), Pichler Hubert (Trompete, Kapellmeister), Pobatschnig Martin (Posaune), Pobatschnig Erwin (Bass, Kpm.-Stv.) Pobatschnig Georg (Tenorhorn), Rieberer Rafael (Tenorhorn), Schager Katja (Klarinette), Schnedl Corinna (Marketenderin), Schnedl Jenny (Marketenderin), Steibl Julia (Flöte), Stöller Erwin (Obmann), Strainig Anna (Klarinette), Strainig Erwin (Tenorhorn), Wuitz Jacqueline (Flöte), Wuitz Anita (Schlagwerk, Schriftf./EDV), Wuitz Christoph (Schlagwerk), Zeiner Adolf (Tenorhorn); nicht am Bild: Kraxner Monika (Kass.-Stv.), Maier Johannes (Schlagwerk), Robitschko Martha (Marketenderin), Stangl Johann (Flügelhorn).

Musikverein Stadtkapelle Murau

Obmann:
DULLNIGG Richard

Kapellmeister:
Prof. Ing. FRUHMANN Philipp

Jugendreferent:
KAUL Daniel

Stabführer:
Prof. Ing. FRUHMANN Philipp

Schriftführer:
SCHNEIDER Ursula

EDV-Referent:
SCHÖGGL Florian

Kassier/Finanzreferent:
OFNER Gerhard jun.

Mitgliederliste: Auer Franz (Flügelhorn), Bacher Armin (Flügelhorn), Bacher Ernst (Tenorhorn), Bacher Sandra (B-Klarinette), Berger Arnold Schlagzeug, Braunstein Herbert (Posaune), Brodinger Rosemarie (B-Klarinette), Brunner Jürgen (Trompete), Brunner Peter (Flügelhorn), Dullnigg Richard (Flügelhorn, Obmann), Mag. Ehgartner Peter (Horn), Mag. Ferner Johann (Tuba), Fixl Franz (Saxophon), Fixl Friederike (Saxophon), Fixl Gerhard (B-Klarinette), MDir. Mag. Fleischhacker Wolfgang (B-Klarinette), Fradler Johanna (Querflöte), Fradler Kerstin (Querflöte), Prof. Ing. Fruhmann Philipp (Kapellmeister/Stabführer), Galler Franz (Tuba), Galler Michael (Tenorhorn), Galler Michaela (Flügelhorn), Mag. Grogger Hannes (Trompete), Haider Martin (Schlagzeug), Hipfl Hannes (Schlagzeug), Judmaier Dieter (Tuba), Kaul Daniel (Saxophon), Köck Fritz (Oboe), Kogler Armin (Saxophon/Kpm.-Stv.), Koller Gerlinde (Trompete), Kropf Martina (Fagott), Lassacher Christoph (Posaune), Leitner Hubert (Horn), Lercher Martha (B-Klarinette), Mag. Luegger Martin (Posaune), Mandl Barbara (Querflöte), Mang Gernot (Tuba), Midl Siegfried (Schlagzeug), Ofner Gerhard jun. (Tenorhorn/Kassier), Ofner Gerhard sen. (Tenorhorn), Ofner Johann (Horn), Dr. Passegger Franz (Posaune), Perner Thomas (Trompete), Dr. Pfeifenberger Karin (B-Klarinette), Pucher Franz (Posaune), Purgstaller Siegfried (Tuba), Rackl Gert (Horn), Regger Florian (Schlagzeug), Schaflechner Leonhard (Horn), Schiefer Eva (Querflöte), Schiefer Johann (Trompete), Schitter Kevin (Schlagzeug), Schitter Martin (B-Klarinette), Schöggl Florian (Bass-Klarinette), Schreilechner Franz (Horn), Spreitzer Erwin (Tenorhorn), Spreitzer Thomas (Flügelhorn), Strasser Jürgen (B-Klarinette), Sumann Fritz (Trompete), Taferner Stefan (Trompete), Tanner Petra (Querflöte), Tschauner Sebastian (B-Klarinette), Weilharter Paul (Schlagzeug), Winkler Stefan (Schlagzeug), Woitischek Roland (Schlagzeug), Würger Ulrike (Es-Klarinette), Zischmeier Georg (B-Klarinette), Zischmeier Kathrin (B-Klarinette), Fleischhacker Astrid (Marketenderin), Greul Tina (Marketenderin), Gruber Iris (Marketenderin), Heitzer-Lamm Elisabeth (Marketenderin), Michalitsch Clara (Marketenderin), Tanner Michaela (Marketenderin), Trausnitz Martina (Marketenderin).

Musikverein Neumarkt

Obmann:
Dir. WIELAND Brigitte

Kapellmeister:
LEITNER Martin

Jugendreferent:
HEIT Alexander

Stabführer:
KURZ Joachim

EDV-Referent:
HEIT Alexander

Kassier/Finanzreferent:
KAUTZ Helmut

MusikerInnen: Edlinger Dominic, Schlagwerk (2005), Egger Julia, Tenorhorn (2004), Egger Norbert, Trompete (1983), Gießl Rudolf, Tenorhorn (1964), Grießner Cornelia, Saxophon (2007), Habenreich Franz, Tuba (1976), Habenreich Nicole, Querflöte (1990), Heit Alexander, Schlagwerk (2002), Heit Christian, Schlagwerk (2005), Heit Heidrun, Saxophon (2009), Jandl Laurenz, Tenorhorn (2008), Krenn Julia, Horn (2004), Krenn Martina, Querflöte (2002), Kurz Joachim, Schlagwerk (1998), Lampl Bettina, Querflöte (2008), Leitner Martin, Klarinette (1989), Leitner Johann, Tuba (1963), Lieskonig Rosmarie, Klarinette (2006), Macher Gerhard, Tenorhorn (1974), Maier Armin, Saxophon (2003), Panzer Stefanie, Klarinette (2001), Peisl Robert, Trompete (2003), Petz Andreas, Trompete (2000), Petz Gernot, Trompete (2000), Pirker Stefan, Trompete (2004), Pfundner Michael, Posaune (2007), Pölzl Julia, Klarinette (2005), Riepl Daniel, Schlagwerk (2005), Reif Simon, Schlagwerk (2002), Reidlinger Eva, Klarinette (2007), Reidlinger Helmut, Mag. Klarinette (2008), Ressler Ramona, Klarinette (2001), Ressler Jasmin, Mag. Querflöte (1991), Riepl Corinna, Klarinette (2007), Rißner Daniel, Saxophon (2001), Rißner Julius, Posaune (1977), Schäfer Cherise, Klarinette (2005), Schneider Johanna, Tuba (2005), Semlitsch Hubert, Saxophon (1978), Mag. Strohmeier Ingrid, Horn (1979), Traumüller Franz, Klarinette (1972), Mag. Traumüller Reinhard, Klarinette (1992), Wieland Josef, Tenorhorn (1972), Winkler Viktor, Flügelhorn (1973), Wolfger Julia, Querflöte (2008), Wolfger Thomas, Flügelhorn (1985), Zechner Johann, Flügelhorn (1962), Zettler Thomas, Trompete (2009); Marketenderinnen: Perchtaler Christa, Wolfger Elke.

Musikverein Niederwölz

Obmann:
LAbg. BACHER Johann

Organisationsreferent:
HORN Dieter

Kapellmeister:
JUDMAIER Dieter

Jugendreferent:
MÜHLBACHER Daniel

Stabführer:
SICK Horst

Schriftführer:
SCHEIBER Annemarie

EDV-Referent:
SCHEIBER Annemarie

Kassier/Finanzreferent:
BACHER Manuel

Obmann: LAbg. Johann Bacher; Obmann-Stv.: Herbert Salchegger; Kapellmeister: Dieter Judmaier (nicht am Foto); Stabführer: Horst Sick; Musikanten: Manuel Bacher, Rudolf Bacher (nicht am Foto), Petra Breitfuss (nicht am Foto), Matthäus Düregger, Ines Esser, Josef Esser sen., Josef Esser jun. (nicht am Foto), Franz Galler (nicht am Foto), Michael Galler (nicht am Foto), Michaela Galler (nicht am Foto), Arnold Hansmann, Dominik Hansmann, Birgit Hansmann (nicht am Foto), Jürgen Hansmann (nicht am Foto), Patrick Hansmann, Werner Hansmann (nicht am Foto), Dieter Horn, Roland Horn (nicht am Foto), Walter Horn, Janine Judmaier, Anita Kollau (nicht am Foto), Hubert Lercher (nicht am Foto), Josef Lercher, Christian Maier, Christian Moser, Daniel Mühlbacher, Mario Mühlbacher, Manfred Müller, Johann Pirker, Kathrin Pirker, Manfred Pirker (nicht am Foto), Thomas Salchegger, Johann Schaffer, Annemarie Scheiber, Elisabeth Unterweger (nicht am Foto), Michael Unterweger (nicht am Foto), Burkhard Taferner, Ewald Taferner; Marketenderinnen: Alexandra Bacher, Stefanie Lercher, Stephanie Schaffer, Silvia Schoberegger.

Musikverein Ranten

Obmann:
PAUSCH Werner

Organisationsreferent:
Ing. BERGMANN Karl

Kapellmeister:
FEIEL Nikolaus

Jugendreferent:
ZITZ Teresa

Stabführer:
Ing. BERGMANN Karl

Schriftführer:
FÜLLE Stefan

EDV-Referent:
PAUSCH Werner

Kassier/Finanzreferent:
SOMMER Josef Karl

1. Reihe von links: Manuela Zitz, Christian Bacher, Johann Zitz, Kapellmeister Nikolaus Feiel, Ehrenkapellmeister Bartholomäus Hollerer, Bürgermeister Johann Fritz, Obmann Werner Pausch, Bianca Pausch, Anna Spreitzer, Karin Spreitzer; 2. Reihe von links: Manuela Feichtner, Bettina Dorfer, Anna Zitz, Stefanie Hollerer, Cornelia Spreitzer, Karl Bergmann, Vanessa Griesser, Stefan Pausch, Wolfgang Pausch, Stefan Dorfer, Thomas Spreitzer; 3. Reihe von links: Melanie Lick, Beatrice Samberger, Teresa Zitz, Carmen Samberger, Julia Pausch, Tanja Karner, Martin Spreitzer, Christian Schweiger, Erwin Spreitzer, Patrick Lick; 4. Reihe von links: Franz Schweiger, Werner Winkler, Roland Gruber, Martin Schweiger, Günter Hansmann, Richard Wallner, Herbert Hollerer; 5. Reihe von links: Alexander Spreitzer, Günter Dorfer, Hannes Steiner, Christopher Lick, Klemens Zitz, Nicolas Auer, Roman Samberger.

Musikverein Scheifling – St. Lorenzen

Obmann:
SCHWAB Fritz

Kapellmeister:
Mag. GROGGER Hannes

Jugendreferent:
PETZL David

Stabführer:
PETZL Johann

Schriftführer:
MÜHLTHALER Jörg

EDV-Referent:
MARTERER Anna

Kassier/Finanzreferent:
TAFERNER Tino

Bauer Rudolf, Eberdorfer Karl-Franz, Eberdorfer Rudolf, Ehgartner Beate, Fritz Benedikt, Fussi Lukas, Grangl Sabine, Grogger Daniel, Götzinger Frank, Hasler Katrin, Hochegger Rene, Holub Markus, Holzer Martina, Knapp Severin, Köstenberger Johann, Köstenberger Katrin, Köstenberger Silvia, Leitner Markus, Maier Ulrike, Marterer Anna, Molling Markus, Mühlthaler Franz, Mühlthaler Jörg, Meyer Anna, Petzl Gerhard, Petzl Barbara, Petzl Mario, Petzl Sandra, Petzl Philipp, Petzl Johann, Petzl Stefan, Petzl David, Pogatschnig Richard, Petz Robert, Petzl Daniela, Ing. Rathschüller Harald, Ressler Dominik, Ressmann Romana, Reif Isabel Antonia, Rosenkranz Werner, Rosenkranz Ernst, Mag. Schnabl Florian, Schnedl Stephanie, Schoberegger Josef jun., Schoberegger Josef sen., Schoberegger Waltraud, Schoberegger Uwe, Schwab Fritz, Springer Helmuth, Schneider Tom, Schlager Elke, Taferner Gerhard, Taferner Tino, Teufel Ines Maria, Tockner Werner, Vogt David, Michael Vrabie, Ing. Winter Alois, Winter Richard, Hölzler Katrin, Grasser Gudrun.

Musikverein „Edelweiß" Schöder

Obmann:
MÜRZL Rudolf

Kapellmeister:
BRUNNER Peter

Jugendreferent:
LINTSCHINGER Angelika

Stabführer:
WALLNER Harald

Schriftführer:
WALLNER Angelika

EDV-Referent:
MARAK Benjamin

Kassier/Finanzreferent:
Ing. PISTRICH Herwig

1. Reihe sitzend v.l.: Rieberer Evelin, Obmann Mürzl Rudolf, Wallner Harald, Brunner Peter, Pistrich Judith; 2. Reihe v.l.: Wind Norbert, Wind Lisa-Maria, Güttersberger Berthold, Steiner Peter, Stolz Nina, Raffeck Marina, Wallner Angelika; 3. Reihe v.l.: Wallner Ernst, Wallner Monika, Kuglgruber Maria, Kuglgruber Angela, Dorfer Julia, Güttersberger Anna-Maria, Feuchter Martina, Ortner Sandra, Zitz Katharina, Dorfer Margot, Prieling Andreas, Mürzl Carmen, Unterweger Gebhard, Steiner Christian; 4. Reihe v.l.: Pausch Ernst, Marak Benjamin, Marak Joachim, Lintschinger Herbert, Klauber Stefan, Klauber Hans-Georg, Taferner Gerhard, Kuglgruber Herwig.

Musikverein Schönberg – Lachtal

Obmann:
KLEINFERCHNER Gerhard

Organisationsreferent:
EINWALLNER Albert

Kapellmeister:
Mag. LEITNER Karl

Jugendreferent:
STUHLPFARRER Martin

Stabführer:
MANG Gernot

Schriftführer:
TRAGNER Sylvia

EDV-Referent:
PETZL Christian

Kassier/Finanzreferent:
Prok. RIEGER Wolfgang

1. Reihe: Eva Pachlinger, Sylvia Tragner, Sonja Rieger, Daniel Angeringer, Maria Rieger, Bgm. Karl Sterner, Obmann Gerhard Kleinferchner, Dir. Johann Kainer, Bianca Klünsner, Kapellmeister Mag. Karl Leitner, Johann Leitner, Christiane Rieger, Elisabeth Kleinferchner; 2. Reihe: Simon Kainer, Mang Matthias, Gerhard Kleinferchner, Christian Petzl, Susanne Zirker, Michael Fussi, Astrid Petzl, Alexandra Zirker, Andreas Fussi, Natalie Mang; 3. Reihe: Christoph Petzl, Mag. Johann Ferner, Mag. Cornelia Rieger, Robert Schaffer, Karl Künstner, Plank Antonia, Manfred Künstner, Melissa Kogler, Heimo Freisinger, Michael Petzl; 4. Reihe: Petz Richard, Martin Stuhlpfarrer, Markus Leipold, Daniel Maier, Gernot Mang, Josef Fussi, Georg Kainer, Thomas Pachlinger; 5. Reihe: Matthias Rieger, Wolfgang Petzl, Nicole Schmidhofer, Matthias Petzl.

Obermurtaler Musikverein Stadl

Obmann:
MIEDL Friedrich

Kapellmeister:
DRÖSCHER Michael

Stabführer:
WALLNER Michael

Schriftführer:
HUTTON Gerda

EDV-Referent:
MIEDL Friedrich

Kassier/Finanzreferent:
MAYER Kurt

3. Reihe: Wallner Michael (Stabführer), Reinmüller Jasmin (Marketenderin), Mayer Kurt (Finanzreferent), Hutton Gerda (Schriftführerin), Hofer Franz, Steinwender Paul, Steinwender Martin, Dröscher Peter, Mortsch Michael, Seer Martin, Hutton Klaus, Hartl Andreas, Spreitzer Horst, Hartl Hannes, Steinwender Christian (Kpm.-Stv.), Pfarrkirchner Alexander, Dröscher Martin, Pfarrkirchner Franz, Hofer Robert, Dröscher Christa (Marketenderin); 2. Reihe: Miedl Friedrich (Obmann), Dröscher Gerhard, Zuegg Christina, Steinwender Alexandra, Dröscher Ewald, Dröscher Gerald, Kowald Erwin, Zuegg Lisa, Weger Jasmine, Weger Jacqueline, Steinwender Thomas, Edlinger Melanie, Geißler Sabrina, Kowald Magdalena, Kowald Elisabeth; 1. Reihe: Schaflechner Robert (Finanzreferent-Stv.), Hartl Carina, Gruber Magdalena, Gams Marlene, Dröscher Erika, Dröscher Julia, Tschaudi Jasmin, Dröscher Michael (Kapellmeister), Wallner Nina, Dröscher Silvia, Kapun Julia, Petzner Stefanie, Perlet Katrin, Gugganig Sandra, Stolz Magdalena.

Musikverein „Gebirgsklänge" St. Blasen

Obmann:
HOBELLEITNER Adolf

Kapellmeister:
MOSER Stefan

Jugendreferent:
WALLNER Stefanie

Stabführer:
MOSER Stefan

Schriftführer:
WALLNER Stefan

EDV-Referent:
EBNER Erwin

Kassier/Finanzreferent:
EBNER Erwin

Vorne r.: Kpm. Moser Stefan; vor den Felsen v.l.: Rosenkranz Josef, Moser Manfred sen., Esser Lisi, Maierhofer Jürgen, Stöckl Siegfried, Stolz Mandi, Maierhofer Sibylle, Christine Moser; bei den Felsen v.l.: Kalcher Hubert, Schellander Reinhard, Trattner Helmuth jun., Kerschbaumer Andreas, Trattner Helmuth sen., Knapp David, Bukovics Margit, Eder Andreas, Gruber Barbara, Trattner Reinhold, Hobelleitner Maxi, Leitner Ulrich; in den Felsen v.l.: Horn Nikolaus, Kerschbaumer Christoph, Moser Manfred jun., Steiner Hans-Peter, Stolz Martin, Wallner Stefan, Ebner Erwin, Knapp Hermann, Ofner Günter, Gruber Albin; Gruber Andreas; auf den Felsen v.l.: Steiner Herwig, Sperl Jasmin, Dockner Gernot, Spreng Helga, Wallner Stefanie, Wallner Raphael, Schaffer Robert, Wurnitsch Nicole, Dockner Marlene, Trattner Bernhard, Wallner Florian.

Musikverein St. Georgen ob Murau

Obmann:
PURGSTALLER Siegfried

Organisationsreferent:
SUMANN Bruno

Kapellmeister:
HÖSELE Johann

Jugendreferent:
HASENHÜTL Waltraud

Stabführer:
SEIDL Markus

Schriftführer:
OBERREITER Johann

EDV-Referent:
HASENHÜTL Rainer

Kassier/Finanzreferent:
STREITBERGER Franz

Obmann: Siegfried Purgstaller; Kapellmeister: Johann Hösele; von außen nach innen, v.l.n.r.: Schlagwerk (stehend): Markus Seidl, Franz Streitberger, Peter Autischer, Nikolaus Sumann, Julian Podmenik, Stefan Güttersberger, Gerhard Sumann; 1. Reihe sitzend: Andreas Seidl, Klaus Jerey, Herbert Purgstaller, Erwin Purgstaller, Siegfried Purgstaller, Richard Egger, Robert Streitberger, Manfred Güttersberger, Peter Krobath, Bruno Sumann, Christian Lercher, Franz Autischer, Ludwig Rosenkranz, Florian Seidl, Karola Jerey, Klaus Hösele, Florian Sumann, Roland Zanker; 2. Reihe sitzend: Friedrich Sumann, Christian Seidl, Reinhold Macheiner, Robert Weilharter, Stefanie Mandl, Friedrich Sumann jun., Karl Wind, Andreas Steinwender, Michael Lercher, Marcus Lercher, Andreas Mösenbacher, Josef Hermann, Karin Leitner, Janna Lercher, Joshua Stock, Kathrin Hermann, Waltraud Hasenhütl; 3. Reihe sitzend: Richard Wirnsberger, Verena Meissnitzer, Silke Edlinger, Gregor Seidl, Ingrid Horn, Nadine Horn, Josef Edlinger, Katharina Krenn, Anja Sumann, Daniel Ysopp, Ingrid Hermann, Rainer Hasenhütl; 4. Reihe sitzend: Lisa-Christin Oberpichler, Tanja Edlinger, Andrea Güttersberger, Gabriele Autischer, Barbara Wirnsberger, Patrizia Podmenik, Hans Michael Schaffer; Marketenderinnen (sitzend): Elke Hösele, Doris Wallner, Christina Seidl, Kapellmeister Johann Hösele, Erika Maier, Stefanie Lindschinger, Waltraud Egger.

Musikverein St. Lambrecht

Obmann:
Mag. KREUZER Christina

Kapellmeister:
RAPPOLD Karl

Jugendreferent:
FLEISCHHACKER Katja

Stabführer:
KOCH Lambert

Schriftführer:
FINDLING Angelika

EDV-Referent:
GEROLD Franz

Kassier/Finanzreferent:
BRUNNHOFER Hermann

Aktive MusikerInnen, Stand Dezember 2009 (alphabetisch): Autischer Heidi, Baumgartner Markus, Deutz Matthias, Findling Angelika, Fleischhacker Bernhard, Fleischhacker Katja, Galler Christina, Galler Franz, Gasteiner Christoph, Gasteiner Evelyn, Gerhardt Albert, Gerold Franz, Gerold Lorenz, Gerold Lukas, Groicher Gerhard, Groicher Lambert, Gusterer Erika, Gusterer Johannes, Gusterer Monika, Gusterer Philipp, Hillberger Florian, Hölzl Lisa, Jagoschütz Stefan, Jank Günter, Kainbacher Alexander, Kainbacher Beate, Kainbacher Doreen, Kienberger Silvya, Koch Lambert, Kreuzer Christina, Maierhofer Klaus, Moser Johann, Moser Johanna, Moser Karin, Plöschberger Simone, Plöschberger Ulrike, Potocnik Lore, Pristovnik Martina, Rappold Karl, Reiter Monika, Romirer Marie Christine, Sabin Peter, Sabin Tanja, Sabin Vinzenz, Schaflechner Leonhard, Schober Martin, Seidl Jakob, Tillian Angelika, Unterweger Helmut.

Musikverein St. Marein bei Neumarkt

Obmann:
Dir. SEIDL Gotthard

Kapellmeister:
KAINZ Werner

Jugendreferent:
WIELAND Thomas

Stabführer:
WOHLESSER Johann

Schriftführer:
ZECHNER Martin

EDV-Referent:
MOSER Christian

EDV-Referent:
KAINZ Werner

EDV-Referent:
ZECHNER Martin

Kassier/Finanzreferent:
SEISSER Michael

Musikerliste, Stand 9.12.2008: Bischof Bianca A. (Klarinette), Edlinger Waltraud (Klarinette), Mag. Ehgartner Peter (Waldhorn), Ehgartner Franz (Bass), Feichtinger Elke (Waldhorn), Feichtinger Herwig (Tenorhorn), Friedler Markus (Tenorhorn), Friedler Gerald (Bass), Mag. Fritz Brigitte (Querflöte), Fritz Gabriele (Trompete), Gruber Thomas (Waldhorn), Grün Walter (Posaune), Gugganig Stefanie (Querflöte), DI Hartinger Michael (Waldhorn), Haslacher Astrid (Trompete), Hipfl Johannes (Schlagwerk), Holler Marina (Klarinette), Irrasch Michaela (Marketenderin), Kainz Anja (Altsaxofon), Kainz Alexander (Trompete), Kainz Werner (Kapellmeister), Kaiser Nina (Querflöte), Kobald Sarah (Flügelhorn), Köck Daniela (Klarinette), Köck Isabella (Altsaxofon), Köck Verena (Waldhorn), Köck Wolfgang (Trompete), Leipold Barbara (Altsaxofon), Leipold Andrea (Piccolo/Flöte), Leipold Elisabeth (Querflöte), Maier Hannes (Tenorhorn), Maier Peter (Schlagwerk), Markolin Erich (Bass), Moser Isabell (Klarinette), Moser Christian (Flügelhorn), Moser Carmen (Trompete), Pichler Bernadette (Klarinette), Pichler Hannes (Bass), Pollheimer-Stadlober Philipp (Schlagwerk), Prieler Andreas (Schlagwerk), Pürstl Julia (Querflöte), Racz Brigitte (Marketenderin), Racz Marianne (Marketenderin), Ing. Reibling Andreas (Klarinette), Ing. Riegler Karl (Klarinette), Riegler Christoph (Klarinette), Riegler Elisabeth (Klarinette), Riegler Franz (Bass), Riegler Michaela (Marketenderin), Schindlbacher Thomas (Trompete), Seidl Karoline (Altsaxofon), Seidl Angela (Tenorsaxofon), Seidl Kathrin (Baritonsax), Seidl Josef (Tenorhorn), Seidl August (Tenorhorn), Seidl Gotthard Posaune (Obmann), Seidl Johannes (Schlagwerk), Seisser Michael (Flügelhorn), Straner Isolde (Altsaxofon), Taferner Roland (Trompete), Urschitz Tamara (Klarinette), Wallner Daniel (Flügelhorn), Wallner Waltraud (Flügelhorn), Wieland Thomas (Waldhorn), Wieland Philipp (Waldhorn), Mag. Wohlesser Petra (Oboe), Wohlesser Thomas (Trompete), Wohlesser Hans (Stabführer), Wohlesser Rudolf jun. (Posaune), Wohlesser Rudolf sen. (Posaune), Wurnitsch Christian (Schlagwerk), Zechner Martin (Bass), Zechner David (Schlagwerk).

Musikverein St. Peter am Kammersberg

Obmann:
VOLZ Reinhard

Kapellmeister:
BRUNNER Erwin

Jugendreferent:
FREITHOFER Lisa

Schriftführer:
PETZL Brigitte

EDV-Referent:
PETZL Wolfgang

Kassier/Finanzreferent:
HANSMANN Franz

1. Reihe von links: Elisabeth Leitner, Tamara Mlinar, Michaela Wieser, Lisa Freithofer, Elke Leitner, Kpm. Erwin Brunner, Helmut Brunner, Obm. Reinhard Volz, Brigitte Petzl, Alexander Höggerl, Stefan Ressmann, Peter Ressmann; 2. Reihe von links: Christoph Kreis, Gernot Jank, Stefan Leitner, Alexandra Wassermann, Maria Wohleser, August Pichler, Christa Bischof, Bettina Pilgram, Fabian Kühr, Mathias Lercher, Liane Leitner; 3. Reihe von links: Markus Hansmann, Lukas Gugganig, Stefan Leitner, Gerhard Tockner, Eduard Volz, Eva Zak, Stefan Kobald, Johann Sigl, Josef Kendlbacher, Doris Auer; 4. Reihe von links: Dominik Stolz, Andreas Volz, Manfred Zeiner, Norbert Leitner, Heinz Feuchter, Doris Gappmayer, Franz Hansmann, Viktor Gugganig, Josef Lindschinger; 5. Reihe von links: Stefanus Pichler, Manuel Staber, Daniel Mlinar, Wolfgang Petzl, Gerhard Lercher, Andreas Bischof, Daniel Auer, Christian Jank, Florian Leitner, Thomas Taferner.

Musikverein St. Ruprecht-Falkendorf

Obmann:
SCHELLENBERG Daniel

Organisationsreferent:
JESSNER Eduard

Kapellmeister:
WEIERMAIR Petra

Jugendreferent:
WEILHARTER Nicole

Stabführer:
KARGL Martin

Schriftführer:
WEILHARTER Nicole

EDV-Referent:
SCHELLENBERG Daniel

Kassier/Finanzreferent:
MOSER Michael sen.

Bacher Cornelia, Bergthaler Burgi, Bergthaler Josef, Bergthaler Josef jun., Edlinger Ernst, Edlinger Marina, Haas Jenny, Hofer Friedrich, Hofer Josef, Hösele Willi, Jerey Klaus, Jessner Eduard, Kargl Burgi, Kargl Irene, Kargl Martin, Kargl Reinhard, Kollau Günter, Kollau Stefan, Lindschinger Melanie, Moser Christian, Moser Michael jun., Moser Michael sen., Oberreiter Johannes, Oberreiter Magdalena, Oberreiter Matthias, Oberreiter Patrik, Oberreiter Peter, Pistrich Katrin, Schellenberg Carmen, Schellenberg Daniel, Schlick Anna, Schober Michael, Trausnitzer Werner, Wallner Ernst, Weiermair Petra, Weilharter Corina, Weilharter Nicole, Weilharter Vera; Marketenderinnen: Dröscher Marlene, Rosian Katharina.

Musikverein St. Veit in der Gegend

Obmann:
PUGGER Harald

Kapellmeister:
PETAUTSCHNIG Gottfried

Jugendreferent:
KIENBERGER Gerald

Stabführer:
PUGGER Harald

Schriftführer:
PÜRZL Burgi

Kassier/Finanzreferent:
UMUNDUM Claudia

Musiker: Harald Pugger, Katharina Gölly, Stefanie Pürzl, Conny Pichler, Michelle Neumann, Elisabeth Moser, Sabrina Gölly, Nadine Pichler, Armin Kogler, Jochen Zenz, Jürgen Pichler, Manuela Pugger, Birgit Petautschnig-Zankl, Lisa Göglburger, Roman Zenz, Raphaela Pürzl, Martina Hebenstreit, Burgi Pürzl, Ricarda Hebenstreit, Katharina Scheuerer, Nadja Zenz, Jasmin Zangl, Bianca Pürzl, Martina Timmerer-Maier, Christian Petautschnig, Lukas Scheuerer, Patrick Komar, Laura Pugger, Michael Zangl, Theresa Parthl, Manuel Hebenstreit, Mario Pichler, Michael Pichler, Herbert Petautschnig, Dominik Hebenstreit, Wolfgang Hebenstreit, Patrick Pürzl, Arnold Hasler, Walter Gogula, Gottfried Petautschnig, Clemens Frisch, Armin Rainer, Dominik Ferner, Alexander Forstner, Bernhard Fritz.

Musikverein Teufenbach

Obmann:
STEINER Wolfgang

Kapellmeister:
UNTERWEGER Michael

Jugendreferent:
TEMMEL Melanie

Stabführer:
JESNER Alexander

EDV-Referent:
BERGER Kilian jun.

Kassier/Finanzreferent:
KRENN Karl jun.

1. Reihe v.l.: Marina Aschbacher, Schriftführerin Sonya Fellner, Ehrenkapellmeister Johann Kobald, Ehrenmitglied Anton Forcher, Obmann Wolfgang Steiner, Daniel Judmaier, Wolfgang Langmaier, Tobias Aunitz, Jugendreferentin Melanie Temmel, Laureen Voggenberger, Kapellmeister Michael Unterweger, Bürgermeister Johann Gruber, Lydia Schnedl, Damaris Forcher, Natalie Forcher, Sabrina Presnik, Karin Kienberger, Kassier Karl Krenn jun., Schriftführerstellvertretrin Mag. Ursula Holzer, Beirat Alois Gruber, Ehrenmitglied Maria Liftenegger, Nadja Schnedl; 2 Reihe v.l.: Bekleidungswart Claudia Voggenberger, Archivar Karl Liftenegger, Christian Holzer, EDV-Referent Kilan Berger jun., Kapellmeisterstellverterter Gerhard Rautner, Martina Zechner, Mag. Elisabeth Unterweger, Josef Gintersberger, Raphael Kreuter, Werner Galler; letzte Reihe v.l.: Heinz Weber, Bezirksobmann Dir. Gottfried Unterweger, Georg Petzl, Jugendreferent Andreas Unterweger, Stefan Liftenegger, Kassierstellvertreter Gernot Panzer, Wolfgang Hartl, Christian Krenn, Obmannstellvertreter Willi Gruber jun.; nicht am Foto: Marketenderinnen Atanasia Toursougas und Monika Gruber, Stabführer Alexander Jessner, Pressereferent Walter Seifter, Werner Stoiser.

Musikverein Winklern-Oberwölz „Die Hinteregger"

Obmann:
AMMER Friedrich

Kapellmeister:
GALLER Karl Heinz

Jugendreferent:
STURM Michaela

Stabführer:
GALLER Hubert

Schriftführer:
MIEDL-RISSNER Wenzel

EDV-Referent:
MIEDL-RISSNER Wenzel

Kassier/Finanzreferent:
GALLER Josef

Mitte v.l.: Obmann-Stv. Matthias Bischof, Mark. Priller Monika, Mark. Kleemaier Simone, Kapellmeister Karl Heinz Galler, Obmann Friedrich Ammer, Mark. Claudia Plank, Sturm Melanie, Obmann-Stv. Gerhard Berger; 1. Reihe v.l.: Andrea Galler, Tamara Obermayer, Thomas Galler, Daniela Angeringer, Claudia Simhofer, Margret Knapp, Roland Knapp, Barbara Fussi, Eva Eichberger, Josef Miedl, Matthias Mang, Silvia Tragner, Manuela Miedl-Rissner, Michaela Sturm; 2. Reihe v.l.: Johannes Ertl, Siegfried Midl sen., Siegfried Midl jun., Johann Rieger, Karl Plank, Karl-Heinz Midl, Wolfgang Grasser, Erwin Schurl, Andreas Miedl, Harald Knapp, Wenzel Miedl-Rissner, Peter Midl, Franz Berthold Knapp, Christine Ofner, Herbert Brunner, Christian Bischof, Magdalena Unterkofler; 3. Reihe v.l.: Benedikt Galler, Reinhold Miedl-Rissner, Ewald Schurl, Josef Galler, Christian Kreuter, Mrgaretha Unterkofler. Johann Plank, Johannes Miedl, Sabrina Peinhaupt, Robert Grasser, Albert Kogler, Norbert Pachlinger, Franz Geißler, Andreas Ertl, Hubert Miedl; hinten v.l.: Harald Midl, Hubert Galler, Walter Sturm, Stefan Knapp, Michael Jantscher, Reinhard Schurl, Martha Lexer.

Musikverein Predlitz-Turrach

Obmann:
SCHITTER Martin

Kapellmeister:
BRUNNER Jürgen

Jugendreferent:
PODLIPNIG Markus

Stabführer:
FEUCHTER Herbert

Schriftführer:
SCHITTER Julia

EDV-Referent:
SCHITTER Martin

Kassier/Finanzreferent:
SCHITTER Karin

1. Reihe v.l.n.r.: Herbert Feuchter, Anita Bischof, Daniela Gratzei, Karin Pfeifenberger, Irene Karner, Martin Schitter, Lisa Feuchter, Elena Karner, Miriam Egger, Stephanie Gautsch, Karin Schitter, Silvia Podlipnig, Julia Schitter, Jürgen Brunner; 2. Reihe v.l.n.r.: Sarah Trippl, Kerstin Sagmeister, Claudia Sommerbichler, Hannes Cerhan, Rita Hartl, Christine Feuchter, Robert Feuchter; 3. Reihe v.l.n.r.: Markus Podlipnig, Thomas Spreitzer, Elisabeth Lassacher, Petra Sommerbichler, Judith Gruber; 4 Reihe v.l.n.r.: Christoph Lassacher, Matthias Karner, Stefan Karner, Reinhold Podlipnig, Dietmar Lassacher, Herbert Kern, Manfred Karner, Gabriel Prodinger, Martin Lassacher, Sebastian Unterweger, Martin Lassacher, David Rauter, Norbert Karl, Thomas Karner.

Musikbezirk Mürzzuschlag

Bezirksausschuss Mürzzuschlag: 1. Reihe kniend v.l.: Robert Sander, Mag. Joachim Hochörtler, Manfred Skale, Mag. Gernot Majeron, Dr. Franz Hochörtler; 2. Reihe sitzend v.l.: Gerald Graf, Ehrenobmann Franz Ressel, Peter Buchsbaum, Ehrenobmann HR Dr. Gerhard Ofner, Mag. Johannes Weissenbacher; 3. Reihe stehend v.l.: Maga. Alexandra Zelisko, Dir. Johann Lackner, Christian Steinacher, Günther Schneeberger, Birgit Moitzi, Mag. Günther Aigelsreiter, Hubert Auer, Anton Froihofer, Johann Grill, Mag. Michael Koller, Richard Schmid, Michael Benesch, Angelika Kornberger; 4. Reihe stehend v.l.: Horst Berger, Reinhard Moitzi, Mag. Werner Gamsjäger, Ing. Roland Grasser, Mag. Reinhard Nievoll, Manfred Preiss, Franz Grojer, Erwin Tauder, Günther Blahnik.

Musikverein Allerheiligen / Mürzhofen

Obmann:
Mag. NIEVOLL Reinhard

Kapellmeister:
Mag. HOCHÖRTLER Joachim

Jugendreferent:
KOHLHOFER Stefan

Stabführer:
KOHLHOFER Stefan

Stabführer:
HINTSTEINER Wolfgang

Schriftführer:
PERHOFER Andreas

Kassier/Finanzreferent:
NIEVOLL Johannes

Dipl.-Ing. Aigner Andreas, Aigner Kerstin, Auger Marie, Feuchtgraber Michelle, Fraiss Armin, Dipl.-Ing. Fraiss Bernhard, Fritz Kim, Mag. Grassegger Christina, Grätzhofer Susanne, Hammer Brigitte, Harrer Michaela, Heidegger Thomas, Hierzer Selina, Hintsteiner Wolfgang, Hirzberger Karl jun., Hirzberger Stefan, Hochörtler Gerda, Mag. Hochörtler Joachim, Hochörtler Jutta, Holzer Hannes, Hörting Stefan, Kammerhofer Markus, Kammerhofer Natascha, Kienleitner Siegfried, Kohlhofer Stefan, Krampl Elisabeth, Krampl Franz Josef, Krampl Katharina, Krampl Magdalena, Kronawetter Friedrich, Kronawetter Regina, Kronawetter Richard, Lang Sabrina, Meisenbichler Franz jun., Meisenbichler Rudolf, Miesebner Georg, Miesebner Lucia, Miesebner Sebastian, Monschein Theresa, Nievoll Daniela, Nievoll Johannes, Nievoll Julia, Nievoll Lukas, Mag. Nievoll Reinhard, Oberdorfer Klaus, Ofner Michael, Perhofer Andreas, Pichler Marianne, Pichler Matthias, Pichler Veronika, Piller Martin, Polzhofer Lisa, Putz Sabrina, Rechberger Isabella, Röthel Marie Christin, Sanz Markus, Schein Christina, Schein Tanja, Schoberer Julia, Seitinger Elke, Taferner David, Terler Georg, Terler Hans, Terler Ulli, Teubenbacher Elisabeth, Weissenbacher Bettina, Weissenbacher Daniela, Mag. Weissenbacher Johannes, Weissenbacher Manuela, Weissenbacher Stefan.

Trachtenmusikverein Kapellen

Obmann:
ULM Martin

Kapellmeister:
REISINGER Heinrich

Jugendreferent:
SCHRITTWIESER Helmut

Stabführer:
PAIER Harald

Schriftführer:
GAMSJÄGER Michael

EDV-Referent:
DULLY Manuel

Kassier/Finanzreferent:
TEVELI Stefan

Musikerinnen und Musiker: Dully Manuel, Ebner Andrea, Gamsjäger Michael, Haagen Philipp, Hainfellner Jessica, Hainfellner Melanie, Hochörtler Ulrike, Holzer Alexandra, Kainradl Ewald, Kainradl Friedrich, Kremsl Bertram, Kuti Melinda, Leistentritt Peter, Leistentritt Walter, Leitner Karin, Mayerl Jasmin, Paier Harald, Paier Kathrin, Paier Mathias, Paier Tanja, Reisinger Heinrich, Reisinger Heinrich jun., Reisinger Martin, Scharler Lisa, Schöggl Michael, Schöggl Sandra, Schöggl Sebastian, Schöls Mathias, Schöls Simon, Schrittwieser Daniel, Schrittwieser David, Schrittwieser Franz, Schrittwieser Helmut, Schrittwieser Kathrin, Schrittwieser Nicole, Stolz Julia, Straßberger Harald, Teveli Stefan, Teveli Stefan sen., Ulm Martin; Marketenderinnen: Kromberger Claudia, Paier Sabine, Schrittwieser Roswitha, Stieninger Jasmin; Ehrenmusiker: Reisinger Karl.

Werkskapelle voestalpine Tubulars Stadt Kindberg

Obmann:
Dr. HOCHÖRTLER Franz

Organisationsreferent:
SANDER Roman

Kapellmeister:
Mag. HAAS Wolfgang

Jugendreferent:
GRUBER Eva

Jugendreferent:
GRUBER Barbara

Jugendreferent:
BURBÖCK Lisa

Stabführer:
STULLNER Kevin

Stabführer:
ZECHNER Günter

Schriftführer:
Mag. ZELISKO Alexandra

Kassier/Finanzreferent:
SCHÖNGRUNDNER Edith

MusikerInnen: Christoph Bammer, Stefanie Bammer, Roland Bauer, Alois Brettenhofer, Lisa Burböck, Martin Draxler, Christian Ebner, Anna Felderer, Barbara Gatschelhofer, Beate Gatschelhofer, René Gatschelhofer, Anna Gruber, Eva Gruber, Barbara Gruber, Simone Gruber, Sabine Haas, Wolfgang Haas, Kurt Hasenberger, Nicole Hasenberger, Adolf Haubenwallner, Alexandra Heinisch, Günther Hirschegger, Thomas Hochörtler, Klaus Hochörtler, Bettina Hochörtler, Ulrike Hochörtler, Helmut Hochörtler, Dominik Hölbling, Andreas Hofbauer, Markus Hofer, Marzin Irouschek, Stephan Kaiser, Catharina Kapfenberger, Bernhard Kober, Philipp Kreinbucher, Christoph Kreinbucher, Wolfgang Leistentritt, Lukas Leopold, Sabine Liebhart, Walter Liebhart, Reinhard Mühlhans, Karl Neurauter, Janine Neurauter, Karin Niederer, Paul Öller, Kevin Peterschinigg, Manuela Pircher, Friederike Ruck, Christoph Ruck, Markus Salchenegger, Georg Salzmann, Christian Sander, Doris Sander, Kerstin Sander, Melanie Sander, Roman Sander, Patrick Sattler, David Schaffenrath, Christoph Scheikl, Klaus Scheikl, Christoph Schiffer, Tanja Schiffer, Tobias Schneider, Fabian Schnitzler, Lucas Schnitzler, Gerald Schöberl, Stefan Schöngrundner, Klaus Steinberger, Helmut Strauss, Kevin Stullner, Alexander Takatsch, Hendrik Unger, Manuel Wattala, Günter Zechner, Alexandra Zelisko, Peter Zirbisegger. Einige der genannten MusikerInnen sind auch FunktionärInnen im Verein. Es gibt aber auch Nicht-MusikerInnen, die unseren Verein als FunktionärInnen unterstützen: Elisabeth Hirschegger, Franz Hochörtler, Karl Hofmeister, Heinz Jauk, Peter Knabl, Franz Reiterer, Edith Schöngrundner, Manfred Ulrich, Hubert Wastl, Hilkka Witt.

Musikkapelle voestalpine Roseggerheimat Krieglach

Obmann: MOITZI Reinhard

Organisationsreferent:
DIETLER Franz

Kapellmeister:
Mag. GRUBER Ludwig

Jugendreferent: REITERER Andrea

Jugendreferent: DIEM Jürgen

Jugendreferent:
POCKREITER Christian

Jugendreferent:
MÄRZENDORFER Thomas

Stabführer: DIETLER Josef

Schriftführer: DORNHOFER Martina

EDV-Referent:
Ing. HAUSBAUER Harald

Kassier/Finanzreferent:
RECHBERGER Johann

Allmer Christian, Allmer Marion, Baier Fabian, Bauernhofer Thomas, Bauregger Andreas, Bauregger Anna, Mmag. Brunner Thomas, Buregger Julia, Diem Jürgen, Dietler Franz, Dietler Josef, Dietler Martin, Ing. DI (FH) Dornhofer Martin, Dornhofer Martina, Dröxler Florian, Dunst Elisabeth, Ebner Michael, Eichtinger Robert, Fiebig Elisa Celine, Fröschl Sabine, Fuerpass Rene, Grabner Julian, Gruber Andrea, Mag. Gruber Bettina, Mag. Gruber Doris, Gruber Johann, Mag. Gruber Ludwig, Ing. Hausbauer Harald, Mag. Hirschler Johannes Martin, Hofbauer Andreas, Ing. DI (FH) Hofbauer Bernd, Hofbauer Cornelia, Hofbauer Daniel, Hofbauer Lisa, Hofbauer Michael I, DI (FH) Hofbauer Michael II, Hofbauer Michaela, Mag. Hofbauer Reinhard, Hofbauer Richard, Ing. Hofbauer Robert, Hofbauer Robert I, Hofer Erwin, Hofer Markus, Hofer Patrik, Holzer Manuel, Holzer Matthias, Jandrositz Helga, Kammerhofer Erika, Kernstock Karin, Kiendler Bálint, Knöbelreiter Bianca, Knöbelreiter Patrick, Könighofer Karin, Kornsteiner Johann, Kowatschitsch Dominik, Lechner Christopher, Leitner Claudia, Leitner Karin, Leitner Roman, Leitner Theresa, Lueger Anita, Mann Andreas, Mann Martin, Mann Peter, Märzendorfer Johann, Moitzi Ines, Moitzi Reinhard, Pagger Clemens, Pagger Matthäus, Pockreiter Christian, Pockreiter Manuel, Pretterhofer Stefanie, Prinz Christian, Prinz Heribert, Rechberger Johann, Reiterer Andrea, Reiterer Patrick, Reschounig Heinz, Ressel Claudia, Roßpaintner Manuel, Schalk Veronika, Scheikl Christina, Schirnhofer Julia, Schneeberger Günther, Schnittler Ulrich, Schrittwieser Herbert, Schwaiger Sabrina, Schwaiger Verena, Spreizhofer Sandra, Terler Elke, Tösch Christoph, Tösch Katrin, Tösch Martina, Wetzlhütter Anna Elisa, Wiedenegger August, MDir. Prof. Mag. Zangl Rudolf.

Musikverein Langenwang

Obmann:
Mag. MAJERON Gernot

Organisationsreferent:
RIEGLER Mathias

Organisationsreferent:
HANDLER Josef

Organisationsreferent:
PAAR Andrea

Kapellmeister: SCHMID Richard

Jugendreferent: SCHMID Richard

Stabführer: GEINEDER Andreas

Schriftführer:
RINNHOFER Veronika

EDV-Referent:
HOFBAUER Hannes

Kassier/Finanzreferent:
SCHÖGGL Gertraud

Kapellmeister: Richard Schmid; Kapellmeister-Stellvertreter: Hofbauer Manfred; Stabführer: Geineder Andreas, Leitenbauer Josef; Piccolo: Froihofer Viktoria, Geßelbauer Robert, Rinnhofer Veronika; Querflöte: Froihofer Viktoria, Geineder Barbara, Geßelbauer Robert, Marksteiner Tanja, Pillhofer Barbara, Pretterhofer Birgit, Riegler Andrea, Riemelmoser Bianca, Rinnhofer Maria, Rinnhofer Martina, Rinnhofer Veronika, Viereck Carina; Oboe: Pillhofer Barbara, Rinnhofer Veronika; Klarinette: Auer Sabrina, Geineder Herbert, Geineder Margit, Heger Michael, Leitner Georg, Majeron Gernot, Majeron Reinhard, Paar Johanna, Paar Rupert, Pretterhofer Gerhard, Schmid Christian, Sommer Thomas, Thenhalter Robert; Saxophon: Feiner Barbara, Geineder Andreas, Paar Andrea, Reithofer Michael, Rinnhofer Maria, Stryzek Martina; Fagott: Rinnhofer Martina, Rosspeintner Astrid; Flügelhorn: Berger Heinz Dieter, Ganster Franz, Hofbauer Sandra, Hofbauer Werner, Pfannhofer Andreas, Pink Franz, Rinnhofer Ludwig, Rußmann Josef, Schnaubelt Hans; Trompete: Haberl Christian, Handler Josef, Kurzmann Gernot, Marhold Florian, Pillhofer Franz; Basstrompete: Froihofer Anton, Krefta Maximilian; Posaune: Glaser Gerhard, Heidelbauer Benedikt, Hofbauer Manfred, Paar Friedrich; Tenorhorn: Geineder Martin, Hofbauer Johann, Hofbauer Johannes, Rußmann Daniel; Tuba: Froihofer Roman, Haim Franz, Korak Johann, Leitenbauer Josef, Marhold Rene, Paar Valentin, Riegler Florian; Waldhorn: Geßelbauer Stefan, Hirschler Josef, Rinnhofer Barbara, Schöggl Peter; Schlagwerk: Feiner Jakob, Froihofer Manuel, Hofbauer Hannes, Hofbauer Michael, Kandlbauer Michael, Präsent Jan, Riegler Mathias, Riegler Valentin, Riemelmoser Dominik, Rosspeintner Gerhard, Schöggl Hannes, Straßberger Martin Stryzek Peter, Viereck Florian, Ziegerhofer Michael; Marketenderinnen: Hofbauer Irmgard, Hofbauer Marianne, Pretterhofer Andrea, Rinnhofer Maria, Rinnhofer Monika, Rosspeintner Astrid, Schmid Gabriele, Schöggl Martina, Windhaber Maria. Weiters sind auf dem Bild: Ehrenkapellmeister: Karl Tausch, Kurt Novak, Ehrenmitglied Hans Kraus, Bürgermeister Max Haberl, Vizebürgermeister Rudolf Hofbauer, Vizebürgermeister Heinz Gruber; Verwaltung: Lechner Franz, Majeron Kurt, Polansky Manfred, Rinnhofer Horst, Schöggl Gertraud; Ehrenobmänner: Ökonomierat Josef Paar (†), Max Sommer, Johann Ledolter, Ehrenkapellmeister: Karl Tausch, Kurt Novak; Ehrenmitglieder: Peter Schulhofer (†), Fritz Pink (†), Friedrich Schulhofer (†), Hans Kraus, Hannes Müller.

Mürztaler Trachtenkapelle Mitterdorf

Obmann:
GRASSER Roland

Kapellmeister:
SKALE Manfred

Jugendreferent:
RAINER Denise

Stabführer:
LACKNER Johann

Schriftführer:
DORNHOFER Sandra

EDV-Referent:
BAMMER Christoph

Kassier/Finanzreferent:
GRASSER Erich

1. Reihe v.l.n.r.: Birgit Doppelhofer, Ingo-Nicolas Kamsker, Markus Buchebner, Thomas Hofbauer, Vzbgm. Ingrid Rothwangl, Obm.-Stv. Johann Lackner, Bgm. Walter Berger, Obm. Roland Grasser, Ehrenobm. Franz Ressel, Kpm. Manfred Skale, GR Josef Kerschenbauer, Philip Györög, Stefanie Bammer, Kristina Scheikl, Veronika Kerschenbauer; 2. Reihe v.l.n.r.: Kassier Erich Grasser, Rudolf Gstättner, Franz Posch, Thomas Stadlober, Wolfgang Fezzi, Gerhard Ofner, Melanie Fuchs, Martin Buchebner, Markus Brunnhofer, Elke Bauer, Richard Kammerhofer; 3. Reihe v.l.n.r.: Lukas Stary, Andreas Riedler, Karin Dornhofer, Schriftführerin Sandra Dornhofer, Stephanie Kerschenbauer, Nicole Schirnhofer, Manuela Vidanic, Mathias Eisner, Beate Ziegerhofer, Bianca Hahnkamper, Barbara Fezzi; 4. Reihe v.l.n.r.: Lukas Grandits, Christoph Dittmann, Patrick Bauer, Kassier-Stv. Christian Schweiger, Hannes Zenz, Stephan Kaiser, Bernd Scheikl, Kay-Pascal Kamsker, Christoph Bauer; 5. Reihe v.l.n.r.: Hans-Peter Scheikl, Christoph Bammer, Kpm.-Stv. Roland Bauer, Johann Zwerschitz, Josef Ressel sen., Matthias Knabl, Karl Perner, Josef Ressel jun. Leider nicht auf dem Foto: Simon Geza, Bernd Gutschlhofer, Hermann Hahnkamper, Patrick Hahnkamper, Harald Hausbauer, Stefan Hermann, Karl Kornsteiner, Denise Rainer, Walter Reindl, Wolfgang Schoberer, Bianca Singraber, Julia Stary, Hannes Steinberger, Pascal Simon Stix, Manuel Stoppacher, Florian Kurt Zangl, Lisa Zink.

Musikverein „Edelweiß" Mürzsteg

Obmann:
BLAHNIK Günther sen.

Kapellmeister:
KAISER Michael

Jugendreferent:
WIELAND Paul

Stabführer:
SEISER Rudolf

Schriftführer:
SEISER Manfred

Kassier/Finanzreferent:
KLOPF Erich

Aktive Mitglieder: Blahnik Günther jun., Blahnik Günther sen., Blahnik Veronika, Mag. Capellaro Claudia, Capellaro Eduard, Gamsjäger Armin, Grafeneder Heimo, Grünbichler Andrea, Holzer Gerlinde, Holzer Michaela, Kaiser Johann, Kaiser Jörg, Kaiser Michael, Klopf Erich, Kraft Herbert, Kraft Sandra, Kretek Robert, Leodolter Franz jun., Leodolter Franz sen., Schmid Ulrike, Seiser Andreas, Seiser Manfred, Seiser Rudolf, Wieland Alexander, Wieland Elisabeth, Wieland Judith, Wieland Paul, Wieland Richard, Würgenschimmel Florian Stefan, Ing. Würgenschimmel Martin, Marketenderinnen, Grünbichler Eva, Leodolter Barbara, Schwarz Berta, Teveli Isabella, Senioren, Schlapfer Ewald, Wieland Johann.

Eisenbahner-Musikverein Mürzzuschlag

Obmann:
NOTHNAGL Franz

Geschäftsführender Obmann:
BERGER Horst

Kapellmeister:
Mag. GAMSJÄGER Werner

Jugendreferent:
GILG Oliver

Stabführer:
LINTL Eckehard

Schriftführer:
FRIESENBICHLER Peter

Kassier/Finanzreferent:
HOFBAUER Alois

Flöte: Shirin Rosenbichler, Anna Köberl, Nina Doppelreiter; Klarinette: Andreas Haagen, Stefan Primsch (Jugendvertrauensperson), Johann Lichtenegger, Martin Stehr, Lisa Schneeberger, Viktoria Friesenbichler, Saxaphon, Pamela Eichtinger, Martina Graschopf (Jugendvertrauensperson), Phillip Primsch, Lisa Haiden, Corinna Dierer, Horst Berger (geschäftsführender Obmann), Anna Felber, Wolfgang Farnleitner; Flügelhorn: Heinz Reisinger jun. (Kapellmeister), Paul Rinnhofer (Kontrolle), Hanni Sander; Trompete: Heinz Reisinger sen. (Kontrolle), Manuel Dierer, Dr. Hannes Sammer, Dr. Erwin Mack, Horn, Peter Friesenbichler Schriftführer, Martina Friesenbichler (Schriftführerstellvertreter), Martha Hofbauer, Oliver Gilg; Tenor: Martin Wolfger (Kassierstellvertreter), Alois Hofbauer (Kassier), Hans Peter Hirsch, Willi Pfister, Engelbert Taberhofer; Posaune: Martin Reisinger, Horst Hönigl, Franz Nothnagl (Obmann); Schlagzeug: Dieter Lintl (Stabführer), Panhofer Martin, Thomas Toppler, Markus Froihofer, Renata Juricevic, Daniel Maier; Tuba: Dr. Josef Maierhofer (Kapellmeisterstellvertreter), Günther Blahnik, Harald Dierer, Mag. Werner Gamsjäger (Kapellmeister), DI Peter Drechsler (Obmannstellvertreter).

Werkskapelle Böhler Mürzzuschlag-Hönigsberg

Obmann:
TEMMEL Johann

Organisationsreferent:
GRILL Johann

Kapellmeister:
AUER Hubert

Jugendreferent:
Mag. AIGELSREITER Günther

Stabführer:
GRILL Johann

Schriftführer:
Ing. KAINER Michael

EDV-Referent:
Ing. KAINER Michael

Kassier/Finanzreferent:
BUDL Josef

Mag. Aigelsreiter Günther, Aigelsreiter Reinhard, Apfelbacher Hannes, Apfelbacher Lisa-Marie, Auer Hubert, Auer Michael, Bauer Julia, Bauernhofer Johann, Bendinger Lisa, Bierbaum Karl-Heinz, Oar Bradatsch Walter, Breuer Alfred, Buchebner Hannes, Buchsbaum Peter, Budl Josef, Budl Katharina, Budl Thomas, Budl Wilfried, Dietler Silvia, Fladenhofer Kathrin, DI (FH) Friesenbichler Gerhard, Mag. Gamsjäger Werner, Glaser Gerhard, Dr. Götz Georg, Götz Magdalena, Götz Martin, Götz Theresa, Grill Heidemarie, Grill Johann, Grill Marcus, Grill Mario, Grill Siegfried, Grill Stefan, Gruber Heinz, Gutschelhofer Christian, Gutschelhofer Hermann, Hammer Barbara, Hammer Martin, Heim Alexandra, Hirzberger Lukas, Hochrinner Franz, Ing. Höflinger Josef, Holousch Heimo, Holousch Manuel, Holousch Marco, Jachek Ellice, Kahlbacher Anja, Ing. Kainer Michael, Kainer Sonja, Mag. Kern Angelika, Kilian Thomas, Knöbelreiter Josef, Königshofer Michael, Kotrba Franz, Krebs Kathrin, Leger Peter, Mag. Leistentritt Wolfgang, Maierhofer Franz, Missebner Christian, Neudel Manfred, Niederl Anton, DI Pototschnig Wolfgang, Red Wolfgang, Riegler Anna, Rinnhofer Andreas, Rinnhofer Angelika, Rinnhofer Manfred, Rinnhofer Valentin, Rubendunst Karin, DI Saiger Horst, Saiger Nico, Saiger Tanja, Sauer Kathrin, Scheikl Katharina, Scheithauer Werner, Schieß Jennifer, Ing. Schlapfer Emanuel, Schuchanegg Hermann, Schuller Wolfgang, Schwaiger Franziska, Skazel Franz, Ing. Steinhuber Franz, Temmel Johann, Url Peter, Vielgut Jasmin, Vielgut Stefan.

Trachtenkapelle Neuberg an der Mürz

Obmann:
VBgm. STEINACHER Christian

Kapellmeister:
SCHNEEBERGER Günther

Jugendreferent:
MOSER Manuela

Schriftführer:
MOITZI Birgit

EDV-Referent:
VBgm. STEINACHER Christian

Kassier/Finanzreferent:
ROßEGGER Peter

Aktive Musiker (Stand Jänner 2010): Daniel Avram, Marion Darnhofer, Lisa Ellmeier, Sarah Ellmeier, Ernst Frauendorfer, Alexander Fuhrmann, Christian Gatschelhofer, Manuela Grafeneder, Rudolf Hinterleitner, Jakob Kartusch, Philipp Kartusch, Dominik Kment, Julia Knaus, Katharina Knaus, Nadine Koblinger, Julia Langof, Herbert Lehki, Vinzenz Maierhofer, Birgit Moitzi, Herbert Mursteiner, Erich Rossegger, Helmut Rossegger, Leopold Rossegger, Peter Rossegger, Thomas Rossegger, Christian Schabelreiter, Günther Schneeberger (Kapellmeister), Eva Schöggl, Franz Schöggl, Manuel Schöggl, Markus Schöggl, Sascha Schrittwieser, Christoph Schwaiger, Markus Schwaiger, Thomas Sommerer, Christian Steinacher (Obmann), Martin Tarkus, Martin Walzer.

Trachtenkapelle Stanz

Obmann:
SCHEIKL Konrad Günther

Kapellmeister:
TÖSCH Thomas

Jugendreferent:
Dipl.-Ing. PEINTINGER Johannes

Stabführer:
PEINTINGER Peter

Schriftführer:
Dipl.-Ing. PEINTINGER Johannes

Kassier/Finanzreferent:
KERSCHBAUMER Richard

Anger Petra, Brandner Martin, Derler Christian, Derler Patrick, Dissauer Peter, Eder Johann, Eder Peter, Ellmeier Patrick, Elmleitner Gerhard, Elmleitner Helmut, Elmleitner Martin, Elmleitner Peter, Glettler Gottfried, Griesenhofer Maria, Grünbichler Gernot, Grünbichler Isabella, Grünbichler Johann, Grünbichler Klement, Grünbichler Sabrina, Gurdet Florian, Hafenscherer Gerald, Hölbling Bernhard, Hölbling Elisabeth, Hölbling Günther, Hölbling Johann, Hölbling Philipp, Illmaier Bianca, Kerschbaumer Andreas, Kerschbaumer Cornelia, Kerschbaumer Franz, Kerschbaumer Richard, Kerschbaumer Thomas, Leitner Peter, Nicht Georg, Peintinger Johannes, Peintinger Peter, Perner Jakob, Pichler Julia, Pichler Michael, Pichler Sophie, Pirker David, Pirker Florian, Reiter Manuela, Scheikl Günter, Sonnbichler Katrin, Stadlhofer Anton, Steinbauer Hans-Jörg, Steiner Gerald, Steiner Walter, Stelzer Maria, Stolz Johanna, Tassler Christina, Tösch Thomas.

Trachtenmusikverein Spital am Semmering

Obmann:
GRAF Gerald

Kapellmeister:
MMag. FARNLEITNER Andreas

Jugendreferent:
ASCHENBRENNER Lisa

Stabführer:
STREIT Christian

Schriftführer:
WEISSENBACHER Gabi

EDV-Referent:
FILZWIESER Julia

Kassier/Finanzreferent:
FERK Anna

1. Reihe v.l.n.r.: Jasmin Eichtinger (Marketenderin), Daniela Eichtinger (Marketenderin), Julia Bendl, Hildtrud Fischerlehner, Anna Ferk (Kassierin), Gerald Graf (Obmann), Christian Streit (Stabführer), MMag. Andreas Farnleitner (Kapellmeister), Lisa Aschenbrenner, Julia Filzwieser (EDV-Referentin), Hannah Kartusch (Marketenderin), Katharina Windhaber (Marketenderin), Martin Ruschitzka, Christoph Perner; 2. Reihe v.l.n.r.: Barbara Mittlinger, Regina Windhaber (Jugendreferent), Ulrike Fischerlehner, Rupert Sorger, Thomas Fischerlehner, Andreas Hanl, Christian Hausleber (Jugenreferent), Michael Werderits (Archivar), Kerstin Kirschsteiger, DI Max Tatscher jun. (Kassier-Stv.), Richard Zisser; 3. Reihe v.l.n.r.: Carina Winter, Gabriele Weissenbacher (Schriftführer), Christian Grabenbauer, Gerald Ster, DI Stefan Filzwieser, Robert Sonnleitner, Markus Böhm (Stabführer-Stv.); 4. Reihe v.l.n.r.: Gerhard Perner, Walter Magritzer, Gerhard Sonnleitner (Archivar), Johann Ster, Erwin Ferk, Jakob Eichtinger, Bernhard Tatscher (Stabführer-Stv.), Gerhard Glaser; nicht abgebildet: Stefan Hausleber (Kapellmeister-Stv.), Werner Walli, Rupert Walli, Andrea Bergmann (Schriftführer-Stv.), Günther Bergmann.

Werkskapelle Veitsch

Obmann:
PREIß Manfred

Kapellmeister:
TAUDER Erwin

Jugendreferent:
FLADL Martina

EDV-Referent:
RECHBERGER Gernot

Kassier/Finanzreferent:
GROJER Franz

Hörner: Marcus Weberhofer, Wolfgang Pitter, Silvio Pitter, Martin Scheikl, Anja Zimmer, Johanna Scheikl; Flügelhörner: Markus Fuchsbichler, Andrene Wurzenberger, Gernot Rechberger, Elke Terler; Trompeten: Markus Geierhofer, Jennifer Tauder, Günter Selvicka, Florian Pflanzl, Stefan Märzendorfer, Willi Javernik, Simon Honc, Dominik Fuchsbichler; Klarinetten: Herbert Lichtscheid, Siegfried Preiß, Jennifer Fraiß, Jörg Preiß, Julia Pecovnik, Martina Fladl, Thomas Spolenak, Viktoria Pointner; Tenöre: Alfred Fuchsbichler, Franz Grojer, Bernd Grojer, Stefan Weichlbauer; Posaunen: Georg Tauder, Nicola Tauder, Christian Meisterl, Christian Gletthofer, Peter Wurzenberger; Querflöten: Romana Boiger, Alexandra Grabehofer, Anke Fraiß, Lisa Hornhofer; Tuben: Christian Tösch, Manfred Preiß, Christine Tauder; Saxophone: Andreas Karger, Höfler Christoph, Sebastian Scheikl, Florian Tahsler.

Musikverein Harmonie Wartberg

Obmann:
HOCHREITER Gerhard

Kapellmeister:
Mag. KOLLER Michael

Jugendreferent:
BENESCH Michael

Jugendreferent:
DOPPELREITER Thomas

Stabführer:
DOPPELHOFER Rainer

Schriftführer:
DI (FH) KEREK Johannes

EDV-Referent:
BENESCH Andreas

EDV-Referent:
WIEDENHOFER Andreas

Kassier/Finanzreferent:
ULRICH Wolfgang

Adelmann Isabella, Adelmann Stefan, Angerer Selina, Bauernhofer Cornelia, Bauernhofer Michael, Baumann Nicole, Baumann Sabrina, Benesch Andreas, Benesch Michael, Böhm Patricia, Breidler Gabriela, Buchegger Carina, Buchegger Kathrin, Dieter Katharina, Dieter Marlene, Doppelhofer Rainer, Mag. Doppelhofer Nicole, Doppelreiter Günther, Doppelreiter Thomas, Fuchs Maximilian, Gesslbauer Thomas, Gesslbauer Verena, Gruber Wolfgang Karl, Hasenberger Doris, Hasenberger Wolfgang, Hochreiter Florian, Hochreiter Gerhard, Hochreiter Maximilian, Hofbauer Patrick, Kamsker Florian, DI (FH) Kerek Johannes, DI Klarner Bernd, Koller Dominic, Mag. art. Koller Michael, Koller Philipp, Kornberger Angelika, Krautmann Elisabeth, Liebhart Michael, Luckabauer David, Ing. Maier Helmut, Mautner Karl, Pinitsch Daniel, Pripfel Lisa, Rami Melanie, Schaberreiter, Julia, Mag. art. Schalk Franz, Scheickl Bianca, Schein Stephanie, Schein Viktoria, Schrittwieser Tanja, Schütz Charlotte, Schwaiger Gottfried, Schweiger Christian, Schweiger Susanne, Steinacher Anna Maria, Steinacher Johanna, Steinberger Hannes, Sterlinger Heinrich, Sterlinger Johann, Trois Gottfried, Tuller Georg, Tuller Marion, Ulrich Hanna, Ulrich Wolfgang, Unterberger Florian, Unterberger Kathrin, Weichlbauer Katharina, Wernbacher Simone, Wiedenhofer Andreas, Winkelmayer Ingrid, Zeilbauer Birgit, Zeilbauer Gerd, Zinka Daniela.

Musikbezirk Radkersburg

Vorne v.l.n.r.: Bezirksstabführer-Stv. Alois Hanti, Bezirkskapellmeister Werner Fuhs, Bezirksjugendreferentin Mag. Barbara Gollenz, Beirat Manuela Palz, Bezirksjugendreferent-Stellvertreter Nadin Glauninger Holler, Bezirksobmann Heinz Trummer, Bezirksstabführer Ewald Fasching; 2. Reihe: Bezirksobmann-Stv. Josef Gangl, Ehrenobmann Viktor Hohl sen., Bezirksobmann-Stv. Christoph Trummer, Bezirkskassier Alois Fritz, Beirat Anton Smodis; 3. Reihe: Beirat Markus Haas, Beirat Johann Kargl, Martin Käfer, Schriftführer-Stv. Wolfgang Palz, EDV-Referent, Ing. Viktor Hohl.

Musikverein Bierbaum am Auersbach

Obmann:
HARB Paul

Kapellmeister:
KNIEBEISS Karin

Jugendreferent:
HARB Lisa Maria

Stabführer:
KONRAD Karl

Schriftführer:
UNGER Johann Josef

EDV-Referent:
UNGER Johannes

Kassier/Finanzreferent:
EIBEL Anita

Hintere Reihe stehend v.l.: Paul Philip Harb, David Harb, Florian Platzer, Johannes Unger, Melanie Harb, Barbara Eibel, Petra Rudorfer, Tamara Hütter, Sandra Eckhart, Lisa Maria Harb, Sabine Kurzweil, Lisa Stuber-Hamm, Verena Sudi; mittlere Reihe stehend v.l.: Maria Harb, Franz Eibel, Hannes Riegler-Fuchs, Daniel Tropper, Johann Kaufmann, Karl Konrad, Diana Oman, Christa Gaber, Hans Unger, Daniel Roßmann, Thomas Kurzweil, Harald Maier, Veronika Fink; sitzend v.l.: Sigrid Roßmann, Franz Neubauer, Hermann Fink, Johann Gölles, Karin Kniebeiß, Paul Harb, Gerhard Kurzweil, Anita Eibel, Slavko Ahlin, Alois Kurzweil-Wesselowitsch, Erna Kurzweil.

Musikverein Deutsch Goritz

Obmann:
HAAS MARKUS

Organisationsreferent:
SCHOBER FRANZ

Kapellmeister:
RAUCH MATTHIAS

Jugendreferent:
FLOCK LISA

Schriftführer:
AUER HANS DIETMAR

EDV-Referent:
SCHEUCHER CHRISTIAN

Kassier/Finanzreferent:
POCK CORNELIA

Sitzend v.l.n.r.: Matthias Rauch, Sabine Neuhold, Josef Koller, Andrea Einfalt, Otto Scheer; 1. Reihe: Claudia Maier, Josef Wolf, Lisa Flock, Tamara Reisacher, Nicole Koller, Cornelia Pock, Sarah Friess, Mona Schuster; 2. Reihe: Martin Tomschitz, Sandra Leitner, Teresa Hatzl, Elisa Tischler, Mag.Petra Scheucher, Denise Reisacher, Karoline Wolf, Simone Koller; 3. Reihe: Herbert Fink, Herbert Schleich, Markus Haas, Oliver Koller, Johann Schober, Christoph Pein, Franz Scheucher, Hans Dietmar Auer, Franz Schober, Christian Scheucher, Beatrix Kerngast-Reisacher, Robert Fortmüller, Johannes Hödl.

Grenzlandmusik Halbenrain

Präsident:
Ökonomierat FUCHS Wilhelm

Obmann:
PALZ Wolfgang

Kapellmeister:
PALZ Manuela

Jugendreferent:
RUCKENSTUHL Josef

Stabführer:
HÖDL Martin

Schriftführer:
SCHERLEITNER Karin

EDV-Referent:
PALZ Wolfgang

Kassier/Finanzreferent:
RUCKENSTUHL Karl

1. Reihe v.l.: Heidemarie Tschiggerl (Marketenderin), Monika Fritz, Julia Baier (Kpm.-Stv.), Manuela Palz (Kpm.), ÖR Willhelm Fuchs (Präsident), Wolfgang Palz (Obmann), Klaus Stacher (Obmann-Stv.), Martin Hödl (Stabführer), Susanne Pein (Marketenderin); 2. Reihe v.l.: Werner Schmid, Marc Friedrich, Friedrich Fritz, Johann Kern, Karin Scherleitner, Lena Stacher, Dr. Mag. Anton Prassl, Karl Ruckenstuhl (Finanzreferent), Hermann Ruckenstuhl; 3. Reihe v.l.: Harald Tschiggerl, Bernhard Niederl, Hubert Schmid, Johann Lorber, Christine Ruckenstuhl, Kevin Friedrich, Mario Ruckenstuhl (Jugendreferent), Josef Ruckenstuhl (Jugendreferent), Franz Komatz; 4. Reihe v.l.: Josef Taschner, Alfred Ornig, Christian Hödl, Albert Fritz, Christoph Maierhofer, Daniel Ruckenstuhl, Johannes Prassl, Michael Ruckenstuhl.

Weinlandkapelle Klöch

Obmann:
WALLNER Roland

Kapellmeister:
Mag. GOLLENZ Barbara

Jugendreferent:
KLÖCKL Eduard

Stabführer:
WALLNER Roland

Schriftführer:
KNOLLER Stefanie

EDV-Referent:
EBERHAUT Georg

Kassier/Finanzreferent:
ULRICH Christian

Aktive MusikerInnen: Aichelsreiter Otto, Doupona Josef, Eberhaut Georg, Eberhaut Lukas, Eberhaut Manuel, Edelsbrunner Sarah, Friedrich Julia, Frühwirth Bernhard, Frühwirth Fritz jun., Gollenz Barbara, Gschaar Christian, Guggenbichler Helmut, Klimbacher Theres, Klöckl Alois, Klöckl Eduard, Klöckl Silvia, Klöckl Stefanie, Knoller Martin, Laller Astrid, Legenstein Martin, Maitz Franz, Palz Martin, Pfeiler Claudia, Pieberl Simon, Pieberl Viktoria, Potzinger Katharina, Prassl Raimund, Rindler Romana, Schilli Alexandra, Schilli Petra, Schilli Robert, Semlitsch Marcel, Steiner Thomas, Steßl Sandra, Tegel Andreas, Tegel Lisa, Tegel Petra, Tegel Wolfgang, Ulrich Christian, Wallner Roland.

Grenzlandtrachtenkapelle Mureck

Präsident:
NIEDERL Alfred sen.
Obmann:
RIEDL Robert
Kapellmeister:
AHLIN Slavko
Jugendreferent:
ORTNER Mariana
Stabführer:
Ing. WIESER Franz
Schriftführer:
ORTNER Mariana
EDV-Referent:
SCHAFZAHL Paul
Kassier/Finanzreferent:
GLAUNINGER Gerhard

Mitglieder: Ahlin Slavko, Burger Walter, Drame Reinhold, Glauninger Gerhard, Hirz Viktor, Holy Christoph, Lackner Gerhard, Neubauer Pia-Patricia, Ortner Mariana, Pock Raimund, Pock Ulrike, Pock Walter, Posch Nina, Pucher Johann, Riedl Dominik, Riedl Robert, Sabotha Franz, Schadler Theo, Schafzahl Maximilian, Schafzahl Nikolaus, Schafzahl Paul, Schilli Kurt, Schönwetter Reinhard, Schutz Mathias, Tesch Michaela, Ing. Wieser Franz, Wurzinger Franz, Zacharias Josef.

Stadtkapelle Bad Radkersburg

Präsident:
Ing. JAUSCHOWETZ Wilhelm
Obmann:
GANGL Josef
Kapellmeister:
Mag. PENDL Günther
Jugendreferent:
FASCHING Markus
Stabführer:
FASCHING Ewald
Schriftführer:
DI (FH) PRAßL Manuela
EDV-Referent:
RUMPLER Christopher
Kassier/Finanzreferent:
GOMBOCZ Ingrid

Aktive Mitglieder (seit): David Dressler (2008), Ewald Fasching (1986), Markus Fasching (2000), Werner Fuhs (1965), Ing. Hans Werner Gangl (1981), Josef Gangl (1965), Thomas Gomboc (1994), Ingrid Gombocz (1983), Mag. Thomas Gombocz (1990), Nikolaus Holler (2008), Mario Klobassa (2006), Karl Klobassa (2004), Alfred Klöckl (1980), Andreas Krasser (2005), David Krasser (1999), Kurt Krasser (2005), Alexander Kurahs (1999), Christina Kurahs (2000), Marie-Luise Kurahs (1998), Georg Laller (1995), Michael Laller (1993), Elisabeth Laminger (2002), Ernst Legenstein (1981), Josef Legenstein (2048), Anna Maierhofer (2006), Eva Maierhofer (2004), Franz Maierhofer (1980), Hans-Peter Maierhofer (1984), Aleander Maitz (2001), Christian Martinecz (2006), Klaus Meyer (1992), Oliver Meyer (2003), Mag. Rosemarie Meyer (1975), Kathrina Mihalits (1996), Alfred Ornig (1994), Mag. Günther Pendl (1972), Gertraud Pendl-Hofer (1999), Engelbert Platzer (1965), DI (FH) Manuela Praszl (1995), Christian Ranftl (1999), Stefanie Ranftl (1997), Christina Rumpler (2004), Christopher Rumpler (1998), Heinrich Schmidlechner (1965), Martin Schmidlechner (2007), Lena Simmerl (2006), Cornelia Spelic (1984), Max Stadler (2002), Clemens Treichler (1993), Wolfgang Vrecar (1999); Marketenderin: Simone Buder (2007), Ingrid Gombocz (1983), Helene Gomboc (2000), Angelika Gomsi (2000), Karin Jurkowitsch (1983), Adelheid Zsilawecz (1985), Elfride Zsilawecz (1993).

Marktmusikkapelle St. Peter am Ottersbach

Präsident:
HOHL Viktor

Obmann:
KARGL Johann

Kapellmeister:
SCHANTL Josef Andreas

Jugendreferent:
NEUMEISTER Werner

Stabführer:
SCHOBER Josef

Schriftführer:
ULZ Franziska

Kassier/Finanzreferent:
SUDY Thomas

Sitzend v.l.: Robert Schantl sen., Andreas Schantl, Josef Schober, Johann Kargl, Viktor Hohl sen.; 1. Reihe v.l.: Astrid Schober, Viktoria Haiden, Michael Sabotha, Corina Ertler, Theresa Neumeister, Kerstin Lafer, Ingrid Wagist, Sandra Schantl, Tanja Höfler, Nicole Mandl, Christina Kummer; 2. Reihe v.l.: Elisabeth Patz, Nadine Trummer, Daniela Fruhmann, Melanie Tritscher, Petra Neumeister, Cornelia Ertler, Anna-Maria Liebmann, Marcel Weghofer, Petra Murrer, Marie Kummer; 3. Reihe v.l.: Martina Weinhandl, Yvonne Neumeister, Franziska Ulz, Angelika Reinprecht, Sabrina Schantl, Philipp Haiden, Julia Faßwald, Andrea Schantl, Elisabeth Wagnes; 4. Reihe v.l.: Nadine Roßmann, Stephanie Reicht, Thomas Sudy, Anton Schantl, Andrea Wagner, Franz Sabotha, Wolfgang Haiden; 5. Reihe v.l.: Daniela Haiden, Tanja Roßmann, Nadine Roßmann, Werner Neumeister, Gerald Trummer, Franz Prisching, Josef Schantl, Josef Fuchs; 6. Reihe v.l.: Sabine Weinhandl, Bernadette Patz, Anton Greiner, Franz Fruhmann, Hermann Fink, Thomas Kargl, Franz Benedikt, Viktor Hohl jun.; 7. Reihe v.l.: Samuel Weinhandl, Wolfgang Schantl, Karl Trummer, Alfred Gsellmann, Dietmar Hieß, Alois Hackl, Robert Schantl jun., Stefan Faßwald.

Marktmusikkapelle Straden

Präsident:
RIGACS Anton

Obmann:
SCHUSTER Alfred

Obmann:
ZIDEK Klaus

Kapellmeister:
BINDER Michael

Jugendreferent:
TAMISCH Rupert

Stabführer:
BINDER Michael

Schriftführer:
SCHWARZ Cornelia

EDV-Referent:
TAMISCH Rupert

Kassier/Finanzreferent:
FRITZ Alois

1. Reihe vorne v.l.: Markus Fritz, Peter Linz, Matthias Binzl, Peter Amschel, Julia Kirbisser, Angela Summer, Obmann Alfred Schuster, Josef Neumeister, Kapellmeister Michael Binder, Gerti Fritz, Claudia Wagnes, Alois Fritz, Hannes Klampfer, Samuel Zidek, Christoph Kohlroser; 2. Reihe v.l.: Sandra Zacharias, Sabine Pachler, Julia Hatzl, Sophie Bund, Bianca Ranz, Elisabeth Puntigam, Julia Gangl, Carina Sammer, Christine Frankl, Cornelia Pichler, Sara Zidek, Monika Eberhart, Viktoria Winter, Julia Haas, Kerstin Binder, Natalie Binder, Petra Walter; 3. Reihe v.l.: Elfriede Summer, Karin Haas, Carola Schillinger, Kerstin Hirtl, Melanie Praßl, Birgit Hatzl, Andrea Lorber, Kathrin Hödl, Judith Scheucher, Edith Lackner, Iris Schantl, Martin Schmidt, Theresa Buchmann, Eva Keimel, Cornelia Schwarz; 4. Reihe v.l.: Lukas Eberhart, Christian Sapper, Thimo Dresler, Anton Eberhart, Gerhard Fritz, Klaus Zidek, Michael Bertha, Clemens Eberhart, Walter Kargl, Leo Gangl, Josef Wagnes, Carmen Grain; 5. Reihe v.l.: Rupert Tamisch, Emil Hirtl, Eva-Maria Sapper-Haas, Andreas Hirtl, Christina Frauwallner, Michaela Konrad, Michael Fröhlich, Anton Smodis, Albert Ulz, Manfred Lackner, Alois Edelsbrunner.

Musikverein Siebing

Obmann:
GUTMANN Herta

Obmann (2.):
TREICHLER Josef jun.

Kapellmeister:
RAGGAM Herbert

Jugendreferent:
RAGGAM Birgit

Stabführer:
GRÖSS Adolf

Schriftführer:
SCHANTL Angela

EDV-Referent:
HÖTZL Alfred

Kassier/Finanzreferent:
SCHANTL Gottfried

Ehrenobmann Zitek Dietmar, Obmann Gutmann Herta (Querflöte), Obmann-Stv. Treichler Josef (Tenorhorn), Kassier Schantl Gottfried (Trompete), Kassier-Stv. Kraxner Heinz (Gr. Schlagzeug), Schriftführer Angela Schantl (Althorn), Schriftführer-Stv. Hergl Birgit (Marketenderin), Hötzl Alfred (EDV-Referent, Trompete), Freitag Martin (EDV-Referent-Stv., Kl. Schlagzeug), Gröss Adolf (Stabführer, Flügelhorn), Raggam Birgit (Jugendreferent, Querflöte), Koitz Christoph (Jugendreferent-Stv., Trompete), Raggam Herbert (Kapellmeister, Tenorhorn, Bezirkskapellmeister-Stv.), Friedl Alexander (Klarinette), Friedl Claudia (Klarinette), Haiden Karin (Saxophon), Hötzl Alfred (Tuba F), Hötzl Petra (Klarinette), Kaufmann Reinhold (Klarinette), Keimel Michael (Tenorhorn), Klein Franz (Klarinette), Klein Werner (Flügelhorn), Koitz Elisabeth (Flügelhorn), Koitz Josef (Horn), Kraxner Bettina (Klarinette), Kupfer Franz (Gr. Schlagzeug), List Christine (Marketenderin), Marbler Carina (Saxophon), Ploder Karl (Posaune), Raggam Sabine (Tenorhorn), Schantl David (Trompete), Schantl Lisa (Querflöte), Toth Bernhard (Waldhorn), Treichler Josef (Tenorhorn), Tropper Beate (Marketenderin), Tropper Josef (Tuba B), Voit Alois (Schlagzeug), Voit Bernadette (Trompete), Waltl Herbert (Trompete), Weber Bernhard (Klarinette), Wurzinger Karl (Posaune), Freitag Gerhard (Flügelhorn).

Musikverein Tieschen

Obmann:
KOLLER Anton

Geschäftsführender Obmann:
KÄFER Martin

Kapellmeister:
HADLER Erwin

Jugendreferent:
KÄFER Michaela

Stabführer:
KOLLER Anton

Schriftführer:
JAUSCHNEGG Andrea

EDV-Referent:
JAUSCHNEGG Andrea

Kassier/Finanzreferent:
SIMMERL Rudolf

Musikerinnen und Musiker: Dressler Michael, Engel Simon, Frühwirth Margareta, Gangl Bernhard, Gangl Thomas, Gollenz Alois, Gollenz Markus, Guttmann Anna, Hadler Erwin, Hirtl Konrad, Holler Karl, Hopfer Christopher, Käfer Julia, Käfer Martin, Käfer Michaela, Koller Anton, Koller Elena, Koller Philipp, Lackner Sandra, Lamprecht Bianca, Moik Christopher, Moravitz Saskia, Müller Hermann, Müller Patric, Müller Petra, Müller Stephan, Pachler Daniel, Pachler Eduard, Padinger Bernadette, Pfeifer Hannes, Puchleitner Pamela, Puff Manfred, Seidl Kathrin, Simmerl Jürgen, Simmerl Rudolf, Stauber-Tschiggerl Josef, Stoiser Franz, Stradner Franz, Thonegg Nina, Unger Carmen, Unger Karl; Marketenderinnen: Gollenz Irmgard, Jauschnegg Andrea, Pfeifer Daniela, Sommer Andrea.

Dorfmusikkapelle Dietersdorf

Obmann:
REINPRECHT Johann

Kapellmeister:
REINPRECHT Johann

Jugendreferent:
TRUMMER Christoph

Stabführer:
HANTI Alois

Schriftführer:
SCHOBER Verena

EDV-Referent:
KONRAD Arnold

Kassier/Finanzreferent:
KONRAD Norbert

Ertler Cornelia, Glauninger-Holler Anton, Glauninger-Holler Franz, Hanti Alois, Kerngast Anita, Kerngast Hannes, Konrad Andreas, Konrad Anita, Konrad Arnold, Konrad Hannes, Konrad Hélena, Konrad Maria, Konrad Melinda, Konrad Norbert, Konrad Werner, Kurzweil Karin, Leber Harald, Palz Jürgen, Palz Stefanie, Primmer Herta-Iris, Pucher Claudia, Rauch Christian, Rauch Matthias, Rauch Michael, Rauch Peter, Reinprecht Johann, Schmid Elfriede, Schmid Jeannine, Schmid Natalie, Schober Verena, Stauber Franz, Trummer Christoph, Trummer Heinz, Trummer Lena, Trummer Walter, Wallner Bettina, Wallner Matthias.

Musikbezirk Voitsberg

V.l.n.r.: Bezirkskassier Wolfgang Hiden, Bezirksobmann Hans-Peter Gritzner, Bezirksschriftführer Gernot Strommer, Bezirkskapellmeister Alfred Prasch, Bezirksjugendreferent.-Stv. Heidemarie Reif, Bezirksjugendreferent Franz-Peter Pran, Bezirkskapellmeister-Stv. Andreas Angerer.

Der derzeitige Bezirksvorstand:
Bezirksobmann: Hans-Peter Gritzner, Bez.-Obm.-Stv.: Mag. Johann Edler, Bez.-Kapellmeister: Alfred Prasch, Bez.-Kapellmeister-Stv.: Andreas Angerer, Bezirkskassier: Wolfgang Hiden, Bez.-Kassier-Stv.: Andreas Deutsch, Bezirksschriftführer: Gernot Strommer, Bez.-Schriftführer-Stv.: Monika Dettenweiz, EDV-Referent: Ing. Franz Hiden, Bez.-Jugendreferent: Franz-Peter Pran, Bez.-Jugendref.-Stv.: Heidemarie Reif.
Ehrenmitglieder: Bez.-Ehrenobmann: Gottfried Götzl, Bez.-Ehrenkapellmeister: Franz Reischl, Bez.-Ehrenmitglied: Stefan Steindl.

Glasfabriks- und Stadtkapelle Bärnbach

Präsident:
KIENZER Max

Obmann:
TÖSCHER Ernst

Obmann:
(2.) NACHLINGER Klaus

Geschäftsführender Obmann:
THEISSL Thomas

Kapellmeister:
Mag. NABL Gregor

Jugendreferent:
HEROLD Georg

Stabführer:
THEISSL Manfred

Schriftführer:
WABITSCH Daniel

EDV-Referent:
MARCHER Gernot

Kassier/Finanzreferent:
OFNER Peter

1. Reihe v.l.n.r.: Stabführer Manfred Theißl, sitzend Hermann Schliber, Anton Mandl (H), geschäftsführender Obmann Thomas Theissl, Präsident und Bürgermeister Max Kienzer, Kapellmeister Mag. Gregor Nabl, Obmann Ernst Töscher, Egon Maurer, Hans Ratey; 2. Reihe v.l.n.r.: August Wabitsch, Daniel Wabitsch, Anton Rapp, Christine Hauk, Erich Stangl, Erich Prettenthaler, Peter Ofner, Christine Samgoi, Daniel Ofner, Philipp Perstaller, Josef Reiser, Martina Jud; 3. Reihe v.l.n.r.: Josef Zmerzly, Willi Schleinzer, Klaus Mandl, Dr. Manfred Windisch, Günther Kolli, Franz Brunner, Erich Gutschi (H), Johann Oswald, Karl Brückler; 4. Reihe v.l.n.r.: Ferdinand Smagoi, Franz Gspruning, Patrick Burgstaller, Hans Wiendl, Mag. Wolfgang Jud, Gernot Marcher, Christian Ruprechter, Hans-Jürgen Findeis, Daniel Gratzer.

Marktmusikkapelle „Erzherzog Johann" Edelschrott

Obmann:
HOLAWAT Artur

Obmann:
(2.) KRAMMER Alfred

Kapellmeister:
ANGERER Andreas

Jugendreferent:
DI (FH) HOJAS Hans-Peter

Stabführer:
SCHMIDT Gottfried

Schriftführer:
KLUG Romana

EDV-Referent:
Mag. PREßLER Georg

Kassier/Finanzreferent:
SCHMUCK Franz

Musikerinnen und Musiker: 1. Reihe v.l. (sitzend): Holawat Artur, Neumann Johannes, Wagner Johann, Pöschl Petra, Tschakl Trixi, Schilling Isabella, Krammer Martin, Angerer Andreas, Ortner Elfriede, Köck Julia, Hojas Hans-Peter, Vallant Manfred, Schober Franz, Neumann Markus; 2 Reihe v.l. (stehend): Schmidt Gottfried, Seidler Irmgard, Hojas Heidemarie, Godl Franz jun., Pöschl Sonja, Dirnberger Kathrin, Wolfsberger Lukas, Kiedl Eva-Maria, Lenz Daniel, Schilling Gottfried, Klug Roman, Hacker Markus, Keusch Helmut, Smodej Sandra, Krammer Doris, Lenz Christina, Schmidbauer Michaela, Pöschl Nicole, Preßler Georg; 3. Reihe v.l.: Krammer Alfred, Birnhuber Daniel, Ofner Johannes, Schmuck Franz, Brosch Dominik, Schmuck Doris, Hiebl Daniel, Preßler Ursula, Neumann Johannes, Kopp Martina, Sandor Nicolas; 4. Reihe v.l.: Scheiber Johannes, Pichler Markus, Pöschl Ernst, Schilling Michael, Pöschl Florian, Godl Reinhard, Schmuck Martin, Hacker Johannes, Pöschl Josef, Kiedl Georg, Köberl Andreas, Ofner Franz; 5. Reihe v.l.: Deutsch Andreas, Godl Franz sen., Angerer Siegfried, Gößler Manfred, Godl Karl, Greinix Karl, Ortner Heimo, Roßegger Horst, Klug Christine.

Musikverein Geistthal

Obmann:
HARRER Gerlinde

Kapellmeister:
HECHTL Hanspeter

Jugendreferent:
RAINER Martin

Stabführer:
STEINKELLNER Franz

Schriftführer:
SEREINIGG Karin

Kassier/Finanzreferent:
WÖLKART Ingeborg

1. Reihe v.l.: Sommersacher Sonja (Marketenderin), Harrer Claudia, Rainer Christine, Sereinigg Karin (Schriftführer), Harrer Gerlinde (Obfrau), Hechtl Hanspeter (Kapellmeister), Rainer Martin (Obmann-Stellvertreter), Wölkart Ingeborg, Harrer Theres, Rainer Daniela (Marketenderin); 2. Reihe v.l.: Steinkellner Franz (Stabführer/Obmann-Stellvertreter), Steinkellner Harald, Rainer Franziska, Jantscher Romana, Wolfi Andreas, Eisl August, Stacher Sybille, Sommersacher Josef jun., Harrer Günther sen., Hechtl Rene; 3. Reihe v.l.: Rainer Klemens, Eisl Herbert, Jantscher Johann, Hechtl Kevin, Rainer Hermine (Jugendreferentin), Sommersacher Josef sen., Rainer Barbara (Kassier), Harrer Günther jun., Rainer Bernhard; 4. Reihe v.l.: Schutti Johann, Harrer Markus, Eisl Franz, Summer Maximilian.

Musikverein Graden

Obmann:
NEUKAM Werner

Kapellmeister:
PÖSCHL Franz

Jugendreferent:
ORTNER Nicole

Stabführer:
HIEBLER Georg

Schriftführer:
OSWALD Eva

EDV-Referent:
NEUKAM Marina

Kassier/Finanzreferent:
RIEGLER Hubert

Arbesleitner Kornelia, Bader Friedrich, Edler Heike, Edler Kathrin, Eisner Wilma, Friedrich Lisa, Friedrich Martin, Groß Katharina, Guggi Waldemar, Hiebler Georg, Jandl Claudia, Jandl Petra, Kuss Wolfgang, Leitner Marita, Lenz Franz, Münzer Florian, Neukam Daniel, Neukam Harald, Neukam Kerstin, Neukam Marina, Neukam Werner, Ofner Doris, Ofner Gert, Ofner Heike, Ofner Helmut, Ofner Herbert, Ofner Sabrina, Ofner Verena, Sorger Nicole, Ortner Heimo, Oswald Evi, Oswald Jürgen, Pöschl Franz, Rauch Franz, Rieger Lisa, Riegler Anja, Riegler Hubert, Scherz Marlene, Schmid Josef, Schriebl Franz jun., Schriebl Franz sen., Schober Carina, Welle Franz, Welle Silvia.

Ortsmusikkapelle Hirschegg

Obmann:
SCHERR Alfred

Kapellmeister:
LICHTENEGGER Hannes

Stabführer:
OFFNER Eduard

Schriftführer:
SCHMOLLI Martina

EDV-Referent:
STERING Michael

Kassier/Finanzreferent:
FABIAN Engelbert

Baldauf Franz, Fabian Engelbert, Gantschnigg Alfred, Gantschnigg Erwin, Gottsberger Daniela, Guggi Andreas, Guggi Florian, Guggi Franz, Hiebl Michael, Hiebl Stefan, Kiedl Eva, Klöckl Andreas, Klöckl Christina, Lalej Christian, Lecker Franz, Lichtenegger Hannes, Lichtenegger Johann, Liebmann Richard, Magg Karin, Offner Eduard, Ofner Bernhard, Ofner Elisabeth, Ofner Erich, Ofner Markus, Ofner Willibald, Pressler Carina, Pressler Christina, Pressler Christoph, Pressler Franz, Scherr Alfred, Scherr Melanie, Scherr Walter, Schmolli Julia, Schmolli Martina, Schrotter Daniela, Schrotter Sabine, Stering Julia, Stering Michael, Strohmeier Markus, Wipfler Thomas, Zöhrer Barbara.

Blasmusikkapelle Kainachtal

Obmann:
MARCHER Edith

Kapellmeister:
STEINER Franz

Jugendreferent:
PEIßl Harald

Schriftführer:
SEIDLER Christina

EDV-Referent:
MARCHER Edith

Kassier/Finanzreferent:
SCHWAB Bruno

1. Reihe v.l. (sitzend): Silke Konrath, Christina Seidler, Cornelia Raudner, Ehrenmitglied Norbert Noiges, Ehrenkapellmeister Karl Klampfl, Obfrau Edith Marcher, Kapellmeister Franz Steiner, Ehrenmitglied Hermann Hoschka, Kassier Bruno Schwab, Harald Peißl, Annemarie Anabith, Markus Klampfl; 2. Reihe v.l. (stehend): Stabführer Hans Ruprechter, Marketenderin Michaela Pongritz, Marketenderin Elfriede Ursin, Helmut Jauk, August Neukam, Michael Rinisch, Gernot Marcher, Stefanie Hecher, Stefan Steirer, Franz Wipfler, Hans Pongritz, Barbara Pongritz, Marketenderin Luise Ruprechter, Marketenderin Frieda Neukam; 3. Reihe v.l. (stehend): Karl Ursin, Ewald Harg, Ernst Anabith, Peter Wipfler, Felix Hartinger, Stefan Tippler, Eduard Plattner, Karl Brückler, Johann Raudner, Wolfgang Ulz, Hans Leitner (Gruppenfoto aus dem Jahr 2005).

Glasfabriks- und Stadtkapelle Köflach

Präsident: BUCHBERGER Dieter
Präsident: Ing. ZAGLER Wilhelm
Präsident: HALPER Franz
Ehrenpräsident:
HABELT Waldemar
Obmann: Prok. GADI Emil
Geschäftsführender Obmann:
Ing. KNES Ernst
Kapellmeister:
Mag. ZAPFL Karl Heinz
Jugendreferent: AUER Viktor
Stabführer: FREIDL Michael
Schriftführer: JANACH Wolfgang
EDV-Referent: JANACH Wolfgang
Kassier/Finanzreferent:
KÜGERL Günter

Aktive MusikerInnen: Arzberger Martin, Auer Viktor, Bauer Astrid, Birnhuber Alois, Fandl Eva Maria, Freidl Michael, Friedrich Fabio, Gadi Emil, Gössler Martin, Greisdorfer Friedrich, Gruber Heimo, Hansbauer Doris, Holosch Gertrude, Janach Marco, Janach Wolfgang, Knes Ernst, Knes Mathias, Kollmützer Gernot, Kollmützer Christopher, Korunka Harald, Koschar Fritz, Kügerl Günter, Kügerl Philipp, Laky Bernd, Laky Katharina, Langmann Anna, Langmann Elisabeth, Magyar Helmut, Mulej Manfred, Mulej Martina, Münzer Florian, Mürzl Johannes, Nabl Gregor, Ofner Werner, Oswald Werner, Oswald Jürgen, Pail Melanie, Pucher Julia, Rainer Martin, Raudner Robert, Reinisch Erich, Riedenbauer Günter, Schenk Gerhard, Schinnerl Thomas, Schlatzer Jessica, Schaltzer Sascha, Schmid Marita, Schmidt Karin, Schutting Christine, Sereinigg Karin, Wagner Eduard, Weißhaupt Gerald, Weißhaupt Kerstin, Wölkart Julia, Zapfl Andreas, Zapfl Karl Heinz, Zapfl Matthias, Zapfl Nora, Zapfl Robert, Zapfl Stefan, Zapfl Walter, Zöhrer Adalbert, Zöhrer Lisa, Zwanzger Philipp, Zwanzger Sarah.

Musikverein Ligist-Krottendorf

Obmann:
Ing. HIDEN Johann
Kapellmeister:
Mag. BRANDSTÄTTER Manfred
Jugendreferent:
TRAUMÜLLER David
Stabführer:
Dir. Ing. DI (FH) HIDEN Franz
Schriftführer:
PAURITSCH Sabine
EDV-Referent:
Dir. Ing. DI (FH) HIDEN Franz
Kassier/Finanzreferent:
KLUG Gerhard

Liste der aktiven Mitglieder, Stand 11/2009: Brandstätter Gerhard, Brandstätter Josef, Brandstätter Manfred, Bräuner Martina, Fantic Elisabeth, Fantic Katharina, Gaich Andreas, Grebien Alexander, Gruber Peter, Guggi Markus, Herbst Franz, Herbst Laura, Hiden Franz, Hiden Johann, Janesch Heinz, Janesch Reinhard, Kalcher Heimo, Kalcher Herbert, Kalcher Ines, Klöckl Martina, Klöckl Mathias, Klug Gerhard, Knabl Christina, Kopatsch Friedmann, Kotzbeck Jürgen, Krammer Herbert, Kraus Eva, Langmann Melanie, Lichtenegger Karl, Lidl Peter, Löwenpapst Ferdinand, Löwenpapst Gerlinde, Müller Daniel, Müller Gabriel, Münzer Günter, Münzer Hubert, Münzer Karl, Neumann Hannes, Ofner Johann, Ofner Manfred, Ofner Markus, Pauritsch Christoph., Pauritsch Manfred, Pauritsch Sabine, Pichler Tina, Pöschl Sonja, Rabitsch Heidelinde, Reinisch Erich, Riedl Bernhard, Rosenzopf Thomas, Schober Sonja, Schriebl Johann, Schriebl Johann, Schriebl Oskar, Schriebl Rudolf, Schröttner Philipp, Schröttner Stefanie, Schützenhöfer Ewald, Schwarzl Günther, Stadler Robert, Starchl August, Starchl Maria, Sturmann Anja, Tappauf Alois, Traumüller David, Traumüller Josef, Wallner Angelika, Zmugg Karl, Zmugg Michael.

Bauernkapelle Mooskirchen

Obmann:
RUPRECHT Peter

Kapellmeister:
PITSCHENEDER Heinz

Jugendreferent:
RUPRECHT Peter

Stabführer:
PITSCHENEDER Heinz

Schriftführer:
PITSCHENEDER Heinz

EDV-Referent:
RUPRECHT Peter

Kassier/Finanzreferent:
NIGGAS Franz

Mitglieder (Stand 6.12.2009): Angerer Josef, Bauer Franz, Eberl August, Feier Gerhard, Fernitz Franz, Graschi Helmut, Herunter Franz, Lickl Franz, Kniepeiss Alois, Niggas Franz (Kassier), Pitscheneder Heinz, Dir. i.R. (Kapellmeister), Reinisch Alois, Ruprecht Peter (Obmann), Schlosser Walter, Stadler Hubert, Strohmeier Franz, Summer August, Weiss Johann, Zimmermann Berthold.

Jugendkapelle Mooskirchen

Präsident:
DRAXLER Erwin

Obmann:
GSCHIER Hans-Christian

Obmann:
(2.) JAKOB Manuela

Kapellmeister:
RUMPF Helmut

Jugendreferent:
DAMM Angelika

Stabführer:
GSCHIER Hans-Christian

Schriftführer:
MÜLLER Michaela

EDV-Referent:
SCHAUMBERGER Andreas

Kassier/Finanzreferent:
SUMMER August

Damm Angelika, Damm Anna, Damm Daniela, Damm Martina, Daradin Martin, Engelschall Anna Maria, Gschier Dominik, Gschier Hans Christian, Gschier Josef, Hojnik Gernot, Jakob Manuela, Lechthaller Thomas, Leitgeb Lisa, Lesky Sebastian, Lobnig Roland, Maier Daniel, Maier Philipp, Mezler-Andelberg Lisa Marie, Müller Michaela, Oswald Katrin, Oswald Mario, Oswald Sabrina, Pitscheneder Beate, Pitscheneder Eva Camilla, Promitzer Tamara, Pschenitzer Sabrina, Reinisch Andreas, Reinisch Johann Rothschedl, Anna Sophie, Rothschedl Erich, Rothschedl Johann, Rothschedl Martin, Rothschedl Reinhard, Rothschedl Wilhelm, Rumpf Helmut, Rupp Elisa, Schafzahl Peter, Schaumberger Andreas, Schaumberger Melanie, Schmid Michael, Schmid Willibald, Schneebauer Hannes, Schreiner Lisa, Summer August, Summer Wolfgang, Tappler Gerald, Tappler Eva, Tomaschitz Johann, Tomaschitz Philipp, Tomaschitz Sabrina, Walch Heidemarie, Zöhrer Marcel, Zweiger Johanna, Brann Franz Peter.

Bergkapelle Oberdorf Bärnbach

Obmann:
HOLLER Jürgen

Kapellmeister:
RAPP Anton

Jugendreferent:
STANGL Daniel

Stabführer:
MARCHL Hermann

Schriftführer:
HOLLER Birgit

EDV-Referent:
STANGL Markus

Kassier/Finanzreferent:
HOLLER Walter

1. Reihe v.l.n.r. (sitzend): Pignitter Elisabeth, Groß Melanie, Hölfont Daniela, Gosch-Scheer Beate, Hutter Franz, Kpm. Rapp Anton, Bgm. Kienzer Maximilian, Ehrenobmann Holler Siegfried, Stabf. Marchl Hermann, Knapp Gerhard, Gosch Karl, Hyden Werner, Lenz Josef, Lang Lukas; 2. Reihe v.l.n.r.: Trutschnigg Franz, Pagger Johann, Lasnik Richard, Klampfl Markus, Dr. DI Klampfl Heinz, Holler Josef, Holler Birgit, Klampfl Karl, Holler Angelika, Maier Tanja, Reinisch Michael, Pignitter Manfred sen., Ursin Erwin, Stangl Daniel, Pignitter Gerald, Langmann Alois; 3. Reihe v.l.n.r.: Tippler Stefan, Strohmayer Markus, Pagger Siegrid, Rapp Anton sen., Dr. Pichler Gerald, Pagger Phillip, Sippel Raimund, Jauk Helmut, Stangl Markus, Schrotter Nikolaus, Holler Matthias, Langmann Thomas, Schögler Josef, Bistan Matthias; 4. Reihe v.l.n.r.: Knapp Alois, Ursin Karl, Brunner Heinz, Gratz Alfred, Sippel Richard, Obm. Holler Jürgen, Pignitter Engelbert, Pignitter Manfred, Holler Walter.

Trachtenmusikkapelle Pack

Obmann:
FEIMUTH Peter

Organisationsreferent:
GÖßLER Günther

Kapellmeister:
SCHRIEBL Rudolf jun.

Jugendreferent:
WIPFLER Brigitte

Stabführer:
SCHRIEBL Rudolf jun.

Schriftführer:
RENHART Kilian

EDV-Referent:
JOHAM Robert

Kassier/Finanzreferent:
KOLLEGGER Rudolf

Mag. (FH) Feimuth Christof, Feimuth Peter, Gößler Andreas, Gößler Christine, Gößler Felix, Gößler Günther, Gößler Katharina, Gößler Lorenz, Gößler Margot, Gößler Marlene, Gößler Victoria, Haas Carina, Jahrer Stefan, Joham Peter, Joham Robert, Kienzl Jasmin, Kollegger Franz, Kollegger Rudolf, Kormann Eva, Lichtenegger Martina, Lichtenegger Wilma, Reisenhofer Tina, Reisenhofer Verena, Renhart Anton, Renhart Heinrich, Renhart Kilian, Renhart Magdalena, Rößl Johann, Schmid Denise, Schmid Michaela, Schmid Sabrina, Schratter Ulrich, Schriebl Rudolf jun., Schriebl Rudolf sen., Sorger Jennifer, Wipfler Brigitte, Wipfler Katahrina, Wipfler Michael, Wipfler Sebastian.

Musikverein Gestüt Piber

Präsident:
KLAMPFER Otto

Obmann:
GRITZNER Hans-Peter

Kapellmeister:
LEIST Harald

Jugendreferent:
SCHWEIGHART Barbara

Stabführer:
PUFFING Gerhard

Schriftführer:
PUFFING Gerhard

EDV-Referent:
HÖSELE Wolfgang

Kassier/Finanzreferent:
TAX Peter

1. Reihe v.l.: Stabführer Puffing Gerhard, Tax Katharina, Patz Elisabeth, Schweighart Barbara, Messner Kathrin, Obmann Gritzner Hans-Peter, Kapellmeister Leist Harald, Tax Kerstin, Greßl Sabine, Gmoser Kordula, Rexeis Anita, Mörtl Martin; 2. Reihe v.l.: Hösele Wolfgang, Lukas Eduard, Stadler Manuel, Kern Erich, Schober Hannes, Schober Manfred, Flecker Marika, Tax Johannes, Tax Georg, Klampfer Otto, Geisch Johann; 3. Reihe v.l.: Tax Rupert, Steindl Stefan, Oswald Johann, Kolb Herbert, Kraiczer Eva-Maria, Lacky Bernd; 4. Reihe v.l.: Kohlbach Johann, Janesch Reinhard, Gantschnigg Anna, Fromm Maria, Max Rosenzopf, Kraiczer Oliver, Dorfner Michaela; 5. Reihe v.l.: Janesch Heinz, Birnhuber Gerald, Gritzner Ernst, Hiebler Elisabeth, Gulass Franz-Peter; letzte Reihe v.l.: Pilgram Andreas, Hochstrasser Jürgen, Russmann Josef, Hiebler Christiane, Langmann Anna.

Bergkapelle Piberstein

Präsident:
Ing. ZAGLER Wilhelm

Präsident:
Bgm. RIEMER Josef

Obmann:
SCHADENBAUER Gerhard

Organisationsreferent:
SCHADENBAUER Gerhard

Kapellmeister:
WAGNER Eduard

Jugendreferent:
PEINSITH Angelika

Stabführer:
ATZLER Thomas

Schriftführer:
OFFNER Doris

EDV-Referent:
PLANKENSTEINER Walter

Kassier/Finanzreferent:
PLANKENSTEINER Walter

Kapellmeister: Wagner Eduard; Stabführer: Atzler Thomas; Flöte/Piccolo: Offner Doris, Riemer Alexandra, Schmidt Katja; Klarinette: Greinix Ute, Krugfahrt Ingrid, Maier Verena, Maier Veronika, Maierhofer Franz, Mazgan Martina, Peinsith Angelika, Pichler Ulrike, Pirker Melanie, BA Plankensteiner Arnold, Pozarnik Christine, Pozarnik Johann, Schadenbauer Gerhard, Schadenbauer Raimund, Scherz Madeleine, Schmidt Birgit, Stoisser Simone; Oboe/Fagott: Dipl.-Ing. Dr. techn. Offner Günter, Prof. Rosenzopf Max, Scherz Madeleine; Saxophon: Greinix Ute, Peinsith Angelika, Pozarnik Johann, Schadenbauer Gerhard; Flügelhorn/Trompete: Bergmann Maria, MDir. Mag. Bernsteiner Willi, Hafner Gregor, Krugfahrt Gerald, Offner Franz, Ofner Richard; Scheiber Eva-Maria, Scherz Christian, Schmidt Annika, Schmidt David, Schübel Bernd, Schutting Katja, Strasser Stefan; Horn: Mag. Amschl Michaela, Birnhuber Alois, Kohlbacher Florian, Leitgeb Herbert, Marhold Johanna, Marhold Martin, Marhold Susanne, Wagner Eduard; Posaune: Gugl Georg, Dipl.-Ing. Haas Herbert, Plos Bernhard; Tenorhorn/Bariton: Galler Christian, Gugl Georg, Dipl.-Ing. Haas Herbert, Krug Andreas, Schadenbauer Raimund; Bass: Atzler Thomas, Gössler Christian, Gspurning Karl, Marhold Sebastian, Plankensteiner Walter, Ing. Pozarnik Gerd; Schlagzeug: Hafner Felix, Hafner Gregor, Krammer Martin, Schmidt David, Seidl Christoph, Seidler Fabio, Stoisser Sabrina, Süss Andreas, Tscheppe Florian, Wagner Eduard.

Musikverein „Glück Auf", Bergkapelle Rosental

Präsident:
SCHRIEBL Franz

Obmann:
LECHNER Josef

Kapellmeister:
STROMMER Gernot

Jugendreferent:
PICHLER Matthias

Stabführer:
GÖTZL Gottfried

Schriftführer:
Mag. LECHNER Gabriele

EDV-Referent:
KRAHSER Harald

Kassier/Finanzreferent:
RAUDNER Johann

Angerer Andreas, Mag. Angerer Siegfried, Bauer Kristina, Birnhuber Andreas, Fromm Albert, Gaich Andreas, Gaisch Johann, Götzl Gottfried, Hechtl Doris, Holler Matthias, Huber Christopher, Kiedl Georg, Kniely Klaus, Krahser Beate, Krahser Elisabeth, Krahser Harald, Kröpfl Werner, Lechner Florian, Mag. Lechner Gabriele, Lechner Josef, Lechner Mario, Lind Doris, Lind Hubert, Marhold Sebastian, Marhold Susanne, Mörth Alfred, Ofner Armin, Pichler Matthias, Pick Sebastian, Rampitsch Martin, Raudner Johann, Raudner Margit, Raudner Michael, Ing. Raudner Robert, Reinisch Johann, Samide Jakob, Samide Katrin, Schriebl Franz, Schriebl Karl, Schriebl Sarah, Schweiger Johann, Stacher Sabrina, Stangl Erich, Stoimeier Leo, Strommer Gernot, Wagner Vinzenz, Wolf August, Zalar Manuel, Zankl Kerstin, Zankl Maria-Lisa, Zimmermann Margit.

Musikverein Salla

Obmann:
SCHROTTER Viktor

Kapellmeister:
LIND Josef

Jugendreferent:
REINER Stefan

Stabführer:
SCHWEIGHART Mathias

Schriftführer:
REINER Adolf

EDV-Referent:
STIEFMANN Gottfried

Kassier/Finanzreferent:
STIEFMANN Gottfried

Mitgliederliste, Stand 22.1.2010: Bratschko Cornelia, Edler Christoph, Mag. Edler Johann, Gines Jasmin, Gines Kathrin, Gines Martina, Gines Stefan, Kirchleitner Anna, Lechner Josef, Leitner Gabriele, Lind Josef, Ofner Armin, Ofner Franz, Rauch Nicole, Rauch Simone, Reiner Adolf, Reiner Julia, Reiner Lisa, Reiner Stefan, Rössl Andreas, Rössl Cornelia, Rössl Franz, Rössl Georg, Rössl Karin, Rössl Sabina, Schriebl Daniel, Schriebl Karl, Schriebl Kevin, Schrotter Andreas, Schrotter Harald, Schrotter Jakob, Schrotter Michael, Schrotter Viktor, Schweighart Carina, Schweighart Engelbert, Schweighart Ernst, Schweighart Eva-Romana, Schweighart Franziska, Schweighart Friedrich, Schweighart Josef, Schweighart Mathias, Schweighart Rupert, Schweighart Silke, Smagoi Ferdinand, Steurer Hannah, Steurer Silke, Stiefmann Gottfried, Zach Susanne, Zalar Johanna.

Ortsmusikkapelle St. Johann ob Hohenburg

Obmann:
Ing. ROTH Robert

Kapellmeister:
TAUBER Manuel

Jugendreferent:
NOTHDURFTER Philipp

Stabführer:
WAGNER Franz

Schriftführer:
Ing. / MSc SULZBERGER Franz

EDV-Referent:
SCHAFZAHL Peter

Kassier/Finanzreferent:
MAYER Günther

Strommer Alois, Strommer Christian, Planner Gerhard, Strommer Johann, Tappler Johann, Schafzahl Peter, Sagmeister Robert, Wagner Stefan, Strommer Jürgen, Jandl Manfred, Sagmeister Martina, Frewein Christina, Ofner Christof, Raudner Franz, Freidl Kerstin, Rieger Kerstin, Strommer Manfred, Tauber Manuel (Kapellmeister), Schafzahl Markus, Nothdurfter Philipp, Frewein Siegfried, Tappler Stefan, Jandl Susanne, Bretterklieber Karin, Pölzl Andreas, Kiedl Erich, Rohrer Harald, Sagmeister Josef, Homola Alexandra, Moises Carmen, Langmann Claudia, Freidl Daniela, Wagner Franz, Dirnberger Lisa, Dirnbäck Magdalena, Langmann Andrea, Dirnberger Barbara, Fuchs Franz, Moises Carina, Langmann Corinna, Sulzberger Franz, Jandl Gerhard, Gines Josef, Schreiner Werner, Rieger Andreas, Frewein Patrick, Kameritsch Peter, Strommer Susanne, Hussler Gerald, Reinisch Harald, Strommer Johannes, Hussler Karl, Fromm Wolfgang, Ofner Bernhard, Strommer Gernot, Mayer Günther, Hafen Manuel, Deutschmann Nadin, Spinka Philipp, Gruber Anton, Reinisch Johann, Hohenberger Klaus, Roth Robert (Obmann), Homola Andrea (Marketenderin), Jandl Silvia (Marketenderin).

Ortsmusikkapelle St. Martin am Wöllmißberg

Obmann:
HOLZER Siegfried

Kapellmeister:
HÖFLER Siegfried

Jugendreferent:
RAFFLER Florian

Stabführer:
HOLZER Siegfried

Schriftführer:
Dipl.-Ing. TROGER Markus

EDV-Referent:
Ing. HOLZER Markus

Kassier/Finanzreferent:
RAFFLER August

1. Reihe sitzend (v.l.n.r.): Hermine Schröttner, Paul Zach, Philipp Jauk, Kapellmeister Siegfried Höfler, Andreas Troger, Wolfgang Kudrhalt, Julia Raffler; 2. Reihe stehend (v.l.n.r.): Obmann Siegfried Holzer, Egon Preßler, Michael Freidl, Mag. Andreas Krammer, Ing. Markus Holzer, Franz Patz, Elisabeth Raudner, Renate Jauk, Tanja Reinisch; 3. Reihe stehend (v.l.n.r.): Dipl.-Ing. Markus Troger, August Raffler, Florian Raffler, Wolfgang Jauk, Hannes Eberhart, Christoph Pabst, Alexander Jauk, Simon Hansbauer; 4. Reihe stehend (v.l.n.r.): Elmar Mochart, Ing. Peter Raffler, Werner Jauk, Walter Zach († 2009), Ing. Robert Raudner, Eva Maria Holzer, Kathrin Raffler; nicht im Bild: Johann Zach, Kristina Eberhart, Kristina Raffler, Bettina Kalcher, Laura Jauk, Christine Kalpacher, Eva Scherr.

Marktmusikkapelle Stallhofen

Obmann:
HAMMER Andreas

Kapellmeister:
PITSCHENEDER Matthias

Jugendreferent:
PICHLER Rudolf

Stabführer:
Vlt. JANDL Alois

Schriftführer:
BRUNNER Thomas

EDV-Referent:
BRUNNER Thomas

Kassier/Finanzreferent:
KOLLMANN Roswitha

Almer Franziska, Amreich Andreas, Amreich Bernhard, Amreich Wolfgang, Beingrübl Helene, Böhmer Konstanze, Bramreiter Victoria, Bramreiter Bernadette, Brunner Julia, Brunner Thomas, Brunner Andrea, Brunner Maria, Denk Rene, Dokter Bettina, Eberl Thomas, Eisel Sabrina, Eisel Jutta, Eisel Maria, Feirer Patrick, Fröhlich Philip, Fröhwein Sandra, Fromm Josef, Gogg Manuela, Gogg Andrea, Gosch Cornelia, Habermann Iris, Hammer Andreas, Hammer Stefan, Harg Harald, Hartner Gernot, Hartner Bianca, Hausegger Angelika, Hausegger Veronika, Heidenreich Iris, Hiden Josef, Hiden Johannes, Hiden Marlene, Hiden Anna, Höfer Anja, Huber Uwe, Jandl Alois, Jandl Marlies, Jandl Carina, Jantscher Matthias, Jocham Maximilian, Jud Christian, Jud Wolfgang, Kager Johann, Kern Adi, Kienzl Nina, Klampfl Lucas, Kleber Hannes, Kogler Elke, Kollmann Roswitha, Kollmann Manfred, Kollmann Manuela, Kollmann Klemens, Kollmann Silvia, Koprivnik Anja, Koprivnik Julia, Kos Peter, Kos Maria, Kranz Heribert, Krasser Johannes, Krobath Vinzenz, Krobath Vinzenz, Langmann Friedericke, Langmann Martin, Langmann Harald, Langmann Sabrina, Lecker Bianca, Leitner Albin, Madritsch Herbert, Magg Johann, Marchel Katharina, Mili Andreas, Oberländer Tanja, Pagger Andreas, Papst Carina, Pfennich Maria, Pichler Nicole, Pichler Rudolf, Pieber Elisabeth, Pinegger Adolf, Pöschl Franz, Pöschl Martin, Reicher Christof, Reinisch Johann, Reinisch Carina, Reinprecht Siegfried, Reinprecht Thomas, Reinprecht Sonja, Reiter Clemens, Reiter Margret, Reiter Markus, Reiter Andreas, Reiter August, Rieger Martin, Ruprechter Daniel, Ruprechter Thomas, Ruprechter Julia, Ruprechter Kerstin, Sackl Vinzenz, Sagmeister Robert, Schabernak Uwe, Scherz Anja, Schuster Florian, Söls Katharina, Söls Franz, Söls Karl, Söls Verena, Straßer Bianca, Strasser Wolfgang, Strasser Dominik, Strommer Bettina, Supp Wilhelm, Supp Wilhelm, Töglhofer Manuela, Url Andrea, Wagner Richard, Weger Daniel, Wutti Martina, Zettl Florian.

Werkskapelle Bauer Voitsberg

Präsident:
Bgm. MEIXNER Ernst

Obmann:
SACHERNEGG Franz

Geschäftsführender Obmann:
FUCHSBICHLER Gerhard

Kapellmeister:
MDir. Mag. JUD Wolfgang

Jugendreferent:
RECHBAUER Martina

Stabführer:
FUCHSBICHLER Gerhard

Schriftführer: BRATSCHKO Margit

EDV-Referent:
RECHBAUER Martina

EDV-Referent: BRATSCHKO Margit

Kassier/Finanzreferent:
WRETSCHKO Viktor

Kapellmeister: MDir. Mag. Wolfgang Jud; Präsident: Bgm. Ernst Meixner; Präsident: Ing. Otto Roiss; DI Acham Willi (Posaune), Amschl Martin (Horn), Brandstätter Josef (Trompete), Brandstätter Sebastian (Trompete), Brandstätter Thomas (Klarinette), Brann Franz Peter (Schlagzeug), Bratschko Andreas (Tuba), Bratschko Margit (Alt-Saxophon), Daradin Gabriele (Querflöte), Daradin Manuel (Schlagzeug), Dettenweitz Monika (Klarinette), Eberhard Gloria (Klarinette), Eder Julia (Schlagzeug), Eibl Magdalena (Tenorsaxophon), Eisner Anna (Klarinette), Flecker Thomas (Posaune), Gantschnigg Judith (Querflöte), Gößler Martin (Alt-Saxophon), Höfler Siegfried (Tenorhorn), Hois Sascha (Posaune), Hösel Johann (Tuba), Hösel Nicole (Klarinette), Jauk Philipp (Schlagzeug), Jud Martina (Querflöte), Kipperer Lisa (Klarinette), Krienzer Monia (Querflöte), Krienzer Ramon (Trompete), Kudrhalt Angela (Querflöte), Langmann Florian (Horn), Lesky Johann (Tenorsaxophon), Liebmann Paul (Schlagzeug), Magg Vanessa (Querflöte), Mair Hugo (Flügelhorn), Mair Maria (Querflöte), Mair Rudolf (Flügelhorn), Mair Thomas (Schlagzeug), Mühlberger Johanna (Trompete), Muralter Karl (Posaune), Nabl Gregor (Oboe), Ott Marco (Trompete), Pagger Franz (Flügelhorn), Pöschl Franz (Flügelhorn), Rannegger Günter (Klarinette), Rath Christian (Bariton), Mag. Rauth Josef (Tenorhorn), Rechbauer Martina (Querflöte), Reif Heidi (Horn), Mag. Reischl Franz-Werner (Schlagzeug), Reischl Maximilian (Schlagzeug), Ribul Manfred (Trompete), Ribul Michael (Horn), Sackl Raphael (Schlagzeug), Schatzmayr Norbert (Trompete), Scherr/Vallant Elisabeth (Klarinette), Schilcher Doris (Alt-Saxophon), Schlieber Daniel (Baritonsaxophon), Schmidt Stefan (Tuba), Schramm Marie-Theres (Klarinette), Senekowitsch Daniel (Klarinette), Sorger Alexander (Alt-Saxophon), Stangl Daniel (Schlagzeug), Stangl Markus (Posaune), Steffens Bettina (Tenorsaxophon), Tauber Manuel (Klarinette), Mag. Uhl Reinhard (Klarinette), Vollmann Karl (Klarinette), Vollmann Thomas (Schlagzeug/Pauken), Weixler Stefanie (Klarinette), Mag. Winkler Barbara (Oboe), Wretschko Viktor (Tenorhorn), Zach Jennifer (Querflöte), DI Zalar Andrea (Alt-Saxophon), Mag. Zapfl Karl Heinz (Trompete), Zwanzer Heike (Alt-Saxophon), Zwanzger Heinz (Flügelhorn).

Bergkapelle Hödlgrube Zangtal

Präsident: OSWALD Johann
Präsident: Dipl.-Ing. KORNBERGER Fritz
Präsident: Dipl.-Ing. GÖSSLER Franz
Präsident: Bgm. MEIXNER Ernst
Obmann: JANESCH Heinz sen.
Kapellmeister: PRASCH Alfred
Jugendreferent: MÜLLER Daniel
Stabführer: LIEBMANN Paul
Schriftführer: JANESCH Heinz Christian jun.
EDV-Referent: Dir. Ing. (FH) HIDEN Franz
Kassier/Finanzreferent: HIDEN Wolfgang

Musikerstand 2010: Amreich Peter jun., Brunner Franz, Fraissler Maximilian, Formayer Elisa, Formayer Johannes, Formayer Renate, Gruber Isabella, Gspurning Franzi, Gspurning Franz, Hanus Markus, Hiden Wolfgang, Hecher Viktoria, Hiden Franz, Hiden Franz, Hohl Daniel, Hohl Marion, Holzmann Philipp, Hyden Werner, Janesch Heinz sen., Janesch Heinz Christian, Janesch Reinhard, Jauk Christiane, Koch Hermi, Klöckl Martina, Klöckl Mathias, Kollmützer Helmut, Liebmann Paul, Mair Rudolf, Müller Daniel, Müller Gabriel, Müller Josef, Muralter Karl, Oswald Johann, Pabel Manuel, Pabel Tatjana, Prasch Alfred sen., Prasch Alfred jun., Prasch Christine, Prasch Susanne, Prettenthaler Erich, Rath Christian, Ratey Hans, Ribul Michael, Ribul Manfred, Rußmann Josef, Rußmann Philipp, Stadler Christopher, Traumüller David, Wabitsch August.

Ortsmusikkapelle Söding

Obmann: KOLLAR Gerhard
Kapellmeister: Dr. ANGERER Josef jun.
Jugendreferent: OSWALD Markus
Stabführer: Mag. HETZL Gerhard
Schriftführer: LETH Gabriele
EDV-Referent: TAUBER Manuel
Kassier/Finanzreferent: LERCH Reinhard

Besetzungsliste, Stand 7. Mai 2010: Mag. Dr. Angerer Josef (Kpm.), Angerer Johann (Tuba), Angerer Josef (Tenorhorn), Bauer Franz (Klarinette), Birnstingl Vinzenz (Tuba), Daniel Riedler (Schlagzeug), Hechtl Hanspeter (Flügelhorn), Mag. Hetzl Gerhard (Stabführer), Hiden Doris (Flöte), Hojnik Gernot (Flügelhorn), Kollar Gerhard (Flügelhorn), Krenn Christopher (Trompete), Lerch Peter (Flügelhorn), Lerch Reinhard (Tenorhorn), Leth Gabi (Picc.), Mair Maria (Flöte), Mag. Angerer Martin (Trompete), Mikkelsen Günter (Flügelhorn), Oswald Markus (Trompete), Rath Margarethe (Horn), DI Rath Werner (Klarinette), Rothschedl Johann (Tuba), Stieber Sabine (Klarinette), Schlosser Christian (Tenorhorn), Schlosser Verena (Flöte), Schlosser Walter jun. (Klarinette), Schlosser Walter sen. (Schlagzeug), Schlosser Wolfgang (Tenorhorn), Sommer Wolfgang (Flügelhorn), Tauber Manuel (Klarinette).

Musikbezirk Weiz

1. Reihe (v.l.n.r.): LO Horst Wiedenhofer, Bez.-Kpm. Peter Forcher, Bez.-Obm. Stefan Neubauer, Bez.-Obm.-Stv. und Jugendreferent Ing. Klaus Mauerer, Bez.-Schriftf. Birgit Pretterhofer; 2. Reihe (v.l.n.r.): Bez.-Kpm.-Stv. Lipp Herbert, Bez.-Jugendref.-Stv. Gerald Kleinburger, Bez.-EDV-Ref.-Stv. DI Pichler Karl, Bez.-Medienref. Franz Hasenhütl, Bez.-Schriftf.-Stv. Helmut Kahlbacher, EDV-Ref.-Stv. Josef Pallier, Bez.-Kpm.-Stv. Oskar Leopold, Bez.-Kassier Günther Fleischhacker, EDV-Ref. Florian Bauer, Bez.-Kassier-Stv. Wolfgang Pieber; nicht am Foto: Bez.-Stabführer Josef Friedl, Bez.-Stabf.-Stv. Veit Winkler, Bez.-Jugendref.-Stv. Bianka Emmerich. (Foto Geyer)

Musikverein Arzberg

Obmann:
LEMBACHER Wilfried

Kapellmeister:
REISINGER Herbert

Jugendreferent:
FAUSTMANN Sonja

Stabführer:
MARTINELLI Franz

Schriftführer:
GRIEBICHLER Josef

EDV-Referent:
GRIEBICHLER Josef

Kassier/Finanzreferent:
GANGL Peter

Vorne sitzend: Kapellmeister Reisinger Herbert; sitzend 1. Reihe v.l.: Karrer Martina, Haberl Christian, Lackner Franz, Grässler Franz, Auer Christine; 2. Reihe v.l. (stehend): Stabführer Martinelli Franz, Auer Waltraud; sitzend: Lembacher Christina, Auer Wolfgang, Obmann Lembacher Wilfried, Schriftführer Griebichler Josef, Knoll Andreas, Stübinger Daniela; stehend: Eisel Ulrike; 3. Reihe v.l.: Grubbauer Isabella, Harrer Lisa, Gangl Peter, Ehrenobmann Stübinger Johann, Stübinger Heinz, Knoll Johann, Reisinger Robert, Obmann-Stv. Karrer Johann, Pieber Martina, Kramer Susanne; 4. Reihe v.l.: Gangl Christian, Lembacher Melanie, Jugendreferent Faustmann Sonja, Griebichler Christian, Sperl Peter, Brunnader Thomas, Lehofer Katharina; 5. Reihe v.l.: Lembacher Martin, Kramer Karl, Stübinger Alfred, Griebichler Friedrich, Kpm.-Stv. Brunnader Rudolf. (Foto aus dem Jahr 2006)

Musikverein Eggersdorf

Obmann:
Bgm. ZAUNSCHIRM Johann

Kapellmeister:
KONRAD Helmut

Jugendreferent:
FELBER Christian

Jugendreferent:
LASSNIG Eva

Stabführer:
KARNER Johann

Schriftführer:
Bakk. Bakk. PIROLT Katharina

EDV-Referent:
ORTHABER Stefan

Kassier/Finanzreferent:
ZAUNSCHIRM Florian

Aktive MusikerInnen und Marketenderinnen: Herbert Buchgraber, Julia Buchgraber, Andrea Dusleag, Armin Fahrenleitner, Christian Felber, Erwin Fieder, Christian Gläsel, Stefan Gläsel, Daniel Gradwohl, Cornelia Haar, Maria Haas, Rupert Haas jun., Rupert Haas jun., Dietmar Hiebaum, Hannes Hiebaum, Wolfgang Hiebaum, Hannes Hödl, Johann Hödl, Martin Hödl, Thomas Hödl, Claudia Höfer, Erwin Höfer, Manfred Kalcher, Petra Kapfenberger, Johann Karner, Martina Karner, Susanne Karner, David Kleinhappl, Alexander Köberl, Erich Köberl, Petra Köck, Daniela Konrad, Franz Konrad, Helmut Konrad, Johann Konrad, Philipp Kulmer, Eva Lassnig, Karin Lassnig, Alexander, Leinweber, Christoph Leinweber, Alexander Loder, Helmut Manninger, Roman Neubauer, Stefan Neubauer, Julia Neuwirth, Kathrin Neuwirth, Lukas Pammer, Katharina Pirolt, Monika Pschaid, Daniel Pscheidt, Doris Riva, Danilo Sandoval, Daniela Sauseng, Gernot Sauseng, Wolfgang Schaffler, Martin Schwarzl, Astrid Skazedonig-Lang, Lukas Taflinski, Kevin Taflinski, Mario Taucher, Sabrina Taucher, Werner Taucher, Florian Temel, Rupert Temel, Carina Wolf, Christina Zotter, Silvia Wolf, Florian Zaunschirm, Johann Zaunschirm, Manfred Zaunschirm, Marco Zaunschirm, Markus Zaunschirm, Martin Zaunschirm, Sylvia Zaunschirm, Walter Zaunschirm.

Musikverein Rabnitztal-Eggersdorf

Obmann:
FRIEDL Josef

Organisationsreferent:
INDERSTER Thomas

Kapellmeister:
FASSOLD Hermann jun.

Jugendreferent:
PAULITSCH Gabriela

Stabführer:
RANFTL Gernot

Schriftführer:
RANFTL Gernot

EDV-Referent:
FASSOLD Michael

Kassier/Finanzreferent:
MOIK Jürgen

Aktive MusikerInnen und Marketenderinnen: Mag. Adlmann Horst, Buchegger Eva, Buchegger Nina, Csrnko Sabrina, Fassold Hermann jun., Fassold Hermann sen., Fassold Karin, Fassold Michael, Friedensteiner Sandra, Friedl Daniel, Friedl Helmut, Friedl Josef, Friedl Martina, Friedl Renate, Gollner Johann, Gollner Walter, Gombocz Julia, Gombocz Melinda, Gradwohl Jörg, Mag. Grassmugg Gerhard, Grassmugg Julia, Guth Rebecca, Haller Cornelia, Haller Daniela, Hasenhütl Roland, Haug Martina, Hödl Petra, Hödl Silke, Holzschuster Karin, Inderster Thomas, Jäger Alexander, Katzbauer Raimund, Krenn Julia, Leskovar Tamara, Meißl Elisabeth Mag. Metul Sabine, Moik Jürgen, Müller Katharina, Nestl Manfred, Paar Stephanie, Parmetler Melanie, Paulitsch Gabriela, Ing. Plesch Herbert, Plesch Theresa, Priesch Johann, Priesch Markus, Priesch Michaela, Rabel Daniel, Rabel Günter, Ranftl Gernot, Rappold Gottfried, Rappold Karl, Rappold Marianne, Rappold Markus, Rappold Monika, Rappold Peter, Rappold Sandra, Reichmann Cornelia, Reicht Magdalena, Reicht Simon, Reisinger Christine, Rohrer Karl, Sagaloff Gloria, Schlatzer Sylvia, Schrank Georg, Steiner Dominik, Wanz Christine, Wohofsky Tobias.

Trachtenkapelle Fladnitz an der Teichalm

Obmann:
PIEBER Wolfgang

Kapellmeister:
Vzlt. KAINDLBAUER Hermenegild

Jugendreferent:
STROHMAIER Michael

Stabführer:
FUCHSBICHLER Herbert

Schriftführer:
PIEBER Christina

Kassier/Finanzreferent:
PIEBER Franz

5. Reihe (von hinten links beginnend): Windisch Markus (Schlagzeug), Ponsold Thomas (Schlagzeug), Harrer Christoph (Schlagzeug), Elmer Erich (Schlagzeug), Elmer Johann (Schlagzeug), Wolfgang Pieber (Schlagzeug), Elmer Josef (Schlagzeug), Jandl Andreas (Schlagzeug), Wittgruber Bernhard (Schlagzeug); 4. Reihe v.l.: Auer Erich (Bariton), Fuchsbichler Herbert (Bariton), Pieber Franz (2. Tuba), Göbel Franz sen. (1. Tuba), Arthur Schinnerl (1. Tuba), Hidasi Gabor (Zugposaune), Zsolt Peter (Zugposaune), Göbel Franz jun. (Zugposaune), Papst Christian (Trompete), Pösinger Stefan (Trompete), Strohmaier Michael (Trompete); 3. Reihe v.l.: Auer Johannes (Tenorhorn), Hafenthaler Andreas Tenorhorn), Fröhlich Peter (Flügelhorn), Schaffer Karl jun. (Flügelhorn), Pieber Christina (Flügelhorn), Herbst Kurt (Flügelhorn), Herbst Marina (Saxophon), Pichler Lisa (Saxophon), Herbst Kerstin (Saxophon), Pieber Christina (Saxophon), Fürpaß Renè (Trompete), Vorraber Thomas (Trompete); 2. Reihe v.l.: Pösinger Katrin (Querflöte), Eggenreich Bianca (Querflöte), Unterberger Bettina (Querflöte), Nistelberger Barbara (Querflöte), Wartbichler Christina (Querflöte), Edlinger Eveline (Querflöte), Papst Christian (Waldhorn), Herbst Herbert (Waldhorn), Schaffer Karl sen. (Waldhorn), Göbel Silvia (Waldhorn); 1. Reihe v.l.: Kaindlbauer Hermenegild (Kapellmeister), Herbst Petra (Querflöte), Elmer Katrin (Querflöte), Zünterl Andrea (Querflöte), Prietl Gernot (Klarinette), Vorraber Christian (Klarinette), Krempl Anita (Klarinette), Flechl Stefan (Klarinette), Pieber Thomas (Klarinette); an der Stufe (von hinten nach vorne): Günther Melanie (Marketenderin), Hirtenfellner Lisa (Marketenderin), Zöhrer Eveline (Marketenderin), Hirtenfellner Anneliese (Marketenderin). Weitere aktive Mitglieder, die am Foto nicht abgebildet sind: Loidolt Peter (Klarinette), Eibisberger Angelika (Klarinette), Glettler Natalie (Klarinette), Walcher Christian (Klarinette), Zottler Beatrix (Klarinette), Eibisberger Julia (Querflöte), Fuchsbichler Helena (Querflöte), Pichler Vera (Querflöte), Pirstinger Anna (Saxophon), Pirstinger Romana (Saxophon), Waidacher Claudia (Saxophon), Mohr Verena (Waldhorn), Walcher Anna (Bariton), Mandl Franz (Bariton), Knoll Lisa (Marketenderin), Florian Strohmaier (Trachtenpaar), Melanie Strohmaier (Trachtenpaar), Markus Loidolt (Fähnrich).

Stadtkapelle Gleisdorf

Obmann:
SCHNECKER Karl

Obmann:
(2.) Ing. TUTTNER Karl

Kapellmeister:
TELLER Siegfried

Jugendreferent:
Mag. MAUTHNER Markus

Stabführer:
DEUTSCH Johann

Schriftführer:
MAURER Roswitha

EDV-Referent:
KALIS Michael

Kassier/Finanzreferent:
WASER Erich

Tuba: Bernhard Stefan; Schlagzeug: Bschaiden Anton; Fagott: Burger Gerhard; Marketenderin: Burger Maria; Klarinette: Cescutti Claudia; Trompete: Cescutti Robert; Klarinette: Daurer Nikolaus; Horn: Deutsch Gerald; Bariton Bb: Deutsch Johann; Posaune: Deutsch Werner; Tuba: Glieder Georg; Marketenderin: Glieder Heidelinde; Horn: Hager Ulrike; Schlagzeug: Hödl Daniel; Schlagzeug: Kalis Michael; Posaune: Kaufmann Daniel; Flügelhorn: Kober Ewald; Saxophon: Krautwaschl Paul; Klarinette: Lehofer Beate; Horn: Lichtenegger Christian; Posaune: Lichtenegger Otmar; Klarinette: Lichtenegger Silvia; Trompete: Lichtenegger Stefan; Flöte: Lidl Irmgard; Klarinette: Maier Doris; Schlagzeug: Maurer Manuel; Flöte: Maurer Roswitha; Trompete: Mauthner Markus; Horn: Mauthner Maximilian; Klarinette: Mauthner Ronald; Saxophon: Mayr Ulli; Trompete: Oswald Günter; Klarinette: Palocz Christina; Flöte: Pichler Martina; Flügelhorn: Pokorny Karl; Tuba: Pokorny Rudolf; Tuba: Pozarnik Gerd; Trompete: Pranger Franz; Flöte: Ritter Katharina; Tenorhorn: Rodler Fritz; Marketenderin: Rodler Marianne; Klarinette: Rybar Erich; Flöte: Rybar Julia; Klarinette: Rybar Matthias; Flügelhorn: Schnecker Karl; Flöte: Schwaiberger Stefani; Saxophon: Sindler Tanja; Flöte: Staudinger Michaela; Flöte: Stibor Uli; Schlagzeug: Stoschitzky Wolfgang; Horn: Teller Erwin; Posaune: Teller Erwin; Klarinette: Teller Hermann; Schlagzeug: Teller Matthias; Kapellmeister: Teller Siegfried; Marketenderin: Teller Viktoria; Klarinette: Tödling Ronald; Saxophon: Trummer Johanna; Klarinette: Trummer Maximilian; Flügelhorn: Tuttner Benedikt; Klarinette: Tuttner Karl; Flügelhorn: Tuttner Matthias; Saxophon: Ulz Anton; Trompete: Ulz Heinz; Bariton Bb: Waser Moritz; Tenorhorn: Waser Erich; Saxophon: Zehetner Martin.

Ortskapelle Gutenberg

Obmann:
REISINGER Manfred

Kapellmeister:
Mag. WIEDENHOFER Alexander

Jugendreferent:
FRIEDL Birgit

Stabführer:
Ing. GLETTLER Albert

Schriftführer:
STOCKNER Birgit

EDV-Referent:
REISINGER Manfred

Kassier/Finanzreferent:
KLEINHAPPEL Peter

Adlmann Franz, Auer Stefan, Brunnader Katharina, Brunnader Wolfgang, Friedl Angelika, Friedl Birgit, Friedl Christoph, Musikschülerin, Friedl Johann, Friedl Wolfgang, Ing. Glettler Albert, Harrer Johann, Hierz Andreas, Musikschülerin, Hierz Christoph, Musikschülerin, Hierz Elisabeth, Ing. Hierz Ferdinand, Hierz Gerhard, Hierz Kevin, Musikschülerin, Hierz Marianne, Kern Bernhard, Kleinhappel Peter, Konrad Lisbeth, Lang Herrmann, Mauerhofer Erika, Pendl Heribert, Planner Lisa, Musikschülerin, Rappold René, Reisinger Manfred, Sattler Karin, Sattler Michael, Musikschülerin, Sauseng Christian, Sauseng Ulrike, Schaffernak Friedrich jun., Schinnerl Andrea, Schinnerl Franz, Musikschülerin, Stockner Birgit, Terler Elisabeth, Url Johann, Mag. Wiedenhofer Alexander, Ing. Wiedenhofer Horst.

Trachtenkapelle Markt Hartmannsdorf

Obmann:
KRENN Wolfgang

Kapellmeister:
PALLIER Josef

Jugendreferent:
DONNERER Thomas

Stabführer:
DONNERER August

Schriftführer:
RECHBERGER Daniela

EDV-Referent:
SEIDNITZER Patrick Thomas

Kassier/Finanzreferent:
AUNER Daniel

1. Reihe (sitzend v.l.n.r.): Sailer Stefan, Seidnitzer Patrick; 1. Reihe (v.l.n.r.): Ing. Christof Krispel, Ehrenkpm. Alfred Sailer, Obmstv. Paul Freiberger, Obm. Wolfgang Krenn, Bgm. Ing. Otmar Hiebaum, Kpm. Josef Pallier, Stabv. August Donnerer, Ehrenobm. Ing. Gottfried Krispel; 2. Reihe (sitzend v.l.n.r.): Michaela Gindl, Anna Steiner, Helmut Schnalzer, Anna Ladenhauf, Manfred Schnalzer, Daniela Donnerer, Katharina Steiner; 3. Reihe (v.l.n.r.): Julia Groß, Manuela Weber, Lisa Kahr, Verena Jeindl, Theresa Fürntrath, Cornelia Heininger, Maria Zivithal, Joana Freiberger, Martina Wagner, Sabine Schnalzer, Mag. Veronika Krispel; 4. Reihe (v.l.n.r.): Christina Buchebner, Ernst Schnalzer sen., Ing. Barbara Fetz, Daniela Rechberger, Julia Feistritzer, Julia Fladerer, Sigrid Schnalzer, Ing. Martina Schnalzer, Stephanie Schnalzer, Stefanie Wagner; 5. Reihe (v.l.n.r.): Christina Unger, Gottfried Zivithal, Regina Schnalzer, Tamara Brandl, Ernst Schnalzer jun., Herbert Schnalzer sen., Manfred Auner, Hannes Buchebner, Johann Sulyma, Patrick Seidnitzer, Raphaela Brandl; 6. Reihe (v.l.n.r.): Petra Pallier, Peter Fladerer, Franz Trammer, Herbert Schnalzer jun., Matthias Ladenhauf, Alfred Sailer jun., Daniel Auner, Astrid Wagner, Daniel Pallier.

Musikverein Passail

Obmann:
FÜRNTRATT Hansjürgen

Kapellmeister:
Dipl.-Ing. MAIER Werner

Jugendreferent:
NIEDERL Bernhard

Stabführer:
WINKLER Veit

Schriftführer:
HECHTL Friederike

EDV-Referent:
KLAMMLER Johanna Maria

Kassier/Finanzreferent:
NIEDERL Hubert

1. Reihe (v.l.n.r.): Maren Maierhofer, Marketenderin; Evelyn Christandl, Marketenderin; Melanie Schwaiger, Flügelhorn; Katharina Schwaiger, Klarinette; Kerstin Karrer, Saxophon; Alois Schinnerl, Horn; David Loidolt, Schlagzeug; Georg Wild, Tenorhorn; Thomas Harrer, Klarinette; Bernadette Peßl, Trompete; Michaela Winkler, Saxophon; Christine Leitner, Saxophon; Laura Raith, Querflöte; Selina Schaffler, Querflöte; Melanie Raith, Querflöte; Johann Zierler, Flügelhorn; Franz-Gabriel Hyden, Trompete; Caroline Griebichler, Marketenderin; 2. Reihe: Prof. Dir. Mag. Werner Maier, Kapellmeister; Gernot Lippitsch, Klarinette; Melanie Zach, Saxophon; Karin Wild, Posaune; Verena Winkler, Horn; Nadine Harrer, Saxophon; Erik Hechtl, Tenorhorn; Dominik Pucher, Bariton; Daniel Edlinger, Klarinette; Peter Reisinger, Klarinette; Ing. Günter Hiebler, Klarinette; Peter Klammler, Horn; David Schinnerl, Horn; Lukas Janisch, Saxophon; Josef Reisinger, Klarinette; Christian Rauchegger, Saxophon; 3. Reihe: Daniel Lipp, Bariton; Michaela Kreiner, Horn; Johanna Friesenbichler, Horn; Claudia Loidolt, Saxophon; Andrea Edlinger, Querflöte; Heike Vorraber, Saxophon; Magdalena Wurm, Querflöte; Kerstin Gissing, Querflöte; Johanna Klammler, Querflöte; Markus Edlinger, Flügelhorn; Anita Neuhold, Klarinette; Peter Neuhold, Klarinette; Michaela Lipp, Bariton; Gottfried Edlinger, Posaune; Peter Zach, Trompete; 4. Reihe: Markus Reisinger, Flügelhorn; Anneliese Lembacher, Flügelhorn; Anna Klammler, Querflöte; Phillip Pessl, Saxophon; Andreas Wurm, Schlagzeug; Thomas Maier, Schlagzeug; Roswitha Zierler, Schlagzeug; Johann Häusler, Fagott; Ing. Gernot Schweiger, Trompete; Friederike Hechtl, Trompete; Hansjürgen Fürntratt, Saxophon; 5. Reihe: Hubert Niederl, Tuba; Franz Bauer, Tuba; Gernot Zöhrer, Tuba; Veit Winkler, Tuba; Franz Rieger, Flügelhorn; Werner Maier jun., Klarinette; Bernhard Niederl, Tenorhorn; nicht am Foto: Jürgen Niederl, Trompete; Walter Loidolt, Flügelhorn; Karl Rauchegger, Posaune; Hermann Tieber, Schlagzeug.

Marktmusikkapelle Pischelsdorf

Obmann:
KAHLBACHER Helmut

Geschäftsführender Obmann:
PIRCHHEIM Ewald

Organisationsreferent:
SCHLOFFER Maria

Kapellmeister:
KULMER Wolfgang

Jugendreferent:
REICHSTAM Daniela

Stabführer:
PIRCHHEIM Ewald

Schriftführer:
PIRKHEIM Barbara

Kassier/Finanzreferent:
WINKLER Karl-Heinz

Adelmann Franz Walter, Adelmann Nicole, Allmer Adolf, Allmer Gerhard, Allmer Johann, Allmer Manuela, Bergler Heidemarie, Dampfhofer Daniel, Deutscher Anita, Fuchs Cornelia, Fuchs Thomas, Gruber David, Gruber Peter, Gruber Raphael, Gschanes Rupert, Hager Ulrike, Halek Anja, Halek Karl-Heinz, Herbst Bruno, Herbst Christina, Hierzer Sigrid, Hofer Katrin, Hörmann Thomas, Huber Judith, Kahlbacher David, Kahlbacher Helmut, Kahlbacher Philipp, Kaltenegger Hannah, König Sandra, Kulmer Gerhard, Kulmer Miriam, Kulmer Willibald jun., Kulmer Willibald sen., Kulmer Wolfgang, Lang Alfred, Leitner Franz, Marterer Robert, Mayer Jakob, Monschein Melanie, Nistelberger Kurt, Nistelberger Michael, Pelzmann Susanne, Pichler Robert, Pirchheim Edina, Pirchheim Elisa, Pirchheim Ewald, Pirchheim Verena, Pirkheim Barbara, Pirkheim Mario, Pirkheim Sandro, Pirkheim Siegfried, Pitter Andrea, Pitter Thomas, Pöltl Lorenz, Ponhold Andrea, Posch Bernhard, Prem Sabrina, Prenner Eva, Prenner Helene, Radl Markus, Radl Wolfgang, Reichstam Daniela, Reichstam Matthias, Reisinger Gernot, Roßmann Erhard, Sailer Birgit, Sailer Marvin, Schloffer Maria, Schneider Manfred, Schneider Willibald sen., Schwarz Alois, Schwarz Wolfgang, Stibor Anna-Maria, Strebl Kathrin, Ulz Patricia, Wachmann Daniel, Winkler Karl, Winkler Karl-Heinz, Winkler Margit, Winkler Wolfgang.

Musikverein „Heimatklang" Puch bei Weiz

Obmann:
DI (FH) PICHLER Karl

Kapellmeister:
SCHNEIDER Robert

Jugendreferent:
GREMSL Martin

Stabführer:
RESCH Tobias

Schriftführer:
KUNDIGRABER Bettina

EDV-Referent:
VOIT Franz

Kassier/Finanzreferent:
WEINGARTMANN Bianca

1. Reihe: Reitbauer Tanja, Dunst Florian, Schweighofer Peter, Leiner Daniela, Weingartmann Johanna, Obmann Pichler Karl, Stabführer Resch Tobias, Kapellmeister Reithofer Manfred, Rabl Regina, Payer Manuela, Kapellmeister Schneider Robert, Kundegraber Gottfried, Weingartmann Bianca, Steinmann Carmen; 2. Reihe: Adelmann Manfred, Meissl Christine, Gruber Hubert, Paierl Karl-Heinz, Buchgraber Martin, Paierl Michael, Kundigraber Bettina, Kulmer Sandra, Gschanes Eva-Maria, Heidenbauer Katharina, Gruber Lukas; 3. Reihe: Tandl Stefan, Schaffler Gerald, Weingartmann Hannes, Kundegraber Hans, Marterer Andreas, Tandl Manuel, Kapellmeister Reithofer Kathrin, Wilhelm Hans, Weingartmann Georg, Adelmann Johann, Gruber Michael, Dunst Alois; 4. Reihe: Reithofer Christian, Meissl Herbert jun., Weingartmann Franziska, Haider Andreas, Wilfinger Christina, Kundigraber Stefan, Holzer Thomas, Meissl Christoph, Weingartmann Stefan; letzte Reihe: Haider Sebastian, Gremsl Martin, Paier Rudi, Voit Franz; nicht auf dem Foto: Gremsl Andreas, Wilhelm Simon, Zarnhofer Dominique, Dengg Sarah, Kundegraber Dominik, Schweiger Florian, Schweiger Michael, Wilhelm Stefanie, Schweighofer Martin, Schneider Anna, Schmid Christina, Prettenhofer Daniela, Pichler Matthias, Pichler Bianca, Paier Mario, Nistelberger David, Marterer Veronika, Kulmer Stefanie, Klambauer Roman, Dunst Jakob, Darnhofer Bernadette, Kohl Cornelia, Meissl Angelika.

Marktmusik Sinabelkirchen

Obmann:
LAMMER Josef

Kapellmeister:
LIPP Herbert

Jugendreferent:
KULMER Jürgen Markus

Jugendreferent:
LAMMER Stefan

Schriftführer:
Dipl.-Päd. KRIENDLHOFER Sabine

EDV-Referent:
OTTER Michael

Kassier/Finanzreferent:
Ing. MANINGER Gerhard

FOTO: SYLVIA RAMMINGER

Mitglieder: Auer Daniela, Berghold Markus, Braun Ludwig, Brottrager Katrin Christina, Gläßl Birgit, Glauninger Julia, Grabner Petra, Grabner Ulrike, Grasser Saskia, Groß Johann jr., Hofer Paul, Kirchschlager Birgit, Kirchschlager Markus, Kriendlhofer Sabine, Kulmer Birgit, Kulmer Jürgen Markus, Kulmer Sandra, Lammer Josef, Lammer Markus, Lammer Stefan, Lichtenegger Diana, Lipp Anita, Lipp Herbert, Lipp Martin, Maninger Gerhard, Otter Angelika Maria, Otter Michael, Payerl Sarah, Pfeifer Manfred, Pichler Beatrice, Pichler Michelle, Predota Mathias, Purkathofer Manuela, Pußwald Astrid, Pußwald Martina, Reithofer Franz, Rosenberger Johannes, Rothdeutsch Claudia, Rothdeutsch Jakob, Rothdeutsch Stefan, Schloffer Alexander, Schöngrundner Katharina, Schwarz Wolfgang, Seidl Heike, Stattegger Christhoph Johannes, Steinmetz Helmut, Strobl Melanie, Thomaser Kevin Daniel, Thomaser Martina, Timischl Anton, Timischl Christian, Timischl Claudia, Timischl Patrick Ludwig, Timischl Wolfgang, Wagner Annalena, Weber Lukas, Wurm Michael.

Musikverein St. Kathrein am Offenegg

Obmann:
PESSL Johann

Kapellmeister:
KLEINBURGER Gerald

Jugendreferent:
FLICKER Alexander

Jugendreferent:
PIEBER Katrin

Stabführer:
EDER Franz

Schriftführer:
HÄUSLER Peter

EDV-Referent:
HÄUSLER Peter

Kassier/Finanzreferent:
PESSL Josef

1. Reihe (v.l.n.r.): Pieber Katrin, Zisler Angelika, Gabbichler Regina, Schweiger Marion, Kpm. Kleinburger Gerald, Stabf. Eder Franz, Obm. Pessl Johann, Schirgi Reinhard, Unterberger Stefan, Steinbauer Christoph, Schirgi Elisabeth, Pichler Christine, Schwaiger Katrin; 2. Reihe: Pieber Johann, Stadlhofer Michael, Häusler Alexander, Schwaiger Thomas, Santner Simon, Schinnerl Patrick, Zisler Josef, Kleinburger Hubert, Klamler Evelyn, Egger Peter, Bratl Erich, Pessl Josef, Schwaiger Petra; 3. Reihe: Pucher Franz, Pichler Andrea, Pessl Siegfried, Baumegger Johann, Pucher Günther, Unterberger Manfred, Wumbauer Johannes, Kleinburger Alfred, Steinbauer Patrick, Pieber Angelika, Gabbichler Karin, Spreitzhofer Alfons; 4. Reihe: Schwaiger Gerhard, Flicker Lisa, Schwaiger Kerstin, Schwaiger Rene, Schwaiger Philipp, Kleinburger Mario, Pessl Dominik, Pretterhofer Josef; 5. Reihe: Lackner Alexander, Santner Robert, Häusler Peter, Wumbauer Franz, Flicker Alexander, Bratl Martin. (Foto: Stand 17.6.2006)

Musikverein St. Margarethen an der Raab

Obmann:
FLEISCHHACKER Günther

Kapellmeister:
LEOPOLD Oskar

Jugendreferent:
LOIDL Richard

Stabführer:
LOIDL Karl

Schriftführer:
GERSTL Josef

EDV-Referent:
LEOPOLD Jochen

Kassier/Finanzreferent:
LOCKER Karl

Berghold Gerhard (Trompete), Stabführer-Stv. Brandl Heimo (Horn), Fink Heiko (Probe ab 2007, Posaune), Fleischhacker Franz (Schlagzeug), Fleischhacker Günther (Obmann, Posaune), Fleischhacker Klaus (Probe, Klarinette), Fleischhacker Lukas (Schlagzeug), Fleischhacker Ursula (Archivar-Stv., Saxophon), Fleischhacker Werner (Kpm.-Stv., Archivar, Tenor), Friedheim Karl (Horn), Friedheim Nina (Beirat, Trachten, Flöte), Fritz Johann (Beirat, Bierkasse, Flügelhorn), Fritz Melissa (Flügelhorn), Fritz Sandra (Marketenderin), Gerstl Josef (Schriftführer, Saxophon), Gruber Katharina (Saxophon), Gschanes Patrik (Bass I), Gutmann Andreas (Trompete), Gutmann Franz (Schriftführer-Stv., Klarinette), Gutmann Martina (Flöte), Hasenhüttl Wolfgang (Tenor), Hermann Jasmin (Marketenderin), Hiebaum Christina (Klarinette), Hiebaum Franz (Schlagzeug), Hierzer Hannes (Tenor), Hierzer Johann (Flügelhorn), Hütter Jakob (Probe ab 2008, Schlagzeug), Hütter Manuela (Obm.-Stv., K-Stv., Saxophon), Ibrahim Alexander (Trompete), Ibrahim Carina (Saxophon), Karner David (Schlagzeug), Karner Gabriel (Probe ab 2007, Klarinette), Karner Günter (Beirat / Orchester, Trompete), Karner Irmgard (Saxophon), Karner Kathrin (Flöte), Karner Rupert (Trompete), Krindlhofer Dominik (Schlagzeug), Krindlhofer Stefan (Tenor), Kundigraber Stefan (Posaune), Lederer Bernhard (Posaune), EDV-Referent Leopold Jochen (Trompete), Leopold Oskar (Kapellmeister), Locker Andrea (Klarinette), Locker Christoph (Trompete), Locker Julia (Flöte), Locker Karl (Kassier, Tenor), Loidl Günter (Klarinette), Loidl Karl (Stabführer, Flügelhorn), Loidl Richard (Jugendreferent, Flügelhorn), Macher Andreas (Klarinette), Macher Waltraud (Marketenderin), Mayer Carina (Saxophon), Mayer Gerhard (Bass II), Mayer Werner (Klarinette), Meister Kerstin (Flöte), Mießl Karl (Ehrenobmann, Bass I), Painsi Alessandro (Probe ab 2007, Saxophon), Prietl Carmen (Marketenderin), Rauch Silvia (Klarinette), Rauch Tanja (Flöte), Rauch Thomas (Tenor), Renner Alois (Klarinette), Renner Karl (Bass II), Riemer Martina (Marketenderin), Rindler Birgit (Flügelhorn), Schiefauer Melanie (Flöte), Schmid Fabian (Probe ab 2007, Posaune), Steinbauer Stefan (Horn), Winter Gerhard (Schlagzeug).

Marktkapelle St. Ruprecht an der Raab

Obmann:
FLOISS Peter

Kapellmeister:
Mag. pharm. EMMERICH-POTZMANN Angelika

Jugendreferent:
LODER-TAUCHER Jutta

Stabführer:
LODER-TAUCHER Walter

Schriftführer:
REISENHOFER Werner

Kassier/Finanzreferent:
BONSTINGL Gudrun

1. Reihe (ganz vorne, v.l.n.r.): Beate Glassnegg, Veronika Harrer, Walter Loder-Taucher, Mag. Angelika Emmerich-Potzmann, Peter Floiss, Rosemarie Hütter, Eva Hütter, Tamara Wagner; 2. Reihe (v.l.n.r.): Bernhard Reiter, Julia Sulzer, Manuel Ramminger, Verena Glassnegg, Jutta Loder-Taucher, Kerstin Floiss; 3. Reihe (v.l.n.r.): Bernadette Hierzer, Phillip Maier, Andrea Schwarz, Johannes Fiedler, Oliver Iberer, Lukas Glössl, Yvonne Kropfhofer, Ludwig Papst; 4. Reihe (v.l.n.r.): Katrin Hollersbacher, Stefan Potzmann, Gudrun Bonstingl, Philipp Mogg, Daniel Holzmann, Bernhard Loder-Taucher, Annika Walcher, Markus Hütter, Mag. Bianka Emmerich; 5. Reihe (ganz oben, v.l.n.r.): Maier Oliver, Markus Loder-Taucher, Martin Gschweitl, Tobias Schönauer, Bernhard Anger, Michael Ponsold, Maximilian Robausch, Florian Mogg, Werner Reisenhofer.

Kameradschaftskapelle Weiz

Präsident:
Reg.-Rat. BINDER Walter

Obmann:
TÖDLING Josef

Kapellmeister:
Ing. MAURER Klaus

Jugendreferent:
STADTEGGER Eva-Maria

Stabführer:
BAUER Wilfried

Schriftführer:
LECHNER Franziska

EDV-Referent:
TÖDLING Barbara

Kassier/Finanzreferent:
PONSOLD Josef

1. Reihe v.l.: Klaus Maurer (Kapellmeister), Marion Marach, Veronika Hollensteiner, Angelika Schrank, Elisabeth Strobl, Eva Schaffler, Sara Hammer, Judith Adelmann, Eva-Maria Stadtegger; 2. Reihe v.l.: Wilfried Bauer (Stabführer), Gottfried Stechina, Manuel Maurer, Herbert Neuhold, Sarah Neuhold, Franziska Lechner, Roswitha Maurer, Manfred Neuhold, Peter Tauser, Franz Möstl, Magdalena Krones; 3. Reihe v.l.: Stefanie Friesacher, Markus Brandtner, Florian Bauer, Josef Ponsold, Georg Adelmann, Johann Strobl, Franz Höller, Markus Almer, Roman Ponsold, Rebekka Lechner; 4. Reihe v.l.: David Baumgartner, Franz Neuhold, Josef Tödling (Obmann), Richard Reitbauer, Viktoria Ponsold, Josef Bergler.

ELIN-Stadtkapelle Weiz

Präsident:
KIENREICH Helmut

Obmann:
PRETTERHOFER Birgit Angela

Kapellmeister:
FORCHER Peter

Jugendreferent:
HUTTER David

Stabführer:
RATH Andreas

Schriftführer:
PAUL Verena

EDV-Referent:
Ing. REITBAUER Christoph

Kassier/Finanzreferent:
RATH Christian

Berger Renate, Berghofer Friedrich, Faist Manfred, Fleck Jürgen, Forcher Peter, Gangl Herbert, Geyer Andreas, Griebichler Ewald, Griebichler Gernot, Griebichler Johann, Griebichler Rudolf, Haas Helmut, Hartinger Martin, Hartinger Michael, Hartinger Paul, Hartinger Rita, Hasenhütl Franz, Hasenhütl Gertrud, Hasenhütl Roland, Hörzer Lukas, Hörzer Wolfgang, Hutter David, Kalcher Hannes, Kliem Daniel, Krammer Martin, Krausler Karl, Krausler Werner, Krems Andreas, Krems Bruno, Lehofer Beate, Lüstenöder Wolfgang, Maier Engelbert, Ofner Alfred, Paul Verena, Paulitsch Gabriela, Pieber Erich, Pressl Bettina, Pressl Karl, Pretterhofer Birgit, Pretterhofer Corinna, Rath Andreas, Rath Christian, Reitbauer Christoph, Scheiber Monika, Schellnegger Daniela, Schellnegger Friedrich, Schellnegger Fritz, Schweighofer Christiana, Steinbauer Martin, Stelzer Katrin, Stelzer Michaela, Stockner Clemens, Stockner Lucia, Uhl Erwin, Wiener Helena, Xheka Ilirjan, Ziegerhofer Elisabeth.

JBO der Musikschule der Stadt Gleisdorf

Obmann:
LIPP Herbert

Kapellmeister:
KULMER Wolfgang

Gutmann Martina (Querflöte), Karner Susanne (Querflöte), Breitenberger Carmen (Querflöte), Freiberger Barbara (Querflöte), Mayer Nadine (Querflöte), Wachmann Daniel (Querflöte), Kulmer Miriam (Klarinette), Pirchheim Elisa (Klarinette), Trummer Maximilian (Klarinette), Kahlbacher Philipp (Klarinette), Palocz Christina (Klarinette), Pallier Nadine (Klarinette), Renner Melanie (Klarinette), Gruber Julia (Klarinette), Prem Sabrina (Klarinette), Fleischhacker Klaus (Klarinette), Rybar Matthias (Klarinette), Kaltenegger Hannah (Saxofon), Ulz Patrizia (Saxofon), Starchl Christina (Saxofon), Wagner Carmen (Saxofon), Trummer Johanna (Saxofon), Gruber David (Saxofon), Gruber Raphael (Saxofon), Krenn Michael (Fagott), Gutmann Andreas (Trompete), Dampfhofer Daniel (Trompete), Timischl Patrick (Trompete), Allmer Manuela (Trompete), Kahlbacher David (Trompete), Reichstamm Matthias (Trompete), Temel Felix (Trompete), Wilhelm Thomas (Posaune), Bernhard Philipp (Posaune), Berghold Joshua (Posaune), Wohlhart Philipp (Posaune), Schmid Fabian (Posaune), Hager Ulrike (Horn), Gruber Veronika (Horn), Waser Moritz (Tenorhorn), Bernhard Stefan (Tuba), Gschanes Niklas (Tuba), Gschanes Patrick (Tuba), Sailer Marvin (Schlagzeug), Kirchschlager Markus (Schlagzeug), Unger Lukas (Schlagzeug), Hütter Jakob (Schlagzeug), Stoschitzky Wolfgang (Schlagzeug).

Namens- und Ortsregister

A

Abel, Andreas 126
Abel-Struth, Sigrid 187, 213, 242, 245, 275, 307
Abkürzungen 305
Absenger, Anton 53, 77, 289
Acham, Willibald 300, 304
Ackerl, Alois 97
Adalbero 25
Adam, Alois 129
Adamič, Bojan 223
Adler, Musikverlag 226, 227, 261, 265, 287, 289
Admont 19, 80
Admont, Engelbert von 34, 231
Admont-Hall, Musikverein 473
Aflenz 81
Aflenz-Kurort, Musikverein 327
Ahrens, Christian 30
Aich an der Enns 80
Aich-Assach, Musikverein 401
Aigen im Ennstal 86
Aigen im Ennstal, Musikverein 473
Aist, Dietmar von 24, 26
Albrechtsberger, Johann Georg 267
Alder, Norbert 261
Alexander II., Kaiser 228
Alighieri, Dante 194
Allerheiligen bei Wildon 80
Allerheiligen bei Wildon, Ortsmusikkapelle 442
Allerheiligen im Mürztal 86
Allerheiligen / Mürzhofen, Musikverein 174, 500
Allinger, Isidor 85
Allmer, Edith 17, 309, 311
Allmer, Gottfried 3, 6, 13, 17, 76, 250, 254, 260
Almer, Florian 83
Alpenländische Musiker-Zeitung 91
Alta Musica 121, 222, 225, 305
Altausseer Kirtag 283
Altaussee, Salinenmusikkapelle 76, 314

Altenburg, Detlev 49, 64
Altenburger, Josef 113, 116, 118, 139, 153, 164, 189, 311
Altenburger, Martin 75
Altenmarkt bei Liezen 81
Altenmarkt, Erzherzog-Johann-Musikkapelle 474
Althofen, Musikverein 486
Altorff, Johannes 114
Alztal-Verlag 287
Ambrosius, Hermann 223
Amman, Jost 49
Amschl, Sepp 262
Amtmann, Emanuel 304
Andergassen, Günther 220
Andraschek, Siegmund 180, 220, 228, 229, 262, 265
Anger 75
Angerer, Gerhard 118, 120, 188, 189
Angerer, Josef 134, 146
Angerer, Wilhelm 81
Anger, Musikverein 320
Anhofer, Hilde 191
Arbeitermusikvereine 86
Architektur-Journal 271
Ardning 81
Ardning und Umgebung, Musikverein 474
Armbruester, Fred 223
Armstrong, Louis 15
Arnfels 86
Arnfelser, Franz 83
Arnfelser, Helmut 235
Arnfels, Marktmusikkapelle 442
Arnold II. von Wels-Lambach 25
Arnold, Stanislav 235
Art of Cibulka 262
Arzberg 86
Arzberger, Karl 240
Arzberg, Musikverein 527
Aschbach 81
Aschbach, Musikverein 327
Asten, Jörg 265
ATP-Records-Produktion 265
Auer, Hubert 119

Auer, Josef 97
Auer, Karl 265
Aulós-Reihe, Möseler-Verlag 240
Auner, Manfred 238
Ausseer Fasching 279
Austria-Tabakwerke Fürstenfeld 82

B

Babenberger 24
Bacher, Johann 140
Bach, Johann Sebastian 56, 299
Bad Aussee 77, 86, 176, 180, 261
Bad Aussee, Bürgermusikkapelle 314
Bad Aussee, Musikbezirk 313
Bad Aussee, Musikkapelle 144
Bad Aussee, Stadtkapelle 174, 315
Bad Blumau, Musikverein 366
Bad Doberan 67
Bad Gams, Marktmusikkapelle 341
Bad Heilbrunn/Obb. 19
Bad Mitterndorf, Musikkapelle 316
Bad Radkersburg, s. a. Radkersburg
Bad Radkersburg, Stadtkapelle 510
Bad Waltersdorf, Marktmusikkapelle 423
Bad Waltersdorf, Musikheim 271
Bairisch-Kölldorf 98
Bairisch-Kölldorf, Musikverein 354
Balász, Árpád 223
Baldauf, P. 199
Balissat, Jean 223
Ballestra, Raimundo 42
Banco, Gerhard 106
Barbarafest (4. Dezember) 285
Barbarossa, Kaiser Friedrich 24
Barcy, Z. 195
Barcy, Zoltán 64
Bárdiová, Marianna 54
Bär, Frank B. 45
Bärnbach 86
Bärnbach, Glasfabriks- und Stadtkapelle 515
Bärnthaler, Anton 129, 237

Barock 37, 39, 41, 43, 45, 47, 49, 51, 53, 55, 57, 59
Bartenstein, Martin 126
Bartl, Alois 85
Bartók, Béla 223, 240, 287, 299
Bartoš, Jan Zdeněk 221
Bassflügelhorn 257
Bastian, Hans Günther 132, 231, 242
Battistig, Lilly 262
Bauer 214
Bauer, Erwin 102
Bauer, Fa., Voitsberg 119
Bauer, Florian 239
Bauer, Herbert 134, 152, 158
Bauer, Karl 120
Bauer, Rosemarie 191
Bauer, Werkskapelle 98
Baumgartner, Fritz 250
Baumgartner, Urban 55
Bechet, Sidney 15
Bechstein, R. 29
Beckh, Johann 267
Beckh-Widmanstetter, Alois 264, 268
Beckh-Widmanstetter, Barbara 267
Beckh-Widmanstetter, Bernhard 267
Beckh-Widmanstetter, Gottfried 267
Beckh-Widmanstetter, Johann Georg 267
Beethoven, Ludwig van 69, 195, 228, 299
Belic, Martin 243
Bellmann & Thümer 214
Bendinelli, C. 194
Bendl, Erich 235
Benedick, Karl 247
Benedikt, Harald 113
Benedikt XVI., Papst 178, 182
Benesch, Johann 235
Benson, Warren 244
Benz, Albert 223
Berg, Adam 268
Berger, Birgit 220
Berger, Katharina 191
Berger, Landtagsabgeordneter 101
Bergmannskapellen 75
Berg, T. 265
Berlioz, Hector 220, 228

Bernauer, Anton 205
Bernhard, Thomas 242
Bernhart, Maria 191
Bernhart, Oskar 113, 114, 116, 118, 120, 121, 125, 133, 135, 141, 147, 149, 153, 157, 158, 161, 163, 171, 182, 183, 188, 189, 191, 311
Bernsteiner, Wilhelm J. 98
Berodett, Franz 82
Bertoli, Giovanni Antonio 45
Besançon, Thierry 226
Besseler, Heinrich 48
Beuttner, Nicolaus 261, 262, 268
Biales, Albert 44
Bianco, Pietro Antonio 45, 48
Biber, Walter 73
Biechteler, Mathias Sigmund 56
Bielawski, Ludwig 35
Bierbaum am Auersbach, Musikverein 508
Bierbaum am Ottersbach 98
Bierkist, Herma von 264
Binchois, Gilles 37
Binder d. Ä., Andreas 85
Binna, Theodor 144
Birkfeld 80, 99, 268
Birkfeld, Musikbezirk 319
Birkfeld, Musikverein 320
Birnstingl, Martin 235
Bischoff, Ferdinand 29, 32, 34, 233, 234, 249, 263, 305
Biterolf 24
Bizet, Georges 228
Blaa-Alm 295
Blacher, Boris 226
Blacking, John 242
Blamberger, Lois 283
Bläserausbildung 231
Bläserschulen 231
Bläsertage 166
Blasmusikarchiv Pürgg 112
Blasmusik-Informations-Zentrum (BLIZ) 86, 140, 148, 150, 210, 305
Blasmusikschule, Blasorchester der 1. Steirischen 458
Blasmusikverband, Steirischer 3, 9, 11, 13, 110, 166, 170

Blasmusikwesen 73, 75, 77, 79, 81, 83, 85, 87, 89, 91, 93, 95, 97, 99, 101, 103, 105, 107, 109, 111, 113, 115, 117, 119, 121, 123, 125, 127, 129, 131, 133, 135, 137, 139, 141, 143, 145, 147, 149, 151, 153, 155, 157, 159, 161, 163, 165, 167, 169, 171, 173, 175, 177, 179, 181, 183, 185, 187, 189, 191
Blasorchesterleiter-Ausbildung 237
Bleckmann, Magda 17, 149
BLIZ, s. Blasmusik-Informations-Zentrum
Blöchl, Arnold 307
Bloch, Waldemar 114, 262, 264
Blochziehen 279
Blumau 77
Blume, Friedrich 306
Blümel, Franz 79, 92
Böck, Brigitte 295
Bock, G. 261
Bodingbauer, Anna 112, 116, 118, 120, 188, 189
Bodingbauer, Rudolf 106, 107, 108, 110, 114, 116, 118, 119, 120, 160, 188, 189, 207, 208, 237
Bohland & Fuchs 247, 251
Böhler Mürzzuschlag-Hönigsberg 87
Böhm, Clemens 239
Böhmer, Otto 83
Böhm, Franz 210
Böhm, Hippolyt 262, 263
Bombardon 256
Bomhart 48, 55
Bongo 226
Boosey & Hawke 223
Borckenstein Neudau, Werksmusikkapelle 415
Borgsdorfer Kreis 223
Borris, Siegfried 241, 245, 275
Bossler, Wilfried 248
Bote, Eduard 261
Boulanger, Nadja 222
Bourgeois, Derek 226
Bowles, E. A. 37
Brabetz, Makho 33
Brahms, Johannes 85
Brandenburg, Hermann von 30

Brandl, Günther 110
Brandstätter, Manfred 301
Brassart, Johannes 37
Bratl, Franz 97, 99, 100
Bratl, Peter 119, 151, 158
Brauchtum 275, 277, 278, 279, 281, 283, 285, 287, 289, 291, 293, 295, 297, 299, 301, 303
Braun, Eduard 250
Brauner, Franz Anton 276, 280, 284, 285
Brednich, Rolf W. 275
Brehm, Johann 247
Breidler, Arnold 239
Breitenau bei Mixnitz 80, 81
Breitenau – Knappenkapelle, Musikverein 328
Breitenfeld an der Rittschein 77
Breitenfeld, Musikverein 354
Brenner, Helmut 213, 234, 307
Bressnig, Ernst 135, 139, 153, 164, 189, 311
Bretstein 86
Bretstein, Musikverein 427
Bretterebner, Bernadette 236
Breuner, Freiherr von 33
Brixel, Eugen 17, 56, 69, 72, 101, 107, 108, 110, 112, 114, 116, 118, 120, 121, 133, 188, 189, 197, 200, 208, 209, 222, 232, 233, 237, 240, 266, 289, 305, 306
Bruchmann, Klaus-Peter 223
Bruck a.d. Mur, Musikbezirk 326
Bruck an der Mur 81, 177, 178, 179, 182, 186
Bruck an der Mur, Blasorchester 328
Bruck/Mur, Eisenbahner-Musikverein 329
Bruckner, Anton 85, 213, 220, 299
Bruckner, Georg 233
Bruck, Werksmusik Norske Skog 329
Brugger, Franz 234
Brunner, Erwin 140
Brunner, Gerhard 130
Brunner, Walter 191
Buchegger, Franz 138
Bücherverbrennung 54
Buch-, Kunst- und Musikalienhandlung 265

Buch, Lucia 239
Buchner, Alexander 27
Buchsbaum, Peter 167, 188, 189, 311
Buhle, E. 34
Burgau 80
Burgau, Musikverein 366
Bürgergarden 75
Burgkmair, Hans 194
Burgkmair-Holzschnitte 194
Burmester, R. 262
Businen 30
Busnois, Antoine 37
Buss, Christian 141, 227, 229
Buttachsowitz, Franz 71
Büttner, Manfred 287

C

Cäcilien-Konzert 284
Cambini, G. G. 196
Cantin, Jule 304
Carlone, Sebastian 43
Catel, Ch.-S. 196
Celesta 226
Cerwinka, Günter 54
Cesarini, Franco 126
Cescutti, Johann 111, 113, 299, 304
Chanson, Cl. Jannequins 194
Cherubini, L. 196
Chibidziura, Maria 191
Chibidziura, Wolf 117, 121, 133, 139, 153, 162, 164, 186, 189, 311
Cibulka, Franz 126, 130, 134, 139, 144, 151, 157, 220, 221, 226, 227, 228, 238, 262, 289
Cilli 23, 47, 51, 52, 72
Cinelle, s. Tschinelle
Clarine 65
Clavicord 34
Clementi 267
Cleve, Johannes de 54
Codex Runensis 32
Codex Vindobonensis 27, 298
Columbus, Christoph 35
Confédération Internationale des Sociétés de Musique (CISM) 128
Conzenius, Adam 56
Corna à 4 176

Cornamusa 43
Cornazzani, Baldassare 43
Cornazzani, Phileno Agostino 43
Cornette 39
Cowbell 226
Cramer, Ray 123
Crapner, Hans Sigmund 33
Czerny, Helmut 234

D

Daetwyler, Jean 223
Daghofer, Kurt 262
Damanski, Joseph 305
Damberger, Max 92
Daun, Feldmarschall 205
Dautz, Hans 289
Davis, Miles 15
Dechantskirchen 80, 259
Dechantskirchen, Musikverein 410
Decsey, Ernst 264
Delange, Michael 233
Derler, Franz 143, 144, 155, 243
Derler, Werner 133
Desput, Joseph F. 94
Deutschfeistritz-Peggau, Musikverein 159, 174, 382
Deutsch Goritz 86
Deutsch Goritz, Musikverein 508
Deutschlandsberg 81
Deutschlandsberg, Musikbezirk 340
Deutschlandsberg, Stadtkapelle 341
Deutsch, Otto Erich 305
Deutsch, Walter 289
Devienne, F. 196
Dieck, Alfred 72
Diemer, Karl 97
Dietersdorf, Dorfmusikkapelle 513
Dietleib 24
Dietrich, Andreas 239
Dietrich, Christoff 46, 48
Diez, Erna 20
Dillich, Wilhelm 22, 193
Dillinger 247
Dirnberger, Erwin 138
Dirnböck, F. 267
Doblinger, Wien 214, 261
Dobl, Trachtenkapelle 391

Dobrowolski, Andrzej 220, 262
Dolcaina 43
Dolina, Logarska 223
Domani, Günther 113
Donawitz 80
Donawitz, Werkskapelle voestalpine 461
Don Bosco, Jugendblasorchester 119, 378
Don Bosco, Musikverein 119
Donnersbach 80, 81
Donnersbach, Trachtenkapelle 401
Donnersbachwald, Musikverein 408
Dopsch, Heinz 25
Dörflinger, Veronika 191
Dormann, Hans 113
Dorsey, Timmy 15
Doss, Thomas 217, 226
Draxler, Gerhard 167
Drexel, Kurt 24
Droschel, Conrad 246
Druck- und Verlagsanstalt Graz 262
Druschetzky, Georg 66, 67
Dubrovay, László 223, 227
Dufay, Guillaume 37
Dulceina 55
Dunstable, John 37
Dunst, Josef 83
Dürr, Paul 49
Duthaler, Georg 195
Duvernoy, F. 196
Dvorak, Thomas 307

E

Ebenbichler, Herbert 144
Eberhart, Helmut 279
Ebersberg, Julius 202
Ebersdorf 76, 80
Ebersdorfer, Familie 33
Ebersdorf, Trachtenkapelle 410
Eberstaller, O. 250
Ebner, Hermann 235
Edelsbach, Musikverein 174, 355
Edelschrott 98
Edelschrott, Marktmusikkapelle „Erzherzog Johann" 515

Eder, Hedwig 153, 164, 165, 188, 189, 311
Eder, Johann 119
Edler, Johann 120, 133, 139, 153, 164, 189, 311
Edlinger, Karl 313
Egg, E. 73, 79
Eggenberg, Jakob von 53
Egger, Andreas 313
Egger, Bertram 235
Egger, Franz 313
Egger, Ludwig 143, 313
Egger, Paul 53
Eggersdorf 86
Eggersdorf, Musikverein 527
Egner, Hermann 223
Ehgartner, Hans 110, 138, 189
Ehgartner, Michael 116, 118, 120, 121, 133, 139, 153, 164, 189, 311
Ehgartner, Peter 176
Ehrenhausen 43
Ehrenhausen, Musikverein des Gemeindeverbandes 458
Ehrenmitglieder 190
Ehrenringträger 191
Ehrentafel 188
Eibinger, Thomas 235
Eibisberger, Elisabeth 191
Eibiswald, Marktmusikkapelle 174
Eibiswald, Musikverein Marktmusikkapelle 342
Eibl-Eibesfeldt, Irenäus 19
Eichberg, Musikkapelle 174, 411
Eichkögl, Musikverein 355
Eichler, Avelin 247
Eichtinger, Alexander 239
Eigner, Franz 97
Eisbacher, Erika 79
Eisbach-Rein 98
Eisbach-Rein, Feuerwehrmusikverein 382
Eisbach-Rein, Jagdhornbläsergruppe 302
Eisel, Günther 98
Eisenerz 70, 77, 81
Eisenerz, Musikverein Bergkapelle 461
Eisenerz, Stadtmusikkapelle 462
Eitljörg, Gottfried 235

Eizenberger, Josef 308
Ekbert II., Graf von Formbach-Pitten 25
Ekbert III., Graf 25
ELIN-Stadtkapelle Weiz 85, 108, 133
Ellmauer, Franz 210
Enffants d'Avernas, Alfred Graf 266
Engelbrecht, Martin 246
Enzinger, Hans Markus 240
Eppensteiner 24
Eppstein, Julius 202
Erdle, Augustin 105
Erdmann & Co., Verlag 215
Erlauer Spiele 34
Ernste Musik 275
Erster Weltkrieg 193
Ertl, Alexander 300
Etmißl 81
Etmißl, Musikverein 330
Euphonium 257
Eytzing, Freiherr von 33
Ezl, Manfred 265

F

Fagotin 55
Fagott 256
Fagottino 55
Fahrbach sen., Philipp 202
Faludy, Krisztina 235
Falvy, Zoltán 15, 66, 213, 227, 245, 307
Farnleitner, Karl 97
Farnleitner, Leopold 292
Fasching, Alois 81
Fasching, Stefan 76
Faul, Christian 133, 155
Fay, Stefan 202
Fechner, Eberhard 247
Federhofer, Hellmut 16, 19, 30, 34, 38, 39, 43, 44, 45, 46, 48, 50, 51, 53, 55, 57, 59, 61, 186, 197, 216, 231, 232, 245, 250, 253, 261, 305, 306
Fehle, Walter 88
Fehring 80
Fehring, Stadtkapelle 356
Feldbach 86, 98

Feldbach, Jungsteirerkapelle 357
Feldbach, Musikbezirk 353
Feldbach, Stadtmusik 356
Feldbaumer, Birgit 240
Feldkirchen bei Graz 81
Feldkirchen bei Graz, Marktmusik-
　kapelle 392
Feldmusik 62, 63, 64, 65
Fellerer, Karl Gustav 55
Fennell, Frederick 123
Ferdinandeum, Graz 56, 59, 61
Ferdinand I., Kaiser 38, 199, 263
Ferdinand II., Kaiser 42, 48, 195
Fernitz bei Graz 81, 98
Fernitz, Feuerwehrkapelle 392
Fernitz, Musikverein Jugendkapelle
　393
Ferrabosco, Matthia 45
Ferstl, Franz 232, 261, 263, 265
Ferstl'sche Buchhandlung 267
Festenburg 81
Festenburg, Musikverein Trachten-
　kapelle 411
Fettinger, Wernfried 82
Fichtl, Vincenz 71
Fiedeln 30
Figl, Leopold 102
Fink, Monika 24, 66
Finscher, Ludwig 306
Fischbach 80, 268
Fischbach, Musikverein 321
Fladnitz an der Teichalm 71, 72, 77
Fladnitz an der Teichalm, Trachten-
　kapelle 174, 528
Flavia Solva 20, 21, 22, 30, 196
Flechl, Christian 239
Fleck, Anton 259
Fleck, Ernst 188, 189
Fleming, Hans Friedrich von 65
Flexl, Leonhard 48, 49
Flinserlweiber 280
Floros, Constantin 19
Flöte 30, 255
Flotzinger, Rudolf 55, 56, 213, 262,
　263, 268, 305, 306
Flügelhorn 257
Flury, Dietrich 235
Foeller, George 108
Fohnsdorf, Bergkapelle 93, 427

Forcher, Peter 235
Fortin, Viktor 228
Fossel, Curt 97
Frank, Andreas 54, 263
Frank, Musikkapelle der Roto 394
Frank, Peter 126
Franz I., Kaiser 198
Franz Joseph, Kaiser 53, 79
Französische Revolution 16, 74
Frauenburg, Musikverein 428
Frauenlob, Heinrich 30, 31
Frauental bei Gams 98
Frauental, Musikverein Marktkapelle
　342
Freiburg im Breisgau 58
Freidinger, Ludwig 299
Freiheim, Franz Xaver 78
Freiinger, Gerhard 235
Freissmut, Helmut 82
Freiung, Niederwölz 284
Freudenthaler, Erland Maria 217, 221
Friedberg 80
Friedberg, Stadtkapelle 412
Friedemann, Carl 100
Friedrich II., Kaiser 194
Friedrich III., Kaiser 33, 37
Friedrichkeit, Adolf 235
Friesenbichler, Gerhard 246, 251
Frießenbichler, Fr. 97
Frischenschlager, Friedrich 262
Frodl, Johann 82
Frodl, Josef 87
Frodl-Kapelle 87
Frohnleiten 86
Frohnleiten, Musikverein 383
Froihofer, Waltraud 304
Frojach 86
Fromme, Gerald 235
Fronsperger, Lienhart 195
Frühgeschichte 19, 21, 23, 25, 27, 29,
　31, 33, 35
Frühklassik 61, 63, 65, 67, 69, 71
Fruhmann, Monika 191
Fruhmann, Philipp 9, 17, 111, 112,
　114, 116, 118, 119, 120, 121, 122,
　125, 128, 133, 134, 135, 138, 139,
　144, 148, 149, 153, 154, 157, 161,
　163, 165, 166, 167, 171, 182, 184,
　188, 189, 191, 227, 238, 243, 311

Fuchs d. J., Franz 289
Fuchs, Franz 228
Fuchs, Gilbert 304
Fuchs, Martin 313
Fučík, Julius 226, 227, 265
Fuhs, Renate 191
Fürnschuß, Karl 262
Fürstenfeld 98
Fürstenfeld, Musikbezirk 365
Fürstenfeld, Musikverein Stadt-
　kapelle 367
Fürstner, Mathias 82
Fux, Johann Joseph 56, 57, 58, 68,
　129, 130, 138, 140, 153, 172, 173,
　187, 210, 217, 224, 228, 235, 237,
　238, 244, 262, 299
Fux-Gesellschaft, Johann Joseph 57
Fux-Konservatorium, Johann Joseph
　73, 86
Fux-Konservatorium, Johann Joseph,
　Blasorchester 380

G

Gaal bei Knittelfeld 80, 87, 259
Gaal, Musikverein 436
Gabersdorf, Musikkapelle 443
Gabrieli, Andrea 40
Gach, Heinz 146, 162, 186, 304
Gaishorn 81, 82
Gaishorn-Treglwang, Musikkapelle
　475
Gaisterer, Robert 97
Gál, Hans 214, 240
Galler, Alois 239
Gamlitz 86
Gamlitz, Marktmusikkapelle 443
Gamlitz, Marktmusikverein 174
Gamsjäger, Hans 313
Gamsjäger, Werner 87
Gams, Musikkapelle 475
Gams ob Frauental 81
Gams ob Hieflau 81
Gangl, Anton 162
Gangl, Manuel 243
Gänsbacher, Johann Baptist 67
Ganzer, Roland 239
Gasen 81

Gasen, Musikverein 321
Gasperl, Rudi 313
Gasslfahren 278
Gatterer, Grete 30, 249
Gatto, Simon 45
Gaugl, Christoph 139, 151, 243
Gaugl, Elisabeth 239
Gaulhofer, Karl 155, 238
Gebauer, F. R. 196
Gegenreformation 53
Geiser, Brigitte 293
Geistthal 86
Geistthal, Musikverein 516
Georgenberger Handfeste 24
Geramb, Viktor von 16, 276, 279, 282, 285, 293
Gering, Arnold 193
Geringer, Hans Helmut 299
Geßlbauer, Jakob 97, 289
Getz, Stan 15
Gfremdtner, Josef 210
Ghiselin-Verbonnet, Johannes 37
Gigler, Andreas 54, 263
Gillespie, Dizzi 15
Ginovsky, Josef von 79
Girn, Peter 96
Glanz, Christian 94, 209, 222, 306
Glaser, Gerhard 238
Glavnik, Emil 223
Glawischnig, Dieter 210
Gleinstätten 81
Gleinstätten, Landesjugendkapelle 444
Gleinstätten, Marktmusik 459
Gleisdorf 81, 99
Gleisdorf, JBO der Musikschule der Stadt 535
Gleisdorf, Stadtkapelle 529
Globokar, Vinko 244
Glock, Laurenz 104
Glöckler, Jakob 82
Glöcklerlauf, Stainach 278
Glonner, Hans 188, 189
Glowatzki, Manfred 219
Gluck, Christoph Willibald 69, 195
Gnas 17, 80
Gnas, Marktmusikkapelle 358
Gober, Kurt 235, 238
Goger, Andrea 239

Goger, Hannes 239
Goger, Ludwig 239
Goldener Panther 191
Golger, Otto 94
Goll, Friedrich 261
Gollner, Andreas 161
Gollob, Hellmut 247
Gombotz 247
Gombotz, Roman 103
Gonobitz 34, 70, 72
Goodman, Benny 15
Göß, Archiv 61
Göss, Brauereikapelle 104
Göss, Musikverein 462
Gossec, F. J. 196
Gossendorf, Trachtenmusikkapelle 358
Gossler, Brigitte 266
Gottschalk, Louis Moreau 228
Gottwald, Joseph 210
Götz, Bürgermeister 109
Götzl, Gottfried 110, 116, 118, 120, 189, 190
Grabenweger, Karl 189
Grabner, Adolf 80
Grabner, Hermann 214, 215, 240
Grabner, Maria 191
Grabner, Siegfried 116, 118, 120, 121, 125, 133, 188, 189, 190
Graden, Musikverein 516
Graf, Viktor 106, 107, 188, 189
Grafendorf 77
Grafendorf, Marktmusikkapelle 412
Graff, Theodor 261, 264, 268
Grain, Carmen 240
Gralla bei Leibnitz 98
Gralla, Musikheim 271
Gralla, Musikverein 444
Grasch, Johann 126
Graß, Mathes 55
Graßl, Familie 79
Graßnitz 89
Graßnitz, Musikverein 330
Gratkorn 81
Gratkorn, Jagdhornbläsergruppe 302
Gratkorn, Markt- und Werkskapelle 383
Gratwein 81
Gratwein, Musikverein 384

Grauscharn 24
Graz-Eggenberg 86
Graz-Eggenberg, Musikverein 373
Graz, Eisenbahner Musikverein der Europastadt 372
Grazer BläserVielharmonie 379
Grazer Spielmannszug, Musikverein 378
Grazer Verkehrsbetriebe, Musikverein 377
Graz-Liebenau 86
Graz-Mariatrost 86
Graz-Nord, Musikbezirk 381
Graz, Postmusik 375
Graz-Stadt, Musikbezirk 371
Graz-Straßgang 81
Graz-Straßgang, Trachtenkapelle 376
Graz-Süd, Musikbezirk 390
Graz-Wetzelsdorf 86
Graz-Wetzelsdorf, Trachtenkapelle 174, 374
Greiner, Johann Lorenz 263, 265, 267
Greiner, Josefa 267
Gretsch, Anton 204
Grießl, Alois 247, 248
Grießl, Andrea 247, 248
Grießl, Rupert 80
Grinschgl, Markus 239
Gritsch, Paul 236
Grlec, Jože 299
Gröbming 77, 82, 95
Gröbming, Musikbezirk 400
Gröbming, Musikverein 108
Gröbming, Musikverein Trachtenkapelle 402
Grosch 214
Groß, Johann 240
Großklein, Marktmusikkapelle 445
Grossmann, Elisabeth 138, 167, 171
Großreifling 80
Großreifling, Freiwillige Feuerwehr-Musikverein 476
Großsteinbach 80
Großsteinbach, Musikverein 368
Groß St. Florian 72, 81
Groß St. Florian, Musikkapelle 168, 343
Großstübing 86
Großstübing, Musikverein 384

Groß-Veitsch 93
Großwilfersdorf 86
Großwilfersdorf, Musikverein 367
Gruber, Adolf 189
Gruber, Erwin 155
Gruber, Gernot 305, 306
Gruber, Johann 83
Gruber, Ludwig 166, 168
Gruber, Rudolf 87
Grundlsee, Musikkapelle 315
Grunsky, Wolfgang 94
Grünwald, Alois 110, 112, 113, 116, 117, 118, 119, 161, 188, 189
Grünwald, Grete 267
Gspurning, Walter 300
Gstättner, Rudolf 307
Gubner's Witwe, J. 267
Gundestrup, Dänemark 21
Gungl, Johann 202
Gungl, Joseph 77, 202, 261
Günthert, Ernst 94
Gurk 35
Gurlitt, Willibald 43
Gusswerk, Musikverein 331
Gutenberg 86, 89
Gutenberg, Johannes 35
Gutenberg, Ortskapelle 529
Gutenberg-Universität, Mainz 16

H

Haag, Josef 233
Haan, Jacob de 216
Haan, Jan de 216
Haase-Altendorf, Helmut 15, 162, 223
Haas, Gerhard 136
Haas, Richard 300
Haas, Robert 57
Haas's Witwe, Buchhandlung 266
Haberler, Josef 300
Häberling, Albert 15, 223
Habla, Bernhard 56, 135, 142, 214, 216, 227, 235, 246, 260, 265, 266, 305, 306, 307
Habran, Anton 210
Hacker, Lorenz 66
Hackhofer, Johann Cyriak 60

Hackl, Karl 167, 189, 311
Hafner, Ottfried 250, 268
Hager, Reinhard 172
Haid, Gerlinde 289, 295
Haiding, Karl 292
Haidmayer, Karl 136, 220, 228, 307
Hainersdorf 80
Hainersdorf, Musikverein 368
Hajek, Ignaz 202
Halbenrain 80
Halbenrain, Grenzlandmusik 509
Hallecker, Franz 83
Haller, Hans 264
Haller, Johann 82, 83
Hallmayer, Victorin 203
Halter, Musikverlag 214
Hamernik, Jozef 160, 243
Hammer, Hannes 113
Hammer, Joseph von 68
Hammer, Karl 83
Hammerschmied, Josef 97
Hammerstein, Reinhold 19, 27, 35
Hampton, Lionel 15
Händel, Georg Friedrich 299
Haniel, Franz 202
Hansch, Heinrich 247, 248
Harmoniebass 256
Harmoniemusik 65, 66
Harris, Paul 120
Hartberg 174, 175
Hartberg, Jugendkapelle der Musikschule 425
Hartberg, Musikbezirk 409
Hartberg, Stadtkapelle 413
Hartl, Joseph 210
Hartman, Ervin 74, 138, 142, 144, 146, 155, 158, 173, 180, 223, 243
Hartmann, Christian 52
Hartmannsdorf 77
Hartmannsdorf, Trachtenkapelle 530
Hartner, Ferdinand 103
Hartwig, Hans 15, 162
Hasenhüttl, Erika 308
Hasiba, Franz 134
Haske-Verlag 216
Hatzendorf, Musikverein 359
Hauer, Josef Matthias 216
Haus im Ennstal 80
Hauska, Roswitha 191

Hausleber, Stefan 308
Hausmannstätten 80
Hausmannstätten, Marktmusik 393
Haus, Marktmusikkapelle 402
Hauswirth, Gernot 164, 171, 189, 311
Hayden, Johann 299
Haydn, Joseph 64, 69, 195, 263, 299
Haydn, Michael 59
HeBu-Musikverlag 144, 148, 151, 165, 180, 217, 220, 223, 227, 229, 261, 287
Hechtl, Reinhard 235
Heckel, Baldur 155
Heckl, Peter 235
Heerpauker 45
Hegenbarth, Hans 196
Heibl, Otto 126
Heidelberger Liederhandschrift 26, 30, 31
Heilbrunn 77, 98
Heilbrunn, Musikverein 174, 322
Heiligenkreuz am Waasen, Marktmusik 445
Heimerich, Martin 264
Heimschuh 98
Heimschuh, Musikverein 446
Heinrich V., Herzog von Kärnten 25
Heinz-Erian, Hanna 299
Heister, Hanns-Werner 295
Helbling Verlag 214, 222
Helikon 257
Helma-Verlag 289
Hemthaler, Hans 48
Hendrich, Andreas 85
Hengsberg 86
Hengsberg, Musikverein 446
Henze, Hans Werner 244
Herborg, Dieter 223
Herbst, Johann 85
Herma-Musikverlag 263, 264
Herman, Woody 15
Herzog, Roman 124, 137
Heuchler, Josef 76
Hexmann, Josef 97, 189, 289
Heyde, Helmut 49
Heyde, Herbert 30, 252
Heyden, Reinhold 94
Hickl, Johann 210
Hickmann, Hans 30

Hidas, Frigyes 223
Hieflau, Musik- und Gesangverein 476
Hierold 81
Hillbrand, Helmut 313
Hillmayer, Gerda 235
Hilmar, Ernst 44, 263, 267
Hindemith, Paul 214, 240, 241, 299
Hinterlobming 86
Hirner, Organist 82
Hirschegg 98
Hirschegg, Ortsmusikkapelle 517
Hirzberger, Karl 110, 114
Hitler-Jugend 94
Hitzendorf bei Graz 80
Hitzendorf, Musikverein Marktkapelle 394
Hochradner, Thomas 56
Hochstein, Wolfgang 295
Hödlgrube-Zangtal 101
Höfele, Bernhard 196
Hofer, Erich 189
Höfer, Gastwirt 294, 295
Hofer, Karin 240
Hofer, Matthäus 71
Hofer, Stefan 235
Höflechner, Josef 118, 120, 121, 189
Hofrichter, Adolf 189
Hofrichter, Wenzel 263
Höge, Rudolf 82
Hohentauern, Knappenkapelle 428
Hohl, Viktor 167, 189, 311
Holenia, Hanns 103, 262, 289
Holenia, Rainer 110, 189
Hollauf, Michael 240
Hollenegg 80
Hollenegg, Musikkapelle 343
Hollensteiner, Christian 243
Höller, Balthasar 83
Holzmann, Ronald 146, 155
Hönigsperger, Jacob 50
Hopfer 206
Hoppaus, Heinz 239
Horcicka, Franz 112
Horcicka, N. 97
Horn, Markus 165
Horovitz, Joseph 123, 222
Horrido Mürzzuschlag, Jagdhornbläsergruppe 302

Horvath, Ivan 243
Horvath, Milan 262
Hörzer, Firma 247
Hörzer, Gerald 248
Hörzer, Josef 248
Hötzendorf, Conrad von 205
Hoyer, Carl 248
Hoyer, Ignaz 245, 248
Huber, Jörg 240
Huber, Josef 83
Huber, Paul 106, 162, 223, 226
Hubner's Witwe, J. 267
Hudec, Adam 223
Hudeczek, Erich 20, 21
Hufnagl, Karl 87
Hug, Gebrüder 251
Humpel, Joseph 210
Hunger, Johann 205
Husadel, Hans Felix 207
Husa, Karel 123, 221, 222, 226, 244
Hus, Jan 35
Hütte, E. 266
Hüttenbrenner, Anselm 210, 261
Hütten, Hans 223
Hutter, Adolf 143
Hutter, Firma 144, 247
Hutter, Franz 249
Hutter, Gerlinde 143
Hutter, Peter 249
Hütter, Rudolf 71
Hutz, Ferdinand 297
Hutz, Josef 129

I

IGEB, s. Internationale Gesellschaft zur Erforschung und Förderung der Blasmusik
Illenberger, Franz 94
Ilwof, Franz 210
Ilz 80
Ilz, Musikverein 369
Imre, Gerhard 184
Innitzer, Kardinal 90
Instrumentenbauer 249
Instrumentenbaufirma 247, 251
INTERMUSICA 143, 144, 149, 151, 155, 156, 158, 160, 162, 173

INTERMUSICA-Preisträger 243
Internationale Gesellschaft zur Erforschung und Förderung der Blasmusik (IGEB) 17, 222
International, Rotary 120
International Society for Music Education (ISME) 17
Irdning, Marktmusikkapelle 403
Irischitz, Joachim 237
Irmler, Herbert 235

J

Jabornik, V. 265
Jadin, L. E. 196
Jagdhorn 246
Jagdmusik 300, 301
Jagerberg 72
Jagerberg, Marktmusikkapelle 359
Jäger, Familie 299
Jaklitsch, Guido 166, 304
Jakopp, Peter 81
James, Harry 15
Janauschek, Alfred 205, 207, 208
Jandl, Gerta 278
Janisch, Josef Andr. 249, 277
Janisch, Othmar 300
Janitscharen-Musik 67, 68, 69
Jantscher, Auguste 191
Jantscher, Harry 141, 149
Jarosch, Frau 208
Jarosch, Leo 205
Jauck, Renate 126
Jelich, Vinzenz 42
Jeßrang, Kurt 94
Jewanski, Jörg 177
Joanneum, Graz 20, 245, 246, 249, 250
Jobst, Johann 211, 247, 249
Johann, Erzherzog 70, 103, 203, 211, 276, 291
Johanneskapelle, Pürgg 27
Johann Georg I., Kurfürst 45
Johnsbach im Gesäuse 86
Johnsbach im Gesäuse, Musikkapelle 477
Johnson, Jay Jay 15
Jontes, Günther 53, 77

Jooda, Ezekiel Olakunle 238
Josel, Hans 111
Josel, Johann 287, 289
Josel, Rudi 262
Joseph I., Kaiser 61
Joseph II., Kaiser 33, 47, 65
Jost-Bleckmann, Magda 130, 134
Judenburg 86
Judenburg, AMV Stadtkapelle 429
Judenburger Spielmannszug 379
Judenburg, Musikbezirk 426
Judendorf-Straßengel 86
Judendorf-Straßengel, TMK der Marktgemeinde 385
Judmaier, Christian 189
Jud, Wolfgang 153, 161, 163, 165, 166, 168, 178, 188, 189, 222, 235, 238, 311
Jungfrauenaufwecken 281
Jungmusiker-Leistungsabzeichen 187
Jungsteirerkapelle Feldbach 87
Jungwirth, Christian 308
Jungwirth, Kurt 108, 109, 113, 114, 116
Jurmann, Fritz 106

K

Kadletz, Willi 79
Kagel, Mauricio 227
Kainach 98
Kainachtal, Blasmusikkapelle 517
Kaindlbauer, Anton 111
Kaindlbauer, Hermenegild 120, 121, 133, 139, 152, 153, 163, 189, 311
Kaindlbauer, Hermine 191
Kaindorf an der Sulm 98
Kaindorf an der Sulm, Marktmusikkapelle 447
Kaindorf bei Hartberg 86
Kaindorf, Marktmusikkapelle 413
Kainz, Manfred 146
Kainz, Walter 262, 287
Kaiser, Joseph Franz 261
Kalcher, Wilhelm 235
Kalischnig, Walter 223
Kalkbrenner, A. 196
Kalsdorf 25, 86

Kalsdorf, Musikkapelle der Marktgemeinde 394
Kaltenbacher, Günther 140
Kaltenegger, Franz 232
Kalwang 81
Kalwang, Musikverein 464
Kammern bei Leoben 80
Kammern im Liesingtal und Umgebung, Musikverein 174, 464
Kanduth, Erika 57
Kanzler, Patrick 236
Kapellari, Egon 157, 177, 179, 182, 186
Kapellen, Trachtenmusikverein 500
Kapfenberg 98
Kapfenberg, Stadtkapelle 331
Kapfenberg, Werkskapelle Böhler 332
Kapfenstein 77
Kapfenstein, Musikkapelle 360
Kapfhammer, Franz Maria 98
Kappel, Fritz 262
Karajan-Pfingst-Festspiele 123
Karbusicky, Vladimir 19
Karch, Pál 64, 195, 200, 305
Karl-Franzens-Universität, Graz 16
Karl II., Erzherzog 38, 39, 43, 45, 48, 268
Karlon, Prälat Alois 266
Karl V., Kaiser 195
Karl VI., Kaiser 46, 79
Karner, Friedrich 115
Karner, Stefan 94, 264, 268
Karner, Thomas 239
Karsten, Franz 107
Katsch an der Mur 86
Katschaturjan, Aram 228
Katsch-Frojach, Musikverein 486
Kaufmann, Franz Theodor 262
Kaufmann, Harald 239
Keinhansl, Karl 190
Kelbetz, Ludwig 15, 94, 234
Kelten 20
Kern, Johann 153
Kernstock-Kapelle 98
Kerschbaumer, Franz 262
Kerschbaum, Martin 235
Kerschhofer, Martin 82, 129
Kettner, Anton 71

Khals, Leopold 283
Khatschaturjan, Aram 220
Khemeter, Sigmund 48, 49
Khern, Matthias 50
Khonsz, Christoph 49
Kiendl, Walter 97
Kienleitner, Siegfried 114
Kienreich, Johann Nepomuk Andreas 263
Kienreich, Joseph 263
Kienzl (Kinzel, Küntzel, Kuntzl), Georg Simon 249
Kienzl, Raimund 97
Kindberg, Werkskapelle voestalpine Tubulars 501
Kindermann, Hans 126
Kinzel (Künzel), Georg Simon 247
Kinzl 162
Kinzl, Franz 15, 105
Kirchbach 80
Kirchbach, Marktmusikkapelle 360
Kirchberg an der Raab 77, 82, 259
Kirchberg, Musikverein 361
Kislinger, Karl 299
Kitzeck 80
Kitzeck, Musikverein 447
Klarinetten 255
Klasnic, Waltraud 113, 117, 118, 119, 120, 121, 122, 128, 130, 133, 134, 136, 137, 139, 142, 143, 144, 145, 147, 191
Kleemair, Robert 123
Kleine Zeitung 266
Kleinhansl, Karl 107, 108, 110, 113, 114, 138, 188, 189, 191
Kleinklein/Sulmtal 20
Kleinlobming 86
Kleinlobming, Musikverein 437
Kleinschuster, Erich 266
Kleinsölk, Musikverein 403
Klesmer-Geheimsprache 72
Klesmer-Musiker 72
Kliment, Hans 289
Kliment-Verlag 214, 216, 217, 220, 222, 289
Klimt-Weithaler, Claudia 146, 158
Klingental, Dominikanerinnenkloster 35
Klöch 80

Klöch, Weinlandkapelle 297, 509
Klöck, Siegfried 302
Knerzl, Anton 130
Knes, Mathias 236
Kniepeiss, Franz 114, 116, 118, 120, 121, 189, 190
Kniepeiss, Peter 239
Kniepeiss, Sieglinde 191
Knittelfeld 80
Knittelfeld, AMV Stadtkapelle 438
Knittelfeld, Eisenbahner Musikverein 174, 437
Knittelfeld, Musikbezirk 435
Knöbl, Josef 264
Knochenflöte 30
Kobenz bei Knittelfeld 80
Kobenz, Musikverein 438
Köberl, Alois 92, 94, 96, 102, 188, 189
Köberle, Rudolf 135
Köberl, Herbert 289
Koch, Erwin 102
Koch, Heinrich Christoph 66
Köck, Franz 189
Köck, N. 97
Kodály, Zoltán 223
Kodolitsch, Georg 43
Kodric, Victorin 81
Köflach, Glasfabriks- und Stadtkapelle 518
Kogler, Anton 83
Kogler, Hannes 136
Kogler, Wenzel 140
Koglhof 86
Koglhof, Musikverein 322
Kohlfürst, Dietmar 239
Kohlhofer, Karl 81
Köhlmeier, Otto 155, 156
Kohschmied 82
Kollau, Anita 238
Kollegger, Alois 299
Koller, Abel 48
Koller, Christine 191
Koller, Hans 172, 261, 264, 289
Kolleritsch, Elisabeth 15
Kolleritsch, Josef 262
Koller, Michael 85
Köller, Uwe 235
Kolneder, Walter 15, 94, 234

Komponisten 213, 215, 217, 219, 221, 223, 225, 227, 229
Komposch, Gretl 299
Königgrätz 80
Königgrätz, Schlacht bei 203
König, Herbert 15, 162, 222
König, Manfred 146, 153
Königshofer, Johann 162, 235
Konrad, Willi 95, 103, 104, 105, 106, 107, 108, 109, 110, 111, 112, 114, 137, 142, 155, 166, 188, 189, 191, 237, 287, 306, 308
Konstantinopel 68
Konstanz-Weingartner Liederhandschrift 26
Konzil in Konstanz 36
Kopmajer, Milan 313
Koren, Hanns 104
Kornberger, Wolfgang 139, 235
Körner, Friedrich 15, 102, 114, 234, 246, 262, 266
Körner, Kurt 235
Kortschak, Johann 261
Kourimsky, K. 262
Kovard, F. 249
Kowarz (Kovard), Franz 249
Kozeluch 267
Kracher, Alfred 26, 27
Kraichtal 227
Krain 61
Krainer, Josef 104, 106, 108, 110, 116, 118, 137
Krainer sen., Josef 97, 108
Krainer-Kulturpreis, Josef 262
Krainz, Johann 210, 211
Krakaudorf 86
Krakaudorf, Schützenmusikkapelle 487
Krakauebene 80
Krakauebene, Musikverein „Alpenklänge" 487
Krall, Alois 208
Kramer, C. F. 66
Krämer, Nils Thilo 235
Kraml-Prinz, Raphaela 239
Kranz, Heribert 239
Kratky, Joseph 233
Kraubath, Musikverein 465
Kraubath ob Leoben 80

Krausz, Adolf 289
Kreith, Karl 66, 294
Kremser, Willibald 113, 115
Krenek, Ernst 214, 240
Krenn, Barbara 172
Krenn, Ludwig 214, 261, 287
Kressnig, Martin 238
Kreuzer, Markus 240
Kriebernegg, Friedrich 115, 126
Krieger, Johann Philipp 64
Krieglach 80, 98
Krieglach, Musikkapelle voestalpine Roseggerheimat 168, 501
Kriegl, Herbert 51, 61, 62, 64, 65, 66, 69, 70, 71, 72, 77, 306, 307
Krinner, Johanna 191
Krinner, Peter 158, 160
Kriss-Rettenbeck, L. 19
Kristoferitsch, Johann 81
Krobath, Artur 121, 133, 147, 189, 264
Kröll, Hermann 118, 123, 125, 130, 162, 220, 238
Kröll, Sabrina 240
Kronberger, Franz 53
Krones, Oberlehrer 288
Kröpfl, Walter 146
Krumegg 86
Krumegg, Musikverein 395
Krummhorn 43, 55
Krupa, Gene 15
Küblböck, H. 262
Kuckertz, Josef 68, 194
Kuegerl, Hannes 221, 289
Kügerl, Johann 184
Kumberg 86
Kumberg, Marktmusikverein 385
Kumitz, Musikkapelle 317
Kummerer, Rudolf 88, 96
Kunerth, Johann Leopold 232
Kunstmusik 275
Kunst-Universität Graz 16
Künzig, Johannes 279
Kuret, Primož 54
Kürschner, Georg 249
Kuruzzen 37
Kurzmann, August 112
Kybl, Andreas 211

Namens- und Ortsregister

L

Lachmann, Manfred 195
Lackner, Hannes 119, 120, 121, 133, 139, 153, 164, 171, 174, 185, 189, 208, 238, 311
Lackner, Karl 162, 172
Lafnitz 86
Lafnitz, Musikverein 414
Lambauer, Hannes 211
Lampel, Heribert 261
Lamprecht, Bernhard 126
Lanc, Elga 27
Landesarchiv, Steiermärkisches 61
Landesmusikfest 1990, Graz 115
Landesmusikfest 2010 177
Landesvorstand des Steirischen Blasmusikverbandes 311
Landl 86
Landl, Musikverein „Almrausch" 477
Langanger, Andreas 313
Längauer, Josef 234
Langegg 57
Langenwang 46, 76, 98
Langenwang, Musikverein 502
Lang, Günther 118, 120, 121, 125, 132, 133, 134, 137, 138, 139, 140, 189, 190
Lang, Heinz 123, 125
Lang, Josef 96, 97, 188, 189
Langmann, Johanna 240
Lang, Maria 191
Lang, Musikverein 448
Lannach 98
Lannach, Marktmusikkapelle 344
Lannoy, Eduard Josef von 73
Lapp, Gebrüder 87
L'art-pour-l'art-Bewegung 275
Laschalt, Albin 91, 92
Lassing bei Liezen 54, 80
Lassing, Musikverein 478
Laßnitz an der Mur 98
Laßnitz bei Murau, Musikverein 488
Laßnitzhöhe 98
Laßnitzhöhe, Trachtenkapelle 391
Lasso, Orlando di 38, 43
Latzko, Heidemarie 191
Latzko, Sabine, s. Yildiz

Lauda, Johann Nepomuk 85
Laudon, Gideon von 205
Lebring 81
Lebring – St. Margarethen, Musikverein Trachtenkapelle 448
Lechleitner, Gerda 244
Lechner, Abraham 48, 49
Leeb, Josef 104, 107, 236
Lehár, Franz 85
Leibnitz 15, 20, 51, 52, 72, 81, 98
Leibnitz, Jahreshauptversammlung 1999 127
Leibnitz, Jugendblaskapelle 449
Leibnitz, Jugendkapelle 13, 17
Leibnitz, Musikbezirk 441
Leibnitz, Stadtkapelle 15, 102, 449
Leipzig 289
Leistungsabzeichen 105
Leitenbauer, Martin 239
Leitner, Klaus 273
Leitner, Michael 103
Lemke, Karl 304
Lemmerer, Josef 184
Lendvay, Kamilló 223
Lentner, Albert 267
Lenz, Oskar 146
Leoben 51, 52, 53
Leoben-Göß 98
Leoben-Hinterberg, Musikverein 463
Leoben, Musikbezirk 460
Leoben, Polizeimusik 471
Leonhardt, Andreas 79, 198, 199, 200, 201, 202, 210, 233, 261
Leopold, Alexander 263
Leopold der Starke 25
Leopold I., Kaiser 196
Leopold I., Markgraf 160
Lerner, N. 97
Lesky, Felix 112, 116, 118, 120, 121, 125, 128, 188, 189, 191
Lesuer, J. F. 196
Leutner, Albert 265
Leutschach, Musikverein 450
Levni 68
Lexikon des Blasmusikwesens 165
Leykam 264
Leykam, Andreas 261, 264, 268
Leykam-Mürztaler Werkskapelle 98
Lichtenstein, Franz 30

Lichtenstein, Ulrich von 27, 29, 30
Liebenau, Musikverein 373
Liebenwein, Caspar 233
Liebertz-Grün, Ursula 30
Lieboch 98
Lieboch, Musikverein 174, 395
Liebscher, Ludwig 97
Liedtke, Max 19
Liegl, Villach 261
Liess, Andreas 57
Liessem, F. 43
Liezen 80
Liezen, Musikbezirk 472
Liezen, Musikverein 478
Ligeti, György 244
Ligist 86
Ligist-Krottendorf, Musikverein 518
Lindbichler, Hermine 191
Lingl, Karl 97
Linhardt, Marion 202
Lipizzaner-Gestüt Piber 114
Lipp, Franz 290
Lipp, Gerhard 126
Lipp, Hans 111
Lipp, Johann 82
Lipp, Norbert 75
Lippitz, Arnold 106, 110, 116, 188, 189
Lippomano, Girolamo 38
List, Peter 239
List, Rudolf 249, 250
Liszt, Franz 213, 220, 299
Literatur 305
Lobminger Ortsmusik 463
Lobovsky, Robert 97, 100, 101, 103, 104, 114, 188, 189, 306
Löffingen im Schwarzwald 235
Löffler, Edmund 15, 162, 223
Löffler, Willi 223
Lohr, Hans 120
Lohr, Horst 110, 116, 118, 189
Loipersdorf, Musikverein Therme 370
Lösch, Josef 285
Löschnigg, Heliodor 262
Lotterer, Gustav 15, 223
Lowdell, John 313
Lübeckh, Hendrich 194
Ludewig, E. 267

Ludwig von Bayern, Herzog 267
Ludwig XIV. 64
Lugitsch, Alois 250
Lully, Jean Baptiste 64
Lund, Cajsa 20
Lupitsch, Feuerwehrmusikkapelle 316
Luren 193
Lütgendorff, Willibald Leo Freiherr von 249, 250, 253
Luther, Martin 35, 53
Lutosławski, Witold 220
Luxem, Ritter v. 198
Luyken, Caspar 59

M

Macher, Rudolf 104, 112
Machhammer, Manfred 138
Machiavelli 194
Maderthaner, Ludwig 104, 188, 189
Mahler, Gustav 299
Mahling, Christoph-Hellmut 186, 245
Maier, Franz 97
Maierhofer, Herbert 121
Maierhofer, Josef 235, 307
Maierhofer (Mayerhofer), Flötenmacher 245
Maierhofer, Peter 300
Maierhofer, Peter Paul 300
Maier, Manfred 120
Maier, Sepp 120, 189
Maier, Toni 173, 238
Mairold, Maria 59, 306
Majo, Ernest 15, 106, 147, 162, 216, 221, 223, 224, 225, 289, 307
Makzin, Franz von 83
Mali, Johann 130
Malli, Josef 114, 121, 132, 133, 139, 140, 141, 147, 153, 161, 188, 189, 191
Malli, Kapellmeister 98
Manesse-Handschrift 298
Mangelsdorff, Albert 102
Mang, Gernot 240
Mantsch, Karl 208
Mantze, Georg 214

Marburg an der Drau 51, 52, 72, 74
Marckhl, Erich 15, 234, 264
Marek, Franz 210
Mariacher, Erhard 3, 13, 17, 133, 137, 139, 141, 143, 144, 147, 149, 153, 164, 188, 189, 191, 243, 265, 308, 311
Mariacher, Franziska 191
Mariahof, Musikverein 488
Maria Theresia, Kaiserin 47, 65, 66, 201
Maria-Theresien-Orden 211
Mariatrost, Ortsmusik 374
Mariazell 72
Mariazeller Musiker-Wallfahrt 157
Mariazell, Stadtkapelle 332
Marimbaphon 226
Marinkovits, Herbert (Pseud. Herma von Bierkist) 128, 144, 145, 151, 157, 220, 227, 228, 263, 264
Mark, Bartholomäus 87
Markt Hartmannsdorf, Trachtenkapelle 530
Markus, Walter 79
Markus, Werner 76
Marl, Otto 144
Marold, Adolf 121, 133, 135, 139, 153, 164, 167, 190, 242, 307, 311
Martin, Anton 210
Martin, Julius 247
Martin, Robert 217
Martins V. 35
Marx, Joseph 16, 289
Marx, Karl 94
Masel, Armin 196
Mattner, Marcelus 83
Matzhold, Christian 239
Mauerhofer, Alois 167
Mauerhofer, Anton 134, 138, 139, 152, 153, 158, 163, 166, 168, 178, 180, 188, 190, 311
Mauko, Firma 247
Mauko, Rupert 249
Mauracher, Felix 262
Maurer, Franz 111, 113, 119
Maurer, Klaus 133
Mauron, Valentin 243
Maus, Veit 48
Mautern, Ortsmusikkapelle 465

Maximilian I., Kaiser 62, 64, 194, 299
Maxlonmarkt (Maximiliansmarkt), Niederwölz 283
Mayer, Herbert 118, 120, 121, 124, 190
Mayer-Hirzberger, Anita 268
Mayerhofer 249
Mayr, Wolfgang Friedrich 50
McCormick, David 291
Mc Donald, Hector 235
Méhul, É. 196
Meier, Erhard 130
Meierhofer, Franz 289
Meier, Manfred 106, 107, 110, 116, 118, 147, 155, 188, 190
Meier, Rudolf 190
Meij, Johan de 216
Meinhart, Günter 235
Meister, Joachim 82
Meister, Josef 97
Meixner, M. 262
Mekiska, Carl 267
Mendelssohn Bartholdy, Felix 67, 213, 219, 220, 228, 299
Meran, Anna Gräfin von 203
Merkel, Angela 73
Mersenne, M. 194
Mesicek, Franz 110, 112, 114, 116, 118, 120, 188, 190
Messiaen, Olivier 244
Messner, Karl 106
Michl, Artur 262
Michl, Wolfgang 239
MID EUROPE-Jugendorchester 237
MID EUROPE-Konferenz 123, 125, 128, 130, 137, 139, 144, 149, 155, 156, 158, 173, 222, 226, 238, 248, 265, 291, 307
Miesenbach 80, 89
Miesenbach, Musikverein 323
Mild, Markus 239
Militärmusik 80, 193, 205
Miller, Franz Xaver 264
Miller, Glen 15
Miller'sche Buchhandlung 264
Minnesänger 298
Mittelalter 19, 21, 23, 25, 27, 29, 31, 33, 35

Mitterdorf im Mürztal 86
Mitterdorf, Mürztaler Trachten-
 kapelle 502
Mitteregger, Gerald 239
Mlaker, Barbara 191
Möderbrugg, Musikverein St. Oswald
 429
Moder, Erwin 235
Moder, Hans 91
Mohács, Schlacht bei 68, 194
Mojsisovics, Roderich von 234, 262
Mollart, Peter Ernst Graf von 33
Mönichwald 80
Mönichwald, Trachtenkapelle 414
Montfort, Hugo von 27
Mooskirchen 98
Mooskirchen, Bauernkapelle 519
Mooskirchen, Jugendkapelle 519
Morche, Gunther 19, 27, 35
Moritz, Emmerich 97
Morre, Carl 211
Morricone, Ennio 217
Mörth, Klaus 235
Möseler-Verlag, Karl Heinrich 219
Mösenbichler, Hans 145, 238
Moser, Dieter 239
Moser, Dietz-Rüdiger 55
Moser, Hans 33, 279
Moser, Hans Joachim 55, 295
Moser, Karl 88, 96, 98, 100
Moser, Sepp 313
Mössmer, Günter 64, 194
Mostler, Nikolaus 262
Mozarteum 223
Mozart, Leopold 232
Mozart, Wolfgang Amadeus 57, 67,
 69, 299
Muffat, Georg 64
Mühlen am Zirbitz 82
Mühlen am Zirbitz, Musikverein 489
Mühlthaler, Klaus 209
Muhr, Franz 164, 190, 311
Muhri, Franz 83
Müller-Blattau, Wendelin 38
Müller, Reinholf 195
Mulzheim, Hans von 289
Munninger, Eduard 88
Murau 72, 80
Murau, Musikbezirk 485

Murau, Musikverein Stadtkapelle
 489
Murau, Stadtkapelle 108
Mureck 86
Mureck, Grenzlandtrachtenkapelle
 510
Mürzsteg, Musikverein „Edelweiß"
 503
Mürzzuschlag 24, 81
Mürzzuschlag, Eisenbahner-Musik-
 verein 503
Mürzzuschlag-Hönigsberg 86
Mürzzuschlag-Hönigsberg, Werks-
 kapelle Böhler 504
Mürzzuschlag, Musikbezirk 499
Musica Mundana Verlag 223
Music Camp des International Peace
 Garden 236
Musikakademie, Steirische, St. Stefan
 ob Stainz 137
Musikheimbauten 245, 247, 249, 251,
 253, 255, 257, 259, 261, 263, 265,
 267, 268, 269, 271, 273
Musikimposto 61, 62, 65
Musikinstrumentenbauer 245, 247,
 249, 251, 253, 255, 257, 259, 261,
 263, 265, 267, 269, 271, 273
Musikverlagswesen 260
Musikverleger 245, 247, 249, 251, 253,
 255, 257, 259, 261, 263, 265, 267,
 269, 271, 273

N

Nagel, Michael 246
Nestelbach bei Graz 77
Nestelbach, Musikverein 396
Nestroy, Johann Nepomuk 263
Neubauer, Johann 97
Neuberg an der Mürz 80
Neuberg an der Mürz, Trachten-
 kapelle 504
Neuböck, Fritz 157
Neuböck jun., Fritz 217
Neudau 86
Neudau, Werksmusikkapelle 415
Neuherz, Alois 239
Neujahrsgeigen 278

Neumarkt, Musikverein 490
Neumayr, Sepp 222
Neumeister, E. 266
Neuzeit 37, 39, 41, 43, 45, 47, 49, 51,
 53, 55, 57, 59
Niederl, Friedrich 107, 108
Niederl, Karl 110, 112, 190
Niederwölz 81
Niederwölz, Musikverein 490
Nigrelli, Ottavio Conte 196
Niklasdorf 81
Niklasdorf, Musikverein Werks-
 kapelle Brigl & Bergmeister 466
Nöster, Bernd 308
Nothhelfer, Norbert 118
Nürnberg 59

O

Obdach 86
Obdach, Musikverein 430
Obendrauf, Adolf 208, 300
Oberaich 98
Oberaich, Trachtenkapelle 333
Oberborbeck, Felix 15, 94, 234
Oberdorf a.d. Laming, Bergkapelle
 333
Oberdorf Bärnbach, Bergkapelle 520
Obergruber, Robert 293
Oberhaag, Trachtenkapelle 450
Obernburg bei Cilli 37
Obersteiner, Gernot Peter 211
Oberwölz 62, 208
Oberzeiring 77
Oberzeiring, Musikverein Knappen-
 kapelle 430
Obiltschnigg, Alb. 97
Öblarn 80, 82
Öblarn, Musikverein 404
Oboen 256
Ocherbauer, David 262
Oertel 214
Offenbacher, Natascha 239
Offenbach, J. 86
Ofner, Gerhard 118, 121, 133, 188,
 190
Olmütz 200
Oper, Graz 130, 131, 168

Oransay, G. 68
Orel, A. 202
Orff, Carl 125
Ornig, Gerhard 236
Orthaber, Robert 308
Orthofer, Stefan 239
Oshima, Michiru 262
Ostadal, Gottlieb 88, 90, 94, 96
Osterwitz 98
Osterwitz, Musikverein 344
Oswald, Gerald 152, 158, 166, 168, 238
Oswaldifest 282
Otakar I. 25
Otakar II. 24, 25
Otakar III. 24, 25
Otakar IV. 24, 25
Ott, Carl 75
Ottendorf an der Rittschein 175
Ottendorf an der Rittschein, Trachtenmusikkapelle 174, 369
Ottenfeld, R. von 198
Ottokar aus der Gaal 30

P

Paar, Hilmar 81
Pacher, Anton 262
Pachernegg, Alois 262, 287, 289
Pachinger, Gerald 235
Pack 98
Pack, Trachtenmusikkapelle 520
Padovano, Annibale 38, 40, 42, 43, 45
Pailer, Edith 191
Paldau 80
Paldau, Marktmusikverein 361
Palfau 81
Palfau, Musikverein 479
Palfner, Anton 250
Panflöte 21
Panoff, Peter 194, 195
Papesch, Joseph 15
Par, Georg 32
Parker, Charly 15
Parschlug 98
Parschlug, Musikverein 334
Passail, Musikverein 530

Pass, Walter 193, 222, 306
Paulin, Matthias 203
Paullin, Matthias 49
Paulmichl, Alois 287
Paul III., Papst 267
Paumgartner, Bernhard 57
Paunger, Josef 238
Pechel 265
Pechel, Emmy 265
Pechel, Franz 261, 265
Pechel, Fritz 265
Pechel, Musikalienhandlung 263
Peer, Wolfgang 313
Peggau 20
Peham 42
Peinlich, R. 263
Penderecki, Krzysztof 220, 244
Pendl, Günther 162
Pendl, Hans 113
Pepping, Ernst 240
Perfahl d. Ä., Anton 71
Perini, Annibale 48, 55
Perl, Johann 116, 190
Pernegg 86
Pernegg, Musikverein 334
Perner, Erich 114, 116, 118, 120, 121, 133, 139, 149, 150, 153, 163, 174, 180, 181, 185, 188, 190, 191, 229, 238, 311
Perner, Klaudia 191
Perner, Walter 140
Pernes, Thomas 130
Persch, Ewald 172
Pertl, Vinzenz 211
Perz, Franz 245, 249
Pesler, Jakob 249
Peternusch, Alexandra 239
Pettau 20, 23, 51, 52, 65
Pettau, Schloss 34
Pettermusic 265
Pettinger, Karl 138
Petyrek, Felix 214
Pfatschbacher, Friedrich 133, 139, 237, 307
Pfaundler, W. 73, 79
Pfeiler, Karl 87
Pferschy, Gerhard 24, 25, 211
Pfleger, Hans 208
Pfleger, Kurt 235

Pfluger, Richard 96, 97, 98, 101, 188, 190
Piber bei Köflach 86
Piber, Musikverein Gestüt Piber 521
Piberstein 86
Piberstein, Bergkapelle 98, 101, 521
Pichl an der Enns 98
Pichl an der Enns, Trachtenkapelle 405
Pichler, Bernd 123
Pichler, Sepp 313
Picht, Georg 244, 245, 275
Pickl, Othmar 20, 24, 38, 46
Piechl, Georg 239
Piering 249
Piering, Christian Gottlieb 249
Piering, Eduard 211, 249, 251
Piering, Johann 249
Piffaro 43
Pilat, Erwin 250
Pilat, Hans 249
Pilat, Johann 247, 249
Pilat, Johannes-Erwin 250
Pilz, Friedrich 205, 207
Pilz, Josef 121, 125, 133, 138, 139, 153, 164, 172, 190, 311
Pilz, Walpurga 191
Pinggau 86
Pinggau, Marktmusikkapelle 415
Piret, Baron 202
Pirker, Alfred 110, 116, 190
Pirker, Engelbert 234
Pirker, Michael 68, 195
Pirkwieser, Hans-Jörg 235
Pirrer, Josef 265
Pischelsdorf 81, 260
Pischelsdorf, Marktmusikkapelle 531
Pistorf 98
Pistorf, Musikkapelle 451
Pizka, Hans 299
Plank, Adolf 209
Plank, Hans 281
Plank, Horst 300
Plos, Bernhard 236
Ploy, Johann 247, 250
Pobernel, Horst 238
Pock, Grete 265
Pock, Josef 265
Pock, Max 261, 265

Podrzavnik, Barbara 126
Pogier, Musikverein 335
Pöhm, M. 245, 250
Poier, Johann 110, 114, 188, 190
Poier, Markus 238
Pokhstaller, Ruprecht 33
Polansky, Manfred 46
Pold, Christian 235
Pölfing-Brunn, Marktmusikkapelle 345
Polizeimusik Steiermark, Graz 187
Pollagkh, Hans 46
Pöllau bei Hartberg 81, 98
Pöllauberg 98
Pöllauberg, Trachtenkapelle 417
Pöllau, Kameradschaftskapelle 416
Pöllau, Kernstock-Kapelle 168, 416
Polomik, Tünde 227
Pöls ob Judenburg 86
Pöls, Werkskapelle Zellstoff Pöls AG 431
Polzhofer, Herbert 3, 13, 17, 110, 111, 114, 119, 121, 125, 133, 137, 139, 140, 141, 147, 148, 149, 153, 154, 164, 188, 190, 191, 295
Polzhofer, Rosemarie 191
Pölzl, Franz 97
Pölzl, Fritz 129, 228, 287, 289
Pomer, Peter 48
Pomis, Peter de 52
Popelak, Robert 294
Popelka, Fritz 33, 48, 197
Posaune 256
Posch, Bernhard 239
Posch, Franz 53
Posch, Fritz 24, 50
Pöschl, Josef 3, 6, 13, 17, 150, 287, 298, 299, 300, 302, 304, 307, 308
Pöschl, Karlheinz 136, 139, 307
Poss, Georg 45
Pöttler, Josef 112, 113, 114, 115, 119, 120, 121, 190, 262
Potzinger, Wilhelm 82
Pötz, Rainer 239
Powley, E. Harrison 196
Prachaczek, Eduard 247, 250
Praetorius, Michael 39, 43
Pranger, Florian 151
Präsent, Gerhard 228, 262

Prätorius, Michael 43
Pratscher, Hans 264
Prattes, Gustav 239
Preding 80
Preding, Musikverein Marktmusikkapelle 345
Predlitz-Turrach, Musikverein 498
Preinfalk, Gerald 235
Preinsperger, Ewald 66
Prening, Gottlieb 250
Pressl, Hermann Markus 227
Prettler, Anton 239
Priegel 55
Prinz, Albin 133, 139, 153, 164, 190, 191, 237, 268
Prinz, Gilda 191
Priuli, Giovanni 42, 44
Promitzer, Karl Heinz 300
Promitzer, Tamara 240
Pro Musica-Plakette 124
Pronegg, Alois 82
Pruggern 86
Pruggern, Musikverein 405
Psalterium 30
Puccini, Giacomo 217, 228
Puch bei Weiz 80
Puch bei Weiz, Musikverein „Heimatklang" 531
Pucher, Karl 190
Pucher, Stefan 313
Puchtler, Wolfgang 97, 190
Puchwein, Ferdinand 82
Pühringer, Silvia 240
Pürgg 24, 27, 34, 80, 81, 86
Pürgg, Blasmusikarchiv 108, 308
Pürgger Fresken 27
Pürgg, Musikkapelle 13, 172, 286, 408
Purr, Reinhold 137, 144
Puschnig, Rainer 52
Puster, Mario 239
Pusterwald 77
Pusterwald, Musikverein 431

Q

Quantz, Johann Joachim 232

R

Raaba 98
Raaba, Musikverein Spielmannszug 399
Rabenwald 81
Rabenwald, Bergkapelle 323
Rabl-Stadler, Helga 123
Rabnitztal-Eggersdorf, Musikverein 528
Radetzky von Radetz, Johann Josef Wenzel Graf 211
Radkersburg 51, 52, 80
Radkersburg, Musikbezirk 507
Radmer 80
Radmer, Ortskapelle 466
Räher, Hans 49
Raich, Heribert 187, 222, 261, 265, 287, 289
Raich Heribert, Blasorchester 380
Rainer, Hans 292
Rameis, Emil 69, 94, 197, 289, 306
Raminger, Ignaz 75
Ramsau am Dachstein 86
Ramsau am Dachstein, Musikverein 404
Ranten 80
Ranten, Musikverein 491
Rappold, Karl 74
Rappold, Paulus 298
Ratten 72, 77
Ratten, Blasmusikmuseum 253
Ratten, Musikverein 324
Ratzek 226
Rauch, Michael 240
Rauhe, Hermann 295
Rau, Helmut 155
Raunächte 278
Rauszig, Hermann 110, 190
Rauth, Josef 119, 124
Rechberger, Manfred 167, 190, 311
Reed, Alfred 123, 134, 147, 221, 222, 226
Reformation 53
Reger, Max 299
Regina-Verlag 287
Regner, Hermann 15, 107, 223, 241
Rehatschek, Anton 287
Reicha, Anton 213

Reichardt, Robert H. 240
Reichmann, Harald 238
Reichmayer, Franz 210, 211
Reiff, Bernhard 97
Reifling, Trachtenmusikkapelle 187, 434
Rein 19, 25, 32
Reinbacher, Jakob 210
Reiner Musterbuch 27, 298
Reingruber, Michaela 235
Reinhardt, Max 182
Reisinger, Hans 86
Reisner, Johann 82
Reiter, Alfred 82, 121
Reiter, Edwin 238
Reiterer, Helga 299
Reiterer, Josef 281
Reithofer, Kathrin 239
Renaissance 37, 39, 41, 43, 45, 47, 49, 51, 53, 55, 57, 59
Renff, Caspar 49
Renher, Erich 111
Repertoire 213, 215, 217, 219, 221, 223, 225, 227, 229
Ressel, Franz 110, 116, 188, 190, 191
Rettenegg 80
Rettenegg, Ortsmusik 324
Reuchlin 267
Richard I. 68, 193
Richental, Ulrich von 35
Richter, Hermann 261
Riedel, Friedrich Wilhelm 57
Riedl, Josef 232
Riedl (Ridl), Johann (Baptist) 247, 250
Riedl (Ridl), Wenzel 250
Rieger, Michael 265
Riegersburg 80
Riegersburg, Marktmusikkapelle 362
Rieger, Theresia 191
Riegler, Erich 140, 153, 164, 190, 191, 311
Riegler, Josef 75
Riegler, Rosa 191
Riehle, Stefanie 237
Riemelmoser 101
Riemelmoser, Konstantin 96, 97, 102, 188, 190
Rilke, Rainer Maria 178

Rimsky-Korsakov, Nikolai 228
Ringhofer, Christine 191
Rinner, Sylvia 158
Robitschek 289
Robitschek, Adolf 261
Rocha, Gilles 243
Rohde, Gerhard 127
Rohitsch-Sauerbrunn 70, 72, 202
Rohrbach an der Lafnitz, Musikverein 425
Röhrenglocke 226
Röhrig, Lutz 275
Rom, Bernd 249
Römerzeit 19, 20, 21, 23, 25, 27, 29, 31, 33, 35
Roqquerol, Joseph 263
Roschker, Josef 97
Rosenberger, Bernd 177, 184
Rosenberger, Helmut 300, 301, 304
Rosenberger, Johann 50
Rosenkranz, Anton 204
Rosental bei Voitsberg 86
Rosental, Musikverein „Glück Auf", Bergkapelle 522
Rösing, Helmut 177
Rossini, Giacchino 100
Rößler jun., Peter 97
Rößler, Wolfgang 141
Rossmann, Karl 235
Röthelstein 86
Röthelstein, Musikverein 335
Rothenthurm 86
Rothenthurm-St. Peter ob Judenburg, Musikverein 432
Rothmüller, Ferdinand 247, 250
Rotschädl, Herbert 239
Rottenmann 80
Rottenmann, Musikverein Stadtkapelle 479
Rötzer, Wolfgang 141
Rudiger, Jakob 250
Rudin, Rolf 223, 226
Rudolf, Franz 97
Rueffer, Jobst 48
Ruhr, Peter 278
Rumpf, Helmut 126
Rundel 214
Rungalthier, Paul 210
Rupp, Josef 134

Ruttner, A. 282

S

Sabathi, Nadja 163, 165, 190, 311
Sachs, Curt 39, 42, 43
Sachsenspiegel 30
Sackpfeife 30
Saint-Saëns, Camille 226
Salieri 267
Salla bei Köflach 80
Salla, Musikverein 522
Salmen, Walter 30, 32, 64, 66, 194
Samersperger, Georg 48
Sammer, Marianne 55
Samson, Umzug 282
Sanai, H. 194
Sansoni, Giovanni 45
Santonino, Paolo 37
Sarosi, Balint 287
Sarrette, Bernard 196
Sauberer, Willi 119, 295
Savoyen, Eugen von 196
Schabereiter, Rainer 238
Schabl, Franz 110, 116, 156, 190, 191
Schabl, Karl 97, 102, 237
Schachner-Blazizek, Peter 117, 126, 134, 191
Schachner, Michael 240
Schadenbauer, Hans 114, 209
Schäffer, Gerhard 301
Schäffern 77, 98
Schäffern, Musikverein 417
Schäffern, Trachtenkapelle 418
Schala, Heinrich von 25
Schala, Sieghart von 25
Schaller, Friedrich David 52
Schalmei 30, 48, 55
Schantl, Familie 77, 78, 300
Schantl, Ferdinand Franz 233
Schantl, Ferdinand Franz Xaver 47, 211
Schantl, Florian 79, 233, 234
Schantl, Josef 301
Schantl, Josef Andreas 162
Schärffenberger 46
Schäuble, Wolfgang 73, 135
Schaufler, Anselm 238

Schehl (Schell), Franz 250
Schehl (Schell), Karl 250
Scheiben – St. Georgen, Musikverein 432
Scheichl, Hans 96
Scheifler, Franz 308
Scheifling 80
Scheifling – St. Lorenzen, Musikverein 491
Schellauf, Peter 83
Schellenbaum 69, 70, 72
Schellhammer, Josef 262
Schenauer, Christoph 50
Scherbaum, Gustav 104, 106
Scherr, Gerhard 239
Scherscha, Franz 250
Scheucher, Judith 236
Schickhl, Paul 48
Schiedermayer, Johann Baptist 288
Schieder, Musikhaus 248
Schiestl, Alexander 76
Schiller, Friedrich von 220
Schilling, Stefan 235
Schipperges, Thomas 19, 27, 35
Schivizhoffen, L. Schiviz von 250
Schladming 77, 130, 139, 220, 222, 226
Schladming, Stadtkapelle 406
Schlaginstrumente 258
Schlapak, Liselotte 266
Schlegel, F. 280
Schlegel, Franz Anton 232, 261
Schlegel, Konrad 292
Schlegel, Wilhelm 233
Schlemmer, Luis 172
Schlossar, Anton 299
Schmeidel, Hermann von 15, 92, 94, 234
Schmid, Franz 234, 250
Schmidhofer, August 244
Schmid, Michael 17, 117, 118, 119, 120, 122, 126, 130, 149, 191, 237, 291
Schmidt, Johann 233
Schmidt, Konrad 265
Schmied, Roman 82
Schmitt, Florent 226
Schmitt, Helmut 40
Schmoll, Andreas 46
Schmoll, Heike 231
Schmölzer, Jakob Eduard 79, 261, 307
Schnabl, Maria 191
Schneider, Erich 73
Schneider, Hans 121, 287, 289
Schneider, Herbert 306
Schneider, Theodor 261
Schneider, Verlag 107, 237
Schneider, Willy 15, 107, 220, 223, 241
Schöck, Ralf F. 239
Schöder 77
Schöder, Musikverein „Edelweiß" 492
Schoeller-Bleckmann-Stahlwerke 87
Schoeller, Dieter 110, 112, 190
Schöggl, Herbert 117
Schöggl, Karl 102
Schöggl, Leopold 17, 133, 135, 137, 138, 140, 144, 149, 191, 237, 276
Schöggl, Peter 97, 102, 106, 113, 188, 190
Schölbing, Musikverein 418
Scholl, Toni 229
Scholz, Anton 233
Scholz, Ferdinand 47
Schönberg, Arnold 216
Schönberg – Lachtal, Musikverein 492
Schönherr, Max 262, 289
Schopf, Johann 83
Schramm, Michael 207
Schrempf, Bürgermeister 130
Schrittwieser, Siegfried 122, 133, 146, 154, 155, 158, 162, 176, 182
Schröcker, Karl 190
Schrott, Josef 247, 251
Schrott, Karl 251
Schröttner, Kaplan 87
Schrumpf, Rudolf 114, 209
Schubert, Ferdinand 205
Schubert, Franz 59, 67, 177, 240, 263, 267, 299
Schuh, Hans Peter 235
Schuh, Hedmig 191
Schuler, Manfred 35
Schuller, Gunther 244
Schulz, Fritz 261
Schulz, Klaus 118, 121
Schulz, Verlag 58, 165, 214, 287, 289
Schumacher, Rüdiger 68, 194
Schumann, Robert 299
Schuschnigg, Kurt von 90
Schüssele, Franz 293
Schützenhöfer, Hermann 4, 11, 13, 17, 111, 146, 149, 154, 155, 157, 158, 161, 162, 164, 165, 167, 170, 171, 173, 176, 180, 182, 184, 185, 186, 217, 276, 311
Schützing 87
Schwab, Christian 167, 190, 311
Schwaiger, Gasthof 160
Schwaiger, Stefan 239
Schwanberg 80
Schwanberg, Marktmusikkapelle 346
Schwarz, Georg 85
Schwarzl-Zentrum 113
Schwarz, Otto M. 217
Schwarz, Rudolf 264
Schwedt, Herbert 276, 277
Schweffer, August 251
Schweffer, Heinrich 245, 247, 251
Schwegelpfeife 281
Schweiger, Franz 97
Schweigger, Salomon 68
Schweighofer, Eberhardt 277
Schweizer, Franz 211
Schwerttanz 278
Schwimmer, Walter 132
Schwindhackl, Sepp 287
Seckau 19, 34, 35, 80
Seckau, Musikverein 439
Seebacher, Günther 313
Seebacher, Reichard 69
Seebacher, Richard 210
Seegraben, Musikverein „Glück auf" – Bergkapelle 467
Seemüller, Josef 30
Seewald, Otto 20
Seggau 20
Seggauberg, Musikkapelle 457
Seggau, Schloss 129
Sehnal, Jiří 66
Seidel, Artur 213
Seidel, Emil 264
Seidl, Sigismund 209, 226
Seiersberg bei Graz 98
Seiersberg, Musikverein 396

Seitz 19
Selzthal 81
Selzthal, Eisenbahner-Musikverein 480
Semriach 81
Semriach, Marktmusikkapelle 386
Sengstschmid, Johann 217, 266
Seybald, Anton 53
Seybald, Jakob 53, 232
Seydler, Ludwig Carl 185, 233, 263
Shaw, Artie 15
Siebing bei Brunnsee 81
Siebing, Musikverein 512
Siegl, Otto 15, 234, 240, 262
Siemens SGP-VT Graz, Werksmusik 380
Sigl, Franz 239
Sigmair, Peter 114
Silberner Panther 191
Silberschneider, A. 97
Silesius, Angelus 179
Sinabelkirchen 75, 259
Sinabelkirchen, Marktmusik 532
Singer, August 240
Singer, Max 202
Sinnitsch, Alois 97
Siuka, Hermann 97, 104, 188, 190
Skale, Manfred 115, 135, 265
Skale Music, Manfred 265
Škerl, Dane 223
Skolaude, Walter 289
Skomal, Familie 251
Skonmaler, Nikolaus 251
Škulj, Edo 250
Smetana, Friedrich 106
Soboth 80
Soboth, Ortsmusik 347
Söchau 86
Söchau, Musikverein 370
Söding, Ortsmusikkapelle 525
Solferino, Schlacht von 203
Sölker Marmor 149
Sollfelner, Anton Othmar 114, 205, 209, 222, 306
Sommer, Erich 97
Somorjay, Dorottya 66
Sonnleitner, Elisabeth 126
Sordun 43, 55
Sowinski 75

Sowinski, Hans 245, 249, 251
Späth, Lothar 123
Spielberg bei Knittelfeld 98
Spielberg, Marktmusikkapelle 439
Spielfeld 86
Spielfeld, Musikverein 454
Spirk, Josef 209
Spital am Semmering 81
Spital am Semmering, Trachtenmusikverein 505
Spöckmoser, Franz 286
Spohr, Louis 67, 213
Sponrib, Wenzel 45
Spörk, Franz 97
Spreitzhofer, Karl 24
Spurny, Rudolf 234
Stade, Graf Rudolf von 25
Stadler 267
Stadler, Stefan 239
Stadler, Ulrike 235
Stadlhofer, Peter 158, 243
Stadl, Obermurtaler Musikverein 493
Stadtmuseum, Graz 72
Stadttürmer 47
Stainach 81, 98
Stainach, Marktmusikverein 480
Stainz, Musikverein 346
Stallhofen 23, 80
Stallhofen, Marktmusikkapelle 524
Stanberg, Alois 261, 266, 267
Stanberg, Johanna 266
Stanberg, Musikverlag 263, 266
Stanberg, Siegfried 266
St. Andrä-Höch, Trachtenmusikkapelle 451
St. Andrä im Sausal 72, 77
St. Anna am Aigen 86
St. Anna am Aigen, Marktmusikkapelle 362
Stanz im Mürztal 81, 83
Stanz, Trachtenkapelle 505
Starhembergisches Regiment 197
Stark, Walter 101, 190
Staufen im Breisgau 236
St. Bartholomä 98
St. Bartholomä, Musikverein 388
St. Blasen 80

St. Blasen, Musikverein „Gebirgsklänge" 493
St. Cäcilia ob Murau, Filialkirche 27
St. Dionysen, Marktmusik 336
Stefanzl, Gerhard 126
Steieregg 86
Steiermark, Justizwachmusik 376
Steiermark, Militärmusik 375
Steiermark, Polizeimusik 377
Steinacher, Josef 235
Stein an der Enns 86, 95
Stein an der Enns, Musikkapelle 406
Steinböck, W. 268
Steiner, Anton 211
Steiner, Franz 138, 175
Steininger, Hermann 97
Steinlechner, Alois 287
Steinwider-Johannsen, Arno 235
Steirischer Blaskapellenverband 112
Steirischer Blasmusikverband 112
Steirischer Panther 127, 149, 158, 163, 191
Steirisches Musiklexikon 164, 165
Stekl, Hannes 64
Stekl, Konrad 221, 262, 263
Stelzhammer, Siegfried 313
Stelzl, Maria 249
Stemnitzer, Heinrich 210
Stepan, K. M. 266
Stephan, Rudolf 244
Stern, Christina 163, 190, 311
Steyeregg, Bergkapelle 347
St. Gallen 80, 83
St. Gallen, Trachtenkapelle 481
St. Georgen a.d. Stiefing, Musikkapelle der Pfarre 452
St. Georgen an der Stiefing 77
St. Georgen ob Murau 86
St. Georgen ob Murau, Musikverein 174, 494
Stieg, Josef 285
Stilp, Hans 289
Stingl, Alfred 115, 134
Stipek, Wenzel 81
St. Jakob im Walde 80
St. Jakob im Walde, Musikverein 419
St. Johann am Tauern 80
St. Johann am Tauern, Musikverein 433

Namens- und Ortsregister

St. Johann bei Herberstein 23, 80
St. Johann bei Herberstein, Blasmusik 419
St. Johann im Saggautal 77
St. Johann im Saggautal, Musikverein 452
St. Johann im Sausal 268
St. Johann ob Hohenburg 98
St. Johann ob Hohenburg, Ortsmusikkapelle 174, 523
St. Josef bei Stainz 80
St. Josef i.d. Weststeiermark, Musikverein 348
St. Katharein a.d. Laming 87
St. Katharein a.d. Laming, Musikverein 339
St. Kathrein am Hauenstein 98
St. Kathrein am Hauenstein, Musikverein 325
St. Kathrein am Offenegg 86
St. Kathrein am Offenegg, Musikverein 532
St. Lambrecht bei Murau 19, 39, 81, 98
St. Lambrechter Strahlenkranzmadonna 34
St. Lambrecht, Musikverein 494
St. Lorenzen am Wechsel 80
St. Lorenzen am Wechsel, Trachtenkapelle 420
St. Lorenzen bei Trieben 81
St. Lorenzen-Feistritz, Musikverein 436
St. Lorenzen im Mürztal 80
St. Lorenzen im Mürztal, Musikverein 336
St. Lorenzen im Paltental 88
St. Lorenzen im Paltental und Umgebung, Musikverein 174
St. Lorenzen i.P. und Umgebung, Musikverein 481
St. Magdalena, Trachtenmusikverein 420
St. Marein am Pickelbach (bei Graz) 57, 77, 84
St. Marein bei Knittelfeld 77, 88
St. Marein bei Knittelfeld, Musikverein 440
St. Marein bei Neumarkt 98

St. Marein bei Neumarkt, Musikverein 495
St. Marein im Mürztal 86
St. Marein im Mürztal, Musikverein Heimatklang 337
St. Margarethen an der Raab 77
St. Margarethen an der Raab, Musikverein 533
St. Margarethen bei Knittelfeld 86
St. Margarethen bei Knittelfeld, Musikverein der Pfarrgemeinde 440
St. Martin am Grimming 81, 84, 87, 174
St. Martin am Grimming, Musikverein 174, 407
St. Martin am Wöllmißberg, Ortsmusikkapelle 523
St. Martin im Sulmtal 80
St. Martin im Sulmtal, Berg- u. Hüttenkapelle 348
St. Michael bei Leoben 80, 98
St. Michael, Jugendkapelle 468
St. Michael, Marktmusikkapelle 467
St. Nikolai im Sausal, Musikverein 453
St. Nikolai im Sölktal 86
St. Nikolai im Sölktal, Musikverein 407
St. Nikolai ob Draßling 86
St. Nikolai ob Draßling, Ortsmusikkapelle 453
Stockhausen, Karlheinz 244
Stolz, Hans 128, 142, 145, 148
Stolz, Jakob 233
Stolz, Robert 148, 233
Stolz-Medaille, Robert 143, 145, 148, 158, 163
Stolz-Preis, Robert 127, 139, 145
St. Oswald bei Eibiswald 80
St. Oswald bei Plankenwarth 86, 98
St. Oswald bei Plankenwarth, Musikverein 387
St. Oswald im Freiland 98
St. Oswald / Kloster, Musikverein 349
St. Oswald-Möderbrugg 80
St. Oswald-Möderbrugg, Musikverein 429

St. Oswald ob Eibiswald, Ortsmusikkapelle 349
Stowasser, Adolf 247, 252
Stowasser, Anna 252
Stowasser, Anton Rudolf 251
Stowasser, Ernst 251
Stowasser, Janos 251
Stowasser, Johann 251
Stowasser, Josef 251
Stowasser, Josef Adolf 251
Stowasser, Julius 251
Stowasser jun., Adolf 252
Stowasser jun., Hugo 252
Stowasser jun., Josef 251
Stowasser, Richard 251
Stowasser sen., Adolf 251
Stowasser sen., Hugo 252
Stowasser's Söhne, W. 251
Stowasser, Wenzel 251
Stowasser, Wilhelm 248, 251, 252
Stoy, Franz 304
St. Peter am Kammersberg 29, 80, 83
St. Peter am Kammersberg, Musikverein 495
St. Peter am Ottersbach 80
St. Peter am Ottersbach, Marktmusikkapelle 511
St. Peter-Freienstein 86
St. Peter-Freienstein, Musikverein 468
St. Peter im Sulmtal 86
St. Peter im Sulmtal, Musikverein 350
Strack, Franz 97
St. Radegund 80
St. Radegund, Musikverein 386
Straden, Marktmusikkapelle 174, 511
Stradner, Gerhard 45, 246, 249, 306
Strallegg 98
Strallegg, Musikverein 325
Straß 98
Straß, Marktmusikkapelle 454
Straßengel 34
Strassen 86
Strassen, Musikkapelle 317
Straub-Kossegg, Heike 235
Strauß, Johann 85
Strauß, Johann (Sohn) 77
Strauß, Richard 213

Strauß sen., Johann 226
Strawinskij, Igor 227
Strechau, Burg 54
Streichinstrumente 255
Strimitzer, Ewald 313
Ströcker, Johann 235
Strohmeier, Daniel 240
Strucl, Vinko 142, 223
St. Ruprecht an der Raab, Marktkapelle 533
St. Ruprecht-Falkendorf, Musikverein 496
St. Ruprecht ob Murau 81
Struzl, Paul 262
St. Stefan im Rosental, Marktmusik 363
St. Stefan-Kaisersberg, Musikverein 469
St. Stefan ob Leoben 80
St. Stefan ob Stainz 95, 98, 271, 273
St. Stefan ob Stainz, Musikverein 350
Stubenberg 81
Stubenberg am See, Musikverein 421
Stübing 72
Stückler, Josef Ignaz 234
St. Ulrich 86
St. Ulrich in Greith, Trachtenmusikverein 351
St. Veit am Vogau 80, 83, 86
St. Veit am Vogau, Erzherzog Johann Trachtenkapelle 455
St. Veit-Andritz-Stattegg, Musikverein 372
St. Veit in der Gegend 98
St. Veit in der Gegend, Musikverein 496
Styria-Buchhandlung, Altötting 266
Styria, Druckerei 266
Styrian Brassworks 266
Styria-Verlag 266
Sudler-Preis 216
Sulmtal 20
Sulzbacher, Bruno 157
Summerer, Aloisia 191
Summerer, Reinhard 128, 144, 150, 157, 164, 166, 177, 178, 217, 227, 228, 266
Suppan, Armin 3, 6, 13, 17, 58, 74, 96, 125, 136, 144, 147, 165, 171, 193, 195, 210, 217, 220, 222, 226, 227, 228, 235, 238, 239, 265, 289, 294, 306
Suppan, Blasmusikarchiv 86
Suppan, Elfriede 118, 191
Suppan, Emil 89, 206
Suppan, Wolfgang 3, 9, 13, 15, 16, 17, 19, 20, 24, 32, 33, 34, 35, 37, 40, 52, 55, 56, 57, 61, 64, 66, 68, 73, 74, 79, 82, 88, 96, 102, 103, 106, 107, 108, 110, 112, 114, 116, 117, 118, 119, 120, 121, 123, 125, 126, 127, 129, 130, 133, 135, 137, 138, 139, 140, 141, 142, 143, 144, 146, 147, 150, 152, 154, 155, 161, 162, 163, 164, 165, 170, 171, 172, 177, 185, 186, 187, 188, 190, 191, 194, 196, 200, 213, 214, 216, 219, 222, 223, 225, 226, 227, 229, 232, 233, 235, 236, 237, 238, 240, 242, 243, 245, 249, 250, 251, 253, 261, 262, 263, 265, 268, 275, 278, 279, 281, 283, 287, 288, 289, 290, 292, 294, 295, 297, 305, 306, 307, 308, 311
Suppé, Franz von 86, 226
Suppé-Preiß 92
Sutter, Berthold 37, 38, 43, 61, 213, 245, 261, 305, 307
Svanberg, Carsten 220, 235, 262, 266
Szap, Anton 71

T

Tacitus 193
Tacoli, Alexander Graf 243
Tacoli, Familie 144, 158
Tacoli, Hedwig Gräfin 243
Tagger sen., Hans 266
Takács, Jenö 220, 289
Tanzer, Karl 261
Tanzer, Sepp 15, 104, 126, 162, 222
Tanzmeister, Otto 313
Tarrant, Karl 233
Tasch, Kurt 118, 130, 162
Tauchmann, Johann 115, 128, 133, 139, 153, 167, 190, 311
Tauder, Jennifer 238
Taufferer, Probst 76, 83
Tauplitz 81
Tauplitz, Trachtenkapelle 318
Teichmann, Franz 83
Teiringer, Joseph 210
Temmel, Christian 190
Tendler, Aloisia 266
Tendler, Carl 263, 265
Tendler, Familie 266, 267
Tendler, Franz 266, 267
Tendler, Gabriele 266
Tendler, J. M. 199
Tendler, Karl 261, 266, 267
Tendler, Louise 267
Tendler, Rosa 267
Tenner, Kurt von 262
Tenzer, Gerhard 141
Teuber, W. 198
Teufenbach 98
Teufenbach, Musikverein 497
Thaler, Karl 188, 190
Thaler, Sepp 15, 162, 222
Thaller, Karl 110, 116
Thal, Marktmusikverein 387
Thelen, Fritz 108
Thiel, V. 264
Thomsen, Magnus 194
Thörl 80
Thörl, Marktmusikkapelle 337
Thurner, Josef 47
Tieschen 98
Tieschen, Musikverein 512
Tillmitsch, Musikverein 455
Tischhart, Wolfgang 235
Tito-Partisanen 94
Toch, Ernst 214
Tösch, Franz 235
Traar, Adolf 235
Traboch 80
Traboch, Musikverein 469
Trafella, Hans 170
Trafella, Johann 135
Tragöß 80
Tragöß, Trachtenkapelle 338
Traungauer 24
Trautenfels, Schloss 162
Trautmannsdorf, Trachtenmusikkapelle 363
Treder, D. 30

Trenck, Franz Freiherr von der 68, 197
Triangel 65, 69
Trieben 86
Trieben, Werks- und Stadtmusik 482
Triebl, Petra 240
Trinkl, Josef 133
Trofaiach 80, 98
Trofaiach, Stadtkapelle 470
Trojano, Massimo 43
Trommel 30
Trompete 256
Tropper, Siegfried 110, 113, 116, 188, 190, 191
Tröster, Patrick 194
Trötscher, Christian Friedrich 263, 267
Troyer, Andrea 17, 309, 311
Truger, Walther 299, 300
Trummer, Franz 97, 208, 237
Trummer, Johann 56
Trummer, Robert 240
Tschaikowsky, Pjotr I. 227
Tschernitz, Erich 117
Tschernko, Peter 126
Tschinelle 64, 69, 196, 258
Tuglaci, P. 194
Turetschek, Gerhard 235
Türken 37
Türkische Musik 68
Turmblasen 278
Turnau 81, 84
Turnau, Musikverein 338
Tusch, Aloys 267
Tutzing 16, 19, 55, 66, 69, 73, 107, 127, 142, 196, 200, 213, 216, 225, 227, 242, 245, 263, 298, 305, 307, 308

U

Übelbach 81
Übelbach, Jagdhornbläsergruppe 302
Übelbach, Marktmusikkapelle 388
Udier, Tobias 97
Udik, Franz 97
Uhl, Emil 113, 114, 115
Uhl, Reinhard 235
Ulf, Otto 107, 241
UNESCO-World Association für Symphonic Bands and Ensembles (WASBE) 17
Unger, Karl 128, 139, 153, 190
Unger, Mathilde 191
Unterhaltungsmusik 275
Unterlamm 86
Unterlamm, Musikverein 364
Unterlungitz, Trachtenmusikverein 421
Unterpremstätten 86
Unterpremstätten-Zettling, Marktmusik 397
Unterrohr 86
Unterrohr, Ortskapelle 422
Untertal 87
UPC-Arena, Graz 209
Uray, Ernst Ludwig 96, 262, 266, 287, 289, 299
Urbantschitsch, Viktor von 262

V

Vače 20, 21
Valentini, Giovanni 42
Varazdin 65
Vasoldsberg 98
Vasoldsberg, Marktmusik 398
Vaterl, Walter 129
Veit, Gottfried 157, 222, 243
Veith, Martin 265
Veitsch 81
Veitsch, Werkskapelle 506
Verdi, Giuseppe 228
Verlagshaus 266
Vespasian, Kaiser 20
VEW-Böhler Kapfenberg, Werkskapelle 112
Viadana, Gabrieli 39
Viadana, Ludovico 39
Vibraphon 226
Vignau, Charlotte 293
Vinsauf, Geoffrey de 68, 193
Violon 255
Voestalpine Donawitz, Werkskapelle 461
Vogel, Martin 216
Vogelweide, Walther von der 27
Voitsberg 62, 86
Voitsberg, Musikbezirk 514
Voitsberg, Werkskapelle Bauer 524
Volksbarock 53, 59
Volkskultur-Verlag Guido Jaklitsch 166
Von der Groeben, Artillerie-Traditionskapelle 357
Vorau 19, 47, 80, 85
Vorau, Marktmusikkapelle 422
Vorau, Stiftsbibliothek 16
Vorau, Stiftskirche 60
Vordernberg 86
Vordernberg, Erzherzog Johann TK Musikverein 470
Voves, Franz 9, 157, 162, 163, 167, 180, 182, 184, 185, 268

W

Waespi, Oliver 226
Wagendorf 86, 89
Wagenseil, Georg Christoph 64
Wagna 20
Wagna, Marktmusik 457
Wagner, Eduard 132, 138
Wagner, Franz 97
Wagner, Hans 261, 265
Wagner, Joseph Franz 204, 261, 289
Wagner, Richard 140, 213, 220, 228, 299
Wagner-Wehrborn, Rudolf 102
Wagnes, Cäcilia 247, 252
Wagnes, Eduard 83, 92, 204, 205, 211, 287, 289
Wagnes, Johann 247, 252
Waidacher, Isabella 191
Waidacher, Markus 116, 118, 119, 120, 121, 122, 126, 128, 129, 132, 133, 135, 139, 142, 148, 149, 152, 153, 158, 160, 161, 163, 164, 171, 188, 190, 191, 227, 297, 302, 311
Walbroel, Generalkonsul 118
Wald am Schoberpass 28, 86
Wald am Schoberpass, Musikverein 471
Waldbach 80
Waldbach, Blasmusikkapelle 423

Waldbauer, Gerald 126
Waldhorn 256
Waldmann, Guido 107, 219, 220, 241
Waldstädter, Fritz 107, 108, 237, 262
Wallner, Alarich 267
Wallner, Berta A. 19
Wallner, Emil 208
Wallner, Josef 146
Walser, Anton 83
Walser, G. 193
Waltendorf 23
Walter, Johann 210
Waltersdorf 77
Walter, Sepp 298
Walter, Wolfgang 308
Wamlek-Junk, Elisabeth 299
Warner, Theodor 94
Wartberg im Mürztal 80
Wartberg, Musikverein Harmonie 286, 506
Wartha, Heide 235
WASBE-Jugendorchester 237
WASBE, World Association for Symphonic Bands and Ensembles 122, 123, 130, 149, 220, 222, 226, 307
Waterhouse, William 248, 249, 250, 251, 252
Watzek, Johann 47
Weber, Carl 252
Weber, Elisabeth 240
Weber, Ferdinand 97
Weber, Georg 49
Weber, Hans 289
Weber, Karl Maria von 67, 299
Weber, Wilhelm 300
Weigand, Joseph 210
Weilharter, Engelbert 140
Weingand, J. G. 232, 261
Weinhold, Karl 278
Weinitzen, Musikverein 389
Weinzerl, Harald-Thomas 238
Weinzerl, Thomas 133, 145
Weisenblasen 292, 293
Weisenbläsertreffen 295, 296, 297
Weishaupt Verlag 17, 138, 299
Weis-Ostborn, Rudolf von 262
Weissbacher, Sepp 287
Weißenbach an der Enns 80, 93

Weißenbach an der Enns, Trachtenmusikkapelle 483
Weißenbach bei Liezen 98
Weißenbach bei Liezen, Musikverein 483
Weissensteiner, Wolfgang 239
Weißkirchen bei Judenburg 77
Weißkirchen, Musikverein 433
Weiswasser, Franz 262
Weitenthaler, Alois 118, 120, 121, 128, 133, 139, 153, 163, 165, 171, 188, 190, 311
Weitenthaler, Rosemarie 191
Weitnauer, A. 290
Weiz 80, 98, 181
Weiz, ELIN-Stadtkapelle 534
Weizer Kunsthaus 167
Weiz, Kameradschaftskapelle 534
Weiz, Musikbezirk 526
Wellesz, Egon 57
Wels-Lambacher 24
Wendelin, Anton 265
Weng bei Admont 86
Weng im Gesäuse, Musikkapelle 482
Wenigzell 80
Wenigzell, Musikverein 424
Wenzel, Ella 267
Wenzel, Ferdinand 266
Wenzel, Gabriele 266
Werdin, Eberhard 241
Werndorf 98
Werndorf, Jugendkapelle 398
Werner, Gerhard 139, 155
Werner, Markus 308
Wertungsspiele 100, 103
Wesenauer, Peter 217
Wetter, Wolfgang 33
Wettmannstätten 77
Wettmannstätten, Marktmusikkapelle 351
Weyermüller, Friedrich 113, 121, 132, 238
Whitwell, David 16, 64, 67, 73, 196
Wichner, Jakob 249, 305
Wickenburg, Graf 78, 79
Widholm, Gregor 30
Widmanstad, Johann Albrecht 267
Widmanstetter, Buchdruckerwerkstätte 264, 267

Widmanstetter, Ernst 267
Widmanstetter, Franz 267
Widmanstetter, Georg 260, 267, 268
Widmanstetter, Marie Susanne 267
Wiedenhofer, Alexander 153, 238
Wiedenhofer, Elisabeth 153, 186, 191
Wiedenhofer, Horst 3, 6, 9, 13, 17, 121, 128, 133, 139, 146, 147, 150, 152, 153, 154, 155, 156, 157, 161, 162, 163, 165, 167, 171, 173, 176, 177, 179, 180, 181, 185, 186, 188, 190, 191, 296, 311
Wiedner, Josef 111
Wiedner, Karl 126
Wiener, Johann 158
Wiener Klassik 61, 63, 65, 67, 69, 71
Wiener, Manfred 75
Wiener Neustadt 37
Wiener, Rudolf 238
Wierer, Ignaz Michael 252
Wies, Marktmusikkapelle 352
Wilczek, Graf 80
Wildalpen 80
Wildalpen, Musikkapelle 484
Wildhaus, Schloss 74
Wild, Karl 261
Wildon 51, 52, 72, 98
Wildon, Herrand von 27
Wildon, Musikverein Marktkapelle 456
Wilfinger, Gregor 48
Wilfling, Alois 96, 97, 101, 104, 106, 188, 190
Wilhelm V., Herzog 19, 43
Wille, Günter 20, 194
Wille, Theresia 240
William, John 216
Wimberger, H. 262
Wimmer, Alois 217
Windisch-Feistritz 62
Windischgrätz, Fürst 200
Windmaschine 226
Winkler, Fritz 313
Winklern-Oberwölz, „Die Hinteregger", Musikverein 497
Wittgenstein, Ludwig 242
Wittmaier, Franz 110, 190
Wohlfahrter, Karl 313
Wohlfahrter, Karl Heinz 240

Wöhry, Odo 238
Wolf, Alois 85
Wolf, Hugo 240, 299
Wolfsberg im Schwarzautal 77, 296
Wolfsberg im Schwarzautal, Trachtenmusik 456
World Association for Symphonic Bands and Ensembles (WASBE) 122, 149, 173, 190, 291
Wörschach 76, 80
Wörschach, Musikverein 484
Wörth an der Lafnitz, Musikverein 424
Wranitzky, Paul 67, 69
Wrede, Otto 287
Wrunschko, Johann 97
Wundschuh 98
Wundschuh, Musikverein 399
Wünsch, Walther 94, 98, 100
Wurm, Christoph 46
Wurz, Josef 252

X

Xylophon 226

Y

Yildiz, Sabine 17, 118, 119, 189, 190, 309, 311

Z

Zachbauer, Alois 143, 313
Zack, Viktor 293, 299
Žak, Sabine 19
Záloha, Jiří 66
Zalt, Alexander 253
Zámečnik, Evzen 223
Zanetti, Anton 205
Zangl, Josef Gregor 287
Zangl, Rudolf 17, 82, 111, 113, 119, 121, 122, 133, 134, 139, 152, 153, 163, 165, 167, 190, 191, 227, 238, 239, 311
Zangl, Sepp 289
Zangtal, Bergkapelle Hödlgrube 525

Zarlino 194
Zaruba, Karl 287
Zehentleitner, Franz 278, 290
Zehetbauer, Johann Paul 302, 304
Zehetbauer, Ruth 302
Zeltweg 81
Zeltweg, Werkskapelle 84, 434
Zettl, Otto 102, 287
Zettner, Hans 106, 188, 190
Ziehrer, Carl Michael 85
Zinken 39, 43
Zisser, Emma 191
Zisser, Friedrich 116
Zoder, Johann 53
Zoder, Raimund 282
Zöhrer, Konrad 97
Zois, Hans von 262
Zöllner, E. 80
Zorn, Peter 208
Zugmeister, Eduard 234
Zupan, Alojs 139
Zwerger, Fürstbischof Johannes 266
Zwittkovits, Heinrich 73, 80, 308